Kirchner
**Abkürzungsverzeichnis
der Rechtssprache**

Kirchner
Abkürzungsverzeichnis der Rechtssprache

6., völlig neu bearbeitete
und erweiterte Auflage

unter Mitarbeit von
Dietrich Pannier

De Gruyter Recht · Berlin

Das *Abkürzungsverzeichnis der Rechtssprache* wurde begründet und
von der 1. bis zur 4. Auflage bearbeitet von Hildebert Kirchner.

Dr. *Hildebert Kirchner*, Direktor der Bibliothek des
Bundesgerichtshofes i.R., Karlsruhe
Dietrich Pannier, Leitender Regierungsdirektor Bibliothek
des Bundesgerichtshofes, Karlsruhe

♾ Gedruckt auf säurefreiem Papier,
das die US-ANSI-Norm über Haltbarkeit erfüllt.

Gebundene Ausgabe:
ISBN 978-3-89949-336-8
Broschierte Ausgabe:
ISBN 978-3-89949-335-1

Bibliografische Information der Deutschen Nationalbibliothek

Die Deutsche Nationalbibliothek verzeichnet diese Publikation in der
Deutschen Nationalbibliografie; detaillierte bibliografische Daten sind
im Internet über http://dnb.d-nb.de abrufbar.

© Copyright 2008 by De Gruyter Rechtswissenschaften Verlags-GmbH,
D-10785 Berlin

Dieses Werk einschließlich aller seiner Teile ist urheberrechtlich
geschützt. Jede Verwertung außerhalb der engen Grenzen des
Urheberrechtsgesetzes ist ohne Zustimmung des Verlages unzulässig
und strafbar. Das gilt insbesondere für Vervielfältigungen,
Übersetzungen, Mikroverfilmungen und die Einspeicherung und
Verarbeitung in elektronischen Systemen.

Printed in Germany
Einbandgestaltung: Martin Zech, Bremen
Datenkonvertierung/Satz: pagina GmbH, Tübingen
Druck und Bindung: Druckhaus „Thomas Müntzer" GmbH,
Bad Langensalza

Vorwort

Seit dem Erscheinen der 5. Auflage sind fünf Jahre vergangen, in denen in allen Bereichen stetig neue Abkürzungen geschaffen wurden. Mehr als 2000 neue Abkürzungen sind hinzugekommen, die auch in der 6. Auflage wie gewohnt mit Angabe ihrer Fundstelle aufgeschlüsselt werden.

Alle Bereiche sind umfassend aktualisiert und vollständig überarbeitet worden und spiegeln nun den Stand von Ende März 2008 wider.

Die Einteilung in zwei Teile wurde beibehalten. Im 1. Teil, dem Gesamtverzeichnis der Abkürzungen in alphabetischer Ordnung, kann man gezielt Abkürzungen nachschlagen, während man im 2. Teil Empfehlungen für Abkürzungen erhält.

Der stetig wachsende Umfang machte auch eine grafische Überarbeitung notwendig. Es wird aber weiterhin zwischen amtlichen und nichtamtlichen Abkürzungen durch Fettdruck der amtlichen und Kursivdruck der nichtamtlichen unterschieden.

Auch die 6. Auflage hat sich zum Ziel gesetzt, dem Leser von juristischen Werken unabhängig davon, ob selbst Jurist oder nicht, deren Erschließung schnell und unkompliziert zu ermöglichen und ihm dadurch auch die tägliche Arbeit in der Praxis zu erleichtern.

Wir sind sehr froh, dass wir Herrn Dietrich Pannier für die Mitarbeit an der 6. Auflage gewinnen konnten. Ihm gilt unser besonderer Dank dafür, dass er die Empfehlungen für allgemeine Abkürzungen der Rechtssprache sowie für Behörden und Körperschaften, die Empfehlungen für Abkürzungen von Gesetz- und Amtsblättern sowie die Empfehlungen für Abkürzungen von Zeitschriften und Entscheidungssammlungen mit seinem fachkundigen Wissen aktualisiert und vollständig überarbeitet hat. Er hat dem Verlag damit unverzichtbare Unterstützung geleistet.

Im Übrigen wird auf die nach wie vor gültigen Ausführungen im anschließend abgedruckten Vorwort zur 4. Auflage von Dr. Hildebert Kirchner verwiesen.

Berlin, im April 2008   Der Verlag

Vorwort zur 4. Auflage

In keiner Disziplin wird so viel mit Abkürzungen gearbeitet wie in der Rechtswissenschaft. Der Student im Anfangssemester, der ohnehin schon seine Schwierigkeiten mit dem Verständnis juristischer Texte hat, sieht sich den Worttrümmern wie einem Unwetter ausgesetzt. Für den Normalbürger sind sie ohnehin böhmische Dörfer.

Die Verwendung von Abkürzungen im juristischen Bereich ist also nicht unproblematisch, und es ist nicht von ungefähr, wenn das für Abkürzungen der schweizerischen Rechtssprache maßgebliche Werk »Vom Handwerkszeug des Juristen und von seiner Schriftstellerei« von *Karl Oftinger* (7. Auflage 1986) ausdrücklich betont, daß die von ihm aufgeführten und empfohlenen Abkürzungen nicht als Aufforderung mißverstanden werden dürften, bei jeder sich bietenden Gelegenheit abzukürzen.

Es hat vielmehr stets die Überlegung vorauszugehen, ob man überhaupt in dem zu gestaltenden Text die eine oder andere Abkürzung verwenden sollte. Die Entscheidung hängt ganz von den Umständen ab. Das Schreiben eines Anwalts an seinen Klienten wird sich weitgehend der Abkürzungen enthalten müssen. Soweit sie unentbehrlich erscheinen, sollten sie beim ersten Auftreten erklärt werden. Das gilt auch für andere Schriftstücke in Rechtssachen (z. B. für Gerichtsentscheidungen und Verwaltungsakte), die nicht nur dem Verständnis durch Juristen zu dienen haben.

Unter Juristen kann die Verwendung von Abkürzungen als sinnvoll angesehen werden, obgleich die Notwendigkeit, ggf. auf ein erklärendes Verzeichnis wie das vorliegende Buch zurückgreifen zu müssen, dagegen zu sprechen scheint. Abkürzungen erleichtern und vereinfachen die Schreibarbeit. Sie ermöglichen die Einschiebung von Zitaten in den laufenden Text, ohne daß der Satz zerrissen, das Satzbild gestört und das Lesen dadurch erschwert wird. Abkürzungen stellen bei zweckmäßiger Gestaltung und vernünftiger Verwendung einen wertvollen Rationalisierungsfaktor dar.

Dem Verständnis von Abkürzungen dient nichts mehr als ein fester Gebrauch. Deshalb ist es sehr zu begrüßen, daß Gesetzgeber und Verwaltungsbehörden für viele Rechts- und Verwaltungsvorschriften von vornherein Abkürzungen vorsehen. Schon § 29 Abs. 1 Satz 5 GGO II hatte bestimmt, daß für ein Gesetz in der Regel eine Abkürzung festgelegt werden sollte. Neuerdings hat der Bundesjustizminister in dem »Handbuch der Rechtsförmlichkeit« vom 10. Juni 1991 (BAnz Nr. 188 a) noch einmal auf die große Bedeutung von amtlichen Abkürzungen, insbesondere im Hinblick auf die Normendokumentation der Bundesregierung (JURIS), hingewiesen und gewisse Grundsätze für deren Bildung entwickelt (s. Rdn. 231 ff.). Die Abkürzung gehört mit zum amtlichen Wortlaut der Rechtsvorschrift (s. Rdn. 207).

Auch neu auf dem Markt erscheinende Zeitschriften legen sich heute meist von Anfang an eine im allgemeinen auf den Heftumschlägen sichtbar mitgedruckte Abkürzung zu. Leider kann nicht behauptet werden, daß die gewählten Abkürzungen immer sinnreich sind.

Man sollte eigentlich meinen, einer Abkürzung käme einzig die Bedeutung zu, dem Leser einen Schlüssel in die Hand zu geben, um die Vollbezeichnung möglichst genau erschließen zu können. Er wird indes irregeleitet, wenn er sich z. B. einer Abkürzung wie

Vorwort zur 4. Auflage

»wistra« für eine Zeitschrift gegenüber sieht, die er vielleicht als »Wirtschaftsstrafrecht« deuten könnte, die in Wirklichkeit aber »Zeitschrift für Wirtschaft, Steuer, Strafrecht« heißt. Eine Abkürzung wie ZIP gibt nicht einmal den Ansatz für eine Erklärung, selbst wenn das am Anfang stehende Z für Zeitschrift genommen wird. Daß sich hinter dem Ganzen eine »Zeitschrift für Wirtschaftsrecht« verbirgt, ist dann doch überraschend. Die Beispiele ließen sich leicht vermehren. In all diesen Fällen handelt es sich eigentlich gar nicht um Abkürzungen, sondern um die Vergabe von warenzeichenähnlichen Wortzeichen. Wer den genauen Titel nicht kennt, muß zur Ermittlung schon ein Abkürzungsverzeichnis zur Hand nehmen, wenn er ihn später in einem Bücherverzeichnis oder Bibliothekskatalog auffinden will, und dazu sollte gerade die Abkürzung dienen.

An dem gehörigen Verständnis, welchem Zwecke eigentlich eine vorgeschlagene Abkürzung zu dienen habe, fehlt es auch vielen Verlegern und Herausgebern von Kommentaren, Sammelwerken und Entscheidungssammlungen, wenn sie für ihre Veröffentlichung eine Abkürzung empfehlen, die den Titel auf zwei oder drei Buchstaben reduziert, oder die einen Kurztitel schaffen, der auf dem Titelblatt nicht vorkommt. Mit solchen Mystifikationen läßt sich ein dem Leser nicht bekanntes Werk nicht auffinden. Eine Zurückhaltung bei der Abkürzungsempfehlung wäre hier sicher nützlicher, weil der Benutzer, der ein Werk zitiert, sich meist mehr an den wirklichen Titel anschließt.

Das vorliegende Verzeichnis der in der deutschen Rechtssprache vorkommenden Abkürzungen gliedert sich wie in den früheren Auflagen in zwei Teile. Im ersten Teil werden die alphabetisch geordneten Abkürzungen aufgelöst, d. h. genau nach der Originalabdruckstelle bzw. der Vorlage erklärt. Da kein noch so umfangreiches Verzeichnis alle möglichen Abkürzungen zu erfassen vermöchte und es daher vorkommen kann, daß ein und dieselbe Buchstabenfolge verschiedene Bedeutungsinhalte hat, von denen aber die gesuchte gerade nicht aufgenommen ist, sind zur einwandfreien Identifizierung bei den Rechtsvorschriften die Fundstellen und bei den Zeitschriften sowie den Amtsblättern neben deren Titeln und Titeländerungen die Erscheinenszeiträume vermerkt. Bei den Gesetzen, Rechts- und Verwaltungsvorschriften ist aus Platzgründen von den amtlichen Kurzbezeichnungen ausgegangen worden. Existieren solche nicht, sind die der Abkürzungsbildung dienenden Nennbezeichnungen in eckigen Klammern angeführt.

Um das in den Vorauflagen schon sehr umfangreiche Werk durch die Hinzunahme neuer Abkürzungen nicht einfach zu vermehren, wurde der Bestand genau gesichtet. Dabei wurden alle Abkürzungen weggelassen, die keine aktuelle Bedeutung mehr haben dürften. Aufgehobene Vorschriften wurden nur dann noch aufgenommen, wenn sie in Rechtsprechung und Schrifttum noch eine Rolle spielen. Von den juristischen Zeitschriften aus dem Zeitraum von 1900 bis 1945 wurden nur die bedeutenderen aufgeführt, aber selbstverständlich alle, die auch danach noch existiert haben. Für seltener vorkommende aus der Zeit vor 1945 wird ebenso wie für frühere Rechts- und Verwaltungsvorschriften auf die Vorauflagen dieses Verzeichnisses verwiesen, die insoweit ihre Bedeutung behalten haben. Von dem früheren DDR-Recht ist aufgenommen worden, was als Bundesrecht weitergilt.

Der zweite Teil des Abkürzungsverzeichnisses enthält Empfehlungen, wie im einzelnen abgekürzt werden sollte. Die Empfehlungen richten sich bis auf wenige Ausnahmen nach der Fundstelle bzw. Vorlage, der sie entnommen sind, sonst nach der Übung. Die im Fundstellenverzeichnis A zur Bundesgesetzgebung, im Gemeinsamen Ministerialblatt und in den Gesetz- und Amtsblättern der Länder erschienenen amtlichen Abkürzungsverzeichnisse wurden ausgewertet, wenn auch nicht vollständig übernommen. Das gilt auch für die in der bayerischen Allgemeinen Dienstordnung enthaltene Zusammenstellung. Wo aber viele Urheber sind, gehen auch die Ansichten auseinander. In dem empfehlenden Teil kann daher auch von einer nur annähernden Harmonie keine Rede sein. Es ist absichtlich bei der Bearbeitung nicht versucht worden regelnd einzugreifen, um nicht Abweichungen von den Vorstellungen des Gesetzgebers, der Verwaltungsbehörden oder Zeitschriftenredaktionen vorzunehmen. Lediglich in der Frage der Interpunktion ist unabhängig von den Vorstellungen der Urheber der Abkürzung einheitlich verfahren worden. Die Grundsätze sind unter Nr. 6 der Regeln für die Bildung und den Gebrauch von Abkürzungen nachzulesen.

Die im Vorstehenden dargelegte »Amtlichkeit« der Abkürzung ist am Fettdruck ersichtlich.

Das umfangreichste Abkürzungswerk im deutschen Bereich, das des Juristischen Informationssystems JURIS, ist für dieses Abkürzungsverzeichnis nicht verwendet worden. Es ist für das Aufsuchen von Bundesrecht geschaffen worden und geht von Grundsätzen aus, die EDV-gerecht sind, aber der derzeitigen Übung in der Rechtsprechung und in der juristischen Literatur nicht entsprechen.

Ausnahmsweise sind Abkürzungen für österreichische und schweizerische Zeitschriften aufgenommen worden. Da ausländisches und insbesondere europäisches Recht eine immer größere Rolle spielen, sei auf folgende einschlägige Abkürzungsverzeichnisse hingewiesen:

für Österreich:
- Abkürzungs- und Zitierregeln der österreichischen Rechtssprache (AZR) samt Abkürzungsverzeichnis. 2., überarb. Aufl., hrsg. von Gerhard Friedl und Herbert Loebenstein. Wien 1987.

für die Schweiz:
- Oftinger, Karl: Vom Handwerkszeug des Juristen und seiner Schriftstellerei, 7. Aufl. Zürich 1986.
- Abkürzungsverzeichnis. Liste des abréviations. Elenco delle abbreviature. Hrsg. von der Bundeskanzlei in Zusammenarbeit mit dem Bundesgericht und der Staatsschreiberkonferenz. Bern 1976.

für die Europäischen Gemeinschaften:
- Ramsay, Anne: Eurojargon. A dictionary of EC acronyms, abbreviations and sobriquets. 3. Aufl. Stamford 1991.
- Kipp, Harald: Lexikon der europäischen Abkürzungen. Eltville 1990.
- Conseil des Communautés européennes. Rat der Europäischen Gemeinschaften.
 - Glossaire d'abreviations multilingue. Mehrsprachiges Abkürzungsglossar. Par L. M. Siler [u. a.] Luxemburg 1983.

für den internationalen Bereich:
- Koblischke, Heinz: Abkürzungslexikon internationaler Organisationen und Institutionen. 2. Aufl. Leipzig 1987.

Meinem Mitarbeiter bei der Vorauflage, Herrn Fritz Kastner, habe ich auch für diese Auflage meinen Dank für wertvolle Hilfen abzustatten.

Karlsruhe, im September 1992   Hildebert Kirchner

Inhaltsverzeichnis

Zur Beachtung für den eiligen Benutzer IX
Regeln für die Bildung und den Gebrauch von Abkürzungen X
1. Teil. Gesamtverzeichnis der Abkürzungen in alphabetischer Reihenfolge 1
2. Teil. Empfehlungen für Abkürzungen 277
    1. Empfehlungen für allgemeine Abkürzungen der Rechtssprache
       sowie für Behörden und Körperschaften 279
    2. Empfehlungen für Abkürzungen von Gesetz- und Amtsblättern 313
    3. Empfehlungen für Abkürzungen von Zeitschriften und
       Entscheidungssammlungen 330
    4. Empfehlungen für Abkürzungen von Gesetzen, sonstigen
       Rechtsvorschriften, Verwaltungsvorschriften u. ä. 375

Zur Beachtung für den eiligen Benutzer

1. Rechts- und Verwaltungsvorschriften sind lediglich mit dem Datum der ersten Veröffentlichung aufgenommen worden. Spätere Änderungen wurden nicht berücksichtigt (siehe aber Nr. 2).
2. Neubekanntmachungen sind stets gebracht und durch »i. d. Bek. v.« gekennzeichnet.
3. Die Aufnahme einer Abkürzung für eine Rechts- und Verwaltungsvorschrift besagt nichts über deren Gültigkeit.
4. Für ältere, im allgemeinen nicht mehr benötigte Abkürzungen sind die früheren Auflagen weiterhin von Bedeutung.
5. Das Verzeichnis kann nicht allen möglichen Abkürzungsweisen Rechnung tragen. Daher sollte man auch *vor* und *hinter* der Buchstabenfolge suchen, deren Erklärung man wünscht.
6. Abkürzungen für Kommentare und Einzelwerke sind nicht aufgenommen.
7. Vom Gesetzgeber, von Verwaltungsinstitutionen bzw. bei Zeitschriften von Verlegern vorgesehene Abkürzungen sind durch Fettdruck hervorgehoben.

Regeln für die Bildung und den Gebrauch von Abkürzungen

Wer je Abkürzungen (Kürzel) zu vergeben hat, sollte sich stets vor Augen halten, dass oberstes Ziel sein muss, das Gemeinte ohne Schwierigkeiten erschließen zu können. Aus diesem Grundsatz ergeben sich Art und Weise sowie Umfang der Abkürzung.

1. Abkürzungen von Rechts- und Verwaltungsvorschriften. – Ausgangspunkt für die Bildung einer Abkürzung ist grundsätzlich die Überschrift (z. B. Bundesnotarordnung). Ist für eine Rechts- und Verwaltungsvorschrift wegen ihrer längeren Benennung eine Kurzbezeichnung vorgesehen (z. B. »Bundesvertriebenengesetz« für »Gesetz über die Angelegenheiten der Vertriebenen und Flüchtlinge«) oder ist eine solche üblich (z. B. »Bundesbankgesetz« für »Gesetz über die Deutsche Bundesbank«), so ist diese Kurzbezeichnung für die Bildung der Abkürzung zu verwenden. Existiert eine Kurzbezeichnung nicht und ist eine solche auch schlechthin nicht zu bilden, so darf ausnahmsweise für die Abkürzung von einer sprachlich unmöglichen Form ausgegangen werden (z. B. Gesetz über die Angelegenheiten der freiwilligen Gerichtsbarkeit = Freiwillige-Gerichtsbarkeit-Gesetz = FGG).

Die Normqualität gehört an den Schluss. Beim Beispiel FGG bezeichnet der letzte Buchstabe den Gesetzesrang der Regelung. Ebenso sind Rechtsverordnungen am Schluss durch ein V oder VO zu kennzeichnen.

2. Abkürzungen von Zeitschriftentiteln. – Bei der Bildung von Abkürzungen für Zeitschriften sowie Gesetz- und Amtsblätter und Entscheidungssammlungen ist von dem genauen Titel auszugehen. Der Titel darf für die Abkürzung nicht eigens verändert werden. Eine Abkürzung wie RFBl, die als Reichsfinanzblatt gedeutet werden muss, ist deshalb falsch gebildet; denn der Titel lautet »Amtsblatt der Reichsfinanzverwaltung«. Ein nur annähernd richtiger Titel ist aber ebenso unbrauchbar zum Suchen in Bücher- und Bibliothekskatalogen wie eine annähernd richtige Telefonnummer für den gewünschten Anschluss. Abkürzungen haben auch stets die gegebene Wortfolge zu berücksichtigen. (»Rechtsprechung der Hessischen Verwaltungsgerichte« sollte daher nicht HessVGRspr abgekürzt werden.) Zu missbilligen ist es auch, den Titel einer Zeitschrift zu ändern, die bisherige, für einen ganz anderen Titel gewählte Abkürzung aber weiterzuverwenden (z. B. StAZ für die Zeitschrift »Das Standesamt«, die vorher »Zeitschrift für Standesamtswesen« hieß).

3. Umfang der Abkürzung. – Mit wenigen Buchstaben sollten Rechts- und Verwaltungsvorschriften, Zeitschriften und Institutionen nur dann abgekürzt werden, wenn ihre Bekanntheit allgemein vorausgesetzt werden kann (BGB, NJW, BGH). Im übrigen muss sich die Form der Abkürzung nach dem zu erwartenden Leserkreis richten. Sie kann kürzer gehalten sein, wenn nur ein kleiner Kreis von Sachkennern angesprochen werden soll.

4. Art der Bildung der Abkürzung. – Die sinntragenden Wörter bzw. Wortteile der Überschrift einer Rechts- und Verwaltungsvorschrift oder eines Titels sind durch Zusammenziehung (z. B. Ztg. für Zeitung) oder durch Weglassung der letzten Buchstaben (z. B. amtl. für amtlich) zu kürzen. Weniger wichtige Wörter, insbesondere Artikel und Verhältniswörter (Pronomina), können fortgelassen werden (z. B. Zeitschrift für Parlamentsfragen: ZParl). Artikel am Anfang eines Titels sollten sogar stets fortgelassen werden, weil ein abgekürztes D meist für Deutsch steht (z. B. DVBl bei Deutsches Verwaltungsblatt) und hierfür auch nicht entbehrt werden kann. DB als Abkürzung für »Der Betrieb« ist unglücklich gebildet. Adjektive sollten bei der Kürzung mit großem Anfangsbuchstaben geschrieben werden (z. B. ZVglRWiss = Zeitschrift für vergleichende Rechtswissenschaft), um den Anfang des neuen Wortes zu kennzeichnen, falls sich nicht eine abweichende Schreibweise für die Abkürzung durchgesetzt hat (z. B. AcP = Archiv für die civilistische Praxis).

Buchstaben, die nicht am Anfang eines Wortes oder – bei zusammengesetzten Wörtern (Komposita) – des Wortteils stehen, sind bei der Kürzung klein zu schreiben (also nicht: STGB sondern StGB). Von dieser Regel sind nur eingebürgerte Abkürzungen ausgenommen (z. B. AnO = Anordnung, VwV = Verwaltungsvorschriften).

Von allgemein bekannten und üblichen Kürzungen sollte nicht abgewichen werden. Abkürzungen sind grundsätzlich ohne Zwischenräume zu schreiben. Eine Trennung beim Zeilenende sollte vermieden werden, ist aber jeweils nach einem geschlossenen Bestandteil statthaft, wenn dadurch nicht einzelne Buchstaben abgesprengt werden (z. B. Rhein-Sch-UO = Rheinschiffs-Untersuchungsordnung).

5. Flektion der Abkürzungen. – Abkürzungen werden zumeist nicht flektiert (z. B.: des BGB, nicht des BGBs). Soll zur Vermeidung in Missverständnissen gleichwohl die Flektionsendung wiedergegeben werden, so wird bei Abkürzungen, die mit dem letzten Buchstaben des Wortes enden, die Flektionsendung unmittelbar und vor dem Punkt (s. u.) angehängt (z. B.: Bde. = Bände). Der Plural ist sinngemäß zu bilden (RAe nicht RÄ = Rechtsanwälte). Die Pluralbildung durch Verdoppelung des letzten Buchstabens ist nur noch in Ausnahmefällen üblich (also: Art., nicht Artt. = die Artikel; aber immer noch häufig ff. = folgende [Seiten, Paragraphen etc.]). Hier ist die Flektion zum Teil erforderlich (z. B.: die GmbHs, da sonst die Gefahr des Verwechselns mit dem Singular = die GmbH besteht).

6. Interpunktion bei Abkürzungen. – Eine besondere Uneinheitlichkeit und Unsicherheit besteht bei der Frage, ob hinter eine Abkürzung ein Punkt zu setzen ist oder nicht. Während die Juristen immer mehr dazu neigen, bei Abkürzungen jegliche Interpunktion zu unterlassen, gilt nach Duden nach wie vor die Grundregel, dass ein abschließender Punkt von Ausnahmen abgesehen dann zu verwenden ist, wenn die Abkürzung nicht gesprochen wird.

Nach diesen Regeln dürften wohl kurze Buchstabenfolgen wie ZPO, StGB und NJW ohne Punkt geschrieben werden können, nicht aber längere wie MSchG und EVRheinSch-PatentV, die leichter durch den Volltext, für den sie stehen, als durch die gesprochenen Buchstaben wiedergegeben werden. Die Dudenregelung führt bei den Abkürzungen für Gerichte dazu, dass Buchstabenfolgen wie AG, LG, OLG, BGH ohne Punkt zu schreiben sind. Auch BVerfG wäre als sprechbar ebenso zu behandeln, während bei BVerwG die Schwierigkeit, ein am Ende einer Silbe stehendes w beim Sprechen deutlich herauszustellen, dazu führt, statt der Abkürzung lieber das Vollwort Bundesverwaltungsgericht zu benutzen. Neben der Grundregel der Unterscheidung nach der Sprechbarkeit der Abkürzung ist heute jedoch auch nach Duden anerkannt, dass sich im fachsprachlichen Bereich, insbesondere in den Rechtswissenschaften, immer mehr punktlose Abkürzungen durchsetzen.

Der Grund dafür liegt auch darin, dass es sich bei dem in vielen Fachsprachen verwendeten Kurzformen gar nicht um Abkürzungen im eigentlichen Sinne handelt. Nach den allgemeinen Interpunktionsregeln soll der Punkt hinter der Abkürzung das Fehlen von Buchstaben am Schluss oder im Inneren des Wortes kennzeichnen. Es ist deshalb s.

= siehe, Dr. = Doktor zu schreiben. Um eine Wortabkürzung handelt es sich hingegen bei der Schreibung m = Meter und Ra = Radium gar nicht. Bei einer Abkürzung müsste man für Meter die Schreibweise M. erwarten. Ra für Radium wäre als Abkürzung einzusehen, wenn auch für Eisen Ei und für Kupfer Ku stünde. Statt dessen wird aber Eisen durch Fe (= Ferrum) und Kupfer durch Cu (= Cuprum) wiedergegeben. Das zeigt deutlich, dass wir es nicht mit Abkürzungen, sondern mit symbolhaften Schreibweisen zu tun haben, die man zum Unterschied gegen echte Abkürzungen als Sigel bezeichnen sollte.

Eine sigelmäßige Schreibung besteht im allgemeinen auch bei den juristischen Abkürzungen. Das Wort »Strafgesetzbuch« müsste bei einer normalerweise durch Zusammenziehung (Kontraktion) gebildeten Abkürzung »Stgb.« geschrieben werden. Üblich ist aber die Schreibung »StGB«. Eine echte Abkürzung läge auch vor, wenn »Ehegesetz« abgekürzt »Eheg.« geschrieben würde, jedoch wählt der Jurist »EheG«. Die sigelmäßige Kürzung wird oft auch aus der lückenlosen Schreibung mehrerer zusammengehöriger Wörter sichtbar (DVBl statt Dt.Verw.Bl.).

Dies letzte Beispiel zeigt, dass sich sigelmäßige und abkürzungsmäßige Schreibweise optisch leicht unterscheiden lässt und auch nebeneinander möglich ist. Die Wendung »am angegebenen Ort« lässt sich sowohl als Sigel – und dann ohne Punkt schreiben, nämlich »aaO«, oder als Abkürzung – und dann mit Punkt – »a. a. O.«. Das vorliegende Abkürzungsverzeichnis geht davon aus, dass in allen Fällen, so auch bei diesem Beispiel, der abkürzenden Schreibweise mit Punktfolge der Vorzug zu geben ist, insbesondere wenn es sich um Abkürzungen handelt, die nicht ausschließlich der Juristensprache angehören. Nur eine solche Entscheidung lässt sich konsequent durchhalten.

Eine generelle Punktlosigkeit ist nicht durchführbar, ohne Verwirrung zu stiften. Es lässt sich eben die Buchstabenfolge »so« nicht als »siehe oben« verstehen, wenn man die Punkte weglässt.

Die Interpunktionsregeln, wie sie diesem Verzeichnis zugrunde liegen, lassen sich wie folgt beschreiben:

a. Sigel werden ohne Schlusspunkt geschrieben. Sigel sind an ihrer besonderen, von der üblichen Schreibung der Wörter abweichenden Bildung erkennbar. Es kann sich dabei um Einzelwörter (z. B. StGB für Strafgesetzbuch) oder um Wortkomplexe handeln (z. B. GVBl für Gesetz- und Verordnungsblatt).

Ohne Punkt sind außerdem die als Sigel gedachten Buchstaben und Buchstabenfolgen der Allgemeinsprache zu schreiben (z. B. m = Meter, S = Schwefel, Ra = Radium) sowie formelhafte Abkürzungen, die als Wörter verwendet werden (z. B. cif, fob).

b. Abkürzungen einzelner Wörter, insbesondere einzeln stehende Buchstaben als Abkürzungen, sind mit Schlusspunkt zu schreiben (z. B. s. = siehe, S. = Seite, Ges. = Gesetz). Ausnahmsweise kann V (= Verordnung) punktlos bleiben, wenn der Inhalt der Vorschrift anschließend wiedergegeben wird (z. B. V ü. d. Errichtung e. Beirates f. Ausbildungsförderung), der Buchstabe V im Text also nicht isoliert steht.

1. Teil
Gesamtverzeichnis der Abkürzungen in alphabetischer Reihenfolge

A

A Ausführungs-; s.a. Anm.; s.a. AnO
A&R Arzneimittel und Recht (1.2005 ff.)
AA Auswärtiges Amt
a.A. anderer Ansicht
AA; ArbA Arbeitsamt
AAA Association des auditeurs et anciens auditeurs de l'Académie de droit international de La Haye
AABG Arzneimittelausgabenbegrenzungsgesetz v. 15.2.2002 (BGBl I S. 684)
AABTHZustV SL VO über Zuständigkeiten auf dem Gebiet des Arzneimittel-, des Apotheken-, des Betäubungsmittel-, des Transfusions- und des Heilmittelwerberechts v. 18.11.2005 (ABl S. 1880)
AAG Aussiedleraufnahmegesetz v. 28.6.1990 (BGBl I S. 1247)
AAnw Amtsanwalt(schaft); Anweisung z. Ausführung, Ausführungsanweisung
Aanz. Amtlicher Anzeiger: Beilage zum Amtsblatt für Brandenburg (1.1993 ff.)
a.a.O.; aaO am angegebenen Ort
AAppO Approbationsordnung f. Apotheker v. 19.7.1989 (BGBl I S. 1489)
AAS-GebO BY VO über die Erhebung von Gebühren und Auslagen für die Inanspruchnahme des Bayerischen Landesamts für Arbeitsschutz, Arbeitsmedizin und Sicherheitstechnik und der Gewerbeaufsichtsämter v. 20.7.2004 (GVBl S. 314)
AAÜG Anspruchs- u. Anwartschaftsüberführungsgesetz v. 25.7.1991 (BGBl I S. 1606, 1677)
AAV Arbeitsaufenthalteverordnung v. 18.12.1990 (BGBl I S. 2994) HE Ausgleichsabgabenverordnung v. 9.2.1995 (GVBl I S. 120)
AAVG NW Altlastensanierungs- und Aufbereitungsgesetz v. 3.5.2005 (GV.NW S. 488)
AAVO BW Ausgleichsabgabeverordnung s. a. Schwerbehindertengesetz v. 1.12.1977 (GBl S. 704)
AAZuVO BW Aufenthalts- und Asyl-Zuständigkeitsverordnung v. 11.1.2005 (GBl S. 93)
AAZVO M-V MV Apotheken- und Arzneimittelzuständigkeitsverordnung v. 31.1.2006 (GVOBl M-V S. 37)
ABA Arbeitsgemeinschaft f. betriebliche Altersversorgung
ABAG Arzneimittelbudget-Ablösungsgesetz v. 19.12.2001 (BGBl I S. 3773)
ABBergV Allg. Bundesbergverordnung v. 23.10.1995 (BGBl I S. 1466)
ABBV Allg. Bedingungen f. Beschaffungsverträge d. Bundesministers d. Verteidigung. Ausg. v. 18.7.1962
Abdr. vorg. Abdruck vorgesehen
ABergV BY Allgemeine Bergbauverordnung v. 7.12.1978 (GVBl S. 895)
ABewGr Grundsätze f. d. Verwendung d. Zuwendungen d. Bundes sowie f. d. Nachweise u. d. Prüfung d. Verwendung (Allgemeine Bewirtschaftungsgrundsätze) – Anlage zur Vorl. VV-BHO Nr. 5.1 zu § 44 BHO
ABewGr-GebietsK Grundsätze f. d. Verwendung d. Zuwendungen d. Bundes an Gebietskörperschaften u. Zusammenschlüsse v. Gebietskörperschaften sowie f. d. Nachweis u. d. Prüfung d. Verwendung (Allgemeine Bewirtschaftungsgrundsätze – Gebietskörperschaften) = Anlage zur Vorl. VV-BHO Nr. 18.2 zu § 44 BHO
AbfAblV Abfallablagerungsverordnung v. 20.2.2001 (BGBl. I S. 305)
AbfAlG M-V MV Abfallwirtschaftsgesetz i. d. Bek. v. 15.1.1997 (GVOBl M-V S. 44)
AbfallPrax Abfallrechtliche Praxis (1.1999 ff.)
AbfallR Zeitschrift für das Recht der Abfallwirtschaft (4.2005 ff.; vorher: Recht der Abfallwirtschaft: Zeitschrift für Recht und Praxis der Abfallentsorgung (1.2002 –3.2004
AbfAndienVO BW Abfall-Andienungsverordnung v. 5.2.1990 (GBl S. 62)
AbfAndVO LSA Abfall-Andienungsverordnung v. 25.9.1996 (GVBl LSA S. 322)

AbfAusschlußVO HA VO ü. d. Ausschluss v. Abfällen v. d. Entsorgung durch d. öffentl.-rechtl. Entsorgungsträger v. 13.7.1999 (GVBl I S. 157)

AbfBefV Abfallbeförderungs-Verordnung v. 24.8.1983 (BGBl I S. 1130)

AbfBestV Abfallbestimmungs-Verordnung v. 3.4.1990 (BGBl I S. 614)

AbfBodSchZV MV Abfall- und Bodenschutz-Zuständigkeitsverordnung i. d. Bek. v. 1.11.2006 (GVOBl. M-V S. 823)

AbfG Abfall(beseitigungs)gesetz i. d. Bek. v. 27.8.1986 (BGBl I S. 1401, 1501)

AbfG LSA LSA Abfallgesetz d. Landes Sachsen-Anhalt v. 10.3.1998 (GVBl LSA S. 112)

AbfKlärV Klärschlammverordnung v. 15.4.1992 (BGBl I S. 912)

AbfKoBiV Abfallwirtschaftskonzept- u. -bilanzverordnung v. 13.9.1996 (BGBl I S. 1447)

AbfKompVbrV BB Abfallkompost- u. Verbrennungsverordnung v. 29.9.1994 (GVBl II S. 896)

AbflVO SL Abstandflächenverordnung v. 6.3.1975 (ABl S. 498)

AbfNachwV Abfallnachweis-Verordnung v. 2.6.1978 (BGBl I S. 668)

AbföG Wein RP Absatzförderungsgesetz Wein v. 28.6.1976 (GVBl S. 187)

AbfPV BY VO über den Abfallwirtschaftsplan Bayern v. 5.12.2006 (GVBl S. 1028)

AbfRestÜberwV Abfall- u. Reststoffüberwachungs-Verordnung v. 3.4.1990 (BGBl I S. 648)

AbfßodZV BB Abfall- und Bodenschutz-Zuständigkeitsverordnung i. d. Bek. v. 23.9.2004 (GVBl II S. 842)

AbfVAbwV BB Abfallverbrennungsabwasserverordnung v. 12.12.2003 (GVBl II S. 707)

AbfVerbrBußV Abfallverbringungsbußgeldverordnung v. 29.7.2007 (BGBl I S. 1761)

AbfVerbrG Abfallverbringungsgesetz v. 30.9.1994 (BGBl I S. 2771)

AbfVerbrGebV Abfallverbringungsgebührenverordnung v. 17.12.2003 (BGBl I S. 2749)

AbfVerbrV Abfallverbringungs-Verordnung v. 18.11.1988 (BGBl I S. 2126)

AbfZhVO SH Landesverordnung ü. d. zuständ. Behörden f. d. Abwehr v. Zuwiderhandlungen v. 12.10.1989 (GVOBl S. 123)

Abf ZustVO LSA Zuständigkeitsverordnung für das Abfallrecht v. 26.5.2004 (GVBl LSA S. 302)

ABG Allgemeines Berggesetz f. d. preußischen Staaten v. 24.6.1865 (GS S. 705)

AbG s. AbschG

Abg. Abgeordneter

abg. abgeändert

AbgabenDV-LA Durchführungsverordnungen über Ausgleichsabgaben nach dem Lastenausgleichsgesetz

ABGB Allgemeines Bürgerliches Gesetzbuch für Österreich

AbgEntG BW Ges. ü. d. Entschädigung d. Abgeordneten i. d. Bek. v. 6.10.1970 (GBl S. 459)

AbgG Abgabengesetz; Abgeordnetengesetz Abgeordnetengesetz i. d. Bek. v. 21.2.1996 (BGBl I S. 326)

BB Abgeordnetengesetz i. d. Bek. v. 29.5.1995 (GVBl I S. 102)

BR Abgabengesetz v. 15.5.1962 (GBl S. 139)

BW Abgeordnetengesetz v. 12.9.1978 (GBl S. 473)

BY Abgeordnetengesetz v. 25.7.1977 (GVBl S. 369)

ND Abgeordnetengesetz i. d. Bek. v. 20.6.2000 (GVBl S. 129)

AbgG LSA LSA Abgeordnetengesetz Sachsen-Anhalt i. d. Bek. v. 21.7.1994 (GVBl LSA S. 908)

AbgG NRW NW Abgeordnetengesetz des Landes Nordrhein-Westfalen v. 5.4.2005 (GV.NW S. 252)

AbgG RhPf RP Abgeordnetengesetz Rheinland-Pfalz v. 21.7.1978 (GVBl S. 587)

AbgG SL SL Abgeordnetengesetz i. d. Bek. v. 4.7.1979 (ABl S. 656)

AbgrG NW Abgrabungsgesetz i. d. Bek. v. 23.11.1979 (GV.NW S. 922)

AbgrV Abgrenzungsverordnung v. 12.12.1985 (BGBl I S. 2255)

Abh.; Abhn. Abhandlung; Abhandlungen

AbiAGyVO M-V MV Abendgymnasiumsverordnung v. 6.3.2006 (GVOBl. M-V S. 330)

ABilG BE Altbanken-Bilanz-Gesetz v. 10.12.1953 (GVBl S. 1488)

AbiPrüfVO MV MV Abiturprüfungsverordnung v. 4.7.2005 (GVOBl. M-V S. 360)

ABK Allgemeine Versicherungsbedingungen d. Kreditkarten-Versicherung (VerBAV 1990 S. 149)

Abk. Abkommen; Abkürzung

ABKG BE Berliner Architekten- und Baukammergesetz v. 6.7.2006 (GVBl S. 720)

ABKStRV Allgemeine Versicherungsbedingungen f. d. Kraftfahrt-Strafrechtsschutzversicherung (VerBAV 1978 S. 39)

ABl Amtsblatt (1945,1–1946,48: des Regierungspräsidiums Saar; 1946,49–1947,66: der Verwaltungskommission des Saarlandes; ab 1947,67) des Saarlandes (1945 ff.)

ABl Amtsblatt der Freien Hansestadt Bremen (1.1965 ff.; vorher: Amtliche Mitteilungen für die bremischen Behörden)

ABl Amtsblatt der Freien Hansestadt Hamburg (1887–1920; dann: Hamburgisches Gesetz- u. Verordnungsblatt)

ABl Amtsblatt für Berlin (1.1951 ff.; vorher: Verordnungsblatt für Berlin); Amtsblatt für Niedersachsen (1.1946–5.1950; dann Nieders. Ministerialblatt)

ABl SH Amtsblatt für Schleswig-Holstein (1.1946 ff.)

ABl/AAz Amtlicher Anzeiger. Beil. zum Amtsblatt f. Schleswig-Holstein (1.1946–2003)

ABlAHK Amtsblatt der Alliierten Hohen Kommission in Deutschland. Official Gazette of the Allied High Commission for Germany. Journal officiel de la Haute Commission Alliée en Allemagne (1949–1955)

ABlAllKdtrBln Amtsblatt der Alliierten Kommandatura Berlin. Official Gazette of the Allied Kommandatura Berlin. Bulletin officiel de la Kommandatura Interalliée de Berlin (1947–1965)

AblBbg Amtsblatt für Brandenburg: gemeinsames Ministerialblatt für das Land Brandenburg (1.1991 ff.)

ABlBerV BY Amtsblatt-Bereinigungsverordnung v. 2.9.1957 (GVBl S. 298)

ABlBMP Amtsblatt des (bis 1950,49: Bundesministeriums) Bundesministers für das Post- und Fernmeldewesen (1950–1989,71; dann: Amtsblatt d. BM f. Post u. Telekommunikation, ... [1989,72–1991,48]; dann: Amtsblatt/Bundesministerium für Post u. Telekommunikation [1991,49–1997]; dann Amtsblatt/Regulierungsbehörde für Telekommunikation u. Post [1998 ff.])

ABlDB Amtsblatt der Deutschen Bundesbahn (1966–1993,13; dann: Deutsche Bahn AG ‹Frankfurt, Main›: Bekanntgaben Deutsche Bahn)

ABlEG Amtsblatt der Europäischen Gemeinschaften [Ab 11.1968: Ausgabe C. Mitteilungen und Bekanntmachungen; Ausgabe L. Rechtsvorschriften] (1.1958 ff.)

ABlEGKS Amtsblatt der Europäischen Gemeinschaft für Kohle und Stahl (1.1952–7.1958,13)

ABlEGKS-Verh Verhandlungen der Gemeinsamen Versammlung. Ausführliche Sitzungsberichte (= Amtsblatt der Europäischen Gemeinschaft für Kohle und Stahl, Anl.) (1.1953–40.1959)

ABl EPA Amtsblatt des Europäischen Patentamts (1.1978 ff.)

ABlKM Amtsblatt des Hessischen Kultusministeriums (bis 2.1949: d. Hess. Ministeriums f. Kultus u. Unterricht; dann bis 16.1963,2: d. Hess. Minister(ium)s f. Erziehung u. Volksbildung; [ab 1984,7:] u. d. Hess. Ministers f. Wissenschaft u. Kunst); RP Gemeinsames Amtsblatt der Ministerien für Bildung u. Kultur u. für Wissenschaft u. Weiterbildung

(1.1991,1–4.1994,11) u. für Kultur, Jugend, Familie u. Frauen (seit 4.1994,12 ff.)

ABlKM.NW NW Amtsblatt des Kultusministeriums. Land Nordrhein-Westfalen (1.1948/49–22.1970,10; dann: Gemeinsames Amtsblatt des Kultusministeriums und des Ministeriums für Wissenschaft und Forschung des Landes Nordrhein-Westfalen)

ABlKM (RP) Amtsblatt des Kultusministeriums von Rheinland-Pfalz (23.1971, 19–43.1991,8; dann: Gemeinsames Amtsblatt...)

ABlKR Amtsblatt des Kontrollrats in Deutschland (Nr. 1.1945–19.1948)

ABl. MBJS Amtsblatt des Ministeriums für Bildung, Jugend und Sport (1.1992 ff.)

AblMBJSBbg Amtsblatt des Ministeriums für Bildung, Jugend und Sport (1.1992 ff.)

Abl. MBWJK Amtsblatt des Ministeriums für Bildung, Wissenschaft, Jugend und Kultur (1.2006 ff.)

ABlMfPolBefr HE Amtsblatt des Hessischen Ministeriums für politische Befreiung (1.1947–3.1949)

ABlMinfUuK RP Amtsblatt des Ministeriums für Unterricht und Kultus von Rheinland-Pfalz (1.1948–23.1971,18; dann: Amtsblatt des Kultusministeriums von Rheinland-Pfalz)

ABlRPM Reich Amtsblatt des Reichspostministeriums (1919,21–1945,16; vorher: Amtsblatt d. Reichs-Postamts)

AblVO Ablösungsverordnung i. d. Bek. v. 1.2.1966 (BGBl I S. 107)

ABM Arbeitsbeschaffungsmaßnahmen

AbmarkVO NW Abmarkungsverordnung v. 6.6.1973 (GV.NW S. 345)

ABMG Autobahnmautgesetz für schwere Nutzfahrzeuge i. d. Bek. v. 2.12.2004 (BGBl I S. 3122)

AbmG BY Abmarkungsgesetz v. 6.8.1981 (GVBl S. 318)

AbmV SL Abmarkungsverordnung v. 16.1.1998 (ABl S. 134)

ABN Allgemeine Versicherungsbedingungen f. d. Bauwesenversicherung v. Gebäudeneubauten durch Auftraggeber (VerBAV 1974 S. 290)

ABPVO BW Allgemeine Bergpolizeiverordnung v. 14.7.1978 (GBl S. 417)

ABR s. ArchBürgR

AbrSozHVO ND Abrechnungsverordnung f. Sozialhilfe v. 4.10.2001 (GVBl S. 648)

AbrStV Abrechnungsstellenverordnung v. 5.10.2005 (BGBl. I S. 2926)

Abs. Absatz

AbschG Abschöpfungserhebungsgesetz v. 25.7.1962 (BGBl I S. 453)

AbschhVG BB Abschiebungshaftvollzugsgesetz v. 19.3.1996 (GVBl I S. 98)

Abschn. Abschnitt

AbsFondsG Absatzfondsgesetz v. 21.6.1993 (BGBl. I S. 998)

AbT Abschöpfungstarif

Abt. Abteilung

AbtLtr Abteilungsleiter

AbtPr Abteilungspräsident

ABU Allgemeine Versicherungsbedingungen f. d. Bauwesenversicherung v. Unternehmerleistungen (VerBAV 1974 S. 285)

AbubesVG NW Ges. ü. d. Anwendung beamten- u. besoldungsrechtl. Vorschriften auf nichtbeamtete Angehörige d. öffentl. Dienstes v. 6.10.1987 (GV.NW S. 342)

ABV Anforderungsbehörden- u. Bedarfsträgerverordnung v. 12.6.1989 (BGBl I S. 1088); Arzneibuchverordnung v. 27.9.1986 (BGBl I S. 1610)

aBV NWB-Revisionsdatenbank: anhängige BFH-Verfahren auf CD-ROM (1.1996 ff.)

abw. abweichend

AbwAbfVerbrennVO ND VO über das Einleiten von Abwasser aus Abfallverbrennungsanlagen v. 29.4.2003 (GVBl S. 190)

AbwAbfVerbrV BY VO für Abwasser aus der Verbrennung und Mitverbrennung von Abfällen v. 20.5.2003 (GVBl S. 357)

AbwAbfverbrVO NW VO zur Umsetzung der Richtlinie 2000/76/EG über die Ver-

brennung von Abfällen v. 31.7.2003 (GV.NW S. 517)
AbwAbfVO SH Abwasserverordnung-Abfallverbrennung v. 10.2.2003 (GVOBl S. 43)
AbwAG Abwasserabgabengesetz i. d. Bek. v. 18.1.2005 (BGBl I S. 114)
AbwAGBln BE Abwasserabgabengesetz i. d. Bek. v. 12.1.1989 (GVBl S. 214)
AbwAG M-V MV Landesabwasserabgabengesetz v. 19.12.2005 (GVOBl M-V S. 637)
Abw EEV BB Abwasseremissionserklärungsverordnung v. 27.12.2002 (GVBl II 2003 S. 13)
AbwEEVO M-V MV Abwasseremissionserklärungsverordnung v. 9.9.2003 (GVOBl M-V S. 451)
AbwEV BY Abwassereigenüberwachungsverordnung v. 9.12.1990 (GVBl S. 587)
AbwHerkV Abwasserherkunftsverordnung v. 3.7.1987 (BGBl I S. 1578)
AbwNachwV HA Abwassernachweisverordnung v. 31.1.1989 (GVBl I S. 17)
AbwV Abwasserverordnung i. d. Bek. v. 17.6.2004 (BGBl I S. 1180)
AbwV-Abfallverbrennung HE VO zur Umsetzung der Richtlinie 2000/76/EG über die Verbrennung von Abfällen v. 20.10.2003 (GVBl S. 288)
AbwVerbrVO LSA Abwasser-Abfallverbrennungsverordnung v. 8.5.2003 (GVBl LSA S. 106)
AbzG Abzahlungsgesetz v. 16.5.1894 (RGBl S. 450)
AcetV Acetylenverordnung v. 27.2.1980 (BGBl I S. 220)
AcP Archiv für die civilistische Praxis (1.1818–149.1944; 150.1948/49 ff.)
a.D. außer Dienst
ADA Allgemeines Dienstalter
ADA Richtlinien z. Regelung d. Allg. Dienstalters i. d. Bek. v. 1.8.1968 (GMBl S. 264)
ADB 1963 Allgemeine Deutsche Binnen-Transportversicherungs-Bedingungen
AdG Adoptionsgesetz v. 2.7.1976 (BGBl I S. 1749)

ADHGB Allgemeines Deutsches Handelsgesetzbuch v. 1861
AdKG Gesetz zur Errichtung der Akademie der Künste v. 1.5.2005 (BGBl I S. 1218)
ADK-ZVO BW Zulassungsverordnung der Akademie für Darstellende Kunst v. 12.2.2008 (GBl S. 92)
ADNR Accord européen relatif au transport international d. marchandises dangereuses par voie de navigation intérieure: Règlement pour le transport de matières dangereuses sur le Rhin. [Europ. Übereinkommen ü. d. internat. Beförderung gefährlicher Güter auf Binnenwasserstraßen: Verordnung ü. d. Beförderung gefährl. Güter auf d. Rhein] i. d. Bek. v. 30.6.1977 (BGBl I S. 1119 Anl.)
ADO BY Allgemeine Dienstordnung v. 1.9.1971 (GVBl S. 305)
AdöR Anstalt d. öffentlichen Rechts
AdoptFristG Ges. z. Änderung adoptionsrechtlicher Fristen v. 30.9.1991 (BGBl I S. 1930)
ADR Beförderung gefährlicher Güter auf der Straße. Ges. zu d. Europ. Übk. v. 18.8.1969 BGBl II S. 1489)
ADS Allgemeine Deutsche Seeversicherungsbedingungen v. 1919
ADSp Allgemeine Deutsche Spediteur-Bedingungen v. 31.10.1978 (BAnz Nr. 211 S. 5)
AdÜbAG Adoptionsübereinkommens-Ausführungsgesetz v. 5.11.2001 (BGBl I S. 2950)
ADV Automatisierte Datenverarbeitung
AdVermiG Adoptionsvermittlungsgesetz i. d. Bek. v. 27.11.1989 (BGBl I S. 2016)
AdVermiStAnKoV Adoptionsvermittlungsstellenanerkennungs- und Kostenverordnung v. 4.5.2005 (BGBl I S. 1266)
ADVG NW NW ADV-Organisationsgesetz i. d. Bek. v. 9.1.1985 (GV.NW S. 41)
ADVZG BW A[utomatisierte] D[aten]v[erarbeitung]-Zusammenarbeitsgesetz v. 18.12.1995 (GBl S. 867)
AdWirkG Adoptionswirkungsgesetz v. 5.11.2001 (BGBl I S. 2953)

AE Alternativentwurf
AE Arbeitsrechtliche Entscheidungen
a.E. am Ende
AEAO Anwendungserlasse zur AO
ÄAppO Approbationsordnung f. Ärzte i. d. Bek. v. 21.12.1989 (BGBl I S. 2549)
AEAusglV VO ü. d. Ausgleich gemeinwirtschaftlicher Leistungen im Eisenbahnverkehr v. 2.8.1977 (BGBl I S. 1465)
a. e c.; arg. e contr. argumentum e contrario
AEG Allgemeines Eisenbahngesetz v. 27.12.1993 (BGBl I S. 2396)
AEGKostenV BY VO ü. Kostensätze f. Ausgleichszahlungen nach § 6a d. Allg. Eisenbahngesetzes v. 25.10.1984 (GVBl S. 443)
AEglGebVO BW Aufnahme- und Eingliederungs-Gebührenverordnung v. 1.6.2004 (GBl S. 358)
AELE Association européenne de libre-échange
AELV 2008 Arbeitseinkommenverordnung Landwirtschaft 2008 v. 24.9.2007 (BGBl I S. 2303)
Änd Änderung
ÄndAbk Änderungsabkommen, Abkommen z. Änderung
ÄndBek Änderungsbekanntmachung, Bekanntmachung z. Änderung
ÄndBest Änderungsbestimmungen, Bestimmungen z. Änderung
ÄndErl Änderungserlass, Erlass z. Änderung
1. Änderungsstaatsvertrag EDN MV Gesetz zum Ersten Staatsvertrag zur Änderung des Staatsvertrages über die Errichtung der Eichdirektion Nord v. 14.12.2007 (GVOBl M-V S. 392)
ÄndG Änderungsgesetz, Gesetz z. Änderung
2. ÄndG AKG Allgemeines Kriegsfolgengesetz 2. ÄnderungsG v. 9.1.1967 (BGBl I S. 117)
3. ÄndG-BErgG Bundesentschädigungsgesetz 3. Gesetz v. 29.6.1956 (BGBl I S. 559)
ÄndG LAG Gesetz zur Änderung des Lastenausgleichsgesetzes

4. ÄndG-WBFG NW Viertes Gesetz zur Änderung des Wohnungsbauförderungsgesetzes v. 29.3.2007 (GV.NW S. 146)
2. Änd-HFKVO NW 2. Änderung-Härtefallkommissionsverordnung v. 27.3.2007 (GV.NW S. 147)
8. ÄndLBesG NW Achtes Landesbesoldungsänderungsgesetz v. 14.12.2004 (GV.NW S. 779)
ÄndV Änderungsverordnung, Verordnung z. Änderung
1. ÄndVermKostV BR Erste Verordnung zur Änderung der Kostenverordnung für das Amtliche Vermessungswesen und die Gutachterausschüsse für Grundstückswerte nach dem Baugesetzbuch v. 7.9.2004 (GBl. S. 557)
ÄndVfg Verfügung z. Änderung
2. ÄndVO-APOhDPol BE Zweite Verordnung zur Änderung der Verordnung über die Ausbildung und die Prüfung für den höheren Polizeivollzugsdienst – Schutz- und Kriminalpolizei v. 5.12.2005 (GVBl S. 761)
7. ÄndVO-PolLVO BE Siebente Verordnung zur Änderung der Laufbahnverordnungen für den Polizeivollzugsdienst v. 17.7.2007 (GVBl S. 301)
ÄndVO ZustVO GÜK-R NW VO zur Änderung der Verordnung über die Bestimmung der zuständigen Behörden nach dem Güterkraftverkehrsrecht v. 18.2.2003 (GV.NW S. 71)
ÄndVtr Änderungsvertrag, Vertrag z. Änderung
AEntG Arbeitnehmer-Entsendegesetz v. 26.2.1996 (BGBl I S. 227)
AEntGMeldV Arbeitnehmer-Entsendegesetz-Meldeverordnung v. 16.7.2007 (BGBl I S. 1401)
ÄR Änderungsrichtlinien
AERB Allgemeine Versicherungsbedingungen f. d. Einbruchdiebstahl- u. Raubversicherung (VerBAV 1987 S. 339)
Ärzte-ZV Zulassungsverordnung f. Kassenärzte v. 20.12.1988 (BGBl I S. 2477)
ÄTV Änderungstarifvertrag

AEV Arbeitserlaubnisverordnung i. d. Bek. v. 12.9.1980 (BGBl I S. 1754)
a.f. alte Fassung, alte Folge
AfA Absetzung f. Abnutzungen
AFB Allgemeine Feuerversicherungs-Bedingungen (VerBAV 1987 S. 330)
AFBG Aufstiegsfortbildungsförderungsgesetz v. 23.4.1996 (BGBl I S. 623)
AFerVO 2005/2008 M-V MV Allgemeine Ferienverordnung für die Schuljahre 2005/2006 bis 2007/2008 v. 11.7.2003 (GVOBl M-V S. 418)
AFET Allgemeiner Fürsorgeerziehungstag
AFG Arbeitsförderungsgesetz v. 25.6.1969 (BGBl I S. 582)
    AFG-DDR DDR v. 22.6.1990 (GBl I S. 403; BGBl II S. 1209)
AfJ 3. Bundeszentralregistergesetz (Ausfüllanleitung f. Justizbehörden) v. 25.7.1985 (BAnz Nr. 155a)
AfK Archiv für Kommunalwissenschaften (1.1962 ff.)
AFKG Arbeitsförderungs-Konsolidierungsgesetz v. 22.12.1981 (BGBl I S. 1497)
AfkKR Archiv für katholisches Kirchenrecht (1.1857 ff.)
AföRG Ausbildungsförderungsreformgesetz v. 19.3.2001 (BGBl I S. 390)
AfP Archiv für Presserecht (= anfangs Beil. zu: Zeitungs-Verlag u. Zeitschriften-Verlag (Nr. 1.1953–82.1970;.1971–25.1994); Zeitschrift für Medien- u. Kommunikationsrecht (26.1995 ff.; vorher: Archiv für Presserecht)
AFRG Altforderungsregelungsgesetz v. 10.6.2005 (BGBl I S. 1589); Sozialgesetzbuch Buch III. Arbeitsförderung v. 24.3.1997 (BGBl I S. 594)
AFSVO SL VO zur Änderung der Verordnung über Zuständigkeit für Ausländer, Asylbewerber, Flüchtlinge und Spätaussiedler und über Aufnahme, Verteilung und Unterbringung v. 26.4.2006 (ABl S. 755)
AFuG 1997 Amateurfunkgesetz 1997 v. 23.6.1997 (BGBl I S. 1494)
AFuV VO zum Gesetz über den Amateurfunk v. 15.2.2005 (BGBl I S. 242 ff.)

AFV Allgemeine Versicherungsbedingungen f. d. Fahrradversicherung (VerBAV 1986 S. 485)
AfV 2. Bundeszentralregistergesetz (Ausfüllanleitung f. Verwaltungsbehörden) v. 25.7.1985 (BAnz Nr. 155a)
AFWoG Ges. ü. d. Abbau d. Fehlsubventionierung im Wohnungswesen i. d. Bek. v. 13.9.2001 (BGBl I S. 2414)
2. AFWoG NRW NW Zweites Gesetz über den Abbau der Fehlsubventionierung im Wohnungswesen für das Land Nordrhein-Westfalen v. 16.3.2004 (GV.NW S. 137)
AFWoG NRW NW Ges. ü. d. Abbau d. Fehlsubventionierung i. Wohnungswesen f. d. Land NRW i. d. Bek. v. 30.3.2000 (GV.NW S. 356)
AFWoG SH SH Ges. ü. d. Abbau d. Fehlsubventionierung im Wohnungswesen i. d. Bek. v. 10.11.1995 (GVOBl S. 385)
AG Aktiengesellschaft; Amtsgericht; Auftraggeber; Ausführungsgesetz, Gesetz z. Ausführung
AG Die Aktiengesellschaft (1.1956 ff.)
a.G. auf Gegenseitigkeit
AG-AbwAG SH Ges. z. Ausf. d. Abwasserabgabengesetzes i. d. Bek. v. 13.11.1990 (GVOBl S. 545)
AGAltPflG BW Gesetz zur Ausführung des Altenpflegegesetzes v. 9.12.2003 (GBl S. 719)
AGB Allgemeine Geschäftsbedingungen
AGBAföG RP Landesges. z. Ausf. d. Bundesausbildungsförderungsgesetzes v. 21.12.1978 (GVBl S. 759)
AGBauGB BE Ges. z. Ausf. d. Baugesetzbuchs i. d. Bek. v. 7.11.1999 (GVBl S. 578)
AGBBiG Berufsbildungsgesetz
    BW Gesetz zur Ausführung des Berufsbildungsgesetzes v. 3.7.2007 (GBl S. 297)
    BY Ausführungsgesetz v. 23.6.1970 (GVBl S. 246)
AGB-DDR DDR Arbeitsgesetzbuch v. 16.6.1977 (GBl I S. 185; BGBl 1990 II S. 1207)

AGBE Entscheidungssammlung zum AGB-Gesetz (1.1977/80–6.1985)
AGBGB Ausführungsgesetz z. Bürgerlichen Gesetzbuch
   BW v. 26.11.1974 (GBl S. 498)
   BY v. 20.9.1982 (GVBl S. 803)
   HA i. d. Bek. v. 1.7.1958 (SlgBerHmbLR 40-e)
   PR Preußisches Ausführungsgesetz z. Bürgerlichen Gesetzbuch v. 20.9.1899 (GS S. 177)
   RP v. 18.11.1976 (GVBl S. 259)
   AGBGB Schl-H SH v. 27.9.1974 (GVOBl S. 357)
AGB-Gesetz Ges. z. Regelung d. Rechts d. Allg. Geschäftsbedingungen i. d. Bek. v. 29.6.2000 (BGBl I S. 946)
AGBSHG Ges. z. Ausführung d. Bundessozialhilfegesetzes
   BW v. 23.4.1963 (GBl S. 33)
   BY i. d. Bek. v. 21.9.1982 (GVBl S. 819)
   RP v. 8.3.1963 (GVBl S. 79)
AG-BSHG
   BB Gesetz zur Ausführung des Bundessozialhilfegesetzes i. d. Bek. v. 13.2.2003 (GVBl I S. 182)
   NW v. 25.6.1962 (GV.NW S. 344)
   SH v. 6.7.1962 (GVOBl S. 271)
AGBtxStV BY Ges. z. Ausf. d. Staatsvertrages ü. Bildschirmtext v. 4.8.1983 (GVBl S. 542)
AGEGGenTDG SH Ausführungsgesetz zum EG-Gentechnik-Durchführungsgesetz v. 18.1.2006 (GVOBl S. 12)
AGEnWG BE Gesetz zur Ausführung des Energiewirtschaftsgesetzes v. 6.3.2006 (GVBl S. 250)
AGFGO Ges. z. Ausführung d. Finanzgerichtsordnung
   BE v. 21.12.1965 (GVBl S. 1979)
   BR v. 23.12.1965 (GBl S. 156)
   BW v. 29.3.1966 (GBl S. 49)
   BY v. 23.12.1965 (GVBl S. 357)
   RP v. 16.12.1965 (GVBl S. 265)
   SL v. 16.12.1965 (ABl S. 1078)
   AG FGO NW v. 1.2.1966 (GV.NW S. 23)
AGFlHG BY Fleischhygiene-Ausführungsgesetz v. 24.8.1990 (GVBl S. 336)

AGFlurbG Ges. z. Ausf. d. Flurbereinigungsgesetzes
   BY i. d. Bek. v. 8.2.1994 (GVBl S. 127)
   RP v. 18.5.1978 (GVBl S. 271)
AGFSJG BY Ges. z. Ausf. z. Ges. z. Förderung e. freiw. soz. Jahres v. 27.3.1973 (GVBl S. 105)
AGG Allgemeines Gleichbehandlungsgesetz v. 14.8.2006 (BGBl I S. 1897)
AG G10 Ges. z. Ausf. d. Ges. zu Art. 10 d. Grundgesetzes
AGG 10 Ges. z. Ausf. d. Ges. zu Art. 10 d. Grundgesetzes
   AGG 10 BY v. 11.12.1984 (GVBl S. 522)
   AGG 10 TH Gesetz über die Ausführung des Gesetzes zu Artikel 10 Grundgesetz v. 29.10.1991 (GVBl S. 515)
   AG G10 NRW NW Gesetz über die Ausführung des Gesetzes zu Artikel 10 Grundgesetz i. d. Bek. v. 18.12.2002 (GV.NW 2003 S. 2)
AGGlüStV BY Gesetz zur Ausführung des Staatsvertrages zum Glücksspielwesen in Deutschland v. 20.12.2007 (GVBl S. 922)
AGGrdstVG Ges. z. Ausführung d. Grundstücksverkehrsgesetzes
   BW v. 8.5.1989 (GBl S. 143)
   BY v. 21.12.1961 (GVBl S. 259)
   AG-GrdstVG RP v. 19.12.1962 (GVBl 1963 S. 1)
AG-GSiG SL Ausführungsgesetz zum Gesetz über eine bedarfsorientierte Grundsicherung im Alter und bei Erwerbsminderung v. 11.12.2002 (ABl 2003 S. 118)
AGGVG Ges. z. Ausführung d. Gerichtsverfassungsgesetzes
   BW v. 16.12.1975 (GBl S. 868)
   BY v. 23.6.1981 (GVBl S. 188)
   ND v. 5.4.1963 (GVBl S. 225)
   RP v. 6.11.1989 (GVBl S. 225)
AGIHKG Ges. z. Erg. u. Ausf. d. Ges. z. vorl. Regelung d. Rechts d. Industrie- u. Handelskammern
   BB v. 13.9.1991 (GVBl S. 440)
   BY v. 25.3.1958 (GVBl S. 40)
   LSA v. 10.6.1991 (GVBl LSA S. 103)

AGImSchVO RP VO ü. d. Zuständigkeiten auf d. Gebiet d. Arbeits-, Immissions-, Strahlen-, und technischen Gefahrenschutzes v. 21.10.1981 (GVBl S. 263)
AGJ Arbeitsgemeinschaft f. Jugendhilfe
AGJWG Ges. z. Ausführung d. Gesetzes f. Jugendwohlfahrt
BE ~ und z. Regelung d. öffentlichen Jugend- und Familienhilfe i. d. Bek. v. 18.9.1972 (GVBl S. 1919)
BR i. d. Bek. v. 26.6.1962 (GBl S. 165)
HA i. d. Bek. v. 27.2.1973 (GVBl S. 37)
ND i. d. Bek. v. 26.1.1990 (GVBl S. 45)
RP 1. Landesges. z. Ausführung d. Gesetzes f. Jugendwohlfahrt v. 3.12.1982 (GVBl S. 431)
SL i. d. Bek. v. 19.5.1972 (ABl S. 330)
AG/JWG SH Ges. z. Ausführung d. Gesetzes f. Jugendwohlfahrt v. 7.7.1962 (GVOBl S. 276)
AG-JWG NW Ges. z. Ausführung d. Gesetzes f. Jugendwohlfahrt i. d. Bek. v. 1.7.1965 (GV.NW S. 248)
AG-KHG SH Ges. z. Ausf. d. Krankenhausfinanzierungsgesetzes v. 12.12.1986 (GVOBl S. 302)
2. **AG KJHG** SL Kinder- u. Jugendförderungsgesetz v. 1.6.1994 (ABl S. 1258)
Ag KJHG BE Gesetz z. Ausführung d. Kinder- und Jugendhilfegesetzes v. 9.5.1995 (GVBl S. 300)
3. **AG-KJHG – KJFöG** NW Drittes Gesetz zur Ausführung des Kinder- und Jugendhilfegesetzes; Gesetz zur Förderung der Jugendarbeit, der Jugendsozialarbeit und des erzieherischen Kinder- und Jugendschutzes – Kinder- und Jugendförderungsgesetz v. 12.10.2004 (GV.NW S. 572)
AG-KrPfl-Heb BY Ges. z. Ausf. d. Krankenpflegerechts u. d. Hebammenrechts v. 16.7.1986 (GVBl S. 133)
AGLondSchAbk Ges. z. Ausf. d. Abkommens v. 27.2.1953 ü. deutsche Auslandsschulden v. 24.8.1953 (BGBl I S. 1003)
AGLottStV
BE Ausführungsgesetz zum Lotteriestaatsvertrag v. 7.9.2005 (GVBl S. 469)

BW Ausführungsgesetz zum Lotteriestaatsvertrag v. 28.7.2005 (GBl S. 586)
BY Gesetz zur Ausführung des Staatsvertrages zum Lotteriewesen in Deutschland v. 23.11.2004 (GVBl S. 442)
AGLPartG BY Ges. z. Ausführung d. Lebenspartnerschaftsgesetzes v. 26.10.2001 (GVBl S. 677)
AGMarktStrG BY Ges. z. Ausf. d. Marktstrukturgesetzes v. 18.12.1969 (GVBl S. 398)
AGNB Allgemeine Beförderungsbedingungen f. d. gewerbl. Güternahverkehr m. Kraftfahrzeugen. In Kraft seit d. 1.1.1956
AGO Allgemeine Gerichtsordnung PR Allg. Geschäftsordnung v. 6.7.1793
AGPersPaßG BY Ges. z. Ausf. d. Gesetzes ü. Personalausweise und d. Paßgesetzes v. 7.3.1987 (GVBl S. 72)
AGPStG BY Ges. z. Ausf. d. Personenstandsgesetzes v. 24.7.1975 (GVBl S. 179)
AgrarR Agrarrecht (1.1971–2003; dann Agrar- und Umweltrecht)
AgrarreformUmsetzLVO M-V MV Agrarreform-Umsetzungs-Landesverordnung v. 7.6.2006 (GVOBl M-V S. 473)
AgrBZV Agrarberichterstattungs-Zusatzprogrammverordnung v. 25.4.1989 (BGBl I S. 877)
AgrdG Agrardieselgesetz v. 21.12.2000 (BGBl I S. 1980)
AgrStatG Agrarstatistikgesetz i. d. Bek. v. 19.7.2006 (BGBl I S. 1662 ff.)
AgrStatG M-V MV Agrarstatistikgesetz v. 7.7.1998 (GVOBl M-V S. 631)
AgrStatUBV 2004 Agrarstatistik-Umweltberichterstattungsverordnung 2004 v. 13.10.2003 (BGBl I S. 1994)
AgrStatV BY Agrarstatistikverordnung v. 10.8.1990 (GVBl S. 302)
AGrV BB VO ü. d. Verfahren d. Zustimmung und d. Form d. Führung ausländischer Grade v. 12.6.1996 (GVBl II S. 418)
AGS Anwaltsgebühren spezial (1.1993 ff.)
AGSchKG
BW Gesetz zur Ausführung des Schwan-

AG SchKG   1. Teil

gerschaftskonfliktgesetzes v. 12.6.2007 (GBl S. 249)
RP Landesgesetz zur Ausführung des Schwangerschaftskonfliktgesetzes und anderer Gesetze v. 14.3.2005 (GVBl S. 77)
AG SchKG NW Schwangerschaftskonfliktausführungsgesetz NRW v. 23.5.2006 (GV.NW S. 267)
AGSG BY Ges. z. Ausf. der Sozialgesetze v. 8.12.2006 (GVBl S. 942)
AGSGB BY Ges. z. Ausf. d. Sozialgesetzbuches v. 10.8.1982 (GVBl S. 514)
AGSGB II Ausführungsgesetz zweites Sozialgesetzbuch
   AG-SGB II NRW NW Gesetz zur Ausführung des Zweiten Buches Sozialgesetzbuch für das Land Nordrhein-Westfalen v. 16.12.2004 (GV.NW S. 821)
   AGSGB II
   BW Gesetz zur Ausführung des Zweiten Buches Sozialgesetzbuch v. 14.12.2004 (GBl S. 907)
   RP Landesgesetz zur Ausführung des Zweiten Buches Sozialgesetzbuch v. 22.12.2004 (GVBl S. 569)
   SL Ausführungsgesetz des Zweiten Buches Sozialgesetzbuch „Grundsicherung für Arbeitsuchende" v. 15.12.2004 (ABl 2005 S. 50)
   AG-SGB II MV Landesausführungsgesetz SGB II v. 28.10.2004 (GVOBl M-V S. 502)
AGSGB XII Ausführungsgesetz zwölftes Sozialgesetzbuch
   AG SGB XII LSA Gesetz zur Ausführung des Zwölften Buches Sozialgesetzbuch – Sozialhilfe v. 11.1.2005 (GVBl LSA S. 8)
   AGSGB XII
   BW Gesetz zur Ausführung des Zwölften Buches Sozialgesetzbuch v. 1.7.2004 (GBl S. 534)
   RP Landesgesetz zur Ausführung des Zwölften Buches Sozialgesetzbuch v. 22.12.2004 (GVBl S. 571)
   SL Gesetz zur Ausführung des Zwölften Buches Sozialgesetzbuch v. 8.3.2005 (ABl S. 438)

AG-SGB XII BB Gesetz zur Ausführung des Zwölften Buches Sozialgesetzbuch v. 6.12.2006 (GVBl I S. 166)
AGSGG Ausführungsgesetz z. Sozialgerichtsgesetz
   BE i. d. Bek. v. 7.12.1971 (GVBl S. 2097)
   BW v. 21.12.1953 (GBl S. 235)
   BY i. d. Bek. v. 7.10.1982 (GVBl S. 872)
AGSichFilmG BY Ges. z. Ausf. und Erg. d. Sicherheitsfilmgesetzes v. 14.7.1958 (GVBl S. 161)
AGTierKBG Ges. z. Ausf. d. Tierkörperbeseitigungsgesetzes
   BW v. 25.4.1978 (GBl S. 227)
   BY v. 11.8.1978 (GVBl S. 525)
AG TierNebG M-V MV Gesetz zur Ausführung des Tierische Nebenprodukte-Beseitigungsgesetzes v. 20.12.2004 (GVOBl M-V S. 544)
AGTierNebG NRW NW Ausführungsgesetz zum Tierische Nebenprodukte-Beseitigungsgesetz v. 15.2.2005 (GV.NW S. 95)
AGTierSG Ges. z. Ausf. d. Tierseuchengesetzes SH i. d. Bek. v. 4.2.1983 (GVOBl S. 73)
   AGTierSG-NW NW i. d. Bek. v. 29.11.1984 (GV.NW S. 754)
AGTTG BY Ges. z. Ausf. d. Transplantationsgesetzes u. d. Transfusionsgesetzes v. 24.11.1999 (GVBl S. 464)
AGVereinsG BY Ausführungsgesetz v. 15.12.1965 (GVBl S. 346)
AGVersammlG BY Gesetz z. Ausführung d. Versammlungsgesetzes v. 15.7.1957 (GVBl S. 160)
AGVG-SH SH Ges. z. Ausführung d. Viehseuchengesetzes v. 3.12.1973 (GVOBl S. 409) (s.a. Tierseuchengesetz)
AG-ViehsG Ges. z. Ausführung d. Viehseuchengesetzes
   BE v. 23.1.1975 (GVBl S. 394) (s.a. Tierseuchengesetz)
   BW v. 6.11.1973 (GBl S. 397) (s.a. Tierseuchengesetz)
AGVwGO Ges. z. Ausführung d. Verwaltungsgerichtsordnung

BE i. d. Bek. v. 22.2.1977 (GVBl S. 557)
BW v. 22.3.1960 (GBl S. 94)
BY v. 28.11.1960 (GVBl S. 266)
RP i. d. Bek. v. 5.12.1977 (GVBl S. 451)
SH v. 6.3.1990 (GVOBl S. 226)
SL v. 5.7.1960 (ABl S. 558)
AG VwGO NW Ges. z. Ausführung d. Verwaltungsgerichtsordnung v. 26.3.1960 (GV.NW S. 47)
AGVZG 1987 BY Ges. z. Ausf. d. Volkszählungsgesetzes 1987 v. 5.3.1987 (GVBl S. 71)
AGyKoVO SACH VO des Sächsischen Staatsministeriums für Kultus über die Ausbildung und die Abiturprüfung an Abendgymnasien und Kollegs im Freistaat Sachsen v. 3.8.2004 (SächsGVBl S. 343)
AGymKoll-VO LSA VO ü. d. Abendgymnasium u. d. Kolleg v. 14.7.1999 (GVBl LSA S. 216)
AGyVO SACH VO d. Sächs. Staatsministeriums f. Kultus ü. d. Ausbildung u. d. Abiturprüfung a. Abendgymnasien i. Freistaat Sachsen v. 5.3.1996 (SächsGVBl S. 109)
AGZPO Ausführungsgesetz zur Zivilprozessordnung
HA v. 22.12.1899 (SlgBerHmbLR 3210-b)
HE Hessisches Ausführungsgesetz zur Zivilprozeßordnung und z. Ges. über d. Zwangsversteigerung und Zwangsverwaltung v. 20.12.1960 (GVBl I S. 238)
AGZPO-ZVG RP Landesges. z. Ausf. d. Zivilprozeßordnung u. d. Gesetzes ü. d. Zwangsversteigerung u. d. Zwangsverwaltung v. 30.8.1974 (GVBl S. 371)
AHB Allgemeine Versicherungsbedingungen f. d. Haftpflicht-Versicherung (VerBAV 1986 S. 216)
AHBStr Allgemeine Versicherungsbedingungen f. d. Haftpflichtversicherung v. genehmigter Tätigkeit m. Kernbrennstoffen u. sonstigen radioaktiven Stoffen außerhalb v. Atomanlagen (VerBAV 1965 S. 70)
AH-GF Allg. Hinweise z. Gruppierungsplan u. z. Funktionenplan (s.a. Allgemeine Bewirtschaftungsgrundsätze); Allg. Hinweise z. Gruppierungsplan u. z. Funktionenplan = Anl. 1 zu den VV-HB
AHGV Altschuldenhilfeverordnung v. 15.12.2000 (BGBl I S. 1734)
AHKG Ges. d. Alliierten Hohen Kommission
AhndG Gesetz zur Ahndung nationalsoz. Straftaten (Ahndungsgesetz)
BR v. 27.6.1947 (GBl S. 83)
BY Ges. Nr. 22 v. 31.5.1946 (BayS III S. 151)
AHO ND Allgemeine Hafen(ver)ordnung v. 5.3.1975 (GVBl S. 88)
AHStatDV Außenhandelsstatistik-Durchführungsverordnung i. d. Bek. v. 8.2.1989 (BGBl I S. 203)
AHStatGes Außenhandelsstatistikgesetz v. 14.3.1980 (BGBl I S. 294)
AHVO Allgemeine Hafen(ver)ordnung NW v. 8.1.2000 (GV.NW S. 34)
AHZAPO/hD BY Zulassungs-, Ausbildungs- und Prüfungsordnung für die Laufbahn des höheren Beratungs- und Fachschuldienstes in den Bereichen Agrarwirtschaft und Hauswirtschaft v. 13.9.2007 (GVBl S. 655)
AI s. AInsp, Amtsinspektor
AiB Arbeitsrecht im Betrieb (1998 ff.)
AIG BB Akteneinsichts- u. Informationszugangsgesetz v. 10.3.1998 (GVBl I S. 46)
AIGGebO BB Akteneinsichts- u. Informationszugangsgebührenordnung v. 2.4.2001 (GVBl II S. 85)
AInsp Amtsinspektor
AJP Aktuelle juristische Praxis (1.1992 ff.)
AkadGradVO BE VO ü. d. Führung akademischer Grade v. 3.9.1996 (GVBl S. 341)
A/KAE AusfAnO z. Konzessionsabgabenanordnung v. 27.2.1943 (RAnz Nr. 75)
AKB s. AllKdtBln
AKB Allgemeine Versicherungsbedingungen f. d. Kraftfahrtversicherung (VerBAV 1988 S. 299)
AKDB Anstalt f. Kommunale Datenverarbeitung in Bayern

AKG Allgemeines Kriegsfolgengesetz v. 5.11.1957 (BGBl I S. 1747)

AkGG Ges. ü. d. Führung akademischer Grade v. 7.6.1939 (RGBl I S. 985)

AkGradVO ND VO ü. d. Führung ausländ. akadem. Grade v. 9.7.2001 (GVBl S. 423)

AkGrT-VO LSA VO ü. d. Genehmigungsverfahren z. Führung ausländ. akadem. Grade u. entsprechender ausländ. staatl. Grade oder Titel v. 16.5.1994 (GVBl LSA S. 604)

AKMP Akkreditierungsstelle der Länder für Mess- u. Prüfstellen zum Vollzug d. Gefahrstoffrechts

AKO Amtskassenordnung der Reichsfinanzverwaltung v. 12.3.1938 (RFBl S. 57)

AKostG Auslandskostengesetz v. 21.2.1978 (BGBl I S. 301)

AKostV Auslandskostenverordnung v. 20.12.2001 (BGBl I S. 4161)

AKP-Staaten Staaten Afrikas, der Karibik u. des Pazifiks (Mitgliedstaaten der Lomé-Abkommen)

AktG Aktiengesetz v. 6.9.1965 (BGBl I S. 1089)

AktO Aktenordnung
BY v. 13.12.1983 (JMBl 1984 S. 13)
HE i. d. Bek. v. 28.2.1979 (JMBl S. 259)
Reich ~ Reich v. 28.11.1934 (SonderveröffDJ Nr. 6)

AktOBGH Aktenordnung des Bundesgerichtshofs v. 22.12.1955

AktStR Aktuelles Steuerrecht (1.1995 ff.)

AkzV Akademie f. zivile Verteidigung

Al Amtsleiter

a.L. auf Lebenszeit

al. alinea [Absatz]

ALB Allg. Liefer- u. Zahlungsbedingungen d. Beschaffungsstelle d. BMI. Ausgabedatum 1.7.1966.

ALB Allgemeine Lebensversicherungs-Bedingungen. Musterbedingungen f. d. Großlebensversicherung (VerBAV 1981 S. 118)

ALBV BY ALB-Abrufverordnung v. 3.2.2006 (GVBl S. 116)

Alfu. Arbeitslosenfürsorgeunterstüzung

AlFV BY VO über die Ämter für Landwirtschaft und Forsten v. 16.6.2005 (GVBl S. 199)

Alg. Arbeitslosengeld

Alg II-V Arbeitslosengeld II/Sozialgeld-Verordnung v. 20.10.2004 (BGBl I S. 2622)

Alhi. Arbeitslosenhilfe

AlhiRG Arbeitslosenhilfe-Reformgesetz v. 24.6.1996 (BGBl I S. 878)

AlhiV Arbeitslosenhilfe-Verordnung v. 13.12.2001 (BGBl I S. 3734)

AlkopopStG Alkopopsteuergesetz v. 23.7.2004 (BGBl I S. 1857)

AlkopopStV Alkopopsteuerverordnung v. 1.11.2004 (BGBl I S. 2711)

allg. allgemein

AllgFörderPflegeVO NW VO über die allgemeinen Grundsätze der Förderung von Pflegeeinrichtungen nach dem Landespflegegesetz v. 15.10.2003 (GV.NW S. 610)

AllgGemRefG BW Allgemeines Gemeindereformgesetz v. 9.7.1974 (GBl S. 237)

AllgGen Allgemeine Genehmigung

AllGO ND Allgemeine Gebührenordnung v. 5.6.1997 (GVBl S. 171)

AllGO LSA LSA Allgemeine Gebührenordnung des Landes Sachsen-Anhalt v. 30.8.2004 (GVBl LSA S. 554)

AllgVorbehVO ND Allgemeine Vorbehaltsverordnung v. 14.12.2004 (GVBl S. 587)

AllgVwKostO HE Allgemeine Verwaltungskostenordnung v. 21.11.2003 (GVBl I S. 294)

AllgZustVO-Kom ND Allgemeine Zuständigkeitsverordnung für die Gemeinden und Landkreise zur Ausführung von Bundesrecht v. 14.12.2004 (GVBl S. 589)

AllKdtBln Alliierte Kommandatura (Berlin)

AllMBl Allgemeines Ministerialblatt der Bayerischen Staatsregierung (1.1988 ff.)

AllWerklV Allgemeine Werkleistungs-Verordnung v. 21.10.1982 (BGBl I S. 1418)

AlmV Arbeitslosmeldungsverordnung v. 23.4.1998 (BGBl I S. 739)

ALPO BY Aussiedlerlehrgangs- u. Prüfungsordnung v. 17.6.1996 (GVBl S. 249)

AlQualiVO M-V MV Auslandsqualifikationsverordnung v. 9.1.1999 (GVOBl M-V S. 216)

ALR Allgemeines Landrecht für die preußischen Staaten gültig ab 1.6.1794

Alt. Alternative

AltbG BE Altbankengesetz v. 10.12.1953 (GVBl S. 1483)

AltEinkG Alterseinkünftegesetz v. 5.7.2004 (BGBl I S. 1427)

AltölG Altölgesetz i. d. Bek. v. 11.12.1979 (BGBl I S. 2113)

AltölV Altölverordnung v. 27.10.1987 (BGBl I S. 2335)

AltPflAGVVO RP Landesverordnung zur Einführung eines Ausgleichsverfahrens im Rahmen der Ausbildung in der Altenpflege und der Altenpflegehilfe v. 22.12.2004 (GVBl S. 584)

AltPflATräVO BW Altenpflegeausbildungsträgerverordnung v. 8.7.2003 (GBl S. 399)

AltPflAusglVO
BW Altenpflegeausbildungsausgleichsverordnung v. 4.10.2005 (GBl S. 675) SACH Altenpflege-Ausgleichsverordnung v. 24.7.2003 (SächsGVBl S. 196)

AltPflG Altenpflegegesetz i. d. Bek. v. 25.8.2003 (BGBl I S. 1690); NW Altenpflegegesetz v. 19.6.1994 (GV.NW S. 335)

AltPflHiG SL Gesetz über den Altenpflegehilfeberuf und zur Durchführung des Gesetzes über die Berufe in der Altenpflege v. 9.7.2003 (ABl S. 2050)

AltPflV BR VO ü. d. Umlage d. Ausbildungsvergütungen z. Gesetz ü. d. Ausbildung i. d. Altenpflege v. 20.12.2001 (GBl S. 482)

AltPflVO HA VO über d. Berufsausbildung i. d. Altenpflege v. 24.7.2001 (GVBl I S. 233)

2.AltschRefG BB Zweites Altschuldenrefinanzierungsgesetz v. 17.10.2005 (GVBl S. 246)

AltvDV Altersvorsorge-Durchführungsverordnung i. d. Bek. v. 28.2.2005 (BGBl I S. 487)

AltZertG Altersvorsorgeverträge-Zertifizierungsgesetz v. 26.6.2001 (BGBl I S. 1322)

Alu. Arbeitslosenunterstützung

ALUVOGEL Expressdienst Umweltrecht. Aktuelle Liste umweltrelevanter Vorschriften, Gerichtsentscheidungen und Literatur (1.1995 ff.)

ALV Allgemeine Lotsverordnung v. 21.4.1987 (BGBl I S. 1290)

a.M. anderer Meinung

AMB Allgemeine Maschinenversicherungs-Bedingungen (VerBAV 1969 S. 2)

AMBG Allgemeines Magnetschwebebahngesetz v. 19.7.1996 (BGBl I S. 1019)

AMBl Amtsblatt des Bayerischen Staatsministeriums für Arbeit und soziale Fürsorge (ab 26.1971: und Sozialordnung) (1.1946 u. d. T.: Amtsbl. d. Bayer. Arbeitsministeriums; ab 6.1951 geteilt in Teil A-C) (1.1946–42.1987)

AMBUB Allgemeine Maschinen-Betriebsunterbrechungsversicherungs-Bedingungen (VerBAV 1976 S. 296)

AMBV Arbeitsmittelbenutzungsverordnung v. 11.3.1997 (BGBl I S. 450)

AMEG NW Ausschussmitglieder-Entschädigungsgesetz v. 13.5.1958 (GV.NW S. 193)

AMFarbV Arzneimittelfarbstoffverordnung v. 25.10.1982 (BGBl I S. 1237)

AMG Arzneimittelgesetz i. d. Bek. v. 12.12.2005 (BGBl I S. 3394 ff.)

AMGKostV AMG-Kostenverordnung v. 10.12.2003 (BGBl I S. 2510)

AMoB Allgemeine Montageversicherungs-Bedingungen (VerBAV 1972 S. 82)

AMPreisV Arzneimittelpreisverordnung v. 14.11.1980 (BGBl I S. 2147)

AMRadV VO ü. radioaktive oder mit ionisierenden Strahlen behandelte Arzneimittel v. 28.1.1987 (BGBl I S. 502)

AmREG Amerik. Zone. Ges. Nr. 59 in Kraft seit 10.11.1947 (ABlMR Ausg. G S. 1)

AmstV Vertrag v. Amsterdam v. 2.10.1997

amtl. amtlich

Amtl. Anz. HA Amtlicher Anzeiger (1921–1937 u. 1946–49 = Beil. zum Hamburgischen Gesetz- und Verordnungsblatt; 1938–1946 = Beil. zum Hamburgischen Verordnungsblatt; 1950 ff. = Teil II d. Hamburgischen Gesetz- u. Verordnungsblattes) (1921 ff.; vorher: Öffentlicher Anzeiger)

Amtl. Begr. Amtliche Begründung

Amtl. Mittlg. BR Amtliche Mitteilungen für die bremischen Behörden (1.1925–38.1964; dann: Amtsblatt der Freien Hansestadt Bremen)

Amtm. Amtmann

Amtsbl M-V MV Amtsblatt für Mecklenburg-Vorpommern (nebst: Amtl. Anzeiger) (1.1991 ff.)

AmtsO BB Amtsordnung i. d. Bek. v. 10.10.2001 (GVBl S. 188)

AMWarnV Arzneimittel-Warnhinweisverordnung v. 21.12.1984 (BGBl 1985 I S. 22)

AMWHV Arzneimittel- und Wirkstoffherstellungsverordnung v. 3.11.2006 (BGBl I S. 2523)

AN Reich Auftragnehmer (1928–1945,2/3; 1928–39 = Reichsarbeitsblatt, T. 4; 1940–45 = Reichsarbeitsblatt, T. 2)

ANBA Amtliche Nachrichten der Bundesanstalt für Arbeit (52.2004 ff.; vorher: Amtliche Nachrichten der Bundesanstalt für Arbeit)

Anerk KfzV BY VO ü. anerkannte Kraftfahrzeuge v. 5.3.1974 (GVBl S. 87)

AnerkV BY VO ü. d. Anerkennung als Kur- u. Erholungsort ... v. 17.9.1991 (GVBl S. 343)

AnfG Anfechtungsgesetz i. d. Bek. v. 20.5.1898 (RGBl S. 709)

AnFrV Antragsfristverordnung v. 14.6.1994 (BGBl I S. 1265)

Angekl. Angeklagte(r)

Angest. Angestellte(r)

Angl. Angleichung

AngV Angestellenversicherung

AngVers s. DAngVers

Anh. Anhang

AnhV BB Anhörungsverordnung v. 29.12.1995 (GVBl II 1996 S. 50)

Anl. Anlage

AnlBV Anlaufbedingungsverordnung v. 18.2.2004 (BGBl I S. 300)

AnlPrüfVO BE Anlagen-Prüfverordnung v. 1.6.2004 (GVBl S. 235)

AnlV Anlageverordnung v. 20.12.2001 (BGBl I S. 3913)

Anm. Anmerkung

AnmV VO ü. d. Anmeldung vermögensrechtl. Ansprüche i. d. Bek. v. 11.10.1990 (BGBl I S. 2162)

Ann. Annalen

AnO Anordnung

AnpG Anpassungsgesetz, Gesetz z. Anpassung

AnpG-KOV s. KOVAnpG 1991

AnpG NW NW Anpassungsgesetz v. 3.12.1974 (GV.NW S. 1504)

AnpV Anpassungsverordnung, Verordnung z. Anpassung

AnpV 1988 Anpassungsverordnung v. 21.7.1988 (BGBl I S. 1082)

Anrechnungs-VO... VOen ü. d. anzurechnende Einkommen nach d. Bundesversorgungsgesetz

AnrechVO-BNotO ND VO über die Anrechnung von Ersatz- und Ausfallzeiten nach der Bundesnotarordnung v. 12.5.2003 (GVBl S. 195)

AnrV 2001/2002 Anrechnungs-Verordnung 2001/2002 v. 26.6.2001 (BGBl I S. 1346)

ANRVA Reich Amtliche Nachrichten des Reichsversicherungsamtes (1.1885–43.1927; dann: Amtliche Nachrichten für Reichsversicherung)

Anspr. Anspruch

AnstG LSA Anstaltsgesetz v. 3.4.2001 (GVBl LSA S. 136)

AnstVO LSA Anstaltsverordnung v. 14.1.2004 (GVBl LSA S. 38)

AnSVG Anlegerschutzverbesserungsgesetz v. 28.10.2004 (BGBl I S. 2630)

AntiDHG Ges. ü. d. Hilfe f. d. Anti-D-Immunprophylaxe m. d. Hepatitis-C-Virus infizierte Personen v. 2.8.2000 (BGBl I S. 1270)

Anti-D-HilfeG s. AntiDHG

AntKIV Anteilklassenverordnung v. 24.3.2005 (BGBl I S. 986)

AntKostV KostenVO f. Amtshandlungen nach d. Umweltschutzprotokoll-Ausführungsgesetz v. 17.4.2001 (BGBl I S. 834)

AnVG s. AVG

AnVNG Angestelltenversicherungs-Neuregelungsgesetz v. 23.2.1957 (BGBl I S. 88)

Anw. Anweisung

AnwBl Anwaltsblatt (13.1926–20.1933; N.F. 1.1950/51 ff.; vorher: Nachrichten f. d. Mitglieder d. Dt. Anwaltsvereins)

AnwDA Anwärterdienstalter

AnwSZV Anwärtersonderzuschlags-Verordnung i. d. Bek. v. 11.6.1990 (BGBl I S. 1033)

AnwTGV BB Anwärter-Trennungsgeldverordnung i. d. Bek. v. 1.3.2000 (GVBl II S. 70)

AnZuVO HE Andienungs- u. Zuweisungsverordnung v. 4.12.1998 (GVBl I S. 554)

AnzV Anzeigenverordnung v. 29.12.1997 (BGBl I S. 3372)

AO SH Amtsordnung für Schleswig-Holstein v. 28.2.2003 (GVOBl S. 112)

AO 1977 Abgabenordnung v. 16.3.1976 (BGBl I S. 613)

AOAnpG Abgabenordnung-Anpassungsgesetz RP v. 23.12.1976 (GVBl S. 301)

AOAnpG-Saar SL v. 28.3.1977 (ABl S. 378)

AOBerRPfl SACH VO d. Sächs. Staatsministeriums d. Justiz ü. d. Ausbildung v. Bereichsrechtspflegern z. Rechtspflegern v. 13.3.1996 (SächsGVBl S. 123)

AOeJD RP Landesverordnung über die Ausbildung für die Laufbahn des einfachen Justizdienstes v. 7.6.2005 (GVBl S. 239)

AöR Archiv des öffentlichen Rechts (bis 26.1910: für öffentliches Recht) (1.1886 ff.)

AOgD AL BE VO über die Ausbildung für den Aufstieg und den Laufbahnwechsel in den gehobenen nichttechnischen Dienst der allgemeinen Verwaltung v. 5.3.2004 (GVBl S. 125)

AO-GS NW Ausbildungsordnung Grundschule v. 23.3.2005 (GV.NW S. 269)

AOhD BE VO ü. Auswahl u. Ausbildung v. Beamten d. geh. nichttechn. Verwaltungsdienstes v. 9.11.1988 (GVBl S. 2194)

AO-iGS HA Ausbildungsordnung d. integrierten Gesamtschule v. 21.7.1998 (GVBl I S. 173)

AOJ GV SL VO ü. d. Ausbildung und Prüfung d. Beamten und Beamtinnen d. Gerichtsvollzieherdienstes i. d. Bek. v. 3.3.2000 (ABl S. 565)

AOJ JW SL VO ü. d. Ausbildung d. Beamten u. Beamtinnen d. Laufbahn d. Justizwachtmeisterdienstes i. d. Bek. v. 3.3.2000 (ABl S. 576)

AOJ m. D. SL VO über die Ausbildung und Prüfung der Beamtinnen und Beamten des mittleren Justizdienstes v. 2.9.2005 (ABl S. 1438)

AOJuWM BW Ausbildungsordnung f. d. Justizwachtmeisterdienst v. 15.12.1975 (GBl 1976 S. 61)

AOJ VJ SL VO ü. d. Ausbildung und Prüfung d. Vollziehungsbeamten d. Justiz v. 22.5.1964 (ABl S. 540)

AOJ Vollz. g. D. SL VO ü. d. Ausbildung und Prüfung d. Beamten d. geh. Vollzugs- und Verwaltungsdienstes an Justizvollzugsanstalten i. d. Bek. v. 3.3.2000 (ABl S. 507)

AOJ Vollz. m. D. SL VO ü. d. Ausbildung und Prüfung d. Beamten und Beamtinnen d. mittl. Verwaltungsdienstes an Justizvollzugsanstalten i. d. Bek. v. 3.3.2000 (ABl S. 521)

AOJ Vollz.WD SL VO ü. d. Ausbildung und Prüfung d. Beamten und Beamtinnen d. mittl. allg. Vollzugsdienstes und d. Werkdienstes bei d. Justizvollzugsanstalten i. d. Bek. v. 3.3.2000 (ABl S. 535)

AOJwD Ausbildungsordnung Justizwachtmeisterdienst
BB v. 18.7.1994 (GVBl II S. 656)
BY v. 22.4.1976 (GVBl S. 181)
SACH VO d. Sächs. Staatsministeriums d. Justiz ü. d. Ausbildung f. d. Laufbahn

d. Justizwachtmeisterdienstes
v. 13.11.1995 (SächsGVBl S. 418) (s.a.
Bundeslaufbahnverordnung)
AO/JwD BY Ausbildungsordnung für den
Justizwachtmeisterdienst v. 7.1.2008
(GVBl S. 21)
AOJWmD BE VO ü. d. Ausbildung f. d.
Justizwachtmeisterdienst v. 23.8.1978
(GVBl S. 1820)
AOK Allgemeine Ortskrankenkasse
AO-kGS HA Ausbildungsordnung d. kooperativen Gesamtschule v. 21.7.1998
(GVBl I S. 182)
AO-SF NW VO über die sonderpädagogische Förderung, den Hausunterricht und
die Schule für Kranke (Ausbildungsordnung gemäß § 52 SchulG) v. 29.4.2005
(GV.NW S. 538)
AO-S I NW Ausbildungsordnung Sekundarstufe I v. 21.10.1998 (GV.NW S. 632)
AO-StB Der AO-Steuerberater (1.2001 ff.)
AP Arbeitsrechtliche Praxis (1950 ff.; ab
1954: Nachschlagewerk d. Bundesarbeitsgerichts)
a.P. auf Probe
APAG Abschlussprüferaufsichtsgesetz
v. 27.12.2004 (BGBl I S. 3846); SH
Altenpflegeausbildungsgesetz v. 8.3.1999
(GVOBl S. 62)
ApBetrO Apothekenbetriebsordnung i. d.
Bek. v. 26.9.1995 (BGBl I S. 1195)
APBG ND Altenpflege-Berufegesetz
v. 20.6.1996 (GVBl S. 276)
ApG Ges. ü. d. Apothekenwesen i. d. Bek.
v. 15.10.1980 (BGBl I S. 1993)
APHi-VO SL Ausbildungs- und Prüfungsverordnung für den Altenpflegehilfeberuf v. 9.9.2003 (ABl S. 2518)
APO
BY Allgemeine Prüfungsordnung i. d.
Bek. v. 14.2.1984 (GVBl S. 76)
SL Abiturprüfungsordnung v. 26.10.1995
(ABl S. 1166)
APOAA NW Ausbildungs- und Prüfungsordnung Amtsanwälte v. 6.11.2006
(GV.NW S. 520)
APOAAD M-V MV Amtsanwaltsausbildungs- u. Prüfungsordnung v. 29.3.1998
(GVOBl M-V S. 407)
APOAD RP VO ü. d. Ausbildung und Prüfung f. d. Laufbahn d. Amtsanwaltsdienstes v. 29.10.1990 (GVBl S. 316)
APO-AH HA Ausbildungs- und Prüfungsordnung zum Erwerb der allgemeinen
Hochschulreife v. 22.7.2003 (GVBl
S. 275)
APO-Altenpflege SL VO ü. d. Ausbildung,
Prüfung und staatl. Anerkennung v. Altenpflegerinnen und Altenpflegern
v. 6.4.1995 (ABl S. 478)
APO-AltPfl HA Ausbildungs- und Prüfungsordnung der Berufsschule für Altenpflege v. 8.5.2006 (GVBl S. 225)
APO-AS HA Ausbildungs- und Prüfungsordnung für die Klassen 1 bis 10 der allgemeinbildenden Schulen v. 22.7.2003
(GVBl S. 339)
APOaVDVO SACH Ausbildungs- und Prüfungsordnung der Beamten des mittleren
allgemeinen Vollzugsdienstes bei den
Justizvollzugsanstalten v. 14.12.2007
(SächsGVBl S. 592)
APO-BBS NW Allg. Prüfungsordnung f.
berufsbildende Schulen v. 14.5.1997
(GV.NW S. 223)
APO BFS-tq HA Ausbildungs- und Prüfungsordnung der teilqualifizierenden
Berufsfachschule v. 20.4.2006 (GVBl
S. 190)
APO-BK NW Ausbildungs- und Prüfungsordnung Berufskolleg v. 26.5.1999
(GV.NW S. 240)
APO-BVS HA Ausbildungs- und Prüfungsordnung der Berufsvorbereitungsschule
v. 20.4.2006 (GVBl S. 191)
APO-DBWL SL Schul- und Prüfungsordnung ü. d. Ausbildung u. Prüfung a. Dualen Berufskolleg f. Wirtschaft u. Logistik – Höhere Berufsfachschule – i. Saarland v. 27.11.1997 (ABl S. 1384)
APO-Desinf NW Ausbildungs- und Prüfungsordnung für Desinfektorinnen und
Desinfektoren v. 24.4.2005 (GV.NW
S. 597)

APOForst M-V MV Ausbildungs- und Prüfungsordnung für die Laufbahnen des höheren und gehobenen Forstdienstes in Mecklenburg-Vorpommern v. 30.11.2005 (GVOBl. M-V S. 650)

APO-FOS Ausbildungsordnung Fachoberschule
BE Ausbildungs- und Prüfungsverordnung für die Fachoberschule v. 17.1.2006 (GVBl S. 49)
HA Ausbildungs- und Prüfungsordnung der Fachoberschule v. 20.4.2006 (GVBl S. 196)

APO-FS BB Ausbildungs- u. Prüfungsordnung d. Fachschulen v. 17.5.1994 (GVBl II S. 370)

APO-FS II SACH Ausbildungs- und Prüfungsordnung Förderschulen II v. 23.5.1995 (SächsGVBl S. 174)

APO-FSP SL VO „Schul- und Prüfungsordnung" über die Ausbildung und Prüfung an Akademien für Erzieher und ErzieherinnenFachschulen für Sozialpädagogik v. 10.5.2004 (ABl S. 1110)

APO Fw BR Ausbildungs- und Prüfungsordnung für die Beamten des feuerwehrtechnischen Dienstes im Lande Bremen i. d. Bek. v. 1.12.2006 (Brem.GVBl. S. 491)

APO gAD M-V MV Ausbildungs- und Prüfungsordnung gehobener Archivdienst v. 20.6.2007 (GVOBl M-V S. 241)

APOgD Ausbildungs- u. Prüfungs(ver)ordnung; VO ü. d. Ausbildung u. Prüfung f. Laufbahnen d. gehobenen nichttechnischen Verwaltungsdienstes
BB VO ü. d. Ausbildung und Prüfung f. Laufbahnen d. gehobenen nichttechnischen Verwaltungsdienstes i. Land Brandenburg v. 2.1.1996 (GVBl II S. 22)
BE VO ü. d. Ausbildung und Prüfung f. d. gehobenen nichttechnischen Dienst in d. allgemeinen Verwaltung v. 28.4.1982 (GVBl S. 906)
SL VO über die Ausbildung und Prüfung der Beamten und Beamtinnen des gehobenen Dienstes in der allgemeinen Verwaltung des Landes, der Gemeinden und der Gemeindeverbände v. 13.4.2004 (ABl S. 988);
TH Thüringer Ausbildungs- und Prüfungsordnung für die Laufbahn des gehobenen nichttechnischen Dienstes in der staatlichen und kommunalen Verwaltung v. 14.5.2004 (GVBl S. 613)

APO gD RP VO ü. d. Ausbildung und Prüfung f. Laufbahnen d. gehobenen nichttechnischen Verwaltungsdienstes Verordnung ü. d. Ausbildung und Prüfung f. Laufbahnen d. gehobenen nichttechnischen Dienstes v. 21.9.1981 (GVBl S. 233)

APO gD M-V MV Ausbildungs- und Prüfungsordnung gehobener Verwaltungsdienst v. 29.8.2006 (GVOBl. M-V S. 703)

APO gD besV Pol M-V MV Ausbildungs- und Prüfungsordnung gehobener Polizeivollzugsdienst in besonderer Verwendung v. 29.9.2006 (GVOBl M-V S. 751)

APOgDJV BE VO ü. d. Ausbildung und Prüfung f. Laufbahnen d. gehobenen nichttechnischen Verwaltungsdienstes, Verordnung ü. d. Ausbildung und Prüfung f. d. geh. Verwaltungsdienst an Justizvollzugsanstalten v. 11.3.1975 (GVBl S. 885)

APO g. D. Pol. SL Ausbildungs- und Prüfungsordnung f. d. Laufbahnabschnitt d. geh. Polizeivollzugsdienstes v. 14.10.1996 (ABl S. 1093)

APOgDVerm/Kart M-V MV Ausbildungs- und Prüfungsordnung Vermessungswesen/Kartographie v. 10.4.2003 (GVOBl. M-V S. 288)

APOgehVerw-LVA HA Ausbildungs- und Prüfungsordnung für die Laufbahn des gehobenen allgemeinen Verwaltungsdienstes bei der Landesversicherungsanstalt Freie und Hansestadt Hamburg v. 13.5.2003 (GVBl S. 103)

APOgehVollzD RP Landesverordnung ü. d. Ausbildung und Prüfung f. d. Laufbahn d. geh. Vollzugs- und Verwaltungsdienstes v. 15.8.1979 (GVBl S. 267)

APOgehVVwD HA Ausbildungs- und Prü-

fungsordnung für die Laufbahn des gehobenen Vollzugs- und Verwaltungsdienstes beim Strafvollzug v. 21.6.2004 (GVBl S. 259)
APOgFD RP Landesverordnung über die Ausbildung und Prüfung für die Laufbahn des gehobenen Forstdienstes v. 23.4.2004 (GVBl S. 314)
APOgPol BY Ausbildungs- und Prüfungsordnung für den gehobenen Polizeivollzugsdienst v. 10.2.2004 (GVBl S. 18)
APOgPolD BB Ausbildungs- und Prüfungsordnung gehobener Polizeivollzugsdienst v. 31.8.2007 (GVBl II S. 297)
APOGV Ausbildungs- und Prüfungs(ver)ordnung für Gerichtsvollzieher
BE v. 4.9.1974 (GVBl S. 2124)
HA Ausbildungs- und Prüfungsordnung für die Laufbahn der Gerichtsvollzieherinnen und Gerichtsvollzieher v. 3.2.2004 (GVBl S. 46)
SACH VO des Sächsischen Staatsministeriums der Justiz über die Ausbildung und Prüfung der Gerichtsvollzieher v. 17.9.2004 (SächsGVBl S. 532)
APOgVollzD. RP Landesverordnung über die Ausbildung und Prüfung für die Laufbahn des gehobenen Vollzugs- und Verwaltungsdienstes bei Justizvollzugseinrichtungen v. 15.8.2006 (GVBl S. 320)
APOhArchD BE VO über die Ausbildung und Prüfung für den höheren Archivdienst v. 30.6.2003 (GVBl S. 264)
APO-HBFS-WI SL Schul- u. Prüfungsordnung ü. d. Ausbildung u. Prüfung an Höheren Schulordnungen f. Wirtschaftsinformatik im Saarland v. 16.9.1985 (ABl S. 955)
APO-HBFS-WL SL Schul- und Prüfungsordnung ü. d. Ausbildung u. Prüfung a. Höheren Berufsfachschulen f. Wirtschaft u. Logistik i. Saarland v. 11.10.1995 (ABl S. 1038)
APOhD BE VO ü. d. Ausbildung und Prüfung f. d. Laufbahn d. höh. allg. Verwaltungsdienstes v. 17.9.1988 (GVBl S. 1864)

APOhtVerwD M-V MV Ausbildungs- und Prüfungsordnung höherer technischer Verwaltungsdienst v. 5.7.2004 (GVOBl M-V S. 327)
APOhtVwD RP Landesverordnung über die Ausbildung und Prüfung für die Laufbahn des höheren technischen Verwaltungsdienstes v. 6.8.2003 (GVBl S. 225)
APO-iGS HA Ausbildungs- und Prüfungsordnung für die integrierte Gesamtschule – Jahrgangsstufen 5 bis 10 v. 22.7.2003 (GVBl S. 359)
APOJVD RP Ausbildungs- u. Prüfungs(ver)ordnung Vollziehungsbeamter v. 26.6.1967 (GVBl S. 183)
APOJVollz BE VO ü. d. Ausbildung und Prüfung f. d. Laufbahnen d. allg. Vollzugsdienstes an Justizvollzugsanstalten v. 23.11.2001 (GVBl S. 600)
APO-KASS HA Ausbildungs- und Prüfungsordnung der Berufsfachschule für Kaufmännische Assistenz v. 20.4.2006 (GVBl S. 198)
APO-kGS HA Ausbildungs- und Prüfungsordnung für die kooperative Gesamtschule – Jahrgangsstufen 5 bis 10 v. 22.7.2003 (GVBl S. 373)
APOLMChem RP Landesverordnung über die Ausbildung und Prüfung für staatlich geprüfte Lebensmittelchemikerinnen und Lebensmittelchemiker v. 19.8.2004 (GVBl S. 423)
APOmD Ausbildungs- und Prüfungsverordnung f. d. mittleren nichttechn. Dienst
BE v. 24.7.1985 (GVBl S. 1854)
RP i. d. Kommunalverwaltung und d. staatl. allg. und inneren Verwaltung v. 6.7.1999 (GVBl S. 165)
SL v. 30.4.1963 (ABl S. 287)
APOmDJV BE VO ü. d. Ausbildung und Prüfung f. d. mittleren Verwaltungsdienst an Justizvollzugsanstalten v. 4.5.1995 (GVBl S. 347)
APOmJD Ausbildungs- und Prüfungsordnung f. d. mittleren Justizdienst
APOOmDJ BE v. 21.3.1983 (GVBl S. 583)

APOmD LK BE VO über die Ausbildung und Prüfung für die Laufbahn des mittleren Lebensmittelkontrolldienstes v. 30.8.2006 (GVBl S. 916)

APO mD M-V MV Ausbildungs- und Prüfungsverordnung f. d. mittleren nichttechn. Dienst, Ausbildungs- und Prüfungsordnung mittlerer Verwaltungsdienst v. 26.6.1997 (GVOBl M-V S. 290)

APO mD Pol M-V MV Ausbildungs- und Prüfungsordnung mittlerer Polizeivollzugsdienst v. 21.7.2003 (GVOBl M-V S. 388)

APOmittlVerw HA Ausbildungs- u. Prüfungsordnung f. d. Laufbahn d. mittl. allg. Verwaltungsdienstes v. 25.3.1991 (GVBl I S. 98)

APOmittlVollzD Ausbildungs- u. Prüfungsverordnung f. d. allg. mittleren Vollzugsdienst
BR v. 4.9.2001 (GBl S. 295)
RP v. 3.5.1984 (GVBl S. 107)

APOmJD Ausbildungs- u. Prüfungs(ver)ordnung; Ausbildungs- und Prüfungsordnung f. d. mittleren Justizdienst
BB Ausbildungs- und Prüfungsordnung f. d. mittleren Justizdienst, Ausbildungs- und Prüfungsordnung mittlerer Justizdienst v. 4.12.1995 (GVBl II 1996 S. 6)
BR Ausbildungs- und Prüfungsordnung f. d. mittleren Justizdienst v. 9.7.1984 (GBl S. 199)
NW Ausbildungsordnung mittlerer Justizdienst v. 12.9.2005 (GV.NW S. 804)
RP Landesverordnung über die Ausbildung und Prüfung für die Laufbahn des mittleren Justizdienstes v. 19.7.2005 (GVBl S. 345)

APOmJD Ausbildungs- und Prüfungsordnung f. d. mittleren Justizdienst

APOMJD SACH VO des Sächs. Staatsministeriums der Justiz über die Ausbildung und Prüfung der Beamten des mittleren Justizdienstes v. 8.3.2003 (SächsGVBl. S. 80)

APO m. verm. D. SL VO über die Ausbildung und Prüfung der Beamtinnen und Beamten des mittleren vermessungstechnischen Verwaltungsdienstes des Landes v. 16.10.2003 (ABl S. 2690)

APO-OBF Altenpflege BE Ausbildungs- und Prüfungsordnung für die Berufsfachschule für Altenpflege v. 11.3.2004 (GVBl S. 127)

APOPol RP Landesverordnung ü. d. Ausbildung und Prüfung f. d. Polizeidienst v. 30.4.1998 (GVBl S. 142)

APO Pol. m. D. SL Ausbildungs- und Prüfungsordnung f. d. Laufbahnabschnitt d. mittleren Polizeivollzugsdienstes v. 27.1.1994 (ABl S. 96)

ApoR Apotheke & Recht (1.1998–9.2006; dann Apotheken-Recht)

APORpfl Ausbildungs- und Prüfungsverordnung f. Rechtspfleger
BE VO über die Ausbildung und Prüfung von Rechtspflegern v. 14.6.2006 (GVBl S. 618)
HA Ausbildungs- und Prüfungsordnung für die Laufbahn des gehobenen Justizdienstes – Rechtspflegerlaufbahn v. 27.1.2004 (GVBl S. 31)
SACH v. 9.9.1991 (SächsGVBl S. 355)

APO-SH HA Ausbildungs- und Prüfungsordnung des Studienkollegs Hamburg v. 20.7.2005 (GVBl S. 319)

APO-S I NW Ausbildungs- und Prüfungsordnung Sekundarstufe I v. 29.4.2005 (GV.NW S. 546)

APO-SK NW Ausbildungs- und Prüfungsordnung gemäß § 26 b SchVG v. 8.4.2003 (GV.NW S. 224)

APO-SPA HA Ausbildungs- und Prüfungsordnung der Berufsfachschule für Sozialpädagogische Assistenz v. 31.10.2007 (GVBl I S. 389)

ApostilleZVO NW Apostillezuständigkeitsverordnung v. 23.8.2005 (GV.NW S. 739)

APO-T SL VO „Schul- und Prüfungsordnung" über die Ausbildung und Prüfung an Fachschulen für Technik v. 11.6.2003 (ABl S. 1789)

APOTG HA Ausbildungs- und Prüfungsordnung d. Technischen Gymnasiums v. 25.7.2000 (GVBl I S. 215)

ApothG s. ApG

APO VFAng NW VO ü. d. Ausbildung und Prüfung z. Verwaltungsfachangestellten v. 22.11.2001 (GV.NW S. 823)

APOVWD BR Ausbildungs- und Prüfungsordnung f. d. allg. Vollzugs- und Werkdienst v. 14.11.1988 (GBl S. 303)

APR Apotheken-Recht (vorher: Apotheke & Recht)

APrOAmtsAnw BW VO ü. d. Ausbildung und Prüfung f. d. Laufbahn d. Amtsanwalts v. 7.2.1969 (GBl S. 31)

APRO-APH NW Ausbildungs- und Prüfungsordnung für die Altenpflegehilfeausbildung v. 23.8.2006 (GV.NW S. 404)

APrOArchhD BW Ausbildungs- und Prüfungsordnung für den höheren Archivdienst v. 12.5.2003 (GBl S. 258)

APrOBau hD BW Ausbildungs- und Prüfungsordnung für den höheren bautechnischen Verwaltungsdienst v. 18.9.2007 (GBl S. 452)

APrOBibmD BW Ausbildungs- u. Prüfungsordnung f. d. mittleren Bibliotheksdienst v. 9.11.1999 (GBL S. 636)

APrOBKDesign BW Ausbildungs- und und Prüfungsordnung an den dreijährigen Berufskollegs für Design v. 20.8.2004 (GBl S. 701)

APrObSchhD BW VO des Kultusministeriums über den Vorbereitungsdienst und die Zweite Staatsprüfung für die Laufbahn des höheren Schuldienstes an beruflichen Schulen v. 10.3.2004 (GBl S. 192)

APrOFgD BW Ausbildungs- und Prüfungsordnung für den gehobenen Forstdienst v. 5.10.2004 (GBl S. 778)

APrOFL BW VO des Kultusministeriums über die Ausbildung und Prüfung von Fachlehrkräften für musisch-technische Fächer an Pädagogischen Fachseminaren v. 15.12.2006 (GBl S. 407)

APrOFwhD BW Ausbildungs- und Prüfungsordnung für den höheren feuerwehrtechnischen Dienst v. 9.6.2006 (GBl S. 220)

APrOGeKrPflHi BW Ausbildungs- und Prüfungsordnung Gesundheits- und Krankenpflegehilfe v. 17.2.2005 (GBl S. 274)

APrOGerVollz BW Ausbildungs- und Prüfungsordnung f. d. Gerichtsvollzieher v. 16.6.1971 (GBl S. 282)

APrOGymn BW VO des Kultusministeriums über den Vorbereitungsdienst und die Zweite Staatsprüfung für die Laufbahn des höheren Schuldienstes an Gymnasien v. 10.3.2004 (GBl S. 181)

APrOHeilErzPfl BW Heilerziehungspflegeverordnung v. 13.7.2004 (GBl S. 616)

APrOHeilPäd BW Heilpädagogenverordnung v. 13.7.2004 (GBl S. 636)

APrOIuHeE BW Jugend- und Heimerzieherverordnung v. 13.7.2004 (GBl S. 596)

APrOJu mD BW Ausbildungs- und Prüfungsordnung f. d. mittl. Justizdienst v. 25.6.1998 (GBl S. 391)

APrOJVA Verw BW Ausbildungs- und Prüfungsordnung für den mittleren Verwaltungsdienst bei den Justizvollzugsanstalten v. 9.5.2006 (GBl S. 183)

APrOJVA Vollz BW Ausbildungs- und Prüfungsordnung für den allgemeinen Vollzugsdienst bei den Justizvollzugsanstalten v. 9.5.2006 (GBl S. 195)

APrOJVA Werk BW Ausbildung- und Prüfungsordnung für den Werkdienst bei den Justizvollzugsanstalten v. 9.5.2006 (GBl S. 189)

APrOLmKon BW Ausbildungs- und Prüfungsordnung für Lebensmittelkontrolleure v. 4.4.2005 (GBl S. 301)

APrONot BW VO ü. d. Ausbildung und Prüfung f. d. Laufbahn d. Bezirksnotars i. d. Bek. v. 14.12.1993 (GBl 1994 S. 50)

APrOPol hD BW Ausbildungs- und Prüfungsordnung für den höheren Polizeivollzugsdienst v. 25.6.2007 (GBl S. 329)

APrOPol mD BW VO d. Innenministeriums über d. Ausbildung und Prüfung f. d. mittleren Polizeivollzugsdienst v. 12.1.1999 (GBl S. 87)

APrORpfl BW VO ü. d. Ausbildung und Prüfung d. Rechtspfleger v. 15.9.1994 (GBl S. 561)

APrOStrM BW Ausbildungs- und Prüfungsordnung Straßenmeisterdienst v. 7.1.2006 (GBl S. 33)

APrOVA Verw BW Ausbildungs- und Prüfungsordnung f. d. mittl. Verwaltungsdienst bei d. Vollzugsanstalten v. 13.4.1995 (GBl S. 365)

APrOVA Vollz BW Ausbildungs- und Prüfungsordnung f. d. allg. Vollzugsdienst bei d. Vollzugsanstalten v. 13.4.1995 (GBl S. 353)

APrOVA Werk BW Ausbildungs- und Prüfungsordnung f. d. Werkdienst Vollzugsanstalten v. 13.4.1995 (GBl S. 359)

APrOVw gD BW Ausbildungs- und Prüfungsordung für den gehobenen Verwaltungsdienst v. 27.1.2004 (GBl S. 118)

APrOVw hD BW Ausbildungs- und Prüfungsordnung für den höheren allgemeinen Verwaltungsdienst v. 18.5.2004 (GBl S. 344)

APrOVw mD BW Ausbildungs- und Prüfungsordnung f. d. mittl. Verwaltungsdienst v. 8.12.1983 (GBl S. 836)

APrVL BW Abschlussprüfungsverordnung Landwirtschaft v. 10.1.2000 (GVBl S. 32)

ApSt Amtsprüfstelle

AP-V BR VO über die Abiturprüfung im Lande Bremen v. 1.12.2005 (GBl S. 585)

APVO AA LSA LSA Ausbildungs- und Prüfungsverordnung f. Amtsanwältinnen und Amtsanwälte i. Land Sachsen-Anhalt v. 29.1.1998 (GVBl LSA S. 39)

APVO-Eich ND VO über die Ausbildung und Prüfung für die Laufbahnen des mittleren und des gehobenen eichtechnischen Dienstes v. 16.3.2007 (GVBl S. 129)

APVOgD LSA VO ü. d. Ausbildung und Prüfung d. Beamten i. d. Laufbahn d. geh. allg. Verwaltungsdienstes i. Land Sachsen-Anhalt v. 10.3.1994 (GVBl LSA S. 480)

APVOgDPol LSA VO über die Ausbildung und Prüfung der Beamten in der Laufbahn des gehobenen Polizeivollzugsdienstes des Landes Sachsen-Anhalt v. 25.8.2006 (GVBl LSA S. 479)

APVOgehD ND VO über die Ausbildung und Prüfung für die Laufbahnen des gehobenen allgemeinen Verwaltungsdienstes, des gehobenen Polizeiverwaltungsdienstes und des gehobenen Verwaltungsdienstes in der Agrarstrukturverwaltung v. 30.6.2003 (GVBl S. 287)

APVOgehVVD ND VO über die Ausbildung und Prüfung für die Laufbahn des gehobenen Vollzugs- und Verwaltungsdienstes v. 24.10.2005 (GVBl S. 321)

APVO-GO M-V MV Arbeits- und Prüfungsverordnung gymnasiale Oberstufe v. 16.1.1999 (GVOBl M-V S. 361)

APVOgtechD-LSA LSA VO über die Ausbildung und Prüfung für Laufbahnen des gehobenen technischen Verwaltungsdienstes im Land Sachsen-Anhalt v. 30.10.2003 (GVBl LSA S. 306)

APVOgumtechVD LSA VO über die Ausbildung und Prüfung für die Laufbahn des gehobenen umwelttechnischen Verwaltungsdienstes v. 19.10.2004 (GVBl LSA S. 748)

APVO GV LSA LSA Ausbildungs- und Prüfungsordnung f. Gerichtsvollzieherinnen und Gerichtsvollzieher v. 4.12.2001 (GVBl LSA S. 522)

APVOgVVD LSA LSA VO ü. d. Ausbildung und Prüfung f. d. Laufbahn d. geh. Vollzugs- und Verwaltungsdienstes b. Justizvollzugseinrichtungen v. 18.7.2000 (GVBl LSA S. 447)

APVO-hlandwD ND VO über die Ausbildung und Prüfung für den höheren landwirtschaftlichen Dienst v. 7.9.2007 (GVBl S. 437)

APVOhöhBiblD ND VO über die Ausbildung und Prüfung für die Laufbahn des höheren Bibliotheksdienstes an wissenschaftlichen Bibliotheken v. 11.12.2003 (GVBl S. 430)

APVOKontrAss NRW NW VO über die Ausbildung und Prüfung zur amtlichen

Kontrollassistentin und zum amtlichen Kontrollassistenten v. 29.1.2008 (GV.NW S. 150)

APVOLChem NRW NW VO über die Ausbildung und Prüfung zur staatlich geprüften Lebensmittelchemikerin und zum staatlich geprüften Lebensmittelchemiker v. 12.12.2005 (GV.NW S. 23)

APVOLKon NRW NW VO über die Ausbildung und Prüfung zur Lebensmittelkontrolleurin und zum Lebensmittelkontrolleur v. 30.6.2005 (GV.NW S. 668)

APVOLMChem ND VO über die Ausbildung und Prüfung zur Lebensmittelchemikerin und zum Lebensmittelchemiker v. 10.2.2003 (GVBl S. 79)

APVO LMChem LSA VO über die Ausbildung und Prüfung staatlich geprüfter Lebensmittelchemikerinnen und Lebensmittelchemiker v. 21.2.2003 (GVBl LSA S. 27)

APVOmaJVD ND VO ü. d. Ausbildung und Prüfung f. d. Laufbahn d. mittleren allg. Justizvollzugsdienstes v. 29.10.1998 (GVBl S. 679)

APVOmittlD ND VO ü. d. Ausbildung und Prüfung f. d. Laufbahnen d. mittleren allg. Verwaltungsdienstes und d. mittleren Polizeiverwaltungsdienstes v. 30.6.1999 (GVBl S. 135)

APVOmJD ND VO über die Ausbildung und Prüfung für die Laufbahn des mittleren Justizdienstes v. 15.8.2005 (GVBl S. 270)

APVORpfl ND Ausbildungs- u. Prüfungs(ver)ordnung für Rechtspflegerinnen u. Rechtspfleger v. 20.3.2000 (GVBl S. 59)

APVO-Vet ND VO über die Ausbildung und Prüfung für die Laufbahn des höheren Veterinärdienstes v. 22.3.2005 (GVBl S. 94)

APVO – WA M-V MV Abiturprüfungsverordnung – Waldorfschulen v. 2.8.2006 (GVOBl M-V S. 671)

APVO-WFw HE Werkfeuerwehrausbildungs- und Prüfungsverordnung v. 3.11.2005 (GVBl I S. 739)

APWBV BB Ambulante Pflege-Weiterbildungsverordnung v. 21.4.1997 (GVBl II S. 317)

AQVO NW Qualifikationsverordnung über ausländische Vorbildungsnachweise v. 22.6.1983 (GV.NW S. 261)

AQVO-FH NW VO ü. d. Gleichwertigkeit ausländischer Vorbildungsnachweise mit d. Zeugnis d. Fachhochschulreife v. 28.6.1984 (GV.NW S. 411)

AR Amtsrat

ARB Allgemeine Versicherungsbedingungen f. d. Rechtsschutzversicherung (VerBAV 1969 S. 67)

ArbA Das Arbeitsamt (1.1950–7.1956)

ArbEG s. ArbnErfG

ArbG Arbeitgeber; Arbeitsgericht

ArbGG Arbeitsgerichtsgesetz i. d. Bek. v. 2.7.1979 (BGBl I S. 853)

ArbGG BW Ges. ü. d. Gerichte f. Arbeitssachen v. 11.4.1972 (GBl S. 134)

ArbGG 1926 Reich: Arbeitsgerichtsgesetz v. 23.12.1926 (RGBl I S. 507)

ArbGVfBerG Gesetz zur Beschleunigung und Bereinigung des arbeitsgerichtlichen Verfahrens v. 21.5.1979 (BGBl I S. 545)

ArbGZV BB VO über Zuständigkeiten im Bereich der Arbeitsgerichtsbarkeit v. 7.12.2006 (GVBl II S. 545)

AR-Blattei Arbeitsrecht-Blattei (= Rechts- u. Wirtschaftspraxis. Gruppe 11) (LoseblSlg) (1950 ff.)

ArblV Arbeitslosenversicherung

ArbN Arbeitnehmer

ArbnErfG Ges. ü. Arbeitnehmererfindungen v. 25.7.1957 (BGBl I S. 756)

ArbnKG Ges. ü. d. Arbeitnehmerkammern im Lande Bremen v. 3.7.1956 (GBl S. 79)

ArbPlSchG Arbeitsplatzschutzgesetz i. d. Bek. v. 14.4.1980 (BGBl I S. 425)

ArbRB Der Arbeits-Rechts-Berater (1.2001 ff.)

ArbRdG Das Arbeitsrecht der Gegenwart (1.1963–35.1997; dann: Jahrbuch des Arbeitsrechts)

ArbRSamml Arbeitsrechts-Sammlung (19.1934–47.1944; vorher: Entscheidun-

gen d. Reichsarbeitsgerichts u. d. Landesarbeitsgerichte)
ArbRspr Rechtsprechung in Arbeitssachen. Grundsätzl. Entscheidungen d. Reichsarbeitsgerichts, d. Landesarbeitsgerichte u. d. Arbeitsgerichte. (1.1927–5.1932; dann vereinigt mit: Entscheidungen d. Reichsarbeitsgerichts)
ArbSch Arbeitsschutz (= Beil. zu Bundesarbeitsblatt) (1.1949 ff.)
ArbSchGAnwV-Bln BE Arbeitsschutzgesetzanwendungsverordnung-Berlin v. 10.8.2006 (GVBl S. 887)
ArbSchKostVO M-V MV Arbeitsschutzkostenverordnung v. 14.12.2004 (GVOBl M-V S. 2)
ArbSchPolV BY VO ü. Arbeitsschutz f. jugendl. Polizeivollzugsbeamte v. 19.9.1986 (GVBl S. 321)
ArbSG Arbeitssicherstellungsgesetz v. 9.7.1968 (BGBl I S. 787)
ArbStättV Arbeitsstättenverordnung v. 12.8.2004 (BGBl I S. 2179)
ArbSV VO ü. d. Feststellung u. Deckung d. Arbeitskräftebedarfs nach d. Arbeitssicherstellungsgesetz v. 30.5.1989 (BGBl I S. 1071)
ArbuR Arbeit und Recht (1.1953 ff.)
ArbuSozPol Arbeit und Sozialpolitik. Mitteilungsbl. d. Arbeitsministeriums Nordrhein-Westfalen (1.1947 ff.)
ArbuSozR BW Arbeits- und Sozialrecht. Mitteilungsblatt d. Arbeitsministeriums Baden-Württemberg (zuletzt: d. Ministeriums f. Arbeit, Gesundheit u. Sozialordnung) (1.1952–30.1981,6; vorher: Arbeits- und Sozialrecht. Mitteilungsbl. d. Arbeitsministeriums Württemberg-Baden)
ArbV s. ArbIV
ArbVers Die Arbeiter-Versorgung (1.1884–61.1944,9; 62.1960–67.1965)
ArbZnachweisV-See VO ü. d. Form, Ausgestaltung u. Aufbewahrung d. Arbeitszeitnachweise in d. Seeschiffahrt v. 1.8.1968 (BGBl I S. 905)
ArbZO Arbeitszeitordnung v. 30.4.1938 (RGBl I S. 447)

ArbZRG Arbeitszeitrechtsgesetz v. 6.6.1994 (BGBl I S. 1170)
ArbZVO VO ü. d. Arbeitszeit der Beamten; s.a. AZV
LSA VO ü. d. Arbeitszeit d. Beamtinnen und Beamten v. 19.6.1998 (GVBl LSA S. 280)
RP Arbeitszeitverordnung v. 9.5.2006 (GVBl S. 200)
ArbzVO HA VO ü. d. Arbeitszeit d. Beamtinnen und Beamten v. 12.8.1997 (GVBl I S. 408)
ArbZVO Jvollz LSA VO ü. d. Arbeitszeit v. Beamten d. Justizvollzugsdienstes v. 29.5.1995 (GVBl LSA S. 146)
ArbZVO Pol LSA VO ü. d. Arbeitszeit d. Polizeivollzugsdienstes v. 26.10.1994 (GVBl LSA S. 978)
ArbZVO-Feu
ND Arbeitszeitverordnung d. Beamten d. Feuerschutzdienstes in d. Berufsfeuerwehren d. Gemeinden v. 27.11.1986 (GVBl S. 353);
ND VO über die Arbeitszeit der Beamtinnen und Beamten des Feuerwehrdienstes der Gemeinden und Landkreise v. 10.7.2007 (GVBl S. 296)
ArbZVO-FW LSA Arbeitszeitverordnung-Feuerwehr v. 5.7.2007 (GVBl LSA S. 216)
ArbZVO-Lehr Arbeitszeitverordnung d. Lehrkräfte an öffentl. Schulen
LSA ~ Verordnung ü. d. Arbeitszeit d. Lehrkräfte an öffentl. Schulen i. d. Bek. v. 6.9.2001 (GVBl LSA S. 376)
ND VO über die Arbeitszeit der Lehrkräfte an öffentlichen Schulen i. d. Bek. v. 2.8.2004 (GVBl S. 302)
Arch. Archiv
ArchAZV BB Architektenkammer-Aufgabenzuweisungsverordnung v. 4.7.2000 (GVBl II S. 235)
ArchBürgR Archiv für bürgerliches Recht (1.1888–43.1919)
ArchEisenbW Archiv für Eisenbahnwesen (1.1878–66.1943; 67.1957–75.1965)
Arch. f. Krim. Archiv für Kriminologie (66.1916 ff.; vorher: Archiv f. Kriminalanthropologie u. Kriminalistik)

ArchG Architektengesetz
BW i. d. Bek. v. 1.8.1990 (GBl S. 269)
RP v. 16.12.2005 (GVBl S. 505)
ArchG M-V MV v. 12.3.1998 (GVOBl M-V S. 364)
ArchG NW NW v. 4.12.1969 (GV.NW S. 888)
ArchG-LSA LSA Landesarchivgesetz v. 28.6.1995 (GVBl LSA S. 190)
ArchIngKG SH Architekten- u. Ingenieurkammergesetz v. 9.8.2001 (GVOBl S. 116)
ArchivBenutzVO M-V MV Archivbenutzungsverordnung v. 21.8.2006 (GVOBl M-V S. 698)
ArchivG NW NW Archivgesetz v. 16.5.1989 (GV.NW S. 302)
ArchKathKR s. AfkKR
ArchKrim s. Arch. f. Krim.
ArchKrimAnthr Archiv für Kriminalanthropologie und Kriminalistik (1.1899–65.1915; dann: Archiv f. Kriminologie)
ArchPF Archiv für das Post- und Fernmeldewesen (1.1949–43.1991; dann: Archiv für Post u. Telekommunikation)
ArchPostTel Archiv für Post und Telegraphie (4.1876–68.1940,3; dann: Postarchiv; vorher: Dt. Postarchiv)
ArchPR s. AfP
ArchPT Archiv für Post u. Telekommunikation (44.1992–50.1998; vorher: Archiv für das Post- u. Fernmeldewesen; dann: Zeitschrift für das gesamte Recht der Telekommunikation)
ArchtG-LSA LSA Architektengesetz d. Landes Sachsen-Anhalt v. 28.4.1998 (GVBl LSA S. 243)
ArchVR s. AVR
ArchVwR Archiv für Verwaltungsrecht (1.1876–56.1930)
ArEV Arbeitsentgeltverordnung i. d. Bek. v. 18.12.1984 (BGBl I S. 1642)
arg. argumentum
Arge. Arbeitsgemeinschaft
ArGV Arbeitsgenehmigungsverordnung v. 17.8.1998 (BGBl I S. 2899)
ARLPA BY Bek. u. Allg. Regelungen d. Landespersonalausschusses im Bereich d. Laufbahn- u. Prüfungsrechts v. 1.12.1989 (StAnz Nr. 50, Beil. 9)
ARSP Archiv für Rechts- und Sozialphilosophie (27.1933/34–37.1944; 38.1949/50 ff.; vorher: Archiv für Rechts- und Wirtschaftsphilosophie)
ARST Arbeitsrecht in Stichworten (1.1947/48–58.2004)
ARSV Arbeitsgemeinschaft rechts- u. staatswissenschaftlicher Verleger
Art. Artikel [auch im Plural]
ArtAusnVO ND Artenschutz-Ausnahmeverordnung v. 25.11.2005 (GVBl S. 359)
ArtikelG Artikelgesetz [als Bezeichnung üblich geworden für Bundesgesetze die in Artikel gegliedert sind und bei denen die Artikel Novellierungen einzelner Gesetze oder in sich abgeschlossene Gesetze enthalten] s. insbes.: MRVerbG u. WehrRÄndG
ArtSchVO SL Artenschutzverordnung v. 29.9.1981 (ABl S. 881)
ArtSchZustV BY Artenschutz-Zuständigkeitsverordnung v. 11.8.2006 (GVBl S. 719)
ARV Auslandsreisekostenverordnung i. d. Bek. v. 21.5.1991 (BGBl I S. 1140)
ArVNG Arbeiterrentenversicherungs-Neuregelungsgesetz v. 23.2.1957 (BGBl I S. 45)
ARVO NW Auslandsreisekostenverordnung v. 22.12.1998 (GV.NW S.743)
ARWP Archiv für Rechts- und Wirtschaftsphilosophie (1.1907/08–26.1932/33; dann: Archiv für Rechts- und Sozialphilosophie)
ArztR Arztrecht (1.1965/66–10.1975; 12.1977,9/10 ff.; 11.1976 u.12.1977,1–8: Arzt- u. Arzneimittelrecht)
ArztUR Der Arzt, Zahnarzt und sein Recht (15.2003–18.2006; dann: Arzt, Zahnarzt und Recht)
AS Amtliche Sammlung
AS Amtliche Sammlung von Entscheidungen des Oberverwaltungsgerichts Rheinland-Pfalz [in] Koblenz (1.1954 ff.; ab

6.1957: d. Oberverwaltungsgerichte Rheinland-Pfalz u. Saarland)
ASAV Anwerbestoppausnahmeverordnung v. 17.9.1998 (BGBl I S. 2893)
ASB Arbeitsgemeinschaft f. soziale Betriebsgestaltung
AsbestEinV BY Asbesteinschränkungsverordnung v. 27.7.1987 (GVBl S. 275)
ASchO Allgemeine Schulordnung
BY i. d. Bek. v. 7.8.1979 (GVBl S. 319)
NW v. 8.11.1978 (GV.NW S. 552)
SL i. d. Bek. v. 10.11.1975 (ABl S. 1239)
ASE Agence spatiale européenne [Europäische Weltraum-Organisation]
ASEAN Association of South East Asian Nations
ASEG 1. Agrarsoziales Ergänzungsgesetz v. 21.12.1970 (BGBl I S. 1774); 2. ~ v. 9.7.1980 (BGBl I S. 905); 3. ~ v. 20.12.1985 (BGBl I S. 2475)
ASekVO LSA VO über Abendklassen an Sekundärschulen v. 28.2.2005 (GVBl LSA S. 101)
ASi-BVO LSA Bergverordnung ü. d. arbeitssicherheitlichen und d. betriebsärztlichen Dienst v. 21.1.1999 (GVBl LSA S. 32)
ASiG Arbeitssicherheitsgesetz v. 12.12.1973 (BGBl I S. 1885)
ASiV BY VO ü. Zuständigkeiten auf d. Gebiet d. Arbeitsschutzes u. d. Sicherheitstechnik v. 2.8.1994 (GVBl S. 781)
ASKB Allgemeine Versicherungsbedingungen f. d. Sachversicherung v. kerntechn. Anlagen gegen Kernenergie- u. Feuerschäden (VerBAV 1989 S. 191)
ASOG BE Allgemeines Sicherheits- und Ordnungsgesetz i. d. Bek. v. 11.10.2006 (GVBl S. 930)
ASOR VO z. Durchf. d. Verordnung Nr. 117 / 66 / EWgesetz d. Verordnung EWG Nr. 1016 / 68 und d. Übk. ü. d. Personenbeförderung im grenzüberschreitenden Gelegenheitsverkehr mit Kraftomnibussen i. d. Bek. v. 13.12.1984 (BGBl I S. 545)
ASpG Altsparergesetz i. d. Bek. v. 1.4.1959 (BGBl I S. 169)

ASR Anwalt/Anwältin im Sozialrecht (1.1999 ff.)
ASRG 1995 Agrarsozialreformgesetz v. 29.7.1994 (BGBl I S. 1890)
Ass. Assessor
AsSAVO M-V MV VO über die Anerkennung als sachverständige Stelle für Abwasseruntersuchungen v. 14.12.2005 (GVOBl. M-V S. 667)
AssistO NW VO z. Regelung d. Dienstverhältnisse d. wissenschaftl. Assistenten an d. wissenschaftl. Hochschulen v. 14.2.1966 (GV.NW S. 68)
AStB Allgemeine Versicherungsbedingungen f. d. Sturmversicherung (VerBAV 1987 S.358)
AStG Außensteuergesetz v. 8.9.1972 (BGBl I S. 1713)
AStSchAV BB VO ü. d. Wahrnehmung überregionaler und landesweiter Aufgaben durch einzelne staatl. Schulämter, Aufgabenübertragungsverordnung v. 15.9.1999 (GVBl II S. 518)
AsylAufnG BY Asylbewerberaufnahmegesetz i. d. Bek. v. 8.7.1998 (GVBl S. 512)
AsylbLG Asylbewerberleistungsgesetz i. d. Bek. v. 5.8.1997 (BGBl I S. 2022)
AsylDÜVO LSA VO ü. d. Datenübermittlung f. Asylbewerber v. 31.8.1994 (GVBl LSA S. 944)
AsylUG BW Asylbewerber-Unterbringungsgesetz v. 12.12.1988 (GBl S. 400)
AsylVfG Asylverfahrensgesetz i. d. Bek. v. 27.7.1993 (BGBl I S. 1361)
AsylvVO SL Asylbewerberverteilungsverordnung v. 30.10.1990 (ABl S. 1130)
AsylZBV Asylzuständigkeitsbestimmungsverordnung v. 4.12.1997 (BGBl I S. 2764)
AsylZustVertVO SH VO ü. Zuständigkeiten im Asylverfahren und ü. d. Verteilung v. Asylbewerbern v. 28.2.1984 (GVOBl S. 67)
AsylZuVO BW VO ü. d. Zuständigkeit z. Zuweisung v. Asylbewerbern v. 12.12.1988 (GBl S. 407)
ASZustVO SH Landesverordnung zur

Übertragung von Zuständigkeiten auf die Staatliche Arbeitsschutzbehörde bei der Unfallkasse Schleswig-Holstein und zur Regelung weiterer Zuständigkeiten v. 12.12.2007 (GVOBl S. 621)
ASZV BB Arbeitsschutzzuständigkeitsverordnung v. 24.6.2005 (GVBl II S. 382)
AT Allgemeiner Teil
AtAV Atomrechtl. Abfallverbringungsverordnung v. 27.7.1998 (BGBl I S. 1918)
AtDeckV Atomrechtliche Deckungsvorsorge-Verordnung v. 25.1.1977 (BGBl I S. 220)
ATEVO NW Auslandstrennungsentschädigungsverordnung v. 24.5.2004 (GV.NW S. 336)
AtG Atomgesetz i. d. Bek. v. 15.7.1985 (BGBl I S. 1565)
ATGV Auslandstrennungsgeldverordnung i. d. Bek. v. 22.1.1998 (BGBl I S. 189)
AtGZuVO BW VO der Landesregierung über Zuständigkeiten nach dem Atomgesetz v. 24.7.2007 (GBl S. 349)
AtKostV Kostenverordnung z. Atomgesetz v. 17.12.1981 (BGBl I S. 1457)
AtStrZuVO SACH Zuständigkeitsverordnung Atom- und Strahlenschutzrecht v. 17.6.2003 (SächsGVBl S. 173)
ATV Allgemeine technische Vorschriften
ATV Altguthabentilgungsverordnung i. d. Bek. v. 26.8.1997 (BGBl I S. 2214)
AtVfV Atomrechtliche Verfahrensordnung i. d. Bek. v. 3.2.1995 (BGBl I S. 180)
AtZüV Atomrechtl. Zuverlässigkeitsüberprüfungsverordnung v. 1.7.1999 (BGBl I S. 1525)
AtZustV BY VO ü. d. Zuständigkeiten z. Vollzug atomrechtl. Vorschriften v. 3.5.1977 (GVBl S. 160)
ATZV Altersteilzeitzuschlagsverordnung v. 23.8.2001 (BGBl I S. 2239)
AuA Arbeit und Arbeitsrecht (18.1963 ff.; vorher: Arbeit u. Sozialfürsorge) Ausländer- u. Asylrecht (1.1992 ff.)
AUB Allgemeine Unfallversicherungs Bedingungen (VerBAV 1987 S. 418)
AÜG Arbeitnehmerüberlassungsgesetz i. d. Bek. v. 3.2.1995 (BGBl I S. 158)

AÜKostV Arbeitnehmerüberlassungserlaubnis Kostenverordnung v. 18.6.1982 (BGBl I S. 692)
AufbauhfV Aufbauhilfefondsverordnung v. 24.6.2003 (BGBl I S. 962)
AufbewBest Aufbewahrungsbestimmungen [f. d. Justizverwaltung]. Neufassung 1983 (bundeseinheitlich vereinbart)
AufbewErgBest BY Aufbewahrungsergänzungsbestimmungen v. 20.11.1979 (JMBl S. 246)
AufenthG Aufenthaltsgesetz i. d. Bek. v. 25.2.2008 (BGBl I S. 162)
AufenthG/EWG Aufenthaltsgesetz/EWG i. d. Bek. v. 31.1.1980 (BGBl I S. 116)
AufenthV Aufenthaltsverordnung v. 25.11.2004 (BGBl I S. 2945)
AufhAnO Aufhebungsanordnung, Anordnung z. Aufhebung
AufhBek Aufhebungsbekanntmachung, Bekanntmachung z. Aufhebung
AufhBest Aufhebungsbestimmungen, Bestimmungen z. Aufhebung
AufhG Aufhebungsgesetz, Gesetz zur Aufhebung
AufhG Ges. z. Aufhebung d. Besatzungsrechts
1. u. 2. Ges. z. Aufhebung d. Besatzungsrechts v. 30.5.1956 (BGBl I S. 437, 446); 3. ~ v. 23.7.1958 (BGBl I S. 540); 4. ~ v. 19.12.1960 (BGBl I S. 1015)
AufhV Aufhebungsverordnung, Verordnung z. Aufhebung
AufhVschr Aufhebungsvorschriften, Vorschriften z. Aufhebung
Aufl. Auflage
AuflV VO ü. Auflassungen, landesrechtl. Gebühren u. Mündelsicherheit v. 11.5.1934 (RGBl I S. 378)
AufnG
BR Aufnahmegesetz v. 14.12.2004 (GBl S. 591)
ND Aufnahmegesetz v. 11.3.2004 (GVBl S. 100)
AufnGyVO SACH VO d. Sächs. Staatsministeriums f. Kultus ü. d. Aufnahmeverfahren an Gymnasien v. 29.5.1998 (SächsGVBl S. 244)

AufnV BB Aufnahmeverordnung v. 23.12.1994 (GVBl II 1995 S. 66)
AufsBeh Aufsichtsbehörde
AufstgallgD-VO LSA VO ü. d. Aufstieg i. d. Laufbahn d. geh. allg. Verwaltungsdienstes v. 4.10.2001 (GVBl LSA S. 402)
AufsthDVO LSA VO ü. d. Aufstieg i. d. Laufbahn des höheren allg. Verwaltungsdienstes v. 28.8.1996 (GVBl LSA S. 307)
AufstiegsVOgehD ND VO ü. d. Aufstieg i. d. Laufbahnen d. geh. allg. Verwaltungsdienstes u. d. geh. Polizeidienstes v. 18.7.2000 (GVBl S. 174)
AufstV-JD BY VO ü. d. Aufstieg von Beamten i. d. mittl. u. i. d. geh. Justizdienst v. 21.8.1981 (GVBl S. 375)
AuFVSG BB Agrar- u. Forstverwaltungsstrukturgesetz v. 5.11.1997 (GVBl I S. 112)
AufwEntG BW Aufwandsentschädigungsgesetz i. d. Bek. v. 19.6.1987 (GBl S. 281)
AufzV Aufzugsverordnung i. d. Bek. v. 19.6.1998 (BGBl I S. 1410)
AUG Auslandsunterhaltsgesetz v. 19.12.1986 (BGBl I S. 2563)
AugOG BE Augenoptikgesetz v. 2.3.1998 (GVBl S. 35)
AugOptMstrV Augenoptikermeisterverordnung v. 29.8.2005 (BGBl I S. 2610)
AUPrVLH SACH Abschluss- und Umschulungsprüfungsverordnung Land- und Hauswirtschaft v. 16.5.2003 (SächsGVBl S. 519)
AUR Agrar- und Umweltrecht (33.2003 ff.; vorher: Agrarrecht)
AuRAG Auslands-Rechtsauskunftsgesetz v. 21.1.1987 (BGBl II S. 58)
AusbO BE Ausbildungsordnung v. 18.3.1999 (GVBl S. 109)
AusbOgehVw HA Ausbildungsordnung f. d. Laufbahn d. geh. allg. Verwaltungsdienstes v. 16.1.1979 (GVBl S. 11)
AusbOPol HA Ausbildungsordnung v. 16.12.1980 (GVBl S. 394)
AusfAnO Ausführungsanordnung
AusfBek Ausführungsbekanntmachung, Bekanntmachung z. Ausführung

AusfBest Ausführungsbestimmungen, Bestimmungen z. Ausführung
AusfVschr Ausführungsvorschriften, Vorschriften z. Ausführung
AusglBankG Ausgleichsbankgesetz i. d. Bek. v. 23.9.1986 (BGBl I S. 297)
AusglLeistG Ausgleichsleistungsgesetz i. d. Bek. v. 13.7.2004 (BGBl I S. 1665)
AuskDetV BY VO ü. d. Buchführungs- und Auskunftspflicht von Auskunfteien u. Detekteien v. 19.10.1964 (GVBl S. 188)
AuskPflV VO ü. Auskunftspflicht v. 13.7.1923 (RGBl I S. 723)
ausl. ausländisch
AuslagVO RP Auslagenerstattungsverordnung v. 14.1.1966 (GVBl S. 27)
AuslandsrentenV VO ü. d. Zahlung v. Renten in d. Ausland v. 21.6.1961 (BGBl I S. 801)
AuslAufnVO SH Ausländer- u. Aufnahmeverordnung v. 19.1.2000 (GVOBl S. 101)
AuslDatV Ausländerdateienverordnung v. 18.12.1990 (BGBl I S. 2999)
AuslDÜV Ausländerdatenübermittlungsverordnung v. 18.12.1990 (BGBl I S. 2997)
AuslErl BW Verwaltungsvorschrift z. Ausführung d. Ausländergesetzes v. 1.8.1984 (GABl S. 725)
AuslG Ausländergesetz v. 9.7.1990 (BGBl I S. 1354)
AuslGebV Gebührenverordnung z. Ausländergesetz i. d. Bek. v. 19.12.1990 (BGBl I S. 3002)
AuslGrV BY VO ü. d. Führung ausländ. akadem. Grade v. 4.4.1989 (GVBl S. 127)
AuslInvestmG Ges. ü. d. Vertrieb ausländischer Investmentanteile u. ü. d. Besteuerung d. Erträge aus ausländischen Investmentanteilen v. 28.7.1969 (BGBl I S. 986)
AuslInvG Auslandinvestment-G i. d. Bek. v. 9.9.1998 (BGBl I S. 2820)
AuslReiseBhVwV Auslandsreisebeihilfen-Verwaltungsvorschrift in Krankheits- u. Todesfällen v. 20.9.1989 (GMBl S. 551)

AuslReiseGewV Ausländer-Reisegewerbe-Verordnung i. d. Bek. v. 9.10.1986 (BGBl I S. 1635)

AuslTKGebO Auslandstelekommunikationsgebührenordnung v. 4.2.1988 (BGBl I S. 127)

AuslTKO Auslandstelekommunikationsordnung v. 4.2.1988 (BGBl I S. 119)

AuslVersV Auslandsversorgungsverordnung v. 30.6.1990 (BGBl I S. 1321)

AuslVfmD BY Laufbahnverordnung f. Laufbahnen d. mittl. nichttechn. Dienstes v. 22.3.1983 (GVBl S. 100) (s.a. Bundeslaufbahnverordnung)

AuslVfV BY VO z. Reg. d. bes. Ausleseverfahrens f. d. Einstellung i. Laufbahnen d. geh. nichttechn. Dienstes v. 3.10.1978 (GVBl S. 694) (s.a. Bundeslaufbahnverordnung)

AuslVfVgD BY VO z. Regelung d. bes. Ausleseverfahren s f. d. Einstellung in Laufbahnen d. geh. nichttechn. Dienstes v. 18.9.1990 (GVBl S. 420)

AuslVfVmD BY VO z. Regelung d. bes. Ausleseverfahrens f. d. Einstellung in Laufbahnen d. mittl. nichttechn. Dienstes v. 18.9.1990 (GVBl S. 424)

AuslVG Auslandsverwendungsgesetz v. 28.7.1993 (BGBl I S. 1394)

AuslVwV Allg. Verwaltungsvorschrift z. Ausf. d. Ausländergesetzes i. d. Bek. v. 10.5.1977 (GMBl S. 202)

AuslVZV Auslandsverwendungszuschlagsverordnung i. d. Bek. v. 24.1.2000 (BGBl I S. 65)

AuslWBG Bereinigungsgesetz für deutsche Auslandsbonds v. 25.8.1952 (BGBl I S. 553)

AuslZuschlV Auslandszuschlagsverordnung v. 6.7.2001 (BGBl I S. 1562)

AuslZustV Auslandszuständigkeitsverordnung v. 28.5.1991 (BGBl I S. 1204)

Aussch. Ausschuss

Ausschr. Ausschreibung

AusÜZuwVO SH Aus- u. Übersiedler-Zuweisungsverordnung v. 27.2.1990 (GVOBl S. 127)

AuswahlVO s. AVO

AuswirkG Auswirkungsgesetz v. 26.3.1959 (BGBl I S. 200)

AuswSG Auswandererschutzgesetz v. 26.3.1975 (BGBl I S. 774)

AuswVfG NW Auswahlverfahrensgesetz v. 14.12.2004 (GV.NW S. 785)

AusZuwLVO MV Spätaussiedlerzuweisungslandesverordnung v. 22.11.2001 (GVOBl M-V S. 487)

AusZuwVO Aussiedler-Zuweisungsverordnung
MV v. 28.1.1991 (GVOBl M-V S. 18)
NW v. 11.9.1989 (GV.NW S. 462)

AutobahnPolZustVO NW Autobahnpolizeizuständigkeitsverordnung v. 2.1.2007 (GV.NW S. 2)

AUV Auslandsumzugskostenverordnung i. d. Bek. v. 25.11.2003 (BGBl I S. 2360)

AV s. AngV Allgemeine Verwaltungsvorschrift; Ausführungsverordnung, Verordnung z. Ausführung

AVAG Anerkennungs- u. Vollstreckungsausführungsgesetz v. 19.2.2001 (BGBl I S. 288)

AVAG-ViehSG BE AusfVschr z. Ges. z. Ausf. d. Viehseuchengesetzes v. 7.10.1975 (ABl S. 1786) (s.a. Tierseuchengesetz)

AVAR BY Richtlinien Amtlicher Verkehr Auslandsdienststellen v. 28.11.1989 (StAnz Nr. 49)

AVAsylVFG BY AVerordnung v. 19.12.1989 (GVBl S. 721)

AVAVG Ges. über Arbeitsvermittlung u. Arbeitslosenversicherung i. d. Bek. v. 16.7.1927 (RGBl I S. 187)

AVB Allgemeine Versicherungsbedingungen; Allgemeine Versorgungsbedingungen

AVBayKiBiG BY VO zur Ausführung des Bayerischen Kinderbildungs- und -betreuungsgesetzes v. 5.12.2005 (GVBl S. 633)

AVBEltV VO ü. Allg. Bedingungen f. d. Elektrizitätsversorgung s. a. Bundestarifordnung v. Tarifkunden v. 21.6.1979 (BGBl I S. 684)

AVBFernwärmeV VO u. Allg. Bedingungen f. d. Versorgung m. Fernwärme v. 20.6.1980 (BGBl I S. 742)

AVBGasV VO u. Allgemeine Bedingungen f. d. Gasversorgung v. Tarifkunden v. 21.6.1979 (BGBl I S. 676)

AV BLG NW Bundesleistungsgesetz, Ausführungsverordnung v. 29.10.1964 (GV.NW S. 319)

AV-BSHG NW VO zur Änderung der Verordnung zur Ausführung des Bundessozialhilfegesetzes v. 20.6.2003 (GV.NW S. 320)

AVBWasserV VO u. Allg. Bedingungen f. d. Versorgung mit Wasser v. 20.6.1980 (BGBl I S. 750)

AVE Allgemeinverbindlicherklärung

AV-EG-LF BY EG-Ausführungsverordnung-Landwirtschaft v. 8.4.2003 (GVBl S. 293)

AVermV Arbeitsvermittlerverordnung v. 11.3.1994 (BGBl I S. 563)

AVerwGebO NRW NW Allg. Verwaltungsgebührenordnung v. 3.7.2001 (GV.NW S. 262)

AVfg Allgemeine Verfügung

AVFiG BY VO zur Ausführung des Fischereigesetzes für Bayern i. d. Bek. v. 10.5.2004 (GVBl S. 177)

AVfV BY VO z. Regelung d. bes. Ausleseverfahren f. d. Einstellung in Laufbahnen d. mittleren und gehobenen nichttechnischen Dienstes v. 8.2.2000 (GVBl S. 48)

AVG Angestelltenversicherungsgesetz i. d. Bek. v. 28.5.1924 (RGBl I S. 563)

AVGebV Arbeitsvermittlergebührenverordnung v. 25.4.1979 (BGBl I S. 506)

AVGrdstVG BY Grundstücksverkehrsgesetz, Ausführungsverordnung v. 21.12.1961 (GVBl S. 260)

AVHO Ausführungsvorschriften zur Hinterlegungsordnung Verordnung d. RJM v. 15.3.1937 (DJ S. 426)

AVK Allgemeine Versicherungsbedingungen d. privaten Krankenversicherung

AVK Allgemeine Versicherungsbedingungen f. Krankenversicherung

AVLFM BY Lebensmittelrecht und Futtermittelrecht-Ausführungsverordnung v. 8.1.2008 (GVBl S. 2)

AVmEG Altersvermögensergänzungsgesetz v. 21.3.2001 (BGBl I S. 403)

AVmG Altersvermögensgesetz v. 26.6.2001 (BGBl I S. 1310)

AVN Reich Die Angestelltenversicherung. Amtl. Nachrichten d. Reichsversicherungsanstalt f. Angestellte (2.1914 ff.:) u. d. Spruchbehörden d. Angestelltenversicherung (1.1913–10.1922; dann: Mitteilungen der Reichsversicherungsanstalt für Angestellte)

AVNot AVfg ü. Angelegenheiten d. Notare (s. a. Bundesnotarordnung) [Landesregelungen]

AVO Arbeitsverwaltungsordnung; Ausgleichsverordnung; Auswahlverordnung
BY Arbeitsverwaltungsordnung f. d. großen Justizvollzugsanstalten v. 28.2.1977 (JMBl S. 39)
BY Arbeitsverwaltungsordnung f. d. großen Justizvollzugsanstalten v. 28.2.1977 (JMBl S. 93)
SH Ausgleichsverordnung v. 4.12.2001 (GVOBl S. 412)
SH Auswahlverordnung v. 23.6.1986 (GVOBl S. 135)

AVO – S I ND VO ü. d. Abschlüsse im Sekundarbereich I v. 7.4.1994 (GVBl S. 197)

AVOeinfD ND VO über die Ausbildung für die Laufbahn des einfachen allgemeinen Verwaltungsdienstes v. 2.11.2004 (GVBl S. 391)

AVO EKrG NW VO zur Ausführung des Eisenbahnkreuzungsgesetzes v. 10.2.2004 (GV.NW S. 123)

AVO-GOFAK ND VO über die Abschlüsse in der gymnasialen Oberstufe, im Fachgymnasium, im Abendgymnasium und im Kolleg v. 19.5.2005 (GVBl S. 169)

AVO InsO LSA LSA Ausführungsverordnung zur Insolvenzordnung v. 13.12.2007 (GVBl LSA S. 436)

AVOPol NW Ausbildungsverordnung v. 8.11.1983 (GV.NW S. 518)

AVO-WaNi ND VO über die Qualifikationsphase, und die Abiturprüfung an Freien Waldorfschulen sowie über die Abiturprüfung für Nichtschülerinnen und Nichtschüler v. 2.5.2005 (GVBl S. 139)
AVPflEG
BY VO zur Ausführung des Pflegeleistungs-Ergänzungsgesetzes v. 8.4.2003 (GVBl S. 296)
HE VO zur Ausführung des Pflegeleistungs-Ergänzungsgesetzes v. 16.12.2003 (GVBl I S. 491)
AVR Archiv des Völkerrechts (1.1948/49 ff.)
AVSGB IX BY VO zur Ausführung des Neunten Buches Sozialgesetzbuch v. 2.8.2005 (GVBl S. 329)
AV-SGB XII NRW NW Ausführungsverordnung zum Sozialgesetzbuch Zwölftes Buch (SGB XII) – Sozialhilfe – für das Land Nordrhein-Westfalen v. 16.12.2004 (GV.NW S. 817)
AVUkVO NRW NW Ausführungsverordnung zur Verordnung über die Zuständigkeit und das Verfahren bei der Unabkömmlichstellung v. 4.11.2003 (GV.NW S. 684)
AVV Abfallverzeichnis-Verordnung v. 10.12.2001 (BGBl I S. 3379)
AVwGebO NW NW Allgemeine Verwaltungsgebührenordnung i. d. Bek. v. 5.8.1980 (GV.NW S. 924)
AVWpG BY VO z. Ausf. d. Gesetzes ü. d. Wappen d. Freistaates Bayern i. d. Bek. v. 6.2.1975 (GVBl S. 26)
a.W. auf Widerruf
AWaffV Allgemeine Waffengesetz-Verordnung v. 27.10.2003 (BGBl I S. 2123)
AWB Allgemeine Versicherungsbedingungen f. d. Leitungswasserversicherungsschäden (VerBAV 1987 S. 349); Außenwirtschafts-Berater (= Beil. zu: Außenwirtschaftsdienst d. Betriebs-Beraters) (1965,1 ff.)
AWBest Bestimmungen ü. Amtswohnungen, Umzugskostenentschädigung, Tagegelder und Entschädigung f. Reisekosten d. Mitglieder d. Bundesregierung v. 10.11.1953 (BGBl I S. 1545)

AWbG NW Arbeitnehmerweiterbildungsgesetz v. 6.11.1984 (GV.NW S. 678)
AWD Außenwirtschaftsdienst des Betriebs-Beraters (4.1958–20.1974; vorher u. danach: Recht d. internat. Wirtschaft)
AWG Außenwirtschaftsgesetz i. d. Bek. v. 26.6.2006 (BGBl I S. 1386)
AW-Prax Außenwirtschaftliche Praxis (1.2000 ff.)
AWR Association for the Study of the World Refugee Problem
AWV Außenwirtschaftsverordnung i. d. Bek. v. 22.11.1993 (BGBl I S. 1934)
AWZV BB Außenwirtschaftszuständigkeitsverordnung v. 11.8.2006 (GVBl II S. 349)
Az. Aktenzeichen
AZAnwVO Hs M-V MV Arbeitszeitanwendungsverordnung Hochschulen v. 1.9.2004 (GVOBl M-V S. 466)
AZG Anteilzollgesetz v. 27.12.1960 (BGBl I S. 1082)
BE Allgemeines Zuständigkeitsgesetz i. d. Bek. v. 22.7.1996 (GVBl S. 302)
SH Ausbildungszentrumsgesetz i. d. Bek. v. 9.7.2003 (GVOBl S. 320)
AZO Allgemeine Zollordnung i. d. Bek. v. 18.5.1970 (BGBl I S. 560, 1221)
AZR Arzt, Zahnarzt, Recht (19.2007 ff.; vorher: Der Arzt, Zahnarzt und sein Recht)
AZR-Gesetz Gesetz ü. d. Ausländerzentralregister v. 2.9.1994 (BGBl I S. 2265)
Azubi Auszubildender
AzUVO BW Arbeitszeit- und Urlaubsverordnung v. 29.11.2005 (GBl S. 716)
AZV Arbeitszeitverordnung i. d. Bek. v. 11.11.2004 (BGBl I S. 2844)
AZV Arbeitszeitverordnung
AzV BY i. d. Bek. v. 25.7.1995 (GVBl S. 409)
AZV Bbg BB v. 17.11.1997 (GVBl II S. 842)
AZV Feu BB ~ Feuerwehr v. 3.8.2007 (GVBl II S. 274)
AZV Pol BB ~ Polizei v. 4.2.1999 (GVBl II S. 110)
AZVO
BE i. d. Bek. v. 21.11.1995 (GVBl S. 790)

BW i. d. Bek. v. 29.1.1996 (GBl S. 76)
MV i. d. Bek. v. 19.1.2000 (GVOBl M-V S. 14)
NW i. d. Bek. v. 28.12.1986 (GV.NW 1987 S. 15)
SL v. 18.5.1999 (ABl S. 854)
AZVO FuP BE ~ Feuerwehr und Polizei v. 15.1.2008 (GVBl S. 6)
AZVOFeu NW ~ Feuerwehr v. 5.9.2006 (GV.NW S. 442)
AZWV Anerkennungs- und Zulassungsverordnung v. 16.6.2004 (BGBl I S. 1100)

B

B.; Bek. Bekanntmachung
BA Bergamt; Bezirksamt; Bundesamt; Bundesanstalt
BA Bundesanstalt f. Arbeit
BAA Bundesausgleichsamt
BAA-BFDV Rechtsverordnungen d. Präs. d. Bundesausgleichsamtes z. Durchf. d. Beweissicherungs- u. Feststellungsgesetzes
BAA-LeistungsDV-LA Rechtsverordnungen d. Präs. d. Bundesausgleichsamtes z. Durchf. d. Lastenausgleichsgesetzes
BABl s. BArbBl
BadegewVO Badegewässerverordnung NW v. 14.4.2000 (GV.NW S. 445)
SH v. 20.4.2005 (GVOBl S. 234)
BadegVO BW v. 16.1.2008 (GBl S. 48)
BadeHygVO MV Badestellen-Hygiene-Verordnung v. 3.5.1995 (GVOBl M-V S. 257)
BadeSichVO SH Badesicherheitsverordnung v. 11.1.2005 (GVOBl S. 33)
BadestVO SH Badestellenverordnung v. 28.3.1985 (GVOBl S. 116)
BäckArbZG Ges. ü. d. Arbeitszeit in Bäckereien u. Konditoreien v. 29.6.1936 (RGBl I S. 521)
BäckMstrV Bäckermeisterverordnung v. 28.2.1997 (BGBl I S. 393)
BädVerkVO MV Bäderverkaufsverordnung v. 17.12.2007 (GVOBl M-V S. 6)
BÄO Bundesärzteordnung i. d. Bek. v. 16.4.1987 (BGBl I S. 1218)

BAFl Bundesamt f. d. Anerkennung ausländischer Flüchtlinge
BAföG Bundesausbildungsförderungsgesetz i. d. Bek. v. 6.6.1983 (BGBl I S. 645)
22. BAföGÄndG Zweiundzwanzigstes Gesetz zur Änderung des Bundesausbildungsförderungsgesetzes v. 23.12.2007 (BGBl I S. 3254)
BAföG-AuslZustVO M-V MV BAföG-Auslandszuständigkeitsverordnung v. 27.4.2004 (GVOBl M-V S. 418)
BAföG-EinkommensV VO zur Bezeichnung der als Einkommen geltenden sonst. Einnahmen nach § 21 Abs. 3 Nr. 4 d. Bundesausbildungsförderungsgesetzes v. 5.4.1988 (BGBl I S. 505)
2. BAföGEinkommensVÄndV Zweite Verordnung zur Änderung der Verordnung zur Bezeichnung des als Einkommen geltenden sonstigen Einnahmen nach § 21 Abs.3 Nr. 4 des Bundesausbildungsförderungsgesetzes v. 9.5.2003 (BGBl I S. 676)
BAföG-TeilerlaV VO ü. d. leistungsabhängigen Teilerlass v. Ausbildungsförderungsdarlehen v. 14.12.1983 (BGBl I S. 1439)
BAföGVwV 1982 Allg. Verwaltungsvorschrift z. Bundesausbildungsförderungsgesetz v. 7.7.1982 (GMBl S. 311)
BAföG-ZuschlagsV VO ü. d. Zuschläge zu d. Bedarf bei e. Ausbildung außerhalb d. Geltungsbereichs d. Bundesausbildungsförderungsgesetzes v. 25.6.1986 (BGBl I S. 935)
BAfU Bundesausführungsbehörde f. Unfallversicherung
BAfUV VO ü. d. Ausdehnung d. Unfallversicherungsschutzes u. ü. d. Beiträge b. d. Bundesausführungsbehörde f. Unfallversicherung v. 14.3.1997 (BGBl I S. 488)
BAG Behördenstrukturanpassungsgesetz; Berufsakademiegesetz; Ges. ü. d. Errichtung eines Bundesaufsichtsamtes f. d. Versicherungswesen; Bundesanstalt f. d. Güterfernverkehr; Bundesarbeitsgericht Ges. ü. d. Errichtung eines Bundesaufsichtsamtes f. d. Versicherungswesen v. 16.11.1972 (BGBl I S. 1997)

BW Berufsakademiegesetz i. d. Bek.v. 1.2.2000 (GBl S. 197)
SH Behördenstrukturanpassungsgesetz v. 12.12.1997 (GVOBl S. 471)
SH Berufsakademiegesetz i. d. Bek. v. 6.1.1999 (GVOBl S. 2)
BAG Bundesarbeitsgemeinschaft
BAGE Entscheidungen des Bundesarbeitsgerichts (1.1954 ff.)
BAG EPersR Entscheidungssammlung Personalrecht 2001 (2001 ff.)
BaGeQuaV BE Badegewässerqualitätsverordnung v. 2.7.1998 (GVBl S. 222)
BAG-Report BAG-Report: arbeitsrechtlicher Rechtsprechungsdienst des Bundesarbeitsgerichts und des Europäischen Gerichtshofs (1.2001–5.2005)
BAkkrV Beleihungs- u. Akkreditierungsverordnung v. 10.12.1997 (BGBl I S. 2905)
BAköV Bundesakademie f. öffentliche Verwaltung
BAKred Bundesaufsichtsamt f. d. Kreditwesen
BALM Bundesanstalt f. landwirtschaftliche Marktordnung
BALVVO BW Lehrverpflichtungsverordnung für Berufsakademien v. 17.10.2005 (GBl S. 689)
BaMaV BB Bachelor-Master-Abschlussverordnung v. 21.9.2005 (GVBl II S. 502)
BAMF Bundesamt für Migration und Flüchtlinge [Nürnberg]
BAMG BE Bezirksamtsmitgliedergesetz i. d. Bek. v. 1.4.1985 (GVBl S. 958)
BAnerkV Beleihungs- u. Anerkennungsverordnung v. 14.6.1999 (BGBl I S. 1361)
Bank Die Bank (1.1908–36.1943; 1977 ff.; zwischendurch: Bankwirtschaft)
BannMG Bannmeilengesetz v. 6.8.1955 (BGBl I S. 504) BW v. 12.11.1963 (GBl S. 175)
BAnw Bundesanwalt
BAnz Bundesanzeiger (1.1949 ff.)
BApO Bundes-Apothekerordnung i. d. Bek. v. 19.7.1989 (BGBl I S. 1478)
BAPostG Bundesanstalt Post-G v. 14.9.1994 (BGBl I S. 2325)

BAPT Bundesamt f. Post u. Telekommunikation
BArbBl Bundesarbeitsblatt (1950 ff.)
BArch Bundesarchiv
BArchBV Bundesarchiv-Benutzungsverordnung v. 29.10.1993 (BGBl I S. 1857)
BArchG Bundesarchivgesetz v. 6.1.1988 (BGBl I S. 62)
BArchKostV Bundesarchiv-Kostenverordnung v. 29.9.1997 (BGBl I S. 2380)
BArch-LAA Bundesarchiv – Lastenausgleichsarchiv
BArch-MA Bundesarchiv – Militärarchiv
BARefG Berufsaufsichtsreformgesetz v. 3.9.2007 (BGBl I S. 2178)
BArtSchV Bundesartenschutzverordnung v. 16.2.2005 (BGBl I S. 258)
BarwertV Barwert-Verordnung v. 24.6.1977 (BGBl I S. 1014)
BASS' ... Bereinigte Amtliche Sammlung der Schulvorschriften d. Landes Nordrhein-Westfalen (GABl 1984 ff., Jahresbeil.)
BASt Bundesanstalt f. Straßenwesen
BAT Bundes-Angestelltentarif Bund, Länder, Gemeinden v. 23.2.1961 (MinBlFin S. 214 = GMBl S. 137)
BAT-O Erster Tarifvertrag z. Anpassung d. Tarifrechts, Manteltarif rechtl. Vorschriften v. 10.12.1990 (GMBl 1991 S. 234, 251)
BattV Batterieverordnung i. d. Bek. v. 2.7.2001 (BGBl I S. 1486)
BAU Bundesanstalt f. Arbeitsschutz und Unfallforschung
BaubeschrV VO ü. Baubeschränkungen z. Sicherheit d. Gewinnung v. Bodenschätzen v. 28.2.1939 (RGBl I S. 381)
2. BauDrVO 2. Bauausgaben-Dringlichkeitsverordnung v. 31.7.1974 (BGBl I S. 1717) / v. 18.12.1981 (BGBl I S. 1621)
BauDVO Baudurchführungsverordnung BE v. 1.10.1979 (GVBl S. 1774) HA v. 29.9.1970 (GVBl S. 251) SH v. 11.8.1975 (GVOBl S. 225)
BauFdG Gesetz ü. d. Sicherung d. Bauforderungen v. 1.6.1909 (RGBl S. 449)

BAufnSt Bundesaufnahmestelle
BaufreistVO Baufreistellungsverordnung
  BE v. 7.11.1994 (GVBl S. 456)
  BW v. 26.4.1990 (GBl S. 144)
BauFreiVO HA Baufreistellungsverordnung v. 5.1.1988 (GVBl I S. 1)
BaufVO Bauaufsichtsverordnung
  LSA v. 14.11.1991 (GVBl LSA S. 454)
  TH v. 20.12.1991 (GVBl 1992 S. 41)
BauGB Baugesetzbuch i. d. Bek. v. 23.9.2004 (BGBl I S. 2414 ff.)
BauGB-MaßnahmenG Maßnahmengesetz z. Baugesetzbuch i. d. Bek. v. 28.4.1993 (BGBl I S. 622)
BauGBOWi-ZustVO M-V MV Ordnungswidrigkeiten-Zuständigkeitsverordnung v. 20.8.2003 (GVOBl. M-V S. 421)
BauGebO Baugebührenordnung
BauGebO s. BauGO
  BE v. 19.12.2006 (GVBl S. 1150)
  SH v. 18.6.1996 (GVOBl S. 499)
BaugebO
  BB v. 24.6.1994 (GVBl II S. 568)
  HA v. 23.5.2006 (GVBl S. 261)
BaugebVO M-V MV Baugebührenordnung v. 10.7.2006 (GVOBl M-V S. 588)
BauGVO LSA Baugebührenverordnung v. 4.5.2006 (GVBl LSA S. 315)
BaugestG SH Ges. ü. baugestalterische Festsetzungen v. 11.11.1981 (GVOBl S. 249)
BauGO Baugebührenordnung
  LSA v. 15.8.1991 (GVBl LSA S. 269)
  MV v. 15.11.2001 (GVOBl M-V S. 450)
  ND v. 13.1.1998 (GVBl S. 3)
BauKaG NRW NW Baukammerngesetz v. 16.12.2003 (GV.NW S. 786)
BaukoG BE Baustellenkoordinierungsgesetz v. 2.6.1999 (GVBl S. 192)
BauLückAbrufVO BE Baulückenmanagement-Abrufverordnung v. 16.10.2001 (GVBl S. 547)
BauNVO Baunutzungsverordnung i. d. Bek. v. 15.9.1977 (BGBl I S. 1763)
BauO Bln BE Bauordnung i. d. Bek. v. 3.9.1997 (GVBl S. 422)

BauO LSA LSA Bauordnung Sachsen-Anhalt v. 9.2.2001 (GVBl LSA S. 50)
BauO NW NW Landesbauordnung i. d. Bek. v. 1.3.2000 (GV.NW S. 256)
BauO-SV-VO LSA VO ü. staatl. anerkannte Sachverständige n. d. Bauordnung Sachsen-Anhalt v. 28.9.2001 (GVBl LSA S. 410)
BauPAV Bauprodukte- u. Bauartenverordnung BY v. 20.9.1999 (GVBl S. 424)
BauPAVO BE Bauprodukte- und Bauartenverordnung v. 26.3.2007 (GVBl S. 148)
BauPAVO M-V MV Bauprodukte- und Bauartenverordnung v. 10.7.2006 (GVOBl. M-V S. 610)
BauPG Bauproduktengesetz i. d. Bek. v. 28.4.1998 (BGBl I S. 812)
BauPG-ZustLVO M-V MV Landesverordnung über die Zuständigkeit nach dem Bauproduktengesetz v. 7.9.2005 (GVOBl. M-V S. 457)
BauPrüfV Bautechnische Prüfungsverordnung
  BB v. 28.6.1994 (GVBl II S. 596)
  BY v. 11.11.1986 (GVBl S. 339)
BauPrüfVO
  BE v. 31.3.2006 (GVBl S. 324)
  BR v. 10.6.1983 (GBl S. 393)
  BW v. 21.5.1996 (GBl S. 410)
  LSA v. 5.9.1996 (GVBl LSA S. 315)
  MV v. 3.4.1998 (GVOBl M-V S. 413)
  ND v. 24.7.1989 (GVBl S. 129)
  NW v. 6.12.1995 (GV.NW S. 1241)
  SH v. 2.11.1995 (GVBl S. 355)
  SL v. 3.12.1965 (ABl S. 1049)
  TH v. 12.9.1991 (GVBl S. 534)
BauprüfVO HE v. 28.10.1994 (GVBl I S. 655)
BauPrüfVergVO Bauprüfungsvergütungsverordnung
  SL v. 14.8.1996 (ABl S. 896)
  SH v. 18.6.1996 (GVOBl S. 510)
BauR Baurecht (1.1970 ff.)
BauRB Der Bau-Rechtsberater (1.2003–3.2005)
BauROG Bau- und Raumordnungsgesetz 1998 v. 18.8.1997 (BGBl I S. 2081)

BausparkG 1. Teil

BausparkG Ges. ü. Bausparkassen i. d. Bek. v. 15.2.1991 (BGBl I S. 454)
BausparkV Bausparkassen-Verordnung v. 19.12.1990 (BGBl I S. 2947)
BauStatG 1.Baustatistikgesetz v. 20.8.1960 (BGBl I S. 704); 2. Baustatistikgesetz v. 27.7.1978 (BGBl I S. 1118)
BauSv Der Bausachverständige (1.2005 ff.)
BauSVO ND Bauordnungsrechtl. Sachverständigen(ver)ordnung v. 4.9.1989 (GVBl S. 325)
BauTechPrüfVO SACH VO d. Sächs. Staatsministeriums f. Umwelt u. Landesentwicklung ü. bautechnische Prüfungen v. wasserwirtschaftl. Anlagen v. 17.1.1995 (SächsGVBl S. 91)
BautechPrüfVO HA VO ü. anerkannte sachverständige Personen f. bautechnische Prüfaufgaben v. 18.9.2001 (GVBl I S. 405)
BauÜVO LSA VO über die Übertragung von bauaufsichtlichen Befugnissen und Zuständigkeiten v. 27.3.2006 (GVBl LSA S. 176)
BauuntPrüfVO RP Landesverordnung ü. Bauunterlagen u. d. Prüfung v. Standsicherheitsnachweisen v. 16.6.1987 (GVBl S. 165)
BauVerfV BY Bauaufsichtliche Verfahrensordnung v. 2.7.1982 (GVBl S. 457)
BauVerfVO BE Bauverfahrensverordnung v. 19.10.2006 (GVBl S. 1035)
BauVerw Die Bauverwaltung (1.1952 ff.)
BauVG Bln BE Bauvereinfachungsgesetz v. 29.9.2005 (GVBl S. 495)
Bauvorl-/BauPrüfVO SACH VO d. Sächs. Staatsministeriums d. Innern ü. Bauvorlagen und bautechnische Prüfungen i. d. Bek. v. 2.9.1997 (SächsGVBl S. 533)
BauVorlV Bauvorlagenverordnung
  BB v. 15.6.1994 (GVBl II S. 516)
  BY v. 8.12.1997 (GVBl S. 822)
BauVorlVO
  BE i. d. Bek. v. 17.11.1998 (GVBl S. 343)
  BW v. 2.4.1984 (GBl S. 262)
  HA v. 31.1.2006 (GVBl S. 71)

  HE v. 17.12.1994 (GVBl I S. 828)
  LSA v. 8.6.2006 (GVBl LSA S. 351)
  ND v. 22.9.1989 (GVBl S. 358)
  NW v. 30.1.1975 (GV.NW S. 174)
  SH v. 17.7.1975 (GVOBl S. 208)
  SL v. 17.5.2004 (ABl S. 1162)
  BauVorlVO M-V MV v. 10.7.2006 (GVOBl M-V S. 612)
BAV Bundesaufsichtsamt f. d. Versicherungswesen
BAVBVO Berufsausbildungsvorbereitungs-Bescheinigungsverordnung v. 16.7.2003 (BGBl I S. 1472)
BAVO DDR Bahnaufsichtsverordnung v. 22.1.1976 (GBl I S. 33 = BGBl 1990 II S. 1222)
BAW Bundesamt f. Wirtschaft; Bundesanstalt f. Wasserbau
BaWüVBl Baden-Württembergisches Verwaltungsblatt (= Landesbeil. zu: Die Öffentliche Verwaltung) (1.1956–18.1973; aufgegangen in: Baden-Württembergische Verwaltungspraxis)
Bay Bayern (bayerisch)
BayAbfAlG BY Bay. Abfallwirtschafts- u. Altlastengesetz v. 27.2.1991 (GVBl S. 64)
BayAbfG BY Bay. AbfallwirtschaftsGes. v. 28.6.1990 (GVBl S. 213)
BayAbwAG BY Bay. Ges. z. Ausf. d. Abwasserabgabengesetzes i. d. Bek. v. 21.4.1996 (GVBl S. 162)
BayAföG BY Bay. Ausbildungsförderungsgesetz i. d. Bek. v. 28.9.1982 (GVBl S. 895)
BayAFWoG BY Gesetz ü. d. Abbau d. Fehlsubventionierung im Wohnungswesen i. d. Bek. v. 31.10.1995 (GVBl S. 806)
BayAGBAföG BY Bay. Ges. z. Ausf. d. Bundesausbildungsförderungsgesetzes i. d. Bek. v. 27.6.1980 (GVBl S. 449)
BayAgrarWiG BY Bay. Agrarwirtschaftsgesetz v. 8.12.2006 (GVBl S. 938)
BayArbZustG BY Bay. Arbeitsschutz-Zuständigkeitsgesetz v. 24.7.1998 (GVBl S. 423)
BayArchG BY Bay. Architektengesetz i. d. Bek. v. 31.8.1994 (GVBl S. 934)

BayArchivG BY Bay. Archivgesetz v. 22.12.1989 (GVBl S. 710)

BayARV BY Bay. Auslandsreisekostenverordnung v. 2.10.1969 (GVBl S. 339)

BayAusglZV BY Bay. Ausgleichszahlungsverordnung v. 16.11.1999 (GVBl S. 468)

BayAVOGFRG BY VO ü. d. Aufteilung d. Gemeindeanteils an d. Einkommensteuer u. d. Abführung d. Gewerbesteuerumlage v. 11.3.1970 (GVBl S. 21)

BayBadeGewV BY Bay. Badegewässerverordnung v. 15.2.2008 (GVBl S. 54)

BayBauVG BY Bay. Bauaufträge-Vergabegesetz v. 28.6.2000 (GVBl S. 364)

BayBergV BY Bay. Bergverordnung v. 6.3.2006 (GVBl S. 134)

BayBesG BY Bay. Besoldungsgesetz i. d. Bek. v. 30.8.2001 (GVBl S. 458)

BayBFG BY Bay. Begabtenförderungsgesetz i. d. Bek. v. 29.11.1983 (GVBl S. 1109)

BayBFHG BY Bay. Beamtenfachhochschulgesetz v. 8.8.1974 (GVBl S. 387)

BayBG BY Bay. Beamtengesetz i. d. Bek. v. 27.8.1998 (GVBl S. 703)

BayBGG BY Bay. Behindertengleichstellungsgesetz v. 9.7.2003 (GVBl S. 419)

BayBgm Der Bayerische Bürgermeister (1.1912–25.1936; [N.F.] 1.1947/48 ff.; 1937–1943: Die Landgemeinde. B)

BayBhV BY Bay. Beihilfeverordnung v. 2.1.2007 (GVBl S. 15)

BayBITV BY Bay. Barrierefreie Informationstechnik-Verordnung v. 24.10.2006 (GVBl S. 801)

BayBlindG BY Bay. Blindengeldgesetz v. 7.4.1995 (GVBl S. 150)

BayBO BY Bay. Bauordnung i. d. Bek. v. 4.8.1997 (GVBl S. 433)

BayBS Bereinigte Sammlung des bayerischen Landesrechts. 1802–1956. Bd. I-V (1957)

BayBSErgB BY Bereinigte Sammlung des bayerischen Landesrechts. 1802–1956. ErgBd.: Ehem. Reichsrecht (1968)

BayBS FN BY Bereinigte Sammlung des bayerischen Landesrechts. Fortführungsnachweis 1957/ 58 ff. (1959 ff.)

BayBSVA BY Bereinigte Sammlung der Verwaltungsvorschriften d. Bayerischen Staatsministeriums für Arbeit und soziale Fürsorge. 1872–30.6.1957 (1958)

BayBSVELF BY Bereinigte Sammlung der Verwaltungsvorschriften des Bayerischen Staatsministeriums für Ernährung, Landwirtschaft und Forsten. 1865–30.6.1957 (1958)

BayBSVFin BY Bereinigte Sammlung der bayerischen Finanzverwaltungsvorschriften. 1865–30.6.1957. Bd. I. II. (1958)

BayBSVI BY Bereinigte Sammlung der Verwaltungsvorschriften des Bayerischen Staatsministeriums des Innern. 1872–30.6.1957. Bd. I-III, DIN-Bd., RegBd. (1958)

BayBSVJu BY Bereinigte Sammlung der bayerischen Justizverwaltungsvorschriften. 1863–30.6.1957. Bd. I-VII. (1958)

BayBSVK BY Bereinigte Sammlung der Verwaltungsvorschriften des Bayerischen Staatsministeriums für Unterricht und Kultus. 1865–30.6.1957. Bd. I. II. (1958)

BayBSVWV Bereinigte Sammlung der Verwaltungsvorschriften des Bayerischen Staatsministeriums für Wirtschaft und Verkehr. 1842–30.6.1957 (1958)

BayBVAnpG 2007/2008 BY Gesetz zur Anpassung der Bezüge 2007/2008 v. 20.12.2007 (GVBl S. 931)

BayBZ s. BBZ

BayDG BY Bay. Disziplinargesetz v. 24.12.2005 (GVBl S. 665)

BayDO BY Bay. Disziplinarordnung i. d. Bek. v. 15.3.1985 (GVBl S. 31)

BayDokZugV BY Bay. Verordnung zur Zugänglichmachung von Dokumenten für blinde, erblindete und sehbehinderte Menschen im Verwaltungsverfahren v. 24.7.2006 (GVBl S. 434)

BayDSG BY Bay. Datenschutzgesetz v. 28.4.1978 (GVBl S. 165)

BayDVBWGöD BY Durchführungsverordnung z. Ges. z. Regelung d. Wiedergutmachung nationalsozialistischen Unrechts f. Angehörige d. öffentl. Dienstes v. 21.1.1975 (GVBl S. 2)

BayEBG BY Bay. Eisenbahn- u. Bergbahngesetz v. 10.7.1998 (GVBl S. 389)

BayEFG BY Bay. Eliteförderungsgesetz v. 26.4.2005 (GVBl S. 104)

BayEG BY Bay. Gesetz ü. d. entschädigungspflichtige Enteignung i. d. Bek. v. 25.7.1978 (GVBl S. 625)

BayEUG BY Bay. Ges. ü. d. Erziehungs- u. Unterrichtswesen i. d. Bek. v. 31.5.2000 (GVBl S. 414)

2. BayEuro AnpG BY Zweites Bay. Gesetz z. Anpassung d. Landesrechts a. d. Euro v. 24.4.2001 (GVBl S. 140)

BayFHVR BY Erstattungsverordnung v. 24.10.2005 (GVBl S. 544)

BayFwG BY Bay. Feuerwehrgesetz v. 23.12.1981 (GVBl S. 526)

BayGAPV BY VO zur Umsetzung der Reform der Gemeinsamen Agrarpolitik v. 2.6.2005 (GVBl S. 184)

BayGemVZ Bay. Gemeinde- und Verwaltungszeitung (30.1920–51.1941; vorher: Bay. Gemeinde-Ztg.)

BayGemZ Bay. Gemeindezeitung (1.1891–29.1919; [N.F.] 1.1950 ff.; 1920–1941: Bay. Gemeinde- u. Verwaltungszeitung)

BayGewQV BY Bay. Gewässerqualitätsverordnung v. 4.4.2001 (GVBl S. 179)

BayGewZustVO BY Bay. Gewässerbestandsaufnahme- und -zustandseinstufungsverordnung v. 1.3.2004 (GVBl S. 42)

BayGlG BY Bay. Gleichstellungsgesetz v. 24.5.1996 (GVBl S. 186)

BayGnO BY Bay. Gnadenordnung v. 29.5.2006 (GVBl S. 321)

BayGT Bay. Gemeindetag (23.1971 ff.; vorher: Rundschreiben. Bayerischer Gemeindetag)

BayGVBl BY Gesetz- und Verordnungsblatt für (bis 1918,77: das Königreich; 1918,78–1919,24: den Volksstaat; dann:) den Freistaat Bayern (1874–1936,9; dann: Bayer. Gesetz- und Verordnungsblatt; vorher: Gesetzbl. f. d. Königreich Bayern)

(Bay) GVBl Bayerisches Gesetz- und Verordnungsblatt (1936,10–1944,11; 1945 ff.; vorher: Gesetz- und Verordnungsblatt f. d. Freistaat Bayern)

BayGVFG BY Bay. Gemeindeverkehrsfinanzierungsgesetz v. 8.12.2006 (GVBl S. 969)

BayHLeistBV BY Bay. Hochschulleistungsbezügeverordnung v. 15.12.2004 (GVBl S. 575)

BayHO BY Bay. Haushaltsordnung v. 8.12.1971 (GVBl S. 433)

BayHSchG BY Bay. Hochschulgesetz v. 23.5.2006 (GVBl S. 245)

BayHSchLG BY Bay. Hochschullehrergesetz i. d. Bek. v. 5.9.2000 (GVBl S. 712)

BayHSchLNV BY Bay. Hochschullehrernebentätigkeitsverordnung v. 9.3.1976 (GVBl S. 49)

BayHSchPG BY Bay. Hochschulpersonalgesetz v. 23.5.2006 (GVBl S. 230)

BayHSchRAnpG BY Bay. Hochschulrechtsanpassungsgesetz v. 23.5.2006 (GVBl S. 303)

BayHSchRAnpV BY Hochschulrechtsanpassungsverordnung v. 16.6.2006 (GVBl S. 347)

BayHSchWO BY Wahlordnung für die staatlichen Hochschulen v. 16.6.2006 (GVBl S. 338)

BayIKaBauG BY Bay. Ingenieurkammergesetz Bau v. 8.6.1990 (GVBl S. 164)

BayImSchG BY Bay. Immissionsschutzgesetz v. 8.10.1974 (GVBl S. 499)

BayJG BY Bay. Jagdgesetz v. 13.10.1978 (GVBl S. 678)

BayKHV BY Bay. Kommunikationshilfenverordnung v. 24.7.2006 (GVBl S. 432)

BayKiBiG BY Bay. Kinderbildungs- und -betreuungsgesetz v. 8.7.2005 (GVBl S. 236)

BayKiG BY Bay. Kindergartengesetz v. 25.7.1972 (GVBl S. 297)

BayKomBesV BY Bay. Kommunalbesoldungsverordnung v. 14.3.1989 (GVBl S. 92)

BayKRG BY Gesetz ü. d. bevölkerungsbezogene Krebsregister Bayern v. 25.7.2000 (GVBl S. 474)

BayKrG BY Bay. Krankenhausgesetz i. d. Bek. v. 11.9.1990 (GVBl S. 386)

BayKSG BY Bay. Katastrophenschutzgesetz v. 24.7.1996 (GVBl S. 282)

BayLBG BY Bay. Lehrerbildungsgesetz i. d. Bek. v. 12.12.1995 (GVBl 1996 S. 16)

BayLErzGG BY Bayer. Landeserziehungsgeldgesetz v. 26.3.2001 (GVBl S. 76)

BayLplG BY Bay. Landesplanungsgesetz v. 27.12.2004 (GVBl S. 521)

BayLPZV BY Bay. Leistungsprämien- und Leistungszulagenverordnung v. 15.12.1998 (GVBl S. 1020)

BayMeldeDÜV BY Bay. Meldedaten-Übermittlungsverordnung v. 4.12.1984 (GVBl S. 516) (s.a. Datenübermittlung)

BayMG BY Bay. Mediengesetz i. d. Bek. v. 22.10.2003 (GVBl S. 799)

BayNatSchG BY Bay. Naturschutzgesetz i. d. Bek. v. 18.8.1998 (GVBl S. 593)

BayNotV Mitteilungen des Bay. Notarvereins (1.1924–10.1933,5; dann: Bay. Notarzeitschrift)

BayNotZ Bay. Notarzeitschrift (10.1933,6/7–10/11; dann: Dt. Notar-Zs., Bay. Beil.; vorher: Mitteilung d. Bay. Notarvereins); Zeitschrift für das Notariat, für die freiwillige Gerichtsbarkeit und das Grundbuchwesen in Bayern (bis 13.1912: für d. Notariat u. f. d. freiw. Rechtspflege d. Gerichte in Bayern) (N.F. 1.1900–23.1922; dann: Mitteilungen d. Bay. Notarvereins)

BayNV BY Bay. Nebentätigkeitsverordnung v. 14.6.1988 (GVBl S. 160)

BayObLG Bay. Oberstes Landesgericht

BayObLG AuflG BY Gerichtsauflösungsgesetz v. 25.10.2004 (GVBl S. 400)

BayObLGSt Entscheidungen des Bay. Obersten Landesgerichts in Strafsachen (N.F. 1950/51 ff.; früher: Sammlung v. Entscheidungen d. Bay. Obersten Landesgerichts in Strafsachen)

BayObLGZ Entscheidungen des Bay. Obersten Landesgerichts in Zivilsachen (N.F. 1950/51 ff.; früher: Sammlung v. Entscheidungen d. Bay. Obersten Landesgerichts in Zivilsachen)

BayÖPNVG BY Bay. Gesetz ü. d. öffentl. Personennahverkehr i. d. Bek. v. 30.7.1996 (GVBl S. 336)

BayPetG BY Bay. Petitionsgesetz v. 9.8.1993 (GVBl S. 701)

BayPostGebR BY Gemeins. Bek. ü. Entrichtung d. Postgebühren v. 2.3.1988 (JMBl S. 39)

BayPrG BY Bay. Pressegesetz i. d. Bek. v. 19.4.2000 (GVBl S. 340)

BayPVG BY Bay. Personalvertretungsgesetz i. d. Bek. v. 11.11.1986 (GVBl S. 349)

BayRDG BY Bay. Rettungsdienstgesetz i. d. Bek. v. 8.1.1998 (GVBl S. 9)

BayRegAnz s. RegAnz

BayRG BY Bay. Rundfunkgesetz i. d. Bek. v. 22.10.2003 (GVBl S. 792)

BayRiG BY Bay. Richtergesetz i. d. Bek. v. 11.1.1977 (GVBl S. 27)

BayRKG BY Bay. Reisekostengesetz v. 24.4.2001 (GVBl S. 133)

BayRS Bay. Rechtssammlung. Bd. I-V. München 1985

BayRSG BY Bay. Rechtssammlungsgesetz v. 10.11.1983 (GVBl S. 1013)

BaySammlG BY Bay. Sammlungsgesetz v. 11.7.1963 (GVBl S. 147)

BaySchFG BY Bay. Schulfinanz(ierungs)gesetz i. d. Bek. v. 31.5.2000 (GVBl S. 455)

BaySchlG BY Bay. Schlichtungsgesetz v. 25.4.2000 (GVBl S. 268)

BaySchwBerG BY Bay. Schwangerenberatungsgesetz v. 9.8.1996 (GVBl S. 320)

BaySchwBerV BY Durchführungsverordnung zum Bay. Schwangerenberatungsgesetz v. 28.7.2005 (GVBl S. 350)

BaySchwHEG BY Bay. Schwangerenhilfeergänzungsgesetz v. 9.8.1996 (GVBl S. 328)

BayStAnz BY Bay. Staatsanzeiger [= seit 5.1950,26 Beil. zu: Bay. Staatszeitung u. Bay. Staatsanzeiger] (1913–1934; dann: Bay. Regierungsanzeiger; 1.1946 ff.)

BayStatG BY Bay. Statistikgesetz v. 10.8.1990 (GVBl S. 270)

BayStG BY Bay. Stiftungsgesetz i. d. Bek. v. 7.3.1996 (GVBl S. 126)

BayStOGV BY Bay. Stellenobergrenzenverordnung v. 13.1.2006 (GVBl S. 55)
BayStrUBG BY Bay. Gesetz z. Unterbringung v. bes. rückfallgefährdeten hochgefährlichen Straftätern v. 24.12.2001 (GVBl S. 978)
BayStrWG BY Bay. Straßen- u. Wegegesetz i. d. Bek. v. 5.10.1981 (GVBl S. 448)
BayStVollzG BY Bay. Strafvollzugsgesetz v. 10.12.2007 (GVBl S. 866)
BayStVollzVergV BY Bay. Strafvollzugsvergütungsverordnung v. 15.1.2008 (GVBl S. 25)
BayStZtg Bay. Staatszeitung und Bay. Staatsanzeiger (1913–1934; 5.1950, 26 ff.; 1934–1945: Bay. Regierungsanzeiger; 1946–1950,25: Bay. Staatsanzeiger)
BayStZulV BY Bay. Stellenzulagenverordnung v. 11.3.2003 (GVBl S. 166)
BaySubvG BY Bay. Subventionsgesetz v. 23.12.1976 (GVBl S. 586)
BaySÜBV BY Bay. Sicherheitsüberprüfungsbestimmungsverordnung v. 19.10.2004 (GVBl S. 406)
BaySÜG BY Bay. Sicherheitsüberprüfungsgesetz v. 27.12.1996 (GVBl S. 509)
BayTGV BY Bay. Trennungsgeldverordnung v. 9.12.1985 (GVBl S. 803)
BayTierZG BY Bay. Tierzuchtgesetz v. 10.8.1990 (GVBl S. 291)
BayTierZV BY Bay. Tierzuchtverordnung v. 12.2.2008 (GVBl S. 46)
BayUAV BY Bay. Umzugsauslagenverordnung v. 30.4.1975 (GVBl S. 101)
BayUIG BY Bay. Umweltinformationsgesetz v. 8.12.2006 (GVBl S. 933)
BayUKG BY Bay. Umzugskostengesetz v. 24.6.2005 (GVBl S. 192)
BayUniKlinG BY Bay. Universitätsklinikagesetz v. 23.5.2006 (GVBl S. 285)
BayVBl Bay. Verwaltungsblätter (73.1925–81.1933; N.F. 1 [= 86 d. Ges. Folge] 1955 ff.; zwischendrin: Dt. Verwaltungsblätter; anfangs: Blätter f. administrative Praxis)
BayVerfGH Sammlung von Entscheidungen des Bay. Verwaltungsgerichtshofs mit Entscheidungen des Bay. Verfassungsgerichtshofs. (ab 4.1951 ferner:) des Bay. Dienststrafhofs (ab 5.1952:) und des Bay. Gerichtshof für Kompetenzkonflikte. T.2. Verfassungsgerichtshof (N.F. 1.1947/ 48 ff.)
BayVersRücklG BY Gesetz ü. d. Bildung von Versorgungsrücklagen im Freistaat Bayern v. 26.7.1999 (GVBl S. 309)
BayVGH Sammlung von Entscheidungen des (k.) bay. Verwaltungsgerichtshofes (1.1880–63.1943/44)
BayVGH (N.F.) Sammlung von Entscheidungen des Bay. Verwaltungsgerichtshofs mit Entscheidungen des Bay. Verfassungsgerichtshofs, (ab 4.1951 ferner:) des Bay. Dienststrafhofs (ab 5.1952:) und des Bay. Gerichtshofs für Kompetenzkonflikte T.1. Verwaltungsgerichtshof (N.F. 1. (= 64 d. Ges. Folge) 1947/48 ff.)
BayVSG BY Bay. Verfassungsschutzgesetz i. d. Bek. v. 10.4.1997 (GVBl S. 70)
BayVwSG BY Bay. Verwaltungsschulgesetz v. 9.6.1998 (GVBl S. 290)
BayVwVfG BY Bay. Verwaltungsverfahrensgesetz v. 23.12.1976 (GVBl S. 544)
BayWaldG BY Waldgesetz für Bayern i. d. Bek. v. 22.7.2005 (GVBl S. 313)
BayWeinAFöG BY Bay. Weinabsatzförderungsgesetz v. 24.7.2001 (GVBl S. 346)
BayWG BY Bay. Wassergesetz i. d. Bek. v. 19.7.1994 (GVBl S. 823)
BAZ Bundesamt f. d. Zivildienst
BazBV Basiszinssatz-Bezugsgrößen-VO v. 10.2.1999 (BGBl I S. 139)
BB Der Betriebs-Berater (1.1946 ff.)
BBA Biologische Bundesanstalt f. Land- u. Forstwirtschaft
BBAEV Ausbilder-Eignungsverordnung für Bundesbeamte v. 26.4.1977 (BGBl I S. 660)
BBankG Ges. ü. d. Deutsche Bundesbank v. 26.7.1957 (BGBl I S. 745)
BBauG Bundesbaugesetz i. d. Bek. v. 18.8.1976 (BGBl I S. 2256)
BBB Bundesbaublatt (1.1952 ff.)
BBBG BE Bäder-Anstaltsgesetz v. 25.9.1995 (GVBl S. 617)

BBD Bundesbaudirektion

BBergG Bundesberggesetz v. 13.8.1980 (BGBl I S. 1310)

BBesG Bundesbesoldungsgesetz i. d. Bek. v. 3.12.1998 (BGBl I S. 3434)

BBesGVwV Allg. Verwaltungsvorschrift z. Bundesbesoldungsgesetz v. 29.5.1980 (GMBl S. 290)

BBG Bundesbeamtengesetz i. d. Bek. v. 31.3.1999 (BGBl I S. 675)

BbG Bundesbahngesetz v. 13.12.1951 (BGBl I S. 955)

BbgAbfG BB Brandenburgisches Abfallgesetz v. 6.6.1997 (GVBl I S. 40)

BbgAbwAG BB Brandenburgisches Abwasserabgabengesetz v. 8.2.1996 (GVBl I S. 14)

BbgAGBGB BB Brandenburgisches Ausführungsgesetz z. Bürgerlichen Gesetzbuch v. 28.7.2000 (GVBl I S. 114)

BbgAGSchKG BB Brandenburgisches Gesetz zur Ausführung des Schwangerschaftskonfliktgesetzes v. 12.7.2007 (GVBl I S. 118)

Bbg AG-SGB II BB Gesetz zur Ausführung des Zweiten Buches Sozialgesetzbuch im Land Brandenburg v. 3.12.2004 (GVBl I S. 458)

BbgArchG BB Brandenburgisches Architektengesetz v. 8.3.2006 (GVBl I S. 26)

BbgArchivG BB Brandenburgisches Archivgesetz v. 7.4.1994 (GVBl I S. 94)

BbgBadV BB Brandenburgische Badegewässerverordnung v. 6.2.2008 (GVBl II S. 78)

1. BbgBAG BB Erstes Brandenburgisches Bürokratieabbaugesetz v. 28.6.2006 (GVBl I S. 74)

BbgBauGebO BB Brandenburgische Baugebührenordnung v. 1.9.2003 (GVBl II S. 524)

BbgBauGSGV BB VO über die Anwendung von Verordnungen nach § 11 des Gerätesicherheitsgesetzes auf bauliche Anlagen im Land Brandenburg v. 1.9.2003 (GVBl II S. 560)

BbgBaumSchV BB Brandenburgische Baumschutzverordnung v. 29.6.2004 (GVBl II S. 553)

BbgBauPrüfV BB Brandenburgische Bautechnische Prüfungsverordnung i. d. Bek. v. 11.5.2006 (GVBl II S. 104)

BbgBauSV BB Brandenburgische Bausachverständigenverordnung v. 1.9.2003 (GVBl II S. 553)

BbgBauVorlV BB Brandenburgische Bauvorlagenverordnung v. 1.9.2003 (GVBl II S. 518)

BbgBauZV BB Brandenburgische Bauzuständigkeitsverordnung v. 1.9.2003 (GVBl II S. 559)

BbgBeBauV BB Brandenburgische VO ü. d. Bau u. Betrieb v. Beherbergungsstätten v. 15.6.2001 (GVBl II S. 216)

BbgBesG BB Brandenburgisches Besoldungsgesetz v. 10.1.2005 (GVBl I S. 38)

BbgBestG BB Brandenburgisches Bestattungsgesetz v. 7.11.2001 (GVBl I S. 226)

BbgBienG BB Brandenburgisches Bienenzuchtgesetz v. 8.1.1996 (GVBl I S. 3)

BbgBITV BB Brandenburgische Barrierefreie Informationstechnik-Verordnung v. 24.5.2004 (GVBl II S. 482)

BbgBKG BB Brandenburgisches Brand- und Katastrophenschutzgesetz v. 24.5.2004 (GVBl I S. 197)

BbgBkGG BB Brandenburgisches Braunkohlengrundlagengesetz v. 7.7.1997 (GVBl I S. 72)

BbgBO BB Brandenburgische Bauordnung v. 16.7.2003 (GVBl I S. 210)

BbgCWPV BB Brandenburgische Camping und Wochenendhausplatz-Verordnung v. 18.5.2005 (GVBl II S. 254)

BbgDSchG BB Brandenburgisches Denkmalschutzgesetz v. 24.5.2004 (GVBl I S. 215)

BbgDSG BB Brandenburgisches Datenschutzgesetz i. d. Bek. v. 9.3.1999 (GVBl I S. 66)

BbgEVTZ-ZustV BB VO über die Zuständigkeit zur Ausführung der Verordnung (EG) Nr. 1082/2006 des Europäischen Parlaments und des Rates vom 5. Juli

2006 über den Europäischen Verbund für territoriale Zusammenarbeit (EVTZ) im Land Brandenburg v. 22.11.2007 (GVBl II S. 482)

BbgFAG BB Brandenburgisches Finanzausgleichsgesetz v. 29.6.2004 (GVBl I S. 262)

BbgFeuV BB Brandenburgische Feuerungsverordnung v. 13.1.2006 (GVBl II S. 58)

BbgFischO BB Fischereiordnung d. Landes Brandenburg v. 14.11.1997 (GVBl II S. 867)

BbgFördAV BB Brandenburgische Förderabgabeverordnung v. 26.1.2006 (GVBl II S. 30)

BbgFoVGDV BB VO zur Durchführung des Forstvermehrungsgutgesetzes im Land Brandenburg v. 4.6.2004 (GVBl II S. 478)

4. BbgFRG BB Viertes Funktionalreformgesetz v. 22.12.1997 (GVBl I S. 172)

BbgGDG BB Brandenburgisches Gesundheitsdienstgesetz v. 3.6.1994 (GVBl I S. 178)

BbgGStV BB Brandenburgische Garagen- u. StellplatzVO v. 12.10.1994 (GVBl II S. 948)

BbgGüteStG BB Brandenburgisches Gütestellengesetz v. 5.10.2000 (GVBl I S. 135)

BbgHAV BB Brandenburgische Hersteller- und Anwenderverordnung v. 23.3.2005 (GVBl II S. 158)

BbgHG BB Brandenburgisches Hochschulgesetz i. d. Bek. v. 6.7.2004 (GVBl I S. 394)

BbgJAG BB Brandenburgisches Juristenausbildungsgesetz v. 4.6.2003 (GVBl I S. 166)

BbgJagdDV BB VO zur Durchführung des Jagdgesetzes für das Land Brandenburg v. 2.4.2004 (GVBl II S. 305)

BbgJagdG BB Jagdgesetz für das Land Brandenburg v. 9.10.2003 (GVBl I S. 250)

BbgJAO BB Brandenburgische Juristenausbildungsordnung v. 6.8.2003 (GVBl II S. 438 ff.)

BbgJEuroUG BB Gesetz z. Umstellung v. Vorschriften a. d. Bereich d. Justiz auf Euro i. Land Brandenburg v. 18.12.2001 (GvBl I S. 300)

BbgJStVollzG BB Brandenburgisches Jugendstrafvollzugsgesetz v. 18.12.2007 (GVBl I S. 348)

BbgKatSG BB Brandenburgisches Katastrophenschutzgesetz v. 11.10.1996 (GVBl I S. 278)

BbgKHV BB Brandenburgische Kommunikationshilfenverordnung v. 24.5.2004 (GVBl II S. 490)

BbgKiStG BB Brandenburgisches Kirchensteuergesetz v. 25.6.1999 (GVBl I S. 251)

BbgKOG BB Brandenburgisches Kurortegesetz v. 14.2.1994 (GVBl I S. 10)

BbgKorV BB Brandenburgische Kormoranverordnung v. 1.12.2004 (GVBl II S. 897)

BbgKPBauV BB Brandenburgische Krankenhaus- und Pflegeheim-Bauverordnung v. 21.2.2003 (GVBl II S. 140)

BbgKPHG BB Brandenburgisches Krankenpflegehilfegesetz v. 26.5.2004 (GVBl I S. 244)

BbgKWahlG BB Brandenburgisches Kommunalwahlgesetz i. d. Bek. v. 10.10.2001 (GVBl I S. 198)

BbgKWahlV BB Brandenburgische Kommunalwahlverordnung v. 5.7.2001 (GVBl II S. 306)

BbgLDV BB Brandenburgische Leichenschaudokumentations-Verordnung v. 22.1.2003 (GVBl II S. 42)

BbgLeBiG BB Brandenburgisches Lehrerbildungsgesetz v. 25.6.1999 (GVBl I S. 242)

BbgLEG BB Brandenburgisches Landentwicklungsgesetz v. 29.6.2004 (GVBl I S. 298)

BbgLFamKaV BB Brandenburgische Landesfamilienkassenverordnung v. 4.9.2007 (GVBl II S. 422)

BbgLöG BB Brandenburgisches Ladenöffnungsgesetz v. 27.11.2006 (GVBl I S. 158)

BbgLPlG BB Brandenburgisches Landes-Planungsgesetz v. 20.7.1995 (GVBl I S. 210)

BbgLPZV BB Brandenburgische Leistungsprämien- u. -zulagenverordnung v. 12.10.2001 (GVBl II S. 588)

BbgLSBG BB Brandenburgisches Landesschuldbuchgesetz v. 29.6.2004 (GVBl I S. 269)

BbgLStV BB Brandenburgische Leistungsstufenverordnung v. 12.10.2001 (GVBl II S. 586)

BbgLWahlG BB Brandenburgisches Landeswahlgesetz i. d. Bek. v. 28.1.2004 (GVBl I S. 30)

BbgLWahlV BB Brandenburgische Landeswahlverordnung v. 19.2.2004 (GVBl II S. 150)

BbGMeldeG BB Brandenburgisches Meldegesetz i. d. Bek. v. 17.1.2006 (GVBl I S. 6)

BbgMinG BB Brandenburgisches Ministergesetz i. d. Bek. v. 22.2.1999 (GVBl I S. 58)

BbgMSchulG BB Brandenburgisches Musikschulgesetz v. 19.12.2000 (GVBl I S. 178)

BbgNatSchG BB Brandenburgisches Naturschutzgesetz i. d. Bek. v. 26.5.2004 (GVBl I S. 350)

BbgNiRSchG BB Brandenburgisches Nichtrauchendenschutzgesetz v. 18.12.2007 (GVBl I S. 346)

BbgNRG BB Brandenburgisches Nachbarrechtsgesetz v. 28.6.1996 (GVBl I S. 226)

BbgOrdG BB Brandenburgisches Ordensgesetz v. 10.7.2003 (GVBl I S. 200)

BbgPAuswG BB Brandenburgisches Personalausweisgesetz v. 7.4.1994 (GVBl I S. 100)

BbgPolG BB Brandenburgisches Polizeigesetz v. 20.5.1999 (GVBl I S. 162)

BbgPsychKG BB Brandenburgisches Psychisch-Kranken-Gesetz v. 8.2.1996 (GVBl I S. 26)

BbgQV BB Brandenburgische QualitätszielVO v. 19.3.2001 (GVBl II S. 78)

BbgRAVG BB Brandenburgisches Rechtsanwaltsversorgungsgesetz v. 4.12.1995 (GVBl I S. 266)

2. BbgRBG BB Zweites Brandenburgisches Rechtsbereinigungsgesetz v. 21.12.1998 (GVBl I S. 254)

BbgRettG BB Brandenburgisches Rettungsdienstgesetz v. 18.5.2005 (GVBl I S. 201)

BbgRiG BB Brandenburgisches Richtergesetz i. d. Bek. v. 22.11.1996 (GVBl I S. 322)

BbgRpflAO BB Brandenburgische Rechtspflegerausbildungsordnung v. 3.2.1994 (GVBl II S. 74)

BbgSchlG BB Brandenburgisches Schlichtungsgesetz v. 5.10.2000 (GVBl I S. 134)

BbgSchulG BB Brandenburgisches Schulgesetz v. 12.4.1996 (GVBl I S. 102)

BbgSGPrüfV BB Brandenburgische Sicherheitstechnische Gebäudeausrüstungs-Prüfverordnung v. 1.9.2003 (GVBl II S. 557)

BbgSozBerG BB Brandenburgisches Sozialberufsgesetz i. d. Bek. v. 10.10.1996 (GVBl I S. 308)

BbgSpkG BB Brandenburgisches Sparkassengesetz v. 26.6.1996 (GVBl I S. 210)

BbgStatG BB Brandenburgisches Statistikgesetz v. 11.10.1996 (GVBl I S. 294)

BbgStBVG BB Brandenburgisches Steuerberaterversorgungsgesetz v. 18.12.2001 (GVBl I S. 290)

BbgStrG BB Brandenburgisches Straßengesetz i. d. Bek. v. 31.3.2005 (GVBl I S. 218)

BbgStrKV BB Brandenburgische Straßenkreuzungsverordnung v. 21.4.1997 (GVBl II S. 259)

BbgSubvG BB Brandenburgisches Subventionsgesetz v. 11.11.1996 (GVBl I S. 306)

BbgSÜG BB Brandenburgisches Sicherheitsüberprüfungsgesetz v. 30.7.2001 (GVBl I S. 126)

BbgTGV BB Brandenburgische Trennungsgeldverordnung v. 5.4.2005 (GVBl II S. 155)

BbgTierskBV BB VO d. Landes Brandenburg ü. d. Erhebung v. Tierseuchenkassenbeiträgen v. 4.1.2001 (GVBl II S. 7)

BbgÜTV BB Brandenburgische Bautätigkeitenüberwachungsverordnung v. 24.3.2005 (GVBl II S. 161)

BbgVBD BB Brandenburgische Verordnung über barrierefreie Dokumente in der Landesverwaltung v. 24.5.2004 (GVBl II S. 489)

BB-GVO ND VO über die Gleichwertigkeit von Abschlüssen im Bereich der beruflichen Bildung v. 19.7.2005 (GVBl S. 253)

BbgVRG BB Brandenburgisches Versorgungsrücklage(n)gesetz v. 25.6.1999 (GVBl I S. 249)

BbgVStättV BB Brandenburgische Versammlungsstättenverordnung v. 29.11.2005 (GVBl II S. 540)

BbgVwGG BB Brandenburgisches Verwaltungsgerichtsgesetz i. d. Bek. v. 22.11.1996 (GVBl I S. 317)

BbgWG BB Brandenburgisches Wassergesetz v. 8.12.2004 (GVBl I 2005 S. 50)

BBiG Berufsbildungsgesetz v. 23.3.2005 (BGBl I S. 931)

BBiGHwOV BY VO zur Umsetzung des Berufsbildungsgesetzes und der Handwerksordnung v. 24.7.2007 (GVBl S. 579)

BBiGZustVO Berufsbildungsgesetzzuständigkeitsverordnung
NW VO über die Zuständigkeiten nach dem Berufsbildungsgesetz und die Angelegenheiten der Berufsbildung im Rahmen der Handwerksordnung v. 5.9.2006 (GV.NW S. 446)
SH Landesverordnung über die Zuständigkeiten nach dem Berufsbildungsgesetz und der Ausbilder-Eignungsverordnung v. 3.12.2005 (GVOBl S. 556)

BBiG-ZuVO BW v. 3.7.2007 (GBl S. 342)

BBiZustLVO M-V MV Berufsbildungszuständigkeitslandesverordnung v. 11.5.2006 (GVOBl M-V S. 249)

BBiZustVO LSA Berufsbildungszuständigkeitsverordnung v. 19.7.2006 (GVBl LSA S. 420)

BBk Deutsche Bundesbank

BBKG Gesetz über die Errichtung des Bundesamtes für Bevölkerungsschutz und Katastrophenhilfe v. 27.4.2004 (BGBl I S. 630)

BBodSchG Bundes-Bodenschutzgesetz v. 17.3.1998 (BGBl I S. 502)

BBodSchV Bundes-Bodenschutz- u. Altlastenverordnung v. 12.7.1999 (BGBl I S. 1554)

BbSPrüfVO SACH VO d. Sächs. Staatsministeriums f. Kultus ü. d. Abschlussprüfung a. berufsbildenden Schulen i. Freistaat Sachsen i. d. Bek. v. 23.4.1998 (SächsGVBl S. 208)

BbS-VO VO ü. Berufsbildende Schulen
LSA v. 20.7.2004 (GVBl LSA S. 412)
ND v. 24.7.2000 (GVBl S. 178)

BBVAnpG 2003/2004 Bundesbesoldungs- und -versorgungsanpassungsgesetz 2003/2004 v. 10.9.2003 (BGBl I S. 1798)

BBVEG 80 Bundesbesoldungs- und Versorgungserhöhungsgesetz 1980 v. 16.8.1980 (BGBl I S. 1439)

BBZ Bayerische Beamtenzeitung (1.1949/50–23.1972,5/6)

Bd. Band

BDA Besoldungsdienstalter; Bund Deutscher Architekten; Bundesvereinigung Deutscher Arbeitgeberverbände

BDBOSG Gesetz über die Errichtung einer Bundesanstalt für den Digitalfunk der Behörden und Organisationen mit Sicherheitsaufgaben v. 28.8.2006 (BGBl I S. 2039)

BDG Bundesdisziplinargesetz v. 9.7.2001 (BGBl I S. 1510)

BdGes Bundesgesetz

BDH Bundesdisziplinarhof; Entscheidungen des Bundesdisziplinarhofs (1.1955–7.1967)

BDI Bundesverband d. Deutschen Industrie

BDiA Bundesdisziplinaranwalt

BDiG Bundesdisziplinargericht

BDir Bürodirektor
BDO Bundesdisziplinarordnung i. d. Bek. v. 20.7.1967 (BGBl I S. 750)
BDr Bundesdruckerei
BDSG Bundesdatenschutzgesetz i. d. Bek. v. 20.12.1990 (BGBl I S. 2954)
BdSt Bund d. Steuerzahler
BDVO M-V MV Barrierefreie Dokumente-Verordnung Mecklenburg-Vorpommern v. 17.7.2007 (GVOBl M-V S. 267)
BE; Berl.; Bln. Berlin
BeamtVG Beamtenversorgungsgesetz i. d. Bek. v. 16.3.1999 (BGBl I S. 322)
BeamtVGÄndG 1993 Ges. z. Änd. d. Beamtenversorgungsgesetzes, d. Soldatenversorgungsgesetzes sowie sonst. dienst- und versorgungsrechtl. Vorschriften v. 20.9.1994 (BGBl I S. 2442)
BeamtVGVwV Allg. Verwaltungsvorschrift z. Beamtenversorgungsgesetz v. 3.11.1980 (GMBl S. 742)
BeamtVorschaltG TH Beamtenrechtl. Vorschaltgesetz v. 17.7.1991 (GVBl S. 217)
BeamtVÜV Beamtenversorgungs-Übergangsverordnung i. d. Bek. v. 19.3.1993 (BGBl I S. 369)
BeamtZustV MP NW Beamtenzuständigkeitsverordnung MP v. 11.5.2006 (GV.NW S. 334)
Beamt-ZustV MSWKS NW Beamtenzuständigkeitsverordnung im Geschäftsbereich des Ministeriums für Städtebau und Wohnen, Kultur und Sport v. 4.12.2004 (GV.NW S. 776)
BeamtZuVO BW Beamtenrechtszuständigkeitsverordnung v. 8.5.1996 (GBl S. 402)
Bearb. Bearbeiter
bearb. bearbeitet
BeArbThG Beschäftigungs- und Arbeitstherapeutengesetz v. 25.5.1976 (BGBl I S. 1246)
BedGewV Bedarfsgewerbeverordnung
BR v. 18.11.1997 (GBl S. 577)
LSA v. 4.5.2000 (GVBl LSA S. 230)
BedGewVO M-V MV v. 31.8.1998 (GVOBl M-V S. 802)

BedGVO BW Bedarfsgewerbeverordnung v. 16.11.1998 (GBl S. 616)
BedPlaVO NW VO ü. kommunale Pflegebedarfspläne n. d. LandespflegeGes. v. 4.6.1996 (GV.NW S. 196)
BedV BY Bedürfnisgewerbeverordnung v. 29.7.1997 (GVBl S. 395)
BEEGZV BB VO über die Zuständigkeiten zur Durchführung des Bundeselterngeld- und Elternzeitgesetzes v. 5.1.2007 (GVBl II S. 11)
BEF Bundesamt f. Ernährung u. Forstwirtschaft
BefBed Beförderungsbedingungen
BefBefGebV Beförderungsvorbehalts-Befreiungs-Gebührenverordnung v. 19.12.1995 (BGBl I S. 2091)
BeflVO MV Beflaggungsverordnung v. 20.3.1998 (GVOBl M-V S. 382)
BefrV Befreiungsverordnung v. 20.8.1985 (BGBl I S. 1713)
BEG Bundesentschädigungsgesetz i. d. Bek. v. 29.6.1956 (BGBl I S. 559, 562)
BegaPrO SH Begabtenprüfungsordnung v. 10.2.1987 (GVOBl S. 65)
BEG Bremen BR Beitreibungserleichterungsgesetz Kfz-Zulassung v. 19.12.2006 (GBl. S. 543)
BEGebV VO ü. d. Gebühren u. Auslagen für Amtshandlungen d. Eisenbahnverkehrsverwaltung v. 5.4.2001 (BGBl S. 523)
BeglV Beglaubigungsverordnung v. 13.3.2003 (BGBl I S. 361) BY v. 5.8.2003 (GVBl S. 528)
BeglZustVO BE Beglaubigungszuständigkeitsverordnung v. 12.3.1986 (GVBl S. 497)
BegMietV BY VO ü. d. Begrenzung d. Mietanstiegs v. 12.12.1989 (GVBl S. 687)
BEG NEW NW Beitreibungserleichterungsgesetz/Kfz-Zulassung v. 19.9.2006 (GV.NW S. 451)
Begr. Begründung
BEG-SG BEG-Schlussgesetz v. 14.9.1965 (BGBl I S. 1315)
BeherbStatG Beherbergungsstatistikgesetz v. 14.7.1980 (BGBl I S. 953)

Beigel. Beigeladene(r)
Beih. Beiheft; Beihilfe
Beil. Beilage
BeiratsV VO ü. d. Errichtung e. Beirates f. Ausbildungsförderung v. 11.11.1971 (BGBl I S. 1801)
BeiratsVO BW VO ü. d. Beiräte bei d. Naturschutzbehörden v. 4.5.1977 (GBl S. 163)
Beitr. Beitrag, Beiträge
BeitrA Beitrittsakte
BeitrEinzVergV Beitragseinzugs- u. Meldevergütungsverordnung v. 12.5.1998 (BGBl I S. 915)
BeitrEntlG Beitragsentlastungsgesetz v. 1.11.1996 (BGBl I S. 1631)
BeitrS. RV/BA ÄndG Ges. z. Änd. d. Beitragssätze i. d. gesetzl. Rentenversicherung u. bei d. Bundesanstalt f. Arbeit v. 22.3.1991 (BGBl I S. 790)
BeitrÜberwachVO Beitragsüberwachungsverordnung i. d. Bek. v. 28.7.1997 (BGBl I S. 1930)
BeitrZahlVO Beitragszahlungsverordnung i. d. Bek. v. 28.7.1997 (BGBl I S. 1927)
BekanntmVO NW Bekanntmachungsverordnung v. 7.4.1981 (GV.NW S. 224)
BekanntVO SH Bekanntmachungsverordnung v. 11.11.2005 (GVOBl S. 527)
BekG Ges. ü. Bekanntmachungen v. 17.5.1950 (BGBl S. 183)
Bekl. Beklagte(r)
BekV Bekanntmachungsverordnung BY v. 19.1.1983 (GVBl S. 14)
BekVO SL v. 15.10.1981 (ABl S. 828)
BekVO-Kom ND VO über die öffentliche Bekanntmachung von Rechtsvorschriften kommunaler Körperschaften v. 14.4.2005 (GVBl S. 107)
BelBindG Belegungsbindungsgesetz
BB v. 26.10.1995 (GVBl I S. 256)
BE v. 10.10.1995 (GVBl S. 638)
BelBindG LSA LSA v. 14.12.1995 (GVBl LSA S. 376)
BelBindG M-V MV v. 18.12.1995 (GVOBl M-V S. 661)
BelegschAktG s. KapErhStG

BELFMBl s. MinBlELF
BelGVO RP Belastungsgebührenverordnung v. 27.10.1976 (GVBl S. 246)
BelWertV Beleihungswertermittlungsverordnung v. 12.5.2006 (BGBl I S. 1175)
Bem. Bemerkung
BenshSamml Entscheidungen des Reichsarbeitsgerichts und der Landesarbeitsgerichte, verlegt bei Bensheimer (1.1928–18.1933; dann: Arbeitsrechts-Sammlung)
BE-O Berlin-Ost
Ber. Berichtigung
ber. berichtigt
BerBiFG Berufsbildungsförderungsgesetz i. d. Bek. v. 12.1.1994 (BGBl I S. 78)
BerBiRefG Berufsbildungsreformgesetz v. 23.3.2005 (BGBl I S. 931)
BeRettVO BE Behindertenrettungswege-VO v. 15.11.1996 (GVBl S. 500)
BergBGV BB Bergbehörden-Gebührenordnung v. 17.9.1996 (GVBl II S. 749)
BergbhZV BB Bergbehörden-Zuständigkeitsverordnung v. 10.11.2005 (GVBl II S. 526)
BergbV BY Bergbahnverordnung v. 10.6.1970 (GVBl S. 285)
BerGerOArch BW VO z. Durchf. d. Berufsgerichtsverfahrens nach d. Architektengesetz Berufsgerichtsordnung i. d. Bek. v. 7.7.1975 (GBl S. 588)
BergPDV VO z. Durchf. d. Gesetzes ü. Bergmannsprämien i. d. Bek. v. 20.12.1977 (BGBl I S. 3135)
BergPG Ges. ü. Bergmannsprämien i. d. Bek. v. 12.5.1969 (BGBl I S. 434)
BergWoZErhV VO ü. d. Erhebung v. Zinsen f. Darlehen d. Bundes z. Bergarbeiterwohnungsbau v. 11.10.1982 (BGBl I S. 1400)
BerHG Beratungshilfegesetz v. 18.6.1980 (BGBl I S. 689)
BerHVV Beratungshilfevordruckverordnung v. 17.12.1994 (BGBl I S. 3839)
BerlAnwBl Berliner Anwalts-Blatt (1.1927–7.1933; 8.1959 ff.)
BerlBG BE Berliner Betriebe-Gesetz v. 14.7.2006 (GVBl S. 827)

BerlHG BE Berliner Hochschulgesetz i. d. Bek. v. 12.2.2003 (GVBl S. 82)
9. BerlHGÄG BE Neuntes Gesetz zur Änderung des Berliner Hochschulgesetzes v. 30.1.2003 (GVBl S. 25)
BerlHZG BE Berliner Hochschulzulassungsgesetz i. d. Bek. v. 18.6.2005 (GVBl S. 393)
BerlinFG 1990 Berlinförderungsgesetz 1990 i. d. Bek. v. 2.2.1990 (BGBl I S. 173)
BerlLadÖffG BE Berliner Ladenöffnungsgesetz v. 14.11.2006 (GVBl S. 1045)
BerlNpVO BE VO z. Regelung v. Organisation und Zuständigkeiten i. Nachprüfungsverfahren f. öffentl. Aufträge v. 25.1.1999 (GVBl S. 63)
BerlSenG BE Berliner Seniorenmitwirkungsgesetz v. 25.5.2006 (GVBl S. 458)
BerlStBl Berliner Steuer-Blatt (1.1950–7.1956; aufgegangen in: Steuer- und Wirtschafts-Kurzpost.)
BerlStrG BE Berliner Straßengesetz v. 13.7.1999 (GVBl S. 380)
BerRehaG Berufliches Rehabilitierungsgesetz i. d. Bek. v. 1.7.1997 (BGBl I S. 1625)
BerufsHZVO BW Berufstätigenhochschulzugangsverordnung v. 20.4.2006 (GBl S. 155)
BERV Blutstammzelleneinrichtungen-Registerverordnung v. 20.12.2007 (BGBl I S. 3081)
BerVersV Versicherungsberichterstattungs-Verordnung v. 29.3.2006 (BGBl I S. 622)
BErzGG Bundeserziehungsgeldgesetz i. d. Bek. v. 9.2.2004 (BGBl I S. 206)
BerZugangsVGüK BerufszugangsVO f. d. Güterkraftverkehr v. 22.12.1998 (BGBl I S. 3963)
BesAbgeltG s. BesSchG
...BesÄndG Ges. z. Änderung u. Ergänzung d. Besoldungsrechts; 4. Ges. z. Änderung u. Ergänzung d. Besoldungsrecht v. 19.7.1968 (BGBl I S. 843); 7. Ges. z. Änderung u. Ergänzung d. Besoldungsrecht v. 15.4.1970 (BGBl I S. 339)
BesASO BY Schulordnung für die Schulen besonderer Art v. 30.8.2006 (GVBl S. 722)
BesatzSchG s. BesSchG
Besch. Bescheid
BeschFG 1994 Beschäftigungsförderungsgesetz 1994 v. 26.7.1994 (BGBl I S. 1786)
Beschl. Beschluss
BeschSt Beschaffungsstelle d. Bundesministers d. Innern
BeschussV Beschussverordnung – Allgemeine Verordnung zum Beschussgesetz v. 13.7.2006 (BGBl I S. 1474)
BeschV Beschäftigungsverordnung v. 22.11.2004 (BGBl I S. 2937)
BeschVerfV Beschäftigungsverfahrensverordnung v. 22.11.2004 (BGBl I S. 2934)
BesGemRefG BW Besonderes Gemeindereformgesetz v. 9.7.1974 (GBl S. 248)
BesGr Besoldungsgruppe
BesLaufb VO Schulen M-V MV Lehrerlaufbahnverordnung v. 17.12.1996 (GVOBl M-V S. 673)
BesNG 1. Besoldungsneuregelungsgesetz v. 6.7.1967 (BGBl I S. 629); 2. ~ v. 14.5.1969 (BGBl I S. 365)
Bes. NLVO ND Besondere Niedersächsische Laufbahnverordnung i. d. Bek. v. 27.1.2003 (GVBl S. 42)
Bespr. Besprechung
BesSchG Ges. ü. d. Abgeltung v. Besatzungsschäden v. 1.12.1955 (BGBl I S. 734)
BesStOLVO M-V MV Besondere Stellenobergrenzenlandesverordnung v. 11.9.2007 (GVOBl M-V S. 324)
Best. Bestimmung(en)
BestattG Bestattungsgesetz
BW v. 21.7.1970 (GBl S. 395)
ND Gesetz über das Leichen-, Bestattungs- und Friedhofswesen v. 8.12.2005 (GVBl S. 381)
SH v. 4.2.2005 (GVOBl S. 70)
SL v. 15.3.2006 (ABl S. 658)
BestattGebO HA Gebührenordnung für das Bestattungs- und Friedhofswesen v. 5.12.2006 (GVBl S. 577)
BestattVO Bestattungsverordnung

BW v. 15.9.2000 (GBl S. 669)
SL v. 20.4.2004 (ABl S. 902)
BestbüAbfV Bestimmungsverordnung bes. überwachungsbedürftiger Abfälle v. 10.9.1996 (BGBl I S. 1366)
BestG Bestattungsgesetz
BY v. 24.9.1970 (GVBl S. 417)
RP v. 4.3.1983 (GVBl S. 69)
BestG NRW NW v. 17.6.2003 (GV.NW S. 313)
bestr. bestritten
BestV Bestattungsverordnung BY v. 1.3.2001 (GVBl S. 92)
...BesÜV 1. Besoldungs-Übergangs-Verordnung v. 4.3.1991 (BGBl I S. 622); 2. ~ i. d. Bek. v. 27.11.1997 (BGBl I S. 2764)
BesVNG Ges. z. Vereinheitlichung u. Neuregelung d. Besoldungsrechts in Bund u. Ländern
betr. betreffend
BetrAngAnLVO M-V MV Betreuungsangeboteanerkennungslandesverordnung v. 20.12.2004 (GVOBl M-V S. 571)
BetrAngFöLVO M-V MV Betreuungsangeboteförderungslandesverordnung v. 6.6.2006 (GVOBl. M-V S. 457)
BetrAV Betriebliche Altersversorgung (1.1946 ff.)
BetrAVG Ges. z. Verbesserung d. betrieblichen Altersversorgung [Betriebsrentengesetz] v. 19.12.1974 (BGBl I S. 3610)
BetrKostUV Betriebskosten-Umlageverordnung v. 17.6.1991 (BGBl I S. 1270)
BetrkVO SACH Betriebskostenverordnung v. 8.8.1991 (SächsGVBl S. 340)
BetrPrämDurchfG Betriebsprämiendurchführungsgesetz i. d. Bek. v. 30.5.2006 (BGBl I S. 1298 ff.)
BetrPrämDurchfV Betriebsprämiendurchführungsverordnung i. d. Bek. v. 26.10.2006 (BGBl I S. 2376 ff.)
BetrVG Betriebsverfassungsgesetz i. d. Bek. v. 25.9.2001 (BGBl I S. 2518)
BetrVO BE Betriebs-Verordnung v. 10.10.2007 (GVBl S. 516)
BetrWi s. DBW
BeurkG Beurkundungsgesetz v. 28.8.1969 (BGBl I S. 1513)

BEvakG Bundesevakuiertengesetz i. d. Bek. v. 13.10.1961 (BGBl I S. 1865)
BeVO HA Beherbergungsstättenverordnung v. 5.8.2003 (GVBl S. 448)
BewachV Bewachungsverordnung i. d. Bek. v. 7.12.1995 (BGBl I S. 1602)
BewÄndG 1971 Bewertungsänderungsgesetz 1971 v. 27.7.1971 (BGBl I S. 1157)
BewDV Durchführungsverordnung z. Bewertungsgesetz v. 2.2.1935 (RGBl I S. 81)
BeweisÜ s. HaagBeweisÜ
BewG Bewertungsgesetz i. d. Bek. v. 1.2.1991 (BGBl I S. 230)
BewhG NW Bewährungshelfergesetz i. d. Bek. v. 2.2.1968 (GV.NW S. 26)
BewHi Bewährungshilfe (1.1954 ff.)
BewR Gr Richtlinien f. d. Bewertung d. Grundvermögens v. 19.9.1966 (BAnz Nr. 183; BStBl I S. 890)
1. BezAnpÜV 1. Bezügeanpassungs-Übergangsverordnung v. 29.8.1991 (BGBl I S. 1868)
BezBgm Bezirksbürgermeister
BezeichnungsV VO z. Bezeichnung d. landesrechtl. Vorschriften nach § 59 Abs. 3 Bundesausbildungsförderungsgesetz v. 18.11.1971 (BGBl I S. 1822)
BezmStFVO SACH VO des Sächsischen Staatsministeriums der Finanzen über die Berechtigung zum Führen der Bezeichnung „Verwaltungswirt(in)" im mittleren nichttechnischen Staatsfinanzdienst v. 2.10.2004 (SächsGVBl S. 538)
BezNot Bezirksnotar
BezO Bezirksordnung
BY i. d. Bek. v. 22.8.1998 (GVBl S. 851)
RP i. d. Bek. v. 13.10.1994 (GVBl S. 416)
BezReg Bezirksregierung
BezügeZustLVO M-V MV Bezügezuständigkeitslandesverordnung v. 20.9.2006 (GVOBl. M-V S. 734)
BezVG Bezirksverwaltungsgesetz
BE v. 14.12.2005 (GVBl 2005 S. 2)
HA v. 6.7.2006 (GVBl S. 404)
HA v. 11.6.1997 (GVBl S. 206)
BezVIHK BY VO ü. d. Abgrenzung d. Be-

zirke d. Industrie- u. Handelskammern v. 15.12.1972 (GVBl S. 472)
BezVw Bezirksverwaltung
BezWG BY Bezirkswahlgesetz i. d. Bek. v. 10.2.1994 (GVBl S.132)
Bf. Beschwerdeführer
BfA Bundesversicherungsanstalt f. Angestellte
BfAI Bundesstelle f. Außenhandelsinformation
BFAk Bundesfinanzakademie
BFANL Bundesforschungsanstalt f. Naturschutz u. Landschaftsökologie
BfD Bundesbeauftragter für den Datenschutz
BFDV VOen z. Durchführung d. Beweis- u. Sicherstellungsgesetzes
BF17 – ErprobungsLVO M-V MV Landesverordnung über die Erprobung des „Begleiteten Fahrens ab 17 Jahre" in Mecklenburg-Vorpommern v. 30.10.2006 (GVOBl M-V S. 823)
BfF Bundesamt f. Finanzen
BfFEntwG Berufförderungsfortentwicklungsgesetz v. 4.5.2005 (BGBl I S. 1234)
BFG Beweissicherungs- u. Feststellungsgesetz i. d. Bek. v. 1.10.1969 (BGBl I S. 1897)
BfgA Bundesanstalt f. gesamtdeutsche Aufgaben
BfG M-V MV Bildungsfreistellungsgesetz Mecklenburg-Vorpommern v. 7.5.2001 (GVOBl M-V S. 112)
BFH Bundesfinanzhof
BFHE Sammlung der Entscheidungen (bis 77.1963: und Gutachten) des Bundesfinanzhofs (55.1952 ff.; vorher: Sammlung d. Entscheidungen u. Gutachten d. Reichsfinanzhofs)
BFHG Ges. ü. d. Bundesfinanzhof v. 29.6.1950 (BGBl I S. 257)
BFH-N Becksches Nachschlagewerk der Entscheidungen des Bundesfinanzhofs (LoseblSlg) (1966 ff.)
BFH/NV Sammlung (bis 1997: amtlich nicht veröffentlichter) Entscheidungen des Bundesfinanzhofs (1.1985 ff.)

BFH-PR Entscheidungen des Bundesfinanzhofs für die Praxis der Steuerberatung (1.1995 ff.)
BFH-Report BFH-Report: Schnelldienst zur höchstrichterlichen Steuerrechtsprechung
BFHStudVO RP LandesVO ü. d. fachbezogene Berechtigung beruflich qualifizierter Personen zum Fachhochschulstudium v. 18.12.1996 (GVBl 1997 S. 31)
BfLR Bundesforschungsanstalt f. Landeskunde u. Raumordnung
BFMBl s. MinBlFin
BföV Berufsförderungsverordnung v. 23.10.2006 (BGBl I S. 2336)
BFQG SH Bildungsfreistellungs- und Qualifizierungsgesetz v. 7.6.1990 (GVOBl S. 364)
BFS Bundesanstalt f. Flugsicherung
BfS Bundesamt f. Strahlenschutz
BFSAPVO M-V MV Berufsfachschulausbildungs- u. Prüfungsverordnung v. 28.3.1999 (GVOBl M-V S. 374)
BFSErrichtV BY Berufsfachschul-Errichtungsverordnung v. 7.9.2004 (GVBl S. 380)
BFS/NÄH-VO LSA VO f. Berufsfachschulen i. Bereich nichtärztlicher Heilberufe v. 4.12.1995 (GVBl LSA S. 367)
BFSO SACH Schulordnung Berufsfachschule i. d. Bek. v. 9.2.2005 (SächsGVBl S. 42)
BFSV BB Berufsfachschulverordnung v. 19.6.1997 (GVBl II S. 586)
BFuP Betriebswirtschaftliche Forschung und Praxis (1.1949 ff.)
BFV BB Bildungsfreistellungsverordnung v. 21.1.2005 (GVBl II S. 57)
BfV Bundesamt f. Verfassungsschutz
BG Die Berufsgenossenschaft (1.1886–60.1945; [61.] 1949 ff.)
BGA Bundesgesundheitsamt
BGAD Begleitgesetz Auswärtiger Dienst v. 30.8.1990 (BGBl I S. 1849)
BGAG Ges. ü. d. Errichtung eines Bundesgesundheitsamtes v. 27.2.1952 (BGBl I S. 121)

BGB Bürgerliches Gesetzbuch v. 18.8.1896 (RGBl S. 195)

BG/BerlGrdE Berliner Grundeigentum (1.1956–2.1957,12; vorher: Haus und Wohnung (1.1946–12.1957); dann: Das Grundeigentum (1957,13 ff.)

BGBl Bundesgesetzblatt (1950; dann Aufgliederung in mit röm. Ziffern bezeichnete Teile)

BGBl I Bundesgesetzblatt, Teil I (1951 ff.)

BGBl II Bundesgesetzblatt, Teil II (1951 ff.)

BGBl III Bundesgesetzblatt, Teil III = Sammlung des Bundesrechts (Lfg. 1.1958–117.1966)

BGE Entscheidungen des Schweizerischen Bundesgerichts (1.1876 ff.)

BGG SH Bewährungs- u. Gerichtshilfegesetz v. 31.1.1996 (GVOBl S. 274)

BGG NRW NW Behindertengleichstellungsgesetz Nordrhein-Westfalen v. 16.12.2003 (GV.NW S. 766)

BGH Bundesgerichtshof

BGH/BPatGERVV VO über den elektronischen Rechtsverkehr beim Bundesgerichtshof und Bundespatentgericht v. 24.8.2007 (BGBl I S. 2130)

BGHR BGH-Rechtsprechung, hrsg. v. d. Richtern d. Bundesgerichtshofes (Losebl) (1987 ff.)

BGH-Report BGH-Report: Schnelldienst zur Zivilrechtsprechung des Bundesgerichtshofs (1.2001 ff.)

BGHSt Entscheidungen des Bundesgerichtshofes in Strafsachen (1.1951 ff.)

BGHWarn Rechtsprechung des Bundesgerichtshofs in Zivilsachen, als Fortsetzung der von Otto Warneyer hrsg. Rechtsprechung des Reichsgerichts (1959/60 ff.)

BGHZ Entscheidungen des Bundesgerichtshofes in Zivilsachen (1.1951 ff.)

BGL 2004 Beitragssgesetz-Landwirtschaft v. 27.12.2003 (BGBl I S. 3013)

bgl. bürgerlich

BGleiG Bundesgleichstellungsgesetz v. 30.11.2001 (BGBl I S. 3234)

BG LSA LSA Beamtengesetz Sachsen-Anhalt i. d. Bek. v. 9.2.1998 (GVBl LSA S. 50)

Bgm. Bürgermeister

BGS Bundesgrenzschutz

BGSG Bundesgrenzschutzgesetz v. 18.8.1972 (BGBl I S. 1834)

BGS-JArbSchV VO ü. Ausnahmen v. Vorschriften d. Jugendarbeitsschutzgesetzes f. jugendliche Polizeivollzugsbeamte im Bundesgrenzschutz v. 11.11.1977 (BGBl I S. 2071)

BGSLV Bundesgrenzschutz-Laufbahnverordnung i. d. Bek. v. 20.10.1994 (BGBl I S. 3152)

BGSNeuRegG Bundesgrenzschutzneuregelungsgesetz v. 19.10.1994 (BGBl I S. 2978)

BGSPersG Ges. ü. d. Personalstruktur d. Bundesgrenzschutzes v. 3.6.1976 (BGBl I S. 1357)

BGStG LSA LSA Behindertengleichstellungsgesetz v. 20.11.2001 (GVBl LSA S. 457)

BGSZollV VO ü. d. Übertragung v. Grenzschutzaufgaben auf d. Zollverwaltung v. 25.3.1975 (BGBl I S. 1068)

BGVO LSA Binnengewässer-Verkehrsordnung i. d. Bek. v. 1.1.1997 (GVBl LSA S. 301)

BGySO SACH Schulordnung berufliche Gymnasien i. d. Bek. v. 10.11.1998 (SächsGVBl 1999 S. 16)

BHK Bundeshauptkasse

BHO Bundeshaushaltsordnung v. 19.8.1969 (BGBl I S. 1284) (s.a. Allgemeine Bewirtschaftungsgrundsätze)

BhV Beihilfevorschriften
v. 16.11.1989 (GMBl S. 738) BE
v. 19.4.1985 (ABl S. 1000)

BhVO
SH Beihilfeverordnung v. 16.5.2006 (GVOBl S. 85)
SH Beihilfevorschriften v. 9.10.1987 (GVOBl S. 321)

BHV1-VO VO z. Schutz d. Rinder v. e. Infektion m. d. Bovinen Herpesvirus Typ 1 v. 25.11.1997 (BGBl I S. 2758)

BHZ Berliner Hausbesitzer-Zeitung (1.1954–5.1958,4; aufgegangen in: Das Grundeigentum)
BIBB Bundesinstitut f. Berufsbildung
BiblÄndG BE Bibliotheksrechtliches Änderungsgesetz v. 29.9.2004 (GVBl S. 428)
BiblGebO BW Bibliotheksgebührenordnung v. 18.11.1997 (GBl S. 540)
BiblGebVO BW Bibliotheksgebührenverordnung v. 28.11.2006 (GBl S. 384) SH LandesVO ü. d. Gebühren a. d. Bibliotheken d. staatl. Hochschulen v. 24.9.2001 (GVOBl S. 189)
BIDG SL Gesetz zur Schaffung von Bündnissen für Investition und Dienstleistung v. 26.9.2007 (ABl S. 2242)
BienBStVO M-V MV Bienenbelegstellenverordnung v. 16.5.2006 (GVOBl M-V S. 256)
BierStDB Durchführungsbestimmungen z. Biersteuergesetz i. d. Bek. v. 14.3.1952 (BGBl I S. 153)
BierStG Biersteuergesetz i. d. Bek. v. 15.4.1986 (BGBl I S. 527)
BierV Bierverordnung v. 2.7.1990 (BGBl I S. 1332)
BiFO Binnenfischereiordnung MV v. 5.10.1994 (GVOBl M-V S. 923) SH v. 25.9.2001 (GVOBl S. 167)
BiFVO SH Bildungsfreistellungsverordnung v. 2.7.1990 (GVOBl S. 427)
BiFVO M-V MV Binnenfischereiverordnung v. 15.8.2005 (GVOBl M-V S. 423)
Bil. Bilanz
BildstG BW Ges. ü. d. Bildstellen v. 24.6.1991 (GBl S. 440)
BildUG BR Bremisches Bildungsurlaubsgesetz v. 18.12.1974 (GBl S. 348)
BilKoG Bilanzkontrollgesetz v. 15.12.2004 (BGBl I S. 3408)
BilKoUmV Bilanzkontrollkosten-Umlageverordnung i. d. Bek. v. 9.5.2005 (BGBl I S. 1259)
BilRegG Bilanzrechtsreformgesetz v. 4.12.2004 (BGBl I S. 3166)
BImA-Errichtungsgesetz Gesetz zur Gründung einer Bundesanstalt für Immobilienaufgaben v. 9.12.2004 (BGBl I S. 3235)
BImSchG Bundes-Immissionsschutzgesetz i. d. Bek. v. 14.4.1990 (BGBl I S. 880)
BImSchV VOen z. Durchführung d. Bundes-Immissionsschutzgesetzes
BImSchZuVO BW Immissionsschutz-Zuständigkeitsverordnung v. 3.3.2003 (GBl S. 180)
BinSchAufgG Binnenschifffahrtsaufgabengesetz i. d. Bek. v. 5.7.2001 (BGBl I S. 2026)
BinSchEO VO ü. d. Eichung v. Binnenschiffen v. 30.6.1975 (BGBl I S. 1785)
BinSchG Binnenschifffahrtsgesetz i. d. Bek. v. 21.4.1986 (BGBl I S. 551)
BinSchKostV Binnenschifffahrtskostenverordnung v. 21.12.2001 (BGBl I S. 4218)
BinSchLV Lade- u. Löschzeitenverordnung v. 23.11.1999 (BGBl I S. 2389)
BinSchPatentV VO ü. Befähigungszeugnisse in d. Binnenschifffahrt (Binnenschifferpatentverordnung) v. 15.12.1997 (BGBl I S. 3066)
BinSchSiV VO z. Sicherstellung d. Binnenschiffsverkehrs v. 20.1.1981 (BGBl I S. 101)
BinSchSprFunkV Binnenschifffahrt-Sprechfunkverordnung v. 22.2.1980 (BGBl I S. 169)
BinSchStrEV VO z. Einf. d. Binnenschifffahrtstraßen-Ordnung v. 8.10.1998 (BGBl I S.3148)
BinSchStrO Binnenschifffahrtstraßenordnung i. d. Bek. v. 1.5.1985 (BGBl S. 734)
BinSchUO Binnenschiffs-Untersuchungsordnung i. d. Bek. v. 17.3.1988 (BGBl I S. 238)
BinSchVerfG Ges. ü. d. gerichtliche Verfahren in Binnenschiffahrtssachen v. 14.5.1965 (BGBl I S. 389)
BinSchVermÄndV Binnenschifffahrtsvermietungs- u. Änderungsverordnung v. 18.4.2000 (BGBl I S. 572)
BinSchVG Binnenschiffsverkehrsgesetz i. d. Bek. v. 21.4.1986 (BGBl I S. 551)
BInvG Investitionsgesetz i. d. Bek. v. 22.4.1991 (BGBl I S. 994)

BioAbfV Bioabfallverordnung v. 21.9.1998 (BGBl I S. 2955)
BioAbfVO HA Bioabfallverordnung v. 4.10.1994 (GVBl I S. 277)
BioMatHintV Biomaterial-Hinterlegungsverordnung v. 24.1.2005 (BGBl I S. 151)
BIOst Bundesinstitut f. ostwissenschaftliche u. internationale Studien
BioStoffV Biostoffverordnung v. 27.1.1999 (BGBl I S. 50)
BIP Bruttoinlandsprodukt
BIRD Banque internationale pour la reconstruction et le développement [Internat. Bank f. Wiederaufbau u. Entwicklung]
BiRiLiG Bilanzrichtlinie-Gesetz v. 19.12.1985 (BGBl I S. 2355)
BIS Bank for International Settlement (s.a. BIZ); Der Bau- und Immobilien-Sachverständige (1.2000,1–5.2004,4)
BiTEG BE Bildschirmtexterprobungsgesetz v. 29.5.1980 (GVBl S. 1002)
BITV NRW NW Barrierefreie Informationstechnik-Verordnung Nordrhein-Westfalen v. 24.6.2004 (GV.NW S. 339)
BITVO M-V MV Barrierefreie Informationstechnik-Verordnung Mecklenburg-Vorpommern v. 17.7.2007 (GVOBl M-V S. 260)
BiUrlG BE Berl. Bildungsurlaubsgesetz v. 24.10.1990 (GVBl S. 2209)
BIZ Bank für internationalen Zahlungsausgleich
BJagdG Bundesjagdgesetz i. d. Bek. v. 29.9.1976 (BGBl I S. 2849)
BK Berufskrankheit; Bundeskanzler; Bundeskanzleramt
BKA Bundeskriminalamt
BKAG Bundeskriminalamtgesetz v. 7.7.1997 (BGBl I S. 1650)
BKartA Bundeskartellamt
BKatV Bußgeldkatalog-Verordnung v. 13.11.2001 (BGBl I S. 3033)
BKAZVO NW Berufskolleganrechnungs- und -zulassungsverordnung v. 16.5.2006 (GV.NW S. 217)
BKBl Bundeskriminalblatt (1.1951 ff.)
BKEntschV-GV BY VO über die Aufwandsentschädigung für Bürokosten der Gerichtsvollzieher v. 29.11.2007 (GVBl S. 827)
BkEntschVO M-V MV Bürokostenentschädigungsverordnung v. 30.10.1998 (GVOBl M-V S. 898)
BKGG Bundeskindergeldgesetz i. d. Bek. v. 22.2.2005 (BGBl I S. 458)
BKK Die Betriebskrankenkasse (ab 85.1997:) Zeitschrift der betrieblichen Krankenversicherung (1.1908–36.1943,6; 37.1949–84.1996)
BKleinG Bundeskleingartengesetz v. 28.2.1983 (BGBl I S. 210)
BKlOJust BE Bekleidungsordnung f. d. Berliner Justizverwaltung v. 4.8.1986 [Sonderveröff.]
BKLVO M-V MV Betriebskostenlandesverordnung v. 20.11.2000 (GVOBl M-V S. 546)
BKn Bundesknappschaft
BKnEG Bundesknappschaft-Errichtungsgesetz v. 28.7.1969 (BGBl I S. 974)
BK/O Anordnung d. Alliierten Kommandatura Berlin (Order of the Allied Kommandatura Berlin)
BKomBesV Kommunalbesoldungsverordnung des Bundes v. 7.4.1978 (BGBl I S. 468)
BKR Zeitschrift für Bank- u. Kapitalmarktrecht (1.2001 ff.)
BKrFQG Berufskraftfahrer-Qualifikations-Gesetz v. 14.8.2006 (BGBl I S. 1958)
BKrFQG-ZuVO BW VO des Innenministeriums über Zuständigkeiten nach dem Berufskraftfahrer-Qualifikations-Gesetz v. 8.1.2008 (GBl S. 57)
BKrFQV Berufskraftfahrer-Qualifikations-Verordnung v. 22.8.2006 (BGBl I S. 2108)
BKV Berufskraftfahrer-Ausbildungsverordnung v. 19.4.2001 (BGBl I S. 642)
BKV Berufskrankheiten-Verordnung v. 31.10.1997 (BGBl I S. 2623); NW Back- u. Konditoreiwaren-Verordnung v. 23.3.1967 (GV.NW S. 45)
BKVO NW Betriebskostenverordnung v. 11.3.1994 (GV.NW S. 144)

Bl. Blatt, Blätter

BlAdmPr Blätter für administrative Praxis (1.1851–72.1922; dann: Bayerische Verwaltungsblätter)

Blatt für PMZ Blatt für Patent-, Muster- u. Zeichenwesen (52.1950 ff.; 1.1894/95–50.1944; 51.1948/49)

BLBG NW Bau- u. Liegenschaftsbetriebsgesetz v. 12.12.2000 (GV.NW S. 754)

BLEG Gesetz ü. d. Errichtung einer Bundesanstalt f. Landwirtschaft u. Ernährung v. 2.8.1994 (BGBl I S. 2019)

BleischrotVO BE VO über die Verwendung von Bleischrot bei der Jagdausübung v. 5.11.2003 (GVBl S. 542)

BleiZiG Ges. betr. d. Verkehr m. blei- und zinkhaltigen Gegenständen v. 25.6.1887 (RGBl S. 273)

BLEÖLGKostV BLE-ÖLG-Kostenverordnung v. 19.11.2003 (BGBl I S. 2358)

Bl.f.G. Blätter für Genossenschaftswesen (13.1866–119.1973; vorher: Die Innung d. Zukunft, seit 1853)

Bl.f.Gk. Blätter für Gefängniskunde (1.1864–75.1944)

Bl.f.PMZ Blatt für Patent-, Muster- und Zeichenwesen (1.1894/95–50.1944; 51.1948/49 ff.)

BLG Bundesleistungsgesetz i. d. Bek. v. 27.9.1961 (BGBl I S. 1769)

BlGBW Blätter für Grundstücks-, Bau- und Wohnungsrecht (1.1952–34.1985)

BliHG BW Blindenhilfegesetz v. 8.2.1972 (GBl S. 56)

BlIntPr Blätter für internationales Privatrecht (= Beil. zur Leipziger Zs. f. dt. Recht) (1.1926–6.1931)

BliwaG Blindenwarenvertriebsgesetz v. 9.4.1965 (BGBl I S. 311)

Bln BodSchG BE Berliner Bodenschutzgesetz v. 10.10.1995 (GVBl S. 646)

Bln BodSUV BE VO über Sachverständige und Untersuchungsstellen im Sinne von § 18 des Bundes-Bodenschutzgesetzes v. 12.9.2006 (GVBl S. 961)

BlnDSG BE Berliner Datenschutzgesetz i. d. Bek. v. 17.12.1990 (GVBl 1991 S. 16)

BlnDSRegO BE Datenschutzregisterordnung v. 16.2.1981 (GVBl S. 370)

BlnGrundbG BE Berliner Grundbuchgesetz v. 21.10.1991 (GVBl S. 229)

BlnSchAG BE Berliner Schiedsamtsgesetz v. 7.4.1994 (GVBl S. 109)

BlStSozArbR Blätter für Steuerrecht, Sozialversicherung und Arbeitsrecht (N.F. 1.1946–40.1985)

BLtr Büroleiter

BLUDerG MV Bau-, Landesplanungs- u. UmweltrechtsderegulierungsGes. v. 27.4.1998 (GVOBl M-V S. 388)

Blutalkohol Blutalkohol (1.1961/62 ff.)

BLV Bundeslaufbahnverordnung i. d. Bek. v. 8.3.1990 (BGBl I S. 449)

BlVerglRW Blätter für vergleichende Rechtswissenschaft und Volkswirtschaftslehre (1.1905–19.1926; dann: Zeitschrift für ausländisches und internationales Privatrecht)

BMA Bundesminister f. Arbeit u. Sozialordnung

BMÄ 1978 Bewertungsmaßstab f. kassenärztl. Leistungen v. 21.3.1978

BMAt Bundesminister f. Atomenergie u. Wasserwirtschaft

BMB Bundesminister f. innerdeutsche Beziehungen

BMBau Bundesminister f. Raumordnung, Bauwesen u. Städtebau

BMBes Bundesminister f. wirtschaftlichen Besitz d. Bundes

BMBR Bundesminister f. Angelegenheiten d. Bundesrates u. d. Länder

BMBW Bundesminister f. Bildung u. Wissenschaft

…BMeldDÜV Meldedaten-Übermittlungsverordnung d. Bundes; 1. Meldedaten-Übermittlungsverordnung i. d. Bek. v. 21.6.2005 (BGBl I S. 1689) (s.a. Datenerübermittlung); 2. Meldedaten-Übermittlungsverordnung v. 31.7.1995 (BGBl I S. 1011) (s.a. Datenübermittlung)

BMF Bundesminister d. Finanzen

BMFa Bundesminister f. Familie u. Jugend (später: f. Familien- u. Jugendfragen)

BMFT Bundesminister f. Forschung u. Technologie
BMFuS Bundesminister f. Familie u. Senioren
BMG Bundesminister f. gesamtdeutsche Fragen; Bundesminister f. Gesundheit
12. BMG 12. Bundesmietengesetz v. 3.8.1982 (BGBl I S. 1106)
BMGes Bundesminister f. Gesundheitswesen
BMI Bundesminister d. Innern
BMietG s. 12. BMG
BMinG Bundesministergesetz i. d. Bek. v. 27.7.1971 (BGBl I S. 1166)
BMJ Bundesminister d. Justiz
BMJFG Bundesminister f. Jugend, Familie u. Gesundheit
BML Bundesminister f. Verbraucherschutz, Ernährung u. Landwirtschaft
BMonA Bundesmonopolamt
BMonV Bundesmonopolverwaltung f. Branntwein
BMPT Bundesminister f. Post u. Telekommunikation
BMS Bundesminister f. besondere Aufgaben
BMT Bundes-Manteltarif
BmTierSSchV Binnenmarkt-Tierseuchenschutzverordnung i. d. Bek. v. 6.4.2005 (BGBl I S. 997)
BMU Bundesminister f. Umwelt, Naturschutz u. Reaktorsicherheit
BMV Bundesmantelvertrag; Bundesminister f. Verkehr
BMV-Ä Bundesmantelvertrag f. Ärzte i. d. Neuf. ab 1.10.1990
BMVg Bundesminister d. Verteidigung
BMVt Bundesminister f. Vertriebene, Flüchtlinge u. Kriegsbeschädigte
BMwF Bundesminister f. wissenschaftliche Forschung
BMWi Bundesminister f. Wirtschaft u. Technologie
BMWiF Bundesminister f. Wirtschaft u. Finanzen
BMWo Bundesminister f. Wohnungsbau (später: f. Wohnungswesen u. Städtebau)

BMZ Bundesminister f. wirtschaftliche Zusammenarbeit und Entwicklung
BMZ 1978 Bewertungsmaßstab f. kassenzahnärztl. Leistungen v. 19.6.1978
BN Binnenschiffahrts-Nachrichten (1.1946–45.1990)
BNatSchG Bundesnaturschutzgesetz i. d. Bek. v. 21.9.1998 (BGBl I S. 2994)
BND Bundesnachrichtendienst
BNDG Ges. ü. d. Bundesnachrichtendienst v. 19.12.1990 (BGBl I S. 2979)
BNI-Gesetz HA Gesetz über die Errichtung der Stiftung „Bernhard-Nocht-Institut für Tropenmedizin" v. 14.12.2007 (GVBl S. 4)
BNotO Bundesnotarordnung v. 24.2.1961 (BGBl I S. 97)
BNV Bundesnebentätigkeitsverordnung i. d. Bek. v. 28.8.1974 (BGBl I S. 2117)
BOA VO ü. Bau und Betrieb von Anschlussbahnen
  HA v. 15.3.1960 (GVBl S. 259)
  HE v. 6.12.1957 (GVBl II 62–8)
  LSA VO ü. Bau und Betrieb von Anschlußbahnen, Bau- und Betriebsordnung f. Anschlußbahnen i. d. Bek. v. 1.1.1997 (GVBl LSA S. 243)
  NW v. 31.10.1966 (GV.NW S. 488)
  RP v. 15.7.1957 (GVBl S. 163)
BodFischVO BW Bodenseefischereiverordnung v. 18.12.1997 (GBl 1998 S. 32)
BodRefG Bodenreformgesetz
  HE v. 15.10.1946 (GVBl II 81–2)
  RP v. 16.10.1948 (GVBl S. 385; BS 7814–1)
BodSch Bodenschutz. Erhaltung, Nutzung u. Wiederherstellung von Böden (1.1996 ff.)
BodSchätzDB Durchführungsbestimmungen z. Bodenschätzungsgesetz v. 12.2.1935 (RGBl I S. 198)
BodSchätzG Bodenschätzungsgesetz v. 16.10.1934 (RGBl I S. 1050)
BodSchätzOffVO VO ü. d. Offenlegung d. Ergebnisse d. Bodenforschung v. 31.1.1936 (RGBl I S. 121)
BodSchG BW Bodenschutzgesetz v. 24.6.1991 (GBl S. 434)

BodSchZustVO SH Landesverordnung über die Zuständigkeit der Bodenschutzbehörden v. 11.7.2007 (GVOBl S. 341)
BörsG Börsengesetz i. d. Bek. v. 9.9.1998 (BGBl I S. 2682)
BörsTermZulV Börsentermingeschäfts-Zulassungsverordnung v. 10.3.1982 (BGBl I S. 320)
BörsZulV Börsenzulassungs-Verordnung i. d. Bek. v. 9.9.1998 (BGBl I S. 2832)
BoFiV BY Bodenseefischereiverordnung v. 1.12.1995 (GVBl S. 825)
BOgrV Bundesobergrenzenverordnung v. 21.1.2003 (BGBl I S. 92)
BOHG Entscheidungen des Bundesoberhandelsgerichts (1.2.1871; dann: Entscheidungen d. Reichsoberhandelsgerichts)
BoKG Bundesinstitut f. ostdeutsche Kultur u. Geschichte
BOKraft VO ü. d. Betrieb v. Kraftfahrunternehmen im Personenverkehr v. 21.6.1975 (BGBl I S. 1573)
BO ÖbVI RP Berufsordnung d. Öffentl. bestellten Vermessungsingenieure v. 20.12.1971 (GVBl 1972 S. 26)
BoR Entscheidungen des Board of Review. Decisions of the Board of Review (1.1950–21.1954; dann: Entscheidungen d. Obersten Rückerstattungsgerichts f. d. Brit. Zone)
BOSeeA Bundesoberseeamt
BOSeeAE Entscheidungen des Bundesoberseeamtes und der Seeämter der Bundesrepublik Deutschland (1.1951/52 ff.)
BoSoG Bodensonderungsgesetz v. 20.12.1993 (BGBl I S. 2215)
BOStrab Straßenbahn-Bau- u. Betriebsordnung v. 11.12.1987 (BGBl I S. 2648)
BPA Presse- u. Informationsamt d. Bundesregierung
BPatG Bundespatentgericht
BPatGE Entscheidungen des Bundespatentgerichts (1.1962 ff.)
BpB Bundeszentrale f. politische Bildung
BPersA Bundespersonalausschuss
BPersVG Bundespersonalvertretungsgesetz v. 15.3.1974 (BGBl I S. 693)

BPersVWO Wahlordnung z. Bundespersonalvertretungsgesetz i. d. Bek. v. 1.12.1994 (BGBl I S. 3653)
BPflV Bundespflegesatzverordnung v. 26.9.1994 (BGBl I S. 2750)
BpO Betriebsprüfungsordnung v. 17.12.1987 (BAnz Nr. 241 a)
BPolBG Bundespolizeibeamtengesetz i. d. Bek. v. 3.6.1976 (BGBl I S. 1357)
BPolZollV VO über die Übertragung von Bundespolizeiaufgaben auf die Zollverwaltung v. 24.6.2005 (BGBl I S. 1867)
BPolZV VO über die Zuständigkeit der Bundespolizeibehörden v. 22.2.2008 (BGBl I S. 250)
BpO (St) Betriebsprüfungsordnung (Steuer) i. d. Bek. v. 27.4.1978 (BAnz Nr. 87)
BPr Bundespräsident
BPrA Bundespräsidialamt
BPS Bundesprüfstelle f. jugendgefährdende Schriften
BPV Bergpolizeiverordnung
BR Bremen; britisch; Bundesrichter; britisch
BR Bundesrat
BR Bundesrichter
br Behindertenrecht (13.1974 ff.; vorher: Zeitschrift für Kriegsopferfürsorge u. Schwerbeschädigtenrecht)
BrAbwAG BR Bremisches Abwasserabgabengesetz v. 20.10.1980 (GBl S. 271)
BrAGBSHG BR Ges. z. Ausführung d. Bundessozialhilfegesetzes v. 5.6.1962 (GBl S. 149)
BRAGO Bundesgebührenordnung f. Rechtsanwälte v. 26.7.1957 (BGBl I S. 861, 907)
BRAGO-Report BRAGO-Report (2000;2.2001–4.2003; dann RVG-Report)
BRAK Bundesrechtsanwaltskammer
BRAK-Mitt BRAK-Mitteilungen (12.1981 ff.; vorher: Mitteilungen d. Bundesrechtsanwaltskammer)
BrandsichVO BE Brandsicherheitsschauverordnung v. 1.9.1999 (GVBl S. 508)
BranntwMonG Ges. ü. d. Branntweinmonopol v. 8.4.1922 (RGBl I S. 405)

BRAO Bundesrechtsanwaltsordnung v. 1.8.1959 (BGBl I S. 565)
BrauMMstrV Brauer- u. Mälzermeisterverordnung v. 15.8.1996 (BGBl I S. 1329)
BrBerG s. BremBerG
BRBp Zeitschrift für Baurecht und Baupraxis (1.2003,1–3.2005)
BRD Bundesrepublik Deutschland
BrDO s. BremDO
BRDrucks Drucksachen des Bundesrates (1949 ff.)
BrDSG BR Bremisches Datenschutzgesetz i. d. Bek. v. 6.6.1995 (GBl S. 343)
BrdverhschauVO M-V MV VO über die Brandverhütungsschau v. 3.5.2004 (GVOBl. M-V S. 184)
BReg Bundesregierung
Breith. Sammlung von Entscheidungen aus dem Sozialrecht. (Titel so ab 66.1977 ff.; davor vielfach wechselnd; anfangs: Sammlung v. Entscheidungen d. Reichsversicherungsamts, ...) Begr. v. Breithaupt (1.1912/13 ff.)
BrEKV Bruteier-Kennzeichnungsverordnung v. 2.11.1989 (BGBl I S. 1944)
Brem. Bremen, bremisch
BremAbgG BR Brem. Abgeordnetengesetz v. 16.10.1978 (GBl S. 209)
BremABOG BR Aufnahme- u. Betreuungszeitenortsgesetz v. 4.12.2001 (GBl S. 377)
BremAbwAbfVerbrV BR VO zur Umsetzung der Anforderungen der Richtlinie 2000/76/EG über die Verbrennung von Abfällen an die ordnungsgemäße Abwasserbeseitigung in Bremen v. 11.4.2003 (GBl S. 183)
BremAFWoG BR Brem. Ges. ü. d. Abbau d. Fehlsubventionierung im Wohnungswesen i. d. Bek. v. 1.11.1998 (GBl S. 279)
BremAGAbfG BR Brem. Ausfgesetz z. Abfallbeseitigungsgesetz v. 15.9.1988 (GBl S. 241)
BremAGFGG BR Ausfgesetz z. Gesetz ü. d. Angelegenheiten d. freiwilligen Gerichtsbarkeit v. 12.5.1964 (GBl S. 50)
BremAGTierKBG BR Gesetz zur Änderung des Bremischen Ausführungsgesetzes zum Tierkörperbeseitigungsgesetz v. 8.4.2003 (GBl. S. 175)
BremAGTierNebG BR Brem. Ausführungsgesetz zum Tierische Nebenprodukte-Beseitigungsgesetz v. 19.12.2006 (GBl S. 541)
BremAGTierSG BR Brem. Ausführungsgesetz zum Tierseuchengesetz v. 8.4.2003 (GBl S. 171)
BremAltpflAG BR Gesetz ü. d. Ausbildung i. d. Altenpflege v. 17.12.1996 (GBl S. 379)
BremAOGv BR Brem. Ausbildungsordnung f. Gerichtsvollzieher v. 22.5.1978 (GBl S. 157)
BremAPOgJVD BR Brem. Ausbildungs- und Prüfungsordnung f. d. gehobenen Justizvollzugsdienst v. 20.2.1978 (GBl S. 75)
BremAPO m.a.VD BR Brem. Ausbildungs- und Prüfungsordnung f. d. mittleren allg. Verwaltungsdienst v. 22.7.1986 (GBl S. 158)
BremAPOmJD BR Brem. Ausbildungs – und Prüfungsordnung f. d. mittl. Justizvollzugsdienst v. 12.9.1972 (GBl S. 295)
BremAPORpfl BR Brem. Ausbildungs- u. Prüfungs(ver)ordnung f. d. geh. Justizdienst (Rechtspfleger) v. 1.3.1988 (GBl S. 158)
BremArchG BR Brem. Architektengesetz v. 25.2.2003 (GBl S. 53)
BremArchivG BR Brem. Archivgesetz v. 7.5.1991 (GBl S. 159)
BremARV BR Brem. Auslandsreisekostenverordnung i. d. Bek. v. 28.3.2003 (GVBl S. 194)
BremAVG BR Brem. Ges. z. Verbesserung d. Ausbildungssituation i. d. Jahren 1985 bis 1990 v. 16.7.1985 (GBl S. 141)
BremBadV BR Brem. Badegewässerverordnung v. 11.12.2007 (GBl S. 517)
BremBauDVO BR Baudurchführungsverordnung v. 31.3.1983 (GBl S. 117)
BremBerG BR Brem. Rechtsbereinigungsgesetz; 1. Rechtsbereinigungsgesetz v. 12.5.1964 (GBl S. 53); 2. Rechtsbereinigungsgesetz v. 18.10.1966 (GBl S. 137)

BremBesG BR Brem. Besoldungsgesetz i. d. Bek. v. 22.4.1999 (GBl S. 55)

BremBeurtV. BR VO über die dienstliche Beurteilung sowie andere Instrumente zur Feststellung der Eignung und Befähigung der bremischen Beamten v. 28.3.2006 (GBl S. 154)

BremBG BR Brem. Beamtengesetz i. d. Bek. v. 15.9.1995 (GBl S. 387)

BremBGG BR Brem. Behindertengleichstellungsgesetz v. 18.12.2003 (GBl S. 414)

BremBHV1-VO BR Brem. Verordnung zum Schutz der Rinder vor einer Infektion mit dem Bovinen Herpesvirus Typ 1 v. 19.4.2005 (GBl S. 144)

BremBITV BR Brem. Barrierefreie Informationstechnik-Verordnung v. 27.9.2005 (GBl S. 531)

BremBrandSchG BR Brem. Brandschutzgesetz v. 7.5.1991 (GBl S. 163)

BremBVO BR Brem. Beihilfeverordnung i. d. Bek. v. 1.12.1997 (GBl S. 579)

BremDO BR Brem. Disziplinarordnung v. 27.10.1970 (GBl S. 129)

BremDSAuditV BR Brem. Datenschutzauditverordnung v. 5.10.2004 (GBl S. 515)

BremDSG BR Brem. Datenschutzgesetz i. d. Bek. v. 4.3.2003 (GVBl S. 85)

BremDÜG BR Brem. Diskontsatz-Überleitungsgesetz v. 24.11.1998 (GBl S. 337)

BremEG BR Brem. Energiegesetz v. 17.9.1991 (GBl S. 325)

BremErzUrlV BR Brem. Erziehungsurlaubsverordnung v. 16.6.1986 (GBl S. 122)

BremEuroUmstG BR Brem. Euro-Umstellungsgesetz v. 4.12.2001 (GBl S. 393)

BremFeuVO BR Brem. Feuerungsverordnung v. 18.2.2000 (GBl S. 33)

BremFiG BR Brem. Fischereigesetz v. 17.9.1991 (GBl S. 309)

BremGaVO BR Brem. VO ü. Garagen u. Stellplätze v. 10.11.1980 (GBl S. 281)

BremGebBeitrG BR Brem. Gebühren- und Beitragsgesetz v. 16.7.1979 (GBl S. 279)

BremGGO BR Gemeinsame Geschäftsordnung f. d. Bremische Verwaltung v. 3.9.1985 (ABl S. 559)

BremGSV BR Gewässerschutzverordnung v. 6.2.2004 (GBl. S. 92)

BremGVG BR Brem. Ges. ü. d. Vollstreckung v. Geldforderungen im Verwaltungswege v. 15.12.1981 (GBl S. 283)

BremHaSiG BR Brem. Hafensicherheitsgesetz v. 30.4.2007 (GBl S. 307)

BremHG BR Brem. Hochschulgesetz i. d. Bek. v. 20.7.1999 (GBl S. 183)

BremHGebO BR VO zur Änderung der Bremischen Hafengebührenordnung i. d. Bek. v. 15.3.2006 (GVBl S. 135)

BremHLBV BR Hochschul-Leistungsbezügeverordnung v. 1.7.2003 (GBl S. 285)

BremHZG BR Brem. Hochschulzulassungsgesetz v. 16.5.2000 (GBl S. 145)

BremIDOG BR Brem. Informations- u. Datentechnikortsgesetz v. 1.2.1994 (GBl S. 65)

BremIFG BR Bremer Informationsfreiheitsgesetz v. 16.5.2006 (GBl S. 263)

BremImSchG BR Brem. Immissionsschutzgesetz v. 26.6.2001 (GBl S. 220)

BremIngG BR Brem. Ingenieurgesetz v. 25.2.2003 (GBl S. 67)

BremJStVollzG BR Brem. Jugendstrafvollzugsgesetz v. 27.3.2007 (GBl S. 233)

BremJuditG BR Brem. Justizdienstleistungsgesetz v. 29.10.1996 (GBl S. 327)

BremKatSG BR Brem. Katastrophenschutzgesetz i. d. Bek. v. 2.7.1999 (GBl S. 167)

BremKgHG BR Kindergarten- u. Hortgesetz v. 16.7.1979 (GBl S. 287)

BremKHDSG BR Brem. Krankenhausdatenschutzgesetz v. 25.4.1989 (GBl S. 202)

BremKHG BR Brem. Krankenhausfinanzierungsgesetz i. d. Bek. v. 15.7.2003 (GVBl S. 341)

BremKHV BR Brem. Kommunikationshilfenverordnung v. 27.9.2005 (GBl S. 542)

BremKiTaOG BR Ortsgesetz über den Eigenbetrieb „KiTa-Bremen" der Stadtgemeinde Bremen v. 6.7.2004 (GBl S. 401)

BremKJFFöG BR Brem. Kinder-, Jugend-

BremKostO

und Familienförderungsgesetz
v. 22.12.1998 (GBl S. 351)
BremKostO BR Brem. Kostenordnung i. d.
Bek. v. 5.2.1985 (GBl S. 15)
BremKRG BR Gesetz ü. d. Krebsregister d.
Freien Hansestadt Bremen v. 18.9.1997
(GBl S. 337)
BremKTG BR Brem. Tageseinrichtungs- u.
Tagespflegegesetz v. 19.12.2000 (GBl
S. 491)
BremKüNG BR Gesetz zur Errichtung der
Stiftung zur Förderung des künstlerischen Nachwuchses v. 20.5.2003 (GBl
S. 271)
BremLAAufG BR Lehrerarbeitszeitaufteilungsgesetz v. 17.6.1997 (GBl S. 218)
BremLBO BR Brem. Landesbauordnung
v. 27.3.1995 (GBl S.211)
BremLMG BR Brem. Landesmediengesetz
v. 22.3.2005 (GBl S. 71)
BremLPartVerfG BR Brem. Gesetz z. Regelung d. Zuständigkeit u. d. Verfahrens
n. d. Lebenspartnerschaftsgesetz
v. 26.6.2001 (GBl S. 213)
BremLPZV BR Brem. Leistungsprämien- u.
-zulagenverordnung v. 7.7.1998 (GBl
S. 201)
BremLStrG BR Brem. Landesstraßengesetz
v. 20.12.1976 (GBl S. 341)
BremMuStG BR Gesetz z. Errichtung
v. Museumsstiftungen v. 22.12.1998
(GBl S. 383)
BremNatSchG BR Brem. Naturschutzgesetz i. d. Bek. v. 19.4.2006 (GVBl S. 211)
BremNiSchG BR Brem. Nichtraucherschutzgesetz v. 18.12.2007 (GBl S. 515)
BremNVO BR Brem. Nebentätigkeitsverordnung i. d. Bek. v. 25.11.1990 (GBl
S. 459)
BremÖPNVG BR Gesetz ü. d. öffentl. Personennahverkehr i. Land Bremen
v. 15.5.1995 (GBl S. 317)
BremPolG BR Brem. Polizeigesetz i. d.
Bek. v. 6.12.2001 (GBl S. 441)
BremREBG BR Brem. Rahmengesetz f. Eigenbetriebe d. Stadtgemeinde
v. 14.12.1990 (GBl S. 519)

1. Teil

BremRKG BR Brem. Reisekostengesetz i. d.
Bck. v. 28.3.2003 (GVBl S. 187)
BremSchulDSG BR Brem. Schuldatenschutzgesetz v. 27.2.2007 (GBl S. 182)
BremSchulG BR Brem. Schulgesetz i. d.
Bek. v. 28.6.2005 (GVBl S. 260)
BremSchulVwG BR Brem. Schulverwaltungsgesetz i. d. Bek. v. 28.6.2005 (GVBl
S. 280)
BremSchVwG BR Brem. Schulverwaltungsgesetz v. 20.12.1994 (GBl S. 342)
BremSeilbG BR Brem. Seilbahngesetz
v. 12.10.2004 (GBl S. 523)
Brem.StGHE Entscheidungen des Staatsgerichtshofes der Freien Hansestadt Bremen (1.1950/69.(1970);
2.1970/76(1977) ff.)
BremStiftG BR Brem. Stiftungsgesetz
v. 7.3.1989 (GBl S. 163)
BremSÜG BR Brem. Sicherheitsüberprüfungsgesetz v. 30.6.1998 (GBl S. 185)
BremSVGewerbeG BR Gesetz über die Errichtung eines „Sondervermögens Gewerbeflächen" des Landes Bremen
v. 20.5.2003 (GBl. S. 267)
BremSVGewerbeOG BR Ortsgesetz über
die Errichtung eines „Sondervermögens
Gewerbeflächen" der Stadtgemeinde
Bremen v. 20.5.2003 (GBl. S. 269)
BremSVINFRAOG BR Ortsgesetz über die
Errichtung eines Sondervermögens Infrastruktur der Stadtgemeinde Bremen
v. 25.2.2003 (GBl S. 49)
BremTGV BR Brem. Trennungsgeldverordnung i. d. Bek. v. 28.3.2003 (GVB.
S. 195)
BremThVO BR Brem. Tuberkulosehilfeverordnung v. 17.1.1967 (GBl S. 6)
BremUIG BR Umweltinformationsgesetz
für das Land Bremen v. 15.11.2005 (GBl
S. 573)
BremUKG BR Brem. Umzugskostengesetz
i. d. Bek. v. 28.3.2003 (GVBl S. 191)
BremUrlVO BR Brem. Urlaubsverordnung
v. 12.11.1985 (GBl S. 205)
BremVBD BR Brem. Verordnung über
barrierefreie Dokumente v. 27.9.2005
(GBl S. 541)

BremVerfSchG BR Brem. Verfassungsschutzgesetz v. 28.2.2006 (GBl S. 87)

BremVersRücklG BR Gesetz ü. e. Versorgungsrücklage d. Landes Bremen v. 30.3.1999 (GBl S. 50)

BremVwVfG BR Brem. Verwaltungsverfahrensgesetz i. d. Bek. v. 9.5.2003 (GVBl S. 219)

BremVwVG BR Brem. Verwaltungsvollstreckungsgesetz i. d. Bek. v. 1.4.1960 (GBl S. 37)

BremVwZG BR Brem. Verwaltungszustellungsgesetz v. 26.1.2006 (GBl S. 49)

BremWaldG BR Brem. Waldgesetz v. 31.5.2005 (GBl S. 207)

BremWEGG BR Gesetz über die Erhebung einer Wasserentnahmegebühr i. d. Bek. v. 23.4.2004 (GVBl S. 189)

BremWG s. BrWG

BremWG BR Brem. Wassergesetz i. d. Bek. v. 24.2.2004 (GVBl S. 45)

BremZÜSV BR VO über zugelassene Überwachungsstellen v. 31.8.2004 (GBl S. 445)

BremZVG BR Brem. Zusatzversorgungsgesetz v. 6.9.1983 (GBl S. 459)

BremZVNG BR Brem. Zusatzversorgungsneuregelungsgesetz v. 6.9.1983 (GBl S. 459)

BrennVO ND VO über die Beseitigung von pflanzlichen Abfällen durch Verbrennen außerhalb von Abfallbeseitigungsanlagen v. 2.1.2004 (GVBl S. 2)

BRH Bundesrechnungshof

BRHG Ges. ü. Errichtung u. Aufgaben d. Bundesrechnungshofes v. 11.7.1985 (BGBl I S. 1445)

BRI Banque des règlements internationaux (s.a. BIZ)

BRKG Bundesreisekostengesetz v. 26.5.2005 (BGBl I S. 1418)

BrLV BR Brem. Laufbahnverordnung i. d. Bek. v. 3.1.1977 (GBl S. 89) (s.a. Bundeslaufbahnverordnung)

BrMV Branntweinmonopolverordnung v. 20.2.1998 (BGBl I S. 383)

BRpflAO BB Bereichsrechtspfleger Ausbildungs- u. Prüfungs(ver)ordnung v. 1.10.1996 (GVBl II S. 763)

BRpflAPG LSA Gesetz ü. d. Ausbildung, Prüfung u. Tätigkeit v. Bereichsrechtspflegern v. 6.11.1995 (GVBl LSA S. 316)

BrREG Brit. Zone. Ges. Nr. 59 v. 12.5.1949 (ABlMR Nr. 28 S. 1169; VOBl. BrZ S. 152)

BRRG Beamtenrechtsrahmengesetz i. d. Bek. v. 31.3.1999 (BGBl I S. 654)

BRS 1. Baurechtssammlung (1.1945/50 ff.) 2. Informationsdienst öffentliches Baurecht (1.2000 ff.)

BRSAbschlG Ges. ü. d. Abschluß d. Sammlung d. Bundesrechts v. 28.12.1968 (BGBl I S. 1451)

BrSchG Brandschutzgesetz
LSA i. d. Bek. v. 7.6.2001 (GVBl LSA S. 190)
MV v. 14.11.1991 (GVOBl M-V S. 426)
SH v. 10.2.1996 (GVOBl S. 200)

BrSchV BB Brandschauverordnung v. 3.6.1994 (GVBl II S. 478)

BrSchVO NW Brandschutzverordnung v. 12.6.1984 (GV.NW S. 390)

BRSG Gesetz ü. d. Sammlung d. Bundesrechts v. 10.7.1958 (BGBl I S. 437)

BrSHG HE Brandschutzhilfeleistungsgesetz v. 5.10.1970 (GVBl I S. 585)

BrSiVO LSA VO über die Brandsicherheitsschau v. 23.8.2004 (GVBl LSA S. 528)

BrStV Branntweinsteuerverordnung v. 21.1.1994 (BGBl I S. 104)

BRTV Bundesrahmentarifvertrag

BrÜbPreisV Branntweinübernahmepreisverordnung v. 8.7.1998 (BGBl I S. 1861)

BRüG Bundesrückerstattungsgesetz v. 19.7.1957 (BGBl I S. 734)

BRüG-Saar Bundesrückerstattungsgesetz im Saarland v. 12.1.1967 (BGBl I S. 133)

BrustImplV Brustimplantate-Verordnung v. 11.7.2003 (BGBl I S. 1435)

BRV BE Berliner Rechtsvorschriften. Amtl. Sammlung (LoseblSlg) (1.1977 ff.)

BrVSchauVO SH Brandverhütungsschauverordnung v. 13.8.1998 (GVOBl S. 242)

BrWG BR Bremisches Wassergesetz i. d. Bek. v. 26.2.1991 (GBl S. 65)
BS Bereinigte Sammlung s. bei Abkürzungen von Gesetz- u. Amtsblättern
BSA Bundessortenamt
BSanPlagV BB VO ü. d. Abgrenzung d. Braunkohlen- und Sanierungsplangebiete i. Land Brandenburg v. 26.2.1996 (GVBl II S. 231)
BSchAV Berufsschadenausgleichsverordnung i. d. Bek. v. 29.6.1984 (BGBl I S. 861)
BSchG BB Brandschutzgesetz i. d. Bek. v. 9.3.1994 (GVBl I S. 65)
BSchuWG Bundesschuldenwesengesetz v. 12.7.2006 (BGBl I S. 1466)
BSchuWV Bundesschuldenwesenverordnung v. 19.7.2006 (BGBl I S. 1700)
BSeuchG Bundes-Seuchengesetz i. d. Bek. v. 18.12.1979 (BGBl I 1980 S. 151)
BSG Bundessozialgericht; SL Brandschutzgesetz v. 30.11.1988 (ABl S. 1410)
BSG 2004 Beitragssatzgesetz 2004 v. 27.12.2003 (BGBl I S. 3013)
BSGE Entscheidungen des Bundessozialgerichts (1.1955 ff.)
BSHG Bundessozialhilfegesetz i. d. Bek. v. 23.3.1994 (BGBl I S. 647)
BSHG-SchV BR VO ü. d. Schiedsstelle n. d. Bundessozialhilfegesetz v. 27.9.1994 (GBl S. 297)
BSHG-SchVO HA Bundessozialhilfegesetz-Schiedsstellenverordnung v. 20.12.1994 (GVBl I S. 441)
BSHKostV Kostenverordnung f. Amtshandlungen d. Bundesamtes f. Schifffahrt und Hydrographie v. 20.12.2001 (BGBl I S. 4081)
BSHV VO ü. die d. Trägern d. gesetzlichen Krankenversicherung zu zahlenden Bundeszuschüsse zu d. Aufwendungen f. sonstige Hilfen v. 31.1.1977 (BGBl I S. 267)
BSI Bundesamt f. Sicherheit i. d. Informationstechnik
BSIG Gesetz ü. d. Errichtung d. Bundesanstalt f. Sicherheit i. d. Informationstechnik, BSI-Errichtungsgesetz v. 17.12.1990 (BGBl I S. 2834)
BSI-KostV BSI-Kostenverordnung i. d. Bek. v. 3.3.2005 (BGBl I S. 519)
BS LSA Sammlung des bereinigten Landesrechts des Landes Sachsen-Anhalt (LoseblSlg) (Bd. 1.2.1994 – 34.2003)
BSO
BW Bodensee-Schifffahrts-Ordnung v. 10.12.2001 (GBl S.713)
SACH Schulordnung Berufsschule v. 21.8.2006 (SächsGVBl S. 446)
BSP Bruttosozialprodukt
BSparkBesV Sparkassenbesoldungsverordnung des Bundes v. 16.6.1976 (BGBl I S. 1588)
BSpK Bausparkasse
BS RP RP Sammlung des Bereinigten Landesrechts von Rheinland-Pfalz (LoseblSlg) (1961 ff.)
BS Saar SL Sammlung des bereinigten saarländischen Landesrechts (= Amtsblatt, Sonderbd.) (LoseblSlg) (1970 ff.)
BeVO BY Beherbergungsstättenverordnung v. 2.7.2007 (GVBl S. 538)
BStatG Bundesstatistikgesetz i. d. Bek. v. 22.1.1987 (BGBl I S. 462)
BStBl I-III Bundessteuerblatt, Teil I-III (1.1951 ff.; T. III ersch. nur bis 17.1967)
BS Thür Sammlung des bereinigten Landesrechts des Freistaats Thüringen (LoseblSlg) (Bd. 1.2.1993 ff.)
BStrVermG Ges. ü. d. vermögensrechtlichen Verhältnisse d. Bundesautobahnen u. sonstigen Bundesstraßen d. Fernverkehrs v. 2.3.1951 (BGBl I S. 157)
BSÜG BE Berliner Sicherheitsüberprüfungsgesetz i. d. Bek. v. 25.6.2001 (GVBl S. 243)
BSV Bundesschuldenverwaltung;
BB Berufsschul(ver)ordnung v. 28.4.1997 (GVBl II S. 294)
BE Berufsschulverordnung v. 13.2.2007 (GVBl S. 54)
BSV 2001 Beitragssatzverordnung 2001 v. 21.12.2000 (BGBl I S. 1877)
BSVO M-V MV Berufsschul(ver)ordnung v. 4.7.2005 (GVOBl. M-V S. 372)

BSZG Bundessonderzahlungsgesetz i. d. Bek. v. 28.2.2005 (BGBl I S. 464)
BSZG-LSA LSA Beamtenrechtliches Sonderzahlungsgesetz des Landes Sachsen-Anhalt v. 25.11.2003 (GVBl LSA S. 334)
BT Besonderer Teil; Deutscher Bundestag
2. BtÄndG Zweites Betreuungsrechtsänderungsgesetz v. 21.4.2005 (BGBl I S. 1073)
BTÄO Bundes-Tierärzteordnung i. d. Bek. v. 20.11.1981 (BGBl I S. 1193)
BTDrucks Drucksachen des Deutschen Bundestages (1949 ff.)
BtG Betreuungsgesetz v. 12.9.1990 (BGBl I S. 2002)
BtMÄndV Betäubungsmittelrechts-Änderungsverordnung
BtMAHV Betäubungsmittel-Außenhandelsverordnung v. 16.12.1981 (BGBl I S. 1420)
BtMBinHV Betäubungsmittel-Binnenhandelsverordnung v. 16.12.1981 (BGBl I S. 1425)
BtMG Betäubungsmittelgesetz i. d. Bek. v. 1.3.1994 (BGBl I S. 358)
BtMKostV Betäubungsmittel-Kostenverordnung v. 16.12.1981 (BGBl I S. 1433)
BtMVV Betäubungsmittel-Verschreibungsverordnung i. d. Bek. v. 16.9.1993 (BGBl I S. 1637)
BTO s. BTÄO
BTO Elt Bundestarifordnung Elektrizität v. 18.12.1989 (BGBl I S. 2255)
BTO Gas Bundestarifordnung Gas v. 10.2.1959 (BGBl I S. 46)
BtPrax Betreuungsrechtliche Praxis (1.1992 ff.)
BTR Der Bauträger (1. 2002–6.2004)
Btx. Bildschirmtext
BU Berufsunfähigkeit
BuB Bankrecht u. Bankpraxis (LoseblSlg) (1979 ff.)
BuchBMstrV Buchbindermeisterverordnung v. 5.5.2006 (BGBl I S. 1152)
Buchholz Sammel- und Nachschlagewerk der Rechtsprechung des Bundesverwaltungsgerichts. hrsg. v. K. Buchholz (LoseblSlg)

BuchO-ADV Vorl. Buchungsordnung f. d. Finanzämter bei Einsatz automatischer Datenverarbeitungsanlagen. Stand Juni 1991 (BStBl I S. 836)
Buchst. Buchstabe
BudgetV Budgetverordnung v. 27.5.2004 (BGBl I S. 1055)
BÜ Berner Übereinkunft z. Schutze v. Werken d. Literatur u. Kunst v. 9.9.1886 (RGBl 1887 S. 493)
BÜG BY Ges. ü. d. Übernahme v. Staatsbürgschaften u. Garantien d. Freistaates Bayern v. 27.6.1972 (GVBl S. 213)
Büro Das Büro (1.1950–6.1955; dann: Das juristische Büro)
BÜVO HE Bauaufsichtsübertragungsverordnung v. 16.3.2004 (GVBl S. 156)
BuG Bauamt und Gemeindebau ([1.] 1918–44.1971; aufgegangen in: Die Bauverwaltung)
Bugo s. GOÄ
Bugo-Z s. GOZ
BUKG Bundesumzugskostengesetz i. d. Bek. v. 11.12.1990 (BGBl I S. 2682)
BUKGVwV Allg. Verwaltungsvorschrift z. Bundesumzugskostengesetz v. 2.1.1991 (GMBl S. 65)
Bull. Bulletin des Presse- und Informationsamtes der Bundesregierung (ab 20.1970,104: Bulletin. Presse u. Informationsamt d. Bundesregierung) (1.1951 ff.)
BullEG Bulletin der Europäischen Gemeinschaften (1.1968 ff.; vorher: Bulletin der Europäischen Wirtschaftsgemeinschaft)
BullEWG Bulletin der Europäischen Wirtschaftsgemeinschaft (1958–1967; dann: Bulletin der Europäischen Gemeinschaften)
BullIJK Bulletin der Internationalen Juristenkommission (1.1954–36.1968)
Bundesgesundhbl. Bundesgesundheitsblatt (1.1958–41.1998; dann: Bundesgesundheitsblatt, Gesundheitsforschung, Gesundheitsschutz (42.1999 ff.)
BUrlG Bundesurlaubsgesetz v. 8.1.1963 (BGBl I S. 2)

BUStudVO RP LandesVO ü. d. fachbezogene Berechtigung beruflich qualifizierter Personen z. Universitätsstudium v. 28.6.1996 (GVBl S. 251)
ButtV Butterverordnung v. 16.12.1988 (BGBl I S. 2286)
BUV Betriebs- und Unternehmensverfassung (1.1971–2.1972); Bundesunternehmen-Unfallverhütungsverordnung v. 6.4.2006 (BGBl I S. 1114)
BUZAV VO ü. d. Bestätigung d. Umstellungsrechnung u. d. Verfahrens d. Zuteilung u. d. Erwerbs v. Ausgleichsforderungen i.. d. Bek. v. 7.12.1994 (BGBl I S.3738)
BV Besoldungsvorschrift; Betriebsvereinbarung; Budapester Vertrag ü. d. internat. Anerkennung d. Hinterlegung v. Mikroorganismen f. d. Zwecke v. Patentverfahren v. 28.4.1977 (BGBl 1980 II S. 1104)
BV BY Verfassung d. Freistaates Bayern i. d. Bek. v. 15.12.1998 (GVBl S. 991)
BVA Bundesversicherungsamt; Bundesverwaltungsamt
BVA-BBB Bundesverwaltungsamt – Bundesstelle für Büroorganisation und Bürotechnik
BVAG Bundesverwaltungsamt Ges. ü. d. Errichtung d. Bundesverwaltungsamtes v. 28.12.1959 (BGBl I S. 829)
BV AnpG 2008 BW Gesetz zur Integration der Sonderzahlungen und zur Anpassung der Besoldung und Versorgung 2008 und zur Änderung weiterer Rechtsvorschriften v. 11.12.2007 (GBl S. 538)
BVB Besondere Vertragsbedingungen
BVB-Erstellung Besondere Vertragsbedingungen f. d. Erstellen v. DV-Programmen v. 20.12.1985 (GMBl 1986 S. 27)
BVB-Kauf Besondere Vertragsbedingungen f. d. Kauf v. EDV-Anlagen und -Geräten. RdSchr d. BMI v. 15.7.1974 (GMBl S. 327)
BVBl Bundesversorgungsblatt (1951–1974) im Bundesarbeitsblatt (1955–1974)
BVB-Miete Besondere Vertragsbedingungen f. d. Miete v. EDV-Anlagen u. -Geräten. RdSchr d. BMI v. 10.1.1973 (GMBl S. 32)
BVB-Pflege Besondere Vertragsbedingungen f. d. Pflege v. DV-Programmen. RdSchr d. BMI v. 30.11.1979 (GMBl S. 715)
BVB-Planung Besondere Vertragsbedingungen f. d. Planung v. DV-gestützten Verfahren v. 24.10.1988 (GMBl S. 586)
BVB-Überlassung Besondere Vertragsbedingungen f. d. Überlassung v. DV-Programmen (BVB-Überlassung) v. 4.11.1977 (BAnz Nr. 216, Beil. 26)
BVB-Wartung Besondere Vertragsbedingungen f. d. Wartung v. EDV-Anlagen u. -Geräten. RdSchr d. BMI v. 15.7.1974 (GMBl S. 351)
BVD-VO LSA VO zum Schutz der Rinder vor einer Infektion mit dem Erreger der Bovinen Virusdiarrhoe und zu ihrer Tilgung v. 20.2.2004 (GVBl LSA S. 85)
BVDV-VO SH VO zum Schutz der Rinder vor einer Infektion mit dem Erreger der Bovinen Virusdiarrhoe v. 13.9.2005 (GVOBl S. 362)
BVerfG Bundesverfassungsgericht
BVerfGE Entscheidungen des Bundesverfassungsgerichts (1.1952 ff.)
BVerfGG Gesetz ü. das Bundesverfassungsgericht i. d. Bek. v. 11.8.1993 (BGBl I S. 1473)
BVerfGK Kammerentscheidungen des Bundesverfassungsgerichts
BVerfSchG Bundesverfassungsschutzgesetz v. 19.12.1990 (BGBl I S. 2970)
BVerwG Bundesverwaltungsgericht
BVerwGE Entscheidungen des Bundesverwaltungsgerichts (1.1954 ff.)
BVFG Bundesvertriebenengesetz i. d. Bek. v. 2.6.1993 (BGBl I S. 829)
BVG Bundesversorgungsgesetz i. d. Bek. v. 22.1.1982 (BGBl I S. 21)
BVJ Berufsvorbereitungsjahr
BVJVO BW VO des Kultusministeriums über die Ausbildung und Prüfung im Berufsvorbereitungsjahr v. 22.7.2004 (GBl S. 658)

BVK Bayerische Versicherungskammer

BVLÜV VO zur Übertragung von Befugnissen auf das Bundesamt für Verbraucherschutz und Lebensmittelsicherheit (BVL-Übertragungsverordnung) v. 21.2.2003 (BGBl I S. 244)

BVO
BW Beihilfeverordnung v. 28.7.1995 (GBl S. 561)
NW Beihilfeverordnung v. 27.3.1975 (GV.NW S. 332)
RP Beihilfenverordnung v. 1.8.2006 (GVBl S. 304)

BVOAng NW VO ü. d. Gewährung v. Beihilfen in Krankheits-, Geburts- u. Todesfällen d. Angestellten, Arbeiter u. Auszubildenden v. 9.4.1965 (GV.NW S. 108)

BVOASi HE Bergverordnung ü. d. arbeitssicherheitlichen und d. betriebsärztlichen Dienst v. 11.3.1999 (GVBl I S. 210)

BVorlV BR Bauvorlagenverordnung v. 6.6.1996 (GBl S. 167)

BVormPrüfV BB Berufsvormünderprüfungsverordnung v. 23.12.1999 (GVBl II 2000 S. 39)

BVormPrüfVO Berufsvormünderprüfungsverordnung
BE v. 8.12.1999 (GVBl S. 673)
LSA v. 13.12.2000 (GVBl LSA S. 673)
MV v. 4.5.2001 (GVOBl M-V S. 141)
SACH v. 2.9.1999 (SächsGVBl S. 514)

BVOS LSA Bergverordnung für Schacht- und Schrägförderanlagen v. 13.7.2005 (GVBl LSA S. 352)

BVO S Bergverordnung des Oberbergamts für das Saarland und das Land Rheinland-Pfalz für Schacht- und Schrägförderanlagen v. 4.12.2003 (ABl S. 3010)

BVOT
BR Bergverordnung für Tiefbohrungen, Untergrundspeicher und für die Gewinnung von Bodenschätzen durch Bohrungen in der Freien Hansestadt Bremen (Tiefbohrverordnung) v. 24.1.2007 (GBl S. 17)
SL Bergverordnung des Oberbergamts für das Saarland und das Land Rheinland-Pfalz für Tiefbohrungen, Untergrundspeicher und für die Gewinnung von Bodenschätzen durch Bohrungen (Tiefbohrverordnung) in der für das Saarland geltenden Fassung v. 15.1.2007 (ABl S. 154)

BVR Bundesverfassungsrichter

BVS Bergmannsversorgungsschein; Bundesverband f. d. Selbstschutz

BVS HE Hessische Bergverordnung für Schacht- und Schrägförderanlagen v. 14.4.2005 (GVBl I S. 268)

BvSAbwG Gesetz zur Abwicklung der Bundesanstalt für vereinigungsbedingte Sonderaufgaben v. 28.10.2003 (BGBl I S. 2081)

BVSG-NW NW Bergmannsversorgungsscheingesetz v. 20.12.1983 (GV.NW S. 635)

BVS-Verordnung VO ü. d. Aufbau d. Bundesverbandes f. d. Selbstschutz v. 6.4.1971 (BGBl I S. 341)

BVT Ärztlicher Bundestarif für das Versorgungswesen v. 23.7.1951 (BABl S. 360 = BVBl S. 74)

BVV Beitragsverfahrensverordnung v. 3.5.2006 (BGBl I S. 1138)

BW Baden-Württemberg

BWahlGV Bundeswahlgeräteverordnung v. 3.9.1975 (BGBl I S. 2459)

BWaldG Bundeswaldgesetz v. 2.5.1975 (BGBl I S. 1037)

BwBAnpG Bundeswehrbeamtenanpassungsgesetz v. 20.12.1991 (BGBl I S. 2378)

BWeBesV Werkleiterbesoldungsverordnung des Bundes v. 16.6.1976 (BGBl I S. 1585)

BWG Bundeswahlgesetz i. d. Bek. v. 23.7.1993 (BGBl I S. 1288)

BWG BE Berliner Wassergesetz i. d. Bek. v. 17.6.2005 (GVBl S. 357)

BWGöD Ges. z. Regelung d. Wiedergutmachung nationalsozialistischen Unrechts f. Angehörige d. öffentlichen Dienstes i. d. Bek. v. 15.12.1965 (BGBl I S. 2073)

BWGöD-Ausl Ges. z. Regelung d. Wiedergutmachung nationalsozialistischen Unrechts f. d. im Ausland lebenden Ange-

hörigen d. öffentlichen Dienstes i. d. Bek. v. 15.12.1965 (BGBl I S. 2091)
BWGZ Die Gemeinde. Zeitschrift für die Städte u. Gemeinden für Stadträte, Gemeinderäte u. Ortschaftsräte; Organ des Gemeindetags Baden-Württemberg (96.1973 ff.; vorher: Die Gemeinde)
BWildSchV Bundeswildschutzverordnung v. 25.10.1985 (BGBl I S. 2040)
BWKAusl Bundesgesetz z. Wiedergutmachung nationalsoz. Unrechts in d. Kriegsopferversorgung f. Berechtigte im Ausland i. d. Bek. v. 25.6.1958 (BGBl I S. 414)
BwKoopG Kooperationsgesetz der Bundeswehr v. 30.7.2004 (BGBl I S. 2027)
BWMBl Ministerialblatt des (bis 2.1950,14: Bundesministeriums) Bundesministers für Wirtschaft (1.1949–23.1971,9; dann: Ministerialbl. d. Bundesministers f. Wirtschaft u. Finanzen, Bereich Wirtschaft)
BwNeuAusrG Bundeswehrneuausrichtungsgesetz v. 20.12.2001 (BGBl I S. 4013)
BWNotZ Mitteilungen aus der Praxis. Zs. f. d. Notariat in Baden-Württemberg (21.1955–35.1969; dann: Zs. f. d. Notariat in Baden-Württemberg; vorher: Mitteilungen aus d. Praxis, hrsg. v. Württ. Notarverein); Zeitschrift für das Notariat in Baden-Württemberg (36.1970 ff.; vorher: Mitteilungen aus d. Praxis)
BWO Bundeswahlordnung i. d. Bek. v. 8.3.1994 (BGBl I S. 495)
BWpVerwG Bundeswertpapierverwaltungsgesetz v. 11.12.2001 (BGBl I S. 3519)
BWpVerwPG Bundeswertpapierverwaltungspersonalgesetz v. 12.7.2006 (BGBl I S. 1469)
BWV Bundeswehrverwaltung (1/2.1957/58 ff.)
BWVA Bundeswehrverwaltungsamt
BWVollzO Bundeswehrvollzugsordnung v. 29.11.1972 (BGBl I S. 2205)
BWVP Baden-Württembergische Verwaltungspraxis (1.1974 ff.)
BY Bayern

BZBl Bundeszollblatt (1.1950–27.1976)
BzBlErgG Ges. z. Ergänzung d. Benzinbleigesetzes v. 25.11.1975 (BGBl I S. 2919)
BzBlG Benzinbleigesetz v. 5.8.1971 (BGBl I S. 1234)
BZgA Bundeszentrale f. gesundheitl. Aufklärung
BZKom Bezirkszollkommissar
BZR Bundeszentralregister
BZRG Bundeszentralregistergesetz i. d. Bek. v. 21.9.1984 (BGBl I S. 1229)
BZRVwV Verwaltungsvorschriften (Ausfüllanleitung f. Justizbehörden – AfJ –) v. 25.7.1985 (BAnz Nr. 155 a); Verwaltungsvorschriften (Ausfüllanleitung f. Verwaltungsbehörden – AfV-) v. 25.7.1985 (BAnz Nr. 155 a)
1. BZRVwV Allg. Verwaltungsvorschriften z. Durchführung d. Bundeszentralregistergesetzes; 1. Allg. Verwaltungsvorschriften z. Durchführung d. Bundeszentralregistergesetzes v. 24.5.1985 (BAnz Nr. 99)
BZS Bundesamt f. Zivilschutz
BzV Benzinqualitätsverordnung v. 27.6.1988 (BGBl I S. 969)
BZVEUV BB Beamtenzuständigkeitsverordnung Stiftung EUV v. 2.3.2008 (GVBl II S. 97)
BZVLGB BB Beamtenrechtszuständigkeitsverordnung LBG v. 12.11.2007 (GVBl II S. 466)
BZVMBJS BB Beamtenzuständigkeitsverordnung im Geschäftsbereich des Ministeriums für Bildung, Jugend und Sport v. 23.2.2006 (GVBl II S. 42)
BZVMdF BB Beamtenzuständigkeitsverordnung im Geschäftsbereich des Ministeriums der Finanzen i. d. Bek. v. 6.11.2006 (GVBl II S. 473 ff.)
BZVMW BB Beamtenzuständigkeitsverordnung im Geschäftsbereich des Ministeriums für Wirtschaft v. 16.9.2005 (GVBl II S. 494)

C

c&f cost and freight
c.; can. canon
CAEM Conseil d'assistance éonomique mutuelle [Rat für gegenseitige Wirtschaftshilfe]
CBl s. ZBl
CC; cc Code civil; Codice civile
CCC Customs Cooperation Council [Rat f. d. Zusammenarbeit auf d. Gebiete d. Zollwesens]
CCD Conseil de coopération douanière [Rat f. d. Zusammenarbeit auf d. Gebiete d. Zollwesens]
CCI Chambre de commerce internationale
CCLR Carbon & climate law review (1.2007 ff.)
CCR Central Commission for the Navigation of the Rhine; Commission centrale pour la navigation du Rhin [Zentralkommission f. d. Rheinschifffahrt]
CCZ Corporate Compliance Zeitschrift (1.2008 ff.)
CDI Commission du droit international (s.a. ILC)
CE Communautés européennes; Council of Europe, Conseil de l'Europe
CEAC Commission européenne de l'aviation civile
CECA Communauté européenne du charbon et de l'acier [Europäische Gemeinschaft für Kohle und Stahl]
CEE Commission économique pour l'Europe; Communauté économique européenne
CEEA Communauté européenne de l'énergie atomique
CEMT Conférence européenne des ministres des transports
Centrale-RdSchr Centrale-Rundschreiben (37.1946–40.1949; vorher u. später: Rundschau für GmbH)
CEPT Conférence européenne des administrations des postes et des télécommunications
CERN Conseil européen (später: Organisation européenne) pour la recherche nucléaire [Europäische Organisation f. Kernforschung]
CFC Common Fund for Commodities [Gemeinsamer Fonds für Rohstoffe]
ChBK Chef d. Bundeskanzleramtes
ChBPrA Chef d. Bundespräsidialamtes
ChemBiozidMeldeV Biozid-Meldeverordnung v. 24.5.2005 (BGBl I S. 1410)
ChemBußGeldV Chemikalien-Bußgeldverordnung v. 30.3.1994 (BGBl I S. 718)
ChemG Chemikaliengesetz i. d. Bek. v. 25.7.1994 (BGBl I S.1703)
ChemGefMerkV Gefährlichkeitsmerkmaleverordnung v. 17.7.1990 (BGBl I S. 1422)
ChemGiftInfoV Giftinformationsverordnung i. d. Bek. v. 31.7.1996 (BGBl I S. 1198)
ChemGZuVO BW Chemikaliengesetz-Zuständigkeitsverordnung v. 23.1.1995 (GBl S. 133)
ChemKostV Chemikalien-Kostenverordnung v. 16.8.1994 (BGBl I S. 2118)
ChemOzonSchichtV Chemikalien-Ozonschichtverordnung v. 13.11.2006 (BGBl I S. 2638)
ChemPrüfV Prüfnachweisverordnung v. 1.8.1994 (BGBl I S. 1877)
ChemRZuVO SACH Chemikalienrecht-Zuständigkeitsverordnung v. 16.12.2005 (SächsGVBl S. 367)
ChemStrOWiV Chemikalien Straf- u. Bußgeldverordnung v. 25.4.1996 (BGBl I S. 662)
ChemVerbotsV Chemikalien-Verbotsverordnung i. d. Bek. v. 19.7.1996 (GVBl I S. 1151)
ChemVOCFarbV Lösemittelhaltige Farben- und Lack-Verordnung v. 16.12.2004 (BGBl I S. 3508)
ChemZustVO SH Chemikalien-Zuständigkeitsverordnung v. 13.12.2007 (GVOBl S. 556)
ChirMechMstrV Chirurgiemechanikermeisterverordnung v. 27.7.2006 (BGBl I S. 1731)

CI Computerrecht Intern (1.1998–3.2000; dann: Der IT-Rechtsberater)

CIC Codex juris canonici; Corpus juris canonici

c. i. c. culpa in contrahendo

CICR Comité international de la Croix-rouge

CIEC Commission internationale de l'état civil

CIECAbstÜ CIEC-Übk. ü. d. Feststellung d. mütterl. Abstammung nichtehel. Kinder v. 12.9.1962 (BGBl 1965 II S. 23)

cif cost, insurance, freight

CIM Internat. Übereinkommen ü. d. Eisenbahnfrachtverkehr v. 7.2.1970 (BGBl 1974 II S. 381)

CIV Internat. Übereinkommen ü. d. Eisenbahn-Personen- u. Gepäckverkehr v. 7.2.1970 (BGBl 1974 II S. 493)

CMR Übk. ü. d. Beförderungsvertrag im Internationaler Straßengüterverkehr v. 19.5.1956 (BGBl 1961 II S. 1120)

CNUCED Conférence des Nations Unies sur le commerce et le développement

CNUDCI Commission des Nations Unies, pour le droit commercial international

CNWV BY Curricularnormwertverordnung v. 29.6.1982 (GVBl S. 415)

COMECON Council for Mutual Economic Assistance [Rat für gegenseitige Wirtschaftshilfe]

CompRep Compliance Report (1.2006 ff.)

ContStifG Conterganstiftungsgesetz v. 13.10.2005 (BGBl I S. 2967)

cop. copyright

COTIF Convention relative aux transports internationaux ferroviaires v. 9.5.1980 (BGBl 1985 II S. 132)

CPlV Campingplatzverordnung
CPlV BY v. 22.9.1995 (GVBl S. 710)
CPlVO
BW v. 15.7.1984 (GBl S. 545)
SL v. 26.4.1976 (ABl S. 421)

CR Computer und Recht (1.1985 ff.; darin aufgegangen: Informatik und Recht.)

CRI Computer Law Review international (2003 ff.)

CRI Croix-rouge international

CroComZustLVO M-V MV Cross-Compliance-Zuständigkeitslandesverordnung v. 6.4.2005 (GVOBl M-V S. 181)

CuR Contracting und Recht (1.2004 ff.)

1. CWÜAGÄndG Erstes Gesetz zur Änderung des Ausführungsgesetzes zum Chemiewaffenübereinkommen v. 11.10.2004 (BGBl I S. 2575)

CWÜV Ausführungsverordnung z. Chemiewaffenübereinkommen v. 20.11.1996 (BGBl I S. 1794)

CWVO VO über Campingplätze und Wochenendplätze
LSA v. 14.7.2006 (GVBl LSA S. 412)
MV VO über Camping- und Wochenendplätze v. 9.1.1996 (GVOBl M-V S. 84)
NW Camping- und Wochenendplatzverordnung v. 10.11.1982 (GV.NW S. 731)

D

D. Deutsch, deutsche

DA Dienstanweisung

DA Dienstanweisung f. d. Standesbeamten u. ihre Aufsichtsbehörden i. d. Bek. v. 28.11.1987 (BAnz Nr. 227a)

DA Durchführungsanordnung, Anordnung z. Durchführung; Durchführungsanweisung

DAC Development Assistance Committee

DachdMstrV Dachdeckermeisterverordnung v. 23.5.2006 (BGBl I S. 1263)

DAG Deutsche Angestelltengewerkschaft

DaHeSchnMstrV Damen- und Herrenschneidermeisterverordnung v. 5.9.2006 (BGBl I S. 2122)

DAM Deutsche Akademie f. Metrologie

DampfkV Dampfkesselverordnung v. 27.2.1980 (BGBl I S. 173)

DANA Datenschutz-Nachrichten (1.1978 ff.)

DAngVers Die Angestellten-Versicherung. (Bis 2.1955: Mitteilungen) Zeitschrift d. Bundesversicherungsanstalt f. Angestellte

(1.1954 ff.); Die Angestellten-Versicherung: Zeitschrift der Bundesversicherungsanstalt für Angestellte (1.1954–52.2005; dann RV aktuell)
DAR Deutsches Autorecht (1.1926–18.1943; 22.1953 ff.; 21.1951–22.1952: Das Recht d. Kraftfahrers)
DArbR Deutsches Arbeitsrecht (1.1933–12.1944)
DarlehensV VO ü. d. Einziehung d. nach d. Bundesausbildungsförderungsgesetz. geleisteten Darlehen i. d. Bek. v. 28.10.1983 (BGBl I S. 1340)
DatDVO BE Datenabgleichsdurchführungsverordnung v. 7.3.1999 (GVBl S. 89)
DAVO HE Dienstaufsichtsverordnung v. 12.9.1963 (GVBl S. 137)
DAVOHS SACH Sächsische Dienstaufgabenverordnung an Hochschulen v. 25.2.2003 (SächsGVBl S. 31)
DA VOHS SACH Sächs. Dienstaufgabenverordnung a. Hochschulen v. 19.10.1994 (SächsGVBl S. 1626)
DAVorm Der Amtsvormund. Monatsschrift d. Dt. Instituts f. Vormundschaftswesen (24.1951/52 ff.–73.2000; vorher: Rundbrief d. Dt. Inst. f. Jugendhilfe; dann: Das Jugendamt – Zeitschrift für Jugendhilfe und Familienrecht)
DAVOSS SACH Dienstaufgabenverordnung der Staatlichen Studienakademien der Berufsakademie Sachsen v. 22.3.2005 (SächsGVBl S. 80)
DAWR Deutsche Außenwirtschafts-Rundschau (9.1959,5–19.1969; aufgegangen in: Zs. f. Zölle u. Verbrauchsteuern; vorher: Dt. Devisen-Rundschau)
DB Der Betrieb (1.1948 ff.)
DB Deutsche Bahn AG (früher: Deutsche Bundesbahn); Dienstbeschädigung; Durchführungsbestimmung
DBA Doppelbesteuerungsabkommen
DBAGZustV D(eutsche) B(ahn) A(ktien) G(esellschaft) – Zuständigkeitsverordnung v. 1.1.1994 (BGBl I S. 53)
DBB Deutscher Beamtenbund

DBeglG Dienstrechtl. Begleitgesetz v. 30.7.1996 (BGBl I S. 1183)
DBek Durchführungsbekanntmachung, Bekanntmachung z. Durchführung
DBest Durchführungsbestimmung(en)
DBGrG Deutsche Bahn Gründungsgesetz v. 27.12.1993 (BGBl I S. 2386)
DB-GvKostG SL Durchführungsbestimmungen zum Gerichtsvollzieherkostengesetz v. 21.1.2004 (ABl S. 184)
DBI Deutsches Bibliotheksinstitut
DBIAuflG BE DBI-Auflösungsgesetz v. 6.10.1999 (GVBl S. 544)
DBl Dienstblatt des Senats von Berlin (bis 1950: des Magistrats von Groß-Berlin) [Best. aus mehreren Teilen] (1922–2006)
DBP Deutsche Bundespost
DB-PKHG Durchführungsbestimmungen z. Gesetz ü. d. Prozeßkostenhilfe v. 1.10.1985 (bundeseinheitl. vereinbart) SL Durchführungsbestimmungen zum Gesetz über die Prozesskostenhilfe v. 14.6.2006 (ABl S. 853)
DBuchst Doppelbuchstabe
DBV Deutscher Bauernverband
DB-VermG Ges. über d. vermögensrechtlichen Verhältnisse d. Deutschen Bundesbahn v. 2.3.1951 (BGBl I S. 155)
DBW Die Betriebswirtschaft (23.1930–36.1943,3; 37.1977 ff.; vorher: Zs. f. Handelswissenschaft u. Handelspraxis)
DBZV Dienstbezügezuschlagsverordnung BW v. 6.11.2007 (GBl S. 490) BY VO über die Gewährung eines Zuschlags zu den Dienstbezügen bei begrenzter Dienstfähigkeit v. 18.7.2006 (GVBl S. 416)
DDA Diätendienstalter
DDevR Deutsche Devisen-Rundschau (1.1951–9.1959,4; dann: Dt. Außenwirtschafts-Rundschau)
DDR Deutsche Demokratische Republik
DDR-ErfG DDR-Entschädigungserfüllungsgesetz v. 10.12.2003 (BGBl I S. 2473)
DDR-IG DDR-Investitionsgesetz v. 26.6.1990 (BGBl I S. 1143)
DeckRegV Deckungsregisterverordnung v. 25.8.2006 (BGBl I S. 2074)

DeckRV Deckungsrückstellungsverordnung v. 6.5.1996 (BGBl I S. 670)
DED Deutscher Entwicklungsdienst
DEG Deutsche Investitions- u. Entwicklungsgesellschaft
DeichO HA Deichordnung v. 27.5.2003 (GVBl S. 151)
DEK Deutsche Evangelische Kirche
DEKVO HE Deponieeigenkontroll-Verordnung v. 6.12.2004 (GVBl I S. 432)
DelV BY Delegationsverordnung v. 15.6.2004 (GVBl S. 239)
DepotG Depotgesetz v. 4.2.1937 (RGBl I S. 171) / v. 17.7.1985 (BGBl I S. 1507)
DepSüVO NW Deponieselbstüberwachungsverordnung v. 2.4.1998 (GV.NW S. 284)
DepVerwV Deponieverwertungsverordnung v. 25.7.2005 (BGBl I S. 2252)
DerivateV Derivateverordnung v. 6.2.2004 (BGBl I S. 153)
Der Konzern Der Konzern: Zeitschrift für Gesellschaftsrecht, Steuerrecht, Bilanzrecht und Rechnungslegung der verbundenen Unternehmen (1.2003 ff.)
DERL SL Dorfentwicklungsrichtlinie v. 22.2.2007 (ABl S. 362)
DEÜV Datenerfassungs- und -übermittlungsverordnung i. d. Bek. v. 23.1.2003 (BGBl I S. 152)
DEuFamR Deutsches und europäisches Familienrecht (1.1999–2.2000)
DEV 2012 Datenerhebungsverordnung 2012 v. 11.7.2006 (BGBl I S. 1572)
2. DEVO 2. Datenerfassungs-Verordnung v. 29.5.1980 (BGBl I S. 593)
Dez. Dezernat, Dezernent
DFG Deutsche Freiwillige Gerichtsbarkeit (1.1936–9.1944)
DFJW Deutsch-Französisches Jugendwerk (s.a. OFAJ)
DFR Dokumentation Deutsche Finanzrechtsprechung (1.1969 ff.)
DG Durchführungsgesetz
DGATP BY Durchführungsgesetz z. Übk. v. 1.9.1970 ü. internat. Beförderungen leicht verderbl. Lebensmittel... v. 15.7.1977 (GVBl S. 352)

DGB Deutscher Gewerkschaftsbund
DGBV Deutsche Gesellschaft für Bildungsverwaltung
DGemZtg Deutsche Gemeinde-Zeitung (1.1862–72.1933)
DGewArch Deutsches Gewerbe-Archiv (34.1936–36.1939/40; vorher: Gewerbearchiv f. d. Dt. Reich)
DGKOF Ges. z. Durchführung d. Kriegsopferfürsorge
HE v. 9.10.1962 (GVBl I S. 429)
ND i. d. Bek. v. 16.9.1974 (GVBl S. 422)
RP v. 8.3.1963 (GVBl S. 82; BS 83–1)
DG-KOF
BY Ges. z. Durchführung d. Kriegsopferfürsorge i. d. Bek. v. 5.10.1982 (GVBl S. 869)
SH Ges. z. Durchführung d. Kriegsopferfürsorge i. d. Bek. v. 21.1.1985 (GVOBl S. 29)
DG-KoFSchwBG NW Gesetz z. Durchführung d. Kriegsopferfürsorge und d. Schwerbehindertengesetzes i. d. Bek. v. 1.11.1987 (GV.NW S. 401)
DGleiG Gleichstellungsdurchsetzungsgesetz v. 30.11.2001 (BGBl I S. 3234)
DGM Deutsches Gebrauchsmuster
DG-PaßG SH Ges. z. Durchf. d. Paßgesetzes v. 27.3.1987 (GVOBl S. 209)
DGStZ Deutsche Gemeindesteuer-Zeitung (1.1951–29.1979; dann: Zs. f. Kommunalfinanzen)
DGT Deutscher Gemeindetag
DGV Deutscher Genossenschaftsverband (Schulze-Delitzsch)
DgVbg Grundsätze f. d. Beschaffung u. Verwaltung v. Dienstgerät u. Verbrauchsgegenständen (§ 98 Abs. 2 GGO I = GGO I, Anl. 4)
DGVZ Deutsche Gerichtsvollzieher-Zeitung (1.1881–64.1944; 65.1950 ff.)
DGWR Deutsches Gemein- und Wirtschaftsrecht (N.F. 1.1935–7.1942; früher: Jurist. Rundschau)
d.h. das heißt
DHA Deutsches Handels-Archiv (1880–98.1944; 99./102.1948–136.1982; vorher: Preuß. Handels-Archiv

DHPolG NW Gesetz über die Deutsche Hochschule der Polizei v. 15.2.2005 (GV.NW S. 88)
DHPolGAVO NW VO zur Ausführung des Gesetzes über die Deutsche Hochschule der Polizei v. 29.8.2007 (GV.NW S. 365)
DHVG RP Landesgesetz über die Deutsche Hochschule für Verwaltungswissenschaften Speyer Verwaltungshochschulgesetz v. 2.3.2004 (GVBl S. 171)
DiätV Diätverordnung i. d. Bek. v. 25.8.1988 (BGBl I S. 1713)
DIBt Deutsches Institut für Bautechnik
DIBt-ÜtVO NW VO zur Übertragung von Befugnissen auf das Deutsche Institut für Bautechnik (DIBt-Übertragungsverordnung) v. 29.10.2004 (GV.NW S. 686)
DIE Deutsches Institut f. Entwicklungspolitik
DienstBG BW Dienstbezügegesetz v. 20.12.1966 (GBl S. 255)
DiGB Dienstgericht d. Bundes
DIHT Deutscher Industrie- u. Handelstag
DIKonjStatG Dienstleistungskonjunkturstatistikgesetz i. d. Bek. v. 25.4.2006 (BGBl I S. 982)
DIN Deutsches Institut für Normung
Dipl.VO-FH NW Diplomierungsverordnung-Fachhochschulen, Verordnung ü. d. Bezeichnung d. nach Abschluß eines Fachhochschul-Studienganges zu verleihenden Diplomgrade ... v. 22.6.1988 (GV.NW S. 318)
BW v. 23.6.1981 (GBl S. 313)
BW v. 23.6.1981 (GBl S. 313)
NW Verordnung ü. d. Bezeichnung d. nach Abschluß eines Fachhochschul-Studienganges zu verleihenden Diplomgrade ... v. 22.6.1988 (GV.NW S. 318)
DiplVO-VFHS SH Diplomierungsverordnung-Verwaltungsfachhochschule v. 11.6.1990 (GVOBl S. 388)
Dipl.VO-WissH NW VO ü. d. Bezeichnung d. nach Abschluß d. Studiums an e. wiss. Hochschule zu verleihenden Diplomgrade ... v. 26.2.1982 (GV.NW S. 150)
DiplVO-WissH NW VO ü. d. Bezeichnung d. nach Abschluß d. Studiums an e. wiss. Hochschule zu verleihenden Diplomgrade ... v. 26.2.1982 (GV.NW S. 150)
Dir. Direktor
DirBR Direktor d. Bundesrates
DirBT Direktor beim Deutschen Bundestag
DirBVerfG Direktor beim Bundesverfassungsgericht
DirektZahlVerpflG Direktzahlungen-Verpflichtungengesetz v. 21.7.2004 (BGBl I S. 1767)
DirektZahlVerpflV Direktzahlungen-Verpflichtungenverordnung v. 4.11.2004 (BGBl I S. 2778)
Diss. Dissertation
DiszH Disziplinarhof
DisziZustVO MWF NW Disziplinarzuständigkeitsverordnung im Geschäftsbereich des Ministeriums für Wissenschaft und Forschung v. 21.4.2005 (GV.NW S. 428)
DIV Deutsche Invaliden-Versicherung (1.1929–10.1938; dann: Deutsche Rentenversicherung)
DJ Reich Deutsche Justiz (95. [= 1.] 1933,50– [107.] 13.1945,3; vorher: Preußische Justiz)
DJ Recht Das Recht, begr. v. Soergel (= Beil. zu: Dt. Recht) (39.1935–48.1944.4/6; vorher: Beil. zu: Zbl. f. Handelsrecht)
DJT Deutscher Juristentag
DJubVO ND Dienstjubiläumsverordnung v. 23.4.1996 (GVBl S. 214)
DJugHilfe Deutsche Jugendhilfe (29.1937–36.1944; vorher u. später: Zentralbl. f. Jugendrecht u. Jugendwohlfahrt)
DJZ Deutsche Juristenzeitung (1.1896–41.1936)
DK Die Kanzlei (1.1999 ff.)
DKfAG Dienstrechtliches Kriegsfolgen-Abschlussgesetz v. 20.9.1994 (BGBl I S. 2452)
DKfzA Dienstkraftfahrzeuganweisung (§ 69 GGO I = GGO I, Anl. 3); Dienstkraftfahrzeuganweisung (§ 69 GGO I)
DKlJ BY Bek. ü. d. Dienstkleidung und d. Dienstkleidungszuschuss f. Justizbedienstete v. 17.11.1989 (JMBl S. 257)

DKlJV HE Dienstkleidungsvorschrift d. hess. Justizverwaltung v. 28.12.1974 (JMBl 1975 S. 91)

DKlV-JW BW Dienstkleidungsvorschrift f. d. Beamten d. Justizwachtmeisterdienstes v. 28.12.1983 (Justiz 1984 S. 34)

DKVO SH Landesverordnung ü. d. Schutz d. Deiche u. d. Küsten v. 19.12.1980 (GVOBl 1981 S. 2)

DLR Deutsche Lebensmittel-Rundschau (1.1903 ff.)

DLR-StV Deutschlandradio-Staatsvertrag

DLT Deutscher Landkreistag

DM Deutsche Mark

DMBilErgG 1. D-Markbilanzergänzungsgesetz v. 28.12.1950 (BGBl S. 811); 2. ~ v. 20.12.1952 (BGBl I S. 824); 3. ~ v. 21.6.1955 (BGBl I S. 297); 4. ~ v. 7.4.1961 (BGBl I S. 413)

DMBilG D-Markbilanzgesetz i. d. Bek. v. 28.7.1994 (BGBl I S. 1842)

DmMV Dopingmittel-Mengenverordnung v. 22.11.2007 (BGBl I S. 2607)

DNBG Gesetz über die Deutsche Nationalbibliothek v. 22.6.2006 (BGBl I S. 1338)

DNotV Zeitschrift des Deutschen Notarvereins (1.1901–33.1933,5; dann: Dt. Notar-Zs.)

DNotZ Deutsche Notar-Zeitschrift (33.1933,6–44.1944; 1950 ff.; vorher: Zeitschrift des Deutschen Notarvereins)

DNotZ(BayB) Deutsche Notar-Zeitschrift, Bayerische Beil. (= Bayer. Notariats-Ztg. Folge 70–73) (34.1934–37.1937)

DO Dienstordnung; Disziplinarordnung

DÖD Der öffentliche Dienst (3.1950,7–4.1951,6: Ausg. A). Fachzs. f. Beamte u. Angestellte d. Verwaltung (1.1948 ff.)

DÖD B Der öffentliche Dienst. Ausg. B. Zs. f. d. Ausbildung u. Fortbildung d. Dienstkräfte d. öffentl. Verwaltung ... (1.1950–5.1954; dann fortges. in: Staats- u. Kommunalverwaltung)

DöKV Deutsch-österr. Konkursvertrag v. 25.5.1979 (BGBl 1985 II S. 410)

DöKVAG AG z. Deutsch-österr. Konkursvertrag v. 8.3.1985 (BGBl I S. 535)

DÖV Die Öffentliche Verwaltung (1.1948 ff.)

DOG Entscheidungen des Deutschen Obergerichts für das Vereinigte Wirtschaftsgebiet (1.1951)

DOG RP Dienstordnungsgesetz v. 20.6.1974 (GVBl S. 233)

DOK Die (bis 21.1934,10: deutsche) Ortskrankenkasse (20.1933,16–30.1943,3; 31.1949 ff.; vorher: Dt. Krankenkasse)

DokBer Dokumentarische Berichte aus dem BVerwG. Ausgabe B, Öffentlicher Dienst/Disziplinarrecht (38.1990 ff.)

DolmG BY Dolmetschergesetz i. d. Bek. v. 1.8.1981 (GVBl S. 324)

DolmPrüfVO M-V MV Dolmetscherprüfungsverordnung v. 15.6.2006 (GVOBl M-V S. 486)

DolmVO M-V MV Dolmetschereignungsfeststellungsverordnung v. 30.1.1996 (GVOBl M-V S. 134)

DO LSA LSA Disziplinarordnung Sachsen-Anhalt v. 16.5.1994 (GVBl LSA S. 582)

DO LT ND Datenschutzordnung d. Nieders. Landtages i. d. Bek. v. 14.11.2001 (GVBl S. 726)

DonauSchPEV VO z. Einführung d. Donauschiffahrtspolizeiverordnung v. 13.8.1980 (BGBl I S. 1370)

DonauSchPV Donauschiffahrtspolizeiverordnung v. 27.5.1993 (BGBl I S. 741)

DONot Dienstordnung f. Notare v. 1.1.1985 [Bundeseinheitl. Regelung]

DONot-DDR DDR VO v. 22.8.1990 (GBl I S. 1332; BGBl II S. 1153)

DO NW NW Disziplinarordnung i. d. Bek. v. 1.5.1981 (GVBl S. 364)

DopquaV BB Doppelqualifizierungsverordnung v. 11.7.1996 (GVBl II S. 598)

DP Deutsche Post (DDR); Deutsche Post AG; Deutsches Patent; Displaced person(s)

DPA Deutsches Patentamt

DPAV VO ü. d. Deutsche Patentamt v. 5.9.1968 (BGBl I S. 997)

DPJZ Deutsch-Polnische Juristen-Zeitschrift (1.2000 ff.)

DPMAV DPMA-Verordnung v. 1.4.2004 (BGBl I S. 514)

DPMAVwKostV DPMA-Verwaltungskostenverordnung v. 14.7.2006 (BGBl I S. 1586)

DPO NW Diplomprüfungsordnung [gebräuchlich f. verschiedene Studiengänge, meist unter Zusatz d. Fachrichtung]

DR Deutsches Recht [Ausg. A = Wochenausg.] vereinigt m. Juristische Wochenschrift (9.1939–15.1945)

DRAnpGBA Dienstrechtsanpassungsgesetz v. 19.7.2007 (BGBl I S. 1457)

DRegVO NW NW Dateienregisterverordnung v. 11.4.1989 (GV.NW S. 226)

Dres. doctores

DRiG Deutsches Richtergesetz i. d. Bek. v. 19.4.1972 (BGBl I S. 713)

DrittelbG Drittelbeteiligungsgesetz v. 18.5.2004 (BGBl I S. 974)

DRiZ Deutsche Richterzeitung (1.1909–27.1935; 28.1950 ff.)

DRiZ Rspr Rechtsprechung (37.1958,7 ff.:) und Schrifttum (= Beil. zur Dt. Richterztg.) (17.1925–27.1935; 29.1951–43.1965)

DRK Deutsches Rotes Kreuz

DRM Deutsches Recht. Ausg. B [= Monatsausgabe] vereinigt mit Deutsche Rechtspflege (9.1939,7–12.1942; aufgegangen in: Der Deutsche Rechtspfleger)

DroO BE Droschkenordnung v. 1.12.1964 (GVBl S. 1286)

DRpfl Deutsche Rechtspflege [mit] Rechtsprechungsbeilage (1.1936–4.1939,3; dann vereinigt mit: Dt. Recht, Ausg. B)

DRpflZ Deutsche Rechtspfleger-Zeitschrift (1.1962 ff.)

DruckbehV Druckbehälterverordnung i. d. Bek. v. 21.4.1989 (BGBl I S. 843)

DruckLV Druckluftverordnung v. 4.10.1972 (BGBl I S. 1909)

Drucks. Drucksache

DRV Deutsche Rentenversicherung (11.1939–16.1944; 1962 ff.; 1944–1945 aufgegangen in: Dt. Sozialversicherung; vorher: Dt. Invaliden Vers.)

DRW s. DR Deutsches Recht [Ausg. A = Wochenausg.] vereinigt m. Juristische Wochenschrift (9.1939–15.1945)

DRZ Deutsche Rechts-Zeitschrift (1.1946–5.1950)

DSAufsV BY Datenschutzaufsichtsverordnung v. 4.6.1991 (GVBl S. 151)

DSAVO SH Datenschutzauditverordnung v. 3.4.2001 (GVOBl S. 51)

DSchG Denkmalschutzgesetz
BR v. 27.5.1975 (GBl S. 265)
BW i. d. Bek. v. 6.12.1983 (GBl S. 797)
BY v. 25.6.1973 (GVBl S. 328)
NW v. 11.3.1980 (GV.NW S. 226)
SH i. d. Bek. v. 21.11.1996 (GVOBl S. 676)

DSchG Bln BE v. 24.4.1995 (GVBl S. 274)

DSchG M-V MV i. d. Bek. v. 6.1.1998 (GVOBl M-V S. 12)

DSchKO BY Datenschutzkostenordnung v. 16.8.1979 (GVBl S. 287)

DSchPflG RP Denkmalschutz- und Pflegegesetz v. 23.3.1978 (GVBl S. 159)

DSchV BY Datenschutzverordnung v. 1.3.1994 (GVBl S. 153)

DSE Deutsche Stiftung f. internationale Entwicklung

DSGebO Datenschutzgebührenordnung v. 22.12.1977 (BGBl I S. 3153) HA v. 11.9.2001 (GVBl I S. 401)

DSG NRW NW Datenschutzgesetz Nordrhein-Westfalen i. d. Bek. v. 9.6.2000 (GV.NW S. 542)

DSL Deutsche Siedlungs- u. Landesrentenbank

DSLBG Ges. ü. d. Deutsche Siedlungs- u. Landesrentenbank v. 11.7.1989 (BGBl I S. 1421)

DSNVO SH Datenschutzverordnung Naturschutz v. 30.6.1995 (GVOBl S. 271)

DSRegV Datenschutzregisterverordnung BY v. 23.11.1978 (GVBl S. 783)

DSRegVO
BW v. 30.12.1980 (GBl 1981 S. 10)
SL v. 17.11.1978 (ABl S. 974)

DST Deutscher Städtetag

DStBl Deutsches Steuerblatt (1.1918/19–27.1944; dann: Finanz-Rundschau)
DStH Dienststrafhof
DStK Dienststrafkammer
DStR Deutsche Steuer-Rundschau (1.1951–11.1961); Deutsches Steuerrecht (1.1962/63 ff.)
DStrR Deutsches Strafrecht (N.F. 1.1934–11.1944; dann: Goltdammer's Archiv für Strafrecht; vorher: Archiv f. Strafrecht u. Strafprozeß)
DStrZ Deutsche Strafrechts-Zeitung (1.1914–9.1922)
DStS Dienststrafsenat
DStZ Deutsche Steuer-Zeitung (1.1912–34.1945; 35.1947 ff.)
DSuDS s. DuD
DSV BB Datenschutzverordnung Schulwesen v. 14.5.1997 (GVBl II S. 402)
DSVeröffO Datenschutzveröffentlichungsverordnung v. 3.8.1977 (BGBl I S. 1477)
DSVeröffVO NW NW Datenschutzveröffentlichungsverordnung v. 6.11.1979 (GV.NW S. 726)
DSVO SH Datenschutzverordnung v. 2.4.2001 (GVOBl S. 49)
DSVollzO Dienst- u. Sicherheitsvorschriften f. d. Strafvollzug. In Kraft ab 1.1.1977 (bundeseinheitl. vereinbart)
DSWR Datenverarbeitung (bis 5.1976: in) Steuer, Wirtschaft (und) Recht (1.1971/72 ff.)
DSZuVO BW Datenschutzzuständigkeitsverordnung v. 10.1.1978 (GBl S. 78)
DtA-VÜG DtA-Vermögensübertragungsgesetz v. 15.8.2003 (BGBl I S. 1657)
DtVerw Deutsche Verwaltung (11.1934–22.1945; vorher: Mitteilungen d. Reichsverbandes d. akad. Finanz- u. Zollbeamten)
DtZ Deutsch-deutsche Rechts-Zeitschrift (1.1980 ff.)
DTZT Deutscher Teil-Zolltarif i. d. Bek. v. 17.12.1975 (BGBl II S. 2277)
DU Dienstunfähigkeit
DuD Datenschutz und Daten (bis 1982: -sicherung)sicherheit, (seit 1995: Recht u. Sicherheit in Informationsverarbeitung und Kommunikation) (1.1977 ff.)

DüBV Düngungsbeiratsverordnung v. 28.8.2003 (BGBl I S. 1789)
DÜGr Datenübermittlungs-Grundsätze i. d. Bek. v. 4.12.1980 (GMBl 1981 S. 67)
DüMG Düngemittelgesetz v. 15.11.1997 (BGBl I S. 2134)
DüMV Düngemittelverordnung v. 26.11.2003 (BGBl I S. 2373)
DüV Düngeverordnung i. d. Bek. v. 10.1.2006 (BGBl I S. 33)
2. DÜVO Zweite Datenübermittlungs-Verordnung v. 29.5.1980 (BGBl I S. 616)
DuR Demokratie und Recht (1.1973 ff.)
DV Deutsche Verwaltung (1.1948–3.1950; dann: Dt. Verwaltungsblatt)
DV Durchführungsverordnung, Verordnung z. Durchführung
DVAFWoG BY VO z. Durchf. d. Gesetzes ü. d. Abbau d. Fehlsubventionierung im Wohnungswesen i. d. Bek. v. 26.11.1991 (GVBl S. 398)
DVAuslG VO z. Durchf. d. Ausländergesetzes i. d. Bek. v. 18.12.1990 (BGBl I S. 2983)
DVBauGB ND Niedersächsische Verordnung z. Durchf. d. Baugesetzbuches v. 9.12.1989 (GVBl S. 419)
DVBayBFG BY VO z. Durchf. d. Bay. Begabtenförderungsgesetzes i. d. Bek. v. 12.9.1988 (GVBl S. 315)
DVBayBO BY VO z. Durchf. d. Bay. Bauordnung v. 2.7.1982 (GVBl S. 452)
DVBayEFG BY VO zur Durchführung des Bay. Eliteförderungsgesetzes v. 30.6.2005 (GVBl S. 248)
DVBayKrG BY VO zur Durchführung des Bay. Krankenhausgesetzes v. 14.12.2007 (GVBl S. 989)
DVBayKrG/FAG BY Durchführungsverordnung d. Bay. Krankenhausgesetzes und d. Art. 10 b d. Finanzausgleichsgesetzes v. 30.9.1980 (GVBl S. 630)
DV-BEG Durchführungsverordnungen zum Bundesentschädigungsgesetz
DVBl Deutsches Verwaltungsblatt

(65.1950 ff.; Fortführung v. Dt. Verwaltung; vorher: Reichsverwaltungsblatt)

DVBNot BW Württ. Verordnung ü. d. Dienstvorschriften f. d. Bezirksnotariate v. 27.10.1932 (ABl d. JM S. 321) / v. 4.3.1980 (GBl S. 137)

DV-BRüG VOen z. Durchführung d. Bundesrückerstattungsgesetzes

DVBVFG BY VO z. Durchf. d. Bundesvertriebenengesetzes v. 24.7.1990 (GVBl S. 250)

DVerwBl Deutsche Verwaltungsblätter (82.1934–85.1937; vorher u. später: Bay. Verwaltungsblätter)

DVfg Verfügung z. Durchführung

DVFoVG
BW VO des Ministeriums für Ernährung und Ländlichen Raum zur Durchführung des Forstvermehrungsgutgesetzes v. 26.6.2004 (GBl S. 593)
BY VO zur Durchführung des Forstvermehrungsgutgesetzes v. 4.6.2003 (GVBl S. 371)

DVGrdstVG BY Grundstücksverkehrsgesetz, Ausführungsverordnung v. 21.12.1961 (GVBl S. 260)

DVInnBayDO BY Durchführungsverordnung d. Disziplinarordnung i. d. bay. inneren Verwaltung v. 14.7.1970 (GVBl S. 323)

DVKommBayDG BY VO zur Durchführung des Bay. Disziplinargesetzes für den kommunalen Bereich v. 31.3.2006 (GVBl S. 182)

DVLStHV VO z. Durchf. d. Vorschriften ü. d. Lohnsteuerhilfevereine v. 15.7.1975 (BGBl I S. 1906)

DVMeldeG BY VO z. Durchf. d. Meldegesetzes v. 29.7.1983 (GVBl S. 647)

DVO-BauGB ND Niedersächsische Verordnung zur Durchführung des Baugesetzbuches i. d. Bek. v . 24.5.2005 (GVBl S. 183)

DVO BauKaG NRW NW VO zur Durchführung des Baukammerngesetzes v. 23.10.2004 (GV.NW S. 612)

DVO BeschG BW Beschussgesetz-Durchführungsverordnung v. 11.11.2003 (GBl S. 721)

DVO-EnEV
BR VO zur Durchführung der Energieeinsparverordnung im Land Bremen v. 19.7.2005 (GBl. S. 373)
ND VO zur Durchführung der Energieeinsparverordnung v. 27.1.2003 (GVBl S. 27)

DVO-JuSchG VO zur Durchführung des Jugendschutzgesetzes v. 9.9.2003 (BGBl I S. 1791)

DVO-KrPflG NRW NW VO zur Durchführung des Krankenpflegegesetzes v. 7.3.2006 (GV.NW S. 119)

DVO LBGS BW VO des Justizministeriums zur Durchführung des Landesgesetzes über die Bewährungs- und Gerichtshilfe sowie die Sozialarbeit im Justizvollzug v. 2.1.2008 (GBl S. 30)

DVO-LDG-NRW NW Durchführungsverordnung zum Landesdisziplinargesetz Nordrhein-Westfalen bei den Körperschaften unter der Aufsicht des Landes im Geschäftsbereich des Ministeriums für Arbeit, Gesundheit und Soziales des Landes Nordrhein-Westfalen v. 14.9.2006 (GV.NW S. 510)

DVO LHundG NRW NW Ordnungsbehördliche Verordnung zur Durchführung des Landeshundegesetzes NRW v. 19.12.2003 (GV.NW 2004 S. 85)

DVO-LVergabeG ND VO zur Durchführung des Landesvergabegesetzes v. 23.1.2003 (GVBl S. 25)

DVO MG NRW NW VO zur Durchführung des Meldegesetzes für das Land Nordrhein-Westfalen v. 30.1.2006 (GV.NW S. 76)

... *DVO-NDO* ND VO zur Durchführung der Niedersächsischen Disziplinarordnung

DVO Nds. AG SGB XII ND VO zur Durchführung des Niedersächsischen Gesetzes zur Ausführung des Zwölften Buchs des Sozialgesetzbuchs v. 13.6.2006 (GVBl S. 229)

DVO Nds. SÜG ND VO zur Durchführung des Niedersächsischen Sicherheitsüber-

prüfungsgesetzes v. 30.5.2006 (GVBl S. 218)
DVO-NEBG ND VO zur Durchführung des Niedersächsischen Erwachsenenbildungsgesetzes v. 25.11.2005 (GVBl S. 356)
DVO-NPflegeG ND VO zur Durchführung des Niedersächsischen Pflegegesetzes i. d. Bek. v. 30.3.2005 (GVBl S. 104)
DVOSächsVermG SACH Durchführungsverordnung zum Sächsischen Vermessungsgesetz v. 1.9.2003 (SächsGVBl S. 342)
DVO VIVBVEG NW VO zur Durchführung des Gesetzes über das Verfahren bei Volksinitiative, Volksbegehren und Volksentscheid v. 5.10.2004 (GV.NW S. 546)
DVOWaffG BW Durchführungsverordnung zum Waffengesetz v. 8.4.2003 (GBl S. 166)
DVOzVermKatG NRW NW VO zur Durchführung des Gesetzes über die Landesvermessung und das Liegenschaftskataster v. 25.10.2006 (GV.NW S. 462)
DVP Deutsche Verwaltungspraxis (1.1950 ff.; bis 1977 LoseblSlg)
DVPaßG VO z. Durchf. d. Gesetzes ü. d. Paßwesen v. 2.1.1988 (BGBl I S. 13)
DVR Datenverarbeitung im Recht (1.1972/73–18.1985); Deutsche Verkehrsteuer-Rundschau (11.1919–36.1944; 37.1951–74.1988; dann: Umsatzsteuer- u. Verkehrsteuerrecht)
DVSAIG SL VO zur Durchführung des Saarländischen Architekten- und Ingenieurkammergesetzes v. 18.8.2004 (ABl S. 1857)
DVschr Dienstvorschrift; Durchführungsvorschriften, Vorschriften z. Durchführung
DVSeeUG VO z. Durchf. d. Seeunfalluntersuchungsgesetzes v. 5.6.1986 (BGBl I S. 860)
DVStB VO z. Durchf. d. Vorschriften ü. Steuerberater, Steuerbevollmächtigte u. Steuerberatungsgesellschaften v. 12.11.1979 (BGBl I S. 1922)

DVStEGS VO z. Durchf. d. Ges. ü. d. Einführung d. deutschen Rechts auf d. Gebiet d. Steuern, Zölle u. Finanzmonopole im Saarland v. 3.7.1959 (BGBl I S. 410)
DV-VerbundG HE Datenverarbeitungsverbundgesetz v. 22.7.1988 (GVBl I S. 287)
DvVO IM M-V MV Dienstvorgesetztenverordnung v. 8.3.2006 (GVOBl M-V S. 98)
DVVO LPol M-V MV Dienstvorgesetztenverordnung Landespolizei v. 16.8.2005 (GVOBl M-V S. 437)
DVWaffG BE VO zur Durchführung des Waffengesetzes v. 18.3.2003 (GVBl S. 147)
DVWoFG HE VO zur Durchführung des Wohnraumförderungsgesetzes v. 19.3.2003 (GVBl I S. 100)
DVZ Deutsche Verkehrs-Zeitung (1.1947 ff.); Deutsche Versicherungszeitschrift (für) Sozialversicherung und Privatversicherung (5.1951–25.1971; vorher: Versicherungswissenschaft, Versicherungspraxis, Versicherungsmedizin)
DVZG M-V MV Datenverarbeitungszentrumsgesetz v. 1.11.2000 (GVOBl M-V S. 522)
DWD-G Gesetz ü. d. Deutschen Wetterdienst v. 10.9.1998 (BGBl I S. 2871)
DWE Der Wohnungseigentümer (1.1971 ff.)
DWG Deutsche-Welle-Gesetz i. d. Bek. v. 11.1.2005 (BGBl I S. 90)
DWI Deutsche Wirtschaft (1.1990 ff.)
DW-SVV Deutsche-Welle-Sitzungsverlegungsverordnung v. 24.4.2003 (BGBl I S. 551)
DWV Datenweiterleitungs-Verordnung v. 3.10.1989 (MinBlFin S. 378); BW Landesdienstwohnungsvorschriften v. 1.12.1981 (GABl 1982 S. 1) BY Dienstwohnungsverordnung v. 28.11.1997 (GVBl S. 866)
DWVA Dienstwohnungsvorschriften Ausland v. 13.7.1989 (GMBl S. 714); NW Dienstwohnungsvorschriften f. Angestellte u. Arbeiter v. 9.11.1965 (SMBl NW 20317)
DWVO Dienstwohnungsverordnung

NW v. 9.11.1965 (GV.NW 1966 S. 48)
RP v. 5.12.2001 (GVBl S. 291)
DWW Deutsche Wohnungswirtschaft (1.1949 ff.)
DZG BW Ges. ü. d. Datenzentrale v. 18.10.1982 (GBl S. 467)
DZgericht/Med Deutsche Zeitschrift für die gesamte gerichtliche Medizin (1.1922–66.1969; dann: Zeitschrift für Rechtsmedizin)
DZWIR Deutsche Zeitschrift für Wirtschafts- und Insolvenzrecht (9.1999 ff.; vorher: Deutsche Zeitschrift für Wirtschaftsrecht)
DZWir Deutsche Zeitschrift für Wirtschaftsrecht (1.1991–8.1998; dann: Deutsche Zeitschrift für Wirtschafts- u. Insolvenzrecht)

E

E&D Jahrbuch Extremismus und Demokratie (1.1989 ff.)
EA Einigungsamt
EA Europa-Archiv (1.1946 ff.)
EAFE Europäischer Ausschuss für Forschung u. Entwicklung
EAG Europäische Atom-Gemeinschaft (Engl.: Euratom; franz.: CEEA)
EAG Bau Europarechtsanpassungsgesetz Bau v. 24.6.2004 (BGBl I S. 1359)
EAGFL Europäischer Ausrichtungs- u. Garantiefonds f. d. Landwirtschaft
EAKV VO z. Einführung d. Europäischen Abfallkatalogs v. 13.9.1996 (BGBl I S. 1428)
EALG Entschädigungs- u. Ausgleichsleistungsgesetz v. 27.9.1994 (BGBl I S. 2624)
EAnpG BW Elektronik-Anpassungsgesetz v. 14.12.2004 (GBl S. 884)
EAS Europäisches Arbeits- u. Sozialrecht
eastlex Eastlex: Fachzeitschrift für Osteuroparecht (1.2003, 1; 2.2004 ff.)
EAZV Eisenbahnarbeitszeitverordnung v. 17.10.2006 (BGBl I S. 2353); VO ü. d. Zahlung eines erhöhten Auslandszuschlags i. d. Bek. v. 18.7.1997 (BGBl I S. 1881)
EBauVO ND EXPO-Bauverordnung v. 13.10.1997 (GVBl S. 425)
ebd. ebenda
EBE/BGH Eildienst Bundesgerichtliche Entscheidungen (1.1971 ff.)
EBekMiStra BY Einf. u. Erg. d. Anordnung ü. Mitteilungen in Strafsachen v. 15.3.1985 (JMBl S. 42)
EBekMiZi BY Bek. ü. d. Einf. d. Anordnung u. Mitteilungen in Zivilsachen v. 1.10.1967 (JMBl S. 125)
EBekRiStBV BY Einführung und Ergänzung d. Richtlinien f. d. Strafverfahren und d. Bußgeldverfahren v. 2.12.1976 (JMBl S. 358)
E-BetrAV Entscheidungssammlung zur betrieblichen Altersversorgung (CD-ROM; 1998 ff.)
EBewiV Ernährungsbewirtschaftungsverordnung v. 10.1.1979 (BGBl I S. 52)
EBG Erschließungsbeitragsgesetz; Erwachsenenbildungsgesetz
BE Erschließungsbeitragsgesetz i. d. Bek. v. 12.7.1995 (GVBl S. 444)
SL Erwachsenenbildungsgesetz v. 8.4.1970 (ABl S. 338)
EBO Eisenbahn-Bau- und Betriebsordnung v. 8.5.1967 (BGBl II S. 1563)
EBOA
BY Eisenbahn-Bau- u. Betriebsordnung f. Anschlussbahnen v. 3.3.1983 (GVBl S. 159)
BY Eisenbahn-Bau- und Betriebsordnung für Anschlussbahnen v. 3.3.1983 (GVBl S. 159)
EbÖGdVO RP Landesverordnung ü. Ehrenbeamtinnen und Ehrenbeamte d. öffentl. Gesundheitsdienstes v. 27.2.1997 (GVBl S. 95)
EBOG BR Entsorgungsbetriebs-Ortsgesetz v. 27.1.1994 (GBl S. 89)
EBPG Energiebetriebene-Produkte-Gesetz v. 27.2.2008 (BGBl I S. 258)
EBRG Europ. Betriebsräte-Gesetz v. 28.10.1996 (BGBl I S. 1548)

EBV BY Eigenbetriebsverordnung v. 29.5.1987 (GVBl S. 195)

EbV BY Eisenbahnverordnung v. 4.3.1970 (GVBl S. 98)

EB-VO LSA Erwachsenenbildungs-Verordnung v. 30.4.2003 (GVBl LSA S. 100)

EBWE Europäische Bank für Wiederaufbau u. Entwicklung

EBZugV Eisenbahnunternehmer-Berufszugangsverordnung v. 27.10.1994 (BGBl I S. 3203)

EC European Communities

ECAC European Civil Aviation Conference

ECE Economic Commission for Europe [Europäische Wirtschaftskommission]

ECFR European company and financial law review (1.2004 ff.)

ECHR European Court of Human Rights

ECOSOC Economic and Social Council

ECSC European Coal and Steel Community

ECU European Currency Unit

ED Einbruchdiebstahl

Ed. Edikt

EDB Ergänzende Durchführungsbestimmung

EDV Elektronische Datenverarbeitung

EDVG BY Ges. ü. d. Organisation d. elektronischen Datenverarbeitung im Freistaat Bayern v. 12.10.1970 (GVBl S. 457)

EEA Einheitl. Europ. Akte v. 28.2.1986 (BGBl II S. 1102 = ABlEG 1987 Nr. L 169/1)

EEAG Ges. v. 19.12.1986 (BGBl II S. 1102) z. einheitl. Europ. Akte v. 28.2.1986

EEC European Economic Community

EEF Europäischer Entwicklungsfonds

EEG Erneuerbare-Energien-Gesetz v. 21.7.2004 (BGBl I S. 1918)

EEG NW NW Landesenteignungs- u. -entschädigungsgesetz v. 20.6.1989 (GV.NW S. 366)

EEK Entscheidungssammlung zur Entgeltfortzahlung an Arb. u. Ang. b. Krankheit, Kur u. Mutterschaft (LoseblSlg; 1970 ff. = Entscheidungssammlung zur Entgeltfortzahlung im Krankheitsfalle ab 2000)

EfbV Entsorgungsfachbetriebeverordnung v. 10.9.1996 (BGBl I S. 1421)

EFFL European Food and Feed Law Review (1.2006 ff.)

EFG Eigentumsfristengesetz v. 20.12.1996 (BGBl I S. 2028); Entscheidungen der Finanzgerichte (1.1953 ff.); NW Ersatzschulfinanzgesetz v. 27.6.1961 (GV.NW S. 230)

2. EFG Zweites Eigentumsfristengesetz v. 20.12.1999 (BGBl I S. 2493)

EFischV BB Elektrofischereiverordnung v. 13.9.1996 (GVBl II S. 747)

EFLR European food law review (1.1990–9.1998; aufgeg. in: Zeitschrift für das gesamte Lebensmittelrecht)

EFoG NW Versorgungsfondgesetz v. 20.4.1999 (GV.NW S. 174)

EFRE Europäischer Fonds f. regionale Entwicklung

EFTA European Free Trade Association [Europäische Freihandelsassoziation]

EFWZ Europäischer Fonds f. währungspolitische Zusammenarbeit

EF-Z Zeitschrift für Ehe- und Familienrecht (1.2006 ff.)

EG Einführungsgesetz, Gesetz z. Einführung; Europäische Gemeinschaften

EGAB SACH Erstes Ges. z. Abfallwirtschaft u. z. Bodenschutz v. 12.8.1991 (SächsGVBl S. 306)

EGAktG Einführungsgesetz z. Aktiengesetz v. 6.9.1965 (BGBl I S. 1185)

EGAO 1977 Einführungsgesetz z. Abgabenordnung v. 14.12.1976 (BGBl I S. 3341; 1977 I S. 667)

EG-BeitrG EG-Beitreibungsgesetz v. 7.8.1981 (BGBl I S. 807)

EGBGB Einführungsgesetz z. Bürgerlichen Gesetzbuch v. 18.8.1896 (RGBl S. 604)

EGBVO M-V MV VO z. Einführung d. maschinell geführten Grundbuchs f. d. Land Mecklenburg-Vorpommern v. 29.1.2001 (GVOBl M-V S. 51)

EGE Ehrengerichtliche Entscheidungen (6.1963 ff.; vorher: Entscheidungen der Ehrengerichtshöfe der Rechtsanwaltschaft)

EGebOG BR Entwässerungsgebührenortsgesetz i. d. Bek. v. 2.1.2006 (GVBl S. 43)
EG-EStRG Einführungsges. z. Einkommensteuerreformgesetz v. 21.12.1974 (BGBl I S. 3656)
EGG Elektronischer Geschäftsverkehr-Gesetz v. 14.12.2001 (BGBl I S. 3721)
EGGenTDurchfG EG-Gentechnik-Durchführungsgesetz v. 22.6.2004 (BGBl I S. 1244)
EGGVG Einführungsges. z. Gerichtsverfassungsgesetz v. 27.1.1877 (RGBl S. 77)
EGH Ehrengerichtshof
EGH Entscheidungen der Ehrengerichtshöfe der Rechtsanwaltschaft des Bundesgebietes und (2–7: einschließlich) des Landes Berlin (1.1957–5.1959; dann: Ehrengerichtl. Entscheidungen)
EGInsO Einführungsgesetz Insolvenzordnung v. 5.10.1994 (BGBl I S. 2911)
EGKibeG HA Einführungsgesetz zum Hamburger Kinderbetreuungsgesetz v. 3.11.2004 (GVBl S. 395)
EGKS Europäische Gemeinschaft f. Kohle u. Stahl (Engl.: ECSC; franz.: CECA)
EGKStRG Einführungsges. z. Körperschaftsteuerreformgesetz v. 6.9.1976 (BGBl I S. 2641)
EGKS-UmVG Ges. z. Schaffung e. Vorrechts f. Umlagen auf d. Erzeugung v. Kohle und Stahl v. 1.3.1989 (BGBl I S. 326)
EGKSV Europäische Gemeinschaft für Kohle u. Stahl-Vertrag v. 18.4.1951 ü. d. Gründung (BGBl 1952 II S. 447)
EGLehAVO M-V MV EG-Lehreranerkennungsverordnung v. 9.10.2007 (GVOBl M-V S. 353)
EGLeV BB EG-Lehramtsanerkennungsverordnung v. 22.11.2007 (GVBl II S. 482)
EglG BW Eingliederungsgesetz i. d. Bek. v. 22.8.2000 (GBl S. 629)
EglGebVO BW Eingliederungs-Gebührenverordnung v. 29.8.1996 (GBl S. 597)
EGLV EG-Hochschuldiplomanerkennungsverordnung v. 2.11.1995 (BGBl I S. 1493)
EG-MAVV EG-Milchaufgabevergütungsverordnung v. 6.8.1986 (BGBl I S. 1277)

EGMR Entscheidungen des Europäischen Gerichtshofes für Menschenrechte (1.1970–3.1976)
E-GO Ersatzkassen-Gebührenordnung
EGOWiG Einführungsges. z. Ges. ü. Ordnungswidrigkeiten v. 24.5.1968 (BGBl I S. 503)
EG-PKHVV EG-Prozesskostenhilfevordruckverordnung v. 21.12.2004 (BGBl I S. 3538)
EG-RL-LehrVO SH Landesverordnung zur Gleichstellung von Lehrerqualifikationen aus Mitgliedstaaten der Europäischen Gemeinschaften v. 29.6.2005 (GVOBl S. 268)
EG-RL-VO Lehrer LSA VO zur Umsetzung der EG-Richtlinien zur Anerkennung der Hochschuldiplome im Lehrerbereich v. 6.7.2006 (GVBl LSA S. 404)
EGStGB Einführungsges. z. Strafgesetzbuch v. 2.3.1974 (BGBl I S. 469; BGBl I 1975 S. 1916)
EGStPO Einführungsges. z. Strafprozeßordnung v. 1.2.1877 (RGBl S. 346)
EGV Vertrag zur Gründung d. Europäische Gemeinschaft v. 25.3.1957 (BGBl II S. 766)
EGVerfVerbDV EG-Verfütterungsverbotsdurchführungsverordnung v. 31.8.2005 (BGBl I S. 2614)
EGVwR MV Verwaltungsrechtl. Einführungsgesetz v. 25.4.1991 (GVOBl M-V S. 121)
EGWStG Einführungsges. z. Wehrstrafgesetz v. 30.3.1957 (BGBl I S. 306)
EGZPO Einführungsges. z. Zivilprozessordnung v. 30.1.1877 (RGBl S. 244)
EheAnerkG Ges. ü. d. Anerkennung freier Ehen rassisch und politisch Verfolgter v. 23.6.1950 (BGBl I S. 226)
EheG Ehegesetz v. 20.2.1946 (= KRG Nr. 16; ABlKR S. 77)
EheNÄndG Ehenamensänderungsgesetz v. 27.3.1979 (BGBl I S. 401)
EheNÄndVwV Allg. Verwaltungsvorschrift z. Ges. ü. d. Änderung d. Ehenamens v. 23.5.1979 (BAnz Nr. 98)

1. EheRG Erstes Ges. z. Reform d. Ehe- u. Familienrechts v. 14.6.1976 (BGBl I S. 1421)
EheschlAbk
EheschlRG Eheschließungsrechtsgesetz v. 4.5.1998 (BGBl I S. 833)
EheV BY Ehevermittlerverordnung v. 27.8.1975 (GVBl S. 300)
EhfG Entwicklungshelfer-Gesetz v. 18.6.1969 (BGBl I S. 549)
EHI Europäisches Hochschulinstitut
EHKostV 2007 Emissionshandelskostenverordnung v. 31.8.2004 (BGBl I S. 2273)
EhrRiEG Gesetz über d. Entschädigung d. ehrenamtlichen Richter i. d. Bek. v. 1.10.1969 (BGBl I S. 1753)
EHUG Gesetz über elektronische Handelsregister und Genossenschaftsregister sowie das Unternehmensregister v. 10.11.2006 (BGBl I S. 2553)
EIB Europäische Investitionsbank
EIBV Eisenbahninfrastruktur-Benutzungsverordnung v. 3.6.2005 (BGBl I S. 1566)
EichG Ges. ü. d. Meß- u. Eichwesen (Eichgesetz) i. d. Bek. v. 23.3.1992 (BGBl I S. 711)
EIF Europäischer Investitionsfonds
EigAnVO RP Eigenbetriebs- u. Anstaltsverordnung v. 5.10.1999 (GVBl S. 373)
EigBetrVO ND Eigenbetriebsverordnung v. 15.8.1989 (GVBl S. 318)
EigBG Eigenbetriebsgesetz
BW i. d. Bek. v. 19.6.1987 (GBl S. 284)
LSA v. 24.3.1997 (GVBl LSA S. 446)
EigBGes HE i. d. Bek. v. 9.6.1989 (GVBl S. 153)
EigBVO Eigenbetriebsverordnung BW v. 22.7.1987 (GBl S. 306)
Eigenwohner Der Eigenwohner: Fachblatt für Wohnungseigentum und Eigenheime (1.1950–19.1968)
EigG BE Eigenbetriebsgesetz v. 13.7.1999 (GVBl S. 374)
EigÜVO LSA Eigenüberwachungsverordnung v. 1.7.1999 (GVBl LSA S. 182)
EigV BB Eigenbetriebsverordnung v. 27.3.1995 (GVBl II S. 314)

EigVO Eigenbetriebsverordnung
LSA v. 20.8.1997 (GVBl LSA S. 758)
MV v. 25.2.2008 (GVOBl M-V S. 71)
RP v. 18.9.1975 (GVBl S. 381)
SH v. 29.12.1986 (GVOBl 1987 S. 11)
SL i. d. Bek. v. 22.12.1999 (ABl 2000 S. 138)
Eig-WO NW Wahlordnung f. Eigenbetriebe v. 24.10.2001 (GV.NW S. 771)
EigZulG Eigenheimzulagengesetz i. d. Bek. v. 26.3.1997 (BGBl I S. 734)
EinbGebR 1974 Richtlinien f. d. Gebührenbemessung in Einbürgerungsangelegenheiten. RdSchr. d. BMI v. 9.5.1974 (GMBl S. 184)
EinfügG Einfügungsgesetz, Gesetz z. Einfügung
EinfUKostV Einfuhruntersuchungskosten-Verordnung v. 20.1.1975 (BGBl I S. 285)
EinfVOHochrheinPatV BW Einführungsverordnung zur Hochrheinpatentverordnung v. 30.11.2002 (GBl 2003 S. 2)
EinglG Ges. ü. d. Eingliederung d. Saarlandes v. 23.12.1956 (BGBl I S. 1011); HE Eingliederungsgesetz v. 14.7.1977 (GVBl I S. 319)
EinglMV 2005 Eingliederungsmittel-Verordnung 2005 v. 20.12.2004 (BGBl I S. 3645)
EinglV BB Eingliederungsverordnung v. 19.6.1997 (GVBl II S. 533)
EingrVO NW Eingruppierungsverordnung v. 9.2.1979 (GV.NW S. 97)
EinheitlDVVerfVO BW VO des Ministeriums für Ernährung und Ländlichen Raum zur Anwendung einheitlicher Verfahren der elektronischen Datenverarbeitung bei Durchführung von Förder- und Ausgleichsmaßnahmen v. 11.11.2004 (GBl S. 853)
EinhV Einheitenverordnung v. 13.12.1985 (BGBl I S. 2272)
EinigungsStVV Einigungsstellen-Verfahrensverordnung v. 23.11.2004 (BGBl I S. 2916)
EinigungsV BY Einigungsstellenverordnung v. 17.5.1988 (GVBl S. 115)

EinkGrenzVO MV Einkommensgrenzenverordnung v. 22.4.2003 (GVOBl M-V S. 310)
EinkGrVO ND Einkommensgrenzenverordnung v. 22.8.2003 (GVBl S. 343)
EinkommAngG BE Einkommensangleichungsgesetz v. 7.7.1994 (GVBl S. 225)
EinlALR Einl. z. Allg. Landrecht; Einleitung zum Allgemeinen Landrecht für die preußischen Staaten
EinsatzVG Einsatzversorgungsgesetz v. 21.12.2004 (BGBl I S. 3592)
EinsatzWVG Einsatz-Weiterverwendungsgesetz v. 12.12.2007 (BGBl I S. 2861)
Einspr. Einspruch
einstw. einstweilig
EintrV BayArchG BY VO z. Bay. Architektengesetz ü. d. Verfahren vor dem Einigungsausschuss v. 14.12.1970 (GVBl S. 676)
EintrVBayIKaBauG BY VO ü. d. Verfahren vor d. Eintragungsausschuß d. Bay. Ingenieurkammer-Bau v. 14.9.1990 (GVBl S. 438)
EintrVO SH Eintragungsverordnung v. 28.12.1989 (GVOBl 1990 S. 4)
EinV s. EVtrG
EinVG s. EVtrG Einigungsvertragsgesetz
EinzBVO M-V MV Einzugsbereichs-Verordnung v. 23.3.2005 (GVOBl M-V S. 140)
EIV Eisenbahn-Interoperabilitätsverordnung v. 20.5.1999 (BGBl I S. 1072)
EJAG Gesetz ü. d. einstufige Juristenausbildung
  BW v. 22.10.1974 (GBl S. 429)
  RP v. 14.2.1975 (GVBl S. 87)
EJAO NW VO ü. d. einstufige Juristenausbildung v. 26.9.1974 (GV.NW S. 1026)
EJAPO Prüfungsordnung d. einstufigen Juristenausbildung
  BR v. 24.1.1977 (GBl S. 101)
  BW v. 10.12.1974 (GBl 1975 S. 69)
EJG Eurojust-Gesetz v. 12.5.2004 (BGBl I S. 902)
EJS Entscheidungen in Jagdsachen der ordentlichen Gerichte, der Arbeitsgerichte, der allgemeinen Verwaltungsgerichte sowie der Finanz- und Sozialgerichte (1.1945/63.1963–4.1970/74.1976)
EJTAnV Eurojust-Anlaufstellen-Verordnung v. 17.12.2004 (BGBl I S. 3520)
EKAG Einheitliches Ges. ü. d. Abschluß v. internationalen Kaufverträgen über bewegliche Sachen v. 17.7.1973 (BGBl I S. 868)
EKD Evangelische Kirche in Deutschland
EKG Einheitliches Ges. ü. d. internationalen Kauf beweglicher Sachen v. 17.7.1973 (BGBl I S. 856)
EkGrenzVO SH Einkommensgrenzenverordnung v. 2.11.2004 (GVOBl S. 422)
EKMR Europäische Kommission f. Menschenrechte
EKrG Eisenbahnkreuzungsgesetz i. d. Bek. v. 21.3.1971 (BGBl I S. 337)
EKR-NRW NW Gesetz zur Einrichtung eines flächendeckenden bevölkerungsbezogenen Krebsregisters in Nordrhein-Westfalen v. 5.4.2005 (GV.NW S. 414)
1. EKrV 1. Eisenbahnkreuzungsverordnung v. 9.9.1964 (BGBl I S. 711)
EKVO Eigenkontrollverordnung
  BW v. 20.2.2001 (GBl S. 309)
  HE Abwassereigenkontrollverordnung v. 21.1.2000 (GVBl I S. 59)
  SL v. 18.2.1994 (ABl S. 638)
ELbAV BY VO ü. d. Einstellungsvoraussetzungen f. Lehrkräfte f. bes. Aufgaben v. 29.10.1985 (GVBl S. 681)
ElbefondsG HA Elbefondsgesetz v. 16.10.2007 (GVBl I S. 383)
ElBergV Elektro-Bergverordnung
  BE v. 8.7.2003 (GVBl S. 275)
  BR v. 23.10.2000 (GBl S. 415)
  HA v. 23.10.2000 (GVBl I S. 337)
  HE v. 17.9.2001 (GVBl I S. 407)
  SL v. 20.12.2000 (ABl 2001 S. 101)
  SH v. 23.5.2003 (GVOBl S. 288)
ElBergVO
  BW v. 9.12.2002 (GBl. 2003 S. 50)
  SACH v. 25.4.2001 (SächsGVBl S. 206)
  ElBVO LSA v. 27.11.2001 (GVBl LSA S. 476)

ELDO European Organisation for the Development and Construction of Space Vehicle Launchers

ElekRVVO ND VO über den elektronischen Rechtsverkehr mit Gerichten v. 18.5.2004 (GVBl S. 154)

ElektroG Elektro- und Elektronikgerätegesetz v. 16.3.2005 (BGBl I S.762)

ElektroGKostV Elektro- und Elektronikgesetz-Kostenverordnung v. 6.7.2005 (BGBl I S. 2020)

ElektroGOWiZustV VO zur Bestimmung der für die Verfolgung und Ahndung von Ordnungswidrigkeiten nach § 23 Abs.1 Nr.2, 4, 8 und 9 des Elektro- und Elektronikgerätegesetzes zuständigen Verwaltungsbehörde v. 10.7.2006 (BGBl I S. 1453)

ElexV VO ü. Elektrische Anlagen in explosionsgefährdeten Räumen i. d. Bek. v. 13.12.1996 (BGBl I S. 1931)

ELFG Erblastentilgungsfonds-Gesetz i. d. Bek. v. 16.8.1999 (BGBl I S. 1882)

ElSchG BW Elementarschadensversicherungsgesetz v. 7.3.1960 (GBl S. 70)

EltBauV VO ü. d. Bau v. Betriebsräumen f. elektrische Anlagen BY v. 13.4.1977 (GVBl S. 421)

EltBergVO MV Elektro-Bergverordnung v. 12.1.1999 (GVOBl M-V S. 178)

ElternWVO LSA Elternwahlverordnung v. 22.8.1997 (GVBl LSA S. 821)

EltLastV Elektrizitätslastverteilungs-Verordnung v. 21.7.1976 (BGBl I S. 1833)

EltSV Elektrizitätssicherungsverordnung v. 26.4.1982 (BGBl I S. 514)

EltVO BW VO ü. elektrische Betriebsräume v. 28.10.1975 (GBl S. 788)

EltVU Elektrizitätsversorgungsunternehmen

EltZSoldV Elternzeitverordnung für Soldatinnen und Soldaten i. d. Bek. v. 18.11.2004 (BGBl I S. 2855)

EltZV Elternzeitverordnung i. d. Bek. v. 11.11.2004 (BGBl I S. 2841); SL Elternzeitverordnung v. 28.8.2007 (ABl S. 1768)

ELV Eisenbahn-Laufbahnverordnung v. 9.11.2004 (BGBl I S. 2703); Extraktionslösungsmittelverordnung v. 8.11.1991 (BGBl I S. 2100)

ElZulBergV Elektrozulassungs-Bergverordnung i. d. Bek. v. 10.3.1993 (BGBl I S. 316)

EMRK [Europ.] Konvention z. Schutze d. Menschenrechte und Grundfreiheiten v. 4.11.1950 (BGBl 1952 II S. 685)

EmsSchEV VO z. Einf. d. Schiffahrtsordnung Emsmündung v. 8.8.1989 (BGBl I S. 1583)

EMVG Gesetz über die elektromagnetische Verträglichkeit von Betriebsmitteln v. 26.2.2008 (BGBl I S. 220)

EMVKostV Kostenverordnung f. Amtshdlg. n. d. Gesetz ü. d. elektromagnetische Verträglichkeit v. Geräten v. 22.6.1999 (BGBl I S. 1444)

EMVO SACH Elternmitwirkungsverordnung v. 5.11.2004 (SächsGVBl S. 592)

EndlagerVlV Endlagervorausleistungsverordnung v. 28.4.1982 (BGBl I S. 562)

EnEG Energieeinsparungsgesetz i. d. Bek. v. 1.9.2005 (BGBl I S. 2684)

EnergG s. EnWG

EnergieStG Energiesteuergesetz v. 15.7.2006 (BGBl I S. 1534)

EnergieStV Energiesteuer-Durchführungsverordnung v. 31.7.2006 (BGBl I S. 1753)

ENeuOG Eisenbahnneuordnungsgesetz v. 27.12.1993 (BGBl I S. 2378)

EnEV Energieeinsparverordnung i. d. Bek. v. 2.12.2004 (BGBl I S. 3146)

EnEVDLVO M-V MV Landesverordnung zur Durchführung der Energieeinsparverordnung v. 4.11.2003 (GVOBl M-V S. 537)

EnEV-DVO Bln BE VO zur Durchführung der Energieeinsparverordnung in Berlin v. 9.12.2005 (GVBl S. 797)

EnEV-UVO NW Erste Verordnung zur Änderung der Verordnung zur Umsetzung der Energieeinsparverordnung v. 10.12.2007 (GV.NW S. 15)

EnSZuG BW Gesetz ü. d. Zuständigkeiten

a. d. Gebiet d. Energiesicherung
v. 14.3.1994 (GBl S. 182)
EntbGV BE Entbindungshilfegebührenverordnung v. 4.11.1988 (GVBl S. 2194)
EnteigG Enteignungsgesetz
BE v. 14.7.1964 (GVBl S. 737)
BR v. 5.10.1965 (GBl S. 129)
HA i. d. Bek. v. 11.11.1980 (GVBl I
S. 305)
EntflechtG Entflechtungsgesetz v. 25.8.2006 (BGBl I S. 2102)
EntlKommG NW Gesetz zur finanziellen Entlastung der Kommunen in Nordrhein-Westfalen v. 29.4.2003 (GV.NW S. 254)
EntmündAbk s. HaagEntmündAbk
Entsch. Entscheidung
EntschG Gesetz über die Entschädigung der Opfer des Nationalsozialismus i. d. Bek. v. 13.7.2004 (BGBl I S. 1658)
EntschG BE Ges. ü. d. Entschädigung d. Opfer d. Nationalsozialismus i. d. Bek. v. 21.2.1952 (GVBl S. 116)
EntschRÄndG Entschädigungsrechtsänderungsgesetz v. 10.12.2003 (BGBl I S. 2471)
EntschRErgG Entschädigungsrechtsergänzungsgesetz v. 9.12.2004 (BGBl I S. 3331)
2. EntschRErgG Zweites Entschädigungsrechtsergänzungsgesetz v. 1.9.2005 (BGBl I S. 2675)
EntschuAbwG Entschuldungsabwicklungsgesetz v. 25.3.1952 (BGBl I S. 203)
EntschVO Entschädigungsverordnung
NW v. 19.12.2007 (GV.NW S. 6)
SH v. 24.1.2003 (GVOBl S. 7)
EntschVO M-V MV v. 9.9.2004 (GVOBl. M-V S. 468)
EntschVOfF SH Entschädigungsverordnung freiwillige Feuerwehren v. 19.2.2008 (GVOBl S. 133)
EntsR Entsendungsrichtlinien v. 15.8.1989 (GMBl S. 498)
EnttrümmG BE Enttrümmerungsgesetz v. 25.11.1954 (GVBl S. 654)
EntVO s. EntschVO
Entw. Entwurf

EntwLStG Entwicklungsländer-Steuergesetz i. d. Bek. v. 21.5.1979 (BGBl I S. 564)
EnVHV Energieverbrauchshöchstwerteverordnung v. 3.6.1998 (BGBl I S. 1234)
EnVKG Energieverbrauchskennzeichnungsgesetz v. 1.7.1997 (BGBl I S. 1632)
EnVKV Energieverbrauchs-Kennzeichnungsverordnung v. 30.10.1997 (BGBl I S. 2616)
EnVK ZustVO NW Energieverbrauchskennzeichnung-Zuständigkeitsverordnung v. 4.7.2006 (GV.NW S. 355)
EnWG Energiewirtschaftsgesetz v. 7.7.2005 (BGBl I S. 1970)
EnWGKostV Energiewirtschaftskostenverordnung v. 14.3.2006 (BGBl I S. 540)
EnWG-ZuVO BW VO des Wirtschaftsministeriums über energiewirtschaftsrechtliche Zuständigkeiten v. 3.1.2008 (GBl S. 47)
EnWKostVO M-V MV Energiewirtschaftskostenverordnung v. 17.12.2006 (GVOBl M-V S. 2)
EnWZustLVO M-V MV Energiewirtschaftszuständigkeitslandesverordnung v. 29.12.2005 (GVOBl M-V S. 13)
EnWZustVO SH Landesverordnung zur Bestimmung der zuständigen Behörden nach dem Energiewirtschaftsrecht v. 10.12.2003 (GVOBl S. 687)
EnZV BB VO über die Zuständigkeiten zum Vollzug energierechtlicher Vorschriften und zur Zulassung von Rohrfernleitungen v. 22.4.2003 (GVBl II S. 218)
EO Eichordnung v. 12.8.1988 (BGBl I S. 1657)
EOMV BB Erziehungs- und Ordnungsmaßnahmen Verordnung v. 12.10.1999 (GVBl II S. 611)
EP Europäisches Parlament
EPA Europäisches Patentamt
EPA-E Entscheidungen der Beschwerdekammern des Europäischen Patentamts (1.1983 ff.)
EPI Einzelplan
epi information EPI-Infomation: Institut

der beim Europäischen Patentamt zugelassenen Vertreter
EPO European Patent Office
EPPPL European Public Private Partnership Law Review (1.2006 ff.)
EPÜ Europ. Patentübereinkommen. Ges. v. 21.6.1976 (BGBl II S. 649)
EPV BB Ergänzungsprüfungs(ver)ordnung v. 25.7.1996 (GVBl II S. 605)
EP-Verh. Europäisches Parlament. Verhandlungen. Ausführliche Sitzungsberichte. (1967/68 ff. = Amtsblatt der Europäischen Gemeinschaften, Anh.) (1958 ff.)
ER Europäische Rechtsprechung (1953/62.1965 ff.)
ERA Einheitl. Richtlinien u. Gebräuche f. Dokumenten-Akkreditive. Revision 1983; Einheitl. Richtlinien, Revision 1983
ErbbauV Erbbaurechtsverordnung v. 15.1.1919 (RGBl I S. 72)
ErbGleichG Erbrechtsgleichstellungsgesetz v. 16.12.1997 (BGBl I S. 2968)
ErbR Zeitschrift für die gesamte erbrechtliche Praxis (1.2006 ff.)
ErbStB Der Erbschafts-Steuer-Berater (1.2003 ff.)
ErbStDV Erbschaftsteuer-Durchführungsverordnung i. d. Bek. v. 19.1.1962 (BGBl I S. 22; BStBl I S. 159)
ErbStG Erbschaftsteuer- u. Schenkungsteuergesetz i. d. Bek. v. 27.2.1997 (BGBl I S. 378)
ErbStRG Ges. z. Reform d. Erbschaftsteuer- u. Schenkungsteuerrechts v. 17.4.1974 (BGBl I S. 933)
ERCL European review of contract law (1.2005 ff.)
ErdölBevG Erdölbevorratungsgesetz i. d. Bek. v. 6.4.1998 (BGBl I S. 679)
ERE Europäische Rechnungseinheit
ERegister-ÄndV NW Erste Änderungsverordnung Elektronische Registerverordnung Amtsgerichte v. 23.1.2007 (GV.NW S. 90)
ErfassV VO ü. d. Erfassung v. Wehrpflichtigen v. 28.9.1961 (BGBl I S. 1795)

ErfBenVO Erfinderbenennungsverordnung v. 29.5.1981 (BGBl I S. 525)
ErftVG NW Ges. ü. d. Erftverband i. d. Bek. v. 3.1.1986 (GV.NW S. 54)
ErfV VO ü. d. einkommensteuerliche Behandlung der freien Erfinder v. 30.5.1951 (BGBl I S. 387)
Erg. Ergänzung
ErgAnO Ergänzungsanordnung, Anordnung z. Ergänzung
ErgAnw Ergänzungsanweisung, Anweisung z. Ergänzung
ErgAnzV Ergänzungsanzeigenverordnung v. 29.12.1997 (BGBl I S. 3415)
ErgBd Ergänzungsband
ErgBek Ergänzungsbekanntmachung, Bekanntmachung z. Ergänzung
ErgBest Ergänzungsbestimmungen, Bestimmungen z. Ergänzung
ErgErl Ergänzungserlass, Erlass z. Ergänzung
ErgG Ergänzungsgesetz, Gesetz z. Ergänzung
ErgGBerlHG BE Ergänzungsges. z. Berliner Hochschulgesetz v. 18.7.1991 (GVBl S. 176)
ErgPOFHR BY Prüfungsordnung f. d. Ergänzungsprüfung z. Erwerb. d. Fachhochschulreife v. 25.5.2001 (GVBl S. 278)
ErgRiVASt BY Bek. ü. Ergänzungsvorschriften z. d. Richtlinien f. d. Verkehr m. d. Ausland in strafrechtlichen Angelegenheiten v. 26.9.1984 (JMBl S. 148)
ErgRL Ergänzungsrichtlinien, Richtlinien z. Ergänzung
ErgThAPrV Ergotherapeuten-Ausbildungs- u. Prüfungsverordnung v. 2.8.1999 (BGBl I S. 1731)
ErgV Ergänzungsverordnung, Verordnung z. Ergänzung
ErgVtr Ergänzungsvertrag, Vertrag z. Ergänzung
ErholNutzG Erholungsnutzungsrechtsgesetz v. 21.9.1994 (BGBl I S. 2548)
ERI Einheitl. Richtlinien f. Inkassi, Revision 1978

ERJuKoG Gesetz ü. elektronische Register und Justizkosten für Telekommunikation v. 10.12.2001 (BGBl I S. 3422)
Erk. Erkenntnis
Erkl. Erklärung
Erl. Erläuterung; Erlass
erl. erläutert; erledigt
ErlVGüK Erlaubnisverordnung f. d. Güterkraftverkehr v. 22.12.1998 (BGBl I S. 3971)
ErmÜLVOJu M-V MV Ermächtigungsübertragungslandesverordnung Justiz v. 11.10.2006 (GVOBl M-V S. 767)
ErnennV BB Ernennungsverordnung v. 1.8.2004 (GVBl II S. 742)
ErnG BW Ernennungsgesetz i. d. Bek. v. 3.11.1970 (GBl S. 473)
ErnVO SACH Ernennungsverordnung v. 2.12.1994 (SächsGVBl S. 1650)
ERP European Recovery Program
2. ERP-BürgschG Ges. z. Erg. d. Dritten Gesetzes ü. d. Übernahme v. Sicherheitsleistungen u. Gewährleistungen z. Förderung d. deutschen Wirtschaft v. 17.5.1957 (BGBl I S. 517)
ERPEntwHiG ERP-Entwicklungshilfegesetz v. 9.6.1961 (BGBl II S. 577)
ERPL s. Red
ErrV Errichtungsverordnung v. 16.5.2006 (BGBl I S. 1262)
Ersk Die Ersatzkasse (1.1916/17–27.1943,3; 28.1948 ff.)
ErstAnzV Erstanzeigenverordnung v. 29.12.1997 (BGBl I S. 3412)
ErstG Erstattungsgesetz i. d. Bek. v. 24.1.1951 (BGBl I S. 109)
ErstrG Erstreckungsgesetz v. 23.4.1992 (BGBl I S. 938)
ErstV BB Erstattungsverordnung v. 29.1.1999 (GVBl II S. 99)
ErstV-KOV Erstattungsverordnung-KOV v. 31.7.1967 (BGBl I S. 860)
ERS-VO SL Schulordnung ü. d. Bildungsgang u. d. Abschlüsse d. Erweiterten Realschule i. d. Bek. v. 24.8.2000 (ABl S. 1690)
ERVDPMAV VO über den elektronischen Rechtsverkehr beim Deutschen Patent- und Markenamt v. 26.9.2006 (BGBl I S. 2159)
ERvGewRV VO über den elektronischen Rechtsverkehr im gewerblichen Rechtsschutz v. 5.8.2003 (BGBl I S. 1558)
ERVJustizV BE VO über den elektronischen Rechtsverkehr mit der Justiz im Land Berlin v. 27.12.2006 (GVBl S. 1183)
ERVV
BE VO zur Übertragung von Ermächtigungen auf dem Gebiet des elektronischen Rechtsverkehrs und der elektronischen Aktenführung v. 19.12.2006 (GVBl S. 1167)
BY VO über den elektronischen Rechtsverkehr und elektronische Verfahren v. 15.12.2006 (GVBl S. 1084)
ERVVO AG NW Elektronische Rechtsverkehrsverordnung Amtsgerichte v. 21.4.2006 (GV.NW S. 148)
ERVVOAGOlpe NW Elektronische Rechtsverkehrsverordnung Amtsgericht Olpe v. 5.8.2005 (GV.NW S. 693)
ERVVO AG SDL LSA VO über den elektronischen Rechtsverkehr beim Amtsgericht Stendal in Handels-, Genossenschafts- und Partnerschaftsregistersachen v. 22.11.2006 (GVBl LSA S. 531)
ERVVOBGH Elektronische Rechtsverkehrsverordnung v. 26.11.2001 (BGBl I S. 3225)
ERVVO LSA LSA VO über den elektronischen Rechtsverkehr bei den Gerichten und Staatsanwaltschaften des Landes Sachsen-Anhalt v. 1.10.2007 (GVBl LSA S. 330)
ERVVO M-V MV VO über den elektronischen Rechtsverkehr in Mecklenburg-Vorpommern v. 5.1.2007 (GVOBl M-V S. 24)
ERVVO-Register ND VO über den elektronischen Rechtsverkehr in Registersachen v. 4.4.2007 (GVBl S. 134)
ERVVO VG/FG NW Elektronische Rechtsverkehrsverordnung Verwaltungs- und Finanzgerichte v. 23.11.2005 (GV.NW S. 926)

ErwerbStatV Erwerbsstatistikverordnung v. 10.5.2004 (BGBl I S.870)

ErwZulG Ges. ü. d. erweiterte Zulassung v. Schadenersatzansprüchen bei Dienstunfällen v. 7.12.1943 (RGBl I S. 674)

ErzankV BB Erzieheranerkennungsverordnung v. 22.12.1993 (GVBl II 1994 S. 14)

ErzBPrkV BB Erzieherberufspraktikum-VO v. 17.5.1994 (GVBl II S. 354)

ErzG BE Erziehergesetz v. 30.6.1988 (GVBl S. 979)

ErzUrlV Erziehungsurlaubsverordnung i. d. Bek. v. 25.4.1997 (BGBl I S. 983)

ErzUrlVO
BW v. 25.1.2005 (GBl S. 103)
HE v. 31.10.1989 (GVBl I S. 298)

ErzUrlVO M-V MV v. 14.4.1994 (GVOBl M-V S. 582)

ErzUrlVSold ~ f. Soldaten i. d. Bek. v. 25.4.1995 (BGBl I S. 584)

ErzUV NW v. 8.4.1986 (GV.NW S. 231)

ErzUVO SH v. 26.6.1986 (GVOBl S. 151)

ES Entscheidungssammlung

ESA European Space Agency

ESBO Schmalspurbahnen Bau- u. Betriebsordnung v. 25.2.1972 (BGBl I S. 269)

ESchFG HE Ersatzschulfinanz(ierungs)gesetz v. 6.12.1972 (GVBl S. 389)

ESchG Embryonenschutzgesetz v. 13.12.1990 (BGBl I S. 2746)

ESchVO NW VO über die Ersatzschulen v. 5.3.2007 (GV.NW S. 130)

ESch-VO LSA Ersatzschulverordnung v. 22.8.2005 (GVBl LSA S. 558)

ESG Ernährungssicherstellungsgesetz i. d. Bek. v. 27.8.1990 (BGBl I S. 1802)

EsG HA Einheitssätze-Gesetz v. 19.12.2000 (GVBl I S. 401)

ESGAV BB Ersatzschulgenehmigungsverordnung v. 18.7.2003 (GVBl II S. 434)

ESLR Entscheidungssammlung Landwirtschaftsrecht (1.1993 ff.)

ESO 1959 Eisenbahn-Signalordnung v. 7.10.1959 (BGBl II S. 1021)

ESPO BE Ergänzungsprüfungsordnung v. 12.8.2001 (GVBl S. 474)

ESRO European Space Research Organisation

EStÄR 1990 Allg. Verwaltungsvorschrift ü. d. Änderung d. Einkommensteuer-Richtlinien 1990 v. 2.7.1990 (BStBl I Sondernr. 1/1990 S. 2)

EStAL European State aid law quarterly (1.2002 ff.)

EStB Der Ertragsteuerberater (1.1999 ff.)

EStDV 1997 Einkommensteuer-Durchführungsverordnung 1997 i. d. Bek. v. 18.6.1997 (BGBl I S. 1558)

EStG 1997 Einkommensteuergesetz 1997 i. d. Bek. v. 16.4.1997 (BGBl I S. 821)

EStR 1990 Einkommensteuer-Richtlinien 1990 i. d. Bek. v. 10.11.1990 (BStBl I Sondernr. 4/1990 S. 1)

ESVGH Entscheidungssammlung des Hessischen und des Württemberg-Badischen Verwaltungsgerichtshofes (9. u. 10.1961: Entscheidungssammlung. Hessischer Verwaltungsgerichtshof, Verwaltungsgerichtshof Baden-Württemberg; ab 11.1962: ... d. Hess. Verwaltungsgerichtshofs u. d. Verwaltungsgerichtshofs Baden-Württemberg) (1.1952–11.1962; dann: Entscheidungssammlung d. Hess. Verwaltungsgerichtshofs ...)

ESZB Europäisches System der Zentralbanken

ESZV Ersatzschulzuschussverordnung
BB v. 16.3.2006 (GVBl II S. 52)
BE v. 29.11.2004 (GVBl S. 479)

ET Energiewirtschaftliche Tagesfragen (1.1951/52 ff.)

ETB Einheitliche technische Baubestimmungen

EthRG Ethikratgesetz v. 16.7.2007 (BGBl I S. 1385)

2. ETV BB Zweite Einstellungsteilzeit-Verordnung v. 26.4.2004 (GVBl II S. 318)

EU Erwerbsunfähigkeit; Europäische Union

e.u. eigenhändig unterschrieben

Eu. Europa

eu. europäisch

EuAbgG Europaabgeordnetengesetz v. 6.4.1979 (BGBl I S. 413)
EuAlÜ Europ. Auslieferungsübereinkommen v. 13.12.1957 (BGBl 1964 II S. 1369)
EÜV BY Eigenüberwachungsverordnung v. 3.12.2001 (GVBl S. 971)
EÜVOA RP LandesVO ü. d. Eigenüberwachung v. Abwasseranlagen v. 27.8.1999 (GVBl S. 211)
EU/EWR HwV EU/EWR-Handwerk-Verordnung v. 20.12.2007 (BGBl I S. 3075)
EU-EWR-Lehrerverordnung BW VO des Kultusministeriums zur Änderung der EU-EWR-Lehrerverordnung v. 8.9.2003 (GBl S. 658)
EuFSA Europ. Abk. z. Schutz v. Fernsehsendungen v. 22.6.1960 (BGBl 1965 II S. 1234)
EuG Europäisches Gericht erster Instanz; Kostenerstattungsrechtliche Entscheidungen der Schieds- und Verwaltungsgerichte (53.1999 ff.; vorher: Entscheidungen der Spruchstellen für Fürsorgestreitigkeiten)
EuGH Gerichtshof d. Europäischen Gemeinschaften
EuGHE Gerichtshof der Europäischen Gemeinschaft für Kohle und Stahl (5.1958/59 ff.: Europ. Gemeinschaften). Sammlung der Rechtsprechung des Gerichtshofes (1.1954/55 ff.)
EuGHG EuGH-Gesetz v. 6.8.1998 (BGBl I S. 2035)
EuGHMR Europäischer Gerichtshof f. Menschenrechte
EuGH Satzg Satzung d. Gerichtshofs d. Europ. Gemeinschaften v. 17.4.1957 (BGBl II S. 1166)
EuGH-URep EuGH-Umsatzsteuer-Report (2004–2005; dann: EU-Umsatzsteuer-Berater)
EuGH VfO Verfahrensordnung d. Gerichtshofs d. Europ. Gemeinschaften v. 19.6.1991 (ABlEG Nr. L 176/7)
EuGH ZVfO Zusätzl. Verfahrensordnung d. Gerichtshofs d. Europ. Gemeinschaften i. d. Bek. v. 15.2.1982 (ABlEG Nr. C 39/31)

EuGRZ Europäische Grundrechte-Zeitschrift (1.1974 ff.; bis 3.1976 u. d. T.: Grundrechte)
EuG VfO Verfahrensordnung d. EuG v. 2.5.1991 (ABlEG Nr. L 136/1)
EuGVÜ Europäisches Gerichtsstands- u. Vollstreckungsübereinkommen; Europäisches Vollstreckungsübereinkommen [Europ.] Übk. v. 27.9.1968 ü. d. gerichtliche Zuständigkeit u. d. Vollstreckung gerichtlicher Entscheidungen in Zivil- u. Handelssachen (BGBl 1972 II S. 773)
EuHbG Europäisches Haftbefehlgesetz v. 20.7.2006 (BGBl I S. 1721)
EUK Europa kompakt: Gesetzgebung, Rechtsprechung, Konsequenzen für die behördliche u. anwaltliche Praxis (1.1999 ff.)
EUKKostErstV Eisenbahn-Unfallkasse Kostenerstattungsverordnung v. 15.6.2000 (BGBl I S. 912)
EuLF The European Legal Forum. Forum iuris communis Europae – Deutschsprachige Ausgabe (1.2000/01 ff.)
EuLÜ Europ. Übk. z. Befreiung d. von diplomatischen oder konsularischen Vertretern errichteten Urkunden von d. Legalisation v. 7.6.1968 (BGBl 1971 II S. 85)
EuM d. RVA Entscheidungen und Mitteilungen des Reichsversicherungsamts (1.1914–51.1944)
EUMETSAT Europ. Organisation f. d. Nutzung v. meteorolog. Satelliten
EuPiratÜ Europ. Übk. z. Verhütung v. Rundfunksendungen, die von Sendestellen außerhalb d. staatl. Hoheitsgebiete gesendet werden v. 22.1.1965 (BGBl 1969 II S. 1939)
EuR Europarecht (1.1966 ff.)
EuRat Satzg Satzung d. Europarates i. d. Bek. v. 30.11.1954 (BGBl II S. 1128)
EuRatWahlG Ges. ü. d. Wahl d. Vertreter d. BRD zur Parl. Versammlung d. Europarates v. 6.12.1990 (BGBl I S. 2586)
EuRH Europäischer Rechnungshof
EuRHÜ Europ. Übk. v. 20.4.1959 ü. d.

Rechtshilfe in Strafsachen (BGBl 1964 II S. 1386)
EU-RL-LehrVO SH Landesverordnung zur Gleichstellung von Lehrerqualifikationen aus Mitgliedstaaten der Europäischen Union v. 10.12.2007 (GVOBl S. 548)
EURLUmsG Richtlinien-Umsetzungsgesetz v. 9.12.2004 (BGBl I S. 3310)
EUrlV Erholungsurlaubsverordnung i. d. Bek. v. 11.11.2004 (BGBl I S. 2831)
EUrlV Bbg BB v. 10.10.1994 (GVBl II S. 908)
EUrlVO BE i. d. Bek. v. 26.4.1988 (GVBl S. 846)
EuroBilG Euro-Bilanzgesetz v. 10.12.2001 (BGBl I S. 3414)
EUROCONTROL Europäische Organisation zur Sicherung der Luftfahrt; European Organization for the Safety of Air Navigation; Organisation européenne pour la sécurité de la navigation aérienne
3. EuroEG Drittes Euro-Einführungsgesetz v. 16.12.1999 (BGBl I S. 2402)
EURONET Europäisches Informations- u. Datenübertragungsnetz
EurUG BW Euroumstellungsgesetz Baden-Württemberg v. 20.11.2001 (GBl S. 605)
EurUP Zeitschrift für europäisches Umwelt- und Planungsrecht (1.2003 ff.)
EuSC Europäische Sozialcharta v. 18.10.1961 (BGBl 1964 II S. 1261)
EUStBV Einfuhrumsatzsteuer-Befreiungsverordnung v. 5.6.1984 (BGBl I S. 747)
EuStZ Europäische Steuerzeitung (Nr. 1–28 Steuern, Zölle u. Wirtschaftsrecht in der EWG) (Nr. 1–55, 1962–1972; dann: Intertax)
EUTELSAT European Telecommunications Satellite Organization [Europ. Fernmeldesatellitenorganisation]
EuTerrÜ Europ. Übk. z. Bekämpfung d. Terrorismus v. 27.1.1977 (BGBl 1978 II S. 321)
EU-UStB EU-Umsatzsteuer-Berater (1.2006 ff.; vorher: EuGH-Umsatzsteuer-Report)
EUV Vertrag über d. Europäische Union i.

d. Bek. v. 2.10.1997 (ABlEG Nr. C 340/145); NW Erholungsurlaubsverordnung i. d. Bek. v. 26.3.1982 (GV.NW S. 175)
EUVO SH Erholungs-Urlaubsverordnung i. d. Bek. v. 28.1.1987 (GVOBl S. 53)
EuWG Europawahlgesetz i. d. Bek. v. 8.3.1994 (BGBl I S.423)
EuWO Europawahlordnung i. d. Bek. v. 2.5.1994 (BGBl I S. 957)
EuZ Zeitschrift für Europarecht [CH] (1.1998/99 ff.)
EuZA Europäische Zeitschrift für Arbeitsrecht (1.2008 ff.)
EuZW Europäische Zeitschrift für Wirtschaftsrecht (1.1990 ff.)
EV s. EVtrG
EV Eigentumsvorbehalt; Einführungsverordnung, Verordnung z. Einführung
e.V. eingetragener Verein
EvakVO BE VO ü. d. Evakuierung v. Rollstuhlbenutzern v. 15.6.2000 (GVBl S. 361)
EVB Allgemeine Einheitsversicherungs-Bedingungen (VerBAV 1973 S. 86)
EVerbrStBV Einfuhr-Verbrauchsteuerbefreiungsverordnung v. 8.6.1999 (BGBl I S. 1414)
EVG Ernährungsvorsorgegesetz v. 20.8.1990 (BGBl I S. 1766)
EV-MBG SH Entschädigungsverordnung-Mitbestimmungsgesetz v. 30.10.1991 (GVOBl S. 571)
EVO Eisenbahn-Verkehrsordnung i. d. Bek. v. 20.4.1999 (BGBl I S. 782); NW Erholungsorteverordnung v. 29.9.1983 (GV.NW S. 428)
EVRheinSchPatentV Einführungsverordnung zur Rheinschifferpatentverordnung v. 26.3.1976 (BGBl I S. 757)
EVSG SL Gesetz ü. d. Entsorgungsverband Saar v. 26.11.1997 (ABl S. 1352)
EVSt Einfuhr- und Vorratsstelle
EVtr Einigungsvertrag v. 31.8.1990 (BGBl II S. 889)
EVtrG Ges. z. Einigungsvertrag v. 23.9.1990 (BGBl II S. 885)

EVU Energieversorgungsunternehmen
EWA Europäisches Währungsabkommen
EWärmeG BW Erneuerbare-Wärme-Gesetz v. 20.11.2007 (GBl S. 531)
EWG Europäische Wirtschaftsgemeinschaft
EWG HwV EWG-Handwerk-Verordnung v. 10.2.1984 (BGBl I S. 252)
EWGV Vertrag z. Gründung d. Europäische Wirtschaftsgemeinschaft v. 25.3.1957 (BGBl II S. 753)
EWI Europäisches Währungsinstitut
EWiR Entscheidungen zum Wirtschaftsrecht (1.1985 ff.)
EWIV Europ. Wirtschaftliche Interessenvereinigung
EWIV-AG EWIV-Ausführungsgesetz v. 14.4.1988 (BGBl I S. 514)
EWMV Ernährungswirtschaftsmeldeverordnung v. 16.10.2006 (BGBl I S. 2214)
EWO Europäische Weltraumorganisation
EWOG BR Entwässerungsortsgesetz d. Stadt Bremerhaven v. 3.7.1997 (GBl S. 273)
EWR Europäischer Wirtschaftsraum
EWR Schriftenreihe zum europäischen Weinrecht (1.1979 ff.)
EWR-Ausführungsgesetz Gesetz z. Ausführung d. Abkommens v. 2. Mai 1992 ü. d. Europäischer Wirtschaftsraum v. 27.4.1993 (BGBl I S. 512)
EWS Europäisches Währungssystem
EWS Europäisches Wirtschafts- und Steuerrecht (1.1990 ff.)
ExAufhV BB Exklavenaufhebungsverordnung
ExPO HA Externenprüfungsordnung v. 22.7.2003 (GVBl S. 325)
EXPO ArGV EXPO-Arbeitsgenehmigungsverordnung v. 28.7.1998 (BGBl I S. 2008)
ExtNotfallplanVO KatSG BE VO ü. d. externen Notfallpläne n. d. Katastrophenschutzgesetz v. 26.7.2000 (GVBl S. 393)
EZ Erhebungszeitraum
EzA Entscheidungssammlung zum Arbeitsrecht (1.1965 ff.)

EZAR Entscheidungssammlung zum Ausländer- u. Asylrecht (1.1982–2004)
EZAR-NF Entscheidungssammlung zum Zuwanderungs-, Asyl- und Freizügigkeitsrecht (2005 ff.)
EzAÜG Entscheidungssammlung zum Arbeitnehmerüberlassungsgesetz (1.1981; 2.1985–3.1988; ab 1997 ff. CD-ROM)
EZB Europäische Zentralbank
EzBAT Entscheidungssammlung zum Bundesangestellten-Tarifvertrag (CD-ROM; 1996 ff.)
EzB-VjA Entscheidungssammlung zum Berufsbildungsrecht (Verjüngungsausgabe) (LoseblSlg; 2000 ff.)
EzFamR Entscheidungssammlung zum Familienrecht (CD-ROM; 1998 ff.)
EZFB Europäisches Zentrum f. d. Förderung d. Berufsbildung
EzMeso Entscheidungssammlung zur Medizin im Sozialrecht (1.2001 ff.)
EZPsychG BW Gesetz z. Errichtung d. Zentren für Psychiatrie v. 3.7.1995 (GBl S. 510)
EZU Europäische Zahlungsunion
EZulV Erschwerniszulagenverordnung i. d. Bek. v. 3.12.1998 (BGBl I S. 3497)
EZustVO NW Eisenbahnzuständigkeitsverordnung v. 21.11.2006 (GV.NW 2007 S. 105)
EZuVO BW Eisenbahnzuständigkeitsverordnung v. 11.9.1995 (GBl S. 714)
EZV Europäische Zeitschrift für Verbraucherrecht (1.1986–3.1988)

F

f. folgende (Seite)
F&L Forschung & Lehre (1.1994 ff.)
FA Fachanwalt Arbeitsrecht (1.1997 ff.)
FA Finanzamt; Finanzarchiv (1.1884–48.1931; N.F. 1.1932–10.1943; 11.1948/49 ff.)
FachHSchG SH Fachhochschulgesetz v. 26.6.1969 (GVOBl S. 114)
FachkrVO SACH Fachkräfteverordnung v. 4.9.1998 (SächsGVBl S. 506)

FachlFöVO SACH VO des Sächsischen Staatsministeriums für Kultus über die berufsbegleitende Ausbildung und Prüfung zum Fachlehrer im Förderschwerpunkt geistige Entwicklung v. 15.6.2006 (SächsGVBl S. 408)
FachLVO BE Fachrichtungs-Laufbahnverordnung i. d. Bek. v. 17.11.2004 (GVBl S. 468)
FachlVO SACH Fachlehrerverordnung v. 22.5.2002 (SächsGVBl S. 473)
FAErbR Der Fachanwalt für Erbrecht (1.2005 ff.)
FäV Fährenbetriebsverordnung v. 24.5.1995 (BGBl I S. 752)
FAfG Forstabsatzfondsgesetz v. 13.12.1990 (BGBl I S. 2760)
FAfV Forstabsatzfondsverordnung v. 20.12.1990 (BGBl I S. 3007)
FAG Finanzausgleichsgesetz
Fernmeldeanlagengesetz i. d. Bek. v. 3.7.1989 (BGBl I S. 1455)
BW Finanzausgleichsgesetz i. d. Bek. v. 1.1.2000 (GBl S.14)
BY Finanzausgleichsgesetz i. d. Bek. v. 13.3.2001 (GVBl S. 80)
HE Finanzausgleichsgesetz i. d. Bek. v. 16.1.2004 (GVBl I S. 22)
LSA Finanzausgleichsgesetz i. d. Bek. v. 14.10.2005 (GVBl LSA S. 646)
MV Finanzausgleichsgesetz i. d. Bek. v. 13.1.2006 (GVOBl. M-V S. 22)
SACH Finanzausgleichsgesetz i. d. Bek. v. 24.7.2006 (SächsGVBl S. 457)
SH Finanzausgleichsgesetz i. d. Bek. v. 2.2.1999 (GVOBl S. 46)
SL Finanzausgleichsgesetz v. 28.6.1960 (ABl S. 551)
FAGO Geschäftsordnung f. d. Finanzämter v. 2.12.1985 (BStBl I S. 685)
FAGDVO ... BW VO des Finanzministeriums und des Innenministeriums zur Durchführung des Finanzausgleichsgesetzes ...
FahrlAusbO Fahrlehrer-Ausbildungsordnung v. 13.5.1977 (BGBl I S. 733)
FahrlG Fahrlehrergesetz v. 25.8.1969 (BGBl I S. 1336)

FahrlPrüfO Prüfungsordnung f. Fahrlehrer v. 27.7.1979 (BGBl I S. 1263)
FahrschAusbO Fahrschüler-Ausbildungsordnung v. 31.5.1976 (BGBl I S. 1366)
FAK Familienausgleichskasse
FakO BY Fachakademieordnung v. 31.8.1984 (GVBl S. 339)
FakOHw BY Fachakademieordnung Hauswirtschaft v. 18.6.1998 (GVBl S. 361)
FamEigBVO HA Familieneigenanteilsberechnungsverordnung v. 28.12.1999 (GVBl I 2000 S. 1)
FamEigVO HA Familieneigenanteilsverordnung v. 26.4.2005 (GVBl S. 155)
FaM-GebO-AufhV BY VO zur Aufhebung der Verordnung über Gebühren und Auslagen für die Inanspruchnahme des Staatlichen Forschungsinstituts für angewandte Mineralogie an der Universität Regensburg v. 15.1.2004 (GVBl S. 7)
FamNamRG Familiennamenrechtsgesetz v. 16.12.1993 (BGBl I S. 2054)
FamRÄndG Familienrechtsänderungsgesetz v. 11.8.1961 (BGBl I S. 1221)
FamRB Familien-Rechts-Berater (1.2002 ff.)
FamRZ Zeitschrift für das gesamte Familienrecht (9.1962,4 ff.; vorher: Ehe und Familie im privaten u. öffentl. Recht)
FamZustV Familienkassenzuständigkeitsverordnung v. 8.6.2006 (BGBl I S. 1309)
FANG Fremdrenten- u. Auslandsrenten-Neuregelungsgesetz v. 25.2.1960 (BGBl I S. 93)
FAnpG Finanzanpassungsgesetz v. 30.8.1971 (BGBl I S. 1426)
FAO Food and Agriculture Organization of the UN [Ernährungs- und Landwirtschaftsorganisation der Vereinten Nationen]
FAufhÄndV VO z. Aufhebung u. Änderung fernmeldebenutzungsrechtl. Vorschriften v. 13.6.1990 (BGBl I S. 1103)
FAVO Festbetrags-Anpassungsverordnung v. 1.11.2001 (BGBl I S. 2897)
FAZustV Finanzamts-Zuständigkeitsverordnung
BY v. 11.4.1973 (GVBl S. 249)

FÄZustVO BE v. 3.12.2003 (GVBl S. 594)
FÄZuV BR v. 31.7.2004 (GBl S. 446)
FAZustVO SACH i. d. Bek. v. 14.10.2004 (SächsGVBl S. 539)
FAZuStVO M-V MV Finanzamts-Zuständigkeitsverordnung v. 18.11.2005 (GVOBl M-V S. 3)
FAZuVO BW Finanzämter-Zuständigkeitsverordnung v. 30.11.2004 (GBl S. 865)
FAZVO RP VO ü. Zuständigkeiten d. Finanzämter v. 10.6.1981 (GVBl S. 113)
FB Finanz-Betrieb (1.1999 ff.)
FBAG Festbetrags-Anpassungsgesetz v. 27.7.2001 (BGBl I S. 1948)
FBeitrV Frequenznutzungsbeitragsverordnung v. 13.12.2000 (BGBl I S. 1704)
FBek BY Feldgeschworenenbekanntmachung v. 12.10.1981 (ABlFin S. 334)
FBG Ges. ü. d. Feuerbestattung v. 15.5.1934 (RGBl I S. 380)
FBG HE Friedhofs- und Bestattungsgesetz v. 5.7.2007 (GVBl I S. 338)
FBUB Allgemeine Versicherungsbedingungen f. Feuerbetriebsunterbrechung (VerBAV 1977 S. 34)
FBV BY VO ü. d. Feuerbeschau v. 5.6.1999 (GVBl S. 270)
FDA Fonds international de développement agricole
FeFahrlZuVO BW VO d. Landesregierung u. d. Ministeriums f. Umwelt u. Verkehr ü. fahrerlaubnis- u. fahrlehrerrechtliche Zuständigkeiten v. 13.2.2001 (GBl S. 123)
FEH Freiwillige Erziehungshilfe
FehlÄndG NRW NW Fehlbelegungsrechtsänderungsgesetz v. 23.5.2006 (GV.NW S. 219)
FeiertG
HA Feiertagsgesetz v. 16.10.1953 (SlgBerHmbLR 113-a)
NW Feiertagsgesetz i. d. Bek. v. 23.4.1989 (GV.NW S. 222)
FeiertG LSA LSA Gesetz über die Sonn- und Feiertage i. d. Bek. v. 25.8.2004 (GVBl LSA S. 538)

FELEG Ges. z. Förderung d. Einstellung d. landwirtschaftl. Erwerbstätigkeit v. 21.2.1989 (BGBl I S. 233)
FernUSG Fernunterrichtsschutzgesetz i. d. Bek. v. 4.12.2000 (BGBl I S. 1670)
FerS Feriensenat
FESchVO NW Ersatzschulfinanzierungsverordnung v. 18.3.2005 (GV.NW S. 230)
FeststellungsDV VOen z. Durchführung d. Feststellungsgesetzes
FeuerschStG Feuerschutzsteuergesetz i. d. Bek. v. 10.1.1996 (BGBl I S. 18)
FeuV Feuerungsverordnung
BY v. 6.3.1998 (GVBl S. 112)
FeuVO
BE v. 31.1.2006 (GVBl S. 116)
BW v. 24.11.1995 (GBl S. 806)
HA v. 18.2.1997 (GVBl I S. 20)
LSA v. 27.3.2006 (GVBl LSA S. 177)
ND v. 8.12.1997 (GVBl S. 518)
RP v. 27.2.1997 (GVBl S. 116)
SH v. 6.3.1996 (GVOBl S. 308)
SL v. 14.12.1980 (ABl 1981 S. 21)
FeuVO M-V MV v. 10.7.2006 (GVOBl. M-V S. 620)
FeuVO NW NW v. 21.7.1998 (GV.NW S. 481)
FEVS Fürsorgerechtliche Entscheidungen der Verwaltungs- (ab 5.1960) und Sozialgerichte (1.1956 ff.)
FF Forum Familienrecht (2005 ff.; vorher: Forum Familien- und Erbrecht)
ff. folgende Seiten
FFAVO SACH VO d. Sächs. Staatsministeriums f. Wirtschaft und Arbeit über Feldes- und Förderabgaben v. 21.7.1997 (SächsGVBl S. 521)
FFG Filmförderungsgesetz i. d. Bek. v. 6.8.1998 (BGBl I S. 2053); NW Frauenförder(ungs)gesetz v. 31.10.1989 (GV.NW S. 567)
FFlV BW Freibankfleischverordnung v. 14.12.1970 (GBl 1971 S. 6)
FFOG Feld- u. Forstordnungsgesetz
LSA v. 16.4.1997 (GVBl LSA S. 476)
ND i. d. Bek. v. 30.8.1984 (GVBl S. 215)

FFSA-SVG LSA Gesetz ü. d. Sondervermögen Förderfonds Sachsen-Anhalt v. 17.12.1996 (GVBl LSA S. 421)
FFSchG SL Feld- und Forstschutzgesetz v. 24.3.1975 (ABl S. 525)
FFSchG NW NW Feld- und Forstschutzgesetz i. d. Bek. v. 14.1.1975 (GV.NW S. 125)
FFStatV Frauenförderstatistikverordnung v. 5.5.1995 (BGBl I S. 606)
FFStG RP Feld- und Forststrafgesetz i. d. Bek. v. 15.12.1969 (GVBl 1970 S. 31)
FFV BE Frauenförderverordnung v. 23.8.1999 (GVBl S. 498)
FFVO VO ü. Feldes- u. Förderabgabe
 BW v. 11.12.2006 (GBl S. 395)
 NW v. 14.12.1998 (GV.NW 1999 S. 22)
FG Feststellungsgesetz i. d. Bek. v. 1.10.1969 (BGBl I S. 1885)
FG Finanzgericht
FG HA Fakultätengesetz v. 4.5.2005 (GVBl S. 191)
FGebO BE Fachschulgebührenordnung v. 24.11.1987 (GVBl S. 2682)
FGebV Frequenzgebührenverordnung v. 21.5.1997 (BGBl I S. 1226)
FGG Ges. ü. d. Angelegenheiten d. Freiwilligen Gerichtsbarkeit; Ges. ü. d. Angelegenheiten d. freiwilligen Gerichtsbarkeit v. 20.5.1898 (RGBl S. 371)
FGNV Festbetragsgruppen-Neubestimmungsverordnung v. 21.1.2003 (BGBl I S. 93)
FGO Finanzgerichtsordnung i. d. Bek. v. 28.3.2001 (BGBl I S. 442)
FGPrax Praxis der Freiwilligen Gerichtsbarkeit (1.1995 ff.; vorher: Entscheidungen der Oberlandesgerichte in Zivilsachen einschließlich der freiwilligen Gerichtsbarkeit)
FGVO MV Fischgewässerverordnung v. 23.10.1997 (GVOBl M-V S. 584)
FGVO M-V MV Fachgymnasiumsverordnung v. 27.2.2006 (GVOBl. M-V S. 281)
FHBD-G NW Gesetz z. Eingliederung d. Fachhochschule f. Bibliotheks- u. Dokumentationswesen i. Köln als Fachbereich der Fachhochschule Köln v. 7.3.1995 (GV.NW S. 192)
FHBLeistBV Leistungsbezügeverordnung FH Bund v. 21.12.2004 (BGBl I S. 3550)
FH Bund Fachhochschule d. Bundes f. öffentliche Verwaltung
FHB-VO ND VO zur Berechnung der Finanzhilfe für berufsbildende Schulen in freier Trägerschaft v. 14.1.2004 (GVBl S. 17)
FHEG NW Ges. ü. d. Errichtung v. Fachhochschule(n) v. 8.6.1971 (GV.NW S. 158)
FHFLeistBVO NW Finanzfachhochschul-Leistungsbezügeverordnung v. 11.11.2005 (GV.NW S. 912)
FHG Fachhochschulgesetz
 BW i. d. Bek. v. 1.2.2000 (GBl S. 125)
 HE i. d. Bek. v. 28.3.1995 (GVBl S. 359)
 NW v. 20.11.1979 (GV.NW S. 964)
 RP v. 6.2.1996 (GVBl S. 71)
 FhG SL v. 23.6.1999 (ABl S. 1014)
FHGöD NW Fachhochschulgesetz öffentlicher Dienst v. 29.5.1984 (GV.NW S. 303)
FHNachDiplVO RP VO z. Nachdiplomierung nach d. Fachhochschulgesetz v. 18.12.1981 (GVBl 1982 S. 5)
FHöVLeistBVO NRW NW Fachhochschule für öffentliche Verwaltung Leistungsbezügeverordnung v. 10.11.2005 (GV.NW S. 913)
FHPolVO LSA VO zur Übertragung weiterer Aufgaben an die Fachhochschule Polizei Sachsen-Anhalt v. 10.3.2006 (GVBl LSA S. 77)
FH Pol VO LSA Lehrverpflichtungsverordnung v. 11.9.2007 (GVBl LSA S. 322)
FHR Familienheimrichtlinien d. Bundes i. d. Bek. v. 1.5.1971 (GMBl S. 193); SL Finanzhilferichtlinien v. 22.10.1996 (ABl S. 1410)
FHRLeistBVO NW Fachhochschule für Rechtspflege Leistungsbezügeverordnung v. 5.7.2006 (GV.NW S. 348)
FHSVO BE VO ü. d. Fachhochschule f. Verwaltung und Rechtspflege Berlin v. 5.3.1973 (GVBl S. 473)

FHTW-Gesetz BE Gesetz ü. d. Errichtung d. Fachhochschule f. Technik und Wirtschaft Berlin v. 8.3.1994 (GVBl S. 82)

FHVOPol NW VO ü. d. freie Heilfürsorge d. Polizeivollzugsbeamten v. 13.7.2001 (GV.NW S. 536)

FHWahlVO RP LandesVO ü. d. ersten Wahlen z. d. Organen d. rheinland-pfälzischen Fachhochschulen v. 2.9.1996 (GVBl S. 355)

FHZ Freihandelszone

FHZVO HA Fachhochschul-Zulassungsverordnung v. 6.7.1999 (GVBl I S. 137)

FiBiG BW Film- u. Bildgesetz v. 1.7.1957 (GBl S. 73)

FideikommG Ges. ü. d. Erlöschen d. Familienfideikommisse u. sonst. gebundener Vermögen v. 6.7.1938 (RGBl I S. 825)

FiG BY Fischereigesetz v. 15.8.1908 (BayBS IV S. 453)

FlHG Fleischhygienegesetz i. d. Bek. v. 30.6.2003 (BGBl I S.1242)

Film u. R. Film und Recht (1.1957–28.1984; dann: Zs. f. Urheber- u. Medienrecht)

FinÄZVO SL Finanzämterzuständigkeitsverordnung v. 16.9.2005 (ABl S. 1538)

FinAnV Finanzanalyseverordnung v. 17.12.2004 (BGBl I S. 3522)

FinHVO ND VO über die Berechnung der Finanzhilfe für Schulen in freier Trägerschaft v. 7.8.2007 (GVBl S. 415)

FinO-LfM NW Satzung über das Finanzwesen der Landesanstalt für Medien Nordrhein-Westfalen (Finanzordnung) v. 27.1.2003 (GV.NW S. 42)

FinVErmächtLVO M-V MV Finanzverwaltungsermächtigungslandesverordnung v. 18.12.2003 (GVOBl M-V S. 699)

FinVO-NEBG ND VO über Berechnungsgrundlagen für die Finanzhilfe nach dem Niedersächsischen Erwachsenenbildungsgesetz v. 1.12.2005 (GVBl S. 370)

FIPOL Fonds international d'indemnisation des dommages dus à la pollution par les hydrocarbures [Internationaler Entschädigungsfonds f. Ölverschmutzungsschäden]

FischAufsVO SACH Fischereiaufsichtsverordnung v. 26.6.1996 (SächsGVBl S. 263)

FischBuV BB Fischereibuchverordnung v. 23.9.1996 (GVBl II S. 755)

FischEtiZV BB Fischetikettierungszuständigkeitsverordnung v. 29.8.2005 (GVBl II S. 458)

FischG BW Fischereigesetz v. 14.11.1979 (GBl S. 466)

FischHV Fischhygiene-Verordnung i. d. Bek. v. 8.6.2000 (BGBl I S. 819)

FischO SL Fischereiordnung v. 17.12.1962 (ABl S. 851)

FischO LSA LSA Fischereiordnung d. Landes Sachsen-Anhalt v. 11.1.1994 (GVBl LSA S. 16)

FischPrüfO LSA Fischerprüfungsordnung v. 14.11.1994 (GVBl LSA S. 998)

FischVO
LSA Fischgewässerqualitätsverordnung v. 26.9.1997 (GVBl LSA S. 860)
SACH Fischerei(ver)ordnung v. 25.9.1995 (SächsGVBl S. 339)

FischWiG Fischwirtschaftsgesetz v. 3.3.1989 (BGBl I S. 349)

FISO BY Studienordnung für das Staatsinstitut für die Ausbildung von Fachlehrern v. 9.8.2005 (GVBl S. 436)

FlUStatV Fleischuntersuchungsstatistik-Verordnung v. 28.9.2006 (BGBl I S. 2187)

FK Finanzkasse

FKlG SH Fachklinikgesetz v. 8.12.1995 (GVOBl S. 452)

FKPG Gesetz z. Umsetzung d. Föderalen Konsolidierungsprogramms v. 23.6.1993 (BGBl I S. 944)

FKrG M-V MV Funktional- und Kreisstrukturreformgesetz v. 23.5.2006 (GVOBl M-V S. 194)

FkSolV Finanzkonglomerate-Solvabilitäts-Verordnung v. 2.9.2005 (BGBl I S. 2688)

FlBeschDG BW Ges. ü. d. Durchf. d. Schlachttier- und Fleischbeschau und d. Trichinenschau v. 21.7.1970 (GBl S. 406)

FleischV Fleisch-Verordnung i. d. Bek. v. 21.1.1982 (BGBl I S. 89)

FlErwV Flächenerwerbsverordnung v. 20.12.1995 (BGBl I S. 2072)
FLF Finanzierung, Leasing, Factoring (27.1980,3 ff.; vorher: Teilzahlungswirtschaft)
FlG Ges. betr. d. privatrechtl. Verhältnisse d. Flößerei [Flößereigesetz] v. 15.6.1895 (RGBl S. 341)
Fl/GFlH-AG LSA Gesetz zur Ausführung fleisch- und geflügelfleischhygienerechtlicher Vorschriften v. 22.12.2004 (GVBl LSA S. 866)
FlH-BelV BY Fleischhygiene-Beleihungsverordnung v. 2.1.2008 (GVBl S. 8)
FlHG Fleischhygienegesetz i. d. Bek. v. 8.7.1993 (BGBl I S. 1189)
FlHV Fleischhygiene-Verordnung i. d. Bek. v. 29.6.2001 (BGBl I S. 1366)
FlRG Flaggenrechtsgesetz i. d. Bek. v. 26.10.1994 (BGBl I S. 3140)
FlRV Flaggenrechtsverordnung v. 4.7.1990 (BGBl I S. 1389)
FlsBergV Festlandsockel-Bergverordnung v. 21.3.1989 (BGBl I S. 554)
FlSichPersAusV Flugsicherungspersonalausbildungsverordnung v. 30.6.1999 (BGBl I S. 1506)
FlStV Fleischhygiene-Statistik-Verordnung v. 20.12.1976 (BGBl I S. 3615)
FlüAG
 BW Flüchtlingsaufnahmegesetz v. 11.3.2004 (GBl S. 99)
 NW Flüchtlingsaufnahmegesetz v. 28.2.2003 (GV.NW S. 93)
FlüAGebVO BW VO d. IM ü. Geb. f. d. Benutzung v. staatl. Einrichtungen z. Aufnahme u. Unterbringung v. Flüchtlingen v. 8.5.1995 (GBl S. 372)
FlüG Flüchtlingsgesetz
 BW v. 1.2.1960 (GBl S. 11)
 BY v. 19.2.1947 (BayBS IV S. 764)
FlüHG Flüchtlingshilfegesetz v. 15.5.1971 (BGBl I S. 681)
FluglärmG Ges. z. Schutz gegen Fluglärm v. 30.3.1971 (BGBl I S. 282)
FlurbG Flurbereinigungsgesetz i. d. Bek. v. 16.3.1976 (BGBl I S. 546)

FlusAAGV Flugsicherungs- An- u. Abflug-Gebühren-Verordnung v. 28.9.1989 (BGBl I S. 1809)
FluSiSGebV Flugsicherungs-Streckengebührenverordnung v. 10.9.1986 (BGBl I S. 1524)
FMB Bekanntmachung d. Bayer. Staatsministeriums der Finanzen
FMBl Finanz-Ministerial-Blatt (seit 1923: T. I u. II; T. II = Preußisches Besoldungsblatt) (1.1917–24.1940; dann: Preußisches Finanz-Ministerialblatt und Besoldungsblatt)
FME Entschließung d. Bayer. Staatsministeriums d. Finanzen
FMG Futtermittelgesetz i. d. Bek. v. 25.8.2000 (BGBl I S. 1358)
FMGVO SH Fisch- u. Muschelgewässerverordnung v. 4.7.1997 (GVOBl S. 361)
FMI Fonds monétaire international (s.a. IWF)
FMV Futtermittelverordnung i. d. Bek. v. 19.11.1997 (BGBl I S. 2714)
FMZV BB Zuständigkeitsverordnung Forstwirtschaftliche Maßnahmen v. 19.3.2003 (GVBl II S. 162)
FN Fortführungsnachweis
Fn Fußnote
FND Flächennaturdenkmal
FNV Fremdrenten-Nachversicherungs-Verordnung v. 1.8.1962 (BGBl I S. 546)
FO BY Feldgeschworenenordnung v. 16.10.1981 (GVBl S. 475)
fob free on board
FOBOSO BY Fachober- und Berufsoberschulordnung v. 10.3.1998 (GVBl S. 157)
FöHdV VO ü. d. Förderungshöchstdauer f. d. Besuch v. Höheren Fachschulen u. Hochschulen v. 23.10.1997 (BGBl I S. 2503)
FÖJG Gesetz z. Förderung e. freiwilligen ökologischen Jahres v. 17.12.1993 (BGBl I S. 2118)
FördbankG SACH Gesetz zur Errichtung der Sächsischen Aufbaubank – Förderbank v. 19.6.2003 (SächsGVBl S. 161)
FörderAVO LSA VO ü. Feldes- u. Förderabgabe v. 18.11.1996 (GVBl LSA S. 348)

FörderungshöchstdauerV VO ü. d. Förderungshöchstdauer f. d. Besuch v. Höheren Fachschulen, Akademien u. Hochschulen i. d. Bek. v. 29.6.1981 (BGBl I S. 577)
FörmVfVO BE VO ü. d. förmliche Verwaltungsverfahren v. 14.5.1980 (GVBl S. 991)
FoGebO BY Forstgebührenordnung v. 10.12.1987 (GVBl S. 460)
FoRG BY Ges. ü. d. Forstrechte v. 3.4.1958 (GVBl S. 43)
FoRGDV BY Durchführungsverordnung d. Ges. ü. d. Forstrechte v. 29.1.1959 (GVBl S. 103)
ForstAuswV BY Forstausweis-Verordnung v. 30.7.1985 (GVBl S. 317)
ForstDKlVO BW Forstdienstkleidungsverordnung v. 27.4.2004 (GBl S. 311)
ForstG HE Hessisches Forstgesetz i. d. Bek. v. 4.7.1978 (GVBl I S. 424)
ForstKostVO M-V MV Forstverwaltungskostenverordnung v. 21.12.2005 (GVOBl M-V S. 10)
ForstWiMeistPrV VO über die Anforderungen in der Meisterprüfung für den Beruf Forstwirt/Forstwirtin v. 6.10.2004 (BGBl I S. 2591)
Forum Genossenschafts-Forum (1975 ff.)
FORUM International Forum des internationalen Rechts (1.1996–4.1999)
FOSErrichtV BY Fachoberschulerrichtungsverordnung v. 26.10.2004 (GVBl S. 424)
FOSO SACH Schulordnung Fachoberschule v. 23.7.1998 (SächsGVBl S. 434)
FOSV BB Fachoberschulverordnung v. 24.5.1997 (GVBl II S. 434)
FOSVO M-V MV Fachoberschulverordnung v. 26.9.2001 (GVOBl M-V S. 412)
FoVDV NRW NW VO zur Durchführung des Forstvermehrungsgutgesetzes im Land Nordrhein-Westfalen v. 10.2.2004 (GV.NW S. 122)
FoVGDLVO M-V MV Landesverordnung zur Durchführung des Forstvermehrungsgutgesetzes v. 10.6.2003 (GVOBl M-V S. 365)

FoVGDVO LSA VO zur Durchführung des Forstvermehrungsgutgesetzes v. 21.12.2004 (GVBl LSA S. 879)
FoVo Forderung & Vollstreckung (vorher: Insolvenz & Vollstreckung)
FPackV Fertigpackungsverordnung i. d. Bek. v. 8.3.1994 (BGBl I S. 451)
FPÄndG Fallpauschalenänderungsgesetz v. 17.7.2003 (BGBl I S. 1461)
2. FPÄndG Zweites Fallpauschalenänderungsgesetz v. 15.12.2004 (BGBl I S. 3429)
FPersG Fahrpersonalgesetz i. d. Bek. v. 19.2.1987 (BGBl I S. 640)
FPersV Fahrpersonalverordnung v. 27.6.2005 (BGBl I S. 1882)
FPG BE Gesetz ü. d. Freiwilligen Polizeidienst v. 11.5.1999 (GVBl S. 165)
FPGV BE Familienpflegegeldvorschriften v. 28.6.1984 (ABl S. 975)
FPMMstrV Fliesen-, Platten- und Mosaiklegermeisterverordnung v. 10.3.2008 (BGBl I S. 378)
FPO Fachprüfungsordnung [meist unter Zusatz d. Fachrichtung bei der Abkürzung]
FPO BB Falknerprüfungsordnung v. 14.9.2005 (GVBl II S. 492)
FPolDG BW Ges. ü. d. Freiwilligen Polizeidienst i. d. Bek. v. 12.4.1985 (GBl S. 129)
FPr Finanzpräsident
FPRG BE Ges. ü. d. Freiwillige Polizei-Reserve i. d. Bek. v. 12.12.1962 (GVBl S. 1285)
FPrSt Finanzpräsident d. Abteilung Steuer
FPRVO BE VO z. Übertragung bestimmter Befugnisse d. Polizeibehörde auf d. Angehörigen d. Freiw. Polizei-Reserve v. 10.2.1976 (GVBl S. 339)
FPrZ Finanzpräsident d. Abteilung Zoll
FPStatG Finanz- und Personalstatistikgesetz i. d. Bek. v. 22.2.2006 (BGBl I S. 438)
FpV 1996 Feldpostverordnung 1996 v. 23.10.1996 (BGBl I S. 1543)
FPVBE 2004 Fallpauschalenverordnung besondere Einrichtungen 2004 v. 19.12.2003 (BGBl I S. 2811)

FPVBE 2005 Fallpauschalenverordnung für besondere Einrichtungen 2005 v. 12.5.2005 (BGBl I S. 1340)
FPVO BW Feststellungsprüfungsverordnung v. 12.4.2000 (GBl S. 439)
FR Finanz-Rundschau Ertragsteuerrecht (76.1994 ff.; vorher: Finanz-Rundschau für Einkommensteuer mit Körperschaftsteuer u. Gewerbesteuer); Finanz-Rundschau für Einkommensteuer mit Körperschaftsteuer u. Gewerbesteuer (73.1991–75.1993; vorher: Finanz-Rundschau für Einkommensteuer u. Körperschaftsteuer; dann: Finanz-Rundschau Ertragsteuerrecht); Finanz-Rundschau. Dt. Steuerblatt (1.1946–38.1983; vorher: Dt. Steuerblatt; dann (39.1984–41.[68.]1986; 89.1987–72.1990:) Finanz-Rundschau für Einkommensteuer u. Körperschaftsteuer)
FraktG BB Fraktionsgesetz v. 29.3.1994 (GVBl I S. 86)
FrauFöV BB Frauenförderverordnung v. 25.4.1996 (GVBl II S. 354)
FrbWV Frauenbeauftragten-Wahlverordnung v. 31.10.1994 (BGBl I S. 3359)
FreihEntzG HE Ges. ü. d. Entziehung d. Freiheit geisteskranker, geistesschwacher, rauschgift- oder alkoholsüchtiger Personen v. 19.5.1952 (GVBl II 352–1)
FreistellVO HE Freistellungsverordnung v. 29.10.1979 (GVBl I S. 234)
FreiwFortbV Fahranfängerfortbildungsverordnung v. 16.5.2003 (BGBl I S. 709)
FreizügG/EU Freizügigkeitsgesetz/EU v. 30.7.2004 (BGBl I S. 1986)
Fremsi VO MV Fremdenverkehrssicherungsverordnung v. 17.7.1995 (GVOBl M-V S. 348)
FreqBZPV Frequenzbereichszuweisungsplanungsverordnung v. 28.9.2004 (BGBl I S. 2499)
FreqNPAV Frequenznutzungsplanaufstellungsverordnung v. 26.4.2001 (BGBl I S. 827)
FreqZutV Frequenzzuteilungsverordnung v. 26.4.2001 (BGBl I S. 829)

FRES Entscheidungssammlung zum gesamten Bereich von Ehe und Familie (1.1979–12.1982)
FrFG LSA Frauenfördergesetz i. d. Bek. v. 27.5.1997 (GVBl LSA S. 516)
FRG Fremdrentengesetz i. d. Bek. v. 25.2.1960 (BGBl I S. 93)
1. FRG NW 1. Gesetz ü. d. Funktionalreform v. 11.7.1978 (GV.NW S. 290)
FrhEntzG Ges. ü. d. gerichtliche Verfahren bei Freiheitsentziehungen v. 29.6.1956 (BGBl I S. 599)
FriesischG SH Friesisch-Gesetz v. 13.12.2004 (GVOBl S. 481)
FrREVO Franz. Zone. MilRegV Nr. 120 über die Rückerstattung geraubter Vermögensobjekte v. 10.11.1947 (JournOff. S. 1219)
FrühV VO zur Früherkennung und Frühförderung behinderter und von Behinderung bedrohter Kinder v. 24.6.2003 (BGBl I S. 998)
FRV Fahrzeugregisterverordnung v. 20.10.1987 (BGBl I S. 2305)
FrWarte s. FW
FS Festschrift
FS FORUM Strafvollzug – Zeitschrift für Strafvollzug und Straffälligenhilfe (56. 2007 ff.)
FSaatgG Ges. ü. forstliches Saat- und Pflanzgut i. d. Bek. v. 26.7.1979 (BGBl I S. 1242)
FSaatHerkGebV Forstsaat-Herkunftsgebietsverordnung v. 7.10.1994 (BGBl I S. 3578)
FSADV Freistellungsauftrags-Datenträger-Verordnung v. 7.4.1994 (BGBl I S. 768)
FSAV VO über die Flugsicherungsausrüstung der Luftfahrzeuge (BGBl I S. 3093)
FSBetrV Frequenzschutzbeitragsverordnung v. 13.5.2004 (BGBl I S. 958)
FSchPrVO M-V MV Fischereischeinprüfungsverordnung v. 11.8.2005 (GVOBl M-V S. 416)
FSchVO BE Feiertagsschutz-Verordnung v. 5.10.2004 (GVBl S. 441)
FSchVO M-V MV Fischereischeinverordnung v. 11.8.2005 (GVOBl M-V S. 419)

FSErrichtV BY Fachschulerrichtungsverordnung v. 17.12.2004 (GVBl 2005 S. 7)
FSG
MV Fischereischeingesetz v. 22.1.1992 (GVOBl M-V S. 14)
SH Fischereischeingesetz i. d. Bek. v. 22.12.1982 (GVOBl S. 308)
SL Feuerschutzgesetz i. d. Bek. v. 26.2.1975 (ABl S. 1106)
FSHEPV BR Fachschulverordnung Heilerziehungspflege v. 5.1.1994 (GBl S. 73)
FSHG NW Ges. ü. d. Feuerschutz und d. Hilfeleistung v. 10.2.1998 (GV.NW S. 122)
FSK-VO BW Futtermittelsachkunde-Verordnung v. 30.1.2006 (GBl S. 77)
FSO SACH Schulordnung Fachschule v. 20.8.2003 (SächsGVBl S. 389)
FSPVO SACH Feststellungsprüfungsverordnung v. 29.3.2001 (SächsGVBl S. 171)
FSSozPädV BR Fachschulverordnung Sozialpädagogik v. 30.8.1996 (GBl S. 291)
FStatAusnV VO ü. Ausnahmen bei filmstatistischen Erhebungen v. 30.7.1982 (BGBl I S. 1124)
5. FStrAbÄndG Fünftes Gesetz zur Änderung des Fernstraßenausbaugesetzes v. 4.10.2004 (BGBl I S. 2574)
FStrAbG Fernstraßenausbaugesetz i. d. Bek. v. 20.1.2005 (BGBl I S. 201)
...**FStrÄndG** ÄndG [1. Bundesfernstraßengesetz v. 10.7.1961 (BGBl I S. 877)]; 2. Bundesfernstraßengesetz v. 4.7.1974 (BGBl I S. 1401)
FStrG Bundesfernstraßengesetz i. d. Bek. v. 19.4.1994 (BGBl I S. 854)
FStrKrV Bundesfernstraßenkreuzungsverordnung i. d. Bek. v. 2.12.1975 (BGBl I S. 2984)
FStrPrivFinBestV Fernstraßenbauprivatfinanzierungs-Bestimmungsverordnung v. 20.6.2005 (BGBl I S. 1686)
FStrPrivFinG Fernstraßenbauprivatfinanzierungsgesetz i. d. Bek. v. 6.1.2006 (BGBl I S. 49)
FStrPrivFinGErmLVO M-V MV Landesverordnung zur Übertragung der Ermächtigungen nach dem Fernstraßenbauprivatfinanzierungsgesetz v. 19.1.2007 (GVOBl M-V S. 31)
FStrZV BB Fernstraßenzuständigkeitsverordnung i. d. Bek. v. 31.3.2005 (GVBl II S. 161)
FStVO SL Freistellungsverordnung v. 23.11.1978 (ABl S. 1046)
FSV Flächenstillegungsverordnung v. 25.11.1994 (BGBl I S. 3524)
FSVO-AW M-V MV Fachschulverordnung für die Agrarwirtschaft v. 6.8.2007 (GVOBl M-V S. 296)
FSVO M-V MV Fachschulverordnung v. 24.2.1998 (GVOBl M-V 1999 S. 341)
FSVOS MV VO über die Zulassung, Ausbildung und Prüfung an den Fachschulen für Sozialwesen im Land Mecklenburg-Vorpommern – Fachschulverordnung Sozialwesen v. 20.4.2006 (GVOBl M-V S. 387)
FTEG Gesetz ü. Funkanalgen und Telekommunikationseinrichtungen v. 31.1.2001 (BGBl I S. 170)
FTG Ges. ü. d. Schutz d. Sonn- u. Feiertage
BB v. 21.3.1991 (GVBl S. 44)
BW Feiertagsgesetz i. d. Bek. v. 8.5.1995 (GBl S. 450)
BY Ges. ü. d. Schutz d. Sonn- u. Feiertage v. 21.5.1980 (GVBl S. 215)
FÜG Fernsehsignalübertragungs-Ges. v. 14.11.1997 (BGBl I S. 2710)
FÜR Familie, Partnerschaft, Recht (1.1995 ff.)
FÜV Fernmeldeverkehr-Überwachungs-Verordnung v. 18.5.1995 (BGBl I S. 722)
FUGVO SACH Flüchtlingsunterbringungsgebührenverordnung v. 21.3.2000 (SächsGVBl S. 148)
FUKMitteVO LSA VO zur Vereinigung der Feuerwehr-Unfallkasse Sachsen-Anhalt und der Feuerwehr-Unfallkasse Thüringen zur Feuerwehr-Unfallkasse Mitte v. 24.8.2006 (GVBl LSA S. 476)
FundV BY VO ü. Zuständigkeiten u. Verfahren d. Fundbehörden v. 12.7.1977 (GVBl S. 386)

FunkStörG Durchführungsgesetz EG-Richtlinien Funkstörungen v. 4.8.1978 (BGBl I S. 1180)

FuR Familie und Recht (1.1990 ff.)

FuttMKontrV Futtermittelkontrolleur-Verordnung v. 28.3.2003 (BGBl I S. 464)

FuttMSachkVO Futtermittelsachkunde-Verordnung
ND v. 26.10.2004 (GVBl S. 372)
SH v. 30.8.2005 (GVOBl S. 352)

FuttMSachkLVO M-V MV Futtermittelsachkundelandesverordnung v. 28.11.2005 (GVOBl M-V S. 577)

FVAbgG BW Gesetz ü. d. Abgabe z. Förderung d. Fremdenverkehrs v. 27.10.1953 (GBl S. 160)

FVG Finanzverwaltungsgesetz i. d. Bek. v. 4.4.2006 (BGBl I S. 846)

FVGebO BY Gebührenordnung z. Fahrzeugverwahrung v. 8.6.1994 (GVBl S. 509)

FVO HE Hessische Verordnung über Feldes- und Förderabgaben v. 13.12.2004 (GVBl I S. 454)

FW Die Friedenswarte (1.1899–56.1961/66; 57.1974 ff.)

FwBenGebO BE Feuerwehrbenutzungsgebührenordnung v. 13.4.1995 (GVBl S. 293)

Fw-DienstklVO LSA VO über die Dienstkleidung der Feuerwehren v. 25.8.2005 (GVBl LSA S. 612)

Fw-EntschVO SACH Feuerwehr-Entschädigungsverordnung v. 28.12.1999 (SächsGVBl 2000 S. 15)

FwEVO SL Feuerwehr-Entschädigungsverordnung v. 25.1.2008 (ABl S. 250)

FwG
BE Feuerwehrgesetz v. 23.9.2003 (GVBl S. 457)
BR Feuerwehrgesetz i. d. Bek. v. 27.11.1978 (GBl 1979 S. 1)

FwLaufbDgrAusbVO M-V MV Feuerwehrenlaufbahn-, Dienstgrad- und Ausbildungsverordnung v. 27.8.2004 (GVOBl M-V S. 458)

FwLV BR VO über die Laufbahn der Beamten des feuerwehrtechnischen Dienstes im Lande Bremen i. d. Bek. v. 1.12.2006 (GVBl S. 487)

FwOVO HE VO ü. d. Organisation, Stärke u. Ausrüstung d. öffentlichen Feuerwehren v. 29.8.2001 (GVBl I S. 391)

FwSchVO SL VO über die Feuerwehrschule des Saarlandes v. 23.11.2007 (ABl S. 2469)

FwVO RP Feuerwehrverordnung v. 21.3.1991 (GVBl S. 89)

FWW Die freie Wohnungswirtschaft (1.1947 ff.)

FWWbM SL Förderrichtlinien für Werkstätten und Wohnstätten für behinderte Menschen v. 24.8.2004 (ABl S. 1861)

FZG BR Finanzzuweisungsgesetz i. d. Bek. v. 1.3.1989 (GBl S. 167)

FZR-Verordnung DDR VO ü. d. freiw. Zusatzversicherung d. Sozialversicherung v. 17.11.1977 (GBl I S. 395; BGBl 1990 II S. 1214)

FzTV Fahrzeugteileverordnung v. 12.8.1998 (BGBl I S. 2142)

FZulV Fernmeldezulassungsverordnung v. 15.4.1988 (BGBl I S. 518)

FZV Fahrzeug-Zulassungsverordnung v. 25.4.2006 (BGBl I S. 988)

FzZulGebEntrG HA Fahrzeugzulassungsgebührenentrichtungsgesetz v. 6.7.2006 (GVBl S. 396)

G

G Gericht

G 10 Gesetz zu Artikel 10 Grundgesetz v. 13.8.1968 (BGBl I S. 949)

G 131 Ges. z. Regelung d. Rechtsverhältnisse d. unter Art. 131 d. Grundgesetzes fallenden Personen i. d. Bek. v. 13.10.1965 (BGBl I S. 1685)

GA Generalanwalt

GA Goltdammer's Archiv für Strafrecht (1953 ff.: vorher: Dt. Strafrecht)

GAA s. GewAA

GABl (BW) Gemeinsames Amtsblatt des Landes Baden-Württemberg (1.1953 ff.)

GABl.NW Gemeinsames Amtsblatt des Kultusministeriums und des Ministeriums für Wissenschaft und Forschung des Landes Nordrhein-Westfalen (22.1970,11 ff.; vorher: Amtsblatt des Kultusministeriums)
GAD Gesetz ü. d. Auswärtigen Dienst v. 30.8.1990 (BGBl I S. 1842)
GÄA SL Ges. ü. d. Änderung saarländischen Abgabenrechts v. 3.7.1959 (ABl S. 1089)
GAGebO BB Gutachterausschuss-Gebührenordnung v. 19.11.2003 (GVBl II S. 678)
GAKostVO M-V MV Gutachterausschusskostenverordnung v. 12.7.2007 (GVOBl M-V S. 254)
GAL Ges. ü. eine Altershilfe f. Landwirte i. d. Bek. v. 14.9.1965 (BGBl I S. 1448)
GAnwZ BY Geschäftsanweisung f. d. Geschäftsstellen d. Gerichte in Zivilsachen i. d. Bek. v. 23.1.1980 (JMBl S. 17)
GAP-Reform VO HA VO zur Umsetzung der Reform der Gemeinsamen Agrarpolitik v. 14.11.2006 (GVBl S. 539)
GAP-ReformVO BW VO der Landesregierung zur Umsetzung der Reform der Gemeinsamen Agrarpolitik v. 13.12.2005 (GBl S. 787)
GarVO Garagenverordnung
HA v. 17.4.1990 (GVBl S. 75)
NW v. 16.3.1973 (GV.NW S. 180)
RP v. 13.7.1990 (GVBl S. 243)
SH v. 30.11.1995 (GVOBl S. 67)
SL v. 1.8.1972 (ABl S. 450)
GasGrLastVO BW Gasgruppenlastverteilungs-Verordnung v. 12.7.1994 (GBl S. 421)
GasGVV Gasgrundversorgungsverordnung i. d. Bek. v. 26.10.2006 (BGBl I S. 2396)
GasLastV Gaslastverteilungs-Verordnung v. 21.7.1976 (BGBl I S. 1849)
GasNEV Gasnetzentgeltverordnung v. 25.7.2005 (BGBl I S. 2197)
GasNZV Gasnetzzugangsverordnung v. 25.7.2005 (BGBl I S. 2210)
GasSV Gassicherungsverordnung v. 26.4.1982 (BGBl I S. 517)

GastBauV Gaststättenbauverordnung BY v. 13.8.1986 (GVBl S. 304)
GastBauVO
NW v. 9.12.1983 (GV.NW 1984 S. 4)
SL v. 22.1.1979 (ABl S. 237)
GastG Gaststättengesetz i. d. Bek. v. 20.11.1998 (BGBl I S. 3418)
GastschulV BY VO ü. d. Verfahren bei Gastschulverhältnissen an Volksschulen und Sondervolksschulen v. 12.6.1986 (GVBl S. 104)
GastV Gaststättenverordnung
BE v. 10.9.1971 (GVBl S. 1778)
BY v. 22.7.1986 (GVBl S. 295)
NW v. 20.4.1971 (GV.NW S. 119)
GastVO
BW i. d. Bek. v. 18.2.1991 (GBl S. 196)
HA v. 27.4.1971 (GVBl S. 81)
RP v. 2.12.1971 (GVBl S. 274)
GastVO LSA LSA v. 15.10.1994 (GVBl LSA S. 975)
GATT General Agreement on Tariffs and Trade [Allgemeines Zoll- u. Handelsabkommen]
GAufzV Gewinnabgrenzungsaufzeichnungsverordnung v. 13.11.2003 (BGBl I S. 2296)
GA/UN General Assembly of the United Nations
GaV Garagenverordnung BY v. 12.10.1973 (GVBl S. 585)
GaV Gutachterausschussverordnung
GAV BB v. 29.2.2000 (GVBl II S. 61)
GAVO RP v. 20.4.2005 (GVBl S. 139)
GaVO
BE v. 2.9.1998 (GVBl S. 250)
BW v. 7.7.1997 (GBl S. 332)
HE v. 16.11.1995 (GVBl I S. 514)
LSA v. 14.9.2006 (GVBl LSA S. 495)
ND v. 4.9.1989 (GVBl S. 327)
GAVO NW NW NRW v. 23.3.2004 (GV.NW S. 146)
GAW DDR Ges. f. d. Außenwirtschafts-, Kapital- und Zahlungsverkehr v. 28.6.1990 (GBl I S. 515; BGBl II S. 1202)
GB Gesetzbuch; Grundbuch
GBA Generalbundesanwalt beim Bundesgerichtshof

GBA Grundbuchamt
GbAnzV BB Gesundheitsberufs-Anzeigeverordnung v. 6.9.1995 (GVBl II S. 562)
GBBerG Grundbuchbereinigungsgesetz v. 20.12.1993 (BGBl I S. 2192)
GBGA Geschäftsanweisung f. d. Behandlung d. Grundbuchsachen
GBl BR Gesetzblatt der Freien Hansestadt Bremen (1849 ff.)
GBl.BW BW Gesetzblatt für Baden-Württemberg (1952,2 ff.; 1952,1: Gesetzblatt f. d. südwestdt. Bundesland)
GBl DDR Gesetzblatt der Deutschen Demokratischen Republik (1949–1990; 1955 ff.: Teil I u. II; 1960–1968: Teil III)
GBLwV BY Gastschulbeitragsverordnung Landwirtschaft v. 1.9.2007 (GVBl S. 650)
GbmAnmV Gebrauchsmusteranmeldeverordnung v. 12.11.1986 (BGBl I S. 1739)
GBO Grundbuchordnung i. d. Bek. v. 26.5.1994 (BGBl I S. 1114)
GbR Gesellschaft bürgerlichen Rechts
GBRegVO LSA Grundbuch- und Register-Verordnung v. 13.12.2004 (GVBl LSA S. 829)
GbV Gefahrgutbeauftragtenverordnung i. d. Bek. v. 26.3.1998 (BGBl I S. 648)
GBVf Grundbuchverfügung v. 8.8.1935 (RMBl S. 637) / i. d. Bek. v. 24.1.1995 (BGBl I S. 114)
GBVO BW VO z. Ausf. d. Landesgesetzes ü. d. Freiwillige Gerichtsbarkeit im Bereich d. Grundbuchwesens v. 21.5.1975 (GBl S. 398)
GBVorV Grundbuchvorrangverordnung v. 3.10.1994 (BGBl I S. 2796)
GCP-V VO über die Anwendung der Guten Klinischen Praxis bei der Durchführung von klinischen Prüfungen mit Arzneimitteln zur Anwendung am Menschen v. 9.8.2004 (BGBl I S. 2081)
GD Generaldirektion
GDG Gesundheitsdienstgesetz
  BE v. 4.8.1994 (GVBl S. 329)
  BY v. 12.7.1986 (GVBl S. 120)
  SH v. 14.12.2001 (GVOBl S. 398)
GDG LSA LSA v. 21.11.1997 (GVBl LSA S. 1023)

GDPO BY Prüfungsordnung für Gebärdensprachdolmetscherinnen und Gebärdensprachdolmetscher v. 26.10.2004 (GVBl S. 419)
GDSG NW NW Gesundheitsdatenschutzgesetz v. 22.2.1994 (GV.NW S. 84)
GDSG VO NW VO ü. amtsärztliche Untersuchungen f. d. öffentl. Dienst v. 31.7.1996 (GV.NW S. 296)
GDVG BY Gesundheitsdienst- und Verbraucherschutzgesetz v. 24.7.2003 (GVBl S. 452)
GDZustVO BE Gesundheitsdienst-Zuständigkeitsverordnung v. 26.6.2001 (GVBl S. 216)
GE Geschäftsplanmäßige Erklärung
geänd. geändert
GEAV BY VO ü. d. Gebrauchtwaren-, Edel- u. Altmetallhandel v. 20.5.1985 (GVBl S. 185)
GEB ND Ges. ü. Eisenbahnen u. Bergbahnen v. 16.4.1957 (GVBl Sb. I S. 772)
Geb. Gebühr(en)
GebFreiVO HA Gebührenfreiheitsverordnung v. 6.12.1994 (GVBl I S.370)
GebG Gebührengesetz HA v. 5.3.1986 (GVBl S. 37)
  GebG Bbg BB v. 18.10.1991 (GVBl S. 452)
  GebG NW NW i. d. Bek. v. 23.8.1999 (GV.NW S. 524)
GebO Gebührenordnung
GebO-AMIWFT NRW NW Gebührenordnung für Amtshandlungen des Ministeriums für Innovation, Wissenschaft, Forschung und Technologie des Landes Nordrhein-Westfalen v. 12.12.2005 (GV.NW 2006 S. 2)
GebO-BPjM VO über die Erhebung von Gebühren durch die Bundesprüfstelle für jugendgefährdende Medien v. 28.4.2004 (BGBl I S. 691)
GebOFw HA Gebührenordnung f. d. Feuerwehr v. 2.12.1997 (GVBl I S. 530)
GebO-IKM NRW NW VO über die Erhebung von Gebühren im Bereich Information, Kommunikation, Medien nach

§ 30 Hochschulgesetz des Landes Nordrhein-Westfalen v. 18.8.2005 (GV.NW S. 738)

GebO-LGV HA Gebührenordnung für den Landesbetrieb Geoinformation und Vermessung v. 5.12.2006 (GVBl S. 580)

GebO MASGF BB Gebührenordnung des Ministeriums für Arbeit, Soziales, Gesundheit und Familie v. 2.2.2005 (GVBl II S. 94)

GebOMBJS BB Gebührenordnung des Ministeriums für Bildung, Jugend und Sport v. 19.9.2005 (GVBl II S. 495)

GebO MdF BB VO über die Gebühren für Amtshandlungen im Geschäftsbereich des Ministeriums der Finanzen v. 2.4.2003 (GVBl II S. 298)

GebOMLUV BB Gebührenordnung des Ministeriums für Ländliche Entwicklung, Umwelt und Verbraucherschutz v. 17.7.2007 (GVBl II S. 314)

GebOöG HA Gebührenordnung f. d. öffentliche Gesundheitswesen v. 4.12.2001 (GVBl I S. 465)

GebOP BY Gebührenordnung f. Prüfämter u. Prüfingenieure v. 20.3.1998 (GVBl S. 202)

GebOSt Gebührenordnung f. Maßnahmen im Straßenverkehr v. 26.6.1970 (BGBl I S. 865)

GebOVerm BY VO über die Benutzungsgebühren der staatlichen Vermessungsämter v. 15.3.2006 (GVBl S. 160)

GebrMG Gebrauchsmustergesetz i. d. Bek. v. 28.8.1980 (BGBl I S. 1455)

GebrMV Gebrauchsmusterverordnung v. 11.5.2004 (BGBl I S. 890)

GebüH Gebührenverzeichnis f. Heilpraktiker 1985 (GMBl S. 502)

GebV Gebührenverzeichnis v. 20.12.2001 (BGBl I S. 4162)

GebVerz SL Allgemeines Gebührenverzeichnis i. d. Bek. v. 29.2.1984 (ABl S. 381)

GebVerzBauaufsicht SL VO über den Erlass eines Besonderen Gebührenverzeichnisses für die Bauaufsichtsbehörden des Saarlandes v. 10.4.2003 (ABl S. 1194)

GebVO IM BW Gebührenverordnung Innenministerium v. 26.9.2006 (GBl S. 300)

GebVO KM BW Gebührenverordnung Kultusministerium v. 29.8.2006 (GBl S. 295)

GebVO LTZ BW VO des Ministeriums für Ernährung und Ländlichen Raum über die Festsetzung der Gebührensätze des Landwirtschaftlichen Technologiezentrums Augustenberg v. 16.3.2007 (GBl S. 211)

GebVO MLR BW VO des Ministeriums für Ernährung und Ländlichen Raum über die Festsetzung der Gebührensätze für öffentliche Leistungen der staatlichen Behörden in seinem Geschäftsbereich v. 14.2.2007 (GBl S. 146)

GebVO MWK BW Gebührenverordnung Wissenschaftsministerium v. 4.10.2006 (GBl S. 311)

GebVOSM BW Gebührenverordnung Ministerium für Arbeit und Soziales v. 18.12.2006 (GBl S. 399)

GebVO UM BW Gebührenverordnung Umweltministerium v. 19.12.2006 (GBl S. 415)

GebVO WM BW Gebührenverordnung Wirtschaftsministerium v. 20.10.2006 (GBl S. 322)

GedenkStG ND Gesetz über die „Stiftung niedersächsische Gedenkstätten" v. 18.11.2004 (GVBl S. 494)

GedenkStiftG LSA LSA Gedenkstättenstiftungsgesetz des Landes Sachsen-Anhalt v. 22.3.2006 (GVBl LSA S. 137)

gef. gefertigt

GefG Gefahrenbeherrschungsgesetz BE v. 24.11.2000 (GVBl S. 494)

GefHG SH Gefahrhundegesetz v. 28.1.2005 (GVOBl S. 51)

GefHundG SACH Gesetz z. Schutze d. Bevölkerung v. gefährlichen Hunden v. 24.8.2000 (SächsGVBl S. 358)

GefHuVO NW NW Ordnungsbehördliche VO ü. d. Zucht, die Ausbildung, das Abrichten u. das Halten gefährlicher Hunde v. 21.9.1994 (GV.NW S. 1086)

GefStoffV Gefahrstoffverordnung i. d. Bek. v. 15.11.1999 (BGBl I S. 2233)
GefTVO ND Gefahrtier-Verordnung v. 5.7.2000 (GVBl S. 149)
GeiselnÜ Internat. Übk. v. 18.12.1979 gegen Geiselnahme (BGBl 1980 II S. 1361)
GEKN ND Gesetz ü. d. Epidimiologische Krebsregister Niedersachsen v. 16.11.1999 (GVBl S. 390)
gel. gelesen
Gem. Gemeinde
GEMA Gesellschaft für musikalische Aufführungs- und mechanische Vervielfältigungsrechte
GemAgrG Ges. ü. d. Gemeinschaftsaufgabe „Verbesserung d. Agrarkultur und d. Küstenschutzes" i. d. Bek. v. 21.7.1988 (BGBl I S. 1055)
GEMA-Nachr GEMA-Nachrichten (1.1948 ff.)
GemEBilBewVO RP Gemeindeeröffnungsbilanz-Bewertungsverordnung v. 28.12.2007 (GVBl S. 23)
1. GemGebRefGBbg BB Erstes Gesetz zur landesweiten Gemeindegebietsreform betreffend die kreisfreie Stadt Brandenburg an der Havel und die Gemeinden Gollwitz und Wust des Amtes Emster-Havel v. 24.3.2003 (GVBl I S. 66)
2. GemGebRefGBbg BB Zweites Gesetz zur landesweiten Gemeindegebietsreform betreffend die kreisfreie Stadt Cottbus und das Amt Neuhausen/Spree v. 24.3.2003 (GVBl I S. 68)
3. GemGebRefGBbg BB Drittes Gesetz zur landesweiten Gemeindegebietsreform betreffend die Landeshauptstadt Potsdam und die Ämter Fahrland und Werder v. 24.3.2003 (GVBl I S. 70)
4. GemGebRefGBbg BB Viertes Gesetz zur landesweiten Gemeindegebietsreform betreffend die Landkreise Havelland, Potsdam-Mittelmark, Teltow-Fläming v. 24.3.2003 (GVBl I S. 73)
5. GemGebRefGBbg BB Fünftes Gesetz zur landesweiten Gemeindegebietsreform betreffend die Landkreise Barnim, Märkisch-Oderland, Oberhavel, Ostprignitz-Ruppin, Prignitz, Uckermark v. 24.3.2003 (GVBl I S. 82)
6. GemGlG BB Sechstes Gemeindegliederungsgesetz v. 14.10.1996 (GVBl I S. 302)
GemHKVO ND Gemeindehaushalts- und -kassenverordnung v. 22.12.2005 (GVBl S. 458)
Gemhlt Der Gemeindehaushalt (N.F. d. Preuß. Kommunalkassen-Ztg.) (41.1934/35–50.1944; 50.1949 ff.)
GemHVO Gemeindehaushaltsverordnung
 BW v. 7.2.1973 (GBl S. 33)
 HE v. 13.7.1973 (GVBl I S. 275)
 LSA v. 22.10.1991 (GVBl LSA S. 378)
 MV v. 27.11.1991 (GVOBl M-V S. 454)
 ND v. 17.3.1997 (GVBl S. 90)
 NW i. d. Bek. v. 14.5.1995 (GV.NW S. 516)
 RP v. 18.5.2006 (GVBl S. 203)
 SACH v. 8.1.1991 (SächsGVBl. S. 1)
 SH v. 7.2.1995 (GVOBl S. 68)
 SL v. 8.11.1973 (ABl S. 777)
GemHVO-Doppik Gemeindehaushaltsverordnung-Doppik
 GemHVO Doppik LSA v. 30.3.2006 (GVBl LSA S. 204)
 HE Gemeindehaushaltsverordnung v. 2.4.2006 (GVBl I S. 235)
 MV v. 25.02.2008 (GVOBl M-V S. 34)
 SH v. 15.8.2007 (GVOBl S. 382)
GemHVO-Vwbuchfg 2009 HE Gemeindehaushaltsverordnung-Verwaltungsbuchführung v. 2.4.2006 (GVBl I S. 179)
GemKHBVO NW Gemeindekrankenhausbetriebsverordnung v. 12.10.1977 (GV.NW S. 360)
GemKV BB Gemeindekassenverordnung v. 14.7.2005 (GVBl II S. 418)
GemKVO Gemeindekassenverordnung
 BW v. 26.8.1991 (GBl S. 598)
 HE v. 8.3.1977 (GVBl I S. 125)
 LSA v. 11.12.1991 (GVBl LSA S. 518)
 MV v. 27.11.1991 (GVOBl M-V S. 463)
 ND v. 17.3.1997 (GVBl S. 99)
 NW v. 14.5.1995 (GV.NW S. 523)
 RP v. 1.9.1976 (GVBl S. 229)

SACH v. 8.1.1991 (SächsGVBl S. 10)
SH v. 5.11.1999 (GVOBl S. 368)
SL v. 20.9.1976 (ABl S. 989)
GemKVO Doppik LSA Gemeindekassenverordnung Doppik v. 30.3.2006 (GVBl LSA S. 218)
GemKVO-Doppik MV Gemeindekassenverordnung-Doppik v. 25.2.2008 (GVOBl M-V S. 62)
GemKVO-Kameral SH Gemeindekassenverordnung-Kameral v. 17.7.2007 (GVOBl S. 347)
GemO Gemeindeordnung
BW i. d. Bek. v. 24.7.2000 (GBl S. 581)
RP i. d. Bek. v. 31.1.1994 (GVBl S. 153)
GemODVO RP VO z. Durchf. d. Gemeindeordnung v. 21.2.1974 (GVBl S. 98)
GemPolG BY Ges. ü. d. Gemeindepolizei i. d. Bek. v. 24.10.1974 (GVBl S. 746)
GemPrO BW Gemeindeprüfungsordnung v. 25.1.1984 (GBl S. 107)
GemR Gemeinderecht; Gemeines Recht
GemSchGH Gemischter Schiedsgerichtshof
GemUmschG Gemeindeumschuldungsgesetz v. 21.9.1933 (RGBl I S. 647)
GemZuweisVO ND VO zur Festsetzung des Vomhundertsatzes des auf die Einwohnerzahl der kreisangehörigen Gemeinden und der Samtgemeinden entfallenden Zuweisungsbetrages für die Aufgabenwahrnehmung im übertragenen Wirkungskreis v. 17.7.2007 (GVBl S. 342)
Gen. Genehmigung
GenAktVfg Generalaktenverfügung. Neuf. 1974 (bundeseinheitlich vereinbart)
GenBeschlG Genehmigungsverfahrensbeschleunigungsgesetz v. 12.9.1996 (BGBl I S. 1354)
GenehmFV BB Genehmigungsfreistellungsverordnung v. 4.9.2003 (GVBl II S. 577)
GenFor s. Forum
GenG Genossenschaftsgesetz v. 16.10.2006 (BGBl I S. 2230)
GenRegV Genossenschaftsregisterverordnung i. d. Bek. v. 16.10.2006 (BGBl I S. 2268)
GenTAnhV Gentechnik-Anhörungsverordnung i. d. Bek. v. 4.11.1996 (BGBl I S. 1649)
GenTAufzV Gentechnik-Aufzeichnungsverordnung i. d. Bek. v. 4.11.1996 (BGBl I S. 1644)
GenTBetV Gentechnik-Beteiligungs-VO v. 17.5.1995 (BGBl I S. 734)
GenTG Gentechnikgesetz i. d. Bek. v. 16.12.1993 (BGBl I S. 2066)
GenTG-ZustLVO M-V MV Gentechnikgesetz-Zuständigkeitslandesverordnung v. 25.2.2008 (GVOBl M-V S. 33)
GenTNotfV Gentechnik-Notfallverordnung v. 10.12.1997 (BGBl I S. 2882)
GenTSV Gentechnik-SicherheitsVO i. d. Bek. v. 14.3.1995 (BGBl I S. 297)
GenTVfV Gentechnik-Verfahrensverordnung i. d. Bek. v. 4.11.1996 (BGBl I S. 1657)
GenTZuVO RP Landesverordnung über Zuständigkeiten auf dem Gebiet der Gentechnik v. 14.6.2004 (GVBl S. 351)
GeoKostVO M-V MV Geologie-Kostenverordnung v. 31.3.2003 (GVOBl M-V S. 271)
GerOrgG Gerichtsorganisationsgesetz
BY v. 25.4.1973 (GVBl S. 189)
RP v. 5.10.1977 (GVBl S. 333)
GerPräsWG SH Gerichtspräsidiumswahlgesetz v. 6.1.2005 (GVOBl S. 26)
GerPsychFWV BB Gerontopsychiatrische Fachkraft-Weiterbildungsverordnung v. 8.2.2004 (GVBl II S. 125)
GerS Der Gerichtssaal (1.1849–116.1942)
ges. gesetzlich
Ges.; G Gesellschaft; Gesetz
GesBergV Gesundheitsschutz-Bergverordnung v. 31.7.1991 (BGBl I S. 1751)
GesBerVO NW VO über die gesonderte Berechnung nicht geförderter Investitionsaufwendungen für Pflegeeinrichtungen nach dem Landespflegegesetz v. 15.10.2003 (GV.NW S. 611)
GeschlKrG Ges. z. Bekämpfung d. Ge-

schlechtskrankheiten v. 23.7.1953 (BGBl I S. 700)
GeschMG Geschmacksmustergesetz i. d. Bek. v. 12.3.2004 (BGBl I S. 390)
GeschmMG Ges. betr. d. Urheberrecht an Mustern u. Modellen [Geschmacksmustergesetz] v. 11.1.1876 (RGBl S. 11)
GeschmMV Geschmacksmusterverordnung v. 11.5.2004 (BGBl I S. 884)
GeschOVfGH BY Geschäftsordnung d. Bay. Verfassungsgerichtshofs v. 18.12.1990 (GVBl 1991 S. 36)
GeschPrB HE Geschäftsprüfungsbestimmungen f. d. Gerichte und Staats- u. Amtsanwaltschaften v. 24.11.1975 (JMBl S. 598)
GeschStVO BY Geschäftsstellenverordnung v. 1.2.2005 (GVBl S. 40)
GeschVPl Geschäftsverteilungsplan
GeschZ Geschäftszeichen
GesEinhG Ges. z. Wiederherstellung der Gesetzeseinheit auf dem Gebiete des bürgerlichen Rechts v. 5.3.1953 (BGBl I S. 33)
GesFBZuVO RP Landesverordnung über Zuständigkeiten auf dem Gebiet der Gesundheitsfachberufe v. 4.11.2006 (GVBl S. 358)
GesKR Gesellschaft- und Kapitalmarktrecht (1.2006 ff.)
GesO Gesamtvollstreckungsordnung i. d. Bek. v. 23.5.1991 (BGBl I S. 1185)
GesR GesundheitsRecht (1.2002,1 ff.)
GesRZ Der Gesellschafter (1.1972 ff.)
GestStG BB Gestütsstiftungsgesetz v. 30.7.2001 (GVBl S. 106)
GesVO SL Schulordnung ü. d. Bildungsgang u. d. Abschlüsse d. Gesamtschule i. d. Bek. v. 24.8.2000 (ABl S. 1743)
GetrAuVÜV Getreide-Ausfuhr- und Verarbeitungsüberwachungsverordnung i. d. Bek. v. 5.5.1995 (BGBl I S. 593)
GetrG Getreidegesetz i. d. Bek. v. 3.8.1977 (BGBl I S. 1521)
GetrMKV Getreidemahlerzeugnis-Kennzeichnungsverordnung i. d. Bek. v. 3.2.1982 (BGBl I S. 137)

GetrMVAV Getreide-Mitverantwortungsabgabenverordnung i. d. Bek. v. 11.10.1991 (BGBl I S. 2002)
GEVerbTöD HE Hessisches Gesetz über Einkommensverbesserungen für Tarifbeschäftigte im öffentlichen Dienst des Landes Hessen v. 15.11.2007 (GVBl I S. 751)
GewAA Gewerbeaufsichtsamt
GewAnO BE Gewerberechtsanwendungsverordnung v. 26.1.1988 (GVBl S. 818)
GewAnzV Gewerbeanzeigen-Verordnung v. 19.10.1979 (BGBl I S. 1761)
GewArch Gewerbearchiv (1.1955 ff.)
GewArch Gewerbearchiv für das Deutsche Reich (1.1902–33.1935/36; dann: Dt. Gewerbe-Archiv)
GewerkMh s. GMH
GewO Gewerbeordnung i. d. Bek. v. 22.2.1999 (BGBl I S. 202)
GewPflPlVO SH Gewässerpflegeplanverordnung v. 17.6.1998 (GVOBl S. 213)
GewQV NW Gewässerqualitätsverordnung v. 1.6.2001 (GV.NW S. 227)
GewSchG Gewaltschutzgesetz v. 11.12.2001 (BGBl I S. 3513)
GewStÄR 1990 Gewerbesteuer-Änderungsrichtlinien 1990 v. 21.8.1990 (BStBl I Sondernr. 2/1990 S. 3)
GewStDV 1991 Gewerbesteuer-Durchführungsverordnung i. d. Bek. v. 21.3.1991 (BGBl I S. 831)
GewStG 1999 Gewerbesteuergesetz 1999 i. d. Bek. v. 19.5.1999 (BGBl I S. 1010)
GewStR 1990 Gewerbesteuer-Richtlinien 1990 i. d. Bek. v. 21.8.1990 (BStBl I Sondernr. 2/1990 S. 23)
GewV BY VO z. Durchf. d. Gewerbeordnung v. 24.9.1998 (GVBl S. 675)
GewZweiV BY VO ü. d. Gewässer zweiter Ordnung v. 19.3.1990 (GVBl S. 84)
GEZS s. ZuSEG
GfbZuVO SACH Zuständigkeitsverordnung Gesundheitsfachberufe v. 2.8.2006 (SächsGVBl S. 444)
GFD NW Ges. z. Fortentwicklung d. Datenschutzes v. 15.3.1988 (GV.NW S. 160)

GFG Graduiertenförderungsgesetz i. d. Bek. v. 22.1.1976 (BGBl I S. 207); Graduiertenförderungsgesetz; Gemeindefinanzierungsgesetz
GFK Genfer Flüchtlingskonvention
GflAusnV Geflügelfleischausnahmeverordnung v. 19.7.1976 (BGBl I S. 1857)
GflGebV Gebührenverordnung-Geflügelfleischhygiene v. 24.7.1973 (BGBl I S. 897)
GflHG Geflügelfleischhygienegesetz v. 17.7.1996 (BGBl I S.991)
GflHV Geflügelfleischhygiene-VO i. d. Bek. v. 21.12.2001 (BGBl I S. 4098)
GflKV VO ü. Geflügelfleischkontrolleure v. 24.7.1973 (BGBl I S. 899)
GflMindV Geflügelfleischmindestanforderungen-Verordnung i. d. Bek. v. 8.11.1976 (BGBl I S. 3097)
GflPestV Geflügelpest-Verordnung i. d. Bek. v. 21.12.1994 (BGBl I S. 3930)
GflUV Geflügelfleischuntersuchungsverordnung i. d. Bek. v. 3.11.1976 (BGBl I S. 3077)
GFRG Gemeindefinanzreformgesetz i. d. Bek. v. 6.2.1995 (BGBl I S. 189)
GFRGDVO BW VO z. Durchf. d. Gemeindefinanzreformgesetzes v. 17.2.1970 (GBl S. 51)
GFV Graduiertenförderungsverordnung i. d. Bek. v. 22.1.1976 (BGBl I S. 211)
GG Geschäftsgang; Grundgesetz f. d. Bundesrepublik Deutschland v. 23.5.1949 (BGBl S. 1)
GGAV Gefahrgut-Ausnahmeverordnung v. 23.6.1993 (BGBl I S. 994)
GGBefG Gefahrgutbeförderungsgesetz i. d. Bek. v. 29.9.1998 (BGBl I S. 3114)
GGBef-ZustVO NW Gefahrgutbeförderungszuständigkeitsverordnung v. 10.12.2002 (GV.NW S. 17)
GGKontrollV VO ü. d. Kontrollen v. Gefahrguttransporten a. d. Straße und i. d. Unternehmen v. 27.5.1997 (BGBl I S. 1306)
GGO Gemeinsame Geschäftsordnung
GGO ND Gemeinsame Geschäftsordnung der Landesregierung und der Ministerien in Niedersachsen i. d. Bek. v. 1.4.2004 (GVBl S. 107)
GGO I Gemeinsame Geschäftsordnung d. Bundesministerien, Allg. Teil (vom Kabinett am 8.1.1958 genehmigt)
GGO II Gemeinsame Geschäftsordnung d. Bundesministerien, Besonderer Teil i. d. Bek. v. 15.10.1976 (GMBl S. 550)
g.g.u. gelesen, genehmigt, unterschrieben
GGVBinSch Gefahrgutverordnung Binnenschifffahrt v. 31.1.2004 (BGBl I S. 136)
GGVE Gefahrgutverordnung Eisenbahn i. d. Bek. v. 22.12.1998 (BGBl I S. 3909)
GGVöD Gemeinschaft v. Gewerkschaften u. Verbänden d. öffentl. Dienstes
GGVS Gefahrgutverordnung Straße i. d. Bek. v. 22.12.1998 (BGBl I S. 3993)
GGVSE Gefahrgutverordnung Straße und Eisenbahn i. d. Bek. v. 3.1.2005 (BGBl I S. 36)
1. GGVSEÄndV Erste Verordnung zur Änderung der Gefahrgutverordnung Straße und Eisenbahn v. 24.3.2004 (BGBl I S. 485)
2. GGVSEÄndV Zweite Verordnung zur Änderung der Gefahrgutverordnung Straße und Eisenbahn v. 3.1.2005 (BGBl I S. 5)
GGVSee Gefahrgutverordnung See i. d. Bek. v. 6.1.2006 (BGBl I S. 138)
GGZ Geschäftsgangsbestimmungen f. d. Justizverwaltung. Amtl. Zusammenstellung nach d. Stande v. 16.2.1939
GGZustLVO M-V MV Gefahrgutzuständigkeitslandesverordnung v. 6.11.2006 (GVOBl M-V S. 826)
GGZustVOSE SH Gefahrgut-Zuständigkeitsverordnung-Straße-Eisenbahn v. 11.8.2003 (GVOBl S. 436)
GHBG NW Gesetz ü. d. Hilfen f. Blinde u. Gehörlose v. 25.11.1997 (GV.NW S. 436)
GHEG NW Gesamthochschulentwicklungsgesetz v. 30.5.1972 (GV.NW S. 134)
GHPO I BW Grund- und Hauptschullehrerprüfungsordnung I v. 22.7.2003 (GBl S. 432)
GHPO II BW Grund- und Hauptschulleh-

rerprüfungsordnung II v. 9.3.2007 (GBl S. 193)
GhVO Geschäftshausverordnung
  NW v. 22.1.1969 (GV.NW S. 168)
  RP v. 30.4.1976 (GVBl S. 144)
  SH v. 30.8.1984 (GVOBl S. 167)
GhVO Geschäftshausverordnung
  GHVO BW v. 15.8.1969 (GBl S. 229)
GI Gerling Information für wirtschaftsprüfende, rechts- und steuerberatende Berufe (1.1980 ff.)
GifthandelsVO BE Gifthandelsverordnung v. 19.8.1980 (GVBl S. 1964)
GiftVO Giftverordnung
  BE i. d. Bek. v. 8.9.1970 (GVBl S. 1744)
  HA v. 27.6.1978 (GVBl S. 215)
  NW v. 1.2.1984 (GV.NW S. 66)
GiP Gleichstellung in der Praxis
GjSM Ges. ü. d. Verbreitung jugendgefährdender Schriften und Medieninhalte v. 22.7.1997 (BGBl I S. 1876)
GKAR Ges. ü. Kassenarztrecht v. 17.8.1955 (BGBl I S. 513)
GKG Gerichtskostengesetz v. 5.5.2004 (BGBl I S. 718)
GkG NW Ges. ü. Kommunale Gemeinschaftsarbeit i. d. Bek. v. 1.10.1979 (GV.NW S. 621)
GKG-LSA LSA Ges. ü. Kommunale Gemeinschaftsarbeit i. d. Bek v. 26.2.1998 (GVBl LSA S. 81)
GKPO BY Gebärdensprachkursleiter-Prüfungsverordnung v. 17.10.2006 (GVBl S. 796)
GKrGV BY VO z. Vollz. d. Vorschriften z. Bekämpfung d. Geschlechtskrankheiten v. 2.7.1970 (GVBl S. 321)
GKV Gesetzliche Krankenversicherung;
  BW Ges. ü. d. Kommunalen Versorgungsverband Baden-Württemberg i. d. Bek. v. 16.4.1996 (GBl S. 395)
2. GKV-NOG Zweites Ges. z. Neuordnung v. Selbstverwaltung u. Eigenverantwortung i. d. gesetzlichen Krankenversicherung v. 23.6.1997 (BGBl I S. 1520)
GKV-SolG GKV-Solidaritätsstärkungsgesetz v. 19.12.1998 (BGBl I S. 3853)

GKWG SH Gemeinde- und Kreiswahlgesetz s. a. Gemeindewahlgesetz, Kommunalwahlgesetz i. d. Bek. v. 19.3.1997 (GVOBl S. 151)
GKWO SH Gemeinde- und Kreiswahlordnung v. 19.3.1997 (GVOBl S. 167)
GKZ Ges. ü. kommunale Zusammenarbeit
GkZ SH Gesetz über kommunale Zusammenarbeit i. d. Bek. v. 28.2.2003 (GVOBl S. 122) BW i. d. Bek. v. 16.9.1974 (GBl S. 408)
Gl. Gläubiger
gl. A. gleicher Ansicht
Glaser Entscheidungen aus dem Miet-, Wohnungs- und Grundstücksrecht, bearb. v. Glaser (1.1951–21.1971)
2. GleiBG Zweites Gleichberechtigungsgesetz v. 24.6.1994 (BGBl I S. 1406)
GleibWV Gleichstellungsbeauftragten-Wahlverordnung v. 6.12.2001 (BGBl I S. 3374)
GleiStatV Gleichstellungsstatistikverordnung v. 18.6.2003 (BGBl I S. 889)
GlG M-V MV Gleichstellungsgesetz i. d. Bek. v. 27.7.1998 (GVOBl M-V S. 697)
GLKrWO BY Gemeinde- und Landkreiswahlordnung v. 7.11.2006 (GVBl S. 852)
GLKWahlO NW VO ü. d. gemeinsame Durchf. v. Landtags- u. Kommunalwahlen v. 25.3.1990 (GV.NW S. 222)
gl. M. gleicher Meinung
Gl.-Nr. Gliederungs-Nummer
GLP Gute Laborpraxis = Good Laboratory Practice
GlüG LSA LSA Glücksspielgesetz v. 22.12.2004 (GVBl LSA S. 846)
GlüStV AG SH Gesetz zur Ausführung des Staatsvertrages zum Glücksspielwesen in Deutschland v. 13.12.2007 (GVOBl S. 524)
GlüStVAG M-V MV Glücksspielstaatsvertragsausführungsgesetz v. 14.12.2007 (GVOBl M-V S. 386)
GlVO Gleichstellungs-Verordnung v. 24.5.1968 (BGBl I S. 557)
GmbH Gesellschaft mit beschränkter Haftung

GmbHG Ges. betr. d. Gesellschaften m. beschränkter Haftung i. d. Bek. v. 20.5.1898 (RGBl S. 369)
GmbH i.A. Gesellschaft mit beschränkter Haftung im Aufbau
GmbH i.G. Gesellschaft mit beschränkter Haftung in Gründung
GmbHR GmbH-Rundschau (54.1963 ff.; vorher: Rundschau f. GmbH)
GmbH-Rdsch Rundschau für GmbH (1.1910–35.1944,15/18; 40.1949–53.1962; dann: GmbH-Rundschau) [37.1946–40.1949,4: Centrale-Rundschreiben]
GmbHRspr Die GmbH in der Rechtsprechung der deutschen Gerichte (1.1892/1911–4.1942)
GmbHStB Der GmbH-Steuer-Berater (1.1997 ff.)
GmbH u.Co. Gesellschaft mit beschränkter Haftung und Compagnie
GMBl Gemeinsames Ministerialblatt (1.1950 ff.)
GMBl Saar Gemeinsames Ministerialblatt Saarland (1.1968–2003); aufgegangen in: Amtsblatt des Saarlandes
GMG GKV-Modernisierungsgesetz v. 14.11.2003 (BGBl I S. 2190)
GMH Gewerkschaftliche Monatshefte (1.1950 ff.)
GmSOGB Gemeinsamer Senat d. obersten Gerichtshöfe d. Bundes
GNG Gesundheitseinrichtungen-Neuordnungs-Ges. v. 24.6.1994 (BGBl I S. 1416)
GnO Gnadenordnung
BE v. 23.7.1990 (ABl S. 1660)
BW v. 23.8.1989 (Justiz S. 369)
HE v. 3.12.1974 (GVBl I S. 587)
MV v. 19.12.1990 (Amtsbl M-V 1991 S. 79)
RP v. 7.11.1990 (JBl S. 213)
SH Gemeindeordnung für Schleswig-Holstein i. d. Bek. v. 28.2.2003 (GVOBl S. 57)
GnO NW NW v. 26.11.1975 (GV.NW 1976 S. 16)
GNOFÄ Grundsätze z. Neuorganisation d. Finanzämter u. z. Neuordnung d. Besteuerungsverfahrens (BStBl 1976 I S. 88)
GNT VO TS Nr. 11 / 58 ü. einen Tarif f. d. Güternahverkehr m. Kraftfahrzeugen v. 29.12.1958 (BAnz 1959 Nr. 1)
GO Gemeindeordnung; Geschäftsstellenordnung
BY Gemeindeordnung i. d. Bek. v. 22.8.1998 (GVBl S. 797)
HE Geschäftsstellenordnung d. Gerichte und Staatsanwaltschaften v. 17.10.1979 (JMBl S. 734)
NW Gemeindeordnung f. d. Land Nordrhein-Westfalen v. 14.7.1994 (GV.NW S. 666)
SH Gemeindeordnung i. d. Bek. v. 23.7.1996 (GVOBl S. 529)
GO Geschäftsordnung
GoA Geschäftsführung ohne Auftrag
GOÄ Gebührenordnung f. Ärzte i. d. Bek. v. 9.2.1996 (BGBl I S. 210)
GoB Grundsätze ordnungsmäßiger Buchführung
GOBAG Geschäftsordnung d. Bundesarbeitsgerichts v. 8.4.1960 (BAnz Nr. 76)
GOBFH Geschäftsordnung d. Bundesfinanzhofs, in Kraft seit d. 1.1.1971 (BAnz 1974 Nr. 80 S. 6)
GOBGH Geschäftsordnung d. Bundesgerichtshofs v. 3.3.1952 (BAnz Nr. 83)
GOBPersA Geschäftsordnung d. Bundespersonalausschusses i. d. Bek. v. 25.6.1956 (GMBl 1958 S. 461)
GOBR Geschäftsordnung d. Bundesrates i. d. Bek. v. 10.6.1988 (BGBl I S. 857)
GOBReg Geschäftsordnung d. Bundesregierung v. 11.5.1951 (GMBl S. 137)
GO-BRH Geschäftsordnung d. Bundesrechnungshofs v. 21.12.1987 (MinBlFin S. 116)
GOBSG Geschäftsordnung d. Bundessozialgerichts v. 6.7.1981 (BAnz Nr. 129)
GO-BT Geschäftsordnung d. Deutschen Bundestages i. d. Bek. v. 15.12.1994 (BGBl 1995 I S. 11)
GOBVerfG Geschäftsordnung d. Bundesverfassungsgerichts i. d. Bek. v. 15.12.1986 (BGBl I S. 2529)

GODVO SH Landesverordnung zur Durchführung der Gemeindeordnung v. 25.2.2003 (GVOBl S. 52)

GOG SH Gerichtsorganisationsgesetz v. 24.10.1984 (GVOBl S. 192)

GOGA Gebührenordnung f. Garten- u. Landschaftsarchitekten

GOGut ND Gebührenordnung f. Gutachterausschüsse u. deren Geschäftsstellen nach d. Baugesetzbuch v. 22.4.1997 (GVBl S. 119)

GOL HE Geschäftsordnung d. Hessischen Landesregierung v. 10.2.1995 (GVBl I S. 114)

GoldSilberschmiedMstrV Gold- und Silberschmiedemeisterverordnung v. 8.5.2003 (BGBl I S. 672)

GO-LebensmBG ND Gebührenordnung für die amtliche Lebensmittel- und Bedarfsgegenständeuntersuchung v. 16.12.2003 (GVBl S. 475)

GOLR MV Geschäftsordnung d. Landesregierung v. 21.2.1995 (GVOBl M-V S. 115)

GOLReg ND Geschäftsordnung d. Nieders. Landesregierung i. d. Bek. v. 7.2.1995 (GVBl S. 45)

GoltdA Archiv für Strafrecht (ab 47.1899) und Strafprozeß, begr. v. Goltdammer (28.1880–77.1933; dann: Dt. Strafrecht; anfangs: Arch. f. gemeines dt. u. f. preuß. Strafrecht); Goltdammer's Archiv f. Strafrecht (1953 ff.; vorher: Dt. Strafrecht)

GOReg SL Geschäftsordnung der Regierung des Saarlandes v. 15.2.2005 (ABl S. 504)

GOrgG Gerichtsorganisationsgesetz
BW v. 3.3.1976 (GBl S. 199)
HE i. d. Bek. v. 10.12.1976 (GVBl I S. 539)
ND i. d. Bek. v. 8.6.1978 (GVBl S. 533)

GoS Grundsätze ordnungsmäßiger Speicherbuchführung, Schreiben d. BMF v. 5.7.1978. Anl. (VSF S 09 37)

GOSTV BB Gymnasiale-Oberstufe-Verordnung v. 30.6.1997 (GVBl II S. 658)

GOS-VO SL VO – Schul- und Prüfungsordnung – über die gymnasiale Oberstufe und die Abiturprüfung im Saarland v. 2.7.2007 (ABl S. 1315)

GOT Tierärztegebührenordnung v. 28.7.1999 (BGBl I S. 1691)

GOVermA Gemeinsame Geschäftsordnung d. Bundestags u. d. Bundesrates f. d. Ausschuß nach Art. 77 d. Grundgesetzes (Vermittlungsausschuß) v. 19.4.1951 (BGBl. II S. 103)

GOZ Gebührenordnung f. Zahnärzte v. 22.10.1987 (BGBl I S. 2316)

GPAG BW Gemeindeprüfungsanstaltsgesetz i. d. Bek. v. 14.7.1983 (GBl S. 394)

GPatG Gemeinschaftspatentgesetz v. 26.7.1979 (BGBl I S. 1269)

GPl Gruppierungsplan = Anl. 2 zu den VV-HB

GPR Zeitschrift für Gemeinschaftsprivatrecht (1.2003/04 ff.)

GPSBenennVO HA Geräte- und Produktsicherheits-Benennungsverordnung v. 19.7.2005 (GVBl S. 346)

GPSG Geräte- und Produktsicherheitsgesetz v. 6.1.2004 (BGBl I S. 2)

GPSGBenennVO SH Geräte- und Produktionssicherheits-Benennungsverordnung v. 22.10.2005 (GVOBl S. 519)

10. GPSGV VO über das Inverkehrbringen von Sportbooten v. 9.7.2004 (BGBl I S. 1605)

GPSGZustLVO M-V MV Landesverordnung über die Zuständigkeiten nach dem Geräte- und Produktsicherheitsgesetz und der auf der Grundlage dieses Gesetzes erlassenen Verordnungen v. 3.5.2005 (GVOBl M-V S. 236)

GPSZuVO BW Geräte- und Produktsicherheits-Zuständigkeitsverordnung v. 3.1.2005 (GBl S. 86)

GQZVO SH Gewässerqualitätszielverordnung v. 19.4.2001 (GVOBl S. 53)

GQZVO M-V MV Gewässerqualitätszielverordnung v. 11.6.2001 (GVOBl M-V S. 167)

Grad FG LSA Graduiertenförderungsgesetz i. d. Bek. v. 30.7.2001 (GVBl LSA S. 318)

GradV BB Graduiertenförderungsverordnung v. 15.9.2000 (GVBl II S. 325)
GräbG Gräbergesetz v. 1.7.1965 (BGBl I S. 589)
GräbPauschSV 1987/1988 VO ü. d. Pauschsätze f. Instandsetzung u. Pflege d. Gräber im Sinne d. Gräbergesetzes f. d. Haushaltsjahre 1987 u. 1988 v. 7.11.1988 (BGBl I S. 2115)
GräbVersammlV BB Gräberstätten-Versammlungsverordnung v. 6.11.2007 (GVBl II S. 460)
GrbezVO BW Grundamtsbezeichnungsverordnung v. 28.1.1988 (GBl S. 90)
grds. grundsätzlich
GrdstVG Grundstücksverkehrsgesetz v. 28.7.1961 (BGBl I S. 1091)
GrdstVO-DDR DDR Grundstücksverkehrsordnung v. 15.12.1977 (GBl 1978 I S. 73; BGBl 1990 II S. 1167)
GrdstVV Grundstücksverkehrsverordnung i. d. Bek. v. 18.4.1991 (BGBl I S. 999)
Gremien VOBA BW VO des Wissenschaftsministeriums über gemeinsame Gremien der Berufsakademien v. 4.8.2006 (GBl S. 284)
GrEStAufbG HA Ges. ü. Grunderwerbsteuerbefreiungen b. Aufbau d. Freien- und Hansestadt Hamburg i. d. Bek. v. 27.3.1962 (GVBl S. 81)
GrEStG Grunderwerbsteuergesetz i. d. Bek. v. 26.2.1997 (BGBl I S. 418)
BE v. 18.7.1969 (GVBl S. 1034)
RP v. 1.6.1970 (GVBl S. 166)
SH i. d. Bek. v. 3.2.1967 (GVOBl S. 20)
GrEStG 1966 HA i. d. Bek. v. 26.4.1966 (GVBl S. 129)
GrEStG 1970 SL i. d. Bek. v. 3.3.1970 (ABl S. 158)
GrEStGemG NW Ges. ü. Befreiung d. Grunderwerbs zu gemeinnützigen, mildtätigen und kirchlichen Zwecken v. d. Grunderwerbsteuer v. 14.7.1964 (GV.NW S. 258)
GrEStVG BR Grunderwerbsteuerverteilungsgesetz v. 6.9.1983 (GBl S. 457)
GrEStWoBauG NW Ges. ü. Grunderwerbsteuerbefreiung f. d. Wohnungsbau i. d. Bek. v. 20.7.1970 (GV.NW S. 620)
GrFG NW NW Graduiertenförderungsgesetz Nordrhein-Westfalen v. 26.6.1984 (GV.NW S. 363)
GrFV-NW NW Graduiertenförderungsverordnung v. 17.7.1984 (GV.NW S. 416)
GRG Gesundheits-Reformgesetz v. 20.12.1988 (BGBl I S. 2477)
GrLastVO BY Gruppenlastverteilungs-Verordnung v. 21.4.1987 (GVBl S. 125)
Gro MiKV Großkredit- u. Millionenkreditverordnung v. 29.12.1997 (BGBl I S. 3418)
GROVerfV Raumordnungsverfahren
BB Gemeinsame Raumordnungsverfahrensverordnung v. 24.1.1996 (GVBl II S. 82)
BE VO ü. d. einheitliche Durchführung v. Raumordnungsverfahren i. gemeinsamen Planungsraum Berlin/Brandenburg v. 24.1.1996 (GVBl S. 90)
GR-Report Grundrechte-Report (1997 ff.)
GrRG-H ND Großraumgesetz Hannover i. d. Bek. v. 2.11.1977 (GVBl S. 569)
GrSiDAV Grundsicherungs-Datenabgleichsverordnung v. 27.7.2005 (BGBl I S. 2273)
GrSSt Großer Senat in Strafsachen
GrStAnerkV BY Grundsteuer-Anerkennungsverordnung v. 9.12.1975 (GVBl S. 393)
GrStG Grundsteuergesetz v. 7.8.1973 (BGBl I S. 965)
GrStR 1978 Grundsteuer-Richtlinien 1978 v. 9.12.1978 (BStBl I S. 553)
GrSZ Großer Senat in Zivilsachen
Gruchot Beiträge zur Erläuterung des (bis 15.1871: Preußischen) Deutschen Rechts, begr. v. Gruchot (1.1857–73.1933)
GrünanlG BE Grünanlagengesetz v. 24.11.1997 (GVBl S. 612)
GrundbG SACH Grundbuchgesetz v. 13.6.1991 (SächsGVBl S. 153)
GrundE s. GE
1. GrundMV Erste Grundmietenverordnung v. 17.6.1991 (BGBl I S. 1269)

GrundRÄndG Grundstücksrechtsänderungsgesetz v. 2.11.2000 (BGBl I S. 1481)
GrundRBerG Grundstücksrechtsbereinigungsgesetz v. 26.10.2001 (BGBl I S. 2716)
GrundVtr Vertrag v. 21.12.1972 ü. d. Grundlagen d. Beziehungen zwischen d. Bundesrepublik Deutschland u. d. Deutschen Demokratischen Republik (BGBl 1973 II S. 421)
GrundVZÜV Grundstücksverkehrsgenehmigungszuständigkeitsübertragungsverordnung v. 19.12.2003 (BGBl I S. 2810)
GRUR Gewerblicher Rechtsschutz und Urheberrecht (1.1896–49.1944; 50.1948 ff.)
GRUR Ausl Gewerblicher Rechtsschutz und Urheberrecht, Auslands- und internationaler Teil (1952–1969; dann: Internat. Teil)
GRUR Int Gewerblicher Rechtsschutz und Urheberrecht, Internationaler Teil (1970 ff.; vorher: Auslands- u. internat. Teil)
GRUR-RR Gewerblicher Rechtsschutz u. Urheberrecht/Rechtsprechungs-Report (1.2001 ff.)
GruWAG SH Grundwasserabgabengesetz v. 14.2.1994 (GVOBl S. 141)
GruWaSteuV BE Grundwassersteuerungsverordnung v. 10.10.2001 (GVBl S. 546)
GRV Gesetzliche Rentenversicherung
GrVG Ges. ü. d. verbilligte Veräußerung, Vermietung und Verpachtung v. Grundstücken, bundeseigenen v. 16.7.1971 (BGBl I S. 1005)
GRW Ges. ü. d. Gemeinschaftsausgabe „Verbesserung d. regionalen Wirtschaftsstruktur" v. 6.10.1969 (BGBl I S. 1861)
GRW 1977 Wettbewerbe auf den Gebieten der Raumplanung, der Städtebauer u. des Bauwesens
GS Gedächtnisschrift; Großer Senat;
 HA Gesetzsammlung der Freien und Hansestadt Hamburg (1.1865–57.1920; dann: Hamburgisches Gesetz- u. Verordnungsblatt)
 PR Gesetz-Sammlung für die Kgl. Preußischen Staaten (1810–1906; dann: Preußische Gesetzsammlung)
GSBFSVO M-V MV Gesundheits- und Sozialpflege-Berufsfachschulverordnung v. 20.4.2006 (GVOBl M-V S. 413)
GSFKlGebO BW Grundschulförderklassen-Gebührenordnung v. 1.8.1997 (GBl S. 378)
GSG Gerätesicherheitsgesetz i. d. Bek. v. 11.5.2001 (BGBl I S. 866); BY Gesundheitsschutzgesetz v. 20.12.2007 (GVBl S. 919)
GSGZuVO BW Gerätesicherheits-Zuständigkeitsverordnung v. 15.4.2003 (GBl S. 249)
GSiG Gesetz. ü. eine bedarfsorientierte Grundsicherung im Alter u. bei Erwerbsminderung v. 26.6.2001 (BGBl I S. 1335)
GS. II Schl.-H. SH Sammlung des schleswig-holsteinischen Landesrechts. Neuaufl. Rechtsvorschriften gültig am 31.12.1971. Bd. 1–3 (u.) Fundstellennachweis (1973)
GS Meckl-Vorp Gesetzsammlung
GS.NW Sammlung des bereinigten Landesrechts Nordrhein-Westfalen. 1945–1956. (= Gesetz- u. Verordnungsblatt f. d. Land Nordrhein-Westfalen 1957, Sonderbd.)
GSO Geheimschutzordnung
GSÖA M-V MV Gesetz über die Errichtung eines Sondervermögens „Sanierung ökologischer Altlasten in Mecklenburg-Vorpommern" v. 14.4.2003 (GVOBl M-V S. 234)
GS PrüfV Gerätesicherheits-Prüfstellenverordnung i. d. Bek. v. 15.1.1986 (BGBl I S. 124)
GS. Schl.-H. SH Sammlung des schleswig-holsteinischen Landesrechts. Bd. 1. 2. (1963)
GSt Geschäftsstelle
GStA Generalstaatsanwalt
GstG SH Gleichstellungsgesetz v. 13.12.1994 (GVOBl S. 562)
GStO NW Geschäftsstellenordnung f. d. Gerichte d. Ordentliche Gerichtsbarkeit

u. f. d. Staatsanwaltschaften
v. 25.11.1980 (JMBl S. 277)
GStVO-ArbG BY VO ü. d. Geschäftsstellen
d. Gerichte f. Arbeitssachen v. 14.12.1982
(GVBl S. 1124)
GStZV BB Gefahrstoffzuständigkeitsverordnung v. 28.10.1995 (GVBl II S. 658)
GT Gebührentarif
GtG NW Gemeinheitsteilungsgesetz
v. 28.11.1961 (GV.NW S. 319)
GTK NW Ges. ü. Tageseinrichtungen f.
Kinder v. 29.10.1991 (GV.NW S. 380)
GTV Gefangenentransportvorschrift (in Kraft seit d. 1.4.1963) (bundeseinheitlich vereinbart)
GtV Gemeinschaft tariffähiger Verbände
GTVBay BY Dienstvorschrift f. d. Gefangenentransport v. 23.10.1963 (MABl S. 539)
GTZ Deutsche Gesellschaft f. Techn. Zusammenarbeit
GüFernVkG Ges. ü. d. Güterfernverkehr m. Kraftfahrzeugen [Güterfernverkehrsgesetz] v. 26.6.1935 (RGBl I S. 788)
GÜG Grundstoffüberwachungsgesetz
v. 7.10.1994 (BGBl I S. 2835)
GÜG-KostV Grundstoff-Kostenverordnung
v. 26.4.2004 (BGBl I S.642)
GüKBillBG Gesetz. z. Bekämpfung d. illegalen Beschäftigung i. gewerblichen Güterkraftverkehr v. 2.9.2001 (BGBl I S. 2272)
GüKG Güterkraftverkehrsgesetz v. 22.6.1998 (BGBl I S. 1485)
GüKGrenzV VO ü. d. grenzüberschreitenden Güterkraftverkehr v. 17.7.1974 (BGBl I S. 1513)
GüKHöZV Höchstzahlen-Verordnung GüKG v. 9.12.1986 (BGBl I S. 2452)
GüKTV Tarifüberwachungs-Verordnung GüKG v. 11.12.1984 (BGBl I S. 1518)
GüKUMT VO TSU Nr. 3 / 83 ü. d. Güterverkehrstarif f. d. Umzugsverkehr u. f. d. Beförderung v. Handelsmöbeln in besonders f. d. Möbelbeförderung eingerichteten Fahrzeugen im Güterfernverkehr u. Güternahverkehr v. 3.8.1983 (BAnz Nr. 151)

GüKVO DDR VO ü. d. Güterkraftverkehr
v. 20.6.1990 (GBl I S. 580; BGBl II S. 1223)
GüKWV Werkfernverkehrs-Verordnung Güterkraftverkehrsgesetz v. 11.7.1973 (BGBl I S. 758)
GülleVO HA Gülleverordnung
v. 12.11.1991 (GVBl I S. 359)
GültL ND Listen der geltenden niedersächsischen Verwaltungsvorschriften. RdErl v. 16.12.1960 (MBl S. 922)
Gültl Listen d. geltenden niedersächsischen Verwaltungsvorschriften. RdErl v. 16.12.1960 (MBl S. 922)
GültVerz Gültigkeitsverzeichnis. Gesetze, Rechtsverordnungen, Verwaltungsvorschriften d. Landes Baden-Württemberg 1982 [=GABl, Beil.]; BW Gesetze, Rechtsverordnungen, Verwaltungsvorschriften d. Landes Baden-Württemberg. 1982 [= GABl, Beil.]
GüVO Gülleverordnung
  BR v. 25.4.1989 (GBl S. 199)
  SL v. 8.11.1966 (ABl S. 805)
GÜVO
  BY Gebäudeübernahmeverordnung v. 10.10.2005 (GVBl S. 521)
  SL Güteüberwachungsverordnung v. 8.11.1966 (ABl S. 805)
GUG Gesamtvollstreckungs-Unterbrechungsgesetz i. d. Bek. v. 23.5.1991 (BGBl I S. 1191)
GuG Grundstücksmarkt und Grundstückswert (1.1990 ff.)
GuG-aktuell Grundstücksmarkt u. Grundstückswert. Informationsdienst zur Zeitschrift Grundstücksmarkt u. Grundstückswert (1.1994 ff.)
GuT Gewerbemiete und Teileigentum
GutachterausschußV BY VO ü. d. Gutachterausschüsse, d. Kaufpreissammlungen und d. Bodenwerte nach d. Bundesbaugesetz v. 5.3.1980 (GVBl S. 153)
GUTV Gemeinde-Unfallversicherungsverband
GutVO SL Gutachterausschußverordnung v. 21.8.1990 (ABl S. 957)

GUVG BB Gesetz ü. d. Bildung v. Gewässerunterhaltungsverbänden v. 13.3.1995 (GVBl I S. 14)

GUVO M-V MV Gemeinschaftsunterkunftsverordnung v. 6.7.2001 (GVOBl M-V S. 296)

GUZ BB Gesetz ü. Unschädlichkeitszeugnisse im Grundstücksverkehr v. 8.1.1996 (GVBl I S. 2)

GV Gerichtsvollzieher

GV BB Grundschul(ver)ordnung v. 2.8.2001 (GVBl II S. 292)

GVABl Bln BE Gesetz-, Verordnungs- und Amtsblatt für die Stadtbezirke Mitte, Prenzlauer Berg, Friedrichshain ... von Berlin (1.1990)

GVAVO M-V MV Gerichtsvollzieherpauschsätzeverordnung v. 8.10.1997 (GVOBl M-V S. 557)

GVBEntschV 2001–2003 BY GerichtsvollzieherbürokostenentschädigungsVO 2001–2003 v. 21.8.2007 (GVBl S. 630)

GVBl Gesetz- u. Verordnungsblatt f. d. Land Hessen (bis 1946,32/33: für Groß-) Hessen (1945/46 ff.; ab 1962,9 geteilt in: Teil I u. II; Teil II s. Sammlung d. bereinigten hess. Landesrechts); Gesetz- u. Verordnungsblatt für das Land Thüringen (1.1990–4.1993; dann: Gesetz- u. Verordnungsblatt für den Freistaat Thüringen); Hamburgisches Gesetz- u. Verordnungsblatt (1921–1938,21; 1946,24 ff.; 1938–1946,23: Hamburgisches Verordnungsblatt); Niedersächsische Gesetz- u. Verordnungsblatt (1.1947 ff.); RP Gesetz- und Verordnungsblatt (bis 8.1954: der Landesregierung Rheinland-Pfalz) für das Land Rheinland-Pfalz (2.1948 ff.; vorher: Verordnungsblatt d. Landesreg. Rheinland-Pfalz)

GVBl (BE) Gesetz- und Verordnungsblatt für Berlin (7.1951,17 ff.; vorher: Verordnungsblatt f. Berlin, T. 1)

GVBl I Gesetz- und Verordnungsblatt für das Land Brandenburg: Teil I – Gesetze (1990 ff.)

GVBl II Gesetz- und Verordnungsblatt für das Land Brandenburg: Teil II – Verordnungen (1992 ff.); HE Sammlung des bereinigten hessischen Landesrechts (= Gesetz- u. Verordnungsblatt f. d. Land Hessen, Teil 2) (LoseblSlg) (1962 ff.)

GVBl LSA LSA Gesetz- und Verordnungsblatt für das Land Sachsen-Anhalt (1.1990 ff.)

GVBl RP 1966 Sammlung des bereinigten bayerischen Rechts für den Regierungsbezirk Pfalz. 1814–1945 (= Gesetz- u. Verordnungsblatt f. d. Land Rheinland-Pfalz 1966, Sondernr. Pfalz)

GVBl RP 1968 Sammlung des bereinigten preußischen, nassauischen und oldenburgischen Rechts für die Regierungsbezirke Koblenz, Trier, Montabaur. 1814 (1816)–1945 (= Gesetz- u. Verordnungsbl. f. d. Land Rheinland-Pfalz 1968, Sondernr. Koblenz, Trier, Montabaur)

GVBl RP 1970 Sammlung des bereinigten hessischen Rechts für den ehemaligen Regierungsbezirk Rheinhessen. 1814–1945 (= Gesetz- u. Verordnungsbl. f. d. Land Rheinland-Pfalz 1970, Sondernr. Rheinhessen)

GVBl RP 1972 Sammlung des als Landesrecht fortgeltenden ehemaligen Reichsrechts (= Gesetz- u. Verordnungsblatt für das Land Rheinland-Pfalz 1972, Sondernr. Reichsrecht)

GVBl Sb I Sammlung des bereinigten Berliner Landesrechts. Bd. I: Sammlung des in Berlin geltenden preußischen Rechts 1806–1945; Bd. II: Sammlung des bereinigten Berliner Landesrechts 1945–1967.1.2; Bd. III: Sammlung des in Berlin geltenden ehemaligen Reichsrechts, das Berliner Landesrecht geworden ist, und der geltenden ehemaligen Ortssatzungen (= Gesetz- u. Verordnungsblatt f. Berlin. Sonderbd. I-III (1966–76)

GVBl Sb I (bzw. II oder III) Sammlung des bereinigten niedersächsischen Rechts. Bd. I: 9.5.1945–31.12.1958; Bd. II: 1.1.1919–8.5.1945; Bd. III: 1.1.1806–31.12.1918 (= Niedersächsisches Gesetz-

und Verordnungsblatt. Sonderbd. I-III nebst Nachtr. zu I)

GVEntschV Gerichtsvollzieherentschädigungsverordnung
BB v. 27.12.1999 (GVBl II 2000 S. 44)
BY v. 15.10.1998 (GVBl S. 893)

GVEntschVO
LSA VO z. Abgeltung d. Gerichtsvollzieher-Bürokosten v. 4.8.1998 (GVBl LSA S. 358)
ND VO zur Abgeltung der Bürokosten im Gerichtsvollzieherdienst v. 1.12.1998 (GVBl S. 703)
NW VO z. Abgeltung d. Bürokosten d. Gerichtsvollzieherinnen und Gerichtsvollzieher v. 28.5.1998 (GV.NW S. 434)

GVFG Gemeindeverkehrsfinanzierungsgesetz i. d. Bek. v. 28.1.1988 (BGBl I S. 100)

GVG Gerichtsverfassungsgesetz i. d. Bek. v. 9.5.1975 (BGBl I S. 1077)

GVGA Geschäftsanweisung f. Gerichtsvollzieher. Gültig ab 1.4.1980 (bundeseinheitl. vereinbart)

GVGebAntVO BW VO des Justizministeriums zur Abgeltung von Bürokosten im Gerichtsvollzieherdienst 2007 v. 10.9.2007 (GBl S. 412)

GVKA NW Grundstücksverkehrsanordnungen v. 23.10.1975 (SMBl.NW 6410)

GvKostG Ges. ü. Kosten d. Gerichtsvollzieher v. 26.7.1957 (BGBl S. 861, 887)

GVKostGr Gerichtsvollzieherkostengrundsätze (bundeseinheitlich vereinbart)

GvKostRNeuOG Gesetz z. Neuordnung d. Gerichtsvollzieherkostenrechts v. 19.4.2001 (BGBl S. 623)

GV.NW NW Gesetz- und Verordnungsblatt für das Land Nordrhein-Westfalen (1.1947 ff.; vorher: Mitteilungs- u. Verordnungsblatt f. d. Land Nordrhein-Westfalen)

GVO Gerichtsvollzieherordnung. Gültig ab 1.4.1980 (bundeseinheitlich vereinbart)

GVOBl s. GVBl

GVOBl M-V MV Gesetz- und Verordnungsblatt für Mecklenburg-Vorpommern (1.1991 ff.)

GVOBl Schl.-H. SH Gesetz- und Verordnungsblatt für Schleswig-Holstein (1947 ff.)

GVOGebV BB Grundstücksverkehrs-Gebührenverordnung v. 17.2.1995 (GVBl II S. 244)

GVRS SL Ges. ü. d. Veranstaltung v. Rundfunksendungen im Saarland v. 2.12.1964 (ABl S. 1111)

GVSVO HE Gefahrenverhütungsschauverordnung v. 25.4.2005 (GVBl I S. 264)

gVV gemeinschaftliches Versandverfahren

GVWA NW Grundstücksverwaltungsanordnungen v. 15.9.1975 (SMBl.NW 6410)

GVZAPO M-V MV Gerichtsvollzieher Ausbildungs- und Prüfungsordnung v. 21.9.1998 (GVOBl M-V S. 825)

GW Gemeinnütziges Wohnungswesen (3.1950–34.1981; vorher: Gemeinnützige Wohnungswirtschaft)

GWB Gesetz gegen Wettbewerbsbeschränkungen i. d. Bek. v. 15.7.2005 (BGBl I S. 2114)

GWG BY Gemeindewahlgesetz i. d. Bek. v. 17.9.1989 (GVBl S. 485) (s.a. Gemeinde- u. Kreiswahlgesetz, Kommunalwahlgesetz)

GwG Geldwäschegesetz v. 25.10.1993 (BGBl I S. 1770)

GWO BY Gemeindewahlordnung i. d. Bek. v. 12.9.1989 (GVBl S. 522)

g.w.o. gesehen wie oben

GWOG BR Grenzwertortsgesetz v. 3.7.1997 (GBl S. 289)

GYIL German Yearbook of International Law (19.1976 ff.; vorher: Jahrbuch f. internat. Recht)

GymErrichtV BY Gymnasialerrichtungsverordnung v. 29.7.2006 (GVBl S. 698)

GZR Gewerbezentralregister

GZRVwV Allgemeine Verwaltungsvorschrift z. Durchführung d. Titels XI – Gewerbezentralregister – d. Gewerbeordnung
1. Allg. Verwaltungsvorschrift z. Durchführung d. Titels XI – Gewerbezentralregister – d. Gewerbeordnung

v. 29.7.1985 (BAnz Nr. 31); 2. Allg. Verwaltungsvorschrift z. Durchführung d. Titels XI – Gewerbezentralregister – d. Gewerbeordnung Ausfüllanleitung i. d. Bek. v. 29.7.1985 (BAnz Nr. 35)
GZT Gemeinsamer Zolltarif
GZVJu BY Gerichtliche Zuständigkeitsverordnung Justiz v. 16.11.2004 (GVBl S. 471)

H

HA Hauptausschuss d. Parlamentarischen Rates
HaagBeweisÜ [Haager] Übk. ü. d. Beweisaufnahme im Ausland in Zivil- und Handelssachen v. 18.3.1970 (BGBl 1977 II S. 1452, 1472)
HaagEheschlAbk [Haager] Abk. z. Regelung d. Geltungsbereichs d. Gesetze auf d. Gebiete d. Eheschließung v. 12.6.1902 (RGBl 1904 S. 221)
HaagEntmündAbk [Haager] Abk. ü. d. Entmündigung und gleichartige Fürsorgemaßregeln v. 17.7.1905 (RGBl 1912 S. 463)
HaagLegÜbk s. HLÜ
HaagLKO [Haager] Abk., betr. d. Gesetze und Gebräuche d. Landkriegs v. 18.10.1907 (RGBl 1910 S. 107)
HaagLÜ Übk. z. Befreiung ausländischer öffentlicher Urkunden v. d. Legalisation v. 5.10.1961 (BGBl 1965 II S. 875)
HaagMA Haager Abkommen ü. d. internat. Hinterlegung gewerbl. Muster oder Modelle v. 6.11.1925 (RGBl 1937 II S. 583, 617) i. d. Bek. v. 10.9.1987 (BGBl II S. 546)
HaagMindjÜ Minderjährigenschutzübereinkommen v. 5.10.1961 (BGBl 1971 II S. 217)
HaagNeutrAbk [Haager] Abk. betr. d. Rechte und Pflichten d. neutralen Mächte und Personen im Falle eines Landkriegs v. 18.10.1907 (RGBl 1910 S. 151)
HaagUnterhÜ Unterhaltstatutsübereinkommen v. 2.10.1973 (BGBl 1986 II S. 837)
HaagVormAbk Abk. z. Regelung d. Vormundschaft über Minderjährige v. 12.6.2002 (RGBl 1904 S. 249)
HaagZivPrÜbk s. HaagZPÜ
HaagZPÜ Übk. ü. d. Zivilprozess v. 1.3.1954 (BGBl 1958 II S. 576)
HaagZustÜ Übk. ü. d. Zustellung gerichtlicher und außergerichtlicher Schriftstücke im Ausland in Zivil- oder Handelssachen v. 15.11.1965 (BGBl 1977 II S. 1452)
HaagZustÜbk s. HaagZustÜ
HABauVO RP LandesVO ü. Anforderungen a. Hersteller v. Bauprodukten u. Anwender v. Bauarten v. 16.7.2001 (GVBl S. 179)
HAbfAbgG HE Hess. Abfallwirtschafts- und Altlastengesetz i. d. Bek. v. 10.7.1989 (GVBl I S. 197)
HAbfAG HE Hess. Abfallwirtschafts- u. Altlastengesetz i. d. Bek. v. 10.7.1989 (GVBl I S. 197)
HAbfG HE Hess. Abfallgesetz i. d. Bek. v. 11.12.1985 (GVBl 1986 I S. 18)
HABM Amtsblatt Harmonisierungsamt für den Binnenmarkt (1995 ff.)
HAbwAG HE Hess. Ausführungsgesetz zum Abwasserabgabengesetz v. 29.9.2005 (GVBl I S. 664)
HaDÜV BR Hafendatenübermittlungsverordnung v. 23.9.1997 (GBl S. 341)
HÄndG HA Hochschulrechtsänderungsgesetz v. 18.4.1991 (GVBl S. 139)
HärteV VO ü. Zusatzleistungen in Härtefällen nach d. Bundesausbildungsförderungsgesetz v. 15.7.1974 (BGBl I S. 1449)
HafenGebO HA Hafengebührenordnung v. 3.1.2006 (GVBl S. 4)
HafenSG HA Hafensicherheitsgesetz v. 6.10.2005 (GVBl S. 424)
HafenVO BW Hafenverordnung v. 10.1.1983 (GBl S. 41)
HAfG Holzabsatzfondsgesetz i. d. Bek. v. 6.10.1998 (BGBl I S. 3130)
HafOBrhv BR Bremerhavener Hafenordnung v. 9.3.2006 (GBl. S. 133)

HAföG HE Hess. Ausbildungsförderungsgesetz v. 11.7.1984 (GVBl I S. 188)

HAfV Holzabsatzfondsverordnung v. 4.1.1999 (BGBl I S. 2)

HafVO Hafenverordnung SH v. 15.12.1998 (GVOBl S. 503)

HafVO M-V MV v. 17.5.2006 (GVOBl. M-V S. 355)

HAG Heimarbeitsgesetz v. 14.3.1951 (BGBl I S. 191); Hessisches Ausführungsgesetz

HAG/BSHG HE Hessisches Ausführungsgesetz z. Bundessozialhilfegesetz i. d. Bek. v. 16.9.1970 (GVBl I S. 573)

HAG/LMG Hessisches Ausführungsgesetz z. Lebensmittel- und Bedarfsgegenstandsgesetz v. 16.6.1961 (GVBl II 355–13)

HAGTierNebG HE Hessisches Ausführungsgesetz zum Tierische Nebenprodukte-Beseitigungsgesetz v. 19.7.2005 (GVBl I S. 542)

HaInfoV BR Hafeninformationsverordnung v. 27.6.2001 (GBl S. 227)

HAKA HE Hessisches Ausführungsgesetz zum Kreislaufwirtschafts- und Abfallgesetz i. d. Bek. v. 20.7.2004 (GVBl I S. 252)

HalblSchAnmV Halbleiterschutzanmeldungsverordnung v. 4.11.1987 (BGBl I S. 2361)

HalblSchG Halbleiterschutzgesetz v. 22.10.1987 (BGBl I S. 2294)

HalblSchV Halbleiterschutzverordnung v. 11.5.2004 (BGBl I S. 894)

Halbs.; Hs. Halbsatz

HAltBodSchG HE Hessisches Altlasten- und Bodenschutzgesetz v. 28.9.2007 (GVBl I S. 652)

HAltlastG HE Hess. Altlastengesetz v. 20.12.1994 (GVBl I S. 764)

HAltPflG HE Hessisches Altenpflegesetz v. 12.12.1997 (GVBl I S. 452)

HambStuZNachr. HA Hamburger Steuer- und Zoll-Nachrichten (1.1951–6.1956,18)

HandArch s. DHA

HAnpG BE Hochschulrechts-Anpassungs-Gesetz v. 10.5.1994 (GVBl S. 137)

Hansa Hansa (1.1864–82.1945; 1. [= 85.] 1948 ff.)

HanseatOLGStrafs Entscheidungen des Hanseatischen Oberlandesgerichts in Strafsachen (1879–1932/33)

HansGZ s. HGZ

HansJVBl HA Hanseatisches Justizverwaltungsblatt (24.1946–25.1947,1; vorher u. später: Hamburgisches Justizverwaltungsblatt)

HansRGZ Hanseatische Rechts- und Gerichtszeitschrift (11.1928–26.1943; vorher: Hanseat. Rechtszeitschrift ...)

HansRZ Hanseatische Rechtszeitschrift für Handel, Schiffahrt und Versicherung, Kolonial- und Auslandsbeziehungen sowie für Hansestädtisches Recht (1.1918–10.1927; dann: Hanseat. Rechts- u. Gerichtszeitschrift)

HArchivG HE Hess. Archivgesetz v. 18.10.1989 (GVBl I S. 270)

HARV HE Hess. Auslandsreisekostenverordnung i. d. Bek. v. 18.5.1977 (GVBl I S. 207)

HaSiG
NW Hafensicherheitsgesetz v. 30.10.2007 (GV.NW S. 470)
SH Hafensicherheitsgesetz v. 19.2.2008 (GVOBl S. 18)

HAssVO BE Hochschulassistenten-Verordnung v. 11.10.1979 (GVBl S. 1809)

HAuslG Ges. ü. d. Rechtsstellung heimatloser Ausländer im Bundesgebiet v. 25.4.1951 (BGBl I S. 269)

HausratV VO ü. d. Behandlung d. Ehewohnung u. d. Hausrats (6. DV z. Ehegesetz) v. 21.10.1944 (RGBl I S. 256) / v. 14.6.1976 (BGBl I S. 1421)

HaustechÜVO HA VO ü. d. Überwachung haustechn. Anlagen v. 13.11.1984 (GVBl I S. 227)

HausTWG s. HWiG

HauszSt Hauszinssteuer

HAV Hüttenknappschaftliche Abstimmungsverordnung v. 4.11.1974 (BGBl I S. 3119)

HAVO Hersteller- u. Anwenderverordnung

BE v. 26.10.1998 (GVBl S. 319);
HA VO über Anforderungen an Hersteller von Bauprodukten und Anwender von Bauarten v. 20.5.2003 (GVBl S. 132); LSA VO über Anforderungen an Hersteller von Bauprodukten und Anwender von Bauarten v. 27.3.2006 (GVBl LSA S. 174)
MV v. 1.8.2001 (GVOBl M-V S. 309)
SH v. 11.11.2004 (GVOBl S. 428)
HaVO Hauerarbeiten-Verordnung v. 4.3.1958 (BGBl I S. 137)
HAZVO HE Hess. Arbeitszeitverordnung v. 13.12.2003 (GVBl I S. 326)
HBauO HA Hamburgische Bauordnung v. 14.12.2005 (GVBl S. 525)
HBauStatG Hochbaustatistikgesetz v. 5.5.1998 (BGBl I S. 869)
HBauStatG-DLVO MV Landesverordnung zur Durchführung des Hochbaustatistikgesetzes v. 18.10.2004 (GVOBl M-V S. 507)
HBegleitG Haushaltsbegleitgesetz
HBegleitG 2003 ND Haushaltsbegleitgesetz 2003 v. 25.6.2003 (GVBl S. 213)
HBeglG Haushaltsbegleitgesetz
HBeihVO HE VO ü. d. Gewährung v. Beihilfen in Krankheits-, Geburts- und Todesfällen i. d. Bek. v. 5.12.2001 (GVBl I S. 491)
HBesG HE Hess. Besoldungsgesetz i. d. Bek. v. 25.2.1998 (GVBl S. 50)
HBFSVO M-V MV Höhere Berufsfachschulverordnung Mecklenburg-Vorpommern v. 21.12.2000 (GVOBl M-V 2001 S. 115)
HBG HE Hess. Beamtengesetz i. d. Bek. v. 11.1.1989 (GVBl I S. 25)
HBGJAVO HE Hess. Verordnung über die Anrechnung des Besuchs eines schulischen Berufsgrundbildungsjahres und einer Berufsfachschule auf die Ausbildungszeit in Ausbildungsberufen v. 21.7.2006 (GVBl I S. 422)
HBKG HE Hess. Gesetz ü. d. Brandschutz, d. Allg. Hilfe u. d. Katastrophenschutz v. 17.12.1998 (GVBl I S. 530)

HBO HE Hess. Bauordnung i. d. Bek. v. 20.7.1990 (GVBl S. 475)
HBPfVO NW VO über niedrigschwellige Hilfe- und Betreuungsangebote für Pflegebedürftige v. 22.7.2003 (GV.NW S. 432)
HBVAnpG 2007/2008 HE Hess. Besoldungs- und Versorgungsanpassungsgesetz 2007/2008 v. 28.9.2007 (GVBl I S. 602)
HCR Haut commissaire pour les réfugiés; High Commissioner for Refugees
HCUG HA Gesetz über die Gründung der HafenCity Universität Hamburg v. 14.12.2005 (GVBl S. 491)
HdaVÄndG Gesetz zur Änderung dienst- und arbeitsrechtlicher Vorschriften im Hochschulbereich v. 27.12.2004 (BGBl S. 3835)
Hdb. Handbuch
HdbArbR Handbuch des Arbeitsrechts, hrsg. v. W. Maus (LoseblSlg) (1948–1988)
HDG HE Hess. Disziplinargesetz v. 21.7.2006 (GVBl I S. 394)
HdJ Handbuch des Jahresabschlusses, hrsg. v. Wysocki/Schulze-Osterloh u.a. (LoseblSlg)
HdL Handbuch des Lärmschutzes u. der Luftreinhaltung: Immissionsschutz (LoseblSlg; 1972 ff.)
HdlStatG Handelsstatistikgesetz v. 10.11.1978 (BGBl I S. 1733)
HDO HE Hess. Disziplinarordnung i. d. Bek. v. 11.1.1989 (GVBl I S. 58)
HDSG HE Hess. Datenschutzgesetz i. d. Bek. v. 7.1.1999 (GVBl I S. 98)
HDSGebO HE Hess. Datenschutzgebührenordnung v. 21.6.1978 (GVBl I S. 406)
HdSW Handwörterbuch der Sozialwissenschaften (Bd. 1.1952–12.1968)
Hdw. Handwörterbuch
HDWV HE Hess. Dienstwohnungsvorschriften v. 28.12.1981 (StAnz 1982 S. 87)
HdWW Handwörterbuch der Wirtschaftswissenschaft (Bd. 1.1976–9.1980/82)

HEArtSchV HE Vorl. Hess. Artenschutzverordnung v. 16.5.1984 (GVBl I S. 166)
HebBO Berufsordnung f. Hebammen u. Entbindungspfleger
BE v. 26.11.1989 (GVBl S. 2102)
BY v. 19.5.1988 (GVBl S. 132)
HebBOBbg BB Berufsordnung f. Hebammen und Entbindungspfleger i. Land Brandenburg v. 8.11.1995 (GVBl II S. 702)
HebBVO Hebammenberufsverordnung
SH v. 24.2.1997 (GVOBl S. 141)
SL v. 7.11.2000 (ABl S. 2136)
HebDO Dienstordnung für Hebammen
BE v. 26.5.1964 (GVBl S. 605)
BW v. 15.8.1961 (GBl S. 315)
HE v. 27.8.1959 (GVBl II 353–3)
RP v. 8.6.1959 (GVBl S. 161; BS 2124–1)
HebG Hebammengesetz v. 4.6.1985 (BGBl I S. 902)
HebGebO Hebammen-Gebührenordnung
BB VO ü. d. Vergütung f. Hebammen- und Entbindungspflegerhilfe außerhalb d. gesetzlichen Krankenversicherung v. 21.11.2001 (GVBl II S. 634)
BW v. 3.12.1996 (GBl S. 736)
BY v. 22.8.1983 (GVBl S. 1226)
HebGebO NW NW Hebammengebührenordnung v. 25.1.2007 (GV.NW S. 102)
HebGebV Hebammenhilfe-Gebührenverordnung v. 28.10.1986 (BGBl I S. 1662)
HebMVO VO ü. d. Gewährleistung d. Mindesteinkommens f. Hebamme
BW v. 19.7.1979 (GBl S. 531)
HE v. 5.9.1978 (GVBl I S. 517)
HEG Hessisches Enteignungsgesetz; Hochschulerneuerungsgesetz
HA Hochschulentwicklungsgesetz v. 3.12.1979 (GVBl S. 345)
HE Hessisches Enteignungsgesetz v. 4.4.1973 (GVBl S. 107)
LSA Hochschulerneuerungsgesetz v. 31.7.1991 (GVBl LSA S. 198)
MV Hochschulerneuerungsgesetz v. 19.2.1991 (GVOBl M-V S. 34)
HeilBerG Heilberufsgesetz BB v. 28.4.2003 (GVBl I S. 126)

BR i. d. Bek. v. 15.4.2005 (GVBl S. 149)
NW v. 9.5.2000 (GV.NW S. 403)
HeilBG RP v. 20.10.1978 (GVBl S. 649)
HeilbZuG SACH Heilberufezuständigkeitsgesetz v. 9.2.2004 (SächsGVBl S. 41)
HeilfürsV BY VO ü. d. freie Heilfürsorge f. d. Polizei v. 19.3.1987 (GVBl S. 93)
HeilprG Heilpraktikergesetz v. 17.2.1939 (RGBl I S. 251)
HeilvfV Heilverfahrensverordnung v. 25.4.1979 (BGBl I S. 502)
HeilWerbG Ges. ü. d. Werbung auf dem Gebiete d. Heilwesens i. d. Bek. v. 18.10.1978 (BGBl I S. 1677)
HeimG Heimgesetz i. d. Bek. v. 5.11.2001 (BGBl I S. 2970)
HeimMindBauV Heimmindestbauverordnung i. d. Bek. v. 3.5.1983 (BGBl I S. 550)
HeimMitwirkungsV VO ü. d. Mitwirkung d. Bewohner v. Altenheimen, Altenwohnheimen und Pflegeheimen f. Volljährige in Angelegenheiten d. Heimbetriebes v. 19.7.1976 (BGBl I S. 1819)
HeimPersV VO ü. personelle Anforderungen f. Heime v. 19.7.1993 (BGBl I S. 1205)
HeimsicherungsV VO ü. d. Pflichten d. Träger v. Altenheimen, Altenwohnheimen und Pflegeheimen f. Volljährige im Falle d. Entgegennahme v. Leistungen zum Zwecke d. Unterbringung e. Bewohners oder Bewerbers v. 24.4.1978 (BGBl I S. 553)
HeimV Heimverordnung BY v. 23.8.1968 (GVBl S. 319)
HeimVO
BW v. 25.2.1970 (GBl S. 98)
RP v. 25.7.1969 (GVBl S. 150)
HEisenbG HE Hessisches Eisenbahngesetz v. 25.9.2006 (GVBl I S. 298)
HeizAnlV Heizungsanlagen-Verordnung i. d. Bek. v. 4.5.1998 (BGBl I S. 851)
HeizkostenV VO ü. Heizkostenabrechnung i. d. Bek. v. 20.1.1989 (BGBl I S. 115)
HeizölkennzV Heizölkennzeichnungsverordnung v. 1.4.1976 (BGBl I S. 873) / v. 28.4.1986 (BGBl I S. 708)

HeizölLBV Heizöl-Lieferbeschränkungs-Verordnung v. 26.4.1982 (BGBl I S. 536)
HeizÜVO Überwachungsverordnung z. Heizungsanlagen-Verordnung
  HA v. 16.6.1981 (GVBl I S. 153)
  NW v. 15.11.1984 (GV.NW 1985 S. 20)
HemmBesG Hemmnisbeseitigungsgesetz v. 22.3.1991 (BGBl I S. 766)
HENatG HE Hess. Naturschutzgesetz v. 4.12.2006 (GVBl I S. 619)
HeranzVO-BSHG LSA VO über die Heranziehung der örtlichen Träger der Sozialhilfe v. 24.6.2004 (GVBl LSA S. 354)
HerrentunnelMautHV Herrentunnel-Mauthöheverordnung v. 6.7.2005 (BGBl I S. 2108)
Hess.; HE Hessen (hessisch)
HessAbgG HE Hess. Abgeordnetengesetz v. 18.10.1989 (GVBl I S. 261)
HessAFWoG HE Hess. Gesetz z. Abbau d. Fehlsubventionierung i. Wohnungsbau v. 5.6.1996 (GVBl I S. 262)
Hess.AGBGB HE Hess. Ges. z. Ausf. d. Bürgerl. Gesetzbuches v. 18.12.1984 (GVBl I S. 344)
HessAGFGO HE Hess. Ausführungsges. z. Finanzgerichtsordnung v. 17.12.1965 (GVBl I S. 347)
HessAGVwGO HE Hess. Ges. z. Ausf. d. Verwaltungsgerichtsordnung v. 6.2.1962 (GVBl I S. 13)
HessBGG HE Hess. Behinderten-Gleichstellungsgesetz v. 20.12.2004 (GVBl I S. 482)
HessFGG HE Hess. Ges. ü. d. Freiwillige Gerichtsbarkeit v. 12.4.1954 (GVBl II 250–1)
HessJStVollzG Jugendstrafvollzugsgesetz
HessJStVollzG HE Hess. Jugendstrafvollzugsgesetz v. 19.11.2007 (GVBl I S. 758)
HessLStatG HE Hess. Landesstatistikgesetz v. 19.5.1987 (GVBl I S. 67)
HessNRSG HE Hess. Nichtraucherschutzgesetz v. 6.9.2007 (GVBl I S. 568)
HessRAVG HE Ges. ü. d. Hess. Rechtsanwaltsversorgung v. 16.12.1987 (GVBl I S. 232)

Hess.SpielbG HE Hess. Spielbank(en)gesetz v. 21.12.1988 (GVBl 1989 S. 1)
HessVGRspr Rechtsprechung der Hessischen Verwaltungsgerichte (= Beil. z. Staats-Anzeiger f. d. Land Hessen) (1965 ff.)
HessVwVG HE Hess. Verwaltungsvollstreckungsgesetz i. d. Bek. v. 27.7.2005 (GVBl I S. 574)
HESt Höchstrichterliche Entscheidungen. Slg. v. Entscheidungen d. Oberlandesgerichte u. d. Obersten Gerichte in Strafsachen (1.1948–3.1949,1)
HeudG SACH Heuersdorfgesetz v. 28.5.2004 (SächsGVBl S. 227)
HEZ Höchstrichterliche Entscheidungen. Slg. v. Entscheidungen d. Oberlandesgerichte u. d. Obersten Gerichte in Zivilsachen (1.1948–3.1950,1)
HEZG Hinterbliebenenrenten- u. Erziehungszeiten-Gesetz v. 11.7.1985 (BGBl I S. 1450)
HfAbGV 2001 Bundes-Seehafen-Abgabenverordnung v. 19.9.2001 (BGBl I S. 2436)
HFBl HE Amtsblatt des Hess. Finanzministeriums (1.1949–2.1950)
HFeiertagsG HE Hess. Feiertagsgesetz i. d. Bek. v. 29.12.1971 (GVBl S. 344)
HFG NW Hochschulfreiheitsgesetz v. 31.10.2006 (GV.NW S. 474)
HFGG NW Gesetz zur Sicherung der Finanzierungsgerechtigkeit im Hochschulwesen v. 21.3.2006 (GV.NW S. 119)
HFinHmbG HA Gesetz über die Hochschule für Finanzen Hamburg v. 28.12.2004 (GVBl S. 518)
HFischG HE Hess. Fischereigesetz v. 19.12.1990 (GVBl I S. 776)
HFKG HA Härtefallkommissionsgesetz v. 4.5.2005 (GVBl S. 190)
HFKV Härtefallkommissionsverordnung
  BB v. 17.1.2005 (GVBl II S. 46)
  BE v. 3.1.2005 (GVBl S. 11)
HFKLVO M-V MV Härtefallkommissionslandesverordnung v. 25.2.2005 (GVOBl M-V S. 84)

HFKomV BY v. 8.8.2006 (GVBl S. 436)
HFKomVO BW v. 28.6.2005 (GBl S. 455)
HFKVO NW v. 14.12.2004 (GV.NW S. 820)
HFK-VO LSA v. 9.3.2005 (GVBl LSA S. 136)
HflV Hackfleisch-Verordnung v. 10.5.1976 (BGBl I S. 1186)
HföV Hochschule für öffentliche Verwaltung
HFPG HE Hess. Freiwilligen-Polizeidienst-Gesetz v. 13.6.2000 (GVBl I S. 294)
HFPGDVO HE VO zur Durchführung des Hessischen Freiwilligen-Polizeidienst-Gesetzes v. 11.8.2004 (GVBl I S. 289)
HFR Höchstrichterliche Finanzrechtsprechung (1.1961 ff.)
HFUNVO SH Landesverordnung zur Vereinigung der Feuerwehr-Unfallkasse Nord mit der Feuerwehr-Unfallkasse Hamburg zur Hanseatischen Feuerwehr-Unfallkasse Nord v. 30.5.2006 (GVOBl S. 113)
HFVO
HE Hochschulfinanzverordnung v. 1.12.2004 (GVBl I S. 397)
SH Heilfürsorgeverordnung v. 6.6.2006 (GVOBl S. 114)
HG NW Ges. ü. d. Hochschulen d. Landes Nordrhein-Westfalen v. 14.3.2000 (GV.NW S. 223)
HG; HhG Haushaltsgesetz
HGA Hypothekengewinnabgabe
HGB Handelsgesetzbuch v. 10.5.1897 (RGBl S. 219)
HGF Hauptgeschäftsführer
HGGVO M-V MV Hafengefahrgutverordnung v. 22.1.2008 (GVOBl M-V S. 19)
HGO HE Hess. Gemeindeordnung i. d. Bek. v. 7.3.2005 (GVBl I S. 142)
HGöGD HE Hess. Gesetz über den öffentlichen Gesundheitsdienst v. 28.9.2007 (GVBl I S. 659)
HGrG Haushaltsgrundsätzegesetz v. 19.8.1969 (BGBl I S. 1273)
HGrVO RP LandesVO ü. d. Führung ausländischer Hochschulgrade v. 3.9.1998 (GVBl S. 269)

HGZ Hanseatische Gerichtszeitung (1.1880–48.1927; aufgegangen in: Hanseat. Rechts- u. Gerichtszeitschrift)
2. HHAuszV Zweite Verordnung ü. d. Auszahlung v. zusätzlichen Eingliederungshilfen und Ausgleichsleistungen nach d. Häftlingshilfegesetz v. 11.4.1973 (BGBl I S. 287)
HHG Häftlingshilfegesetz i. d. Bek. v. 2.6.1993 (BGBl I S. 838)
HHG HE Hess. Hochschulgesetz i. d. Bek. v. 31.7.2000 (GVBl I S. 374)
HHV Hopfenherkunftsverordnung BY i. d. Bek. v. 13.8.1953 (BayBS IV S. 407)
HHVO BW v. 11.10.1968 (GBl S. 459)
HImmaVO HE Hess. Immatrikulationsverordnung v. 29.12.2003 (GVBl I S. 12)
HintO Hinterlegungsordnung v. 10.3.1937 (RGBl S. 285)
HIVHG HIV-Hilfegesetz v. 24.7.1995 (BGBl I S. 972)
HJagdG HE Hess. Jagdgesetz i. d. Bek. v. 5.6.2001 (GVBl I S. 271)
HK Handelskammer
HKAbwfV VO ü. d. Entsorgung gebrauchter halogenierter Lösemittel v. 23.10.1989 (BGBl I S. 1918)
HKaG BY Heilberufe-Kammergesetz i. d. Bek. v. 20.7.1994 (GVBl S. 853)
HKatSG HE Hess. Katastrophenschutzgesetz v. 12.7.1978 (GVBl I S. 487)
HKFrflV Hilfskräfteverordnung – Frisches Fleisch v. 29.6.1977 (BGBl I S. 1117)
HKG ND Kammergesetz f. d. Heilberufe i. d. Bek. v. 8.12.2000 (GVBl S. 301)
HkG Heimkehrergesetz v. 19.6.1950 (BGBl I S. 221)
HKHG HE Hess. Krankenhausgesetz 2002 v. 28.2.2006 (GVBl I S. 54)
HKhV HE Hess. Kommunikationshilfenverordnung v. 29.3.2006 (GVBl I S. 99)
HKlG Handelsklassengesetz i. d. Bek. v. 23.11.1972 (BGBl I S. 2201)
HKIP Haager Konferenz f. internationales Privatrecht
HKO HE Hess. Landkreisordnung i. d. Bek. v. 7.3.2005 (GVBl I S. 183)

HKomBesV HE Hess. Kommunalbesoldungsverordnung v. 20.9.1979 (GVBl I S. 219)
HKPHAPrO HE Hess. Ausbildungs- und Prüfungsordnung für die Krankenpflegehilfe v. 2.12.2004 (GVBl I S. 400)
HKPHG HE Hess. Krankenpflegehilfegesetz v. 21.9.2004 (GVBl I S. 279)
HKRG HE Hess. Krebsregistergesetz v. 17.12.2001 (GVBl I S. 582)
HKStAufhG Heimkehrerstiftungsaufhebungsgesetz v. 10.12.2007 (BGBl I S. 2830)
HKWAbfV VO ü. d. Entsorgung gebrauchter halogenierter Lösemittel v. 23.10.1989 (BGBl I S. 1918)
h.L. herrschende Lehre
HLBS-Report Hauptverband der landwirtschaftlichen Buchstellen u. Sachverständigen – Report (1.1992 ff.)
HLehrVO RP LandesVO ü. d. Lehrverpflichtung an den Hochschulen v. 7.7.1994 (GVBl S. 325)
HLeistBV Hochschulleistungsbezügeverordnung BB v. 23.3.2005 (GVBl II S. 152)
HLeistBVO
HE v. 4.2.2005 (GVBl I S. 92)
NW v. 17.12.2004 (GV.NW S. 790)
HLeistBVO LSA LSA v. 21.1.2005 (GVBl LSA S. 21)
HLHV HE Hess. Lebensmittelhygieneverordnung v. 31.5.1988 (GVBl I S. 246)
HLKO s. HaagLKO
HLöG HE Hess. Ladenöffnungsgesetz v. 23.11.2006 (GVBl I S. 606)
HLPG HE Hess. Landesplanungsgesetz v. 29.11.1994 (GVBl I S. 707)
HLPZVO HE Hess. Leistungsprämien- und -zulagenverordnung v. 4.11.1998 (GVBl I S. 472)
HLStVO HE Hess. Leistungsstufenverordnung v. 4.11.1998 (GVBl I S. 470)
HLVO HE Hess. Laufbahnverordnung v. 18.12.1979 (GVBl I S. 266) (s.a. Bundeslaufbahnverordnung)
h.M. herrschende Meinung
Hmb.; HA Hamburg (hamburgisch)

HmbAbfG HA Hamb. Abfallwirtschaftsgesetz v. 21.3.2005 (GVBl S. 80)
HmbAbwAG HA Hamb. Ausführungsges. z. Abwasserabgabengesetz v. 9.7.1980 (GVBl I S. 121)
HmbAbwG HA Hamb. Abwassergesetz i. d. Bek. v. 24.7.2001 (GVBl I S. 258)
HmbAFWoG HA Ges. ü. d. Abbau d. Fehlsubventionierung im Wohnungswesen i. d. Bek. v. 7.7.1998 (GVBl I S. 125)
HmbAGGVG HA Hamb. Ges. z. Ausf. d. Gerichtsverfassungsgesetzes v. 31.5.1965 (GVBl I S. 99)
HmbArchG HA Hamb. Architektengesetz v. 11.4.2006 (GVBl S. 157)
HmbBAG HA Hamb. Berufsbildungsakademiegesetz v. 29.6.2005 (GVBl S. 253)
HmbBBiG HA Ges. z. Regelung d. Berufsausbildung im hamb. öffentl. Dienst v. 9.7.1980 (GVBl I S. 124)
HmbBDVO HA Hamb. Verordnung über barrierefreie Dokumente v. 14.11.2006 (GVBl S. 551)
HmbBeihVO HA VO ü. d. Gewährung v. Beihilfen in Krankheits-, Geburts-, und Todesfällen v. 8.7.1985 (GVBl I S. 161)
HmbBelG HA Hamb. Beleihungsgesetz v. 20.1.1997 (GVBl I S. 8)
HmbBelVO HA Hamb. Beleihungsverordnung v. 12.10.1999 (GVBl I S. 241)
HmbBesG HA Hamb. Besoldungsgesetz i. d. Bek. v. 22.5.1978 (GVBl I S. 169)
HmbBG HA Hamb. Beamtengesetz i. d. Bek. v. 29.11.1977 (GVBl I S. 367)
HmbBITVO HA Hamb. Barrierefreie Informationstechnik-Verordnung v. 14.11.2006 (GVBl S. 543)
HmbBodSchG HA Hamb. Bodenschutzgesetz v. 20.2.2001 (GVBl I S. 27)
HmbBVAnpG 2007/2008 HA Hamb. Besoldungs- und Versorgungsanpassungsgesetz 2007/2008 v. 11.7.2007 (GVBl S. 213)
HmbDG HA Hamb. Disziplinargesetz v. 18.2.2004 (GVBl S. 69)
HmbDO HA Hamb. Disziplinarordnung v. 8.7.1971 (GVBl I S. 133)

HmbDolmG HA Hamb. Dolmetschergesetz v. 1.9.2005 (GVBl S. 378)

HmbDSG HA Hamb. Datenschutzgesetz v. 5.7.1990 (GVBl I S. 133)

HmbErzUrlVO HA Hamb. Erziehungsurlaubsverordnung v. 7.12.1999 (GVBl I S. 283)

HmbEUrlVO HA Hamb. Erholungsurlaubsverordnung v. 7.12.1999 (GVBl I S. 279)

HmbGDG HA Hamb. Gesundheitsdienstgesetz v. 18.7.2001 (GVBl I S. 201)

HmbGGbM HA Hamb. Gesetz zur Gleichstellung behinderter Menschen v. 21.3.2005 (GVBl S. 75)

HmbGPAG HA Hamb. Gesetz über die Ausbildung in der Gesundheits- und Pflegeassistenz v. 21.11.2006 (GVBl S. 554)

HmbGuV Gesetze und Verordnungen der Freien und Hansestadt Hamburg (LoseblSlg; 1961–1974; 2. Aufl. 1974 ff.; Forts. zu: Sammlung d. Bereinigten Hamburgischen Landesrechts)

HmbHG HA Hamb. Hochschulgesetz i. d. Bek. v. 18.7.2001 (GVBl I S. 171)

HmbHLeistBVO HA Hochschul-Leistungsbezügeverordnung v. 4.1.2005 (GVBl S. 2)

HmbHNVO HA Hochschul-Nebentätigkeitsverordnung v. 22.12.1969 (GVBl I S. 294)

HmbIFG HA Hamb. Informationsfreiheitsgesetz v. 11.4.2006 (GVBl S. 167)

HmbIFGebO HA Gebührenordnung zum Hamburgischen Informationsfreiheitsgesetz v. 8.8.2006 (GVBl S. 467)

HmbIngG HA Hamb. Gesetz ü. d. Ingenieurwesen v. 10.12.1996 (GVBl I S. 321)

HmbJAG HA Hamb. Juristenausbildungsgesetz v. 11.6.2003 (GVBl S. 156)

HmbJVBl HA Hamb. Justizverwaltungsblatt (10.1921,3–23.1934,26; 1952 ff.; 24/25.1946/47 u. d. T.: Hanseatisches Justizverwaltungsblatt; vorher: Veröffentlichungen d. Senatskommission f. d. Justizverwaltung)

HmbKatSG HA Hamb. Katastrophenschutzgesetz v. 16.1.1978 (GVBl I S. 31)

HmbKGH HA Hamb. Kammergesetz für die Heilberufe v. 14.12.2005 (GVBl S. 495)

HmbKHG HA Hamb. Krankenhausgesetz v. 17.4.1991 (GVBl S. 127)

HmbKHVO HA Hamb. Kommunikationshilfenverordnung v. 14.11.2006 (GVBl S. 540)

HmbKitaG HA Hamb. Gesetz zur Förderung von Kindern in Tageseinrichtungen v. 14.4.2003 (GVBl S. 51)

HmbKliSchG HA Hamb. Klimaschutzgesetz v. 25.6.1997 (GVBl I S. 261)

HmbKliSchVO HA Hamb. Klimaschutzverordnung v. 11.12.2007 (GVBl S. 1)

HmbKorRegG HA Hamb. Gesetz zur Einrichtung und Führung eines Korruptionsregisters v. 18.2.2004 (GVBl S. 98)

HmbKrebsRG HA Hamb. Krebsregistergesetz v. 27.6.1984 (GVBl I S. 129)

HMBl PR Ministerial-Blatt der Handels- und Gewerbe-Verwaltung (1.1901–32.1932; dann: Ministerialblatt f. Wirtschaft u. Arbeit)

HmbLFKVO HA Landesfamilienkassenverordnung v. 11.12.2001 (GVBl I S. 575)

HmbLotG HA Hamb. Lotteriegesetz v. 14.12.2007 (GVBl I S. 497)

HmbLPG HA Hamb. Landespflegegesetz v. 20.6.1996 (GVBl I S. 124)

HmbLVO HA Hamb. Laufbahnverordnung v. 28.11.1978 (GVBl I S. 391) (s.a. Bundeslaufbahnverordnung)

HmbLVOPol HA VO ü. d. Laufbahn d. hamb. Polizeivollzugsbeamten i. d. Bek. v. 16.12.1980 (GVBl I S. 387) (s.a. Bundeslaufbahnverordnung)

HmbMedienG HA Hamb. Mediengesetz v. 2.7.2003 (GVBl S. 209)

HmbMG HA Hamb. Meldegesetz i. d. Bek. v. 3.9.1996 (GVBl I S. 231)

HmbMuSchVO HA Hamb. Mutterschutzverordnung v. 7.12.1999 (GVBl I S. 282)

HmbMuStG HA Hamb. Museumsstiftungsgesetz v. 22.12.1998 (GVBl I S. 333)

HmbMuStVO HA Hamb. Museumsstiftungsverordnung v. 5.1.1999 (GVBl I S. 3)

HmbMVollzG HA Hamb. Maßregelvollzugsgesetz v. 14.6.1989 (GVBl I S. 99)

HmbNatSchG HA Naturschutzgesetz i. d. Bek. v. 7.8.2001 (GVBl I S.281)

HmbNFG HA Hamb. Ges. z. Förderung d. wiss. u. künstl. Nachwuchses v. 7.11.1984 (GVBl I S. 225)

HmbNFVO HA Nachwuchsförderungsverordnung v. 15.1.1985 (GVBl I S. 29)

HmbNVO HA VO ü. d. Nebentätigkeit d. hamb. Beamten v. 14.3.1989 (GVBl I S. 45)

HmbPBAVO HA Hamb. Verordnung über Anerkennung und Förderung zusätzlicher Betreuungsangebote nach dem Elften Buch Sozialgesetzbuch v. 6.5.2003 (GVBl S. 99)

HmbPersVG HA Hamb. Personalvertretungsgesetz i. d. Bek. v. 16.1.1979 (GVBl I S. 17)

HmbPKG HA Hamb. Psychotherapeutenkammergesetz v. 18.7.2001 (GVBl I S. 208)

HmbPolHG HA Gesetz über die Hochschule der Polizei Hamburg v. 22.12.2006 (GVBl S. 614)

HmbPSchG HA Hamb. Passivraucherschutzgesetz v. 11.7.2007 (GVBl I S. 211)

HmbPsychKG HA Hamb. Ges. ü. Hilfen u. Schutzmaßnahmen b. psychischen Krankheiten v. 27.9.1995 (GVBl I S. 235)

HmbRettSanAPO HA Hamb. Ausbildungs- und Prüfungsordnung für Rettungssanitäterinnen und Rettungssanitäter v. 5.2.2008 (GVBl S. 54)

HmbRiG HA Hamb. Richtergesetz v. 2.5.1991 (GVBl I S. 169)

HmbRKG HA Hamb. Reisekostengesetz i. d. Bek. v. 21.5.1974 (GVBl I S. 159)

HmbRpflG HA Hamb. Gesetz z. Übertragung richterlicher Aufgaben auf d. Rechtspfleger v. 10.5.1971 (GVBl I S. 89)

HmbSfTG HA Hamb. Gesetz über Schulen in freier Trägerschaft v. 21.9.2004 (GVBl S. 365)

HmbSG HA Hamb. Schulgesetz v. 16.4.1997 (GVBl I S. 97)

HmbSpVStG HA Hamb. Spielvergnügungsteuergesetz v. 29.9.2005 (GVBl S. 409)

HmbStatG HA Hamb. Statistikgesetz v. 19.3.1991 (GVBl I S. 79)

HmbStVollzG HA Hamb. Strafvollzugsgesetz v. 14.12.2007 (GVBl I S. 471)

HmbSubvG HA Hamb. Subventionsgesetz v. 30.11.1976 (GVBl I S. 221)

HmbSÜG HA Hamb. Sicherheitsüberprüfungsgesetz v. 25.5.1999 (GVBl I S. 82)

HmbTGV HA Trennungsgeldverordnung v. 4.5.1976 (GVBl I S. 122)

HmbUIG HA Hamb. Umweltinformationsgesetz v. 4.11.2005 (GVBl S. 441)

HmbUKG HA Hamb. Umzugskostengesetz v. 12.3.1965 (GVBl I S. 37)

HmbUVPG HA Gesetz ü. d. Umweltverträglichkeitsprüfung i. Hamburg v. 10.12.1996 (GVBl I S. 310)

HmbUZV HA VO ü. d. Gewährung v. Unterhaltszuschüssen an Beamte auf Widerruf v. 30.7.1963 (GVBl I S. 133)

HmbVerfSchG HA Hamb. Verfassungsschutzgesetz v. 7.3.1995 (GVBl I S. 45)

HmbVermG HA Hamb. Vermessungsgesetz v. 20.4.2005 (GVBl S. 135)

HmbVersFondsG HA Hamb. Versorgungsfondsgesetz v. 19.12.2000 (GVBl I S. 399)

HmbVersRücklG HA Hamb. Versorgungsrücklagegesetz v. 30.11.1999 (GVBl I S. 266)

HmbVgG HA Hamb. Vergabegesetz v. 13.2.2006 (GVBl S. 57)

HmbVSU HA Hamb. Verordnung über Sachverständige und Untersuchungsstellen nach § 18 des Bundes-Bodenschutzgesetzes v. 28.10.2003 (GVBl S. 499)

HmbVwVfG HA Hamb. Verwaltungsverfahrensgesetz v. 9.11.1977 (GVBl I S. 333)

HmbVwZG HA Hamb. Verwaltungszustellungsgesetz v. 21.6.1954 (SlgBerHmbLR 20102-a) (s.a. Zustellungsgesetz)

HmbWO HA Wahlordnung f. d. Wahlen z.

hamb. Bürgerschaft ... v. 29.7.1986 (GVBl I S. 237)
HmbWoBauErlG HA Hamb. Ges. z. Erleichterung des Wohnungsbaus v. 18.7.2001 (GVBl I S. 223)
HmbZuwVO HA VO ü. d. Gewährung einer jährlichen Sonderzuwendung v. 8.2.1966 (GVBl I S. 47)
HMG Hochschulmedizingesetz; Hochschulmedizinreform-Gesetz
HMG HE Hess. Meldegesetz i. d. Bek. v. 10.3.2006 (GVBl I S. 66)
BW Hochschulmedizinreform-Gesetz v. 24.11.1997 (GBl S. 474)
NW Hochschulmedizingesetz v. 20.12.2007 (GV.NW S. 744)
SL Hochschulmedizinreform-Gesetz v. 26.11.2003 (ABl S. 2940)
HMG LSA LSA Hochschulmedizingesetz des Landes Sachsen-Anhalt v. 12.8.2005 (GVBl LSA S. 508)
HMSA s. HaagMindjÜ
HMV BY Höchstmietenverordnung v. 3.4.1990 (GVBl S. 78)
HNDV BY VO über den Hochwassernachrichtendienst v. 10.1.2005 (GVBl S. 11)
HNebVO RP Hochschulnebentätigkeitsverordnung v. 10.7.2007 (GVBl S. 126)
HNtV Hochschulnebentätigkeitsverordnung
BB v. 4.12.1995 (GVBl II S. 723)
NW v. 11.12.1981 (GV.NW S. 726)
HNTVO BW v. 11.9.1995 (GBl S. 673)
HNtVO
BE v. 23.10.1990 (GVBl S. 2266)
ND v. 23.2.1997 (GVBl S. 55)
SH i.d. Bek. v. 1.2.1996 (GVOBl S.189)
HNutzVO-Med ND Hochschulnutzungsentgeltverordnung Medizin v. 19.4.1995 (GVBl S. 106)
HNVO LSA LSA Hochschulnebentätigkeitsverordnung v. 14.7.2004 (GVBl LSA S. 402)
HO Handelsorganisation (DDR)
HOAI Honorarordnung für Architekten und Ingenieure i. d. Bek. v. 4.3.1991 (BGBl S. 533)
HochhVO NW Hochhausverordnung v. 11.6.1986 (GV.NW S. 522)

HochSchG RP Hochschulgesetz v. 21.7.2003 (GVBl S. 167)
HochschulVorbLehrgangsVO HA Hochschulvorbereitungs-Lehrgangsverordnung v. 10.7.2007 (GVBl I S. 199)
HöchstMietVO BE Höchstmietenverordnung v. 26.10.1990 (GVBl S. 2235)
HöfeO Höfeordnung i. d. Bek. v. 26.7.1976 (BGBl I S. 1933)
HöfeVfO Verfahrensordnung f. Höfesachen v. 29.3.1976 (BGBl I S. 881; 1977 I S. 288)
HoEZuVO SACH Haftopferentschädigungszuständigkeitsverordnung v. 7.11.2007 (SächsGVBl S. 500)
HofV Hofraumverordnung v. 24.9.1993 (BGBl I S. 1658)
HOLG Hanseatisches Oberlandesgericht
HonigV Honigverordnung v. 16.1.2004 (BGBl I S. 92)
HopfDV VO z. Durchsetzung d. gemeinschaftlichen Hopfenrechts v. 16.4.1997 (BGBl I S. 794)
HopfEinV Hopfen-Einführverordnung v. 14.1.1997 (BGBl I S. 14)
HopfenG-DVO LSA VO zur Durchführung des Hopfengesetzes v. 7.2.2008 (GVBl LSA S. 61)
HO-RhPf RP Landesges. ü. d. Höfeordnung i. d. Bek. v. 18.4.1967 (GVBl S. 138)
HPAG HA Gesetz über die Hamburg Port Authority v. 29.6.2005 (GVBl S. 256)
HpflG Haftpflichtgesetz v. 4.1.1978 (BGBl I S. 145)
HPl Haushaltsplan
HPolLVO HE VO ü. d. Laufbahnen d. hessischen Polizeivollzugsdienstes v. 18.7.1996 (GVBl I S. 326) (s.a. Bundeslaufbahnverordnung)
HPolVO RP Hafenpolizeiverordnung v. 28.10.1980 (GVBl S. 212)
HPresseG HE Hess. Pressegesetz i. d. Bek. v. 12.12.2003 (GVBl I S. 2)
HPRG HE Hess. Privatrundfunkgesetz i. d. Bek. v. 25.1.1995 (GVBl I S. 85)
HPUOG HE Hess. Gesetz ü. d. Umorgani-

sation d. Polizei v. 22.12.2000 (GVBl I S. 577)
HPV BY VO ü. d. Ausgestaltung u. Aufstellung d. Höhenmaße u. Pegel v. 24.2.1964 (GVBl S. 83)
HPVG HE Hess. Personalvertretungsgesetz v. 24.3.1988 (GVBl I S. 103)
2.HRÄG BW Zweites Hochschulrechtsänderungsgesetz v. 1.1.2005 (GBl S. 1)
HRB Haushaltstechische Richtlinien i. d. Bek. v. 8.3.1974 (MinBlFin S. 178) (s.a. Allgemeine Bewirtschaftungsgrundsätze)
HRBG Handelsrechtliches Bereinigungsgesetz v. 18.4.1950 (BGBl I S. 90)
HRDG HE Hess. Rettungsdienstgesetz 1998 v. 24.11.1998 (GVBl I S. 499)
HRefG Handelsrechtsreformgesetz v. 22.6.1998 (BGBl I S. 1474)
HReg Handelsregister
HRegGebNeuOG Handelsregistergebühren-Neuordnungsgesetz v. 3.7.2004 (BGBl I S. 1410)
HRegGebV Handelsregistergebührenverordnung v. 30.9.2004 (BGBl I S. 2562)
HRegVfg Handelsregisterverfügung v. 12.8.1937 (DJ S. 1251; RMBl S. 515)
HRG Handwörterbuch zur deutschen Rechtsgeschichte (Bd. 1.1964 ff.); Hochschulrahmengesetz i. d. Bek. v. 19.1.1999 (BGBl I S. 18)
7. HRGÄndG Siebtes Gesetz zur Änderung des Hochschulrahmengesetz v. 28.8.2004 (BGBl I S. 2298)
HRiG HE Hess. Richtergesetz v. 19.10.1962 (GVBl I S. 455)
HRKG HE Hess. Reisekostengesetz i. d. Bek. v. 27.8.1976 (GVBl I S. 390)
HRLJ Human Rights Law Journal (1.1980 ff.)
HRR Höchstrichterliche Rechtsprechung (4.1928–18.1942; entstanden aus: Jurist. Rundschau. [Beil.:] Die Rechtsprechung der Oberlandesgerichte [u.] Höchstrichterliche Rechtsprechung auf d. Gebiete d. Strafrechts)
HRRSt Höchstrichterliche Rechtsprechung auf dem Gebiete des Strafrechts (= Sonderbeil. d. Zs. f. d. ges. Strafrechtswissenschaft) (1.1925–3.1927)
Hrsg. Herausgeber
hrsg. herausgegeben
h.Rspr. herrschende Rechtsprechung
HRV s. HRegVfg
HRWG NW Hochschulreform-Weiterentwicklungsgesetz v. 30.11.2004 (GV.NW S. 752)
HRZ Haushaltsrechtliche Bestimmungen f. d. Justizverwaltung gem. AV v. 1.4.1940 (DJ S. 392)
HRZ Nachtr Nachtrag zu d. Haushaltsrechtlichen Bestimmungen f. d. Justizverwaltung gem. AV v. 28.10.1941 (DJ S. 1038)
HRZ Vollz Sonderbestimmungen f. d. Strafvollzugsverwaltung
HSanG Haushaltssanierunggesetz v. 22.12.1999 (BGBl I S. 2534)
HSanG 2000 BE Haushaltssanierungsgesetz 2000 v. 20.4.2000 (GVBl S. 286)
HSA-Richtlinien SL Richtlinien zur Förderung von Hauptschulabschlusskursen aus Landesmitteln v. 14.6.2006 (ABl S. 844)
HSchAG HE Hess. Schiedsamtsgesetz v. 23.3.1994 (GVBl I S. 148)
HSchBauFG Hochschulbauförderungsgesetz v. 1.9.1969 (BGBl I S. 1556)
HSchBekV BY VO ü. Bekanntmachungen v. Hochschulsatzungen v. 15.11.1974 (GVBl S. 791)
HSchGebG NW Hochschulgebührengesetz i. d. Bek. v. 26.1.1982 (GV.NW S. 70)
HSchGebV BY Hochschulgebühren(ver)ordnung v. 7.3.1994 (GVBl S. 165)
HSchGV BY Hochschulgliederungsverordnung v. 16.6.2006 (GVBl S. 332)
HSchLG BE Ges. ü. d. Rechtsverhältnisse d. Lehrer sowie d. wissenschaftl. u. künstlerischen Mitarbeiter an d. Hochschulen d. Landes Berlin i. d. Bek. v. 6.5.1971 (GVBl S. 755)
HSchÜbVO RP LandesVO z. d. Übergängen i. Hochschulbereich v. 30.6.1998 (GVBl S. 218)

HSchulAbsZugV Hochschulabsolventen-Zugangsverordnung v. 9.10.2007 (BGBl. S. 2337)
HSchulPrüferV BY Hochschulprüferverordnung v. 22.2.2000 (GVBl S. 67)
HSchVV BY Hochschulvergabeverordnung v. 16.5.1994 (GVBl S. 407)
HSDatVO LSA Hochschuldatenverordnung v. 4.7.1994 (GVBl LSA S. 778)
HSeilbG HE Hess. Seilbahngesetz v. 25.9.2006 (GVBl I S. 491)
HSG SH Hochschulgesetz i. d. Bek. v. 4.5.2000 (GVOBl S. 416)
HSG LSA LSA Hochschulgesetz des Landes Sachsen-Anhalt v. 5.5.2004 (GVBl LSA S. 256)
HSichG 2003 BB Haushaltssicherungsgesetz 2003 v. 10.7.2003 (GVBl I S. 194)
HSigVO BE Hochschulsitzungsgeldverordnung v. 11.4.1988 (GVBl S. 679)
HsLeistbVO M-V MV Hochschul-Leistungsbezügeverordnung v. 28.1.2005 (GVOBl M-V S. 60)
HS-Med-G BE Vorschaltgesetz zum Gesetz über die Umstrukturierung der Hochschulmedizin im Land Berlin v. 27.5.2003 (GVBl S. 185)
HSNtVO M-V MV Hochschulnebentätigkeitsverordnung v. 31.7.2006 (GVOBl M-V S. 670)
HSOG HE Hess. Gesetz über die öffentliche Sicherheit und Ordnung i. d. Bek. v. 14.1.2005 (GVBl I S. 14)
HSPV BB Hochschulprüfungsverordnung v. 3.9.2004 (GVBl II S. 744)
HSt Haushaltsstelle
HStatG Hochschulstatistikgesetz i. d. Bek. v. 2.11.1990 (BGBl I S. 2414)
HStG BE Hundesteuergesetz v. 10.10.2001 (GVBl S. 539)
HStG BW Ges. ü. d. Hundesteuer i. d. Bek. v. 15.2.1982 (GBl S. 63)
HStrG Haushaltsstrukturgesetz; HE Hessisches Straßengesetz i. d. Bek. v. 8.6.2003 (GVBl I S. 166)
HStrG 2003 BB Haushaltsstrukturgesetz 2003 v. 22.4.2003 (GVBl I S. 119)

HStrG 2005 BB Haushaltsstrukturgesetz 2005 v. 24.5.2005 (GVBl I S. 196)
HStruktG 1. Haushaltsstrukturgesetz v. 18.12.1975 (BGBl I S. 3091); 2. ~ v. 22.12.1981 (BGBl I S. 1523)
HStruktG-AFG Ges. z. Verbesserung d. Haushaltsstruktur im Geltungsbereich d. Arbeitsförderungs- u. d. Bundesversorgungsgesetzes v. 18.12.1975 (BGBl I S. 3113)
HStZulV Hochschulleitungs-Stellenzulagenverordnung v. 3.8.1977 (BGBl I S. 1527)
HSÜG HE Hess. Sicherheitsüberprüfungsgesetz v. 28.9.2007 (GVBl I S. 623)
HSVO Hafensicherheitsverordnung
  HA v. 4.6.1996 (GVBl I S. 87)
  SH v. 4.12.1997 (GVOBl S. 485)
HTGV HE Hess. Trennungsgeldverordnung i. d. Bek. v. 21.6.1976 (GVBl I S. 270)
HÜL Haushaltsüberwachungsliste
HufBeschlG Hufbeschlaggesetz v. 19.4.2006 (BGBl I S. 900)
HufKlaBeschlZustVO NW VO zur Regelung von Zuständigkeiten auf dem Gebiet des Huf- und Klauenbeschlags v. 30.11.2007 (GV.NW S. 658)
HufZV BB VO über die Zuständigkeiten nach der Hufbeschlagverordnung v. 24.10.2003 (GVBl II S. 646)
HUG HE Universitätsgesetz i. d. Bek. v. 28.3.1995 (GVBl I S. 325)
HUKG HE Umzugskostengesetz i. d. Bek. v. 27.8.1976 (GVBl I S. 383)
HUK-Verband Verband d. Haftpflichtversicherer, Unfallversicherer, Autoversicherer u. Rechtsschutzversicherer
HumanmedVO ND VO über die Medizinische Hochschule Hannover und den Bereich Humanmedizin der Georg August-Universität Göttingen v. 1.12.2004 (GVBl S. 562)
HumHiG Gesetz. ü. Maßnahmen f. im Rahmen humanitärer Hilfsaktionen aufgenommene Flüchtlinge v. 22.7.1980 (BGBl I S. 1057)
HundeG HA Hundegesetz v. 26.1.2006 (GVBl S. 37)

HundehV BB Hundehalterverordnung
v. 16.6.2004 (GVBl II S. 458)
HundeVO HE Gefahrenabwehrverordnung über das Halten und Führen von Hunden v. 22.1.2003 (GVBl I S. 54)
HUrlV Heimaturlaubsverordnung
v. 18.1.1991 (BGBl I S. 144)
HUrlVO BE Hochschullehrer-Urlaubsverordnung v. 11.4.1988 (GVBl S. 678)
HUS Hannoversche Urteilssammlung. Hrsg. v. d. Bundesbahndir. Hannover (1958 ff.; vorher: Urteilssammlung)
HuSt Hochverrat und Staatsgefährdung ([1.]1957–2.1958)
HuV-I Humanitäres Völkerrecht. Informationsschriften (1.1988 ff.)
HuW s. HW
HVA Hauptversorgungsamt
HVAG HE Hess. Versicherungsaufsichts- und Kostenerstattungsgesetz
v. 15.11.2007 (GVBl I S. 782)
HVB Hauptverwaltung d. Deutschen Bundesbahn
HVbD HE Hess. Verordnung über barrierefreie Dokumente v. 29.3.2006 (GVBl I S. 98)
HVBIT HE Hess. Verordnung über barrierefreie Informationstechnik v. 18.9.2007 (GVBl I S. 597)
HVersRücklG HE Hess. Versorgungsrücklage(n)gesetz v. 15.12.1998 (GVBl I S. 526)
HVgG HE Hess. Vergabegesetz
v. 17.12.2007 (GVBl I S. 922)
HVGGAusfVO HE VO zur Ausführung des Hess. Vermessungs- und Geoinformationsgesetzes v. 16.1.2008 (GVBl I S. 17)
HVO BW Heilfürsorgeverordnung
v. 21.4.1998 (GBl S. 281)
HVV Hochschulvergabeverordnung BB
v. 11.5.2005 (GVBl II S. 230)
HVVBbg BB v. 20.11.2000 (GVBl II S. 423)
HVVO
BW v. 13.1.2003 (GBl S. 63)
LSA v. 24.5.2005 (GVBl LSA S. 282)
HVwKostG HE Hess. Verwaltungskostengesetz v. 11.7.1972 (GVBl I S. 235)

HVwVfG HE Hess. Verwaltungsverfahrensgesetz i. d. Bek. v. 28.7.2005 (GVBl I S. 591)
HW Haus und Wohnung (1.1946–12.1957; aufgegangen in: Das Grundeigentum)
HwäGewZV Handwerksähnliches Gewerbe-Zählungs-VO v. 19.5.1995 (BGBl I S. 736)
HWaG HA Hamb. Wassergesetz
v. 29.3.2005 (GVBl S. 97)
HWahlVO BE Hochschul-Wahlrechtsverordnung v. 5.11.1987 (GVBl S. 2590)
HWB-AufwEntschG HE Hess. Wahlbeamten-Aufwandsentschädigungsgesetz i. d. Bek. v. 6.2.1990 (GVBl I S. 31)
HWBG HE Hess. Weiterbildungsgesetz
v. 25.8.2001 (GVBl I S. 370)
HWFVO NW Hochschulwirtschaftsführungsverordnung v. 11.6.2007 (GV.NW S. 246)
HWG HE Hess. Wassergesetz i. d. Bek.
v. 18.12.2002 (GVBl I S. 10)
hwG-Person Person mit häufig wechselndem Geschlechtsverkehr
HWiG Ges. ü. d. Widerruf v. Haustürgeschäften v. 16.1.1986 (BGBl I S. 122)
HwK Handwerkskammer
HWMDV BB Hochwassermeldedienstverordnung v. 9.9.1997 (GVBl II S. 778)
HwMdVO M-V MV Hochwassermeldedienstverordnung v. 29.8.2005 (GVOBl M-V S. 453)
HWM VO LSA VO ü. d. Hochwassermeldedienst v. 18.8.1997 (GVBl LSA S. 778)
HWNAV SACH VO des Sächsischen Staatsministeriums für Umwelt und Landwirtschaft über den Hochwassernachrichten- und Alarmdienst im Freistaat Sachsen
v. 17.8.2004 (SächsGVBl S. 472)
HwO Handwerksordnung i. d. Bek.
v. 24.9.1998 (BGBl I S. 3074)
HWoZBG HE Hess. Gesetz z. Bekämpfung d. Zweckentfremdung v. Wohnraum
v. 29.11.1994 (GVBl I S. 705)
HwOZustV BY Zuständigkeitsverordnung zur Handwerksordnung v. 14.12.2004 (GVBl 2005 S. 6)

HwSchfKostVO MV MV Handwerks- und Schornsteinfegerwesen-Kostenverordnung v. 20.11.2004 (GVOBl M-V S. 555)
HwStatG Handwerkstatistikgesetz v. 7.3.1994 (BGBl I S. 417)
HwVG Handwerkerversicherungsgesetz v. 8.9.1960 (BGBl I S. 737)
HWVO NRW NW Haushalts- und Wirtschaftsführungs-Verordnung der Studierendenschaften NRW v. 6.10.2005 (GV.NW S. 824)
HWWA Hamb. Welt-Wirtschafts-Archiv
HypAblV Hypothekenablöseverordnung v. 10.6.1994 (BGBl I S. 1253)
HypBarwertV Hypothekenpfandbrief-Barwertverordnung v. 19.12.2003 (BGBl I S. 2818)
HypBG Hypothekenbankgesetz i. d. Bek. v. 9.9.1998 (BGBl I S. 2674)
HypFälligkVO VO z. Regelung d. Fälligkeit alter Hypotheken v. 22.12.1938 (RGBl I S. 1905)
HZA Hauptzollamt
HZAZustV Hauptzollamtszuständigkeitsverordnung v. 8.10.2004 (BGBl I S. 2606)
HZbPrüfVO ND VO ü. d. Erwerb d. fachbezogenen Hochschulzugangsberechtigung durch Prüfung v. 12.1.2001 (GVBl S. 4)
HZG Hochschulzulassungsgesetz
  BW v. 14.7.1986 (GBl S. 226)
  HA v. 28.12.2004 (GVBl S. 515)
  MV v. 14.8.2007 (GVOBl M-V S. 286)
HZG NW NW v. 11.3.1986 (GV.NW S. 218)
HzG BB Hoheitszeichengesetz v. 30.1.1991 (GVBl S. 26)
HZulG LSA Hochschulzulassungsgesetz v. 11.7.1991 (GVBl LSA S. 160)
HZustÜ s. ZustÜ
HzV BB Hoheitszeichen(verordnung) v. 6.9.2000 (GVBl II S. 335)
HZvG Hüttenknappschaftliches Zusatzversicherungs-Gesetz v. 22.12.1971 (BGBl I S. 2104)
HZVO HE Hess. Zuständigkeits- und Verfahrensordnung z. Bundesentschädigungsgesetz v. 8.7.1968 (GVBl I S. 197)

HZVO M-V MV Hochschulzulassungsverordnung v. 6.5.1997 (GVOBl M-V S. 222)
HzVO M-V MV Hoheitszeichen(verordnung) i. d. Bek. v. 8.10.1997 (GVOBl M-V S. 536)

I

I s. Insp. Inspektor
i.A. im Auftrag
IAA Internationales Arbeitsamt
IAEA International Atomic Energy Agency (s.a. IAEO)
IAEO Internationale Atomenergie-Organisation [International Atomic Energy Agency]
IAO Internationale Arbeitsorganisation [International Labour Organization]
IATA International Air Transport Association
IBA International Bar Association
IBG SH Investitionsbankgesetz v. 11.12.1990 (GVOBl S. 609)
IBH-Gesetz HE Gesetz zur Errichtung der Investitionsbank Hessen v. 16.6.2005 (GVBl I S. 426)
ibid. ibidem
IBR Immobilien- & Baurecht (1.1990 ff.)
IBRD International Bank for Reconstruction and Development (World Bank) [Internationale Bank f. Wiederaufbau u. Entwicklung]
i.c. in casu
ICAO International Civil Aviation Organization [Internationale Zivilluftfahrt-Organisation]
ICC Intergovernmental Copyright Committee; International Chamber of Commerce
ICJ International Commission of Jurists; International Court of Justice
ICM Intergovernmental Committee for Migration [Zwischenstaatl. Komitee f. Wanderung]
ICPO International Criminal Police Organization (s.a. INTERPOL)

ICRC International Committee of the Red Cross
IDA International Development Association
i.d.F. in der Fassung
i.d.F.d.Bek. in der Fassung der Bekanntmachung
i.d.R. in der Regel
IdW Institut d. Wirtschaftsprüfer
i.e. id est
IEA Internationale Energie-Agentur [International Energy Agency]
i.e.R. im einstweiligen Ruhestand
i.e.S. im engeren Sinne
i.f. in fine
IFA International Fiscal Association
IFAD International Fund for Agricultural Development
IFC International Finance Corporation
IFG Informationsfreitheitsgesetz v. 5.9.2005 (BGBl I S. 2722) BE Berliner Informationsfreiheitsgesetz v. 15.10.1999 (GVBl S. 561)
IFGGEbV Informationsgebührenverordnung v. 2.1.2004 (BGBl I S. 6)
IFGKostVO M-V MV Informationskostenverordnung v. 28.9.2006 (GVOBl M-V S. 748)
IFG M-V MV Informationsfreiheitsgesetz v. 10.7.2006 (GVOBl M-V S. 556)
IFG NRW NW Informationsfreiheitsgesetz Nordrhein-Westfalen v. 27.11.2001 (GV.NW S. 806)
IFG-SH SH Informationsfreiheitsgesetz f. d. Land Schleswig-Holstein v. 9.2.2000 (GVOBl S. 166)
IFLA Informationsdienst zum Lastenausgleich (34.1985,7–39.1990) sowie zu BVG u. anderem Kriegsfolgerecht; (ab 40.1991:) Informationsdienst für Lastenausgleich, BVFG u. anderes Kriegsfolgerecht, Vermögensrückgabe u. Entschädigung nach dem Einigungsvertrag (1.1952–34.1985,6)
IfMeldeVO M-V MV Infektionsmeldeverordnung v. 12.6.2001 (GVOBl M-V S. 172)
IfO Ifo-Institut f. Wirtschaftsforschung

IfSAG M-V MV Infektionsschutzausführungsgesetz v. 3.7.2006 (GVOBl M-V S. 524)
IfSZV BB Infektionsschutzzuständigkeitsverordnung v. 27.11.2007 (GVBl II S. 488)
IGB Internationaler Genossenschaftsbund; Internationaler Gewerkschaftsbund
IGH Internationaler Gerichtshof [Weltgerichtshof] (s.a. ICJ, CIJ)
IGSErr-VO LSA VO z. Errichtung v. Integrierten Gesamtschulen v. 26.2.1998 (GVBl LSA S. 87)
IHK Industrie- u. Handelskammer
IHKG Ges. ü. d. Industrie- und Handelskammern
Ges. z. vorl. Regelung d. Rechts d. Industrie- und Handelskammern v. 18.12.1956 (BGBl I S. 920)
BE Ges. ü. d. Industrie- u. Handelskammern i. d. Bek. v. 21.3.1967 (GVBl S. 511)
BW Ges. ü. d. Industrie- u. Handelskammern v. 27.1.1958 (GBl S. 77)
IHR Internationales Handelsrecht (1.2001 ff.)
IHSG Investitionshilfe-Schlußgesetz v. 24.2.1955 (BGBl I S. 69)
II. BV 2. Berechnungsverordnung i. d. Bek. v. 12.10.1990 (BGBl I S. 2178)
IIC International Review of Industrial Property and Copyright Law (1.1970 ff.)
II. WoBauG Zweites Wohnungsbaugesetz Wohnungsbau- und Familienheimgesetz i. d. Bek. v. 19.8.1994 (BGBl I S. 2137)
IJK Internationale Juristen-Kommission
IK s. IKK
IKK Innungskrankenkasse
IKO Innere Kolonisation (5.1956–20.1971; vorher: Zs. f. d. ges. Siedlungswesen; dann: Innere Kolonisation, Land u. Gemeinde)
IKRK Internationales Komitee d. Roten Kreuzes
IKV Internationale Kriminalistische Vereinigung
i.L. in Liquidation

ILA International Law Association
ILC International Law Commission (s.a. CDI)
ILO International Labour Organization (s.a. IAO)
ILSQualiVO SL VO über die Qualifikation des Personals der Integrierten Leitstelle des Saarlandes v. 17.10.2007 (ABl S. 2038)
IMA Interministerieller Ausschuss
IMCO Inter-Gouvernmental Maritime Consultative Organization
IMDG-Code International Maritime Dangerous Goods-Code v. 17.8.1987 (BAnz Nr.170a)
IMF International Monetary Fund (s.a. IWF)
IMKA Interministerieller Ausschuss z. Koordinierung d. Datenverarbeitung in d. Bundesverwaltung
IMO International Maritime Organization
ImpfMVO MV Impf-Melde-Verordnung v. 30.11.1994 (GVOBl M-V S. 1083)
IMPP Institut f. medizinische u. pharmazeutische Prüfungsfragen [Mainz]
IMR Immobilienverwaltung & Recht (1.2006 ff.)
ImS Immissionsschutz. Zeitschrift für Luftreinhaltung, Lärmschutz, Anlagensicherheit, Reststoffverwertung u. Energienutzung (1.1996 ff.)
ImSchZustVO Bbg BB Zuständigkeitsverordnung v. 26.8.1991 (GVBl S. 396)
ImSchZustVO M-V MV Immissionsschutz-Zuständigkeitsverordnung v. 4.7.2007 (GVOBl M-V S. 250)
ImSchZuVO SACH Immissionsschutz-Zuständigkeitsverordnung v. 5.4.2005 (SächsGVBl S. 82)
INCB International Narcotics Control Board
Incoterms International Commercial Terms [1953 neu gefaßt]
INDat INDat-Report (1.2000 ff.)
IndEinlG SACH Indirekteinleitergesetz v. 2.7.1991 (SächsGVBl S. 233)
IndEinl VO LSA Indirekteinleiterverordnung v. 2.7.1999 (GVBl LSA S. 202)

IndEVO SH Indirekteinleiterverordnung v. 17.8.1994 (GVOBl S. 466)
IndV BE Indirekteinleiterverordnung v. 1.4.2005 (GVBl S. 224)
IndVO BW Indirekteinleiterverordnung v. 19.4.1999 (GBl S. 181)
INF Die Information für Steuerberater und Wirtschaftsprüfer (vorher: Die Information über Steuer und Wirtschaft; 1.1947 ff.; dann: Steuer Consultant)
InfAuslR Informationsbrief Ausländerrecht (1.1979 ff.)
InfektVO SL VO zum Schutz vor Infektionskrankheiten v. 15.10.2005 (ABl S. 1666)
InfKrankMV BB VO ü. d. Erweiterung d. Meldepflicht f. Infektionskrankheiten v. 17.11.2001 (GVBl II S. 630)
info also Informationen zum Arbeitslosenrecht und Sozialhilferecht (1.1983 ff.)
Info BRS Informationsdienst Öffentliche Baurechtssammlung (2000 ff.)
Info M Mietrecht und Immobilien (2004 ff.)
InfÜVPol SL VO ü. d. Zulassung d. Informationsübermittlung v. d. Polizei a. ausländische Polizeibehörden v. 4.12.1996 (ABl 1997 S. 30)
INGE HE Gesetz zur Stärkung von innerstädtischen Geschäftsquartieren v. 21.12.2005 (GVBl I S. 867)
IngG Ingenieurgesetz
  BW v. 30.3.1971 (GBl S. 105)
  BY v. 27.7.1970 (GVBl S. 336)
  HE v. 15.7.1970 (GVBl I S. 407)
  ND v. 30.3.1971 (GVBl S. 137)
  NW v. 5.5.1970 (GV.NW S. 312)
  RP v. 22.12.1970 (GVBl 1971 S. 25)
  SH v. 25.11.1970 (GVOBl S. 302)
  SL v. 27.5.1970 (ABl S. 581)
  TH v. 7.1.1992 (GVBl S. 1)
IngG-LSA LSA ~ des Landes Sachsen-Anhalt v. 17.2.2006 (GVBl LSA S. 46)
IngKammG Ingenieurkammergesetz
  HE v. 30.9.1986 (GVBl I S. 281)
  RP v. 21.12.1978 (GVBl S. 763)
INMARSAT International Maritime Satellite

Organization [Internationale Seefunksatelliten-Organisation]
InsAnerkVO M-V MV Insolvenzanerkennungsverordnung v. 24.8.2000 (GVOBl M-V S. 502)
Insbüro Zeitschrift für das Insolvenzbüro (1.2004 ff.)
InsO Insolvenzordnung v. 5.10.1994 (BGBl I S. 2866)
Insp. Inspektor
InstGE Entscheidungen der Instanzgerichte zum Recht des geistigen Eigentums (1.2002 ff.)
InsVV Insolvenzrechtl. Vergütungsverordnung v. 19.8.1998 (BGBl I S. 2205)
Int. International
IntegrVO SACH Integrationsverordnung v. 24.3.1995 (SächsGVBl S. 136)
INTELSAT International Telecommunications Satellite Organization [Internationale Fernmeldesatellitenorganisation]
Interne VUReV VO ü. d. Rechnungslegung v. Versicherungsunternehmen gegenüber d. Bundesaufsichtsamt f. d. Versicherungswesen v. 30.1.1987 (BGBl I S. 530)
INTERPOL Internationale Kriminalpolizeiliche Organisation (s.a. ICPO, OIPC)
IntFamRVG Internationales Familienrechtsverfahrensgesetz v. 26.1.2005 (BGBl I S. 162)
IntFRG M-V MV Integrationsförderratsgesetz v. 13.6.2000 (GVOBl M-V S. 264)
IntJbPol Internationales Jahrbuch der Politik (1.1954–3.1956/57)
Int J Leg Med International Journal of legal medicine (104.1990/92 ff.; vorher: Zeitschrift für Rechtsmedizin)
IntPatÜG Gesetz über internationale Patentübereinkommen v. 21.6.1976 (BGBl II S. 649)
IntPflanzÜ Internat. Übk. z. Schutz v. Pflanzenzüchtungen v. 2.12.1961 (BGBl 1968 II S. 428)
IntV Integrationskursverordnung v. 13.12.2004 (BGBl I S. 3370)
InVeKoSDG InVeKoS-Daten-Gesetz v. 21.7.2004 (BGBl I S. 1769)

InvFondsG HE Investitionsfondsgesetz i. d. Bek. v. 18.12.1987 (GVBl 1988 I S. 50)
InvG Investmentgesetz v. 15.12.2003 (BGBl I S. 2676)
InvMV Investmentmeldeverordnung v. 21.3.2005 (BGBl I S. 1050)
InVo Insolvenz und Vollstreckung (1.1996 ff.)
InVorG Investitionsvorranggesetz i. d. Bek. v. 4.8.1997 (BGBl I S. 1996)
InVorZuV Investitionsvorrangzuständigkeitsübertragungsverordnung v. 1.11.2000 (BGBl I S. 1487)
2. InVorZuV Zweite Investitionsvorrang-Zuständigkeitsübertragungsverordnung v. 19.12.2003 (BGBl I S. 2809)
InvUmlBV BB Investitionsumlage-Berechnungsverordnung v. 26.1.2000 (GVBl II S. 50)
InvZulG 2007 Investitionszulagengesetz v. 15.7.2006 (BGBl I S. 1614)
InvZuwVO HE Investitionszuwendungsverordnung v. 29.11.2004 (GVBl I S. 375)
IOPC Fund The International Oil Pollution Compensation Fund [Internationaler Entschädigungsfonds f. Ölverschmutzungsschäden]
IPK Straßburger Abk. ü. d. Internat. Patentklassifikation v. 24.3.1971 (BGBl 1975 II S. 283)
IPR Internationales Privatrecht
IPRax Praxis des Internationalen Privat- und Verfahrensrechts (1.1981 ff.)
IPRE Österreichische Entscheidungen zum internationalen Privatrecht (1.1984 ff.)
IPRG Ges. z. Neuregelung d. Internat. Privatrechts v. 25.7.1986 (BGBl I S. 1142)
IPRspr Die deutsche Rechtsprechung auf dem Gebiete des internationalen Privatrechts im Jahre (in den Jahren) ... (Sonderh. d. Zs. f. ausl. u. intern. Privatrecht) (1926/27–1934; 1945/49 ff.)
IPR-Vtr-Übk Übereinkommen ü. d. auf vertragliche Schuldverhältnisse anzuwendende Recht v. 11.6.1980 (ABlEG Nr. L 266/1)

i.R. im Ruhestand
IRD s. IRuD
IRG Gesetz ü. d. internationale Rechtshilfe in Strafsachen i. d. Bek. v. 27.6.1994 (BGBl I S. 1537)
iRis Rechtliche Rundschau der Europäischen Audiovisuellen Informationsstelle (1.1995 ff.)
IRO International Refugee Organization
IRuD Internationales Recht und Diplomatie (1956–1980)
IRZ Zeitschrift für internationale Rechnungslegung (1.2006 ff.)
i.S. im Sinne von; in Sachen
ISAR Internationale Sammlung der Arbeitsrechtsprechung (1.1925–13.1937/38)
ISD Internationaler Suchdienst
ISI International Statistical Institute; Internationales Statistisches Institut
ISO International Organization for Standardization
ISR Internationales Seeschifffahrtsregister
iStR Internationales Steuerrecht (1.1992 ff.)
IT Informationstechnik
IT-ArGV VO ü. d. Arbeitsgenehmigung für hochqualifizierte ausländische Fachkräfte d. Informations- u. Kommunikationstechnologie v. 11.7.2000 (BGBl I S. 1146)
ITRB Der IT-Rechtsberater (2001 ff.)
IT-Richtlinien Richtlinien f. d. Einsatz d. Informationstechnik i. d. Bundesverwaltung v. 18.8.1988 (GMBl S. 470)
ITS International Tracing Service
IuKDG Informations- und Kommunikationsdienste-Ges. v. 22.7.1997 (BGBl I S. 1870)
IuKG BY Gesetz ü. d. Einsatz d. Informations- und Kommunikationstechnik i. d. öffentl. Verwaltung v. 24.12.2001 (GVBl S. 975)
IUR Informationsdienst Umweltrecht (1.1990 ff.)
iur Informatik und Recht (1.1986–3.1988)
ius.full Forum für juristische Bildung (1.2002 ff.)
IV Innovative Verwaltung (24.2002 ff.; vorher: Verwaltungsführung (ab 18.1996: Verwaltung), Organisation, Personal(wesen))
i.V. in Vertretung
IVD-AMG-V In-vitro-Diagnostika-Verordnung nach d. ArzneimittelG v. 24.5.2000 (BGBl I S. 746)
i.V.m. in Verbindung mit
IVU-VO Abwasser HE VO zur Regelung von Anforderungen an wasserrechtliche Erlaubnisse nach der IVU-Richtlinie v. 4.9.2003 (GVBl I S. 262)
IVU-VO Wasser NW VO zur Umsetzung der Richtlinie 96/61/EG über die integrierte Vermeidung und Verminderung der Umweltverschmutzung – IVU-Richtlinie – im Wasserrecht v. 19.2.2004 (GV.NW S. 179)
IWB Internationale Wirtschafts-Briefe (LoseblSlg; 1954 ff.)
IWF Internationaler Währungsfonds (s.a. IMF, FMI)
i.w.S. im weiteren Sinne
IzRspr Sammlung der deutschen Entscheidungen zum interzonalen Privatrecht (1945/53–1966/67)

J

J. s. Jb.
J. Journal
JA Jugendamt
JA Juristische Arbeitsblätter (1.1969 ff.)
JAG Juristenausbildungsgesetz
 BE i. d. Bek. v. 1.10.1982 (GVBl S. 1893)
• BW v. 16.07.2003 (GBl S. 354)
 HE i. d. Bek. v. 15.03.2004 (GVBl I S. 158)
 NW ~ Nordrhein-Westfalen v. 11.3.2003 (GV.NW S. 135)
 RP Landesgesetz über die juristische Ausbildung v. 23.6.2003 (GVBl S. 116)
 SH v. 20.2.2004 (GVOBl S. 66)
 SL i. d. Bek. v. 8.1.2004 (Abl S. 78)
JAG-LSA LSA ~ Sachsen-Anhalt v. 16.7.2003 (GVBl LSA S. 167)

JAG BY Jugendamtsgesetz v. 23.7.1965 (GVBl S. 194)

JagdHBV BB Jagdhundebrauchbarkeitsverordnung v. 14.9.2005 (GVBl II S. 482)

JagdHBVO M-V MV Jagdhundebrauchbarkeitsverordnung v. 14.1.1999 (GVOBl M-V S. 221)

JagdZVO M-V MV Jagdzeitenverordnung v. 29.10.2004 (GVOBl M-V S. 512)

JAGebO NW Juristenausbildungsgebührenordnung v. 12.11.2006 (GV.NW S. 536)

JAGO Jugendarrestgeschäftsordnung
BE v. 29.9.1989 (Justiz S. 421)
BY v. 18.6.1979 (JMBl S. 101)
HA v. 31.1.1990 (JVBl S. 13)
HE v. 15.10.1981 (JMBl S. 616)
ND v. 12.11.1979 (NdsRpfl S. 218)
NW v. 13.11.1978 (JMBl S. 202)
RP v. 14.10.1980 (JBl S. 250)
SH v. 7.1.1982 (SchlHA S. 17)

JAGSV VO ü. d. Anlage z. Jahresabschluss v. Kreditinstituten, die eingetragene Genossenschaften oder Sparkassen sind v. 13.10.1993 (BGBl I S. 1705)

Jamt Das Jugendamt – Zeitschrift für Jugendhilfe und Familienrecht (74.2001 ff.; vorher: Der Amtsvormund)

JAO
BE Berliner Juristenausbildungsordnung v. 4.8.2003 (GVBl S. 298)
HE Juristische Ausbildungsordnung v. 25.10.2004 (GVBl I S. 316)
NW Juristenausbildungs- und Prüfungsordnung i. d. Bek. v. 16.7.1985 (GV.NW S. 528)
SH Juristenausbildungs- und Prüfungsordnung i. d. Bek. v. 17.4.1997 (GVOBl S. 279)
SL Ausbildungsordnung für Juristen i. d. Bek. v. 8.1.2004 (Abl S. 90)

JAPG BR Bremisches Gesetz über die Juristenausbildung und die erste juristische Prüfung v. 20.5.2003 (GBl S. 251)

JAPO Juristenausbildungs- u. Prüfungsordnung; Juristische Ausbildungs- u. Prüfungsordnung
BY Ausbildungs- und Prüfungsordnung für Juristen v. 13.10.2003 (GVBl S. 758);
RP Juristische Ausbildungs- und Prüfungsordnung v. 1.7.2003 (GVBl S. 131)

JAPO M-V MV Juristenausbildungs- und Prüfungsordnung v. 16.6.2004 (GVOBl. M-V S. 281)

JAPrO Ausbildungs- u. Prüfungsordnung für Juristen
BW VO ü. d. Ausbildung u. Prüfung d. Juristen v. 9.7.1984 (GBl S. 480)
LSA Ausbildungs- u. Prüfungsordnung für Juristinnen und Juristen v. 21.1.1997 (GVBl LSA S. 364)

JAPrüfVO ND VO ü. d. Prüfung d. Jahresabschlusses d. Eigenbetriebe u. anderer prüfungspflichtiger Einrichtungen v. 14.7.1987 (GVBl S. 125)

JAPrVO LSA Ausbildungs- und Prüfungsverordnung für Juristen v. 2.10.2003 (GVBl LSA S. 245)

JapV BB Jahresabschlussprüfungsverordnung v. 13.8.1996 (GVBl II S. 680)

JA-R Juristische Arbeitsblätter – Rechtsprechung (1.1999 ff.)

JArbSchG Jugendarbeitsschutzgesetz v. 12.4.1976 (BGBl I S. 965)

JArbSchPolV BY VO z. Arbeitsschutz f. jugendl. Polizeivollzugsbeamte v. 19.9.1986 (GVBl S. 321)

JArbSchUV Jugendarbeitsschutzuntersuchungsverordnung v. 16.10.1990 (BGBl I S. 2221)

JArbSchVergV BY Jugendarbeitsschutzvergütungsverordnung v. 21.2.1984 (GVBl S. 59)

JArbSchVO Jugendarbeitsschutzverordnung
BW v. 3.7.1979 (GBl S. 300)
RP v. 6.11.1978 (GVBl S. 690)

JAV Jahresarbeitsverdienst; VO ü. d. Lohnsteuer-Jahresausgleich i. d. Bek. v. 16.3.1971 (BGBl I S. 195)

JAVollzO Jugendarrestvollzugsordnung i. d. Bek. v. 30.11.1976 (BGBl I S. 3270)

JB s. JurBüro

Jb. Jahrbuch

JbArbR Jahrbuch des Arbeitsrechts. Gesetzgebung – Rechtsprechung – Literatur. Nachschlagewerk für Wissenschaft u.

Praxis (36.1998(1999) ff.; vorher: Das Arbeitsrecht der Gegenwart)
JbDBP Jahrbuch der Deutschen Bundespost (28.1977; vorher: Jahrbuch d. Postwesens)
JBeitrO Justizbeitreibungsordnung v. 11.3.1937 (RGBl I S. 298)
JBeitrOVBV BY VO über die Bestimmung von Vollstreckungsbehörden nach der Justizbeitreibungsordnung v. 17.12.2004 (GVBl S. 585)
JbFSt Jahrbuch der Fachanwälte für Steuerrecht (1967/68.1967 ff.)
JBG BW Jugendbildungsgesetz i. d. Bek. v. 8.7.1996 (GBl S. 502)
JbIntR s. JfIR
JBl Juristische Blätter (61.1932 ff.; vereinigt mit Gerichts-Zeitung (1.1872–67.1938; 68.1946ff.); Justizblatt
JBl (RP) Justiz-Blatt. Rheinland-Pfalz (1.1947 ff.)
JBl Saar SL Justizblatt des Saarlandes (1. [= 9.] 1957–11. [= 19.] 1967; vorher: Saarländische Rechts- u. Steuerzeitschrift) dann: Gemeinsames Ministerialblatt Saarland
JbOstR s. JOR
JbPostW Jahrbuch des Postwesens (1.1937–5.1941/42; 6.1955/56–25.1975; 26 u. 27 nicht ersch.; dann: Jb. d. Dt. Bundespost)
JbPrSchiedsger Jahrbuch für die Praxis der Schiedsgerichtsbarkeit (1.1987 ff.)
JbRSoz Jahrbuch für Rechtssoziologie und Rechtstheorie (1.1970–5.1978)
JbSozRdG Jahrbuch des Sozialrechts der Gegenwart (1.1979–20.1998; dann: Jahrbuch des Sozialrechts)
JEB Justizergänzungsbestimmungen
JErmÜVO SH Justizermächtigungsübertragungsverordnung v. 4.12.1996 (GVOBl S. 720)
JFG Jahrbuch für Entscheidungen in Angelegenheiten der freiwilligen Gerichtsbarkeit und des Grundbuchrechts, begr. v. Ring (1.1924–23.1943)
JFG Erg Entscheidungen des Kammergerichts (ab 15.1937:) und des Oberlandesgerichts München in Kosten-, Straf-, Miet- und Pachtschutzsachen (= Jb. f. Entsch. in Angel. d. freiw. Gerichtsbark. u. d. Grundbuchrechts. ErgBd.) (1.1924–23.1944)
JfIR Jahrbuch für internationales (1.1948 u. 2.1949: und ausländisches öffentliches) Recht (3.1950/51–18.1975; dann: German Yearbook of International Law)
JFördG ND Jugendförderungsgesetz i. d. Bek. v. 15.7.1981 (GVBl S. 200)
JFPO BY Jäger- und Falknerprüfungsordnung v. 28.11.2000 (GVBl S. 802)
JfR Jahresschrift für Rechtspolitologie (1.1987 ff.)
Jg. Jahrgang
JGebBefrG RP Justizgebührenbefreiungsgesetz v. 5.10.1990 (GVBl S. 281)
JGG Jugendgerichtsgesetz i. d. Bek. v. 11.12.1974 (BGBl I S. 3427)
JGSF-Verordnung RP Landesverordnung ü. Anforderungen an Anlagen z. Lagern und Abfüllen v. Jauche, Gülle, Silagesickersäften, Festmist und Silagen v. 1.4.1999 (GVBl S. 102)
JherJb Jherings Jahrbücher für die Dogmatik des bürgerlichen Rechts (Folge 2, 1 [= 37. d. Gesamtreihe] 1897–54 [= 90.] 1942; vorher: Jahrbücher f. d. Dogmatik d. heut. röm. Rechts u. dt. Privatrechts)
JHFBVO SH Jugendhilfe-Finanzierungsbeteiligungsverordnung v. 21.6.1999 (GVOBl S. 205)
JHKVO SH Jugendhilfekostenverordnung v. 15.6.2001 (GVOBl S. 103)
JIBL Journal of International Biotechnology Law (1.2004 ff.)
JIR s. JfIR
JITE Journal of institutional and theoretical economics (142.1986 ff.; vorher: Zs. f. d. ges. Staatswissenschaft)
JJb Juristen-Jahrbuch (1.1960–10.1969/70)
JKapVVO BE VO ü. d. Ausbildungskapazität u. d. Vergabeverfahren f. d. jurist. Vorbereitungsdienst v. 11.7.1987 (GVBl S. 1882)

JKassO Justizkassenordnung v. 30.1.1937 (SonderveröffDJ Nr. 13)
JKGBbg BB Brandenburgisches Justizkostengesetz v. 3.6.1994 (GVBl I S. 172)
JKMO Justizkostenmarkenordnung
  BW v. 10.3.1989 (Justiz S. 115)
  BY v. 22.1.1990 (JMBl S. 13)
  HE v. 2.1.1978 (JMBl S. 154)
JKomG Justizkommunikationsgesetz v. 22.3.2005 (BGBl I S. 837)
JMBl Justiz-Ministerial-Blatt für Hessen (1.1949 ff.) Justiz-Ministerialblatt für die Preußischen Gesetzgebung und Rechtspflege (1.1839–95.1933,39; dann: Preußische Justiz)
JMBl TH Justiz-Ministerialblatt für Thüringen (1.1991 ff.)
JMBlBbg Justizministerialblatt für das Land Brandenburg
JMBl.NW NW Justizministerialblatt für das Land Nordrhein-Westfalen (1.1947 ff.)
JMS-Report Jugend-Medien-Schutz-Report (15.1992 ff.; vorher: BPS-Report)
JMStV Jugendmedienschutz-Staatsvertrag
  BE v. 11.2.2003 (GVBl S. 69)
  BW v. 4.2.2003 (GBl S. 93)
  BY v. 20.2.2003 (GVBl S. 147)
  MV v. 3.2.2003 (GVOBl M-V S. 110)
  NW v. 28.2.2003 (GV.NW S. 84)
  SACH v. 21.3.2003 (SächsGVBl S. 38)
JöR Jahrbuch des öffentlichen Rechts der Gegenwart (1.1907–25.1938; N.F. 1.1951 ff.)
JÖSchG Jugendschutzgesetz i. d. Bek. v. 25.2.1985 (BGBl I S. 425)
JOR Jahrbuch für Ostrecht (1.1960 ff.)
JP Juristische Praxis (1.1996 ff.)
j.P. Juristische Person
JPO Jägerprüfungsordnung BB v. 14.9.2005 (GVBl II S. 486)
JPrO
  BW Jägerprüfungsordnung v. 20.7.2006 (GBl S. 270)
  SACH v. 1.10.1997 (SächsGVBl S. 589)
JPrO M-V MV v. 1.7.1997 (GVOBl M-V S. 336)

JR Juristische Rundschau (1.1925–11.1935; [N.F.] 1.1947 ff.)
JR Justizrat
JRPBest Justizrechnungsprüfungsbestimmungen. AV v. 24.11.1937 (DJ S. 1836)
JRPV Juristische Rundschau für d. Privatversicherung (Bis 7.1930 = Beil. zur Zs. f. Versicherungswesen) (1.1924–20.1943; bis 7.1930 = Beil. zur Zs. f. Versicherungswesen)
JRSO Jewish Restitution Successor Organization
JSchV BY VO ü. d. Schiedsstelle in d. Jugendhilfe v. 14.12.1999 (GVBl S. 562)
JSG BW Justizsozialarbeitergesetz v. 13.12.1979 (GBl S. 550)
JSOG BY Ges. ü. d. sicherheits- u. ordnungsrechtl. Befugnisse d. Justizbediensteten v. 15.4.1977 (GVBl S. 116)
JSS NW Jugendschutzsatzung v. 12.12.2003 (GV.NW S. 9)
JStErgG 1996 Jahressteuer-Ergänzungsgesetz 1996 v. 18.12.1995 (BGBl I S. 1959)
JStG 2008 Jahressteuergesetz 2008 v. 20.12.2007 (BGBl I S. 3150)
JStVollzG Jugendstrafvollzugsgesetz
  BW v. 3.7.2007 (GBl S. 298)
  SH v. 19.12.2007 (GVOBl S. 563)
JStVollzG Bln BE Berliner Jugendstrafvollzugsgesetz v. 15.12.2007 (GVBl S. 653)
JStVollzG LSA LSA ~ Sachsen-Anhalt v. 7.12.2007 (GVBl LSA S. 368)
JStVollzG M-V MV ~ Mecklenburg-Vorpommern v. 14.12.2007 (GVOBl M-V S. 427)
JStVollzG NRW NW ~ Nordrhein-Westfalen v. 20.11.2007 (GV.NW S. 539)
JSVG BW Jugend- und Sozialverbandsgesetz v. 1.7.2004 (GBl S. 572)
JTC Jewish Trust Corporation for Germany
JubGVO BW Jubiläumsgabenverordnung v. 15.1.1995 (GBl S. 57)
JuBiG Jugendbildungsgesetz
  BR v. 1.10.1974 (GBl S. 309)
  RP v. 28.4.1975 (GVBl S. 165)
JubV Jubiläumszuwendungsverordnung

i. d. Bek. v. 13.3.1990 (BGBl I S. 487)
JubVO
BE i. d. Bek. v. 30.9.1980 (GVBl S. 2212)
SH v. 29.11.1999 (GVOBl S. 462)
JubVO LSA LSA Jubiläumsverordnung v. 20.7.1995 (GVBl LSA S. 212)
JuFPrüfV BR Bremische Verordnung ü. d. Jäger- und Falknerprüfung v. 13.10.1998 (GBl S. 271)
JugS Jugendschutz (1.1956–35.1990; dann: Kind, Jugend, Gesellschaft)
JugW Jugendwohl (9.1920 ff.; vorher: Zs. f. katholische caritative Erziehungstätigkeit)
JUKOS Verfahren z. Automation d. Gerichtskosten- u. -kassenwesens u. d. Geldstrafenvollstreckung
JuMiG Justizmitteilungsgesetz u. Gesetz z. Änderung kostenrechtlicher Vorschriften u. anderer Gesetze v. 18.6.1997 (BGBl I S. 1430)
1. JuMoG 1. Justizmodernisierungsgesetz v. 24.8.2004 (BGBl I S. 2198)
JurA Juristische Analysen (1.1969–3.1971)
Jura Jura (1.1979 ff.)
JurBüro Das juristische Büro (7.1956 ff.; vorher: Das Büro)
JURIS Juristisches Informationssystem
Jur-PC Jur-PC (1.1989 ff.)
JurPrüfWiGebO BE Widerspruchsgebührenordnung juristische Prüfungen v. 11.4.2005 (GVBl S. 226)
JurVDKpV BB Kapazitätsverordnung v. 6.8.2003 (GVBl II S. 449)
JuS Juristische Schulung (1.1961 ff.)
JuSchG ZustVO SH Landesverordnung über die zuständigen Behörden nach dem Jugendschutzgesetz v. 8.9.2003 (GVOBl S. 440)
JuSchGZVO NW Jugendschutzzuständigkeitsverordnung v. 16.12.2003 (GV.NW S. 820)
JuSchRiL SL Jugendschutzrichtlinien v. 8./9.3.2005 (ABl S. 1746)
JuSchZV BB Jugendschutzzuständigkeitsverordnung v. 6.5.2004 (GVBl II S. 329)

JusDKlVO SACH Justizdienstkleidungsverordnung v. 15.10.1997 (SächsGVBl S. 586)
JUS letter EG-Recht – wöchentlicher Informationsdienst (1993–1999; dann: eLEXtra)
JustAG SACH Justizausführungsgesetz v. 12.12.1997 (SächsGVBl S. 638)
justament Justament: Die Referendarzeitschrift (1.2000 ff.)
Justiz Die Justiz (1.1925/26–8.1932/33)
Justiz(BW) BW Die Justiz. Amtsblatt d. Justizministeriums Baden-Württemberg (1.1952 ff.)
JuV Justiz und Verwaltung (1.1950; dann: Dt. Richterzeitung)
JuVe JuVe Rechtsmarkt: Nachrichten für Anwälte und Mandanten (1998 ff.)
JuZÜV BB Justiz-Zuständigkeitsübertragungsverordnung i. d. Bek. v. 28.11.2006 (GVBl II S. 479)
JuZustVO SACH Justizzuständigkeitsverordnung v. 6.5.1999 (SächsGVBl S. 281)
JVB Justizvollzugsbestimmungen
JVBKR HE Justizvollzugsbestimmungen f. Kassenanordnungen in Rechtssachen i. d. Bek. v. 18.8.1978 (JMBl S. 616)
JVDKapVO SACH Kapazitätsverordnung f. d. jurist. Vorbereitungsdienst v. 7.3.1996 (SächsGVBl S. 97)
JVDO
BY Dienstordnung f. d. Vollziehungsbeamten d. Justiz v. 24.3.1982 (JMBl S. 58)
NW VO ü. d. Dienst- u. Geschäftsverhältnisse d. Gerichtsvollzieher u. d. Vollziehungsbeamten d. Justiz v. 22.10.1984 (GV.NW S. 658)
JVEGÜV BB VO zur Übertragung der Befugnis für den Abschluss von Vereinbarungen nach § 14 des Justizvergütungs- und -entschädigungsgesetzes v. 30.3.2006 (GVBl II S. 77)
JVKostG Justizverwaltungskostengesetz
BY v. 25.3.1958 (GVBl S. 40)
NW i. d. Bek. v. 20.6.1995 (GV.NW S. 612)
JVKostO VO ü. Kosten im Bereich d. Jus-

tizverwaltung v. 14.2.1940 (RGBl I S. 357)
JVO HE Dienstjubiläumsverordnung v. 11.5.2001 (GVBl I S. 251)
JVollMoG NW Justizvollzugsmodernisierungsgesetz v. 19.6.2007 (GV.NW S. 245)
JVollzDSG BW Justizvollzugsdatenschutzgesetz v. 3.7.2007 (GBl S. 320)
JVollzLVO BE Laufbahnverordnung f. d. Justizvollzugsdienst v. 20.3.1973 (GVBl S. 526) (s.a. Bundeslaufbahnverordnung)
JVollzStOV Justizvollzugs-Stellenobergrenzenverordnung
BY v. 22.12.1998 (GVBl S. 1022)
NW v. 21.3.2000 (GV.NW S. 310)
JVollzZV BB VO über beamtenrechtliche Zuständigkeiten im Justizvollzug des Landes Brandenburg v. 26.4.2006 (GVBl II S. 102)
JVV NW Sammlung der Justizverwaltungsvorschriften (1959)
JW Juristische Wochenschrift (1.1872–68.1939,12; dann: vereinigt mit: Dt. Recht als Ausg. A)
JWAVO M-V MV Justizwachtmeisterausbildungsverordnung v. 14.11.1997 (GVOBl M-V S. 759)
JWDO Dienstordnung f. d. Beamten d. Justizwachtmeisterdienstes
BW v. 19.12.1972 (Justiz 1973 S. 7)
SH v. 3.11.1983 (SchlHAnz S. 191)
JWG Jugendwohlfahrtsgesetz i. d. Bek. v. 25.4.1977 (BGBl I S. 633, 795)
JWO Die juristische Woche (1.2003–1.2004,52)
JZ Juristenzeitung (6.1951 ff.; Forts. v.: Dt. Rechts-Zs. u. Süddt. Juristen-Ztg.)
JZahlVO BW VO des Justizministeriums zur Einschränkung des baren Zahlungsverkehrs in der Justiz v. 9.7.2007 (GBl S. 354)
JZDA HE Dienstanweisung für Justizzahlstellen v. 15.11.1977 (JMBl 1978 S. 60)
JZV Jubiläumszuwendungsverordnung
NW i. d. Bek. v. 9.9.1971 (GV.NW S. 258)

JzV BY Jubiläumszuwendungsverordnung v. 1.3.2005 (GVBl S. 76)
JzwVO SL Jubiläumszuwendungsverordnung i. d. Bek. v. 1.4.1980 (ABl S. 548)

K

K Kammer
K&B Kapital und Börse (= Beil. zu Kapitalanlagen)
K&R Kommunikation & Recht (1.1998 ff.)
KA Konzessionsabgabe
KaBeKostVO M-V MV Kampfmittelbeseitigungskostenverordnung v. 21.2.2005 (GVOBl M-V S. 70)
KABl Kirchliches Amtsblatt
KabPfG Kabelpfandgesetz v. 31.3.1925 (RGBl I S. 37)
KabVersG NW NW Kabelversuchsgesetz v. 20.12.1983 (GV.NW S. 640)
KAbwVO M-V MV Kommunalabwasserverordnung v. 15.12.1997 (GVOBl M-V 1998 S. 25)
KäseV Käseverordnung i. d. Bek. v. 14.4.1986 (BGBl I S. 412)
KaFbMstrV Karosserie- und Fahrzeugbauermeisterverordnung v. 8.5.2003 (BGBl I S. 668)
KAG Kommunalabgabengesetz
BB ~ für das Land Brandenburg i. d. Bek. v. 31.3.2004 (GVBl I S. 174)
BW i. d. Bek. v. 28.5.1996 (GBl S. 481)
BY i. d. Bek. v. 4.2.1977 (GVBl S. 82)
HE v. 17.3.1970 (GVBl I S. 225)
NW v. 21.10.1969 (GV.NW S. 712)
RP v. 20.6.1995 (GVBl S. 175)
SH i. d. Bek. v. 10.1.2005 (GVOBl S. 27)
SL i. d. Bek. v. 29.5.1998 (ABl S. 691)
KAG M-V MV i. d. Bek. v. 12.4.2005 (GVOBl. M-V S. 146)
KAG-LSA LSA i. d. Bek. v. 13.12.1996 (GVBl LSA S. 405)
KAGG Gesetz ü. Kapitalanlagegesellschaften i. d. Bek. v. 9.9.1998 (BGBl I S. 2726)
KaInDÜV SL Katasterinhalts- und -datenübermittlungsverordnung v. 14.5.1999 (ABl S. 810)

KalV Kalkulationsverordnung v. 18.11.1996 (BGBl I S. 1783)
KammerG Kammergesetz [f. Heilberufe]
BE i. d. Bek. v. 4.9.1978 (GVBl S. 1937)
BW i. d. Bek. v. 16.3.1995 (GBl S. 313)
BY i. d. Bek. v. 9.3.1978 (GVBl S. 67)
KampfM-GAVO LSA Gefahrenabwehrverordnung zur Verhütung von Schäden durch Kampfmittel v. 27.4.2005 (GVBl LSA S. 240)
Kap. Kapitel
KapAEG Kapitalaufnahmeerleichterungsgesetz v. 20.4.1998 (BGBl I S. 707)
KapCoRiLiG Kapitalgesellschaften- und Co-Richtlinie-Gesetz v. 24.2.2000 (BGBl I S. 154)
KapErhStG Ges. ü. steuerrechtl. Maßnahmen bei Erhöhung des Nennkapitals aus Gesellschaftsmitteln i. d. Bek. v. 22.12.1983 (BGBl I S. 1592)
KapMuG Kapitalanleger-Musterverfahrensgesetz v. 16.8.2005 (BGBl I S. 2437)
KapVO Kapazitätsverordnung
BE v. 10.5.1994 (GVBl S. 186)
BR v. 13.5.2005 (GBl S. 173)
BY v. 28.11.1979 (GVBl S. 420)
HA v. 14.2.1994 (GVBl I S. 35)
HE v. 10.1.1994 (GVBl I S. 1)
LSA v. 24.1.1994 (GVBl LSA S. 68)
ND v. 23.6.2003 (GVBl S. 222)
NW v. 25.8.1994 (GV.NW S. 732)
RP v. 5.9.1979 (GVBl S. 284)
SH v. 30.4.1990 (GVOBl S. 333)
SL v. 3.3.1994 (ABl S. 615)
KapV BB v. 30.6.1994 (GVBl II S. 588)
KapVO VI BW v. 18.4.1990 (GBl S. 134)
KapVO-Jur ND VO ü. d. Ausbildungskapazität u. d. Auswahl- u. Zulassungsverfahren f. d. Einstellung in d. jur. Vorbereitungsdienst v. 21.3.1988 (GVBl S. 51)
KapVOjVD SH Kapazitätsverordnung des juristischen Vorbereitungsdienstes v. 27.9.2004 (GVOBl S. 397)
KapVO-LK SH Kapazitätsverordnung Lehrkräfte v. 16.6.2004 (GVOBl S. 205)
KAR Kassenarztrecht

KaRS Kapitalanlagen (1./2.1988/89 m. d. Untertit.: Wirtschaft, Recht, Steuern) (1./2.1988/89–4.1991)
KartKostV VO ü. d. Kosten d. Kartellbehörden v. 16.11.1970 (BGBl I S. 1535)
KartRegV Kartellregisterverordnung v. 18.1.1982 (BGBl I S. 111)
KastrVO M-V MV Kastrationsverordnung v. 21.10.2003 (GVOBl M-V S. 534)
KAT Kirchlicher Angestelltentarif [der einzelnen evang. Landeskirchen]
KatA Katasteramt
4. KatBZustVO M-V MV 4. Katasterbehördenzuständigkeitsverordnung v. 19.7.2004 (GVOBl M-V S. 388)
KatFortGebG
BR Katasterfortführungsgebührengesetz v. 12.12.1995 (GBl S. 525)
BY Ges. ü. Gebühren f. d. Fortführung d. Liegenschaftskatasters v. 12.12.1973 (GVBl S. 649)
KatG Katastergesetz
HE v. 3.7.1956 (GVBl S. 121)
RP v. 7.12.1959 (GVBl S. 243)
SL i. d. Bek. v. 12.12.1983 (ABl S. 825)
KatGebO HE Gebührenordnung f. Leistungen d. Katasterbehörden v. 4.5.1968 (GVBl I S. 123)
KatsEG-NEW NW Katastrophenschutz-Ehrenzeichengesetz v. 15.2.2005 (GV.NW S. 44)
KatSErgG Katastrophenschutzergänzungsgesetz v. 23.1.1990 (BGBl I S. 120)
KatSErwG Ges. ü. d. Erweiterung d. Katastrophenschutzes i. d. Bek. v. 14.2.1990 (BGBl I S. 229)
KatSG Katastrophenschutzgesetz BE v. 11.2.1999 (GVBl S. 78)
KatSG NW NW v. 20.12.1977 (GV.NW S. 492)
KatSG-LSA LSA v. 13.7.1994 (GVBl LSA S. 816)
Kaug. Konkursausfallgeld
KAV Kindergeldauszahlungs-Verordnung v. 10.11.1995 (BGBl I S. 1510); VO ü. Konzessionsabgaben f. Strom und Gas v. 9.1.1992 (BGBl I S. 12)

KAVO RP Kommunalabgabenverordnung v. 11.1.1996 (GVBl S. 67)
KB Kriegsbeschädigter
KBA Kraftfahrt-Bundesamt
KBSt Koordinierungs- u. Beratungsstelle d. Bundesregierung f. Informationstechnik i. d. Bundesverwaltung im Bundesministerium d. Innern
KBV Kleinbetragsverordnung v. 10.12.1980 (BGBl I S. 2255)
KDB Kriegsdienstbeschädigung
KDLM Konferenz d. Direktoren d. Landesmedienanstalten
KdöR Körperschaft d. öffentlichen Rechts
KDVErstattV Kriegsdienstverweigerer-Erstattungsverordnung v. 3.11.2003 (BGBl I S. 2162)
KDVG Kriegsdienstverweigerungsgesetz v. 9.8.2003 (BGBl I S. 1593)
KDVNG Kriegsdienstverweigerungsgesetz v. 28.2.1983 (BGBl I S. 203)
KDVO SH Kostendeckungsverordnung v. 17.7.1998 (GVOBl S. 235)
KDVV Kriegsdienstverweigerungsverordnung v. 2.1.1984 (BGBl I S. 42)
KE Kommissionsentwurf
KEF Kommission zur Überprüfung u. Ermittlung d. Finanzbedarfs der Rundfunkanstalten
KEK Kommission z. Ermittlung d. Konzentration i. Medienbereich
KeramMstrV Keramikermeisterverordnung v. 13.1.2006 (BGBl I S. 148)
KES Zeitschrift für Kommunikations- u. EDV-Sicherheit (1.1985 ff.)
KEZG Kindererziehungszuschlagsgesetz v. 29.6.1998 (BGBl I S. 1684)
KFAG SL Kommunalfinanzausgleichsgesetz v. 12.7.1983 (ABl S. 462)
KfH Kammer f. Handelssachen
KFPV 2004 Fallpauschalenverordnung 2004 v. 13.10.2003 (BGBl I S. 1995)
KFPV 2005 Fallpauschalenverordnung 2005 v. 12.5.2005 (BGBl I S. 1335)
KFR Kommentierte Finanzrechtsprechung (1.1987–19.2005; dann: Kommentiertes Steuerrecht direkt)

KfSachvG Kraftfahrsachverständigengesetz v. 22.12.1971 (BGBl I S. 2086)
KFürsV VO z. Kriegsopferfürsorge v. 16.1.1979 (BGBl I S. 80)
KfV BY Katastrophenschutzfondsverordnung v. 2.3.1997 (GVBl S. 51)
KFVO HA Kinderförderungsverordnung v. 27.1.2004 (GVBl S. 39)
KF-VO Kleinsendungs-Einfuhrfreimengenverordnung v. 11.1.1979 (BGBl I S. 73) / v. 9.12.1981 (BGBl I S. 1377)
KfW Kreditanstalt für Wiederaufbau
Kfz. Kraftfahrzeug
KfzHV Kraftfahrzeughilfe-Verordnung v. 28.9.1987 (BGBl I S. 2251)
KfzPflVV Kraftfahrzeug-Pflichtversicherungsverordnung v. 29.7.1994 (BGBl I S. 1837)
KfzVO NW Kraftfahrzeugverordnung v. 31.5.1968 (GV.NW S. 190)
Kfz-ZulVorG LSA Gesetz über die Einforderung rückständiger Gebühren und Auslagen bei der Zulassung von Fahrzeugen v. 13.11.2007 (GVBl LSA S. 357)
KG s. KonsG
KG Kammergericht; Kirchengesetz; Kommanditgesellschaft
KG BY Kostengesetz i. d. Bek. v. 25.6.1969 (GVBl S. 165)
KGA Kreditgewinnabgabe
KGaA Kommanditgesellschaft auf Aktien
KGaG BW Kindergartengesetz i. d. Bek. v. 15.3.1999 (GBl S. 150)
KGBl Blätter für Rechtspflege im Bezirk des Kammergerichts (1.1890–44.1934)
KGebO BE Kammergebührenordnung v. 17.4.1985 (GVBl S. 1008)
KgfEG Kriegsgefangenenentschädigungsgesetz i. d. Bek. v. 2.4.1987 (BGBl I S. 506)
KGFG HA Hamb. Kindergartenförderungsgesetz v. 27.6.1984 (GVBl I S. 133)
KGG HE Ges. ü. Kommunale Gemeinschaftsarbeit v. 16.12.1969 (GVBl I S. 307)
KgG NW Kindergarten-Gesetz v. 21.12.1971 (GV.NW S. 534)

KGHB-LSA LSA Gesetz ü. d. Kammern f. Heilberufe Sachsen-Anhalt v. 13.7.1994 (GVBl LSA S. 832)
KGJ Jahrbuch für Entscheidungen des Kammergerichts in Sachen der (bis 19.1899: nichtstreitigen) freiwilligen Gerichtsbarkeit in Kosten-, Stempel- und Strafsachen (1.1881–53.1922)
KgPG HA Kindergartenplatzgesetz v. 2.1.1996 (GVBl I S. 2)
KGSErr-VO LSA VO z. Errichtung v. Kooperativen Gesamtschulen v. 21.7.1999 (GVBl LSA S. 222)
KGSt Kommunale Gemeinschaftsstelle f. Verwaltungsvereinfachung
KgVO BE Krankengeschichtenverordnung v. 24.10.1984 (GVBl S. 1627)
KhAufsVO BE Krankenhausaufsicht-Verordnung v. 2.1.1985 (GVBl S. 55)
KhBauVO NW Krankenhausbauverordnung v. 21.2.1978 (GV.NW S. 154)
KH-Bek BY Kraftfahrthaftungsbekanntmachung v. 3.10.1980 (JMBl S. 230)
KhBetrVO BE Krankenhausbetriebs-Verordnung v. 10.7.1995 (GVBl S. 472)
KHBG BR Krankenhausbetriebsgesetz v. 16.12.2004 (GBl. S. 627)
KHBV Krankenhaus-Buchführungsverordnung i. d. Bek. v. 24.3.1987 (BGBl I S. 1045)
KHDsV BB Krankenhausdatenschutzverordnung v. 4.1.1996 (GVBl II S. 54)
KhEntgGZÜV BY VO über die Übertragung der Zuständigkeit für die Genehmigung von Krankenhausentgelten v. 3.7.2006 (GVBl S. 363)
KhföVO BE Krankenhausförderungs-Verordnung v. 10.7.1997 (GVBl S. 386)
KHFondsV HE Krankenhausfondsverordnung v. 1.7.1994 (GVBl I S. 299)
KHG Krankenhausgesetz; Kunsthochschulgesetz
Krankenhausfinanzierungsgesetz i. d. Bek. v. 10.4.1991 (BGBl I S. 886)
BW Kunsthochschulgesetz i. d. Bek. v. 1.2.2000 (GBl S. 313)
HE Kunsthochschulgesetz i. d. Bek. v. 28.3.1995 (GVBl I S. 349)

KhG SL Kunsthochschulgesetz v. 21.6.1989 (ABl S. 1106)
KHG LSA LSA Krankenhausgesetz Sachsen-Anhalt i. d. Bek. v. 14.4.2005 (GVBl LSA S. 203)
KHG NRW NW Krankenhausgesetz v. 16.12.1998 (GV.NW S. 696)
KHGG NRW NW Krankenhausgestaltungsgesetz des Landes Nordrhein-Westfalen v. 11.12.2007 (GV.NW S. 702)
KhKatSVO BE Krankenhauskatastrophenschutz-VO v. 5.10.1999 (GVBl S. 556)
KHNG Krankenhaus-Neuordnungsgesetz v. 20.12.1984 (BGBl I S. 1716)
KHPauschVO HE Dritte Krankenhauspauschalmittel-Verordnung v. 21.10.1998 (GVBl I S. 482)
KHR Krankenhausrecht (vorher: Krankenhaus & Recht)
KhSchiedV BY Krankenhausschiedsstellenverordnung v. 24.5.2006 (GVBl S. 319)
KHStatV Krankenhausstatistik-Verordnung v. 10.4.1990 (BGBl I S. 730)
KhsVO BE Krankenhaus-Verordnung v. 30.8.2006 (GVBl S. 907)
KHUG BR Krankenhausunternehmens-Ortsgesetz v. 8.4.2003 (GBl S. 175)
KHuR Krankenhaus & Recht (1.1997 ff.)
KHV NRW NW Kommunikationshilfenverordnung Nordrhein-Westfalen v. 15.6.2004 (GV.NW S. 336)
KHVO M-V MV Kommunikationshilfeverordnung Mecklenburg-Vorpommern v. 17.7.2007 (GVOBl M-V S. 269)
KHZV NW VO z. Regelung v. Zuständigkeiten auf d. Gebiet d. Krankenhauswesens v. 20.6.1989 (GV.NW S. 431)
KiAustrG NW Kirchenaustrittsgesetz v. 26.5.1981 (GV.NW S. 260)
KiAusV BB Kirchenaustrittsverordnung v. 28.10.2004 (GVBl II S. 886)
KibeG HA Hamburger Kinderbetreuungsgesetz v. 27.4.2004 (GVBl S. 211)
KibeGKommVO HA Kinderbetreuungsgesetz-Kommissionsverordnung v. 30.11.2004 (GVBl S. 455)
KibeGKostVO HA Kinderbetreuungsge-

KibeG-SchVO 1. Teil

setz-Kostenverordnung v. 30.11.2004 (GVBl S. 452)
KibeG-SchVO HA Kinderbetreuungsgesetz-Schiedsstellenverordnung v. 30.11.2004 (GVBl S. 453)
KibeLeistVO HA Kinderbetreuungs-Leistungsverordnung v. 30.11.2004 (GVBl S. 449)
KiBeVO LSA Kinderbetreuungsverordnung v. 19.2.1997 (GVBl LSA S. 406)
KiBFördG HA Kindertagesbetreuungsförderungsgesetz v. 21.12.1999 (GVBl I S. 333)
KiBG Kinder-Berücksichtigungsgesetz v. 15.12.2004 (BGBl I S. 3448)
KiBiz NW Gesetz zur frühen Bildung und Förderung von Kindern v. 30.10.2007 (GV.NW S. 462)
KICK Kinder- und Jugendhilfeweiterentwicklungsgesetz v. 8.9.2005 (BGBl I S. 2729)
KiFöG LSA Kinderförderungsgesetz v. 5.3.2003 (GVBl LSA S. 48)
KiföG M-V MV Kindertagesförderungsgesetz v. 1.4.2004 (GVOBl M-V S. 146)
KindArbSchV Kinderarbeitsschutzverordnung v. 23.6.1998 (BGBl I S. 1508)
Kind-Prax Kindschaftsrechtliche Praxis (1.1998–8.2005; dann: Zeitschrift für Kindschaftsrecht und Jugendhilfe)
KindRG Kindschaftsrechtsreformgesetz v. 16.12.1997 (BGBl I S. 2942)
KindUG Kindesunterhaltsgesetz v. 6.4.1998 (BGBl I S. 666)
KirchArch Archiv für evangelisches Kirchenrecht (1.1937–5.1941)
KirchE Entscheidungen in Kirchensachen seit 1946 (1.1946/52 ff.)
KirchGO Kirchengemeindeordnung
KirchStG BY Kirchensteuergesetz i. d. Bek. v. 21.11.1994 (GVBl S. 1026)
KiStDVO SH Landesverordnung zur Durchführung des Kirchensteuergesetzes v. 31.3.2005 (GVOBl S. 228)
KiStG Kirchensteuergesetz
BE i. d. Bek. v. 28.12.1989 (GVBl 1990 S. 458)

BR i. d. Bek. v. 23.8.2001 (GBl S. 263)
BW i. d. Bek. v. 15.6.1978 (GBl S. 370)
NW i. d. Bck. v. 22.4.1975 (GV.NW S. 438)
RP v. 24.2.1971 (GVBl S. 59)
SH v. 18.8.1975 (GVOBl S. 219)
KiStG LSA LSA v. 7.12.2001 (GVBl LSA S. 557)
KiStG M-V MV ~ Mecklenburg-Vorpommern v. 17.12.2001 (GVOBl. M-V S. 605)
KiStG-Saar SL v. 25.11.1970 (ABl S. 950)
KiStO SL Kirchensteuerordnung v. 28.11.2000 (ABl 2001 S. 219)
KiStRG ND Kirchensteuerrahmengesetz i. d. Bek. v. 10.7.1986 (GVBl S. 281)
KitaBKNV BB Kindertagesstätten-Betriebskosten- und Nachweisverordnung v. 1.6.2004 (GVBl II S. 450)
KiTaG Gesetz ü. Kindertageseinrichtungen
LSA Kindertageseinrichtungen, Förderungsgesetz v. 26.6.1991 (GVBl LSA S. 126)
ND i. d. Bek. v. 4.8.1999 (GVBl S. 308)
SH v. 12.12.1991 (GVOBl S. 651) BB Zweites Gesetz zur Ausführung des Achten Buches des Sozialgesetzbuches – Kinder- und Jugendhilfe -Kindertagesstättengesetz i. d. Bek. v. 27.6.2004 (GVBl I S. 384)
KitaG BE Kindertagesbetreuungsgesetz i. d. Bek. v. 25.11.1998 (GVBl S. 382)
KiTaGVO BW VO des Kultusministeriums und des Ministeriums für Arbeit und Soziales über die Förderung von Kindertageseinrichtungen mit gemeindeübergreifendem Einzugsgebiet v. 19.6.2006 (GBl S. 224)
KitaPersVO BE Kindertageseinrichtungspersonalverordnung v. 27.11.1998 (GVBl S. 389)
Kita-SchVO HA Tageseinrichtungen-Schiedsstellenverordnung v. 15.4.2003 (GVBl S. 67)
KitaVerfVO BE Kita- u. Tagespflegeverfahrensverordnung v. 8.6.2001 (GVBl S. 196)

KiTaVO SH VO f. Kindertageseinrichtungen v. 13.11.1992 (GVOBl S. 500)
KIV Kaliumiodidverordnung v. 5.5.2003 (BGBl I S. 850)
KiWG BR Kindeswohlgesetz v. 30.4.2007 (GBl S. 317)
KJ Kritische Justiz (1/2.1968/69 ff.)
Kj. Kalenderjahr
KJA Kreisjugendamt
KJB Karlsruher Juristische Bibliographie (1965 ff.)
KJGDV BB Kinder- u. Jugendgesundheitsdienst-Verordnung v. 25.2.1997 (GVBl II S. 96)
KJHG Kinder- u. Jugendhilfegesetz v. 26.6.1990 (BGBl I S. 1163)
KJHG-LSA LSA Kinder- u. Jugendhilfegesetz d. Landes Sachsen-Anhalt v. 5.5.2000 (GVBl LSA S. 236)
KJH-PflG-VO LSA Kinder- und Jugendhilfe-Pflegegeld-Verordnung v. 8.8.2007 (GVBl LSA S. 309)
KJHSVO SH Kinder- u. Jugendhilfe-Schiedsstellenverordnung v. 13.12.2000 (GVOBl S. 678)
KJMAES NW Satzung über den Ersatz notwendiger Aufwendungen und Auslagen der Mitglieder der Kommission für Jugendmedienschutz – Aufwendungsersatzsatzung v. 19.9.2003 (GV.NW S. 603)
KJuG Kind, Jugend, Gesellschaft (36.1991 ff.; vorher: Jugendschutz)
KJVO SH Kinder- u. Jugendeinrichtungsverordnung v. 6.10.1994 (GVOBl S. 499)
KK Krankenkasse
KKZ Kommunal-Kassen-Zeitschrift (1.1949 ff.)
Kl. Kläger(in)
KlärEV Klärschlamm-Entschädigungsfondsverordnung v. 20.5.1998 (BGBl I S. 1048)
KlAVO Arbeitsverwaltungsordnung f. d. kleineren Justizvollzugsanstalten
KlAVO BY Arbeitsverwaltungsordnung f. d. kleineren Justizvollzugsanstalten v. 28.2.1977 (JMBl S. 106)
KlBahnG PR Ges. ü. Kleinbahnen und Privatanschlußbahnen v. 28.7.1892 (GS S. 225)
KlempnerMstrV Klempnermeisterverordnung v. 23.5.2006 (BGBl I S. 1267)
KLErstV Kindererziehungsleistungs-Erstattungsverordnung v. 18.12.1987 (BGBl I S. 2814)
KlFzKV-BinSch VO ü. d. Kennzeichnung v. a. Binnenschiffahrtsstraßen verkehrenden Kleinfahrzeugen v. 21.2.1995 (BGBl I S. 226)
KLG Kindererziehungsleistungs-Gesetz v. 12.7.1985 (BGBl I S. 1585)
KlimaBergV Klima-Bergverordnung v. 9.6.1983 (BGBl I S. 685)
KLNV Kosten- und Leistungsnachweis-Verordnung v. 10.1.1991 (BGBl I S. 60)
KlSchlV BY VO ü. d. Ladenschluß in Kur-, Erholungs-, Ausflugs- u. Wallfahrtsorten v. 12.7.1962 (GVBl S. 104)
KLSchV BB Krankenhaus-Landesschiedsstellenverordnung v. 26.6.2004 (GVBl II S. 550)
KLVO BE Kriminalpolizei-Laufbahnverordnung v. 12.7.1995 (GVBl S.460) (s.a. Bundeslaufbahnverordnung)
KlVO BW Klinikumsverordnung v. 26.9.1986 (GBl S. 373)
KM Kindesmutter
KMBl Amtsblatt des Bayerischen Staatsministeriums für Unterricht und Kultus (54.1918,21–73.1939; 1946–1986,22); vorher: Ministerienblatt f. Kirchen u. Schulangelegenheiten in Bayern)
KME Entschließung d. Kultusministeriums (Bayern)
KMK-HSchR Informationen zum Hochschulrecht. Veröffentlichungen (anfangs: Dokumentationsdienst) d. Kultusministerkonferenz (1.1978 ff.)
Kn. Knappschaft
knRV knappschaftliche Rentenversicherung
KnV Knappschaftsversicherung
KnVNG Knappschaftsrentenversicherungs-Neuregelungsgesetz v. 21.5.1957 (BGBl I S. 533)
KO Kassenordnung; Konkursordnung i. d. Bek. v. 20.5.1898 (RGBl S. 369)

KÖSDI Kölner Steuerdialog (1.1978 ff.)
KOG Kurortegesetz
  BW v. 14.3.1972 (GBl S. 70)
  NW v. 8.1.1975 (GV.NW S. 12)
KolV Kollagen-Verordnung v. 17.8.2004 (BGBl I S. 2223)
KOM Kommissionsdokument(e)
KomAbwV Kommunalabwasserverordnung
  BR v. 23.4.1997 (GBl S. 172)
  NW v. 30.9.1997 (GV.NW S. 372)
KomAbwVO Kommunale Abwasserverordnung
  HA VO z. Umsetzung d. Richtlinie 91/271/EWG d. Rates ü. d. Behandlung v. kommunalem Abwasser v. 24.6.1997 (GVBl I S. 297)
  LSA v. 18.11.1997 (GVBl LSA S. 970)
  RP Landesverordnung ü. d. Beseitigung v. kommunalem Abwasser v. 27.11.1997 (GVBl S. 441)
  SH Landesverordnung ü. d. Beseitigung v. kommunalem Abwasser v. 1.7.1997 (GVOBl S. 357)
  KomAbwVO Bln BE VO z. Umsetzung d. Richtlinie 91/271/EWG d. Rates ü. d. Behandlung v. kommunalem Abwasser v. 19.5.1996 (GVBl S. 226)
  KomAbw-VO HE VO z. Umsetzung d. Richtlinie 91/271/EWG d. Rates v. 21.5.1991 ü. d. Behandlung v. kommunalem Abwasser v. 25.10.1996 (GVBl I S. 470)
KomAEV BB Kommunalaufwandsentschädigungsverordnung v. 31.7.2001 (GVBl II S. 542)
KomAEVO RP LandesVO ü. d. Aufwandsentschädigung f. kommunale Ehrenämter v. 27.11.1997 (GVBl S. 435)
KomBekVO SACH Kommunalbekanntmachungsverordnung v. 19.12.1997 (SächsGVBl 1998 S. 19)
KomBesG RP Kommunal-Besoldungsgesetz v. 22.7.1965 (GVBl S. 149)
KomBesVO Kommunalbesoldungsverordnung
  MV Kommunalbesoldungslandesverordnung v. 3.5.2005 (GVOBl. M-V S. 239)

  SH v. 4.12.1996 (GVOBl S. 717)
KomDAEV BB Kommunaldienstaufwandsentschädigungsverordnung v. 1.12.1994 (GVBl II S. 991)
KomDoppikLG RP Landesgesetz zur Einführung der kommunalen Doppik v. 2.3.2006 (GVBl S. 57)
KomFreiVO SACH Kommunalfreistellungsverordnung v. 12.12.1996 (SächsGVBl S. 499)
KomHKV BB Kommunale Haushalts- und Kassenverordnung v. 14.2.2008 (GVBl II S. 14)
KomKVO SACH Kommunalkassenverordnung v. 26.1.2005 (SächsGVBl S. 3)
KomLbG SL Gesetz zur Kommunalisierung unterer Landesbehörden v. 27.11.1996 (ABl S. 1313)
Komm. Kommission
KommBer Kommissionsbericht
KommG NW Kommunalisierungsmodellgesetz v. 25.11.1997 (GV.NW S. 430)
KommHV BY Kommunalhaushaltsverordnung v. 3.12.1976 (GVBl S. 499)
KommHV-Doppik BY Kommunalhaushaltsverordnung-Doppik v. 5.10.2007 (GVBl S. 678)
KommHVO SL Kommunalhaushaltsverordnung v. 10.10.2006 (ABl S. 1842)
KommHzV BB Kommunale Hoheitszeichenverordnung v. 6.9.2000 (GVBl II S. 339)
KommJur Kommunaljurist (1.2004 ff.)
KommPrV BY Kommunalwirtschaftliche Prüfungsverordnung v. 3.11.1981 (GVBl S. 492)
KommRRefG BB Kommunalrechtsreformgesetz v. 18.12.2007 (GVBl I S. 286)
KommStatVO SACH VO d. Sächs. Staatsministeriums d. Innern z. Einsatz v. Datenverarbeitungsanlagen i. kommunalen Statistikstellen v. 9.2.1996 (SächsGVBl S. 81)
KommStOV s. KomStOVO
KommStOV BY Kommunal-Stellenobergrenzenverordnung v. 28.9.1999 (GVBl S. 436)

KommVerw Die Kommunalverwaltung (1.1990 ff.)
KommZG BY Ges. ü. Kommunale Zusammenarbeit i. d. Bek. v. 20.6.1994 (GVBl S. 555)
KomNeuglGrG LSA Kommunalneugliederungs-Grundsätzegesetz v. 11.5.2005 (GVBl LSA S. 254)
KomPrO SACH Kommunalprüfungsordnung v. 14.8.1995 (SächsGVBl S. 290)
KomPrüfVO SACH Kommunalprüfungsverordnung v. 17.3.2006 (SächsGVBl S. 77)
KomRÄndG SACH Kommunalrechtsänderungsgesetz i. d. Bek. v. 4.10.1996 (SächsGVBl S. 417)
KomStOVO Kommunalstellenobergrenzenverordnung
MV i. d. Bek. v. 15.9.1995 (GVOBl M-V S. 491)
RP v. 14.11.2006 (GVBl S. 360)
SH Stellenobergrenzenverordnung für Kommunalbeamtinnen und Kommunalbeamte v. 13.12.2005 (GVOBl S. 560)
KomtrZV Kommunalträger-Zulassungsverordnung v. 24.9.2004 (BGBl I S. 2349)
KomVerf DDR Kommunalverfassung v. 17.5.1990 (GBl I S. 255; BGBl II S. 1151)
KomWG
BW Kommunalwahlgesetz i. d. Bek. v. 1.9.1983 (GBl S. 429)
SACH Kommunalwahlgesetz i. d. Bek. v. 5.9.2003 (SächsGVBl S. 428)
KomWO Kommunalwahlordnung
BW v. 2.9.1983 (GBl S. 459)
BW v. 2.9.1983 (GBl S. 459)
SACH v. 5.9.2003 (SächsGVBl S. 440)
SACH v. 13.12.1993 (GVBl 1994 S. 21)
KonBefrV Konzernabschlußbefreiungsverordnung v. 15.11.1991 (BGBl I S. 2122)
KondMstrV Konditormeisterverordnung i. d. Bek. v. 12.10.2006 (BGBl I S. 2278)
KonfV Konfitürenverordnung v. 23.10.2003 (BGBl I S. 2151)
Konk. Konkordat; Konkurs
KonkAusfgG Ges. ü. Konkursausfallgeld v. 17.7.1974 (BGBl I S. 1481)

KonkGl Konkursgläubiger
KonkTreuh Konkurs- und Treuhandwesen (1.1927–15.1941; dann: Konkurs-, Treuhand- und Schiedsgerichtswesen)
KonnexAG
NW Konnexitätsausführungsgesetz v. 22.7.2004 (GV.NW S. 360)
RP Landesgesetz zur Ausführung des Artikels 49 Abs. 5 der Verfassung für Rheinland-Pfalz Konnexitätsausführungsgesetz v. 2.3.2006 (GVBl S. 53)
KonsG Konsulargesetz v. 11.9.1974 (BGBl I S. 2317)
KonsultVer BY Konsultationsvereinbarung v. 21.5.2004 (GVBl S. 218)
KonTraG Gesetz z. Kontrolle und Transparenz i. Unternehmensbereich v. 27.4.1998 (BGBl I S. 786)
KontrGerätBeglG Kontrollgerätbegleitgesetz v. 15.5.2004 (BGBl I S. 954)
Konv. Konvention
KonVEIV Konventioneller-Verkehr-Eisenbahn-Interoperabilitätsverordnung v. 9.6.2005 (BGBl I S. 1653)
KonzAbgVO SH Landesverordnung über Konzessionsabgaben für in öffentlicher Trägerschaft veranstaltete Lotterien und Sportwetten v. 13.10.2004 (GVOBl S. 400)
KonzVO M-V MV Konzentrationsverordnung v. 28.3.1994 (GVOBl M-V S. 514)
KoopA ADV Kooperationsausschuss ADV Bund Länder Kommunaler Bereich
KOpfG BW Kriegsopfergesetz v. 14.5.1963 (GBl S. 71)
KorBekG Korruptionsbekämpfungsgesetz v. 13.8.1997 (BGBl I S. 2038)
KormLVO M-V MV Kormoranlandesverordnung v. 15.8.2003 (GVOBl. M-V S. 411)
Kormoran-VO NW VO über die Zulassung von Ausnahmen von den Schutzvorschriften für besonders geschützte Tierarten v. 2.5.2006 (GV.NW S. 273)
KosBFSV BB Berufsfachschulverordnung Kosmetikerin/Kosmetiker nach BBiG v. 14.6.2003 (GVBl II S. 366)

KostÄndG

KostÄndG Ges. z. Änderung u. Ergänzung kostenrechtlicher Vorschriften v. 26.7.1957 (BGBl I S. 861)
KostAusglVO HE Kostenausgleichsverordnung v. 27.12.1997 (GVBl I S. 484)
KostbefrVOUnterbrG BY Kostenbefreiungsverordnung v. 1.7.1982 (GVBl S. 487)
KostBetV BY Kostenbeteiligungsverordnung v. 20.2.1991 (GVBl S. 77)
KostEG HA Kostenerstattungsgesetz v. 25.6.1997 (GVBl I S. 265)
KostErlÜV BB Kostenerlassübertragungsverordnung v. 21.2.1996 (GVBl II S. 230)
KostErstV BY VO ü. d. Kostenerstattung an regionale Planungsverbände i. d. Bek. v. 27.7.1980 (GVBl S. 485)
KostLEVO M-V MV Kostenverordnung für Amtshandlungen in der Land- und Ernährungswirtschaft v. 12.9.2005 (GVOBl M-V S. 459)
KostMaßnG Gesetz ü. Maßnahmen auf d. Gebiete d. Kostenrechts v. 7.8.1952 (BGBl I S. 401)
KostO Kostenordnung i. d. Bek. v. 26.7.1957 (BGBl I S. 861)
KostO NW NW Kostenordnung z. Verwaltungsvollstreckungsgesetz v. 12.8.1997 (GV.NW S. 258)
KostREuroUG Gesetz. z. Umstellung d. Kostenrechts u. d. Steuerberatergebührenverordnung auf Euro v. 27.4.2001 (BGBl I S. 751)
KostRMoG Kostenrechtsmodernisierungsgesetz v. 5.5.2004 (BGBl I S. 718)
KoStrukStatG Gesetz ü. d. Kostenstrukturstatistik v. 12.5.1959 (BGBl I S. 245)
KostVfg Kostenverfügung (bundeseinheitlich vereinbart)
KostVGes Allg. Kostenverordnung f. Amtshandlungen v. Gesundheitseinrichtungen d. Bundes v. 29.4.1996 (BGBl I S. 665)
KostVGüK KostenVO f. d. Güterkraftverkehr v. 22.12.1998 (BGBl I S. 3982)
KostVO BM M-V MV Kostenverordnung Bildungsministerium v. 10.5.2005 (GVOBl M-V S. 242)

KostVO IM M-V MV Kostenverordnung Innenministerium v. 18.8.2004 (GVOBl M-V S. 446)
KoTSV Flugsicherungssystembeschaffungs-Verordnung v. 4.9.1997 (BGBl I S. 2327)
KOV Die Kriegsopferversorgung (1.1952– 24.1975)
KOVAnpG 1990 Bundesversorgungsgesetz 19. AnpassungsGes. v. 26.6.1990 (BGBl I S. 1211)
KOVAnpG 1991 KOV-Anpassungsgesetz 1991 v. 21.6.1991 (BGBl I S. 1310)
13. KOV-AnpV 2005 Dreizehnte KOV-Anpassungsverordnung 2005 v. 23.6.2005 (BGBl I S. 1727)
KOVerm ND Kostenordnung für das amtliche Vermessungswesen v. 16.12.2003 (GVBl S. 451)
KOVermIng ND Kostenordnung d. Öffentlich bestellten Vermessungsingenieure v. 26.4.1966 (GVBl S. 85)
KOVO NW Kurorteverordnung v. 21.6.1983 (GV.NW S. 254)
KoVO SACH VO d. Sächs. Staatsministeriums f. Kultus ü. d. Ausbildung u. d. Abiturprüfung a. Kollegs i. Freistaat Sachsen v. 5.3.1996 (SächsGVBl S. 115)
KOV-StruktG 1990 KOV-Strukturgesetz 1990 v. 23.3.1990 (BGBl I S. 582); KOV-Strukturgesetz 1990 v. 23.3.1990 (BGBl I S. 582)
KP Kreditpraxis (5.1979 ff.; vorher: Bankwirtschaftliche Kreditpraxis u. Finanzberatung)
KPA Kriminalpolizeiamt
KPauschVO RP LandesVO ü. d. Festsetzung eines Pauschbetrages f. d. Kraftfahrzeugbenutzung v. 19.4.2001 (GVBl S. 95)
KPG SH Kommunalprüfungsgesetz i. d. Bek. v. 28.2.2003 (GVOBl S. 129)
KPPG BE Ges. ü. d. Durchf. d. Kabelpilotprojekts Berlin v. 17.7.1984 (GVBl S. 964)
KPPVO BE Kabelpilotprojektverordnung v. 21.12.1984 (GVBl 1985 S. 2)
KpS Kriminalpolizeiliche personenbezogene Sammlungen

KPV BB Kostenerstattungspauschalierungsverordnung v. 4.5.2004 (GVBl II S. 328)

Krad-EG-TypV VO über die EG-Typengenehmigung für zweirädrige oder dreirädrige Kraftfahrzeuge v. 7.2.2004 (BGBl I S. 248)

KraftBevV Kraftwerksbevorratungs-Verordnung v. 11.2.1981 (BGBl I S. 164)

KraftStG 1994 Kraftfahrzeugsteuergesetz i. d. Bek. v. 24.5.1994 (BGBl I S. 1102)

KraftstoffLBV Kraftstoff-Lieferbeschränkungs-Verordnung v. 26.4.1982 (BGBl I S. 520)

KrAlpflVO M-V MV Kranken- und Altenpflegehelferverordnung v. 16.8.2004 (GVOBl M-V S. 403)

Krankenvers&SozR Krankenversicherungs- & Sozialrecht (1.1999 ff.)

KraSO BY Krankenhausschulordnung v. 1.7.1999 (GVBl S. 288)

KrBest Kraftfahrzeugbestimmungen v. 24.6.1960 (MinBlFin S. 718)

KredBestV Kreditbestimmungsverordnung v. 1.2.1996 (BGBl I S. 146)

KRG Kontrollratsgesetz

KRG Krebsregistergesetz v. 4.11.1994 (BGBl I S. 3351); BE Korruptionsregistergesetz v. 19.4.2006 (GVBl S. 358)

KRG NW NW Krebsregistergesetz v. 12.2.1985 (GV.NW S. 125)

KrHRVO BW Krankenhausrechnungsverordnung v. 2.9.1988 (GBl S. 323)

KriegswaffKG Gesetz ü. d. Kontrolle v. Kriegswaffen i. d. Bek. v. 22.11.1990 (BGBl I S. 2506)

Kriminal. Kriminalistik. Zs. f. d. ges. kriminalist. Wissenschaft u. Praxis (3.1949 ff.; vorher: Kriminalist. Rundschau)

KrimJ Kriminologisches Journal (1.1969 ff.)

KrimLV Kriminal-Laufbahnverordnung v. 20.4.2004 (BGBl I S. 682)

KrimRdsch Kriminalistische Rundschau (1.1947–2.1948; dann: Kriminalistik. Zeitschrift ...)

KritVj Kritische Vierteljahresschrift für Gesetzgebung und Rechtswissenschaft (1.1859–19.1877; N.F. 1. [= 20.] 1878–17. [= 36.] 1894; 3. Folge 1. [= 37.]1895–32. [= 68.] 1944; 69.1986 ff.)

KrO NW Kreisordnung i. d. Bek. v. 14.7.1994 (GV.NW S. 646)
SH Kreisordnung für Schleswig-Holstein i. d. Bek. v. 28.2.2003 (GVOBl S. 94)

KrODVO SH Landesverordnung zur Durchführung der Kreisordnung v. 25.2.2003 (GVOBl S. 55)

KrPflAPrV Ausbildungs- und Prüfungsverordnung für die Berufe der Krankenpflege v. 10.11.2003 (BGBl I S. 2263)

KrPflG Krankenpflegegesetz v. 16.7.2003 (BGBl I S. 1442)

KrPflGDVO SH Landesverordnung zur Durchführung des Krankenpflegegesetzes v. 5.2.2008 (GVOBl S. 80)

KrPflhiAPrV NW Ausbildungs- und Prüfungsordnung für den Beruf der Krankenpflegehelfer(innen) v. 28.11.2003 (GV.NW S. 734)

KrPflHilfeAPrV BB Ausbildungs- und Prüfungsverordnung für den Beruf der Gesundheits- und Krankenpflegehelferin und des Gesundheits- und Krankenpflegehelfers im Land Brandenburg v. 24.8.2004 (GVBl II S. 684)

KrPflV Krankenpflegeverordnung v. 28.9.1938 (RGBl I S. 1310)

KrRefG BW Kreisreformgesetz v. 26.7.1971 (GBl S. 314)

KRStVO SH Krebs-Registerstellenverordnung v. 11.3.1997 (GVOBl S. 264)

KRV BE Korruptionsregisterverordnung v. 4.3.2008 (GVBl S. 69)

KrV Die Krankenversicherung (1.1949/50 ff.); Krankenversicherung

KrVergütV BY VO ü. d. Vergütung f. d. Verwaltung d. Kreisstraßen v. 9.6.1978 (GVBl S. 343)

KrVjschr s. KritVj

KR VO NW VO z. Krebsregistergesetz v. 24.4.1985 (GV.NW S. 382)

KrW-/AbfG Kreislaufwirtschafts- u. Abfallgesetz v. 27.9.1994 (BGBl I S. 2705)

KrW-/AbfG Bln BE Kreislaufwirtschafts- u. Abfallgesetz v. 21.7.1999 (GVBl S. 413)

KRZ Bestimmungen ü. d. Kassen- u. Rechnungswesen d. Justizverwaltung. Amtl. zusammengest. nach d. Stande v. 1.12.1939

KSchG Kündigungsschutzgesetz i. d. Bek. v. 25.8.1969 (BGBl I S. 1317)

KschV BB Kündigungsschutzverordnung v. 20.5.1994 (GVBl II S. 365)

KSI Krisen-, Sanierungs- und Insolvenzberatung (1.2005 ff.)

KSiegVO MV Kommunale Siegelverordnung v. 8.12.1995 (GVOBl M-V S. 663)

KSpG BW Kinderspielplatzgesetz v. 6.5.1975 (GBl S. 260)

KspV Kündigungssperrfristverordnung BY v. 9.10.1990 (GVBl S. 443)

KSpVO NW Kündigungssperrfristverordnung v. 20.4.2004 (GV.NW S. 216)

KSR Kriegsschadenrente

KSR direkt Kommentiertes Steuerrecht direkt (2006 ff.; vorher: Kommentierte Finanzrechtsprechung)

KStÄR 1990 Körperschaftsteuer-Änderungsrichtlinien 1990 v. 17.12.1990 (BStBl I Sondernr. 5/1990 S. 3)

KStDV 1994 Körperschaftsteuer-Durchführungsverordnung 1994 i. d. Bek. v. 22.2.1996 (BGBl I S. 365)

KStEG-VO SH Kontaktstellenverordnung v. 22.1.2008 (GVOBl S. 74)

KStG 1999 Körperschaftsteuergesetz 1999 i. d. Bek. v. 22.4.1999 (BGBl I S. 817)

KStGVO SL VO ü. d. Verwendung v. Stimmenzählgeräten bei Kommunalwahlen v. 10.1.1989 (ABl S. 172)

KStiftG MV Kirchliches Stiftungsgesetz v. 23.11.2006 (GVOBl M-V S. 863)

KstlSchA Internat. Abk. ü. d. Schutz d. ausübenden Künstler, der Hersteller v. Tonträgern u. d. Sendeunternehmen v. 26.10.1961 (BGBl 1965 II S. 1243)

KStR 1990 Körperschaftsteuer-Richtlinien 1990 v. 14.3.1991 (BStBl I Sondernr. 1/1991 S. 2)

KStRG Körperschaftsteuerreformgesetz v. 31.8.1976 (BGBl I S. 2597)

KstVO LSA Kontaktstellenverordnung v. 12.12.2007 (GVBl LSA S. 409)

KStZ Kommunale Steuer-Zeitschrift (1.1952 ff.)

KSVG Künstlersozialversicherungsgesetz v. 27.7.1981 (BGBl I S. 705); SL Kommunalselbstverwaltungsgesetz i. d. Bek. v. 27.6.1997 (ABl S. 682)

KSZE Konferenz über Sicherheit u. Zusammenarbeit in Europa

KTagPflVO HA Kindertagespflegeverordnung v. 13.6.2006 (GVBl S. 319)

KtgWV VO ü. d. zollfreie Einfuhr v. Kontingentswaren aus Frankreich in d. Saarland v. 8.8.1963 (BGBl I S. 634)

KTHkVO BE Halbtagskostenbeteiligungsverordnung v. 26.7.1996 (GVBl S. 293)

KTKBG BE Kita- u. Tagespflegekostenbeteiligungsgesetz i. d. Bek. v. 28.8.2001 (GVBl S. 494)

KTS Konkurs-, Treuhand- und Schiedsgerichtswesen (1. [= 16.] 1955–49.1988; dann: Zs. f. Insolvenzrecht; vorher: Konkurs- u. Treuhandwesen) Zeitschrift für Insolvenzrecht. Konkurs, Treuhand, Sanierung (50.1989 ff.; vorher: Konkurs, Treuhand- und Schiedsgerichtswesen)

KU Kurzarbeiterunterstützung

KüFO Küstenfischereiordnung SH v. 23.6.1999 (GVOBl S.206)

KüFVO Küstenfischereiordnung

KüFVO M-V MV Küstenfischereiverordnung v. 28.11.2006 (GVOBl. M-V S. 843)

KÜGebO; KÜGO; KÜO Kehr- u. Überprüfungsgebührenordnung [in den meisten Ländern]

KÜGO BB Kehr-, Überprüfungs- und Gebührenordnung v. 15.8.2003 (GVBl II S. 486)

KündFG Kündigungsfristengesetz v. 7.10.1993 (BGBl I S. 1668)

KÜVO ND Kehr- und Überprüfungsverordnung v. 14.12.2006 (GVBl S. 631)

KUG s. KunstUrhG

Kug. Kurzarbeitergeld

KuHLVVO HA Kunsthochschul-Lehrver-

pflichtungsverordnung v. 3.11.1997 (GVBl I S. 517)
KultgSchG Ges. z. Schutz deutschen Kulturgutes gegen Abwanderung v. 6.8.1955 (BGBl I S. 501)
KultgutSiG Kulturgutsicherungsgesetz v. 15.10.1998 (BGBl I S. 3162)
KultStG BB Gesetz über die Errichtung einer Brandenburgischen Kulturstiftung Cottbus v. 29.6.2004 (GVBl I S. 337)
KuMaKV VO zur Konkretisierung des Verbotes der Kurs- und Markpreismanipulation v. 18.11.2003 (BGBl I S. 2300)
KunstHG NW Kunsthochschulgesetz v. 20.10.1987 (GV.NW S. 378)
KunstUrhG Ges. betr. d. Urheberrecht an Werken d. bildenden Künste u. d. Photographie [Kunsturhebergesetz] v. 9.1.1907 (RGBl S. 7)
KUR Kunstrecht u. Urheberrecht (1.1999 ff.)
KuR Kirche & Recht (1.1995 ff.)
KurortVO ND VO über die staatliche Anerkennung von Kur- und Erholungsorten v. 22.4.2005 (GVBl S. 124)
ku-Stelle künftig umzuwandelnde Stelle
K.u.U. BW Kultus und Unterricht (1.1952 ff.)
KUV Kommunalunternehmensverordnung BY v. 19.3.1998 (GVBl S. 220) NW v. 24.10.2001 (GV.NW S. 773)
KUVO SH Landesverordnung über Kommunalunternehmen als Anstalt des öffentlichen Rechts v. 29.10.2003 (GVOBl S. 535) ((50261)
KuV Kraftfahrt und Verkehrsrecht (1962– 1972,6)
KV Kassenärztliche Vereinigung; Kirchenverfassung; Kommunalverfassung
KV HE Kompensationsverordnung v. 1.9.2005 (GVBl I S. 624)
KVÄG 1. Krankenversicherungsänderungsgesetz v. 27.7.1969 (BGBl I S. 946); 2. ~ v. 21.12.1970 (BGBl I S. 1770)
KVBbgG BB Gesetz ü. d. Kommunalen Versorgungsverband Brandenburg i. d. Bek. v. 9.6.1999 (GVBl I S. 206)

KVdR Krankenversicherung der Rentner
KVdR-AusglV KVdR-Ausgleichsverordnung v. 6.11.1989 (BGBl I S. 1949)
KV-DVO MV Durchführungsverordnung zur Kommunalverfassung v. 4.3.2008 (GVOBl M-V S. 85)
KVEG Kostendämpfungs-Ergänzungsgesetz v. 22.12.1981 (BGBl I S. 1578)
KVG DDR Kommunalvermögensgesetz v. 6.7.1990 (GBl I S. 660; BGBl II S. 1199)
KVKG Krankenversicherungs-Kostendämpfungsgesetz v. 27.6.1977 (BGBl I S. 1069)
KVLG Gesetz über die Krankenversicherung der Landwirte v. 10.8.1972 (BGBl I S. 1433)
KVLG 1989 2. Ges. ü. d. Krankenversicherung der Landwirte v. 20.12.1988 (BGBl I S. 2557)
KVMG Ges. ü. d. Verwaltung d. Mittel d. Träger d. Krankenversicherung v. 15.12.1979 (BGBl I S. 2241)
KV M-V MV Kommunalverfassung i. d. Bek. v. 8.6.2004 (GVOBl. M-V S. 205)
KVO Kraftverkehrsordnung (= Reichskraftwagentarif, T. 1) i. d. Bek. v. 23.12.1958 (BAnz Nr. 249); NW Kooperationsverordnung v. 24.3.1995 (GV.NW S. 360)
KV-PauschalbeitragsV VO ü. d. pauschale Berechnung u. d. Zahlung d. Beiträge d. gesetzlichen Krankenversicherung f. d. Dauer eines auf Grund gesetzlicher Pflicht zu leistenden Dienstes v. 13.11.1973 (BGBl I S. 1664)
KVRG NW Gesetz ü. d. Kommunalverband Ruhrgebiet i. d. Bek. v. 14.7.1994 (GV.NW S. 640)
KVSG Ges. ü. d. Krankenversicherung der Studenten v. 25.6.1975 (BGBl I S. 1536)
KVSMV Meldeverordnung für die Krankenversicherung der Studenten v. 30.10.1975 (BGBl I S. 2709)
KVStÄndG 1975 Ges. z. Änderung d. Kapitalverkehrsteuergesetzes v. 11.5.1976 (BGBl I S. 1184)
KVStDV 1960 Kapitalverkehrsteuer-Durchführungsverordnung i. d. Bek. v. 20.4.1960 (BGBl I S. 243)

KVStG 1972 Kapitalverkehrsteuergesetz i. d. Bek. v. 17.11.1972 (BGBl I S. 2129)
KVWG Krankenversicherungs-Weiterentwicklungsgesetz v. 28.12.1976 (BGBl I S. 3871)
KVwO BY Kostenverwaltungsordnung v. 2.12.1971 (FMBl 1972 S. 4)
KVz BY Kostenverzeichnis v. 12.10.2001 (GVBl S. 766)
KWahlG NW Kommunalwahlgesetz i. d. Bek. v. 8.1.1979 (GV.NW S. 2)
KWahlGO NW Kommunalwahlgeräteordnung v. 11.7.1999 (GV.NW S. 452)
KWahlGV BB Kommunalwahlgeräte(ver)ordnung v. 10.4.2001 (GVBl II S. 138)
KWahlO NW Kommunalwahlordnung i. d. Bek. v. 4.5.1979 (GV.NW S. 296)
KWahltagV 2008 BB VO über den Wahltag und die Wahlzeit der landesweiten Kommunalwahlen 2008 v. 4.2.2008 (GVBl II S. 38)
KWaldV Körperschaftswaldverordnung BY v. 17.3.1976 (GVBl S. 79)
1. KWaldVO BW 1. Körperschaftswaldverordnung v. 1.12.1977 (GBl 1978 S. 45)
KWBG BY Ges. ü. Kommunale Wahlbeamte i. d. Bek. v. 19.11.1970 (GVBl S. 616)
KWG Kommunalwahlgesetz; Kreditwesengesetz
Kreditwesengesetz i. d. Bek. v. 9.9.1998 (BGBl I S. 2776)
HE Hessisches Kommunalwahlgesetz i. d. Bek. v. 7.3.2005 (GVBl I S. 197)
RP Kommunalwahlgesetz i. d. Bek. v. 31.1.1994 (GVBl S. 137)
SL Kommunalwahlgesetz i. d. Bek. v. 4.2.2004 (Abl S. 382)
KWG LSA LSA Kommunalwahlgesetz für das Land Sachsen-Anhalt i. d. Bek. v. 27.2.2004 (GVBl LSA S. 92)
KWG M-V MV Kommunalwahlgesetz i. d. Bek. v. 13.10.2003 (GVOB. M-V S. 458)
KWGer-VO LSA Kommunalwahlgeräte-Verordnung v. 30.4.2001 (GVBl LSA S. 148)
KWGVermV KWG-Vermittlerverordnung v. 4.12.2007 (BGBl I S. 2785)
KWMBl/KWMBlBeibl Amtsblatt des Bayerischen Staatsministeriums für Unterricht, Kultus, Wissenschaft und Kunst (1986,23 ff.) Nebst: -Beiblatt
KWMV Kriegswaffenmeldeverordnung v. 24.1.1995 (BGBl I S. 92)
KWO Kommunalwahlordnung
HE v. 26.3.2000 (GVBl I S. 198, 233)
RP v. 11.10.1983 (GVBl S. 247)
SL i. d. Bek. v. 4.2.2004 (Abl S. 403)
KWO LSA LSA f. d. Land Sachsen-Anhalt v. 24.2.1994 (GVBl LSA S. 338)
KWO M-V MV v. 15.12.2003 (GVOBl. M-V S. 542)
kw-Stelle künftig wegfallende Stelle
KZErstV Kinderzuschuss-Erstattungsverordnung v. 11.5.1979 (BGBl I S. 541)
Kzl. Kanzlei
KzlA Kanzleianweisung (§§ 31, 45 GGO I = GGO I, Anl. 2)

L

LA Der Lastenausgleich (1.1952/53–5.1956)
LA Landesamt; Lastenausgleich
LAA Landesarbeitsamt; Landesausgleichsamt
LAArchV Lastenausgleichsarchiv-Verordnung v. 19.2.1988 (BGBl I S. 161)
LaAV Landwirtschafts-Anpassungshilfenverordnung v. 23.7.1991 (BGBl I S. 1598)
LAbfAG Landesabfallabgabengesetz
BW v. 11.3.1991 (GBl S. 133), aufgehoben am 5.5.1997
SH v. 22.7.1994 (GVOBl S. 395)
LAbfG Landesabfallgesetz
BW i. d. Bek. v. 15.10.1996 (GBl S. 617)
NW v. 21.6.1988 (GV.NW S. 250)
RP i. d. Bek. v. 4.5.1987 (GVBl S. 139)
LAbfWAG RP Landesabfallwirtschafts- u. Altlastengesetz i. d. Bek. v. 2.4.1998 (GVBl S. 97)

LAbfWG SH Landesabfallwirtschaftsgesetz v. 6.12.1991 (GVOBl S. 640)

LAbfWZustVO SH Landesverordnung über die zuständigen Behörden nach abfallrechtlichen Vorschriften v. 11.7.2007 (GVOBl S. 341)

LABG
HE Ges. ü. d. Landesausländerbeirat v. 3.11.1998 (GVBl I S. 398)
NW Lehrerausbildungsgesetz i. d. Bek. v. 18.9.1998 (GV.NW S. 564)

LAbgG BE Landesabgeordnetengesetz v. 21.7.1978 (GVBl S. 1497)

LaBüG BE Landesbürgschaftsgesetz v. 16.2.1978 (GVBl S. 742)

LAbwAG Landesabwasserabgabengesetz
BW v. 6.7.1981 (GBl S. 337)
RP v. 22.12.1980 (GVBl S. 258)

LAbwV BE Landes-Abwasserbeseitigungsverordnung v. 24.1.2003 (GVBl S. 58)

LADG BE Landesantidiskriminierungsgesetz v. 31.12.1990 (GVBl 1991 S. 8)

LadöffnG RP Ladenöffnungsgesetz Rheinland-Pfalz v. 21.11.2006 (GVBl S. 351)

LadSchlVO BW VO ü. d. Ladenschluss v. 16.10.1996 (GBl S. 659)

LADV-Saar VO z. Durchf. d. Gesetzes z. Einführung v. Vorschriften d. Lastenausgleichsrechts im Saarland; 1. Verordnung v. 22.8.1961 (BGBl I S. 1646); 2. Verordnung v. 16.7.1963 (BGBl I S. 471)

LA-EG-Saar Ges. z. Einführung v. Vorschriften d. Lastenausgleichsrechts im Saarland v. 30.7.1960 (BGBl I S. 637)

LA-EinfDV-Saar VO z. Einführung v. Rechtsverordnungen z. Lastenausgleichsrecht im Saarland v. 28.2.1961 (BGBl I S. 135)

LärmVO VO z. Bekämpfung d. Lärms
BE v. 23.3.2004 (GVBl S. 148)
HA v. 6.1.1981 (GVBl I S. 4)

LaFG Ges. z. Förderung d. bäuerl. Landwirtschaft v. 12.7.1989 (BGBl I S. 1435)

LAföGBln BE Landesausbildungsförderungsgesetz v. 26.10.1983 (GVBl S. 1356)

LafStaDIuKV BY VO über die Aufgaben des Bayerischen Landesamts für Statistik und Datenverarbeitung im Bereich der Informations- und Kommunikationstechnik v. 4.3.2008 (GVBl S. 68)

LaFV Landwirtschaftsförderungsverordnung v. 19.7.1989 (BGBl I S. 1472)

LAFWoG BW Ges. ü. d. Abbau d. Fehlsubventionen im Wohnungswesen v. 9.4.1990 (GBl S. 121)

LAG Landesarbeitsgericht

LAG Lastenausgleichsgesetz i. d. Bek. v. 2.6.1993 (BGBl I S. 845)

LAGE Entscheidungen der Landesarbeitsgerichte (1985 ff.)

LaHaEntsVO NW Landes- Hafenentsorgungsverordnung v. 17.11.2005 (GV.NW S. 932)

LAK Landwirtschaftliche Alterskasse

LAKVO M-V MV Landesarchivkostenverordnung v. 8.1.2003 (GVOBl M-V S. 99)

Landessatzung s. Verf.

Landkr Der Landkreis (29.1959 ff.; vorher: Die Selbstverwaltung)

LANUVO SH LandesVO ü. d. Errichtung d. Landesamtes f. Natur u. Umwelt d. Landes Schleswig-Holstein v. 30.10.1995 (GVOBl S. 351)

LAP-gbautDV VO über die Laufbahn, Ausbildung und Prüfung für den gehobenen bautechnischen Verwaltungsdienst Bundes v. 21.1.2004 (BGBl I S. 105)

LAP-gDFm/EloAufklBundV VO über die Laufbahn, Ausbildung und Prüfung für den gehobenen Dienst der Fernmelde- und Elektronischen Aufklärung des Bundes v. 22.8.2006 (BGBl I S. 2057)

LAP-gKrimDV VO ü. d. Laufbahn, Ausbildung u. Prüfung f. d. geh. Kriminaldienst d. Bundes v. 24.9.2001 (BGBl I S. 2505) (s.a. Bundeslaufbahnverordnung)

LAP-gntDBWVV VO über die Laufbahn, Ausbildung und Prüfung für den gehobenen nichttechnischen Verwaltungsdienst in der Bundesverwaltung v. 14.3.2005 (BGBl I S. 779)

LAP-gtDWSVV VO über die Laufbahn, Ausbildung und Prüfung für den gehobenen technischen Verwaltungsdienst in der Wasser- und Schifffahrtsverwaltung des Bundes v. 21.5.2003 (BGBl I S. 750)

LAP-hDBiblV VO ü. d. Laufbahn, Ausbildung u. Prüfung f. d. höheren Dienst an wissentschaftl. Bibl. d. Bundes v. 25.10.2001 (BGBl I S. 2779) (s.a. Bundeslaufbahnverordnung)

LAP-hKrimDV VO ü. d. Laufbahn, Ausbildung u. Prüfung für d. höheren Kriminaldienst d. Bundes v. 3.9.2001 (BGBl I S. 2342) (s.a. Bundeslaufbahnverordnung)

LAP-htVerwDV VO über die Laufbahn, Ausbildung und Prüfung für den höheren technischen Verwaltungsdienst des Bundes v. 20.8.2004 (BGBl I S. 2230)

LAP-mDBNDV VO über die Laufbahnen, Ausbildung und Prüfung für den mittleren Dienst im Bundesnachrichtendienst v. 22.6.2004 (BGBl I S. 1303)

LAPO-gehD-AIV Laufbahn-, Ausbildungs- u. Prüfungsordnung f. d. Laufbahn d. gehobenen nichttechn. Dienstes i. d. allg. u. inneren Verwaltung d. Bundes i. d. Bek. v. 15.10.1986 (GMBl S. 623) (s.a. Bundeslaufbahnverordnung)

LAPO I SACH Lehramtsprüfungsordnung I v. 13.3.2000 (SächsGVBl S. 166)

LAPO-mittlD-AIV Laufbahn-, Ausbildungs- u. Prüfungsordnung f. d. Laufbahn d. mittleren Dienstes i. d. allg. u. inneren Verwaltung d. Bundes i. d. Bek. v. 17.4.1986 (GMBl S. 490) (s.a. Bundeslaufbahnverordnung)

LAP-PostbankV VO über die Laufbahn, Ausbildung und Prüfung für die bei der Deutschen Postbank AG beschäftigten Beamtinnen und Beamten v. 25.8.2005 (BGBl I S. 2602)

LAP-PostV VO über die Laufbahnen, Ausbildung und Prüfung für die bei der Deutschen Post AG beschäftigten Beamtinnen und Beamten v. 30.11.2004 (BGBl I S. 3185)

LAP-TelekomV VO uber die Laufbahnen, Ausbildung und Prüfung für die bei der Deutschen Telekom AG beschäftigten Beamtinnen und Beamten v. 21.6.2004 (BGBl I S. 1287)

LArchBO BW Landesarchivbenutzungsordnung v. 10.4.2006 (GBl S. 110)

LArchBVO RP Landesarchiv-Benutzungsverordnung v. 8.12.2004 (GVBl S. 1)

LArchG RP Landesarchivgesetz v. 5.10.1990 (GVBl S. 277)

LArchGebO BW Landesarchivgebührenordnung v. 28.11.2006 (GBl S. 382)

LArchivG M-V MV Landesarchivgesetz v. 7.7.1997 (GVOBl M-V S. 282)

LArtSchVO BW Landesartenschutzverordnung v. 18.12.1980 (GBl 1981 S. 14)

LARVO BW Auslandsreisekostenverordnung des Landes v. 2.1.1984 (GBl S. 33)

LAsDVO SH LandesVO ü. d. Errichtung d. Landesamtes f. soziale Dienste d. Landes Schleswig-Holstein v. 9.12.1997 (GVOBl S. 505)

LastG Lastentragungsgesetz v. 25.8.2006 (BGBl I S. 2105)

LaubenVO BE Laubenverordnung v. 18.6.1987 (GVBl S. 1882)

LaufbLVO – M-V MV Landeslaufbahnverordnung i. d. Bek. v. 17.7.2006 (GVOBl. M-V S. 639)

LaufbVO RP Laufbahnverordnung v. 26.6.1971 (GVBl S. 143) (s.a. Bundeslaufbahnverordnung)

LaufbVO M-V MV Laufbahnverordnung v. 28.9.1994 (GVOBl M-V S. 861) (s.a. Bundeslaufbahnverordnung)

LAufG NW Landesaufnahmegesetz v. 28.2.2003 (GV.NW S. 95)

LAufnG Landesaufnahmegesetz
BB v. 17.12.1996 (GVBl I S. 360)
RP v. 21.12.1978 (GVBl S. 790)
SH v. 23.11.1999 (GVOBl S. 391)

LAufnG M-V MV v. 28.6.1994 (GVOBl M-V S. 660)

LAUV NW Landesauslandsumzugskostenverordnung v. 24.5.2004 (GV.NW S. 336)

LAV TH VO ü. d. Landesanwaltschaft v. 12.8.1991 (GVBl S. 347)

LAV-NRW NW Landesarzneimittelverordnung v. 21.3.2000 (GV.NW S. 102)

LaZAV BB Landeszuschuss-Anpassungsverordnung i. d. Bek. v. 20.5.2005 (GVBl II S. 279)
LBA Luftfahrt-Bundesamt
24. LBÄndG BE Vierundzwanzigstes Landesbeamtenrechtsänderungsgesetz v. 9.3.2004 (GVBl S. 109)
LBauO Landesbauordnung RP v. 24.11.1998 (GVBl S. 365)
  LBauO M-V MV ~ Mecklenburg-Vorpommern v. 18.4.2006 (GVOBl. M-V S. 102)
LBBiGöD BW Ges. ü. d. Berufsbildung im öffentlichen Dienst v. 9.12.1980 (GBl S. 594)
14. LBesÄndG BE 14. Landesbesoldungsrechtsänderungsgesetz v. 11.10.2005 (GVBl S. 535)
LBesAnpG BW Landesbesoldungsanpassungsgesetz v. 3.4.1979 (GBl S. 134)
LBesG Landesbesoldungsgesetz
  BE i. d. Bek. v. 9.4.1996 (GVBl S. 160)
  BW i. d. Bek. v. 12.12.1999 (GBl 2000 S. 2)
  LSA i. d. Bek. v. 3.3.2005 (GVBl LSA S. 108)
  ND i. d. Bek. v. 18.6.1991 (GVBl S. 221)
  NW i. d. Bek. v. 17.2.2005 (GV.NW S. 154)
  RP v. 14.7.1978 (GVBl S. 459)
  SH ~ es i. d. Bek. v. 18.1.2005 (GVOBl S. 93)
  LBesG M-V MV i. d. Bek. v. 5.9.2001 (GVOBl M-V S. 321)
LBesO BE Landesbesoldungsordnung i. d. Bek. v. 14.2.1989 (GVBl S. 430)
LBezVAEG RP Landesgesetz ü. d. Errichtung e. Anstalt d. öffentl. Rechts f. Einrichtungen f. Psychiatrie und Neurologie durch d. Bezirksverband Pfalz v. 18.12.1997 (GVBl S. 469)
LBG Landesbeamtengesetz; Landesbeschaffungsgesetz
  Landbeschaffungsgesetz v. 23.2.1957 (BGBl I S. 134)
  BB Landesbeamtengesetz v. 8.10.1999 (GVBl I S. 446)
  BE Landesbeamtengesetz i. d. Bek. v. 19.5.2003 (GVBl S. 202)
  BW Landesbeamtengesetz i. d. Bek. v. 19.3.1996 (GBl S. 285)
  NW Landesbeamtengesetz i. d. Bek. v. 1.5.1981 (GV.NW S. 234)
  RP Landesbeamtengesetz i. d. Bek. v. 14.7.1970 (GVBl S. 241)
  SH Landesbeamtengesetz i. d. Bek. v. 3.8.2005 (GVOBl S. 283)
  LBG M-V MV Landesbeamtengesetz i. d. Bek. v. 12.7.1998 (GVOBl M-V S. 708)
LBGG M-V MV Landesbehindertengleichstellungsgesetz v. 10.7.2006 (GVOBl M-V S. 539)
LBGS BW Landesgesetz über die Bewährungs- und Gerichtshilfe sowie die Sozialarbeit im Justizvollzug v. 1.7.2004 (GBl S. 504)
LBiblGebVO M-V MV Landesbibliotheksgebührenverordnung v. 24.11.2003 (GVOBl M-V S. 691)
LBiG BE Lehrerbildungsgesetz i. d. Bek. v. 13.2.1985 (GVBl S. 434)
12. LBiGÄndG BE Zwölftes Gesetz zur Änderung des Lehrerbildungsgesetzes v. 5.12.2003 (GVBl S. 582)
13. LBiGÄndG BE Dreizehntes Gesetz zur Änderung des Lehrerbildungsgesetzes v. 4.5.2005 (GVBl S. 287)
LBKBetriebG HA Gesetz zur Errichtung der Betriebsanstalt LBK Hamburg v. 17.12.2004 (GVBl S. 487)
LBKG RP Brand- u. Katastrophenschutzgesetz v. 2.11.1981 (GVBl S. 247)
LBKHG HA Gesetz zur Neuregelung der Rechtsverhältnisse des Landesbetriebs Krankenhäuser Hamburg – Anstalt öffentlichen Rechts – v. 11.4.1995 (GVBl I S. 77)
LBKUmwG HA Gesetz zur Umwandlung der Betriebsanstalt LBK Hamburg in eine Kapitalgesellschaft v. 17.12.2004 (GVBl S. 491)
LBKUmwVO HA VO zur Umwandlung der Betriebsanstalt LBK Hamburg in eine Kapitalgesellschaft v. 4.1.2005 (GVBl S. 4)
LBKVO HE VO über den Landesbeirat für Brandschutz, Allgemeine Hilfe und Ka-

LBlGG   1. Teil

tastrophenschutz v. 11.10.2004 (GVBl I S. 308)
LBlGG Landesblindengeldgesetz MV i. d. Bek. v. 28.8.1995 (GVOBl M-V S. 426)
LBlindG SACH v. 14.12.2001 (SächsGVBl S. 714)
LBO Landesbauordnung
BW v. 8.8.1995 (GBl S. 617)
SH f. d. Land Schleswig-Holstein i. d. Bek. v. 10.1.2000 (GVOBl S. 47)
SL v. 18.2.2004 (ABl S. 822)
LBOAVO BW Allg. Ausführungsverordnung z. Landesbauordnung v. 17.11.1995 (GBl S. 836)
LbodSchG NW Landesbodenschutzgesetz v. 9.5.2000 (GV.NW S. 439)
LBOVVO BW Verfahrensverordnung z. Landesbauordnung v. 13.11.1995 (GBl S. 794)
LBRV BY Landesbehindertenratsverordnung v. 14.1.2005 (GVBl S. 14)
LbV BY Laufbahnverordnung i. d. Bek. v. 4.3.1996 (GVBl S. 99) (s.a. Bundeslaufbahnverordnung)
LBV AnpG 2007/2008 RP Landesbesoldungs- und -versorgungsanpassungsgesetz 2007/2008 v. 21.12.2007 (GVBl S. 283)
LBVO
BW Leistungsbezügeverordnung v. 14.1.2005 (GBl S. 125)
SH Hochschul-Leistungsbezüge-Verordnung v. 17.1.2005 (GVOBl S. 46)
LbVO RP Laufbahnverordnung v. 20.2.2006 (GVBl S. 102)
LbVOPol RP Laufbahnverordnung f. d. Polizeidienst v. 26.5.1997 (GVBl S. 157) (s.a. Bundeslaufbahnverordnung)
LbVPol BY VO ü. d. Laufbahnen d. bayerischen Polizeivollzugsbeamten v. 3.3.1994 (GVBl S. 160) (s.a. Bundeslaufbahnverordnung)
LBWG BW Landesbankgesetz v. 11.11.1998 (Gbl S. 589)
l.c. loco citato
LChartbootV BB VO zum Führen von Charterbooten ohne Fahrerlaubnis auf ausgewählten schiffbaren Gewässern des Landes Brandenburg v. 19.5.2004 (GVBl II S. 382)
LDatG RP Landesdatenschutzgesetz v. 21.12.1978 (GVBl S. 749)
LDG Landesdisziplinargesetz RP v. 2.3.1998 (GVBl S. 29)
LDG M-V MV v. 4.7.2005 (GVOBl M-V S. 274)
LDG NRW NW v. 16.11.2004 (GV.NW S. 624)
LDiszNOG Gesetz z. Neuordnung d. Landesdisziplinarrechts
BB v. 18.12.2001 (GVBl I S. 254)
NW v. 16.11.2004 (GV.NW S. 624)
LDO Landesdisziplinarordnung; Lehrerdienstordnung
BE Landesdisziplinarordnung i. d. Bek. v. 1.3.1979 (GVBl S. 546)
BW Landesdisziplinarordnung v. 25.4.1991 (GBl S. 227)
BY Lehrerdienstordnung v. 3.10.1977 (KMBl S. 537)
SH Landesdisziplinarordnung v. 24.2.1983 (GVOBl S. 86)
LDO M-V MV Landesdisziplinarordnung v. 9.2.1998 (GVOBl M-V S. 131)
LdR Landrat
LDRegVO SH Landesdatenschutzregisterverordnung v. 20.7.1978 (GVOBl S. 239)
Ldrt. s. LdR
LDS Landesamt f. Datenverarbeitung u. Statistik Nordrhein-Westfalen
LDSG Landesdatenschutzgesetz
BW i. d. Bek. v. 18.9.2000 (GBl S. 648)
RP v. 5.7.1994 (GVBl S. 293)
SH v. 9.2.2000 (GVOBl S. 169)
LDÜG Landesdiskontsatzüberleitungsgesetz
LSA v. 24.3.1999 (GVBl LSA S. 108)
SH v. 18.11.1998 (GVOBl S. 338)
LDV s. LeistungsDV-LA
LEA/SSV-V BY VO ü. d. Bayer. Landesentschädigungs- u. Staatsschuldenverwaltung u. d. gerichtl. Zuständigkeit in Entschädigungssachen v. 20.2.1990 (GVBl S. 52)
LEG Landeseisenbahngesetz

BR v. 3.4.1973 (GBl S. 33)
HA v. 4.11.1963 (GVBl S. 205)
LSA v. 12.8.1997 (GVBl LSA S. 750)
LegRegG Legehennenbetriebsregistergesetz v. 12.9.2003 (BGBl I S. 1894)
LegRegLVO M-V MV Legehennenbetriebsregisterlandesverordnung v. 15.12.2003 (GVOBl M-V S. 696)
LegRegV Legehennenbetriebsregisterverordnung v. 6.10.2003 (BGBl I S. 1969)
LegRegZV BB VO über Zuständigkeiten nach dem Legehennenbetriebsregistergesetz v. 20.7.2004 (GVBl II S. 610)
LehPrVO 2000 M-V MV Lehrerprüfungs-Verordnung 2000 v. 7.8.2000 (GVOBl M-V S. 393)
LehrArbZVO RP Lehrkräfte-Arbeitszeit(ver)ordnung v. 30.6.1999 (GVBl S. 148)
LehrArbzVO HA Lehrkräfte-Arbeitszeit-Verordnung v. 1.7.2003 (GVBl S. 197)
LehrAusbKapG M-V MV Lehrerausbildungskapazitätsgesetz v. 19.12.2005 (GVOBl M-V S. 612)
LehrVV BB Lehrverpflichtungsverordnung v. 22.11.1996 (GVBl II S. 836)
LehrZul-VO LSA VO über die Zulassung zum Vorbereitungsdienst für Lehrämter bei beschränkten Kapazitäten v. 1.1.2004 (GVBl LSA S. 26)
LehVDVO M-V MV Lehrervorbereitungsdienstverordnung v. 8.4.1998 (GVOBl M-V S. 525)
LEinfG DDR Ländereinführungsgesetz v. 22.7.1990 (GBl I S. 955; BGBl II S. 1150)
LEisenbahnG SACH Landeseisenbahngesetz v. 12.3.1998 (SächsGVBl S. 97)
LEisenbG Landeseisenbahngesetz
BW v. 8.6.1995 (GBl S. 421)
RP i. d. Bek. v. 23.3.1975 (GVBl S. 142)
SH v. 27.6.1995 (GVOBl S. 266)
LeistBV FHPol BB VO über Leistungsbezüge sowie Forschungs- und Lehrzulagen an der Fachhochschule der Polizei des Landes Brandenburg v. 3.8.2005 (GVBl II S. 454)

LeistBVO-PA ND VO über Leistungsbezüge sowie Forschungs- und Lehrzulagen für Professorinnen und Professoren an der Polizeiakademie Niedersachsen v. 1.10.2007 (GVBl S. 480)
... *LeistungsDV-LA* ... Verordnung ü. Ausgleichsleistungen nach d. Lastenausgleichsgesetz
LeistungsDV-LA VOen ü. Ausgleichsleistungen
LeitAnlZuVO SACH VO der Sächsischen Staatsregierung über die Zuständigkeit bei der Zulassung von bestimmten Leitungsanlagen und anderen Anlagen v. 26.1.2005 (SächsGVBl S. 2)
LektO NW Lektorenordnung v. 6.12.1966 (GV.NW 1967 S. 2)
LEnteigG RP Landesenteignungsgesetz v. 22.4.1966 (GVBl S. 103)
LEntG Landesenteignungsgesetz BW v. 6.4.1982 (GBl S. 97)
LEP Landesentwicklungsprogramm
BY VO über das Landesentwicklungsprogramm Bayern v. 8.8.2006 (GVBl S. 471)
SACH ~ Landesentwicklungsplan Sachsen i. d. Bek. v. 16.8.1994 (SächsGVBl S. 1489)
LEP-LSA LSA Gesetz ü. d. Landesentwicklungsplan d. Landes Sachsen-Anhalt v. 23.8.1999 (GVBl LSA S. 244)
LEP-LVO M-V MV Landesverordnung über das Landesraumentwicklungsprogramm Mecklenburg-Vorpommern v. 30.5.2005 (GVOBl M-V S. 308)
LEP NRW NW Landesentwicklungsplan Nordrhein-Westfalen v. 11.5.1995 (GV.NW S. 532)
LEPro
BB Gemeinsames Landesentwicklungsprogramm der Länder Berlin und Brandenburg i. d. Bek. v. 26.1.2004 (GVBl I S. 11)
BE Gemeinsames Landesentwicklungsprogramm der Länder Berlin und Brandenburg i. d. Bek. v. 16.11.2003 (GVBl 2004 S. 1)
NW Landesentwicklungsprogramm i. d. Bek. v. 5.10.1989 (GV.NW S. 485)

LEP SF BE Landesentwicklungsplan Standortsicherung Flughafen v. 18.3.1999 (GVBl S. 121)
LEPVO BE Lehramtserprobungsverordnung v. 28.2.2006 (GVBl S. 251)
LernMV BB Lernmittelverordnung v. 14.2.1997 (GVBl II S. 88)
LernMVO HA Lernmittelverordnung v. 3.5.2005 (GVBl S. 184)
LernmVO SH Lernmittelverordnung v. 11.4.1984 (GVOBl S. 85)
LErzGG M-V MV Landeserziehungsgeldgesetz v. 4.5.1995 (GVOBl M-V S. 234)
LeuchtmStDA Dienstanweisung z. Leuchtmittelsteuergesetz v. 14.8.1959 (BZBl S. 457)
LeuchtmStDB DurchfBest z. Leuchtmittelsteuergesetz v. 4.8.1959 (BGBl I S. 615)
LeuchtmStG Leuchtmittelsteuergesetz i. d. Bek. v. 22.7.1959 (BGBl I S. 613)
LEZAPOgtD BY Zulassungs-, Ausbildungs- und Prüfungsordnung für den gehobenen technischen Dienst für Ländliche Entwicklung v. 8.12.2003 (GVBl S. 919)
LFA Landesfinanzamt
LFAErG M-V MV Landesforstanstaltserrichtungsgesetz v. 11.7.2005 (GVOBl M-V S. 326)
LfAFG BY Ges. ü. d. Bayerische Landesanstalt für Aufbaufinanzierung i. d. Bek. v. 23.6.1970 (GVBl S. 279)
LFAG RP Landesfinanzausgleichsgesetz v. 30.11.1999 (GVBl S. 415)
LfAG BY Gesetz ü. d. Bayer. Landesanstalt f. Aufbaufinanzierung v. 20.6.2001 (GVBl S. 332)
LFamKassLVO M-V MV Landesfamilienkassenlandesverordnung v. 14.3.2006 (GVOBl M-V S. 98)
LFamKVO ND VO über die Einrichtung von Landesfamilienkassen v. 4.10.2007 (GVBl S. 482)
LfbG BE Laufbahngesetz i. d. Bek. v. 11.3.2003 (GVBl S. 137)
LFBPO BY Prüfungsordnung Berufsbildung-Landwirtschaft v. 3.12.2003 (GVBl S. 906)

LFG
 BB Landwirtschaftsförderungsgesetz v. 14.2.1994 (GVBl I S. 30)
 NW Lernmittelfreiheitsgesetz i. d. Bek. v. 24.3.1982 (GV.NW S. 165)
 RP Landesforstgesetz v. 2.2.1977 (BVBl S. 21)
LFGB Lebensmittel- und Futtermittelgesetzbuch i. d. Bek. v. 26.4.2006 (BGBl I S. 945)
LFGBZV BB VO über die Zuständigkeiten der Landesbehörden nach dem Lebensmittel- und Futtermittelgesetzbuch und weiteren Vorschriften v. 12.7.2006 (GVBl II S. 286)
LFGG Landesgesetz ü. d. freiwillige Gerichtsbarkeit
 BW v. 12.2.1975 (GBl S. 116)
 RP v. 12.10.1995 (GVBl S. 426)
LFischG Landesfischereigesetz
 BE v. 19.6.1995 (GVBl S. 358)
 NW i. d. Bek. v. 22.6.1994 (GV.NW S. 516)
 RP v. 9.12.1974 (GVBl S. 601)
 SH v. 10.2.1996 (GVOBl S. 211)
LFischG M-V MV v. 13.4.2005 (GVOBl M-V S. 153)
LFischO BE Berliner Landesfischereiordnung v. 12.12.2001 (GVBl S. 700)
LFischScheinG BE Landesfischereischeingesetz i. d. Bek. v. 15.9.2000 (GVBl S. 464)
LFischVO BW Landesfischerei(ver)ordnung v. 3.4.1998 (GBl S. 252)
LfK Landesanstalt für Kommunikation
LFMZVO SH Lebensmittel- und Futtermittel-Zuständigkeitsverordnung v. 20.6.2006 (GVOBl S. 152)
LFoG NW Landesforstgesetz i. d. Bek. v. 24.4.1980 (GV.NW S. 546)
LFtG RP Feiertagsgesetz v. 15.7.1970 (GVBl S. 225)
LfVG BE Gesetz ü. d. Landesamt f. Verfassungsschutz v. 25.3.1995 (GVBl S. 254)
LFZG Lohnfortzahlungsgesetz v. 27.7.1969 (BGBl I S. 946)
LG Landesgesetz; Landgericht

LG NW Landschaftsgesetz i. d. Bek. v. 21.7.2000 (GV.NW S. 791)
LGAGebVO M-V MV Gebührenverordnung für das Landesgesundheitsamt v. 21.4.2005 (GVOBl M-V S. 192)
LGAVO SH LandesVO ü. d. Errichtung d. Landesamtes f. Gesundheit u. Arbeitssicherheit d. Landes Schleswig-Holstein v. 9.12.1997 (GVOBl S. 507)
LGBG BE Landesgleichberechtigungsgesetz i. d. Bek. v. 28.9.2006 (GVBl S. 957)
LGebG Landesgebührengesetz
  BW v. 21.3.1961 (GBl S. 59)
  RP v. 3.12.1974 (GVBl S. 578)
LGesAG MV Gesetz ü. d. Errichtung e. Landesgesundheitsamtes v. 6.7.2001 (GVOBl M-V S. 249)
LGFG Landesgraduiertenförderungsgesetz
  BW v. 23.7.1984 (GBl S. 477)
  RP v. 6.7.1984 (GVBl S. 147)
LGFVO Landesgraduiertenförderungsverordnung BW v. 20.5.2001 (GBl S. 420)
LGFVO M-V MV v. 14.9.2000 (GVOBl M-V 2001 S. 52)
LGG Landesgleichstellungsgesetz
  BB v. 4.7.1994 (GVBl I S. 254)
  NW v. 9.11.1999 (GV.NW S. 590)
  RP v. 11.7.1995 (GVBl S. 210)
  SL v. 24.4.1996 (ABl S. 623)
LGlG BW Landesgleichberechtigungsgesetz v. 21.12.1995 (GBl S. 890)
LGlüG RP Landesglücksspielgesetz v. 3.12.2007 (GVBl S. 240)
LGLV BY VO ü. d. Einrichtung d. Bay. Landesamts f. d. Gesundheitswesen u. f. Lebensmittelsicherheit v. 27.11.2001 (GVBl S. 886)
LGPr Landgerichtspräsident
LGVerm RP Landesgesetz ü. d. amtl. Vermessungswesen v. 20.12.2000 (GVBl S. 572)
LGVG BB Grundstücksverwertungsgesetz v. 26.7.1999 (GVBl I S. 272)
LHafenV BB Landeshafenverordnung v. 18.4.1997 (GVBl II S. 306)
LHafSiG RP Landesgesetz über die Sicherheit in Hafenanlagen v. 6.10.2006 (GVBl S. 338)

LHafVO RP Landeshafenverordnung v. 10.10.2000 (GVBl S. 421)
LHAGebO BB Gebührenordnung für das Brandenburgische Landeshauptarchiv v. 14.2.2006 (GVBl II S. 38)
LHebG SH Landeshebammengesetz v. 5.3.1991 (GVOBl S. 129)
LHG Landeshaushaltsgesetz; Landeshochschulgesetz
  BW Landeshochschulgesetz v. 1.1.2005 (GBl S. 1)
  MV Landeshochschulgesetz v. 9.2.1994 (GVOBl M-V S. 293)
LHG 2007/2008 RP Landeshaushaltsgesetz 2007/2008 v. 19.12.2006 (GVBl S. 421)
LHGebG BW Landeshochschulgebührengesetz v. 1.1.2005 (GBl S. 56)
LHmV Lösungsmittel-Höchstmengenverordnung v. 25.7.1989 (BGBl I S. 1568)
LHO Landeshaushaltsordnung
  BB v. 7.5.1991 (GVBl S. 46)
  BE i. d. Bek. v. 20.11.1995 (GVBl S. 805)
  BR v. 25.5.1971 (GBl S. 143)
  BW v. 19.10.1971 (GBl S. 428)
  HA v. 23.12.1971 (GVBl S. 261; 1972 S. 10)
  HE i. d. Bek. v. 15.3.1999 (GVBl I S. 248)
  LSA v. 30.4.1991 (GVBl LSA S. 35)
  MV i. d. Bek. v. 10.4.2000 (GVOBl M-V S. 159)
  ND i. d. Bek. v. 30.4.2001 (GVBl S. 276)
  NW i. d. Bek. v. 26.4.1999 (GV.NW S. 158)
  RP v. 20.12.1971 (GVBl 1972 S. 2)
  SH v. 22.4.1971 (GVBl S. 162)
  SL i. d. Bek. v. 5.11.1999 (ABl 2000 S. 194)
  TH v. 6.2.1991 (GVBl S. 3)
LHundG RP Landesgesetz über gefährliche Hunde v. 22.12.2004 (GVBl S. 576)
LHV NRW NW Landeshundeverordnung v. 30.6.2000 (GV.NW S. 518b)
LHygV Lebensmittelhygiene-Verordnung
  BB v. 1.9.1994 (GVBl II S. 756)
  SH v. 21.8.1991 (GVOBl S. 402)

LiechtJZ Liechtensteinische Juristen-Zeitung (1.1980 ff.)
LieDÜV BR Liegenschaftsdatenübermittlungsverordnung v. 27.1.1995 (GBl S. 113)
LIG LSA Landtagsinformationsgesetz v. 30.11.2004 (GVBl LSA S. 810)
LikaAbgabeVO BE Liegenschaftskataster-Abgabeverordnung v. 12.12.1995 (GVBl S. 840)
LikaAbrufVO BE Liegenschaftskataster-Abrufverordnung v. 20.12.1995 (GVBl S. 847)
LiKaAVO HE Liegenschaftskataster-Abrufverordnung v. 28.11.2000 (GVBl I S. 532)
LikaDÜV NW NW Katasterdatenübermittlungsverordnung v. 17.10.1994 (GV.NW S. 51)
LiKatAVO MV Liegenschaftskataster-Abrufverordnung v. 18.7.2007 (GVOBl M-V S. 271)
LiKaVO SACH Liegenschaftskatasterverordnung v. 17.12.1993 (SächsGVBl 1994 S. 150)
LImSchG Landesimmissionsschutzgesetz
  RP v. 20.12.2000 (GVBl S. 578)
  BB i. d. Bek. v. 22.7.1999 (GVBl I S. 386)
  NW v. 18.3.1975 (GV.NW S. 232)
  LImSchG Bln BE ~ Berlin v. 5.12.2005 (GVBl S. 735)
LiquAbfVO BE Liquidationsabführungsverordnung v. 30.5.1986 (GVBl S. 849)
L.I.S.A.KostVO M-V MV VO über Kosten im Geschäftsbereich des Landesinstituts für Schule und Ausbildung Mecklenburg-Vorpommern v. 22.2.2006 (GVOBl M-V S. 138)
LISUM BE Gesetz zum Staatsvertrag über die Errichtung eines gemeinsamen Landesinstituts für Schule und Medien Berlin-Brandenburg v. 11.7.2006 (GVBl S. 812)
LISUMAufgV BB VO über die Aufgaben des Landesinstituts für Schule und Medien Brandenburg v. 24.12.2003 (GVBl II S. 29)

lit. littera (Buchstabe)
LJA Landesjugendamt
LJagdG Landesjagdgesetz
  BR v. 26.10.1981 (GBl S. 171)
  BW i. d. Bek. v. 1.6.1996 (GBl S. 369)
  SH i. d. Bek. v. 13.10.1999 (GVOBl S. 300)
  LJagdG Bln BE ~ Berlin i. d. Bek. v. 25.9.2006 (GVBl S. 1006)
  LJagdG M-V MV v. 22.3.2000 (GVOBl M-V S. 126)
LJagdG-DVO LSA VO zur Durchführung des Landesjagdgesetzes für Sachsen-Anhalt v. 25.7.2005 (GVBl LSA S. 462)
LJAV BY VO ü. d. Bay. Landesjugendamt v. 8.12.1998 (GVBl S. 975)
LJAVO SACH VO d. Sächs. Staatsregierung z. Organisation u. Verfahrensweise d. Landesjugendamtes v. 12.12.2000 (SächsGVBl S. 537)
LJG RP Landesjagdgesetz v. 5.2.1979 (GVBl S. 23)
LJG-NW NW Landesjagdgesetz i. d. Bek. v. 7.12.1994 (GV.NW 1995 S. 2)
LJKG BW Landesjustizkostengesetz i. d. Bek. v. 25.3.1975 (GBl S. 261)
LJKostG BY Landesjustizkostengesetz i. d. Bek. v. 19.5.2005 (GVBl S. 159)
LJStVollzG RP Landesjugendstrafvollzugsgesetz v. 3.12.2007 (GVBl S. 252)
LJWG BW Landesjugendwohlfahrtsgesetz v. 9.7.1963 (GBl S. 99)
LJZ s. LiechtJZ
LK; LwK Landwirtschaftskammer
LKA Landeskriminalamt
LKatSG Landeskatastrophenschutzgesetz
  BW i. d. Bek. v. 22.11.1997 (GBl S. 625)
  MV v. 24.10.2001 (GVOBl M-V S. 393)
  SH i. d. Bek. v. 10.12.2000 (GVOBl S. 664)
  LKatSG-Saarland SL v. 31.1.1979 (ABl S. 141)
LkAVO BE VO ü. Lehrkräfte f. bes. Aufgaben v. 18.4.1988 (GVBl S. 718)
LKBG BW Ges. ü. d. Landeskreditbank Baden-Württemberg v. 11.4.1972 (GBl S. 129)

LKErG RP Landesgesetz ü. d. Errichtung d. Landeskrankenhauses -Anstalt des öffentl. Rechts- v. 17.11.1995 (GVBl S. 494)
LKG Landeskrankenhausgesetz
BE i. d. Bek. v. 1.3.2001 (GVBl S. 110)
RP v. 28.11.1986 (GVBl S. 342)
LKGBbg BB Krankenhausgesetz d. Landes Brandenburg v. 11.5.1994 (GVBl I S. 106)
LKGPFV BB VO z. Festsetzung d. Pauschalförderung n. d. Krankenhausgesetz d. Landes Brandenburg v. 23.9.2001 (GVBl II S. 554)
LKGebNRG LSA Gesetz zur Kreisgebietsneuregelung v. 11.11.2005 (GVBl LSA S. 692)
LKGPFV BB VO zur Festsetzung der pauschalen Förderung nach dem Krankenhausgesetz des Landes Brandenburg für das Jahr 2007 v. 8.10.2007 (GVBl II S. 454)
LKHG BW Landeskrankenhausgesetz Baden-Württemberg v. 21.12.2007 (GBl S. 13)
LKindSchuG RP Landesgesetz zum Schutz von Kindeswohl und Kindergesundheit v. 7.3.2008 (GVBl S. 52)
LKJHG BW Kinder- u. Jugendhilfegesetz i. d. Bek. v. 19.4.1996 (GBl S. 457)
LKO s. HaagLKO
LKO RP Landkreisordnung i. d. Bek. v. 31.1.1994 (GVBl S. 188)
LKomBesVO (Landes)kommunalbesoldungsverordnung
BW v. 6.3.1979 (GBl S. 98)
RP v. 15.11.1978 (GVBl S. 710)
LKonfO SACH Lehrerkonferenzordnung v. 12.7.1994 (SächsGVBl S. 1452)
LKonV Lebensmittelkontrolleur-Verordnung v. 17.8.2001 (BGBl I S. 2236)
LKP Landeskriminalpolizei
LKPA Landeskriminalpolizeiamt
Lkr. Landkreis
LKrebsRG BW Landeskrebsregistergesetz v. 7.3.2006 (GBl S. 54)
LKRG Landeskrebsregistergesetz

RP v. 22.12.1999 (GVBl S. 457)
SH v. 28.10.1999 (GVOBl S. 336)
LKrO Landkreisordnung
BW i. d. Bek. v. 19.6.1987 (GBl S. 289)
BY i. d. Bek. v. 22.8.1998 (GVBl S. 827)
LKrWG BY Landkreiswahlgesetz i. d. Bek. v. 17.9.1989 (GVBl S. 497)
LKRZ Zeitschrift für Landes- und Kommunalrecht Hessen, Rheinland-Pfalz, Saarland (1.2007 ff.)
LKV Landes- und Komunalverwaltung (1.1991 ff.)
LKV Landwirtschaftliche Krankenversicherung
LKV Los-Kennzeichnungsverordnung v. 23.6.1993 (BGBl I S. 1022)
LLG BW Landwirtschafts- und Landeskulturgesetz v. 14.3.1972 (GBl S. 74)
LM Nachschlagewerk des Bundesgerichtshofs, hrsg. v. Lindenmaier, Möhring u.a. (1951 ff.; (LoseblSlg))
LMBestrV Lebensmittelbestrahlungsverordnung v. 14.12.2000 (BGBl I S. 1730)
LMBG Lebensmittel- und Bedarfsgegenständegesetz i. d. Bek. v. 9.9.1997 (BGBl I S. 2296)
LMBl BY Amtsblatt des Bayerischen Staatsministeriums für Ernährung, Landwirtschaft und Forsten (1.1957–31.1987)
LMBVG-NW NW Ges. ü. d. Vollzug d. Lebensmittel- und Bedarfsgegenständerechts v. 19.3.1985 (GV.NW S. 259)
LmChemAPV BE VO über die Ausbildung und Prüfung zur staatlich geprüften Lebensmittelchemikerin und zum staatlich geprüften Lebensmittelchemiker v. 25.10.2007 (GVBl S. 562)
LMChemAPVO M-V MV Lebensmittelchemikerausbildungs- und Prüfungsverordnung v. 26.7.2005 (GVOBl M-V S. 408)
LmChemG SH Gesetz zum Schutz der Berufsbezeichnungen „Staatlich geprüfte Lebensmittelchemikerin" und „Staatlich geprüfter Lebensmittelchemiker" v. 18.1.2006 (GVOBl S. 12)
LmChemG M-V MV Gesetz zum Schutz der Berufsbezeichnungen „Staatlich ge-

prüfte Lebensmittelchemikerin" und „Staatlich geprüfter Lebensmittelchemiker" in Mecklenburg- Vorpommern v. 22.2.2005 (GVOBl M-V S. 66)
LMFrG SL Lernmittelfreiheitsgesetz v. 5.6.1974 (ABl S. 578)
LMFrV RP VO ü. d. Lernmittelfreiheit v. 22.5.1980 (GVBl S. 111)
LMG
RP Landesmediengesetz v. 4.2.2005 (GVBl S. 23)
SH Landesmeldegesetz i. d. Bek. v. 24.6.2004 (GVOBl S. 214)
LMHygVO LSA Lebensmittelhygiene-Verordnung v. 14.12.1994 (GVBl LSA S. 1046)
LMK Kommentierte BGH-Rechtsprechung (1.2003 ff.; vorher: Lindemaier/Möhring: Nachschlagewerk des BGH)
LMKV Lebensmittelkennzeichnungsverordnung i. d. Bek. v. 15.12.1999 (BGBl I S. 2464)
LMRZV-NW NW Lebensmittelrechtszuständigkeits-Verordnung v. 16.7.1986 (GV.NW S. 582)
LMTV Lebensmitteltransportbehälter-Verordnung v. 13.4.1987 (BGBl I S. 1212)
LMuR Lebensmittel & Recht (1.1997 ff.)
LmVB BY VO ü. d. Verkehr m. Backwaren, Konditoreiwaren u. Speiseeis v. 24.2.1976 (GVBl S. 41)
LMVO
BW Lernmittelverordnung v. 19.4.2004 (GBl S. 368)
SH Landesmeldeverordnung v. 11.8.2004 (GVOBl S. 301)
LmVT BY VO ü. d. Verkehr m. Lebensmitteln tierischer Herkunft v. 24.2.1976 (GVBl S. 44)
LMWA NW Landesmietwohnungsanordnungen v. 20.2.1978 (SMBl.NW 6410)
LNatG M-V MV Landesnaturschutzgesetz v. 21.7.1998 (GVOBl M-V S. 647)
LNatSchG
RP Landesnaturschutzgesetz v. 28.9.2005 (GVBl S. 387)
SH Landesnaturschutzgesetz i. d. Bek. v. 18.7.2003 (GVOBl S. 339)

LNpV BB Landesnachprüfungsverordnung v. 19.5.1999 (GVBl II S. 333)
LNRSchG BW Landesnichtraucherschutzgesetz v. 25.7.2007 (GBl S. 337)
LNTS League of Nations Treaty Series (1.1920 ff.)
LNTVO BW Landesnebentätigkeitsverordnung i. d. Bek. v. 28.12.1972 (GBl 1973 S. 57)
LNVO BR Lehrverpflichtungsverordnung Verordnung z. Nachweis d. Erfüllung d. Lehrverpflichtung d. Lehrenden an d. Hochschulen v. 18.9.1984 (GBl S. 243)
LoAG NW Lotterieausführungsgesetz v. 16.11.2004 (GV.NW S. 686)
LöffGZustVO M-V MV VO über die Regelung von Zuständigkeiten nach dem Ladenöffnungsgesetz v. 21.2.2008 (GVOBl M-V S. 82)
LöffKostVO M-V MV Kostenverordnung für Amtshandlungen auf dem Gebiet der Ladenöffnung v. 28.2.2008 (GVOBl M-V S. 84)
LöffZeitG LSA LSA Ladenöffnungszeitengesetz Sachsen-Anhalt v. 22.11.2006 (GVBl LSA S. 528)
LÖffZG SH Ladenöffnungszeitengesetz v. 29.11.2006 (GVOBl S. 243)
LÖG NRW NW Ladenöffnungsgesetz v. 16.11.2006 (GV.NW S. 516)
LÖG Saarland SL Ladenöffnungsgesetz v. 15.11.2006 (ABl S. 1974)
LöV Löschungsverordnung v. 31.1.1962 (BGBl I S. 67)
LOG Landesorganisationsgesetz
LoG BW Lotteriegesetz v. 4.5.1982 (GBl S. 139)
BB v. 24.05.2004 (GVBl I S. 186)
SL i. d. Bek. v. 27.3.1997 (ABl S. 410)
LOG.NW NW v. 10.7.1962 (GV.NW S. 421)
LOG-Saarl. SL v. 2.7.1969 (ABl S. 445)
LOG M-V MV Landesorganisationsgesetz v. 14.3.2005 (GVOBl M-V S. 98)
LOgrVO NRW NW VO über Obergrenzen für Beförderungsämter im Land Nordrhein-Westfalen Landesobergrenzenver-

ordnung NRW v. 12.6.2007 (GV.NW S. 204)

LOgrVOPol NW Landesobergrenzenverordnung Polizei v. 14.12.2004 (GV.NW S. 822)

LohnzG Ges. z. Regelung d. Lohnzahlung an Feiertagen v. 2.8.1951 (BGBl I S. 479)

LondSchAbk Abkommen ü. deutsche Auslandsschulden v. 27.2.1953 (BGBl II S. 331)

LOStA Leitender Oberstaatsanwalt

LottG Lotteriegesetz
  BY i. d. Bek. v. 31.7.1970 (GVBl S. 345)
  RP v. 6.2.1996 (GVBl S. 62)

LottG M-V MV v. 24.10.2001 (GVOBl M-V S. 401)

LottGBbg BB v. 13.7.1994 (GVBl I S. 384)

Lotto-Toto-G LSA Ges. ü. Zahlenlotto und Sportwetten v. 15.8.1991 (GVBl LSA S. 269)

LOWiG Landesordnungswidrigkeitengesetz
  BR v. 16.7.1957 (GBl S. 71)
  BW v. 8.2.1978 (GBl S. 102)

LPA Landespersonalamt; Leitpostamt

LPachtG Landpachtgesetz v. 25.6.1952 (BGBl I S. 343)

LPachtVG Landpachtverkehrsgesetz v. 8.11.1985 (BGBl I S. 2075)

LParlG MV Ges. ü. d. Rechtsverhältnisse d. Parl. Staatssekretäre v. 18.7.1991 (GVOBl M-V S. 291)

LPartAnpG
  NW Lebenspartnerschaftsanpassungsgesetz v. 3.5.2005 (GV.NW S. 498)
  SH Lebenspartnerschaftsanpassungsgesetz v. 3.1.2005 (GVOBl S. 21)

LPartAusfG HA Gesetz z. Ausführung d. Lebenspartnerschaftsgesetzes v. 4.7.2001 (GVBl I S. 145)

LPAuswG Landespersonalausweisgesetz
  BE v. 1.11.1990 (GVBl S. 2214)
  BW v. 16.3.1987 (GBl S. 61)
  RP v. 16.2.1987 (GVBl S. 41)

LPAVO Landespflegeausschussverordnung
  HA v. 19.9.1995 (GVBl I S. 211)

LPersA Landespersonalausschuss

LPersVG RP Landespersonalvertretungsgesetz i. d. Bek. v. 24.11.2000 (GVBl S. 529)

LPfAusVO NW Landespflegeausschuss-Verordnung v. 7.2.1995 (GV.NW S. 116)

LPflegAnpG SH Ges. z. Anpassung d. Landschaftspflegegesetz und anderer Rechtsvorschriften v. 19.11.1982 (GVOBl S. 256)

LPflegeASG RP Landesgesetz zur Sicherstellung und Weiterentwicklung der pflegerischen Angebotsstruktur v. 25.7.2005 (GVBl S. 299)

LPflegeASGDVO RP Landesverordnung zur Durchführung des Landesgesetzes zur Sicherstellung und Weiterentwicklung der pflegerischen Angebotsstruktur v. 7.12.2005 (GVBl S. 525)

LPflegeAVO BE Landespflegeausschuss-Verordnung v. 2.5.1995 (GVBl S. 297)

LPflegeG Landespflegegesetz
  BB v. 29.6.2004 (GVBl I S. 339)
  BE v. 19.5.1998 (GVBl S. 102)
  MV v. 16.12.2003 (GVOBl. M-V S. 675)
  SH v. 10.2.1996 (GVOBl S. 227)

LPflegeGVO SH Landespflegegesetzverordnung v. 19.6.1996 (GVOBl S. 521)

LPflegeHG RP Landesgesetz ü. ambulante, teilstationäre u. stationäre Pflegehilfen v. 28.3.1995 (GVBl S. 55)

LPflegG SH Landschaftspflegegesetz i. d. Bek. v. 19.11.1982 (GVOBl S. 256)

LPflG Landespflegegesetz
  BW v. 11.9.1995 (GBl S. 665)
  RP i. d. Bek. v. 5.2.1979 (GVBl S. 37)

LPflGG Landespflegegeldgesetz
  BB i. d. Bek. v. 11.10.1995 (GVBl I S. 259)
  BE v. 17.12.2003 (GVBl S. 606)
  RP v. 31.10.1974 (GVBl S. 466)

LPG s. LPachtG

LPG Landwirtschaftliche Produktionsgenossenschaft (DDR)

LPG-Gesetz DDR Ges. ü. d. landwirtschaftl. Produktionsgenossenschaften v. 2.7.1982 (GBl I S. 443; BGBl 1990 II S. 1204)

LPGVO <u>HA</u> Landespflegegesetzverordnung v. 25.6.1996 (GVBl I S. 159)
LPHZustLVO M-V <u>MV</u> Landesprüfungsamt-Zuständigkeitslandesverordnung v. 28.7.2004 (GVOBl M-V S. 392)
LplBV <u>BY</u> Landesplanungsbeiratsverordnung v. 30.6.2005 (GVBl S. 252)
LPlG Landesplanungsgesetz
  <u>LSA</u> ~ d. Landes Sachsen-Anhalt v. 28.4.1998 (GVBl LSA S. 255)
  <u>MV</u> i. d. Bek. v. 5.5.1998 (GVOBl M-V S. 503)
  <u>NW</u> ~ NRW i. d. Bek. v. 3.5.2005 (GV.NW S. 430)
  <u>RP</u> v. 10.4.2003 (GVBl S. 41)
LPlG Landesplanungsgesetz
  LplG <u>BW</u> v. 10.10.1983 (GBl S. 621)
LPO Lehramtsprüfungsordnung
  <u>BB</u> v. 31.7.2001 (GVBl II S. 494)
  <u>NW</u> v. 27.3.2003 (GV.NW S. 182)
  LPO I <u>BY</u> ~ I i. d. Bek. v. 9.9.1997 (GVBl S. 542)
  LPO II <u>BY</u> ~ II v. 28.10.2004 (GVBl S. 428)
1. LPO <u>BE</u> Lehrerprüfungsordnung v. 1.12.1999 (GVBl 2000 S. 1)
LPressG <u>BW</u> Landespressegesetz v. 14.1.1964 (GBl S. 11)
LPS Leitsätze f. d. Preisermittlung auf Grund v. Selbstkosten = Anl. z. Verordnung PR Nr. 30 / v. 53 v. 21.11.1953 (BAnz Nr. 244; BWMBl S. 474)
LPS-Bau Leitsätze f. d. Ermittlung v. Preisen f. Bauleistungen auf Grund v. Selbstkosten = Anl. z. Verordnung PR Nr. 1 / v. 72 v. 6.3.1972 (BGBl I S. 293)
LPVG Landespersonalvertretungsgesetz
  <u>BW</u> i. d. Bek. v. 1.2.1996 (GBl S. 205)
  <u>NW</u> i. d. Bek. v. 3.12.1974 (GV.NW S. 1514)
LPVGWO <u>BW</u> Wahlordnung z. Landespersonalvertretungsgesetz v. 14.10.1996 (GBl S. 677)
LPVO Leistungsprämienverordnung
  <u>SACH</u> v. 27.10.1998 (SächsGVBl S. 597)
  <u>SH</u> v. 8.2.2000 (GVOBl S. 163)
LPZV Leistungsprämien- u. -zulagenverordnung v. 1.7.1997 (BGBl I S. 1598)

LPZVO Leistungsprämien- u. -zulagenverordnung
  <u>BW</u> v. 30.3.1998 (GBl S. 215)
  <u>NW</u> v. 10.3.1998 (GV.NW S. 204)
LRBGebVO M-V <u>MV</u> Leitungsrechtsbescheinigungsgebührenverordnung v. 13.10.2004 (GVOBl M-V S. 506)
LRE Sammlung lebensmittelrechtlicher Entscheidungen (1.1957 ff.)
LRegDir; LtdRDir Leitender Regierungsdirektor
LRegG <u>RP</u> Regionengesetz i. d. Bek. v. 8.2.1977 (GVBl S. 15)
LRegVO <u>TH</u> Landesregionenverordnung v. 22.8.1991 (GVBl S. 360)
LRG Landesrundfunkgesetz
  <u>SH</u> v. 7.12.1995 (GVOBl S. 422)
  <u>SL</u> i. d. Bek. v. 18.12.1998 (ABl 1999 S. 32)
  LRG NW <u>NW</u> i. d. Bek. v. 25.4.1998 (GV.NW S. 240)
LRH Landesrechnungshof
LRHG Landesrechnungshofgesetz
  <u>BB</u> v. 27.6.1991 (GVBl S. 256)
  <u>LSA</u> v. 7.3.1991 (GVBl LSA S. 33)
  <u>MV</u> v. 21.11.1991 (GVOBl M-V S. 438)
  <u>NW</u> v. 14.12.1971 (GV.NW S. 410)
  LRH-G <u>SH</u> v. 2.1.1991 (GVOBl S. 3)
LRiG Landesrichtergesetz
  <u>BW</u> i. d. Bek. v. 22.5.2000 (GBl S. 503)
  <u>NW</u> v. 29.3.1966 (GV.NW S. 217)
  <u>RP</u> v. 22.12.2003 (GVBl S. 1)
  <u>SH</u> i. d. Bek. v. 21.5.1971 (GVOBl S. 300)
LRKG Landesreisekostengesetz
  <u>BW</u> i. d. Bek. v. 20.5.1996 (GBl S. 465)
  <u>NW</u> i. d. Bek. v. 16.12.1998 (GV.NW S. 738)
  <u>RP</u> v. 24.3.1999 (GVBl S. 89)
  LRKG M-V <u>MV</u> v. 3.6.1998 (GVOBl M-V S. 554)
LRpflG <u>RP</u> Landesges. z. Übertragung v. Aufgaben auf d. Rechtspfleger v. 11.6.1974 (GVBl S. 225)
LrV Länderrisikoverordnung v. 19.12.1985 (BGBl I S. 2497)
LRZG <u>BR</u> Landesreferenzzinsgesetz v. 20.5.2003 (GBl S. 275)

LS Leitsatz
LS SH Landessatzung i. d. Bek. v. 7.2.1984 (GVOBl S. 53)
LSA Land Sachsen-Anhalt
LSchBzV BB Landesschulbezirksverordnung v. 28.6.2005 (GVBl II S. 338)
LSchG BW Landesschuldbuchgesetz v. 11.5.1953 (GBl S. 65)
LSchiedVO SACH Landesschiedsstellenverordnung v. 23.2.2004 (SächsGVBl S. 63)
LSchiffV BB Landesschifffahrtsverordnung v. 25.4.2005 (GVBl II S. 166)
LSchlAV BB Ladenschluss-Ausnahmeverordnung v. 9.5.2005 (GVBl II S. 238)
LSchlG Ges. ü. d. Ladenschluß v. 28.11.1956 (BGBl I S. 875)
LSchlG SL Landesschlichtungsgesetz v. 21.2.2001 (ABl S. 532)
LSchliG SH Landesschlichtungsgesetz v. 11.12.2001 (GVOBl S. 361)
LSchlV BY Ladenschlussverordnung v. 21.5.2003 (GVBl S. 340)
LSchlVO SACH Ladenschlussverordnung v. 20.4.2006 (SächsGVBl S. 98)
LSchV Landesschiedsstellenverordnung SL v. 19.2.1990 (ABl S. 283)
LSchVO
MV v. 7.8.1995 (GVOBl M-V S. 368)
SH v. 11.12.1990 (GVOBl S. 660)
LSeilbG Landesseilbahngesetz
BE v. 9.3.2004 (GVBl S. 110)
SACH v. 12.3.1998 (SächsGVBl S. 102)
SH v. 27.5.2004 (GVOBl S. 144)
LSeilbG M-V MV v. 20.7.2004 (GVOBl M-V S. 318)
LSenR Leitender Senatsrat
LSG Landessozialgericht
LSK-CD Leitsatzkartei des deutschen Rechts (CD-ROM-Ausg.; 1981/2000 (2001) ff.)
LSÖ Leitsätze f. d. Preisermittlung auf Grund d. Selbstkosten bei Leistungen f. öffentl. Auftraggeber v. 12.2.1942 (RGBl I S. 89)
LSpG Lebensmittelspezialitätengesetz v. 29.10.1993 (BGBl I S. 1814)
LSt Lohnsteuer

LStatG Landesstatistikgesetz
BR v. 11.7.1989 (GBl S. 277)
BW v. 24.4.1991 (GBl S. 215)
RP v. 27.3.1987 (GVBl S. 57)
SH v. 8.3.1991 (GVOBl S. 131)
LStatG M-V MV Mecklenburg-Vorpommern v. 28.2.1994 (GVOBl M-V S. 347)
LStDV 1990 Lohnsteuer-Durchführungsverordnung i. d. Bek. v. 10.10.1989 (BGBl I S. 1848)
LStO BW Landesstimmordnung v. 27.2.1984 (GBl S. 199)
LStR 1990 Lohnsteuer-Richtlinien 1990 v. 3.10.1989 (BStBl I Sondernr. 3/1989 S. 2)
...LStrafÄndG RP Landesges. z. Änd. strafrechtl. Vorschriften; 1. Landesstrafrecht v. 20.11.1969 (GVBl S. 179); 2. Landesstrafrecht v. 5.3.1970 (GVBl S. 96); 3. Landesstrafrecht v. 5.11.1974 (GVBl S. 469)
LStrAnpG I (bzw. II) SH 1. Strafrechtsanpassungsgesetz v. 24.3.1970 (GVOBl S. 66); 2. ~ v. 9.12.1974 (GVOBl S. 453)
LStrAusbauG NW Landstraßenausbaugesetz i. d. Bek. v. 1.2.1988 (GV.NW S. 114)
LStrBPlG BB Landesstraßenbedarfsplangesetz v. 26.10.1995 (GVBl I S. 250)
LStrG RP Landesstraßengesetz i. d. Bek. v. 1.8.1977 (GVBl S. 273)
LStuV Leistungsstufenverordnung v. 1.7.1997 (BGBl I S. 1600) BY v. 20.2.1998 (GVBl S. 62)
LStuVO NW v. 10.3.1998 (GV.NW S. 205)
LStuVO
BW v. 30.3.1998 (GBl S. 214)
SH v. 15.7.1999 (GVOBl S. 231)
LStVG BY Landesstraf- und Verordnungsgesetz i. d. Bek. v. 7.11.1974 (GVBl S. 753)
LStVO LeistungsstufenVO
BE v. 23.4.2001 (GVBl S. 118)
SACH v. 27.10.1998 (SächsGVBl S. 596)
LSubvG Landessubventionsgesetz

BW v. 1.3.1977 (GBl S. 42)
RP v. 7.6.1977 (GVBl S. 168)
SH v. 11.11.1977 (GVOBl S. 489)
LSÜG Landessicherheitsüberprüfungsgesetz
BW v. 12.2.1996 (GBl S. 159)
RP v. 8.3.2000 (GVBl S. 70)
SH v. 10.12.2003 (GVOBl S. 65)
LSUPG SH Gesetz zur Einführung einer Strategischen Umweltprüfung und zur Umsetzung der Richtlinien 2001/42/EG und 2003/35/EG v. 17.8.2007 (GVOBl S. 426)
LSVOrgG Gesetz z. Organisationsreform in d. landwirtschaftlichen Sozialversicherung v. 17.7.2001 (BGBl I S. 1600)
LSZG BW Landessonderzahlungsgesetz v. 29.10.2003 (GBl S. 693)
LT Landtag
LTG SL Ges. ü. d. Landtag d. Saarlandes v. 20.6.1973 (ABl S. 517)
LTGV Landestrennungsgeldverordnung RP v. 17.1.1967 (GVBl S. 21)
LTGVO BW v. 12.12.1985 (GBl S. 411)
LTierKBG Landestierkörperbeseitigungsgesetz
NW v. 15.7.1976 (GV.NW S. 267)
RP v. 22.6.1978 (GVBl S. 445)
LTierSG RP Landestierseuchengesetz v. 24.6.1986 (GVBl S. 174)
LTO Lotstarifordnung v. 16.3.1979 (BAnz Nr. 57)
IuAWBV BB Intensivpflege- und Anästhesie-Weiterbildungsverordnung v. 26.2.2004 (GVBl II S. 246)
LUBW BW VO des Umweltministeriums und des Ministeriums für Ernährung und Ländlichen Raum über die Gebühren der Landesanstalt für Umwelt, Messungen und Naturschutz Baden-Württemberg v. 1.12.2006 (GBl S. 387)
LÜ s. HaagLÜ
LüFklVO M-V MV Länderübergreifende Fachklassenverordnung v. 3.3.2006 (GVOBl M-V S. 295)
LÜG BY Lebensmittelüberwachungsgesetz v. 11.11.1997 (GVBl S. 738)
LuftBauO Bauordnung f. Luftfahrtgerät v. 16.8.1974 (BGBl I S. 2058)

LuftBO Betriebsordnung f. Luftfahrtgerät v. 4.3.1970 (BGBl I S. 262)
LuftEBV Luftfahrzeug-Elektronik-Betriebs-Verordnung v. 22.2.2008 (BGBl I S. 266)
LuftfahrtZustVO NW Zuständigkeitsverordnung Luftfahrt v. 7.8.2007 (GV.NW S. 317)
LuftfzRG Ges. ü. Rechte an Luftfahrzeuge n v. 26.2.1959 (BGBl I S. 57)
LuftGerPO Prüfordnung f. Luftfahrtgerät v. 16.5.1968 (BGBl I S. 416)
LuftNaSiG Luftverkehrsnachweissicherungsgesetz v. 5.6.1997 (BGBl I S. 1322)
LuftPersV VO ü. Luftfahrtpersonal v. 13.2.1984 (BGBl I S. 265)
LuftRegV Luftfahrzeugpfandrechtsregisterverordnung v. 2.3.1999 (BGBl I S. 279)
LuftrettGebO BB Luftrettungsdienst-Gebührenordnung v. 15.7.2005 (GVBl II S. 429)
LuftSiG Luftsicherheitsgesetz v. 11.1.2005 (BGBl I S. 78)
LuftSiV Luftsicherheitsverordnung v. 17.5.1985 (BGBl I S. 788)
LuftVG Luftverkehrsgesetz i. d. Bek. v. 27.3.1999 (BGBl I S.550)
LuftVO Luftverkehrsordnung i. d. Bek. v. 27.3.1999 (BGBl I S. 580)
LuftVZO Luftverkehrs-Zulassungs-Ordnung i. d. Bek. v. 27.3.1999 (BGBl I S. 610)
LuftVZÜV Luftverkehr-Zuverlässigkeitsüberprüfungsverordnung v. 8.10.2001 (BGBl I S. 2625)
LuftZuVO SACH VO der Sächsischen Staatsregierung und des Sächsischen Staatsministeriums für Wirtschaft und Arbeit über Zuständigkeiten auf dem Gebiet der Luftverkehrsverwaltung v. 23.8.2006 (SächsGVBl S. 438)
LUFV BY Lehrverpflichtungsverordnung v. 19.9.1994 (GVBl S. 956)
LUIG Landesumweltinformationsgesetz
BW v. 7.3.2006 (GBl S. 50)
RP v. 19.10.2005 (GVBl S. 484)
LUIG M-V MV v. 14.7.2006 (GVOBl M-V S. 568)
LUIG-GebVO BW VO des Umweltminis-

teriums über Gebühren für die Inanspruchnahme von Leistungen nach dem Landesumweltinformationsgesetz v. 24.3.2006 (GBl S. 112)

LUKG Landesumzugskostengesetz
  BW i. d. Bek. v. 12.2.1996 (GBl S. 127)
  NW v. 26.4.1966 (GV.NW S. 268)
  RP v. 23.11.1965 (GVBl S. 241)
  LUKG M-V MV v. 3.6.1998 (GVOBl M-V S. 559)

LUMBl Amtsblatt des Bayerischen Staatsministeriums für Landesentwicklung und Umweltfragen (1./2.1971/72–17.1987)

LUNG Landesamt f. Umwelt, Naturschutz u. Geologie [Mecklenburg-Vorpommern]

LUrlgG BW Landesurlaubsgeldgesetz v. 30.5.1978 (GBl S. 292)

LUVO SH Lebensunterhalt-Verordnung v. 26.4.2001 (GVOBl S. 68)

LUVPG M-V MV Gesetz über die Umweltverträglichkeitsprüfung in Mecklenburg-Vorpommern i. d. Bek. v. 1.11.2006 (GVOBl M-V S. 814)

LV Lebensversicherung

LV BW Verfassung v. 11.11.1953 (GBl S. 173)

LV; LVO Landesverordnung

LVA Landesversicherungsanstalt

LVAmt Landesversicherungsamt

LVBA BE Lehrverordnung Berufsakademie v. 3.3.1998 (GVBl S. 69)

LVB VO NW Landesvollstreckungsbehördenverordnung v. 12.7.2007 (GV.NW S. 304)

LVerbO NW Landschaftsverbandsordnung v. 14.7.1994 (GV.NW S. 657)

LVerfGE Entscheidungen der Verfassungsgerichte der Länder (6.1997 ff.; vorher: Entscheidungen der Verfassungsgerichte der Länder Berlin, Brandenburg, Bremen, Hamburg, Hessen, Mecklenburg-Vorpommern, Saarland, Sachsen, Sachsen-Anhalt, Thüringen)

LVerfGG Landesverfassungsgerichtsgesetz
  MV v. 19.7.1994 (GVOBl M-V S. 734)
  SH v. 10.1.2008 (GVOBl S. 25)

LVerfSchG Landesverfassungsschutzgesetz
  RP v. 6.7.1998 (GVBl S. 184)
  SH v. 23.3.1991 (GVOBl S. 203)
  LVerfSchG M-V MV v. 11.7.2001 (GVOBl M-V S. 261)

LVermG SL Landesvermessungsgesetz v. 15.12.1971 (ABl 1972 S. 34)

LVersorgA Landesversorgungsamt

LVersRG SH Landesversorgungsrücklagegesetz v. 18.5.1999 (GVOBl S. 113)

LvFp-FAB SL Landesverordnung über die berufliche Fortbildungsprüfung zum anerkannten Abschluss Geprüfte Fachkraft zur Arbeits- und Berufsförderung in Werkstätten für behinderte Menschen v. 23.12.2004 (ABl 2005 S. 2)

LVG Landesverwaltungsgericht

LVG BW Landesverwaltungsgesetz i. d. Bek. v. 2.1.1984 (GBl S. 101)

LVNV BR Lehrverpflichtungs- und Lehrnachweisverordnung v. 14.5.2004 (GBl. S. 441)

LVO Laufbahnverordnung
  BB v. 25.2.1997 (GVBl II S. 58)
  BW i. d. Bek. v. 28.8.1991 (GBl S. 577)
  NW i. d. Bek. v. 23.11.1995 (GV.NW 1996 S. 1)
  LVO LSA LSA v. 15.8.1994 (GVBl LSA S. 920)

LVO-AGVG-SH SH Landesverordnung z. Ausf. d. Ges. z. Ausf. d. Viehseuchengesetzes v. 20.5.1974 (GVOBl S. 177) (s.a. Tierseuchengesetz)

LVO-Aufstieg MV Landesverordnung ü. d. erleichterten Aufstieg v. Beamten v. 15.7.1991 (GVOBl M-V S. 255)

LVOFBSchKG RP Landesverordnung über die Förderung von Beratungsstellen nach dem Schwangerschaftskonfliktgesetz v. 20.3.2006 (GVBl S. 136)

LVO-FF LSA Laufbahnverordnung für Mitglieder Freiwilliger Feuerwehren v. 23.9.2005 (GVBl LSA S. 640)

LVOPol Landeslaufbahnverordnung f. d. Polizei
  BW i. d. Bek. v. 15.6.1998 (GBl S. 334) (s.a. Bundeslaufbahnverordnung)

NW Laufbahnverordnung d. Polizei i. d. Bek. v. 4.1.1995 (GV.NW S. 42) (s.a. Bundeslaufbahnverordnung)
LVOPol M-V MV v. 18.1.2001 (GVOBl M-V S. 9)
LVPol BB Laufbahnverordnung der Polizei v. 30.1.2006 (GVBl II S. 18)
LVR InfoKom NW Betriebssatzung für die Informationsverarbeitung und Kommunikationstechnik des Landschaftsverbandes Rheinland v. 7.9.2005 (GV.NW S. 795)
LVSG BW Landesverfassungsschutzgesetz v. 22.10.1991 (GBl S. 639)
LVV Lehrverpflichtungsverordnung
BR v. 21.2.1995 (GBl S. 121)
NW v. 30.8.1999 (GV.NW S. 518)
LVV FHöD NW Lehrverpflichtungsverordnung Fachhochschulen öffentlicher Dienst v. 30.7.2007 (GV.NW S. 310)
LVVO Lehrverpflichtungsverordnung
BE i. d. Bek. v. 27.3.2001 (GVBl S. 74)
BW v. 11.12.1995 (GBl 1996 S. 43)
HA ~ für die Hamburger Hochschulen v. 21.12.2004 (GVBl S. 497)
LSA v. 6.4.2006 (GVBl LSA S. 232)
ND v. 11.2.2000 (GVBl S. 18)
ND v. 18.1.1996 (GVBl S. 20)
SH v. 6.10.1995 (GVOBl S. 328)
SL v. 10.2.1994 (ABl S. 482)
LVVO M-V MV v. 25.10.2001 (GVOBl M-V S. 431)
LVVO-PA ND VO über die Lehrverpflichtung an der Polizeiakademie Niedersachsen v. 25.9.2007 (GVBl S. 459)
LVwA Landesverwaltungsamt
LVwG SH Landesverwaltungsgesetz i. d. Bek. v. 19.3.1979 (GVOBl S. 181)
LVwGebVO SH Landesverordnung ü. Verwaltungsgebühren i. d. Bek. v. 14.1.1980 (GVOBl S. 10)
LVwVfBG BW Landesverwaltungsverfahrensbeschleunigungsgesetz v. 24.11.1997 (GBl S. 470)
LVwVfG Landesverwaltungsverfahrensgesetz
BW v. 21.6.1977 (GBl S. 227)
RP v. 23.12.1976 (GVBl S. 308)

LVwVG BW Landesverwaltungsvollstreckungsgesetz v. 12.3.1974 (GBl S. 93)
LVwVGKO BW Vollstreckungskostenordnung v. 29.7.2004 (GBl S. 670) (s.a. Vollzugs- und Vollstreckungsordnung)
LVwVGKostO s. 3. VOVVG
LVwVGKostO RP Vollstreckungskostenordnung v. 2.1.1958 (GVBl S. 12) (s.a. Vollzugs- und Vollstreckungsordnung)
LVwVGpFVO s. 2. VOVVG
LVwVGpFVO RP Landesverordnung über die Vollstreckung privatrechtlicher Geldforderungen nach dem Landesverwaltungsvollstreckungsgesetz v. 8.6.2004 (GVBl S. 349)
LVwZG Landesverwaltungszustellungsgesetz
BW v. 30.6.1958 (GBl S. 165) (s.a. Zustellungsgesetz)
RP v. 2.3.2006 (GVBl S. 56)
LWahlG Landeswahlgesetz
RP v. 24.11.2004 (GVBl S. 520)
SH i. d. Bek. v. 7.10.1991 (GVOBl S. 442)
LWahlGO NW Landeswahlgeräteordnung v. 11.7.1996 (GV.NW S. 443)
LWahlGV Landeswahlgeräteverordnung
BB v. 14.5.2004 (GVBl II S. 334)
HE v. 11.10.1989 (GVBl I S. 348)
LWahlO NW Landeswahlordnung v. 14.7.1994 (GV.NW S. 548)
LWaldG Landeswaldgesetz
BB Waldgesetz des Landes Brandenburg v. 20.4.2004 (GVBl I S. 137)
BE v. 16.9.2004 (GVBl S. 391)
BW i. d. Bek. v. 31.8.1995 (GBl S. 685)
ND i. d. Bek. v. 19.7.1978 (GVBl S. 595)
RP v. 30.11.2000 (GVBl S. 504)
SH v. 5.12.2004 (GVOBl S. 461)
LwAltschG Landwirtschafts-Altschuldengesetz v. 25.6.2004 (BGBl I S. 1383)
LwAltschV Landwirtschafts-Altschuldenverordnung v. 19.12.2004 (BGBl I S. 2861)
LwAnpG Landwirtschaftsanpassungsgesetz v. 3.7.1991 (BGBl I S. 1418)
LwBodSchZustLVO M-V MV Landwirtschafts-Bodenschutzzuständigkeitslandesverordnung v. 16.4.2004 (GVOBl M-V S. 176)

LWBÜVO RP Landesgewässerbestandsaufnahme- und -zustandsüberwachungs-Verordnung v. 6.10.2004 (GVBl S. 465)

LwFöG BY Ges. z. Förderung d. bayer. Landwirtschaft v. 8.8.1974 (GVBl S. 395)

LWG Landeswahlgesetz; Landeswassergesetz; Landwirtschaftsgesetz; Landwirtschaftsgericht
BW Landeswahlgesetz i. d. Bek. v. 6.9.1983 (GBl S. 509)
BY Landeswahlgesetz i. d. Bek. v. 9.3.1994 (GVBl S. 136)
HE Landtagswahlgesetz i. d. Bek. v. 7.4.2006 (GVBl I S. 110)
LSA Wahlgesetzes des Landes Sachsen-Anhalt i. d. Bek. v. 8.4.2005 (GVBl LSA S. 178)
NW Landeswassergesetz i. d. Bek. v. 25.6.1995 (GV.NW S. 926)
NW Wahlgesetze i. d. Bek. v. 9.6.1989 (GV.NW S. 384)
RP Landeswassergesetz v. 22.1.2004 (GVBl S. 54)
SH Landeswassergesetz i. d. Bek. v. 6.1.2004 (GVOBl S. 8)
SL Landtagswahlgesetz i. d. Bek. v. 23.1.2004 (Abl S. 266)

LWG MV MV Landeswahlgesetz i. d. Bek. v. 5.11.1997 (GVOBl M-V S. 562)

LwG Landwirtschaftsgesetz v. 5.9.1955 (BGBl I S. 565)

LWGer-VO LSA Landeswahlgeräte-Verordnung v. 10.7.2001 (GVBl LSA S. 272)

LwG LSA LSA Landwirtschaftsgesetz Sachsen-Anhalt v. 28.10.1997 (GVBl LSA S. 919)

LWgVO RP Landeswahlgeräteverordnung v. 3.2.2004 (GVBl S. 219)

LwKG
ND Gesetz über Landwirtschaftskammern i. d. Bek. v. 10.2.2003 (GVBl S. 61)
RP Landwirtschaftskammergesetz v. 28.7.1970 (GVBl S. 309)

LwKWVO ND VO über die Wahl zur Kammerversammlung der Landwirtschaftskammer Niedersachsen v. 15.1.2008 (GVBl S. 3)

LwMBl Ministerialblatt der (bis 14.1918: Kgl.) Preußischen Verwaltung für Landwirtschaft, Domänen und Forsten (29.1933,49–30.1934: Ministerialblatt d. Preuß. Landwirtschaftsministeriums u. d. Landesforstverwaltung; 31.1935 ff.: Ministerialblatt d. Preuß. Landwirtschaftl. Verwaltung u. Landesforstverwaltung) (1.1905–32.1936,13; fortges. als: Reichsministerialbl. d. landwirtschaftl. Verwaltung)

LWO Landeswahlordnung
BE i. d. Bek. v. 9.3.2006 (GVBl S. 224)
BW v. 7.9.1983 (GBl S. 526)
BY v. 16.2.2003 (GVBl S. 62)
HE i. d. Bek. v. 26.2.1998 (GVBl I S. 167)
LSA v. 7.7.1997 (GVBl LSA S. 612)
RP i. d. Bek. v. 6.6.1990 (GVBl S. 153)
SACH v. 15.9.2003 (SächsGVBl S. 543)
SH i. d. Bek. v. 1.11.1991 (GVOBl S. 459)
SL i. d. Bek. v. 23.1.2004 (Abl S. 279)

LWO M-V MV v. 31.3.1998 (GVOBl M-V S. 251)

LWPG RP Landeswahlprüfungsgesetz v. 18.2.1975 (GVBl S. 92)

LWPrG Landeswahlprüfungsgesetz BW v. 7.11.1955 (GBl S. 231)

LwRMBl Reich Reichsministerialblatt der Landwirtschaftlichen Verwaltung (1.1936–10.1945)

LwSachv.VO M-V MV Landwirtschaftssachverständigenverordnung v. 26.8.1997 (GVOBl M-V S. 482)

LwSiedlG Ges. z. Förderung d. landwirtschaftlichen Siedlung v. 15.5.1953 (BGBl I S. 224)

LwSV VO LSA VO ü. d. öffentl. Bestellung v. landwirtschaftlichen Sachverständigen v. 14.10.1997 (GVBl LSA S. 886)

LwVeranlV Landwirtschafts-Veranlagungsverordnung v. 26.4.1983 (BGBl I S. 491)

LwVetOwiZustVO M-V MV VO zur Bestimmung der zuständigen Behörden für die Verfolgung und Ahndung von Ordnungswidrigkeiten im Bereich der Landwirtschaft und des Veterinärwesens v. 4.4.2006 (GVOBl M-V S. 170)

LwVfG Ges. ü. d. gerichtliche Verfahren in Landwirtschaftssachen v. 21.7.1953 (BGBl I S. 667)
LWVG BW Landeswohlfahrtsverbändegesetz v. 23.4.1963 (GBl S. 35)
LZ Leipziger Zeitschrift für Deutsches Recht (bis 7.1913: f. Handels-, Konkurs- u. Versicherungsrecht) (1.1907–27.1933)
LZB Landeszentralbank
LZG Landeszustellungsgesetz
BB v. 18.10.1991 (GVBl S. 457)
NW v. 7.3.2006 (GV.NW S. 94)
LZKErlVO MV Landeszentralkassenerrichtungsverordnung v. 6.8.2001 (GVOBl M-V S. 311)
LZulVO NW Landeszulagenverordnung v. 7.3.1978 (GV.NW S. 142)
LZV BB Lehrkräftezulagenverordnung v. 21.2.2000 (GVBl II S. 61)

M

M&A Mergers & Acquisitions (1.1992 ff.)
MA s. HaagMA
MA Der Markenartikel (1.1934–11.1944; 12.1950 ff.)
MABB Medienanstalt Berlin-Brandenburg
MABl Ministerialamtsblatt der bayerischen inneren Verwaltung (51.1923–67.1939; N.F. 1. [= 68.]1949–39. [= 106.]1987; vorher: Amtsblatt d. Staatsmin. d. Äußern, d. Innern ...)
MaBV Makler- und Bauträgerverordnung i. d. Bek. v. 7.11.1990 (BGBl I S. 2479)
MAD Militärischer Abschirmdienst
MADG Ges. ü. d. Militärischen Abschirmdienst v. 19.12.1990 (BGBl I S. 2977)
1. MADGÄndG Erstes Gesetz zur Änderung des MAD-Gesetzes v. 8.3.2004 (BGBl I S. 334)
MaklerVO BR Verordnung ü. d. Buchführungs- u. Auskunftspflicht d. gewerbl. Vermittler v. Verträgen ü. Grundstücke, grundstücksgleiche Rechte, gewerbliche Räume, Wohnräume u. Darlehen v. 11.6.1963 (GBl S. 123)

MaKonV Marktmanipulations-Konkretisierungsverordnung i. d. Bek. v. 1.3.2005 (BGBl I S. 515)
MargG Margarinegesetz i. d. Bek. v. 27.2.1986 (BGBl I S. 326)
MargMFV Margarine- u. Mischfettverordnung v. 31.8.1990 (BGBl I S. 1989)
MarkenR Zeitschrift für deutsches, europäisches u. internationales Markenrecht (1.1999 ff.)
MarkenV Markenverordnung v. 11.5.2004 (BGBl I S. 872)
MarktAngV Marktzugangsangabenverordnung v. 15.10.2004 (BGBl I S. 2576)
MarktStrG Marktstrukturgesetz i. d. Bek. v. 26.9.1990 (BGBl I S. 2134)
MaschSchG s. GSG Maschinenschutz
MaschVRVO M-V MV VO zur Einführung des maschinell geführten Vereinsregisters v. 30.1.2008 (GVOBl M-V S. 25)
MaßstG Maßstäbegesetz v. 9.9.2001 (BGBl I S. 2302)
MAStimmVO BE Mitarbeiterstimmrechtsverordnung v. 13.12.1979 (GVBl S. 2143)
MauerBetonbMstrV Maurer- und Betonbaumeisterverordnung v. 30.8.2004 (BGBl I S. 2307)
MauerV Mauergrundstücksverordnung v. 2.8.2001 (BGBl I S. 2128)
Maut-HöheVO SH Mauthöheverordnung v. 18.9.2006 (GVOBl S. 212)
MAVG Milchaufgabevergütungsgesetz v. 17.7.1984 (BGBl I S. 942) / v. 18.7.1985 (BGBl I S. 1520)
MAVV Milchaufgabevergütungsverordnung i. d. Bek. v. 24.7.1987 (BGBl I S. 1699)
MB Marburger Bund
MBergG Meeresbodenbergbaugesetz v. 6.6.1995 (BGBl I S. 782)
MBergKostV Meeresbodenbergbau-Kostenverordnung v. 20.12.1996 (BGBl I S. 2159)
MBFR Mutual and Balanced Force Reductions
MBG SH. SH Mitbestimmungsgesetz Schleswig-Holstein v. 11.12.1990 (GVOBl S. 577)

MBKG Ges. ü. d. Ausübung d. Berufe d. Masseurs, d. Masseurs u. medizinischen Bademeisters u. d. Krankengymnasten v. 21.12.1958 (BGBl I S. 985)

MB/KK 76 Allgemeine Versicherungsbedingungen f. Krankheitskosten- u. Krankenhaustagegeldversicherung. Musterbedingungen (VerBAV 1976 S. 437)

MBl Ministerialblatt [Die einzelnen Ministerialblätter siehe unten bei der systematischen Zusammenstellung der Gesetz- und Amtsblätter]

MBl DDR Ministerialblatt der Deutschen Demokratischen Republik (1949–1952; dann: Zentralblatt d. Dt. Demokrat. Republik)

MBliV Ministerial-Blatt f. d. gesamte innere Verwaltung in d. Kgl. Preußischen Staaten (ab 69.1908: f. d. Preuß. innere Verwaltung) [Jg. 94.1933 zerfiel in Teil I u. Teil II. – Teil II = Medizinal- u. Veterinärangelegenheiten] (1.1840–96.1935; dann: Ministerialblatt d. Reichs- u. Preuß. Ministeriums d. Innern); Reich Ministerialblatt des Reichs- und Preußischen Ministeriums des Innern (1. [= 97.] 1936–10. [= 106.] 1945; vorher: Ministerialblatt f. d. Preuß. inn. Verwaltung)

MBl LSA LSA Ministerialblatt für das Land Sachsen-Anhalt (1.1991 ff.); Teilausgabe A: Schulverwaltungsblatt für das Land Sachsen-Anhalt; Teilausgabe B: Justizministerialblatt für das Land Sachsen-Anhalt

MBl.NW NW Ministerialblatt für das Land Nordrhein-Westfalen [erscheint als Ausg. A = doppelseitig bedruckt; Ausg. B = einseitig bedruckt] (1.1948 ff.)

MBlWEV Reich Deutsche Wissenschaft, Erziehung und Volksbildung. Amtsblatt d. Reichs- und Preuß. Ministeriums f. Wissenschaft, Erziehung u. Volksbildung (1.1935–11.1945)

MBlWi Reich Ministerialblatt für Wirtschaft (36.1936–38.1938; dann: Ministerialblatt d. Reichswirtschaftsministeriums; vorher: Ministerialblatt f. Wirtschaft u. Arbeit [Preußen])

MBlWiA PR Ministerialblatt für Wirtschaft und Arbeit (33.1933–35.1935; dann: Ministerialblatt für Wirtschaft [Deutsches Reich]; vorher: Ministerialblatt d. Handels- u. Gewerbeverwaltung)

MBPlG Magnetschwebebahnplanungsgesetz v. 23.11.1994 (BGBl I S. 3486)

MBS SL Mittelstandsrichtlinien Bekämpfung d. Schwarzarbeit v. 30.11.1999 (ABl 2000 S. 298)

MBSE Maßnahmen zur beruflichen und sozialen Eingliederung junger Ausländer

MdB Mitglied d. Deutschen Bundestags

m.d.B.u.K. mit der Bitte um Kenntnisnahme

MdE Minderung der Erwerbsfähigkeit

MdEP Mitglied des Europäischen Parlaments

MdL Mitglied d. Landtags

MdP Mitteilungen der deutschen Patentanwälte (45.1954 ff.; vorher: Mitteilungen vom Verband Deutscher Patentanwälte)

MDR Monatsschrift für Deutsches Recht (1.1947 ff.)

MdR Mitglied d. Reichstags

MdS Mitglied d. Senats

MDÜV HA Meldedaten-Übermittlungsverordnung v. 9.9.1997 (GVBl I S. 453) (s.a. Datenübermittlung)

m.d.W.G.b. mit d. Wahrnehmung d. Geschäfte beauftragt

ME Ministerialentschließung; Ministerialentwurf; Ministerialerlass; Musterentwurf

MeAnlG Meliorationsanlagengesetz v. 21.9.1994 (BGBl I S. 2550)

MedGV Medizingeräteverordnung v. 14.1.1985 (BGBl I S. 93)

MedR Medizinrecht (1.1983 ff.)

MedVers-Satzung NW Medienversammlungssatzung v. 5.6.2003 (GV.NW S. 377)

MEG BY Medienerprobungs- u. -entwicklungsgesetz i. d. Bek. v. 8.12.1987 (GVBl S. 431)

MeldDÜV Meldedaten-Übermittlungsverordnung

BB v. 7.8.1997 (GVBl II S. 734)
SL v. 8.5.2007 (ABl S. 1138)
MeldDÜV NW NW v. 16.9.1997 (GV.NW S. 366) (s.a. Datenübermittlung)
MeldDÜV SH SH v. 29.11.1999 (GVOBl S. 457) (s.a. Datenübermittlung)
MeldDÜVO
HE v. 6.7.2006 (GVBl I S. 427) (s.a. Datenübermittlung)
RP v. 7.8.2000 (GVBl S. 304) (s.a. Datenübermittlung)
MeldDÜVO M-V MV i. d. Bek. v. 8.10.1997 (GVOBl M-V S. 539) (s.a. Datenübermittlung)
MeldDÜV ZStKV NRW NW VO über die Zulassung der regelmäßigen Datenübermittlung von Meldebehörden an die Zentralen Stellen bei den Kassenärztlichen Vereinigungen v. 5.10.2005 (GV.NW S. 818)
MeldeG BY Bay. Meldegesetz i. d. Bek. v. 21.10.1995 (GVBl S. 754)
MetroVO-H HA Metropolverordnung-Hochschulen v. 5.8.2003 (GVBl S. 451)
MFG Milch- u. Fettgesetz i. d. Bek. v. 10.12.1952 (BGBl I S. 811)
MFG Mittelstandsförderungsgesetz
LSA v. 27.6.2001 (GVBl LSA S. 230)
MV v. 14.12.1993 (GVOBl M-V 1994 S. 3)
RP v. 3.2.1978 (GVBl S. 103)
SH Mittelstandsförderungs- und Vergabegesetz v. 17.9.2003 (GVOBl S. 432)
SL v. 21.7.1976 (ABl S. 841)
MfG
BW v. 16.12.1975 (GBl S. 861)
BY v. 8.10.1974 (GVBl S. 497)
TH v. 17.9.1991 (GVBl S. 391)
MFG Hamburg HA v. 2.3.1977 (GVBl S. 55)
MfNG BE Naturkundemuseumsgesetz v. 25.2.2004 (GVBl S. 94)
MfOR s. WGO
MFPrVLH SACH Meister- und Fortbildungsprüfungsverordnung Land- und Hauswirtschaft v. 25.5.2004 (SächsGVBl S. 286)

MG Meldegesetz
BW i. d. Bek. v. 23.2.1996 (GBl S. 269)
RP v. 22.12.1982 (GVBl S. 463)
SL i. d. Bek. v. 8.2.2006 (Abl S. 278)
MG LSA LSA ~ des Landes Sachsen-Anhalt i. d. Bek. v. 11.8.2004 (GVBl LSA S. 506)
MG NW NW i. d. Bek. v. 16.9.1997 (GV.NW S. 332)
MGV Milch-Garantiemengen-Verordnung i. d. Bek. v. 21.3.1994 (BGBl I S. 586)
MHA Madrider Abkommen ü. d. Unterdrückung falscher oder irreführender Herkunftsangaben auf Waren v. 14.4.1891 in d. Lissaboner revidierten Fassung v. 31.10.1958 (BGBl 1961 II S. 273, 293)
MHbeG Minderjährigenhaftungsbeschränkungsgesetz v. 25.8.1998 (BGBl I S. 2487)
MHG Ges. z. Regelung d. Miethöhe v. 18.12.1974 (BGBl I S. 3603)
MHmV Mykotoxin-Höchstmengenverordnung v. 2.6.1999 (BGBl I S. 1248)
MHRG s. MHG
MietARL BE Mietausgleichsrichtlinien v. 13.12.1984 (ABl 1985 S. 206)
MietARLWoGE BE Mietausgleichsrichtlinien f. Wohngeldempfänger v. 20.6.1985 (ABl S. 1339)
MietBegrVO BE Mietanstiegsbegrenzungsverordnung v. 1.8.1989 (GVBl S. 1567)
MietÜberlG Mietenüberleitungsgesetz v. 6.6.1995 (BGBl I S. 748)
MIGA Multilaterale Investitions-Garantie-Agentur
MilchAbgV Milchabgabenverordnung i. d. Bek. v. 9.8.2004 (BGBl I S. 2143)
MilchAbgZustLVO M-V MV Milchabgabenzuständigkeitslandesverordnung v. 6.8.2007 (GVOBl M-V S. 279)
MilchPrämV Milchprämienverordnung v. 18.2.2004 (BGBl I S. 267)
MilchQuotV Milchquotenverordnung v. 4.3.2008 (BGBl I S. 359)
MinBl RP Ministerialblatt der Landesregierung von Rheinland-Pfalz (1.1949 ff.)

MinBlBMWF (W) Ministerialblatt des Bundesministers für Wirtschaft und Finanzen, Bereich Wirtschaft (23.1971,10–24; dann: Ministerialbl. d. Bundesministers f. Wirtschaft u. Finanzen)

MinBlELF Ministerialblatt des (bis 2.1950.14: Bundesministeriums) Bundesministers für Ernährung, Landwirtschaft und Forsten (1/2.1949/50 ff.)

MinBlFin Ministerialblatt des Bundesministers der Finanzen (ab 24.1973: und des Bundesministers für Wirtschaft) (1.1949/50–22.1971,16; 24.1973 ff.; zwischendrin: Ministerialblatt d. Bundesministers f. Wirtschaft u. Finanzen)

MinBlWF Ministerialblatt des Bundesministers für Wirtschaft und Finanzen (23.1972; dann Ministerialblatt des Bundesministers d. Finanzen u. d. Bundesministers f. Wirtschaft; vorher: Ministerialbl. d. Bundesministers f. Wirtschaft u. Finanzen, Bereich Finanzen)

MinBlWF (F) Ministerialblatt des Bundesministers für Wirtschaft und Finanzen, Bereich Finanzen (22.1971,17–39; dann: Ministerialbl. d. Bundesministers f. Wirtschaft u. Finanzen; vorher: Ministerialbl. d. Bundesministers d. Finanzen)

MindArbBedG Ges. ü. d. Festsetzung v. Mindestarbeitsbedingungen v. 11.1.1952 (BGBl I S. 17)

MinDir Ministerialdirektor

MinDirig Minsterialdirigent

MindSchÜ s. HaagMindjÜ

MinÖlBewV Mineralölbewirtschaftungs-Verordnung v. 29.4.1988 (BGBl I S. 530)

MinÖlDatG Mineralöldatengesetz v. 20.12.1988 (BGBl I S. 2353)

MinöStDV VO z. Durchführung d. Mineralölsteuergesetzes v. 26.5.1953 (BGBl I S. 237)

MinöStG Mineralölsteuergesetz i. d. Bek. v. 20.12.1988 (BGBl I S. 2277)

MinR Ministerialrat

MiSchutzÜbk s. HaagMindjÜ

MiStra Anordnung ü. Mitteilungen in Strafsachen i. d. Bek. v. 15.3.1985 (BAnz Nr. 60) [bundeseinheitlich vereinbart]

MitbestBeiG Mitbestimmungs-Beibehaltungsgesetz v. 23.8.1994 (BGBl I S. 2228)

MitbestG Mitbestimmungsgesetz v. 4.5.1976 (BGBl I S. 1153)

MitSEPl-VO LSA VO z. Mittelfristigen Schulentwicklungsplanung v. 17.11.1999 (GVBl LSA S. 356)

Mitt. Mitteilung(en)

MittBayNot Mitteilungen des Bayerischen Notarvereins (1963 ff.)

MittBl Mitteilungsblatt

MittBRAK Mitteilungen der Bundesrechtsanwaltskammer (1.1970–11.1980; dann: BRAK-Mitteilungen)

MittDPatAnw Mitteilungen der deutschen Patentanwälte (34.1934 ff.; vorher: Mitteilungen vom Verband dt. Patentanwälte)

MittHV Mitteilungen des Hochschulverbandes (1.1950/52 ff.)

MittKGSt Mitteilungen der Kommunalen Gemeinschaftsstelle für Verwaltungsvereinfachung (1.1956 ff.)

MittReifVO M-V MV Mittlere-Reife-Verordnung v. 17.6.2004 (GVOBl M-V S. 440)

MittRfA Reich Mitteilungen der Reichsversicherungsanstalt für Angestellte (1923–1945; vorher: Die Angestelltenversicherung)

MittRhNotK Mitteilungen. Rheinische Notar-Kammer (1961–1976; dann: Mitteilungen der Rheinischen Notar-Kammer)

MittuVOBlNW NW Mitteilungs- und Verordnungsblatt für das Land Nordrhein-Westfalen (1.1946; fortges. als: Gesetz- u. Verordnungsblatt f. d. Land Nordrhein-Westfalen)

MittWWI Mitteilungen des Wirtschaftswissenschaftlichen Instituts der Gewerkschaften (1.1948–5.1952; dann: WWI-Mitteilungen)

MiZi Allgemeine Verfügung über Mitteilungen in Zivilsachen v. 1.10.1967 (BAnz Nr. 218)

Mj. Minderjährige(r)

mj. minderjährig

MKS- Verordnung VO z. Schutz gegen d. Maul- u. Klauenseuche i. d. Bek. v. 1.2.1994 (BGBl I S. 187)

MMA Madrider Abkommen ü. d. internationale Registrierung v. Marken i. d. Stockholmer Fassung vom v. 14.7.1967 (BGBl 1970 II S. 293)

MMDaVG BE Mammographie-Screening-Meldedatenverwendungsgesetz v. 25.5.2006 (GVBl S. 449)

MMilchBV Magermilch-Beihilfenverordnung v. 20.3.1989 (BGBl I S. 508)

MMR MultiMedia u. Recht (1.1998 ff.)

MMV Mustermietvertrag'76 (BAnz 1976 Beil. 2 zu Nr. 22)

MNrVAL Mitgliedsnummerverordnung-Landwirtschaft v. 11.11.1996 (BGBl I S. 1724)

MO Marktordnung

MO DDR Meldeordnung v. 15.7.1965 (GBl II S. 109; BGBl 1990 II S. 1152)

ModEnG Modernisierungs- und Energieeinsparungsgesetz i. d. Bek. v. 12.7.1978 (BGBl I S. 993)

2. ModernG NW Zweites Modernisierungsgesetz v. 9.5.2000 (GV.NW S. 462)

ModKG ND Modellkommunen-Gesetz v. 8.12.2005 (GVBl S. 386)

MOG Gesetz zur Durchführung der Gemeinsamen Marktorganisation und der Direktzahlungen i. d. Bek. v. 30.6.2005 (BGBl I S. 1848)

MonAwV Monatsausweisverordnung v. 31.5.1999 (BGBl I S. 1080)

MontanMitbestErgG Ges. z. Ergänzung d. Ges. ü. d. Mitbestimmung d. Arbeitnehmer in d. Aufsichtsräten und Vorständen d. Unternehmen d. Bergbaus und d. Eisen und Stahl erzeugenden Industrie v. 7.8.1956 (BGBl I S. 707)

MontanMitbestG Ges. ü. d. Mitbestimmung d. Arbeitnehmer in d. Aufsichtsräten und Vorständen d. Unternehmen d. Bergbaus und d. Eisen und Stahl erzeugenden Industrie v. 21.5.1951 (BGBl I S. 347)

MontÜG Montrealer-Übereinkommen-Durchführungsgesetz v. 6.4.2004 (BGBl I S. 550)

MoselSchPEV VO z. Einführung d. Moselschiffahrtspolizeiverordnung v. 16.3.1984 (BGBl I S. 473, Anl.)

MoselSchPV VO z. Einführung d. Moselschiffahrtspolizeiverordnung v. 16.3.1984 (BGBl I S. 473, Anl.)

Mot. Motive

MPBetreibV Medizinprodukte-Betreiberverordnung v. 29.6.1998 (BGBl I S. 1762)

MPG Medizinproduktegesetz v. 2.8.1994 (BGBl I S. 1963)

MPGebLVO M-V MV Medizinproduktegebührenlandesverordnung v. 6.9.2005 (GVOBl M-V S. 455)

MPG-GO ND Medizinprodukte-Gebührenordnung v. 10.1.2003 (GVBl S. 10)

MPG-KostVO BW Medizinprodukte-Kostenverordnung v. 21.3.2006 (GBl S. 94)

MPG/MPBetreibVGebO BE Medizinproduktegebührenordnung v. 22.7.2003 (GVBl S. 284)

MPGZuVO BW VO d. Sozialministeriums und d. Wirtschaftsministeriums ü. Zuständigkeiten nach d. Medizinproduktegesetz v. 22.12.1994 (GBl 1995 S. 130)

MPhG Masseur- u. Physiotherapeutengesetz v. 26.5.1994 (BGBl I S. 1084)

MPKostVO LSA LSA Medizinprodukte-Kostenverordnung Sachsen-Anhalt v. 8.2.2005 (GVBl LSA S. 88)

MPLKostVO RP Landesverordnung über die Erhebung von Kosten für Amtshandlungen auf dem Gebiet des Medizinprodukterechts v. 30.1.2008 (GVBl S. 46)

MPR Medizinprodukterecht (1.2001 ff.)

MPr Ministerpräsident

MPV Medizinprodukte-VO v. 20.12.2001 (BGBl I S. 3854)

MPVerfVO Meisterprüfungsverfahrensverordnung v. 17.12.2001 (BGBl I S. 4154)

MPVerschrV VO ü. d. Verschreibungspflicht v. Medizinprodukten v. 17.12.1997 (BGBl I S. 3146)

MPVertrV VO ü. Vertriebswege f. Medizinprodukte v. 17.12.1997 (BGBl I S. 3148)

MPZV BB VO über Zuständigkeiten nach dem Medizinproduktegesetz, der Medizinprodukte-Betreiberverordnung und der Medizinprodukte-Sicherheitsplanverordnung v. 9.2.2005 (GVBl II S. 138)
MR s. MinR
MRIKlinV BY Klinikumsverordnung rechts der Isar v. 20.6.2003 (GVBl S. 395)
MRK s. EMRK
MRRG Melderechtsrahmengesetz i. d. Bek. v. 24.6.1994 (BGBl I S. 1430)
MRVerbG Ges. z. Verbesserung d. Mietrechts u. z. Begrenzung d. Mietanstiegs sowie z. Regelung v. Ingenieur- u. Architektenleistungen v. 4.11.1971 (BGBl I S. 1745)
MRVG Maßregelvollzugsgesetz
  NW v. 15.6.1999 (GV.NW S. 402)
  SL v. 29.11.1989 (ABl 1990 S. 81)
MSA s. HaagMindjÜ
MsbG Magnetschwebebahnbedarfsgesetz v. 19.7.1996 (BGBl I S. 1018)
Mschr. Monatsschrift
MschrKrim Monatsschrift für Kriminologie und Strafrechtsreform (36.1953 ff.; vorher: Monatsschrift f. Kriminalbiologie u. Strafrechtsreform)
MschrKrimBiol Monatsschrift für Kriminalbiologie und Strafrechtsreform (28.1937–35.1944; dann: Monatsschrift f. Kriminologie u. Strafrechtsreform; vorher: Monatsschrift f. Kriminalpsychologie u. Strafrechtsreform)
MschrKrimPsych Monatsschrift für Kriminalpsychologie und Strafrechtsreform, begr. v. Aschaffenburg (1.1904/05–27.1936; dann: Monatsschrift f. Kriminalbiologie u. Strafrechtsreform)
MSG LSA Gesetz zur Förderung und Anerkennung von Musikschulen im Land Sachsen-Anhalt v. 17.2.2006 (GVBl LSA S. 44)
MStb Mitteilungsblatt der Steuerberater (bis 3.1952: Mitteilungen des Bundeshauptverbandes der Steuerberater) (1.1950–9.1958,7; dann: Der Steuerberater)

MStrZustLVO M-V MV Landesverordnung zur Bestimmung der zuständigen Behörde nach dem Marktstrukturgesetz und zur Ausführung des Marktstrukturrechts v. 18.1.2005 (GVOBl M-V S. 36)
MsVO Meldescheinverordnung
  MV i. d. Bek. v. 26.7.1997 (GVOBl M-V S. 256)
  SH v. 20.12.1999 (GVOBl 2000 S. 7)
MTA-G Ges. über Technische Assistenten in der Medizin v. 8.9.1971 (BGBl I S. 1515)
MTArb-O Erster Tarifvertrag z. Anpassung d. Tarifrechts f. Arbeiter an d. MTB II u. an d. MTL II v. 10.12.1990 (GMBl 1991 S. 234, 284)
MTB II Manteltarifvertrag f. Arbeiter d. Bundes v. 27.2.1964 (GMBl S. 173)
MtblBAA Amtliches Mitteilungsblatt des Bundesausgleichsamtes (3.1953,3–37.1987; vorher: Amtl. Mitteilungsblatt d. Hauptamtes f. Soforthilfe. Dann: Amtliche Mitteilungen des Bundesausgleichsamtes (1988–1990,3)
MtblHfS Amtliches Mitteilungsblatt des Hauptamtes für Soforthilfe (1.1951–3.1953,2; dann: Amtl. Mitteilungsblatt d. Bundesausgleichsamtes)
MtblRfP Reich Mitteilungsblatt des Reichskommissars für die Preisbildung (1937–1945)
MTL II Manteltarifvertrag f. Arbeiter d. Länder v. 11.7.1966
MTV Manteltarifvertrag
MTVerleihV Mobilfunk-Telekommunikations-Verleihungsverordnung v. 23.10.1995 (BGBl I S. 1446)
MuFG s. MFG
MuGVO MV Muschelgewässerverordnung v. 23.10.1997 (GVOBl M-V S. 592)
MuLMstrV Maler- und Lackierermeisterordnung v. 13.6.2005 (BGBl I S. 1659)
MuSchG Mutterschutzgesetz i. d. Bek. v. 17.1.1997 (BGBl I S. 22)
MuSchRiV Mutterschutzrichtlinienverordnung v. 15.4.1997 (BGBl I S. 782)
MuSchSoldV Mutterschutzverordnung für Soldatinnen i. d. Bek. v. 18.11.2004 (BGBl I S. 2858)

MuSchV 1. Teil

MuSchV Mutterschutzverordnung i. d. Bek. v. 11.11.2004 (BGBl I S. 2828)
MuSchuVO BW i. d. Bek. v. 20.9.1966 (GBl S. 197)
MuSchVB NW i. d. Bek. v. 4.7.1968 (GV.NW S. 230)
MuSchVO BE i. d. Bek. v. 3.11.1999 (GVBl S. 665) RP v. 16.2.1967 (GVBl S. 55) SH i. d. Bek. v. 20.1.1986 (GVOBl S. 39)
MuSchVO M-V MV v. 14.4.1994 (GVOBl M-V S. 584)
MuSchVSan-Offz (w) ~ f. weibl. Sanitätsoffiziere v. 29.1.1986 (BGBl I S. 239)
MusStG BE Museumsstiftungsgesetz i. d. Bek. v. 27.2.2005 (GVBl S. 128)
MusterAnmV Musteranmeldeverordnung v. 8.1.1988 (BGBl I S. 76)
MusterRegV Musterregisterverordnung v. 8.1.1988 (BGBl I S. 78)
MustVO Musterungsverordnung i. d. Bek. v. 16.12.1983 (BGBl I S. 1457)
MuUrlG Ges. z. Einführung eines Mutterschaftsurlaubs v. 25.6.1979 (BGBl I S. 797)
MuW Markenschutz und Wettbewerb (5.1905/06–41.1941; vorher: Unlauterer Wettbewerb)
MV Milchverordnung; Mitteilungsverordnung
Milchverordnung v. 24.4.1995 (BGBl I S. 544) Mitteilungsverordnung v. 26.5.1999 (BGBl I S. 1077) BY Milchverordnung v. 13.5.1976 (GVBl S. 203)
M-V Mecklenburg-Vorpommern
MVergV VO ü. d. Gewährung v. Mehrarbeitsvergütung f. Beamte i. d. Bek. v. 3.12.1998 (BGBl I S. 3494)
MVNpV MV Nachprüfungsverordnung Mecklenburg-Vorpommern v. 23.5.1995 (GVOBl M-V S. 277)
MVO Meldeverordnung
BW v. 28.1.2008 (GBl S. 61) RP v. 19.10.1983 (GVBl S. 304)
MVO NW Mitwirkungsverordnung v. 14.9.2005 (GV.NW S. 814)
MVollzG Maßregelvollzugsgesetz

BR v. 28.6.1983 (GBl S. 407) RP v. 23.9.1986 (GVBl S. 223) SH v. 19.1.2000 (GVOBl S. 114)
2. MVVO NW Zweite Medienversuchsverordnung v. 1.10.1996 (GV.NW S. 385)
m.w.N. mit weiteren Nachweisen
MwSt Mehrwertsteuer
m.W.v. mit Wirkung vom
MZAV Mikrozensusanpassungsverordnung v. 18.10.1991 (BGBl I S. 2030)
MZG 2005 Mikrozensusgesetz v. 24.6.2004 (BGBl I S. 1350)
MZG M-V MV Markscheiderzulassungsgesetz v. 6.6.1994 (GVOBl M-V S. 655)
MZuKraftStV
BB VO über die Mitwirkung der Zulassungsbehörden bei der Verwaltung der Kraftfahrzeugsteuer v. 9.3.2006 (GVBl II S. 51)
BY VO über die Mitwirkung der Zulassungsbehörden bei der Verwaltung der Kraftfahrzeugsteuer v. 2.7.2005 (GVBl S. 256)
MZuLKraftStVO BW VO der Landesregierung über die Mitwirkung der Zulassungsbehörden bei der Verwaltung der Kraftfahrzeugsteuer v. 12.6.2007 (GBl S. 274)
MZulKraftStVO SACH VO der Sächsischen Staatsregierung über die Mitwirkung der Zulassungsbehörden bei der Verwaltung der Kraftfahrzeugsteuer v. 22.6.2006 (SächsGVBl S. 152)

N

N Niedersachsen (niedersächsisch) [in Zusammensetzungen]
NA Normenausschuss
NAbfAbgG ND Niedersächsisches Abfallabgabengesetz v. 17.12.1991 (GVBl S. 373)
NAbfG ND Niedersächsisches Abfallgesetz i. d. Bek. v . 14.7.2003 (GVBl S. 273)
NachbG Bln BE Nachbarrechtsgesetz v. 28.9.1973 (GVBl S. 1654)
NachbG NW NW Nachbarrechtsgesetz v. 15.4.1969 (GV.NW S. 190)

NachbG Schl.-H. SH Nachbarrechtsgesetz v. 24.2.1971 (GVOBl S. 54)
NachhBG Nachhaftungsbegrenzungsgesetz v. 18.3.1994 (BGBl I S. 560)
NachlG Nachlaßgericht
Nachtr. Nachtrag
NachwV Nachweisverordnung i. d. Bek. v. 20.10.2006 (BGBl I S. 2298)
NaFöG BE Nachwuchsförderungsgesetz v. 19.6.1984 (GVBl S. 860)
NaFöVO BE Nachwuchsförderungsverordnung v. 24.10.1984 (GVBl S. 1552)
NAG s. LAufnG
NamÄndG Ges. ü. d. Änderung v. Familiennamen u. Vornamen v. 5.1.1938 (RGBl I S. 9)
NamÄndZustLVO M-V MV Namensänderungsgesetzzuständigkeitsverordnung v. 21.12.2006 (GVOBl M-V S. 862)
NAN Niederspannungsanschlussverordnung v. 1.11.2006 (BGBl I S. 2477)
NAnpG M-V MV Amtsgehalt- und Besoldungsnichtanpassungsgesetz Mecklenburg-Vorpommern v. 20.11.2003 (GVOBl M-V S. 532)
NArchtG ND Niedersächsisches Architektengesetz i. d. Bek. v . 26.3.2003 (GVBl S. 177)
NaStraG Namensaktiengesetz v. 18.1.2001 (BGBl I S. 123)
NatEG BY Naturschutz-Ergänzungsgesetz v. 29.6.1962 (GVBl S. 95)
NATO North Atlantic Treaty Organization
NATOGeheimÜ Übk. ü. d. wechselseitige Geheimbehandlung verteidigungswichtiger Erfindungen, die den Gegenstand v. Patentanmeldungen bilden v. 21.9.1960 (BGBl 1964 II S. 772)
NATOInfÜ NATO-Übk. ü. d. Weitergabe technischer Informationen zu Verteidigungszwecken v. 19.10.1970 (BGBl 1973 II S. 985)
NATO-TSt s. NTS
NatPUOG BB Nationalparkgesetz Unteres Odertal v. 9.11.2006 (GVBl I S. 142)
NatSchAVO SACH Naturschutz-Ausgleichsverordnung v. 30.3.1995 (SächsGVBl S. 148)

NatSchG Naturschutzgesetz BW v. 13.12.2005 (GBl S. 745)
NatSchG LSA LSA ~ des Landes Sachsen-Anhalt v. 23.7.2004 (GVBl LSA S. 454)
NatSchGBln BE i. d. Bek. v. 9.11.2006 (GVBl S. 1073)
NatSchZuVO BW Naturschutz-Zuständigkeitsverordnung v. 30.5.2003 (GBl S. 291)
NAVO-S I ND VO ü. d. Prüfungen z. Erwerb d. Abschlüsse d. Sekundarbereichs I durch Nichtschülerinnen und Nichtschüler v. 4.6.1996 (GVBl S. 284)
NB Neue Betriebswirtschaft (= Beil. zu: Der Betriebs-Berater) (1.1948–25.1972)
NBankG ND Gesetz über die Investitions- und Förderbank Niedersachsen v. 13.12.2007 (GVBl S. 712)
NBauGBDG ND Niedersächsisches Gesetz zur Durchführung des Baugesetzbuchs v. 19.2.2004 (GVBl S. 74)
NBauO ND Niedersächsische Bauordnung i. d. Bek. v. 10.2.2003 (GVBl S. 89)
NBesG ND Niedersächsisches Besoldungsgesetz i. d. Bek. v. 11.2.2004 (GVBl S. 44)
NBG ND Niedersächsisches Beamtengesetz i. d. Bek. v. 19.2.2001 (GVBl S. 33)
NbG LSA Nachbarschaftsgesetz v. 13.11.1997 (GVBl LSA S. 958)
NBildUG ND Niedersächsisches Bildungsurlaubsgesetz i. d. Bek. v. 25.1.1991 (GVBl S. 29)
NBl. KM. Schl.-H. Nachrichtenblatt d. Kultusministers d. Landes Schleswig-Holstein (1961–1988,9/10; dann: Nachrichtenblatt d. Ministeriums f. Bildung, Wissenschaft, Jugend u. Kultur)
NBl.MBF.Schl.-H. Nachrichtenblatt des Ministeriums für Bildung und Frauen des Landes Schleswig-Holstein (2005,5 ff.); vorher: Nachrichtenblatt des Ministeriums für Bildung, Wissenschaft, Forschung und Kultur des Landes Schleswig-Holstein
NBl. MBWJK. Schl.-H. SH Nachrichtenblatt des Ministeriums (später: der Mi-

nisterin) f. Bildung, Wissenschaft, Jugend u. Kultur d. Landes Schleswig-Holstein (1988, 11 ff.)

NBl. Schl.-H. Schulw. SH Nachrichtenblatt für das Schleswig-Holsteinische Schulwesen (1949–1960; dann: Nachrichtenblatt des Kultusministers des Landes Schleswig-Holstein)

NBodSUVO ND Niedersächsische Verordnung über Sachverständige und Untersuchungsstellen für Bodenschutz und Altlasten v. 17.3.2005 (GVBl S. 86)

NBrandSchG ND Niedersächsisches Brandschutzgesetz, s. a. Feuerschutzgesetz v. 8.3.1978 (GVBl S. 233)

NBVerfG Nachschlagewerk der Rechtsprechung des Bundesverfassungsgerichts (1978 ff.; (LoseblSlg))

NDAV Niederdruckanschlussverordnung v. 1.11.2006 (BGBl I S. 2485)

NDBZ Neue Deutsche Beamtenzeitung (1.1951–20.1970)

NDG ND Niedersächsisches Deichgesetz i. d. Bek. v . 23.2.2004 (GVBl S. 83)

NDO ND Niedersächsische Disziplinarordnung i. d. Bek. v. 7.9.1982 (GVBl S. 358)

Nds.; ND Niedersachsen (niedersächsisch)

Nds.AFWoG ND Niedersächsisches Gesetz ü. d. Abbau d. Fehlsubventionierung i. Wohnungswesen i. d. Bek. v. 30.1.1997 (GVBl S. 42)

Nds.AG AbwAG ND Niedersächsisches AG z. Abwasserabgabengesetz i. d. Bek. v. 24.3.1989 (GVBl S. 69)

Nds.AGBGB ND Niedersächsisches Ausführungsgesetz z. Bürgerlichen Gesetzbuch v. 4.3.1971 (GVBl S. 73)

Nds.AG BSHG ND Bundessozialhilfegesetz, Ausführungsgesetz i. d. Bek. v. 12.11.1987 (GVBl S. 206)

Nds.AGFGO ND Niedersächsisches Ausführungsges. z. Finanzgerichtsordnung v. 30.12.1965 (GVBl S. 277)

Nds. AG SchKG ND Niedersächsisches Ausführungsgesetz zum Schwangerschaftskonfliktgesetz v. 9.12.2005 (GVBl S. 401)

Nds. AG SGB II ND Niedersächsisches Gesetz zur Ausführung des Zweiten Buchs des Sozialgesetzbuchs v. 16.9.2004 (GVBl S. 358)

Nds.AkadG ND Niedersächsisches Berufsakademiegesetz v. 6.6.1994 (GVBl S. 233)

Nds. ArbZVO ND Niedersächsische Verordnung ü. d. Arbeitszeit d. Beamtinnen und Beamten v. 6.12.1996 (GVBl S. 476)

Nds. BGJ-AVO ND Niedersächsische Verordnung über die Anrechnung des Besuchs eines schulischen Berufsgrundbildungsjahres und einer Berufsfachschule auf die Ausbildungszeit in Ausbildungsberufen v. 19.7.2005 (GVBl S. 255)

Nds BHV1-VO ND Niedersächsische Verordnung zum Schutz der Rinder vor einer Infektion mit dem Bovinen Herpesvirus Typ 1 v. 11.3.2005 (GVBl S. 84)

Nds.FGG ND Niedersächsisches Ges. ü. d. freiwillige Gerichtsbarkeit i. d. Bek. v. 24.2.1971 (GVBl S. 44)

Nds.FischG ND Niedersächsisches Fischereigesetz v. 1.2.1978 (GVBl S. 81)

NDSG ND Niedersächsisches Datenschutzgesetz v. 26.5.1978 (GVBl S. 421)

NdsKHG ND Niedersächsisches Ges. z. Bundesgesetz z. wirtschaftl. Sicherung d. Krankenhäuser und z. Regelung d. Krankenhauspflegesätze i. d. Bek. v. 12.11.1986 (GVBl S. 343)

Nds.KHG ND Niedersächsisches Ges. z. Bundesgesetz z. wirtschaftl. Sicherung d. Krankenhäuser u. z. Regelung d. Krankenhauspflegesätze i. d. Bek. v. 12.11.1986 (GVBl S. 343)

Nds. MasterVO-Lehr ND VO über Masterabschlüsse für Lehrämter in Niedersachsen v. 8.11.2007 (GVBl S. 488)

NdsMinBl Niedersächsisches Ministerialblatt (1. [= 6.] 1951 ff.; vorher: Amtsblatt für Niedersachsen)

Nds.MVollzG ND Niedersächsisches Maßregelvollzugsgesetz v. 1.6.1982 (GVBl S. 131)

Nds.Rpfl ND Niedersächsische Rechtspflege (1.1947 ff.)

Nds. SOG ND Niedersächsisches Gesetz über die öffentliche Sicherheit und Ordnung i. d. Bek. v. 19.1.2005 (GVBl S. 9)

Nds.SOG ND Ges. v. 17.11.1981 (GVBl S. 347)

Nds.StAnz Niedersächsischer Staatsanzeiger (6.1951 ff.; vorher: Staatsanzeiger)

Nds.StGHE Entscheidungen des Niedersächsischen Staatsgerichtshofs (1.1957/77 ff.)

Nds. SÜG ND Niedersächsisches Sicherheitsüberprüfungsgesetz i. d. Bek. v. 30.3.2004 (GVBl S. 128)

NdsVBl Niedersächsische Verwaltungsblätter (1.1994 ff.)

Nds.VwVfG ND Vorläufiges Verwaltungsverfahrensgesetz v. 3.12.1976 (GVBl S. 311)

Nds.VwZG ND Niedersächsisches Verwaltungszustellungsgesetz i. d. Bek. v. 15.6.1966 (GVBl S. 114) (s.a. Zustellungsgesetz)

NDV Nachrichtendienst des Deutschen Vereins für öffentliche und private Fürsorge (1.1920–25.1944; [N.F.] 1.1946 ff.)

NDVO FoVG ND Niedersächsische Verordnung zur Durchführung des Forstvermehrungsgutgesetzes v. 12.1.2004 (GVBl S. 15)

n.e. nichtehelich

NEA Nuclear Energy Agency

NEBG ND Niedersächsisches Erwachsenenbildungsgesetz v. 17.12.1999 (GVBl S. 430)

NebTVO Nebentätigkeitsverordnung BE i. d. Bek. v. 2.10.1978 (GVBl S. 2002)

NebVO RP Nebentätigkeitsverordnung v. 2.2.1987 (GVBl S. 31)

NEG s. NEhelG

NEG ND Niedersächsisches Enteignungsgesetz i. d. Bek. v. 6.4.1981 (GVBl S. 83)

NEGB Allgemeine Versicherungsbedingungen f. d. Neuwertversicherung d. Elektro- u. Gasgeräte d. Hausrats (VerBAV 1987 S. 259)

NEhelG Ges. ü. d. rechtliche Stellung d. nichtehelichen Kinder v. 19.8.1969 (BGBl I S. 1243)

NE-Ladenschlußzeiten-V VO ü. d. Ladenschlusszeiten f. d. Verkaufsstellen auf Personenbahnhöfen d. nichtbundeseigenen Eisenbahnen v. 18.7.1963 (BGBl I S. 501)

NemV Nahrungsergänzungsmittelverordnung v. 24.5.2004 (BGBl I S. 1011)

NESG ND Niedersächsisches Gesetz über Eisenbahnen und Seilbahnen v. 16.12.2004 (GVBl S. 658)

Neuf. Neufassung

NeufestVO BE 1. Neufestsetzungs-Verordnung v. 7.12.1987 (GVBl S. 2748); 2. ~ v. 28.12.1989 (GVBl S. 2412)

Neufin SchKG NW Gesetz zur Neuordnung der Finanzierungsbeteiligung zum Schwangerschaftskonfliktgesetz v. 23.5.2006 (GV.NW S. 268)

NeuGlV Neugliederungsdurchführungsverordnung v. 12.11.1984 (BGBl I S. 1342)

NeuGlV BE Neugliederungs-Vertrag v. 18.7.1995 (GVBl S. 490)

NEUrlVO ND Niedersächsische Erholungsurlaubsverordnung i. d. Bek. v . 7.9.2004 (GVBl S. 317)

NeutrAbk s. HaagNeutrAbk

NEV Nichtvermarkter-Entschädigungs-Verordnung v. 20.8.1993 (BGBl I S. 1510)

N.F. neue Folge

n.F. neue Fassung

NFAG ND Niedersächsisches Gesetz ü. d. Finanzausgleich i. d. Bek. v. 26.5.1999 (GVBl S. 116)

NfD nur f. d. Dienstgebrauch

NFeiertagsG ND Niedersächsisches Gesetz ü. d. Feiertage i. d. Bek. v. 7.3.1995 (GVBl S. 51)

NFördAVO ND Niedersächsische Verordnung über die Feldes- und die Förderabgabe v. 14.12.2005 (GVBl S. 406)

NFVG ND Niedersächsisches Finanzverteilungsgesetz v. 12.3.1999 (GVBl S. 79)

NG Neuregelungsgesetz, Gesetz z. Neuregelung

NGefAG ND Niedersächsisches Gefahrenabwehrgesetz i. d. Bek. v. 20.2.1998 (GVBl S. 101)

NGG ND Niedersächsisches Gleichberechtigungsgesetz v. 15.6.1994 (GVBl S. 246)
NGO Non-Governmental Organizations [Nichtregierungsorganisationen]
NGO ND Niedersächsische Gemeindeordnung i. d. Bek. v. 28.10.2006 (GVBl S. 473)
NHärteKVO ND Niedersächsische Härtefallkommissionsverordnung v. 6.8.2006 (GVBl S. 426)
NHafenO ND Niedersächsische Hafenordnung v. 25.1.2007 (GVBl S. 62)
NHebG ND Niedersächsisches Gesetz über die Ausübung des Hebammenberufs v. 19.2.2004 (GVBl S. 71)
NHG Nachtragshaushaltsgesetz
NHG ND Niedersächsisches Hochschulgesetz i. d. Bek. v. 26.2.2007 (GVBl S. 69)
NHG-FondsVO ND VO über den Fonds nach § 11 a Abs. 5 Satz 2 des Niedersächsischen Hochschulgesetzes v. 18.1.2008 (GVBl S. 72)
NHGV BY VO ü. kommunale Namen, Hoheitszeichen u. Gebietsänderungen v. 21.1.2000 (GVBl S. 45)
NHundG ND Niedersächsisches Gesetz über das Halten von Hunden v. 12.12.2002 (GVBl S. 2)
NHV Nachversicherungs-Härte-Verordnung v. 28.7.1959 (BGBl I S. 550)
NHZG ND Hochschulzulassungsgesetz v. 8.2.1986 (GVBl S. 29)
NichtRSchutzG M-V MV Nichtraucherschutzgesetz Mecklenburg-Vorpommern v. 12.7.2007 (GVOBl M-V S. 239)
NiemeyersZ Niemeyers Zeitschrift für internationales Recht (25.1915–52.1937/38; vorher: Zs. f. internat. Recht)
NIEO New International Economic Order
NINGG ND Niedersächsisches Ingenieurgesetz i. d. Bek. v. 12.7.2007 (GVBl S. 327)
NJAG ND Niedersächsisches Gesetz zur Ausbildung der Juristinnen und Juristen i. d. Bek. v. 15.1.2004 (GVBl S. 7)
NJagdG ND Niedersächsisches Jagdgesetz v. 16.3.2001 (GVBl S. 100)

NJAO ND Niedersächsische. Ausbildungsordnung f. Juristen v. 24.7.1985 (GVBl S. 215)
NJ (DDR) Neue Justiz (1.1947 ff.)
NJW Neue Juristische Wochenschrift (1.1947/48 ff.)
NJWAVO ND Niedersächsische VO z. Ausbildung f. d. Justizwachtmeisterdienst v. 8.8.1995 (GVBl S. 286)
NJW-CoR Computerreport der Neuen Juristischen Wochenschrift (1.1988 ff.–13.2000,6; dann: Anwalt)
NJWE-MietR NJW-Entscheidungsdienst Miet- und Wohnungsrecht (1996–1997)
NJWE WettR NJW – Entscheidungsdienst Wettbewerbsrecht (1.1996–2000)
NJW-RR NJW-Rechtsprechungs-Report Zivilrecht (1.1986 ff.)
NJW-spezial NJW spezial: Die wichtigsten Informationen zu speziellen Rechtsgebieten (1.2004 ff.)
NK Neue Kriminalpolitik (1.1989 ff.)
NKA Nizzaer Abk. ü. d. internat. Klassifikation v. Waren u. Dienstleistungen f. d. Eintragung v. Marken v. 15.6.1957 i. d. Genfer Fassung v. 13.5.1977 (BGBl 1981 II S. 358)
NKAG ND Niedersächsisches Kommunalabgabengesetz i. d. Bek. v. 23.1.2007 (GVBl S. 41)
NKatSG ND Niedersächsisches Katastrophenschutzgesetz v. 8.3.1978 (GVBl S. 243)
NKBesVO ND Niedersächsische Kommunalbesoldungsverordnung v. 29.3.2000 (GVBl S. 56)
NKFEG NRW NW Gesetz zur Einführung des Neuen Kommunalen Finanzmanagements für die Gemeinden im Land Nordrhein-Westfalen v. 16.11.2004 (GV.NW S. 644)
NKFG NRW NW Gesetz über ein Neues Kommunales Finanzmanagement für Gemeinden im Land Nordrhein-Westfalen v. 16.11.2004 (GV.NW S. 644)
NKomZG ND Niedersächsisches Gesetz über die kommunale Zusammenarbeit v. 19.2.2004 (GVBl S. 63)

NKüFischO ND Niedersächsische Küstenfischereiordnung v. 3.3.2006 (GVBl S. 108)

NKWG ND Niedersächsisches Kommunalwahlgesetz i. d. Bek. v. 24.2.2006 (GVBl S. 91)

NKWO ND Niedersächsische Kommunalwahlordnung v. 5.7.2006 (GVBl S. 280)

NLfB Niedersächsisches Landesamt f. Bodenforschung

NLFrG ND Niedersächsisches Ges. ü. Lernmittelfreiheit v. 24.4.1991 (GVBl S. 174)

NLFr-VorschaltG ND Vorschaltgesetz f. d. Nieders. Ges. ü. Lernmittelfreiheit v. 12.7.1990 (GVBl S. 275)

NLHiG ND Niedersächsisches Ges. ü. Lernmittelhilfe v. 2.4.1981 (GVBl S. 55)

NLO ND Niedersächsische Landkreisordnung i. d. Bek. v. 30.10.2006 (GVBl S. 510)

NLottG ND Niedersächsisches Gesetz ü. d. Lotterie- u. Wettwesen v. 21.6.1997 (GVBl S. 289)

NlpG LSA LSA Gesetz ü. d. Nationalpark Hochharz d. Landes Sachsen-Anhalt v. 6.7.2001 (GVBl LSA S. 304)

NLPZVO ND Leistungsprämien- u. -zulagenverordnung v. 5.10.1999 (GVBl S. 359)

NLV Neuartige Lebensmittel- u. Lebensmittelzutaten-VO i. d. Bek. v. 14.2.2000 (BGBl I S. 123)

NLVO ND Niedersächsisches Laufbahnverordnung i. d. Bek. v. 25.5.2001 (GVBl S. 315) (s.a. Bundeslaufbahnverordnung)

NLVO M-V MV Nebentätigkeitslandesverordnung v. 10.5.2004 (GVOBl M-V S. 186)

NLWG ND Niedersächsisches Landeswahlgesetz i. d. Bek. v. 5.8.1997 (GVBl S. 379)

NLWO ND Niedersächsische Landeswahlordnung v. 1.11.1997 (GVBl S. 437)

NMaßnG s. NotMaßnG

NMeldDÜV ND Niedersächsische Verordnung ü. regelmäßige Datenübermittlungen d. Meldebehörden v. 24.9.1986 (GVBl S. 306)

NMG ND Niedersächsisches Meldegesetz i. d. Bek. v. 25.1.1998 (GVBl S. 56)

NMV 1970 Neubaumietenverordnung 1970 i. d. Bek. v. 12.10.1990 (BGBl I S. 2203)

NNTVO BW Hochschulnebentätigkeitsverordnung v. 30.6.1982 (GBl S. 388)

NNVG ND Niedersächsisches Nahverkehrsgesetz v. 28.6.1995 (GVBl S. 180)

NöVersG ND Gesetz ü. d. öffentl.-rechtl. Versicherungsunternehmen i. Niedersachsen v. 10.1.1994 (GVBl S. 5)

NOG Ges. z. Änderung und Ergänzung d. Kriegsopferrechts Neuordnungsgesetz 1. Neuordnungsgesetz v. 27.6.1960 (BGBl I S. 453); 2. Neuordnungsgesetz v. 21.2.1964 (BGBl I S. 85)

NOG Neuordnungsgesetz, Gesetz z. Neuordnung

3. NOG-KOV Ges. z. Änderung und Ergänzung d. Kriegsopferrechts Neuordnungsgesetz 3. Neuordnungsgesetz v. 28.12.1966 (BGBl I S. 750)

NordÖR Zeitschrift für öffentliches Recht in Norddeutschland (1.1998 ff.)

Not. Notar

NotAO M-V MV Notarassessor-Ausbildungsverordnung v. 10.12.1998 (GVOBl M-V S. 917)

NotBZ Zeitschrift für die notarielle Beurkundungspraxis (1.1997 ff.)

NotMaßnG Ges. ü. Maßnahmen auf d. Gebiete d. Notarrechts v. 16.2.1961 (BGBl I S. 777)

Nov. Novelle

NPersVG ND Niedersächsisches Personalvertretungsgesetz i. d. Bek. v. 22.1.2007 (GVBl S. 11)

NPflegeG ND Niedersächsisches Pflegegesetz i. d. Bek. v. 26.5.2004 (GVBl S. 157)

NPG SH Nationalparkgesetz v. 17.12.1999 (GVOBl S. 518)

NPGHarzNI ND Gesetz über den Nationalpark „Harz (Niedersachsen)" v. 19.12.2005 (GVBl S. 446)

NPNordSBefV VO ü. d. Befahren d. Bundeswasserstraßen in Nationalparken im

Bereich d. Nordsee i. d. Bek. v. 15.2.1995 (BGBl I S. 211)
NPsychKG ND Niedersächsisches Gesetz ü. Hilfen u. Schutzmaßnahmen f. Psychisch Kranke v. 16.6.1997 (GVBl S. 272)
NpV Nachprüfungsverordnung v. 22.2.1994 (BGBl I S. 324)
NP-VO Eifel NW VO über den Nationalpark Eifel v. 17.12.2003 (GV.NW S. 823)
NPVO ZG SACH Naturparkverordnung Zittauer Gebirge v. 4.12.2007 (SächsGVBl S. 621)
Nr. Nummer
NRAV BY VO ü. d. Ablösung u. Aufhebung v. Nutzungsrechten i. d. Bek. v. 4.6.1970 (GVBl S. 283)
NRechVersVO ND Niedersächsische Verordnung über die Berichterstattung und Rechnungslegung von Versicherungsunternehmen sowie über die Anlagen berufsständischer Altersversorgungswerke v. 24.4.2007 (GVBl S. 156)
NRettDG ND Niedersächsisches Rettungsdienstgesetz v. 29.1.1992 (GVBl S. 21)
NRG BW Nachbarrechtsgesetz i. d. Bek. v. 8.1.1996 (GBl S. 53)
NRO Nichtregierungsorganisation(en) (s.a. NGO)
NROG ND Niedersächsisches Gesetz über Raumordnung und Landesplanung i. d. Bek. v. 7.6.2007 (GVBl S. 223)
NRSG BE Nichtraucherschutzgesetz v. 16.11.2007 (GVBl S. 578)
NrVO BE Numerierungsverordnung v. 9.12.1975 (GVBl S. 2947)
NRW; NW Nordrhein-Westfalen
n.R.wegl. nach Rückkehr weglegen
n.R.z.d.A. nach Rückkehr zu den Akten
NS-AbwG Ges. z. Regelung d. Verbindlichkeiten nationalsozialistischer Einrichtungen u. d. Rechtsverhältnisse an deren Vermögen [NS Abwicklungsgesetz] v. 17.3.1965 (BGBl I S. 79)
NSchAP-VO LSA VO ü. d. Abiturprüfung f. Nichtschülerinnen u. Nichtschüler v. 5.2.1999 (GVBl LSA S. 58)
NSchG ND Niedersächsisches Schulgesetz i. d. Bek. v. 3.3.1998 (GVBl S. 137)

NschPV BB Nichtschülerprüfungsverordnung v. 23.8.1997 (GVBl II S. 762)
NSGBefV Naturschutzgebietsbefahrensverordnung v. 8.12.1987 (BGBl I S. 2538)
NSpG ND Niedersächsisches Sparkassengesetz v. 16.12.2004 (GVBl S. 609)
NSpielbG ND Niedersächsisches Spielbankengesetz v. 16.12.2004 (GVBl S. 605)
NSpV ND Niedersächsische Sparkassen(ver)ordnung v. 18.6.1990 (GVBl S. 197)
NSP-V BR VO über die Abiturprüfung für Schülerinnen und Schüler nicht anerkannter Ersatzschulen und für Nichtschülerinnen und Nichtschüler im Lande Bremen v. 22.12.2005 (GBl. 2005 S. 30)
NSPVO MV Nichtschülerprüfungsverordnung v. 6.6.2005 (GVOBl. M-V S. 335)
NStatG ND Niedersächsisches Statistikgesetz v. 27.6.1988 (GVBl S. 113)
NStrG ND Niedersächsisches Straßengesetz i. d. Bek. v. 24.9.1980 (GVBl S. 359)
NStZ Neue Zeitschrift für Strafrecht (1.1981 ff.)
NStZ-RR Neue Zeitschrift für Strafrecht, Rechtsprechungs-Report (1.1996 ff.)
NS-VEntschG NS-Verfolgtenentschädigungsgesetz i. d. Bek. v. 13.7.2004 (BGBl I S. 13.7.2004)
NTHG 2006 BB Nachtragshaushaltsgesetz 2006 v. 27.10.2006 (GVBl I S. 119)
NTPG Gesetz zur Neuregelung der präventiven Telekommunikations- und Postüberwachung durch das Zollkriminalamt und zur Änderung der Investitionszulagengesetze 2005 und 1999 v. 21.12.2004 (BGBl I S. 3603)
NTS NATO-Truppenstatut v. 19.6.1951 (BGBl 1961 II S. 1190)
NTS-AG Gesetz z. NATO-Truppenstatut u. zu d. Zusatzvereinbarungen v. 18.8.1961 (BGBl II S. 1183)
NtV Nebentätigkeitsverordnung NW v. 21.9.1982 (GV.NW S. 605)
NtVO
SH v. 30.3.1990 (GVOBl S. 257)
SL v. 27.7.1988 (ABl S. 841)

NUBG ND Gesetz über die Unterbringung besonders gefährlicher Personen zur Abwehr erheblicher Gefahren für die öffentliche Sicherheit v. 30.10.2003 (GVBl S. 368)

NuR Natur und Recht (1.1979 ff.)

NutzEV Nutzungsentgeltverordnung v. 22.7.1993 (BGBl I S. 1339)

NUVPG ND Niedersächsisches Gesetz über die Umweltverträglichkeitsprüfung i. d. Bek. v. 30.4.2007 (GVBl S. 179)

NVAbstG ND Niedersächsisches Volksabstimmungsgesetz v. 23.6.1994 (GVBl S. 270)

NVAG ND Niedersächsisches Versicherungsaufsichtsgesetz v. 28.3.1990 (GVBl S. 125)

NVerbG BW Nachbarschaftsverbandsgesetz v. 9.7.1974 (GBl S. 261)

NVerfSchG ND Niedersächsisches Verfassungsschutzgesetz i. d. Bek. v. 30.3.2004 (GVBl S. 117)

NVermG ND Niedersächsisches Gesetz über das amtliche Vermessungswesen v. 12.12.2002 (GVBl S. 5)

NVersRücklG ND Niedersächsisches Versorgungsrücklage(n)gesetz v. 16.11.1999 (GVBl S. 388)

NVersZ Neue Zeitschrift für Versicherung u. Recht (1.1998–5.2002)

NVG
BB Neugliederungsvertragsgesetz v. 27.6.1995 (GVBl I S. 150)
RP Nahverkehrsgesetz v. 17.11.1995 (GVBl S. 450)

NVO HE VO ü. d. Nebentätigkeit d. Beamten i. d. Bek. v. 21.9.1976 (GVBl I S. 403)

NVO LSA LSA Nebentätigkeitsverordnung v. 2.3.1994 (GVBl LSA S. 456)

NVStättVO ND Niedersächsische Versammlungsstättenverordnung v. 8.11.2004 (GVBl S. 426)

NVwKostG ND Niedersächsisches Verwaltungskostengesetz i. d. Bek. v. 25.4.2007 (GVBl S. 172)

NVwVG ND Niedersächsisches Verwaltungsvollstreckungsgesetz v. 2.6.1982 (GVBl S. 139)

NVwZ Neue Zeitschrift für Verwaltungsrecht (1.1982 ff.)

NVwZG ND Niedersächsisches Verwaltungszustellungsgesetz i. d. Bek. v. 23.2.2006 (GVBl S. 72)

NVwZ-RR Neue Zeitschrift für Verwaltungsrecht, Rechtsprechungs-Report (1.1988 ff.)

NWappG ND Niedersächsisches Wappengesetz v. 8.3.2007 (GVBl S. 117)

NWB Neue Wirtschafts-Briefe für Steuer- und Wirtschaftsrecht (1947 ff.; (LoseblSlg))

NWegEVO ND Niedersächsische VO ü. d. Wegstreckenentschädigung v. 24.1.2001 (GVBl S. 29)

NWFreiV BY Niederschlagswasserfreistellungsverordnung v. 1.1.2000 (GVBl S. 30)

NW-FVA HE Staatsvertrag zwischen dem Land Hessen, dem Land Niedersachsen und dem Land Sachsen-Anhalt über die Einrichtung der Nordwestdeutschen Forstlichen Versuchsanstalt i. d. Bek. v. 29.3.2006 (GVBl I S. 105)

NWG ND Niedersächsisches Wassergesetz i. d. Bek. v. 25.7.2007 (GVBl S. 345)

NWVBl Nordrhein-Westfälische Verwaltungsblätter (1.1987 ff.)

NZA Neue Zeitschrift für Arbeits- und Sozialrecht (1.1984 ff.)

NZA-RR Neue Zeitschrift für Arbeitsrecht, Rechtsprechungs-Report (1.1996 ff.)

NZBau Neue Zeitschrift für Baurecht und Vergaberecht (1.2000 ff.)

NZG Neue Zeitschrift für Gesellschaftsrecht (1.1998 ff.)

NZI Neue Zeitschrift für das Recht der Insolvenz u. Sanierung (1.1998 ff.)

NZIR s. NiemeyersZ

NZM Neue Zeitschrift für Miet- u. Wohnungsrecht (1.1998 ff.)

NZS Neue Zeitschrift für Sozialrecht (1.1992 ff.)

NZustÜVO SH Landesverordnung zur

Übertragung von Zuständigkeiten nach dem Landesnaturschutzgesetz v. 5.8.2004 (GVOBl S. 355)

NZV Netzzugangsverordnung v. 23.10.1996 (BGBl I S. 1568); Neue Zeitschrift für Verkehrsrecht (1.1988 ff.)

NZWehrr Neue Zeitschrift für Wehrrecht (1.1959 ff.)

O

O Ordnung [in Zusammensetzungen]

o.a. oben angegeben, oben angeführt

OAA Organisation des Nations Unies pour l'alimentation et l'agriculture (s.a. FAO)

OACI Organisation de l'aviation civile internationale

OAmtm Oberamtmann

OAR Oberamtsrat

OASG Opferanspruchssicherungsgesetz v. 8.5.1998 (BGBl I S. 905)

OAVO SACH Oberstufen- u. Abiturprüfungsverordnung v. 10.7.1998 (SächsGVBl S. 351)

OB Oberbürgermeister

OBA Oberbergamt

OBA Oberbundesanwalt beim Bundesverwaltungsgericht

OBG Ordnungsbehördengesetz
  BB i. d. Bek. v. 21.8.1996 (GVBl I S. 266)
  NW i. d. Bek. v. 13.5.1980 (GV.NW S. 528)

ObREG Bln Entscheidungen des Obersten Rückerstattungsgerichts für Berlin. Decisions of the Supreme Restitution Court for Berlin. Decisions de la Cour Suprême des Restitutions pour Berlin (1.1954–34.1988)

ObREG BrZ Entscheidungen des Obersten Rückerstattungsgerichts für die Britische Zone. Decisions of the Supreme Restitution Court for the British Zone of Germany (1.1954–4./5.1955)

ObTrib Obertribunal

OBWG BY Ges. ü. d. behördliche Organisation d. Bauwesens u. d. Wohnungswesens v. 9.4.1948 (BayBS II S. 413)

OCDE Organisation de coopération et de développement économiques

OEB Office européen des brevets

ÖBl Österreichische Blätter für gewerblichen Rechtsschutz und Urheberrecht (1.1952 ff.)

ÖbVBerufsordnung BW Berufsordnung f. d. Öffentlich bestellten Vermessungsingenieure i. d. Bek. v. 1.12.1977 (GBl 1978 S. 53)

ÖbV-Berufsordnung s. ÖbVI-BO

ÖbVermIng Öffentlich bestellter Vermessungsingenieur

ÖbVermIngBO NW Berufsordnung f. d. Öffentlich bestellten Vermessungsingenieure v. 27.4.1965 (GV.NW S. 113)

ÖbVermIng BO BB Berufsordnung f. d. Öffentlich bestellten Vermessungsingenieure v. 13.12.1991 (GVBl S. 647)

ÖbVermIng KO NW NW Kostenordnung f. Öffentlich bestellte Vermessungsingenieure v. 26.4.1973 (GV.NW S. 334)

ÖbVI-BO Berufsordnung f. d. Öffentlich bestellten Vermessungsingenieure BE v. 31.3.1987 (GVBl S. 1333)

ÖbVIVergO BE VO ü. d. Vergütung d. Öffentlich bestellten Vermessungsingenieure i. d. Bek. v. 8.10.1985 (GVBl S. 2247)

ÖbVIVO RP Landesverordnung über die Öffentlich bestellten Vermessungsingenieurinnen und Öffentlich bestellten Vermessungsingenieure v. 22.6.2005 (GVBl S. 249)

ÖbVI-VO
  HA Berufsordnung f. d. Öffentlich bestellten Vermessungsingenieure Verordnung ü. Öffentlich bestellte Vermessungsingenieurinnen und -ingenieure v. 11.10.1995 (GVBl I S. 277)
  SH Landesverordnung über die Bestellung und die Berufsausübung der Öffentlich bestellten Vermessungsingenieurinnen und Öffentlich bestellten Vermessungsingenieure v. 14.1.2005 (GVOBl S. 41)

OECD Organization for Economic Cooperation and Development [Organisation f. wirtschaftl. Zusammenarbeit u. Entwicklung]

ÖffAnz Öffentlicher Anzeiger für das Vereinigte Wirtschaftsgebiet (1.1948–2.1949,87)

ÖffBauR Monatsinformation zum öffentlichen Baurecht (2004,1–2005)

OEG Opferentschädigungsgesetz i. d. Bek. v. 7.1.1985 (BGBl I S. 1)

ÖGDG Gesundheitsdienstgesetz
  BR v. 27.3.1995 (GBl S. 175)
  BW v. 12.12.1994 (GBl S. 663)
  NW v. 25.11.1997 (GV.NW S. 431)
  SL v. 19.5.1999 (ABl S. 844)
ÖGdG RP v. 17.11.1995 (GVBl S. 485)
ÖGDG M-V MV v. 19.7.1994 (GVOBl M-V S. 747)

ÖJZ Österreichische Juristen-Zeitung (1.1946 ff.)

ÖkoKennzG Öko-Kennzeichengesetz v. 10.12.2001 (BGBl I S. 3441)

Öko-LandbauGDVO M-V MV VO zur Durchführung des Öko-Landbaugesetzes v. 31.1.2004 (GVOBl M-V S. 69)

ÖkoMitwVO LSA Öko-Mitwirkungsverordnung v. 14.7.2003 (GVBl LSA S. 172)

ÖKontrollstVO SH Ökokontrollstellenverordnung v. 14.3.2003 (GVOBl S. 176)

ÖLG Öko-Landbaugesetz i. d. Bek. v. 12.8.2005 (BGBl I S. 2431)

ÖlSG Ölschadengesetz v. 30.9.1988 (BGBl I S. 1770)

ÖPNVFinVO SACH VO des Sächsischen Staatsministeriums für Wirtschaft und Arbeit zur Finanzierung des öffentlichen Personennahverkehrs v. 8.10.2007 (SächsGVBl S. 438)

ÖPNVFV BB VO über die Finanzierung des übrigen öffentlichen Personennahverkehrs im Land Brandenburg v. 3.1.2005 (GVBl II S. 42)

ÖPNVG Gesetz ü. d. öffentlichen Personennahverkehr
  BB i. Land Brandenburg v. 26.10.1995 (GVBl I S. 252)
  BW v. 8.6.1995 (GBl S. 417)
  HE i. Hessen v. 1.12.2005 (GVBl I S. 786)
  SACH i. Freistaat Sachsen v. 14.12.1995 (SächsGVBl S. 412)
  SH i. Schleswig-Holstein v. 26.6.1995 (GVOBl S. 262)
  SL i. Saarland v. 29.11.1995 (ABl 1996 S. 74)
ÖPNVG LSA LSA ~ im Land Sachsen-Anhalt v. 20.1.2005 (GVBl LSA S. 16)
ÖPNVG M-V MV i. M-V v. 15.11.1995 (GVOBl M-V S. 550)
ÖPNV-G BE Gesetz ü. d. Aufgaben u. d. Weiterentwicklung d. öffentl. Personennahverkehrs i. Land Berlin v. 27.6.1995 (GVBl S. 390)

ÖRiZ Österreichische Richterzeitung (1.1904–31.1938; 32.1954 ff.)

Öst.; öst. Österreich, österreichisch

ÖstBlGRUR s. ÖBl

ÖstRdW s. RdW

ÖstVerwArch Österreichisches Verwaltungsarchiv (1.1962–10.1971; 11.1976 ff.)

ÖstZWiR s. ÖZW

ÖTV Öffentliche Dienste, Transport u. Verkehr [Gewerkschaft]

ÖVD Öffentliche Verwaltung und Datenverarbeitung (1.1971 ff.)

ÖW (ab 1973:) ÖWG Die Öffentliche Wirtschaft (ab 22.1973:) und Gemeinwirtschaft (1.1952–33.1984)

ÖZW Österreichische Zeitschrift für Wirtschaftsrecht (1.1974 ff.)

OFAJ Office franco-allemand pour la jeunesse (s.a. DFJW)

OFD Oberfinanzdirektion

OFDGO Geschäftsordnung f. d. Oberfinanzdirektionen i. d. Bek. v. 10.11.1975 (BAnz Nr. 211)

OFK Oberfinanzkasse

OFPr Oberfinanzpräsident

OG Oberstes Gericht d. Deutschen Demokratischen Republik

OGAV Ordnungsgeld-Aktenführungsverordnung v. 10.1.2008 (BGBl I S. 26)

OGerG HE Ortsgerichtsgesetz i. d. Bek. v. 2.4.1980 (GVBl I S. 114)

OGerGebO HE Gebührenordnung f. d. Ortsgerichte v. 17.10.1980 (GVBl I S. 406)

Ogew QZ VO LSA VO ü. d. Qualitätsziele u. z. Verringerung d. Gewässerverschmutzung b. oberirdischen Gewässern v. 12.3.2001 (GVBl LSA S. 105)

OGH Oberster Gerichtshof [Österreich]

OGH BrZ Oberster Gerichtshof f. d. Britische Zone

OGHSt Entscheidungen des Obersten Gerichtshofes für die Britische Zone in Strafsachen (1.1949–3.1950)

OGHZ Entscheidungen des Obersten Gerichtshofes für die Britische Zone in Zivilsachen (1.1949–4.1950)

o. Gr. ohne Gründe

OGSt Entscheidungen des Obersten Gerichts der Deutschen Demokratischen Republik. Entscheidungen in Strafsachen (Bd. 1.1951–16.1977)

OGZ Entscheidungen des Obersten Gerichts der Deutschen Demokratischen Republik. Entscheidungen in Zivilsachen (Bd. 1.1951–16.1983)

OHG Offene Handelsgesellschaft

OI Oberinspektor

OICS Organe international de côntrole des stupéfiants

OIPC Organisation internationale de police criminelle (s.a. INTERPOL)

OIT Organisation internationale du travail (s.a. IAO)

OJR Oberjustizrat

OKD Oberkreisdirektor

OK-Gesetz SH Gesetz über die Errichtung einer Anstalt öffentlichen Rechts „Offener Kanal Schleswig-Holstein" v. 18.9.2006 (GVOBl S. 204)

OKK Ortskrankenkasse

OLG Oberlandesgericht

OLG-NL OLG-Rechtsprechung Neue Länder (1.1994 ff.)

OLGPr Oberlandesgerichtspräsident

OLGR OLG-Report: Zivilrechtsprechung der Oberlandesgerichte (CD-ROM-Ausg.; 1.1997 ff.)

OLG-Report OLG Reporte einzelner Oberlandesgerichte

OLGRspr Die Rechtsprechung der Oberlandesgerichte auf dem Gebiete des Zivilrechts, hrsg. v. Mugdan u. Falkmann (1.1900–46.1928; aufgegangen in: Höchstrichterliche Rechtsprechung)

OLGSt Entscheidungen der Oberlandesgerichte in Straf-, Ordnungswidrigkeiten- und Ehrengerichtssachen (LoseblSlg) (1983 ff.)

OLGZ Entscheidungen der Oberlandesgerichte in Zivilsachen einschließlich der freiwilligen Gerichtsbarkeit (1965–1994; dann: Praxis der Freiwilligen Gerichtsbarkeit)

OLSchV s. OrderlagSchVO

OlympSchG Gesetz zum Schutz des olympischen Emblems und der olympischen Bezeichnung v. 31.3.2004 (BGBl I S. 479)

OMCI Organisation intergouvernementale consultative de la navigation maritime

OMI Organisation maritime internationale

OMPI Organisation mondiale de la propriété intellectuelle (s.a. WIPO)

OMS Organisation mondiale de la santé (s.a. WHO)

OnkPWBV BB Onkologische Pflege-Weiterbildungsverordnung v. 8.1.2003 (GVBl II S. 26)

ONU Organisation des Nations Unies (s.a. VN)

ONUDI Organisation des Nations Unies pour le développement industriel

ONUESC Organisation des Nations Unies pour l'education, la science et la culture (s.a. UNESCO)

OPAC Online Public Access Catalogue

OPD Oberpostdirektion

OPEC Organization of Petroleum Exporting Countries

OpferRRG Opferrechtsreformgesetz v. 24.6.2004 (BGBl I S. 1354)

OPr Oberpräsident

OpWBV BB Operationsdienst-Weiterbil-

dungsverordnung v. 9.9.2004 (GVBl II S. 792)
OR Oberrat; Schweizerisches Obligationsrecht v. 18.12.1936
OR BY Redaktionsrichtlinien v. 26.6.1984 (StAnz Nr. 26, Beil. 4)
ORA Oberreichsanwalt
OrderlagSchVO VO ü. Orderlagerscheine v. 16.12.1931 (RGBl I S. 763)
ORG Oberstes Rückerstattungsgericht
OrgBauV BY VO über die Einrichtung und Organisation der staatlichen Behörden für das Bauwesen v. 5.12.2005 (GVBl S. 626)
OrgFlurbV BY VO ü. d. Organisation d. Bay. Flurbereinigungsverwaltung v. 10.11.1981 (GVBl S. 505)
OrgStA Staatsanwaltschaften
  BW AnO ü. Organisation und Dienstbetrieb d. Staatsanwaltschaften i. d. ab 1.1.1974 geltenden Fassung bundeseinheitlich vereinbart i. d. Bek. v. 26.6.1975 (Justiz S. 323)
  BY AnO ü. Organisation u. Dienstbetrieb d. Staatsanwaltschaften i. d. ab 1.1.1974 geltenden Fassung (bundeseinheitlich vereinbart) v. 18.4.1975 (JMBl S. 58)
OrgWasV BY VO über die Einrichtung und Organisation der staatlichen Behörden für die Wasserwirtschaft v. 4.12.2005 (GVBl S. 623)
ORR Oberregierungsrat
OrthoptG Orthoptistengesetz v. 28.11.1989 (BGBl I S. 2061)
OrthV Orthopädieverordnung v. 4.10.1989 (BGBl I S. 1834)
OrtsDruckV VO über ortsbewegliche Druckgeräte v. 17.12.2004 (BGBl I S. 3711)
OS Orientierungssatz
OStA Oberstaatsanwalt
OStD Oberstadtdirektor
OstEurR Osteuropa-Recht (1.1955 ff.)
Ostler Bayerische Justizgesetze. Bearb. v. Fritz Ostler. 4. Aufl. (1986)
OSÜVO M-V MV Oberstufenübergangsverordnung v. 3.7.2003 (GVOBl M-V S. 414)
OTAN Organisation du traité de l'Atlantique nord (s.a. NATO)
OTA-VO SH Landesverordnung über die Berufsausbildung zur oder zum Operationstechnischen Angestellten v. 8.6.2004 (GVOBl S. 190)
OTIF Organisation intergouvernementale pour les transports internationaux ferroviaires [Zwischenstaatliche Organisation für den internationalen Eisenbahnverkehr]
OVA Oberversicherungsamt
OV-BEG BY Bundesentschädigungsgesetz, Organisationsverordnung v. 13.12.1988 (GVBl S. 462)
OVG Oberverwaltungsgericht
OVGE Entscheidungen der Oberverwaltungsgerichte für das Land Nordrhein-Westfalen in Münster sowie für die Länder Niedersachsen und Schleswig-Holstein in Lüneburg (1.1950 ff.)
OVGE Bln Entscheidungen des Oberverwaltungsgerichts Berlin (1.1954 ff.)
OVG NW DiszSE Entscheidungen des Disziplinarsenats des Oberverwaltungsgerichts für das Land Nordrhein-Westfalen (1.1961–2.1963)
OVP Ordnung d. Vorbereitungsdienstes
  BB v. 31.7.2001 (GVBl II S. 509)
  NW ~ und der Zweiten Staatsprüfung v. 11.11.2003 (GV.NW S. 699)
  SH Landesverordnung über die Ordnung des Vorbereitungsdienstes und die Zweiten Staatsprüfungen der Lehrkräfte v. 22.4.2004 (GVOBl S. 116)
OVP-B NW Ordnung des berufsbegleitenden Vorbereitungsdienstes und der Zweiten Staatsprüfung für Lehrämter an Schulen v. 24.7.2003 (GV.NW S. 438)
OWAG SH Oberflächenwasserabgabegesetz v. 13.12.2000 (GVOBl S. 610)
OWiG Ges. ü. Ordnungswidrigkeiten i. d. Bek. v. 19.2.1987 (BGBl I S. 602)
OWiGZuVO Zuständigkeitsverordnung z. Ordnungswidrigkeitenrecht BW i. d. Bek. v. 2.2.1990 (GBl S. 75)

OWi-ZustVO SH Zuständigkeitsverordnung z. Ordnungswidrigkeitenrecht v. 22.1.1988 (GVOBl S. 32)

OWiZustVO-HMWVL HE VO über Zuständigkeiten für die Verfolgung und Ahndung von Ordnungswidrigkeiten im Geschäftsbereich des Ministeriums für Wirtschaft, Verkehr und Landesentwicklung v. 22.1.2008 (GVBl I S. 14)

OWiZustVO-HSM HE VO über die Zuständigkeiten für die Verfolgung und Ahndung von Ordnungswidrigkeiten im Geschäftsbereich des Sozialministeriums v. 27.11.2007 (GVBl I S. 823)

OWiZustVO-MdIS HE VO über Zuständigkeiten für die Verfolgung und Ahndung von Ordnungswidrigkeiten im Geschäftsbereich des Ministeriums des Innern und für Sport v. 6.9.2007 (GVBl I S. 571)

OWiZuVO BW Zuständigkeitsverordnung z. Ordnungswidrigkeitenrecht i. d. Bek. v. 2.2.1990 (GBl S. 75)

P

p. pagina

P&I-Versicherung Protection and Indemnity Versicherung

PAB Allgemeine Bedingungen f. Privatgleisanschlüsse v. 1.1.1955 (Abgedr. in: ArchEisenbW 1958 S. 373)

PachtKrG Pachtkreditgesetz i. d. Bek. v. 5.8.1951 (BGBl I S. 494)

PACT-Gesetz SH Gesetz über die Einrichtung von Partnerschaften zur Attraktivierung von City-, Dienstleistungs- und Tourismusbereichen v. 13.7.2006 (GVOBl S. 158)

PAG BY Polizeiaufgabengesetz i. d. Bek. v. 14.9.1990 (GVBl S. 397)

PAM Programme alimentaire mondial

PAngG Preisangabengesetz v. 3.12.1984 (BGBl I S. 1429)

PAngV Preisangabenverordnung i. d. Bek. v. 28.7.2000 (BGBl I S. 1244)

PAO s. PatAnwO

ParlR Parlamentarischer Rat

ParlStG Ges. ü. d. Rechtsverhältnisse d. Parlamentarischen Staatssekretäre v. 24.7.1974 (BGBl I S. 1538)

PartG Parteiengesetz i. d. Bek. v. 31.1.1994 (BGBl I S. 149)

PaßG Paßgesetz i. d. Bek. v. 19.4.1986 (BGBl I S. 537)

PaßGebV Paßgebührenverordnung v. 15.1.1997 (BGBl I S. 16)

PassMustV Passmusterverordnung v. 8.8.2005 (BGBl I S. 2306)

Paß VwV Allg. Verwaltungsvorschriften z. Durchf. d. Paßgesetzes v. 2.1.1988 (GMBl S. 3)

PatAnmVO Patentanmeldeverordnung v. 29.5.1981 (BGBl I S. 521)

PatAnw Patentanwalt

PatAnwO Patentanwaltsordnung v. 7.9.1966 (BGBl I S. 557)

PatBeteiligungsV Patientenbeteiligungsverordnung v. 19.12.2003 (BGBl I S. 2753)

PatBl Patentblatt (1.1877–69.1945; 70.1950 ff.)

PatG Patentgesetz i. d. Bek. v. 16.12.1980 (BGBl 1981 I S. 1)

PatGebErstG Ges. ü. d. Erstattung v. Gebühren d. beigeordneten Vertreters in Patent-, Gebrauchsmuster- u. Sortenschutzsachen v. 13.6.1980 (BGBl I S. 677)

PatGebG Ges. ü. d. Gebühren d. Patentamts u. d. Patentgerichts v. 18.8.1976 (BGBl I S. 2188)

PatGebZV VO ü. d. Zahlung d. Gebühren d. Deutschen Patentamts u. d. Bundespatentgerichts i. d. Bek. v. 15.10.1991 (BGBl I S. 2012)

PatKostZV Patentkostenzahlungsverordnung v. 15.10.2003 (BGBl I S. 2083)

PatR Patienten-Rechte (1.2002 ff.)

PatV Patentverordnung v. 1.9.2003 (BGBl I S. 1702)

PauschKHFVO 2007 MV VO über die pauschale Krankenhausförderung 2007 v. 2.11.2007 (GVOBl M-V S. 367)

PauschV NW Pauschalierungsverordnung v. 22.2.2000 (GV.NW S. 250)

PauschVO Pauschalförderungsverordnung
HA v. 17.4.2007 (GVBl S. 141)
HE v. 8.12.2000 (GVBl I S. 528)
PAuskV Postauskunftsverordnung
v. 23.10.1996 (BGBl I S. 1537)
PAuswG Personalausweisgesetz
i. d. Bek. v. 21.4.1986 (BGBl I S. 548)
PAuswG NW NW v. 19.5.1987
(GV.NW S. 170)
PAuswVO BW Personalausweisverordnung
v. 24.3.1987 (GBl S. 96)
PBAZV Postbankarbeitszeitverordnung
v. 20.6.2005 (BGBl I S. 1725)
PB-DSV Postbank-Datenschutzverordnung
v. 24.6.1991 (BGBl I S. 1387)
PBefAusglV VO ü. d. Ausgleich gemeinwirtschaftlicher Leistungen im Straßenpersonenverkehr v. 2.8.1977 (BGBl I S. 1460)
PBefEignungsV VO ü. d. Nachweis d. fachlichen Eignung z. Führung v. Unternehmen d. Straßenpersonenverkehrs v. 10.4.1979 (BGBl I S. 458)
PBefG Personenbeförderungsgesetz i. d. Bek. v. 8.8.1990 (BGBl I S. 1690)
PBefGKostV KostenVO f. Amtshandlungen im entgeltlichen oder geschäftsmäßigen Personenverkehr mit KfZ v. 15.8.2001 (BGBl I S. 2168)
PBefKostenV
BY VO ü. Kostensätze f. Ausgleichszahlungen nach § 45a d. Personenbeförderungsgesetzes v. 17.4.1990 (GVBl S. 140)
NW KostensatzVO Personenbeförderungsgesetz v. 6.11.2001 (GV.NW S. 801)
PBefKostVO SH Kostensatzverordnung Personenbeförderung v. 14.5.2004 (GVOBl S. 139)
PBefKostVO M-V MV VO über die Kostensätze nach § 45a des Personenbeförderungsgesetzes v. 10.7.2003 (GVOBl M-V S. 387)
PBefKstV BB VO ü. Kostensätze f. Ausgleichszahlungen nach § 45a d. Personenbeförderungsgesetzes v. 7.7.2000 (GVBl II S. 222)

PBefVO DDR VO ü. d. gewerbl. Personenverkehr v. 20.6.1990 (GBl I S. 574; BGBl II S. 1223)
PBefZuVO BW VO d. Landesreg. u. d. Verkehrsministeriums ü. personenbeförderungsrechtliche Zuständigkeiten v. 15.1.1996 (GBl S. 75)
PBetreu VO BE Pflege-Betreuungs-Verordnung v. 22.7.2003 (GVBl S. 285)
PBPflLV Postbank-Pflichtleistungsverordnung v. 12.1.1994 (BGBl I S. 87)
PBV Pflege-Buchführungsverordnung v. 22.11.1995 (BGBl I S. 1528)
PBZugV BerufszugangsVO f. d. Straßenpersonenverkehr v. 15.6.2000 (BGBl I S. 851)
PCIJ Permanent Court of International Justice
PCT Patent Cooperation Treaty [Vertrag über d. internationale Zusammenarbeit auf d. Gebiet d. Patentwesens, Patentzusammenarbeitsvertrag] v. 19.6.1970 (BGBl 1976 II S. 649, 664)
PD-DSV Postdienst-Datenschutzverordnung v. 24.6.1991 (BGBl I S. 1385)
PDLV Postdienstleistungsverordnung v. 21.8.2001 (BGBl I S. 2178)
PDSV Postdienstunternehmen-Datenschutzverordnung v. 4.11.1996 (BGBl I S. 1636)
PEG HA Pflichtexemplargesetz v. 14.9.1988 (GVBl S. 180)
PEMG NRW NW Personaleinsatzmanagementgesetz NRW v. 19.6.2007 (GV.NW S. 242)
PEntgV Post-Entgeltregulierungsverordnung v. 22.11.1999 (BGBl I S. 2386)
PersAG s. PAuswG
PersBl Personalblatt. Amtl. Mitteilungsblatt d. Personalamts d. Verwaltung d. Vereinigten Wirtschaftsgebietes (1948–1950)
PersHortDV SACH VO z. Ausgleich notwendiger Personalkosten f. Horterzieher v. 2.9.1991 (SächsGVBl. 387)
PersR Der Personalrat (1.1984 ff.)
PersStärkeG Personalstärkegesetz v. 20.12.1991 (BGBl I S. 2376)

PersStruktG-Streitkräfte Ges. z. Verbesserung d. Personalstruktur in den Streitkräften v. 30.7.1985 (BGBl I S. 1621)
PersÜG M-V MV Personalübergangsgesetz v. 23.5.2006 (GVOBl M-V S. 275)
PersV Die Personalvertretung (1/2.1958/59 ff.)
PersVG BE Personalvertretungsgesetz i. d. Bek. v. 14.7.1994 (GVBl S. 337)
6. PersVGÄndG BE Sechstes Gesetz zur Änderung des Personalvertretungsgesetzes v. 19.11.2004 (GVBl S. 462)
PersVG LSA LSA Landespersonalvertretungsgesetz Sachsen-Anhalt i. d. Bek. v. 16.3.2004 (GVBl LSA S. 205)
PersZulV Personenzulassungsverordnung v. 19.12.1997 (BGBl I S. 3315)
PetBüG MV Petitions- und Bürgerbeauftragtengesetz v. 5.4.1995 (GVOBl M-V S. 190)
PetG BB Petitionsgesetz v. 13.12.1991 (GVBl S. 643)
p.F. positive Forderungsverletzung
PFA Schriftenreihe der Polizei-Führungsakademie (1.1974 ff.)
PfandBarwertV Pfandbrief-Barwertverordnung v. 14.7.2005 (BGBl I S. 2165)
PfandBG Pfandbriefgesetz v. 22.5.2005 (BGBl I S. 1373)
PfandlV Pfandleiherverordnung i. d. Bek. v. 28.11.1979 (BGBl I S. 1986)
PFDeckRV Pensionsfonds-Deckungsrückstellungsverordnung v. 20.12.2001 (BGBl I S. 4183)
PfG NW NW Landespflegegesetz Nordrhein-Westfalen v. 19.3.1996 (GV.NW S. 137)
PfGWGVO NW Pflegewohngeldverordnung v. 4.6.1996 (GV.NW S. 200)
PFKapAV Pensionsfonds-Kapitalanlagenverordnung v. 21.12.2001 (BGBl I S. 4185)
PFKAustV Pensionsfonds-Kapitalausstattungsverordnung v. 20.12.2001 (BGBl I S. 4180)
PflAbfV BY VO ü. d. Beseitigung v. pflanzl. Abfällen außerhalb zugelassener Beseitigungsanlagen i. d. Bek. v. 13.3.1984 (GVBl S. 100)

PflÄndV VOen z. Änderung d. Bundespflegesatzverordnung
PflanzAbfV Pflanzenabfallverordnung
  SACH v. 25.9.1994 (SächsGVBl S. 1577)
  SL v. 31.8.1999 (ABl S. 1319)
PflBetrÄndVO LSA VO zur Änderung der Pflege-Betreuungs-Verordnung v. 18.12.2007 (GVBl LSA S. 470)
PflBetrVO LSA Pflege-Betreuungs-Verordnung v. 13.3.2003 (GVBl LSA S. 56)
PflEG Pflegeleistungs-Ergänzungsgesetz v. 14.12.2001 (BGBl I S. 3728)
PflegeAV BB Landespflegeausschußverordnung v. 7.6.1996 (GVBl II S. 405)
PflegeAVO SACH Pflegeausschußverordnung v. 17.5.1995 (SächsGVBl S. 165)
PflegEföVO BE Pflegeeinrichtungsförderungs-VO v. 10.9.1998 (GVBl S. 269)
PflegeG Pflegegesetz
  BB i. d. Bek. v. 11.5.1998 (GVBl I S. 158)
  BE i. d. Bek. v. 14.7.1986 (GVBl S. 1106)
PflegeStatV Pflegestatistik-Verordnung v. 24.11.1999 (BGBl I S. 2282)
PflegeVG Pflege-Versicherungsgesetz v. 26.5.1994 (BGBl I S. 1014)
PflegeVSchVO BE Pflegeversicherungs-Schiedsstellen-Verordnung v. 2.5.1995 (GVBl S. 295)
PflEGVO SH Landesverordnung zur Durchführung des Pflegeleistungs-Ergänzungsgesetzes v. 20.2.2003 (GVOBl S. 50)
PflEV BB Pflichtexemplarverordnung v. 29.9.1994 (GVBl II S. 912)
PflExG BE Pflichtexemplargesetz i. d. Bek. v. 15.7.2005 (GVBl S. 414)
PflFEinrVO NW Pflegeeinrichtungsförderverordnung v. 15.10.2003 (GV.NW S. 613)
PflInvV BB Pflegeinvestitionsverordnung v. 13.3.1996 (GVBl II S. 245)
PflR Pflegerecht. Zeitschrift für Rechtsfragen i. d. stationären u. ambulanten Pflege (1.1997 ff.)
PflSAufhV VO ü. d. Aufhebung v. Vor-

schriften ü. Pflegesätze v. Krankenanstalten v. 21.3.1974 (BGBl I S. 767)
PflSchAnwG BW Ges. ü. d. Einschränkung d. Anwendung v. Pflanzenschutzmitteln v. 17.12.1990 (GBl S. 426)
PflSchDVO LSA VO zur Durchführung des Pflanzenschutzgesetzes v. 24.8.2005 (GVBl LSA S. 597)
PflSchG Pflanzenschutzgesetz i. d. Bek. v. 27.5.1998 (BGBl I S. 972)
PflSchMGebV Pflanzenschutzmittel-Gebührenverordnung i. d. Bek. v. 9.3.2005 (BGBl I S. 744)
PflSchV BB Pflegeversicherungs-Schiedsstellenverordnung v. 10.4.1995 (GVBl II S. 338)
PflSchVO Pflegesatz-Schiedsstellenverordnung
BE v. 13.6.1986 (GVBl S. 966)
RP v. 27.2.1986 (GVBl S. 64)
PflStG BY Pflichtstückegesetz v. 6.8.1986 (GVBl S. 216)
PflStV Pflichtstückverordnung v. 14.12.1982 (BGBl I S. 1739)
PflSVO SH Pflegesatz-Schiedsstellenverordnung v. 20.11.1990 (GVOBl S. 556)
PflVG Pflichtversicherungsgesetz v. 5.4.1965 (BGBl I S. 213)
PflVO DDR Pflichtversicherungsordnung v. 1.8.1990 (GBl I S. 1053; BGBl II S. 1193)
PGebO SACH Parkgebührenordnung v. 14.1.1992 (SächsGVBl S. 23)
PGebVO Parkgebührenverordnung
BW v. 7.4.1981 (GBl S. 245)
SL v. 4.11.1991 (ABl S. 1179)
PGH Patentgerichtshof [Österreich]; Produktionsgenossenschaft d. Handwerks [DDR]
PharmaR Pharma-Recht (1.1978 ff.)
PharmBetrV Betriebsverordnung f. Pharmazeutische Unternehmer v. 8.3.1985 (BGBl I S. 546)
PHG s. ProdHaftG
PHG BW Ges. ü. d. Pädagogischen Hochschulen i. d. Bek. v. 1.2.2000 (GBl S.269)
PHI Produkthaftpflicht international (1982–1993; dann: Phi)

Phi Haftpflicht international, Recht u. Versicherung (1994 ff.; vorher: Produkthaftpflicht international)
PHmV Pflanzenschutzmittel-Höchstmengenverordnung i. d. Bek. v. 16.10.1989 (BGBl I S. 1861)
PHöchstMengV Phosphathöchstmengenverordnung v. 4.6.1980 (BGBl I S. 664)
PIG Parlamentsinformationsgesetz
BY v. 25.5.2003 (GVBl S. 324)
SH v. 17.10.2006 (GVOBl S. 217)
PIStB Praxis Internationale Steuerberatung (1999 ff.)
PKewBV VO z. Bestimmung v. Pensionskassen als Unternehmen v. erheblicher wirtschaftlicher Bedeutung v. 16.4.1996 (BGBl I S. 618)
PKGG BY Parlamentarisches Kontrollgremium-Gesetz v. 10.2.2000 (GVBl S. 40)
2. PKHB Zweite Prozesskostenhilfebekanntmachung v. 23.3.2005 (BGBl I S. 924)
PKHB 2001 Prozesskostenhilfebekanntmachung 2001 v. 13.6.2001 (BGBl I S. 1204)
PKHG Ges. ü. d. Prozeßkostenhilfe v. 13.6.1980 (BGBl I S. 677)
PKHVV Prozeßkostenhilfevordruckverordnung v. 17.10.1994 (BGBl I S. 3001)
PKV Post-Kundenschutzverordnung v. 19.12.1995 (BGBl I S. 2016); Private Krankenversicherung; BE Pflegekindervorschriften v. 15.10.1984 (ABl S. 1586)
Pkw-EnVKV PKW-Energieverbrauchskennzeichnungsverordnung v. 28.5.2004 (BGBl I S. 1037)
Pkw-Fahrer-TV-L SL Tarifvertrag über die Arbeitsbedingungen der Personenkraftwagenfahrer der Länder v. 12.10.2006 (ABl 2007 S. 677)
PlanzV 81 Planzeichenverordnung 1981 v. 30.7.1981 (BGBl I S. 833)
PlVereinfG Planungsvereinfachungsgesetz v. 17.12.1993 (BGBl I S. 2123)
PObbS I SH Prüfungsordnung Studienrätinnen oder Studienräte a. berufsbildenden Schulen 1999 v. 21.4.1999 (GVOBl S. 116)
PO-BFS SL Prüfungsordnung über die

staatliche Abschlussprüfung an Handelsschulen, Gewerbeschulen und Sozialpflegeschulen – Berufsfachschulen v. 16.4.2007 (ABl S. 1072)
POBS MV Prüfungsordnung Berufliche Schulen v. 5.7.1996 (GVOBl M-V S. 472)
PO-Elektro NW Prüfungsordnung für die Zusatzqualifikation Elektrofachkraft für festgelegte Tätigkeiten im Bereich der Abwasser- / Wasserversorgungstechnik v. 31.8.2005 (GV.NW 2006 S. 345)
POFDH BY Prüfungsordnung für die Fachschulen für Dorfhelferinnen und Dorfhelfer v. 5.10.2007 (GVBl S. 722)
POG Polizeiorganisationsgesetz
BY v. 10.8.1976 (GVBl S. 303)
SH v. 12.11.2004 (GVOBl S. 408)
TH i. d. Bek. v. 6.1.1998 (GVBl S. 1)
POG Brbg BB v. 20.3.1991 (GVBl S. 82)
POG M-V MV v. 10.7.2001 (GVOBl M-V S. 254)
POG NW NW v. 22.10.1994 (GV.NW S. 852)
PO Gb Gefahrgutbeauftragtenprüfungsverordnung v. 1.12.1998 (BGBl I S. 3514)
PO-GY I SH Prüfungsordnung Studienräte an Gymnasien 1987 v. 11.1.1999 (GVOBl S. 22)
PO-HHS SL Prüfungsordnung ü. d. staatl. Abschlussprüfung a. Handelsschulen und Höheren Handelsschulen v. 12.7.2000 (ABl S. 1378)
Pol. Polizei
Pol BA APO BR Ausbildungs- und Prüfungsordnung für den Bachelorstudiengang Polizeivollzugsdienst im Lande Bremen v. 17.4.2007 (GBl S. 265)
PolBTLV VO über die Laufbahnen des Polizeivollzugsdienstes beim Deutschen Bundestag v. 27.8.2003 (BGBl I S. 1678)
PolDKlVO Polizeidienstkleidungsverordnung
BW v. 21.12.2000 (GBl 2001 S.8)
SACH v. 20.10.1998 (SächsGVBl 1999 S. 2)
PolDÜV NW NW VO ü. d. Zulassung d. Datenübermittlung v. d. Polizei an ausländ. Polizeibehörden v. 22.10.1994 (GV.NW S. 958)
PolG Polizeigesetz BW i. d. Bek. v. 13.1.1992 (GBl S. 1)
PolG NW NW des Landes Nordrhein-Westfalen i. d. Bek. v. 25.7.2003 (GV.NW S. 441)
PolGO ND Polizeigebührenordnung v. 13.7.1982 (GVBl S. 285)
POL I SH Prüfungsordnung Lehrkräfte I v. 11.9.2003 (GVOBl S. 440)
Polizei Die Polizei (Untertit. ab 46.1955:) Die Polizei-Praxis (1.1904/05–38.1941,10; 1.[= 39.]1948–7.[= 45.]1954; 46.[= 8.]1955 ff.)
PolKostVO HE Polizeikostenverordnung v. 13.7.1973 (GVBl I S. 267)
PolKV BY Polizeikostenverordnung v. 13.11.2000 (GVBl S. 785)
PolLV Polizeilaufbahnverordnung BR v. 11.9.2001 (GBl S. 317)
PolLVO SH v. 10.7.1997 (GVOBl S. 374)
PolLVO LSA LSA VO ü. d. Laufbahn des Polizeivollzugsdienstes des Landes Sachsen-Anhalt v. 20.3.2006 (GVBl LSA S. 89)
PolNLVO ND VO ü. d. Laufbahnen d. Polizeivollzugsdienstes d. Landes Niedersachsen v. 7.8.1979 (GVBl S. 236)
Pol-LVO HE v. 22.12.1967 (GVBl 1968 I S. 26)
Pol.LVO SL PolizeilaufbahnVO v. 23.9.1996 (ABl S. 1034)
PolOrgVO HE VO ü. d. Organisation und Zuständigkeit d. hessischen Polizei v. 18.12.2000 (GVBl I S. 644)
PolPr Polizeipräsident
PolStrRefG BB Polizeistrukturreformgesetz v. 18.12.2001 (GVBl I S. 282)
PolV Polizeiverordnung
PolVLV LSA VO ü. d. Laufbahnen d. Polizeiverwaltungsdienstes v. 5.6.1996 (GVBl LSA S. 180)
PolVwG BE Polizeiverwaltungsgesetz i. d. Bek. v. 2.10.1958 (GVBl S. 961)

PO-NSchA NW VO ü. d. Abiturprüfung f. Nichtschülerinnen u. Nichtschüler v. 30.1.2000 (GV.NW S. 140)

PO-NSch-BK NW Allg. Nichtschüler-Prüfungsordnung f. Bildungsgänge d. Berufskollegs v. 26.5.1999 (GV.NW S. 221)

Post-AZV 1998 Post-Arbeitszeitverordnung 1998 v. 6.10.1998 (BGBl I S. 3145)

Post-AZV2003 Post-Arbeitszeitverordnung 2003 v. 9.12.2003 (BGBl I S. 2495)

PostbankLEntgV Postbankleistungsentgeltverordnung v. 13.12.2007 (BGBl I S. 2938)

PostbankSZV Postbanksonderzahlungsverordnung v. 15.8.2007 (BGBl I S. 2121)

PostG Ges. ü. d. Postwesen i. d. Bek. v. 3.7.1989 (BGBl I S. 1449)

PostGebO Postgebührenordnung v. 10.8.1988 (BGBl I S. 1575)

PostGebOAusl Auslandspostgebührenordnung v. 15.8.1988 (BGBl I S. 1593)

PostgiroGebO Postgirogebührenordnung v. 5.12.1984 (BGBl I S. 1484)

PostgiroO Postgiroordnung v. 5.12.1984 (BGBl I S. 1478)

PostLV PostlaufbahnVO v. 22.6.1995 (BGBl I S. 868) (s.a. Bundeslaufbahnverordnung)

PostLZulV Postleistungszulagenverordnung v. 3.12.1996 (BGBl I S. 1833)

PostO Postordnung v. 16.5.1963 (BGBl I S. 341)

PostPersRG Postpersonalrechtsgesetz v. 14.9.1994 (BGBl I S. 2353)

PostRDV Postrentendienstverordnung v. 28.7.1994 (BGBl I S. 1867)

PO-StrW BY Prüfungsordnung für die Durchführung der Abschluss- und Zwischenprüfung im Ausbildungsberuf Straßenwärter/Straßenwärterin in Bayern v. 20.10.2004 (GVBl S. 414)

PostSpO Postsparkassenordnung v. 24.4.1986 (BGBl I S. 626)

PostSVOrgG Postsozialversicherungsorganisationsgesetz v. 14.9.1994 (BGBl I S. 2338)

PostSZV Postsonderzahlungsverordnung v. 15.8.2007 (BGBl I S. 2120)

PostV Postdienstverordnung i. d. Bek. v. 31.1.1994 (BGBl I S. 335)

PostVerfG Postverfassungsgesetz v. 8.6.1989 (BGBl I S. 1026)

PostVermG Ges. ü. d. vermögensrechtl. Verhältnisse d. Deutschen Bundespost v. 21.5.1953 (BGBl I S. 225)

PostVwG Ges. ü. d. Verwaltung d. Deutschen Bundespost v. 24.7.1953 (BGBl I S. 676)

PostZtgGebO Postzeitungsgebührenordnung v. 17.10.1988 (BGBl I S. 2067)

PostZtgO Postzeitungsordnung v. 9.9.1981 (BGBl I S. 950)

PO UT NW Prüfungsordnung für die Durchführung von Abschlussprüfungen in den Umwelttechnischen Berufen v. 10.2.2006 (GV.NW S. 135)

PPflLV Postdienst-Pflichtleistungsverordnung v. 12.1.1994 (BGBl I S. 86)

PPVO LSA VO über Prüfingenieure und Prüfsachverständige v. 8.6.2006 (GVBl LSA S. 342)

PPVO M-V MV Prüfingenieure- und Prüfsachverständigenverordnung v. 10.7.2006 (GVOBl. M-V S. 595)

PQsG Pflege-Qualitätssicherungsgesetz v. 9.9.2001 (BGBl I S. 2320)

PR Preußen; Public relations

Pr. Präsident [ggf. nebst Anfügung der Behörde]; preußisch

Pr [für dt. Zitate besser:] Prax BG Die Praxis des Bundesgerichts (1.1912–79.1990; dann: Die Praxis. Wichtige Entscheidungen d. Schweizer. Bundesgerichts)

PrAVV Private Arbeitsvermittlungs-Statistik-Verordnung v. 1.8.1994 (BGBl I S. 1949)

PrBesBl Preußisches Besoldungsblatt (= Finanz-Ministerialblatt. Teil II) (1.1923–18.1940; dann: Preuß. Finanzministerialblatt u. Besoldungsblatt)

PrBRH Präsident d. Bundesrechnungshofes

PrDH Preußischer Disziplinarhof

PrDStH Preußischer Dienststrafhof

PreisG Preisgesetz v. 10.4.1948 (WiGBl S. 27)

PreisStatV Preisstatistikverordnung
v. 13.4.1993 (BGBl I S. 445)
PrFMBl Finanz-Ministerial-Blatt (ab
25.1941: Preuß. Finanzministerial- u. Besoldungsblatt) [Seit 1923 zerfallend in
Teil I u. II; Teil II u. d. T.: Preuß. Besoldungsblatt] (25.1941–28.1944; vorher:
Finanz-Ministerialblatt)
PrG Preisgesetz; Pressegesetz v. 7.5.1874
(RGBl S. 65)
PRG LSA LSA Gesetz ü. privaten Rundfunk
i. Sachsen-Anhalt i. d. Bek. v. 3.11.1997
(GVBl LSA S. 924)
PrGS Preußische Gesetzsammlung (1907–
1945; vorher: Gesetz-Sammlung für die
Kgl. Preußischen Staaten)
PrGS. NW Sammlung des in Nordrhein-Westfalen geltenden preußischen Rechts.
1806–1945. (= Gesetz- u. Verordnungsblatt f. d. Land Nordrhein-Westfalen
1961, Sonderbd.)
PrivSchG Privatschulgesetz
RP i. d. Bek. v. 4.9.1970 (GVBl S. 372)
SL i. d. Bek. v. 2.8.1974 (ABl S. 712)
PrJust Preußische Justiz (95.1933,40–49;
dann: Deutsche Justiz; vorher: Justiz-Ministerialblatt für die preußische Gesetzgebung und Rechtspflege)
PrKV Preisklauselverordnung v. 23.9.1998
(BGBl I S. 3043)
ProbAbfV BE Problemabfallverordnung
v. 22.4.1999 (GVBl S. 154)
ProdGewStatGAussV VO z. Aussetzung
v. Erhebungsmerkmalen n. d. Ges. ü. d.
Statistik i. Produzierenden Gewerbe
v. 17.7.1998 (BGBl I S. 1893)
ProdHaftG Produkthaftungsgesetz
v. 15.12.1989 (BGBl I S. 2198)
ProdSG Produktsicherheitsgesetz
v. 22.4.1997 (BGBl I S. 934)
ProdSGZuVO BW Produktsicherheits-Zuständigkeitsverordnung v. 19.9.1997
(GBl S. 408)
Prokl. Proklamation
ProMechG Projekt-Mechanismen-Gesetz
v. 22.9.2005 (BGBl I S. 2826)
ProstG Prostitutionsgesetz v. 20.12.2001
(BGBl I S. 3983)

Prot. Protokoll(e)
PrOtS BW Prüfungsordnung für den tierärztlichen Staatsdienst v. 17.7.2007 (GBl
S. 356)
PrOVG Entscheidungen des (bis 1918 Kgl.)
Preußischen Oberverwaltungsgerichts
(1.1877–106.1941)
ProzBev Prozessbevollmächtigter
Prozessrecht aktiv Prozessrecht aktiv: Prozesse optimal planen und erfolgreich
durchführen (1.2002 ff.)
ProzRB Prozessrechtsberater (1.2002–
4.2005)
PrPG Ges. z. Stärkung d. Schutzes d. geist.
Eigentums u. z. Bekämpfung d. Produktpiraterie v. 7.3.1990 (BGBl I S. 422)
PrÜbAnVO BE VO über private überwachungsbedürftige Anlagen v. 30.1.2003
(GVBl S. 133)
PrüfBerV BB Prüferberufungsverordnung
v. 25.7.1996 (GVBl II S. 613)
PrüfbV Prüfungsberichtsverordnung
v. 17.12.1998 (BGBl I S. 3690)
PrüfeVO ND Prüfeinschränkungs-Verordnung v. 6.6.1996 (GVBl S. 287)
PrüfGebO BE VO ü. d. Erhebung v. Gebühren i. d. zweiten juristischen Staatsprüfung v. 19.4.1997 (GVBl S. 285)
PrüfIngBaustatikVO RP Landesverordnung über Prüfingenieurinnen und Prüfingenieure für Baustatik v. 11.12.2007
(GVBl S. 3)
PrüfIngVO Prüfingenieurverordnung HA
v. 4.1.1972 (GVBl I S. 3)
PrüfingVO
NW v. 19.7.1962 (GV.NW S. 470)
RP v. 3.7.1989 (GVBl S. 178)
PrüflabV Gegenprobensachverständigen-Prüflaboratorienverordnung v. 11.2.1999
(BGBl I S. 162)
PrüfO-FAB BW Prüfungsordnung des Regierungspräsidiums Stuttgart über die
Prüfung zum anerkannten Abschluss
Geprüfte Fachkraft zur Arbeits- und Berufsförderung in Werkstätten für behinderte Menschen v. 25.5.2005 (GBl
S. 447)

PrüfOgehVerw HA Prüfungsordnung f. d. Laufbahn d. allg. geh. Verwaltungsdienstes v. 10.7.1979 (GVBl I S. 220)

PrüfO-MA-PM NW Prüfungsordnung für den Masterstudiengang „Öffentliche Verwaltung – Polizeimanagement" (Public Administration – Police Management) an der Deutschen Hochschule der Polizei v. 10.10.2006 (GV.NW 2007 S. 58)

PrüfOPol HA Prüfungsordnung v. 16.12.1980 (GVBl I S. 398) (s.a. Laufbahnverordnung)

PrüfSStBauVO RP Landesverordnung über Prüfsachverständige für Standsicherheit v. 24.9.2007 (GVBl S. 197)

PrüfV Prüfungsberichteverordnung v. 3.6.1998 (BGBl I S. 1209)

PrüfVBau BY VO über die Prüfingenieure, Prüfämter und Prüfsachverständigen im Bauwesen v. 29.11.2007 (GVBl S. 829)

PrüfzVO Prüfzeichenverordnung
BE v. 17.5.1973 (GVBl S. 806)
BW v. 13.6.1991 (GBl S. 483)
HA v. 3.5.1983 (GVBl I S. 87)
HE v. 8.6.1982 (GVBl I S. 146)
ND v. 13.10.1982 (GVBl S. 421)
SH v. 8.6.1982 (GVOBl S. 157)
SL i. d. Bek v. 31.8.1989 (ABl S. 1389)
PrüfzV BY v. 7.10.1990 (GVBl S. 469)

PRV Partnerschaftsregisterverordnung v. 16.6.1995 (BGBl I S. 808)

PrVerwBl Preußisches Verwaltungsblatt (1.1879–48.1926/27; dann: Reichsverwaltungsblatt u. Preuß. Verwaltungsblatt)

PrVG BE Ges. ü. d. Anerkennung d. Versorgung d. politisch, rassisch u. religiös Verfolgten d. Nationalsozialismus i. d. Bek. v. 21.1.1991 (GVBl S. 38)

PSchG BW Privatschulgesetz i. d. Bek. v. 28.2.1990 (GBl S. 105)

PSchVO Pflege-Schiedsstellenverordnung
HA v. 16.5.1995 (GVBl I S. 101)
SH v. 24.3.1995 (GVOBl S. 125)

PSchVO M-V MV Privatschulverordnung v. 22.5.1997 (GVOBl M-V S. 469)

PSSachkundeVO M-V MV Pflanzenschutz-Sachkundeverordnung Mecklenburg-Vorpommern v. 23.8.2005 (GVOBl M-V S. 446)

PSSG BE Personalstrukturstatistikgesetz v. 2.12.2004 (GVBl S. 490)

PStErgG 4. Ges. z. Änderung und Ergänzung d. Personenstandsgesetzes v. 5.8.1974 (BGBl I S. 1857)

PStG Personenstandsgesetz i. d. Bek. v. 8.8.1957 (BGBl I S. 1125)

PStR Praxis Steuerstrafrecht (1998 ff.)

PStV BY VO z. Ausf. d. Personenstandsgesetzes i. d. Bek. v. 25.2.1977 (BGBl I S. 377)

PSV Postsicherstellungsverordnung v. 23.10.1996 (BGBl I S. 1535)

PSVaG Pensions-Sicherungsverein auf Gegenseitigkeit

PsychE-UmwG SH Gesetz zur Umwandlung psychiatrischer Einrichtungen und Entziehungsanstalten v. 24.9.2004 (GVOBl S. 350)

PsychKG Ges. ü. Hilfen u. Schutzmaßnahmen bei psychischen Krankheiten
BR v. 19.12.2000 (GBl S. 471)
NW v. 17.12.1999 (GV.NW S. 662)
RP v. 17.11.1995 (GVBl S. 473)
SH v. 14.1.2000 (GVOBl S. 106)

PsychKG M-V MV Psychischkrankengesetz i. d. Bek. v. 13.4.2000 (GVOBl M-V S. 182)

PsychThG Psychotherapeutengesetz v. 16.6.1998 (BGBl I S. 1311)

PsychThV VO ü. d. Ausbildungsförderung f. d. Besuch v. Ausbildungsstätten f. Psychotherapie u. Kinder- u. Jugendlichenpsychotherapie v. 27.7.2000 (BGBl I S. 1237)

PTAG Ges. ü. d. Beruf d. pharmazeutischtechn. Assistenten v. 18.3.1968 (BGBl I S. 228)

PTKAuskV Post- und Telekommunikationsauskunftsverordnung v. 22.4.2003 (BGBl I S. 545)

PTNeuOG Postneuordnungsgesetz v. 14.9.1994 (BGBl I S. 2325)

PTRegG Ges. ü. d. Regulierung d. Telekom-

munikation u. d. Postwesens v. 14.9.1994 (BGBl I S. 2371)
PTSG Post- u. Telekommunikationssicherstellungsgesetz v. 14.9.1994 (BGBl I S. 2378)
PTStiftG Gesetz z. Errichtung e. Museumsstiftung Post und Telekommunikation v. 14.9.1994 (BGBl I S. 2382)
PTZSV Post- und Telekommunikations- Zivilschutzverordnung v. 23.10.1996 (BGBl I S. 1539)
PublG Ges. ü. d. Rechnungslegung v. bestimmten Unternehmen u. Konzernen v. 15.8.1969 (BGBl I S. 1189)
PUDLV Post-Universaldienstleistungsverordnung v. 15.12.1999 (BGBl I S. 2418)
PÜZAVO VO ü. d. Anerkennung als Prüf-, Überwachungs- oder Zertifizierungsstelle nach Bauordnungsrecht
HA v. 28.4.1998 (GVBl I S. 53)
HE v. 7.4.1997 (GVBl I S. 79)
LSA v. 27.3.2006 (GVBl LSA S. 170)
ND v. 14.2.1997 (GVBl S. 58)
SH v. 1.11.1996 (GVOBl S. 665)
SL v. 14.8.1996 (ABl S. 939)
PÜZAV SACH v. 24.4.1996 (SächsGVBl S. 165)
PUKV Postunfallkassenverordnung v. 11.1.1995 (BGBl I S. 20)
PuKWFV BY VO ü. d. Förderung d. priv. u. körperschaftl. Waldwirtschaft v. 14.11.1972 (GVBl S. 481)
P.u.R. Psychotherapie und Recht (1.2001–2.2002)
PUV Privatunfallversicherung
PuVwZAV BB VO über die Zuständigkeit für Personalangelegenheiten der Angestellten und Arbeiter und Verwaltung der Arbeitsgerichtsbarkeit im Geschäftsbereich des Ministers für Arbeit, Soziales, Gesundheit und Frauen v. 12.10.2004 (GVBl II S. 836)
PuVwZSozV BB VO über die Zuständigkeit für Personalangelegenheiten der Angestellten und Arbeiter und Verwaltung der Sozialgerichtsbarkeit im Geschäftsbereich des Ministers für Arbeit, Sozia-les, Gesundheit und Frauen v. 12.10.2004 (GVBl II S. 835)
p.V.; p.Vv. positive Vertragsverletzung
PV-Altenpflegehilfe SL VO ü. d. staatl. Prüfung u. Anerkennung v. Altenpflegehelferinnen u. Altenpflegehelfern v. 6.4.1995 (ABl S. 492)
PVFG SL Personalvermittlungsförderungsgesetz v. 31.5.2006 (ABl S. 842)
PVG RP Polizeiverwaltungsgesetz i. d. Bek. v. 1.8.1981 (GVBl S. 179)
PVKV Parteivermögenskommissionsverordnung v. 14.6.1991 (BGBl I S. 1243)
PVO HA Prüfverordnung v. 14.2.2006 (GVBl S. 79)
PVO-Lehr I ND VO ü. d. Ersten Staatsprüfungen f. Lehrämter i. Land Niedersachsen v. 15.4.1998 (GVBl S. 399)
PVO-Lehr II ND VO ü. d. Ausbildung u. d. Zweiten Staatsprüfungen für Lehrämter v. 18.10.2001 (GVBl S. 655)
PVOPol NW Prüfungsverordnung v. 11.11.1984 (GV.NW. S. 688) (s.a. Laufbahnverordnung)
PVPol-hD NW Prüfungsverordnung Polizei – höherer Dienst v. 11.7.1996 (GV.NW S. 263)
PVR Praxis Verkehrsrecht (1.2001–3.2003)
PVS Politische Vierteljahresschrift (1.1960 ff.)
PVÜ Pariser Verbandsübereinkunft v. 20.3.1883 zum Schutze des gewerblichen Eigentums i. d. Stockholmer Fassung v. 14.7.1967 (BGBl 1970 II S. 293)
PWaldVO BW Privatwaldverordnung v. 7.6.1999 (GBl S. 322)
PZVO LSA Pensionsfonds-Zuführungsverordnung v. 9.2.2008 (GVBl LSA S. 64)

Q

QA-VO NW Qualitätsanalyse-Verordnung v. 27.4.2007 (GV.NW S. 185)
QSAÜV M-V MV Qualitätssicherungsaufgabenübertragungsverordnung v. 21.5.2004 (GVOBl M-V S. 199)

QualiVO M-V MV Qualitätsentwicklungsverordnung v. 2.8.2006 (GVOBl M-V S. 684)
QualV BY Qualifikationsverordnung v. 10.10.1978 (GVBl S. 712)
QualVO M-V MV Qualifikationsverordnung v. 14.5.1996 (GVOBl M-V S. 278)
QuaZProgV BE VO ü. Qualitätsziele f. best. gefährliche Stoffe u. zur Verringerung d. Gewässerverschmutzung durch Programme v. 23.5.2001 (GVBl S. 156)
QVO NW Qualifikationsverordnung v. 22.6.1983 (GV.NW S. 260)
QVO-FH NW Qualifikationsverordnung Fachhochschule v. 1.8.1988 (GV.NW S. 354)
QVOU SL Qualifikationsverordnung Universität v. 7.2.1994 (ABl S. 268)

R

R Reich (s) –, Recht (s) –, Rat [In zusammengesetzten Wörtern]; Rücksprache erbeten [in Akten]
R&P Recht und Psychiatrie (1.1983 ff.)
r+s Recht und Schaden (1.1974 ff.)
RA Rechtsanwalt
RabelsZ Zeitschrift für ausländisches und internationales Privatrecht, begr. v. Rabel (1.1927–25.1960; dann: Rabels Zs. f. ausl. u. internat. Privatrecht)
RabG Rabattgesetz v. 25.11.1933 (RGBl I S. 1011)
RABl Reich Reichsarbeitsblatt (1.1903–17.1919; N.F. 1.1921–25; N.F. 7.1927 ff.: Aufgliederung in mit röm. Ziffern zu bezeichnende Teile)
RAe Rechtsanwälte
RäumlGlG HA Gesetz über die räumliche Gliederung der Freien Hansestadt Hamburg v. 6.7.2006 (GVBl S. 397)
RAFachAnwV VO ü. Fachanwaltsbezeichnungen nach d. Rechtsanwaltsgesetz v. 23.2.1992 (BGBl I S. 379)
RAFachBezG Ges. ü. Fachanwaltsbezeichnungen nach d. Bundesrechtsanwaltsordnung v. 27.2.1992 (BGBl I S. 369)

RaFaz Zeitschrift für Rechtsanwaltsfachgestellte und Kanzleimitarbeiter (2006 ff.)
RAG Entscheidungen des Reichsarbeitsgerichts, hrsg. v. d. Mitgliedern d. Gerichtshofes (1.1928–27.1944)
RAG Reichsarbeitsgericht
... **RAG** Rentenanpassungsgesetz
RAin; RAinnen Rechtsanwältin, Rechtsanwältinnen
RAK-Mitt. Mitteilungen der Rechtsanwaltskammer Köln (1.1942 ff.)
RaLAPO-gehD Rahmen-Laufbahn-, Ausbildungs- u. Prüfungsordnung f. d. Laufbahnen d. geh. öffentlichen Dienstes i. d. Bundesverwaltung v. 12.6.1979 (BAnz Nr. 121a) (s.a. Bundeslaufbahnverordnung)
RAMSAR Convention on Wetlands of International Importance Especially as Waterfowl Habitat; Convention Relative aux Zones Humides d'Importance Internationale Particulierement Comme Habitats des Oiseaux d'Eau
RAnz Reich Deutscher Reichs-Anzeiger und (bis 1918: Kgl.) Preußischer Staats-Anzeiger (1871–1945)
RAPO RP Rechtspfleger-Ausbildungs- u. Prüfungsordnung v. 6.7.1995 (GVBl S. 321)
RaPO BY Rahmenprüfungsordnung f. d. Fachhochschule(n) v. 17.10.2001 (GVBl S. 686)
RAPVV, VerAfP, VeröffBerlAufsA, VPVA Reich Veröffentlichungen des Reichsaufsichtsamtes (bis 17.1918: des Kaiserlichen Aufsichtsamtes) für die Privatversicherung (1.1902–38.1939)
RaStO Rahmenstudienordnung
RAÜG Raumfahrtaufgabenübertragungsgesetz i. d. Bek. v. 22.8.1998 (BGBl I S. 2510)
RAuN Rechtsanwalt und Notar
RAuszG Rentenauszahlungsgesetz v. 27.6.2000 (BGBl I S. 939)
RAV 2001 Rentenanpassungsverordnung 2001 v. 14.6.2001 (BGBl I S. 1040)

RAVersG HA Gesetz ü. d. Versorgungswerk d. Rechtsanwältinnen u. Rechtsanwälte i. d. Freien Hansestadt Hamburg v. 21.11.2000 (GVBl I S. 349)
RAVG Rechtsanwaltsversorgungsgesetz
BR v. 17.9.1997 (GBl S. 329)
BW v. 10.12.1984 (GBl S. 671)
RP v. 29.1.1985 (GVBl S. 37)
SH v. 3.9.1984 (GVOBl S. 159)
RAVG Bln BE i. Berlin v. 2.2.1998 (GVBl S. 9)
RAVG M-V MV v. 14.12.1993 (GVOBl M-V 1994 S. 6)
RAVG NW NW v. 6.11.1984 (GV.NW S. 684)
RBB Reich Reichsbesoldungsblatt (1.1922–15.1936; dann: Reichshaushalts- u. Besoldungsblatt)
RBerAusfV s. ... RBerV
RBerG Rechtsberatungsgesetz v. 13.12.1935 (RGBl I S. 1478)
RBerG Rechtsbereinigungsgesetz
BE 1. Rechtsbereinigungsgesetz v. 24.11.1961 (GVBl S. 1647); 2. ~ v. 15.12.1965 (GVBl S. 1955); 3. ~ v. 12.10.1976 (GVBl S. 2452)
BW v. 18.12.1995 (GBl 1996 S. 29)
... **RBerV** VOen z. Ausführung d. Rechtsberatungsgesetzes
1. RBerVO BW Erste Rechtsbereinigungsverordnung v. 4.3.1980 (GBl S. 137)
RBesch Rechtsbescheid
RBFG M-V MV Rechtsbereinigungs- und Rechtsfortgeltungsgesetz v. 23.4.2001 (GVOBl M-V S. 93)
RBG BR Radio-Bremen-Gesetz v. 23.1.2008 (GBl S. 13)
6. RBG SL Gesetz z. Anpassung u. Bereinigung v. Landesrecht v. 24.6.1998 (ABl S. 518)
7. RBG SL Siebtes Rechtsbereinigungsgesetz v. 7.11.2001 (ABl S. 2158)
RBG '87 NW NW Ges. ü. d. Anwendung beamten- und besoldungsrechtl. Vorschriften auf nichtbeamtete Angehörige d. öffentl. Dienstes v. 6.10.1987 (GV.NW S. 342)

RBgm Regierender Bürgermeister
RBrGesetz BB Ges. ü. d. Rundfunk Brandenburg v. 6.11.1991 (GVBl S. 472)
RbSt Rechtsbehelfstelle
RBÜ Revidierte Berner Übereinkunft z. Schutze v. Werken d. Literatur u. 1. Revision [Berlinfassung] v. 13.11.1908 (RGBl 1910 S. 965) / v. 20.3.1914 (RGBl 1920 S. 31); 2. Revision [Romfassung] v. 2.6.1928 (RGBl 1933 II S. 889); 3. Revision [Brüsseler Fassung] v. 26.6.1948 (BGBl 1965 II S. 1213); 4. Revision [Stockholmfassung] v. 14.7.1967 (BGBl 1970 II S. 293); 5. Revision [Pariser Fassung] v. 24.7.1971 (BGBl 1973 II S. 1069)
RBV BY Regionsbeauftragtenverordnung v. 2.10.1997 (GVBl S. 724)
RBVO SL VO z. Bereinigung d. Saarländischen Landesrechts v. 24.2.1994 (ABl S. 607)
RdA Recht der Arbeit (1.1948 ff.)
RdbfJugH Rundbrief des Deutschen Instituts für Jugendhilfe (13.1937/38–23.1950/51; dann: Der Amtsvormund; vorher: Rundbrief d. Dt. Jugendarchivs)
RdE Recht der Elektrizitätswirtschaft (40.1979–52.1991; dann: Recht d. Energiewirtschaft; vorher: Rechtsbeilage d. Elektrizitätswirtschaft); Recht der Energiewirtschaft (1.1992 ff.)
RdErl Runderlass
RdFunkG Ges. ü. d. Errichtung v. Rundfunkanstalten d. Bundesrechts v. 29.11.1960 (BGBl I S. 862)
RDG Rettungsdienstgesetz
BW i. d. Bek. v. 16.7.1998 (GBl S. 437)
SH v. 29.11.1991 (GVOBl S. 579)
RDiszH Reichsdisziplinarhof
RdJ Recht der Jugend (1.1953 ff.)
RdJB Recht der Jugend (ab 13.1965:) und des Bildungswesens (1.1953 ff.)
RdK Das Recht des Kraftfahrers (1.1926–18.1943; 19.1949; 20.1950; 23.1953–25.1955; 21./22.1951/52: Deutsches Autorecht)
RdL Recht der Landwirtschaft (1.1949 ff.)

RdSchr Rundschreiben
RDSchVO BE Rettungsdienst-Schiedsstellenverordnung v. 5.12.2005 (GVBl 2006 S. 13)
RDSchVO M-V MV Rettungsdienstschiedsstellenverordnung v. 23.10.1998 (GVOBl M-V S. 892)
RDStH Entscheidungen des Reichsdienststrafhofs (1.1939–3.1941); Reichsdienststrafhof
RDV Recht der Datenverarbeitung (1.1985 ff.)
RdVfg Rundverfügung
RdW Das Recht der Wirtschaft (30.1977 ff.; vorher: Rechtsarchiv der Wirtschaft); Österreichisches Recht der Wirtschaft (1.1983 ff.)
RE Rechtsentscheid; Referentenentwurf; Rückerstattung
REAG-Programm Reintegration and Emigration Programme for Asylum-seekers in Germany. Bek. v. 12.10.1988 (GMBl S. 571)
RealRV BY Realrechtsverordnung v. 6.6.1972 (GVBl S. 201)
REAOBln BE Anordnung d. AllKdtr betr. Rückerstattung feststellbarer Vermögensgegenstände an Opfer d. nationalsozialistischen Unterdrückungsmaßnahmen v. 26.7.1949 (BK/O [49] 180) (VOBl I S. 221)
RebUmV BB Rebflächenumstellungsverordnung v. 9.1.2003 (GVBl II S. 18)
RechKredV VO ü. d. Rechnungslegung der Kreditinstitute i. d. Bek. v. 11.12.1998 (BGBl I S. 3658)
RechnPrüfG BR Ges. ü. d. Rechnungsprüfung v. 20.12.1966 (GBl S. 221)
RechPensV Pensionsfonds-Rechnungslegungsverordnung v. 25.2.2003 (BGBl I S. 246)
Recht Das Recht, begr. v. Soergel (32.1928–37.1933 = Beil. zu Zbl. f. Handelsrecht) (1.1897–38.1934; dann: = Beil. zu: Dt. Recht)
Rechtspfleger-APO SH Landesverordnung ü. d. Ausbildung u. Prüfung v. Rechtspflegerinnen u. Rechtspflegern v. 24.7.2000 (GVOBl S. 554)
Rechtstheorie Rechtstheorie (1.1970 ff.)
RechVersV VO ü. d. Rechnungslegung v. Versicherungsunternehmen v. 8.11.1994 (BGBl I S. 3378)
RechVE-VO ND Rechnungslegung v. Versicherungsunternehmen v. 18.12.1990 (GVBl S. 486)
RechVO Rechnungslegung v. Versicherungsunternehmen
 BR v. 29.11.1988 (GBl S. 315)
 SL v. 23.11.1996 (ABl S. 1274)
RechVUV BY Rechnungslegung von Versicherungsunternehmen v. 25.2.1988 (GVBl S. 89)
Red Redaktion, Redaktor
REDP/ERPL Revue européenne de droit public; European review of public law; Europäische Zeitschrift des öffentlichen Rechts (1.1989 ff.)
RedR BY Redaktionsrichtlinien v. 26.6.1984 (StAnz Nr. 26, Beil. 4)
Ref. Referat; Referent
Reg. Regierung; Register
RegA Registraturanweisung (§ 19 Abs. 3 GGO I = GGO I, Anl. 1)
RegAnz Bayerischer Regierungsanzeiger (1.1934–12.1945)
RegAutV BB Register-Automations-Verordnung v. 10.1.2005 (GVBl II S. 44)
RegBez Regierungsbezirk
RegBkPlG BB Gesetz zur Regionalplanung und zur Braunkohlen- und Sanierungsplanung i. d. Bek. v. 12.12.2002 (GVBl I S. 2)
RegBl Regierungsblatt
RegDir Regierungsdirektor
RegE Regierungsentwurf
Regel. Regelung
RegisterVO SL VO über die maschinelle Führung der Register v. 29.7.2003 (ABl S. 2238)
Regl. Reglement; Regulativ
RegPr Regierungspräsident; Regierungspräsidium

RegUnterhV Regelunterhaltverordnung v. 28.9.1979 (BGBl I S. 1601)

RegVBG Registerverfahrensbeschleunigungsgesetz v. 20.12.1993 (BGBl I S. 2182)

RegVO SH Regelungsverordnung v. 17.2.2004 (GVOBl Schl.-H. S. 61)

RehaG DDR Rehabilitierungsgesetz v. 6.9.1990 (GBl I S. 1459; BGBl II S. 1240)

REinhG Ges. z. Wiederherstellung d. Rechtseinheit auf d. Gebiete d. Gerichtsverfassung, d. bürgerlichen Rechtspflege, d. Strafverfahrens u. d. Kostenrechts v. 12.9.1950 (BGBl S. 455)

ReisebV BY Reisebüroverordnung v. 26.7.1965 (GVBl S. 272)

ReiseVtrG Reisevertragsgesetz v. 4.5.1979 (BGBl I S. 509)

ReitSchVO BW Reitschadenausgleichsverordnung v. 30.10.1989 (GBl S. 491)

Reit-VO SL VO über das Reiten im Wald v. 17.11.2004 (ABl S. 2370)

RelAuG RP LandesGes. ü. d. Austritt a. Religionsgemeinschaften v. 12.10.1995 (GVBl S. 425)

RElektrWi s. RdE

RelKEG Ges. ü. d. Religiöse Kindererziehung v. 15.7.1921 (RGBl S. 939)

RennwG Rennwett- u. Lotteriegesetz v. 8.4.1922 (RGBl S. 335)

ReNoPatAusb-FachEigV VO über die fachliche Eignung für die Berufsausbildung der Fachangestellten in Rechtsanwalt- und Patentanwaltschaft, Notariat und bei Rechtsbeiständen v. 21.7.2005 (BGBl I S. 2196)

Renopraxis Renopraxis: Zeitschrift für Rechtsanwalts- und Notariatsangestellte (1.2003 ff.)

RenoR Reno-Report. Zeitschrift für Mitarbeiter der juristischen Berufe (1.2000–3.2002)

RentAufbG Rentenaufbesserungsgesetz i. d. Bek. v. 15.2.1952 (BGBl I S. 118)

RepG Reparationsschädengesetz v. 12.2.1969 (BGBl I S. 105)

RES Sammlung der Rechtsentscheide in Wohnraummietsachen (Rechtsentscheid-Sammlung) (1.1980/81.1982 ff.)

Rest. Die Restitution (1.1950/51–5.1954)

RestBestV Reststoffbestimmungs-Verordnung v. 3.4.1990 (BGBl I S. 631)

RettAssG Rettungsassistentengesetz v. 10.7.1989 (BGBl I S. 1384)

RettBetriebsVO SL VO über den Betrieb von Unternehmen des Krankentransports v. 5.1.2005 (ABl S. 178)

RettDG Rettungsdienstgesetz RP i. d. Bek. v. 22.4.1991 (GVBl S. 217)

RettDG LSA LSA Sachsen-Anhalt v. 21.3.2006 (GVBl LSA S. 84)

RettEignungsVO SL VO über den Nachweis der Eignung zur Führung von Unternehmen des Krankentransports v. 5.1.2005 (ABl S. 181)

RettG NW Rettungsdienstgesetz v. 26.11.1974 (GV.NW S. 1481)

Rev. Revision

REVO s. FrREVO

RewiZ Rewi-Information (ab 1983,10: Rewi-Zeitschrift für Zivil-, Wirtschafts- und Steuerrecht) (1.1983–2.1984,3)

Rez. Rezension

RFBl Reich Amtsblatt der Reichsfinanzverwaltung (1/2.1919/20–27.1945)

RFG Rentenversicherungs-Finanzausgleichsgesetz v. 23.12.1964 (BGBl I S. 1090)

RFH Reichsfinanzhof

RFHE Sammlung der Entscheidungen und Gutachten des Reichsfinanzhofs (54.1952: u. d. Obersten Finanzgerichtshofs) (1.1920–54.1952; dann: Sammlung der Entscheidungen u. Gutachten d. Bundesfinanzhofs)

RFinStV Rundfunkfinanzierungsstaatsvertrag

RFMBl s. RFBl

RG Reichsgericht; Reichsgesetz

RGBl Reich Reichsgesetzblatt (1871–1921; dann aufgeteilt in T. I u. II)

RGBl I Reich Reichsgesetzblatt, Teil I (1922–1945)

RGBl II Reich Reichsgesetzblatt, Teil II (1922–1945)

RGebStV Rundfunkgebührenstaatsvertrag
RGesA Reichsgesundheitsamt
RGesundhBl Reich Reichs-Gesundheitsblatt (1.1926–20.1945,4; vorher: Veröffentlichungen d. Reichsgesundheitsamts)
RGG HA Ruhegeldgesetz v. 7.3.1995 (GVBl I S. 53) / v. 30.5.1995 (GVBl I S. 108)
RGMV MV Rundfunkgesetz f. d. Land Mecklenburg-Vorpommern i. d. Bek. v. 29.11.1994 (GVOBl M-V S.1058)
RGR Reichsgerichtsrat
RGS. NW Sammlung des als Landesrecht fortgeltenden ehemaligen Reichsrechts (= Gesetz- u. Verordnungsblatt f. d. Land Nordrhein-Westfalen 1970, Sonderbd.)
RGSt Entscheidungen des Reichsgerichts in Strafsachen (1.1880–77.1944)
RGSW BY Ges. ü. Regelungen im Sozialwesen v. 23.7.1994 (GVBl S. 600)
RGV Rechtsprechung u. Gesetzgebung zur Regelung offener Vermögensfragen (LoseblSlg; 1992 ff.)
RGVZ Reichsgericht – Vereinigte Zivilsenate
RGW Rat f. gegenseitige Wirtschaftshilfe [engl.: COMECON]
RGZ Entscheidungen des Reichsgerichts in Zivilsachen (1.1880–172.1945)
RH Rechnungshof
RHBl Reich Reichshaushalts- und Besoldungsblatt (16.1937–24.1945; vorher: Reichsbesoldungsblatt)
RHeimstG Reichsheimstättengesetz v. 25.11.1937 (RGBl I S. 1291)
RheinSchA Revidierte Rheinschiffahrtsakte Mannheimer Akte i. d. Bek. v. 11.3.1969 (BGBl II S. 597)
RheinSchPatentV Rheinschifferpatentverordnung v. 26.3.1976 (BGBl I S. 761)
RheinSchPEV VO z. Einführung d. Rheinschiffahrtspolizeiverordnung v. 16.8.1983 (BGBl I S. 1145, Anl.)
RheinSchPV Rheinschiffahrtspolizeiverordnung v. 16.8.1983 (BGBl I S. 1145, Anl.)
RheinSchUO Rheinschiffs-Untersuchungsordnung v. 26.3.1976 (BGBl I S. 776, Anl.)

RHG Rechnungshofgesetz
BE i. d. Bek. v. 1.1.1980 (GVBl S. 2)
BW v. 19.10.1971 (GBl S. 426)
BY v. 23.12.1971 (GVBl S. 469)
HA i. d. Bek. v. 14.3.1972 (GVBl I S. 51)
RP v. 20.12.1971 (GVBl 1972 S. 23)
SACH v. 11.12.1991 (SächsGVBl S. 409)
SL i. d. Bek. v. 7.6.1983 (ABl S. 386)
RHilfeG Ges. ü. d. innerdeutsche Rechts- und Amtshilfe in Strafsachen v. 2.5.1953 (BGBl I S. 161)
RHmV Rückstands-Höchstmengenverordnung i. d. Bek. v. 21.10.1999 (BGBl I S. 2082)
RHO Reichshaushaltsordnung i. d. Bek. v. 14.4.1930 (RGBl II S. 693)
RhO BE Reinhalteordnung v. 13.1.1995 (GVBl S. 22)
Rh.-Pf.; RP Rheinland-Pfalz
RhPfVerwBl Rheinisch-Pfälzisches Verwaltungsblatt (1947/48; dann: Die Neue Verwaltung)
RhSchOG Rheinschifffahrtsobergericht
RHuBBl s. RHBl
Rh-ZuVO SACH Zuständigkeitsverordnung Rechtshilfe v. 10.12.2004 (SächsGVBl S. 580)
Ri ... Richter am ... (folgt abgekürzte Bezeichnung d. Gerichts)
RiA Das Recht im Amt (1.1954 ff.)
RichtlRA Grundsätze d. anwaltlichen Standesrechts (festgest. v. d. Bundesrechtsanwaltskammer am 21.6.1973)
RichtlStB Richtlinien f. d. Berufsausübung d. Steuerberater u. Steuerbevollmächtigten (Standesrichtlinien) i. d. Bek. v. 24./25.1.1977
RiErnennV BB Richterernennungsverordnung v. 26.7.2005 (GVBl II S. 430)
RiFlEtikettG Rindfleischetikettierungsgesetz v. 26.2.1998 (BGBl I S. 380)
RiFlEtikettStrV Rindfleischetikettierungs-Strafverordnung v. 5.3.2001 (BGBl I S. 339)
RiFlEtikettZustVO SH Landesverordnung über die zuständigen Behörden nach dem Rindfleischetikettierungsgesetz und

für die Kennzeichnung und Registrierung von Rindern v. 24.9.2003 (GVOBl S. 525)
RiFlEtiZV BB Rindfleischetikettierungszuständigkeitsverordnung v. 9.1.2003 (GVBl II S. 21)
RiG Richtergesetz
  BE i. d. Bek. v. 27.4.1970 (GVBl S. 642)
  BR v. 15.12.1964 (GBl S. 187)
  ND v. 14.12.1962 (GVBl S. 265)
RiNebVO BE VO ü. d. Nebentätigkeit d. Richter v. 23.5.1966 (GVBl S. 886)
RiNV BB Richternebentätigkeitsverordnung v. 10.5.1999 (GVBl II S. 330)
RiRegDG Rinderregistrierungsdurchführungsgesetz i. d. Bek. v. 22.6.2004 (BGBl I S. 1280)
RiStBV Richtlinien für das Strafverfahren und das Bußgeldverfahren Neuf. ab 1.1.1977 (bundeseinheitlich vereinbart); SL Richtlinien für das Strafverfahren und das Bußgeldverfahren v. 14.7.2006 (ABl S. 1183)
RiVASt Richtlinien f. d. Verkehr mit d. Ausland in strafrechtlichen Angelegenheiten v. 18.9.1984 (BAnz Nr. 176a = Beil. 47/84)
RIW Recht der internationalen Wirtschaft (1.1954/55–3.1957 u. 21.1975 ff.; 4.1958–20.1974: Außenwirtschaftsdienst d. Betriebs-Beraters)
RiWahlG Richterwahlgesetz v. 25.8.1950 (BGBl S. 368)
RiWahlO Richterwahlordnung
  BE i. d. Bek. v. 27.4.1970 (GVBl S. 650)
  SH v. 29.6.1971 (GVOBl S. 395)
Rj. Rechnungsjahr
RJA Entscheidungen in Angelegenheiten der freiwilligen Gerichtsbarkeit und des Grundbuchrechts, zusammengest. im Reichsjustizamt (1.1900–17.1922)
RKG Entscheidungen des Reichskriegsgerichts und des Wehrmachtdienststrafhofs (1.1938/40–2.1940/43); Reichsknappschaftsgesetz i. d. Bek. v. 1.7.1926 (RGBl S. 369)
RKG Reichskriegsgericht

RKO Reichskassenordnung v. 6.8.1927 (RMBl S. 357); LSA Rahmenkrankenhausordnung i. d. Bek. v. 1.1.1997 (GVBl LSA S. 21)
rkr. rechtskräftig
RKT Reichskraftwagentarif i. d. Bek. v. 23.12.1958 (BAnz Nr. 249)
RKW Rationalisierungskuratorium d. deutschen Wirtschaft
RL Richtlinie(n)
RLA Rundschau für den Lastenausgleich (1.1952 ff.)
RLegVUVO SH LandesVO ü. d. Rechnungslegung d. unter Landesaufsicht stehenden privaten Versicherungsunternehmen v. 29.8.1995 (GVOBl S. 313)
RLNot Allg. Richtlinien f. d. Berufsausübung d. Notare v. 8.12.1962 (DNotZ 1963 S. 130)
RLV BY Regellehrverpflichtungsverordnung v. 21.9.1977 (GVBl S. 492)
RM Reichsminister(ium)
RmBereinVpG Gesetz z. Bereinigung d. Rechtsmittelrechts i. Verwaltungsprozess v. 20.12.2001 (BGBl I S. 3987)
RMBl Reich Reichsministerialblatt (51.1923–73.1945; vorher: Zentralblatt f. d. Dt. Reich)
RMBlFv Reich Reichsministerialblatt der Forstverwaltung (1.1937–7.1944)
RMBliV s. MBliV
RMBlLwV s. LwRMBl
RMG Entscheidungen des Reichsmilitärgerichts (1.1902–22.1919)
Rn. Randnummer
RNotZ Rheinische Notar-Zeitschrift (2001 ff.)
RöV Röntgenverordnung i. d. Bek. v. 8.1.1987 (BGBl I S. 114)
RöZuVO BW Röntgen-Zuständigkeitsverordnung v. 18.2.2003 (GBl S. 172)
ROG Raumordnungsgesetz i. d. Bek. v. 18.8.1997 (BGBl I S. 2102)
ROHG Entscheidungen des Reichsoberhandelsgerichts (3.1872–25.1880; vorher: Entscheidungen des Bundesoberhandelsgerichts); Reichsoberhandelsgericht

RohrZuVO BW Rohrleitungsanlagen-Zuständigkeitsverordnung v. 10.5.2004 (GBl S. 343)
RohstoffStatG Rohstoffstatistikgesetz v. 22.12.2003 (BGBl I S. 2846 f)
RoV Raumordnungsverordnung v. 13.12.1990 (BGBl I S. 2766)
ROVerfV BB Raumordnungsverfahrens-Verordnung v. 28.6.1994 (GVBl II S. 562)
ROW Recht in Ost und West (1.1957–42.1998)
RPA Reichspatentamt
RpflAnpG Zweites Gesetz z. Änderung d. Rechtspflege-Anpassungsgesetz und anderer Gesetze v. 20.12.1996 (BGBl I S. 2090)
RpflAO Rechtspfleger-Ausbildungsordnung NW v. 19.5.2003 (GV.NW S. 294) SL i. d. Bek. v. 24.6.1999 (ABl S. 936)
Rpfl APO M-V MV Rechtspflegerausbildungs- und Prüfungsordnung v. 17.6.1994 (GVOBl M-V S. 786)
RPflAÜVO HA Rechtspflegeraufgabenübertragungsverordnung v. 18.5.2005 (GVBl S. 200)
RpflBl Rechtspflegerblatt (1.1953 ff.)
Rpfleger Der Deutsche Rechtspfleger (1.1889–46.1935; 54.1943–55.1944; 56/57.1948/49 ff.; 47.1936–50.1939: vorübergehend aufgegangen in Dt. Rechtspflege; 51.1940–53.1942 Deutsches Recht [Berlin] / B.)
RpflG Rechtspflegergesetz v. 5.11.1969 (BGBl I S. 2065)
RpflJB Rechtspfleger-Jahrbuch (1936–1943/44; 1953 ff.)
RpflVO HA VO ü. d. Laufbahnen d. gehobenen Justizdienstes – Rechtspflegerlaufbahn v. 18.12.1973 (GVBl I S. 531) (s.a. Bundeslaufbahnverordnung)
RpflStud Rechtspfleger-Studienhefte (1977 ff.)
RPG Recht und Politik im Gesundheitswesen (1.1995 ff.)
RPO I BW Realschullehrerprüfungsordnung I v. 24.8.2003 (GBl S. 583)

RPO II BW Realschullehrerprüfungsordnung II v. 28.1.2008 (GBl S. 37)
RPrGV BY VO ü. Benutzungsgebühren f. d. Inanspruchnahme d. staatl. Rechnungsprüfungsstellen d. Landratsämter v. 18.1.1980 (GVBl S. 37)
RQV Rückgewährquote-Berechnungsverordnung v. 28.3.1984 (BGBl I S. 496)
RR Regierungsrat
RRa Reise-Recht aktuell (1.1993 ff.)
RReg Reichsregierung
RRG 1999 Rentenreformgesetz 1999 v. 16.12.1997 (BGBl I S. 2998)
RRO Rechnungslegungsordnung für das Reich [Reichsrechnungslegungsordnung] v. 3.7.1929 (RMBl S. 439)
RRwS Richtlinie f. Rohrleitungsanlagen z. Befördern wassergefährdender Stoffe v. 4.3.1987 (GMBl S. 120)
Rs. Rechtssache
...RSA-ÄndV VO zur Änderung der Risikostruktur-Ausgleichsverordnung
RSammlG HA 2. Rechtssammlungsgesetz v. 23.6.1969 (GVBl I S. 129) HA Gesetz ü. d. 1. Sammlung des hamburgischen Landesrechts v. 22.1.1960 (GVGl S. 9)
RSanV BY VO ü. d. Tätigkeit als Rettungssanitäter v. 26.10.1978 (GVBl S. 780)
RSAV Risikostruktur-Ausgleichsverordnung v. 3.1.1994 (BGBl I S. 55)
RSchO Reichsschuldenordnung v. 13.2.1924 (RGBl I S. 95)
RSErrichtV BY Realschulerrichtungsverordnung v. 27.6.2003 (GVBl S. 442)
RSiedlErgG Ges. z. Ergänzung d. Reichssiedlungsgesetzes v. 4.1.1935 (RGBl I S. 1)
RSiedlG Reichssiedlungsgesetz v. 11.8.1919 (RGBl S. 1429)
RSO BY Realschulordnung v. 5.9.2001 (GVBl S. 620)
Rspr Rechtsprechung
RsprEinhG Ges. z. Wahrung d. Einheitlichkeit der Rechtsprechung der obersten Gerichtshöfe des Bundes v. 19.6.1968 (BGBl I S. 661)

RStBl Reich Reichssteuerblatt (10.1920–35.1945; vorher: Amtl. Mitteilungen ü. d. Zuwachssteuer usw.)
RStV Rundfunkstaatsvertrag
RSV Regelsatzverordnung v. 3.4.2004 (BGBl I S. 1067)
RTAG s. RTrAbwG
RTKom Zeitschrift für das gesamte Recht der Telekommunikation (51.1999–53.2001; vorher: Archiv für Post und Telekommunikation; dann: Telekommunikations- & Medienrecht)
RTrAbwG Rechtsträger-Abwicklungsgesetz v. 6.9.1965 (BGBl I S. 1065)
RTV Rahmentarifvertrag
RTZustV-JM BY VO zur Regelung von reisekosten- und trennungsgeldrechtlichen Zuständigkeiten im Geschäftsbereich des Bayerischen Staatsministeriums der Justiz v. 31.3.2005 (GVBl S. 111)
RuBZV BB VO über richter- und beamtenrechtliche Zuständigkeiten in der ordentlichen Gerichtsbarkeit, der Verwaltungsgerichtsbarkeit, der Finanzgerichtsbarkeit und den Staatsanwaltschaften im Land Brandenburg v. 11.8.2006 (GVBl II S. 346)
RUDH Revue universelle des droits de l'homme (1.1989 ff.)
RückHG Rückkehrhilfegesetz v. 28.11.1983 (BGBl I S. 1377)
Rü-ErgG Rentenüberleitungs-Ergänzungsgesetz v. 24.6.1993 (BGBl I S. 1038)
RÜG Renten-Überleitungsgesetz v. 25.7.1991 (BGBl I S. 1606)
RUG SH Gesetz zur Durchführung von Reihenuntersuchungen v. 13.7.2006 (GVOBl S. 160)
RundfG M-V MV Landesrundfunkgesetz v. 20.11.2003 (GVOBl. M-V S. 510)
RuP Recht und Politik (1965 ff.); Schriftenreihe Recht und Praxis (1.1968 ff.)
RuPrVBl Reichsverwaltungsblatt und Preußisches Verwaltungsblatt (49.1927/28–54.1933; dann: Reichsverwaltungsblatt; vorher: Preuß. Verwaltungsblatt)
RuR Raumforschung und Raumordnung (1.1936/37–8.1944; 9.1948; 10.1950; 11.1953 ff.)
RuStAÄndG Ges. z. Änderung d. Reichs- u. Staatsangehörigkeitsgesetzes v. 20.12.1974 (BGBl I S. 3714) [Es existieren weitere ÄndG]
RuStAG Reichs- u. Staatsangehörigkeitsgesetz v. 22.7.1913 (RGBl S. 583)
RUV VO ü. Art und Form d. Rechnungsführung b. d. Trägern d. Unfallversicherung, gesetzliche v. 8.9.1967 (BAnz Nr. 174, Beil.; BAnz Nr. 205)
RUV SL Rohwasseruntersuchungsverordnung v. 21.2.2007 (ABl S. 461)
RV Die Reichsversicherung (1.1927–13.1939)
RV Rentenversicherung
RVÄndG Rentenversicherungs-Änderungsgesetz [im einzelnen nicht aufgeführt]
RVaktuell RV aktuell: Fachzeitschrift und amtliche Mitteilungen der Deutschen Rentenversicherung (52.2005 ff.; vorher: Die Angestelltenversicherung)
RVBedWohnV Bedienstetenwohnungs-Verordnung der RV-Träger v. 15.4.2005 (BGBl I S. 1096)
RV-BEVO VO ü. d. Entrichten v. Beiträgen z. Rentenversicherung d. Arbeiter u. d. Angestellten v. 20.12.1977 (BGBl I S. 2838)
RVBl Reich Reichsversorgungsblatt (1921–1945; 1928–1939 = Reichsarbeitsblatt, Teil V; 1940–1945 = Reichsarbeitsblatt, Beil.; vorher: Amtl. Nachrichten d. Reichsarbeitsministeriums)
RV-BZV RV-Beitragszahlungsverordnung v. 30.10.1991 (BGBl I S. 2057)
RVermG Reichsvermögensgesetz v. 16.5.1961 (BGBl I S. 597)
RVerwBl Reichsverwaltungsblatt (55.1934–64.1943; dann: Deutsches Verwaltungsblatt; vorher: Reichsverwaltungsblatt u. Preuß. Verwaltungsblatt)
RVerwG Entscheidungen des Reichsverwaltungsgerichts (1.1942–2.1943)
RVFinanzG Ges. z. Stärkung d. Finanzgrundlagen d. gesetzl. Rentenversicherung v. 16.5.1985 (BGBl I S. 766)

RVG Entscheidungen des Reichsversorgungsgerichts (1.1921–14.1940); Reichsversorgungsgericht; Reichsverwaltungsgericht

RVG-B RVG Berater (1.2004–2.2005)

RVG-Letter RVG-Letter: Monatsinformation zum anwaltlichen Vergütungsrecht (2004–2007,6)

RVG professionell RVG professionell: Informationsdienst für die Anwaltskanzlei (2004,3 ff.)

RVG Report RVG Report (5.2004 ff.; vorher: BRAGO Report)

RVkBl Reich Reichs-Verkehrs-Blatt (1.1920–25.1945; 1921–1925: geteilt in Abt. A u. B; 1929–1933 geteilt in Teil I u. II = Nachrichten f. Luftfahrer; seit 1934 geteilt in A: Reichswasserstraßen u. B: Kraftfahrwesen)

RV-NachhaltigkeitsG RV-Nachhaltigkeitsgesetz v. 21.7.2004 (BGBl I S. 1791)

RVO Reichsversicherungsordnung i. d. Bek. v. 15.12.1924 (RGBl I S. 779)

RVO NRW NW VO über die Erhebung von Gebühren für die Aufbereitung und technische Umsetzung, den Vertrieb und den Bezug der Inhalte von Fern- und Verbundstudien sowie von Gebühren nach den §§ 9 bis 11 StKFG und deren Übertragung auf die Fernuniversität in Hagen, auf die Fachhochschule Gelsenkirchen sowie auf die an den Verbundstudien teilnehmenden Fachhochschulen des Landes Nordrhein-Westfalen (Fern- und Verbundstudien) v. 17.10.2003 (GV.NW S. 615)

RVOrgG Gesetz zur Organisationsreform in der gesetzlichen Rentenversicherung v. 9.12.2004 (BGBl I S. 3242)

RVOrgG-AusfG SH Gesetz zur Ausführung organisationsrechtlicher Bestimmungen des Sechsten Buches des Sozialgesetzbuches v. 28.9.2005 (GVOBl S. 342)

RVO-StKFG NRW NW VO über die Einrichtung und Führung von Studienkonten mit Regelabbuchung sowie über die Erhebung von Gebühren an den Universitäten, Fachhochschulen und Kunsthochschulen des Landes Nordrhein-Westfalen v. 17.9.2003 (GV.NW S. 570)

RV-PauschalbeitragsV VO ü. d. pauschale Berechnung u. d. Zahlung d. Beiträge z. gesetzlichen Rentenversicherung f. d. Dauer eines auf Grund gesetzlicher Pflicht zu leistenden Dienstes v. 19.3.1974 (BGBl I S. 757)

RVRuV Rentenversicherungs-Ruhensvorschriften-Verordnung v. 29.7.1981 (BGBl I S. 740)

RVS s. SVS/RVS

RVVerkG Ges. ü. d. Verkündung v. Rechtsverordnungen v. 30.1.1950 (BGBl S. 23)

RWAVO SACH VO z. Erhaltung d. Arbeitsfähigkeit d. Richterwahlausschüsse v. 19.2.1991 (SächsGVBl S. 43)

RWB Deutsches Rechtswörterbuch (Bd. 1.1914/32 ff.); Wirtschaftsbestimmungen f. d. Reichsbehörden v. 11.2.1929 (RMBl S. 49)

RWBestV2005 Rentenwertbestimmungsverordnung v. 6.6.2005 (BGBl I S. 1578)

RWG Entscheidungen des Reichswirtschaftsgerichts (2.1924: und des Kartellgerichts) (1.2.1923/24; 1.2.1940/42), Reichswirtschaftsgericht

RWiG s. RWG

RWMBl Reich Ministerialblatt des Reichswirtschaftsministeriums (39.1939–45.1945,3; vorher: Ministerialblatt f. Wirtschaft)

RWP Rechts- und Wirtschaftspraxis (LoseblSlg) (1947 ff.)

RWS Recht und Wirtschaft der Schule (1.1960–5.1964; aufgegangen in: Recht d. Jugend)

Rz. Randzahl

RZBl Reich Reichszollblatt (15.1920–40.1945; vorher: Nachrichtenblatt f. d. Zollstellen)

RZV Recht, Zoll und Verfahren in Auslandsmärkten (1989 – 1998,9; dann: Internationales u. ausländ. Wirtschafts- u. Steuerrecht/Recht & Steuern international)

RzW Rechtsprechung zum Wiedergutmachungsrecht (= Beil. zur Neuen Jur. Wochenschrift) (1.1949/50.–32.1981)

S

S. Satz; Seite
s. siehe
S+F Vierteljahresschrift für Sicherheit und Frieden (1.1983 ff.)
SA Schlussanträge
s.a. siehe auch
SaarBauVG SL Saarländisches Bauaufträge-Vergabegesetz v. 23.8.2000 (ABl S. 1846)
Saarl. BAkadG SL Saarländisches Berufsakademiegesetz v. 27.3.1996 (ABl S. 438)
SaarlFischGewV SL Saarländische Fischgewässerqualitäts VO v. 15.10.1997 (ABl S. 1070)
SaarlGebG SL Ges. ü. d. Erhebung v. Verwaltungs- und Benutzungsgebühren v. 24.6.1964 (ABl S. 629)
SaarlRiG SL Saarländisches Richtergesetz v. 15.5.1968 (ABl S. 338)
SaarlRStZ SL Saarländische Rechts- und Steuer-Zeitschrift (2.1950,3–9.1957,2; dann: Justizblatt d. Saarlandes; vorher: Saarländische Rechtszeitschrift)
SaarlRZ Saarländische Rechts-Zeitschrift (1.1948/49–2.1950,2; dann: Saarländ. Rechts- und Steuerzeitschrift)
SaarlSammlG SL Saarländisches Sammlungsgesetz v. 3.7.1968 (ABl S. 506)
SaarlStrG SL Saarländisches Straßengesetz i. d. Bek. v. 15.10.1977 (ABl S. 969)
SaatErzG BW Ges. z. Schutz d. Erzeugung v. Saatgut in geschlossenen Anbaugebieten v. 13.5.1969 (GBl S. 80)
SaatG Saatgutverkehrsgesetz i. d. Bek. v. 16.7.2004 (BGBl I S. 1673)
SaatgutverkZustLVO M-V MV Landesverordnung über die zuständige Behörde nach dem Saatgutverkehrsgesetz v. 1.8.2005 (GVOBl M-V S. 415)
SaatVG Saatgutverkehrsgesetz i. d. Bek. v. 20.8.1985 (BGBl I S. 1633)

SAbfEV BB Sonderabfallentsorgungsverordnung v. 3.5.1995 (GVBl II S. 404)
SAbfG SL Saarländisches Abfallgesetz v. 3.6.1987 (ABl S. 849)
SAbfGebO BB Sonderabfallgebührenordnung v. 7.4.2000 (GVBl II S. 104)
SAbfVO
  BW Sonderabfallverordnung v. 20.12.1999 (GBl S. 683)
  SH Sonderabfallbeseitigungsverordnung v. 11.8.1981 (GVOBl S. 143)
  SH Sonderabfallverbrennungsverordnung v. 13.11.2006 (GVOBl S. 248)
SaBl Sammelblatt der Rechtsvorschriften des Bundes und der Länder (bis 6.1955,17: f. Gesetze, Verordnungen u. Bekanntmachungen d. Bundes, d. Länder u. d. Besatzungsmächte) (1949/50 ff.)
SaBremR Sammlung des bremischen Rechts. Bd. 1.2.3. (LoseblSlg; 1964 ff.; Kurzausg. 4. Aufl. 1988)
SAbwaG SACH Abwasserabgabengesetz v. 19.6.1991 (SächsGVBl S. 156)
SACH; sächs. Sachsen; sächsisch
SachBezV 19.. Sachbezugsverordnung 19 ..
SachenRÄndG Sachenrechtsänderungsgesetz v. 21.9.1994 (BGBl I S. 2457)
SachSchRl BY Sachschadenersatzrichtlinien v. 22.12.1981 (FMBl 1982 S. 6)
SachsVwVorG SACH Sächs. Verwaltungsvorschriftengesetz i. d. Bek. v. 10.2.2006 (SächsGVBl S. 25)
SachvG BY Ges. ü. öffentlich bestellte u. beeidigte Sachverständige v. 11.10.1950 (BayBS IV S. 73)
SaDV Sammelantrags-Datenträger-Verordnung i. d. Bek. v. 10.5.1995 (BGBl I S.684)
SAE Sammlung arbeitsrechtlicher Entscheidungen (1.1928–6.1933; N.F. 1948 ff.)
SächsABG SACH Sächs. Abfallwirtschafts- u. Bodenschutzgesetz i. d. Bek. v. 31.5.1999 (SächsGVBl S. 261)
SächsABl SACH Sächs. Amtsblatt (1.1990 ff.)
SächsABlFin SACH Amtsblatt des Sächs.

Staatsministeriums für Finanzen
(1.1991 ff.)
SächsABlKult SACH Amtsblatt des Sächs.
Staatsministeriums für Kultus
(1.1991 ff.)
SächsAbmVO SACH Sächs. Abmarkungsverordnung v. 15.8.1991 (SächsGVBl
S. 343)
SächsAbwAbfVerbrVO SACH Sächs. Abwasserverordnung für Abfallverbrennungsanlagen v. 11.8.2003 (SächsGVBl
S. 310)
SächsAEG SACH Sächs. Aussiedlereingliederungsgesetz v. 28.2.1994 (SächsGVBl
S. 359)
SächsAEVO SACH Aufwandsentschädigungs-Verordnung v. 15.2.1996
(SächsGVBl S. 84)
SächsAGBSHG SACH Sächs. Ausführungsgesetz z. Bundessozialhilfegesetz
v. 6.8.1991 (SächsGVBl S. 301)
SächsAGTierNebG SACH Sächs. Ausführungsgesetz zum Tierische Nebenprodukte-Beseitigungsgesetz und zu weiteren Vorschriften über die Verarbeitung und Beseitigung von nicht für den menschlichen Verzehr bestimmten tierischen Nebenprodukten v. 9.11.2004
(SächsGVBl S. 579)
SächsAGTierSchG SACH Sächs. Ausführungsgesetz zum Tierschutzgesetz und zu weiteren tierschutzrechtlichen Vorschriften v. 6.1.2004 (SächsGVBl S. 1)
SächsAGTPG SACH Sächs. Ausführungsgesetz zum Transplantationsgesetz
v. 7.11.2005 (SächsGVBl S. 274)
SächsAkadWissG SACH Gesetz ü. d.
Sächs. Akademie d. Wissenschaften
v. 30.5.1994 (SächsGVBl S. 1021)
SächsAKG SACH Gesetz ü. d. Errichtung
d. Sächs. Akademie d. Künste
v. 24.5.1994 (SächsGVBl S. 1001)
SächsAPOgStF SACH Sächs. Ausbildungs- und Prüfungsordnung für den gehobenen nichttechnischen Dienst der Staatsfinanzverwaltung v. 30.6.2003
(SächsGVBl S. 178)

SächsAPO-gtD SACH Sächs. Ausbildungs- und Prüfungsordnung für den gehobenen technischen Verwaltungsdienst
v. 21.4.2003 (SächsGVBl S. 142)
SächsAPOgVwD SACH Ausbildungs- und Prüfungsordnung f. d. geh. allg. Verwaltungsdienst v. 24.7.2000 (SächsGVBl
S. 368)
SächsAPOmVwD SACH Ausbildungs- und Prüfungsordnung f. d. mittleren allg. Verwaltungsdienst v. 31.7.2001
(SächsGVBl S. 460)
SächsAPOPVD SACH Sächs. Ausbildungs- und Prüfungsordnung für den Polizeivollzugsdienst v. 27.12.2005 (SächsGVBl
S. 10)
SächsApostZuVO SACH Sächs. Apostillen-Zuständigkeitsverordnung
v. 15.1.2008 (SächsGVBl S. 73)
SächsArchG SACH Sächs. Architektengesetz v. 19.4.1994 (SächsGVBl S. 765)
SächsArchivAPO-gD SACH VO des Sächs.
Staatsministeriums des Innern über die Ausbildung und Prüfung für den gehobenen Archivdienst im Freistaat Sachsen
v. 18.6.2007 (SächsGVBl S. 203)
SächsArchivBenVO SACH Sächs. Archivbenutzungsverordnung v. 24.2.2003
(SächsGVBl S. 79)
SächsArchivGebVO SACH Sächs. Archivgebührenverordnung v. 23.5.2006
(SächsGVBl S. 163)
SächsAufbauG SACH Sächs. Aufbaubeschleunigungsgesetz v. 4.7.1994
(SächsGVBl S. 1261)
SächsAuFGebVO SACH Sächs. Aus- und Fortbildungsgebührenverordnung
v. 15.6.2006 (SächsGVBl S. 166)
SächsAuslBeauftrG SACH Sächs. Ausländerbeauftragtengesetz v. 9.3.1994
(SächsGVBl S. 465)
SächsAZVO SACH Sächs. Arbeitszeitverordnung v. 28.1.2008 (SächsGVBl
S. 199)
SächsBadegewV SACH Sächs. Badegewässer-Verordnung v. 5.6.1997
(SächsGVBl S. 464)

SächsBAG SACH Sächs. Berufsakademiegesetz v. 11.6.1999 (SächsGVBl S. 276)

SächsBauPAVO SACH Sächs. Bauprodukten- und Bauartenverordnung v. 29.7.2004 (SächsGVBl S. 403)

SächsBelG SACH Sächs. Belegungsrechtsgesetz v. 14.12.1995 (SächsGVBl S. 396)

SächsBesG SACH Sächs. Besoldungsgesetz i. d. Bek. v. 28.1.1998 (SächsGVBl S. 50)

SächsBestG SACH Sächs. Bestattungsgesetz v. 8.7.1994 (SächsGVBl S. 1321)

SächsBeurtVO SACH Sächs. Beurteilungsverordnung v. 16.2.2006 (SächsGVBl S. 26)

SächsBG SACH Sächs. Beamtengesetz i. d. Bek. v. 14.6.1999 (SächsGVBl S. 370)

SächsBibGebVO SACH Sächs. Bibliotheksgebührenverordnung v. 29.11.2004 (SächsGVBl S. 600)

SächsBO SACH Sächs. Bauordnung v. 18.3.1999 (SächsGVBl S. 86)

SächsBörsWVO SACH VO des Sächs. Staatsministeriums für Wirtschaft und Arbeit über die Wahl des Börsenrates der European Energy Exchange Leipzig v. 13.3.2003 (SächsGVBl S. 87)

SächsBrandschG SACH Sächs. Brandschutzgesetz i. d. Bek. v. 28.1.1998 (SächsGVBl S. 54)

SächsBVO SACH Sächs. Beihilfenverordnung v. 22.7.2004 (SächsGVBl S. 397)

SächsDO SACH Disziplinarordnung f. d. Freistaat Sachsen v. 28.2.1994 (SächsGVBl S. 333)

SächsDolmG SACH Sächs. Dolmetschergesetz v. 25.2.2008 (SächsGVBl S. 242)

SächsDolmPrüfVO SACH Sächs. Dolmetscherprüfungsverordnung v. 14.1.2003 (SächsGVBl S. 16)

SächsDolmVO SACH Sächs. Dolmetscher-Verordnung v. 12.12.2000 (SächsGVBl 2001 S. 12)

SächsDSG SACH Datenschutzgesetz v. 11.12.1991 (SächsGVBl S. 401)

SächsDuSVO SACH Sächs. Dung- u. Silagesickersaftanlagenverordnung v. 26.2.1999 (SächsGVBl S. 131)

SächsEigBG SACH Sächs. Eigenbetriebsgesetz v. 19.4.1994 (SächsGVBl S. 773)

SächsEigBVO SACH Sächs. Eigenbetriebsverordnung v. 30.12.1994 (SächsGVBl 1995 S. 10)

SächsEltZVO SACH Sächs. Elternzeitverordnung i. d. Bek. v. 13.12.2005 (SächsGVBl S. 322)

SächsEntEG SACH Sächs. Enteignungs- und Entschädigungsgesetz v. 18.7.2001 (SächsGVBl S. 453)

SächsEnZustDVO SACH Sächs. Energieeinsparungs-Zuständigkeits- und Durchführungsverordnung v. 21.1.2004 (SächsGVBl S. 28)

SächsErnAO SACH AnO ü. d. Ernennung d. Beamten v. 24.10.1991 (SächsGVBl S. 381)

SächsERVRegVO SACH VO des Sächsischen Staatsministeriums der Justiz über den elektronischen Rechtsverkehr bei den Amtsgerichten des Freistaates Sachsen in Handelsregister- und Genossenschaftsregistersachen v. 10.10.2006 (SächsGVBl S. 494)

SächsEUDiplVO SACH Sächs. EU-Hochschuldiplomanerkennungsverordnung v. 3.10.1997 (SächsGVBl S. 552)

SächsFeuVO SACH Sächs. Feuerungsverordnung v. 17.9.1998 (SächsGVBl S. 516)

SächsFFG SACH Sächs. Frauenförder(ungs)gesetz v. 31.3.1994 (SächsGVBl S. 684)

SächsFFStatVO SACH Sächs. Frauenförderungsstatistikverordnung v. 24.7.2006 (SächsGVBl S. 457)

SächsFischgewV SACH Sächs. Fischgewässerverordnung v. 3.7.1997 (SächsGVBl S. 494)

SächsFischVO SACH Sächs. Fischereiverordnung v. 10.3.2008 (SächsGVBl S. 260)

SächsFlüAG SACH Sächs. Flüchtlingsaufnahmegesetz i. d. Bek. v. 13.2.2003 (SächsGVBl S. 29)

SächsFöDaG SACH Gesetz ü. Fördermit-

teldatenbanken i. Freistaat Sachsen
v. 10.6.1999 (SächsGVBl S. 273)
SächsFöDaVO SACH Sächs. Fördermitteldatenbankverordnung v. 13.10.2000 (SächsGVBl S. 442)
SächsFrTrSchulVO SACH VO des Sächs. Staatsministeriums für Kultus über die Genehmigung und Anerkennung von Schulen in freier Trägerschaft v. 19.9.2007 (SächsGVBl S. 414)
SächsFrühErDurchfG SACH Sächs. Früherkennungsdurchführungsgesetz v. 1.6.2006 (SächsGVBl S. 150)
SächsFuttMSachkVO SACH Futtermittelsachkunde-Verordnung v. 18.4.2006 (SächsGVBl S. 12)
SächsFwVO SACH Sächs. Feuerwehrverordnung v. 21.10.2005 (SächsGVBl S. 291)
SächsGarVO SACH Sächs. Garagenverordnung v. 17.1.1995 (SächsGVBl S. 86)
SächsGDG SACH Ges. ü. d. öffentl. Gesundheitsdienst v. 11.12.1991 (SächsGVBl S. 413)
SächsGedenkStG SACH Sächs. Gedenkstättenstiftungsgesetz v. 22.4.2003 (SächsGVBl S. 107)
SächsGemO SACH Gemeindeordnung für den Freistaat Sachsen i. d. Bek. v. 18.3.2003 (SächsGVBl S. 55)
SächsGerOrgG SACH Sächs. Gerichtsorganisationsgesetz v. 24.5.1994 (SächsGVBl S. 1009)
SächsGerZustVO SACH Gerichtl. Zuständigkeitsverordnung v. 14.7.1994 (SächsGVBl S. 1313)
SächsGewVVO SACH Gewässerverschmutzungsverringerungsverordnung v. 1.6.2001 (SächsGVBl S. 202)
SächsGfbWBVO SACH Weiterbildungsverordnung Gesundheitsfachberufe v. 22.5.2007 (SächsGVBl S. 209)
SächsGFlKLPVO SACH VO des Sächsischen Staatsministeriums für Soziales über den Lehrgang und die Prüfung von Geflügelfleischkontrolleuren v. 6.11.2003 (SächsGVBl S. 907)

SächsGKV SACH Gesetz über den Kommunalen Versorgungsverband Sachsen i. d. Bek. v. 22.7.2004 (SächsGVBl S. 358)
SächsGradG SACH Sächs. Graduiertengesetz v. 24.5.1994 (SächsGVBl S. 1006)
SächsGrundbVO SACH Sächs. Grundbuchverordnung v. 29.1.1996 (SächsGVBl S. 71)
SächsGVBl SACH Sächs. Gesetz- und Verordnungsblatt (1.1990 ff.)
SächsGVEntschVO SACH Gerichtsvollzieher-Entschädigungs-Verordnung v. 11.12.2003 (SächsGVBl S. 8)
SächsHausPrüfVO SACH VO d. Sächs. Staatsministeriums d. Innern ü. d. Prüfung haustechnischer Anlagen u. Einrichtungen i. Gebäuden bes. Art u. Nutzung v. 2.5.1995 (SächsGVBl S. 158)
SächsHebG SACH Sächs. Hebammengesetz v. 9.7.1997 (SächsGVBl S. 478)
SächsHFKVO SACH Sächs. Härtefallkommissionsverordnung v. 11.7.2005 (SächsGVBl S. 184)
SächsHfVO SACH Sächs. Heilfürsorgeverordnung v. 23.3.2000 (SächsGVBl S. 216)
SächsHG SACH Sächs. Hochschulgesetz v. 11.6.1999 (SächsGVBl S. 293)
SächsHGebVO SACH Sächs. Hochschulgebührenverordnung v. 13.12.2004 (SächsGVBl S. 603)
SächsHKaG SACH Sächs. Heilberufekammergesetz v. 24.5.1994 (SächsGVBl S. 935)
SächsHLeistBezVO SACH Sächs. Hochschulleistungsbezügeverordnung v. 10.1.2006 (SächsGVBl S. 21)
SächsHNTV SACH Sächs. Hochschulnebentätigkeitsverordnung v. 1.10.1996 (SächsGVBl S. 426)
SächsHygVO SACH Sächs. Hygiene-Verordnung v. 7.4.2004 (SächsGVBl S. 137)
SächsIHKG SACH Ges. z. Ausf. u. Erg. d. Rechts d. Industrie- u. Handelskammern v. 18.11.1991 (SächsGVBl S. 380)
SächsInsOAGVO SACH VO des Sächsischen Staatsministeriums für Soziales

SächsJAG   1. Teil

über die pauschale Vergütung nach § 5 SächsInsOAG v. 25.4.2005 (SächsGVBl S. 159)
SächsJAG SACH Sächs. Juristenausbildungsgesetz v. 27.6.1991 (SächsGVBl S. 224)
SächsJagdVO SACH Sächs. Jagdverordnung v. 29.10.2004 (SächsGVBl S. 560)
SächsJAPO SACH Ausbildungs- und Prüfungsordnung für Juristen des Freistaates Sachsen i. d. Bek. v. 7.4.2006 (SächsGVBl S. 105)
SächsJArbSchVO SACH Sächs. Jugendarbeitsschutzverordnung v. 31.5.1995 (SächsGVBl S. 171)
Sächs JG SACH Sächs. Justizgesetz v. 24.11.2000 (SächsGVBl S. 482)
SächsJOrgVO SACH Sächs. Justizorganisationsverordnung v. 14.12.2007 (SächsGVBl S. 600)
SächsJStVollzG SACH Sächs. Jugendstrafvollzugsgesetz v. 12.12.2007 (SächsGVBl S. 558)
SächsJZustV SACH Justiz-Zuständigkeitsverordnung v. 19.6.1991 (SächsGVBl S. 200)
SächsKAG SACH Sächs. Kommunalabgabengesetz i. d. Bek. v. 26.8.2004 (SächsGVBl S. 418)
SächsKatSG SACH Sächs. Katastrophenschutzgesetz i. d. Bek. v. 24.3.1999 (SächsGVBl S. 145)
SächsKatSVO SACH Sächs. Katastrophenschutzverordnung v. 19.12.2005 (SächsGVBl S. 324)
SächsKhilfVO SACH Sächs. Kommunikationshilfenverordnung v. 20.10.2007 (SächsGVBl S. 499)
SächsKitaG SACH Gesetz über Kindertageseinrichtungen i. d. Bek. v. 29.12.2005 (SächsGVBl S. 2)
SächsKomBesVO SACH Sächs. Kommunalbesoldungs-Verordnung v. 20.2.1996 (SächsGVBl S. 79)
SächsKomHVO-Doppik SACH Sächs. Kommunalhaushaltsverordnung-Doppik v. 8.2.2008 (SächsGVBl S. 202)

SächsKontrollG SACH Sächs. Kontrollgesetz v. 22.4.2003 (SächsGVBl S. 106)
SächsKRG SACH Sächs. Kulturraumgesetz v. 20.1.1994 (SächsGVBl S. 175)
SächsKRGAG SACH Sächs. Ausführungsgesetz zum Krebsregistergesetz i. d. Bek. v. 4.9.2007 (SächsGVBl S. 410)
SächsKÜVO SACH Sächs. Kehr- und Überprüfungsverordnung v. 18.12.2007 (SächsGVBl S. 581)
SächsKurG SACH Sächs. Kurortegesetz v. 9.6.1994 (SächsGVBl S. 1022)
5. SächsKVZ SACH Fünftes Sächs. Kostenverzeichnis v. 10.5.2001 (SächsGVBl S. 217)
6. SächsKVZ SACH Sechstes Sächsisches Kostenverzeichnis v. 24.10.2003 (SächsGVBl S. 706)
7. SächsKVZ SACH Siebentes Sächsisches Kostenverzeichnis v. 24.5.2006 (SächsGVBl S. 189)
SächsLadöffVschG SACH Sächs. Ladenöffnungsvorschaltgesetz v. 16.11.2006 (SächsGVBl S. 497)
SächsLaFamKaVO SACH Sächs. Landesfamilienkassenverordnung v. 29.3.2005 (SächsGVBl S. 74)
SächsLandwSachVO SACH Sächs. Landwirtschaftssachverständigenverordnung v. 29.10.2001 (SächsGVBl S. 694)
SächsLandwVerfAusfG SACH Ausführungsgesetz z. Ges. ü. d. gerichtl. Verfahren in Landwirtschaftssachen v. 14.11.1991 (SächsGVBl S. 379)
SächsLBG SACH Gesetz ü. d. Sächs. Landesbibliothek – Staats- u. Universitätsbibliothek Dresden v. 30.6.1995 (SächsGVBl S. 205)
SächsLehrbVO SACH Sächs. Lehrberichtsverordnung v. 2.4.1997 (SächsGVBl S. 386)
SächsLErzGG SACH Sächs. Landeserziehungsgeldgesetz v. 25.2.2008 (SächsGVBl S. 60)
SächsLJagdG SACH Jagdgesetz v. 8.5.1991 (SächsGVBl S. 61)
SächsLStipVO SACH Sächs. Landesstipen-

dienverordnung v. 14.2.2001 (SächsGVBl S. 144)

SächsLVO SACH Sächs. Laufbahnverordnung i. d. Bek. v. 29.8.2000 (SächsGVBl S. 398) (s.a. Bundeslaufbahnverordnung)

SächsLVO Pol SACH LaufbahnVO d. Polizeibeamten v. 22.11.1999 (SächsGVBl S. 799) (s.a. Bundeslaufbahnverordnung)

SächsMeldDÜVO SACH Sächs. Meldedaten-Übermittlungsverordnung v. 10.9.1997 (SächsGVBl S. 557) (s.a. Datenübermittlung)

SächsMG SACH Sächs. Meldegesetz i. d. Bek. v. 4.7.2006 (SächsGVBl S. 388)

SächsMinG SACH Sächs. Ministergesetz i. d. Bek. v. 4.7.2000 (SächsGVBl S. 322)

SächsMuSchuVO SACH Sächs. Mutterschutzverordnung i. d. Bek. v. 8.12.2003 (SächsGVBl S. 6)

SächsNatSchG SACH Sächs. Naturschutzgesetz i. d. Bek. v. 11.10.1994 (SächsGVBl S. 1601)

SächsNRG SACH Sächs. Nachbarrechtsgesetz v. 11.11.1997 (SächsGVBl S. 582)

SächsNSG SACH Sächs. Nichtraucherschutzgesetz v. 26.10.2007 (SächsGVBl S. 495)

SächsNTVO SACH Sächs. Nebentätigkeitsverordnung v. 21.6.1994 (SächsGVBl S. 1110)

SächsÖbVVO SACH Sächs. Verordnung über Öffentlich bestellte Vermessungsingenieure v. 1.9.2003 (SächsGVBl S. 346)

SächsOWiG SACH Sächs. Ordnungswidrigkeitengesetz v. 20.1.1994 (SächsGVBl S. 174)

SächsPersPaßG SACH Sächs. Gesetz ü. Personalausweise und z. Ausführung d. Paßgesetzes v. 19.5.1998 (SächsGVBl S. 198)

SächsPersVG SACH Sächs. Personalvertretungsgesetz i. d. Bek. v. 25.6.1999 (SächsGVBl S. 430)

SächsPetAG SACH Petitionsausschußgesetz v. 11.6.1991 (SächsGVBl S. 90)

SächsPKWaldVO SACH Sächs. Privat- und Körperschaftswaldverordnung v. 16.4.2003 (SächsGVBl S. 110)

SächsPolFHG SACH Sächs. Polizeifachhochschulgesetz v. 24.5.1994 (SächsGVBl S. 1002)

SächsPolG SACH Polizeigesetz d. Freistaates Sachsen i. d. Bek. v. 13.8.1999 (SächsGVBl S. 466)

SächsPolOrgVO SACH Sächs. Polizeiorganisationsverordnung v. 16.12.2004 (SächsGVBl S. 586)

SächsPRG SACH Sächs. Privatrundfunkgesetz i. d. Bek. v. 9.1.2001 (SächsGVBl S. 69)

SächsPsychKG SACH Sächs. Gesetz ü. d. Hilfen u. d. Unterbringung b. psychischen Krankheiten v. 16.6.1994 (SächsGVBl S. 1097)

SächsQualiVO SACH Sächs. Qualifikations- und Fortbildungsverordnung pädagogischer Fachkräfte v. 9.1.2004 (SächsGVBl S. 11)

SächsRAVG SACH Sächs. Rechtsanwaltsversorgungsgesetz v. 16.6.1994 (SächsGVBl S. 1107)

SächsRBG SACH Sächs. Rechtsbereinigungsgesetz v. 17.4.1998 (SächsGVBl S. 151)

SächsRegbedVO SACH Regelbedarfsverordnung v. 26.4.1991 (SächsGVBl S. 83)

SächsRiG SACH Richtergesetz des Freistaates Sachsen i. d. Bek. v. 2.8.2004 (SächsGVBl S. 365)

SächsRiGWahlVO SACH VO des Sächs. Staatsministeriums der Justiz zu den Wahlen nach dem Richtergesetz des Freistaates Sachsen v. 15.6.2004 (SächsGVBl S. 229)

SächsRiGWO SACH VO d. Sächs. Staatsministeriums d. Justiz z. d. Wahlen n. d. Richtergesetz d. Freistaates Sachsen v. 14.6.1999 (SächsGVBl S. 400)

SächsRKG SACH Sächs. Reisekostengesetz i. d. Bek. v. 8.7.1998 (SächsGVBl S. 346)

SächsRKVO SACH VO z. Sächs. Reisekostengesetz v. 14.3.1997 (SächsGVBl S. 362)

SächsRPG SACH Gesetz ü. d. Regierungspräsidien im Freistaat Sachsen v. 10.12.1998 (SächsGVBl S. 661)

SächsRSVO SACH Sächs. Regelsatzverordnung v. 14.1.2005 (SächsGVBl S. 2)

SächsSachVO SACH VO des Sächs. Staatsministeriums für Umwelt und Landwirtschaft über Sachverständige nach § 18 BBodSchG v. 16.12.2002 (SächsGVBl S. 22)

SächsSammlG SACH Sächs. Sammlungsgesetz v. 5.11.1996 (SächsGVBl S. 446)

SächsSchAVO SACH Sächs. Schutz- und Ausgleichsverordnung f. d. Land- u. Forstwirtschaft v. 23.1.2001 (SächsGVBl S. 98)

SächsSchiedsStG SACH Sächs. Schiedsstellengesetz v. 27.5.1999 (SächsGVBl S. 247)

SächsSchiffVO SACH Sächs. Schifffahrtsverordnung v. 12.3.2004 (SächsGVBl S. 123)

SächsSchulvorbVO SACH Schulvorbereitungsverordnung v. 15.8.2006 (SächsGVBl S. 455)

SächsSorbG SACH Sächs. Sorbengesetz v. 31.3.1999 (SächsGVBl S. 161)

SächsSorbKitaVO SACH VO über Kindertageseinrichtungen im sorbischen Siedlungsgebiet v. 19.9.2006 (SächsGVBl S. 464)

SächsSozVwgDAPVO SACH VO des Sächs. Staatsministeriums für Soziales über die Ausbildung und Prüfung für den gehobenen nichttechnischen Dienst in der Sozialverwaltung und Sozialversicherung im Freistaat Sachsen v. 9.9.2003 (SächsGVBl S. 645)

SächsSpkVO SACH Sächs. Sparkassen(ver)ordnung v. 16.11.1995 (SächsGVBl S. 375)

SächsStBVG SACH Sächs. Steuerberaterversorgungsgesetz v. 16.6.1999 (SächsGVBl S. 334)

SächsStrVAG SACH Sächs. Gesetz zur Ausführung strahlenschutzvorsorgerechtlicher Vorschriften v. 20.5.2003 (SächsGVBl S. 130)

SächsStrVZuVO SACH Sächs. Strahlenschutzvorsorgezuständigkeitsverordnung v. 16.4.2004 (SächsGVBl S. 173)

SächsStudDatVO SACH Sächs. Studentendatenverordnung v. 19.7.2000 (SächsGVBl S. 390)

SächsStudPlVergabeVO Studienplatzvergabeverordnung Zentrale Vergabe

SächsStudPlVergabeVO SACH Sächs. Studienplatzvergabeverordnung v. 13.6.2006 (SächsGVBl S. 169)

SächsSWEG SACH Sächs. Sicherheitswachterprobungsgesetz v. 12.12.1997 (SächsGVBl S. 647)

SächsSZG SACH Sächs. Sonderzahlungsgesetz v. 6.1.2004 (SächsGVBl S. 2)

SächsTechPrüfVO SACH VO d. Sächs. Staatministeriums d. Innern ü. d. Prüfung technischer Anlagen u. Einrichtungen i. baulichen Anlagen u. Räumen bes. Art oder Nutzung v. 7.2.2000 (SächsGVBl S. 127)

SächsTGV SACH Sächs. Trennungsgeldverordnung v. 11.11.1994 (SächsGVBl S. 1634)

SächsTWGewVO SACH Trinkwassergewinnungsverordnung v. 22.4.1997 (SächsGVBl S. 400)

SächsUAGrVO SACH Sächs. Verordnung über die Umwandlung ausländischer Hochschulgrade v. 17.12.2004 (SächsGVBl S. 17)

SächsUrlVO SACH Sächs. Urlaubsverordnung i. d. Bek. v. 2.3.2004 (SächsGVBl S. 118)

SächsUVPG SACH Gesetz über die Umweltverträglichkeitsprüfung im Freistaat Sachsen i. d. Bek. v. 9.7.2007 (SächsGVBl S. 349)

SächsVAwS SACH Sächs. Anlagenverordnung v. 18.4.2000 (SächsGVBl S. 223)

SächsVBl Sächs. Verwaltungsblätter (1.1993 ff.)

SächsVerfGHAufwEntschVO SACH VO d. Sächs. Staatsregierung über d. Aufwandsentschädigung d. Mitglieder d. Verfassungsgerichtshofes d. Freistaates Sachsen v. 21.1.1999 (SächsGVBl S. 14)

SächsVermAPO-mD SACH Ausbildungs- und Prüfungsordnung mittlerer vermes-

sungstechnischer Verwaltungsdienst v. 9.10.2003 (SächsGVBl S. 628)
SächsVermG SACH Sächs. Vermessungsgesetz v. 12.5.2003 (SächsGVBl S. 121)
SächsVermKoVO SACH Sächs. Vermessungskostenverordnung v. 1.9.2003 (SächsGVBl S. 349)
SächsVertrG SACH Vertretungsgesetz v. 20.2.1997 (SächsGVBl S. 108)
SächsVOAAGr SACH Sächs. Verordnung f. ausländ. akadem. Grade v. 20.10.1998 (SächsGVBl S. 610)
SächsVStättVO SACH Sächs. Versammlungsstättenverordnung v. 7.9.2004 (SächsGVBl S. 443)
SächsVwAufbErgG SACH Sächs. Verwaltungsaufbauergänzungsgesetz v. 16.4.1999 (SächsGVBl S. 184)
SächsVwKG SACH Verwaltungskostengesetz des Freistaates Sachsen i. d. Bek. v. 17.9.2003 (SächsGVBl S. 698)
SächsVwModG SACH Sächs. Verwaltungsmodernisierungsgesetz v. 5.5.2004 (SächsGVBl S. 148)
SächsVwNG SACH Sächs. Verwaltungsneuordnungsgesetz v. 29.1.2008 (SächsGVBl S. 138)
SächsVwOrgG SACH Sächs. Verwaltungsorganisationsgesetz v. 25.11.2003 (SächsGVBl S. 899)
SächsVwVfG SACH Verwaltungsverfahrensgesetz für den Freistaat Sachsen i. d. Bek. v. 10.9.2003 (SächsGVBl S. 614)
SächsVwVG SACH Verwaltungsvollstreckungsgesetz für den Freistaat Sachsen i. d. Bek. v. 10.9.2003 (SächsGVBl S. 614)
SächsVwZG SACH Verwaltungszustellungsgesetz für den Freistaat Sachsen i. d. Bek. v. 10.9.2003 (SächsGVBl S. 620)
SächsWabuV SACH Sächs. Wasserbuchverordnung v. 8.1.1999 (SächsGVBl S. 31)
SächsWahlG SACH Sächs. Wahlgesetz i. d. Bek. v. 15.9.2003 (SächsGVBl S. 525)
SächsWasBauPVO SACH Sächs. Wasserbauprüfverordnung v. 1.9.1998 (SächsGVBl S. 515)

SächsWG SACH Sächs. Wassergesetz i. d. Bek. v. 18.10.2004 (SächsGVBl S. 482)
SächsWprG SACH Sächs. Wahlprüfungsgesetz v. 22.6.1994 (SächsGVBl S. 1249)
SächsZÜSVO SACH VO der Sächs. Staatsregierung über zugelassene Überwachungsstellen v. 24.2.2006 (SächsGVBl S. 71)
SächsZuwKitaZuVO SACH Zuständigkeitsverordnung für Zuweisungen für Kindertageseinrichtungen v. 11.9.2007 (SächsGVBl S. 416)
SächsZZVO ... SACH Sächs. Zulassungszahlenverordnung ...
SäHO SACH Sächs. Haushaltsordnung i. d. Bek. v. 10.4.2001 (SächsGVBl S. 153)
SAG Saarländisches Ausführungsgesetz
SaG BW Sammlungsgesetz v. 13.1.1969 (GBl S. 1)
SAG GVG SL Ausführungsgesetz z. Gerichtsverfassungsgesetz v. 4.10.1972 (ABl S. 601)
SAG ViehsG SL Ausführungsges. zum Viehseuchengesetz v. 23.6.1976 (ABl S. 690) (s.a. Tierseuchengesetz)
SaH-VO ND VO ü. Schulen f. andere als ärztliche Heilberufe v. 1.7.1996 (GVBl S. 325)
SAIG SL Saarländisches Architekten- und Ingenieurkammergesetz v. 18.2.2004 (ABl S. 865)
SAKDG SACH Gesetz ü. d. Errichtung d. Sächs. Anstalt f. Kommunale Datenverarbeitung v. 15.7.1994 (SächsGVBl S. 1432)
SalzStBefrO Salzsteuerbefreiungsordnung (= Anl. z. d. DBest. z. Salzsteuergesetz v. 25.1.1960 (BGBl I S. 50) / v. 25.1.1960 (BGBl I S. 52)
SalzStDB Durchführungsbestimmungen z. Salzsteuergesetz v. 25.1.1960 (BGBl I S. 52)
SalzStG Salzsteuergesetz i. d. Bek. v. 25.1.1960 (BGBl I S. 50)
SalzStVO Salzsteuervergütungsordnung (= Anl. B z. d. SalzStDB)
SAM Steueranwaltsmagazin (1.1999 ff.)

SammlG RP Sammlungsgesetz v. 5.3.1970 (GVBl S. 93)

SanOAAusbgV VO ü. d. Ausbildungsgeld f. Sanitätsoffizier-Anwärter v. 12.9.2000 (BGBl I S. 1406)

SAPAG SL Saarländisches Altenpflegeausbildungsgesetz v. 23.6.1994 (ABl S. 1542)

SAR Sozialhilfe- u. Asylbewerberleistungs-Recht (1.2002 ff.)

SArbSZV BB VO z. Regelung v. Zuständigkeiten a. d. Gebiet d. sozialen u. medizinischen Arbeitsschutzes v. 25.9.1999 (GVBl II S. 539)

SatDSiG Satellitendatensicherheitsgesetz v. 23.11.2007 (BGBl I S. 2590)

SatÜ Übk. ü. d. Verbreitung der durch Satelliten übertragenen programmtragenden Signale v. 21.5.1974 (BGBl 1979 II S. 113)

SAWG SL Saarländisches Abfallwirtschafts-Ges. v. 26.11.1997 (ABl S. 1356)

Sb. Sonderband

SBAO LSA Sportbootanordnung i. d. Bek. v. 1.1.1997 (GVBl LSA S. 96)

SBauG Schutzbaugesetz v. 9.9.1965 (BGBl I S. 1232)

SBesG SL Besoldungsgesetz i. d. Bek. v. 10.1.1989 (ABl S. 301)

SBG Soldatenbeteiligungsgesetz i. d. Bek. v. 15.4.1997 (BGBl I S. 766); RP Schwangerenberatungsgesetz v. 23.12.1977 (GVBl S. 455) SL Saarl. Beamtengesetz i. d. Bek. v. 27.12.1996 (ABl 1997 S.301)

SBG ... NW Solidarbeitraggesetz ...

SBGG SL Saarländisches Behindertengleichstellungsgesetz v. 26.11.2003 (ABl S. 2987)

SBGVO SL Saarländische Behindertengleichstellungsverordnung v. 19.9.2006 (ABl S. 1698)

SBO SACH Schulbesuchsordnung v. 12.8.1994 (SächsGVBl S. 1565)

SBV BR VO ü. Gegenstände u. Umfang d. Schwerpunktbereiche d. ersten juristischen Staatsprüfung v. 19.5.1995 (GBl S. 321)

SBVG RP Steuerberaterversorgungsgesetz v. 22.12.1999 (GVBl S. 462)

SC SteuerConsultant (1,2007,7 ff.; vorher: Consultant; davor: Die Information für Steuerberater und Wirtschaftsprüfer)

sc. scilicet

SCEAG Gesetz zur Einführung der Europäischen Genossenschaft und zur Änderung des Genossenschaftsrechts v. 14.8.2006 (BGBl I S. 1911)

SCEBG Gesetz über die Beteiligung der Arbeitnehmer und Arbeitnehmerinnen in einer Europäischen Genossenschaft v. 14.8.2006 (BGBl I S. 1917)

Sch. Schuldner

SchAbfEntG M-V MV Schiffsabfallentsorgungsgesetz v. 16.12.2003 (GVOBl M-V S. 679)

SchAbfKostVO M-V MV Schiffsabfall-Kostenverordnung v. 1.4.2004 (GVOBl M-V S. 154)

SchadAnzV BB Schadensanzeige-Verordnung v. 22.9.1994 (GVBl II S. 893)

SchädBekVO LSA Schädlingsbekämpfungsverordnung v. 14.2.1996 (GVBl LSA S. 112)

SchallschutzV Schallschutzverordnung v. 5.4.1974 (BGBl I S. 903)

SchALVO BW Schutzgebiets- u. Ausgleichs-Verordnung v. 20.2.2001 (GBl S. 145)

SchankV Getränkeschankanlagenverordnung i. d. Bek. v. 19.6.1998 (BGBl I S. 1421)

SchauHV VO ü. d. Haftpflichtversicherung f. Schausteller v. 17.12.1984 (BGBl I S. 1598)

SchaumwStG Schaumweinsteuergesetz i. d. Bek. v. 26.10.1958 (BGBl I S. 764)

SchAVO M-V MV Schulaufsichtsverordnung v. 17.6.2005 (GVOBl M-V S. 350)

SchAV-See Schiffsausrüstungsverordnung-See v. 20.5.1998 (BGBl I S. 1168)

SchBauFöG BW Schulbauförderungsgesetz v. 5.12.1961 (GBl S. 357)

SchBauG s. SBauG

SchBefV BY Schülerbeförderungsverordnung i. d. Bek. v. 8.9.1994 (GVBl S. 953)

SchBesV Schiffsbesetzungsverordnung v. 26.8.1998 (BGBl I S.2577)

SchBG Schutzbereichgesetz v. 7.12.1956 (BGBl I S. 899)

SchBhR BY Schulbeihilferichtlinien v. 1.9.1971 (FMBl S. 402; StAnz Nr. 36)

ScheckG Scheckgesetz v. 14.8.1933 (RGBl I S. 597)

SchErsRÄndG Gesetz zur Änderung schadenersatzrechtlicher Vorschriften v. 16.8.1977 (BGBl I S. 1577)

SchErsVG DDR Schadenersatzvorauszahlungsgesetz v. 14.12.1988 (GBl I S. 345; BGBl 1990 II S. 1169)

SchFG
HA Schwangerenberatungsstellenförderungsgesetz v. 14.12.2007 (GVBl I S. 496)
NW Schulfinanzgesetz i. d. Bek. v. 17.4.1970 (GV.NW S. 288)

SchfG Schornsteinfegergesetz i. d. Bek. v. 10.8.1998 (BGBl I S. 2071) (s.a. Kehr- und Überprüfungsordnung)

SchfkVO NW Schülerfahrkostenverordnung v. 16.4.2005 (GV.NW S. 420)

SchfV VO ü. d. Schornsteinfegerwesen v. 19.12.1969 (BGBl I S. 2363) (s.a. Kehr- und Überprüfungsordnung)

SchG
BB Schiedsstellengesetz i. d. Bek. v. 21.11.2000 (GVBl I S. 158)
BW Schulgesetz i. d. Bek. v. 1.8.1983 (GBl S. 397)

SchHaltHygV Schweinehaltungshygieneverordnung v. 7.6.1999 (BGBl I S. 1252)

SchiedJugVO SACH VO d. Sächs. Staatsregierung ü. d. Schiedsstelle i. d. Jugendhilfe v. 13.10.1999 (SächsGVBl S. 550)

SchiedsG Schiedsgericht

SchiedsKrPflV VO ü. d. Schiedsstellen f. d. Festsetzung d. Krankenhauspflegesätze
BY v. 17.12.1985 (GVBl S. 825)
SACH v. 16.4.1991 (SächsGVBl S. 62)

SchiedsVfG Schiedsverfahrens-Neuregelungsgesetz v. 22.12.1997 (BGBl I S. 3224)

SchiedsVZ Zeischrift für Schiedsverfahren (1.2003 ff.)

SchiedVO SGB V BW Schiedsstellenverordnung SGB V v. 20.7.2004 (GBl S. 587)

SchiffsAbgV HA Schiffsabfallabgabenverordnung v. 6.5.2003 (GVBl S. 101)

SchiffsBG Schiffsbankgesetz i. d. Bek. v. 8.5.1963 (BGBl I S. 301)

SchIVO SACH Schulintegrationsverordnung v. 3.3.1999 (SächsGVBl S. 153)

SchKfrG BY Schulwegkostenfreiheitsgesetz i. d. Bek. v. 31.5.2000 (GVBl S. 452)

SchKG Schwangerschaftskonfliktgesetz v. 21.8.1995 (BGBl I S. 1050)

SchKG-AG LSA LSA Ausführungsgesetz des Landes Sachsen-Anhalt zum Schwangerschaftskonfliktgesetz v. 24.1.2008 (GVBl LSA S. 30)

SchlHA SH Schleswig-Holsteinische Anzeigen (N.F. 1.1837–105. [= 192. d. ges. Reihe] 1941; 193.1946 ff.)

SchlHVwZG SH Verwaltungszustellungsgesetz v. 15.1.1954 (GVOBl S. 31; GS 2010) (s.a. Zustellungsgesetz)

SchlichtVerfVO Schlichtungsstellenverfahrensverordnung i. d. Bek. v. 7.8.2000 (BGBl I S. 1279)

SchLVO BW Schullastenverordnung v. 13.9.1989 (GBl S. 464)

SchlVO SACH Schulintegrationsverordnung v. 3.8.2004 (SächsGVBl S. 350)

Schm Schiedsmann

SchMG NW Schulmitwirkungsgesetz v. 13.12.1977 (GV.NW S. 448)

Schmollers Jb Jahrbuch für Gesetzgebung, Verwaltung und Volkswirtschaft im Deutschen Reich, hrsg. von Schmoller (ab 37.1913: Schmollers Jahrbuch f. Gesetzgebung, ...; ab 88.1968: Schmollers Jahrbuch f. Wirtschafts- u. Sozialwissenschaften) (1.1871–91.1971; dann: Zs. f. Wirtschafts- u. Sozialwissenschaften)

SchO
BY Schifffahrtsordnung v. 9.8.1977 (GVBl S. 469)
RP Schiedsamtsordnung i. d. Bek. v. 12.4.1991 (GVBl S. 209)
SH Schiedsordnung v. 10.4.1991 (GVOBl S. 232)

SchöffG Schöffengericht
SchOffzAusbV Schiffsoffiziers-Ausbildungsverordnung v. 28.7.1998 (BGBl I S. 1938)
SchoG SL Schulordnungsgesetz i. d. Bek. v. 26.8.1996 (ABl S. 846)
SchpflG NW Schulpflichtgesetz i. d. Bek. v. 2.2.1980 (GV.NW S. 164)
SchPflVO M-V MV Schulpflichtverordnung v. 23.12.1996 (GVOBl M-V S. 168)
SchPG Schulpflichtgesetz BY i. d. Bek. v. 3.9.1982 (GVBl S. 770)
SchRegDV VO z. Durchf. d. Schiffsregisterordnung v. 24.11.1980 (BGBl I S. 2169)
SchRegO Schiffsregisterordnung i. d. Bek. v. 26.5.1994 (BGBl I S. 1133)
SchRG Ges. ü. Rechte an eingetragenen Schiffen und Schiffsbauwerken v. 15.11.1940 (RGBl I S. 1499)
SchSG Schiffssicherheitsgesetz v. 9.9.1998 (BGBl I S. 2860)
SchStG LSA Schiedsstellen- und Schlichtungsgesetz i. d. Bek. v. 22.6.2001 (GVBl LSA S. 214)
SchStLVO SGB XII M-V MV Schiedsstellenlandesverordnung SGB XII v. 13.12.2005 (GVOBl M-V S. 661)
SchStLVO SGB XI M-V MV Schiedsstellenlandesverordnung SGB XI v. 13.12.2005 (GVOBl M-V S. 657)
SchStVSGB VIII BB Schiedsstellenverordnung v. 11.3.1999 (GVBl S. 252)
SchSV Schiffssicherheitsverordnung i. d. Bek. v. 3.9.1997 (BGBl I S. 2217)
Schs-Ztg Schiedsamtszeitung (64.1993 ff.; vorher: Schiedsmannszeitung); Schiedsmannszeitung (1.1926–19.1945; 21.1950–64.1993,6; 20.1949: Der Schiedsmann; dann: ab 64.1993,7 ff. Schiedsamtszeitung)
SchülerWVO LSA Schülerwahlverordnung v. 22.8.1997 (GVBl LSA S. 828)
SchuKO SACH Schulkonferenzordnung v. 1.8.1994 (SächsGVBl S. 1450)
SchuldRÄndG Schuldrechtsänderungsgesetz v. 21.9.1994 (BGBl I S. 2538)
SchuldRAnpG Schuldrechtsanpassungsgesetz v. 21.9.1994 (BGBl I S. 2538)

SchuldRModG Gesetz z. Modernisierung d. Schuldrechts v. 26.11.2001 (BGBl I S. 3138)
SchulDSVO M-V MV Schuldatenschutzverordnung v. 15.1.2000 (GVOBl M-V S. 61)
Schule NRW Amtsblatt des Ministeriums für Schule und Weiterbildung
SchulG Schulgesetz
 BE v. 26.1.2004 (GVBl S. 26)
 NW v. 15.2.2005 (GV.NW S. 102)
 RP v. 30.3.2004 (GVBl S. 239)
 SACH ~ für den Freistaat Sachsen i. d. Bek. v. 3.8.2004 (SächsGVBl S. 298)
 SH i. d. Bek. v. 2.8.1990 (GVOBl S. 451)
SchulG LSA LSA ~ des Landes Sachsen-Anhalt i. d. Bek. v. 11.8.2005 (GVBl LSA S. 520)
SchulG M-V MV v. 13.2.2006 (GVOBl. M-V S. 41)
SchulGesPflVO SACH Schulgesundheitspflegeverordnung v. 10.1.2005 (SächsGVBl S. 15)
SchulkommV BE Schulkommunikationsverordnung v. 11.3.2008 (GVBl S. 81)
SchulLbVO RP Laufbahnverordnung für den Schuldienst, den Schulaufsichtsdienst und den schulpsychologischen Dienst, Schullaufbahnverordnung v. 20.2.2006 (GVBl S. 116)
SchulLVO BB Schullaufbahnverordnung v. 24.6.1999 (GVBl S. 378)
SchulLZuVO SACH Zuständigkeitsübertragungsverordnung Schulleitungen v. 5.5.2004 (SächsGVBl S. 172)
SchulnetzVO SACH Schulnetzplanungsverordnung v. 2.10.2001 (SächsGVBl S. 672)
SchulpflG s. SchPG
SchulstatVO M-V MV Schulstatistikverordnung v. 17.12.2004 (GVOBl. M-V S. 115)
SchulSTOG BR Ortsgesetz zur Aufhebung des Ortsgesetzes über die Schulstandortzuweisung und Schulstandortwahl in der Stadt Bremerhaven v. 18.4.2007 (GBl S. 400)

SchulVerfG BE Schulverfassungsgesetz i. d. Bek. v. 5.2.1979 (GVBl S. 398)

SchulversucheV VO ü. d. Ausbildungsförderung f. d. Besuch v. Ausbildungsstätten, an denen Schulversuche durchgeführt werden v. 27.6.1979 (BGBl I S. 834)

SchulWO RP Schulwahlordnung v. 7.10.2005 (GVBl S. 453)

SchumG SL Schulmitbestimmungsgesetz i. d. Bek. v. 26.8.1996 (ABl S. 869)

SchuruV BB Schulpflichtruhensverordnung v. 30.11.1998 (GVBl II 1999 S. 86)

SchutzgebZuÜbVO SACH VO des Sächsischen Staatsministeriums für Umwelt und Landwirtschaft zur Bestimmung der Zuständigkeiten zum Erlass und zur Änderung von Schutzgebietsverordnungen v. 22.11.2005 (SächsGVBl S. 314)

SchuV Schuldverschreibungsverordnung v. 21.6.1995 (BGBl I S. 846)

SchuVO ND VO ü. Schutzbestimmungen i. Wasserschutzgebieten v. 24.5.1995 (GVBl S. 133)

SchuVVO Schuldnerverzeichnisverordnung v. 15.12.1994 (BGBl I S. 3822)

SchV Schiedsstellenverordnung v. 29.9.1994 (BGBl I S. 2784)

SchV
BR VO über eine Schiedsstelle nach dem Krankenhausfinanzierungsgesetz v. 24.4.2007 (GBl S. 300)
NW Schiedsstellenverordnung v. 14.6.1994 (GV.NW S. 264)

SchVersuchV BB Schulversuchsverordnung v. 23.4.1997 (GVBl II S. 261)

SchVG Schulverwaltungsgesetz
HA Schulverfassungsgesetz s.a. Schul-Verfgesetz v. 12.4.1973 (GVBl S. 91)
HE i. d. Bek. v. 4.4.1978 (GVBl S. 231)
NW i. d. Bek. v. 18.1.1985 (GV.NW S. 155)

SchV-KHG NW Schiedsstellenverordnung v. 28.1.1986 (GV.NW S. 67)

SchVmV Schiffsvermessungsverordnung v. 5.7.1982 (BGBl I S. 916)

SchwAG Die schweizerische Aktiengesellschaft (1.1928/29–61.1989; dann: Schweizer. Zs. f. Wirtschaftsrecht)

SchWaldVO NoKie M-V MV Schutzwaldverordnung Nossentiner Kieferheide v. 9.2.2006 (GVOBl M-V S. 93)

SchwarzArbG Schwarzarbeitsbekämpfungsgesetz v. 23.7.2004 (BGBl I S. 1842)

SchwbAV Schwerbehinderten-Ausgleichsabgabenverordnung v. 28.3.1988 (BGBl I S. 484)

SchwbAwV Ausweisverordnung Schwerbehindertengesetz i. d. Bek. v. 25.7.1991 (BGBl I S. 1739)

SchwbBAG Gesetz z. Bekämpfung d. Arbeitslosigkeit Schwerbehinderter v. 29.9.2000 (BGBl I S. 1394)

SchwBerG BR Schwangerenberatungsgesetz v. 28.3.2006 (GBl S. 147)

SchwBerV BY VO z. Durchf. d. Schwangerenberatungsgesetzes v. 13.11.1990 (GVBl S. 505)

SchwBG BE Schwangerenberatungsstellengesetz v. 25.2.2004 (GVBl S. 96)

SchwbG Schwerbehindertengesetz i. d. Bek. v. 26.8.1986 (BGBl I S. 1421)

SchwbNV Schwerbehinderten-Nahverkehrszügeverordnung v. 30.9.1994 (BGBl I S. 2962)

SchwbWO Wahlordnung Schwerbehindertengesetz i. d. Bek. v. 23.4.1990 (BGBl I S. 811)

SchwbWV Werkstättenverordnung Schwerbehindertengesetz v. 13.8.1980 (BGBl I S. 1365)

SchwG Schwurgericht

SchwG BE Schwangerengesetz v. 22.12.1978 (GVBl S. 2514)

SchwJbIntR Schweizerisches Jahrbuch für Internationales Recht (1.1944 ff.)

SchwMittGRUR Schweizerische Mitteilungen über Gewerblichen Rechtsschutz und Urheberrecht (1949–1984; dann: Schweizer. Mitteilungen ü. Immaterialgüterrecht)

SchwpestbVO M-V MV Schweinepestbekämpfungsverordnung v. 31.3.1999 (GVOBl M-V S. 256)

SchwUntG DDR Schwangerschaftsunterbrechungsgesetz v. 9.3.1972 (GBl I S. 89; BGBl 1990 II S. 1168)

SchwZbl Schweizerisches Zentralblatt für Staats- und Gemeindeverwaltung (1.1900 ff.)

SchwZblStuGemVw s. ZBl

SchwZSozV Schweizerische Zeitschrift für Sozialversicherung (1.1957 ff.)

SchwZStR Schweizerische Zeitschrift für Strafrecht (1.1888 ff.)

SDG SL Saarländisches Disziplinargesetz v. 13.12.2005 (ABl S. 2010)

SDGleiG Soldatinnen- und Soldatengleichstellungsdurchsetzungsgesetz v. 27.12.2004 (BGBl I S. 3822)

SdL Soziale Sicherheit in der Landwirtschaft (1.1970 ff.)

SDO SL Saarländische Disziplinarordnung i. d. Bek. v. 2.7.1979 (ABl S. 610)

SDschG SL Saarländisches Denkmalschutzgesetz v. 19.5.2004 (ABl S. 1498)

SDSG SL Saarländische Datenschutzgesetz v. 17.5.1978 (ABl S. 581)

SDÜ Schengener Durchführungsübereinkommen

SE Société européenne, Societas Europaea [Europäische Aktiengesellschaft]

SEAG SE-Ausführungsgesetz v. 22.12.2004 (BGBl I S. 3675)

SEBG SE-Beteiligungsgesetz v. 22.12.2004 (BGBl I S. 3686)

2. SED-UnBerG Zweites SED-Unrechtsbereinigungsgesetz v. 23.6.1994 (BGBl I S. 1311)

SeeA Seeamt

SeeAnlV Seeanlagenverordnung v. 23.1.1997 (BGBl I S. 57)

SeeAufG Seeaufgabengesetz i. d. Bek. v. 18.9.1998 (BGBl I S. 2986)

See-BGKostV KostenVO f. Amtshandlungen d. See-Berufsgenossenschaft v. 21.12.2001 (BGBl I S. 4241)

SeefiG Seefischereigesetz v. 12.7.1984 (BGBl I S. 876)

SeefiV Seefischereiverordnung v. 18.7.1989 (BGBl I S. 1485)

SEEG Gesetz zur Einführung des Europäischen Gesellschaft v. 22.12.2004 (BGBl I S. 3675)

SeeGVG Seegerichtsvollstreckungsgesetz v. 6.6.1995 (BGBl I S. 786)

SeeLG Ges. ü. d. Seelotswesen i. d. Bek. v. 13.9.1984 (BGBl I S. 1213)

SeeLotUntV 1998 Seelotsenuntersuchungs-Verordnung 1998 v. 12.3.1998 (BGBl I S. 511)

SeemannsÄKostV 1996 Kostenverordnung f. Amtshandlungen d. Seemannsämter v. 5.11.1996 (BGBl I S. 1678)

SeemG Seemannsgesetz v. 26.7.1957 (BGBl II S. 713)

SeeRÄndG Seerechtsänderungsgesetz v. 21.6.1972 (BGBl I S. 966)

SeeschAPVO M-V MV Seeschifffahrtsausbildungsverordnung v. 24.11.2004 (GVOBl M-V S. 104)

SeeSchStrO Seeschiffahrtsstraßen-Ordnung i. d. Bek. v. 22.10.1998 (BGBl I S. 3209)

SeeStatG Ges. ü. d. Statistik d. Seeschiffahrt v. 26.7.1957 (BGBl II S. 739)

SeeStrO Seestraßenordnungübereinkommen v. 20.10.1972 ü. d. Internationalen Regeln z. Verhütung v. Zusammenstößen auf See v. 29.6.1976 (BGBl II S. 1017)

SeeTgbV Seetagebuchverordnung v. 8.2.1985 (BGBl I S. 306)

SeeUG Seeunfalluntersuchungsgesetz v. 6.12.1985 (BGBl I S. 2146)

SEG HA Stadtentwässerungsgesetz v. 20.12.1994 (GVBl I S. 435)

SEGVO Sachverständigenverordnung für Erd- u. Grundbau
BE v. 26.10.1998 (GVBl S. 320)
HE v. 27.12.2000 (GVBl I 2001 S. 162)
SH v. 15.5.2001 (GVOBl S. 85)

SeilbG NRW NW Gesetz über die Seilbahnen in Nordrhein-Westfalen v. 16.12.2003 (GV.NW S. 774)

SeilbV BY Seilbahnverordnung v. 24.11.2003 (GVBl S. 886)

Sek I-Üg-VO LSA VO über die Übergänge zwischen den Schulformen in der Sekundarstufe I v. 1.4.2004 (GVBl LSA S. 238)

Sek I-V BB Sekundarstufe I-Verordnung v. 2.8.2007 (GVBl II S. 200)
SektionsV BB Sektionsverordnung v. 21.11.2005 (GVBl II S. 538)
SelbstVw Die Selbstverwaltung (1.1947–12.1958; dann: Der Landkreis)
Sen. Senat
SenG BE Senatorengesetz i. d. Bek. v. 6.1.2000 (GVBl S. 221)
SenR Senatsrat
SEP-VO NW VO z. Schulentwicklungsplanung v. 14.6.1983 (GV.NW S. 256)
SEPVO M-V MV Schulentwicklungsplanungsverordnung v. 4.10.2005 (GVOBl. M-V S. 540)
SeßhG BY Seßhaftmachungsgesetz v. 26.11.1954 (BayBS IV S. 349)
SeuchRNeuG Seuchenrechtsneuordnungsgesetz v. 20.7.2000 (BGBl I S. 1045)
SeuffArch Seufferts Archiv für Entscheidungen der obersten Gerichte in den deutschen Staaten (1.1847–98.1944)
SeuffBl Seufferts Blätter für Rechtsanwendung (72.1907–78.1913; vorher: Blätter f. Rechtsanwendung, zunächst in Bayern)
SEuGH ZVfO Zusätzl. Verfahrensordnung v. 4.12.1974 (ABlEG Nr. L 350/29)
SF Sozialer Fortschritt (1.1952 ff.)
SFBB BE Gesetz zum Staatsvertrag über die Errichtung eines gemeinsamen Sozialpädagogischen Fortbildungsinstituts Berlin-Brandenburg v. 11.7.2006 (GVBl S. 816)
SFB-VO ND Niedersächsische VO ü. d. Beschäftigung an Sonn- u. Feiertagen v. 12.7.1999 (GVBl S. 161)
SFG Solidarpaktfortführungsgesetz v. 20.12.2001 (BGBl I S. 3955); SL Feiertagsgesetz v. 18.2.1976 (ABl S. 213)
SFischG SL Saarländisches Fischereigesetz i. d. Bek. v. 16.7.1999 (ABl S. 1282)
SFöDG SL Gesetz über die Einrichtung einer Fördermitteldatenbank im Saarland v. 2.4.2003 (ABl S. 1402)
SFöDVO SL Saarländische Fördermitteldatenbankverordnung v. 13.1.2004 (ABl S. 101)

SFrRG Ges. z. Änderung v. Vorschriften d. Handelsgesetzbuches ü. d. Seefrachtrecht v. 10.8.1937 (RGBl I S. 891)
SFTG SH Gesetz über Sonn- und Feiertage v. 28.6.2004 (GVOBl S. 213)
SfV Schule für Verfassungsschutz
SG Soldatengesetz i. d. Bek. v. 30.5.2005 (BGBl I S. 1482 ff.)
SG Sozialgericht
SGb Die Sozialgerichtsbarkeit (1.1954 ff.; Ausgabe B [für die neuen Bundesländer (1.1990 ff.)]
SGBBBeglV SGB-Beglaubigungsverordnung v. 11.4.2003 (BGBl I S. 528)
SGBbg BB Sammlungsgesetz v. 3.6.1994 (GVBl I S. 194)
SGB I Sozialgesetzbuch Buch I. Allg. Teil v. 11.12.1975 (BGBl I S. 3015)
SGB IV Viertes Buch Sozialgesetzbuch i. d. Bek. v. 23.1.2006 (BGBl I S. 86)
SGB V Sozialgesetzbuch V. Gesetzliche Krankenversicherung v. 20.11.1988 (BGBl I S. 2477)
SGB VI Sozialgesetzbuch Buch VI. Gesetzliche Rentenversicherung v. 18.12.1989 (BGBl I S. 2261)
SGBWV WahlVO z. Soldatenbeteiligungsgesetz v. 18.3.1997 (BGBl I S. 558)
SGB X Sozialgesetzbuch Buch X. Sozialverwaltungsverfahren und Sozialdatenschutz i. d. Bek. v. 18.1.2001 (BGBl I S. 130)
SGB XII-AG M-V MV Gesetz zur Ausführung des Zwölften Buches Sozialgesetzbuch v. 20.12.2004 (GVOBl M-V S. 546)
SGB XII-SchVO HA VO über die Schiedsstelle nach § 80 des Zwölften Buches Sozialgesetzbuch v. 28.12.2004 (GVBl S. 534)
SGerOG SL Ges. betr. d. Organisation d. ordentlichen Gerichte ... v. 23.10.1974 (ABl S. 1003)
SGG Sozialgerichtsgesetz i. d. Bek. v. 23.9.1975 (BGBl I S. 2535)
7. SGGÄndG Siebentes Gesetz zur Änderung des Sozialgerichtsgesetzes v. 9.12.2004 (BGBl I S. 3302)

SGleibWV Gleichstellungsbeauftragten-Wahlverordnung Soldatinnen v. 12.5.2005 (BGBl I S. 1394)
SGleiG Soldatinnen- und Soldatengleichstellungsgesetz v. 27.12.2004 (BGBl I S. 3822)
SGrEWBG SL Gesetz über Grunderwerbsteuerbefreiung beim Wohnungsbau i. d. Bek. v. 3.3.1970 (ABl S. 155)
SGV.NW Sammlung des bereinigten Gesetz- und Verordnungsblattes für das Land Nordrhein-Westfalen (LoseblSlg) (1962 ff.)
SgVO ND Samtgemeindeverordnung v. 27.6.1963 (GVBl S. 306)
SH Schleswig-Holstein
SH AbgG SH Schlesw.-Holstein. Abgeordnetengesetz i. d. Bek. v. 13.2.1991 (GVOBl S. 100)
SH AZVO SH Landesverordnung ü. d. Arbeitszeit d. Beamten i. d. Bek. v. 16.1.1987 (GVOBl S. 41)
SH BesG 1973 SH Besoldungsgesetz 1973 i. d. Bek. v. 19.2.1973 (GVOBl S. 35)
SHEBeihG SH Ges. ü. Erziehungsbeihilfe v. 22.9.1983 (GVOBl S. 410)
SHG Soforthilfegesetz v. 8.8.1949 (WiGBl S. 205)
SHKEV BB VO ü. d. Verfahren d. Kostenerstattung i. Bereich d. Sozialhilfe v. 29.5.2001 (GVBl II S. 210)
SHKG SL Saarländisches Heilberufekammergesetz i. d. Bek. v. 2.6.2003 (Abl S. 1770)
SH.LLVO SH LandesVO ü. d. Laufbahnen der Lehrerinnen u. Lehrer i. d. Bek. v. 30.1.1998 (GVOBl S. 124) (s.a. Bundeslaufbahnverordnung)
SH.LVO SH Laufbahnverordnung i. d. Bek. v. 3.8.2005 (GVOBl S. 317)
SHMG SACH Sächs. Hochschulmedizingesetz v. 6.5.1999 (SächsGVBl S. 207)
SHmV Schadstoff-Höchstmengenverordnung i. d. Bek. v. 5.7.2006 (BGBl I S. 1562)
SH-Satzung NW Sozialhilfesatzung v. 14.1.2005 (GV.NW S. 20)

SHVgVO SH Schleswig-Holsteinische Vergabeverordnung v. 3.11.2005 (GVOBl S. 524)
SichFG Sicherheitsfilmgesetz v. 11.6.1957 (BGBl I S. 604)
SichLVFinV Sicherungsfonds-Finanzierungs-Verordnung (Leben) v. 11.5.2006 (BGBl I S. 1172)
SichVG Gesetz z. Rechtsvereinheitlichung d. Sicherungsverwahrung v. 16.6.1995 (BGBl I S. 818)
SiebdrMstrV Siebdruckmeisterverordnung v. 5.9.2006 (BGBl I S. 2126)
SIFG SL Saarländisches Informationsfreiheitsgesetz v. 12.7.2006 (ABl S. 1624)
1. SigÄndG Erstes Gesetz zur Änderung des Signaturgesetzes v. 4.1.2005 (BGBl I S. 2)
SigG Signaturgesetz v. 16.5.2001 (BGBl I S. 876)
SiGjurVD BY Gesetz z. Sicherung d. juristischen Vorbereitungsdienstes v. 27.12.1999 (GVBl S. 529)
SignBenennV Signatarebenennungsverordnung v. 5.5.2003 (BGBl I S. 648)
SigV Signaturverordnung v. 16.11.2001 (BGBl I S. 3074)
SIR Service international de recherches
SiR Sicherheitsrichtlinien i. d. Bek. v. 2.1.1991 (GMBl S. 70) BY v. 19.7.1988 (StAnz Nr. 30, Beil. 46) MV v. 15.2.1991 (AmtsBl. M-V S. 46)
SitzVergV Sitzungsvergütungsverordnung BY v. 10.6.1999 (GVBl S. 273) NW v. 24.11.1979 (GV.NW S. 990)
SitzVergVO RP v. 31.5.1979 (GVBl S. 141)
sj steuer-journal.de (1.2004,5 ff.)
SJG SL Saarl. Jagdgesetz v. 27.5.1998 (ABl S. 638)
SJHKV BB Sozial- und Jugendhilfekostenverordnung v. 30.5.2005 (GVBl II S. 302)
SJStVollzG SL Saarländisches Jugendstrafvollzugsgesetz v. 30.10.2007 (ABl S. 2370)
SJZ Schweizerische Juristen-Zeitung (1.1904/05 ff.); Süddeutsche Juristenzeitung (1.1946–5.1950; dann: Juristenzeitung)

SKAG Berlin Selbstverwaltungs- und Krankenversicherungsangleichungsgesetz Berlin v. 26.12.1957 (BGBl I S. 1883)
SKHG SL Saarl. Krankenhausgesetz v. 15.7.1987 (ABl S. 921)
SKHygVO SL Saarländische Krankenhaushygieneverordnung v. 12.12.2007 (ABl S. 78)
SKIVO NW Sozialklauselverordnung v. 15.3.1994 (GV.NW S. 120)
SkPersVO Sachkundige-Personen-Verordnung v. 13.2.1998 (GVBl S. 22)
SkResNOG Streitkräftereserve-Neuordnungsgesetz v. 22.4.2005 (BGBl I S. 1106)
SKV Staats- und Kommunal-Verwaltung (1955–1977,9; dann: Verwaltungsrundschau)
SKV-MV Studentenkrankenversicherungs-Meldeverordnung v. 27.3.1996 (BGBl I S. 568)
2. SKWPG Zweites Gesetz z. Umsetzung d. Spar-, Konsolidierungs- u. Wachstumsprogramms v. 21.12.1993 (BGBl I S. 2374)
SL Saarland
SLBiG SL Saarländisches Lehrerbildungsgesetz v. 23.6.1999 (ABl S. 1054)
Slg. Sammlung (d. Rechtsprechung des EuGH)
SlgBerHmbLR HA Sammlung des Bereinigten Hamburgischen Landesrechts. 1961 (= Sonderbd. zu: Hamburg. Gesetz- u. Verordnungsblatt; fortgeführt u. d. T.: Gesetze u. Verordnungen d. Freien u. Hansestadt Hamburg)
Slg. ÖD Sammlung der Rechtsprechung des Gerichtshofs (EuGH) – Öffentlicher Dienst
Slg.ÖD Sammlung der Rechtsprechung – Öffentlicher Dienst. Gericht Erster Instanz; Gerichtshof der Europäischen Gemeinschaften (LoseblSlg; 1994 ff.)
SLPG SL Saarländisches Landesplanungsgesetz v. 27.4.1994 (ABl S. 866)
SLStatG SL Saarl. Landesstatistikgesetz v. 24.10.1989 (ABl S. 1570)

SLV Soldatenlaufbahnverordnung i. d. Bek. v. 4.5.2005 (BGBl I S. 1244)
SLVO
BE Schutzpolizei-Laufbahnverordnung v. 12.7.1995 (GVBl S. 453) (s.a. Bundeslaufbahnverordnung)
SL Saarl. Laufbahnverordnung i. d. Bek. v. 21.2.1978 (ABl S. 233) (s.a. Bundeslaufbahnverordnung)
SMAD Sowjet. Militäradministration in Deutschland
SMBl NW NW Sammlung des Bereinigten Ministerialblattes für das Land Nordrhein-Westfalen (= Ministerialblatt f. d. Land Nordrhein-Westfalen. Ausg. C) (LoseblSlg) (1960 ff.)
SMI Schweizerische Mitteilungen über Immaterialgüterrecht (1985 ff.; vorher: Schweizer. Mitteilungen ü. Gewerbl. Rechtsschutz u. Urheberrecht)
SMKFördZuVO SACH VO des Sächsischen Staatsministeriums für Kultus zur Übertragung der Zuständigkeit zur Durchführung von Förderprogrammen und Fördermaßnahmen in den Bereichen Schule, Sport, Heimatpflege und Laienmusik v. 22.3.2006 (SächsGVBl S. 83)
SmogVO Smog-Verordnung
BW v. 27.4.1988 (GBl S. 214)
RP v. 1.9.1988 (GVBl S. 201)
SMSFördZuVO SACH VO des Sächsischen Staatsministeriums für Soziales zur Übertragung der Zuständigkeit zur Durchführung von Förderprogrammen und Fördermaßnahmen v. 21.12.2005 (SächsGVBl S. 366)
SMVO SACH Schülermitwirkungsverordnung v. 4.1.2005 (SächsGVBl S. 11)
SMWAFördZuVO SACH VO des Sächsischen Staatsministeriums für Wirtschaft und Arbeit über die Zuständigkeiten zur Durchführung von Förderprogrammen und Fördermaßnahmen v. 30.12.2005 (SächsGVBl S. 378)
SNG SL Saarländisches Naturschutzgesetz v. 5.4.2006 (ABl S. 726)
SNGebV BE Sondernutzungsgebührenverordnung v. 12.6.2006 (GVBl S. 589)

SNutzGebVO LSA Sondernutzungs-Gebührenverordnung v. 28.4.2000 (GVBl LSA S. 231)
SNWG Säuglingsnahrungswerbegesetz v. 10.10.1994 (BGBl I S. 2846)
SoAbfEV BE Sonderabfallentsorgungsverordnung v. 11.1.1999 (GVBl S. 6)
SoAbfGebO BE Sonderabfallgebührenordnung v. 24.3.2000 (GVBl S. 281)
SoAnG RP Gesetz ü. d. staatl. Anerkennung v. Sozialarbeiterinnen u. Sozialarbeitern sowie Sozialpädagoginnen u. Sozialpädagogen v. 7.11.2000 (GVBl S. 437)
SoBeVO BE Sonderbau-Betriebs-Verordnung v. 18.4.2005 (GVBl S. 230)
SoBEZ VertV 2005 BB VO zur Verteilung von Sonderbedarfs-Bundesergänzungszuweisungen für das Jahr 2005 v. 30.5.2005 (GVBl II S. 302)
SoergelsJb Jahrbuch des Strafrechts und Strafprozesses, hrsg. v. Soergel u. Krause (= Beil. zu: Das Recht) (1.1906–15.1920)
SoergelsRspr Rechtsprechung zum BGB, EGzBGB, CPO, KO, GBO und RFG (ab 7.1906: zum ges. Zivil-, Handels- u. Prozeßrecht; 19.1918: Jb. d. Rechtsprechung u. Rechtslehre z. ges. Zivil-, Handels- u. Prozeßrecht; ab 20.1919: Jb. d. Zivilrechts; ab 33.1932: Jb. d. Zivil-, Handels- u. Prozeßrechts), bearb. v. Soergel (1.1900/01–42.1941)
SOFS SACH Schulordnung Förderschulen v. 3.8.2004 (SächsGVBl S. 317)
SOG Ges. z. Schutz d. öffentlichen Sicherheit u. Ordnung HA v. 14.3.1966 (GVBl I S. 77)
SOG LSA LSA Gesetz über die öffentliche Sicherheit u. Ordnung des Landes Sachsen-Anhalt i. d. Bek. v. 23.9.2003 (GVBl LSA S. 214)
SOG M-V MV v. 25.3.1998 (GVOBl M-V S. 335)
SOGS SACH Schulordnung Grundschulen v. 3.8.2004 (SächsGVBl S. 312)
SOGY SACH Schulordnung Gymnasien v. 3.8.2004 (SächsGVBl S. 336)
SolBerV Solvabilitätsbereinigungsverordnung v. 20.12.2001 (BGBl I S. 4173)

SoldGG Soldatinnen- und Soldaten-Gleichbehandlungsgesetz v. 14.8.2006 (BGBl I S. 1904)
SoLFischV BB VO ü. Sonderlehrgänge z. Erwerb d. Fischereischeines B v. 1.12.1999 (GVBl II S. 670)
SolZG Solidaritätszuschlagsgesetz v. 24.6.1991 (BGBl I S. 1318)
SOMI SACH Schulordnung Mittelschulen i. d. Bek. v. 17.5.2001 (SächsGVBl S. 190)
SOMIAP SACH Schulordnung Mittelschulen Abschlussprüfungen v. 3.8.2004 (SächsGVBl S. 325)
SonderveröffDJ Reich Amtliche Sonderveröffentlichungen der Deutschen Justiz (Nr. 1.1933–32.1944)
SondGebVOLStr NW Sondernutzungsgebührenverordnung Landesstraßen v. 22.11.2000 (GV.NW S. 765)
SonGebV Sondernutzungsgebührenverordnung NW v. 31.3.1976 (GV.NW S. 144)
SonGebVO BW v. 15.8.1978 (GBl S. 516)
SopV BB Sonderpädagogik-Verordnung v. 24.6.1997 (GVBl II S. 505)
SorbKitaVO SACH VO ü. Kindertageseinrichtungen i. deutschsorbischen Gebiet v. 27.2.1995 (SächsGVBl S. 135)
SorgeRG Ges. z. Neuregelung d. Rechts d. elterlichen Sorge v. 18.7.1979 (BGBl I S. 1061)
SortSchG Sortenschutzgesetz i. d. Bek. v. 19.12.1997 (BGBl I S. 3164)
SozArb Soziale Arbeit (1.1951/52 ff.)
SozBAG BE Sozialberufe-Anerkennungsgesetz i. d. Bek. v. 5.10.2004 (GVBl S. 443)
1.SozBAGÄndG BE Erstes Gesetz zur Änderung des Sozialberufe-Anerkennungsgesetzes v. 3.7.2003 (GVBl S. 246)
2. SozBAGÄndG BE Zweites Gesetz zur Änderung des Sozialberufe-Anerkennungsgesetzes v. 7.9.2006 (GVBl S. 894)
SozhiDAV Sozialhilfedatenabgleichsverordnung v. 21.1.1998 (BGBl I S. 103)

SozOrddG Die Sozialordnung der Gegenwart (8.1968–12.1972; vorher: Die Sozialversicherung d. Gegenwart)
SozR Sozialrecht. Rechtsprechung u. Schrifttum, bearb. v. d. Richtern d. Bundessozialgerichts (LoseblSlg) (1955 ff.)
SozSchV BB Sozialhilfe-Schiedsstellenverordnung v. 17.10.2005 (GVBl II S. 518)
SozSelbstVw Soziale Selbstverwaltung (1.1953 ff.)
SozSich Soziale Sicherheit (1.1952 ff.)
SozStatG BE Sozialstationengesetz v. 1.11.1990 (GVBl S. 2223)
SoZV Sommerzeitverordnung v. 12.7.2001 (BGBl I S. 1591)
SozVers Die Sozialversicherung (1.1946 ff.)
SozVersdG Die Sozialversicherung der Gegenwart (1./2.1961/62–7.1967; dann: Die Sozialordnung d. Gegenwart)
SozVO BE Sozialbeitragsverordnung v. 14.11.1983 (GVBl S. 1432)
Sp. Spalte
SPädFördVO LSA VO ü. d. Sonderpädagogische Förderung v. 24.9.1996 (GVBl LSA S. 326)
SpAnlVO BW Sparkassenanlageverordnung v. 29.7.1983 (GBl S. 446)
Spark. Sparkasse (1.1881–63.1943,3; [N.F.] 4.1950 ff.; 1947–1949: Sparkassen-Mitteilungen)
SparkG s. SpKG
SparPÄR 1984 Änderungs-Richtlinien v. 18.12.1984 (BStBl I Sondernr. 3/1984 S. 2)
SparPDV 1982 VO z. Durchf. d. Spar-Prämiengesetzes i. d. Bek. v. 30.11.1982 (BGBl I S. 1589)
SparPG 1982 Spar-Prämiengesetz i. d. Bek. v. 10.2.1982 (BGBl I S. 125)
SparPR 1984 Richtlinien 1984 z. Spar-Prämiengesetz v. 18.12.1984 (BStBl I Sondernr. 3/1984 S. 7)
SpBesVO BW Sparkassenbesoldungsverordnung v. 30.6.1989 (GBl S. 125)
SpBG Spielbankengesetz
BE v. 8.2.1999 (GVBl S. 70)
BW i. d. Bek. v. 9.10.2001 (GBl S. 571)

SperrV BB Sperrungsverordnung v. 1.9.2004 (GVBl II S. 743)
SperrzeitVO ND VO über Sperrzeiten für bestimmte öffentliche Vergnügungsstätten v. 17.10.2006 (GVBl S. 466)
SPersAV Personalaktenverordnung Soldaten v. 31.8.1995 (BGBl I S. 1159)
SPersVG SL Personalvertretungsgesetz i. d. Bek. v. 2.3.1989 (ABl S. 413)
SpG BW Sparkassengesetz i. d. Bek. v. 4.4.1975 (GBl S. 270)
SpielbG Spielbankgesetz
BB v. 22.5.1996 (GVBl I S. 170)
BY v. 26.7.1995 (GVBl S. 350)
LSA ~ des Landes Sachsen-Anhalt i. d. Bek. v. 30.8.2004 (GVBl LSA S. 544)
SpielBG M-V MV v. 5.7.2004 (GVOBl M-V S. 307)
SpielbG NW NW v. 19.3.1974 (GV.NW S. 93)
SpielbG SH SH v. 29.12.1995 (GVOBl 1996 S. 78)
SpielbG-Saar SL Saarländisches Spielbankgesetz v. 9.7.2003 (ABl S. 2136)
SpielbO SL Spielbankordnung v. 19.12.2007 (ABl S. 26)
SpielBStOVO M-V MV Spielbankstandorteverordnung v. 15.8.2005 (GVOBl M-V S. 422)
SpielO Spielordnung
BE i. d. Bek. v. 9.6.1983 (GVBl S. 946)
SH v. 18.2.1997 (GVOBl S. 106)
SpielplVO SL Spielplatzverordnung v. 14.3.1975 (ABl S. 438)
SpielV Spielverordnung i. d. Bek. v. 27.1.2006 (BGBl I S. 280)
SPK Stiftung Preußischer Kulturbesitz
SpkBesV BY Sparkassenbesoldungsverordnung v. 15.2.1971 (GVBl S. 77)
SpKG Sparkassengesetz
BY i. d. Bek. v. 1.10.1956 (BayBS I S. 574)
RP v. 1.4.1982 (GVBl S. 113)
BE Berliner Sparkassengesetz v. 28.6.2005 (GVBl S. 346)
MV v. 26.7.1994 (GVOBl M-V S. 761)
NW i. d. Bek. v. 10.9.2004 (GV.NW

S. 521)
SpkG-LSA LSA ~ d. Landes Sachsen-Anhalt v. 13.7.1994 (GVBl LSA S. 823)
SpkO BY Sparkassenordnung v. 1.12.1997 (GVBl S. 816)
SpkVO Sparkassenverordnung
LSA v. 21.5.2003 (GVBl LSA S. 116)
NW v. 15.12.1995 (GV.NW S. 1255)
RP v. 24.4.1990 (GVBl S. 103)
SpkV BB v. 5.4.2006 (GVBl II S. 88)
SpkVO M-V MV v. 1.3.2001 (GVOBl M-V S. 72)
SpkWahlVO M-V MV Sparkassenwahl(ver)ordnung v. 15.3.2000 (GVOBl M-V S. 68)
Spk-WO NW Wahlordnung f. Sparkassen v. 7.10.1975 (GV.NW S. 574)
SpkWO-M RP Sparkassenwahlordnung-Mitarbeiter v. 24.10.1996 (GVBl S. 380)
SPNV Schienenpersonennahverkehr
SPO I BW Sonderschullehrerprüfungsordnung I v. 24.8.2003 (GBl S. 541)
SPO II BW Sonderschullehrerprüfungsordnung II v. 28.6.2003 (GBl S. 364)
SPolG SL Saarl. Polizeigesetz i. d. Bek. v. 26.3.2001 (ABl S.1074)
SpO M-V MV Spielordnung v. 20.8.1996 (GVOBl M-V S. 375)
SportbootFüV-Bin Sportbootführerscheinverordnung-Binnen v. 22.3.1989 (BGBl I S. 536)
SportFG RP Sportförder(ungs)gesetz v. 9.12.1974 (GVBl S. 597)
SprAuG Sprecherausschußgesetz v. 20.12.1988 (BGBl I S. 2312)
3. SprengÄndG Drittes Gesetz zur Änderung des Sprengstoffgesetzes und anderer Vorschriften v. 15.6.2006 (BGBl I S. 1626)
SprengG Sprengstoffgesetz i. d. Bek. v. 17.4.1986 (BGBl I S. 577)
SprengV VOen z. Sprengstoffgesetz
Spreng-ZustVO LSA Zuständigkeitsverordnung für das Sprengstoffrecht v. 2.7.2004 (GVBl LSA S. 375)
SprengZuVO BW Sprengstoff-Zuständigkeitsverordnung v. 7.3.2006 (GBl S. 89)

SPresseG SL Saarl. Pressegesetz i. d. Bek. v. 22.9.2000 (ABl S. 1622)
SprG s. SprengG
SPrOaFA BW Schulungs- und Prüfungsordnung für amtliche Fachassistenten v. 31.8.2007 (GBl S. 408)
SpruchG Spruchverfahrensgesetz v. 12.6.2003 (BGBl I S. 838)
SPrüfV BY Sicherheitsanlagen-Prüfverordnung v. 3.8.2001 (GVBl S. 593)
SpStatG Spätaussiedlerstatusgesetz v. 30.8.2001 (BGBl I S. 2266)
SpStG HA Spielgerätesteuergesetz v. 29.6.1988 (GVBl I S. 97)
SpTUG Ges. ü. d. Spaltung der v. d. Treuhandanstalt verwalteten Unternehmen v. 5.4.1991 (BGBl I S. 854)
SpuRt Zeitschrift für Sport u. Recht (1.1994 ff.)
SPV Sonderungsplanverordnung v. 2.12.1994 (BGBl I S. 3701)
SPVO-Uni BW Studien- u. Prüfungsverordnung – Universitäten v. 3.4.2001 (GBl S. 386)
SpVVO BW Sparkassenvergütungsverordnung v. 6.7.1988 (GBl S. 185)
SpWO BW Sparkassenwahlordnung v. 11.9.1989 (GBl S. 425)
SpZwVerbVO ND VO ü. Sparkassenzweckverbände v. 8.10.1962 (GVBl S. 203)
SR Sonderregelungen
SRettG SL Saarländisches Rettungsdienstgesetz i. d. Bek. v. 13.1.2004 (Abl S. 170)
SRG
HA Stadtreinigungsgesetz v. 9.3.1994 (GVBl I S. 79)
MV 1. Schulreformgesetz v. 26.4.1991 (GVOBl M-V S. 123)
SRKG SL Saarländisches Reisekostengesetz i. d. Bek. v. 13.8.1976 (ABl S. 857)
SRStZ s. SaarlRStZ
SRZ s. SaarlRZ
SSAAV SL Saarländische Spätaussiedleraufnahmeverordnung v. 6.9.1995 (ABl S. 958)
SSchO SL Saarländische Schiedsordnung i. d. Bek. v. 19.4.2001 (ABl S. 974)

SSpG SL Saarländisches Sparkassengesetz i. d. Bek. v. 8.8.2006 (Abl S. 1535)
SSt Entscheidungen des österreichischen Obersten Gerichtshofes in Strafsachen und Disziplinarangelegenheiten (1.1920/21–18.1938; 19.1946/48 ff.)
SStellV-VVG VVG-Schlichtungsstellenverordnung v. 16.2.2005 (BGBl I S. 257)
SSÜFV SL Saarländische Sicherheitsüberprüfungsfeststellungsverordnung v. 25.10.2005 (ABl S. 1770)
SSÜG SL Saarländisches Sicherheitsüberprüfungsgesetz v. 4.4.2001 (ABl S. 1182)
SSV s. SchSV
St... Staats (s-) [in zusammengesetzten Wörtern:]; Steuer-; Straf-
StA Staatsanwalt(schaft)
Staat Der Staat (1.1960 ff.)
StaatsuSVerw Staats- und Selbstverwaltung (1.1919/20–22.1941; 23.1950–27.1954; aufgeg. in: Staats- u. Kommunalverwaltung)
StaBefrG Standardbefreiungsgesetz BW v. 1.7.2004 (GBl S. 486)
StaBefrG NRW NW v. 17.10.2006 (GV.NW S. 458)
StADÜV Steueranmeldungs-Datenübermittlungs-Verordnung v. 21.10.1998 (BGBl I S. 3197)
StADV Steueranmeldungs-Datenträger-Verordnung v. 21.8.1980 (BGBl I S. 1617)
StÄndG 2001 Steueränderungsgesetz 2001 v. 20.12.2001 (BGBl I S. 3794)
StÄndG 2003 Steueränderungsgesetz 2003 v. 15.12.2003 (BGBl I S. 2645)
StÄndG... Steueränderungsgesetz...
StaflexG SL Standardflexibilisierungsgesetz v. 19.2.2003 (ABl S. 942)
StAGebV Staatsangehörigkeits-Gebührenverordnung i. d. Bek. v. 24.9.1991 (BGBl I S. 1915)
StahlInvZulG Stahlinvestitionszulagengesetz i. d. Bek. v. 22.12.1983 (BGBl I S. 1570)
StandOG Standortsicherungsgesetz v. 13.9.1993 (BGBl I S. 1569)
StAnz Staats-Anzeiger für das Land Hessen (1946 ff.); Staatsanzeiger (1.1946–5.1950; dann: Nieders. Staatsanzeiger)
StAnz.BW Staatsanzeiger für Baden-Württemberg (1952,1–3: f. d. südwestdt. Bundesland) (1.1952 ff.)
StAnz TH Thüringer Staatsanzeiger (1.1991 ff.)
StaPlaDVG BE Stadtplanungsdatenverarbeitungsgesetz v. 2.11.1994 (GVBl S. 444)
StARegG Ges. z. Regelung v. Fragen d. Staatsangehörigkeit. 1. Ges. z. Regelung v. Fragen d. Staatsangehörigkeit v. 22.2.1955 (BGBl I S. 65); 2. Ges. z. Regelung v. Fragen d. Staatsangehörigkeit v. 17.5.1956 (BGBl I S. 431)
StARegG SH Gesetz ü. d. staatsanwaltschaftlichen Verfahrensregister v. 9.1.1996 (GVOBl S. 81)
StatAV Statistikanpassungsverordnung v. 26.3.1991 (BGBl I S. 846)
StatBeiratVO BE VO ü. d. statistischen Beirat v. 15.11.1994 (GVBl S. 468)
3. StatBerG Drittes Statistikbereinigungsgesetz v. 19.12.1997 (BGBl I S. 3158)
StatG-LSA LSA Landesstatistikgesetz Sachsen-Anhalt v. 18.5.1995 (GVBl LSA S. 130)
StatRegG Statistikregistergesetz v. 16.6.1998 (BGBl I S. 1300)
StAUrkVwV Allg. Verwaltungsvorschrift ü. Urkunden in Staatsangehörigkeitssachen v. 18.6.1975 (GMBl S. 462)
StAuskV Steuerauskunftsverordnung v. 30.11.2007 (BGBl I S. 2783)
StAZ Zeitschrift für Standesamtswesen (1.1921–24.1944; N.F. 1.1948–2.1949,1; dann: Das Standesamt)
StB Der Steuerberater. Organ d. Bundessteuerberaterkammer (9.1958,8 ff.; vorher: Mitteilungsblatt d. Steuerberater); Der Steuerberater. Zeitschr. für Beruf und Praxis d. Steuerberaters u. d. vereinigten Buchprüfer (9.1958,8 ff.; vorher: Mitteilungsblatt der Steuerberater)
Stb Steuerberater
StBA Statistisches Bundesamt

StBAG Steuerbeamten-Ausbildungsgesetz i. d. Bek. v. 29.10.1996 (BGBl I S. 1577)
StBAG-VO NW Studienbeitrags- und Hochschulabgabenverordnung v. 6.4.2006 (GV.NW S. 157)
StBauFG Städtebauförderungsgesetz i. d. Bek. v. 18.8.1976 (BGBl I S. 2318)
StBauFördKostVO M-V MV Städtebauförderungskostenverordnung v. 28.11.2005 (GVOBl M-V S. 583)
StBereinG 1999 Steuerbereinigungsgesetz v. 22.12.1999 (BGBl I S. 2601)
StBerG Steuerberatungsgesetz i. d. Bek. v. 4.11.1975 (BGBl I S. 2735)
StBerVG Steuerberaterversorgungsgesetz
  ND v. 20.12.1999 (GVBl S. 436)
  SH v. 18.11.1998 (GVOBl S. 339)
Stbev.; Stbv. Steuerbevollmächtigter
Stbg. Die Steuerberatung (1.1958 ff.)
StBGebV Steuerberatergebührenverordnung v. 17.12.1981 (BGBl I S. 1442)
StbJb Steuerberater-Jahrbuch (1.1949 ff.)
StBK Staatssekretär d. Bundeskanzleramtes
StbKRep Steuerberaterkongreß-Report (15.1977 ff.; 1.1963–14.1976: Steuerkongreß-Report)
StBp Die steuerliche Betriebsprüfung (1.1961 ff.)
StBSG BY Gesetz zur Errichtung der „Stiftung Bamberger Symphoniker – Bayerische Staatsphilharmonie" v. 27.12.2004 (GVBl S. 536)
StBVersG LSA LSA Gesetz über das Versorgungswerk der Steuerberaterinnen und Steuerberater v. 22.3.2006 (GVBl LSA S. 142)
StBVersVO SL VO ü. d. Errichtung d. Versorgungswerkes d. Steuerberater und Steuerbevollmächtigten im Saarland i. d. Bek. v. 18.11.1975 (ABl S. 1322)
StBVG Steuerberaterversorgungsgesetz
  BW v. 16.11.1998 (GBl S. 609)
  HE v. 13.12.2001 (GVBl I S. 578)
StBVG M-V MV v. 7.3.2000 (GVOBl M-V S. 58)
StBVG NW NW v. 10.11.1998 (GV.NW S. 661)

StB/WPVG SL Gesetz z. Errichtung d. Versorgungswerks d. Steuerberater/Steuerberaterinnen u. Wirtschaftsprüfer/Wirtschaftsprüferinnen i. Saarland v. 26.9.2001 (Abl S. 2115)
StdTafVO M-V MV Stundentafelverordnung v. 13.4.2006 (GVOBl M-V S. 376)
StDÜV Steuerdaten-Übermittlungsverordnung v. 28.1.2003 (BGBl I S. 139)
StE Steuern in der Energiewirtschaft (50.1999 ff.; vorher: Steuern in der Elektrizitätswirtschaft)
StellobVO SL Stellenobergrenzenverordnung v. 25.1.2008 (ABl S. 202)
StenBer Stenographischer Bericht
StEntlG 1999 Steuerentlastungsgesetz v. 19.12.1998 (BGBl I S. 3779)
Steuer Die Steuer (1.1948–2.1949)
SteuerStud Steuer & (bis 11.1990: und) Studium (1.1980 ff.)
StEuglG Steuer-Euroglättungsgesetz v. 19.12.2000 (BGBl I S. 1790)
StFG Straffreiheitsgesetz 1970 v. 20.5.1970 (BGBl I S. 509)
StG Stille Gesellschaft
StGB Strafgesetzbuch i. d. Bek. v. 13.11.1998 (BGBl I S. 3322)
  StGB-DDR DDR i. d. Bek. v. 14.12.1988 (GBl 1989 I S. 33; BGBl 1990 II S. 1168)
StGH Staatsgerichtshof
StGHE BR s. Brem.StGHE
StGHG Ges. ü. d. Staatsgerichtshof
  BW v. 4.10.1977 (GBl S. 408)
  HE i. d. Bek. v. 19.1.2001 (GVBl I S. 78)
STGV SL Saarl. Trennungsgeldverordnung i. d. Bek. v. 1.3.1978 (ABl S. 217)
StHG Staatshaftungsgesetz v. 26.6.1981 (BGBl I S. 553) [v. BVerfG f. ungültig erklärt] DDR v. 12.5.1969 (GBl I S. 34; BGBl 1990 II S. 1168)
StHG ... BW Staatshaushaltsgesetz des Landes Baden-Württemberg ...
StiftÄndG BE Gesetz zur Änderung von Vorschriften im Bereich der Museums-, Bibliotheks- und Gedenkstättenstiftungen v. 18.12.2004 (GVBl S. 523)

StiftG Stiftungsgesetz
RP v. 22.4.1966 (GVBl S. 95)
SH i. d. Bek. v. 2.3.2000 (GVOBl S. 208)
StiftG Bln BE Berliner Stiftungsgesetz i. d. Bek. v. 22.7.2003 (GVBl S. 293)
StiftG M-V MV Landesstiftungsgesetz v. 7.6.2006 (GVOBl M-V S. 366)
StiftG NW NW ~ für das Land Nordrhein-Westfalen v. 15.2.2005 (GV.NW S. 52)
StiftGBbg BB ~ für das Land Brandenburg v. 20.4.2004 (GVBl I S. 150)
StiftG-DDR DDR v. 13.9.1990 (GBl I S. 1483; BGBl II S. 1240)
StiftG-EUV BB Gesetz über die Errichtung der „Stiftung Europa-Universität Viadrina Frankfurt (Oder)" v. 14.12.2007 (GVBl I S. 206)
StIGH Ständiger Internationaler Gerichtshof [engl.: Permanent Court of International Justice]
StillV Stillegungsverordnung v. 14.6.1989 (BGBl I S. 1095)
StK Staatskanzlei
StK Steuerrecht in Kurzform (LoseblSlg) (1.1947 ff.; anfangs: Steuerkurzbriefe; später: Neue Wirtschaftsbriefe f. Steuer- u. Wirtschaftsrecht); Steuerrechtsprechung in Karteiform
StK Strafkammer
StKFG NW Studienkonten- und finanzierungsgesetz v. 28.1.2003 (GV.NW S. 223)
StKl Steuerklasse
StKRep Steuerkongreß-Report (1.1963–14.1976; dann: Steuerberaterkongreß-Report)
StKVO M-V MV Studienkollegsverordnung v. 10.1.1997 (GVOBl M-V S. 53)
StLG BW Staatslotteriegesetz v. 14.12.2004 (GBl. S. 894)
StM Staatsminister(ium)
StMBG Mißbrauchsbekämpfungs- u. Steuerbereinigungsgesetz v. 21.12.1993 (BGBl I S. 2310)
StNG BY Gesetz zur Errichtung der „Stiftung Staatstheater Nürnberg" v. 27.12.2004 (GVBl S. 533)

StöffG M-V MV Standardöffnungsgesetz v. 17.9.2000 (GVOBl M-V S. 492)
StöffVO M-V MV Standardöffnungsverordnung v. 26.6.2001 (GVOBl M-V S. 283)
1. StörfallVwV Erste Allg. Verwaltungsvorschrift z. Störfall-Verordnung v. 26.8.1988 (GMBl S. 398)
StoffR Zeitschrift für Stoffrecht (1.2004 ff.)
StOGKomV BB Stellenobergrenzenverordnung f. Kommunen v. 22.7.1994 (GVBl II S. 672)
StOGrVO ND Stellenobergrenzenverordnung v. 26.6.2007 (GVBl S. 238)
StOGrVO-Kom ND Stellenobergrenzenverordnung für den kommunalen Bereich v. 18.5.2007 (GVBl S. 188)
StogV BB Stellenobergrenzenverordnung v. 3.12.2007 (GVBl II S. 496)
StOGVO BW Stellenobergrenzenverordnung v. 22.6.2004 (GBl. S. 365)
StOGVO-KV BW Stellenobergrenzenverordnung-Krankenversicherung v. 21.5.1981 (GBl S. 316)
StOV Standortverwaltung
StOV-Gem NW Stellenobergrenzenverordnung v. 27.2.2007 (GV.NW S. 126)
StPÄG Ges. z. Änderung d. Strafprozeßordnung u. d. Gerichtsverfassungsgesetzes v. 19.12.1964 (BGBl I S. 1067)
Stpfl. Steuerpflichtiger
StPG BE Stellenpoolgesetz v. 9.12.2003 (GVBl S. 589)
StPlV Stellenplanverordnung MV v. 10.9.1991 (GVOBl M-V S. 352)
StPlVO
RP v. 20.12.1965 (GVBl 1966 S. 1)
SH v. 22.1.1973 (GVBl S. 15)
StPO Strafprozessordnung i. d. Bek. v. 7.4.1987 (BGBl I S. 1074)
StPrakt Der Steuerpraktiker (1.[23.]1949–12.[34.]1960; vorher: Die Steuerpraxis)
StPrüfDVJu BY Staatsprüfungs-Durchführungsverordnung f. Juristen v. 2.12.1998 (GVBl S. 955)
StPVVO RP Studienplatzvergabeverordnung v. 13.12.2000 (GVBl 2001 S. 2)

StQ Die Quintessenz des Steuerrechts (4.1967 ff.; vorher: Die Quintessenz des steuerlichen Schrifttums)
str. streitig
StraBEG Strafbefreiungserklärungsgesetz v. 23.12.2003 (BGBl I S. 2928)
StraBeVerzVO SACH VO d. Sächs. Staatsministeriums f. Wirtschaft u. Arbeit ü. d. Straßen- u. Bestandsverzeichnisse v. 4.1.1995 (SächsGVBl S. 57)
StrABG BE Straßenausbaubeitragsgesetz v. 16.3.2006 (GVBl S. 265)
StrÄndG Strafrechtsänderungsgesetz
StrafDKlVO Dienstkleidungsvorschrift f. Strafvollzugsbeamte v. 10.12.1982 (GBl 1983 S. 10); BW VO ü. Dienstkleidung u. Kleidergeld d. Strafvollzugsbeamten v. 10.12.1982 (GBl 1983 S. 10)
StraFO Strafverteidiger Forum (1.1988 ff.; Zusatz bis 1993: Mitteilungsblatt der Strafverteidigervereinigung des DAV)
StrandO Strandungsordnung v. 17.5.1874 (RGBl S. 73)
StRAnpG BE Strafrechtsanpassungsgesetz v. 26.11.1974 (GVBl S. 2746)
StraÜ Straßburger Patentübereinkommen v. 27.11.1963 (BGBl II 1976 S. 649, 658)
StrBerAnpG BY 1. Strafrechtsanpassungsgesetz v. 31.7.1970 (GVBl S. 345); 2. Strafrechtsanpassungsgesetz v. 24.7.1974 (GVBl S. 354)
StRefG 1990 Steuerreformgesetz 1990 v. 25.7.1988 (BGBl I S. 1093)
StrEG Gesetz über d. Entschädigung für Strafverfolgungsmaßnahmen v. 8.3.1971 (BGBl I S. 157)
StrG BW Straßengesetz i. d. Bek. v. 26.9.1987 (GBl S. 478)
StRGeschO BY Geschäftsordnung der Bayerischen Staatsregierung i. d. Bek. v. 2.11.2006 (GVBl S. 825)
StrG LSA LSA Straßengesetz f. d. Land Sachsen-Anhalt v. 6.7.1993 (GVBl LSA S. 334)
StRGVV BY VO ü. d. Geschäftsverteilung d. Bayer. Staatsregierung i. d. Bek. v. 5.4.2001 (GVBl S. 161)

StrHAV BB Stromheizausnahmen-VO i. d. Bek. v. 2.12.1996 (GVBl II S. 857)
StRK Steuerrechtsprechung in Karteiform. Höchstgerichtl. Entscheidungen in Steuersachen. (Mrozek-Kartei) (LoseblSlg) (1922–1944; 1951 ff.)
StrKrVO NW Straßenkreuzungsverordnung v. 2.8.1983 (GV.NW S. 321)
StrlSchV Strahlenschutzverordnung v. 30.6.1989 (BGBl I S. 1321)
StromGW Stromgrundversorgungsverordnung i. d. Bek. v. 26.10.2006 (BGBl I S. 2391)
StromNEV Stromnetzentgeltverordnung v. 25.7.2005 (BGBl I S. 2225)
StromNZV Stromnetzzugangsverordnung v. 25.7.2005 (BGBl I S. 2243)
StromStG Stromsteuergesetz v. 24.3.1999 (BGBl I S. 378)
StrPrüfVO SACH VO d. Sächs. Staatsministeriums f. Wirtschaft u. Arbeit ü. d. bautechnische Prüfung baulicher Anlagen i. öffentl. Straßen v. 14.8.1996 (SächsGVBl S. 372)
StRR StrafRechtsReport (1.2007 ff.)
StrRehaG Strafrechtl. Rehabilitierungsgesetz i. d. Bek. v. 17.12.1999 (BGBl I S. 2664)
StrReinG NW NW Straßenreinigungsgesetz v. 18.12.1975 (GV.NW S. 706)
6. StrRG Sechstes Ges. z. Reform d. Strafrechts v. 26.1.1998 (BGBl I S. 164)
stRspr ständige Rechtsprechung
StrUBG BW Straftäter-Unterbringungsgesetz v. 14.3.2001 (GBl S. 188)
StrVerkSiV VO z. Sicherstellung d. Straßenverkehrs v. 23.9.1980 (BGBl I S. 1795)
StrVerzV BB Straßenverzeichnisverordnung v. 29.7.1994 (GVBl II S. 692)
StrVerzVO LSA LSA Straßenverzeichnisverordnung v. 28.7.1999 (GVBl LSA S. 276)
StrVG Strahlenschutzvorsorgegesetz v. 19.12.1986 (BGBl I S. 2610)
StrVkA Straßenverkehrsamt
StrVkD Straßenbau- u. Verkehrsdirektion; Straßenverkehrsdirektion

StrVRZustVO SH Straßenverkehrsrechts-Zuständigkeitsverordnung v. 8.11.2004 (GVOBl S. 423)

StrWG Straßen- u. Wegegesetz SH ~ des Landes Schleswig-Holstein i. d. Bek. v. 25.11.2003 (GVOBl S. 631)

StrWG NW NW i. d. Bek. v. 23.9.1995 (GV.NW S. 1028)

StrWMPrüfungsR NW Straßenwärter-Meisterprüfungsregelung v. 1.2.2007 (GV.NW S. 249)

StrZuVO SACH VO der Sächs. Staatsregierung und des Sächs. Staatsministeriums für Wirtschaft und Arbeit über Zuständigkeiten nach dem Bundesfernstraßengesetz und dem Sächs. Straßengesetz v. 2.6.2006 (SächsGVBl S. 160)

StS Strafsenat

StSch Steuerschuldner

StSekr Staatssekretär

StSenkG Steuersenkungsgesetz v. 23.10.2000 (BGBl I S. 1433)

StSG BW Staatssekretäregesetz v. 19.7.1972 (GBl S. 392)

6. StUÄndG Sechstes Gesetz zur Änderung des Stasi-Unterlagen-Gesetzes v. 14.8.2003 (BGBl I S. 1654)

StuB Steuern u. Bilanzen (1.1999 ff.)

StuckMstrV Stuckateurmeisterverordnung v. 30.8.2004 (BGBl I S. 2311)

StudDatVO Studentendatenverordnung BE Studierendendatenverordnung v. 9.11.2005 (GVBl S. 720) SL v. 1.8.1995 (ABl S. 846)

StudK/FH VO LSA Studienkollegverordnung/Fachhochschulen v. 28.6.1999 (GVBl LSA S. 195)

StudKVO LSA Studienkollegverordnung v. 22.7.1999 (GVBl LSA S. 226)

StudKVO-LSA LSA Studienkollegverordnung des Landes Sachsen-Anhalt v. 12.10.2004 (GVBl LSA S. 736)

StudVO LSA Studentenschaftsverordnung v. 16.5.1994 (GVBl LSA S. 577)

StudWG BE Studentenwerksgesetz v. 18.12.2004 (GVBl S. 521)

StudWV BY VO ü. d. bayer. Studentenwerke i. d. Bek. v. 22.1.1990 (GVBl S. 42)

StudWVO SH Studentenwerksverordnung v. 2.8.2007 (GVOBl S. 378)

StückAG Stückaktiengesetz v. 25.3.1998 (BGBl I S. 590)

StuF Steuern und Finanzen (1.1962–5.1966,12; aufgegangen in: Die Information über Steuer und Wirtschaft)

StUG Stasi-Unterlagen-Gesetz v. 20.12.1991 (BGBl I S. 2272)

StuG Stadt und Gemeinde (45.1990,10 ff.; vorher: Städte- und Gemeindebund)

StuP Studium und Praxis (1.1956–12.1967; 13.1976/77–17.1982)

StuPrO BA Sozialwesen BW Studien- und Prüfungsordnung Berufsakademie-Sozialwesen v. 11.1.2007 (GBl S. 73)

StuPrO BA Technik BW Studien- und Prüfungsordnung Berufsakademie-Technik v. 11.1.2007 (GBl S. 50)

StuPrO BA Wirtschaft BW Studien- und Prüfungsordnung Berufsakademie-Wirtschaft v. 11.1.2007 (GBl S. 21)

StuQuaVO SH Studienqualifikationsverordnung v. 6.12.2000 (GVOBl S. 659)

StuVO BE VO ü. d. Studentenschaft d. Fachhochschule f. Verwaltung und Rechtspflege Berlin v. 15.1.1988 (GVBl S. 249)

StuW Steuer und Wirtschaft (1.1922–23.1944; 24.1947 ff.)

StuWG Studentenwerksgesetz LSA Studentenwerkgesetz v. 30.9.1991 (GVBl LSA S. 346) LSA v. 16.2.2006 (GVBl LSA S. 40)

StV Strafverteidiger (1.1981 ff.)

StVÄG 1987 Strafverfahrensänderungsgesetz 1987 v. 27.1.1987 (BGBl I S. 475)

StVÄG 1999 Strafverfahrensänderungsgesetz 1999 v. 2.8.2000 (BGBl I S. 1253)

StVBG Steuerverkürzungsbekämpfungsgesetz v. 19.12.2001 (BGBl I S. 3922)

StvBK Stellvertreter des Bundeskanzlers

StVergAbG Steuervergünstigungsabbaugesetz v. 16.5.2003 (BGBl I S. 660)

StVG Staatliches Vertragsgericht (DDR)

StVG Straßenverkehrsgesetz i. d. Bek. v. 19.12.1952 (BGBl I S. 837)

StVj Steuerliche Vierteljahresschrift (1.1989 ff.)
StVO Straßenverkehrsordnung v. 16.11.1970 (BGBl I S. 1565; BGBl I 1971 I S. 38)
1. *StVOAusnV* VO ü. Ausnahmen v. d. Vorschriften d. Straßenverkehrs-Ordnung v. 20.7.1981 (BGBl I S. 669)
STVO-BS HA VO ü. d. Stundentafeln für d. Berufsschule v. 13.7.1999 (GVBl I S. 187)
StVO-Gem NW Stellenobergrenzenverordnung v. 8.12.1976 (GV.NW S. 427)
StVollstrO Strafvollstreckungsordnung i. d. Bek. v. 10.1.1980 (bundeseinheitlich beschlossen)
StVollzG Strafvollzugsgesetz v. 16.3.1976 (BGBl I S. 581)
StVollzVergO Strafvollzugsvergütungsordnung v. 11.1.1977 (BGBl I S. 57)
StVorV Stellenvorbehaltsverordnung v. 24.8.1999 (BGBl I S. 1906)
StVRÄndG Gesetz z. Änderung d. Straßenverkehrsgesetzes u. anderer straßenverkehrsrechtl. Vorschriften v. 19.3.2001 (BGBl I S. 386)
1. **StVRG** Erstes Ges. z. Reform d. Strafverfahrensrechts v. 9.12.1974 (BGBl I S. 3393)
StVUnfStatG Straßenverkehrsunfallstatistikgesetz v. 15.6.1990 (BGBl I S. 1078)
StVZO Straßenverkehrs-Zulassungs-Ordnung i. d. Bek. v. 28.9.1988 (BGBl I S. 1793)
DDR v. 26.11.1981 (GBl 1982 I S. 6; BGBl 1990 II S. 1223)
StW Steuer-Warte (1.1922–22.1943; 23.1950,4 ff.; 23.1950,1–3: Die neue Steuerwarte)
StWB Steuer- und Wirtschaftsberater (2.1947–4.1949; vorher: Der Steuerberater)
StWBeitrVO SH Studentenwerksbeitragsverordnung v. 2.10.1990 (GVOBl S. 523)
StWG Studentenwerksgesetz
Ges. z. Förderung d. Stabilität u. d. Wachstums d. Wirtschaft v. 8.6.1967 (BGBl I S. 582)

BR i. d. Bek. v. 22.7.2003 (GVBl S. 337)
BW v. 19.7.1999 (GBl S. 299)
HA Studierendenwerksgesetz v. 29.6.2005 (GVBl S. 250)
NW i. d. Bek. v. 3.9.2004 (GV.NW S. 518)
StZBl Steuer- und Zollblatt für Berlin (1.1951–16.1966,39; dann: Amtsblatt für Berlin, T. 2)
StZentrArch Steuer-Zentralarchiv (1.1949–23.1950)
StZG-KostV Kostenverordnung zum Stammzellgesetz v. 28.10.2005 (BGBl I S. 3115)
StZtg RP Staats-Zeitung (bis 21.1960: und) Staatsanzeiger für Rheinland-Pfalz (1.1950 ff.)
SubvG Subventionsgesetz v. 29.7.1976 (BGBl I S. 2034)
SubVOJu BW Subdelegationsverordnung Justiz v. 7.9.1998 (Gbl S. 561)
SüFV Sicherheitsüberprüfungsfeststellungsverordnung v. 30.7.2003 (BGBl I S. 1553)
SÜG Sicherheitsüberprüfungsgesetz v. 20.4.1994 (BGBl I S. 867)
SÜG M-V MV v. 22.1.1998 (GVOBl M-V S. 114)
SÜG NW NW v. 7.3.1995 (GV.NW S. 210)
SüßstG Süßstoffgesetz v. 1.2.1939 (RGBl I S. 111)
SüVO SH Selbstüberwachungsverordnung v. 4.3.1987 (GVOBl S. 77)
SÜVO M-V MV Selbstüberwachungsverordnung v. 20.12.2006 (GVOBl M-V S. 5)
SüWaQuaV BE Süßwasserqualitätsverordnung v. 20.9.1997 (GVBl S. 471)
SüwV Kan NW Selbstüberwachungsverordnung Kanal v. 16.1.1995 (GV.NW S. 64)
SüwV-kom NW Selbstüberwachungsverordnung kommunal v. 25.5.2004 (GV.NW S. 322)
SUKG SL Umzugskostengesetz i. d. Bek. v. 13.8.1976 (ABl S. 863)

SuKPflV Säuglings- u. Kinderpflegeverordnung v. 15.11.1939 (RGBl I S. 2239)

SUPG Gesetz zur Einführung einer Strategischen Umweltprüfung und zur Umsetzung der Richtlinie 2001/42/EG v. 25.6.2005 (BGBl I S. 1746)

SUrlV Sonderurlaubsverordnung i. d. Bek. v. 11.11.2004 (BGBl I S. 2836) NW i. d. Bek. v. 2.1.1967 (GV.NW S. 13)

SUV Soldatenurlaubsverordnung i. d. Bek. v. 14.5.1997 (BGBl I S. 1134)

SUVO SH Sonderurlaubsverordnung v. 14.1.1998 (GVOBl S. 29)

SV Sicherungsverwahrung

SVA s. StrVkA

SVA Sozialversicherungsabkommen

SVAnG/Saar Sozialversicherungs-Angleichungsgesetz Saar v. 15.6.1963 (BGBl I S. 402)

SVBau BY Sachverständigen(ver)ordnung-Bau v. 24.9.2001 (GVBl S. 578)

SVBEG Sozialversicherungs-Beitragsentlastungsgesetz v. 21.7.1986 (BGBl I S. 1070)

SVBG Ges. ü. d. Sozialversicherung Behinderter v. 7.5.1975 (BGBl I S. 1061)

SVBl Schulverwaltungsblatt für Niedersachsen (1.1949 ff.)

SVD s. StrVkD

SVermG SACH Sächs. Vermessungsgesetz i. d. Bek. v. 2.8.1994 (SächsGVBl S. 1457)

SVersLV Sonderversorgungsleistungsverordnung i. d. Bek. v. 19.8.1998 (BGBl I S. 2366)

SVertO Schifffahrtsrechtl. Verteilungsordnung i. d. Bek. v. 23.3.1999 (BGBl I S. 530)

SVG Soldatenversorgungsgesetz i. d. Bek. v. 6.5.1999 (BGBl I S. 882); DDR Ges. ü. d. Sozialversicherung v. 28.6.1990 (GBl I S. 486; BGBl II S. 1211)

SVHV VO ü. d. Haushaltswesen in d. Sozialversicherung v. 21.12.1977 (BGBl I S. 3147)

SVN Satzung d. Vereinten Nationen

SVO

BB Sachverständigenordnung v. 20.1.2001 (GVBl II S. 14)

DDR VO z. Sozialversicherungspflicht f. Arbeiter u. Angestellte v. 17.11.1977 (GBl I S. 373; BGBl 1990 II S. 1211)

SVR Straßenverkehrsrecht (4.2004 ff.; vorher: Praxis Verkehrsrecht)

SVRV Sozialversicherungs-Rechnungsverordnung v. 15.7.1999 (BGBl I S. 1627)

SVS Speditionsversicherungsschein

SVS/RVS Allg. Versicherungsbedingungen Speditions- u. Rollfuhrversicherungsschein i. d. Bek. v. 1978

SVÜV Soldatenversorgungs-ÜbergangsVO i. d. Bek. v. 24.3.1993 (BGBl I S.378)

SvVO SH Sachverständigen(ver)ordnung v. 23.4.1996 (GVOBl S. 434)

SV-VO NW VO ü. staatl. anerkannte Sachverständige nach d. LBO v. 29.4.2000 (GV.NW S. 422)

SVwG Selbstverwaltungsgesetz i. d. Bek. v. 23.8.1967 (BGBl I S. 917)

SVWO Wahlordnung f. d. Sozialversicherung v. 28.7.1997 (BGBl I S. 1946)

SVwVfG SL Saarländisches Verwaltungsverfahrensgesetz v. 15.12.1976 (ABl S. 1151)

SVwVG SL Saarländisches Verwaltungsvollstreckungsgesetz v. 27.3.1974 (ABl S. 430)

SVwZG SL Saarländisches Verwaltungszustellungsgesetz v. 13.12.2005 (ABl 2006 S. 214)

SVZ Schweizerische Versicherungs-Zeitschrift (1.1933/34 ff.)

SWaldVV BY VO ü. d. Schutzwaldverzeichnisse v. 24.11.1976 (GVBl S. 463)

SWBG SL Saarl. Weiterbildungs- und Bildungsurlaubsgesetz i. d. Bek. v. 15.9.1994 (ABl S. 1359)

SWG Schlechtwettergeld

SWG

BB Sorben[Wenden]-Gesetz v. 7.7.1994 (GVBl I S. 294)

BY Sicherheitswachtgesetz i. d. Bek. v. 28.4.1997 (GVBl S. 88)

SL Saarländisches Wassergesetz i. d. Bek. v. 30.7.2004 (ABl S. 1994)

SWSchulV BB Sorben-[Wenden-] Schulverordnung v. 31.7.2000 (GVBl II S. 291)

SZ Entscheidungen des österreichischen Obersten Gerichtshofes in Zivil- [bis 34.1961: und Justizverwaltungs]sachen (1.1919–20.1938; 21.1946 ff.)

SZAG Sanktionszahlungs-Aufteilungsgesetz v. 25.8.2006 (BGBl I S. 2104)

SZG BE Sonderzahlungsgesetz v. 5.11.2003 (GVBl S. 538)

SZG Ba-Wü BW Sonderzuwendungsgesetz i. d. Bek. v. 3.4.1979 (GBl S. 158)

SZG M-V MV Sonderzahlungsgesetz Mecklenburg-Vorpommern v. 16.10.2003 (GVOBl M-V S. 477)

SZK Schweizerische Zeitschrift für Kriminologie (1.2002 ff.)

SzV Sonderzuschlagsverordnung v. 16.3.1998 (BGBl I S. 513)

SZW Schweizerische Zeitschrift für Wirtschaft- und Finanzmarktrecht (vorher: Schweizerische Zeitschrift für Wirtschaftsrecht)

T

T. Teil; Termin

t. tome; tomus

TA Technische Anleitung

TA Abfall Technische Anleitung Zweite allg. Verwaltungsvorschrift z. Abfallgesetz, T. 1 v. 12.3.1991 (GMBl S. 139; BAnz Nr. 61 a; BAnz Nr. 215 a)

TabKTHmV VO ü. d. Kennzeichnung v. Tabakerzeugnissen v. 29.10.1991 (BGBl I S. 2053)

TabStDV VO z. Durchführung d. Tabaksteuergesetzes v. 21.12.1979 (BGBl I S. 2297)

TabStG 1980 Tabaksteuergesetz v. 13.12.1979 (BGBl I S. 2118)

TÄHAV VO ü. Tierärztliche Hausapotheken i. d. Bek. v. 27.3.1996 (BGBl I S. 554)

TAG Tagesbetreuungsausbaugesetz v. 27.12.2004 (BGBl I S. 3852)

TagesPflVO LSA Tagespflegeverordnung v. 11.11.2003 (GVBl LSA S. 294)

TagpflegEV BB Tagespflegeeignungsverordnung v. 22.1.2001 (GVBl II S. 21)

TagPflegV BB Tagespflegeverordnung v. 8.4.1999 (GVBl II S. 275)

TA Luft Erste Allg. Verwaltungsvorschrift z. Bundes-Immissionsschutzgesetz Technische Anleitung z. Reinhaltung d. Luft v. 27.2.1986 (GMBl S. 95)

TankVO HE Tankstellenverordnung v. 27.4.1994 (GVBl I S. 219)

TAnlVO LSA VO über technische Anlagen und Einrichtungen nach Bauordnungsrecht v. 29.5.2006 (GVBl LSA S. 337)

TAppO Approbationsordnung f. Tierärzte v. 22.4.1986 (BGBl I S. 600)

TAppV VO zur Approbation von Tierärztinnen und Tierärzten v. 27.7.2006 (BGBl I S. 1827)

TariftG NRW NW Tariftreuegesetz Nordrhein-Westfalen v. 17.12.2002 (GV.NW S. 8)

TAufhG Tarifaufhebungsgesetz v. 13.8.1993 (BGBl I S. 1489)

TaxO BE Taxenordnung v. 12.6.2001 (GVBl S. 204)

T-AZV 2000 Telekom-Arbeitszeitverordnung 2000 v. 23.6.2000 (BGBl I S. 931)

TbVO ND VO über die Todesbescheinigung v. 16.1.2007 (GVBl S. 2)

TDiG Truppendienstgericht

TDL Tarifgemeinschaft deutscher Länder

TDSV Telekommunikations-Datenschutzverordnung v. 18.12.2000 (BGBl I S. 1740)

TDv Technische Dienstvorschrift

TechKontrollV VO über technische Kontrollen von Nutzfahrzeugen auf der Straße v. 21.5.2003 (BGBl I S. 774)

TEHG Treibhausgas-Emissionshandelsgesetz v. 8.7.2004 (BGBl I S. 1578)

TelekomJubV Jubiläumsverordnung Telekom v. 21.6.2005 (BGBl I S. 1791)

TelekomSZV Telekom-Sonderzahlungsverordnung v. 12.7.2005 (BGBl I S. 2148)

TEntgV Telekommunikations-Entgeltregulierungsverordnung v. 1.10.1996 (BGBl I S. 1492)

TestG Ges. ü. d. Errichtung v. Testamenten u. Erbverträgen [Testamentsgesetz] v. 31.7.1938 (RGBl I S. 973)

TEVO NW Trennungsentschädigungsverordnung i. d. Bek. v. 29.4.1988 (GV.NW S. 226)

TFaV BB Technische Fachkräfteverordnung v. 27.4.1995 (GVBl II S. 374)

TFaVO SL VO über Technische Fachkräfte v. 24.1.1977 (ABl S. 179)

TFG Transfusionsgesetz v. 1.7.1998 (BGBl I S. 1752)

TFGMV Transfusionsgesetz-Meldeverordnung v. 13.12.2001 (BGBl I S. 3737)

TGÄV Trennungsgeldänderungsverordnung v. 13.5.1991 (BGBl I S. 1114)

TGV Trennungsgeldverordnung i. d. Bek. v. 29.6.1999 (BGBl I S. 1533)

TgV Transportgenehmigungsverordnung v. 10.9.1996 (BGBl I S. 1411)

TGVO M-V MV Trennungsgeldverordnung v. 23.6.1998 (GVOBl M-V S. 608)

TH; thür. Thüringen (thüringisch)

THA Treuhandanstalt

ThAbfAG TH Thüringer Abfallwirtschafts- u. Altlastengesetz i. d. Bek. v. 15.6.1999 (GVBl S. 385)

THAKredG Treuhandkreditaufnahmegesetz v. 3.7.1992 (BGBl I S. 1190)

THASatzg DDR Satzung der Treuhandanstalt v. 18.7.1990 (GBl I S. 809; BGBl II S. 1198)

ThBKG TH Thüringer Brand- u. Katastrophenschutzgesetz i. d. Bek. v. 25.3.1999 (GVBl S. 227)

ThDSchG TH Thüringer Denkmalschutzgesetz i. d. Bek. v. 14.4.2004 (GVBl S. 465)

ThJG TH Thüringer Jagdgesetz i. d. Bek. v. 25.8.1999 (GVBl S. 469)

ThLPlG TH Landesplanungsgesetz v. 17.7.1991 (GVBl S. 210)

ThürAAnwAPO TH Thüringer Ausbildungs- und Prüfungsordnung f. d. Amtsanwaltslaufbahn v. 20.6.1997 (GVBl S. 248)

ThürABbUHG TH Thüringer Altbergbau- u. Unterirdische-Hohlräume-Gesetz v. 23.5.2001 (GVBl S. 41)

ThürAbgG TH Thüringer Abgeordnetengesetz i. d. Bek. v. 9.3.1995 (GVBl S. 121)

ThürAbgÜpG TH Thüringer Gesetz z. Überprüfung v. Abgeordneten v. 26.6.1998 (GVBl S. 205)

ThürAbmG TH Abmarkungsgesetz v. 7.8.1991 (GVBl S. 289)

ThürAbwEKVO TH Thüringer Abwassereigenkontrollverordnung v. 23.8.2004 (GVBl S. 721)

ThürAbwVO -Abfallverbrennung TH Thüringer Verordnung zur Umsetzung von wasserrechtlichen Vorschriften der Richtlinie 2000/76/EG über die Verbrennung von Abfällen v. 22.12.2003 (GVBl S. 23)

ThürAGVwGO TH Verwaltungsgerichtsordnung v. 7.8.1991 (GVBl S. 328)

ThürAIKG TH Thüringer Architekten- und Ingenieurkammergesetz v. 5.2.2008 (GVBl S. 9)

ThürAOeJD TH Thüringer Ausbildungsordnung f. d. Laufbahn d. einfachen Justizdienstes v. 7.8.1996 (GVBl S. 162) (s.a. Bundeslaufbahnverordnung)

ThürAPOGV TH Thüringer Ausbildungs- und Prüfungsordnung f. d. Gerichtsvollzieher v. 25.4.1995 (GVBl S. 203)

ThürAPOhtD TH Thüringer Ausbildungs- und Prüfungsordnung für die Laufbahn des höheren technischen Verwaltungsdienstes v. 17.5.2004 (GVBl S. 637)

ThürAPOLKon TH Thüringer Ausbildungs- und Prüfungsordnung für Lebensmittelkontrolleure v. 1.9.2003 (GVBl S. 456)

ThürAPOmJD TH Thüringer Ausbildungs- u. Prüfungsordnung f. d. Laufbahn d. mittl. Justizdienstes v. 15.4.1998 (GVBl S. 140) (s.a. Bundeslaufbahnverordnung)

ThürAPOPolmD TH Thüringer VO ü. d. Ausbildung u. Prüfung f. d. Laufbahn d. mittleren Polizeivollzugsdienstes v. 5.6.1997 (GVBl S. 283) (s.a. Bundeslaufbahnverordnung)

ThürArchG TH Thüringer Architektengesetz v. 13.6.1997 (GVBl S. 210)

ThürASObbS TH Thüringer Allgemeine Schulordnung f. d. berufsbildenden Schulen v. 10.12.1996 (GVBl 1997 S. 24)

ThürAzVO TH Thüringer Verordnung über die Arbeitszeit der Beamten v. 10.6.2005 (GVBl S. 279)

ThürBADVO TH Thüringer Berufsakademiedatenverarbeitungsverordnung v. 2.4.2004 (GVBl S. 480)

ThürBAG TH Thüringer Berufsakademiegesetz v. 1.7.1998 (GVBl S. 233)

ThürBauGVO TH Thüringer Baugebührenverordnung v. 27.4.2004 (GVBl S. 580)

ThürBBahnG TH Thüringer Bergbahngesetz v. 12.6.2003 (GVBl S. 309)

ThürBekVO TH Thüringer Bekanntmachungsverordnung v. 22.8.1994 (GVBl S. 1045)

ThürBeschZVO TH Thüringer Verordnung zur Regelung von Zuständigkeiten nach dem Beschussgesetz v. 13.7.2005 (GVBl S. 298)

ThürBesG TH Thüringer Besoldungsgesetz i. d. Bek. v. 22.8.1995 (GVBl S. 249)

ThürBestG TH Thüringer Bestattungsgesetz v. 19.5.2004 (GVBl S. 505)

ThürBG TH Thüringer Beamtengesetz i. d. Bek. v. 8.9.1999 (GVBl S. 525)

ThürBgwVO TH Thüringer VO z. Umsetzung d. Richtlinie 76/160/EWG über d. Qualität d. Badegewässer v. 23.3.1999 (GVBl S. 242)

ThürBImSchGZVO TH Thüringer Verordnung zur Regelung von Zuständigkeiten und zur Übertragung von Ermächtigungen auf dem Gebiet des Immissionsschutzes v. 8.9.2004 (GVBl S. 738)

ThürBliGG TH Thüringer Blindengeldgesetz i. d. Bek. v. 24.6.2003 (GVBl S. 367)

ThürBO TH Thüringer Bauordnung i. d. Bek. v. 16.3.2004 (GVBl S. 349)

ThürBRpflAPO TH Thüringer Verordnung z. Ausbildung und Prüfung v. Bereichsrechtspflegern z. Rechtspflegern v. 14.11.1996 (GVBl S. 297)

ThürBSO TH Thüringer Berufsschulordnung v. 10.12.1996 (GVBl 1997 S. 33)

ThürBSSG TH Thüringer Belegstellenschutzgesetz v. 29.6.1995 (GVBl S. 231)

ThürBüG TH Thüringer Bürgerbeauftragtengesetz v. 25.5.2000 (GVBl S. 98)

ThürBVormPrüfVO TH Thüringer Berufsvormünderprüfungsverordnung v. 22.3.2001 (GVBl S. 35)

ThürBVVG TH Thüringer Gesetz ü. d. Verfahren b. Bürgerantrag, Volksbegehren u. Volksentscheid v. 19.7.1994 (GVBl S. 918)

ThürChemWRZVO TH Thüringer Verordnung zur Regelung von Zuständigkeiten sowie zur Übertragung einer Ermächtigung auf dem Gebiet des Chemikalien-Wasch- und Reinigungsmittelrechts v. 11.11.2004 (GVBl S. 872)

ThürDepEKVO TH Thüringer Deponieeigenkontroll-Verordnung v. 8.8.1994 (GVBl S. 956)

ThürDSG TH Thüringer Datenschutzgesetz i. d. Bek. v. 10.10.2001 (GVBl S. 276)

ThürDSRegVO TH Thüringer Datenschutzregisterverordnung v. 22.3.1994 (GVBl S. 359)

ThürDVOAG-SGB II TH VO zur Erstattung von Leistungen und zur Verteilung von Zuweisungen nach dem Thüringer Gesetz zur Ausführung des Zweiten Buches Sozialgesetzbuch v. 17.12.2004 (GVBl S. 901)

ThürDwV TH Thüringer Dienstwohnungsverordnung v. 16.4.1996 (GVBl S. 51)

ThürEBFVO TH Thüringer Erwachsenenbildungsförderungsverordnung v. 29.1.2004 (GVBl S. 120)

ThürEG TH Thüringer Enteignungsgesetz v. 23.3.1994 (GVBl S. 329)

ThürEG-HdiplAVO TH Thüringer EG-Hochschuldiplomanerkennungsverordnung v. 21.1.2000 (GVBl S. 22)

ThürElBergV TH Thüringer Elektro-Bergverordnung v. 1.12.2005 (StAnz S. 7)

ThürEntschVO TH Thüringer Entschädigungsverordnung v. 29.8.1995 (GVBl S. 311)

ThürErmÜVJ TH Thüringer Ermächtigungsübertragungsverordnung Justiz v. 25.10.2004 (GVBl S. 846)

ThürFAG TH Thüringer Finanzausgleichsgesetz i. d. Bek. v. 9.2.1998 (GVBl S. 15)

ThürFahranfZustVO TH Thüringer Verordnung zur Regelung von Zuständigkeiten nach der Fahranfängerfortbildungsverordnung v. 24.11.2004 (GVBl S. 887)

ThürFeuVO TH Thüringer FeuerungsVerordnung v. 3.6.1996 (GVBl S. 105)

ThürFHFöVO TH Thüringer Frauenhausförderverordnung v. 7.12.2007 (GVBl S. 297)

ThürFischG TH Thüringer Fischereigesetz i. d. Bek. v. 26.2.2004 (GVBl S. 314)

ThürFischGewVO TH Thüringer Fischgewässerverordnung v. 30.9.1997 (GVBl S. 362)

ThürFischVO TH Thüringer Fischerei(ver)ordnung v. 11.10.1994 (GVBl S. 1173)

ThürFiVO TH Thüringer Finanzhilfeverordnung v. 10.1.2008 (GVBl S. 1)

ThürFlüAG TH Thüringer Flüchtlingsaufnahmegesetz v. 16.12.1997 (GVBl S. 541)

ThürFlüKEVO TH Thüringer Verordnung ü. d. Kostenerstattung n. d. Thüringer Flüchtlingsaufnahmegesetz v. 21.12.1999 (GVBl S. 670)

ThürFlüVertVO TH Thüringer Flüchtlingsverteilungsverordnung v. 24.7.1998 (GVBl S. 267)

ThürFördInsOZVO TH Thüringer Verordnung über die Bestimmung der zuständigen Stelle zur Förderung von geeigneten Stellen im Verbraucherinsolvenzverfahren v. 4.1.2006 (GVBl S. 25)

ThürFöSchulO TH Thüringer Förderschulordnung v. 4.10.1994 (GVBl S. 1152)

ThürFSO TH Thüringer Fachschulordnung v. 3.2.2004 (GVBl S. 125)

ThürFSPVO TH Thüringer VO z. Lehrinhalten, Anforderungen u. Verfahren d. Feststellungsprüfung a. Studienkolleg n. § 92 Abs. 2 d. Thüringer Hochschulgesetzes v. 3.1.1996 (GVBl S. 5)

ThürFtG TH Thüringer Feiertagsgesetz v. 21.12.1994 (GVBl S. 1221)

ThürFwLAPO TH Thüringer Feuerwehr-Laufbahn-, Ausbildungs- und Prüfungsordnung v. 5.10.2007 (GVBl S. 169)

ThürGarVO TH Thüringer Garagenverordnung v. 28.3.1995 (GVBl S. 185)

ThürGastV TH Thüringer Gaststättenverordnung v. 9.1.1992 (GVBl S. 43)

ThürGGO TH Gemeinsame Geschäftsordnung f. d. Landesregierung sowie f. d. Ministerien u. d. Staatskanzlei d. Freistaats Thüringen v. 31.8.2000 (GVBl S. 237)

ThürGIG TH Thüringer Gesetz zur Gleichstellung und Verbesserung der Integration von Menschen mit Behinderungen v. 16.12.2005 (GVBl S. 383)

ThürGleichG TH Thüringer Gleichstellungsgesetz v. 3.11.1998 (GVBl S. 309)

ThürGNGG TH Thüringer Gemeindeneugliederungsgesetz v. 23.12.1996 (GVBl S. 333)

ThürGSÖA TH Thüringer Gesetz ü. d. Errichtung e. Sondervermögens „Ökologische Altlasten in Thüringen"v. 9.6.1999 (GVBl S. 329)

ThürGUZ TH Thüringer Gesetz ü. Unschädlichkeitszeugnisse v. 3.1.1994 (GVBl S. 10)

ThürGVEntschVO TH Thüringer Gerichtsvollzieherentschädigungsverordnung v. 23.12.1998 (GVBl 1999 S. 41)

ThürHAVO TH Thüringer Verordnung ü. Anforderungen a. Hersteller v. Bauprodukten und Anwender v. Bauarten v. 15.9.1999 (GVBl S. 569)

ThürHebG TH Thüringer Hebammengesetz v. 29.9.1998 (GVBl S. 286)

ThürHG TH Thüringer Hochschulgesetz i. d. Bek. v. 22.6.2005 (GVBl S. 229)

ThürHhÄG ... TH Thüringer Haushaltsänderungsgesetz ...

ThürHLeistBVO TH Thüringer Hochschul-Leistungsbezügeverordnung v. 14.4.2005 (GVBl S. 212)

ThürHNVO TH Thüringer Hochschulnebentätigkeitsverordnung v. 7.3.1997 (GVBl S. 101)

ThürHortkBVO TH Thüringer Hortkostenbeteiligungsverordnung v. 12.2.2001 (GVBl S. 16)

ThürHRiZVO TH Thüringer Verordnung über die Zuständigkeit für die Ernennung und die Amtsentbindung von Handelsrichtern v. 9.12.2005 (GVBl S. 424)

ThürIFG TH Thüringer Informationsfreiheitsgesetz v. 20.12.2007 (GVBl S. 256)

ThürIfKrMVO TH Thüringer Infektionskrankheitenmeldeverordnung v. 15.2.2003 (GVBl S. 107)

ThürIndEVO TH Thüringer Indirekteinleiterverordnung v. 8.3.2000 (GVBl S. 94)

ThürJAPO TH Thüringer Juristenausbildungs- und -prüfungsordnung v. 24.2.2004 (GVBl S. 217)

ThürJStVollzG TH Thüringer Jugendstrafvollzugsgesetz v. 20.12.2007 (GVBl S. 221)

ThürJubVO TH Thüringer Jubiläumszuwendungsverordnung v. 30.3.1995 (GVBl S. 162)

ThürJuSchZVO TH Thüringer Jugendschutzzuständigkeitsverordnung v. 12.6.2004 (GVBl S. 627)

ThürKAG TH Kommunalabgabengesetz i. d. Bek. v. 19.9.2000 (GVBl S. 301)

ThürKapVOjVD TH Thüringer Kapazitätsverordnung d. jurist. Vorbereitungsdienstes v. 15.10.1999 (GVBl S. 580)

ThürKatG TH Thüringer Katastergesetz v. 7.8.1991 (GVBl S. 285)

ThürKGG TH Thüringer Gesetz ü. d. kommunale Gemeinschaftsarbeit i. d. Bek. v. 10.10.2001 (GVBl S. 290)

ThürKHG TH Thüringer Krankenhausgesetz i. d. Bek. v. 30.4.2003 (GVBl S. 262)

5. ThürKHG-PVO TH Fünfte Thüringer Verordnung ü. d. Pauschalförderung n. d. Krankenhausgesetz v. 28.11.2000 (GVBl S. 376)

6. ThürKHG-PVO TH Sechste Thüringer Verordnung über die Pauschalförderung nach dem Krankenhausgesetz v. 19.12.2003 (GVBl S. 1)

ThürKiStG TH Thüringer Kirchensteuergesetz v. 3.2.2000 (GVBl S. 12)

ThürKitaFVO TH Thüringer Kindertageseinrichtungs-Finanzierungsverordnung v. 7.9.1994 (GVBl S. 1066)

ThürKJHAG TH Thüringer Kinder- u. Jugendhilfe-Ausführungsgesetz v. 7.9.1998 (GVBl S. 269)

ThürKO TH Thüringer Kommunalordnung i. d. Bek. v. 28.1.2003 (GVBl S. 41)

ThürkoAbwVO TH Thüringer Verordnung z. Umsetzung d. Richtlinie 91/271/EWG ü. d. Behandlung v. kommunalem Abwasser v. 10.10.1997 (GVBl S. 368)

ThürKOG TH Thüringer Kurortegesetz v. 10.6.1994 (GVBl S. 625)

ThürKollegO TH Thüringer Kollegordnung v. 16.7.1997 (GVBl S. 327)

ThürKorVO TH Thüringer Kormoranverordnung v. 6.10.1998 (GVBl S. 305)

ThürKostOKat TH Thüringer Kostenordnung für Leistungen der Katasterbehörden und der Öffentlich bestellten Vermessungsingenieure v. 14.4.2005 (GVBl S. 188)

ThürKWO TH Thüringer Kommunalwahlordnung v. 3.2.1994 (GVBl S. 93)

ThürLbG TH Thüringer Lehrerbildungsgesetz v. 12.3.2008 (GVBl S. 45)

ThürLbVO TH Thüringer Laufbahnverordnung v. 7.12.1995 (GVBl S.382) (s.a. Bundeslaufbahnverordnung)

ThürLbVOPol TH Thüringer LaufbahnVO f. d. Polizeivollzugsdienst v. 4.6.1998 (GVBl S. 210) (s.a. Bundeslaufbahnverordnung)

ThürLHO TH Thüringer Landeshaushaltsordnung i. d. Bek. v. 19.9.2000 (GVBl S. 282)

ThürLiegVerwG TH Thüringer Liegenschaftsverwertungsgesetz v. 27.9.1994 (GVBl S. 1065)

ThürLLVO TH Thüringer Lehr- und Lernmittelverordnung v. 1.3.2004 (GVBl S. 432)

ThürLottG TH Thüringer Lotteriegesetz v. 29.6.1995 (GVBl S. 228)

ThürLPAuswG TH Thüringer Landespersonalausweisgesetz v. 7.8.1991 (GVBl S. 325)

ThürLPlG TH Thüringer Landesplanungsgesetz v. 18.12.2001 (GVBl S. 485)

ThürLSchV TH Thüringer Landesschiedsstellenverordnung v. 15.4.1994 (GVBl S. 430)

ThürLVermG TH Thüringer Landesvermessungsgesetz v. 30.1.1997 (GVBl S. 69)

ThürLVermVVO TH Thüringer Landesvermessungsverfahrensverordnung v. 5.8.2000 (GVBl S. 264)

ThürLVVO TH Thüringer Lehrverpflichtungsverordnung v. 24.3.2005 (GVBl S. 161)

ThürLWG TH Thüringer Landeswahlgesetz i. d. Bek. v. 18.2.1999 (GVBl S. 145)

ThürLWO TH Thüringer Landeswahlordnung v. 12.7.1994 (GVBl S. 817)

ThürMaschGBVO TH Thüringer Verordnung ü. d. maschinell geführte Grundbuch v. 11.2.2001 (GVBl S. 15)

ThürMaßnG TH Thüringer Maßnahmengesetz v. 3.1.1994 (GVBl S. 5)

1. ThürMeldeDÜV TH Erste Thüringer Meldedatenübermittlungsverordnung v. 26.1.1998 (GVBl S. 172) (s.a. Datenübermittlung)

ThürMeldeG TH Thüringer Meldegesetz v. 23.3.1994 (GVBl S. 342)

ThürMinG TH Thüringer Ministergesetz i. d. Bek. v. 14.4.1998 (GVBl S. 104)

ThürMitwVO TH Thüringer Mitwirkungsverordnung v. 14.11.1996 (GVBl S. 303)

ThürMSchVO TH Thüringer Meldescheinverordnung v. 9.12.1994 (GVBl S. 30)

ThürMuSchVO TH Thüringer Mutterschutzverordnung v. 30.9.1994 (GVBl S. 1093)

ThürNatAVO TH Thüringer VO ü. d. naturschutzrechtliche Ausgleichsabgabe v. 17.3.1999 (GVBl S. 254)

ThürNatG TH Thüringer Naturschutzgesetz i. d. Bek. v. 29.4.1999 (GVBl S. 298)

ThürNotVO TH Thüringer VO ü. d. Angelegenheiten d. Notare u. Notarassessoren v. 16.8.1999 (GVBl S. 519)

ThürNpVO TH Thüringer Nachprüfungsverordnung v. 18.10.1994 (GVBl S. 1172)

ThürNqSFVO TH Thüringer Verordnung über die Nachqualifizierung zur Sonderpädagogischen Fachkraft an Förderschulen v. 3.2.2004 (GVBl S. 205)

ThürNRSchutzG TH Thüringer Nichtraucherschutzgesetz v. 20.12.2007 (GVBl S. 257)

ThürNVO TH Thüringer Nebentätigkeitsverordnung v. 24.2.1995 (GVBl S. 135)

ThürÖPNVG TH Thüringer Ges. ü. d. öffentl. Personennahverkehr i. d. Bek. v. 22.6.2005 (GVBl S. 276)

ThürPAngZVO TH Thüringer Preisangabenzuständigkeitsverordnung v. 22.9.2005 (GVBl S. 343)

ThürPersVG TH Thüringer Personalvertretungsgesetz i. d. Bek. v. 14.9.2001 (GVBl S. 225)

ThürPetG TH Thüringer Petitionsgesetz v. 28.6.1994 (GVBl S. 797)

ThürPFG TH Thüringer Pensionsfondsgesetz v. 7.7.1999 (GVBl S. 431)

ThürPflHG TH Thüringer Pflegehelfergesetz v. 21.11.2007 (GVBl S. 206)

ThürPlankomVO-AGBSHG TH VO über die Planungskommission nach § 4 Abs. 3 des Thüringer Gesetzes zur Ausführung des Bundessozialhilfegesetzes v. 24.9.2003 (GVBl S. 487)

ThürPol AzVO TH Thüringer Verordnung über die Arbeitszeit der Polizeivollzugsbeamten v. 22.4.2004 (GVBl S. 517)

ThürPolKostV TH Thüringer Polizeikostenverordnung v. 6.12.2001 (GVBl S. 465)

ThürPolPrüffristVO TH ThüringerVerordnung ü. Prüffristen b. vollzugspolizeilicher Datenspeicherung v. 26.2.2000 (GVBl S. 91)

ThürPPVO TH Thüringer Verordnung über die Prüfingenieure und Prüfsachverständige v. 6.5.2004 (GVBl S. 565)

ThürPrBG TH Thüringer Prüfungs- u. Beratungsgesetz v. 25.6.2001 (GVBl S. 66)

ThürPrüfOBA TH Prüfungsordnung f. d. Berufsakademie Thüringen v. 6.6.2001 (GVBl S. 82)

ThürPsychKG TH Thüringer Ges. z. Hilfe u. Unterbringung psychisch Kranker v. 2.2.1994 (GVBl S. 81)

ThürPÜZAVO TH Thüringer PÜZ-StellenanerkennungsVO v. 7.2.1997 (GVBl S. 85)

ThürRAPO TH Thüringer Rechtspflegerausbildungs- und -prüfungsordnung v. 29.9.1997 (GVBl S. 357)

ThürRA VG TH Thüringer Ges. ü. d. Versorgungswerk d. Rechtsanwälte v. 31.5.1996 (GVBl S. 70)

ThürRiG TH Thüringer Richtergesetz v. 17.5.1994 (GVBl S. 485)

ThürRKG TH Thüringer Reisekostengesetz i. d. Bek. v. 2.5.2005 (GVBl S. 174)

ThürRPflAÜV TH Thüringer Rechtspflegeraufgabenübertragungsverordnung v. 27.5.2003 (GVBl S. 319)

ThürRSVO TH Thüringer Regelsatzverordnung v. 11.8.2005 (GVBl S. 312)

ThürSAbfÜVO TH Thüringer Sonderabfallüberwachungsverordnung v. 16.11.2000 (GVBl S. 372)

ThürSammlG TH Thüringer Sammlungsgesetz v. 8.6.1995 (GVBl S. 197)

ThürSAVO TH Thüringer Spätaussiedleraufnahmeverordnung v. 15.7.1998 (GVBl S. 259)

ThürSchfTG TH Thüringer Gesetz über Schulen in freier Trägerschaft v. 5.3.2003 (GVBl S. 150)

ThürSchiffFloßVO TH Thüringer Verordnung z. Regelung d. Schiff- u. Floßfahrt v. 28.11.2001 (GVBl S. 467)

ThürSchStG TH Thüringer Schiedsstellengesetz v. 17.5.1996 (GVBl S. 61)

ThürSchuldLbVO TH Thüringer Schuldienstlaufbahnverordnung v. 11.10.2000 (GVBl S. 317)

ThürSchulG TH Thüringer Schulgesetz i. d. Bek. v. 30.4.2003 (GVBl S. 238)

ThürSchulO TH Thüringer Schulordnung v. 20.1.1994 (GVBl S. 185)

ThürSEGVO TH Thüringer Sachverständigen(ver)ordnung f. Erd- u. Grundbau v. 19.4.1999 (GVBl S. 320)

ThürSOBFS 2 TH Thüringer Schulordnung f. d. Berufsfachschule – zweijährige Bildungsgänge – v. 11.7.1997 (GVBl S. 293)

ThürSOBFS 3 TH Thüringer Schulordnung f. d. Berufsfachschule – dreijährige Bildungsgänge v. 15.10.1998 (GVBl S. 404)

ThürSObG TH Thüringer Schulordnung f. d. berufliche Gymnasium v. 10.12.1996 (GVBl 1997 S. 9)

ThürSoFöV TH Thüringer Verordnung zur sonderpädagogischen Förderung v. 6.4.2004 (GVBl S. 482)

ThürSOFOS TH Thüringer Schulordnung f. d. Fachoberschule v. 24.4.1997 (GVBl S. 170)

ThürSOHBFS 3 TH Thüringer Schulordnung für die Höhere Berufsfachschule – dreijährige Bildungsgänge v. 13.12.2004 (GVBl S. 3)

ThürSOPfl TH Thüringer Schulordnung für die Pflegeberufe v. 7.12.2007 (GVBl S. 302)

ThürSozAnerkG TH Thüringer Sozialberufe-Anerkennungsgesetz v. 10.10.2007 (GVBl S. 149)

ThürSpbkG TH Thüringer Spielbankgesetz i. d. Bek. v. 15.4.2004 (GVBl S. 473)

ThürSpbkO TH Thüringer Spielordnung für die öffentlichen Spielbanken v. 27.12.2005 (GVBl S. 17)

ThürSpbkVO TH Thüringer Verordnung über die Spielbankabgabe v. 11.7.2005 (GVBl S. 302)

ThürSpkG TH Thüringer Sparkassengesetz v. 19.7.1994 (GVBl S. 911)

ThürSpk VO TH Thüringer Sparkassen(ver)ordnung v. 1.7.1999 (GVBl S. 438)

ThürSpkWahlVO TH Thüringer Verordnung ü. d. Wahl und d. Wählbarkeit

v. Beschäftigten i. d. Verwaltungsrat d. kommunalen Sparkassen v. 11.6.1996 (GVBl S. 127)

ThürSportFG TH Thüringer Sportfördergesetz v. 8.7.1994 (GVBl S. 808)

ThürSportPlVO TH Thüringer Sportstättenplanungsverordnung v. 27.8.1997 (GVBl S. 343)

ThürStrUBG TH Thüringer Gesetz über die Unterbringung besonders rückfallgefährdeter Straftäter v. 17.3.2003 (GVBl S. 195)

ThürStudFVO TH Thüringer Studentenschaftsfinanzverordnung v. 19.10.2004 (GVBl S. 874)

ThürStudWG TH Thüringer Studentenwerksgesetz i. d. Bek. v. 9.2.1998 (GVBl S. 12)

ThürStudWRückVO TH Thüringer Studentenwerksrücklagenverordnung v. 9.2.2001 (GVBl S. 26)

ThürStVG TH Thüringer Studienplatzvergabegesetz v. 19.4.2000 (GVBl S. 81)

ThürSubvG TH Thüringer Subventionsgesetz v. 16.12.1996 (GVBl S. 319)

ThürSZG TH Thüringer Sonderzahlungsgesetz i. d. Bek. v. 2.5.2005 (GVBl S. 184)

Thür-TechPrüfVO TH Thüringer Verordnung über die Prüfung technischer Anlagen und Einrichtungen in Gebäuden v. 6.5.2004 (GVBl S. 585)

ThürTGV TH Thüringer Trennungsgeldverordnung v. 2.1.2006 (GVBl S. 20)

ThürTierNebG TH Thüringer Tierische Nebenprodukte-Beseitigungsgesetz v. 10.6.2005 (GVBl S. 224)

ThürTierSG TH Thüringer Tierseuchengesetz i. d. Bek. v. 8.5.2001 (GVBl S. 43)

ThürTrinkwZustVO TH Thüringer Verordnung zur Regelung von Zuständigkeiten nach der Trinkwasserverordnung und dem Infektionsschutzgesetz in Bezug auf Trinkwasser v. 12.6.2004 (GVBl S. 628)

ThürUaVO TH Thüringer Umlegungsausschussverordnung v. 22.3.2005 (GVBl S. 155)

ThürÜZVO TH Thüringer Übereinstimmungszeichenverordnung v. 9.8.1995 (GVBl S. 298)

ThürUKG TH Thüringer Umzugskostengesetz i. d. Bek. v. 2.5.2005 (GVBl S. 179)

ThürUrkStAuflVO TH Thüringer VO z. Auflösung d. Urkundenstellen b. d. Landkreisen v. 3.9.1997 (GVBl S. 342)

ThürUrlV TH Thüringer Urlaubsverordnung v. 30.9.1994 (GVBl S. 1095)

ThürUZwG TH Thüringer Gesetz ü. d. Anwendung unmittelbaren Zwanges d. Bedienstete d. Gerichte u. Staatsanwaltschaften v. 22.3.1996 (GVBl S. 33)

ThürVAwS TH Thüringer AnlagenVerordnung v. 25.7.1995 (GVBl S. 261)

ThürVBl Thüringer Verwaltungsblätter (1.1992 ff.)

ThürVerfGHG TH Thüringer Verfassungsgerichtshofsgesetz v. 28.6.1994 (GVBl S. 781)

ThürVersVG TH Thüringer Versorgungsverbandsgesetz v. 8.7.1994 (GVBl S. 812)

ThürVFHG TH Thüringer Verwaltungsfachhochschulgesetz v. 23.3.1994 (GVBl S. 313)

ThürVfldVO TH Thüringer Verordnung z. Verdachtsflächendatei v. 26.3.1998 (GVBl S. 133)

ThürVGZVO TH Thüringer Verwaltungsgerichtszuständigkeitsverordnung v. 30.11.1998 (GVBl S. 434)

ThürVOFAS TH Thüringer Verordnung ü. d. Fischereiaufsicht v. 10.1.1995 (GVBl S. 69)

ThürVOG TH Thüringer Verdienstordensgesetz v. 19.9.2000 (GVBl S. 273)

ThürVSG TH Thüringer Verfassungsschutzgesetz v. 29.10.1991 (GVBl S. 527)

ThürVStVO TH Thüringer Verkaufsstättenverordnung v. 13.6.1997 (GVBl S. 242)

ThürVVO TH Thüringer VergabeVerordnung v. 27.5.2001 (GVBl S. 70)

ThürVwKostG TH Thüringer Verwaltungskostengesetz v. 23.9.2005 (GVBl S. 325)

ThürVwKostOBo TH Thüringer Verwaltungskostenordnung für Bodenordnungsmaßnahmen nach dem Baugesetzbuch v. 22.3.2005 (GVBl S. 157)

ThürVwKostOGaa TH Thüringer Verwaltungskostenordnung für die Gutachterausschüsse v. 24.6.2003 (GVBl S. 378)

ThürVwVfG TH Thüringer Verwaltungsverfahrensgesetz i. d. Bek. v. 15.2.2005 (GVBl S. 32)

ThürVwZVG TH Thüringer Verwaltungszustellungsgesetz u. VollstreckungsGes. v. 27.9.1994 (GVBl S. 1053) (s.a. Zustellungsgesetz)

ThürVwZVGKostO TH Verwaltungskostenordnung z. Thüringer Verwaltungszustellungs- u. VollstreckungsGes. v. 25.1.1995 (GVBl S. 92)

ThürWaldG TH Thüringer Waldgesetz i. d. Bek. v. 25.8.1999 (GVBl S. 485)

ThürWaldGenG TH Thüringer Waldgenossenschaftsgesetz v. 16.4.1999 (GVBl S. 247)

ThürWasBauPVO TH Thüringer Verordnung zur Feststellung der wasserrechtlichen Eignung von Bauprodukten und Bauarten v. 20.7.2007 (GVBl S. 94)

ThürWA WassVO TH Thüringer VO z. Einrichtung d. Warn- u. Alarmdienstes z. Schutz v. Wassergefahren v. 1.4.1997 (GVBl S. 166)

ThürWG TH Thüringer Wassergesetz i. d. Bek. v. 23.2.2004 (GVBl S. 244)

ThürWkKV TH Thüringer VO ü. d. Wirtschaftsführung d. kommunalen Krankenhäuser v. 4.10.1994 (GVBl S. 1165)

ThürWoGZVO TH Thüringer Verordnung zur Übertragung von Ermächtigungen und zur Bestimmung von Zuständigkeiten im Wohngeldbereich v. 24.7.2007 (GVBl S. 96)

ThürWRRLVO TH Thüringer Wasserrahmenrichtlinienverordnung v. 28.4.2004 (GVBl S. 522)

ThürZLÜVO TH Thüringer Verordnung über die Regelung von Zuständigkeiten auf dem Gebiet der Lebensmittelüberwachung v. 19.12.2003 (GVBl S. 3)

ThürZustVBezüge TH Thüringer Zuständigkeitsverordnung Bezüge v. 8.3.2005 (GVBl S. 126)

ThürZustVO-SGB II TH Thüringer Verordnung über Zuständigkeiten zur Ausführung des Zweiten Buches Sozialgesetzbuch – Grundsicherung für Arbeitsuchende – v. 24.8.2004 (GVBl S. 704)

ThürZZVO SS/WS ... TH Thüringer Hochschul-Zulassungszahlenverordnung für das Sommersemester oder Wintersemester ...

THW-AusLUFV THW-Auslandsunfallfürsorgeverordnung v. 24.10.1996 (BGBl I S. 1571)

THW-HelfRG THW-Helferrechtsgesetz v. 22.1.1990 (BGBl I S. 118)

ThZulV Theaterbetriebszulagenverordnung BY v. 11.9.1980 (GVBl S. 504)

ThZulVO
BW v. 31.1.1978 (GBl S. 107)
HE v. 2.11.1990 (GVBl I S. 603)

ThZZVO TH Thüringer Zulassungszahlenverordnung v. 21.6.1991 (GVBl S. 163)

TierKBG Tierkörperbeseitigungsgesetz i. d. Bek. v. 11.4.2001 (BGBl I S. 523)

Tier-KBG-SA LSA Ausführungsgesetz z. Tierkörperbeseitigungsgesetz v. 25.3.1991 (GVBl LSA S. 13)

TierNebG Tierische Nebenprodukte-Beseitigungsgesetz v. 25.1.2004 (BGBl I S. 82)

TierNebG-AG LSA Ausführungsgesetz zum Tierische Nebenprodukte-Beseitigungsgesetz v. 22.12.2004 (GVBl LSA S. 875)

TierNebV Tierisches Nebenprodukte-Beseitigungsverordnung v. 27.7.2006 (BGBl I S. 1735)

TierNebZustVO M-V MV Tiernebenprodukte-Zuständigkeitsverordnung v. 6.2.2005 (GVOBl M-V S. 67)

TierSchG Tierschutzgesetz i. d. Bek. v. 18.5.2006 (BGBl I S. 1206)

TierSchlV Tierschutz-Schlachtverordnung v. 3.3.1997 (BGBl I S. 405)

TierSchNutztV Tierschutz-Nutztierhaltungsverordnung i. d. Bek. v. 22.8.2006 (BGBl I S. 2043)

TierSchTrV Tierschutztransportverordnung i. d. Bek. v. 11.6.1999 (BGBl I S. 1337)
TierSchZuVo BW Tierschutzzuständigkeitsverordnung v. 8.1.2007 (GBl S. 2)
TierschZVO SACH Zuständigkeitsverordnung Tierschutz v. 3.2.2005 (SächsGVBl S. 18)
TierSG Tierseuchengesetz i. d. Bek. v. 22.6.2004 (BGBl I S. 1260)
TierskBV BB VO über die Erhebung von Tierseuchenkassenbeiträgen v. 29.11.2005 (GVBl II S. 539)
TierSZustLVO M-V MV Landesverordnung zur Übertragung von Ermächtigungen und über Zuständigkeiten auf dem Gebiet des Tierseuchenrechts v. 6.2.2004 (GVOBl M-V S. 69)
TierZEV Tierzucht-Einfuhrverordnung v. 1.6.1999 (BGBl I S. 1245)
TierZG Tierzuchtgesetz i. d. Bek. v. 22.3.1994 (BGBl I S. 601)
TierzPrüfVO SACH Tierzuchtprüfungsverordnung v. 30.3.1999 (SächsGVBl S. 231)
TierZV BY Tierzuchtverordnung i. d. Bek. v. 20.5.1980 (GVBl S. 271)
TilgV NW Tilgungsverordnung v. 14.5.1971 (GV.NW S. 148)
TilgVO LSA Tilgungsverordnung v. 17.7.1995 (GVBl LSA S. 209)
Tit. Titel
TitelG Gesetz ü. Titel, Orden u. Ehrenzeichen v. 26.7.1957 (BGBl I S. 844)
TK Telekommunikation
TKG Telekommunikationsdienstegesetz v. 22.6.2004 (BGBl I S. 1190)
TKG Textilkennzeichnungsgesetz i. d. Bek. v. 14.8.1986 (BGBl I S. 1285)
TKGebV Telekommunikationsgebührenverordnung v. 19.7.2007 (BGBl I S. 1477)
TKGÜbertrV TKG-Übertragungsverordnung v. 22.11.2004 (BGBl I S. 2899)
TKLGebV Telekommunikations-Lizenzgebührenverordnung v. 28.7.1995 (BGBl I S. 1936)
TKO Telekommunikationsordnung i. d. Bek. v. 16.7.1987 (BGBl I S. 1761)

TKSiV Telekommunikations-Sicherstellungs-Verordnung v. 26.11.1997 (BGBl I S. 2751)
TKV Telekommunikations-Kundenschutzverordnung v. 11.12.1997 (BGBl I S. 2910)
TKZulV Telekommunikationszulassungsverordnung v. 20.8.1997 (BGBl I S. 2117)
TLMV VO ü. tiefgefrorene Lebensmittel v. 29.10.1991 (BGBl I S. 2051)
TMR Telekommunikations- & Medienrecht (55.2002 ff.; vorher: Recht der Telekommunikation)
TnBG HA Teilnahmebeitragsgesetz v. 7.12.1994 (GVBl I S. 358)
TnBVO HA Teilnahmebeitragsverordnung v. 26.4.2005 (GVBl S. 167)
TNGebV Telekommunikations-Nummerngebührenverordnung v. 16.8.1999 (BGBl I S. 1887)
TNr Tarifnummer
TNV Telekommunikations-Nummerierungsverordnung v. 5.2.2008 (BGBl I S. 141)
TO Tagesordnung; Tarifordnung
TOA Täter-Opfer-Ausgleich
TontrSchÜ Übereinkommen v. 29.10.1971 z. Schutz d. Hersteller v. Tonträgern gegen d. unerlaubte Vervielfältigung ihrer Tonträger (BGBl 1973 II S. 1669)
TOP Tagesordnungspunkt
TopoStiftG BE Topographiestiftungsgesetz i. d. Bek. v. 27.2.2005 (GVBl S. 131)
TPG Transplantationsgesetz v. 5.11.1997 (BGBl I S. 2631); TH Thüringer Pressegesetz v. 31.7.1991 (GVBl S. 271)
TPRG TH Thüringer Privatrundfunkgesetz v. 31.7.1991 (GVBl S. 255)
TPrüfVO NW Technische Prüfverordnung v. 5.12.1995 (GV.NW S. 1236)
TranspR Transportrecht (bis 2.1979, 3.1980–5.1982: Transport- u. Speditionsrecht) (6.1983 ff.)
TranspRLDV Transparenzrichtlinie-Durchführungsverordnung v. 13.3.2008 (BGBl I S. 408)
TranspRLG Transparenzrichtlinie-Gesetz v. 16.8.2001 (BGBl I S. 2141)

TrAVO SH Trägeranerkennungsverordnung v. 2.7.1990 (GVOBl S. 426)
TrE Trennungsentschädigung
TReg Tarifregister
TreuhG DDR Treuhandgesetz v. 17.6.1990 (GBl I S. 300; BGBl II S. 897)
TreuhLÜÄndV Treuhandliegenschaftsübertragungsänderungs VO v. 24.6.1996 (BGBl I S. 888)
TreuhLÜV Treuhandliegenschaftsübertragungsverordnung v. 20.12.1994 (BGBl I S. 3908)
TreuhUmbenV Treuhandanstaltumbennungsverordnung v. 20.12.1994 (BGBl I S. 3913)
TreuhUntÜV Treuhandunternehmensübertragungsverordnung v. 20.12.1994 (BGBl I S. 3910)
TRG Transportrechtsreformgesetz v. 25.6.1998 (BGBl I S. 1588); TH Thüringer Rundfunkgesetz v. 4.12.1996 (GVBl S. 271)
TrinkwV Trinkwasserverordnung v. 21.5.2001 (BGBl I S. 959)
TRIPS Agreement on Trade Related Aspects of Intellectual Property Rights
TruZG Truppenzollgesetz v. 17.1.1963 (BGBl I S. 51)
TruZO Truppenzollordnung v. 1.7.1963 (BGBl I S. 451)
TSG Transsexuellengesetz v. 10.9.1980 (BGBl I S. 1654)
TSI Treuhandstelle f. Industrie u. Handel
TSK-BeitragsVO ... NW VO über die Beiträge an die Tierseuchenkasse ...
TUD-Gesetz HE Gesetz zur organisatorischen Fortentwicklung der Technischen Universität Darmstadt v. 5.12.2004 (GVBl S. 382)
TUDLV Telekommunikations-Universaldienstleistungs VO v. 30.1.1997 (BGBl I S. 141)
TÜ Technische Überwachung (1.1960 ff.)
TÜV Technischer Überwachungsverein
TV Tarifvertrag
TVA-L BBiG SL Tarifvertrag für Auszubildende der Länder in Ausbildungsberufen nach dem Berufsbildungsgesetz v. 12.10.2006 (ABl S. 689)
TVA-L Pflege SL Tarifvertrag für Auszubildende der Länder in Pflegeberufen v. 12.10.2006 (ABl 2007 S. 695)
TV-EntgeltU-L SL Tarifvertrag zur Entgeltumwandlung für die Beschäftigten der Länder v. 12.10.2006 (ABl S. 701)
TVerleihV Telekommunikations-Verleihungsverordnung v. 19.10.1995 (BGBl I S. 1434)
TVG Tarifvertragsgesetz i. d. Bek. v. 25.8.1969 (BGBl I S. 1323)
TV-L SL Tarifvertrag für den öffentlichen Dienst der Länder v. 12.10.2006 (ABl 2007 S. 578)
TVO SL Technische Durchführungsverordnung v. 18.10.1996 (ABl S. 1278)
TV-SozAb-L SL Tarifvertrag zur sozialen Absicherung v. 12.10.2006 (ABl S. 702)
TVÜ-Länder SL Tarifvertrag zur Überleitung der Beschäftigten der Länder in den TV-L und zur Regelung des Übergangsrechts v. 12.10.2006 (ABl S. 639)
TV Urlaubsgeld Ang-O Tarifvertrag ü. ein Urlaubsgeld f. Angestellte v. 10.12.1990 (GMBl 1991 S. 234, 321)
TV Urlaubsgeld Arb-O Tarifvertrag ü. ein Urlaubsgeld f. Arbeiter v. 10.12.1990 (GMBl 1991 S. 234, 323)
TV-ZUSI-L SL Tarifvertrag zur Zukunftssicherung der Krankenhäuser der Länder v. 12.10.2006 (ABl S. 704)
TV Zuwendung Ang-O Tarifvertrag ü. eine Zuwendung f. Angestellte v. 10.12.1990 (GMBl 1991 S. 234, 317)
TV Zuwendung Arb-O Tarifvertrag ü. eine Zuwendung f. Arbeiter d. Bundes u. d. Länder v. 10.12.1990 (GMBl 1991 S. 234, 319)
TWG Telegraphenwegegesetz i. d. Bek. v. 24.4.1991 (BGBl I S. 1053)
Tz. Textzahl
TZiWG BY Ges. ü. d. Teil- und Zinswaldungen in d. Forstamtsbezirken Benediktbeuren, Fall, Jachenau u. Walchensee v. 27.11.1964 (GVBl S. 205)

TzWrG Teilzeit-Wohnrechtegesetz i. d. Bek. v. 29.6.2000 (BGBl I S. 957)

U

U Urschriftlich
UAbs Unterabsatz
UAbschn Unterabschnitt
UÄndG Ges. z. Änd. unterhaltsrechtlicher, verfahrensrechtlicher u. anderer Vorschriften v. 20.2.1986 (BGBl I S. 301)
UAG Umweltauditgesetz; Untersuchungsausschussgesetz
Umweltauditgesetz v. 7.12.1995 (BGBl I S. 1591)
RP Untersuchungsausschußgesetz v. 18.9.1990 (GVBl S. 261)
TH Untersuchungsausschußgesetz v. 7.2.1991 (GVBl S. 36)
UAGBV UAG-BeleihungsVerordnung v. 18.12.1995 (BGBl I S. 2014)
UAGGebV UAG-BeleihungsVerordnung v. 18.12.1995 (BGBl I S. 2014)
UAusschG
BW Untersuchungsausschußgesetz v. 3.3.1976 (GBl S. 194)
SACH Untersuchungsausschußgesetz v. 12.2.1991 (SächsGVBl S. 29)
UAVO RP Umlegungsausschussverordnung v. 27.6.2007 (GVBl S. 102)
UBA Umweltbundesamt
UBG Unterbringungsgesetz; Unterhaltsbeihilfengesetz
Unterhaltsbeihilfengesetz i. d. Bek. v. 18.3.1964 (BGBl I S. 218) BW Unterbringungsgesetz i. d. Bek. v. 2.12.1991 (GBl S. 794)
UBG NW NW Unterhaltsbeihilfengesetz v. 26.6.1984 (GV.NW S. 365)
Ubg Die Unternehmensbesteuerung (1.2008 ff.)
UBGG Gesetz ü. Unternehmensbeteiligungsgesellschaften i. d. Bek. v. 9.9.1998 (BGBl I S. 2765)
UBrV BB Unterbringungsverordnung v. 25.8.1997 (GVBl II S. 755)
UBVO RP Unterhaltsbeihilfenverordnung v. 4.3.1971 (GVBl S. 93)

UdG Urkundsbeamter der Geschäftsstelle
u. dgl. und dergleichen
UdGNG Ges. zur Neuregelung d. Rechts d. Urkundsbeamten d. Geschäftsstelle vom v. 19.12.1979 (BGBl I S. 2306)
UDSV Teledienstunternehmen-Datenschutzverordnung v. 18.12.1991 (BGBl I S. 2337)
ÜAG Überstellungsausführungsgesetz v. 26.9.1991 (BGBl I S. 1954)
ÜbDoGebG BE Übersetzergesetz v. 23.6.2003 (GVBl S. 230)
ÜberlG Überleitungsgesetz. 1. Überleitungsgesetz i. d. Bek. v. 28.11.1950 (BGBl S. 773); 2. Überleitungsgesetz v. 21.8.1951 (BGBl I S. 774); 3. Überleitungsgesetz v. 4.1.1952 (BGBl I S. 1); 4. Überleitungsgesetz v. 27.4.1955 (BGBl I S. 189); 5. Überleitungsgesetz v. 30.6.1959 (BGBl I S. 335)
ÜbertGebO BB Übertragungsstellengebührenordnung v. 31.7.2007 (GVBl II S. 273)
ÜberwV BY Überwachungsverordnung Überwachung von Baustoffen und Bauteilen v. 2.7.1982 (GVBl S. 469)
Übk. Übereinkommen
ÜblG Überleitungsgesetz, Gesetz z. Überleitung
ÜblV Überleitungsverordnung
ÜbschV Überschußverordnung v. 8.11.1996 (BGBl I S. 1687)
ÜbZustV BB Überwachungszuständigkeitsverordnung i. d. Bek. v. 29.7.2005 (GVBl II S. 454)
ÜDPO BY Prüfungsordnung f. Übersetzer u. Dolmetscher v. 7.5.2001 (GVBl S. 255)
ÜG Überweisungsgesetz v. 21.7.1999 (BGBl I S. 1642)
ÜG BY Ges. z. Übertragung staatlicher Kassengeschäfte auf d. Landkreise vom v. 22.1.1960 (GVBl S. 2)
ÜgVO HE Überwachungsgemeinschaftenverordnung v. 15.1.1988 (GVBl I S. 54)
UEO Union de l'Europe occidentale
ÜSG WarnowVO MV VO zur Festsetzung des Überschwemmungsgebietes „Warno-

wniederung zwischen Klein Raden und der Hansestadt Rostock" v. 3.12.2007 (GVOBl M-V S. 400)
ÜSt Übernahmestelle
ÜTBauVO RP LandesVO ü. d. Überwachung v. Tätigkeiten mit Bauprodukten u. b. Bauarten v. 11.7.2001 (GVBl S. 179)
ÜTVO VO über die Überwachung von Tätigkeiten mit Bauprodukten und bei Bauarten
   HA v. 20.5.2003 (GVBl S. 133)
   LSA v. 27.3.2006 (GVBl LSA S. 169)
   SH v. 11.11.2004 (GVOBl S. 429)
ÜUV BY Übernahmeverordnung v. 20.12.2004 (GVBl S. 586)
ÜVO Überwachungsverordnung
   BE v. 9.1.1976 (GVBl S. 197)
   BR v. 13.8.1987 (GBl S. 233)
   BW v. 30.9.1985 (GBl S. 349)
   HE v. 21.11.1985 (GVBl I S. 253)
   SH v. 25.8.1986 (GVOBl S. 198)
ÜVOBRAO BY Übertragungsverordnung – Bundesrechtsanwaltsordnung v. 12.9.2007 (GVBl S. 654)
ÜVO-FlBau M-V MV VO zur Übertragung von bauaufsichtlichen Aufgaben für Fliegende Bauten v. 22.4.2005 (GVOBl M-V S. 212)
ÜZV Übergangszahlungsverordnung v. 23.7.1975 (BGBl I S. 1982);
   BB Übereinstimmungszeichenverordnung v. 20.11.2001 (GVBl II S. 632)
   SACH Übereinstimmungszeichenverordnung v. 14.4.1996 (SächsGVBl S. 163)
ÜZVO Übereinstimmungszeichenverordnung
   BE v. 26.10.1998 (GVBl S. 321)
   BW v. 26.5.1998 (GBl S. 362)
   HA v. 20.5.2003 (GVBl S. 134)
   HE v. 28.10.1994 (GVBl I S. 666)
   LSA v. 27.3.2006 (GVBl LSA S. 168)
   MV v. 2.7.1994 (GVOBl M-V S. 771)
   ND v. 20.3.1996 (GVBl S. 76)
   RP v. 14.9.2001 (GVBl S. 235)
   SL v. 14.8.1996 (ABl S. 938)
ÜZVOA SH v. 1.12.2003 (GVOBl S. 679)

UfAB II Unterlagen f. Ausschreibung und Bewertung v. IT-Leistungen, Version II, Stand v. 1.7.1988 (Schriftenreihe d. KBSt. Bd. 11)
UFITA Archiv für Urheber-, Film- (ab 18.1954–139.1999), Funk- und Theaterrecht (1.1928–17.1944; 18.1954–139.1999; dann: Archiv für Urheber- u. Medienrecht)
UG Universitätsgesetz
UG Unternehmensgestaltung (1999 ff.)
   BW i. d. Bek. v. 1.2.2000 (GBl S. 208)
   SL v. 23.6.2004 (ABl S. 1782)
UGr Unterstützungsgrundsätze
UhAnpV Unterhaltshilfe-Anpassungsverordnungen-LAG
UhVorschG Unterhaltsvorschußgesetz v. 23.7.1979 (BGBl I S. 1184)
UHVZuschVO LSA VO über Zuschüsse an Unterhaltungsverbände v. 8.12.2005 (GVBl LSA S. 732)
UIG Umweltinformationsgesetz v. 28.12.2004 (BGBl I S. 3704)
UIG LSA LSA Umweltinformationsgesetz des Landes Sachsen-Anhalt v. 14.2.2006 (GVBl LSA S. 32)
UIKostVO M-V MV Umweltinformationskostenverordnung v. 14.7.2006 (GVOBl M-V S. 568)
UJ Unsere Jugend (1.1949 ff.)
UKEStrG HA Universitäts-Krankenhaus Eppendorf-Strukturgesetz v. 12.9.2001 (GVBl I S. 375)
UK-Gesetz HE Gesetz über die Errichtung des Universitätsklinikums Gießen und Marburg v. 16.6.2005 (GVBl I S. 432)
UKlaG Unterlassungsklagengesetz v. 26.11.2001 (BGBl I S. 3173)
UKlG RP Universitätsklinikumsgesetz v. 1.7.1997 (GVBl S. 170)
UKNVO
   HA VO zur Errichtung einer gemeinsamen Unfallkasse Nord für die schleswig-holsteinischen Kommunen, das Land Schleswig-Holstein und die Freie und Hansestadt Hamburg v. 18.12.2007 (GVBl I S. 465)

SH Landesverordnung zur Errichtung einer gemeinsamen Unfallkasse Nord für die schleswig-holsteinischen Kommunen, das Land Schleswig-Holstein und die Freie und Hansestadt Hamburg v. 12.12.2007 (GVOBl S. 619)
UKSHVO SH Unfallkasse Schleswig-Holstein v. 26.11.1997 (GVOBl S. 476)
UK-UmwVO HE VO zur Umwandlung des Universitätsklinikums Gießen und Marburg in eine Gesellschaft mit beschränkter Haftung v. 1.12.2005 (GVBl I S. 792)
UkV Unabkömmlichstellungsverordnung v. 24.8.2005 (BGBl I S. 2538)
UM Unternehmensbewertung und Management (2003–2005,8; dann: Berater-Brief Betriebswirtschaft)
UMAG Gesetz zur Unternehmenintegrität und Modernisierung des Anfechtungsrechts v. 22.9.2005 (BGBl I S. 2802)
Umdr. Umdruck
UMEG Zentrum für Umweltmessungen u. Umwelterhebungen u. Gerätesicherheit
UMG Ges. ü. d. Verkehr mit unedlen Metallen v. 23.7.1926 (RGBl I S. 415)
UmlALVO M-V MV Umlegungsausschusslandesverordnung v. 15.11.2006 (GVOBl M-V S. 827)
UmlAussV BB Umlegungsausschußverordnung v. 11.10.1994 (GVBl II S. 901)
UmlVKF Umlage-VO Kredit- u. Finanzdienstleistungswesen v. 8.3.1999 (BGBl I S. 314)
Umsetzung HR-VO NW VO zur Umsetzung der Neuregelung des Handels- und Registerrechts v. 19.12.2006 (GV.NW S. 606)
3. UmstErgG Umstellungsergänzungsgesetz v. 22.1.1964 (BGBl I S. 33)
UmwBerG Ges. z. Bereinigung d. Umwandlungsrechts v. 28.10.1994 (BGBl I S. 3210)
UmweltHG Umwelthaftungsgesetz v. 20.12.1990 (BGBl I S. 2634)
UmwG Umwandlungsgesetz i. d. Bek. v. 6.11.1969 (BGBl I S. 2081)
UmwGebO HA UmweltGebührenordnung v. 5.12.1995 (GVBl I S. 365)

UmwGrEStG HA Gesetz über Grunderwerbsteuerbefreiung bei Änderung d. Unternehmensform v. 1.12.1969 (GVBl I S. 231)
UmwStG 1977 Einführungsgesetz z. Körperschaftsteuerreformgesetz v. 6.9.1976 (BGBl I S. 2641)
UN United Nations (s.a. VN)
UnbBeschErtV VO z. Erteilung v. Unbedenklichkeitsbescheinigungen i. d. Bek. v. 10.4.1995 (BGBl I S. 510)
UnBefErwG Ges. z. Erweiterung d. unentgeltl. Beförderung Schwerbehinderter im öffentl. Personenverkehr v. 18.7.1985 (BGBl I S. 1516)
UnBefG Ges. ü. d. unentgeltliche Beförderung Schwerbehinderter im öffentlichen Personenverkehr v. 9.7.1979 (BGBl I S. 989)
UnbSpielV VO ü. Unbedenkliche Spiele i. d. Bek. v. 28.11.1979 (BGBl I S. 1986)
UNCITRAL United Nations Commission on International Trade Law [Kommission d. VN f. Internationales Handelsrecht]
UNCLOS United Nations Conference on the Law of the Sea
UNCTAD United Nations Conference on Trade and Development [Welthandelskonferenz]
UNEP United Nations Environment Programme [Programm d. VN f. d. Umweltschutz]
UNESCO United Nations Educational, Scientific and Cultural Organization [Organisation d. VN f. Erziehung, Wissenschaft u. Kultur]
UnfAEV Unfallversicherungs-Aufwendungserstattungsverordnung v. 13.2.1984 (BGBl I S. 345)
UnfK VO LSA VO ü. d. Unfallkasse Sachsen-Anhalt v. 24.9.1997 (GVBl LSA S. 852)
UNHCR United Nations High Commissioner for Refugees
UniBwLeistBV Leistungsbezügeverordnung UniBW v. 15.12.2004 (BGBl I S. 3504)
UNICEF United Nations International Children's Emergency Fund

UNIDO United Nations Industrial Development Organization [Organisation d. VN f. industrielle Entwicklung]
Unidroit Institut international pour l'unification du droit privé
UnifV Uniformverordnung v. 14.12.1999 (BGBl I 2000 S. 9)
UniKlinG HE Gesetz f. d. hessischen Universitätskliniken v. 26.6.2000 (GVBl I S. 344)
UniMedG BE Universitätsmedizingesetz v. 3.1.1995 (GVBl S. 1)
UniZubeVO HA Zulassungsbeschränkungsverordnung der Universität Hamburg v. 12.7.2005 (GVBl S. 282)
UniZVO HA Universitäts-Zulassungsverordnung v. 26.1.1999 (GVBl S. 37)
UNO United Nations Organization
unstr. unstreitig
UntAbschlG Unterstützungsabschlußgesetz v. 6.5.1994 (BGBl I S. 990)
UnterbrG Unterbringungsgesetz BY v. 20.4.1982 (GVBl S. 202)
UntGes
BE v. 5.6.1958 (GVBl S. 521)
RP v. 19.2.1959 (GVBl S. 91; BS 2012–2)
UNTS United Nations Treaty Series (1.1946 ff.)
UntStFG Unternehmenssteuerfortentwicklungsgesetz v. 20.12.2001 (BGBl I S. 3858)
UntVersVO M-V 2006/2007 MV Unterrichtsversorgungsverordnung 2006/2007 v. 3.3.2006 (GVOBl M-V S. 317)
UPL International Institute for the Unification of Private Law
UPR Umwelt- und Planungsrecht (1.1981 ff.)
UPR-Special Umwelt- u. Planungsrecht. Special (1.1993 ff.)
UPU Universal Postal Union, Union postale universelle
UR Umsatzsteuer-Rundschau. (Ab 16.1967,10 m. d. Untertit.:) Mehrwertsteuer-Rundschau (= Beil. z. Finanz-Rundschau) (1.1952 ff.)
UR; U.R. unter Rückerbittung; urschriftlich gegen Rückgabe

UrhG Urheberrechtsgesetz v. 9.9.1965 (BGBl I S. 1273)
UrhSchiedsV Urheberrechtsschiedsstellenverordnung v. 20.12.1985 (BGBl I S. 2543)
UrhWG s. WahrnG
Urk. Urkunde
UrkErsVO VO ü. d. Ersetzung zerstörter oder abhanden gekommener gerichtlicher oder notarischer Urkunden v. 18.6.1942 (RGBl I S. 395)
UrkStAuflG Ges. z. Auflösung d. Urkundenstellen i. d. Ländern Brandenburg, Mecklenburg-Vorpommern, Sachsen, Sachsen-Anhalt u. Thüringen v. 21.11.1994 (BGBl I S. 3474)
UrkStAuflVO Urkundenstellenauflösungsverordnung
LSA VO z. Auflösung d. Urkundenstellen b. d. Landkreisen v. 7.2.1995 (GVBl LSA S. 58)
SACH v. 14.1.1998 (SächsGVBl S. 45)
UrlaubsVO SL Urlaubsverordnung v. 8.12.1970 (ABl S. 978)
UrlGG Urlaubsgeldgesetz i. d. Bek. v. 15.12.1998 (BGBl I S. 3648)
UrlV Urlaubsverordnung
BE i. d. Bek. v. 10.8.1990 (GVBl S. 366)
BY v. 24.6.1997 (GVBl S. 173)
UrlVO
BW i. d. Bek. v. 6.10.1981 (GBl S. 521)
LSA i. d. Bek. v. 22.11.2001 (GVBl LSA S. 464)
RP i. d. Bek. v. 17.3.1971 (GVBl S. 126)
URO United Restitution Organization (jetzt: United Restitution Office)
Urt. Urteil
URüV Unternehmensrückgabeverordnung v. 13.7.1991 (BGBl I S. 1542)
US Urteilssammlung. Hrsg. v. d. Reichsbahndirektion (später: Bundesbahndirektion) Hannover (1925–1957; dann: Hannoversche Urteilssammlung)
USG Unterhaltssicherungsgesetz i. d. Bek. v. 14.12.1989 (BGBl I S. 2205)
USGVO Unterhaltssicherungsgesetz-Verordnung v. 26.7.1991 (BGBl I S. 1747)

USK Urteilssammlung für die gesetzliche Krankenversicherung (LoseblSlg) (1966 ff.)
UStÄR 1992 Umsatzsteuer-Änderungsrichtlinie 1992 v. 12.12.1991 (BStBl I Sondernr. 3/1991 S. 2)
UStatG Umweltstatistikgesetz v. 16.8.2005 (BGBl I S. 2446)
UStDV 1999 Umsatzsteuer-Durchführungsverordnung i. d. Bek. v. 9.6.1999 (BGBl I S. 1308)
UStDV 2005 Umsatzsteuer-Durchführungsverordnung 2005 i. d. Bek. v. 21.2.2005 (BGBl I S. 434)
UStErstV VO ü. d. Erstattung v. Umsatzsteuer an ausländ. ständige diplomat. Missionen u. berufskonsular. Vertretungen sowie ihre ausländ. Mitglieder v. 3.10.1988 (BGBl I S. 1780)
UStG MV Umweltstiftungsgesetz v. 28.6.1994 (GVOBl M-V S. 675)
UStG 1999 Umsatzsteuergesetz i. d. Bek. v. 9.6.1999 (BGBl I S. 1270)
UStG 2005 Umsatzsteuergesetz 2005 i. d. Bek. v. 21.2.2005 (BGBl I S. 386)
USt-Kartei Umsatzsteuerkartei des Bundesfinanzministeriums (LoseblSlg) (1951 ff.; 1989 ff.)
UStR s. UR
UStR 1988 Umsatzsteuer-Richtlinien 1988 v. 30.7.1987 (BStBl I Sondernr. 2/1987 S. 39)
UStützV BY Unterstützungsfonds-Verordnung v. 5.5.2006 (GVBl S. 227)
UTR Jahrbuch des Umwelt- und Technikrechts (1.1987 ff.)
u.U. unter Umständen
UV Unfallversicherung
UVEG Unfallversicherungs-Einordnungsgesetz v. 7.8.1996 (BGBl I S. 1254)
UVNG Unfallversicherungs-Neuregelungsgesetz v. 30.4.1963 (BGBl I S. 241)
UVollzO Untersuchungshaftvollzugsordnung i. d. Bek. v. 15.12.1976 (bundeseinheitlich)
UVP Umweltverträglichkeitsprüfung
UVPG Gesetz über die Umweltverträglichkeitsprüfung i. d. Bek. v. 25.6.2005 (BGBl I S. 1757)
UVP-V Bergbau VO ü. d. Umweltverträglichkeitsprüfung bergbaul. Vorhaben v. 13.7.1990 (BGBl I S. 1420)
UVR Umsatzsteuer- und Verkehrsteuer-Recht (75.1989 ff.; vorher: Deutsche Verkehrsteuer-Rundschau)
UVV Unfallverhütungsvorschrift
UWG Gesetz gegen den unlauteren Wettbewerb i. d. Bek. v. 3.7.2004 (BGBl I S. 1414)
UWZG M-V MV Umweltwiderspruchszuständigkeitsgesetz v. 16.12.2003 (GVOBl M-V S. 687)
UZG Unfallrentenzulagegesetz v. 29.4.1952 (BGBl I S. 253)
UZLG RP Landesgesetz ü. Unschädlichkeitszeugnisse i. Grundstücksverkehr v. 26.9.2000 (GVBl S. 399)
UZV Unterhaltszuschussverordnung
  BE v. 22.8.1963 (GVBl S. 855)
  HE v. 16.12.1966 (GVBl I S. 325)
  SL v. 22.9.1964 (ABl S. 999)
UZVO ND i. d. Bek. v. 28.7.1965 (GVBl S. 207)
UZwG Ges. ü. d. unmittelbaren Zwang bei Ausübung öffentlicher Gewalt durch Vollzugsbeamte d. Bundes v. 10.3.1961 (BGBl I S. 165)
UZwG Bln BE Ges. ü. d. Anwendung unmittelbaren Zwanges bei d. Ausübung öffentlicher Gewalt durch Vollzugsbeamte d. Landes Berlin v. 22.6.1970 (GVBl S. 921)
UZwGBw Ges. ü. d. Anwendung unmittelbaren Zwanges und d. Ausübung besonderer Befugnisse durch Soldaten d. Bundeswehr und zivile Wachpersonen v. 12.8.1965 (BGBl I S. 796)
UZwVwV-BMI Allg. Verwaltungsvorschrift d. Bundesministers d. Innern z. Gesetz ü. d. unmittelbaren Zwang bei Ausübung öffentl. Gewalt durch Vollzugsbeamte d. Bundes v. 18.1.1974 (GMBl S. 55)

V

v. versus
V&S Vermögen & Steuern (1998 ff.)
V; VO VO
VA Verwaltungsakt; Verwaltungsrecht für die Anwaltspraxis (1.2000–2.2001)
VAB Versicherungsanstalt Berlin
VABln, VerABln, VeröffBerlAufsA BE Veröffentlichungen des Aufsichtsamtes für das Versicherungswesen (bis 3.1950: Groß-) Berlin (1.1948–5.1952)
VAbstG Volksabstimmungsgesetz
  BW i. d. Bek. v. 27.2.1984 (GBl S. 178)
  LSA i. d. Bek. v. 26.10.2005 (GVBl LSA S. 657)
  SH i. d. Bek. v. 5.4.2004 (GVOBl S. 108)
VAbstGDVO SH Landesverordnung z. Durchführung d. Volksabstimmungsgesetz v. 8.5.1996 (GVOBl S. 461)
VAbstVO Volksabstimmungsverordnung
  HA v. 19.7.2005 (GVBl S. 336)
  LSA v. 15.2.1996 (GVBl LSA S. 78)
VAE Verkehrsrechtliche Abhandlungen und Entscheidungen (1/2.1936/37–16.1944)
VÄD Vertrauensärztlicher Dienst
VAEP M-V MV Abfallentsorgungsplan M-Verordnung v. 27.3.1996 (GVOBl M-V S. 170)
VAErstV Versorgungsausgleichs-ErstattungsVerordnung v. 9.10.2001 (BGBl I S. 2628)
VÄSp ÜSG WarnowVO MV VO zur Festsetzung einer Veränderungssperre für das zukünftige Überschwemmungsgebiet „Warnowniederung zwischen Klein Raden (Landkreis Güstrow) und der Hansestadt Rostock" v. 30.9.2004 (GVOBl M-V S. 496)
VAG Versicherungsaufsichtsgesetz i. d. Bek. v. 17.12.1992 (BGBl I 1993 S. 2)
VaG M-V MV Volksabstimmungsgesetz v. 31.1.1994 (GVOBl M-V S. 127)
VAG NRW NW Landesversicherungsaufsichtsgesetz v. 20.4.1999 (GV.NW S. 154)
VAHRG Ges. z. Regelung v. Härten im Versorgungsausgleich v. 21.2.1983 (BGBl I S. 105)

VAkVO BE VO ü. d. Ordnung d. Verwaltungsakademie v. 16.4.1985 (GVBl S. 1006)
VAnO Verwaltungsanordnung
VAPaVollzd NW VO ü. d. Ausbildung u. Prüfung f. d. Laufbahn d. allg. Vollzugsdienstes bei Justizvollzugsanstalten i. d. Bek. v. 4.9.2000 (GV.NW S. 612) (s.a. Bundeslaufbahnverordnung)
VAPgD NW Ausbildungsverordnung gehobener nichttechn. Dienst v. 25.6.1994 (GV.NW S. 494)
VAPgD-Feu NW VO über die Ausbildung und Prüfung für die Laufbahn des gehobenen feuerwehrtechnischen Dienstes im Lande Nordrhein-Westfalen v. 18.12.2007 (GV.NW S. 25)
VAPgVVd NW VO ü. d. Ausbildung und Prüfung f. d. Laufbahn d. geh. Vollzugs- und Verwaltungsdienstes bei Justizvollzugsanstalten v. 8.11.1985 (GV.NW S. 650)
VAPhD-Feu NW VO über die Ausbildung und Prüfung für die Laufbahn des höheren feuerwehrtechnischen Dienstes im Lande Nordrhein-Westfalen v. 25.3.2004 (GV.NW S. 158)
VAPmaVD NW Ausbildungsverordnung mittlerer allg. Verwaltungsdienst Land v. 26.10.1981 (GV.NW S. 644)
VAPmD-Gem NW VO ü. d. Ausbildung und Prüfung f. d. Laufbahn d. mittl. allg. Verwaltungsdienstes i. d. Gemeinden und Gemeindeverbänden v. 25.5.1983 (GV.NW S. 200)
VAPmtD StAV NW VO über die Ausbildung und Prüfung für die Laufbahn des mittleren technischen Dienstes in der Staatlichen Arbeitsschutzverwaltung des Landes Nordrhein-Westfalen v. 16.6.2003 (GV.NW S. 338)
VAPmVd NW VO ü. d. Ausbildung und Prüfung f. d. Laufbahn d. mittl. Verwaltungsdienstes bei Justizvollzugsanstalten v. 3.8.1984 (GV.NW S. 553)
VAPPol I NW Ausbildungs- und Prüfungs-Verordnung Laufbahnabschnitt I v. 24.11.1995 (GV.NW S. 1188)

VAPPol II NW Ausbildungs- u. Prüfungs(ver)ordnung Laufbahnabschnitt II v. 14.8.2001 (GV.NW S. 506)
VAPVet NW VO über die Ausbildung und Prüfung für die Laufbahn des tierärztlichen Dienstes in der Veterinärverwaltung im Land Nordrhein-Westfalen v. 22.5.2006 (GV.NW S. 314)
VAPWd NW VO ü. d. Ausbildung und Prüfung f. d. Laufbahn d. Werkdienstes bei Justizvollzugsanstalten v. 24.5.1984 (GV.NW S. 452)
VAÜG Versorgungsausgleichs-Überleitungsgesetz v. 25.7.1991 (BGBl I S. 1606, 1702)
VAV
BY Voranmeldefristenverordnung v. 30.5.2003 (GVBl S. 367)
MV Versetzungsverordnung v. 18.8.1995 (GVOBl M-V S. 405)
VAVerzV BB VO z. Verfahrens- u. Anlagenverzeichnis v. 23.11.1999 (GVBl II S. 646)
VAVFH BY Voranmeldeverordnung Fachhochschulen v. 28.4.1983 (GVBl S. 255)
VAVO MV Versetzungsverordnung v. 3.6.1996 (GVOBl M-V S. 380)
VAwMG Ges. ü. weitere Maßnahmen auf d. Gebiet d. Versorgungsausgleichs v. 8.12.1986 (BGBl I S. 2317)
VAwS Anlagenverordnung
BE VO über Anlagen zum Umgang mit wassergefährdenden Stoffen und über Fachbetriebe v. 23.11.2006 (GVBl S. 1029)
BR i. d. Bek. v. 23.12.2005 (GVBl 2006 S. 1)
HA Wassergefährdende Stoffe v. 19.5.1998 (GVBl I S. 71)
ND v. 17.12.1997 (GVBl S. 549)
NW ~ zum Umgang mit wassergefährdenden Stoffen und über Fachbetriebe v. 20.3.2004 (GV.NW S. 274)
SH Wassergefährdende Stoffe v. 29.4.1996 (GVOBl S. 448)
SL ~ zum Umgang mit wassergefährdenden Stoffen und über Fachbetriebe v. 1.6.2005 (ABl S. 830)

VAwS Anlagenverordnung
VAws RP Wassergefährdende Stoffe v. 1.2.1996 (GVBl S. 121)
VAwS LSA LSA v. 28.3.2006 (GVBl LSA S. 183)
VAwSF BY Wassergefährdende Stoffe v. 18.1.2006 (GVBl S. 63)
VBBKostBVO NRW NW Vollstreckungsbehördenbestimmungs- und Kostenbeitragsverordnung v. 2.11.2007 (GV.NW S. 442)
VBD NRW NW VO über barrierefreie Dokumente v. 19.6.2004 (GV.NW S. 338)
VBem Vorbemerkung
VBest Vollzugsbestimmungen
VbF VO über Brennbare Flüssigkeiten i. d. Bek. v. 13.12.1996 (BGBl I S. 1937)
Vbg. Vereinbarung
VBiG TH Vorl. Bildungsgesetz v. 25.3.1991 (GVBl S. 61)
VB-KMO BY Bekanntmachung d. Staatsministeriums d. Finanzen ü. d. Vollzug d. Kostenmarkenordnung v. 24.3.1970 (FMBl S. 125)
VBL Versorgungsanstalt d. Bundes u. d. Länder
VBl Verordnungsblatt
VBlBW Verwaltungsblätter für Baden-Württemberg (1.1980 ff.)
vBP vereidigter Buchprüfer
VBRO Entwurf d. Buchführungs- und Rechnungslegungsordnung f. d. Vermögen des Bundes v. 16.3.1953 (MinBlFin S. 166)
VBW BY Verwaltungsanordnung ü. d. Buchführung d. staatlichen Wirtschaftsbetriebe mit Bruttohaushalt v. 12.3.1956 (BayBS III S. 497)
VD Verkehrsdienst (bis 14.1968: Der Verkehrsdienst f. d. Straßenverkehr) (1.1955 ff.)
VdAK Verband der Angestelltenkrankenkassen
VDBeschrVO SACH Vorbereitungsdienstbeschränkungsverordnung v. 1.6.2005 (SächsGVBl S. 157)
VDE Verband deutscher Elektrotechniker

VDI Verein Deutscher Ingenieure
VdKMitt VdK-Mitteilungen (1.1951 ff.)
Vdöl Vertreter d. öffentlichen Interesses
VDR Verband deutscher Rentenversicherungsträger
VE Verpflichtungsermächtigung; Vorentwurf
VEAB Volkseigener Erfassungs- und Aufkaufbetrieb (DDR)
VEB Volkseigener Betrieb (DDR)
VEH Volkseigener Handel (DDR)
VeinfAnO Vereinfachungsanordnumg, Anordnung z. Vereinfachung
VeinfBek Vereinfachungsbekanntmachung, Bekanntmachung z. Vereinfachung
VeinfBest Vereinfachungsbestimmungen, Bestimmungen z. Vereinfachung
VeinfG Vereinfachungsgesetz, Gesetz z. Vereinfachung
VeinfV Vereinfachungsverordnung, Verordnung z. Vereinfachung
VeinfVschr Vereinfachungsvorschrift, Vorschrift z. Vereinfachung
VeinhAnO Vereinheitlichungsanordnung, Anordnung z. Vereinheitlichung
VeinhBek Vereinheitlichungsbekanntmachung, Bekanntmachung z. Vereinheitlichung
VeinhBest Vereinheitlichungsbestimmungen, Bestimmungen z. Vereinheitlichung
VeinhG Vereinheitlichungsgesetz, Gesetz z. Vereinheitlichung
VeinhV Vereinheitlichungsverordnung, Verordnung z. Vereinheitlichung
VeinhVschr Vereinheitlichungsvorschriften, Vorschriften z. Vereinheitlichung
VELKD Vereinigte Evangelisch-Lutherische Kirche Deutschlands
VerAbln. Veröffentlichungen des Aufsichtsamts für das Versicherungswesen Berlin (1.1948–5.1952)
VerBAFin Veröffentlichungen des Bundesaufsichtsamtes für das Versicherungswesen (39.1990,10–51.2002,12)
VerBaFin Veröffentlichungen der Bundesanstalt für Finanzdienstleistungsaufsicht (2002–2006)

VerBAV Veröffentlichungen des Bundesaufsichtsamtes für das Versicherungswesen (bis 21.1972: f. d. Versicherungs- u. Bausparwesen) (1.1952 ff.)
VerbrKrG Verbraucherkreditgesetz i. d. Bek. v. 29.6.2000 (BGBl I S. 940)
VerbStÄndG 1982 Verbrauchsteueränderungsgesetz 1982 v. 22.12.1981 (BGBl I S. 1562)
VereinsG Vereinsgesetz v. 5.8.1964 (BGBl I S. 593)
Verf. Verfassung
VerfGGBbg BB Verfassungsgerichtsgesetz Brandenburg i. d. Bek. v. 22.11.1996 (GVBl I S. 343)
VerfGHG Gesetz ü. d. Verfassungsgerichtshof
BE v. 8.11.1990 (GVBl S. 2246)
SL v. 6.2.2001 (ABl S. 582)
VerfO-BEG SL Verfahrensordnung z. Bundesentschädigungsgesetz v. 10.6.1959 (ABl S. 1053)
VerfSchG-LSA LSA Gesetz über den Verfassungsschutz im Land Sachsen-Anhalt i. d. Bek. v. 6.4.2006 (GVBl LSA S. 236)
VerfVerbG Verfütterungsverbotsgesetz i. d. Bek. v. 29.3.2001 (BGBl I S. 463)
VerfVO KiBiz NW VO über das Verwaltungsverfahren zur Gewährung der Landeszuschüsse und zum Prüfungsrecht des Landesrechnungshofes nach dem Gesetz zur frühen Bildung und Förderung von Kindern v. 18.12.2007 (GV.NW S. 739)
VerfVO-RROP ND VO ü. d. Verfahren z. Aufstellung u. ü. d. Darstellung d. Regionalen Raumordnungsprogramme v. 26.7.1995 (GVBl S. 260)
VergabeR Vergaberecht (in 2001: Das gesamte) (1.2001 ff.)
Vergabeverordnung ZVS
BW Vergabeverordnung Verordnung ü. d. zentrale Vergabe v. Studienplätzen v. 1.8.1985 (GBl S. 262)
BY Vergabeverordnung v. 31.7.1985 (GVBl S. 294)
RP Landesverordnung über die zentrale

Vergabe von Studienplätzen v. 18.5.2006 (GVBl S. 224)
VergabeVO Vergabeverordnung
BE v. 14.3.2005 (GVBl S. 197)
HA v. 19.1.1998 (GVBl I S. 7)
HE v. 27.5.1980 (GVBl I S. 163)
SH v. 23.5.1980 (GVOBl S. 156)
VergabeVO NRW NW VO über die zentrale Vergabe von Studienplätzen in Nordrhein-Westfalen v. 2.5.2006 (GV.NW S. 166)
VergabeVO-ZVS HA VO über die Zentrale Vergabe von Studienplätzen und die Durchführung eines Feststellungsverfahrens v. 17.5.2006 (GVBl S. 229)
VergGr Vergütungsgruppe
VerglO Vergleichsordnung v. 26.2.1935 (RGBl I S. 321)
VergnStG Vergnügungssteuergesetz
BR i. d. Bek. v. 8.9.1970 (GBl S. 89)
ND i. d. Bek. v. 5.5.1972 (GVBl S. 255)
SH i. d. Bek. v. 10.10.1961 (GVOBl S. 156)
VergnügStG BB Vergnügungssteuergesetz v. 27.6.1991 (GVBl S. 205)
VergO Bundes-AngestelltentarifVergütungsordnung (= Anl. 1a); Vergütungsordnung = Anl. 1 a zum Bundes-Angestelltentarifvertrag
VergTV Vergütungs-Tarifvertrag
VergV-LPO I BY VO ü. d. Gewährung v. Vergütungen f. Professoren und Hochschulassistenten bei Prüfungen nach d. Lehramtsprüfungsordnung I v. 17.5.2004 (GVBl S. 202)
VergVO-Öb VI SH Landesverordnung ü. d. Vergütung d. Öffentl. bestellten Vermessungsingenieure v. 24.1.1985 (GVOBl S. 53)
VergVOS VO ü. Vergütung u. Nacherhebung v. Zöllen, Verbrauchsteuern u. Steuern auf Lieferungen u. sonstige Leistungen im Saarland v. 1.7.1959 (BAnz Nr. 124; BGBl I S. 415)
Verh. Verhandlung(en)
VerhDJT Verhandlungen des Deutschen Juristentages (1.1860 ff.)

VerifAbkAusfG AusfGes. z. d. Übk. v. 5.4.1973 ... in Ausf. v. Art. III Abs. 1 u. 4 d. Vertrages v. 1.6.1968 ü. d. Nichtverbreitung v. Kernwaffen (Verifikationsabkommen) v. 7.1.1980 (BGBl I S. 17)
3. VerjG Drittes Verjährungsgesetz v. 22.12.1997 (BGBl I S. 3223)
VerjRAnpG SH Verjährungsrechtsanpassungsgesetz v. 15.2.2005 (GVOBl S. 168)
VerkaufsprospektG Wertpapier-Verkaufsprospektgesetz i. d. Bek. v. 9.9.1998 (BGBl I S. 2701)
VerkehrsrR s. VR
VerkFinG 1955 Verkehrsfinanzgesetz v. 6.4.1955 (BGBl I S. 166)
VerkFinG 1971 Verkehrsfinanzgesetz 1971 v. 28.2.1972 (BGBl I S. 201)
VerkG BW Verkündungsgesetz v. 11.4.1983 (GBl S. 131)
VerkGebO BB Verkaufsstellengebührenordnung v. 31.8.2000 (GVBl II S. 346)
VerkLG Verkehrsleistungsgesetz v. 23.7.2004 (BGBl I S. 1865)
VerkMitt Verkehrsrechtliche Mitteilungen (1.1954 ff.)
VerkProspGebV Verkaufsprospektgebührenverordnung v. 7.5.1999 (BGBl I S. 874)
VerkStatG Verkehrsstatistikgesetz i. d. Bek. v. 20.2.2004 (BGBl I S. 318)
Verl. Verlängerung
VerlG Gesetz ü. d. Verlagsrecht v. 19.6.1901 (RGBl S. 217)
VermBDV 1987 VO z. Durchführung d. 5. Vermögensbildungsgesetzes v. 23.10.1987 (BGBl I S. 2327)
3. VermBetG Drittes Vermögensbeteiligungsgesetz v. 7.9.1998 (BGBl I S. 2647)
VermBezV BY VO über die Bezeichnung, den Sitz und die Bezirke der Vermessungsämter in Bayern v. 4.11.2006 (GVBl S. 909)
5. VermBG Fünftes Vermögensbildungsgesetz i. d. Bek. v. 4.3.1994 (BGBl I S.406)
VermDVG BE Vermögensrechtsdatenverarbeitungsgesetz v. 12.7.1995 (GVBl S. 451)

VermEgV BB LandesVermessungsentgeltverordnung v. 29.12.1994 (GVBl II S. 76)
VermG Vermögensgesetz i. d. Bek. v. 9.2.2005 (BGBl I S. 205); BW Vermessungsgesetz für Baden-Württemberg v. 1.7.2004 (GBl S. 509)
VermGBln BE Vermessungsgesetz i. d. Bek. v. 9.1.1996 (GVBl S. 56)
2. VermGDV BB Zweite Vermögensgesetzdurchführungsverordnung v. 20.9.2005 (GVBl II S. 478)
VermGDVO BB Durchführungsverordnung zum Vermögensgesetz v. 4.8.1991 (GVBl II S. 375)
VermGebKO BB Vermessungsgebühren- u. Kostenordnung v. 22.7.1999 (GVBl II S. 441)
VermGebO
BE Vermessungsgebührenordnung v. 22.8.2005 (GVBl S. 449)
HA Gebührenordnung f. d. Vermessungswesen v. 5.12.2000 (GVBl I S. 362)
VermGebVO SH Landesverordnung über Gebühren der Vermessungs- und Katasterbehörden v. 7.1.2008 (GVOBl S. 40)
VermgenV BB Vermessungsgenehmigungsverordnung v. 29.12.1994 (GVBl II 1995 S. 207)
VermGeoG LSA LSA Vermessungs- und Geoinformationsgesetzes Sachsen-Anhalt i. d. Bek. v. 15.9.2004 (GVBl LSA S. 716)
VermIngBO ND Berufsordnung d. Öffentlich bestellten Vermessungsingenieure v. 28.12.1965 (GVBl S. 269)
VermKatG Vermessungs- u. Katastergesetz BY v. 31.7.1970 (GVBl S. 369) SH Vermessungs- und Katastergesetz i. d. Bek. v. 12.5.2004 (GVOBl S. 128)
VermKatG NRW NW Vermessungs- und Katastergesetz v. 1.3.2005 (GV.NW S. 175)
VermLG Ba-Wü BW Ges. ü. Vermögenswirksame Leistungen i. d. Bek. v. 3.4.1979 (GBl S. 158)
VermLiegG BB Vermessungs- u. Liegenschaftsgesetz i. d. Bek. v. 19.12.1997 (GVBl I 1998 S. 2)

VermRErgG Vermögensrechtsergänzungsgesetz v. 15.9.2000 (BGBl I S. 1382)
VermStV BB Vermittlungsstellenverordnung v. 2.11.2006 (GVBl II S. 472)
VermVerkProspGebV Vermögensanlagen-Verkaufsprospektgebührenverordnung v. 29.6.2005 (BGBl I S. 1873)
VermVerkProspV Vermögensanlagen-Verkaufsprospektverordnung v. 16.12.2004 (BGBl I S. 3464)
Veröff. Veröffentlichung(en)
VeröffBek BY Veröffentlichungs-Bekanntmachung i. d. Bek. v. 6.11.2001 (GVBl S. 730)
VeröffVw Veröffentlichungen des Zonenamtes des Reichsversicherungsamtes (ab 1949: in Abwicklung) für das Versicherungswesen (1.1947–6.1952,3; dann: Veröffentlichungen d. Bundesaufsichtsamts...)
VerpackV Verpackungsverordnung v. 21.8.1998 (BGBl I S. 2379)
VerpflG Verpflichtungsgesetz v. 2.3.1974 (BGBl I S. 469)
VerpflGZuVO BW Verpflichtungsgesetz-Zuständigkeitsverordnung v. 23.11.2006 (GBl S. 380)
VerpflO BY Verpflegungsordnung f. d. Justizvollzugsanstalten v. 18.11.1977 (JMBl S. 281)
VerPIG BY Vereinbarung zum Parlamentsinformationsgesetz v. 3.9.2003 (GVBl S. 670)
VersA; VA Versicherungsamt
VersAG ND Versorgungsanpassungsgesetz v. 12.6.1962 (GVBl S. 56)
VersandDV VO EWG Nr. 223 / 77 d. Kommission ü. Durchführungsbestimmungen und Vereinfachungsmaßnahmen d. gemeinschaftl. Versandverfahrens v. 22.12.1976 (ABl EG 1977 Nr. L 38/20)
VersandV VO EWG Nr. 222 / 77 d. Rates ü. d. gemeinschaftl. Versandverfahren v. 13.12.1976 (ABl EG 1977 Nr. L 38/1)
VersAnstG BW Versorgungsanstaltsgesetz i. d. Bek. v. 28.7.1961 (GBl S. 299)
VersArch Versicherungswissenschaftliches

Archiv ([44.]1955–[48.]1959; vorher u. später: Zs. f. d. ges. Versicherungswissenschaft)
VersBea Der Versorgungsbeamte (1.1949–39.1988; dann: Die Versorgungsverwaltung)
VerschÄndG Ges. z. Änderung v. Vorschriften d. Verschollenheitsrechts v. 15.1.1951 (BGBl I S. 59)
VerschG Verschollenheitsgesetz i. d. Bek. v. 15.1.1951 (BGBl I S. 63)
VersetzVO LSA Versetzungsverordnung v. 12.7.2004 (GVBl LSA S. 392)
VersG Versammlungsgesetz; Versicherungswesen
Versammlungsgesetz i. d. Bek. v. 15.11.1978 (BGBl I S. 1789); BY Ges. ü. d. öffentliche Versicherungswesen v. 7.12.1933 (BayBS I S. 242)
VersKV Versorgungskarten-Verordnung v. 6.8.1976 (BGBl I S. 2094)
VersN Der Versicherungsnehmer (1.1949–20.1968,1/2)
VersoG BY Gesetz ü. d. öffentl. Versorgungswesen v. 25.6.1994 (GVBl S. 466)
VersorgA Versorgungsamt
VersorgB s. VersBea
VersR Versicherungsrecht (1.1950 ff.)
VersRAl Versicherungsrecht. Beilage Ausland (1.1959/60 ff.)
VersRdsch s. VR
VersRG-SL SL Versorgungsrücklage(n)gesetz v. 23.6.1999 (ABl S. 1130)
VersRiLiG Versicherungsbilanzrichtlinie-Gesetz v. 24.6.1994 (BGBl I S. 1377)
1. VersRücklÄndG BE Erstes Versorgungsrücklageänderungsgesetz v. 23.9.2005 (GVBl S. 474)
VersRücklG Versorgungsrücklagegesetz BE i. d. Bek. v. 9.1.2006 (GVBl S. 22) BW v. 15.12.1998 (GBl S. 658)
VersRücklG LSA LSA v. 21.12.1998 (GVBl LSA S. 497)
VersRücklG M-V MV v. 22.11.1999 (GVOBl M-V S. 612)
VersStDV 1996 Versicherungssteuer-Durchführungsverordnung i. d. Bek. v. 10.1.1996 (BGBl I S. 28)

VersStG 1996 Versicherungssteuergesetz 1996 i. d. Bek. v. 10.1.1996 (BGBl I S. 22)
VersTr; VTr Versicherungsträger
VerstV Versteigererverordnung i. d. Bek. v. 24.4.2003 (BGBl I S. 547)
VerstVerbAussetzungsV BE Versteigerungsverbotsaussetzungsverordnung v. 18.9.2007 (GVBl S. 331)
VersVG BW Versorgungsverwaltungsgesetz v. 1.7.2004 (GBl S. 532)
VersVw Die Versorgungsverwaltung (40.1989 ff.; vorher: Der Versorgungsbeamte)
VersVwZV BB Versorgungsverwaltungszuständigkeitsverordnung v. 11.8.2006 (GVBl II S. 349)
VersWerkÄndG NRW NW Versorgungswerks-Änderungsgesetz NRW v. 20.12.2007 (GV.NW S. 41)
VersWerkVO Berlin BE Heilberufsversorgungswerks-Aufsichtsverordnung v. 17.1.2008 (GVBl S. 11)
VersWerkVO NRW NW Versorgungswerkeverordnung v. 2.6.1999 (GV.NW S. 226)
VersWerkVO Saarland SL Versorgungswerkeverordnung v. 22.4.2003 (ABl S. 1268)
Vertr. Vertreter
VertrBeiratVO BE Vertriebenenbeirat-VO v. 10.10.1995 (GVBl S. 667)
VertrOBFV Anordnung ü. d. Vertretung d. Bundesrepublik Deutschland im Bereich d. Bundesfinanzverwaltung v. 15.11.1972 (BAnz Nr. 233)
VertrO-BMI Vertretungsordnung-BMI v. 9.4.1976 (BAnz Nr. 93)
VertrO-BMJ Anordnung ü. d. Vertretung d. Bundes im Geschäftsbereich d. Bundesministeriums d. Justiz u. ü. d. Verfahren bei der Vertretung v. 25.4.1958 (BAnz Nr. 82)
VertrV BY Vertretung des Freistaates Bayern i. d. Bek. v. 4.10.1995 (GVBl S. 733)
VertrVO SACH Vertretungs(ver)ordnung i. d. Bek. v. 27.12.1999 (SächsGVBl 2000 S. 2)

VertV BB Verteilungsverordnung v. 10.1.2000 (GVBl II S. 30)
Verw. Die Verwaltung (1.1968 ff.)
VerwArch Verwaltungsarchiv (1.1893–47.1942; 48.1957 ff.)
VerwFHG HE Verwaltungsfachhochschulgesetz v. 12.6.1979 (GVBl I S. 97)
VerwKraftStVO M-V MV VO über die Mitwirkung der Zulassungsbehörden bei der Verwaltung der Kraftfahrzeugsteuer v. 4.1.2006 (GVOBl M-V S. 32)
VerwModG BY Verwaltungsmodernisierungsgesetz v. 25.10.2004 (GVBl S. 398)
2. VerwModG BY 2. Verwaltungsmodernisierungsgesetz v. 26.7.2005 (GVBl S. 287)
VerwModGrG LSA Verwaltungsmodernisierungsgrundsätzegesetz v. 27.2.2003 (GVBl LSA S. 40)
VerwPr Die Verwaltungspraxis. Fachzs. f. d. württ. Verwaltung. (1.1927–11.1937; 16.1950–39.1973; aufgeg. in Baden-Württ. Verwaltungspraxis; ab 1938 aufgegangen in: Württ. Verwaltungs-Zs. N.F.)
VerwRefG BE Verwaltungsreformgesetz
VerwRspr Verwaltungsrechtsprechung in Deutschland (1.1949–32.1981)
Verz. Verzeichnis
VetALG SL Gesetz ü. d. öffentl. Veterinärwesen u. d. amtl. Lebensmittelüberwachung v. 19.5.1999 (ABl S. 845)
VetbKostG SH Veterinärbeleihungs- und Kostengesetz v. 4.12.2007 (GVOBl S. 476)
VetKostVO M-V MV Veterinärverwaltungskostenverordnung v. 17.3.2003 (GVOBl M-V S. 173)
VEVVBbg BB Volksentscheidsverfahrensverordnung v. 29.2.1996 (GVBl II S. 158)
Vf. Verfahren
VfaBVO BW VO d. Innenministeriums u. d. Wirtschaftsministeriums über die Berufsausbildung zum oder zur Verwaltungsfachangestellten v. 23.12.1999 (GBl 2000 S. 101)
VFA-VO RP LandesVerordnung ü. d. Berufsausbildung zu Verwaltungsfachangestellten i. d. Fachrichtungen Landesverwaltung und Kommunalverwaltung v. 25.6.1999 (GVBl S. 137)
VFEntlG s. VGFGEntlG
Vfg. Verfügung
VfGG HA Ges. ü. d. Hamburgische Verfassungsgericht i. d. Bek. v. 23.3.1982 (GVBl I S. 59)
VfGH; VGH Verfassungsgerichtshof
VfGHG BY Ges. ü. d. Verfassungsgerichtshof v. 10.5.1990 (GVBl S. 122)
VfGHG RP Landesverfassungsgerichtshofsgesetz v. 23.7.1949 (GVBl S. 245)
VfGKOV Ges. ü. d. Verwaltungsverfahren d. Kriegsopferversorgung i. d. Bek. v. 6.5.1976 (BGBl I S. 1169)
VFGüterstandsG Ges. ü. d. ehelichen Güterstand v. Vertriebenen u. Flüchtlingen v. 4.8.1969 (BGBl I S. 1067)
VFHDiplVO RP LandesVO ü. d. Verleihung v. Diplomgraden nach d. VerwaltungsfachhochschulG v. 28.4.2000 (GVBl S. 209)
VFHG s. VHochSchG
VFHLeistBVO HE VO über die Gewährung von Leistungsbezügen im Bereich der Verwaltungsfachhochschulen v. 31.10.2006 (GVBl I S. 599)
VFHSchG SL Ges. ü. d. Fachhochschule f. Verwaltung v. 27.2.1980 (ABl S. 449)
VFPrF BY VO zur Änderung der Verordnung über die Fortbildungsprüfungen zum Fachagrarwirt und zur Fachagrarwirtin v. 3.12.2003 (GVBl S. 910)
VG Verwaltungsgericht; Verwertungsgesellschaft
VGB Allgemeine Versicherungsbedingungen f. d. Neuwertversicherung v. Wohngebäuden gegen Feuer-, Leitungswasser- u. Sturmschäden (VerBAV 1962 S. 170)
VGebO BE Verwaltungsgebührenordnung i. d. Bek. v. 13.11.1978 (GVBl S. 2410)
VGEG LSA Verbandsgemeindeeinführungsgesetz v. 26.10.2001 (GVBl LSA S. 434)
VGemO BY Verwaltungsgemeinschaftsord-

nung i. d. Bek. v. 26.10.1982 (GVBl S. 965)
VGFGEntlG Ges. z. Entlastung d. Gerichte i. d. Verwaltungs- u. Finanzgerichtsbarkeit v. 31.3.1978 (BGBl I S. 446)
VGG BE Verwaltungsreform-Grundsätze-Gesetz i. d. Bek. v. 21.12.2005 (GVBl S. 10)
VgG Bln BE Berliner Vergabegesetz v. 9.7.1999 (GVBl S. 369)
VGH Verwaltungsgerichtshof; Volksgerichtshof; Vormundschaftsgerichtshilfe
VGHG NW NW Gesetz ü. d. Verfassungsgerichtshof v. 14.12.1989 (GV.NW S. 708)
vgl. vergleiche
VglO s. VerglO
VgNG M-V MV Vergabenachprüfungsgesetz v. 28.6.1999 (GVOBl M-V S. 396)
VgnStG Vergnügungssteuergesetz
 RP v. 29.11.1965 (GVBl S. 251)
 SL i. d. Bek. v. 19.6.1984 (ABl S. 649)
VGO Vollzugsgeschäftsordnung i. d. Bek. v. 1.1.1977 (bundeseinheitlich vereinbart)
VGPolG Bbg BB Vorschaltgesetz z. Polizeigesetz v. 11.12.1991 (GVBl S. 636)
VGS VO ü. d. Genehmigungspflicht f. d. Einleitung v. Abwasser mit gefährl. Stoffen in öffentl. Abwasseranlagen (Sammelkanalisationen)
 HE VO ü. d. Einleiten o. Einbringen v. Abwasser mit gefährl. Stoffen in öffentl. Abwasseranlagen (IndirekteinleiterVO) v. 12.11.2001 (GVBl I S. 474)
VGS Vereinigter Großer Senat
VGS
 BE Vereinigter Großer Senat v. 14.3.1989 (GVBl S. 561)
 BY Vereinigter Großer Senat v. 9.12.1990 (GVBl S. 586)
 NW Vereinigter Großer Senat v. 25.9.1989 (GV.NW S. 564)
VGSO TH Vorl. Grundschulordnung v. 10.9.1991 (GVBl S. 395)
VgStG-Sp BE Ges. ü. eine Vergnügungssteuer f. Spielautomaten v. 28.10.1988 (GVBl S. 1961)

VGT Verkehrsgerichtstag
v.g.u. vorgelesen, genehmigt, unterschrieben
VgV Vergabeverordnung v. 9.1.2001 (BGBl I S. 110)
VGZL TH VO ü. Genehmigung und Zulassung d. Lehr- und Lernmittel v. 15.5.1991 (GVBl S. 93)
VHB Allgemeine Hausratsversicherungsbedingungen (VerBAV 1984 S. 279); Vergabehandbuch f. d. Durchführung v. Bauaufgaben d. Bundes im Zuständigkeitsbereich d. Finanzbauverwaltungen, Ausgabe 1973
VHochSchG RP Verwaltungshochschulgesetz i. d. Bek. v. 15.9.1987 (GVBl S. 314)
VHSAVO M-V MV Volkshochschulabschlussverordnung v. 6.6.2005 (GVOBl. M-V S. 342)
ViehFlG Vieh- und Fleischgesetz i. d. Bek. v. 21.3.1977 (BGBl I S. 477)
ViehFl-SV-VO LSA VO über Sachverständige für Schlachtkörper-Handelsklassen und Massefeststellung v. 2.12.2003 (GVBl LSA S. 344)
ViehmängelVO VO betr. d. Hauptmängel u. Gewährfristen b. Viehhandel v. 27.3.1899 (RGBl S. 219)
ViehVerkVO Viehverkehrsverordnung i. d. Bek. v. 11.4.2001 (BGBl I S. 576)
VIFGG Verkehrsinfrastrukturfinanzierungsgesellschaftsgesetz v. 28.6.2003 (BGBl I S. 1050)
VILG ND Verkehrs-Informations- u. Lenkungsgesetz v. 17.12.1998 (GVBl S. 714)
VInsoFV BB Verbraucherinsolvenzfinanzierungsverordnung v. 20.6.2001 (GVBl II S. 205)
VIn-VO LSA VO ü. d. Verfahren b. Volksinitiativen v. 30.5.1995 (GVBl LSA S. 151)
VirtGebVO SH Landesverordnung über die Gebühren für virtuelle Studienangebote der staatlichen Hochschulen v. 18.12.2002 (GVOBl S. 4)
VlV VO zur Verlängerung
VIVBVEG NW Gesetz über das Verfahren

bei Volksinitiative, Volksbegehren und Volksentscheid i. d. Bek. v. 1.10.2004 (GV.NW S. 542)
VIZ Zeitschrift für Vermögens- und Immobilienrecht (8.1998–14.2004); bis 6.1996: Zeitschrift für Vermögens- und Investitionsrecht
Vjschr. Vierteljahresschrift
VKA Vereinigung d. kommunalen Arbeitgeberverbände
VkBl Verkehrsblatt (3.1949,24 ff.; vorher: Verkehrsblatt d. Vereinigten Wirtschaftsgebietes)
VkinfrastrKostVO Eb M-V MV Verkehrsinfrastrukturkostenverordnung Eisenbahn v. 13.11.2007 (GVOBl M-V S. 397)
VKO HA Vollstreckungskostenordnung v. 24.5.1961 (GVBl I S. 169) (s.a. Vollzugs- und Vollstreckungsordnung)
VkVO Verkaufsstättenverordnung
BE v. 26.6.1998 (GVBl S. 198)
BW v. 11.2.1997 (GBl S. 84)
HA v. 5.8.2003 (GVBl S. 413)
MV v. 24.5.1996 (GVOBl M-V S. 561)
NW v. 8.9.2000 (GV.NW S. 639)
RP v. 8.7.1998 (GVBl S. 229)
SH v. 4.12.1997 (GVOBl 1998 S. 3)
SL v. 25.9.2000 (ABl S. 1934)
VkV BY v. 6.11.1997 (GVBl S. 751)
VkVO ND v. 17.1.1997 (GVBl S. 31)
VKVV Versicherungsnummern-, Kontoführungs- und Versicherungsverlaufsverordnung v. 30.3.2001 (BGBl I S. 475)
VKZVKG NW NW Ges. ü. d. kommunalen Versorgungskassen u. ZusatzVersorgungskassen i. d. Bek. v. 6.11.1984 (GV.NW S. 694)
*Vl*AnO Verlängerungsanordnung, Anordnung z. Verlängerung
*Vl*Bek Verlängerungsbekanntmachung, Bekanntmachung z. Verlängerung
*Vl*Best Verlängerungsbestimmungen, Bestimmungen z. Verlängerung
V-Leute Verbindungsleute; Vertrauensleute
*Vl*G Verlängerungsgesetz, Gesetz z. Verlängerung
*Vl*V Verlängerungsverordnung, Verordnung z. Verlängerung

VLVO BE Verwaltungs-Laufbahnverordnung i. d. Bek. v. 17.11.2004 (GVBl S. 472)
*Vl*Vschr Verlängerungsvorschriften, Vorschriften z. Verlängerung
VLwF VO ü. d. Lagern wassergefährdender Flüssigkeiten
BE v. 27.5.1970 (GVBl S. 754)
BW v. 21.1.1971 (GVBl S. 5)
BW v. 30.6.1966 (GBl S. 134)
HE v. 7.9.1967 (GVBl I S. 155)
RP v. 14.12.1970 (GVBl 1971 S. 29)
SL v. 18.7.1968 (ABl S. 567)
VLwS SH VO ü. d. Lagern wassergefährdender Stoffe Lagerbehälterverordnung v. 15.9.1970 (GVOBl S. 269)
VMBl Ministerialblatt des Bundesministers für (1962 ff.: der) Verteidigung (1.1956 ff.); Volkswohlfahrt. Amtsblatt d. Preuß. Ministeriums f. Volkswohlfahrt (1.1920–13.1932)
VMZbVK NW VO über die Mitwirkung der Zulassungsbehörden bei der Verwaltung der Kraftfahrzeugsteuer v. 30.8.2005 (GV.NW S. 758)
VN Vereinte Nationen; Vereinte Nationen (10.1962 ff.; vorher: Mitteilungsblatt. Dt. Gesellschaft f. d. Vereinten Nationen); Versicherungsnehmer
VNPVO BW Vergabenachprüfungsverordnung v. 12.4.1999 (Gbl S. 153)
VNrV VO ü. d. Vergabe u. Zusammensetzung d. Versicherungsnummer v. 7.12.1987 (BGBl I S. 2532)
VO-§16 a Abs. 3 WoBindG BY VO z. Bestimmung d. Gemeinden nach §16 a d. Wohnungsbindungsgesetzes v. 21.12.1982 (GVBl S. 1109)
VO.AGr NW VO ü. d. Verfahren d. Zustimmung und d. Form d. Führung ausländ. Grade v. 23.12.1987 (GV.NW 1988 S. 42)
VO AG SchKG NW VO zum Ausführungsgesetz zum Schwangerschaftskonfliktgesetz v. 23.5.2006 (GV.NW S. 269)
VO-AK ND VO über das Abendgymnasium und das Kolleg v. 2.5.2005 (GVBl S. 130)

VOB Verdingungsordnung für Bauleistungen i. d. Bek. v. 12.11.1992 (BAnz Beilage Nr. 223a/1992)
VOB/A Verdingungsordnung für BauleistungenTeil A. Allg. Bestimmungen f. d. Vergabe v. Bauleistungen (DIN 1960)
VOB/B Verdingungsordnung für BauleistungenTeil B. Allg. Vertragsbedingungen f. d. Ausführung v. Bauleistungen (DIN 1961)
VOB/C Verdingungsordnung für BauleistungenTeil C. Allg. Technische Vorschriften
VOBl Hamburgisches Verordnungsblatt (1938–1946,23; vorher u. später: Hamburgisches Gesetz- u. Verordnungsblatt); VOsblatt der Landesregierung Rheinland-Pfalz (1.1947; dann: Gesetz- und Verordnungsblatt der Landesregierung Rheinland-Pfalz)
VOBl (BE) VOsblatt für Berlin [West-Ausg.] (T.1. 6.1950,63–7.1951,16; T.2. 6.1950,92–7.1951,31; T.1 dann: Gesetz- u. Verordnungsblatt für Berlin; T.2 dann: Amtsblatt für Berlin; vorher: Verordnungsblatt für Groß-Berlin; davor: Verordnungsblatt der Stadt Berlin (1.1945–2.1946,43;); VOsblatt für Groß-Berlin [West-Ausg.] (2.1946,44–4.1948,26; [ab Juli 1948:] T.1. 4.1948,27–6.1950,62; T.2. 4.1948–6.1950,91; dann: Verordnungsblatt für Berlin; vorher: Verordnungsblatt der Stadt Berlin)
VOBl BrZ VOsblatt für die Britische Zone (1947–1949)
VO – B/M NW VO zur Durchführung des Modellversuchs „Gestufte Studiengänge in der Lehrerausbildung" v. 27.3.2003 (GV.NW S. 194)
VO Bod LSA VO ü. d. Bodenordnung nach d. Baugesetzbuch v. 31.10.1991 (GVBl LSA S. 430)
VO-DV I NW VO über die zur Verarbeitung zugelassenen Daten von Schülerinnen, Schülern und Eltern v. 14.6.2007 (GV.NW S. 220)
VO-DV II NW VO ü. d. zur Verarbeitung zugelassenen Daten d. Lehrerinnen u. Lehrer v. 22.7.1996 (GV.NW S. 310)

VOErmPStA SACH VO Ermittlungspersonen Staatsanwaltschaft v. 5.4.2005 (SächsGVBl S. 72)
VO FAB LKA MV Fachaufsichtbefugnisverordnung LKA v. 2.12.2003 (GVOBl M-V S. 694)
VO-FHVR ND VO über die Niedersächsische Fachhochschule für Verwaltung und Rechtspflege v. 27.1.2003 (GVBl S. 29)
VogelBerVO SACH Vogelberingungsverordnung v. 12.9.1995 (SächsGVBl S. 348)
VoGEV BY Vogelschutzverordnung – Teil 1 v. 12.7.2006 (GVBl S. 524)
VO-GO
BE VO über die gymnasiale Oberstufe v. 18.4.2007 (GVBl S. 156)
ND VO über die gymnasiale Oberstufe v. 17.2.2005 (GVBl S. 51)
VO-GOF ND VO ü. d. Gymnasiale Oberstufe u. d. Fachgymnasium v. 26.5.1997 (GVBl S. 139)
VOGR NW VO ü. d. Genehmigungsfreiheit v. Rechtsgeschäften d. Gemeinden v. 23.4.1974 (GV.NW S. 122)
VO Gut LSA Gutachterausschussverordnung v. 14.6.1991 (GVBl LSA S. 131)
VOKfz SL VO Kraftfahrzeuge i. d. Bek. v. 15.11.1982 (ABl S. 926)
VoklVO MV Vorklassenverordnung v. 3.6.1996 (GVOBl M-V S. 441)
VOkomAbw SACH VO d. Sächs. Staatsministeriums f. Umwelt und Landesentwicklung z. Umsetzung d. Richtlinie 91/271/EWG ü. d. Behandlung v. kommunalem Abwasser v. 3.5.1996 (SächsGVBl S. 180)
VOL Verdingungsordnung f. Leistungen ausgenommen Bauleistungen. Ausgabe v. 10.1.1991 (BAnz Nr. 215a)
VOL/A Verdingungsordnung für Leistungen (ausgenommen Bauleistungen) Teil A. Allg. Bestimmungen f. d. Vergabe v. Leistungen
VOL/B Verdingungsordnung für Leistungen (ausgenommen Bauleistungen) Teil B.

Allg. Bedingungen f. d. Ausführung v. Leistungen
VOL/B-Anwendungsverordnung SH Landesverordnung über die Anwendung der Verdingungsordnung für Leistungen Teil B v. 15.1.2004 (GVOBl S. 45)
VolljkG Ges. z. Neuregelung d. Volljährigkeitsalters v. 31.7.1974 (BGBl I S. 1713)
Vollstr. Vollstreckung
VollstrA Vollstreckungsanweisung v. 13.3.1980 (BAnz Nr. 58, Beil.; BStBl I S. 112)
VollstrEffektiv Vollstreckung effektiv (2000 ff.)
VollstrVergV Vollstreckungsvergütungsverordnung i. d. Bek. v. 6.1.2003 (BGBl I S. 8)
VollstrZustKLVO M-V MV Vollstreckungszuständigkeits- und -kostenlandesverordnung v. 6.10.2004 (GVOBl M-V S. 485)
VollzA Vollziehungsanweisung v. 17.3.1960 (BAnz Nr. 58)
VollzBeaVO ND VO ü. Verwaltungsvollzugsbeamtinnen u. Verwaltungsvollzugsbeamte v. 13.3.1995 (GVBl S. 60)
VollzBeaVO SOG ND VO ü. eigene Vollzugsbeamte d. Verwaltungsbehörden d. Gefahrenabwehr v. 8.10.1974 (GVBl S. 432)
VollzbLVO M-V MV Vollzugsbeamtenlandesverordnung v. 20.3.2006 (GVOBl M-V S. 140)
VollzGEMR BY Ges. ü. d. Vollzug d. Rechts d. Ernährungswirtschaft u. d. landwirtschaftlichen Marktwesens v. 10.7.1984 (GVBl S. 244)
VollzGLmG BY Ges. ü. d. Vollzug d. Lebensmittelrechts i. d. Bek. v. 4.10.1976 (GVBl S. 433)
VollzVEKrG BY VO z. Vollzug d. Eisenbahnkreuzungsgesetzes v. 24.7.1964 (GVBl S. 158)
VollzVv HE Vollzugs- und Verhaltensvorschriften v. 12.1.1973 (JMBl S. 61)
VollzV zu Art. 13 a GO BY VO ü. vermögensrechtl. Sonderregelungen bei Auflösung unbewohnter Gemeinden v. 28.6.1968 (GVBl S. 227)
VOP Verwaltungsführung, Organisation, Personalwesen (1.1978–23.2001; dann: Innovative Verwaltung)
VO-PersVPol ND VO über Dienststellen im Sinne des Personalvertretungsrechts im Bereich der Polizei v. 11.11.2004 (GVBl S. 459)
VO PP BB VO ü. d. Polizeipräsidien v. 11.10.1991 (GVBl S. 448)
VO PR VO auf d. Gebiete d. Preisrechts [folgt Nr. u. Jahr, z.B. 7/52]
23. VO-PrVG BE Dreiundzwanzigste Verordnung über die Neufestsetzung der Leistungen nach Teil II des Gesetzes über die Anerkennung und Versorgung der politisch, rassisch oder religiös Verfolgten des Nationalsozialismus v. 6.12.2005 (GVBl S. 762)
VOR Zeitschrift für Verkehrs- und Ordnungswidrigkeitenrecht (1972–1974, 2)
VorbZulV BB Vorbereitungsdienst ZulassungsVerordnung v. 31.7.1996 (GVBl II S. 738)
VorgV Vorgesetztenverordnung v. 7.10.1981 (BGBl I S. 1129)
vorl. vorläufig
Vorl-ThürRpflAO TH Vorl. Thüringer Ausbildungs- u. Prüfungsordnung f. d. Anwärter d. Rechtspflegerlaufbahn v. 2.10.1991 (GVBl S. 550)
Vorl.VV-BHO Vorl. Verwaltungsvorschriften z. Bundeshaushaltsordnung v. 21.5.1973 (MinBlFin S. 190) (s.a. Allgemeine Bewirtschaftungsgrundsätze)
Vorl-ZAPOmVD MV Vorl. Zulassungs-, Ausbildungs- und Prüfungsordnung f. d. mittl. allg. Verwaltungsdienst v. 19.6.1991 (Amtsbl M-V S. 714)
VormAbk
VormG Vormundschaftsgericht
Vors. Vorsitzende(r)
VorsBPersA Vorsitzender d. Bundespersonalausschusses
VorschaltG Ges. z. vorläufigen Regelung d. Rechtsverhältnisse d. Reichsvermögens

u. d. preußischen Beteiligungen [Vorschaltgesetz] v. 21.7.1951 (BGBl I S. 467)
VorschaltG-SächsPersVG SACH Vorschaltgesetz z. Sächs. Personalvertretungsgesetz v. 19.12.1991 (SächsGVBl S. 458)
VorsRi... Vorsitzender Richter am ... (folgt abgekürzte Bezeichnung d. Gerichts)
VorstOG Vorstandsvergütungs-Offenlegungsgesetz v. 3.8.2005 (BGBl I S. 2267)
VoSchG BY Volksschulgesetz i. d. Bek. v. 29.7.1986 (GVBl S. 185)
VOSchulBau BW Privatschulbauverordnung v. 13.3.2007 (GBl S. 206)
VOSchulG SACH VO d. Sächs. Staatsministeriums f. Soziales, Gesundheit u. Familie gem. § 13 Abs. 4 Schulgesetz f. d. Freistaat Sachsen v. 14.7.1995 (SächsGVBl S. 252)
VO-Sport ND VO über die Förderung der Sportverbände und -vereine aus den Konzessionsabgaben v. 1.3.2004 (GVBl S. 95)
2. VOVVG RP Landesverordnung ü. d. Vollstreckung privatrechtl. Forderungen nach d. Landesverwaltungsvollstreckungsgesetz v. 2.1.1958 (GVBl S. 11)
3. VOVVG RP Kostenordnung z. Landes-Verwaltungsvollstreckungsgesetz v. 2.1.1958 (GVBl S. 12)
VoWaBewV Vordringliche Warenbewirtschaftungs-Verordnung v. 6.8.1976 (BGBl I S. 2099)
VoWerklV Vordringliche Werkleistungs-Verordnung v. 6.8.1976 (BGBl I S. 2098)
VO-WRRL HE VO zur Umsetzung der Wasserrahmenrichtlinie v. 17.5.2005 (GVBl I S. 382)
VP Die Versicherungs-Praxis (6.1908–41.1943; 42.1952 ff.; vorher: Feuerversicherung u. Feuerschutz)
VPOB Vorprüfungsordnung f. d. Bundesverwaltung v. 14.1.1980 (GMBl S. 70)
VPO BW BW VO ü. d. Vorprüfung i. d. Bek. v. 11.12.1989 (GBl 1990 S. 47)
VPÖ VO ü. d. Preise bei öffentlichen Aufträgen v. 11.8.1943 (RGBl I S. 482)

VPöA VO PR 30/53 ü. d. Preise b. öffentlichen Aufträgen v. 21.11.1953 (BAnz Nr. 244; BWMBl S. 474)
VPr Vizepräsident
VPSW BY VO ü. private Sachverständige i. d. Wasserwirtschaft v. 10.8.1994 (GVBl S. 885)
VPWV Vertrauenspersonenwahlverordnung v. 8.2.1991 (BGBl I S. 420)
VR Vorschussrichtlinien
VR Praxis Verkehrsrecht (1.2001 ff.); Verkehrs-Rundschau (1.1946 ff.); Verkehrsrechtliche Rundschau (1.1921/22–23.1944) Versicherungsrundschau (1.1946 ff.); Verwaltungsrundschau (23.1977,10 ff.; vorher: Staats- u. Kommunalverwaltung) v. 28.11.1975 (GMBl S. 829) BY v. 23.6.1969 (FMBl S. 178)
VReformG Versorgungsreformgesetz 1998 v. 29.6.1998 (BGBl I S. 1666)
VRegV Vorsorgeregister-Verordnung v. 21.2.2005 (BGBl I S. 318)
VRG Vorruhestandsgesetz v. 13.4.1984 (BGBl I S. 601)
BW Verwaltungsstruktur-Reformgesetz v. 1.7.2004 (GBl S. 469)
BY Versorgungsschadenrentengesetz v. 27.7.1953 (BayBS III S. 631)
VRL SL Richtlinie zur Förderung der Vermarktung von ökologisch und regional erzeugten Produkten v. 25.2.2007 (ABl S. 1152)
VRR Verkehrsrechtsreport (1.2005 ff.)
VRS Verkehrsrechts-Sammlung (1.1949 ff.)
VRS-CD Verkehrsrechts-Sammlung (CD-ROM Ausg.; 1980/99 (1997) ff.)
VzRSO TH Vorl. Regelschulordnung v. 2.7.1991 (GVBl S. 167)
VRÜ Verfassung und Recht in Übersee (1.1968 ff.)
VS Verschlusssache
Vschr. Vorschriften
VSeeStrO VO z. Seestraßenordnung 14.6.1989 (BGBl I S. 1107)
VSF Vorschriftensammlung Bundesfinanzverwaltung (LoseblSlg) (1974 ff.)

VSG Verkehrssicherstellungsgesetz i. d. Bek. v. 8.10.1968 (BGBl I S. 1082)
VSG Bln BE Verfassungsschutzgesetz i. d. Bek. v. 25.6.2001 (GVBl S. 235)
VSG NW NW Verfassungsschutzgesetz v. 20.12.1994 (GV.NW 1995 S. 28)
VSO BY Volksschulordnung v. 23.7.1998 (GVBl S. 516)
VSO-F BY Schulordnung für die Volksschulen zur sonderpädagogischen Förderung v. 13.7.2005 (GVBl S. 384)
VSRG SL Verwaltungsstrukturreformgesetz v. 21.11.2007 (ABl S. 2393)
VSSR Vierteljahresschrift für Sozialrecht (1.1973–11.1983; 1990 ff.)
VStÄR 1989 Vermögensteuer-Änderungsrichtlinien 1989 v. 9.3.1989 (BStBl I Sondernr. 1/1989 S. 3)
VStättV Versammlungsstättenverordnung
VStättV
BY v. 17.12.1990 (GVBl S. 542)
NW v. 1.7.1969 (GV.NW S. 548)
VStättVO
BE v. 15.9.1970 (GVBl S. 1664)
BW v. 28.4.2004 (GBl S. 311)
HA v. 5.8.2003 (GVBl S. 420)
RP v. 17.7.1972 (GVBl S. 257)
SH v. 5.7.2004 (GVOBl S. 240)
SL i. d. Bek. v. 22.1.1979 (ABl S. 298)
VStättVO M-V MV v. 28.4.2003 (GVOBl M-V S. 310)
VStG Vermögensteuergesetz i. d. Bek. v. 14.11.1990 (BGBl I S. 2467)
VStR 1989 Vermögensteuer-Richtlinien 1989 v. 9.3.1989 (BStBl I Sondernr. 1/1989 S. 25)
VStRG Vermögensteuerreformgesetz v. 17.4.1974 (BGBl I S. 949)
Vtr. Vertrag
VtrHiG Vertragshilfegesetz v. 26.3.1952 (BGBl I S. 198)
VTV s. VergTV
VU Versicherungsunternehmen
VÜVO BW Vergabeüberwachungsverordnung v. 30.1.1995 (GBl S. 275)
VuF Verwaltung und Fortbildung (1.1973 ff.)

VulkReifMechMstrV Vulkaniseur- und Reifenmechanikermeisterverordnung v. 5.5.2006 (BGBl I S. 1156)
VuR Verbraucher und Recht (1.1986 ff.)
VuVO Versicherungsunterlagenverordnung v. 22.12.1965 (BGBl I S. 2139)
VVABAV BY VO z. Vollzug arzneimittel-, betäubungsmittel- u. apothekenrechtl. Vorschriften v. 10.2.1997 (GVBl S. 36)
VV (ab 1949) VVV Versicherungswissenschaft (1.1947–2.1948: und Versicherungspraxis), Versicherungspraxis, Versicherungsmedizin (1.1947–4.1950; dann: Dt. Versicherungszeitschrift f. Sozialvers. u. Privatvers.)
VVaG Versicherungsverein auf Gegenseitigkeit
VVB BY VO ü. d. Verhütung v. Bränden v. 29.4.1981 (GVBl S. 101)
VvB BE Verfassung v. Berlin v. 23.11.1995 (GVBl S. 779)
VV Bau Verwaltungsvorschriften z. Bauordnung v. 20.11.1990 (BAnz 1991 Nr. 14a)
VVDStRL Veröffentlichungen der Vereinigung der Deutschen Staatsrechtslehrer (1.1924 ff.)
VVG Ges. ü. d. Versicherungsvertrag v. 30.5.1908 (RGBl S. 263)
VVG-InfoV VVG-Informationspflichtenverordnung v. 18.12.2007 (BGBl I S. 3004)
VV-HB Verwaltungsvorschriften z. Haushaltssystematik i. d. Bek. v. 26.10.1973 (MinBlFin S. 618) (s.a. Allgemeine Bewirtschaftungsgrundsätze)
VVJug Verwaltungsvorschriften z. Jugendstrafvollzug (bundeseinheitlich vereinbart)
VVK BY Verwaltungsvorschriften f. Zuwendungen d. Freistaats Bayern an kommunale Körperschaften v. 8.3.1982 (MABl S. 165)
VVKVO SH Vollzugs- und Vollstreckungskostenverordnung v. 11.9.2007 (GVOBl S. 443)
VVO-RiWahlA SH Vorschlagsverordnung-Richterwahlausschuß v. 16.7.1990 (GVOBl S. 445)

VVSt Veranlagungs-Verwaltungsstelle

VVStVollzG Verwaltungsvorschriften z. Strafvollzugsgesetz. In Kraft ab 1.1.1977 (bundeseinheitlich vereinbart)

VVVGVO SACH VO des Sächsischen Staatsministeriums der Justiz zur Durchführung des Gesetzes über Volksantrag, Volksbegehren und Volksentscheid v. 2.7.2003 (SächsGVBl S. 199)

VVZS HA VO über den Vorbereitungsdienst und die Zweite Staatsprüfung für Lehrämter an Hamburger Schulen v. 31.5.2005 (GVBl S. 220)

VW Versicherungswirtschaft (1.1946 ff.)

Vw. Verwaltung

VwA s. VwAnO

VwAnO Verwaltungsanordnung

VwAnw HE Verwahrsachenanweisung v. 18.10.1976 (JMBl S. 1009)

VwBest Verwaltungsbestimmungen

VwDVG Verwaltungsdatenverwendungsgesetz v. 31.10.2003 (BGBl I S. 2149)

VWG Vereinigtes Wirtschaftsgebiet

VwGO Verwaltungsgerichtsordnung i. d. Bek. v. 19.3.1991 (BGBl I S. 686)

6. VwGOÄndG Sechstes Gesetz z. Änderung d. VwGO u. anderer Gesetze v. 1.11.1996 (BGBl I S. 1626)

VwKostG Verwaltungskostengesetz v. 23.6.1970 (BGBl I S. 821); LSA Verwaltungskostengesetz v. 27.6.1991 (GVBl LSA S. 154)

VwKostG M-V MV Verwaltungskostengesetz v. 4.10.1991 (GVOBl M-V S. 366)

VwKostO-KM HE Verwaltungskostenordnung für den Geschäftsbereich des Kultusministeriums v. 10.12.2007 (GVBl I S. 869)

VwKostO MdI HE Verwaltungskostenordnung für den Geschäftsbereich des Ministeriums des Innern und für Sport v. 16.12.2003 (GVBl I S. 350)

VwKostO-MULV HE Verwaltungskostenordnung für den Geschäftsbereich des Ministeriums für Umwelt, ländlichen Raum und Verbraucherschutz v. 16.12.2003 (GVBl I S. 362)

VwKostO-MWK HE Verwaltungskostenordnung für den Geschäftsbereich des Ministeriums für Wissenschaft und Kunst v. 18.12.2003 (GVBl I S. 520)

VwKostO MWVL HE Verwaltungskostenordnung für den Geschäftsbereich des Ministeriums für Wirtschaft, Verkehr und Landesentwicklung v. 19.3.2004 (GVBl I S. 114)

VwKostO-SM HE Verwaltungskostenordnung für den Geschäftsbereich des Sozialministeriums v. 16.12.2003 (GVBl I S. 470)

VwO Branntwein-Verwertungsordnung(= Anl. 2 d. Grundbestimmungen z. Gesetz ü. d. Branntweinmonopol, ZBlDR 1922 S. 809); Branntweinverwertungsordnung (=Anl. 2 d. Grundbestimmungen z. Gesetz ü. d. Branntweinmonopol, ZBlDR 1922, S. 809)

VwORG RP Verwaltungsorganisationsreformgesetz v. 12.10.1999 (GVBl S. 325)

VwPO Verwaltungsprozeßordnung [Entwurf]

VWR BY Richtlinien f. d. Vorschlagswesen i. d. bayer. Staatsverwaltung v. 12.7.1988 (StAnz Nr. 28)

VwReformG BY Verwaltungsreformgesetz v. 26.7.1997 (GVBl S. 311)

3. VwReformG BY Drittes Verwaltungsreformgesetz v. 23.11.2001 (GVBl S. 734)

VwRehaG Verwaltungsrechtl. Rehabilitierungsgesetz i. d. Bek. v. 1.7.1997 (BGBl I S. 1620)

VwSchG HE Verwaltungsschulverbandsgesetz v. 12.6.1979 (GVBl S. 104)

VwV Verwaltungsvorschrift(en)

VwVfG Verwaltungsverfahrensgesetz i. d. Bek. v. 21.9.1998 (BGBl I S. 3050) BE v. 25.5.1976 (GVBl S. 1173)

VwVfG LSA LSA ~ f. d. Land Sachsen-Anhalt i. d. Bek. v. 7.1.1999 (GVBl LSA S. 2)

VwVfG M-V MV i. d. Bek. v. 26.2.2004 (GVOBl M-V S. 106)

VwVfG. NRW. NW i. d. Bek. v. 12.11.1999 (GV.NW S. 602)

VwVfGBbg BB ~ für das Land Bran-

denburg i. d. Bek. v. 9.3.2004 (GVBl I S. 78)
VwVfg Verwaltungsverfügung
VwVG Verwaltungsvollstreckungsgesetz v. 27.4.1953 (BGBl I S. 157) HA v. 13.3.1961 (GVBl I S. 79)
VwVG BB BB v. 18.12.1991 (GVBl S. 661)
VwVG LSA LSA v. 23.6.1994 (GVBl LSA S. 710)
VwVG NW NW i. d. Bek. v. 19.2.2003 (GV.NW S. 156)
VwVKostVO LSA VO ü. d. Kosten i. Verwaltungszwangsverfahren v. 11.12.2001 (GVBl LSA S. 562)
VwVR Richtlinien z. Gestaltung, Ordnung u. Überprüfung v. Verwaltungsvorschriften d. Bundes v. 20.12.1989 (GMBl 1990 S. 38)
VwV-Unfallaufnahme BW Verwaltungsvorschrift ü. d. Aufnahme v. Verkehrsunfällen u. d. Bearbeitung v. Verkehrsunfallanzeigen v. 30.12.1983 (Justiz 1984 S. 73)
VwVwS Allg. Verwaltungsvorschriften ü. d. nähere Bestimmung wassergefährdender Stoffe und ihre Einstufung entsprechend ihrer Gefährlichkeit v. 9.3.1990 (GMBl S. 114)
VwV-ZustSächsDG-SMI SACH Verwaltungsvorschrift des Sächsischen Staatsministeriums des Innern über die Übertragung von Befugnissen und Zuständigkeiten in Disziplinarverfahren v. 13.7.2007 (SächsGVBl S. 404)
VwZG Verwaltungszustellungsgesetz v. 3.7.1952 (BGBl I S. 379) (s.a. Zustellungsgesetz); HE Hessisches Verwaltungszustellungsgesetz v. 14.2.1957 (GVBl S. 9) (s.a. Zustellungsgesetz)
VwZVG BY Bay. Verwaltungszustellungsgesetz u. Vollstreckungsgesetz i. d. Bek. v. 11.11.1970 (GVBl 1971 S. 1) (s.a. Zustellungsgesetz)
VZ Veranlagungszeitraum
VZBLH BY VO über Zuständigkeiten für die Berufsbildung in der Landwirtschaft und in der Hauswirtschaft v. 4.7.2005 (GVBl S. 257)
VZG 1987 Volkszählungsgesetz 1987 v. 8.11.1985 (BGBl I S. 2078)
VZOG Vermögenszuordnungsgesetz i. d. Bek. v. 29.3.1994 (BGBl I S. 709)
VZOZÜV Vermögenszuordnungszuständigkeitsübertragungsverordnung v. 10.12.2003 (BGBl I S. 2550)

W

W+S Wirtschaftsschutz (seit 2.1980) und Sicherheitstechnik (1.1979 ff.)
WA Westdeutsche Arbeitsrechtsprechung (1.1948–18.1965)
WAbstVO M-V MV Waldabstandsverordnung v. 20.4.2005 (GVOBl M-V S. 166)
WährG Währungsgesetz v. 20.6.1948 (= Gesetz Nr. 61 d. Am. u. d. Brit.MilReg.; VO Nr. 158 d. FrMilReg) (WiGBl Beil. 5 S. 1)
WärmeschutzV Wärmeschutzverordnung v. 24.2.1982 (BGBl I S. 209)
WaffBeschR-VO LSA Waffen- und Beschussrechts-Verordnung v. 18.6.2004 (GVBl LSA S. 344)
WaffG Waffengesetz i. d. Bek. v. 8.3.1976 (BGBl I S. 432)
WaffKostV Kostenverordnung z. Waffengesetz i. d. Bek. v. 20.4.1990 (BGBl I S. 780)
WaffRAusfLVO M-V MV Waffenrechtsausführungslandesverordnung v. 4.8.2003 (GVOBl M-V S. 407)
WaffRNeuRegG NW VO zur Durchführung des Gesetzes zur Neuregelung des Waffenrechts v. 8.4.2003 (GV.NW S. 217)
WaffV VOen z. Waffengesetz
WaffVwV Allg. Verwaltungsvorschrift z. Waffengesetz v. 26.7.1976 (GMBl S. 479)
WaffVwV-BMI Allg. Verwaltungsvorschrift d. Bundesministers d. Innern z. Waffengesetz v. 6.12.1976 (GMBl 1977 S. 14)
WAG Währungsausgleichsgesetz i. d. Bek. v. 1.12.1965 (BGBl I S. 2059)

WAG-DV VO z. Durchf. d. Gesetzes ü. einen Währungsausgleich f. Sparguthaben Vertriebener

WaGeVO SL Waren- und Geschäftshausverordnung i. d. Bek. v. 5.9.1977 (ABl S. 910)

WahlAnpVO SACH Wahlanpassungsverordnung v. 4.2.1999 (SächsGVBl S. 60)

WahlG Wahlgesetz
BR i. d. Bek. v. 23.5.1990 (GBl S. 321)
HA i. d. Bek. v. 13.12.1977 (GVBl S. 403)

WahlGV HE Wahlgeräteverordnung v. 12.10.2005 (GVBl I S. 715)

WahlOGen BY Wahlordnung Genossenschaften v. 4.7.1995 (GVBl S. 429)

WahlO-LKG BE Wahlordnung z. Landes-Krankenhausgesetz v. 1.9.1975 (GVBl S. 2206)

WahlprüfG Wahlprüfungsgesetz v. 12.3.1951 (BGBl I S. 166)

WahlVO NW Wahlverordnung v. 21.4.2007 (GV.NW S. 187)

WahrnG Urheberrechtswahrnehmungsgesetz v. 24.6.1985 (BGBl I S. 1137)

WahrnV Wahrnehmungsverordnung v. 14.12.1994 (BGBl I S. 3812)

WaKostVO M-V MV Wasserwirtschaftskostenverordnung v. 20.12.2006 (GVOBl M-V S. 13)

WAKVO M-V MV Wildschadensausgleichskassenverordnung v. 12.7.2000 (GVOBl M-V S. 327)

WaldBefV BB Waldbefahrungsverordnung v. 3.5.2004 (GVBl II S. 323)

WaldEAVO BW Walderhaltungsabgabeverordnung v. 17.7.1977 (GBl S. 367)

WaldInvV BB Waldinventurverordnung v. 8.8.2005 (GVBl II S. 470)

WaldorfPVO SACH Prüfungsverordnung Waldorfschulen v. 9.3.2005 (SächsGVBl S. 75)

WaldorfVO LSA VO über den Erwerb von Abschlüssen der Sekundarstufe I an Freien Waldorfschulen v. 22.7.2005 (GVBl LSA S. 381)

WaldR 91 Waldwertermittlungsrichtlinien 1991 i. d. Bek. v. 25.2.1991 (BAnz Nr. 100 a)

WaldSperrV BB Waldsperrungsverordnung v. 3.5.2004 (GVBl II S. 325)

WaldSpVO BW Waldsperrungsverordnung v. 24.5.1978 (GBl S. 332)

WaldVerzV BB Waldverzeichnisverordnung v. 30.11.2005 (GVBl II S. 2)

WAnpfV BB Weinanpflanzungsverordnung v. 17.9.2003 (GVBl II S. 582)

Wappen VO SACH Wappenverordnung v. 4.3.2005 (SächsGVBl S. 40)

WappG BW Ges. ü. d. Wappen d. Landes ... v. 3.5.1954 (GBl S. 69)

WappVO BW VO d. Landesreg. ü. d. Führung d. LandesWappens v. 2.8.1954 (GBl S. 139)

WAR Anwaltspraxis Wirtschaftsrecht

WarnJb Jahrbuch der Entscheidungen zum bürgerlichen Gesetzbuch und den Nebengesetzen, begr. v. Warneyer (ab 2.1903: auf d. Gebiete d. Zivil-, Handels- u. Prozeßrechts; ab 5.1906: Warneyers Jb. d. Entscheidungen. T. A-D; ab 19.1919/20: Warneyers Jb. auf d. Gebiete d. Zivil-, Handels- u. Prozeßrechts) (1.1900/02–37.1938)

WarnowBeleihVO M-V MV VO zur Beleihung mit dem Recht zur Erhebung von Mautgebühren für die Warnowquerung v. 1.4.2003 (GVOBl M-V S. 280)

WarnRspr Rechtsprechung des Reichsgerichts auf dem Gebiete des Zivilrechts, soweit sie nicht in der amtlichen Sammlung der Entscheidungen des RG abgedruckt ist, hrsg. v. Warneyer (= ErgBd. zu: Jahrbuch d. Entscheidungen zum bürgerlichen Gesetzbuch ...) (1.1908–33.1941; dann: Slg. zivilrechtl. Entscheidungen d. RG)

WarnRspr Sammlung zivilrechtlicher Entscheidungen des Reichsgerichts, hrsg. v. Buchwald (1.1942–2.1943; vorher: Rechtsprechung d. Reichsgerichts ... begr. v. Warneyer)

WarschAbk Abkommen z. Vereinheitlichung von Regeln ü. d. Beförderung im

internat. Luftverkehr [Warschauer Abkommen] v. 12.10.1929 (RGBl 1933 II S. 1039)
WasBauPVO VO z. Feststellung d. wasserrechtl. Eignung v. Bauprodukten HE ~ und Bauarten durch Nachweise nach d. Hess. Bauordnung v. 20.5.1998 (GVBl I S. 228); LSA VO z. Feststellung d. wasserrechtlichen Eignung von Bauprodukten und Bauarten v. 27.3.2006 (GVBl LSA S. 173) NW ~ und Bauarten d. Nachweise nach d. LBO v. 6.3.2000 (GV.NW S. 251) SH ~ und Bauarten d. Nachsweise n. d. Landesbauordnung v. 19.3.1999 (GVOBl S. 87)
Was BauPV SL ~ u. Bauarten d. Nachweise n. d. Bauordnung d. Saarlandes v. 7.12.1999 (ABl 2000 S. 214)
WasBau PVO VO z. Feststellung d. wasserrechtl. Eignung v. Bauprodukten
WasBau PVO BW VO d. Wirtschaftsministeriums zur Feststellung d. wasserrechtl. Eignung v. Bauprodukten u. Bauarten nach der LBO für BW v. 21.12.1998 (GBl 1999 S. 57)
WasGebO BY Wasserwirtschafts-Gebührenordnung v. 29.10.1987 (GVBl S. 396)
WashAÜbk Washingtoner Artenschutzübereinkommen v. 3.3.1973 (BGBl 1975 II S. 773)
WasserbuchV Wasserbuchverordnung BE v. 1.7.1990 (GVBl S. 1526) BY v. 7.10.1963 (GVBl S. 202)
WasSG Wassersicherstellungsgesetz v. 24.8.1965 (BGBl I S. 1225)
WasSV 1. Wassersicherstellungsverordnung v. 31.3.1970 (BGBl I S. 357); 2. ~ v. 11.9.1973 (BGBl I S. 1313)
WaStrG Bundeswasserstraßengesetz i. d. Bek. v. 4.11.1998 (BGBl I S. 3294)
WaStrG-KostV Kostenverordnung z. Bundeswasserstraßengesetz v. 8.11.1994 (BGBl I S. 3450)
WaStrVermG Ges. ü. d. vermögensrechtlichen Verhältnisse d. Bundeswasserstraßen v. 21.5.1951 (BGBl I S. 352)

WaUntVO MV Wasserunterlagenverordnung v. 28.7.1995 (GVOBl M-V S. 376)
WaV BY Warenhausverordnung v. 20.3.1985 (GVBl S. 68)
WaVO Warenhausverordnung BE v. 20.12.1966 (GVBl S. 1822)
WB Wehrbeauftragter des Deutschen Bundestages
WBeauftrG Wehrbeauftragtengesetz i. d. Bek. v. 16.6.1982 (BGBl I S. 677)
WBFG NW Wohnungsbauförderungsgesetz i. d. Bek. v. 27.11.2003 (GV.NW S. 212)
WbFöVO SACH Weiterbildungsförderungsverordnung v. 8.6.2004 (SächsGVBl S. 233)
WbG Weiterbildungsgesetz BE v. 3.7.1995 (GVBl S. 401) NW i. d. Bek. v. 14.4.2000 (GV.NW S. 390)
WBG RP v. 17.11.1995 (GVBl S. 454) SACH v. 29.6.1998 (SächsGVBl S. 270)
WBGZustLVO M-V MV Weiterbildungszuständigkeitslandesverordnung v. 20.1.2006 (GVOBl M-V S. 36)
WBilFöG BW Weiterbildungsförderungsgesetz i. d. Bek. v. 20.3.1980 (GBl S. 249)
WBl Wirtschaftsrechtliche Blätter (= Juristische Blätter, Beilage) (1.1987 ff.)
WBLPflEVO SH Landesverordnung über die Weiterbildung und Prüfung für die Leitung einer Pflegeeinheit v. 31.1.2003 (GVOBl S. 29)
WBO Wehrbeschwerdeordnung i. d. Bek. v. 11.9.1972 (BGBl I S. 1737)
WBRuLVO SH Landesverordnung ü. d. Weiterbildung u. Prüfung v. Krankenschwestern, Krankenpflegern, Kinderkrankenschwestern u. Kinderkrankenpflegern f. Rehabilitation u. Langzeitpflege v. 7.3.1999 (GVOBl S. 73)
WBV Wehrbereichsverwaltung
WBV BB Weiterbildungsverordnung v. 4.3.2008 (GVBl II S. 98)
WDB Wehrdienstbeschädigung
WDErstattV Wertdienst-Erstattungsverordnung i. d. Bek. v. 9.6.2005 (BGBl I S. 1621)

WDO Wehrdisziplinarordnung i. d. Bek. v. 4.9.1972 (BGBl I S. 1665)
WDOBezV WDO-Bezügeverordnung v. 18.7.2007 (BGBl I S. 1809)
WDR-Gesetz Gesetz ü. d. Westdeutschen Rundfunk Köln i. d. Bek. v. 25.4.1998 (GV.NW S. 265)
WE Wohnungseigentum (21.1970 ff.; vorher: Zs. f. d. Wohnungseigentum)
WEG Wohnungseigentumsgesetz v. 15.3.1951 (BGBl I S. 175)
WehrmPStV Personenstandsverordnung d. Wehrmacht i. d. Bek. v. 17.10.1942 (RGBl I S. 597)
WehrRÄndG Ges. z. Änderung wehrrechtlicher, ersatzdienstrechtlicher u. anderer Vorschriften v. 15.12.1995 (BGBl I S. 1726)
WeinG Weingesetz i. d. Bek. v. 16.5.2001 (BGBl I S. 985)
WeinRDLVO M-V MV Weinrecht-Durchführungslandesverordnung v. 15.8.2006 (GVOBl M-V S. 688)
WeinRDV BB VO zur Durchführung des Weinrechts im Land Brandenburg v. 19.6.2006 (GVBl II S. 239)
WeinrechtsDVO BE VO zur Durchführung des Weinrechts v. 9.5.2006 (GVBl S. 387)
WeinÜV Wein-Überwachungs-Verordnung v. 14.1.1991 (BGBl I S. 78)
WeinV Weinverordnung i. d. Bek. v. 28.8.1998 (BGBl I S. 2609)
WeinWiG Weinwirtschaftsgesetz i. d. Bek. v. 19.10.1990 (BGBl I S. 2266)
WeitBiG RP Weiterbildungsgesetz v. 14.2.1975 (GVBl S. 77)
WeitEntwKiTaG SH Gesetz zur Weiterentwicklung der Kindertageseinrichtungen v. 14.12.2005 (GVOBl S. 539)
WEmErklVO ND VO über wasserrechtliche Emissionserklärungen v. 6.2.2003 (GVBl S. 73)
WerbeAVO BW Werbeanlagenverordnung v. 12.6.1969 (GBl S. 122)
WerbeVOStBerG VO ü. Art u. Inhalt d. zulässigen Hinweise auf d. Befugnis z. Hilfeleistung in Steuersachen v. 25.11.1976 (BGBl I S. 3245)
WerkfwVO BE VO über die Werkfeuerwehren v. 16.2.2005 (GVBl S. 138)
WERS Wohnungseigentumsrechtssammlung (1.1975/76–2.1977)
Wertpap. Das Wertpapier (1.1953 ff.)
WertpBErgG Ges. z. Änderung u. Ergänzung d. Wertpapierbereinigungsgesetzes; 1. Ges. z. Änderung u. Ergänzung d. Wertpapierbereinigungsgesetz v. 29.3.1951 (BGBl I S. 211); 2. Ges. z. Änderung u. Ergänzung d. Wertpapierbereinigungsgesetz v. 20.8.1953 (BGBl I S. 940); 3. Ges. z. Änderung u. Ergänzung d. Wertpapierbereinigungsgesetz v. 16.11.1956 (BGBl I S. 850)
WertpBG Wertpapierbereinigungsgesetz v. 19.8.1949 (WiGBl S. 295)
WertpBSG Wertpapierbereinigungsschlussgesetz v. 28.1.1964 (BGBl I S. 45)
WertR 91 Wertermittlungs-Richtlinien 1991 v. 11.6.1991 (BAnz Nr. 182 a)
WertV Wertermittlungsverordnung i. d. Bek. v. 18.8.1997 (BGBl I S. 2110)
Wettbew. Der Wettbewerb (1949–1955; dann Beil. zu: Wettbewerb in Recht u. Praxis)
WettDieG Ges. ü. d. Deutschen Wetterdienst v. 11.11.1952 (BGBl I S. 738)
WEU Westeuropäische Union [engl.: Western European Union]
WEZ Zeitschrift für Wohnungseigentumsrecht (1.1987–2.1988)
WF Wertermittlungsforum (1.1983 ff.)
WFB Wohnungsbauförderungsbestimmungen
WFG Wachstums- u. Beschäftigungsförderungsgesetz v. 25.9.1996 (BGBl I S. 1461)
WFP World Food Programme
WfwV BB Werkfeuerwehrverordnung v. 5.4.1995 (GVBl II S. 334)
WG Wassergesetz; Wechselgesetz Wechselgesetz v. 21.6.1933 (RGBl I S. 399) BW Wassergesetz i. d. Bek. v. 1.1.1999 (GBl S. 1)
WG LSA LSA Wassergesetz für das

Land Sachsen-Anhalt i. d. Bek.
v. 12.4.2006 (GVBl LSA S. 248)
WG Wohnungswirtschaftliche Gesetzgebung (1949–1985)
WGA Wiedergutmachungsamt
WGebO BW Wohnheimgebührenordnung v. 16.9.1982 (GBl S. 453)
WGG Wohnungsgemeinnützigkeitsgesetz i. d. Bek. v. 29.2.1940 (RGBl I S. 437); SL Ges. ü. d. Wiedergutmachung nationalsozialistischen Unrechts d. v. Personen deutscher Staatsangehörigkeit im Saargebiet erlittenen Schäden v. 17.7.1959 (ABl S. 1299)
WGGDV VO z. Durchf. d. Wohnungsgemeinnützigkeitsgesetzes i. d. Bek. v. 24.11.1969 (BGBl I S. 2141)
WGK Wiedergutmachungskammer
WGO Die wichtigsten Gesetzgebungsakte in den Ländern Ost-, Südosteuropas und in den ostasiatischen Volksdemokratien (1.1959–8.1966; dann: Monatshefte f. osteurop. Recht)
WGöD SH Wiedergutmachungsgesetz v. 4.7.1949 (GVOBl S. 162; GS 2037)
WGS Wiedergutmachungssenat
WGSVG Ges. z. Regelung d. Wiedergutmachung nationalsozialistischen Unrechts in der Sozialversicherung i. d. Bek. v. 22.12.1970 (BGBl I S. 1846)
WGT HA Hamburger Wirtschaftsgütertarif v. 10.4.1962 (GVBl I S. 85)
WGT-LVG BB Gesetz ü. d. Verwertung der Liegenschaften d. Westgruppe d. Truppen v. 3.6.1994 (GVBl I S. 170)
WGV Wohnungsgrundbuchverfügung i. d. Bek. v. 24.1.1995 (BGBl I S. 134); BY VO ü. Waldgenossenschaften v. 14.11.1996 (GVBl S. 454)
WHG Wasserhaushaltsgesetz i. d. Bek. v. 12.11.1996 (BGBl I S. 1695)
WHO World Health Organization [Weltgesundheitsorganisation]
WHVO M-V MV Wasserverbandshaushaltsverordnung v. 6.6.2000 (GVOBl M-V S. 290)
WI 1. Wohnungswirtschaftliche Informationen (1948–1999,47; dann ab 1999,48 ff.: Wohnungspolitische Informationen) 2. Wussow-Informationsbrief: Informationen zum Versicherungs- und Haftpflichtrecht
WidZVMW BB Widerspruchszuständigkeitsverordnung MW v. 4.3.2005 (GVBl II S. 141)
WiFöZustV BY Wirtschaftsförderung-Zuständigkeitsverordnung v. 18.5.1982 (GVBl S. 246)
WiGBl Gesetzblatt der Verwaltung des Vereinigten Wirtschaftsgebietes (1947,1: Gesetz- u. Verordnungsblatt d. Zweizonen-Wirtschaftsrates; bis 1948,18: Gesetz- u. Verordnungsblatt d. Wirtschaftsrates d. Vereinigten Wirtschaftsgebietes) (1.1947–3.1949,34)
WiGebO BB Widerspruchsgebührenordnung v. 20.11.2004 (GVBl II S. 888)
WIK Zeitschrift für Wirtschaft, Kriminalität und Sicherheit (9.1987 ff.; vorher: Pro Honore)
1. WiKG Erstes Ges. z. Bekämpfung d. Wirtschaftskriminalität v. 29.7.1976 (BGBl I S. 2034)
Wila-EPS Auszüge aus den Europäischen Patentschriften (13.1992 ff.)
Wila-EPZ Auszüge aus den europäischen Patentanmeldungen (9.1993 ff.)
WildHÜVO M-V MV Wildhandelsüberwachungsverordnung v. 23.3.2001 (GVOBl M-V S. 79)
WildÜV BB Wildhandelsüberwachungsverordnung v. 25.3.1996 (GVBl II S. 250)
WinterbeschV Winterbeschäftigungs-Verordnung v. 26.4.2006 (BGBl I S. 1086)
WIPO World Intellectual Property Organization [Weltorganisation für geistiges Eigentum]
WiPO Wirtschaftsprüferordnung i. d. Bek. v. 5.11.1975 (BGBl I S. 2803)
WiPrPrüfV Wirtschaftsprüferprüfungsverordnung v. 20.7.2004 (BGBl I S. 1707)
WiPrüfer Der Wirtschaftsprüfer (1.1948–7.1954; aufgegangen in: Die Wirtschaftsprüfung)

WiPrüfVO Wirtschaftlichkeitsprüfungs-Verordnung v. 5.1.2004 (BGBl I S. 29)
WiR Wirtschaftsrecht; Wirtschaftsrecht. Beiträge u. Berichte aus dem Gesamtbereich d. Wirtschaftsrechts (1.1972–3.1974)
WiRO Wirtschaft und Recht in Osteuropa (1.1992 ff.)
WiSG Wirtschaftssicherstellungsgesetz i. d. Bek. v. 3.10.1968 (BGBl I S. 1069)
WiSiV Wirtschaftssicherstellungsverordnung v. 12.8.2004 (BGBl I S. 2159)
WiSoG HA Gesetz zur Bildung der Fakultät Wirtschafts- und Sozialwissenschaften der Universität Hamburg und zur Änderung des Hamburgischen Hochschulgesetzes v. 8.2.2005 (GVBl S. 28)
WissMAVO BE VO ü. wissenschaftliche u. künstlerische Mitarbeiter v. 11.10.1979 (GVBl S. 1785)
WissR Wissenschaftsrecht: Wissenschaftsverwaltung, Wissenschaftsförderung (27.1994 ff.; vorher: Wissenschaftsrecht, Wissenschaftsverwaltung, Wissenschaftsförderung)
WiSt Wirtschaftswissenschaftliches Studium (1.1972 ff.)
WiStG 1949 Wirtschaftsstrafgesetz v. 26.7.1949 (WiGBl S. 193)
WiStG 1954 Wirtschaftsstrafgesetz 1954 i. d. Bek. v. 3.6.1975 (BGBl I S. 1313)
wistra Zeitschrift für (bis 15.1996: Wirtschaft, Steuer, Strafrecht) Wirtschafts- u. Steuerstrafrecht (1.1982 ff.)
WiTrh Der Wirtschaftstreuhänder (1.1952–11.1962; aufgegangen in: Die Wirtschaftsprüfung)
WiuR s. WuR
WiVerw Wirtschaft und Verwaltung (= Beil. zu: Gewerbearchiv) (1976 ff.); Wirtschaftsverwaltung (1/2.1948/49)
WJ. Informationen zum Versicherungs- u. Haftpflichtrecht, hrsg. v. Wussow (1953 ff.)
WKKG Wahlkampfkostenerstattungsgesetz
BB v. 4.7.1994 (GVBl I S. 261)
BW v. 1.8.1967 (GBl S. 125)

WkKV BY VO ü. d. Wirtschaftsführung d. komm. Krankenhäuser v. 11.12.1978 (GVBl S. 952)
WKNeuG Wahlkreisneueinteilungsgesetz v. 1.7.1998 (BGBl I S. 1698)
WkPV BY VO ü. d. Wirtschaftsführung d. kommunalen Pflegeeinrichtungen v. 3.3.1998 (GVBl S. 132)
2. WKSchG Zweites Wohnraumkündigungsschutzgesetz v. 18.12.1974 (BGBl I S. 3603)
WM Wertpapier-Mitteilungen, T. 4: Zs. f. Wirtschafts- u. Bankrecht (1.1947 ff.); Wohnungswirtschaft und Mietrecht (1948 ff.)
WMABl Amtsblatt des Wirtschaftsministeriums Baden-Württemberg (1.1952–11.1962,3)
WMfG BE Ges. ü. d. Weiterbildung i. d. Medizinalfachberufen v. 9.2.1979 (GVBl S. 324)
WMVO Werkstätten-Mitwirkungsverordnung v. 25.6.2001 (BGBl I S. 1297)
WNGebO BY VO ü. d. Gebühren f. d. Nutzung staatseigener Gewässer v. 7.11.1995 (GVBl S. 766)
WO Wahlordnung v. 11.12.2001 (BGBl I S. 3494) HE Wahlordnung z. Hess. Personalvertretungsgesetz v. 8.4.1988 (GVBl I S. 139)
WoAufG BY Wohnungsaufsichtsgesetz v. 24.7.1974 (GVBl S. 348)
WoAufsG Bln BE Wohnungsaufsichtsgesetz i. d. Bek. v. 3.4.1990 (GVBl S. 1082)
WoBauÄndG 1988 Wohnungsbauänderungsgesetz 1988 v. 21.2.1989 (BGBl S. 242)
WoBauErlG Wohnungsbauerleichterungsgesetz v. 17.5.1990 (BGBl I S. 926)
WoBauFördG 1994 Wohnungsbauförderungsgesetz 1994 v. 6.6.1994 (BGBl I S. 1184)
WoBauG Saar SL Wohnungsbaugesetz i. d. Bek. v. 20.11.1990 (ABl S. 933)
WoBauZinsVO BE VO über die Verzinsung von Wohnungsbaudarlehen aus öffentlichen Haushalten v. 22.1.2003 (GVBl S. 19)

WO-BayPVG BY Wahlordnung z. Bayerischen Personalvertretungsgesetz v. 12.12.1995 (GVBl S. 868)

WoBindG Wohnungsbindungsgesetz i. d. Bek. v. 13.9.2001 (BGBl I S. 2404)

WoBindVO HE Wohnungsbindungsverordnung v. 27.2.1974 (GVBl I S. 141)

WochVO SL VO über Wochenendhäuser und Wochenendplätze v. 27.2.1978 (ABl S. 275)

WO-EwZ ND Wahlordnung f. d. Vertretung d. Beschäftigten b. Einrichtungen d. öffentl. Hand m. wirtschaftlicher Zweckbestimmung v. 26.2.1999 (GVBl S. 54)

WoFG Wohnraumförderungsgesetz v. 13.9.2001 (BGBl I S. 2376)

WoFÜG Wohnraum-Überleitungsgesetz v. 25.8.2006 (BGBl I S. 2100)

WoG NW Wohnungsgesetz v. 6.11.1984 (GV.NW S. 681)

WoGDV Wohngelddatenabgleichsverordnung BE v. 25.9.2007 (GVBl S. 331)

WoGDVO
BW v. 21.5.2007 (GBl S. 250)
HA v. 6.6.2006 (GVBl S. 280)

WoGenVermG Wohnungsgenossenschafts-Vermögensgesetz v. 26.6.1994 (BGBl I S. 1437)

WoGG Wohngeldgesetz vom 7.7.2005 (BGBl I S. 2029)

WoGÜG Wohngeldüberleitungsgesetz v. 21.11.1996 (BGBl I S. 1781)

WoGültVerlV Wohngeldüberleitungs-VerlängerungsVerordnung v. 27.7.1998 (BGBl I S. 1911)

WoGV Wohngeldverordnung i. d. Bek. v. 19.10.2001 (BGBl I S.2722)

WohnA Wohnungsamt

WohnGebBefrG Ges. ü. Gebührenbefreiungen b. Wohnungsbau v. 30.5.1953 (BGBl I S. 273)

WohngeldÜVO SH Landesverordnung zur Übertragung der Aufgabendurchführung nach dem Gesetz zur Durchführung des Wohngeldgesetzes v. 5.4.2005 (GVOBl S. 230)

WohnWiInf s. WI

WO-HPVG HE Wahlordnung z. Hess. Personalvertretungsgesetz v. 8.4.1988 (GVBl I S. 139)

WOLPersVG RP Wahlordnung z. Personalvertretungsgesetz v. 5.10.1979 (GVBl S. 301)

WO-LPVG Wahlordnung z. Personalvertretungsgesetz NW v. 20.5.1986 (GV.NW S. 485)

WOLRiG RP Wahlordnung zum Landesrichtergesetz v. 13.5.2004 (GVBl S. 336)

WO-LRiG RP Wahlordnung z. Landesrichtergesetz i. d. Bek. v. 16.3.1975 (GVBl S. 131)

WOMitbestG 1. Wahlordnung z. Mitbestimmungsgesetz v. 23.6.1977 (BGBl I S. 861); 2. ~ v. 23.6.1977 (BGBl I S. 893); 3. ~ v. 23.6.1977 (BGBl I S. 934)

WoModSiG Wohnraummodernisierungssicherungsgesetz v. 17.7.1997 (BGBl I S. 1823)

WoPÄR 1984 Änderungs-Richtlinien 1984 z. Wohnungsbau-Prämiengesetz v. 17.12.1984 (BStBl I Sondernr. 3/1984 S. 23)

WoPDV 1996 VO z. Durchf. d. Wohnungsbauprämiengesetzes i. d. Bek. v. 30.10.1997 (BGBl I S. 2684)

WO-PersV ND Wahlordnung z. Personalvertretungsgesetz i. d. Bek. v. 8.7.1998 (GVBl S. 538)

WOPersVG BE Wahlordnung z. Personalvertretungsgesetz i. d. Bek. v. 16.2.2000 (GVBl S. 238)

WO-PersVG Wahlordnung z. Personalvertretungsgesetz BB v. 26.8.1994 (GVBl II S. 716)

WO-PersVG SH SH v. 17.10.1974 (GVOBl S. 402)

WoPG 1996 Wohnungsbau-Prämiengesetz i. d. Bek. v. 30.10.1997 (BGBl I S. 2678)

WoPR 1984 Richtlinien 1984 z. Wohnungsbau-Prämiengesetz v. 17.12.1984 (BStBl I Sondernr. 3/1984 S. 27)

WO-RiG BE Wahlordnung z. Berliner Richtergesetz i. d. Bek. v. 5.3.1970 (GVBl S. 468)

WO-RiV ND Wahlordnung f. d. Richtervertretungen v. 4.10.1972 (GVBl S. 449)
WOS Wahlordnung Seeschiffahrt = 2. Durchführungsverordnung d. Betriebsverfgesetzes v. 24.10.1972 (BGBl I S. 2029)
WO-SPersVG SL Wahlordnung z. Personalvertretungsgesetz f. d. Saarland v. 19.6.1973 (ABl S. 462)
WOSprAuG Wahlordnung zum Sprecherausschußgesetz v. 28.9.1989 (BGBl I S. 1798)
WOStA BE Wahlordnung zum Berliner Richtergesetz betreffend Staatsanwältinnen und Staatsanwälte v. 18.5.2004 (GVBl S. 221)
WoStatG Wohnungsstatistikgesetz v. 18.3.1993 (BGBl I S. 337)
WO-ThürRiG TH Wahlordnung z. Thüringer Richtergesetz v. 8.7.1994 (GVBl S. 945)
WoVereinfG 1985 Wohnungsrechtsvereinfachungsgesetz v. 11.7.1985 (BGBl I S. 1277)
...WoZErhV 1. Wohnungsfürsorge-Zinserhöhungsverordnung v. 26.7.1982 (BGBl I S. 1009); 2. ~ v. 12.1.1989 (BGBl I S. 74)
WoZustVO SH Landesverordnung zur Änderung der Landesverordnung über die zuständigen Stellen im Wohnungswesen v. 19.7.2006 (GVOBl S. 195)
WP Wahlperiode; Wirtschaftsprüfer
WpAIV Wertpapierhandelsanzeige- und Insiderverzeichnisverordnung v. 13.12.2004 (BGBl I S. 3376)
WPAnrV Wirtschaftsprüfungsexamens-Anrechnungsverordnung v. 27.5.2005 (BGBl I S. 1520)
WPBHV Wirtschaftsprüfer-Berufshaftpflichtversicherungsverordnung v. 18.12.1998 (BGBl I S. 3820)
WPBV BY VO ü. Pläne und Beilagen in wasserrechtlichen Verfahren v. 13.3.2000 (GVBl S. 156)
WpDPV Wertpapierdienstleistungs-Prüfungsverordnung v. 16.12.2004 (BGBl I S. 3515)

WpDVerOV Wertpapier-Verhaltens- und Organisationsverordnung v. 20.7.2007 (BGBl I S. 1432)
WPersAV PersonalaktenVerordnung Wehrpflichtige v. 15.10.1998 (BGBl I S. 3169)
WPflG Wehrpflichtgesetz i. d. Bek. v. 30.5.2005 (BGBl I S. 1465)
WPg Die Wirtschaftsprüfung (1.1948 ff.)
WpG BY Ges. ü. d. Wappen d. Freistaates Bayern v. 5.6.1950 (BayBS I S. 126)
WpHG Wertpapierhandelsgesetz i. d. Bek. v. 9.9.1998 (BGBl I S. 2708)
WpHMV Wertpapierhandel-Meldeverordnung v. 21.12.1995 (BGBl I S. 2094)
WPK-Mitt Wirtschaftsprüferkammer-Mitteilungen (28.1989 ff.; vorher: Mitteilungsblatt d. Wirtschaftsprüferkammer)
WpPG Wertpapierprospektgesetz v. 22.6.2005 (BGBl I S. 1698)
WpPGebV Wertpapierprospektgebührenverordnung v. 29.6.2005 (BGBl I S. 1875)
WPRefG Wirtschaftsprüfungsexamens-Reformgesetz v. 1.12.2003 (BGBl I S. 2446)
WPrG MV Wahlprüfungsgesetz v. 1.2.1994 (GVOBl M-V S. 131)
WPrOPflege BW VO des Kultusministeriums über die Wissenschaftliche Staatsprüfung für das höhere Lehramt an beruflichen Schulen mit der beruflichen Fachrichtung Pflegewissenschaft v. 29.3.2004 (GBl S. 222)
WPrüfG BB Wahlprüfungsgesetz i. d. Bek. v. 25.8.1994 (GVBl I S. 402)
WpÜG Wertpapiererwerbs- u. Übernahmegesetz v. 20.12.2001 (BGBl I S. 3822)
WPV Weltpostverein
WPVtr Verträge d. Weltpostvereins v. 5.7.1974 (BGBl 1975 II S. 1513)
WR Wirtschaftsrecht [DDR] (1.1970– 24.1993,9; aufgegangen in: Dt. Zs. f. Wirtschaftsrecht
WRMG Wasch- und Reinigungsmittelgesetz i. d. Bek. v. 5.3.1987 (BGBl I S. 875)
WRP Wettbewerb in Recht und Praxis (1.1955 ff.)
WRRLUmV BE VO zur Umsetzung der An-

hänge II und V der Richtlinie 2000/60/EG des Europäischen Parlaments und des Rates vom 23. Oktober 2000 zur Schaffung eines Ordnungsrahmens für Maßnahmen der Gemeinschaft im Bereich der Wasserpolitik v. 16.9.2004 (GVBl S. 400)
WRRLVO SH EG-Wasserrahmenrichtlinien-Umsetzungsverordnung v. 10.11.2003 (GVOBl S. 567)
WRRL-VO LSA LSA VO des Landes Sachsen-Anhalt über die Wasserrahmenrichtlinie v. 24.8.2005 (GVBl LSA S. 564)
WRV Verfassung d. Deutschen Reichs [Weimarer Reichsverfassung] v. 11.8.1919 (RGBl S. 1383)
3. WRVG Drittes Wahlrechtsverbesserungsgesetz v. 29.4.1997 (BGBl I S. 968)
WSchGV BB Waldschutzgebietsverfahrensverordnung v. 18.1.2005 (GVBl II S. 90)
WSD Wasser- u. Schifffahrtsdirektion
WSErrichtV BY Wirtschaftsschulerrichtungsverordnung v. 1.4.2004 (GVBl S. 113)
WSG Wehrsoldgesetz i. d. Bek. v. 30.5.2005 (BGBl I S. 1510)
WSGAufhebungsVO Kummerower See MV Wasserschutzgebietsaufhebungsverordnung Kummerower See v. 18.12.2003 (GVOBl M-V S. 13)
... **WSGAufhebungsVO MV** MV ... Wasserschutzgebietsaufhebungsverordnung
WSGAufhebungsVO Staphel MV Wasserschutzgebietsaufhebungsverordnung Staphel v. 2.10.2003 (GVOBl M-V S. 505)
WSGVO – Ahrenshoop MV Wasserschutzgebietsverordnung Ahrenshoop v. 7.12.2004 (GVOBl M-V S. 561)
WSGVO Dahmen MV Wasserschutzgebietsverordnung Dahmen v. 29.6.2005 (GVOBl M-V S. 310)
WSGVO Dorf Mecklenburg MV Wasserschutzgebietsverordnung Dorf Mecklenburg v. 21.9.2005 (GVOBl M-V S. 514)
WSGVO Groß Nemerow-Zachow MV Wasserschutzgebietsverordnung Groß Nemerow-Zachow v. 2.7.2003 (GVOBl M-V S. 374)

WSGVO Lalendorf MV Wasserschutzgebietsverordnung Lalendorf v. 1.10.2007 (GVOBl M-V S. 326)
WSGVO Meierstorf MV Wasserschutzgebietsverordnung Meierstorf v. 20.6.2006 (GVOBl M-V S. 499)
WSGVO Neu Rachow MV Wasserschutzgebietsverordnung Neu Rachow v. 29.4.2003 (GVOBl M-V S. 332)
WSGVO – Penzlin MV Wasserschutzgebietsverordnung v. 27.9.2004 (GVOBl M-V S. 474)
WSGVO Petersdorf MV Wasserschutzgebietsverordnung Petersdorf v. 19.2.2003 (GVOBl M-V S. 160)
WSGVO Pinnow MV Wasserschutzgebietsverordnung Pinnow v. 7.10.2003 (GVOBl M-V S. 4920)
WSGVO-Poseritz-Glutzow MV Wasserschutzgebietsverordnung Poseritz-Glutzow v. 21.2.2005 (GVOBl M-V S. 75)
WSGVO Quoltitz MV Wasserschutzgebietsverordnung Quoltitz v. 26.5.2004 (GVOBl M-V S. 266)
WSGVO Rothspalk MV Wasserschutzgebietsverordnung Rothspalk v. 9.10.2007 (GVOBl M-V S. 344)
WSGVO Schlieffenberg MV Wasserschutzgebietsverordnung Schlieffenberg v. 1.10.2007 (GVOBl M-V S. 335)
WSGVO Zibühl MV Wasserschutzgebietsverordnung Zibühl v. 1.6.2006 (GVOBl M-V S. 462)
WSI-Mitt WSI-Mitteilungen (25.1972,4 ff.; vorher: WWI-Mitteilungen)
WStDV 1960 Wechselsteuer-Durchführungsverordnung i. d. Bek. v. 20.4.1960 (BGBl I S. 274)
WStG Wehrstrafgesetz i. d. Bek. v. 24.5.1974 (BGBl I S. 1213)
WStG 1959 Wechselsteuergesetz i. d. Bek. v. 24.7.1959 (BGBl I S. 536)
WSÜV Wehrsold-Übergangsverordnung v. 10.12.1990 (BGBl I S. 2692)
WSVSeeKostV Kostenverordnung für Amtshandlungen der Wasser- und Schifffahrtsverwaltung des Bundes auf

dem Gebiet der Seeschifffahrt
v. 22.9.2004 (BGBl I S. 2363)
WTA World Textile Agreement [Welttextilabkommen, Multifaserabkommen]
WTO World Trade Organization [Welthandelsorganisation]
WUA Welturheberrechtsabkommen
v. 6.9.1952 (BGBl II 1955 S. 101)
WuB Entscheidungssammlung zum Wirtschafts- u. Bankrecht (LoseblSlg; 1985 ff.)
WÜK Wiener Übereinkommen ü. konsularische Beziehungen v. 24.4.1963 (BGBl 1969 II S. 1585)
WürttNV Mitteilungen aus der Praxis (bis 2.1911/15: und Vereinsnachrichten), hrsg. v. Württ. Notar(iats)verein (1.1907/10–14.1933; 15.1949–20.1954; dann: Mitteilungen aus der Praxis. Zeitschrift ...)
WUFG Währungsumstellungsfolgengesetz v. 24.8.1993 (BGBl I S. 1522)
W.u.K. Wissenschaft und Kunst. Amtsblatt d. Ministeriums f. Wissenschaft u. Kunst (1.1982 ff.)
WuM s. 12. BMG
WuR Wirtschaft und Recht (1.1949 ff.); Wirtschaftsverwaltungs- und Umweltrecht (1.1990–2.1991)
WuSWaldVV BY VO ü. d. Waldverzeichnis u. d. Schutzwaldverzeichnisse v. 29.11.1994 (GVBl S. 1031)
WuW Wirtschaft und Wettbewerb (1.1951 ff.)
WuW/E Wirtschaft und Wettbewerb. Entscheidungssammlung zum Kartellrecht (LoseblSlg) (1957 ff.)
Wv. Wiedervorlage am, wiedervorlegen
WVG Wasserverkehrsgesetz Wasserverbandsgesetz v. 12.2.1991 (BGBl I S. 405) MV v. 28.6.1991 (GVOBl M-V S. 217)
WVHO HA Weiterübertragungsverordnung-Hochschulwesen v. 17.8.2004 (GVBl S. 348)
WVMBl Amtsblatt des Bayerischen Staatsministeriums für Wirtschaft u. Verkehr (1.1957–31.1987)

WVO-HdP HA Weiterübertragungsverordnung – Hochschule der Polizei Hamburg v. 18.12.2007 (GVBl I S. 463)
WVRK Wiener Vertragsrechtskonvention
WWI-Mitt WWI-Mitteilungen (6.1953,25–25.1972,3; dann: WSI-Mitteilungen; vorher: Mitteilungen d. Wirtschaftswissenschaftl. Inst. d. Gewerkschaften)
WWKostVO M-V MV Wohnungswesen-Kostenverordnung v. 28.3.2006 (GVOBl M-V S. 146)
WWW Wissenschaftsrecht, Wissenschaftsverwaltung, Wissenschaftsförderung (1.1968 ff.)
WZ Warenzeichen
WzBl Warenzeichenblatt (1.1894–51.1944; [N.F.] T. 1. 1950 ff., T. 2. 1950 ff., T. 3. 1952–1956)
WZG Warenzeichengesetz i. d. Bek. v. 2.1.1968 (BGBl I S. 29)
WzS Wege zur Sozialversicherung (5.1951 ff.; vorher: Mitteilungsblatt f. d. Sozialversicherung)

Z

Z Zeitschrift [in Zusammensetzungen:]
Z; Zbl Zentralblatt
ZA Zollamt
z.A. zur Anstellung
ZABB Zentrale Adoptionsstelle Berlin-Brandenburg
ZÄAppO Zahnärzteapprobationsordnung 17.12.1986 (BGBl I S. 2524)
Zählgerät-LWahlO NW VO z. Erg. d. Landeswahlordnung f. d. Verwendung v. Stimmzählgeräten v. 14.6.1962 (GV.NW S. 337)
Zahnärzte-ZV Kassenzahnärztezulassungsverordnung v. 20.12.1988 (BGBl I S. 2477)
ZahnHKG Ges. ü. d. Ausübung d. Zahnheilkunde i. d. Bek. v. 16.4.1987 (BGBl I S. 1225)
ZA-NTS Zusatzabk. z. d. Abk. zwischen d. Parteien d. Nordatlantikvertrages ü. d.

Rechtsstellung ihrer Truppen hinsichtlich d. i. d. Bundesrepublik Deutschland stationierten ausländischen Truppen v. 3.8.1959 (BGBl 1961 II S. 1218)

ZaöRV Zeitschrift für ausländisches öffentliches Recht und Völkerrecht, begr. v. Bruns (1.1929–12.1944; 13.1950/51 ff.)

ZAP Zeitschrift für die Anwaltspraxis (LoseblSlg.) (1989 ff.)

ZAPOaVD BY Zulassungs-, Ausbildungs- und Prüfungsordnung f. d. allg. Vollzugsdienst bei d. Justizvollzugsanstalten v. 17.9.1980 (GVBl S. 575)

ZAPOgBiblD BY Zulassungs-, Ausbildungs- und Prüfungsordnung f. d. geh. Bibliotheksdienst bei d. wiss. Bibliotheken v. 24.2.2000 (GVBl S. 86)

ZAPO/gtVI BY Zulassungs-, Ausbildungs- und Prüfungsordnung f. d. geh. techn. Dienst i. d. Verwaltungsinformatik v. 15.8.2001 (GVBl S. 443)

ZAPO/GV BY Zulassungs-, Ausbildungs- und Prüfungsordnung f. d. Gerichtsvollzieher v. 24.9.1980 (GVBl S. 525)

ZAPOgVD BY Zulassungs-, Ausbildungs- und Prüfungsordnung für den gehobenen nichttechnischen Verwaltungsdienst v. 12.8.2003 (GVBl S. 646)

ZAPOgVVD BY Zulassungs-, Ausbildungs- und Prüfungsordnung f. d. gehobenen Vollzugs- und Verwaltungsdienst b. d. Justizvollzugsanstalten v. 2.12.1976 (GVBl 1977 S. 1)

ZAPOhArchD BY Zulassungs-, Ausbildungs- und Prüfungsordnung für den höheren Archivdienst bei den öffentlichen Archiven v. 30.7.2003 (GVBl S. 617)

ZAPOhBiblD BY Zulassungs-, Ausbildungs- und Prüfungsordnung für den höheren Bibliotheksdienst bei den wissenschaftlichen Bibliotheken v. 9.12.2003 (GVBl S. 925)

ZAPOhGesD BY Zulassungs-, Ausbildungs- und Prüfungsordnung für den höheren Gesundheitsdienst v. 25.7.2003 (GVBl S. 530)

ZAPO/mJD BY Zulassungs-, Ausbildungs- und Prüfungsordnung f. d. mittleren Justizdienst v. 2.12.1976 (GVBl 1977 S. 10)

ZAPO/mtD BY Zulassungs-, Ausbildungs- und Prüfungsordnung für den mittleren bautechnischen Verwaltungsdienst der Fachgebiete Straßenbau und Wasserwirtschaft v. 14.3.2008 (GVBl S. 82)

ZAPOmVD BY Zulassungs-, Ausbildungs- und Prüfungsordnung f. d. mittl. Werkdienst bei d. Justizvollzugsanstalten v. 17.9.1980 (GVBl S. 583)

ZAPO/mWD BY Zulassungs-, Ausbildungs- u. Prüfungs(ver)ordnung f. d. mittl. Werkdienst bei d. Justizvollzugsanstalten v. 17.9.1980 (GVBl S. 591)

ZAPO/RPfl BY Zulassungs-, Ausbildungs- u. Prüfungsordnung f. d. Rechtspfleger v. 6.12.1976 (GVBl 1977 S. 18)

ZAPOSozVerw/mD BY Zulassungs-, Ausbildungs- und Prüfungsordnung für den mittleren nichttechnischen Dienst in der Sozialverwaltung v. 31.7.2003 (GVBl S. 622)

ZAP-Ost Zeitschrift für die Anwaltspraxis/Ausgabe Ost (5.1994 – 11.2000; vorher: Zeitschrift für die Anwaltspraxis/Ausgabe DDR)

ZAPO/StF BY Zulassungs-, Ausbildungs- und Prüfungsordnung für den mittleren und gehobenen nichttechnischen Staatsfinanzdienst v. 9.4.2006 (GVBl S. 209)

ZAPO/VJ BY Zulassungs-, Ausbildungs- und Prüfungsordnung f. d. Vollziehungsbeamten d. Justiz v. 7.5.1996 (GVBl S. 197)

ZAR Zeitschrift für Ausländerrecht und Ausländerpolitik (1.1981 ff.)

ZArztR Zeitschrift für das gesamte Arztrecht (1/2.1951/52)

ZAS Zeitschrift für Arbeitsrecht und Sozialrecht (1.1966 ff.)

z.B. zum Beispiel

ZBAktO Zusatzbestimmungen z. Aktenordnung v. 28.2.1979 (JMBl S. 399)

ZBau Baufachliche Ergänzungsbestimmungen zu d. Vorl. Verwaltungsvorschriften zu § 44 BHO v. 2.4.1971 (MinBlFin S. 326) (s.a. Allgemeine Bewirtschaftungsgrundsätze)

ZBB Zeitschrift für Bankrecht und Bankwirtschaft (1.1989 ff.)

ZBergR s. ZfB

ZBetrWi s. ZfB

ZBinnSch s. ZfB

ZBJV Zeitschrift des Bernischen Juristenvereins (1.1864 ff.)

ZBl Reich Zentralblatt (anfangs: Central-Blatt) für das Deutsche Reich (1.1873–50.1922; dann: Reichsministerialblatt)

ZblBauVw Zentralblatt (anfangs: Centralblatt) der Bauverwaltung (1.1881–64.1944)

ZblDDR Reich Zentralblatt der Deutschen Demokratischen Republik (1953–1976,12; vorher: Ministerialblatt d. Dt. Demokrat. Republik)

ZblFG Zentralblatt für freiwillige Gerichtsbarkeit und Notariat (ab 12.1911/12: f. freiw. Gerichtsbarkeit, Notariat u. Zwangsversteigerung) (1.1900/01–22.1921/22)

ZblJugR s. ZfJ

ZblUV Zentralblatt (anfangs: Centralblatt) für die gesamte Unterrichts-Verwaltung in Preußen (1.1859–75.1933)

ZblVerkMed Zentralblatt für Verkehrs-Medizin, Verkehrs-Psychologie und angrenzende Gebiete (ab 9.1963 ff.: f. Verkehrs-Medizin, Verkehrs-Psychologie, Luft- und Raumfahrt-Medizin) (1.1955 ff.)

ZBP Zeitschrift für Beamtenrecht und Beamtenpolitik (1950–1953,1/2)

ZBR Zeitschrift für Beamtenrecht (1.1953 ff.)

ZBT Zahnärztlicher Bundestarif für das Versorgungswesen v. 13.10.1953 (BVBl S. 188, 174)

ZBV Zeitschrift für Bildungsverwaltung (1.1985 ff.)

ZBVO SL VO über die Anerkennung und Förderung zusätzlicher Betreuungsangebote nach dem Elften Buch Sozialgesetzbuch v. 23.6.2005 (ABl S. 1050)

ZBW-LG-VO BE Zweiter Bildungsweg-Lehrgangs-Verordnung v. 12.12.2006 (GVBl S. 1174)

ZCG Zeitschrift für Corporate Governance (1.2006 ff.)

ZChinR Zeitschrift für chinesisches Recht (1.2004 ff.)

z.d.A. zu den Akten

ZDG Zivildienstgesetz i. d. Bek. v. 17.5.2005 (BGBl I S. 1346)

1. ZDG ÄndG Erstes Zivildienständerungsgesetz v. 10.5.2003 (BGBl I S. 675)

2. ZDGÄndG Zweites Zivildienständerungsgesetz v. 27.9.2004 (BGBl I S. 2358)

ZDH Zentralverband d. Deutschen Handwerks

ZDL Verwaltungsvereinbarung ü. d. Zentrale Datenstelle der Landesfinanzminister v. 29.4.1971 (z.B. GV.NW 1973 S. 22)

ZDVÜV Zivildienstversorgungs-Übergangsverordnung v. 18.12.1991 (BGBl I S. 2238)

ZeitG Zeitgesetz v. 25.7.1978 (BGBl I S. 1110)

ZensusVorbG Zensusvorbereitungsgesetz v. 27.7.2001 (BGBl I S. 1882)

ZensVorbG 2011 Zensusvorbereitungsgesetz 2011 v. 8.12.2007 (BGBl I S. 2808)

ZEPP Zukunftsenergieprogramm plus [Saarland]

ZER Zeitschrift für Europarecht [Österreich] (4.1995 ff.; vorher: Euro-Info)

Zerb Zeitschrift für die Steuer- u. Erbrechtspraxis (1.1999 ff.)

...ZerlÄndG Ges. z. Änderung d. Zerlegungsgesetzes; 2. Ges. z. Änderung d. Zerlegungsgesetz v. 8.12.1981 (BGBl I S. 1331); 3. Ges. z. Änderung d. Zerlegungsgesetz v. 22.1.1987 (BGBl I S. 470)

ZerlG Zerlegungsgesetz i. d. Bek. v. 25.2.1971 (BGBl I S. 145)

ZESAR Zeitschrift für europäisches Sozial- und Arbeitsrecht (1.2002 ff.)

ZEuP Zeitschrift für Europäisches Privatrecht (1.1993 ff.)

ZEV Zeitschrift für Erbrecht u. Vermögensnachfolge (1.1994 ff.)

ZevKR Zeitschrift für evangelisches Kirchenrecht (1.1951 ff.)
ZfA Zeitschrift für Arbeitsrecht (1.1970 ff.)
ZfB Binnenschiffahrt (46.1991 ff.; Zusammenlegung von: Zs. f. Binnenschiffahrt u. Wasserstraßen u. Binnenschiffahrts-Nachrichten)
ZfB[besser:] ZBergR Zeitschrift für Bergrecht (1.1860 ff.)
ZfB[besser:] ZBetrWi Zeitschrift für Betriebswirtschaft (1.1924–19.1942; 20.1950 ff.)
ZfB[besser:] ZBinnSch Zeitschrift für Binnenschiffahrt (ab 97.1970:) und Wasserstraßen (1.1894–45.1990; dann: Binnenschiffahrt)
ZfbF Schmalenbachs Zeitschrift für betriebswirtschaftliche Forschung (N.F. 16.1964 ff.; vorher: Zs. f. handelswissenschaftl. Forschung)
ZfBR Zeitschrift für deutsches und internationales Bau- und Vergaberecht (25.2002 ff.; vorher: Zeitschrift für deutsches und internationales Baurecht (1.1978–2001)
ZFE Zeitschrift für Familien- und Erbrecht (1.2002 ff.)
ZfF Zeitschrift für das Fürsorgewesen (1. = 19.1949 ff.; vorher: Wohlfahrtswoche)
ZfgG Zeitschrift für das gesamte Genossenschaftswesen (1.1951 ff.)
ZfIR Zeitschrift für Immobilienrecht (1.1997 ff.)
ZfJ Zentralblatt für Jugendrecht (später wegfallend:) und Jugendwohlfahrt (16.1924/25–28.1936; 37.1950–70.1983; 71.1984 ff.; vorher: Zbl. f. Vormundschaftswesen, Jugendgerichte u. Fürsorgeerziehung; (29.1937–36.1944:) Dt. Jugendhilfe)
ZfL Zeitschrift für Lebensrecht (1992 ff.)
ZfP Zeitschrift für Politik (1.1908–35.1945; N.F. 1.1954 ff.)
ZfPR Zeitschrift für Personalvertretungsrecht (1.1989 ff.)
ZfRSoz Zeitschrift für Rechtssoziologie (1.1980 ff.)

ZfRV Zeitschrift für Rechtsvergleichung, (ab 32.1991:) Internationales Privatrecht u. Europarecht (1.1960–31.1990)
ZfS Zeitschrift für Schadensrecht (1.1980 ff.); Zentralblatt für Sozialversicherung (5.1951–17.1963: und Versorgung) (ab 18.1964: Sozialhilfe und Versorgung) (1.1947 ff.)
ZfSH/SGB Zeitschrift für Sozialhilfe (ab 22.1983,2–15.1996:) und Sozialgesetzbuch (ab 36.1997:) Sozialrecht in Deutschland u. Europa (1.1962 ff.)
ZfStrVo Zeitschrift für Strafvollzug (ab 24.1975:) und Straffälligenhilfe (1.1950–23.1974)
ZfU Zeitschrift für Umweltpolitik und Umweltrecht (1.1978 ff.)
ZfV[besser:] ZfVers Zeitschrift für Versicherungswesen (1.1950 ff.)
ZfV[besser:] ZfVerw Zeitschrift für Verwaltung (1.1976–22.1997; dann: Verwaltung aktuell)
ZFVO SH Landesverordnung über die Zulassung von Fachkundigen für die Untersuchung von allgemein bauaufsichtlich zugelassenen Abwasservorbehandlungsanlagen v. 24.9.2007 (GVOBl S. 453)
ZfW Zeitschrift für Wasserrecht (1.1962 ff.)
ZfWG Zeitschrift für Wett- und Glücksspielrecht (1.2006,2 ff.)
ZfWirtschSozWiss s. ZWS
ZfZ s. ZZP
ZfZ Zeitschrift für Zölle und Verbrauchsteuern (1.1921–24.1944; 25.1949 ff.)
ZG Zeitschrift für Gesetzgebung (1.1986 ff.)
ZG Zollgesetz i. d. Bek. v. 18.5.1970 (BGBl I S. 529)
ZGB Schweizerisches Zivilgesetzbuch v. 10.12.1907
ZGR Zeitschrift für Unternehmens- und Gesellschaftsrecht (1.1972 ff.)
ZGS Zeitschrift für das gesamte Schuldrecht (1.2002 ff.)
ZgS Zeitschrift für die gesamte Staatswissenschaft (1.1844–104.1944; 105.1948/49–141.1985; dann: Journal of institutional and theoretical economics)

ZHdlwF Zeitschrift für handelswissenschaftliche Forschung (1.1906–37.1943; N.F. 1.1949–15.1963; dann: Schmalenbachs Zs. f. betriebswirtschaftl. Forschung)
ZHR Zeitschrift für das gesamte Handelsrecht (60.1907–123.1961: und Konkursrecht; ab 124.1962: f. d. ges. Handelsrecht) und Wirtschaftsrecht, begr. v. Goldschmidt (1.1858–110.1944; 111.1948 ff.)
ZIAS Zeitschrift für ausländisches und internationales Arbeits- und Sozialrecht (1.1987 ff.)
ZIK Insolvenzrecht & Kreditschutz aktuell (4.1998–10.2004)
ZinsO Zeitschrift für das gesamte Insolvenzrecht (1.1998 ff.)
ZinsVO NW VO über die Neuregelung von Zinsvergünstigungen bei mit öffentlichen Mitteln und mit Wohnungsfürsorgemitteln geförderten Miet- und Genossenschaftswohnungen und Eigentumsmaßnahmen v. 9.10.2007 (GV.NW S. 416)
2. ZinsVO BE Zweite Verordnung ü. d. Verzinsung v. Wohnungsbaudarlehen aus öffentl. Haushalten v. 16.12.1986 (GVBl S. 2098)
ZIntEisenb Zeitschrift für den internationalen Eisenbahnverkehr (bis 35.1927: f. d. internat. Eisenbahntransport; bis 46.1938: f. d. internat. Eisenbahnbeförderung). Bulletin des transports internationaux par chemins de fer (1.1893–93.1985; vorher: Zeitschrift. f. d. internat. Eisenbahnbeförderung)
ZIP Zeitschrift für Wirtschaftsrecht (4.1983 ff.; 1.1980,1–7: Insolvenzrecht; 1.1980,8–3.1982: Zs. f. Wirtschaftsrecht u. Insolvenzpraxis)
ZirkRegV Zirkusregisterverordnung v. 6.3.2008 (BGBl I S. 376)
ZIV Zinsinformationsverordnung v. 26.1.2004 (BGBl I S. 128)
ZJA Zentraljustizamt f. d. Britische Zone
ZJapanR Zeitschrift für japanischs Recht = Journal of Japanese law (1.1996 ff.)

ZJBl BrZ Zentral-Justizblatt für die Britische Zone (1.1947–3.1949)
ZJIP Zusammenarbeit in der Justiz- u. Innenpolitik
ZJJ Zeitschrift für Jugendkriminalrecht und Jugendhilfe (14.2003,2 ff.)
ZK Zivilkammer; Zollkasse; Zollkodex
z.K. zur Kenntnis
ZKBSV VO über d. Zentrale Kommission f. d. Biologische Sicherheit i. d. Bek. v. 5.8.1996 (BGBl I S. 1232)
ZKF Zeitschrift für Kommunalfinanzen (1980 ff.; vorher: Dt. Gemeindesteuer-Ztg.)
ZKG Ges. ü. d. Verfahren bei d. Erteilung v. Zollkontingentscheinen [Zollkontingentgesetz] v. 20.12.1968 (BGBl I S. 1389)
ZKI Zollkriminalinstitut
ZKJ Zeitschrift für Kindschaftsrecht und Jugendhilfe (2006 ff., vorher: Kindschaftsrechtliche Praxis)
ZKM Zeitschrift für Konfliktmanagement (3.2000 ff.; vorher: Konsens)
ZKostV Zollkostenverordnung v. 12.9.1983 (BGBl I S. 1157)
ZKR Zentralkommission f. d. Rheinschiffahrt
ZKredW Zeitschrift für das gesamte Kreditwesen (1.1948 ff.)
ZLA Zeitschrift für den Lastenausgleich (1.1953–39./41.1991/93)
ZLBG
BE Zentralbibliotheksstiftungsgesetz i. d. Bek. v. 27.2.2005 (GVBl S. 134)
BE Zentralbibliotheksstiftungsgesetz v. 25.9.1995 (GVBl S. 623)
ZLG Zentralstelle der Länder für Gesundheitsschutz bei Medizinprodukten; HE Zustimmungsgesetz ZLG v. 29.6.1995 (GVBl I S. 413)
ZLR Zeitschrift für das gesamte Lebensmittelrecht (1.1974 ff.); Zeitschrift für Luftrecht (N.F. 1.1952–5.1959; dann: Zs. f. Luftrecht u. Weltraumrechtsfragen; vorher: Arch. f. Luftrecht)
ZLS Zentralstelle der Länder für Sicherheitstechnik

ZLV BY VO ü. d. Zulassung v. Lernmitteln v. 13.9.2000 (GVBl S. 739)
ZLW Zeitschrift für Luftrecht und Weltraumrechtsfragen (ab 24.1975: f. Luft- u. Weltraumrecht) (6.1960 ff.; vorher: Zeitschrift f. Luftrecht)
ZMDV Datenträger-Verordnung ü. d. Abgabe Zusammenfassender Meldungen v. 13.5.1993 (BGBl I S. 726)
ZMGR Zeitschrift für das gesamte Medizin- und Gesundheitsrecht (2003,1 ff.)
ZMR Zeitschrift für Miet- und Raumrecht (5.1952 ff.; vorher: Handbuch d. ges. Miet- u. Raumrechts)
ZNER Zeitschrift für Neues Energierecht (1.1997 ff.)
ZNOG BE Zuständigkeitsneuordnungsgesetz v. 18.12.2004 (GVBl S. 516)
ZNotP Zeitschrift für die NotarPraxis (1.1998 ff.)
ZNR Zeitschrift für Neuere Rechtsgeschichte (1.1979 ff.)
ZO Branntweinzählordnung v. 20.3.1923 (RMBl S. 251)
ZÖffR Zeitschrift für öffentliches Recht (1.1919/20–23.1943/44)
ZögU Zeitschrift für öffentliche und gemeinwirtschaftliche Unternehmen (1.1978 ff.)
ZollV Zollverordnung v. 23.12.1993 (BGBl I S. 2449)
ZonenRFG s. ZRFG
ZooG M-V MV Landeszoogesetz v. 24.6.2004 (GVOBl M-V S. 302)
ZooKostVO M-V MV Zookostenverordnung v. 29.11.2005 (GVOBl M-V S. 648)
ZOV Zeitschrift für offene Vermögensfragen (1.1991–16.2006)
ZOVers Anordnung ü. d. Übertragung v. Zuständigkeiten auf d. Gebiet d. beamtenrechtl. Versorgung im Geschäftsbereich d. Bundesministers f. d. Post- und Fernmeldewesen v. 23.9.1982 (BGBl I S. 1382)
ZParl Zeitschrift für Parlamentsfragen (1.1970 ff.)
ZPF Zeitschrift für das Post- und Fernmeldewesen (1.1949 ff.)

ZPflG BY Zivilblindenpflegegeldgesetz i. d. Bek. v. 25.1.1989 (GVBl S. 21)
ZPO Zivilprozessordnung i. d. Bek. v. 5.12.2005 (BGBl I S. 3202)
ZPolit s. ZfP
ZPO-RG Zivilprozessreformgesetz v. 27.7.2001 (BGBl I S. 1887)
ZPr Die Zollpraxis (1.1950,10–22.1971; dann: Zoll aktuell)
ZRechtsmed Zeitschrift für Rechtsmedizin (67.1970–103.1989/90; vorher: Dt. Zs. f. d. ges. gerichtl. Medizin; dann: International Journal of legal medicine)
ZRFG Zonenrandförderungsgesetz v. 5.8.1971 (BGBl I S. 1237)
ZRG Germ. Abt. Zeitschrift der Savigny-Stiftung für Rechtsgeschichte, Germanistische Abteilung (1.1880 ff.)
ZRG Kan. Abt. Zeitschrift der Savigny-Stiftung für Rechtsgeschichte, Kanonistische Abteilung (32. [=1.] 1911 ff.)
ZRG Rom. Abt. Zeitschrift der Savigny-Stiftung für Rechtsgeschichte, Romanistische Abteilung (1.1880 ff.)
ZRHO Rechtshilfeordnung f. Zivilsachen v. 19.10.1956 (bundeseinheitlich vereinbart); Neuf. 1976
ZRP Zeitschrift für Rechtspolitik (= Beil. zu: Neue juristische Wochenschrift) (1.1968 ff.)
ZRQuotenV VO ü. d. Mindestbeitragsrückerstattung i. d. Lebensversicherung v. 23.7.1996 (BGBl I S. 1190)
ZRR Zentralblatt für Reichsversicherung und Reichsversorgung (1.1930–15.1944)
ZS Zivilsenat
Zs. Zeitschrift
ZSchG Ges. ü. d. Zivilschutz i. d. Bek. v. 9.8.1976 (BGBl I S. 2109)
ZSchG Zeugenschutzgesetz v. 30.4.1998 (BGBl I S. 820)
ZSchwR s. ZSR
ZSE Zeitschrift für Staats- und Europawissenschaften (1.2003 ff.)
ZSEG s. ZuSEG
ZSG HE Zukunftssicherungsgesetz v. 18.12.2003 (GVBl I S. 513)

ZSG LSA <u>LSA</u> Zukunftsstiftungsgesetz v. 25.1.2008 (GVBl LSA S. 32)

ZSHG Zeugenschutz-Harmonisierungsgesetz v. 11.12.2001 (BGBl I S. 3510)

ZSKG Ges. ü. d. Zivilschutzkorps v. 12.8.1965 (BGBl I S. 782)

ZSK-LV Laufbahnverordnung f. d. Angehörigen d. Zivilschutzkorps v. 23.8.1966 (BGBl I S. 528) (s.a. Bundeslaufbahnverordnung)

ZSK-VorgesetztenV VO ü. d. Regelung d. Vorgesetztenverhältnisses im Zivilschutzkorps v. 21.7.1967 (BGBl I S. 799)

ZSNeuOG Zivilschutzneuordnungsgesetz v. 25.3.1997 (BGBl I S. 726)

ZSR Zeitschrift für Schweizerisches Recht (N.F. 1.1852 ff.); Zeitschrift für Sozialreform (1.1955 ff.)

ZSt Zeitschrift zum Stiftungswesen (1.2003 ff.)

Zsteu Zeitschrift für Steuern & Recht (1.2004 ff.)

ZStrR s. SchwZStR

ZStVBetrV VO über den Betrieb des Zentralen Staatsanwaltlichen Verfahrensregisters v. 23.9.2005 (BGBl I S. 2885)

ZStW Zeitschrift für die gesamte Strafrechtswissenschaft (1.1881–62.1944; 63.1950 ff.)

ZSW Zeitschrift für das gesamte Sachverständigenwesen (1.1980–10.1989)

ZSZuVO <u>BW</u> VO ü. Zuständigkeiten auf d. Geb. d. Zivilschutzes v. 30.4.1990 (GBl S. 165)

ZT Zolltarif

ZTG Zolltarifgesetz v. 23.12.1960 (BGBl II S. 2425)

Ztg.; Z Zeitung

ZTR Zeitschrift für Tarifrecht (ab 10.1996: Tarif-, Arbeits- u. Sozialrecht des öffentlichen Dienstes) (1.1987 ff.)

ZtStrVo Zeitschrift für Strafvollzug u. Straffälligenhilfe (24.1975 ff.; vorher: Zeitschrift für Strafvollzug)

ZuckG Zuckergesetz v. 5.1.1951 (BGBl I S. 47)

ZuckStBefrO Zuckersteuerbefreiungsverordnung (= Anl. A zu d. ZuckStDB)

ZuckStDB DurchfBestimmungen z. Zuckersteuergesetz v. 19.8.1959 (BGBl I S. 647)

ZuckStG Zuckersteuergesetz i. d. Bek. v. 13.10.1983 (BGBl I S. 1245)

ZuckStVO Zuckersteuervergütungsordnung (= Anl. B zu d. ZuckStDB); Zuckersteuervergütungsordnung (=Anl. B zu d. ZuckStDB)

ZündwMonG Zündwarenmonopolgesetz v. 29.1.1930 (RGBl I S. 11)

ZÜSLVO M-V <u>MV</u> Landesverordnung über zugelassene Überwachungsstellen v. 17.11.2005 (GVOBl M-V S. 561)

ZÜSV <u>SL</u> VO über zugelassene Überwachungsstellen v. 20.6.2006 (ABl S. 890)

ZÜSV NRW <u>NW</u> VO über die Akkreditierung und Benennung zugelassener Überwachungsstellen v. 18.1.2005 (GV.NW S. 22)

ZÜSVO <u>ND</u> VO über zugelassene Überwachungsstellen im Bereich der Geräte- und Produktsicherheit v. 24.10.2005 (GVBl S. 320)

ZÜSVO LSA <u>LSA</u> VO über die Akkreditierung und Benennung zugelassener Überwachungsstellen in Sachsen-Anhalt v. 25.8.2005 (GVBl LSA S. 604)

ZÜVOHBO <u>HE</u> VO zur Übertragung von Zuständigkeiten nach der Hessischen Bauordnung v. 1.2.2005 (GVBl I S. 94)

ZuFiVO <u>SH</u> Landesverordnung über die zuständige Behörde nach dem Fischetikettierungsgesetz v. 13.12.2007 (GVOBl S. 559)

ZuG 2007 Zuteilungsgesetz v. 26.8.2004 (BGBl I S. 2211)

ZugabeG Ges. ü. d. Zugabewesen v. 12.5.1933 (RGBl I S. 264)

ZugabeV Zugabeverordnung v. 9.3.1932 (RGBl I S. 121)

ZuKostMRVVO <u>SACH</u> VO der Sächsischen Staatsregierung über die Zuständigkeit für die Erhebung der Kosten der Unterbringung im Maßregelvollzug v. 7.10.2005 (SächsGVBl S. 282)

Zul. Zulassung

ZulVG <u>SH</u> Gesetz zur Verweigerung der

Zulassung von Fahrzeugen bei Gebührenrückständen v. 9.11.2006 (GVOBl S. 228)
ZulZfestVO M-V MV Zulassungszahlenfestsetzungsverordnung v. 18.7.2006 (GVOBl M-V S. 659)
ZulZVO-HdP HA Zulassungszahlenverordnung – Hochschule der Polizei Hamburg v. 18.9.2007 (GVBl I S. 298)
ZUM Zeitschrift für Urheber- und Medienrecht (29.1985 ff.; vorher: Film u. Recht)
ZuMonAwV Zusammengefasste-Monatsausweise-Verordnung v. 29.12.1997 (BGBl I S.3405)
ZUM-RD Zeitschrift für Urheber- u. Medienrecht Rechtsprechungsdienst (1.1997 ff.)
ZuMSt BY Bek. ü. Zustellungen u. formlose Mitteilungen in Strafsachen u. im gerichtl. Bußgeldverfahren v. 2.12.1980 (JMBl S. 255)
ZUR Zeitschrift für Umweltrecht (4.1993 ff.; vorher: Informationsdienst Umweltrecht)
ZuSEG Ges. ü. d. Entschädigung v. Zeugen u. Sachverständigen i. d. Bek. v. 1.10.1969 (BGBl I S. 1756)
ZuSEVO BY VO ü. d. Entschädigung v. Zeugen u. Sachverständigen in Verwaltungssachen v. 10.5.1978 (GVBl S. 177)
ZuSozV BB VO über Zuständigkeiten im Bereich der Sozialgerichtsbarkeit v. 20.6.2005 (GVBl II S. 295)
zust. zuständigkeitshalber
ZuständigkeitsV VO ü. d. örtl. Zuständigkeit f. Ausbildungsförderung außerhalb d. Geltungsbereichs d. Bundesausbildungsförderungsgesetzes v. 27.10.1971 (BGBl I S. 1699)
ZuständigkeitsV-AtG-StrlSchV-RöV SL VO über Zuständigkeiten nach dem Atomgesetz, nach der Strahlenschutzverordnung und nach der Röntgenverordnung v. 10.12.2007 (ABl S. 2509)
ZuständigkeitsVO-OWiG BE VO ü. sachl. Zuständigkeiten f. d. Verfolgung und Ahndung v. Ordnungswidrigkeiten v. 12.3.1986 (GVBl S. 496)
ZustAO Zuständigkeitsanordnung Versorgung v. 7.6.1996 (BGBl I S. 870)
ZustAVO NW VO über Zuständigkeiten im Ausländerwesen v. 15.2.2005 (GV.NW S. 50)
ZustBestV BY Zuständigkeitsbestimmungsverordnung v. 7.11.1975 (GVBl S. 353)
ZustBV-See Zuständigkeitsbezeichnungs-Verordnung See v. 4.3.1994 (BGBl I S. 442)
ZustDG EG-Zustellungsdurchführungsgesetz v. 9.7.2001 (BGBl I S. 1536)
ZustErgG Zuständigkeitsergänzungsgesetz v. 7.8.1952 (BGBl I S. 407)
ZustErstVO SGB IX MV VO zur Bestimmung der zuständigen Behörde für das Erstattungsverfahren nach § 150 Abs. 3 des Neunten Buches Sozialgesetzbuch v. 15.1.2003 (GVOBl M-V S. 133)
Zust LVO HwO M-V MV Landesverordnung zur Bestimmung der zuständigen Behörden nach der Handwerksordnung v. 6.4.2005 (GVOBl M-V S. 141)
ZustRG Zustellungsreformgesetz v. 25.6.2001 (BGBl I S. 1206)
ZustÜ Übk. ü. d. Zustellung gerichtl. u. außergerichtl. Schriftstücke im Ausland in Zivil- oder Handelssachen v. 15.11.1965 (BGBl 1977 II S. 1452)
ZustÜVJu BY Zuständigkeitsübertragungsverordnung Justiz v. 18.11.2003 (GVBl S. 837)
ZustÜVOJu SACH Zuständigkeitsübertragungsverordnung Justiz v. 7.11.2007 (SächsGVBl S. 501)
ZustV-AM BY VO über beamten-, richter-, disziplinar- und besoldungsrechtliche Zuständigkeiten im Geschäftsbereich des Bayerischen Staatsministeriums für Arbeit und Sozialordnung, Familie und Frauen v. 15.9.2005 (GVBl S. 494)
ZustVAR BY VO ü. Zuständigkeiten im Amts-und Rechtshilfeverkehr in Verwaltungssachen m. d. Ausland v. 18.9.1990 (GVBl S. 419)

ZustVAuslR BY VO über die Zuständigkeiten zur Ausführung des Aufenthaltsgesetzes und ausländerrechtlicher Bestimmungen in anderen Gesetzen v. 14.7.2005 (GVBl S. 306)

ZustV-Bezüge BY VO über Zuständigkeiten für die Festsetzung, Anordnung und Abrechnung der Bezüge von Bediensteten und Versorgungsempfängern i. d. Bek. v. 24.10.2003 (GVBl S. 841)

ZustVGenT BY Gentechnik-Zuständigkeitsverordnung v. 2.8.2005 (GVBl S. 328)

ZustVGEV BY Zuständigkeitsverordnung Gesundheit/Ernährung/Verbraucherschutz v. 24.4.2001 (GVBl S. 160)

ZustVLaFlüw BY VO zur Regelung der Zuständigkeiten im Bereich des Lastenausgleichs und des Flüchtlingswesens v. 25.11.2003 (GVBl S. 880)

ZustV-LM BY VO über dienstrechtliche Zuständigkeiten im Geschäftsbereich des Bayerischen Staatsministeriums für Landwirtschaft und Forsten v. 2.12.2003 (GVBl S. 897)

ZustVO-Berufsbildung ND VO zur Übertragung von Zuständigkeiten im Bereich der beruflichen Bildung v. 19.7.2005 (GVBl S. 246)

ZustVO BuStra/Steufa HE Zuständigkeitsverordnung Straf- und Bußgeldverfahren und Steuerfahndung v. 7.4.1986 (GVBl I S. 115)

ZustVO-Deich ND VO über Zuständigkeiten auf dem Gebiet des Deichrechts v. 29.11.2004 (GVBl S. 549)

ZustVO EUZHA NW VO über Zuständigkeiten im Rechtshilfeverkehr zur Durchführung gemeinschaftsrechtlicher Vorschriften v. 6.1.2004 (GV.NW S. 24)

ZustVOFÄ HE VO über die Zuständigkeiten der hessischen Finanzämter v. 14.4.2004 (GVBl I S. 180)

ZustVO-FinB ND VO über Zuständigkeiten der Finanzbehörden v. 14.12.2005 (GVBl S. 411)

ZustVO FreiwFortbVO NW VO über die Bestimmung der zuständigen Behörden nach der Verordnung über die freiwillige Fortbildung von Inhabern der Fahrerlaubnis auf Probe v. 2.11.2003 (GV.NW S. 707)

ZustVO-GuS ND VO über Zuständigkeiten auf den Gebieten des Gesundheits- und des Sozialrechts v. 1.12.2004 (GVBl S. 526)

ZustVO JM NW Zuständigkeitsverordnung Justizministerium v. 4.12.2007 (GV.NW S. 652)

ZustVO-Luft ND VO über Zuständigkeiten im Bereich des Luftverkehrs v. 8.8.2006 (GVBl S. 428)

ZustVO MBV NW Beamten- und Disziplinarzuständigkeitsverordnung im Geschäftsbereich des Ministeriums für Bauen und Verkehr v. 27.3.2007 (GV.NW S. 145)

ZustVO-Naturschutz ND VO über Zuständigkeiten auf dem Gebiet des Naturschutzes und der Landschaftspflege v. 9.12.2004 (GVBl S. 583)

ZustVO-NDiszG-MF ND VO über disziplinarrechtliche Zuständigkeiten im Bereich des Finanzministeriums v. 5.12.2005 (GVBl S. 371)

ZustVO-NDiszG-MI ND VO über disziplinarrechtliche Zuständigkeiten im Bereich des Ministeriums für Inneres und Sport v. 4.11.2005 (GVBl S. 360)

ZustVO-NDiszG-MJ ND VO über disziplinarrechtliche Zuständigkeiten im Geschäftsbereich des Justizministeriums v. 15.12.2005 (GVBl S. 423)

ZustVO-NDiszG-MK ND VO über disziplinarrechtliche Zuständigkeiten im Bereich des Kultusministeriums v. 29.11.2005 (GVBl S. 369)

ZustVO-NDiszG-ML ND VO über disziplinarrechtliche Zuständigkeiten im Bereich des Ministeriums für den ländlichen Raum, Ernährung, Landwirtschaft und Verbraucherschutz v. 24.11.2005 (GVBl S. 367)

ZustVO-NDiszG-MS ND VO über disziplinarrechtliche Zuständigkeiten im Bereich des Ministeriums für Soziales,

Frauen, Familie und Gesundheit v. 11.11.2005 (GVBl S. 361)

ZustVO-NDiszG-MU ND VO über disziplinarrechtliche Zuständigkeiten im Bereich des Umweltministeriums v. 20.11.2006 (GVBl S. 564)

ZustVO-NDiszG-MW ND VO über disziplinarrechtliche Zuständigkeiten im Bereich des Ministeriums für Wirtschaft, Arbeit und Verkehr v. 21.2.2006 (GVBl S. 60)

ZustVO Nds. SOG ND VO ü. Zuständigkeiten auf d. Gebiete d. Gefahrenabwehr v. 23.6.1982 (GVBl S. 203)

ZustVO-OWi ND VO über sachliche Zuständigkeiten für die Verfolgung und Ahndung von Ordnungswidrigkeiten v. 29.8.2005 (GVBl S. 276)

ZustVO SER NW Zuständigkeitsverordnung Soziales Entschädigungsrecht v. 18.12.2007 (GV.NW S. 740)

ZustVO SGB IX SH Landesverordnung über die Zuständigkeit der örtlichen Fürsorgestellen nach dem Neunten Sozialgesetzbuch (SGB IX) v. 29.1.2003 (GVOBl S. 28)

ZustVOSoz BE VO über die Zuständigkeit für die Wahrnehmung von einzelnen Bezirksaufgaben durch einen Bezirk oder mehrere Bezirke im Bereich der Aufstiegsfortbildungsförderung, der Sozialhilfe, der Unterhaltssicherung sowie der Grundsicherung v. 18.3.2003 (GVBl S. 147)

ZustVO-SozAS LSA Zuständigkeitsverordnung für den sozialen Arbeitsschutz v. 2.7.2004 (GVBl LSA S. 379)

ZustVO-Tier ND VO über Zuständigkeiten auf dem Gebiet des Tierseuchenrechts und des Rechts der Beseitigung tierischer Nebenprodukte v. 26.11.2004 (GVBl S. 503)

ZustVO-Umwelt-Arbeitsschutz ND VO über Zuständigkeiten auf den Gebieten des Arbeitsschutz-, Immissionsschutz-, Sprengstoff-, Gentechnik- und Strahlenschutzrechts sowie in anderen Rechtsgebieten v. 18.11.2004 (GVBl S. 464)

ZustVO-Wasser ND VO über Zuständigkeiten auf dem Gebiet des Wasserrechts v. 29.11.2004 (GVBl S. 550)

ZustVO-Wirtschaft ND VO über Zuständigkeiten auf dem Gebiet des Wirtschaftsrechts, sowie in anderen Rechtsgebieten v. 18.11.2004 (GVBl S. 482)

ZustVRh BY Zuständigkeitsverordnung Rechtshilfe v. 26.6.2004 (GVBl S. 260)

ZustVSt BY VO über Organisation und Zuständigkeiten in der Bayerischen Steuerverwaltung v. 1.12.2005 (GVBl S. 596)

ZustVUGV BY VO zur Übertragung beamten-, disziplinar-, besoldungs- und reisekostenrechtlicher Zuständigkeiten im Geschäftsbereich des Bayerischen Staatsministeriums für Umwelt, Gesundheit und Verbraucherschutz v. 8.8.2005 (GVBl S. 460)

ZustV-WFKM BY VO über dienstrechtliche Zuständigkeiten im Geschäftsbereich des Bayerischen Staatsministeriums für Wissenschaft, Forschung und Kunst v. 5.9.2006 (GVBl S. 736)

ZustVWoGG BY VO über die Zuständigkeit zum Vollzug des Wohngeldgesetzes und des Gesetzes zur Gewährung eines einmaligen Heizkostenzuschusses v. 19.4.2005 (GVBl S. 110)

ZuV 2007 Zuteilungsverordnung 2007 v. 31.8.2004 (BGBl I S. 2255)

ZuV 2012 Zuteilungsverordnung 2012 v. 13.8.2007 (BGBl I S. 1941)

ZuVOJu BW Zuständigkeitsverordnung Justiz v. 20.11.1998 (GBl S. 680)

ZuVOWiG BY VO ü. Zuständigkeiten im Ordnungswidrigkeitenrecht v. 16.12.1980 (GVBl S. 721)

ZuwEhRiFGV BB Zuweisungsverordnung ehrenamtliche Richter Finanzgericht v. 30.3.2006 (GVBl II S. 78)

ZuwEhRiLAGV BB Zuweisungsverordnung ehrenamtliche Richter Landesarbeitsgericht v. 30.8.2006 (GVBl II S. 366)

ZuwEhRiLSGV BB Zuweisungsverordnung ehrenamtliche Richter Landessozialgericht v. 13.6.2005 (GVBl II S. 295)

ZuwEhRiOVGV BB Zuweisungsverordnung ehrenamtliche Richter Oberverwaltungsgericht v. 10.6.2005 (GVBl II S. 295)

ZuwFlAGDLVO M-V MV Zuwanderungszuständigkeitslandesverordnung v. 10.2.2005 (GVOBl M-V S. 68)

ZuWG Zuwanderungsgesetz v. 30.7.2004 (BGBl I S. 1950)

ZuwVOehRiLSG BE Zuweisungsverordnung ehrenamtliche Richter LSG v. 8.6.2005 (GVBl S. 314)

ZuwVOehRiOVG BE Zuweisungsverordnung ehrenamtliche Richter Oberverwaltungsgericht v. 8.6.2005 (GVBl S. 314)

ZV Zinnverordnung v. 17.12.2004 (BGBl I S. 3552)

z.V. zum Vorgang

ZVALG Ges. ü. d. Errichtung einer Zusatzversorgungskasse f. Arbeitnehmer in d. Land- u. Forstwirtschaft v. 31.7.1974 (BGBl I S. 1660)

ZVB BE Zusätzl. Vertragsbedingungen Berlins f. d. Ausf. v. Bauleistungen [versch. Fassungen]

ZVbg Zusatzvereinbarung

ZVerkV Zusatzstoff-Verkehrsverordnung v. 29.1.1998 (BGBl I S. 269)

ZVerkWiss Zeitschrift für Verkehrswissenschaft (1.1923–19.1943/44; 20.1948/49 ff.)

ZVersWes s. ZfV[besser:] ZfVers

ZVersWiss Zeitschrift für die gesamte Versicherungswissenschaft (1.1901–43.1943; 49.1960 ff.; 1955–1959: Versicherungswissenschaftl. Archiv)

ZVG Ges. ü. d. Zwangsversteigerung u. d. Zwangsverwaltung [Zwangsversteigerungsgesetz] i. d. Bek. v. 20.5.1898 (RGBl S. 369)

ZVglRWiss Zeitschrift für vergleichende Rechtswissenschaft (1.1878–55.1942; 56.1953 ff.)

ZVgR Zeitschrift für deutsches u. internationales Vergaberecht (1997–2000,6)

ZVI Zeitschrift für Verbraucher-Insolvenzrecht (1.2002 ff.)

ZVNG HA Zusatzversorgungs-Neuordnungsgesetz v. 2.7.2003 (GVBl S. 222)

ZVO HA Zeugnis- u. Versetzungsordnung v. 21.7.1998 (GVBl I S. 161)

ZVO-BEG Zuständigkeits- u. Verfahrensordnung z. Bundesentschädigungsgesetz f. Opfer d. nationalsozialistischen Verfolgung

BR v. 4.12.1956 (GBl S. 153)
ND v. 26.8.1969 (GVBl S. 164)
NW i. d. Bek. v. 27.1.1966 (GV.NW S. 54)

ZVO-BEG 56 BE v. 8.9.1958 (GVBl S. 904)

ZVO-BFS SL Zeugnis- und Versetzungsordnung, Schulordnung für Handelsschulen, Gewerbeschulen und Sozialpflegeschulen – Berufsfachschulen v. 16.4.2007 (ABl S. 1066)

ZVO-BImSchG-TEHG SL VO über die Zuständigkeiten nach dem Bundes-Immissionsschutzgesetz und nach dem Treibhausgas-Emissionshandelsgesetz v. 10.12.2007 (ABl S. 2528)

ZVOBl Reich Zentralverordnungsblatt. Hrsg. v. d. Dt. Justizverwaltung d. sowjet. Besatzungszone in Deutschland (1947–1949; dann: Gesetzblatt d. Dt. Demokrat. Republik)

ZVölkR Zeitschrift für Völkerrecht (bis 6.1912: u. Bundesstaatsrecht) (1.1907–26.1942)

ZVO-GS SL Zeugnis- und Versetzungsordnung – Schulordnung – f. d. Grundschulen i. Saarland i. d. Bek. v. 24.8.2000 (ABl S. 1674)

ZVOWiBe SH Zuständigkeitsverordnung f. Widerspruchsbescheide i. d. Bek. v. 27.2.1990 (GVOBl S. 125)

ZVR Zeitschrift für Verkehrsrecht (1.1956 ff.)

ZVS Zeitschrift für Verkehrssicherheit (1.1952 ff.)

ZVSG RP Ges. ü. d. Zentrale Verwaltungsschule Rheinland-Pfalz v. 26.7.1977 (GVBl S. 249)

ZVS-Vergabeverordnung ND VO über die Vergabe von Studienplätzen in Studiengängen, die in das zentrale Vergabeverfahren einbezogen sind v. 19.4.2006 (GVBl S. 185)

ZVS-VergabeVO M-V MV ZVS-Vergabeverordnung v. 7.4.2006 (GVOBl. M-V S. 152)
ZVV BB Zentrale Vergabeverordnung i. d. Bek. v. 22.3.2006 (GVBl II S. 66)
ZVVBbg BB Zentrale Vergabeverordnung v. 1.8.2000 (GVBl II S. 298)
ZV-VSchDG NW VO zur Regelung von Zuständigkeiten nach dem EG-Verbraucherschutzdurchsetzungsgesetz v. 5.6.2007 (GV.NW S. 257)
ZwBesG BE Zweckentfremdungsbeseitigungsgesetz v. 8.3.1990 (GVBl S. 627)
ZWE Zeitschrift für Wohnungseigentumsrecht (4.2003 ff.; vorher: Zeitschrift für das Wohnungseigentum)
ZweckVG Gesetz über das Zweckvermögen des Bundes bei der Landwirtschaftlichen Rentenbank v. 12.8.2005 (BGBl I S. 2363)
ZweVO NW Zweckentfremdungsverordnung v. 12.6.2001 (GV.NW S. 458)
ZwEWG BY Gesetz über das Verbot der Zweckentfremdung von Wohnraum v. 10.12.2007 (GVBl S. 864)
ZwrMechMstrV Zweiradmechanikermeisterverordnung v. 29.8.2005 (BGBl I S. 2562)
ZWS Zeitschrift für Wirtschafts- und Sozialwissenschaften (92.1972 ff.; vorher: Schmollers Jahrb. f. Wirtschafts- u. Sozialwissenschaften)
ZwSt Zweigstelle
z.w.V. zur weiteren Veranlassung
z.Wv. zur Wiederverwendung

ZwVbVO BE Zweckentfremdungsverbot-Verordnung i. d. Bek. v. 9.2.1973 (GVBl S. 421)
ZwVEntschVO SH Zweckverbandsentschädigungsverordnung v. 19.9.1996 (GVOBl S. 602)
ZwVerbSG BB Zweckverbandssicherungsgesetz v. 4.12.1996 (GVBl I S. 314)
ZwVG RP Zweckverbandsgesetz i. d. Bek. v. 22.12.1982 (GVBl S. 476)
ZWVO VO (EWG) Nr. 1224 / 80 d. Rates ü. d. Zollwert d. Waren v. 28.5.1980 (ABlEG Nr. L134/1)
ZWVO SH Landesverordnung über die Zulassung von Wasseruntersuchungsstellen v. 16.12.2003 (GVOBl S. 4)
ZwVV VO ü. Maßnahmen auf d. Gebiete d. Zwangsvollstreckung v. 26.5.1933 (RGBl I S. 302)
ZwVwV Zwangsverwalterverordnung v. 19.12.2003 (BGBl I S. 2804)
ZZP Zeitschrift für Zivilprozeß, begr. v. Busch (bis 62.1942: f. dt. Zivilprozeß) (1.1879–63.1943; 64.1950/51 ff.)
ZZPInt Zeitschrift für Zivilprozess international (1.1996 ff.)
ZZulV Zusatzstoff-Zulassungsverordnung v. 22.12.1981 (BGBl I S. 1625)
ZZVO ... Zulassungszahlenverordnung ...
ZZVO-FH ... Zulassungszahlenverordnung – Fachhochschule ...
ZZVO-PH ... BW Zulassungszahlenverordnung – Pädagogische Hochschule ...

2. Teil
Empfehlungen für Abkürzungen

1. Empfehlungen für allgemeine Abkürzungen der Rechtssprache sowie für Behörden und Körperschaften

A

Abdruck vorgesehen	*Abdr. vorg.*
abgeändert	*abg.*
Abgeordneter	*Abg.*
Abhandlung	*Abh.; Abhn.*
Abhandlungen	*Abh.; Abhn.*
Abkommen	*Abk.*
Abkürzung	*Abk.*
Absatz	*Abs.*
Abschnitt	*Abschn.*
Abschöpfungstarif	*AbT*
Absetzung f. Abnutzungen	*AfA*
Abteilung	*Abt.*
Abteilungsleiter	*AbtLtr*
Abteilungspräsident	*AbtPr*
abweichend	*abw.*
Änderung	*Änd*
Änderungsabkommen, Abkommen z. Änderung	*ÄndAbk*
Änderungsbekanntmachung, Bekanntmachung z. Änderung	*ÄndBek*
Änderungsbestimmungen, Bestimmungen z. Änderung	*ÄndBest*
Änderungserlass, Erlass z. Änderung	*ÄndErl*
Änderungsgesetz, Gesetz z. Änderung	*ÄndG*
Änderungsrichtlinien	*ÄR*
Änderungstarifvertrag	*ÄTV*
Änderungsverordnung, Verordnung z. Änderung	*ÄndV*
Änderungsvertrag, Vertrag z. Änderung	*ÄndVtr*
Agence spatiale européenne [Europäische Weltraum-Organisation]	**ASE**
Agreement on Trade Related Aspects of Intellectual Property Rights	*TRIPS*
Akademie f. zivile Verteidigung	**AkzV**
Akkreditierungsstelle der Länder für Mess- u. Prüfstellen zum Vollzug d. Gefahrstoffrechts	**AKMP**
Aktenzeichen	*Az.*
Aktiengesellschaft	*AG*
alinea [Absatz]	*al.*
Allg. Hinweise z. Gruppierungsplan u. z. Funktionenplan = Anl. 1 zu den VV-HB	**AH-GF**
Allg. Versicherungsbedingungen Speditions- u. Rollfuhrversicherungsschein i. d. Bek. v. 1978	*SVS/RVS*

allgemein	*allg.*
Allgemeine Beförderungsbedingungen f. d. gewerbl. Güternahverkehr m. Kraftfahrzeugen. In Kraft seit d. 1.1.1956	**AGNB**
Allgemeine Deutsche Binnen-Transportversicherungs-Bedingungen	**ADB 1963**
Allgemeine Deutsche Seeversicherungsbedingungen v. 1919	**ADS**
Allgemeine Deutsche Spediteur-Bedingungen v. 31.10.1978 (BAnz Nr. 211 S. 5)	**ADSp**
Allgemeine Genehmigung	*AllgGen*
Allgemeine Geschäftsbedingungen	*AGB*
Allgemeine Ortskrankenkasse	*AOK*
Allgemeine technische Vorschriften	*ATV*
Allgemeine Verfügung	*AVfg*
Allgemeine Versicherungsbedingungen d. Kreditkarten-Versicherung (VerBAV 1990 S. 149)	**ABK**
Allgemeine Versicherungsbedingungen d. privaten Krankenversicherung	**AVK**
Allgemeine Versicherungsbedingungen	*AVB*
Allgemeine Versorgungsbedingungen	*AVB*
Allgemeine Verwaltungsvorschrift; Ausführungsverordnung, Verordnung z. Ausführung	*AV*
Allgemeiner Fürsorgeerziehungstag	*AFET*
Allgemeiner Teil	*AT*
Allgemeines Bürgerliches Gesetzbuch für Österreich	*ABGB*
Allgemeines Dienstalter	*ADA*
Allgemeinverbindlicherklärung	**AVE**
Alliierte Kommandatura (Berlin)	*AllKdtBln*
alte Fassung, alte Folge	*a.F.*
Alternative	*Alt.*
Alternativentwurf	*AE*
am angegebenen Ort	*a.a.O.; aaO*
am Ende	*a.E.*
amtlich	*amtl.*
Amtliche Begründung	*Amtl. Begr.*
Amtliche Sammlung	*AS*
Amtmann	*Amtm.*
Amtsanwalt(schaft)	*AAnw*
Amtsgericht	*AG*
Amtsinspektor	*AI*
Amtsinspektor	*AInsp*
Amtsleiter	*AI*
Amtsprüfstelle	*ApSt*
Amtsrat	*AR*
anderer Ansicht	*a.A.*
anderer Meinung	*a.M.*
Angeklagte(r)	*Angekl.*
Angestellenversicherung	*AngV*
Angestellte(r)	*Angest.*
Angleichung	*Angl.*

1. Allgemeine Abkürzungen, Behörden und Körperschaften   auf

Anhang	*Anh.*
Anlage	*Anl.*
Anmerkung	*Anm.*
Annalen	*Ann.*
Anordnung d. Alliierten Kommandatura Berlin (Order of the Allied Kommandatura Berlin)	*BK/O*
Anordnung	*AnO*
Anpassungsgesetz, Gesetz z. Anpassung	*AnpG*
Anpassungsverordnung, Verordnung z. Anpassung	*AnpV*
Anspruch	*Anspr.*
Anstalt d. öffentlichen Rechts	*AdöR*
Anstalt f. Kommunale Datenverarbeitung in Bayern	**AKDB**
Anwärterdienstalter	*AnwDA*
Anweisung z. Ausführung, Ausführungsanweisung	*AAnw*
Anweisung	*Anw.*
Arbeitgeber	*ArbG*
Arbeitnehmer	*ArbN*
Arbeitsamt	*AA; ArbA*
Arbeitsbeschaffungsmaßnahmen	*ABM*
Arbeitsgemeinschaft f. betriebliche Altersversorgung	*ABA*
Arbeitsgemeinschaft f. Jugendhilfe	*AGJ*
Arbeitsgemeinschaft f. soziale Betriebsgestaltung	*ASB*
Arbeitsgemeinschaft rechts- u. staatswissenschaftlicher Verleger	**ARSV**
Arbeitsgemeinschaft	*Arge.*
Arbeitsgericht	*ArbG*
Arbeitslosenfürsorgeunterstüzung	*Alfu.*
Arbeitslosengeld	*Alg.*
Arbeitslosenhilfe	*Alhi.*
Arbeitslosenunterstützung	*Alu.*
Arbeitslosenversicherung	*ArblV*
Arbeitsverwaltungsordnung f. d. kleineren Justizvollzugsanstalten	*KlAVO*
Archiv	*Arch.*
argumentum e contrario	*a. e c.; arg. e contr.*
argumentum	*arg.*
Artikel [auch im Plural]	*Art.*
Artikelgesetz [als Bezeichnung üblich geworden für Bundesgesetze die in Artikel gegliedert sind und bei denen die Artikel Novellierungen einzelner Gesetze oder in sich abgeschlossene Gesetze enthalten] s. insbes.: MRVerbG u. WehrRÄndG	*ArtikelG*
Assessor	*Ass.*
Association des auditeurs et anciens auditeurs de l'Académie de droit international de La Haye	*AAA*
Association européenne de libre-échange	*AELE*
Association for the Study of the World Refugee Problem	*AWR*
Association of South East Asian Nations	**ASEAN**
auf Gegenseitigkeit	*a.G.*

auf Lebenszeit	*a.L.*
auf Probe	*a.P.*
auf Widerruf	*a.W.*
Aufbewahrungsbestimmungen [f. d. Justizverwaltung]. Neufassung 1983 (bundeseinheitlich vereinbart)	**AufbewBest**
Aufhebungsanordnung, Anordnung z. Aufhebung	*AufhAnO*
Aufhebungsbekanntmachung, Bekanntmachung z. Aufhebung	*AufhBek*
Aufhebungsbestimmungen, Bestimmungen z. Aufhebung	*AufhBest*
Aufhebungsgesetz, Gesetz zur Aufhebung	*AufhG*
Aufhebungsverordnung, Verordnung z. Aufhebung	*AufhV*
Aufhebungsvorschriften, Vorschriften z. Aufhebung	*AufhVschr*
Auflage	*Aufl.*
Aufsichtsbehörde	*AufsBeh*
Auftraggeber	*AG*
Ausführungs-; s.a. Anm.; s.a. AnO	*A*
Ausführungsanordnung	*AusfAnO*
Ausführungsbekanntmachung, Bekanntmachung z. Ausführung	*AusfBek*
Ausführungsbestimmungen, Bestimmungen z. Ausführung	*AusfBest*
Ausführungsgesetz, Gesetz z. Ausführung	*AG*
Ausführungsvorschriften, Vorschriften z. Ausführung	*AusfVschr*
ausländisch	*ausl.*
Ausschreibung	*Ausschr.*
Ausschuss	*Aussch.*
außer Dienst	*a.D.*
Auswärtiges Amt	*AA*
Auszubildender	*Azubi*
Automatisierte Datenverarbeitung	*ADV*
AVfg ü. Angelegenheiten d. Notare (s. a. Bundesnotarordnung) [Landesregelungen]	**AVNot**

B

Baden-Württemberg	*BW*
Band	*Bd.*
Bank for International Settlement (s.a. BIZ)	**BIS**
Bank für internationalen Zahlungsausgleich	**BIZ**
Banque des règlements internationaux (s.a. BIZ)	**BRI**
Banque internationale pour la reconstruction et le développement [Internat. Bank f. Wiederaufbau u. Entwicklung]	**BIRD**
Bausparkasse	*BSpK*
Bay. Oberstes Landesgericht	*BayObLG*
Bayerische Versicherungskammer	*BVK*
Bayern (bayerisch)	*Bay*
Bayern	*BY*
Bearbeiter	*Bearb.*
bearbeitet	*bearb.*
Beförderungsbedingungen	*BefBed*

Begründung	*Begr.*
Beigeladene(r)	*Beigel.*
Beiheft	*Beih.*
Beihilfe	*Beih.*
Beilage	*Beil.*
Beitrag, Beiträge	*Beitr.*
Beitrittsakte	*BeitrA*
Bekanntmachung d. Bayer. Staatsministeriums der Finanzen	*FMB*
Bekanntmachung	*B.; Bek.*
Beklagte(r)	*Bekl.*
Bemerkung	*Bem.*
Bereinigte Sammlung s. bei Abkürzungen von Gesetz- u. Amtsblättern	*BS*
Bergamt	*BA*
Bergmannsversorgungsschein	*BVS*
Bergpolizeiverordnung	*BPV*
berichtigt	*ber.*
Berichtigung	*Ber.*
Berlin-Ost	*BE-O*
Berlin	*BE; Berl.; Bln.*
Berufskrankheit	*BK*
Berufsunfähigkeit	*BU*
Berufsvorbereitungsjahr	*BVJ*
Beschaffungsstelle d. Bundesministers d. Innern	**BeschSt**
Bescheid	*Besch.*
Beschluss	*Beschl.*
Beschwerdeführer	*Bf.*
Besoldungsdienstalter	*BDA*
Besoldungsgruppe	*BesGr*
Besoldungsvorschrift	*BV*
Besondere Vertragsbedingungen	*BVB*
Besonderer Teil	*BT*
Besprechung	*Bespr.*
Bestimmung(en)	*Best.*
bestritten	*bestr.*
betreffend	*betr.*
Betriebsvereinbarung	*BV*
Bezirksamt	*BA*
Bezirksbürgermeister	*BezBgm*
Bezirksnotar	*BezNot*
Bezirksregierung	*BezReg*
Bezirksverwaltung	*BezVw*
Bezirkszollkommissar	*BZKom*
Bilanz	*Bil.*
Bildschirmtext	*Btx.*
Biologische Bundesanstalt f. Land- u. Forstwirtschaft	**BBA**
Blatt, Blätter	*Bl.*
Branntweinverwertungsordnung (=Anl. 2 d. Grundbestimmungen z. Gesetz ü. d. Branntweinmonopol, ZBlDR 1922, S. 809)	**VwO**

Bremen, bremisch	*Brem.*
Bremen; britisch; Bundesrichter	*BR*
britisch	*BR*
Bruttoinlandsprodukt	*BIP*
Bruttosozialprodukt	*BSP*
Buchstabe	*Buchst.*
bürgerlich	*bgl.*
Bürgermeister	*Bgm.*
Bürodirektor	*BDir*
Büroleiter	*BLtr*
Bund d. Steuerzahler	*BdSt*
Bund Deutscher Architekten	*BDA*
Bundes-Manteltarif	*BMT*
Bundesakademie f. öffentliche Verwaltung	**BAköV**
Bundesamt f. d. Anerkennung ausländischer Flüchtlinge	**BAFl**
Bundesamt f. d. Zivildienst	**BAZ**
Bundesamt f. Ernährung u. Forstwirtschaft	**BEF**
Bundesamt f. Finanzen	**BfF**
Bundesamt f. Post u. Telekommunikation	**BAPT**
Bundesamt f. Sicherheit i. d. Informationstechnik	**BSI**
Bundesamt f. Strahlenschutz	**BfS**
Bundesamt f. Verfassungsschutz	**BfV**
Bundesamt f. Wirtschaft	**BAW**
Bundesamt f. Zivilschutz	**BZS**
Bundesamt für Migration und Flüchtlinge [Nürnberg]	**BAMF**
Bundesamt	*BA*
Bundesanstalt f. Arbeit	**BA**
Bundesanstalt f. Arbeitsschutz und Unfallforschung	**BAU**
Bundesanstalt f. d. Güterfernverkehr	**BAG**
Bundesanstalt f. Flugsicherung	**BFS**
Bundesanstalt f. gesamtdeutsche Aufgaben	*BfgA*
Bundesanstalt f. landwirtschaftliche Marktordnung	**BALM**
Bundesanstalt f. Straßenwesen	**BASt**
Bundesanstalt f. Wasserbau	**BAW**
Bundesanstalt	*BA*
Bundesanwalt	*BAnw*
Bundesarbeitsgemeinschaft	*BAG*
Bundesarbeitsgericht	**BAG**
Bundesarchiv – Lastenausgleichsarchiv	*BArch-LAA*
Bundesarchiv – Militärarchiv	*BArch-MA*
Bundesarchiv	*BArch*
Bundesaufnahmestelle	**BAufnSt**
Bundesaufsichtsamt f. d. Kreditwesen	**BAKred**
Bundesaufsichtsamt f. d. Versicherungswesen	**BAV**
Bundesausführungsbehörde f. Unfallversicherung	**BAfU**
Bundesausgleichsamt	**BAA**
Bundesbaudirektion	**BBD**
Bundesbeauftragter für den Datenschutz	**BfD**
Bundesdisziplinaranwalt	**BDiA**

1. Allgemeine Abkürzungen, Behörden und Körperschaften   Bun

Bundesdisziplinargericht	**BDiG**
Bundesdisziplinarhof	**BDH**
Bundesdruckerei	**BDr**
Bundesfinanzakademie	**BFAk**
Bundesfinanzhof	**BFH**
Bundesforschungsanstalt f. Landeskunde u. Raumordnung	**BfLR**
Bundesforschungsanstalt f. Naturschutz u. Landschaftsökologie	**BFANL**
Bundesgerichtshof	**BGH**
Bundesgesetz	*BdGes*
Bundesgesundheitsamt	**BGA**
Bundesgrenzschutz	*BGS*
Bundeshauptkasse	**BHK**
Bundesinstitut f. Berufsbildung	**BIBB**
Bundesinstitut f. ostdeutsche Kultur u. Geschichte	**BoKG**
Bundesinstitut f. ostwissenschaftliche u. internationale Studien	**BIOst**
Bundeskanzler; Bundeskanzleramt	*BK*
Bundeskartellamt	**BKartA**
Bundesknappschaft	**BKn**
Bundeskriminalamt	**BKA**
Bundesmantelvertrag f. Ärzte i. d. Neuf. ab 1.10.1990	**BMV-Ä**
Bundesmantelvertrag	**BMV**
Bundesminister d. Finanzen	**BMF**
Bundesminister d. Innern	**BMI**
Bundesminister d. Justiz	**BMJ**
Bundesminister d. Verteidigung	**BMVg**
Bundesminister f. Angelegenheiten d. Bundesrates u. d. Länder	*BMBR*
Bundesminister f. Arbeit u. Sozialordnung	**BMA**
Bundesminister f. Atomenergie u. Wasserwirtschaft	*BMAt*
Bundesminister f. besondere Aufgaben	*BMS*
Bundesminister f. Bildung u. Wissenschaft	**BMBW**
Bundesminister f. Familie u. Jugend (später: f. Familien- u. Jugendfragen)	*BMFa*
Bundesminister f. Familie u. Senioren	**BMFuS**
Bundesminister f. Forschung u. Technologie	**BMFT**
Bundesminister f. gesamtdeutsche Fragen	**BMG**
Bundesminister f. Gesundheit	**BMG**
Bundesminister f. Gesundheitswesen	*BMGes*
Bundesminister f. innerdeutsche Beziehungen	**BMB**
Bundesminister f. Jugend, Familie u. Gesundheit	**BMJFG**
Bundesminister f. Post u. Telekommunikation	**BMPT**
Bundesminister f. Raumordnung, Bauwesen u. Städtebau	**BMBau**
Bundesminister f. Umwelt, Naturschutz u. Reaktorsicherheit	**BMU**
Bundesminister f. Verbraucherschutz, Ernährung u. Landwirtschaft	**BML**
Bundesminister f. Verkehr	**BMV**
Bundesminister f. Vertriebene, Flüchtlinge u. Kriegsbeschädigte	*BMVt*
Bundesminister f. Wirtschaft u. Finanzen	*BMWiF*

Bundesminister f. Wirtschaft u. Technologie	**BMWi**
Bundesminister f. wirtschaftliche Zusammenarbeit und Entwicklung	**BMZ**
Bundesminister f. wirtschaftlichen Besitz d. Bundes	*BMBes*
Bundesminister f. wissenschaftliche Forschung	*BMwF*
Bundesminister f. Wohnungsbau (später: f. Wohnungswesen u. Städtebau)	*BMWo*
Bundesmonopolamt	*BMonA*
Bundesmonopolverwaltung f. Branntwein	**BMonV**
Bundesnachrichtendienst	**BND**
Bundesoberseeamt	**BOSeeA**
Bundespatentgericht	**BPatG**
Bundespersonalausschuss	**BPersA**
Bundespräsident	**BPr**
Bundespräsidialamt	**BPrA**
Bundesprüfstelle f. jugendgefährdende Schriften	**BPS**
Bundesrahmentarifvertrag	*BRTV*
Bundesrat	**BR**
Bundesrechnungshof	**BRH**
Bundesrechtsanwaltskammer	*BRAK*
Bundesregierung	**BReg**
Bundesrepublik Deutschland	*BRD*
Bundesrichter	*BR*
Bundesschuldenverwaltung	**BSV**
Bundessortenamt	**BSA**
Bundessozialgericht	**BSG**
Bundesstelle f. Außenhandelsinformation	**BfAI**
Bundesverband d. Deutschen Industrie	*BDI*
Bundesverband f. d. Selbstschutz	*BVS*
Bundesvereinigung Deutscher Arbeitgeberverbände	*BDA*
Bundesverfassungsgericht	**BVerfG**
Bundesverfassungsrichter	*BVR*
Bundesversicherungsamt	**BVA**
Bundesversicherungsanstalt f. Angestellte	**BfA**
Bundesverwaltungsamt – Bundesstelle für Büroorganisation und Bürotechnik	**BVA-BBB**
Bundesverwaltungsamt	**BVA**
Bundesverwaltungsgericht	**BVerwG**
Bundeswehrverwaltungsamt	**BWVA**
Bundeszentrale f. gesundheitl. Aufklärung	**BZgA**
Bundeszentrale f. politische Bildung	**BpB**
Bundeszentralregister	**BZR**

C

canon	*c.; can.*
Central Commission for the Navigation of the Rhine	**CCR**
Chambre de commerce internationale	*CCI*

1. Allgemeine Abkürzungen, Behörden und Körperschaften   Cus

Chef d. Bundeskanzleramtes	**ChBK**
Chef d. Bundespräsidialamtes	**ChBPrA**
Code civil	*CC; cc*
Codex juris canonici	*CIC*
Codice civile	*CC; cc*
Comité international de la Croix-rouge	**CICR**
Commission économique pour l'Europe	**CEE**
Commission centrale pour la navigation du Rhin [Zentralkommission f. d. Rheinschifffahrt]	**CCR**
Commission des Nations Unies, pour le droit commercial international	**CNUDCI**
Commission du droit international (s.a. ILC)	**CDI**
Commission européenne de l'aviation civile	**CEAC**
Commission internationale de l'état civil	**CIEC**
Common Fund for Commodities [Gemeinsamer Fonds für Rohstoffe]	**CFC**
Communauté économique européenne	**CEE**
Communauté européenne de l'énergie atomique	*CEEA*
Communauté européenne du charbon et de l'acier [Europäische Gemeinschaft für Kohle und Stahl]	**CECA**
Communautés européennes	*CE*
Conférence des Nations Unies sur le commerce et le développement	**CNUCED**
Conférence européenne des administrations des postes et des télécommunications	**CEPT**
Conférence européenne des ministres des transports	**CEMT**
Conseil d'assistance éonomique mutuelle [Rat für gegenseitige Wirtschaftshilfe]	*CAEM*
Conseil de coopération douanière [Rat f. d. Zusammenarbeit auf d. Gebiete d. Zollwesens]	**CCD**
Conseil européen (später: Organisation européenne) pour la recherche nucléaire [Europäische Organisation f. Kernforschung]	**CERN**
Convention on Wetlands of International Importance Especially as Waterfowl Habitat	**RAMSAR**
Convention Relative aux Zones Humides d'Importance Internationale Particulierement Comme Habitats des Oiseaux d'Eau	**RAMSAR**
copyright	*cop.*
Corpus juris canonici	*CIC*
cost and freight	*c&f*
cost, insurance, freight	*cif*
Council for Mutual Economic Assistance [Rat für gegenseitige Wirtschaftshilfe]	**COMECON**
Council of Europe, Conseil de l'Europe	*CE*
Croix-rouge international	*CRI*
culpa in contrahendo	*c. i. c.*
Customs Cooperation Council [Rat f. d. Zusammenarbeit auf d. Gebiete d. Zollwesens]	**CCC**

287

D

das heißt	*d.h.*
Deutsch, deutsche	*D.*
Deutsch-Französisches Jugendwerk (s.a. OFAJ)	*DFJW*
Deutsche Akademie f. Metrologie	**DAM**
Deutsche Angestelltengewerkschaft	*DAG*
Deutsche Bahn AG (früher: Deutsche Bundesbahn)	*DB*
Deutsche Bundesbank	**BBk**
Deutsche Bundespost	*DBP*
Deutsche Demokratische Republik	*DDR*
Deutsche Evangelische Kirche	*DEK*
Deutsche Gesellschaft f. Techn. Zusammenarbeit	**GTZ**
Deutsche Gesellschaft für Bildungsverwaltung	**DGBV**
Deutsche Investitions- u. Entwicklungsgesellschaft	**DEG**
Deutsche Mark	*DM*
Deutsche Post (DDR)	*DP*
Deutsche Post AG	*DP*
Deutsche Siedlungs- u. Landesrentenbank	**DSL**
Deutsche Stiftung f. internationale Entwicklung	**DSE**
Deutscher Bauernverband	*DBV*
Deutscher Beamtenbund	*DBB*
Deutscher Bundestag	*BT*
Deutscher Entwicklungsdienst	*DED*
Deutscher Gemeindetag	*DGT*
Deutscher Genossenschaftsverband (Schulze-Delitzsch)	*DGV*
Deutscher Gewerkschaftsbund	**DGB**
Deutscher Industrie- u. Handelstag	**DIHT**
Deutscher Juristentag	**DJT**
Deutscher Landkreistag	*DLT*
Deutscher Städtetag	**DST**
Deutsches Bibliotheksinstitut	**DBI**
Deutsches Gebrauchsmuster	*DGM*
Deutsches Institut f. Entwicklungspolitik	*DIE*
Deutsches Institut für Bautechnik	**DIBt**
Deutsches Institut für Normung	**DIN**
Deutsches Patentamt	**DPA**
Deutsches Patent	*DP*
Deutsches Rotes Kreuz	*DRK*
Deutschlandradio-Staatsvertrag	**DLR-StV**
Development Assistance Committee	*DAC*
Dezernat, Dezernent	*Dez.*
Diätendienstalter	*DDA*
Dienst- u. Sicherheitsvorschriften f. d. Strafvollzug. In Kraft ab 1.1.1977 (bundeseinheitl. vereinbart)	**DSVollzO**
Dienstanweisung	*DA*
Dienstbeschädigung	*DB*
Dienstgericht d. Bundes	**DiGB**
Dienstkraftfahrzeuganweisung (§ 69 GGO I = GGO I, Anl. 3)	**DKfzA**

1. Allgemeine Abkürzungen, Behörden und Körperschaften — ein

Dienstordnung	DO
Dienststrafhof	DStH
Dienststrafkammer	DStK
Dienststrafsenat	DStS
Dienstunfähigkeit	DU
Dienstvorschrift	DVschr
Direktor beim Bundesverfassungsgericht	DirBVerfG
Direktor beim Deutschen Bundestag	DirBT
Direktor d. Bundesrates	DirBR
Direktor	Dir.
Displaced person(s)	DP
Dissertation	Diss.
Disziplinarhof	DiszH
Disziplinarordnung	DO
doctores	Dres.
Doppelbesteuerungsabkommen	DBA
Doppelbuchstabe	DBuchst
Drucksache	Drucks.
Durchführungsanordnung, Anordnung z. Durchführung	DA
Durchführungsanweisung	DA
Durchführungsbekanntmachung, Bekanntmachung z. Durchführung	DBek
Durchführungsbestimmung(en)	DBest
Durchführungsbestimmung	DB
Durchführungsgesetz	DG
Durchführungsverordnung, Verordnung z. Durchführung	DV
Durchführungsverordnungen über Ausgleichsabgaben nach dem Lastenausgleichsgesetz	**AbgabenDV-LA**
Durchführungsverordnungen zum Bundesentschädigungsgesetz	**DV-BEG**
Durchführungsvorschriften, Vorschriften z. Durchführung	DVschr

E

ebenda	ebd.
Economic and Social Council	**ECOSOC**
Economic Commission for Europe [Europäische Wirtschaftskommission]	**ECE**
Edikt	Ed.
Ehrengerichtshof	EGH
eigenhändig unterschrieben	e.u.
Eigentumsvorbehalt	EV
Einbruchdiebstahl	ED
Einfügungsgesetz, Gesetz z. Einfügung	EinfügG
Einführungsgesetz, Gesetz z. Einführung	EG
Einführungsverordnung, Verordnung z. Einführung	EV
Einfuhr- und Vorratsstelle	EVSt
eingetragener Verein	e.V.

Einheitl. Richtlinien f. Inkassi, Revision 1978	ERI
Einheitl. Richtlinien u. Gebräuche f. Dokumenten-Akkreditive, Revision 1983	ERA
Einheitliche technische Baubestimmungen	ETB
Einigungsamt	EA
Einleitung zum Allgemeinen Landrecht für die preußischen Staaten	EinlALR
Einspruch	Einspr.
einstweilig	einstw.
Einzelplan	**EPI**
Elektrizitätsversorgungsunternehmen	EltVU
Elektronische Datenverarbeitung	EDV
Energieversorgungsunternehmen	EVU
Entscheidung	Entsch.
Entscheidungssammlung	ES
Entschließung d. Bayer. Staatsministeriums d. Finanzen	FME
Entschließung d. Kultusministeriums (Bayern)	KME
Entwurf	Entw.
Ergänzende Durchführungsbestimmung	EDB
Ergänzung	Erg.
Ergänzungsanordnung, Anordnung z. Ergänzung	ErgAnO
Ergänzungsanweisung, Anweisung z. Ergänzung	ErgAnw
Ergänzungsband	ErgBd
Ergänzungsbekanntmachung, Bekanntmachung z. Ergänzung	ErgBek
Ergänzungsbestimmungen, Bestimmungen z. Ergänzung	ErgBest
Ergänzungserlass, Erlass z. Ergänzung	ErgErl
Ergänzungsgesetz, Gesetz z. Ergänzung	ErgG
Ergänzungsrichtlinien, Richtlinien z. Ergänzung	ErgRL
Ergänzungsverordnung, Verordnung z. Ergänzung	ErgV
Ergänzungsvertrag, Vertrag z. Ergänzung	ErgVtr
Erhebungszeitraum	EZ
Erkenntnis	Erk.
Erklärung	Erkl.
erläutert	erl.
Erläuterung	Erl.
Erlass	Erl.
erledigt	erl.
Ersatzkassen-Gebührenordnung	**E-GO**
Erwerbsunfähigkeit	EU
Europ. Organisation f. d. Nutzung v. meteorolog. Satelliten	**EUMETSAT**
Europ. Wirtschaftliche Interessenvereinigung	EWIV
Europäische Atom-Gemeinschaft (Engl.: Euratom; franz.: CEEA)	**EAG**
Europäische Bank für Wiederaufbau u. Entwicklung	EBWE
Europäische Gemeinschaft f. Kohle u. Stahl (Engl.: ECSC; franz.: CECA)	**EGKS**
Europäische Gemeinschaften	EG
Europäische Investitionsbank	**EIB**
Europäische Kommission f. Menschenrechte	**EKMR**

1. Allgemeine Abkürzungen, Behörden und Körperschaften

Europäische Organisation zur Sicherung der Luftfahrt	*EUROCONTROL*
Europäische Rechnungseinheit	*ERE*
Europäische Union	*EU*
Europäische Weltraumorganisation	**EWO**
Europäische Wirtschaftsgemeinschaft	**EWG**
Europäische Zahlungsunion	**EZU**
Europäische Zentralbank	**EZB**
Europäischer Ausrichtungs- u. Garantiefonds f. d. Landwirtschaft	**EAGFL**
Europäischer Ausschuss für Forschung u. Entwicklung	*EAFE*
Europäischer Entwicklungsfonds	**EEF**
Europäischer Fonds f. regionale Entwicklung	*EFRE*
Europäischer Fonds f. währungspolitische Zusammenarbeit	*EFWZ*
Europäischer Gerichtshof f. Menschenrechte	**EuGHMR**
Europäischer Investitionsfonds	*EIF*
Europäischer Rechnungshof	*EuRH*
Europäischer Wirtschaftsraum	*EWR*
Europäisches Arbeits- u. Sozialrecht	*EAS*
Europäisches Gericht erster Instanz	**EuG**
Europäisches Gerichtsstands- u. Vollstreckungsübereinkommen	*EuGVÜ*
Europäisches Hochschulinstitut	**EHI**
Europäisches Informations- u. Datenübertragungsnetz	*EURONET*
Europäisches Parlament	**EP**
Europäisches Patentamt	**EPA**
Europäisches System der Zentralbanken	*ESZB*
Europäisches Währungsabkommen	*EWA*
Europäisches Währungsinstitut	*EWI*
Europäisches Währungssystem	*EWS*
Europäisches Zentrum f. d. Förderung d. Berufsbildung	**EZFB**
europäisch	*eu.*
Europa	*Eu.*
European Civil Aviation Conference	**ECAC**
European Coal and Steel Community	**ECSC**
European Communities	**EC**
European Court of Human Rights	**ECHR**
European Currency Unit	**ECU**
European Economic Community	**EEC**
European Free Trade Association [Europäische Freihandelsassoziation]	**EFTA**
European Organisation for the Development and Construction of Space Vehicle Launchers	**ELDO**
European Organization for the Safety of Air Navigation	*EUROCONTROL*
European Patent Office	**EPO**
European Recovery Program	**ERP**
European Space Agency	**ESA**
European Space Research Organisation	**ESRO**
European Telecommunications Satellite Organization [Europ. Fernmeldesatellitenorganisation]	**EUTELSAT**
Evangelische Kirche in Deutschland	*EKD*

F

Fachhochschule d. Bundes f. öffentliche Verwaltung	**FH Bund**
Fachprüfungsordnung [meist unter Zusatz d. Fachrichtung bei der Abkürzung]	*FPO*
Familienausgleichskasse	*FAK*
Feriensenat	*FerS*
Festschrift	*FS*
Finanzamt	*FA*
Finanzgericht	*FG*
Finanzkasse	*FK*
Finanzpräsident d. Abteilung Steuer	*FPrSt*
Finanzpräsident d. Abteilung Zoll	*FPrZ*
Finanzpräsident	*FPr*
Flächennaturdenkmal	**FND**
folgende (Seite)	*f.*
folgende Seiten	*ff.*
Fonds international d'indemnisation des dommages dus à la pollution par les hydrocarbures [Internationaler Entschädigungsfonds f. Ölverschmutzungsschäden]	**FIPOL**
Fonds international de développement agricole	**FDA**
Fonds monétaire international (s.a. IWF)	**FMI**
Food and Agriculture Organization of the UN [Ernährungs- und Landwirtschaftsorganisation der Vereinten Nationen]	**FAO**
Fortführungsnachweis	*FN*
free on board	*fob*
Freihandelszone	*FHZ*
Freiwillige Erziehungshilfe	*FEH*
Fußnote	*Fn*

G

geändert	*geänd.*
Gebühr(en)	*Geb.*
Gebührenordnung f. Garten- u. Landschaftsarchitekten	**GOGA**
Gebührenordnung	*GebO*
Gebührentarif	*GT*
Gedächtnisschrift	*GS*
Gefangenentransportvorschrift (in Kraft seit d. 1.4.1963) (bundeseinheitlich vereinbart)	**GTV**
gefertigt	*gef.*
Geheimschutzordnung	**GSO**
gelesen, genehmigt, unterschrieben	*g.g.u.*
gelesen	*gel.*
Gemeinde-Unfallversicherungsverband	*GUTV*
Gemeinde	*Gem.*
Gemeinderecht	*GemR*
Gemeines Recht	*GemR*

Gemeinsame Geschäftsordnung d. Bundesministerien, Allg. Teil (vom Kabinett am 8.1.1958 genehmigt)	**GGO I**
Gemeinsame Geschäftsordnung	*GGO*
Gemeinsamer Senat d. obersten Gerichtshöfe d. Bundes	*GmSOGB*
Gemeinsamer Zolltarif	*GZT*
Gemeinschaft tariffähiger Verbände	*GtV*
Gemeinschaft v. Gewerkschaften u. Verbänden d. öffentl. Dienstes	**GGVöD**
gemeinschaftliches Versandverfahren	*gVV*
Gemischter Schiedsgerichtshof	*GemSchGH*
Genehmigung	*Gen.*
General Agreement on Tariffs and Trade [Allgemeines Zoll- u. Handelsabkommen]	**GATT**
General Assembly of the United Nations	**GA/UN**
Generalaktenverfügung. Neuf. 1974 (bundeseinheitlich vereinbart)	*GenAktVfg*
Generalanwalt	*GA*
Generalbundesanwalt beim Bundesgerichtshof	**GBA**
Generaldirektion	*GD*
Generalstaatsanwalt	*GStA*
Genfer Flüchtlingskonvention	*GFK*
Gericht	*G*
Gerichtshof d. Europäischen Gemeinschaften	**EuGH**
Gerichtsvollzieher	*GV*
Gerichtsvollzieherkostengrundsätze (bundeseinheitlich vereinbart)	*GVKostGr*
Gerichtsvollzieherordnung. Gültig ab 1.4.1980 (bundeseinheitlich vereinbart)	*GVO*
Ges. d. Alliierten Hohen Kommission	*AHKG*
Ges. ü. d. Angelegenheiten d. Freiwilligen Gerichtsbarkeit	*FGG*
Ges. z. Vereinheitlichung u. Neuregelung d. Besoldungsrechts in Bund u. Ländern	**BesVNG**
Geschäftsanweisung f. d. Behandlung d. Grundbuchsachen	**GBGA**
Geschäftsanweisung f. Gerichtsvollzieher. Gültig ab 1.4.1980 (bundeseinheitl. vereinbart)	*GVGA*
Geschäftsführung ohne Auftrag	*GoA*
Geschäftsgang	*GG*
Geschäftsordnung	*GO*
Geschäftsplanmäßige Erklärung	**GE**
Geschäftsstelle	*GSt*
Geschäftsverteilungsplan	*GeschVPl*
Geschäftszeichen	*GeschZ*
gesehen wie oben	*g.w.o.*
Gesellschaft bürgerlichen Rechts	*GbR*
Gesellschaft für musikalische Aufführungs- und mechanische Vervielfältigungsrechte	**GEMA**
Gesellschaft mit beschränkter Haftung im Aufbau	*GmbH i.A.*
Gesellschaft mit beschränkter Haftung in Gründung	*GmbH i.G.*
Gesellschaft mit beschränkter Haftung und Compagnie	*GmbH u.Co.*

Gesellschaft mit beschränkter Haftung	GmbH
Gesellschaft	Ges.; G
Gesetz zur Änderung des Lastenausgleichsgesetzes	ÄndG LAG
Gesetzbuch	GB
Gesetz	Ges.; G
Gesetzliche Krankenversicherung	**GKV**
Gesetzliche Rentenversicherung	GRV
gesetzlich	ges.
Gewerbeaufsichtsamt	GewAA
Gewerbezentralregister	**GZR**
Gläubiger	Gl.
gleicher Ansicht	gl. A.
gleicher Meinung	gl. M.
Gliederungs-Nummer	Gl.-Nr.
Goltdammer's Archiv für Strafrecht (1953 ff.: vorher: Dt. Strafrecht)	GA
Großer Senat in Strafsachen	GrSSt
Großer Senat in Zivilsachen	GrSZ
Großer Senat	GS
Grundbuchamt	GBA
Grundbuch	GB
Grundsätze d. anwaltlichen Standesrechts (festgest. v. d. Bundesrechtsanwaltskammer am 21.6.1973)	RichtlRA
Grundsätze f. d. Beschaffung u. Verwaltung v. Dienstgerät u. Verbrauchsgegenständen (§ 98 Abs. 2 GGO I = GGO I, Anl. 4)	**DgVbg**
Grundsätze ordnungsmäßiger Buchführung	GoB
Grundsätze ordnungsmäßiger Speicherbuchführung, Schreiben d. BMF v. 5.7.1978. Anl. (VSF S 09 37)	**GoS**
grundsätzlich	grds.
Gruppierungsplan = Anl. 2 zu den VV-HB	**GPl**
Gute Laborpraxis = Good Laboratory Practice	**GLP**

H

Haager Konferenz f. internationales Privatrecht	**HKIP**
Halbsatz	Halbs.; Hs.
Hamb. Welt-Wirtschafts-Archiv	**HWWA**
Hamburg (hamburgisch)	Hmb.; HA
Handbuch	Hdb.
Handelskammer	HK
Handelsorganisation (DDR)	HO
Handelsregister	HReg
Handwerkskammer	HwK
Handwörterbuch	Hdw.
Hanseatisches Oberlandesgericht	HOLG
Hauptausschuss d. Parlamentarischen Rates	HA
Hauptgeschäftsführer	HGF

1. Allgemeine Abkürzungen, Behörden und Körperschaften

Hauptversorgungsamt	*HVA*
Hauptverwaltung d. Deutschen Bundesbahn	**HVB**
Hauptzollamt	**HZA**
Haushaltsbegleitgesetz	**HBegleitG**
Haushaltsgesetz	*HG; HhG*
Haushaltsplan	*HPl*
Haushaltsstelle	**HSt**
Haushaltsstrukturgesetz	**HStrG**
Haushaltsüberwachungsliste	*HÜL*
Hauszinssteuer	*HauszSt*
Haut commissaire pour les réfugiés; High Commissioner for Refugees	*HCR*
Herausgeber	*Hrsg.*
herausgegeben	*hrsg.*
herrschende Lehre	*h.L.*
herrschende Meinung	*h.M.*
herrschende Rechtsprechung	*h.Rspr.*
Hessen (hessisch)	*Hess.; HE*
Hessisches Ausführungsgesetz	*HAG*
Hochschule für öffentliche Verwaltung	**HföV**
Hypothekengewinnabgabe	*HGA*

I

ibidem	*ibid.*
id est	*i.e.*
Ifo-Institut f. Wirtschaftsforschung	**IfO**
im Auftrag	*i.A.*
im einstweiligen Ruhestand	*i.e.R.*
im engeren Sinne	*i.e.S.*
im Ruhestand	*i.R.*
im Sinne von	*i.S.*
im weiteren Sinne	*i.w.S.*
in casu	*i.c.*
in der Fassung der Bekanntmachung	*i.d.F.d.Bek.*
in der Fassung	*i.d.F.*
in der Regel	*i.d.R.*
in fine	*i.f.*
in Liquidation	*i.L.*
in Sachen	*i.S.*
in Verbindung mit	*i.V.m.*
in Vertretung	*i.V.*
Industrie- u. Handelskammer	**IHK**
Informationstechnik	*IT*
Innungskrankenkasse	*IKK*
Inspektor	*I*
Inspektor	*Insp.*
Institut d. Wirtschaftsprüfer	**IdW**

Institut f. medizinische u. pharmazeutische Prüfungsfragen [Mainz]	IMPP
Institut international pour l'unification du droit privé	Unidroit
Inter-Gouvernmental Maritime Consultative Organization	IMCO
Intergovernmental Committee for Migration [Zwischenstaatl. Komitee f. Wanderung]	ICM
Intergovernmental Copyright Committee	ICC
Interministerieller Ausschuss z. Koordinierung d. Datenverarbeitung in d. Bundesverwaltung	IMKA
Interministerieller Ausschuss	IMA
International Air Transport Association	*IATA*
International Atomic Energy Agency (s.a. IAEO)	IAEA
International Bank for Reconstruction and Development (World Bank) [Internationale Bank f. Wiederaufbau u. Entwicklung]	IBRD
International Bar Association	IBA
International Chamber of Commerce	ICC
International Civil Aviation Organization [Internationale Zivilluftfahrt-Organisation]	ICAO
International Commercial Terms [1953 neu gefaßt]	*Incoterms*
International Commission of Jurists	ICJ
International Committee of the Red Cross	ICRC
International Court of Justice	ICJ
International Criminal Police Organization (s.a. INTERPOL)	ICPO
International Development Association	IDA
International Finance Corporation	IFC
International Fiscal Association	IFA
International Fund for Agricultural Development	IFAD
International Institute for the Unification of Private Law	UPL
International Labour Organization (s.a. IAO)	ILO
International Law Association	*ILA*
International Law Commission (s.a. CDI)	ILC
International Maritime Organization	IMO
International Maritime Satellite Organization [Internationale Seefunksatelliten-Organisation]	INMARSAT
International Monetary Fund (s.a. IWF)	IMF
International Narcotics Control Board	INCB
International Organization for Standardization	ISO
International Refugee Organization	*IRO*
International Statistical Institute	ISI
International Telecommunications Satellite Organization [Internationale Fernmeldesatellitenorganisation]	INTELSAT
International Tracing Service	ITS
Internationale Arbeitsorganisation [International Labour Organization]	IAO
Internationale Atomenergie-Organisation [International Atomic Energy Agency]	IAEO
Internationale Energie-Agentur [International Energy Agency]	IEA
Internationale Juristen-Kommission	IJK

1. Allgemeine Abkürzungen, Behörden und Körperschaften   Kir

Internationale Kriminalistische Vereinigung	IKV
Internationale Kriminalpolizeiliche Organisation (s.a. ICPO, OIPC)	INTERPOL
Internationaler Genossenschaftsbund	IGB
Internationaler Gerichtshof [Weltgerichtshof] (s.a. ICJ, CIJ)	IGH
Internationaler Gewerkschaftsbund	IGB
Internationaler Suchdienst	ISD
Internationaler Währungsfonds (s.a. IMF, FMI)	IWF
Internationales Arbeitsamt	IAA
Internationales Komitee d. Roten Kreuzes	IKRK
Internationales Privatrecht	IPR
Internationales Seeschifffahrtsregister	ISR
Internationales Statistisches Institut	ISI
International	Int.

J

Jahrbuch	Jb.
Jahresarbeitsverdienst	JAV
Jahrgang	Jg.
Jewish Restitution Successor Organization	JRSO
Jewish Trust Corporation for Germany	JTC
Journal	J.
Jugendamt	JA
Juristische Person	j.P.
Juristisches Informationssystem	JURIS
Justizblatt	JBl
Justizergänzungsbestimmungen	JEB
Justizrat	JR
Justizvollzugsbestimmungen	JVB

K

Kalenderjahr	Kj.
Kammer f. Handelssachen	KfH
Kammergericht	KG
Kammer	K
Kanzleianweisung (§§ 31, 45 GGO I = GGO I, Anl. 2)	KzlA
Kanzlei	Kzl.
Kapitel	Kap.
Kassenärztliche Vereinigung	KV
Kassenarztrecht	KAR
Kassenordnung	KO
Katasteramt	KatA
Kehr- u. Überprüfungsgebührenordnung [in den meisten Ländern]	KÜGebO; KÜGO; KÜO
Kindesmutter	KM
Kirchengemeindeordnung	KirchGO

Kirchengesetz	*KG*
Kirchenverfassung	*KV*
Kirchlicher Angestelltentarif [der einzelnen evang. Landeskirchen]	**KAT**
Kirchliches Amtsblatt	*KABl*
Kläger(in)	*Kl.*
Knappschaft	*Kn.*
knappschaftliche Rentenversicherung	*knRV*
Knappschaftsversicherung	*KnV*
Körperschaft d. öffentlichen Rechts	*KdöR*
Kommanditgesellschaft auf Aktien	*KGaA*
Kommanditgesellschaft	*KG*
Kommission z. Ermittlung d. Konzentration i. Medienbereich	**KEK**
Kommission zur Überprüfung u. Ermittlung d. Finanzbedarfs der Rundfunkanstalten	**KEF**
Kommission	*Komm.*
Kommissionsbericht	*KommBer*
Kommissionsdokument(e)	*KOM*
Kommissionsentwurf	*KE*
Kommunale Gemeinschaftsstelle f. Verwaltungsvereinfachung	*KGSt*
Kommunalverfassung	*KV*
Konferenz d. Direktoren d. Landesmedienanstalten	**KDLM**
Konferenz über Sicherheit u. Zusammenarbeit in Europa	**KSZE**
Konkordat	*Konk.*
Konkursausfallgeld	*Kaug.*
Konkursgläubiger	*KonkGl*
Konkurs	*Konk.*
Kontrollratsgesetz	*KRG*
Konvention	*Konv.*
Konzessionsabgabe	*KA*
Kooperationsausschuss ADV Bund Länder Kommunaler Bereich	*KoopA ADV*
Koordinierungs- u. Beratungsstelle d. Bundesregierung f. Informationstechnik i. d. Bundesverwaltung im Bundesministerium d. Innern	**KBSt**
Kostenverfügung (bundeseinheitlich vereinbart)	**KostVfg**
Kraftfahrt-Bundesamt	**KBA**
Kraftfahrzeug	*Kfz.*
Krankenkasse	*KK*
Krankenversicherung der Rentner	*KVdR*
Krankenversicherung	**KrV**
Kreditanstalt für Wiederaufbau	**KfW**
Kreditgewinnabgabe	*KGA*
Kreisjugendamt	*KJA*
Kriegsbeschädigter	*KB*
Kriegsdienstbeschädigung	*KDB*
Kriegsschadenrente	*KSR*
Kriminalpolizeiamt	*KPA*
Kriminalpolizeiliche personenbezogene Sammlungen	*KpS*

1. Allgemeine Abkürzungen, Behörden und Körperschaften   Lei

künftig umzuwandelnde Stelle	ku-Stelle
künftig wegfallende Stelle	kw-Stelle
Kurzarbeitergeld	Kug.
Kurzarbeiterunterstützung	KU

L

Land Sachsen-Anhalt	LSA
Landesamt f. Datenverarbeitung u. Statistik Nordrhein-Westfalen	LDS
Landesamt f. Umwelt, Naturschutz u. Geologie [Mecklenburg-Vorpommern]	**LUNG**
Landesamt	LA
Landesanstalt für Kommunikation	**LfK**
Landesarbeitsamt	LAA
Landesarbeitsgericht	LAG
Landesausgleichsamt	LAA
Landesfinanzamt	LFA
Landesgesetz	LG
Landeshaushaltsgesetz	**LHG**
Landesjugendamt	LJA
Landeskriminalamt	LKA
Landeskriminalpolizeiamt	LKPA
Landeskriminalpolizei	LKP
Landespersonalamt	LPA
Landespersonalausschuss	LPersA
Landesrechnungshof	LRH
Landessozialgericht	LSG
Landesverordnung	LV; LVO
Landesversicherungsamt	LVAmt
Landesversicherungsanstalt	LVA
Landesversorgungsamt	LVersorgA
Landesverwaltungsamt	LVwA
Landesverwaltungsgericht	LVG
Landeszentralbank	LZB
Landgericht	LG
Landgerichtspräsident	LGPr
Landkreis	Lkr.
Landrat	LdR
Landtag	LT
Landwirtschaftliche Alterskasse	LAK
Landwirtschaftliche Krankenversicherung	LKV
Landwirtschaftliche Produktionsgenossenschaft (DDR)	LPG
Landwirtschaftsgericht	**LWG**
Landwirtschaftskammer	LK; LwK
Lastenausgleich	LA
Lebensversicherung	LV
Leitender Oberstaatsanwalt	LOStA

Leitender Regierungsdirektor	*LRegDir; LtdRDir*
Leitender Senatsrat	*LSenR*
Leitpostamt	*LPA*
Leitsatz	*LS*
littera (Buchstabe)	*lit.*
loco citato	*l.c.*
Lohnsteuer	*LSt*
Luftfahrt-Bundesamt	**LBA**

M

Manteltarifvertrag	*MTV*
Marburger Bund	**MB**
Marktordnung	*MO*
Maßnahmen zur beruflichen und sozialen Eingliederung junger Ausländer	*MBSE*
Mecklenburg-Vorpommern	*M-V*
Medienanstalt Berlin-Brandenburg	**MABB**
Mehrwertsteuer	*MwSt*
Militärischer Abschirmdienst	**MAD**
Minderjährige(r)	*Mj.*
minderjährig	*mj.*
Minderung der Erwerbsfähigkeit	*MdE*
Ministerialblatt [Die einzelnen Ministerialblätter siehe unten bei der systematischen Zusammenstellung der Gesetz- und Amtsblätter]	*MBl*
Ministerialdirektor	*MinDir*
Ministerialentschließung	*ME*
Ministerialentwurf	*ME*
Ministerialerlass	*ME*
Ministerialrat	*MinR*
Ministerpräsident	*MPr*
Minsterialdirigent	*MinDirig*
mit d. Wahrnehmung d. Geschäfte beauftragt	*m.d.W.d.G.b.*
mit der Bitte um Kenntnisnahme	*m.d.B.u.K.*
mit weiteren Nachweisen	*m.w.N.*
mit Wirkung vom	*m.W.v.*
Mitglied d. Deutschen Bundestags	*MdB*
Mitglied d. Landtags	*MdL*
Mitglied d. Reichstags	*MdR*
Mitglied d. Senats	*MdS*
Mitglied des Europäischen Parlaments	*MdEP*
Mitteilung(en)	*Mitt.*
Mitteilungsblatt	*MittBl*
Monatsschrift	*Mschr.*
Motive	*Mot.*
Multilaterale Investitions-Garantie-Agentur	*MIGA*
Musterentwurf	*ME*

1. Allgemeine Abkürzungen, Behörden und Körperschaften   Obe

Mutual and Balanced Force Reductions	MBFR

N

nach Rückkehr weglegen	n.R.wegl.
nach Rückkehr zu den Akten	n.R.z.d.A.
Nachlaßgericht	NachlG
Nachtrag	Nachtr.
Nachtragshaushaltsgesetz	NHG
neue Fassung	n.F.
neue Folge	N.F.
Neufassung	Neuf.
Neuordnungsgesetz, Gesetz z. Neuordnung	NOG
Neuregelungsgesetz, Gesetz z. Neuregelung	NG
New International Economic Order	NIEO
nichtehelich	n.e.
Nichtregierungsorganisation(en) (s.a. NGO)	NRO
Niedersachsen (niedersächsisch) [in Zusammensetzungen]	N
Niedersachsen (niedersächsisch)	Nds.; ND
Niedersächsisches Landesamt f. Bodenforschung	**NLfB**
Non-Governmental Organizations [Nichtregierungsorganisationen]	NGO
Nordrhein-Westfalen	NRW; NW
Normenausschuss	NA
North Atlantic Treaty Organization	**NATO**
Notar	Not.
Novelle	Nov.
Nuclear Energy Agency	NEA
Nummer	Nr.
nur f. d. Dienstgebrauch	NfD

O

oben angegeben, oben angeführt	o.a.
Oberamtmann	OAmtm
Oberamtsrat	OAR
Oberbergamt	OBA
Oberbürgermeister	OB
Oberbundesanwalt beim Bundesverwaltungsgericht	**OBA**
Oberfinanzdirektion	**OFD**
Oberfinanzkasse	OFK
Oberfinanzpräsident	OFPr
Oberinspektor	OI
Oberjustizrat	OJR
Oberkreisdirektor	OKD
Oberlandesgericht	OLG
Oberlandesgerichtspräsident	OLGPr
Oberpostdirektion	**OPD**

Oberpräsident	*OPr*
Oberrat	*OR*
Oberregierungsrat	*ORR*
Oberreichsanwalt	*ORA*
Oberstaatsanwalt	*OStA*
Oberstadtdirektor	*OStD*
Oberster Gerichtshof [Österreich]	*OGH*
Oberster Gerichtshof f. d. Britische Zone	*OGH BrZ*
Oberstes Gericht d. Deutschen Demokratischen Republik	*OG*
Oberstes Rückerstattungsgericht	**ORG**
Obertribunal	*ObTrib*
Oberversicherungsamt	*OVA*
Oberverwaltungsgericht	*OVG*
Öffentlich bestellter Vermessungsingenieur	*ÖbVermIng*
Öffentliche Dienste, Transport u. Verkehr [Gewerkschaft]	**ÖTV**
Österreich, österreichisch	*Öst.; öst.*
Offene Handelsgesellschaft	*OHG*
Office européen des brevets	**OEB**
Office franco-allemand pour la jeunesse (s.a. DFJW)	**OFAJ**
ohne Gründe	*o.Gr.*
Online Public Access Catalogue	*OPAC*
Ordnung [in Zusammensetzungen]	*O*
Organe international de controle des stupéfiants	**OICS**
Organisation de coopération et de développement économiques	**OCDE**
Organisation de l'aviation civile internationale	**OACI**
Organisation des Nations Unies (s.a. VN)	**ONU**
Organisation des Nations Unies pour l'alimentation et l'agriculture (s.a. FAO)	**OAA**
Organisation des Nations Unies pour l'education, la science et la culture (s.a. UNESCO)	**ONUESC**
Organisation des Nations Unies pour le développement industriel	**ONUDI**
Organisation du traité de l'Atlantique nord (s.a. NATO)	**OTAN**
Organisation européenne pour la sécurité de la navigation aérienne	*EUROCONTROL*
Organisation intergouvernementale consultative de la navigation maritime	**OMCI**
Organisation intergouvernementale pour les transports internationaux ferroviaires [Zwischenstaatliche Organisation für den internationalen Eisenbahnverkehr]	**OTIF**
Organisation internationale de police criminelle (s.a. INTERPOL)	**OIPC**
Organisation internationale du travail (s.a. IAO)	**OIT**
Organisation maritime internationale	**OMI**
Organisation mondiale de la propriété intellectuelle (s.a. WIPO)	**OMPI**
Organisation mondiale de la santé (s.a. WHO)	**OMS**
Organization for Economic Cooperation and Development	

[Organisation f. wirtschaftl. Zusammenarbeit u. Entwicklung]	**OECD**
Organization of Petroleum Exporting Countries	**OPEC**
Orientierungssatz	*OS*
Ortskrankenkasse	*OKK*

P

pagina	*p.*
Parlamentarischer Rat	*ParlR*
Patentanwalt	*PatAnw*
Patentgerichtshof [Österreich]	*PGH*
Pensions-Sicherungsverein auf Gegenseitigkeit	*PSVaG*
Permanent Court of International Justice	**PCIJ**
Person mit häufig wechselndem Geschlechtsverkehr	*hwG-Person*
Polizei	*Pol.*
Polizeipräsident	*PolPr*
Polizeiverordnung	*PolV*
positive Forderungsverletzung	*p.F.*
positive Vertragsverletzung	*p.V.; p.Vv.*
Präsident [ggf. nebst Anfügung der Behörde]	*Pr.*
Präsident d. Bundesrechnungshofes	*PrBRH*
Preisgesetz	*PrG*
Presse- u. Informationsamt d. Bundesregierung	**BPA**
Preußen	*PR*
Preußischer Dienststrafhof	*PrDStH*
Preußischer Disziplinarhof	*PrDH*
preußisch	*Pr.*
Private Krankenversicherung	**PKV**
Privatunfallversicherung	*PUV*
Produktionsgenossenschaft d. Handwerks [DDR]	*PGH*
Programme alimentaire mondial	**PAM**
Proklamation	*Prokl.*
Protection and Indemnity Versicherung	*P&I-Versicherung*
Protokoll(e)	*Prot.*
Prozessbevollmächtigter	*ProzBev*
Public relations	*PR*

R

Rahmenstudienordnung	**RaStO**
Rahmentarifvertrag	*RTV*
Randnummer	*Rn.*
Randzahl	*Rz.*
Rat f. gegenseitige Wirtschaftshilfe [engl.: COMECON]	**RGW**
Rationalisierungskuratorium d. deutschen Wirtschaft	*RKW*
Rechnungshof	*RH*
Rechnungsjahr	*Rj.*

Rechtsanwälte	RAe
Rechtsanwältin, Rechtsanwältinnen	RAin; RAinnen
Rechtsanwalt und Notar	RAuN
Rechtsanwalt	RA
Rechtsbehelfstelle	RbSt
Rechtsbescheid	RBesch
Rechtsentscheid	RE
rechtskräftig	rkr.
Rechtsprechung	Rspr
Rechtssache	Rs.
Rechtsverordnungen d. Präs. d. Bundesausgleichsamtes z. Durchf. d. Beweissicherungs- u. Feststellungsgesetzes	**BAA-BFDV**
Rechtsverordnungen d. Präs. d. Bundesausgleichsamtes z. Durchf. d. Lastenausgleichsgesetzes	BAA-LeistungsDV-LA
Redaktion, Redaktor	Red
Referat	Ref.
Referentenentwurf	RE
Referent	Ref.
Regelung	Regel.
Regierender Bürgermeister	RBgm
Regierung	Reg.
Regierungsbezirk	RegBez
Regierungsblatt	RegBl
Regierungsdirektor	RegDir
Regierungsentwurf	RegE
Regierungspräsident	RegPr
Regierungspräsidium	RegPr
Regierungsrat	RR
Register	Reg.
Registraturanweisung (§ 19 Abs. 3 GGO I = GGO I, Anl. 1)	**RegA**
Reglement	Regl.
Regulativ	Regl.
Reich (s) –, Recht (s) –, Rat [In zusammengesetzten Wörtern]	R
Reichsarbeitsgericht	RAG
Reichsdienststrafhof	**RDStH**
Reichsdisziplinarhof	RDiszH
Reichsfinanzhof	RFH
Reichsgericht – Vereinigte Zivilsenate	RGVZ
Reichsgericht	RG
Reichsgerichtsrat	RGR
Reichsgesetz	RG
Reichsgesundheitsamt	RGesA
Reichskriegsgericht	RKG
Reichsminister(ium)	RM
Reichsoberhandelsgericht	ROHG
Reichspatentamt	RPA
Reichsregierung	RReg
Reichsversorgungsgericht	RVG
Reichsverwaltungsgericht	RVG

1. Allgemeine Abkürzungen, Behörden und Körperschaften　　　　　　Sen

Reichswirtschaftsgericht	*RWG*
Rentenanpassungsgesetz	**RAG**
Rentenversicherung	*RV*
Rentenversicherungs-Änderungsgesetz [im einzelnen nicht aufgeführt]	**RVÄndG**
Revision	*Rev.*
Rezension	*Rez.*
Rheinland-Pfalz	*Rh.-Pf.; RP*
Rheinschifffahrtsobergericht	*RhSchOG*
Richter am ... (folgt abgekürzte Bezeichnung d. Gerichts)	*Ri ...*
Richtlinie(n)	*RL*
Rückerstattung	*RE*
Rücksprache erbeten [in Akten]	*R*
Runderlass	*RdErl*
Rundfunkfinanzierungsstaatsvertrag	**RFinStV**
Rundfunkgebührenstaatsvertrag	**RGebStV**
Rundfunkstaatsvertrag	**RStV**
Rundschreiben	*RdSchr*
Rundverfügung	*RdVfg*

S

Saarländisches Ausführungsgesetz	*SAG*
Saarland	*SL*
Sachbezugsverordnung 19 ..	**SachBezV 19..**
Sachsen; sächsisch	*SACH; sächs.*
Sammel- und Nachschlagewerk der Rechtsprechung des Bundesverwaltungsgerichts. hrsg. v. K. Buchholz (LoseblSlg)	*Buchholz*
Sammlung (d. Rechtsprechung des EuGH)	*Slg.*
Sammlung der Rechtsprechung des Gerichtshofs (EuGH) – Öffentlicher Dienst	*Slg. ÖD*
Satz; Seite	*S.*
Satzung d. Vereinten Nationen	*SVN*
Schengener Durchführungsübereinkommen	*SDÜ*
Schiedsgericht	*SchiedsG*
Schiedsmann	*Schm*
Schienenpersonennahverkehr	**SPNV**
Schlechtwettergeld	*SWG*
Schleswig-Holstein	*SH*
Schlußanträge	*SA*
Schöffengericht	*SchöffG*
Schuldner	*Sch.*
Schule für Verfassungsschutz	**SfV**
Schwurgericht	*SchwG*
scilicet	*sc.*
Seeamt	*SeeA*
Senat	*Sen.*
Senatsrat	*SenR*

Service international de recherches	*SIR*
Sicherungsverwahrung	*SV*
siehe auch	*s.a.*
siehe	*s.*
Société européenne, Societas Europaea [Europäische Aktiengesellschaft]	*SE*
Sonderband	*Sb.*
Sonderbestimmungen f. d. Strafvollzugsverwaltung	**HRZ Vollz**
Sonderregelungen	*SR*
Sowjet. Militäradministration in Deutschland	**SMAD**
Sozialgericht	*SG*
Sozialversicherungsabkommen	*SVA*
Spalte	*Sp.*
Speditionsversicherungsschein	*SVS*
Staaten Afrikas, der Karibik u. des Pazifiks (Mitgliedstaaten der Lomé-Abkommen)	*AKP-Staaten*
Staatliches Vertragsgericht (DDR)	*StVG*
Staats (s-) [in zusammengesetzten Wörtern:]	*St...*
Staatsanwalt(schaft)	*StA*
Staatsgerichtshof	*StGH*
Staatskanzlei	*StK*
Staatsminister(ium)	*StM*
Staatssekretär d. Bundeskanzleramtes	*StBK*
Staatssekretär	*StSekr*
ständige Rechtsprechung	*stRspr*
Ständiger Internationaler Gerichtshof [engl.: Permanent Court of International Justice]	*StIGH*
Standortverwaltung	*StOV*
Statistisches Bundesamt	**StBA**
Stellvertreter des Bundeskanzlers	*StvBK*
Stenographischer Bericht	*StenBer*
Steuer-	*St...*
Steueränderungsgesetz...	**StÄndG...**
Steuerberater	*Stb*
Steuerbevollmächtigter	*Stbev.; Stbv.*
Steuerklasse	*StKl*
Steuerpflichtiger	*Stpfl.*
Steuerschuldner	*StSch*
Stiftung Preußischer Kulturbesitz	**SPK**
Stille Gesellschaft	*StG*
Straf-	*St...*
Strafkammer	*StK*
Strafrechtsänderungsgesetz	**StRÄndG**
Strafsenat	*StS*
Straßenbau- u. Verkehrsdirektion	*StrVkD*
Straßenverkehrsamt	*StrVkA*
Straßenverkehrsdirektion	*StrVkD*
streitig	*str.*

T

Täter-Opfer-Ausgleich	*TOA*
Tagesordnungspunkt	*TOP*
Tagesordnung	*TO*
Tarifgemeinschaft deutscher Länder	**TDL**
Tarifnummer	*TNr*
Tarifordnung	*TO*
Tarifregister	*TReg*
Tarifvertrag	*TV*
Technische Anleitung	**TA**
Technische Dienstvorschrift	*TDv*
Technischer Überwachungsverein	*TÜV*
Teil	*T.*
Telekommunikation	*TK*
Termin	*T.*
Textzahl	*Tz.*
The International Oil Pollution Compensation Fund [Internationaler Entschädigungsfonds f. Ölverschmutzungsschäden]	**IOPC Fund**
Thüringen (thüringisch)	*TH; thür.*
Titel	*Tit.*
tome	*t.*
tomus	*t.*
Trennungsentschädigung	*TrE*
Treuhandanstalt	*THA*
Treuhandstelle f. Industrie u. Handel	**TSI**
Truppendienstgericht	*TDiG*

U

Übereinkommen	*Übk.*
Überleitungsgesetz, Gesetz z. Überleitung	*ÜblG*
Überleitungsverordnung	*ÜblV*
Übernahmestelle	*ÜSt*
Umdruck	*Umdr.*
Umweltbundesamt	**UBA**
Umweltverträglichkeitsprüfung	*UVP*
und dergleichen	*u. dgl.*
Unfallverhütungsvorschrift	*UVV*
Unfallversicherung	*UV*
Union de l'Europe occidentale	**UEO**
United Nations (s.a. VN)	**UN**
United Nations Commission on International Trade Law [Kommission d. VN f. Internationales Handelsrecht]	**UNCITRAL**
United Nations Conference on the Law of the Sea	**UNCLOS**
United Nations Conference on Trade and Development [Welthandelskonferenz]	**UNCTAD**

United Nations Educational, Scientific and Cultural Organization [Organisation d. VN f. Erziehung, Wissenschaft u. Kultur]	**UNESCO**
United Nations Environment Programme [Programm d. VN f. d. Umweltschutz]	**UNEP**
United Nations High Commissioner for Refugees	**UNHCR**
United Nations Industrial Development Organization [Organisation d. VN f. industrielle Entwicklung]	**UNIDO**
United Nations International Children's Emergency Fund	**UNICEF**
United Nations Organization	**UNO**
United Restitution Organization (jetzt: United Restitution Office)	**URO**
Universal Postal Union, Union postale universelle	**UPU**
unstreitig	*unstr.*
unter Rückerbittung; urschriftlich gegen Rückgabe	*UR; U.R.*
unter Umständen	*u.U.*
Unterabsatz	*UAbs*
Unterabschnitt	*UAbschn*
Unterhaltshilfe-Anpassungsverordnungen-LAG	**UhAnpV**
Unterstützungsgrundsätze	*UGr*
Urkunde	*Urk.*
Urkundsbeamter der Geschäftsstelle	*UdG*
Urschriftlich	*U*
Urteil	*Urt.*

V

Veranlagungs-Verwaltungsstelle	*VVSt*
Veranlagungszeitraum	*VZ*
Verband d. Haftpflichtversicherer, Unfallversicherer, Autoversicherer u. Rechtsschutzversicherer	**HUK-Verband**
Verband der Angestelltenkrankenkassen	*VdAK*
Verband deutscher Elektrotechniker	*VDE*
Verband deutscher Rentenversicherungsträger	*VDR*
Verbindungsleute	*V-Leute*
vereidigter Buchprüfer	*vBP*
Verein Deutscher Ingenieure	*VDI*
Vereinbarung	*Vbg.*
Vereinfachungsanordnumg, Anordnung z. Vereinfachung	*VeinfAnO*
Vereinfachungsbekanntmachung, Bekanntmachung z. Vereinfachung	*VeinfBek*
Vereinfachungsbestimungen, Bestimmungen z. Vereinfachung	*VeinfBest*
Vereinfachungsgesetz, Gesetz z. Vereinfachung	*VeinfG*
Vereinfachungsverordnung, Verordnung z. Vereinfachung	*VeinfV*
Vereinfachungsvorschrift, Vorschrift z. Vereinfachung	*VeinfVschr*
Vereinheitlichungsanordnung, Anordnung z. Vereinheitlichung	*VeinhAnO*
Vereinheitlichungsbekanntmachung, Bekanntmachung z. Vereinheitlichung	*VeinhBek*

1. Allgemeine Abkürzungen, Behörden und Körperschaften — Ver

Vereinheitlichungsbestimmungen, Bestimmungen z. Vereinheitlichung	*VeinhBest*
Vereinheitlichungsgesetz, Gesetz z. Vereinheitlichung	*VeinhG*
Vereinheitlichungsverordnung, Verordnung z. Vereinheitlichung	*VeinhV*
Vereinheitlichungsvorschriften, Vorschriften z. Vereinheitlichung	*VeinhVschr*
Vereinigte Evangelisch-Lutherische Kirche Deutschlands	*VELKD*
Vereinigter Großer Senat	*VGS*
Vereinigtes Wirtschaftsgebiet	*VWG*
Vereinigung d. kommunalen Arbeitgeberverbände	**VKA**
Vereinte Nationen	*VN*
Verfahren z. Automation d. Gerichtskosten- u. -kassenwesens u. d. Geldstrafenvollstreckung	**JUKOS**
Verfahren	*Vf.*
Verfassungsgerichtshof	*VfGH; VGH*
Verfassung	*Verf.*
Verfügung z. Änderung	*ÄndVfg*
Verfügung z. Durchführung	*DVfg*
Verfügung	*Vfg.*
Vergabehandbuch f. d. Durchführung v. Bauaufgaben d. Bundes im Zuständigkeitsbereich d. Finanzbauverwaltungen, Ausgabe 1973	**VHB**
vergleiche	*vgl.*
Vergütungs-Tarifvertrag	*VergTV*
Vergütungsgruppe	*VergGr*
Vergütungsordnung = Anl. 1 a zum Bundes-Angestelltentarifvertrag	*VergO*
Verhandlung(en)	*Verh.*
Verkehrsgerichtstag	*VGT*
Verlängerungsanordnung, Anordnung z. Verlängerung	*VlAnO*
Verlängerungsbekanntmachung, Bekanntmachung z. Verlängerung	*VlBek*
Verlängerungsbestimmungen, Bestimmungen z. Verlängerung	*VlBest*
Verlängerungsgesetz, Gesetz z. Verlängerung	*VlG*
Verlängerungsverordnung, Verordnung z. Verlängerung	*VlV*
Verlängerungsvorschriften, Vorschriften z. Verlängerung	*VlVschr*
Verlängerung	*Verl.*
Veröffentlichung(en)	*Veröff.*
Verordnung auf d. Gebiete d. Preisrechts [folgt Nr. u. Jahr, z.B. 7/52]	*VO PR*
... Verordnung ü. Ausgleichsleistungen nach d. Lastenausgleichsgesetz	*... LeistungsDV-LA*
Verordnung z. Durchf. d. Gesetzes ü. einen Währungsausgleich f. Sparguthaben Vertriebener	**WAG-DV**
Verordnung zur Verlängerung	*VlV*
Verordnungen ü. Ausgleichsleistungen	*LeistungsDV-LA*
Verordnungen ü. d. anzurechnende Einkommen nach d. Bundesversorgungsgesetz	*Anrechnungs-VO...*

Verordnungen z. Änderung d. Bundespflegesatzverordnung	PflÄndV
Verordnungen z. Ausführung d. Rechtsberatungsgesetzes	... RBerV
Verordnungen z. Durchführung d. Beweis- u. Sicherstellungsgesetzes	BFDV
Verordnungen z. Durchführung d. Bundes-Immissionsschutzgesetzes	BImSchV
Verordnungen z. Durchführung d. Bundesrückerstattungsgesetzes	DV-BRüG
Verordnungen z. Durchführung d. Feststellungsgesetzes	FeststellungsDV
Verordnungen z. Sprengstoffgesetz	SprengV
Verordnungen z. Waffengesetz	WaffV
Verordnungsblatt	VBl
Verordnung	V; VO
Verpflichtungsermächtigung	VE
Verschlusssache	VS
Versicherungsamt	VersA; VA
Versicherungsanstalt Berlin	VAB
Versicherungsnehmer	VN
Versicherungsträger	VersTr; VTr
Versicherungsunternehmen	VU
Versicherungsverein auf Gegenseitigkeit	VVaG
Versorgungsamt	VersorgA
Versorgungsanstalt d. Bundes u. d. Länder	**VBL**
versus	v.
Vertrag	Vtr.
Vertrauensärztlicher Dienst	VÄD
Vertrauensleute	V-Leute
Vertreter d. öffentlichen Interesses	VdöI
Vertreter	Vertr.
Verwaltungsakt	VA
Verwaltungsanordnung	VAnO
Verwaltungsanordnung	VwAnO
Verwaltungsbestimmungen	VwBest
Verwaltungsgerichtshof	VGH
Verwaltungsgericht	VG
Verwaltungsprozessordnung [Entwurf]	VwPO
Verwaltungsverfügung	VwVfg
Verwaltungsvorschrift(en)	VwV
Verwaltungsvorschriften z. Jugendstrafvollzug (bundeseinheitlich vereinbart)	VVJug
Verwaltungsvorschriften z. Strafvollzugsgesetz. In Kraft ab 1.1.1977 (bundeseinheitlich vereinbart)	VVStVollzG
Verwaltung	Vw.
Verwertungsgesellschaft	VG
Verzeichnis	Verz.
Vierteljahresschrift	Vjschr.
Vizepräsident	VPr
Volkseigener Betrieb (DDR)	VEB
Volkseigener Erfassungs- und Aufkaufbetrieb (DDR)	VEAB

1. Allgemeine Abkürzungen, Behörden und Körperschaften　　　　　　　　　　Wor

Volkseigener Handel (DDR)	*VEH*
Volksgerichtshof	*VGH*
Vollstreckung	*Vollstr.*
Vollzugsbestimmungen	*VBest*
Vorbemerkung	*VBem*
Vorentwurf	*VE*
vorgelesen, genehmigt, unterschrieben	*v.g.u.*
vorläufig	*vorl.*
Vormundschaftsgerichtshilfe	*VGH*
Vormundschaftsgericht	*VormG*
Vorschriften	*Vschr.*
Vorsitzende(r)	*Vors.*
Vorsitzender d. Bundespersonalausschusses	*VorsBPersA*
Vorsitzender Richter am ... (folgt abgekürzte Bezeichnung d. Gerichts)	*VorsRi...*

W

Wahlperiode	*WP*
Warenzeichen	*WZ*
Wasser- u. Schifffahrtsdirektion	**WSD**
Wehrbeauftragter des Deutschen Bundestages	**WB**
Wehrbereichsverwaltung	*WBV*
Wehrdienstbeschädigung	*WDB*
Weltpostverein	**WPV**
Westeuropäische Union [engl.: Western European Union]	**WEU**
Wiedergutmachungsamt	*WGA*
Wiedergutmachungskammer	*WGK*
Wiedergutmachungssenat	*WGS*
Wiedervorlage am, wiedervorlegen	*Wv.*
Wiener Vertragsrechtskonvention	*WVRK*
Wirtschaftsprüfer	*WP*
Wirtschaftsrecht	*WiR*
Wohnungsamt	*WohnA*
Wohnungsbauförderungsbestimmungen	**WFB**
World Food Programme	**WFP**
World Health Organization [Weltgesundheitsorganisation]	**WHO**
World Intellectual Property Organization [Weltorganisation für geistiges Eigentum]	**WIPO**
World Textile Agreement [Welttextilabkommen, Multifaserabkommen]	*WTA*
World Trade Organization [Welthandelsorganisation]	**WTO**

311

Z

Zeitschrift [in Zusammensetzungen:]	Z
Zeitschrift	Zs.
Zeitung	Ztg.; Z
Zentralblatt	Z; Zbl
Zentrale Adoptionsstelle Berlin-Brandenburg	**ZABB**
Zentraljustizamt f. d. Britische Zone	ZJA
Zentralkommission f. d. Rheinschifffahrt	**ZKR**
Zentralstelle der Länder für Gesundheitsschutz bei Medizinprodukten	**ZLG**
Zentralstelle der Länder für Sicherheitstechnik	**ZLS**
Zentralverband d. Deutschen Handwerks	ZDH
Zentrum für Umweltmessungen u. Umwelterhebungen u. Gerätesicherheit	**UMEG**
Zivilkammer	ZK
Zivilsenat	ZS
Zollamt	ZA
Zollkasse	ZK
Zollkodex	ZK
Zollkriminalinstitut	ZKI
Zolltarif	ZT
zu den Akten	z.d.A.
Zuckersteuervergütungsordnung (=Anl. B zu d. ZuckStDB)	**ZuckStVO**
Zukunftsenergieprogramm plus [Saarland]	**ZEPP**
Zulassung	Zul.
zum Beispiel	z.B.
zum Vorgang	z.V.
zur Anstellung	z.A.
zur Kenntnis	z.K.
zur weiteren Veranlassung	z.w.V.
zur Wiederverwendung	z.Wv.
Zusammenarbeit in der Justiz- u. Innenpolitik	ZJIP
Zusatzvereinbarung	ZVbg
zuständigkeitshalber	zust.
Zweigstelle	ZwSt

2. Empfehlungen für Abkürzungen von Gesetz- und Amtsblättern

Europa

Amtsblatt der Europäischen Gemeinschaft für Kohle und Stahl (1.1952–7.1958,13)	*ABlEGKS*
Amtsblatt der Europäischen Gemeinschaften [Ab 11.1968: Ausgabe C. Mitteilungen und Bekanntmachungen; Ausgabe L. Rechtsvorschriften] (1.1958 ff.)	*ABlEG*
Amtsblatt des Europäischen Patentamts (1.1978 ff.)	*ABl EPA*
Amtsblatt Harmonisierungsamt für den Binnenmarkt (1995 ff.)	**HABM**
Bulletin der Europäischen Gemeinschaften (1.1968 ff.; vorher: Bulletin der Europäischen Wirtschaftsgemeinschaft)	*BullEG*
Bulletin der Europäischen Wirtschaftsgemeinschaft (1958–1967; dann: Bulletin der Europäischen Gemeinschaften)	*BullEWG*
Europäisches Parlament. Verhandlungen. Ausführliche Sitzungsberichte. (1967/68 ff. = Amtsblatt der Europäischen Gemeinschaften, Anh.) (1958 ff.)	*EP-Verh.*
Verhandlungen der Gemeinsamen Versammlung. Ausführliche Sitzungsberichte (= Amtsblatt der Europäischen Gemeinschaft für Kohle und Stahl, Anl.) (1.1953–40.1959)	*ABlEGKS-Verh*

Deutsches Reich

Amtliche Nachrichten des Reichsversicherungsamtes (1.1885–43.1927; dann: Amtliche Nachrichten für Reichsversicherung)	*ANRVA*
Amtliche Sonderveröffentlichungen der Deutschen Justiz (Nr. 1.1933–32.1944)	*SonderveröffDJ*
Amtsblatt der Reichsfinanzverwaltung (1/2.1919/20–27.1945)	**RFBl**
Amtsblatt des Reichspostministeriums (1919,21–1945,16; vorher: Amtsblatt d. Reichs-Postamts)	*ABlRPM*
Die Angestelltenversicherung. Amtl. Nachrichten d. Reichsversicherungsanstalt f. Angestellte (2.1914 ff.:) u. d. Spruchbehörden d. Angestelltenversicherung (1.1913–10.1922; dann:	

Mitteilungen der Reichsversicherungsanstalt für Angestellte)	AVN
Auftragnehmer (1928–1945,2/3; 1928–39 = Reichsarbeitsblatt, T. 4; 1940–45 = Reichsarbeitsblatt, T. 2)	AN
Deutsche Justiz (95. [= 1.] 1933,50– [107.] 13.1945,3; vorher: Preußische Justiz)	DJ
Deutsche Wissenschaft, Erziehung und Volksbildung. Amtsblatt d. Reichs- und Preuß. Ministeriums f. Wissenschaft, Erziehung u. Volksbildung (1.1935–11.1945)	MBlWEV
Deutscher Reichs-Anzeiger und (bis 1918: Kgl.) Preußischer Staats-Anzeiger (1871–1945)	RAnz
Ministerialblatt des Reichs- und Preußischen Ministeriums des Innern (1. [= 97.] 1936–10. [= 106.] 1945; vorher: Ministerialblatt f. d. Preuß. inn. Verwaltung)	MBliV
Ministerialblatt des Reichswirtschaftsministeriums (39.1939–45.1945,3; vorher: Ministerialblatt f. Wirtschaft)	RWMBl
Ministerialblatt für Wirtschaft (36.1936–38.1938; dann: Ministerialblatt d. Reichswirtschaftsministeriums; vorher: Ministerialblatt f. Wirtschaft u. Arbeit [Preußen])	MBlWi
Mitteilungen der Reichsversicherungsanstalt für Angestellte (1923–1945; vorher: Die Angestelltenversicherung)	*MittRfA*
Mitteilungsblatt des Reichskommissars für die Preisbildung (1937–1945)	*MtblRfP*
Reichs-Gesundheitsblatt (1.1926–20.1945,4; vorher: Veröffentlichungen d. Reichsgesundheitsamts)	RGesundhBl
Reichs-Verkehrs-Blatt (1.1920–25.1945; 1921–1925: geteilt in Abt. A u. B; 1929–1933 geteilt in Teil I u. II = Nachrichten f. Luftfahrer; seit 1934 geteilt in A: Reichswasserstraßen u. B: Kraftfahrwesen)	RVkBl
Reichsarbeitsblatt (1.1903–17.1919; N.F. 1.1921–25; N.F. 7.1927 ff.: Aufgliederung in mit röm. Ziffern zu bezeichnende Teile)	RABl
Reichsbesoldungsblatt (1.1922–15.1936; dann: Reichshaushalts- u. Besoldungsblatt)	RBB
Reichsgesetzblatt (1871–1921; dann aufgeteilt in T. I u. II)	RGBl
Reichsgesetzblatt, Teil I (1922–1945)	RGBl I
Reichsgesetzblatt, Teil II (1922–1945)	RGBl II
Reichshaushalts- und Besoldungsblatt (16.1937–24.1945; vorher: Reichsbesoldungsblatt)	*RHBl*
Reichsministerialblatt (51.1923–73.1945; vorher: Zentralblatt f. d. Dt. Reich)	RMBl

2. Gesetz- und Amtsblätter

Reichsministerialblatt der Forstverwaltung (1.1937–7.1944)	**RMBlFv**
Reichsministerialblatt der Landwirtschaftlichen Verwaltung (1.1936–10.1945)	**LwRMBl**
Reichssteuerblatt (10.1920–35.1945; vorher: Amtl. Mitteilungen ü. d. Zuwachssteuer usw.)	**RStBl**
Reichsversorgungsblatt (1921–1945; 1928–1939 = Reichsarbeitsblatt, Teil V; 1940–1945 = Reichsarbeitsblatt, Beil.; vorher: Amtl. Nachrichten d. Reichsarbeitsministeriums)	**RVBl**
Reichszollblatt (15.1920–40.1945; vorher: Nachrichtenblatt f. d. Zollstellen)	**RZBl**
Veröffentlichungen des Reichsaufsichtsamtes (bis 17.1918: des Kaiserlichen Aufsichtsamtes) für die Privatversicherung (1.1902–38.1939)	*RAPVV, VerAfP, VeröffBerlAufsA, VPVA*
Zentralblatt (anfangs: Central-Blatt) für das Deutsche Reich (1.1873–50.1922; dann: Reichsministerialblatt)	*ZBl*

Besatzungszeit

Amtsblatt der Alliierten Hohen Kommission in Deutschland. Official Gazette of the Allied High Commission for Germany. Journal officiel de la Haute Commission Alliée en Allemagne (1949–1955)	*ABlAHK*
Amtsblatt der Alliierten Kommandatura Berlin. Official Gazette of the Allied Kommandatura Berlin. Bulletin officiel de la Kommandatura Interalliée de Berlin (1947–1965)	*ABlAllKdtrBln*
Amtsblatt des Kontrollrats in Deutschland (Nr. 1.1945–19.1948)	*ABlKR*
Gesetzblatt der Verwaltung des Vereinigten Wirtschaftsgebietes (1947,1: Gesetz- u. Verordnungsblatt d. Zweizonen-Wirtschaftsrates; bis 1948,18: Gesetz- u. Verordnungsblatt d. Wirtschaftsrates d. Vereinigten Wirtschaftsgebietes) (1.1947–3.1949,34)	**WiGBl**
Öffentlicher Anzeiger für das Vereinigte Wirtschaftsgebiet (1.1948–2.1949,87)	*ÖffAnz*
Personalblatt. Amtl. Mitteilungsblatt d. Personalamts d. Verwaltung d. Vereinigten Wirtschaftsgebietes (1948–1950)	**PersBl**
Verkehrsblatt (3.1949,24 ff.; vorher: Verkehrsblatt d. Vereinigten Wirtschaftsgebietes)	**VkBl**
Veröffentlichungen des Zonenamtes des Reichsversicherungs-	

amtes (ab 1949: in Abwicklung) für das Versicherungswesen
(1.1947–6.1952,3; dann: Veröffentlichungen d. Bundesaufsichtsamts...) **VeröffVw**

Verordnungsblatt für die Britische Zone (1947–1949) **VOBl BrZ**

Zentral-Justizblatt für die Britische Zone (1.1947–3.1949) **ZJBl BrZ**

Bundesrepublik Deutschland

Amtliche Nachrichten der Bundesanstalt für Arbeit
(52.2004 ff.; vorher: Amtliche Nachrichten der Bundesanstalt für Arbeit) **ANBA**

Amtliches Mitteilungsblatt des Bundesausgleichsamtes
(3.1953,3–37.1987; vorher: Amtl. Mitteilungsblatt d. Hauptamtes f. Soforthilfe. Dann: Amtliche Mitteilungen des Bundesausgleichsamtes (1988–1990,3) *MtblBAA*

Amtliches Mitteilungsblatt des Hauptamtes für Soforthilfe
(1.1951–3.1953,2; dann: Amtl. Mitteilungsblatt d. Bundesausgleichsamtes) **MtblHfS**

Amtsblatt der Deutschen Bundesbahn (1966–1993,13; dann: Deutsche Bahn AG ⟨Frankfurt, Main⟩: Bekanntgaben Deutsche Bahn) *ABlDB*

Amtsblatt des (bis 1950,49: Bundesministeriums) Bundesministers für das Post- und Fernmeldewesen (1950–1989,71; dann: Amtsblatt d. BM f. Post u. Telekommunikation, ... [1989,72–1991,48]; dann: Amtsblatt/Bundesministerium für Post u. Telekommunikation [1991,49–1997]; dann Amtsblatt/Regulierungsbehörde für Telekommunikation u. Post [1998 ff.]) *ABlBMP*

Die Angestellten-Versicherung. (Bis 2.1955: Mitteilungen) Zeitschrift d. Bundesversicherungsanstalt f. Angestellte (1.1954 ff.) **DAngVers**

Arbeitsschutz (= Beil. zu Bundesarbeitsblatt) (1.1949 ff.) *ArbSch*

Bulletin des Presse- und Informationsamtes der Bundesregierung (ab 20.1970,104: Bulletin. Presse u. Informationsamt d. Bundesregierung) (1.1951 ff.) *Bull.*

Bundesanzeiger (1.1949 ff.) **BAnz**

Bundesarbeitsblatt (1950 ff.) **BArbBl**

Bundesbaublatt (1.1952 ff.) **BBB**

Bundesgesetzblatt (1950; dann Aufgliederung in mit röm. Ziffern bezeichnete Teile) **BGBl**

Bundesgesetzblatt, Teil I (1951 ff.) **BGBl I**

2. Gesetz- und Amtsblätter

Bundesgesetzblatt, Teil II (1951 ff.)	**BGBl II**
Bundesgesetzblatt, Teil III = Sammlung des Bundesrechts (Lfg. 1.1958–117.1966)	**BGBl III**
Bundesgesundheitsblatt (1.1958–41.1998; dann: Bundesgesundheitsblatt, Gesundheitsforschung, Gesundheitsschutz (42.1999 ff.)	*Bundesgesundhbl.*
Bundeskriminalblatt (1.1951 ff.)	*BKBl*
Bundessteuerblatt, Teil I-III (1.1951 ff.; T. III ersch. nur bis 17.1967)	**BStBl I-III**
Bundesversorgungsblatt (1951–1974) im Bundesarbeitsblatt (1955–1974)	*BVBl*
Bundeszollblatt (1.1950–27.1976)	*BZBl*
Drucksachen des Bundesrates (1949 ff.)	*BRDrucks*
Drucksachen des Deutschen Bundestages (1949 ff.)	*BTDrucks*
Gemeinsames Ministerialblatt (1.1950 ff.)	**GMBl**
Ministerialblatt des Bundesministers der Finanzen (ab 24.1973: und des Bundesministers für Wirtschaft) (1.1949/50–22.1971,16; 24.1973 ff.; zwischendrin: Ministerialblatt d. Bundesministers f. Wirtschaft u. Finanzen)	**MinBlFin**
Ministerialblatt des (bis 2.1950.14: Bundesministeriums) Bundesministers für Ernährung, Landwirtschaft und Forsten (1/2.1949/50 ff.)	**MinBlELF**
Ministerialblatt des Bundesministers für (1962 ff.: der) Verteidigung (1.1956 ff.)	**VMBl**
Ministerialblatt des (bis 2.1950,14: Bundesministeriums) Bundesministers für Wirtschaft (1.1949–23.1971,9; dann: Ministerialbl. d. Bundesministers f. Wirtschaft u. Finanzen, Bereich Wirtschaft)	**BWMBl**
Ministerialblatt des Bundesministers für Wirtschaft und Finanzen (23.1972; dann Ministerialblatt des Bundesministers d. Finanzen u. d. Bundesministers f. Wirtschaft; vorher: Ministerialbl. d. Bundesministers f. Wirtschaft u. Finanzen, Bereich Finanzen)	**MinBlWF**
Ministerialblatt des Bundesministers für Wirtschaft und Finanzen, Bereich Finanzen (22.1971,17–39; dann: Ministerialbl. d. Bundesministers f. Wirtschaft u. Finanzen; vorher: Ministerialbl. d. Bundesministers d. Finanzen)	**MinBlWF (F)**
Ministerialblatt des Bundesministers für Wirtschaft und Finanzen, Bereich Wirtschaft (23.1971,10–24; dann: Ministerialbl. d. Bundesministers f. Wirtschaft u. Finanzen)	**MinBlBMWF (W)**

s. MinBlFin   *BFMBl*

Sammelblatt der Rechtsvorschriften des Bundes und der Länder (bis 6.1955,17: f. Gesetze, Verordnungen u. Bekanntmachungen d. Bundes, d. Länder u. d. Besatzungsmächte) (1949/50 ff.)   **SaBl**

Veröffentlichungen der Bundesanstalt für Finanzdienstleistungsaufsicht (2002–2006)   **VerBaFin**

Veröffentlichungen des Bundesaufsichtsamtes für das Versicherungswesen (bis 21.1972: f. d. Versicherungs- u. Bausparwesen) (1.1952 ff.)   **VerBAV**

Veröffentlichungen des Bundesaufsichtsamtes für das Versicherungswesen (39.1990,10–51.2002,12)   *VerBAFin*

Vorschriftensammlung Bundesfinanzverwaltung (LoseblSlg) (1974 ff.)   **VSF**

Deutsche Demokratische Republik

Gesetzblatt der Deutschen Demokratischen Republik (1949–1990; 1955 ff.: Teil I u. II; 1960–1968: Teil III)   **GBl DDR**

Ministerialblatt der Deutschen Demokratischen Republik (1949–1952; dann: Zentralblatt d. Dt. Demokrat. Republik)   **MBl DDR**

Zentralblatt der Deutschen Demokratischen Republik (1953–1976,12; vorher: Ministerialblatt d. Dt. Demokrat. Republik)   **ZblDDR**

Zentralverordnungsblatt. Hrsg. v. d. Dt. Justizverwaltung d. sowjet. Besatzungszone in Deutschland (1947–1949; dann: Gesetzblatt d. Dt. Demokrat. Republik)   **ZVOBl**

Baden-Württemberg

Amtsblatt des Wirtschaftsministeriums Baden-Württemberg (1.1952–11.1962,3)   **WMABl**

Arbeits- und Sozialrecht. Mitteilungsblatt d. Arbeitsministeriums Baden-Württemberg (zuletzt: d. Ministeriums f. Arbeit, Gesundheit u. Sozialordnung) (1.1952–30.1981,6; vorher: Arbeits- und Sozialrecht. Mitteilungsbl. d. Arbeitsministeriums Württemberg-Baden)   **ArbuSozR**

Gemeinsames Amtsblatt des Landes Baden-Württemberg (1.1953 ff.)   **GABl (BW)**

Gesetzblatt für Baden-Württemberg (1952,2 ff.; 1952,1: Gesetzblatt f. d. südwestdt. Bundesland)   **GBl.BW**

2. Gesetz- und Amtsblätter

Gültigkeitsverzeichnis. Gesetze, Rechtsverordnungen, Verwaltungsvorschriften d. Landes Baden-Württemberg 1982 [=GABl, Beil.] — *GültVerz*

Die Justiz. Amtsblatt d. Justizministeriums Baden-Württemberg (1.1952 ff.) — **Justiz(BW)**

Kultus und Unterricht (1.1952 ff.) — **K.u.U.**

Staatsanzeiger für Baden-Württemberg (1952,1–3: f. d. südwestdt. Bundesland) (1.1952 ff.) — **StAnz.BW**

Wissenschaft und Kunst. Amtsblatt d. Ministeriums f. Wissenschaft u. Kunst (1.1982 ff.) — **W.u.K.**

Bayern

Allgemeines Ministerialblatt der Bayerischen Staatsregierung (1.1988 ff.) — **AllMBl**

Amtsblatt des Bayerischen Staatsministeriums für Arbeit und soziale Fürsorge (ab 26.1971: und Sozialordnung) (1.1946 u. d. T.: Amtsbl. d. Bayer. Arbeitsministeriums; ab 6.1951 geteilt in Teil A-C) (1.1946–42.1987) — **AMBl**

Amtsblatt des Bayerischen Staatsministeriums für Ernährung, Landwirtschaft und Forsten (1.1957–31.1987) — **LMBl**

Amtsblatt des Bayerischen Staatsministeriums für Landesentwicklung und Umweltfragen (1./2.1971/72–17.1987) — **LUMBl**

Amtsblatt des Bayerischen Staatsministeriums für Unterricht und Kultus (54.1918,21–73.1939; 1946–1986,22); vorher: Ministerienblatt f. Kirchen u. Schulangelegenheiten in Bayern) — **KMBl**

Amtsblatt des Bayerischen Staatsministeriums für Unterricht, Kultus, Wissenschaft und Kunst (1986,23 ff.) Nebst: -Beiblatt — *KWMBl/KWMBlBeibl*

Amtsblatt des Bayerischen Staatsministeriums für Wirtschaft u. Verkehr (1.1957–31.1987) — **WVMBl**

Bay. Rechtssammlung. Bd. I-V. München 1985 — **BayRS**

Bay. Staatsanzeiger [= seit 5.1950,26 Beil. zu: Bay. Staatszeitung u. Bay. Staatsanzeiger] (1913–1934; dann: Bay. Regierungsanzeiger; 1.1946 ff.) — *BayStAnz*

Bay. Staatszeitung und Bay. Staatsanzeiger (1913–1934; 5.1950, 26 ff.; 1934–1945: Bay. Regierungsanzeiger; 1946–1950,25: Bay. Staatsanzeiger) — **BayStZtg**

Bayerischer Regierungsanzeiger (1.1934–12.1945) — *RegAnz*

Bayerisches Gesetz- und Verordnungsblatt (1936,10–1944,11; 1945 ff.; vorher: Gesetz- und Verordnungsblatt f. d. Freistaat Bayern)   *(Bay) GVBl*

Bereinigte Sammlung der bayerischen Finanzverwaltungsvorschriften. 1865–30.6.1957. Bd. I. II. (1958)   **BayBSVFin**

Bereinigte Sammlung der bayerischen Justizverwaltungsvorschriften. 1863–30.6.1957. Bd. I-VII. (1958)   **BayBSVJu**

Bereinigte Sammlung der Verwaltungsvorschriften d. Bayerischen Staatsministeriums für Arbeit und soziale Fürsorge. 1872–30.6.1957 (1958)   **BayBSVA**

Bereinigte Sammlung der Verwaltungsvorschriften des Bayerischen Staatsministeriums des Innern. 1872–30.6.1957. Bd. I-III, DIN-Bd., RegBd. (1958)   **BayBSVI**

Bereinigte Sammlung der Verwaltungsvorschriften des Bayerischen Staatsministeriums für Ernährung, Landwirtschaft und Forsten. 1865–30.6.1957 (1958)   **BayBSVELF**

Bereinigte Sammlung der Verwaltungsvorschriften des Bayerischen Staatsministeriums für Unterricht und Kultus. 1865–30.6.1957. Bd. I. II. (1958)   **BayBSVK**

Bereinigte Sammlung der Verwaltungsvorschriften des Bayerischen Staatsministeriums für Wirtschaft und Verkehr. 1842–30.6.1957 (1958)   **BayBSVWV**

Bereinigte Sammlung des bayerischen Landesrechts. 1802–1956. Bd. I-V (1957)   **BayBS**

Bereinigte Sammlung des bayerischen Landesrechts. 1802–1956. ErgBd.: Ehem. Reichsrecht (1968)   **BayBSErgB**

Bereinigte Sammlung des bayerischen Landesrechts. Fortführungsnachweis 1957/ 58 ff. (1959 ff.)   **BayBS FN**

Gesetz- und Verordnungsblatt für (bis 1918,77: das Königreich; 1918,78–1919,24: den Volksstaat; dann:) den Freistaat Bayern (1874–1936,9; dann: Bayer. Gesetz- und Verordnungsblatt; vorher: Gesetzbl. f. d. Königreich Bayern)   **BayGVBl**

Ministerialamtsblatt der bayerischen inneren Verwaltung (51.1923–67.1939; N.F. 1. [= 68.]1949–39. [= 106.]1987; vorher: Amtsblatt d. Staatsmin. d. Äußern, d. Innern ...)   **MABl**

Berlin

Amtsblatt für Berlin (1.1951 ff.; vorher: Verordnungsblatt für Berlin)   **ABl**

Berliner Rechtsvorschriften. Amtl. Sammlung (LoseblSlg) (1.1977 ff.)   **BRV**

2. Gesetz- und Amtsblätter

Dienstblatt des Senats von Berlin (bis 1950: des Magistrats von Groß-Berlin) [Best. aus mehreren Teilen] (1922–2006)	**DBl**
Gesetz- und Verordnungsblatt für Berlin (7.1951,17 ff.; vorher: Verordnungsblatt f. Berlin, T. 1)	**GVBl (BE)**
Gesetz-, Verordnungs- und Amtsblatt für die Stadtbezirke Mitte, Prenzlauer Berg, Friedrichshain … von Berlin (1.1990)	*GVABl Bln*
Sammlung des bereinigten Berliner Landesrechts. Bd. I: Sammlung des in Berlin geltenden preußischen Rechts 1806–1945; Bd. II: Sammlung des bereinigten Berliner Landesrechts 1945–1967.1.2; Bd. III: Sammlung des in Berlin geltenden ehemaligen Reichsrechts, das Berliner Landesrecht geworden ist, und der geltenden ehemaligen Ortssatzungen (= Gesetz- u. Verordnungsblatt f. Berlin. Sonderbd. I-III (1966–76)	**GVBl Sb I**
Steuer- und Zollblatt für Berlin (1.1951–16.1966,39; dann: Amtsblatt für Berlin, T. 2)	*StZBl*
Veröffentlichungen des Aufsichtsamtes für das Versicherungswesen (bis 3.1950: Groß-) Berlin (1.1948–5.1952)	*VABln, VerABln, VeröffBerlAufsA*
Veröffentlichungen des Aufsichtsamts für das Versicherungswesen Berlin (1.1948–5.1952)	**VerAbln.**
Verordnungsblatt für Berlin [West-Ausg.] (T.1. 6.1950,63–7.1951,16; T.2. 6.1950,92–7.1951,31; T.1 dann: Gesetz- u. Verordnungsblatt für Berlin; T.2 dann: Amtsblatt für Berlin; vorher: Verordnungsblatt für Groß-Berlin; davor: Verordnungsblatt der Stadt Berlin (1.1945–2.1946,43;)	**VOBl (BE)**
Verordnungsblatt für Groß-Berlin [West-Ausg.] (2.1946,44–4.1948,26; [ab Juli 1948:] T.1. 4.1948,27–6.1950,62; T.2. 4.1948–6.1950,91; dann: Verordnungsblatt für Berlin; vorher: Verordnungsblatt der Stadt Berlin)	**VOBl (BE)**

Brandenburg

Amtlicher Anzeiger: Beilage zum Amtsblatt für Brandenburg (1.1993 ff.)	**Aanz.**
Amtsblatt des Ministeriums für Bildung, Jugend und Sport (1.1992 ff.)	**ABl. MBJS**
Amtsblatt des Ministeriums für Bildung, Jugend und Sport (1.1992 ff.)	**AblMBJSBbg**
Amtsblatt für Brandenburg: gemeinsames Ministerialblatt für das Land Brandenburg (1.1991 ff.)	**AblBbg**

Gesetz- und Verordnungsblatt für das Land Brandenburg: Teil I – Gesetze (1990 ff.)	**GVBl I**
Gesetz- und Verordnungsblatt für das Land Brandenburg: Teil II – Verordnungen (1992 ff.)	**GVBl II**
Justizministerialblatt für das Land Brandenburg	**JMBlBbg**

Bremen

Amtliche Mitteilungen für die bremischen Behörden (1.1925–38.1964; dann: Amtsblatt der Freien Hansestadt Bremen)	**Amtl. Mittlg.**
Amtsblatt der Freien Hansestadt Bremen (1.1965 ff.; vorher: Amtliche Mitteilungen für die bremischen Behörden)	**ABl**
Gesetzblatt der Freien Hansestadt Bremen (1849 ff.)	**GBl**
Sammlung des bremischen Rechts. Bd. 1.2.3. (LoseblSlg; 1964 ff.; Kurzausg. 4. Aufl. 1988)	*SaBremR*

Hamburg

Amtlicher Anzeiger (1921–1937 u. 1946–49 = Beil. zum Hamburgischen Gesetz- und Verordnungsblatt; 1938–1946 = Beil. zum Hamburgischen Verordnungsblatt; 1950 ff. = Teil II d. Hamburgischen Gesetz- u. Verordnungsblattes) (1921 ff.; vorher: Öffentlicher Anzeiger)	*Amtl. Anz.*
Amtsblatt der Freien Hansestadt Hamburg (1887–1920; dann: Hamburgisches Gesetz- u. Verordnungsblatt)	*ABl*
Gesetze und Verordnungen der Freien und Hansestadt Hamburg (LoseblSlg; 1961–1974; 2. Aufl. 1974 ff.; Forts. zu: Sammlung d. Bereinigten Hamburgischen Landesrechts)	*HmbGuV*
Gesetzsammlung der Freien und Hansestadt Hamburg (1.1865–57.1920; dann: Hamburgisches Gesetz- u. Verordnungsblatt)	*GS*
Hamb. Justizverwaltungsblatt (10.1921,3–23.1934,26; 1952 ff.; 24/25.1946/47 u. d. T.: Hanseatisches Justizverwaltungsblatt; vorher: Veröffentlichungen d. Senatskommission f. d. Justizverwaltung)	**HmbJVBl**
Hamburger Steuer- und Zoll-Nachrichten (1.1951–6.1956,18)	*HambStuZNachr.*
Hamburgisches Gesetz- u. Verordnungsblatt (1921–1938,21; 1946,24 ff.; 1938–1946,23: Hamburgisches Verordnungsblatt)	**GVBl**
Hamburgisches Verordnungsblatt (1938–1946,23; vorher u. später: Hamburgisches Gesetz- u. Verordnungsblatt)	*VOBl*

2. Gesetz- und Amtsblätter

Hanseatisches Justizverwaltungsblatt (24.1946–25.1947,1; vorher u. später: Hamburgisches Justizverwaltungsblatt)	**HansJVBl**
Sammlung des Bereinigten Hamburgischen Landesrechts. 1961 (= Sonderbd. zu: Hamburg. Gesetz- u. Verordnungsblatt; fortgeführt u. d. T.: Gesetze u. Verordnungen d. Freien u. Hansestadt Hamburg)	**SlgBerHmbLR**

Hessen

Amtsblatt des Hess. Finanzministeriums (1.1949–2.1950)	**HFBl**
Amtsblatt des Hessischen Kultusministeriums (bis 2.1949: d. Hess. Ministeriums f. Kultus u. Unterricht; dann bis 16.1963,2: d. Hess. Minister(ium)s f. Erziehung u. Volksbildung; [ab 1984,7:] u. d. Hess. Ministers f. Wissenschaft u. Kunst)	**ABlKM**
Amtsblatt des Hessischen Ministeriums für politische Befreiung (1.1947–3.1949)	*ABlMfPolBefr*
Gesetz- u. Verordnungsblatt f. d. Land Hessen (bis 1946,32/33: für Groß-) Hessen (1945/46 ff.; ab 1962,9 geteilt in: Teil I u. II; Teil II s. Sammlung d. bereinigten hess. Landesrechts)	**GVBl**
Justiz-Ministerial-Blatt für Hessen (1.1949 ff.)	**JMBl**
Sammlung des bereinigten hessischen Landesrechts (= Gesetz- u. Verordnungsblatt f. d. Land Hessen, Teil 2) (LoseblSlg) (1962 ff.)	**GVBl II**
Staats-Anzeiger für das Land Hessen (1946 ff.)	**StAnz**

Mecklenburg-Vorpommern

Amtsblatt für Mecklenburg-Vorpommern (nebst: Amtl. Anzeiger) (1.1991 ff.)	**Amtsbl M-V**
Gesetz- und Verordnungsblatt für Mecklenburg-Vorpommern (1.1991 ff.)	**GVOBl M-V**
Gesetzsammlung	**GS Meckl-Vorp**

Niedersachsen

Amtsblatt für Niedersachsen (1.1946–5.1950; dann Nieders. Ministerialblatt)	**ABl**
Listen d. geltenden niedersächsischen Verwaltungsvorschriften. RdErl v. 16.12.1960 (MBl S. 922)	**Gültl**

Niedersächsische Gesetz- u. Verordnungsblatt (1.1947 ff.)	**GVBl**
Niedersächsische Rechtspflege (1.1947 ff.)	**Nds.Rpfl**
Niedersächsischer Staatsanzeiger (6.1951 ff.; vorher: Staatsanzeiger)	*Nds.StAnz*
Niedersächsisches Ministerialblatt (1. [= 6.] 1951 ff.; vorher: Amtsblatt für Niedersachsen)	**NdsMinBl**
Sammlung des bereinigten niedersächsischen Rechts. Bd. I: 9.5.1945–31.12.1958; Bd. II: 1.1.1919–8.5.1945; Bd. III: 1.1.1806–31.12.1918 (= Niedersächsisches Gesetz- und Verordnungsblatt. Sonderbd. I-III nebst Nachtr. zu I)	*GVBl Sb I (bzw. II oder III)*
Schulverwaltungsblatt für Niedersachsen (1.1949 ff.)	**SVBl**
Staatsanzeiger (1.1946–5.1950; dann: Nieders. Staatsanzeiger)	**StAnz**

Nordrhein-Westfalen

Amtsblatt des Kultusministeriums. Land Nordrhein-Westfalen (1.1948/49–22.1970,10; dann: Gemeinsames Amtsblatt des Kultusministeriums und des Ministeriums für Wissenschaft und Forschung des Landes Nordrhein-Westfalen)	**ABlKM.NW**
Amtsblatt des Ministeriums für Schule und Weiterbildung	**Schule NRW**
Arbeit und Sozialpolitik. Mitteilungsbl. d. Arbeitsministeriums Nordrhein-Westfalen (1.1947 ff.)	*ArbuSozPol*
Bereinigte Amtliche Sammlung der Schulvorschriften d. Landes Nordrhein-Westfalen (GABl 1984 ff., Jahresbeil.)	**BASS' ...**
Gemeinsames Amtsblatt des Kultusministeriums und des Ministeriums für Wissenschaft und Forschung des Landes Nordrhein-Westfalen (22.1970,11 ff.; vorher: Amtsblatt des Kultusministeriums)	**GABl.NW**
Gesetz- und Verordnungsblatt für das Land Nordrhein-Westfalen (1.1947 ff.; vorher: Mitteilungs- u. Verordnungsblatt f. d. Land Nordrhein-Westfalen)	**GV.NW**
Justizministerialblatt für das Land Nordrhein-Westfalen (1.1947 ff.)	**JMBl.NW**
Ministerialblatt für das Land Nordrhein-Westfalen [erscheint als Ausg. A = doppelseitig bedruckt; Ausg. B = einseitig bedruckt] (1.1948 ff.)	**MBl.NW**
Mitteilungs- und Verordnungsblatt für das Land Nordrhein-Westfalen (1.1946; fortges. als: Gesetz- u. Verordnungsblatt f. d. Land Nordrhein-Westfalen)	*MittuVOBlNW*

2. Gesetz- und Amtsblätter

Sammlung des als Landesrecht fortgeltenden ehemaligen Reichsrechts (= Gesetz- u. Verordnungsblatt f. d. Land Nordrhein-Westfalen 1970, Sonderbd.)	**RGS. NW**
Sammlung des bereinigten Gesetz- und Verordnungsblattes für das Land Nordrhein-Westfalen (LoseblSlg) (1962 ff.)	**SGV.NW**
Sammlung des bereinigten Landesrechts Nordrhein-Westfalen. 1945–1956. (= Gesetz- u. Verordnungsblatt f. d. Land Nordrhein-Westfalen 1957, Sonderbd.)	**GS.NW**
Sammlung des Bereinigten Ministerialblattes für das Land Nordrhein-Westfalen (= Ministerialblatt f. d. Land Nordrhein-Westfalen. Ausg. C) (LoseblSlg) (1960 ff.)	**SMBl NW**
Sammlung des in Nordrhein-Westfalen geltenden preußischen Rechts. 1806–1945. (= Gesetz- u. Verordnungsblatt f. d. Land Nordrhein-Westfalen 1961, Sonderbd.)	**PrGS. NW**

Preußen

Finanz-Ministerial-Blatt (seit 1923: T. I u. II; T. II = Preußisches Besoldungsblatt) (1.1917–24.1940; dann: Preußisches Finanz-Ministerialblatt und Besoldungsblatt)	**FMBl**
Finanz-Ministerial-Blatt (ab 25.1941: Preuß. Finanzministerial- u. Besoldungsblatt) [Seit 1923 zerfallend in Teil I u. II; Teil II u. d. T.: Preuß. Besoldungsblatt] (25.1941–28.1944; vorher: Finanz-Ministerialblatt)	*PrFMBl*
Gesetz-Sammlung für die Kgl. Preußischen Staaten (1810–1906; dann: Preußische Gesetzsammlung)	*GS*
Justiz-Ministerialblatt für die Preußischen Gesetzgebung und Rechtspflege (1.1839–95.1933,39; dann: Preußische Justiz)	**JMBl**
Ministerial-Blatt der Handels- und Gewerbe-Verwaltung (1.1901–32.1932; dann: Ministerialblatt f. Wirtschaft u. Arbeit)	**HMBl**
Ministerial-Blatt f. d. gesamte innere Verwaltung in d. Kgl. Preußischen Staaten (ab 69.1908: f. d. Preuß. innere Verwaltung) [Jg. 94.1933 zerfiel in Teil I u. Teil II. – Teil II = Medizinal- u. Veterinärangelegenheiten] (1.1840–96.1935; dann: Ministerialblatt d. Reichs- u. Preuß. Ministeriums d. Innern)	**MBliV**
Ministerialblatt der (bis 14.1918: Kgl.) Preußischen Verwaltung für Landwirtschaft, Domänen und Forsten (29.1933,49–30.1934: Ministerialblatt d. Preuß. Landwirtschaftsministeriums u. d. Landesforstverwaltung; 31.1935 ff.: Ministerialblatt d. Preuß. Landwirtschaftl. Verwaltung u. Landesforstverwaltung) (1.1905–32.1936,13;	

fortges. als: Reichsministerialbl. d. landwirtschaftl. Verwaltung)	**LwMBl**
Ministerialblatt für Wirtschaft und Arbeit (33.1933–35.1935; dann: Ministerialblatt für Wirtschaft [Deutsches Reich]; vorher: Ministerialblatt d. Handels- u. Gewerbeverwaltung)	**MBlWiA**
Preußische Gesetzsammlung (1907–1945; vorher: Gesetz-Sammlung für die Kgl. Preußischen Staaten)	*PrGS*
Preußische Justiz (95.1933,40–49; dann: Deutsche Justiz; vorher: Justiz-Ministerialblatt für die preußische Gesetzgebung und Rechtspflege)	*PrJust*
Preußisches Besoldungsblatt (= Finanz-Ministerialblatt. Teil II) (1.1923–18.1940; dann: Preuß. Finanzministerialblatt u. Besoldungsblatt)	**PrBesBl**
Volkswohlfahrt. Amtsblatt d. Preuß. Ministeriums f. Volkswohlfahrt (1.1920–13.1932)	**VMBl**
Zentralblatt (anfangs: Centralblatt) der Bauverwaltung (1.1881–64.1944)	*ZblBauVw*
Zentralblatt (anfangs: Centralblatt) für die gesamte Unterrichts-Verwaltung in Preußen (1.1859–75.1933)	*ZblUV*

Rheinland-Pfalz

Amtsblatt des Kultusministeriums von Rheinland-Pfalz (23.1971, 19–43.1991,8; dann: Gemeinsames Amtsblatt...)	**ABlKM (RP)**
Amtsblatt des Ministeriums für Bildung, Wissenschaft, Jugend und Kultur (1.2006 ff.)	*Abl. MBWJK*
Amtsblatt des Ministeriums für Unterricht und Kultus von Rheinland-Pfalz (1.1948–23.1971,18; dann: Amtsblatt des Kultusministeriums von Rheinland-Pfalz)	**ABlMinfUuK**
Gemeinsames Amtsblatt der Ministerien für Bildung u. Kultur u. für Wissenschaft u. Weiterbildung (1.1991,1–4.1994,11) u. für Kultur, Jugend, Familie u. Frauen (seit 4.1994,12 ff.)	**ABlKM**
Gesetz- und Verordnungsblatt (bis 8.1954: der Landesregierung Rheinland-Pfalz) für das Land Rheinland-Pfalz (2.1948 ff.; vorher: Verordnungsblatt d. Landesreg. Rheinland-Pfalz)	**GVBl**
Justiz-Blatt. Rheinland-Pfalz (1.1947 ff.)	**JBl (RP)**
Ministerialblatt der Landesregierung von Rheinland-Pfalz (1.1949 ff.)	*MinBl*
Sammlung des als Landesrecht fortgeltenden ehemaligen Reichsrechts (= Gesetz- u. Verordnungsblatt für das Land Rheinland-Pfalz 1972, Sondernr. Reichsrecht)	*GVBl RP 1972*

2. Gesetz- und Amtsblätter

Sammlung des bereinigten bayerischen Rechts für den Regierungsbezirk Pfalz. 1814–1945 (= Gesetz- u. Verordnungsblatt f. d. Land Rheinland-Pfalz 1966, Sondernr. Pfalz)	*GVBl RP 1966*
Sammlung des bereinigten hessischen Rechts für den ehemaligen Regierungsbezirk Rheinhessen. 1814–1945 (= Gesetz- u. Verordnungsbl. f. d. Land Rheinland-Pfalz 1970, Sondernr. Rheinhessen)	*GVBl RP 1970*
Sammlung des Bereinigten Landesrechts von Rheinland-Pfalz (LoseblSlg) (1961 ff.)	**BS RP**
Sammlung des bereinigten preußischen, nassauischen und oldenburgischen Rechts für die Regierungsbezirke Koblenz, Trier, Montabaur. 1814 (1816)–1945 (= Gesetz- u. Verordnungsbl. f. d. Land Rheinland-Pfalz 1968, Sondernr. Koblenz, Trier, Montabaur)	*GVBl RP 1968*
Staats-Zeitung (bis 21.1960: und) Staatsanzeiger für Rheinland-Pfalz (1.1950 ff.)	*StZtg*
Verordnungsblatt der Landesregierung Rheinland-Pfalz (1.1947; dann: Gesetz- und Verordnungsblatt der Landesregierung Rheinland-Pfalz)	*VOBl*

Saarland

Amtsblatt (1945,1–1946,48: des Regierungspräsidiums Saar; 1946,49–1947,66: der Verwaltungskommission des Saarlandes; ab 1947,67) des Saarlandes (1945 ff.)	*ABl*
Gemeinsames Ministerialblatt Saarland (1.1968–2003); aufgegangen in: Amtsblatt des Saarlandes	*GMBl Saar*
Justizblatt des Saarlandes (1. [= 9.] 1957–11. [= 19.] 1967; vorher: Saarländische Rechts- u. Steuerzeitschrift) dann: Gemeinsames Ministerialblatt Saarland	**JBl Saar**
Saarländische Rechts- und Steuer-Zeitschrift (2.1950,3–9.1957,2; dann: Justizblatt d. Saarlandes; vorher: Saarländische Rechtszeitschrift)	*SaarlRStZ*
Saarländische Rechts-Zeitschrift (1.1948/49–2.1950,2; dann: Saarländ. Rechts- und Steuerzeitschrift)	*SaarlRZ*
Sammlung des bereinigten saarländischen Landesrechts (= Amtsblatt, Sonderbd.) (LoseblSlg) (1970 ff.)	**BS Saar**

Sachsen

Amtsblatt des Sächs. Staatsministeriums für Finanzen (1.1991 ff.)	*SächsABlFin*
Amtsblatt des Sächs. Staatsministeriums für Kultus (1.1991 ff.)	*SächsABlKult*
Sächs. Amtsblatt (1.1990 ff.)	**SächsABl**
Sächs. Gesetz- und Verordnungsblatt (1.1990 ff.)	**SächsGVBl**

Sachsen-Anhalt

Gesetz- und Verordnungsblatt für das Land Sachsen-Anhalt (1.1990 ff.)	**GVBl LSA**
Ministerialblatt für das Land Sachsen-Anhalt (1.1991 ff.); Teilausgabe A: Schulverwaltungsblatt für das Land Sachsen-Anhalt; Teilausgabe B: Justizministerialblatt für das Land Sachsen-Anhalt	**MBl LSA**
Sammlung des bereinigten Landesrechts des Landes Sachsen-Anhalt (LoseblSlg) (Bd. 1.2.1994 – 34.2003)	**BS LSA**

Schleswig-Holstein

Amtlicher Anzeiger. Beil. zum Amtsblatt f. Schleswig-Holstein (1.1946–2003)	*ABl/AAz*
Amtsblatt für Schleswig-Holstein (1.1946 ff.)	*ABl*
Gesetz- und Verordnungsblatt für Schleswig-Holstein (1947 ff.)	**GVOBl Schl.-H.**
Nachrichtenblatt d. Kultusministers d. Landes Schleswig-Holstein (1961–1988,9/10; dann: Nachrichtenblatt d. Ministeriums f. Bildung, Wissenschaft, Jugend u. Kultur)	**NBl. KM. Schl.-H.**
Nachrichtenblatt des Ministeriums (später: der Ministerin) f. Bildung, Wissenschaft, Jugend u. Kultur d. Landes Schleswig-Holstein (1988, 11 ff.)	**NBl. MBWJK. Schl.-H.**
Nachrichtenblatt des Ministeriums für Bildung und Frauen des Landes Schleswig-Holstein (2005,5 ff.); vorher: Nachrichtenblatt des Ministeriums für Bildung, Wissenschaft, Forschung und Kultur des Landes Schleswig-Holstein	**NBl.MBF.Schl.-H.**
Nachrichtenblatt für das Schleswig-Holsteinische Schulwesen (1949–1960; dann: Nachrichtenblatt des Kultusministers des Landes Schleswig-Holstein)	**NBl. Schl.-H. Schulw.**
Sammlung des schleswig-holsteinischen Landesrechts. Bd. 1. 2. (1963)	**GS. Schl.-H.**

2. Gesetz- und Amtsblätter

Sammlung des schleswig-holsteinischen Landesrechts. Neuaufl. Rechtsvorschriften gültig am 31.12.1971. Bd. 1–3 (u.) Fundstellennachweis (1973)	**GS. II Schl.-H.**
Schleswig-Holsteinische Anzeigen (N.F. 1.1837–105. [= 192. d. ges. Reihe] 1941; 193.1946 ff.)	**SchlHA**

Thüringen

Gesetz- u. Verordnungsblatt für das Land Thüringen (1.1990–4.1993; dann: Gesetz- u. Verordnungsblatt für den Freistaat Thüringen)	**GVBl**
Justiz-Ministerialblatt für Thüringen (1.1991 ff.)	*JMBl*
Sammlung des bereinigten Landesrechts des Freistaats Thüringen (LoseblSlg) (Bd. 1.2.1993 ff.)	**BS Thür**
Thüringer Staatsanzeiger (1.1991 ff.)	**StAnz TH**

3. Empfehlungen für Abkürzungen von Zeitschriften und Entscheidungssammlungen

A

Abfallrechtliche Praxis (1.1999 ff.)	**AbfallPrax**
Agrar- und Umweltrecht (33.2003 ff.; vorher: Agrarrecht)	**AUR**
Agrarrecht (1.1971–2003; dann Agrar- und Umweltrecht)	**AgrarR**
Die Aktiengesellschaft (1.1956 ff.)	**AG**
Aktuelle juristische Praxis (1.1992 ff.)	**AJP**
Aktuelles Steuerrecht (1.1995 ff.)	**AktStR**
Amtliche Sammlung von Entscheidungen des Oberverwaltungsgerichts Rheinland-Pfalz [in] Koblenz (1.1954 ff.; ab 6.1957: d. Oberverwaltungsgerichte Rheinland-Pfalz u. Saarland)	**AS**
Der Amtsvormund. Monatsschrift d. Dt. Instituts f. Vormundschaftswesen (24.1951/52 ff.–73.2000; vorher: Rundbrief d. Dt. Inst. f. Jugendhilfe; dann: Das Jugendamt – Zeitschrift für Jugendhilfe und Familienrecht)	**DAVorm**
Die Angestellten-Versicherung: Zeitschrift der Bundesversicherungsanstalt für Angestellte (1.1954– 52.2005; dann RV aktuell)	**DAngVers**
Anwalt/Anwältin im Sozialrecht (1.1999 ff.)	**ASR**
Anwaltsblatt (13.1926–20.1933; N.F. 1.1950/51 ff.; vorher: Nachrichten f. d. Mitglieder d. Dt. Anwaltsvereins)	**AnwBl**
Anwaltsgebühren spezial (1.1993 ff.)	**AGS**
Anwaltspraxis Wirtschaftsrecht	**WAR**
Der AO-Steuerberater (1.2001 ff.)	**AO-StB**
Apotheke & Recht (1.1998–9.2006; dann Apotheken-Recht)	**ApoR**
Apotheken-Recht (vorher: Apotheke & Recht)	**APR**
Arbeit und Arbeitsrecht (18.1963 ff.; vorher: Arbeit u. Sozialfürsorge)	**AuA**
Arbeit und Recht (1.1953 ff.)	**ArbuR**
Die Arbeiter-Versorgung (1.1884–61.1944,9; 62.1960–67.1965)	**ArbVers**
Der Arbeits-Rechts-Berater (1.2001 ff.)	**ArbRB**

3. Zeitschriften und Entscheidungssammlungen

Das Arbeitsamt (1.1950–7.1956)	*ArbA*
Das Arbeitsrecht der Gegenwart (1.1963–35.1997; dann: Jahrbuch des Arbeitsrechts)	*ArbRdG*
Arbeitsrecht im Betrieb (1998 ff.)	**AiB**
Arbeitsrecht in Stichworten (1.1947/48–58.2004)	**ARST**
Arbeitsrecht-Blattei (= Rechts- u. Wirtschaftspraxis. Gruppe 11) (LoseblSlg) (1950 ff.)	**AR-Blattei**
Arbeitsrechtliche Entscheidungen	**AE**
Arbeitsrechtliche Praxis (1950 ff.; ab 1954: Nachschlagewerk d. Bundesarbeitsgerichts)	**AP**
Arbeitsrechts-Sammlung (19.1934–47.1944; vorher: Entscheidungen d. Reichsarbeitsgerichts u. d. Landesarbeitsgerichte)	*ArbRSamml*
Archiv des öffentlichen Rechts (bis 26.1910: für öffentliches Recht) (1.1886 ff.)	**AöR**
Archiv des Völkerrechts (1.1948/49 ff.)	**AVR**
Archiv für bürgerliches Recht (1.1888–43.1919)	*ArchBürgR*
Archiv für das Post- und Fernmeldewesen (1.1949–43.1991; dann: Archiv für Post u. Telekommunikation)	*ArchPF*
Archiv für die civilistische Praxis (1.1818–149.1944; 150.1948/49 ff.)	**AcP**
Archiv für Eisenbahnwesen (1.1878–66.1943; 67.1957–75.1965)	*ArchEisenbW*
Archiv für evangelisches Kirchenrecht (1.1937–5.1941)	**KirchArch**
Archiv für katholisches Kirchenrecht (1.1857 ff.)	**AfkKR**
Archiv für Kommunalwissenschaften (1.1962 ff.)	**AfK**
Archiv für Kriminalanthropologie und Kriminalistik (1.1899–65.1915; dann: Archiv f. Kriminologie)	*ArchKrimAnthr*
Archiv für Kriminologie (66.1916 ff.; vorher: Archiv f. Kriminalanthropologie u. Kriminalistik)	**Arch. f. Krim.**
Archiv für Post u. Telekommunikation (44.1992–50.1998; vorher: Archiv für das Post- u. Fernmeldewesen; dann: Zeitschrift für das gesamte Recht der Telekommunikation)	*ArchPT*
Archiv für Post und Telegraphie (4.1876–68.1940,3; dann: Postarchiv; vorher: Dt. Postarchiv)	*ArchPostTel*
Archiv für Presserecht (= anfangs Beil. zu: Zeitungs-Verlag u. Zeitschriften-Verlag (Nr. 1.1953–82.1970;.1971–25.1994)	**AfP**
Archiv für Rechts- und Sozialphilosophie (27.1933/34–37.1944; 38.1949/50 ff.; vorher: Archiv für Rechts- und Wirtschaftsphilosophie)	**ARSP**

Archiv für Rechts- und Wirtschaftsphilosophie (1.1907/08–26.1932/33; dann: Archiv für Rechts- und Sozialphilosophie)   *ARWP*

Archiv für Strafrecht (ab 47.1899) und Strafprozeß, begr. v. Goltdammer (28.1880–77.1933; dann: Dt. Strafrecht; anfangs: Arch. f. gemeines dt. u. f. preuß. Strafrecht)   **GoltdA**

Archiv für Urheber-, Film- (ab 18.1954–139.1999), Funk- und Theaterrecht (1.1928–17.1944; 18.1954–139.1999; dann: Archiv für Urheber- u. Medienrecht)   **UFITA**

Archiv für Verwaltungsrecht (1.1876–56.1930)   *ArchVwR*

Arzneimittel und Recht (1.2005 ff.)   **A&R**

Der Arzt, Zahnarzt und sein Recht (15.2003–18.2006; dann: Arzt, Zahnarzt und Recht)   **ArztUR**

Arzt, Zahnarzt, Recht (19.2007 ff.; vorher: Der Arzt, Zahnarzt und sein Recht)   **AZR**

Arztrecht (1.1965/66–10.1975; 12.1977,9/10 ff.; 11.1976 u.12.1977,1–8: Arzt- u. Arzneimittelrecht)   **ArztR**

Ausländer- u. Asylrecht (1.1992 ff.)   **AuA**

Außenwirtschaftliche Praxis (1.2000 ff.)   **AW-Prax**

Außenwirtschafts-Berater (= Beil. zu: Außenwirtschaftsdienst d. Betriebs-Beraters) (1965,1 ff.)   **AWB**

Außenwirtschaftsdienst des Betriebs-Beraters (4.1958–20.1974; vorher u. danach: Recht d. internat. Wirtschaft)   **AWD**

Auszüge aus den europäischen Patentanmeldungen (9.1993 ff.)   **Wila-EPZ**

Auszüge aus den Europäischen Patentschriften (13.1992 ff.)   **Wila-EPS**

B

Baden-Württembergische Verwaltungspraxis (1.1974 ff.)   **BWVP**

Baden-Württembergisches Verwaltungsblatt (= Landesbeil. zu: Die Öffentliche Verwaltung) (1.1956–18.1973; aufgegangen in: Baden-Württembergische Verwaltungspraxis)   **BaWüVBl**

BAG-Report: arbeitsrechtlicher Rechtsprechungsdienst des Bundesarbeitsgerichts und des Europäischen Gerichtshofs (1.2001–5.2005)   **BAG-Report**

Die Bank (1.1908–36.1943; 1977 ff.; zwischendurch: Bankwirtschaft)   *Bank*

Bankrecht u. Bankpraxis (LoseblSlg) (1979 ff.)   **BuB**

Der Bau- und Immobilien-Sachverständige (1.2000,1–5.2004,4)   **BIS**

3. Zeitschriften und Entscheidungssammlungen

Der Bau-Rechtsberater (1.2003–3.2005)	**BauRB**
Bauamt und Gemeindebau ([1.] 1918–44.1971; aufgegangen in: Die Bauverwaltung)	**BuG**
Baurecht (1.1970 ff.)	**BauR**
1. Baurechtssammlung (1.1945/50 ff.) 2. Informationsdienst öffentliches Baurecht (1.2000 ff.)	**BRS**
Der Bausachverständige (1.2005 ff.)	**BauSv**
Der Bauträger (1. 2002–6.2004)	**BTR**
Die Bauverwaltung (1.1952 ff.)	*BauVerw*
Bay. Gemeinde- und Verwaltungszeitung (30.1920–51.1941; vorher: Bay. Gemeinde-Ztg.)	*BayGemVZ*
Bay. Gemeindetag (23.1971 ff.; vorher: Rundschreiben. Bayerischer Gemeindetag)	*BayGT*
Bay. Gemeindezeitung (1.1891–29.1919; [N.F.] 1.1950 ff.; 1920–1941: Bay. Gemeinde- u. Verwaltungszeitung)	*BayGemZ*
Bay. Notarzeitschrift (10.1933,6/7–10/11; dann: Dt. Notar-Zs., Bay. Beil.; vorher: Mitteilung d. Bay. Notarvereins)	**BayNotZ**
Bay. Verwaltungsblätter (73.1925–81.1933; N.F. 1 [= 86 d. Ges. Folge] 1955 ff.; zwischendrin: Dt. Verwaltungsblätter; anfangs: Blätter f. administrative Praxis)	**BayVBl**
Bayerische Beamtenzeitung (1.1949/50–23.1972,5/6)	**BBZ**
Der Bayerische Bürgermeister (1.1912–25.1936; [N.F.] 1.1947/48 ff.; 1937–1943: Die Landgemeinde. B)	*BayBgm*
Bayerische Justizgesetze. Bearb. v. Fritz Ostler. 4. Aufl. (1986)	*Ostler*
Becksches Nachschlagewerk der Entscheidungen des Bundesfinanzhofs (LoseblSlg) (1966 ff.)	**BFH-N**
Behindertenrecht (13.1974 ff.; vorher: Zeitschrift für Kriegsopferfürsorge u. Schwerbeschädigtenrecht)	**br**
Beiträge zur Erläuterung des (bis 15.1871: Preußischen) Deutschen Rechts, begr. v. Gruchot (1.1857–73.1933)	*Gruchot*
Berliner Anwalts-Blatt (1.1927–7.1933; 8.1959 ff.)	*BerlAnwBl*
Berliner Grundeigentum (1.1956–2.1957,12; vorher: Haus und Wohnung (1.1946–12.1957); dann: Das Grundeigentum (1957,13 ff.)	**BG/BerlGrdE**
Berliner Hausbesitzer-Zeitung (1.1954–5.1958,4; aufgegangen in: Das Grundeigentum)	*BHZ*
Berliner Steuer-Blatt (1.1950–7.1956; aufgegangen in: Steuer- und Wirtschafts-Kurzpost.)	*BerlStBl*

Die Berufsgenossenschaft (1.1886–60.1945; [61.] 1949 ff.) — *BG*

Betreuungsrechtliche Praxis (1.1992 ff.) — **BtPrax**

Der Betrieb (1.1948 ff.) — **DB**

Betriebliche Altersversorgung (1.1946 ff.) — **BetrAV**

Betriebs- und Unternehmensverfassung (1.1971–2.1972) — **BUV**

Der Betriebs-Berater (1.1946 ff.) — **BB**

Die Betriebskrankenkasse (ab 85.1997:) Zeitschrift der betrieblichen Krankenversicherung (1.1908–36.1943,6; 37.1949–84.1996) — **BKK**

Die Betriebswirtschaft (23.1930–36.1943,3; 37.1977 ff.; vorher: Zs. f. Handelswissenschaft u. Handelspraxis) — **DBW**

Betriebswirtschaftliche Forschung und Praxis (1.1949 ff.) — **BFuP**

Bewährungshilfe (1.1954 ff.) — **BewHi**

BFH-Report: Schnelldienst zur höchstrichterlichen Steuerrechtsprechung — **BFH-Report**

BGH-Rechtsprechung, hrsg. v. d. Richtern d. Bundesgerichtshofes (Losebl) (1987 ff.) — **BGHR**

BGH-Report: Schnelldienst zur Zivilrechtsprechung des Bundesgerichtshofs (1.2001 ff.) — **BGH-Report**

Binnenschiffahrt (46.1991 ff.; Zusammenlegung von: Zs. f. Binnenschiffahrt u. Wasserstraßen u. Binnenschiffahrts-Nachrichten) — **ZfB**

Binnenschiffahrts-Nachrichten (1.1946–45.1990) — **BN**

Blätter für administrative Praxis (1.1851–72.1922; dann: Bayerische Verwaltungsblätter) — *BlAdmPr*

Blätter für Gefängniskunde (1.1864–75.1944) — **Bl.f.Gk.**

Blätter für Genossenschaftswesen (13.1866–119.1973; vorher: Die Innung d. Zukunft, seit 1853) — **Bl.f.G.**

Blätter für Grundstücks-, Bau- und Wohnungsrecht (1.1952–34.1985) — **BlGBW**

Blätter für internationales Privatrecht (= Beil. zur Leipziger Zs. f. dt. Recht) (1.1926–6.1931) — **BlIntPr**

Blätter für Rechtspflege im Bezirk des Kammergerichts (1.1890–44.1934) — *KGBl*

Blätter für Steuerrecht, Sozialversicherung und Arbeitsrecht (N.F. 1.1946–40.1985) — **BlStSozArbR**

Blätter für vergleichende Rechtswissenschaft und Volkswirtschaftslehre (1.1905–19.1926; dann: Zeitschrift für ausländisches und internationales Privatrecht) — **BlVerglRW**

3. Zeitschriften und Entscheidungssammlungen

Blatt für Patent-, Muster- u. Zeichenwesen (52.1950 ff.; 1.1894/95–50.1944; 51.1948/49)	**Blatt für PMZ**
Blatt für Patent-, Muster- und Zeichenwesen (1.1894/95–50.1944; 51.1948/49 ff.)	**Bl.f.PMZ**
Blutalkohol (1.1961/62 ff.)	*Blutalkohol*
Bodenschutz. Erhaltung, Nutzung u. Wiederherstellung von Böden (1.1996 ff.)	*BodSch*
BRAGO-Report (2000;2.2001–4.2003; dann RVG-Report)	**BRAGO-Report**
BRAK-Mitteilungen (12.1981 ff.; vorher: Mitteilungen d. Bundesrechtsanwaltskammer)	**BRAK-Mitt**
Das Büro (1.1950–6.1955; dann: Das juristische Büro)	*Büro*
Bulletin der Internationalen Juristenkommission (1.1954–36.1968)	*BullIJK*
Bundeswehrverwaltung (1/2.1957/58 ff.)	**BWV**

C

Carbon & climate law review (1.2007 ff.)	**CCLR**
Centrale-Rundschreiben (37.1946–40.1949; vorher u. später: Rundschau für GmbH)	*Centrale-RdSchr*
Compliance Report (1.2006 ff.)	**CompRep**
Computer Law Review international (2003 ff.)	**CRI**
Computer und Recht (1.1985 ff.; darin aufgegangen: Informatik und Recht.)	**CR**
Computerrecht Intern (1.1998–3.2000; dann: Der IT-Rechtsberater)	**CI**
Computerreport der Neuen Juristischen Wochenschrift (1.1988 ff.–13.2000,6; dann: Anwalt)	**NJW-CoR**
Contracting und Recht (1.2004 ff.)	**CuR**
Corporate Compliance Zeitschrift (1.2008 ff.)	**CCZ**

D

Datenschutz und Daten (bis 1982: -sicherung)sicherheit, (seit 1995: Recht u. Sicherheit in Informationsverarbeitung und Kommunikation) (1.1977 ff.)	**DuD**
Datenschutz-Nachrichten (1.1978 ff.)	**DANA**
Datenverarbeitung im Recht (1.1972/73–18.1985)	**DVR**

Datenverarbeitung (bis 5.1976: in) Steuer, Wirtschaft (und) Recht (1.1971/72 ff.)	**DSWR**
Demokratie und Recht (1.1973 ff.)	**DuR**
Deutsch-deutsche Rechts-Zeitschrift (1.1980 ff.)	**DtZ**
Deutsch-Polnische Juristen-Zeitschrift (1.2000 ff.)	**DPJZ**
Deutsche Außenwirtschafts-Rundschau (9.1959,5–19.1969; aufgegangen in: Zs. f. Zölle u. Verbrauchsteuern; vorher: Dt. Devisen-Rundschau)	*DAWR*
Deutsche Devisen-Rundschau (1.1951–9.1959,4; dann: Dt. Außenwirtschafts-Rundschau)	**DDevR**
Deutsche Freiwillige Gerichtsbarkeit (1.1936–9.1944)	**DFG**
Deutsche Gemeinde-Zeitung (1.1862–72.1933)	*DGemZtg*
Deutsche Gemeindesteuer-Zeitung (1.1951–29.1979; dann: Zs. f. Kommunalfinanzen)	**DGStZ**
Deutsche Gerichtsvollzieher-Zeitung (1.1881–64.1944; 65.1950 ff.)	**DGVZ**
Deutsche Invaliden-Versicherung (1.1929–10.1938; dann: Deutsche Rentenversicherung)	*DIV*
Deutsche Jugendhilfe (29.1937–36.1944; vorher u. später: Zentralbl. f. Jugendrecht u. Jugendwohlfahrt)	*DJugHilfe*
Deutsche Juristenzeitung (1.1896–41.1936)	**DJZ**
Deutsche Lebensmittel-Rundschau (1.1903 ff.)	**DLR**
Deutsche Notar-Zeitschrift (33.1933,6–44.1944; 1950 ff.; vorher: Zeitschrift des Deutschen Notarvereins)	**DNotZ**
Deutsche Notar-Zeitschrift, Bayerische Beil. (= Bayer. Notariats-Ztg. Folge 70–73) (34.1934–37.1937)	**DNotZ(BayB)**
Deutsche Rechts-Zeitschrift (1.1946–5.1950)	**DRZ**
Deutsche Rechtspflege [mit] Rechtsprechungsbeilage (1.1936–4.1939,3; dann vereinigt mit: Dt. Recht, Ausg. B)	**DRpfl**
Der Deutsche Rechtspfleger (1.1889–46.1935; 54.1943–55.1944; 56/57.1948/49 ff.; 47.1936–50.1939: vorübergehend aufgegangen in Dt. Rechtspflege; 51.1940–53.1942 Deutsches Recht [Berlin] / B.)	**Rpfleger**
Deutsche Rechtspfleger-Zeitschrift (1.1962 ff.)	**DRpflZ**
Die deutsche Rechtsprechung auf dem Gebiete des internationalen Privatrechts im Jahre (in den Jahren) ... (Sonderh. d. Zs. f. ausl. u. intern. Privatrecht) (1926/27–1934; 1945/49 ff.)	**IPRspr**

3. Zeitschriften und Entscheidungssammlungen

Deutsche Rentenversicherung (11.1939–16.1944; 1962 ff.; 1944–1945 aufgegangen in: Dt. Sozialversicherung; vorher: Dt. Invaliden Vers.)	**DRV**
Deutsche Richterzeitung (1.1909–27.1935; 28.1950 ff.)	**DRiZ**
Deutsche Steuer-Rundschau (1.1951–11.1961)	**DStR**
Deutsche Steuer-Zeitung (1.1912–34.1945; 35.1947 ff.)	**DStZ**
Deutsche Strafrechts-Zeitung (1.1914–9.1922)	**DStrZ**
Deutsche Verkehrs-Zeitung (1.1947 ff.)	**DVZ**
Deutsche Verkehrsteuer-Rundschau (11.1919–36.1944; 37.1951–74.1988; dann: Umsatzsteuer- u. Verkehrsteuerrecht)	**DVR**
Deutsche Versicherungszeitschrift (für) Sozialversicherung und Privatversicherung (5.1951–25.1971; vorher: Versicherungswissenschaft, Versicherungspraxis, Versicherungsmedizin)	**DVZ**
Deutsche Verwaltung (1.1948–3.1950; dann: Dt. Verwaltungsblatt)	**DV**
Deutsche Verwaltung (11.1934–22.1945; vorher: Mitteilungen d. Reichsverbandes d. akad. Finanz- u. Zollbeamten)	**DtVerw**
Deutsche Verwaltungsblätter (82.1934–85.1937; vorher u. später: Bay. Verwaltungsblätter)	**DVerwBl**
Deutsche Verwaltungspraxis (1.1950 ff.; bis 1977 LoseblSlg)	**DVP**
Deutsche Wirtschaft (1.1990 ff.)	**DWI**
Deutsche Wohnungswirtschaft (1.1949 ff.)	**DWW**
Deutsche Zeitschrift für die gesamte gerichtliche Medizin (1.1922–66.1969; dann: Zeitschrift für Rechtsmedizin)	*DZgerichtlMed*
Deutsche Zeitschrift für Wirtschafts- und Insolvenzrecht (9.1999 ff.; vorher: Deutsche Zeitschrift für Wirtschaftsrecht)	**DZWIR**
Deutsche Zeitschrift für Wirtschaftsrecht (1.1991–8.1998; dann: Deutsche Zeitschrift für Wirtschafts- u. Insolvenzrecht)	**DZWir**
Deutsches Arbeitsrecht (1.1933–12.1944)	**DArbR**
Deutsches Autorecht (1.1926–18.1943; 22.1953 ff.; 21.1951–22.1952: Das Recht d. Kraftfahrers)	**DAR**
Deutsches Gemein- und Wirtschaftsrecht (N.F. 1.1935–7.1942; früher: Jurist. Rundschau)	**DGWR**
Deutsches Gewerbe-Archiv (34.1936–36.1939/40; vorher: Gewerbearchiv f. d. Dt. Reich)	*DGewArch*

Deutsches Handels-Archiv (1880–98.1944; 99./102.1948–136.1982; vorher: Preuß. Handels-Archiv)	**DHA**
Deutsches Recht [Ausg. A = Wochenausg.] vereinigt m. Juristische Wochenschrift (9.1939–15.1945)	**DR**
Deutsches Recht [Ausg. A = Wochenausg.] vereinigt m. Juristische Wochenschrift (9.1939–15.1945)	*DRW*
Deutsches Recht. Ausg. B [= Monatsausgabe] vereinigt mit Deutsche Rechtspflege (9.1939,7–12.1942; aufgegangen in: Der Deutsche Rechtspfleger)	**DRM**
Deutsches Rechtswörterbuch (Bd. 1.1914/32 ff.)	**RWB**
Deutsches Steuerblatt (1.1918/19–27.1944; dann: Finanz-Rundschau)	*DStBl*
Deutsches Steuerrecht (1.1962/63 ff.)	**DStR**
Deutsches Strafrecht (N.F. 1.1934–11.1944; dann: Goltdammer's Archiv für Strafrecht; vorher: Archiv f. Strafrecht u. Strafprozeß)	*DStrR*
Deutsches und europäisches Familienrecht (1.1999–2.2000)	**DEuFamR**
Deutsches Verwaltungsblatt (65.1950 ff.; Fortführung v. Dt. Verwaltung; vorher: Reichsverwaltungsblatt)	**DVBl**
Dokumentarische Berichte aus dem BVerwG. Ausgabe B, Öffentlicher Dienst/Disziplinarrecht (38.1990 ff.)	*DokBer*
Dokumentation Deutsche Finanzrechtsprechung (1.1969 ff.)	**DFR**

E

Eastlex: Fachzeitschrift für Osteuroparecht (1.2003, 1; 2.2004 ff.)	**eastlex**
EG-Recht – wöchentlicher Informationsdienst (1993–1999; dann: eLEXtra)	**JUS letter**
Ehrengerichtliche Entscheidungen (6.1963 ff.; vorher: Entscheidungen der Ehrengerichtshöfe der Rechtsanwaltschaft)	**EGE**
Der Eigenwohner: Fachblatt für Wohnungseigentum und Eigenheime (1.1950–19.1968)	**Eigenwohner**
Eildienst Bundesgerichtliche Entscheidungen (1.1971 ff.)	**EBE/BGH**
Energiewirtschaftliche Tagesfragen (1.1951/52 ff.)	**ET**
Entscheidungen aus dem Miet-, Wohnungs- und Grundstücksrecht, bearb. v. Glaser (1.1951–21.1971)	**Glaser**
Entscheidungen der Beschwerdekammern des Europäischen Patentamts (1.1983 ff.)	**EPA-E**

3. Zeitschriften und Entscheidungssammlungen

Entscheidungen der Ehrengerichtshöfe der Rechtsanwaltschaft des Bundesgebietes und (2–7: einschließlich) des Landes Berlin (1.1957–5.1959; dann: Ehrengerichtl. Entscheidungen)	**EGH**
Entscheidungen der Finanzgerichte (1.1953 ff.)	**EFG**
Entscheidungen der Instanzgerichte zum Recht des geistigen Eigentums (1.2002 ff.)	**InstGE**
Entscheidungen der Landesarbeitsgerichte (1985 ff.)	**LAGE**
Entscheidungen der Oberlandesgerichte in Straf-, Ordnungswidrigkeiten- und Ehrengerichtssachen (LoseblSlg) (1983 ff.)	**OLGSt**
Entscheidungen der Oberlandesgerichte in Zivilsachen einschließlich der freiwilligen Gerichtsbarkeit (1965–1994; dann: Praxis der Freiwilligen Gerichtsbarkeit)	**OLGZ**
Entscheidungen der Oberverwaltungsgerichte für das Land Nordrhein-Westfalen in Münster sowie für die Länder Niedersachsen und Schleswig-Holstein in Lüneburg (1.1950 ff.)	**OVGE**
Entscheidungen der Verfassungsgerichte der Länder (6.1997 ff.; vorher: Entscheidungen der Verfassungsgerichte der Länder Berlin, Brandenburg, Bremen, Hamburg, Hessen, Mecklenburg-Vorpommern, Saarland, Sachsen, Sachsen-Anhalt, Thüringen)	**LVerfGE**
Entscheidungen des Bay. Obersten Landesgerichts in Strafsachen (N.F. 1950/51 ff.; früher: Sammlung v. Entscheidungen d. Bay. Obersten Landesgerichts in Strafsachen)	**BayObLGSt**
Entscheidungen des Bay. Obersten Landesgerichts in Zivilsachen (N.F. 1950/51 ff.; früher: Sammlung v. Entscheidungen d. Bay. Obersten Landesgerichts in Zivilsachen)	**BayObLGZ**
Entscheidungen des Board of Review. Decisions of the Board of Review (1.1950–21.1954; dann: Entscheidungen d. Obersten Rückerstattungsgerichts f. d. Brit. Zone)	*BoR*
Entscheidungen des Bundesarbeitsgerichts (1.1954 ff.)	*BAGE*
Entscheidungen des Bundesdisziplinarhofs (1.1955–7.1967)	**BDH**
Entscheidungen des Bundesfinanzhofs für die Praxis der Steuerberatung (1.1995 ff.)	**BFH-PR**
Entscheidungen des Bundesgerichtshofes in Strafsachen (1.1951 ff.)	**BGHSt**
Entscheidungen des Bundesgerichtshofes in Zivilsachen (1.1951 ff.)	**BGHZ**
Entscheidungen des Bundesoberhandelsgerichts (1.2.1871; dann: Entscheidungen d. Reichsoberhandelsgerichts)	*BOHG*

Entscheidungen des Bundesoberseeamtes und der Seeämter der Bundesrepublik Deutschland (1.1951/52 ff.)	BOSeeAE
Entscheidungen des Bundespatentgerichts (1.1962 ff.)	BPatGE
Entscheidungen des Bundessozialgerichts (1.1955 ff.)	BSGE
Entscheidungen des Bundesverfassungsgerichts (1.1952 ff.)	BVerfGE
Entscheidungen des Bundesverwaltungsgerichts (1.1954 ff.)	BVerwGE
Entscheidungen des Deutschen Obergerichts für das Vereinigte Wirtschaftsgebiet (1.1951)	DOG
Entscheidungen des Disziplinarsenats des Oberverwaltungsgerichts für das Land Nordrhein-Westfalen (1.1961–2.1963)	OVG NW DiszSE
Entscheidungen des Europäischen Gerichtshofes für Menschenrechte (1.1970–3.1976)	EGMR
Entscheidungen des Hanseatischen Oberlandesgerichts in Strafsachen (1879–1932/33)	HanseatOLGStrafs
Entscheidungen des Kammergerichts (ab 15.1937:) und des Oberlandesgerichts München in Kosten-, Straf-, Miet- und Pachtschutzsachen (= Jb. f. Entsch. in Angel. d. freiw. Gerichtsbark. u. d. Grundbuchrechts. ErgBd.) (1.1924–23.1944)	JFG Erg
Entscheidungen des Niedersächsischen Staatsgerichtshofs (1.1957/77 ff.)	Nds.StGHE
Entscheidungen des Obersten Gerichts der Deutschen Demokratischen Republik. Entscheidungen in Strafsachen (Bd. 1.1951–16.1977)	OGSt
Entscheidungen des Obersten Gerichts der Deutschen Demokratischen Republik. Entscheidungen in Zivilsachen (Bd. 1.1951–16.1983)	OGZ
Entscheidungen des Obersten Gerichtshofes für die Britische Zone in Strafsachen (1.1949–3.1950)	OGHSt
Entscheidungen des Obersten Gerichtshofes für die Britische Zone in Zivilsachen (1.1949–4.1950)	OGHZ
Entscheidungen des Obersten Rückerstattungsgerichts für Berlin. Decisions of the Supreme Restitution Court for Berlin. Decisions de la Cour Supreme des Restitutions pour Berlin (1.1954–34.1988)	ObREG Bln
Entscheidungen des Obersten Rückerstattungsgerichts für die Britische Zone. Decisions of the Supreme Restitution Court for the British Zone of Germany (1.1954–4./5.1955)	ObREG BrZ
Entscheidungen des Oberverwaltungsgerichts Berlin (1.1954 ff.)	OVGE Bln

3. Zeitschriften und Entscheidungssammlungen

Entscheidungen des österreichischen Obersten Gerichtshofes in Strafsachen und Disziplinarangelegenheiten (1.1920/21–18.1938; 19.1946/48 ff.)	**SSt**
Entscheidungen des österreichischen Obersten Gerichtshofes in Zivil- [bis 34.1961: und Justizverwaltungs]sachen (1.1919–20.1938; 21.1946 ff.)	**SZ**
Entscheidungen des (bis 1918 Kgl.) Preußischen Oberverwaltungsgerichts (1.1877–106.1941)	*PrOVG*
Entscheidungen des Reichsarbeitsgerichts und der Landesarbeitsgerichte, verlegt bei Bensheimer (1.1928–18.1933; dann: Arbeitsrechts-Sammlung)	**BenshSamml**
Entscheidungen des Reichsarbeitsgerichts, hrsg. v. d. Mitgliedern d. Gerichtshofes (1.1928–27.1944)	**RAG**
Entscheidungen des Reichsdienststrafhofs (1.1939–3.1941)	**RDStH**
Entscheidungen des Reichsgerichts in Strafsachen (1.1880–77.1944)	**RGSt**
Entscheidungen des Reichsgerichts in Zivilsachen (1.1880–172.1945)	**RGZ**
Entscheidungen des Reichskriegsgerichts und des Wehrmachtdienststrafhofs (1.1938/40–2.1940/43)	**RKG**
Entscheidungen des Reichsmilitärgerichts (1.1902–22.1919)	**RMG**
Entscheidungen des Reichsoberhandelsgerichts (3.1872–25.1880; vorher: Entscheidungen des Bundesoberhandelsgerichts)	*ROHG*
Entscheidungen des Reichsversorgungsgerichts (1.1921–14.1940)	*RVG*
Entscheidungen des Reichsverwaltungsgerichts (1.1942–2.1943)	*RVerwG*
Entscheidungen des Reichswirtschaftsgerichts (2.1924: und des Kartellgerichts) (1.2.1923/24; 1.2.1940/42)	*RWG*
Entscheidungen des Schweizerischen Bundesgerichts (1.1876 ff.)	**BGE**
Entscheidungen des Staatsgerichtshofes der Freien Hansestadt Bremen (1.1950/69.(1970); 2.1970/76(1977) ff.)	**Brem.StGHE**
Entscheidungen in Angelegenheiten der freiwilligen Gerichtsbarkeit und des Grundbuchrechts, zusammengest. im Reichsjustizamt (1.1900–17.1922)	*RJA*
Entscheidungen in Jagdsachen der ordentlichen Gerichte, der Arbeitsgerichte, der allgemeinen Verwaltungsgerichte sowie der Finanz- und Sozialgerichte (1.1945/63.1963–4.1970/74.1976)	**EJS**

Entscheidungen in Kirchensachen seit 1946 (1.1946/52 ff.)	KirchE
Entscheidungen und Mitteilungen des Reichsversicherungsamts (1.1914–51.1944)	EuM d. RVA
Entscheidungen zum Wirtschaftsrecht (1.1985 ff.)	EWiR
Entscheidungssammlung des Hessischen und des Württemberg-Badischen Verwaltungsgerichtshofes (9. u. 10.1961: Entscheidungssammlung. Hessischer Verwaltungsgerichtshof, Verwaltungsgerichtshof Baden-Württemberg; ab 11.1962: ... d. Hess. Verwaltungsgerichtshofs u. d. Verwaltungsgerichtshofs Baden-Württemberg) (1.1952–11.1962; dann: Entscheidungssammlung d. Hess. Verwaltungsgerichtshofs ...)	ESVGH
Entscheidungssammlung Landwirtschaftsrecht (1.1993 ff.)	ESLR
Entscheidungssammlung Personalrecht 2001 (2001 ff.)	BAG EPersR
Entscheidungssammlung zum AGB-Gesetz (1.1977/80–6.1985)	AGBE
Entscheidungssammlung zum Arbeitnehmerüberlassungsgesetz (1.1981; 2.1985–3.1988; ab 1997 ff. CD-ROM)	EzAÜG
Entscheidungssammlung zum Arbeitsrecht (1.1965 ff.)	EzA
Entscheidungssammlung zum Ausländer- u. Asylrecht (1.1982–2004)	EZAR
Entscheidungssammlung zum Berufsbildungsrecht (Verjüngungsausgabe) (LoseblSlg; 2000 ff.)	*EzB-VjA*
Entscheidungssammlung zum Bundesangestellten-Tarifvertrag (CD-ROM; 1996 ff.)	EzBAT
Entscheidungssammlung zum Familienrecht (CD-ROM; 1998 ff.)	EzFamR
Entscheidungssammlung zum gesamten Bereich von Ehe und Familie (1.1979–12.1982)	FRES
Entscheidungssammlung zum Wirtschafts- u. Bankrecht (LoseblSlg; 1985 ff.)	WuB
Entscheidungssammlung zum Zuwanderungs-, Asyl- und Freizügigkeitsrecht (2005 ff.)	EZAR-NF
Entscheidungssammlung zur betrieblichen Altersversorgung (CD-ROM; 1998 ff.)	E-BetrAV
Entscheidungssammlung zur Entgeltfortzahlung an Arb. u. Ang. b. Krankheit, Kur u. Mutterschaft (LoseblSlg; 1970 ff. = Entscheidungssammlung zur Entgeltfortzahlung im Krankheitsfalle ab 2000)	EEK
Entscheidungssammlung zur Medizin im Sozialrecht (1.2001 ff.)	EzMeso

3. Zeitschriften und Entscheidungssammlungen

EPI-Infomation: Institut der beim Europäischen Patentamt zugelassenen Vertreter	epi information
Der Erbschafts-Steuer-Berater (1.2003 ff.)	ErbStB
Die Ersatzkasse (1.1916/17–27.1943,3; 28.1948 ff.)	Ersk
Der Ertragsteuerberater (1.1999 ff.)	EStB
EU-Umsatzsteuer-Berater (1.2006 ff.; vorher: EuGH-Umsatzsteuer-Report)	EU-UStB
EuGH-Umsatzsteuer-Report (2004–2005; dann: EU-Umsatzsteuer-Berater)	EuGH-URep
Europa kompakt: Gesetzgebung, Rechtsprechung, Konsequenzen für die behördliche u. anwaltliche Praxis (1.1999 ff.)	*EUK*
Europa-Archiv (1.1946 ff.)	EA
Europäische Grundrechte-Zeitschrift (1.1974 ff.; bis 3.1976 u. d. T.: Grundrechte)	EuGRZ
Europäische Rechtsprechung (1953/62.1965 ff.)	*ER*
Europäische Steuerzeitung (Nr. 1–28 Steuern, Zölle u. Wirtschaftsrecht in der EWG) (Nr. 1–55, 1962–1972; dann: Intertax)	*EuStZ*
Europäische Zeitschrift für Arbeitsrecht (1.2008 ff.)	EuZA
Europäische Zeitschrift für Verbraucherrecht (1.1986–3.1988)	*EZV*
Europäische Zeitschrift für Wirtschaftsrecht (1.1990 ff.)	EuZW
Europäisches Wirtschafts- und Steuerrecht (1.1990 ff.)	EWS
Europarecht (1.1966 ff.)	EuR
European company and financial law review (1.2004 ff.)	ECFR
European Food and Feed Law Review (1.2006 ff.)	EFFL
European food law review (1.1990–9.1998; aufgeg. in: Zeitschrift für das gesamte Lebensmittelrecht)	EFLR
European Public Private Partnership Law Review (1.2006 ff.)	EPPPL
European review of contract law (1.2005 ff.)	ERCL
European State aid law quarterly (1.2002 ff.)	EStAL
Expressdienst Umweltrecht. Aktuelle Liste umweltrelevanter Vorschriften, Gerichtsentscheidungen und Literatur (1.1995 ff.)	ALUVOGEL

F

Fachanwalt Arbeitsrecht (1.1997 ff.)	**FA**
Der Fachanwalt für Erbrecht (1.2005 ff.)	**FAErbR**
Familie und Recht (1.1990 ff.)	**FuR**
Familie, Partnerschaft, Recht (1.1995 ff.)	**FÜR**
Familien-Rechts-Berater (1.2002 ff.)	**FamRB**
Film und Recht (1.1957–28.1984; dann: Zs. f. Urheber- u. Medienrecht)	*Film u. R.*
Finanz-Betrieb (1.1999 ff.)	**FB**
Finanz-Rundschau Ertragsteuerrecht (76.1994 ff.; vorher: Finanz-Rundschau für Einkommensteuer mit Körperschaftsteuer u. Gewerbesteuer)	**FR**
Finanz-Rundschau für Einkommensteuer mit Körperschaftsteuer u. Gewerbesteuer (73.1991–75.1993; vorher: Finanz-Rundschau für Einkommensteuer u. Körperschaftsteuer; dann: Finanz-Rundschau Ertragsteuerrecht)	**FR**
Finanz-Rundschau. Dt. Steuerblatt (1.1946–38.1983; vorher: Dt. Steuerblatt; dann (39.1984–41.[68.]1986; 89.1987–72.1990:) Finanz-Rundschau für Einkommensteuer u. Körperschaftsteuer)	**FR**
Finanzarchiv (1.1884–48.1931; N.F. 1.1932–10.1943; 11.1948/49 ff.)	*FA*
Finanzierung, Leasing, Factoring (27.1980,3 ff.; vorher: Teilzahlungswirtschaft)	**FLF**
Forderung & Vollstreckung (vorher: Insolvenz & Vollstreckung)	**FoVo**
Forschung & Lehre (1.1994 ff.)	*F&L*
Forum des internationalen Rechts (1.1996–4.1999)	**FORUM International**
Forum Familienrecht (2005 ff.; vorher: Forum Familien- und Erbrecht)	**FF**
Forum für juristische Bildung (1.2002 ff.)	**ius.full**
FORUM Strafvollzug – Zeitschrift für Strafvollzug und Staffälligenhilfe (56. 2007 ff.)	**FS**
Die freie Wohnungswirtschaft (1.1947 ff.)	**FWW**
Die Friedenswarte (1.1899–56.1961/66; 57.1974 ff.)	**FW**
Fürsorgerechtliche Entscheidungen der Verwaltungs- (ab 5.1960) und Sozialgerichte (1.1956 ff.)	**FEVS**

G

GEMA-Nachrichten (1.1948 ff.)	*GEMA-Nachr*
Die Gemeinde. Zeitschrift für die Städte u. Gemeinden für Stadträte, Gemeinderäte u. Ortschaftsräte; Organ des Gemeindetags Baden-Württemberg (96.1973 ff.; vorher: Die Gemeinde)	**BWGZ**
Der Gemeindehaushalt (N.F. d. Preuß. Kommunalkassen-Ztg.) (41.1934/35–50.1944; 50.1949 ff.)	*Gemhlt*
Gemeinnütziges Wohnungswesen (3.1950–34.1981; vorher: Gemeinnützige Wohnungswirtschaft)	*GW*
Genossenschafts-Forum (1975 ff.)	**Forum**
Gerichtshof der Europäischen Gemeinschaft für Kohle und Stahl (5.1958/59 ff.: Europ. Gemeinschaften). Sammlung der Rechtsprechung des Gerichtshofes (1.1954/55 ff.)	*EuGHE*
Der Gerichtssaal (1.1849–116.1942)	**GerS**
Gerling Information für wirtschaftsprüfende, rechts- und steuerberatende Berufe (1.1980 ff.)	**GI**
German Yearbook of International Law (19.1976 ff.; vorher: Jahrbuch f. internat. Recht)	**GYIL**
Gesellschaft- und Kapitalmarktrecht (1.2006 ff.)	**GesKR**
Der Gesellschafter (1.1972 ff.)	**GesRZ**
GesundheitsRecht (1.2002,1 ff.)	**GesR**
Gewerbearchiv (1.1955 ff.)	**GewArch**
Gewerbearchiv für das Deutsche Reich (1.1902–33.1935/36; dann: Dt. Gewerbe-Archiv)	*GewArch*
Gewerbemiete und Teileigentum	**GuT**
Gewerblicher Rechtsschutz u. Urheberrecht/Rechtsprechungs-Report (1.2001 ff.)	**GRUR-RR**
Gewerblicher Rechtsschutz und Urheberrecht (1.1896–49.1944; 50.1948 ff.)	**GRUR**
Gewerblicher Rechtsschutz und Urheberrecht, Auslands- und internationaler Teil (1952–1969; dann: Internat. Teil)	**GRUR Ausl**
Gewerblicher Rechtsschutz und Urheberrecht, Internationaler Teil (1970 ff.; vorher: Auslands- u. internat. Teil)	**GRUR Int**
Gewerkschaftliche Monatshefte (1.1950 ff.)	**GMH**
Gleichstellung in der Praxis	**GiP**
Die GmbH in der Rechtsprechung der deutschen Gerichte (1.1892/1911–4.1942)	**GmbHRspr**

GmbH-Rundschau (54.1963 ff.; vorher: Rundschau f. GmbH)	**GmbHR**
Der GmbH-Steuer-Berater (1.1997 ff.)	**GmbHStB**
Goltdammer's Archiv f. Strafrecht (1953 ff.; vorher: Dt. Strafrecht)	**GoltdA**
Grundrechte-Report (1997 ff.)	*GR-Report*
Grundstücksmarkt u. Grundstückswert. Informationsdienst zur Zeitschrift Grundstücksmarkt u. Grundstückswert (1.1994 ff.)	**GuG-aktuell**
Grundstücksmarkt und Grundstückswert (1.1990 ff.)	**GuG**

H

Haftpflicht international, Recht u. Versicherung (1994 ff.; vorher: Produkthaftpflicht international)	**Phi**
Handbuch des Arbeitsrechts, hrsg. v. W. Maus (LoseblSlg) (1948–1988)	*HdbArbR*
Handbuch des Jahresabschlusses, hrsg. v. Wysocki/Schulze-Osterloh u.a. (LoseblSlg)	*HdJ*
Handbuch des Lärmschutzes u. der Luftreinhaltung: Immissionsschutz (LoseblSlg; 1972 ff.)	*HdL*
Handwörterbuch der Sozialwissenschaften (Bd. 1.1952–12.1968)	**HdSW**
Handwörterbuch der Wirtschaftswissenschaft (Bd. 1.1976–9.1980/82)	**HdWW**
Handwörterbuch zur deutschen Rechtsgeschichte (Bd. 1.1964 ff.)	**HRG**
Hannoversche Urteilssammlung. Hrsg. v. d. Bundesbahndir. Hannover (1958 ff.; vorher: Urteilssammlung)	**HUS**
Hansa (1.1864–82.1945; 1. [= 85.] 1948 ff.)	*Hansa*
Hanseatische Gerichtszeitung (1.1880–48.1927; aufgegangen in: Hanseat. Rechts- u. Gerichtszeitschrift)	**HGZ**
Hanseatische Rechts- und Gerichtszeitschrift (11.1928–26.1943; vorher: Hanseat. Rechtszeitschrift ...)	**HansRGZ**
Hanseatische Rechtszeitschrift für Handel, Schiffahrt und Versicherung, Kolonial- und Auslandsbeziehungen sowie für Hansestädtisches Recht (1.1918–10.1927; dann: Hanseat. Rechts- u. Gerichtszeitschrift)	**HansRZ**
Hauptverband der landwirtschaftlichen Buchstellen u. Sachverständigen – Report (1.1992 ff.)	**HLBS-Report**

3. Zeitschriften und Entscheidungssammlungen

Haus und Wohnung (1.1946–12.1957; aufgegangen in: Das Grundeigentum)	**HW**
Hochverrat und Staatsgefährdung ([1.]1957–2.1958)	*HuSt*
Höchstrichterliche Entscheidungen. Slg. v. Entscheidungen d. Oberlandesgerichte u. d. Obersten Gerichte in Strafsachen (1.1948–3.1949,1)	**HESt**
Höchstrichterliche Entscheidungen. Slg. v. Entscheidungen d. Oberlandesgerichte u. d. Obersten Gerichte in Zivilsachen (1.1948–3.1950,1)	**HEZ**
Höchstrichterliche Finanzrechtsprechung (1.1961 ff.)	**HFR**
Höchstrichterliche Rechtsprechung (4.1928–18.1942; entstanden aus: Jurist. Rundschau. [Beil.:] Die Rechtsprechung der Oberlandesgerichte [u.] Höchstrichterliche Rechtsprechung auf d. Gebiete d. Strafrechts)	*HRR*
Höchstrichterliche Rechtsprechung auf dem Gebiete des Strafrechts (= Sonderbeil. d. Zs. f. d. ges. Strafrechtswissenschaft) (1.1925–3.1927)	*HRRSt*
Human Rights Law Journal (1.1980 ff.)	**HRLJ**
Humanitäres Völkerrecht. Informationsschriften (1.1988 ff.)	**HuV-I**

I

Immissionsschutz. Zeitschrift für Luftreinhaltung, Lärmschutz, Anlagensicherheit, Reststoffverwertung u. Energienutzung (1.1996 ff.)	*ImS*
Immobilien- & Baurecht (1.1990 ff.)	**IBR**
Immobilienverwaltung & Recht (1.2006 ff.)	**IMR**
INDat-Report (1.2000 ff.)	**INDat**
Informatik und Recht (1.1986–3.1988)	**iur**
Die Information für Steuerberater und Wirtschaftsprüfer (vorher: Die Information über Steuer und Wirtschaft; 1.1947 ff.; dann: Steuer Consultant)	**INF**
Informationen zum Arbeitslosenrecht und Sozialhilferecht (1.1983 ff.)	**info also**
Informationen zum Hochschulrecht. Veröffentlichungen (anfangs: Dokumentationsdienst) d. Kultusministerkonferenz (1.1978 ff.)	**KMK-HSchR**
Informationen zum Versicherungs- u. Haftpflichtrecht, hrsg. v. Wussow (1953 ff.)	**WJ.**

Informationsbrief Ausländerrecht (1.1979 ff.)	**InfAuslR**
Informationsdienst Öffentliche Baurechtssammlung (2000 ff.)	**Info BRS**
Informationsdienst Umweltrecht (1.1990 ff.)	**IUR**
Informationsdienst zum Lastenausgleich (34.1985,7–39.1990) sowie zu BVG u. anderem Kriegsfolgerecht; (ab 40.1991:) Informationsdienst für Lastenausgleich, BVFG u. anderes Kriegsfolgerecht, Vermögensrückgabe u. Entschädigung nach dem Einigungsvertrag (1.1952–34.1985,6)	**IFLA**
Innere Kolonisation (5.1956–20.1971; vorher: Zs. f. d. ges. Siedlungswesen; dann: Innere Kolonisation, Land u. Gemeinde)	**IKO**
Innovative Verwaltung (24.2002 ff.; vorher: Verwaltungsführung (ab 18.1996: Verwaltung), Organisation, Personal(wesen)	**IV**
Insolvenz und Vollstreckung (1.1996 ff.)	**InVo**
Insolvenzrecht & Kreditschutz aktuell (4.1998–10.2004)	**ZIK**
International Journal of legal medicine (104.1990/92 ff.; vorher: Zeitschrift für Rechtsmedizin)	**Int J Leg Med**
International Review of Industrial Property and Copyright Law (1.1970 ff.)	**IIC**
Internationale Sammlung der Arbeitsrechtsprechung (1.1925–13.1937/38)	**ISAR**
Internationale Wirtschafts-Briefe (LoseblSlg; 1954 ff.)	**IWB**
Internationales Handelsrecht (1.2001 ff.)	**IHR**
Internationales Jahrbuch der Politik (1.1954–3.1956/57)	*IntJbPol*
Internationales Recht und Diplomatie (1956–1980)	**IRuD**
Internationales Steuerrecht (1.1992 ff.)	**iStR**
Der IT-Rechtsberater (1.2001 ff.)	**ITRB**

J

Jahrbuch der Deutschen Bundespost (28.1977; vorher: Jahrbuch d. Postwesens)	*JbDBP*
Jahrbuch der Entscheidungen zum bürgerlichen Gesetzbuch und den Nebengesetzen, begr. v. Warneyer (ab 2.1903: auf d. Gebiete d. Zivil-, Handels- u. Prozeßrechts; ab 5.1906: Warneyers Jb. d. Entscheidungen. T. A–D; ab 19.1919/20: Warneyers Jb. auf d. Gebiete d. Zivil-, Handels- u. Prozeßrechts) (1.1900/02–37.1938)	*WarnJb*

3. Zeitschriften und Entscheidungssammlungen

Jahrbuch der Fachanwälte für Steuerrecht (1967/68.1967 ff.)	**JbFSt**
Jahrbuch des Arbeitsrechts. Gesetzgebung – Rechtsprechung – Literatur. Nachschlagewerk für Wissenschaft u. Praxis (36.1998(1999) ff.; vorher: Das Arbeitsrecht der Gegenwart)	**JbArbR**
Jahrbuch des öffentlichen Rechts der Gegenwart (1.1907–25.1938; N.F. 1.1951 ff.)	**JöR**
Jahrbuch des Postwesens (1.1937–5.1941/42; 6.1955/56–25.1975; 26 u. 27 nicht ersch.; dann: Jb. d. Dt. Bundespost)	**JbPostW**
Jahrbuch des Sozialrechts der Gegenwart (1.1979–20.1998; dann: Jahrbuch des Sozialrechts)	**JbSozRdG**
Jahrbuch des Strafrechts und Strafprozesses, hrsg. v. Soergel u. Krause (= Beil. zu: Das Recht) (1.1906–15.1920)	*SoergelsJb*
Jahrbuch des Umwelt- und Technikrechts (1.1987 ff.)	**UTR**
Jahrbuch Extremismus und Demokratie (1.1989 ff.)	**E&D**
Jahrbuch für die Praxis der Schiedsgerichtsbarkeit (1.1987 ff.)	*JbPrSchiedsger*
Jahrbuch für Entscheidungen des Kammergerichts in Sachen der (bis 19.1899: nichtstreitigen) freiwilligen Gerichtsbarkeit in Kosten-, Stempel- und Strafsachen (1.1881–53.1922)	**KGJ**
Jahrbuch für Entscheidungen in Angelegenheiten der freiwilligen Gerichtsbarkeit und des Grundbuchrechts, begr. v. Ring (1.1924–23.1943)	**JFG**
Jahrbuch für Gesetzgebung, Verwaltung und Volkswirtschaft im Deutschen Reich, hrsg. von Schmoller (ab 37.1913: Schmollers Jahrbuch f. Gesetzgebung, ...; ab 88.1968: Schmollers Jahrbuch f. Wirtschafts- u. Sozialwissenschaften) (1.1871–91.1971; dann: Zs. f. Wirtschafts- u. Sozialwissenschaften)	*Schmollers Jb*
Jahrbuch für internationales (1.1948 u. 2.1949: und ausländisches öffentliches) Recht (3.1950/51–18.1975; dann: German Yearbook of International Law)	**JfIR**
Jahrbuch für Ostrecht (1.1960 ff.)	**JOR**
Jahrbuch für Rechtssoziologie und Rechtstheorie (1.1970–5.1978)	*JbRSoz*
Jahresschrift für Rechtspolitologie (1.1987 ff.)	**JfR**
Jherings Jahrbücher für die Dogmatik des bürgerlichen Rechts (Folge 2, 1 [= 37. d. Gesamtreihe] 1897–54 [= 90.] 1942; vorher: Jahrbücher f. d. Dogmatik d. heut. röm. Rechts u. dt. Privatrechts)	*JherJb*
Journal of institutional and theoretical economics (142.1986 ff.; vorher: Zs. f. d. ges. Staatswissenschaft)	**JITE**

Journal of international biotechnology law (1.2004 ff.)	**JIBL**
Jugend-Medien-Schutz-Report (15.1992 ff.; vorher: BPS-Report)	**JMS-Report**
Das Jugendamt – Zeitschrift für Jugendhilfe und Familienrecht (74.2001 ff.; vorher: Der Amtsvormund)	**Jamt**
Jugendschutz (1.1956–35.1990; dann: Kind, Jugend, Gesellschaft)	*JugS*
Jugendwohl (9.1920 ff.; vorher: Zs. f. katholische caritative Erziehungstätigkeit)	*JugW*
Jur-PC (1.1989 ff.)	**Jur-PC**
Jura (1.1979 ff.)	**Jura**
Juristen-Jahrbuch (1.1960–10.1969/70)	**JJb**
Juristenzeitung (6.1951 ff.; Forts. v.: Dt. Rechts-Zs. u. Süddt. Juristen-Ztg.)	**JZ**
Juristische Analysen (1.1969–3.1971)	**JurA**
Juristische Arbeitsblätter (1.1969 ff.)	**JA**
Juristische Arbeitsblätter – Rechtsprechung (1.1999 ff.)	**JA-R**
Juristische Blätter (61.1932 ff.; vereinigt mit Gerichts-Zeitung (1.1872–67.1938; 68.1946ff.)	**JBl**
Das juristische Büro (7.1956 ff.; vorher: Das Büro)	**JurBüro**
Juristische Praxis (1.1996 ff.)	**JP**
Juristische Rundschau (1.1925–11.1935; [N.F.] 1.1947 ff.)	**JR**
Juristische Rundschau für d. Privatversicherung (Bis 7.1930 = Beil. zur Zs. f. Versicherungswesen) (1.1924–20.1943; bis 7.1930 = Beil. zur Zs. f. Versicherungswesen)	**JRPV**
Juristische Schulung (1.1961 ff.)	**JuS**
Die juristische Woche (1.2003–1.2004,52)	**JWO**
Juristische Wochenschrift (1.1872–68.1939,12; dann: vereinigt mit: Dt. Recht als Ausg. A)	**JW**
Justament: Die Referendarzeitschrift (1.2000 ff.)	**justament**
Die Justiz (1.1925/26–8.1932/33)	*Justiz*
Justiz und Verwaltung (1.1950; dann: Dt. Richterzeitung)	*JuV*
JuVe Rechtsmarkt: Nachrichten für Anwälte und Mandanten (1998 ff.)	**JuVe**

K

Kammerentscheidungen des Bundesverfassungsgerichts	BVerfGK
Die Kanzlei (1.1999 ff.)	DK
Kapital und Börse (= Beil. zu Kapitalanlagen)	K&B
Kapitalanlagen (1./2.1988/89 m. d. Untertit.: Wirtschaft, Recht, Steuern) (1./2.1988/89–4.1991)	KaRS
Karlsruher Juristische Bibliographie (1965 ff.)	KJB
Kind, Jugend, Gesellschaft (36.1991 ff.; vorher: Jugendschutz)	KJuG
Kindschaftsrechtliche Praxis (1.1998–8.2005; dann: Zeitschrift für Kindschaftsrecht und Jugendhilfe)	Kind-Prax
Kirche & Recht (1.1995 ff.)	KuR
Kölner Steuerdialog (1.1978 ff.)	KÖSDI
Kommentierte BGH-Rechtsprechung (1.2003 ff.; vorher: Lindemaier/Möhring: Nachschlagewerk des BGH)	LMK
Kommentierte Finanzrechtsprechung (1.1987–19.2005; dann: Kommentiertes Steuerrecht direkt)	KFR
Kommentiertes Steuerrecht direkt (2006 ff.; vorher: Kommentierte Finanzrechtsprechung)	KSR direkt
Kommunal-Kassen-Zeitschrift (1.1949 ff.)	KKZ
Kommunale Steuer-Zeitschrift (1.1952 ff.)	KStZ
Kommunaljurist (1.2004 ff.)	KommJur
Die Kommunalverwaltung (1.1990 ff.)	KommVerw
Kommunikation & Recht (1.1998 ff.)	K&R
Konkurs- und Treuhandwesen (1.1927–15.1941; dann: Konkurs-, Treuhand- und Schiedsgerichtswesen)	KonkTreuh
Konkurs-, Treuhand- und Schiedsgerichtswesen (1. [= 16.] 1955–49.1988; dann: Zs. f. Insolvenzrecht; vorher: Konkurs- u. Treuhandwesen)	KTS
Der Konzern: Zeitschrift für Gesellschaftsrecht, Steuerrecht, Bilanzrecht und Rechnungslegung der verbundenen Unternehmen (1.2003 ff.)	Der Konzern
Kostenerstattungsrechtliche Entscheidungen der Schieds- und Verwaltungsgerichte (53.1999 ff.; vorher: Entscheidungen der Spruchstellen für Fürsorgestreitigkeiten)	EuG
Kraftfahrt und Verkehrsrecht (1962–1972,6)	KuV
Krankenhaus & Recht (1.1997 ff.)	KHuR

Krankenhausrecht (vorher: Krankenhaus & Recht)	**KHR**
Die Krankenversicherung (1.1949/50 ff.)	**KrV**
Krankenversicherungs- & Sozialrecht (1.1999 ff.)	*Krankenvers&SozR*
Kreditpraxis (5.1979 ff.; vorher: Bankwirtschaftliche Kreditpraxis u. Finanzberatung)	*KP*
Die Kriegsopferversorgung (1.1952–24.1975)	**KOV**
Kriminalistik. Zs. f. d. ges. kriminalist. Wissenschaft u. Praxis (3.1949 ff.; vorher: Kriminalist. Rundschau)	*Kriminal.*
Kriminalistische Rundschau (1.1947–2.1948; dann: Kriminalistik. Zeitschrift ...)	*KrimRdsch*
Kriminologisches Journal (1.1969 ff.)	*KrimJ*
Krisen-, Sanierungs- und Insolvenzberatung (1.2005 ff.)	**KSI**
Kritische Justiz (1/2.1968/69 ff.)	**KJ**
Kritische Vierteljahresschrift für Gesetzgebung und Rechtswissenschaft (1.1859–19.1877; N.F. 1. [= 20.] 1878–17. [= 36.] 1894; 3. Folge 1. [= 37.]1895–32. [= 68.] 1944; 69.1986 ff.)	*KritVj*
Kunstrecht u. Urheberrecht (1.1999 ff.)	**KUR**

L

Landes- und Komunalverwaltung (1.1991 ff.)	**LKV**
Der Landkreis (29.1959 ff.; vorher: Die Selbstverwaltung)	*Landkr*
Der Lastenausgleich (1.1952/53–5.1956)	**LA**
League of Nations Treaty Series (1.1920 ff.)	**LNTS**
Lebensmittel & Recht (1.1997 ff.)	**LMuR**
Leipziger Zeitschrift für Deutsches Recht (bis 7.1913: f. Handels-, Konkurs- u. Versicherungsrecht) (1.1907–27.1933)	**LZ**
Leitsatzkartei des deutschen Rechts (CD-ROM-Ausg.; 1981/2000 (2001) ff.)	**LSK-CD**
Liechtensteinische Juristen-Zeitung (1.1980 ff.)	*LiechtJZ*

M

Der Markenartikel (1.1934–11.1944; 12.1950 ff.)	**MA**
Markenschutz und Wettbewerb (5.1905/06–41.1941; vorher: Unlauterer Wettbewerb)	**MuW**
Medizinprodukterecht (1.2001 ff.)	**MPR**

3. Zeitschriften und Entscheidungssammlungen

Medizinrecht (1.1983 ff.)	**MedR**
Mergers & Acquisitions (1.1992 ff.)	**M&A**
Mietrecht und Immobilien (2004 ff.)	**Info M**
Mitteilungen aus der Praxis (bis 2.1911/15: und Vereinsnachrichten), hrsg. v. Württ. Notar(iats)verein (1.1907/10–14.1933; 15.1949–20.1954; dann: Mitteilungen aus der Praxis. Zeitschrift ...)	**WürttNV**
Mitteilungen aus der Praxis. Zs. f. d. Notariat in Baden-Württemberg (21.1955–35.1969; dann: Zs. f. d. Notariat in Baden-Württemberg; vorher: Mitteilungen aus d. Praxis, hrsg. v. Württ. Notarverein)	**BWNotZ**
Mitteilungen der Bundesrechtsanwaltskammer (1.1970–11.1980; dann: BRAK-Mitteilungen)	*MittBRAK*
Mitteilungen der deutschen Patentanwälte (34.1934 ff.; vorher: Mitteilungen vom Verband dt. Patentanwälte)	**MittDPatAnw**
Mitteilungen der deutschen Patentanwälte (45.1954 ff.; vorher: Mitteilungen vom Verband Deutscher Patentanwälte)	*MdP*
Mitteilungen der Kommunalen Gemeinschaftsstelle für Verwaltungsvereinfachung (1.1956 ff.)	**MittKGSt**
Mitteilungen der Rechtsanwaltskammer Köln (1.1942 ff.)	**RAK-Mitt.**
Mitteilungen des Bay. Notarvereins (1.1924–10.1933,5; dann: Bay. Notarzeitschrift)	**BayNotV**
Mitteilungen des Bayerischen Notarvereins (1963 ff.)	**MittBayNot**
Mitteilungen des Hochschulverbandes (1.1950/52 ff.)	**MittHV**
Mitteilungen des Wirtschaftswissenschaftlichen Instituts der Gewerkschaften (1.1948–5.1952; dann: WWI-Mitteilungen)	*MittWWI*
Mitteilungen. Rheinische Notar-Kammer (1961–1976; dann: Mitteilungen der Rheinischen Notar-Kammer)	**MittRhNotK**
Mitteilungsblatt der Steuerberater (bis 3.1952: Mitteilungen des Bundeshauptverbandes der Steuerberater) (1.1950–9.1958,7; dann: Der Steuerberater)	**MStb**
Monatsinformation zum öffentlichen Baurecht (2004,1–2005)	**ÖffBauR**
Monatsschrift für Deutsches Recht (1.1947 ff.)	**MDR**
Monatsschrift für Kriminalbiologie und Strafrechtsreform (28.1937–35.1944; dann: Monatsschrift f. Kriminologie u. Strafrechtsreform; vorher: Monatsschrift f. Kriminalpsychologie u. Strafrechtsreform)	*MschrKrimBiol*
Monatsschrift für Kriminalpsychologie und Strafrechtsreform, begr. v. Aschaffenburg (1.1904/05–27.1936; dann: Monatsschrift f. Kriminalbiologie u. Strafrechtsreform)	*MschrKrimPsych*

Monatsschrift für Kriminologie und Strafrechtsreform (36.1953 ff.; vorher: Monatsschrift f. Kriminalbiologie u. Strafrechtsreform)	**MschrKrim**
MultiMedia u. Recht (1.1998 ff.)	**MMR**

N

Nachrichtendienst des Deutschen Vereins für öffentliche und private Fürsorge (1.1920–25.1944; [N.F.] 1.1946 ff.)	**NDV**
Nachschlagewerk der Rechtsprechung des Bundesverfassungsgerichts (1978 ff.; (LoseblSlg)	*NBVerfG*
Nachschlagewerk des Bundesgerichtshofs, hrsg. v. Lindenmaier, Möhring u.a. (1951 ff.; (LoseblSlg)	**LM**
Natur und Recht (1.1979 ff.)	**NuR**
Neue Betriebswirtschaft (= Beil. zu: Der Betriebs-Berater) (1.1948–25.1972)	**NB**
Neue Deutsche Beamtenzeitung (1.1951–20.1970)	**NDBZ**
Neue Juristische Wochenschrift (1.1947/48 ff.)	**NJW**
Neue Justiz (1.1947 ff.)	**NJ (DDR)**
Neue Kriminalpolitik (1.1989 ff.)	*NK*
Neue Wirtschafts-Briefe für Steuer- und Wirtschaftsrecht (1947 ff.; (LoseblSlg)	**NWB**
Neue Zeitschrift für Arbeits- und Sozialrecht (1.1984 ff.)	**NZA**
Neue Zeitschrift für Arbeitsrecht, Rechtsprechungs-Report (1.1996 ff.)	**NZA-RR**
Neue Zeitschrift für Baurecht und Vergaberecht (1.2000 ff.)	**NZBau**
Neue Zeitschrift für das Recht der Insolvenz u. Sanierung (1.1998 ff.)	**NZI**
Neue Zeitschrift für Gesellschaftsrecht (1.1998 ff.)	**NZG**
Neue Zeitschrift für Miet- u. Wohnungsrecht (1.1998 ff.)	**NZM**
Neue Zeitschrift für Sozialrecht (1.1992 ff.)	**NZS**
Neue Zeitschrift für Strafrecht (1.1981 ff.)	**NStZ**
Neue Zeitschrift für Strafrecht, Rechtsprechungs-Report (1.1996 ff.)	**NStZ-RR**
Neue Zeitschrift für Verkehrsrecht (1.1988 ff.)	**NZV**
Neue Zeitschrift für Versicherung u. Recht (1.1998–5.2002)	**NVersZ**
Neue Zeitschrift für Verwaltungsrecht (1.1982 ff.)	**NVwZ**

3. Zeitschriften und Entscheidungssammlungen

Neue Zeitschrift für Verwaltungsrecht, Rechtsprechungs-Report (1.1988 ff.)	**NVwZ-RR**
Neue Zeitschrift für Wehrrecht (1.1959 ff.)	**NZWehrr**
Niedersächsische Verwaltungsblätter (1.1994 ff.)	**NdsVBl**
Niemeyers Zeitschrift für internationales Recht (25.1915–52.1937/38; vorher: Zs. f. internat. Recht)	*NiemeyersZ*
NJW – Entscheidungsdienst Wettbewerbsrecht (1.1996–2000)	**NJWE WettR**
NJW spezial: Die wichtigsten Informationen zu speziellen Rechtsgebieten (1.2004 ff.)	**NJW-spezial**
NJW-Entscheidungsdienst Miet- und Wohnungsrecht (1996–1997)	**NJWE-MietR**
NJW-Rechtsprechungs-Report Zivilrecht (1.1986 ff.)	**NJW-RR**
Nordrhein-Westfälische Verwaltungsblätter (1.1987 ff.)	**NWVBl**
NWB-Revisionsdatenbank: anhängige BFH-Verfahren auf CD-ROM (1.1996 ff.)	*aBV*

O

Der öffentliche Dienst (3.1950,7–4.1951,6: Ausg. A). Fachzs. f. Beamte u. Angestellte d. Verwaltung (1.1948 ff.)	**DÖD**
Der öffentliche Dienst. Ausg. B. Zs. f. d. Ausbildung u. Fortbildung d. Dienstkräfte d. öffentl. Verwaltung ... (1.1950–5.1954; dann fortges. in: Staats- u. Kommunalverwaltung)	**DÖD B**
Die Öffentliche Verwaltung (1.1948 ff.)	**DÖV**
Öffentliche Verwaltung und Datenverarbeitung (1.1971 ff.)	**ÖVD**
Die Öffentliche Wirtschaft (ab 22.1973:) und Gemeinwirtschaft (1.1952–33.1984)	**ÖW (ab 1973:) ÖWG**
Österreichische Blätter für gewerblichen Rechtsschutz und Urheberrecht (1.1952 ff.)	**ÖBl**
Österreichische Entscheidungen zum internationalen Privatrecht (1.1984 ff.)	**IPRE**
Österreichische Juristen-Zeitung (1.1946 ff.)	**ÖJZ**
Österreichische Richterzeitung (1.1904–31.1938; 32.1954 ff.)	*ÖRiZ*
Österreichische Zeitschrift für Wirtschaftsrecht (1.1974 ff.)	**ÖZW**
Österreichisches Recht der Wirtschaft (1.1983 ff.)	**RdW**
Österreichisches Verwaltungsarchiv (1.1962–10.1971; 11.1976 ff.)	*ÖstVerwArch*

OLG Reporte einzelner Oberlandesgerichte	**OLG-Report**
OLG-Rechtsprechung Neue Länder (1.1994 ff.)	**OLG-NL**
OLG-Report: Zivilrechtsprechung der Oberlandesgerichte (CD-ROM-Ausg.; 1.1997 ff.)	**OLGR**
Die (bis 21.1934,10: deutsche) Ortskrankenkasse (20.1933,16–30.1943,3; 31.1949 ff.; vorher: Dt. Krankenkasse)	*DOK*
Osteuropa-Recht (1.1955 ff.)	*OstEurR*

P

Patentblatt (1.1877–69.1945; 70.1950 ff.)	*PatBl*
Patienten-Rechte (1.2002 ff.)	**PatR**
Der Personalrat (1.1984 ff.)	**PersR**
Die Personalvertretung (1/2.1958/59 ff.)	**PersV**
Pflegerecht. Zeitschrift für Rechtsfragen i. d. stationären u. ambulanten Pflege (1.1997 ff.)	**PflR**
Pharma-Recht (1.1978 ff.)	*PharmaR*
Politische Vierteljahresschrift (1.1960 ff.)	**PVS**
Die Polizei (Untertit. ab 46.1955:) Die Polizei-Praxis (1.1904/05–38.1941,10; 1.[= 39.]1948–7.[= 45.]1954; 46.[= 8.]1955 ff.)	*Polizei*
Praxis der Freiwilligen Gerichtsbarkeit (1.1995 ff.; vorher: Entscheidungen der Oberlandesgerichte in Zivilsachen einschließlich der freiwilligen Gerichtsbarkeit)	*FGPrax*
Die Praxis des Bundesgerichts (1.1912–79.1990; dann: Die Praxis. Wichtige Entscheidungen d. Schweizer. Bundesgerichts)	**Pr**
[für dt. Zitate besser:]	**Prax BG**
Praxis des Internationalen Privat- und Verfahrensrechts (1.1981 ff.)	**IPRax**
Praxis Internationale Steuerberatung (1999 ff.)	**PISTB**
Praxis Steuerstrafrecht (1998 ff.)	**PStR**
Praxis Verkehrsrecht (1.2001 ff.)	**VR**
Praxis Verkehrsrecht (1.2001–3.2003)	**PVR**
Preußisches Verwaltungsblatt (1.1879–48.1926/27; dann: Reichsverwaltungsblatt u. Preuß. Verwaltungsblatt)	*PrVerwBl*
Produkthaftpflicht international (1982–1993; dann: Phi)	**PHI**
Prozessrecht aktiv: Prozesse optimal planen und erfolgreich durchführen (1.2002 ff.)	**Prozessrecht aktiv**

Prozessrechtsberater (1.2002–4.2005) — **ProzRB**

Psychotherapie und Recht (1.2001–2.2002) — **P.u.R.**

Q

Die Quintessenz des Steuerrechts (4.1967 ff.; vorher: Die Quintessenz des steuerlichen Schrifttums) — **StQ**

R

Raumforschung und Raumordnung (1.1936/37–8.1944; 9.1948; 10.1950; 11.1953 ff.) — *RuR*

Recht der Arbeit (1.1948 ff.) — **RdA**

Recht der Datenverarbeitung (1.1985 ff.) — **RDV**

Recht der Elektrizitätswirtschaft (40.1979–52.1991; dann: Recht d. Energiewirtschaft; vorher: Rechtsbeilage d. Elektrizitätswirtschaft) — **RdE**

Recht der Energiewirtschaft (1.1992 ff.) — **RdE**

Recht der internationalen Wirtschaft (1.1954/55–3.1957 u. 21.1975 ff.; 4.1958–20.1974: Außenwirtschaftsdienst d. Betriebs-Beraters) — **RIW**

Recht der Jugend (1.1953 ff.) — **RdJ**

Recht der Jugend (ab 13.1965:) und des Bildungswesens (1.1953 ff.) — **RdJB**

Recht der Landwirtschaft (1.1949 ff.) — **RdL**

Das Recht der Wirtschaft (30.1977 ff.; vorher: Rechtsarchiv der Wirtschaft) — **RdW**

Das Recht des Kraftfahrers (1.1926–18.1943; 19.1949; 20.1950; 23.1953–25.1955; 21./22.1951/52: Deutsches Autorecht) — **RdK**

Das Recht im Amt (1.1954 ff.) — **RiA**

Recht in Ost und West (1.1957–42.1998) — **ROW**

Recht und Politik (1965 ff.) — **RuP**

Recht und Politik im Gesundheitswesen (1.1995 ff.) — **RPG**

Recht und Psychiatrie (1.1983 ff.) — **R&P**

Recht und Schaden (1.1974 ff.) — **r+s**

Recht und Wirtschaft der Schule (1.1960–5.1964; aufgegangen in: Recht d. Jugend) — **RWS**

Das Recht, begr. v. Soergel (32.1928–37.1933 = Beil. zu Zbl. f. Handelsrecht) (1.1897–38.1934; dann: = Beil. zu: Dt. Recht) Recht

Das Recht, begr. v. Soergel (= Beil. zu: Dt. Recht) (39.1935–48.1944.4/6; vorher: Beil. zu: Zbl. f. Handelsrecht) DJ Recht

Recht, Zoll und Verfahren in Auslandsmärkten (1989 – 1998,9; dann: Internationales u. ausländ. Wirtschafts- u. Steuerrecht/Recht & Steuern international) RZV

Rechtliche Rundschau der Europäischen Audiovisuellen Informationsstelle (1.1995 ff.) iRis

Rechts- und Wirtschaftspraxis (LoseblSlg) (1947 ff.) RWP

Rechtspfleger-Jahrbuch (1936–1943/44; 1953 ff.) RpflJB

Rechtspfleger-Studienhefte (1977 ff.) RpflStud

Rechtspflegerblatt (1.1953 ff.) RpflBl

Rechtsprechung der Hessischen Verwaltungsgerichte (= Beil. z. Staats-Anzeiger f. d. Land Hessen) (1965 ff.) HessVGRspr

Die Rechtsprechung der Oberlandesgerichte auf dem Gebiete des Zivilrechts, hrsg. v. Mugdan u. Falkmann (1.1900–46.1928; aufgegangen in: Höchstrichterliche Rechtsprechung) OLGRspr

Rechtsprechung des Bundesgerichtshofs in Zivilsachen, als Fortsetzung der von Otto Warneyer hrsg. Rechtsprechung des Reichsgerichts (1959/60 ff.) BGHWarn

Rechtsprechung des Reichsgerichts auf dem Gebiete des Zivilrechts, soweit sie nicht in der amtlichen Sammlung der Entscheidungen des RG abgedruckt ist, hrsg. v. Warneyer (= ErgBd. zu: Jahrbuch d. Entscheidungen zum bürgerlichen Gesetzbuch ...) (1.1908–33.1941; dann: Slg. zivilrechtl. Entscheidungen d. RG) WarnRspr

Rechtsprechung in Arbeitssachen. Grundsätzl. Entscheidungen d. Reichsarbeitsgerichts, d. Landesarbeitsgerichte u. d. Arbeitsgerichte. (1.1927–5.1932; dann vereinigt mit: Entscheidungen d. Reichsarbeitsgerichts) ArbRspr

Rechtsprechung u. Gesetzgebung zur Regelung offener Vermögensfragen (LoseblSlg; 1992 ff.) RGV

Rechtsprechung (37.1958,7 ff.:) und Schrifttum (= Beil. zur Dt. Richterztg.) (17.1925–27.1935; 29.1951–43.1965) DRiZ Rspr

Rechtsprechung zum BGB, EGzBGB, CPO, KO, GBO und RFG (ab 7.1906: zum ges. Zivil-, Handels- u. Prozeßrecht; 19.1918: Jb. d. Rechtsprechung u. Rechtslehre z. ges. Zivil-, Handels- u. Prozeßrecht; ab 20.1919: Jb. d. Zivilrechts; ab 33.1932: Jb. d. Zivil-, Handels- u. Prozeßrechts), bearb. v. Soergel (1.1900/01–42.1941) SoergelsRspr

Rechtsprechung zum Wiedergutmachungsrecht (= Beil. zur Neuen Jur. Wochenschrift) (1.1949/50.–32.1981) — **RzW**

Rechtstheorie (1.1970 ff.) — *Rechtstheorie*

Die Reichsversicherung (1.1927–13.1939) — **RV**

Reichsverwaltungsblatt (55.1934–64.1943; dann: Deutsches Verwaltungsblatt; vorher: Reichsverwaltungsblatt u. Preuß. Verwaltungsblatt) — **RVerwBl**

Reichsverwaltungsblatt und Preußisches Verwaltungsblatt (49.1927/28–54.1933; dann: Reichsverwaltungsblatt; vorher: Preuß. Verwaltungsblatt) — **RuPrVBl**

Reise-Recht aktuell (1.1993 ff.) — **RRa**

Reno-Report. Zeitschrift für Mitarbeiter der juristischen Berufe (1.2000–3.2002) — **RenoR**

Renopraxis: Zeitschrift für Rechtsanwalts- und Notariatsangestellte (1.2003 ff.) — **Renopraxis**

Die Restitution (1.1950/51–5.1954) — *Rest.*

Revue européenne de droit public; European review of public law; Europäische Zeitschrift des öffentlichen Rechts (1.1989 ff.) — **REDP/ERPL**

Revue universelle des droits de l'homme (1.1989 ff.) — **RUDH**

Rewi-Information (ab 1983,10: Rewi-Zeitschrift für Zivil-, Wirtschafts- und Steuerrecht) (1.1983–2.1984,3) — **RewiZ**

Rheinisch-Pfälzisches Verwaltungsblatt (1947/48; dann: Die Neue Verwaltung) — *RhPfVerwBl*

Rheinische Notar-Zeitschrift (2001 ff.) — **RNotZ**

Rundbrief des Deutschen Instituts für Jugendhilfe (13.1937/38–23.1950/51; dann: Der Amtsvormund; vorher: Rundbrief d. Dt. Jugendarchivs) — *RdbfJugH*

Rundschau für den Lastenausgleich (1.1952 ff.) — **RLA**

Rundschau für GmbH (1.1910–35.1944,15/18; 40.1949–53.1962; dann: GmbH-Rundschau) [37.1946–40.1949,4: Centrale-Rundschreiben] — **GmbH-Rdsch**

RV aktuell: Fachzeitschrift und amtliche Mitteilungen der Deutschen Rentenversicherung (52.2005 ff.; vorher: Die Angestelltenversicherung) — **RVaktuell**

RVG Berater (1.2004–2.2005) — **RVG-B**

RVG professionell: Informationsdienst für die Anwaltskanzlei (2004,3 ff.) — **RVG professionell**

RVG Report (5.2004 ff.; vorher: BRAGO Report) — **RVG Report**

RVG-Letter: Monatsinformation zum anwaltlichen Vergütungsrecht (2004–2007,6)   **RVG-Letter**

S

Sächs. Verwaltungsblätter (1.1993 ff.)   **SächsVBl**

Sammlung arbeitsrechtlicher Entscheidungen (1.1928–6.1933; N.F. 1948 ff.)   **SAE**

Sammlung der deutschen Entscheidungen zum interzonalen Privatrecht (1945/53–1966/67)   **IzRspr**

Sammlung der Entscheidungen (bis 77.1963: und Gutachten) des Bundesfinanzhofs (55.1952 ff.; vorher: Sammlung d. Entscheidungen u. Gutachten d. Reichsfinanzhofs)   **BFHE**

Sammlung der Entscheidungen und Gutachten des Reichsfinanzhofs (54.1952: u. d. Obersten Finanzgerichtshofs) (1.1920–54.1952; dann: Sammlung der Entscheidungen u. Gutachten d. Bundesfinanzhofs)   *RFHE*

Sammlung der Justizverwaltungsvorschriften (1959)   **JVV NW**

Sammlung der Rechtsentscheide in Wohnraummietsachen (Rechtsentscheid-Sammlung) (1.1980/81.1982 ff.)   **RES**

Sammlung der Rechtsprechung – Öffentlicher Dienst. Gericht Erster Instanz; Gerichtshof der Europäischen Gemeinschaften (LoseblSlg; 1994 ff.)   *Slg.ÖD*

Sammlung (bis 1997: amtlich nicht veröffentlichter) Entscheidungen des Bundesfinanzhofs (1.1985 ff.)   **BFH/NV**

Sammlung lebensmittelrechtlicher Entscheidungen (1.1957 ff.)   **LRE**

Sammlung von Entscheidungen aus dem Sozialrecht. (Titel so ab 66.1977 ff.; davor vielfach wechselnd; anfangs: Sammlung v. Entscheidungen d. Reichsversicherungsamts, ...) Begr. v. Breithaupt (1.1912/13 ff.)   **Breith.**

Sammlung von Entscheidungen des (k.) bay. Verwaltungsgerichtshofes (1.1880–63.1943/44)   *BayVGH*

Sammlung von Entscheidungen des Bay. Verwaltungsgerichtshofs mit Entscheidungen des Bay. Verfassungsgerichtshofs, (ab 4.1951 ferner:) des Bay. Dienststrafhofs (ab 5.1952:) und des Bay. Gerichtshofs für Kompetenzkonflikte T.1. Verwaltungsgerichtshof (N.F. 1. (= 64 d. Ges. Folge) 1947/48 ff.)   *BayVGH (N.F.)*

Sammlung von Entscheidungen des Bay. Verwaltungsgerichtshofs mit Entscheidungen des Bay. Verfassungsgerichtshofs. (ab 4.1951 ferner:) des Bay. Dienststrafhofs (ab 5.1952:)

3. Zeitschriften und Entscheidungssammlungen

und des Bay. Gerichtshof für Kompetenzkonflikte. T.2. Verfassungsgerichtshof (N.F. 1.1947/ 48 ff.)	*BayVerfGH*
Sammlung zivilrechtlicher Entscheidungen des Reichsgerichts, hrsg. v. Buchwald (1.1942–2.1943; vorher: Rechtsprechung d. Reichsgerichts ... begr. v. Warneyer)	**WarnRspr**
Schiedsamtszeitung (64.1993 ff.; vorher: Schiedsmannszeitung)	**Schs-Ztg**
Schiedsmannszeitung (1.1926–19.1945; 21.1950–64.1993,6; 20.1949: Der Schiedsmann; dann: ab 64.1993,7 ff. Schiedsamtszeitung)	**Schs-Ztg**
Schmalenbachs Zeitschrift für betriebswirtschaftliche Forschung (N.F. 16.1964 ff.; vorher: Zs. f. handelswissenschaftl. Forschung)	**ZfbF**
Schriftenreihe der Polizei-Führungsakademie (1.1974 ff.)	**PFA**
Schriftenreihe Recht und Praxis (1.1968 ff.)	**RuP**
Schriftenreihe zum europäischen Weinrecht (1.1979 ff.)	**EWR**
Die schweizerische Aktiengesellschaft (1.1928/29–61.1989; dann: Schweizer. Zs. f. Wirtschaftsrecht)	**SchwAG**
Schweizerische Juristen-Zeitung (1.1904/05 ff.)	**SJZ**
Schweizerische Mitteilungen über Gewerblichen Rechtsschutz und Urheberrecht (1949–1984; dann: Schweizer. Mitteilungen ü. Immaterialgüterrecht)	*SchwMittGRUR*
Schweizerische Mitteilungen über Immaterialgüterrecht (1985 ff.; vorher: Schweizer. Mitteilungen ü. Gewerbl. Rechtsschutz u. Urheberrecht)	**SMI**
Schweizerische Versicherungs-Zeitschrift (1.1933/34 ff.)	**SVZ**
Schweizerische Zeitschrift für Kriminologie (1.2002 ff.)	**SZK**
Schweizerische Zeitschrift für Sozialversicherung (1.1957 ff.)	*SchwZSozV*
Schweizerische Zeitschrift für Strafrecht (1.1888 ff.)	*SchwZStR*
Schweizerische Zeitschrift für Wirtschaft- und Finanzmarktrecht (vorher: Schweizerische Zeitschrift für Wirtschaftsrecht)	**SZW**
Schweizerisches Jahrbuch für Internationales Recht (1.1944 ff.)	*SchwJbIntR*
Schweizerisches Zentralblatt für Staats- und Gemeindeverwaltung (1.1900 ff.)	*SchwZbl*
Die Selbstverwaltung (1.1947–12.1958; dann: Der Landkreis)	*SelbstVw*
Seufferts Archiv für Entscheidungen der obersten Gerichte in den deutschen Staaten (1.1847–98.1944)	*SeuffArch*
Seufferts Blätter für Rechtsanwendung (72.1907–78.1913; vorher: Blätter f. Rechtsanwendung, zunächst in Bayern)	*SeuffBl*

Soziale Arbeit (1.1951/52 ff.)	**SozArb**
Soziale Selbstverwaltung (1.1953 ff.)	*SozSelbstVw*
Soziale Sicherheit (1.1952 ff.)	**SozSich**
Soziale Sicherheit in der Landwirtschaft (1.1970 ff.)	**SdL**
Sozialer Fortschritt (1.1952 ff.)	**SF**
Die Sozialgerichtsbarkeit (1.1954 ff.; Ausgabe B [für die neuen Bundesländer (1.1990 ff.)]	**SGb**
Sozialhilfe- u. AsylbewerberleistungsRecht (1.2002 ff.)	**SAR**
Die Sozialordnung der Gegenwart (8.1968–12.1972; vorher: Die Sozialversicherung d. Gegenwart)	*SozOrddG*
Sozialrecht. Rechtsprechung u. Schrifttum, bearb. v. d. Richtern d. Bundessozialgerichts (LoseblSlg) (1955 ff.)	**SozR**
Die Sozialversicherung (1.1946 ff.)	*SozVers*
Die Sozialversicherung der Gegenwart (1./2.1961/62–7.1967; dann: Die Sozialordnung d. Gegenwart)	*SozVersdG*
Sparkasse (1.1881–63.1943,3; [N.F.] 4.1950 ff.; 1947–1949: Sparkassen-Mitteilungen)	*Spark.*
Der Staat (1.1960 ff.)	**Staat**
Staats- und Kommunal-Verwaltung (1955–1977,9; dann: Verwaltungsrundschau)	**SKV**
Staats- und Selbstverwaltung (1.1919/20–22.1941; 23.1950–27.1954; aufgeg. in: Staats- u. Kommunalverwaltung)	*StaatsuSVerw*
Stadt und Gemeinde (45.1990,10 ff.; vorher: Städte- und Gemeindebund)	**StuG**
Steuer & (bis 11.1990: und) Studium (1.1980 ff.)	**SteuerStud**
Die Steuer (1.1948–2.1949)	*Steuer*
Steuer und Wirtschaft (1.1922–23.1944; 24.1947 ff.)	**StuW**
Steuer- und Wirtschaftsberater (2.1947–4.1949; vorher: Der Steuerberater)	*StWB*
steuer-journal.de (1.2004,5 ff.)	**sj**
Steuer-Warte (1.1922–22.1943; 23.1950,4 ff.; 23.1950,1–3: Die neue Steuerwarte)	**StW**
Steuer-Zentralarchiv (1.1949–23.1950)	*StZentrArch*
Steueranwaltsmagazin (1.1999 ff.)	**SAM**
Steuerberater-Jahrbuch (1.1949 ff.)	**StbJb**
Der Steuerberater. Organ d. Bundessteuerberaterkammer (9.1958,8 ff.; vorher: Mitteilungsblatt d. Steuerberater)	**StB**

Der Steuerberater. Zeitschr. für Beruf und Praxis d. Steuerberaters u. d. vereinigten Buchprüfers (9.1958,8 ff.; vorher: Mitteilungsblatt der Steuerberater)	StB
Steuerberaterkongreß-Report (15.1977 ff.; 1.1963–14.1976: Steuerkongreß-Report)	StbKRep
Die Steuerberatung (1.1958 ff.)	Stbg.
SteuerConsultant (1,2007,7 ff.; vorher: Consultant; davor: Die Information für Steuerberater und Wirtschaftsprüfer)	SC
Steuerkongreß-Report (1.1963–14.1976; dann: Steuerberaterkongreß-Report)	StKRep
Die steuerliche Betriebsprüfung (1.1961 ff.)	StBp
Steuerliche Vierteljahresschrift (1.1989 ff.)	StVj
Steuern in der Energiewirtschaft (50.1999 ff.; vorher: Steuern in der Elektrizitätswirtschaft)	StE
Steuern u. Bilanzen (1.1999 ff.)	StuB
Steuern und Finanzen (1.1962–5.1966,12; aufgegangen in: Die Information über Steuer und Wirtschaft)	*StuF*
Der Steuerpraktiker (1.[23.]1949–12.[34.]1960; vorher: Die Steuerpraxis)	*StPrakt*
Steuerrecht in Kurzform (LoseblSlg) (1.1947 ff.; anfangs: Steuerkurzbriefe; später: Neue Wirtschaftsbriefe f. Steuer- u. Wirtschaftsrecht)	StK
Steuerrechtsprechung in Karteiform. Höchstgerichtl. Entscheidungen in Steuersachen. (Mrozek-Kartei) (LoseblSlg) (1922–1944; 1951 ff.)	StRK
Steuerrechtsprechung in Karteiform	StK
StrafRechtsReport (1.2007 ff.)	StRR
Strafverteidiger (1.1981 ff.)	StV
Strafverteidiger Forum (1.1988 ff.; Zusatz bis 1993: Mitteilungsblatt der Strafverteidigervereinigung des DAV)	StraFO
Straßenverkehrsrecht (4.2004 ff.; vorher: Praxis Verkehrsrecht)	SVR
Studium und Praxis (1.1956–12.1967; 13.1976/77–17.1982)	StuP
Süddeutsche Juristenzeitung (1.1946–5.1950; dann: Juristenzeitung)	SJZ

T

Technische Überwachung (1.1960 ff.)	TÜ
Telekommunikations- & Medienrecht (55.2002 ff.; vorher: Recht der Telekommunikation)	TMR
The European Legal Forum. Forum iuris communis Europae – Deutschsprachige Ausgabe (1.2000/01 ff.)	EuLF
Thüringer Verwaltungsblätter (1.1992 ff.)	ThürVBl
Transportrecht (bis 2.1979, 3.1980–5.1982: Transport- u. Speditionsrecht) (6.1983 ff.)	TranspR

U

Umsatzsteuer- und Verkehrsteuer-Recht (75.1989 ff.; vorher: Deutsche Verkehrsteuer-Rundschau)	UVR
Umsatzsteuer-Rundschau. (Ab 16.1967,10 m. d. Untertit.:) Mehrwertsteuer-Rundschau (= Beil. z. Finanz-Rundschau) (1.1952 ff.)	UR
Umsatzsteuerkartei des Bundesfinanzministeriums (LoseblSlg) (1951 ff.; 1989 ff.)	USt-Kartei
Umwelt- u. Planungsrecht. Special (1.1993 ff.)	UPR-Special
Umwelt- und Planungsrecht (1.1981 ff.)	UPR
United Nations Treaty Series (1.1946 ff.)	UNTS
Unsere Jugend (1.1949 ff.)	UJ
Die Unternehmensbesteuerung (1.2008 ff.)	Ubg
Unternehmensbewertung und Management (2003–2005,8; dann: Berater-Brief Betriebswirtschaft)	UM
Unternehmensgestaltung (1999 ff.)	UG
Urteilssammlung für die gesetzliche Krankenversicherung (LoseblSlg) (1966 ff.)	USK
Urteilssammlung. Hrsg. v. d. Reichsbahndirektion (später: Bundesbahndirektion) Hannover (1925–1957; dann: Hannoversche Urteilssammlung)	US

V

VdK-Mitteilungen (1.1951 ff.)	*VdKMitt*
Verbraucher und Recht (1.1986 ff.)	VuR

3. Zeitschriften und Entscheidungssammlungen

Vereinte Nationen (10.1962 ff.; vorher: Mitteilungsblatt. Dt. Gesellschaft f. d. Vereinten Nationen)	*VN*
Verfassung und Recht in Übersee (1.1968 ff.)	**VRÜ**
Vergaberecht (in 2001: Das gesamte) (1.2001 ff.)	**VergabeR**
Verhandlungen des Deutschen Juristentages (1.1860 ff.)	*VerhDJT*
Verkehrs-Rundschau (1.1946 ff.)	**VR**
Verkehrsdienst (bis 14.1968: Der Verkehrsdienst f. d. Straßenverkehr) (1.1955 ff.)	**VD**
Verkehrsrechtliche Abhandlungen und Entscheidungen (1/2.1936/37–16.1944)	**VAE**
Verkehrsrechtliche Mitteilungen (1.1954 ff.)	**VerkMitt**
Verkehrsrechtliche Rundschau (1.1921/22–23.1944)	**VR**
Verkehrsrechts-Sammlung (1.1949 ff.)	**VRS**
Verkehrsrechts-Sammlung (CD-ROM Ausg.; 1980/99 (1997) ff.)	*VRS-CD*
Verkehrsrechtsreport (1.2005 ff.)	**VRR**
Vermögen & Steuern (1998 ff.)	*V&S*
Veröffentlichungen der Vereinigung der Deutschen Staatsrechtslehrer (1.1924 ff.)	**VVDStRL**
Die Versicherungs-Praxis (6.1908–41.1943; 42.1952 ff.; vorher: Feuerversicherung u. Feuerschutz)	**VP**
Der Versicherungsnehmer (1.1949–20.1968,1/2)	**VersN**
Versicherungsrecht (1.1950 ff.)	**VersR**
Versicherungsrecht. Beilage Ausland (1.1959/60 ff.)	**VersRAI**
Versicherungsrundschau (1.1946 ff.)	**VR**
Versicherungswirtschaft (1.1946 ff.)	**VW**
Versicherungswissenschaft (1.1947–2.1948: und Versicherungspraxis), Versicherungspraxis, Versicherungsmedizin (1.1947–4.1950; dann: Dt. Versicherungszeitschrift f. Sozialvers. u. Privatvers.)	*VV (ab 1949) VVV*
Versicherungswissenschaftliches Archiv ([44.]1955–[48.]1959; vorher u. später: Zs. f. d. ges. Versicherungswissenschaft)	**VersArch**
Der Versorgungsbeamte (1.1949–39.1988; dann: Die Versorgungsverwaltung)	**VersBea**
Die Versorgungsverwaltung (40.1989 ff.; vorher: Der Versorgungsbeamte)	*VersVw*
Die Verwaltung (1.1968 ff.)	*Verw.*

Verwaltung und Fortbildung (1.1973 ff.)	**VuF**
Verwaltungsarchiv (1.1893–47.1942; 48.1957 ff.)	**VerwArch**
Verwaltungsblätter für Baden-Württemberg (1.1980 ff.)	**VBlBW**
Verwaltungsführung, Organisation, Personalwesen (1.1978–23.2001; dann: Innovative Verwaltung)	**VOP**
Die Verwaltungspraxis. Fachzs. f. d. württ. Verwaltung. (1.1927–11.1937; 16.1950–39.1973; aufgeg. in Baden-Württ. Verwaltungspraxis; ab 1938 aufgegangen in: Württ. Verwaltungs-Zs. N.F.)	*VerwPr*
Verwaltungsrecht für die Anwaltspraxis (1.2000–2.2001)	*VA*
Verwaltungsrechtsprechung in Deutschland (1.1949–32.1981)	**VerwRspr**
Verwaltungsrundschau (23.1977,10 ff.; vorher: Staats- u. Kommunalverwaltung)	**VR**
Vierteljahresschrift für Sicherheit und Frieden (1.1983 ff.)	**S+F**
Vierteljahresschrift für Sozialrecht (1.1973–11.1983; 1990 ff.)	**VSSR**
Vollstreckung effektiv (2000 ff.)	**VollstrEffektiv**

W

Warenzeichenblatt (1.1894–51.1944; [N.F.] T. 1. 1950 ff., T. 2. 1950 ff., T. 3. 1952–1956)	*WzBl*
Wege zur Sozialversicherung (5.1951 ff.; vorher: Mitteilungsblatt f. d. Sozialversicherung)	**WzS**
Wertermittlungsforum (1.1983 ff.)	**WF**
Das Wertpapier (1.1953 ff.)	*Wertpap.*
Wertpapier-Mitteilungen, T. 4: Zs. f. Wirtschafts- u. Bankrecht (1.1947 ff.)	**WM**
Westdeutsche Arbeitsrechtsprechung (1.1948–18.1965)	**WA**
Der Wettbewerb (1949–1955; dann Beil. zu: Wettbewerb in Recht u. Praxis)	*Wettbew.*
Wettbewerb in Recht und Praxis (1.1955 ff.)	**WRP**
Die wichtigsten Gesetzgebungsakte in den Ländern Ost-, Südosteuropas und in den ostasiatischen Volksdemokratien (1.1959–8.1966; dann: Monatshefte f. osteurop. Recht)	**WGO**
Wirtschaft und Recht (1.1949 ff.)	**WuR**
Wirtschaft und Recht in Osteuropa (1.1992 ff.)	**WiRO**
Wirtschaft und Verwaltung (= Beil. zu: Gewerbearchiv) (1976 ff.)	*WiVerw*

3. Zeitschriften und Entscheidungssammlungen

Wirtschaft und Wettbewerb (1.1951 ff.)	**WuW**
Wirtschaft und Wettbewerb. Entscheidungssammlung zum Kartellrecht (LoseblSlg) (1957 ff.)	**WuW/E**
Der Wirtschaftsprüfer (1.1948–7.1954; aufgegangen in: Die Wirtschaftsprüfung)	*WiPrüfer*
Wirtschaftsprüferkammer-Mitteilungen (28.1989 ff.; vorher: Mitteilungsblatt d. Wirtschaftsprüferkammer)	**WPK-Mitt**
Die Wirtschaftsprüfung (1.1948 ff.)	**WPg**
Wirtschaftsrecht [DDR] (1.1970–24.1993,9; aufgegangen in: Dt. Zs. f. Wirtschaftsrecht)	**WR**
Wirtschaftsrecht. Beiträge u. Berichte aus dem Gesamtbereich d. Wirtschaftsrechts (1.1972–3.1974)	*WiR*
Wirtschaftsrechtliche Blätter (= Juristische Blätter, Beilage) (1.1987 ff.)	**WBl**
Wirtschaftsschutz (seit 2.1980) und Sicherheitstechnik (1.1979 ff.)	**W+S**
Der Wirtschaftstreuhänder (1.1952–11.1962; aufgegangen in: Die Wirtschaftsprüfung)	*WiTrh*
Wirtschaftsverwaltung (1/2.1948/49)	*WiVerw*
Wirtschaftsverwaltungs- und Umweltrecht (1.1990–2.1991)	**WuR**
Wirtschaftswissenschaftliches Studium (1.1972 ff.)	**WiSt**
Wissenschaftsrecht, Wissenschaftsverwaltung, Wissenschaftsförderung (1.1968 ff.)	**WWW**
Wissenschaftsrecht: Wissenschaftsverwaltung, Wissenschaftsförderung (27.1994 ff.; vorher: Wissenschaftsrecht, Wissenschaftsverwaltung, Wissenschaftsförderung)	*WissR*
Der Wohnungseigentümer (1.1971 ff.)	**DWE**
Wohnungseigentum (21.1970 ff.; vorher: Zs. f. d. Wohnungseigentum)	**WE**
Wohnungseigentumsrechtssammlung (1.1975/76–2.1977)	**WERS**
Wohnungswirtschaft und Mietrecht (1948 ff.)	**WM**
Wohnungswirtschaftliche Gesetzgebung (1949–1985)	**WG**
1. Wohnungswirtschaftliche Informationen (1948–1999,47; dann ab 1999,48 ff.: Wohnungspolitische Informationen) 2. Wussow-Informationsbrief: Informationen zum Versicherungs- und Haftpflichtrecht	**WI**
WSI-Mitteilungen (25.1972,4 ff.; vorher: WWI-Mitteilungen)	*WSI-Mitt*
WWI-Mitteilungen (6.1953,25–25.1972,3; dann: WSI-Mittei-	

lungen; vorher: Mitteilungen d. Wirtschaftswissenschaftl.
Inst. d. Gewerkschaften)   *WWI-Mitt*

Z

Zeitschrift der Savigny-Stiftung für Rechtsgeschichte, Germanistische Abteilung (1.1880 ff.)	*ZRG Germ. Abt.*
Zeitschrift der Savigny-Stiftung für Rechtsgeschichte, Kanonistische Abteilung (32. [=1.] 1911 ff.)	*ZRG Kan. Abt.*
Zeitschrift der Savigny-Stiftung für Rechtsgeschichte, Romanistische Abteilung (1.1880 ff.)	*ZRG Rom. Abt.*
Zeitschrift des Bernischen Juristenvereins (1.1864 ff.)	**ZBJV**
Zeitschrift des Deutschen Notarvereins (1.1901–33.1933,5; dann: Dt. Notar-Zs.)	**DNotV**
Zeitschrift für Arbeitsrecht (1.1970 ff.)	**ZfA**
Zeitschrift für Arbeitsrecht und Sozialrecht (1.1966 ff.)	**ZAS**
Zeitschrift für Ausländerrecht und Ausländerpolitik (1.1981 ff.)	**ZAR**
Zeitschrift für ausländisches öffentliches Recht und Völkerrecht, begr. v. Bruns (1.1929–12.1944; 13.1950/51 ff.)	**ZaöRV**
Zeitschrift für ausländisches und internationales Arbeits- und Sozialrecht (1.1987 ff.)	**ZIAS**
Zeitschrift für ausländisches und internationales Privatrecht, begr. v. Rabel (1.1927–25.1960; dann: Rabels Zs. f. ausl. u. internat. Privatrecht)	*RabelsZ*
Zeitschrift für Bank- u. Kapitalmarktrecht (1.2001 ff.)	**BKR**
Zeitschrift für Bankrecht und Bankwirtschaft (1.1989 ff.)	**ZBB**
Zeitschrift für Baurecht und Baupraxis (1.2003,1–3.2005)	**BRBp**
Zeitschrift für Beamtenrecht (1.1953 ff.)	**ZBR**
Zeitschrift für Beamtenrecht und Beamtenpolitik (1950–1953,1/2)	**ZBP**
Zeitschrift für Bergrecht (1.1860 ff.) [besser:]	**ZfB** **ZBergR**
Zeitschrift für Betriebswirtschaft (1.1924–19.1942; 20.1950 ff.) [besser:]	**ZfB** **ZBetrWi**
Zeitschrift für Bildungsverwaltung (1.1985 ff.)	**ZBV**
Zeitschrift für Binnenschiffahrt (ab 97.1970:) und Wasserstraßen (1.1894–45.1990; dann: Binnenschiffahrt)	**ZfB**

3. Zeitschriften und Entscheidungssammlungen

[besser:]	**ZBinnSch**
Zeitschrift für chinesisches Recht (1.2004 ff.)	**ZChinR**
Zeitschrift für Corporate Governance (1.2006 ff.)	**ZCG**
Zeitschrift für das Fürsorgewesen (1. = 19.1949 ff.; vorher: Wohlfahrtswoche)	*ZfF*
Zeitschrift für das gesamte Arztrecht (1/2.1951/52)	*ZArztR*
Zeitschrift für das gesamte Familienrecht (9.1962,4 ff.; vorher: Ehe und Familie im privaten u. öffentl. Recht)	**FamRZ**
Zeitschrift für das gesamte Genossenschaftswesen (1.1951 ff.)	*ZfgG*
Zeitschrift für das gesamte Handelsrecht (60.1907–123.1961: und Konkursrecht; ab 124.1962: f. d. ges. Handelsrecht) und Wirtschaftsrecht, begr. v. Goldschmidt (1.1858–110.1944; 111.1948 ff.)	**ZHR**
Zeitschrift für das gesamte Insolvenzrecht (1.1998 ff.)	*ZinsO*
Zeitschrift für das gesamte Kreditwesen (1.1948 ff.)	*ZKredW*
Zeitschrift für das gesamte Lebensmittelrecht (1.1974 ff.)	**ZLR**
Zeitschrift für das gesamte Medizin- und Gesundheitsrecht (2003,1 ff.)	**ZMGR**
Zeitschrift für das gesamte Recht der Telekommunikation (51.1999–53.2001; vorher: Archiv für Post und Telekommunikation; dann: Telekommunikations- & Medienrecht)	**RTKom**
Zeitschrift für das gesamte Sachverständigenwesen (1.1980–10.1989)	**ZSW**
Zeitschrift für das gesamte Schuldrecht (1.2002 ff.)	**ZGS**
Zeitschrift für das Insolvenzbüro (1.2004 ff.)	**Insbüro**
Zeitschrift für das Notariat in Baden-Württemberg (36.1970 ff.; vorher: Mitteilungen aus d. Praxis)	**BWNotZ**
Zeitschrift für das Notariat, für die freiwillige Gerichtsbarkeit und das Grundbuchwesen in Bayern (bis 13.1912: für d. Notariat u. f. d. freiw. Rechtspflege d. Gerichte in Bayern) (N.F. 1.1900–23.1922; dann: Mitteilungen d. Bay. Notarvereins)	**BayNotZ**
Zeitschrift für das Post- und Fernmeldewesen (1.1949 ff.)	**ZPF**
Zeitschrift für das Recht der Abfallwirtschaft (4.2005 ff.; vorher: Recht der Abfallwirtschaft: Zeitschrift für Recht und Praxis der Abfallentsorgung (1.2002 –3.2004	**AbfallR**
Zeitschrift für den internationalen Eisenbahnverkehr (bis 35.1927: f. d. internat. Eisenbahntransport; bis 46.1938: f. d. internat. Eisenbahnbeförderung). Bulletin des transports in-	

ternationaux par chemins de fer (1.1893–93.1985; vorher: Zeitschrift. f. d. internat. Eisenbahnbeförderung)	ZIntEisenb
Zeitschrift für den Lastenausgleich (1.1953–39./41.1991/93)	ZLA
Zeitschrift für deutsches u. internationales Vergaberecht (1997–2000,6)	ZVgR
Zeitschrift für deutsches und internationales Bau- und Vergaberecht (25.2002 ff.; vorher: Zeitschrift für deutsches und internationales Baurecht (1.1978–2001)	ZfBR
Zeitschrift für deutsches, europäisches u. internationales Markenrecht (1.1999 ff.)	MarkenR
Zeitschrift für die Anwaltspraxis (LoseblSlg.) (1989 ff.)	ZAP
Zeitschrift für die Anwaltspraxis/Ausgabe Ost (5.1994 – 11.2000; vorher: Zeitschrift für die Anwaltspraxis/Ausgabe DDR)	ZAP-Ost
Zeitschrift für die gesamte erbrechtliche Praxis (1.2006 ff.)	ErbR
Zeitschrift für die gesamte Staatswissenschaft (1.1844–104.1944; 105.1948/49–141.1985; dann: Journal of institutional and theoretical economics)	ZgS
Zeitschrift für die gesamte Strafrechtswissenschaft (1.1881–62.1944; 63.1950 ff.)	ZStW
Zeitschrift für die gesamte Versicherungswissenschaft (1.1901–43.1943; 49.1960 ff.; 1955–1959: Versicherungswissenschaftl. Archiv)	ZVersWiss
Zeitschrift für die notarielle Beurkundungspraxis (1.1997 ff.)	NotBZ
Zeitschrift für die NotarPraxis (1.1998 ff.)	ZNotP
Zeitschrift für die Steuer- u. Erbrechtspraxis (1.1999 ff.)	Zerb
Zeitschrift für Ehe- und Familienrecht (1.2006 ff.)	EF-Z
Zeitschrift für Erbrecht u. Vermögensnachfolge (1.1994 ff.)	ZEV
Zeitschrift für Europäisches Privatrecht (1.1993 ff.)	ZEuP
Zeitschrift für europäisches Sozial- und Arbeitsrecht (1.2002 ff.)	ZESAR
Zeitschrift für europäisches Umwelt- und Planungsrecht (1.2003 ff.)	EurUP
Zeitschrift für Europarecht [CH] (1.1998/99 ff.)	EuZ
Zeitschrift für Europarecht [Österreich] (4.1995 ff.; vorher: Euro-Info)	ZER
Zeitschrift für evangelisches Kirchenrecht (1.1951 ff.)	ZevKR
Zeitschrift für Familien- und Erbrecht (1.2002 ff.)	ZFE

3. Zeitschriften und Entscheidungssammlungen

Zeitschrift für Gemeinschaftsprivatrecht (1.2003/04 ff.)	**GPR**
Zeitschrift für Gesetzgebung (1.1986 ff.)	**ZG**
Zeitschrift für handelswissenschaftliche Forschung (1.1906–37.1943; N.F. 1.1949–15.1963; dann: Schmalenbachs Zs. f. betriebswirtschaftl. Forschung)	*ZHdlwF*
Zeitschrift für Immobilienrecht (1.1997 ff.)	**ZfIR**
Zeitschrift für Insolvenzrecht. Konkurs, Treuhand, Sanierung (50.1989 ff.; vorher: Konkurs, Treuhand- und Schiedsgerichtswesen)	**KTS**
Zeitschrift für internationale Rechnungslegung (1.2006 ff.)	**IRZ**
Zeitschrift für japanischs Recht = Journal of Japanese law (1.1996 ff.)	**ZJapanR**
Zeitschrift für Jugendkriminalrecht und Jugendhilfe (14.2003,2 ff.)	**ZJJ**
Zeitschrift für Kindschaftsrecht und Jugendhilfe (2006 ff., vorher: Kindschaftsrechtliche Praxis)	**ZKJ**
Zeitschrift für Kommunalfinanzen (1980 ff.; vorher: Dt. Gemeindesteuer-Ztg.)	**ZKF**
Zeitschrift für Kommunikations- u. EDV-Sicherheit (1.1985 ff.)	**KES**
Zeitschrift für Konfliktmanagement (3.2000 ff.; vorher: Konsens)	**ZKM**
Zeitschrift für Landes- und Kommunalrecht Hessen, Rheinland-Pfalz, Saarland (1.2007 ff.)	**LKRZ**
Zeitschrift für Lebensrecht (1992 ff.)	**ZfL**
Zeitschrift für Luftrecht (N.F. 1.1952–5.1959; dann: Zs. f. Luftrecht u. Weltraumrechtsfragen; vorher: Arch. f. Luftrecht)	**ZLR**
Zeitschrift für Luftrecht und Weltraumrechtsfragen (ab 24.1975: f. Luft- u. Weltraumrecht) (6.1960 ff.; vorher: Zeitschrift f. Luftrecht)	**ZLW**
Zeitschrift für Medien- u. Kommunikationsrecht (26.1995 ff.; vorher: Archiv für Presserecht)	**AfP**
Zeitschrift für Miet- und Raumrecht (5.1952 ff.; vorher: Handbuch d. ges. Miet- u. Raumrechts)	**ZMR**
Zeitschrift für Neuere Rechtsgeschichte (1.1979 ff.)	**ZNR**
Zeitschrift für Neues Energierecht (1. 1997 ff.)	**ZNER**
Zeitschrift für öffentliche und gemeinwirtschaftliche Unternehmen (1.1978 ff.)	**ZögU**

Zeitschrift für öffentliches Recht (1.1919/20–23.1943/44)	ZÖffR
Zeitschrift für öffentliches Recht in Norddeutschland (1.1998 ff.)	NordÖR
Zeitschrift für offene Vermögensfragen (1.1991–16.2006)	ZOV
Zeitschrift für Parlamentsfragen (1.1970 ff.)	ZParl
Zeitschrift für Personalvertretungsrecht (1.1989 ff.)	ZfPR
Zeitschrift für Politik (1.1908–35.1945; N.F. 1.1954 ff.)	ZfP
Zeitschrift für Rechtsanwaltsfachangestellte und Kanzleimitarbeiter (2006 ff.)	RaFaz
Zeitschrift für Rechtsmedizin (67.1970–103.1989/90; vorher: Dt. Zs. f. d. ges. gerichtl. Medizin; dann: International Journal of legal medicine)	ZRechtsmed
Zeitschrift für Rechtspolitik (= Beil. zu: Neue juristische Wochenschrift) (1.1968 ff.)	ZRP
Zeitschrift für Rechtssoziologie (1.1980 ff.)	ZfRSoz
Zeitschrift für Rechtsvergleichung, (ab 32.1991:) Internationales Privatrecht u. Europarecht (1.1960–31.1990)	ZfRV
Zeitschrift für Schadensrecht (1.1980 ff.)	ZfS
Zeitschrift für Schiedsverfahren (1.2003 ff.)	SchiedsVZ
Zeitschrift für Schweizerisches Recht (N.F. 1.1852 ff.)	ZSR
Zeitschrift für Sozialhilfe (ab 22.1983,2–15.1996:) und Sozialgesetzbuch (ab 36.1997:) Sozialrecht in Deutschland u. Europa (1.1962 ff.)	ZfSH/SGB
Zeitschrift für Sozialreform (1.1955 ff.)	ZSR
Zeitschrift für Sport u. Recht (1.1994 ff.)	SpuRt
Zeitschrift für Staats- und Europawissenschaften (1.2003 ff.)	ZSE
Zeitschrift für Standesamtswesen (1.1921–24.1944; N.F. 1.1948–2.1949,1; dann: Das Standesamt)	StAZ
Zeitschrift für Steuern & Recht (1.2004 ff.)	Zsteu
Zeitschrift für Stoffrecht (1.2004 ff.)	StoffR
Zeitschrift für Strafvollzug u. Straffälligenhilfe (24.1975 ff.; vorher: Zeitschrift für Strafvollzug)	ZtStrVo
Zeitschrift für Strafvollzug (ab 24.1975:) und Straffälligenhilfe (1.1950–23.1974)	ZfStrVo
Zeitschrift für Tarifrecht (ab 10.1996: Tarif-, Arbeits- u. Sozialrecht des öffentlichen Dienstes) (1.1987 ff.)	ZTR
Zeitschrift für Umweltpolitik und Umweltrecht (1.1978 ff.)	ZfU

3. Zeitschriften und Entscheidungssammlungen

Zeitschrift für Umweltrecht (4.1993 ff.; vorher: Informationsdienst Umweltrecht)	**ZUR**
Zeitschrift für Unternehmens- und Gesellschaftsrecht (1.1972 ff.)	**ZGR**
Zeitschrift für Urheber- u. Medienrecht Rechtsprechungsdienst (1.1997 ff.)	**ZUM-RD**
Zeitschrift für Urheber- und Medienrecht (29.1985 ff.; vorher: Film u. Recht)	**ZUM**
Zeitschrift für Verbraucher-Insolvenzrecht (1.2002 ff.)	**ZVI**
Zeitschrift für vergleichende Rechtswissenschaft (1.1878–55.1942; 56.1953 ff.)	**ZVglRWiss**
Zeitschrift für Verkehrs- und Ordnungswidrigkeitenrecht (1972–1974, 2)	**VOR**
Zeitschrift für Verkehrsrecht (1.1956 ff.)	**ZVR**
Zeitschrift für Verkehrssicherheit (1.1952 ff.)	**ZVS**
Zeitschrift für Verkehrswissenschaft (1.1923–19.1943/44; 20.1948/49 ff.)	*ZVerkWiss*
Zeitschrift für Vermögens- und Immobilienrecht (8.1998–14.2004); bis 6.1996: Zeitschrift für Vermögens- und Investitionsrecht	**VIZ**
Zeitschrift für Versicherungswesen (1.1950 ff.) [besser:]	**ZfV** **ZfVers**
Zeitschrift für Verwaltung (1.1976–22.1997; dann: Verwaltung aktuell) [besser:]	**ZfV** **ZfVerw**
Zeitschrift für Völkerrecht (bis 6.1912: u. Bundesstaatsrecht) (1.1907–26.1942)	*ZVölkR*
Zeitschrift für Wasserrecht (1.1962 ff.)	**ZfW**
Zeitschrift für Wett- und Glücksspielrecht (1.2006,2 ff.)	**ZfWG**
Zeitschrift für Wirtschaft, Kriminalität und Sicherheit (9.1987 ff.; vorher: Pro Honore)	**WIK**
Zeitschrift für (bis 15.1996: Wirtschaft, Steuer, Strafrecht) Wirtschafts- u. Steuerstrafrecht (1.1982 ff.)	**wistra**
Zeitschrift für Wirtschafts- und Sozialwissenschaften (92.1972 ff.; vorher: Schmollers Jahrb. f. Wirtschafts- u. Sozialwissenschaften)	**ZWS**
Zeitschrift für Wirtschaftsrecht (4.1983 ff.; 1.1980,1–7: Insolvenzrecht; 1.1980,8–3.1982: Zs. f. Wirtschaftsrecht u. Insolvenzpraxis)	**ZIP**

Zeitschrift für Wohnungseigentumsrecht (1.1987–2.1988)	**WEZ**
Zeitschrift für Wohnungseigentumsrecht (4.2003 ff.; vorher: Zeitschrift für das Wohnungseigentum)	**ZWE**
Zeitschrift für Zivilprozess international (1.1996 ff.)	**ZZPInt**
Zeitschrift für Zivilprozeß, begr. v. Busch (bis 62.1942: f. dt. Zivilprozeß) (1.1879–63.1943; 64.1950/51 ff.)	**ZZP**
Zeitschrift für Zölle und Verbrauchsteuern (1.1921–24.1944; 25.1949 ff.)	**ZfZ**
Zeitschrift zum Stiftungswesen (1.2003 ff.)	**ZSt**
Zentralblatt für freiwillige Gerichtsbarkeit und Notariat (ab 12.1911/12: f. freiw. Gerichtsbarkeit, Notariat u. Zwangsversteigerung) (1.1900/01–22.1921/22)	**ZblFG**
Zentralblatt für Jugendrecht (später wegfallend:) und Jugendwohlfahrt (16.1924/25–28.1936; 37.1950–70.1983; 71.1984 ff.; vorher: Zbl. f. Vormundschaftswesen, Jugendgerichte u. Fürsorgeerziehung; (29.1937–36.1944:) Dt. Jugendhilfe)	**ZfJ**
Zentralblatt für Reichsversicherung und Reichsversorgung (1.1930–15.1944)	**ZRR**
Zentralblatt für Sozialversicherung (5.1951–17.1963: und Versorgung) (ab 18.1964: Sozialhilfe und Versorgung) (1.1947 ff.)	**ZfS**
Zentralblatt für Verkehrs-Medizin, Verkehrs-Psychologie und angrenzende Gebiete (ab 9.1963 ff.: f. Verkehrs-Medizin, Verkehrs-Psychologie, Luft- und Raumfahrt-Medizin) (1.1955 ff.)	**ZblVerkMed**
Die Zollpraxis (1.1950,10–22.1971; dann: Zoll aktuell)	**ZPr**

4. Empfehlungen für Abkürzungen von Gesetzen, sonstigen Rechtsvorschriften, Verwaltungsvorschriften u. ä.

A

Abendgymnasiumsverordnung
  LSA: VO ü. d. Abendgymnasium u. d. Kolleg v. 14.7.1999
    (GVBl LSA S. 216)   **AGymKoll-VO**
  MV: ~ v. 6.3.2006 (GVOBl. M-V S. 330)   **AbiAGyVO M-V**
  ND: VO über das Abendgymnasium und das Kolleg v.
    2.5.2005 (GVBl S. 130)   **VO-AK**

Abendklassenverordnung
  LSA: VO über Abendklassen an Sekundärschulen v.
    28.2.2005 (GVBl LSA S. 101)   **ASekVO**

Abfall- u. Reststoffüberwachungs-Verordnung
  v. 3.4.1990 (BGBl I S. 648)   **AbfRestÜberwV**

Abfall-Andienungsverordnung
  BW: ~ v. 5.2.1990 (GBl S. 62)   **AbfAndienVO**
  LSA: ~ v. 25.9.1996 (GVBl LSA S. 322)   **AbfAndVO**

Abfallabgabengesetz
  BW: Landes~ v. 11.3.1991 (GBl S. 133), aufgehoben am
    5.5.1997   **LAbfAG**
  HE: Hess. Abfallwirtschafts- und Altlastengesetz i. d. Bek.
    v. 10.7.1989 (GVBl I S. 197)   **HAbfAbgG**
  ND: Niedersächsisches ~ v. 17.12.1991 (GVBl S. 373)   **NAbfAbgG**
  SH: Landes~ v. 22.7.1994 (GVOBl S. 395)   **LAbfAG**

Abfallbeförderungs-Verordnung
  v. 24.8.1983 (BGBl I S. 1130)   **AbfBefV**

Abfall(beseitigungs)gesetz
  i. d. Bek. v. 27.8.1986 (BGBl I S. 1401, 1501)   **AbfG**
  ND: Niedersächsisches Abfallgesetz i. d. Bek. v . 14.7.2003
    (GVBl S. 273)   **NAbfG**
  Ausführungsgesetz
    SH: Landesverordnung ü. d. zuständ. Behörden f. d.
      Abwehr v. Zuwiderhandlungen v. 12.10.1989
      (GVOBl S. 123)   **AbfZhVO**
  Ausführungsgesetze
    BB: Brandenburgisches Abfallgesetz v. 6.6.1997 (GVBl I
      S. 40)   **BbgAbfG**

BR: Brem. Ausfgesetz z. Abfallbeseitigungsgesetz v.
15.9.1988 (GBl S. 241) **BremAGAbfG**
BW: Landesabfallgesetz i. d. Bek. v. 15.10.1996 (GBl
S. 617) **LAbfG**
BY: Bay. AbfallwirtschaftsGes. v. 28.6.1990 (GVBl
S. 213) **BayAbfG**
HE: Hess. Abfallgesetz i. d. Bek. v. 11.12.1985 (GVBl
1986 I S. 18) **HAbfG**
LSA: Abfallgesetz d. Landes Sachsen-Anhalt v. 10.3.1998
(GVBl LSA S. 112) **AbfG LSA**
NW: Landesabfallgesetz v. 21.6.1988 (GV.NW S. 250) **LAbfG**
RP: Landesabfallgesetz i. d. Bek. v. 4.5.1987 (GVBl
S. 139) **LAbfG**
SH: Landesabfallwirtschaftsgesetz v. 6.12.1991 (GVOBl
S. 640) **LAbfWG**
SL: Saarländisches Abfallgesetz v. 3.6.1987 (ABl S. 849) **SAbfG**

Abfallbestimmungs-Verordnung
v. 3.4.1990 (BGBl I S. 614) **AbfBestV**

Abfallentsorgung
Abfallablagerungsverordnung v. 20.2.2001 (BGBl. I S. 305) **AbfAblV**
BY: VO ü. d. Beseitigung v. pflanzl. Abfällen außerhalb
zugelassener Beseitigungsanlagen i. d. Bek. v.
13.3.1984 (GVBl S. 100) **PflAbfV**
ND: VO über die Beseitigung von pflanzlichen Abfällen
durch Verbrennen außerhalb von Abfallbeseitigungs-
anlagen v. 2.1.2004 (GVBl S. 2) **BrennVO**

Abfallentsorgungsausschlussverordnung
HA: VO ü. d. Ausschluss v. Abfällen v. d. Entsorgung
durch d. öffentl.-rechtl. Entsorgungsträger v.
13.7.1999 (GVBl I S. 157) **AbfAusschlußVO**

Abfallentsorgungsplan
MV: ~ M-VO v. 27.3.1996 (GVOBl M-V S. 170) **VAEP M-V**

Abfallgesetz
Technische Anleitung Zweite allg. Verwaltungsvorschrift z.
~, T. 1 v. 12.3.1991 (GMBl S. 139; BAnz Nr. 61 a; BAnz Nr.
215 a) **TA Abfall**
ND: Niedersächsisches ~ i. d. Bek. v . 14.7.2003 (GVBl
S. 273) **NAbfG**

Abfallkatalogeinführungsverordnung
VO z. Einführung d. Europäischen Abfallkatalogs v.
13.9.1996 (BGBl I S. 1428) **EAKV**

Abfallkompost- u. Verbrennungsverordnung
BB: ~ v. 29.9.1994 (GVBl II S. 896) **AbfKompVbrV**

Abfallnachweis-Verordnung
v. 2.6.1978 (BGBl I S. 668) **AbfNachwV**

4. Gesetze, sonstige Rechtsvorschriften, Verwaltungsvorschriften u.ä.   Abf

Abfallrecht
BB: Abfall- und Bodenschutz-Zuständigkeitsverordnung i.
     d. Bek. v. 23.9.2004 (GVBl II S. 842)   AbfßodZV
LSA: Zuständigkeitsverordnung für das ~ v. 26.5.2004
     (GVBl LSA S. 302)   Abf ZustVO
MV: Abfall- und Bodenschutz-Zuständigkeitsverordnung i.
     d. Bek. v. 1.11.2006 (GVOBl. M-V S. 823)   AbfBodSchZV
NW: VO zur Umsetzung der Richtlinie 2000/76/EG über
     die Verbrennung von Abfällen v. 31.7.2003 (GV.NW
     S. 517)   AbwAbfverbrVO
SH: Landesverordnung ü. d. zuständ. Behörden f. d. Ab-
     wehr v. Zuwiderhandlungen v. 12.10.1989 (GVOBl
     S. 123)   AbfZhVO
SH: Landesverordnung über die zuständigen Behörden
     nach ~lichen Vorschriften v. 11.7.2007 (GVOBl
     S. 341)   LAbfWZustVO
TH: Thüringer VO zur Umsetzung von wasserrechtlichen
     Vorschriften der Richtlinie 2000/76/EG über die Ver-
     brennung von Abfällen v. 22.12.2003 (GVBl S. 23)   ThürAbwVO-Abfall-
                                                                verbrennung

Abfallverbrennungsabwasserverordnung
BB: ~ v. 12.12.2003 (GVBl II S. 707)   AbfVAbwV
BY: VO für Abwasser aus der Verbrennung und Mitver-
     brennung von Abfällen v. 20.5.2003 (GVBl S. 357)   AbwAbfVerbrV
LSA: Abwasser-Abfallverbrennungsverordnung v. 8.5.2003
     (GVBl LSA S. 106)   AbwVerbrVO
ND: VO über das Einleiten von Abwasser aus Abfallver-
     brennungsanlagen v. 29.4.2003 (GVBl S. 190)   AbwAbfVerbrennVO
SH: Abwasserverordnung-Abfallverbrennung v. 10.2.2003
     (GVOBl S. 43)   AbwAbfVO

Abfallverbringung
Abfallverbringungs-VO v. 18.11.1988 (BGBl I S. 2126)   AbfVerbrV
~sbußgeldverordnung v. 29.7.2007 (BGBl I S. 1761)   AbfVerbrBußV
~sgesetz v. 30.9.1994 (BGBl I S. 2771)   AbfVerbrG
Atomrechtl. ~sverordnung v. 27.7.1998 (BGBl I S. 1918)   AtAV
Gebühren(ver)ordnung
  Abfallverbringungs~ v. 17.12.2003 (BGBl I S. 2749)   AbfVerbrGebV

Abfallverzeichnis-Verordnung
  v. 10.12.2001 (BGBl I S. 3379)   AVV

Abfallwirtschaft
BY: Bay. Abfallwirtschafts- u. Altlastengesetz v. 27.2.1991
     (GVBl S. 64)   BayAbfAlG
BY: Bay. ~sGes. v. 28.6.1990 (GVBl S. 213)   BayAbfG
HA: Hamb. ~sgesetz v. 21.3.2005 (GVBl S. 80)   HmbAbfG
MV: ~sgesetz i. d. Bek. v. 15.1.1997 (GVOBl M-V S. 44)   AbfAlG M-V
SACH: Erstes Ges. z. ~ u. z. Bodenschutz v. 12.8.1991
     (SächsGVBl. S. 306)   EGAB

377

SH: Landesabfallwirtschaftsgesetz v. 6.12.1991 (GVOBl
S. 640) **LAbfWG**
SL: Saarländisches ~sGes. v. 26.11.1997 (ABl S. 1356) **SAWG**

Abfallwirtschafts- u. Altlastengesetz
BY: Bay. ~ v. 27.2.1991 (GVBl S. 64) **BayAbfAlG**
HE: Hess. ~ i. d. Bek. v. 10.7.1989 (GVBl I S. 197) **HAbfAG**
RP: Landes~ i. d. Bek. v. 2.4.1998 (GVBl S. 97) **LAbfWAG**
TH: Thüringer ~ i. d. Bek. v. 15.6.1999 (GVBl S. 385) **ThAbfAG**

Abfallwirtschafts- u. Bodenschutzgesetz
SACH: Sächs. ~ i. d. Bek. v. 31.5.1999 (SächsGVBl S. 261) **SächsABG**

Abfallwirtschaftskonzept- u. -bilanzverordnung
v. 13.9.1996 (BGBl I S. 1447) **AbfKoBiV**

Abfallwirtschaftsplan
BY: VO über den ~ Bayern v. 5.12.2006 (GVBl S. 1028) **AbfPV**

Abgabengesetz
BR: ~ v. 15.5.1962 (GBl S. 139) *AbgG*

Abgabenordnung
v. 16.3.1976 (BGBl I S. 613) **AO 1977**
Anwendungserlasse zur AO **AEAO**
Einführungsgesetz z. ~ v. 14.12.1976 (BGBl I S. 3341; 1977 I
S. 667) **EGAO 1977**
Anpassungsgesetz(e)
RP: Abgabenordnung-Anpassungsgesetz v. 23.12.1976
(GVBl S. 301) **AOAnpG**
SL: Abgabenordnung-Anpassungsgesetz v. 28.3.1977
(ABl S. 378) **AOAnpG**

Abgabenrecht
SL: Ges. ü. d. Änderung saarländischen Abgabenrechts v.
3.7.1959 (ABl S. 1089) **GÄA**

Abgeordnetenentschädigungsgesetz
BW: Ges. ü. d. Entschädigung d. Abgeordneten i. d. Bek. v.
6.10.1970 (GBl S. 459) **AbgEntG**

Abgeordnetengesetz
i. d. Bek. v. 21.2.1996 (BGBl I S. 326) **AbgG**
BB: ~ i. d. Bek. v. 29.5.1995 (GVBl I S. 102) **AbgG**
BE: Landes~ v. 21.7.1978 (GVBl S. 1497) **LAbgG**
BR: Brem. ~ v. 16.10.1978 (GBl S. 209) *BremAbgG*
BW: ~ v. 12.9.1978 (GBl S. 473) **AbgG**
BY: ~ v. 25.7.1977 (GVBl S. 369) **AbgG**
HE: Hess. ~ v. 18.10.1989 (GVBl I S. 261) **HessAbgG**
LSA: ~ Sachsen-Anhalt i. d. Bek. v. 21.7.1994 (GVBl LSA
S. 908) **AbgG**
ND: ~ i. d. Bek. v. 20.6.2000 (GVBl S. 129) **AbgG**

4. Gesetze, sonstige Rechtsvorschriften, Verwaltungsvorschriften u.ä.   Abr

NW: ~ des Landes Nordrhein-Westfalen v. 5.4.2005
 (GV.NW S. 252)   **AbgG**
RP: ~ Rheinland-Pfalz v. 21.7.1978 (GVBl S. 587)   **AbgG**
SH: Schlesw.-Holstein. ~ i. d. Bek. v. 13.2.1991 (GVOBl
 S. 100)   **SH AbgG**
SL: ~ i. d. Bek. v. 4.7.1979 (ABl S. 656)   **AbgG**
TH: Thüringer ~ i. d. Bek. v. 9.3.1995 (GVBl S. 121)   **ThürAbgG**

Abgeordnetenüberprüfungsgesetz
TH: Thüringer Gesetz z. Überprüfung v. Abgeordneten v.
 26.6.1998 (GVBl S. 205)   **ThürAbgÜpG**

Abgrabungsgesetz
NW: ~ i. d. Bek. v. 23.11.1979 (GV.NW S. 922)   *AbgrG*

Abgrenzungsverordnung
 v. 12.12.1985 (BGBl I S. 2255)   **AbgrV**

Abiturprüfungs(ver)ordnung
 BR: VO über die Abiturprüfung für Schülerinnen und
 Schüler nicht anerkannter Ersatzschulen und für
 Nichtschülerinnen und Nichtschüler im Lande Bre-
 men v. 22.12.2005 (GBl. 2005 S. 30)   **NSP-V**
 BR: VO über die Abiturprüfung im Lande Bremen v.
 1.12.2005 (GBl S. 585)   **AP-V**
 LSA: VO ü. d. Abiturprüfung f. Nichtschülerinnen u.
 Nichtschüler v. 5.2.1999 (GVBl LSA S. 58)   **NSchAP-VO**
 MV: ~ – Waldorfschulen v. 2.8.2006 (GVOBl M-V S. 671)   **APVO – WA M-V**
 NW: VO ü. d. Abiturprüfung f. Nichtschülerinnen u.
 Nichtschüler v. 30.1.2000 (GV.NW S. 140)   **PO-NSchA**
 SACH: VO d. Sächs. Staatsministeriums f. Kultus ü. d. Aus-
 bildung u. d. Abiturprüfung a. Abendgymnasien i.
 Freistaat Sachsen v. 5.3.1996 (SächsGVBl S. 109)   **AGyVO**
 SACH: VO d. Sächs. Staatsministeriums f. Kultus ü. d. Aus-
 bildung u. d. Abiturprüfung a. Kollegs i. Freistaat
 Sachsen v. 5.3.1996 (SächsGVBl S. 115)   **KoVO**
 SL: Abiturprüfungsordnung v. 26.10.1995 (ABl S. 1166)   **APO**

Ablösungsverordnung
 i. d. Bek. v. 1.2.1966 (BGBl I S. 107)   **AblVO**

Abmarkungsgesetz
 BY: ~ v. 6.8.1981 (GVBl S. 318)   **AbmG**
 TH: ~ v. 7.8.1991 (GVBl S. 289)   **ThürAbmG**

Abmarkungsverordnung
 NW: ~ v. 6.6.1973 (GV.NW S. 345)   **AbmarkVO**
 SACH: Sächs. ~ v. 15.8.1991 (SächsGVBl S. 343)   **SächsAbmVO**
 SL: ~ v. 16.1.1998 (ABl S. 134)   **AbmV**

Abrechnungsverordnung
 Abrechnungsstellenverordnung v. 5.10.2005 (BGBl. I
 S. 2926)   **AbrStV**

ND: ~ v. 4.10.2001 (GVBl S. 648)   **AbrSozHVO**

Absatzförderungsgesetz Wein
RP: ~ v. 28.6.1976 (GVBl S. 187)   **AbföG Wein**

Absatzfondsgesetz
v. 21.6.1993 (BGBl. I S. 998)   **AbsFondsG**

Abschiebungshaftvollzugsgesetz
BB: ~ v. 19.3.1996 (GVBl I S. 98)   **AbschhVG**

Abschlüsse im Sekundarbereich
ND: VO ü. d. ~ I v. 7.4.1994 (GVBl S. 197)   **AVO**

Abschlussprüferaufsichtsgesetz
v. 27.12.2004 (BGBl I S. 3846)   **APAG**

Abschlussprüfungsverordnung
BW: ~ Landwirtschaft v. 10.1.2000 (GVBl S. 32)   **APrVL**
SACH: VO d. Sächs. Staatsministeriums f. Kultus ü. d. Abschlussprüfung a. berufsbildenden Schulen i. Freistaat Sachsen i. d. Bek. v. 23.4.1998 (SächsGVBl S. 208)   **BbSPrüfVO**
Land- und Hauswirtschaft
   SACH: Abschluss- und Umschulungsprüfungsverordnung ~ v. 16.5.2003 (SächsGVBl S. 519)   **AUPrVLH**

Abschlussverordnung
ND: VO über die Abschlüsse in der gymnasialen Oberstufe, im Fachgymnasium, im Abendgymnasium und im Kolleg v. 19.5.2005 (GVBl S. 169)   **AVO-GOFAK**

Abschöpfungserhebungsgesetz
v. 25.7.1962 (BGBl I S. 453)   *AbschG*

Abstammungsübereinkommen
CIEC-Übk. ü. d. Feststellung d. mütterl. Abstammung nichtehel. Kinder v. 12.9.1962 (BGBl 1965 II S. 23)   *CIECAbstÜ*

Abstandflächenverordnung
SL: ~ v. 6.3.1975 (ABl S. 498)   **AbFlVO**

Abwasser Richtlinienumsetzung
BE: VO z. Umsetzung d. Richtlinie 91/271/EWG d. Rates ü. d. Behandlung v. kommunalem Abwasser v. 19.5.1996 (GVBl S. 226)   **KomAbwVO**
BR: Kommunalabwasserverordnung v. 23.4.1997 (GBl S. 172)   **KomAbwV**
HA: VO z. Umsetzung d. Richtlinie 91/271/EWG d. Rates ü. d. Behandlung v. kommunalem Abwasser v. 24.6.1997 (GVBl I S. 297)   **KomAbwVO**
HE: VO z. Umsetzung d. Richtlinie 91/271/EWG d. Rates v. 21.5.1991 ü. d. Behandlung v. kommunalem Abwasser v. 25.10.1996 (GVBl I S. 470)   **KomAbwVO**

LSA: Kommunale Abwasserverordnung v. 18.11.1997
(GVBl LSA S. 970) **KomAbwVO**
RP: Landesverordnung ü. d. Beseitigung v. kommunalem
Abwasser v. 27.11.1997 (GVBl S. 441) **KomAbwVO**
SACH: VO d. Sächs. Staatsministeriums f. Umwelt und
Landesentwicklung z. Umsetzung d. Richtlinie
91/271/EWG ü. d. Behandlung v. kommunalem Ab-
wasser v. 3.5.1996 (SächsGVBl S. 180) **VOkomAbw**
TH: Thüringer VO z. Umsetzung d. Richtlinie
91/271/EWG ü. d. Behandlung v. kommunalem Ab-
wasser v. 10.10.1997 (GVBl S. 368) **ThürkoAbwVO**

Abwasserabgabengesetz
i. d. Bek. v. 18.1.2005 (BGBl I S. 114) **AbwAG**
BE: ~ i. d. Bek. v. 12.1.1989 (GVBl S. 214) **AbwAGBln**
MV: Landes~ v. 19.12.2005 (GVOBl M-V S. 637) **AbwAG M-V**
Ausführungsgesetz
HE: Hess. ~ zum Abwasserabgabengesetz v. 29.9.2005
(GVBl I S. 664) **HAbwAG**
Ausführungsgesetze
BB: Brandenburgisches Abwasserabgabengesetz v.
8.2.1996 (GVBl I S. 14) **BbgAbwAG**
BR: Bremisches Abwasserabgabengesetz v. 20.10.1980
(GBl S. 271) **BrAbwAG**
BW: Landesabwasserabgabengesetz v. 6.7.1981 (GBl
S. 337) **LAbwAG**
BY: Bay. Ges. z. Ausf. d. Abwasserabgabengesetzes i. d.
Bek. v. 21.4.1996 (GVBl S. 162) **BayAbwAG**
HA: Hamb. Ausführungsges. z. Abwasserabgabengesetz
v. 9.7.1980 (GVBl I S. 121) **HmbAbwAG**
ND: Niedersächsisches AG z. Abwasserabgabengesetz i.
d. Bek. v. 24.3.1989 (GVBl S. 69) **Nds.AG AbwAG**
RP: Landesabwasserabgabengesetz v. 22.12.1980 (GVBl
S. 258) **LAbwAG**
SACH: ~ v. 19.6.1991 (SächsGVBl S. 156) **SAbwaG**
SH: Ges. z. Ausf. d. Abwasserabgabengesetzes i. d. Bek.
v. 13.11.1990 (GVOBl S. 545) **AG-AbwAG**

Abwasseranlagen
RP: LandesVO ü. d. Eigenüberwachung v. ~ v. 27.8.1999
(GVBl S. 211) **EÜVOA**

Abwasserbeseitigungsverordnung
BE: Landes-~ v. 24.1.2003 (GVBl S. 58) **LAbwV**

Abwassereigenkontrollverordnung
HE: ~ v. 21.1.2000 (GVBl I S. 59) **EKVO**
TH: Thüringer ~ v. 23.8.2004 (GVBl S. 721) **ThürAbwEKVO**

Abwassereigenüberwachungsverordnung
BY: ~ v. 9.12.1990 (GVBl S. 587) **AbwEV**

Abwasseremissionserklärungsverordnung
BB: ~ v. 27.12.2002 (GVBl II 2003 S. 13)   **Abw EEV**
MV: ~ v. 9.9.2003 (GVOBl M-V S. 451)   **AbwEEVO M-V**

Abwassergesetz
HA: Hamb. ~ i. d. Bek. v. 24.7.2001 (GVBl I S. 258)   **HmbAbwG**
SH: Landesverordnung über die Zulassung von Fachkundigen für die Untersuchung von allgemein bauaufsichtlich zugelassenen Abwasservorbehandlungsanlagen v. 24.9.2007 (GVOBl S. 453)   **ZFVO**

Abwasserherkunftsverordnung
v. 3.7.1987 (BGBl I S. 1578)   **AbwHerkV**

Abwassernachweisverordnung
HA: ~ v. 31.1.1989 (GVBl I S. 17)   **AbwNachwV**

Abwasserverordnung
i. d. Bek. v. 17.6.2004 (BGBl I S. 1180 ff.)   **AbwV**
BE: VO z. Umsetzung d. Richtlinie 91/271/EWG d. Rates ü. d. Behandlung v. kommunalem Abwasser v. 19.5.1996 (GVBl S. 226)   **KomAbwVO**
HA: VO z. Umsetzung d. Richtlinie 91/271/EWG d. Rates ü. d. Behandlung v. kommunalem Abwasser v. 24.6.1997 (GVBl I S. 297)   **KomAbwVO**
HE: VO z. Umsetzung d. Richtlinie 91/271/EWG d. Rates v. 21.5.1991 ü. d. Behandlung v. kommunalem Abwasser v. 25.10.1996 (GVBl S. 470)   **KomAbwVO**
LSA: Kommunale ~ v. 18.11.1997 (GVBl LSA S. 970)   **KomAbwVO**
RP: Landesverordnung ü. d. Beseitigung v. kommunalem Abwasser v. 27.11.1997 (GVBl S. 441)   **KomAbwVO**
SACH: Sächs. ~ für Abfallverbrennungsanlagen v. 11.8.2003 (SächsGVBl S. 310)   **SächsAbwAbfVerbrVO**

SH: Landesverordnung ü. d. Beseitigung v. kommunalem Abwasser v. 1.7.1997 (GVOBl S. 357)   **KomAbwVO**

Abwicklungsgesetz
Gesetz zur Abwicklung der Bundesanstalt für vereinigungsbedingte Sonderaufgaben v. 28.10.2003 (BGBl I S. 2081)   **BvSAbwG**

Abzahlungsgesetz
v. 16.5.1894 (RGBl S. 450)   *AbzG*

Acetylenverordnung
v. 27.2.1980 (BGBl I S. 220)   **AcetV**

Adoptionsfristenänderungsgesetz
Ges. z. Änderung adoptionsrechtlicher Fristen v. 30.9.1991 (BGBl I S. 1930)   **AdoptFristG**

Adoptionsgesetz
v. 2.7.1976 (BGBl I S. 1749)   *AdG*

4. Gesetze, sonstige Rechtsvorschriften, Verwaltungsvorschriften u.ä.   **Agr**

Adoptionsübereinkommen Adoptionsübereinkommens-Ausführungsgesetz v. 5.11.2001 (BGBl I S. 2950)	**AdÜbAG**
Adoptionsvermittlungsgesetz i. d. Bek. v. 27.11.1989 (BGBl I S. 2016)	**AdVermiG**
Adoptionsvermittlungsstellenanerkennungs- und Kostenverordnung v. 4.5.2005 (BGBl I S. 1266)	**AdVermiStAnKoV**
Adoptionswirkungsgesetz v. 5.11.2001 (BGBl I S. 2953)	**AdWirkG**
ADV-Organisationsgesetz NW: ~ i. d. Bek. v. 9.1.1985 (GV.NW S. 41)	**ADVG NW**
Ämterverordnung BY: VO über die Ämter für Landwirtschaft und Forsten v. 16.6.2005 (GVBl S. 199)	**ÄlFV**
Änderungs-Richtlinien Spar-Prämiengesetz Richtlinien 1984 z. Spar-Prämiengesetz v. 18.12.1984 (BStBl I Sondernr. 3/1984 S. 7)	**SparPR 1984**
Ärzte Gebührenordnung f. ~ i. d. Bek. v. 9.2.1996 (BGBl I S. 210)	**GOÄ**
Agrar- u. Forstverwaltungsstrukturgesetz BB: ~ v. 5.11.1997 (GVBl I S. 112)	**AuFVSG**
Agrarberichterstattungs-Zusatzprogrammverordnung v. 25.4.1989 (BGBl I S. 877)	**AgrBZV**
Agrardieselgesetz v. 21.12.2000 (BGBl I S. 1980)	**AgrdG**
Agrarkultur und Küstenschutz Ges. ü. d. Gemeinschaftsaufgabe „Verbesserung d. Agrarkultur und d. Küstenschutzes" i. d. Bek. v. 21.7.1988 (BGBl I S. 1055)	*GemAgrG*
Agrarreform-Umsetzungs-Landesverordnung MV: ~ v. 7.6.2006 (GVOBl M-V S. 473)	**AgrarreformUmsetzLVO M-V**
Agrarsoziales Ergänzungsgesetz 1. ~ v. 21.12.1970 (BGBl I S. 1774); 2. Agrarsoziales Ergänzungsgesetz v. 9.7.1980 (BGBl I S. 905); 3. Agrarsoziales Ergänzungsgesetz v. 20.12.1985 (BGBl I S. 2475)	**ASEG**
Agrarsozialreformgesetz v. 29.7.1994 (BGBl I S. 1890)	**ASRG 1995**
Agrarstatistikgesetz i. d. Bek. v. 19.7.2006 (BGBl I S. 1662)	**AgrStatG**

MV: ~ v. 7.7.1998 (GVOBl M-V S. 631)   **AgrStatG M-V**

Agrarstatistikverordnung
Agrarstatistik-Umweltberichterstattungsverordnung 2004 v.
13.10.2003 (BGBl I S. 1994)   **AgrStatUBV 2004**
BY: ~ v. 10.8.1990 (GVBl S. 302)   **AgrStatV**

Agrarwirtschaftsgesetz
BY: Bay. ~ v. 8.12.2006 (GVBl S. 938)   **BayAgrarWiG**

Ahndungsgesetz – Gesetz z. Ahndung nationalsozialist. Straftaten
BR: Gesetz zur Ahndung nationalsoz. Straftaten (Ahndungsgesetz) v. 27.6.1947 (GBl S. 83)   **AhndG**
BY: Ges. Nr. 22 v. 31.5.1946 (BayS III S. 151)   **AhndG**

Akademiegesetz
SACH: Gesetz ü. d. Errichtung d. Sächs. Akademie d. Künste v. 24.5.1994 (SächsGVBl S. 1001)   **SächsAKG**
SACH: Gesetz ü. d. Sächs. Akademie d. Wissenschaften v. 30.5.1994 (SächsGVBl S. 1021)   **SächsAkadWissG**
Errichtungsgesetz
Gesetz zur Errichtung der Akademie der Künste v. 1.5.2005 (BGBl I S. 1218)   **AdKG**

Akademische Grade
Ges. ü. d. Führung akademischer Grade v. 7.6.1939 (RGBl I S. 985)   *AkGG*
BE: VO ü. d. Führung akademischer Grade v. 3.9.1996 (GVBl S. 341)   **AkadGradVO**
BY: VO ü. d. Führung ausländ. akadem. Grade v. 4.4.1989 (GVBl S. 127)   **AuslGrV**
ND: VO ü. d. Führung ausländ. akadem. Grade v. 9.7.2001 (GVBl S. 423)   **AkGradVO**
RP: LandesVO ü. d. Führung ausländischer Hochschulgrade v. 3.9.1998 (GVBl S. 269)   **HGrVO**
SACH: Sächs. VO f. ausländ. akadem. Grade v. 20.10.1998 (SächsGVBl S. 610)   **SächsVOAAGr**

Akteneinsichts- u. Informationszugangsgebührenordnung
BB: ~ v. 2.4.2001 (GVBl II S. 85)   **AIGGebO**

Akteneinsichts- u. Informationszugangsgesetz
BB: ~ v. 10.3.1998 (GVBl I S. 46)   **AIG**

Aktenordnung
Zusatzbestimmungen z. ~ v. 28.2.1979 (JMBl S. 399)   **ZBAktO**
BY: ~ v. 13.12.1983 (JMBl 1984 S. 13)   **AktO**
HE: ~ i. d. Bek. v. 28.2.1979 (JMBl S. 259)   **AktO**
Reich: ~ Reich v. 28.11.1934 (SonderveröffDJ Nr. 6)   **AktO**
Bundesgerichtshof
des Bundesgerichtshofs v. 22.12.1955   *AktOBGH*

4. Gesetze, sonstige Rechtsvorschriften, Verwaltungsvorschriften u.ä.　　**All**

Aktiengesetz
　v. 6.9.1965 (BGBl I S. 1089)　　*AktG*
　Einführungsgesetz z. ~ v. 6.9.1965 (BGBl I S. 1185)　　*EGAktG*

Alkopopsteuergesetz
　v. 23.7.2004 (BGBl I S. 1857)　　**AlkopopStG**

Alkopopsteuerverordnung
　v. 1.11.2004 (BGBl I S. 2711)　　**AlkopopStV**

Allgemeine Bergbauverordnung
　BY: ~ v. 7.12.1978 (GVBl S. 895)　　**ABergV**

Allgemeine Bewirtschaftsgrundsätze
　Grundsätze f. d. Verwendung d. Zuwendungen d. Bundes an Gebietskörperschaften u. Zusammenschlüsse v. Gebietskörperschaften sowie f. d. Nachweis u. d. Prüfung d. Verwendung (Allgemeine Bewirtschaftungsgrundsätze – Gebietskörperschaften) = Anlage zur Vorl. VV-BHO Nr. 18.2 zu § 44 BHO　　**ABewGr-GebietsK**
　Grundsätze f. d. Verwendung d. Zuwendungen d. Bundes sowie f. d. Nachweise u. d. Prüfung d. Verwendung (Allgemeine Bewirtschaftungsgrundsätze) = Anlage zur Vorl. VV-BHO Nr. 5.1 zu § 44 BHO　　**ABewGr**

Allgemeine Dienstordnung
　BY: ~ v. 1.9.1971 (GVBl S. 305)　　**ADO**

Allgemeine Gebührenordnung
　LSA: ~ des Landes Sachsen-Anhalt v. 30.8.2004 (GVBl LSA S. 554)　　**AllGO LSA**

Allgemeine Gerichtsordnung
　PR: Allg. Geschäftsordnung v. 6.7.1793　　**AGO**

Allgemeine Geschäftsbedingungen
　Ges. z. Regelung d. Rechts d. Allg. Geschäftsbedingungen i. d. Bek. v. 29.6.2000 (BGBl I S. 946)　　**AGB-Gesetz**

Allgemeine Hafen(ver)ordnung
　ND: ~ v. 5.3.1975 (GVBl S. 88)　　**AHO**
　NW: ~ v. 8.1.2000 (GV.NW S. 34)　　**AHVO**

Allgemeine Prüfungsordnung
　BY: ~ i. d. Bek. v. 14.2.1984 (GVBl S. 76)　　**APO**

Allgemeine Schulordnung
　BY: ~ i. d. Bek. v. 7.8.1979 (GVBl S. 319)　　**ASchO**
　NW: ~ v. 8.11.1978 (GV.NW S. 552)　　**ASchO**
　SL: ~ i. d. Bek. v. 10.11.1975 (ABl S. 1239)　　**ASchO**
　TH: Thüringer ~ f. d. berufsbildenden Schulen v. 10.12.1996 (GVBl 1997 S. 24)　　**ThürASObbS**

Allgemeine Versicherungsbedingungen
　Allg. Versicherungsbedingungen Speditions- u. Rollfuhrversicherungsschein i. d. Bek. v. 1978　　*SVS/RVS*

385

Allgemeine Einheitsversicherungs-Bedingungen (VerBAV 1973 S. 86) **EVB**
Allgemeine Feuerversicherungs-Bedingungen (VerBAV 1987 S. 330) **AFB**
Allgemeine Hausratsversicherungsbedingungen (VerBAV 1984 S. 279) **VHB**
Allgemeine Lebensversicherungs-Bedingungen. Musterbedingungen f. d. Großlebensversicherung (VerBAV 1981 S. 118) *ALB*
Allgemeine Maschinen-Betriebsunterbrechungsversicherungs-Bedingungen (VerBAV 1976 S. 296) **AMBUB**
Allgemeine Maschinenversicherungs-Bedingungen (VerBAV 1969 S. 2) **AMB**
Allgemeine Montageversicherungs-Bedingungen (VerBAV 1972 S. 82) **AMoB**
Allgemeine Unfallversicherungs Bedingungen (VerBAV 1987 S. 418) **AUB**
f. d. Bauwesenversicherung v. Gebäudeneubauten durch Auftraggeber (VerBAV 1974 S. 290) **ABN**
f. d. Bauwesenversicherung v. Unternehmerleistungen (VerBAV 1974 S. 285) **ABU**
f. d. Einbruchdiebstahl- u. Raubversicherung (VerBAV 1987 S. 339) **AERB**
f. d. Fahrradversicherung (VerBAV 1986 S. 485) **AFV**
f. d. Haftpflicht-Versicherung (VerBAV 1986 S. 216) **AHB**
f. d. Haftpflichtversicherung v. genehmigter Tätigkeit m. Kernbrennstoffen u. sonstigen radioaktiven Stoffen außerhalb v. Atomanlagen (VerBAV 1965 S. 70) **AHBStr**
f. d. Kraftfahrt-Strafrechtsschutzversicherung (VerBAV 1978 S. 39) **ABKStRV**
f. d. Kraftfahrtversicherung (VerBAV 1988 S. 299) **AKB**
f. d. Leitungswasserversicherungsschäden (VerBAV 1987 S. 349) **AWB**
f. d. Neuwertversicherung d. Elektro- u. Gasgeräte d. Hausrats (VerBAV 1987 S. 259) **NEGB**
f. d. Neuwertversicherung v. Wohngebäuden gegen Feuer-, Leitungswasser- u. Sturmschäden (VerBAV 1962 S. 170) **VGB**
f. d. Rechtsschutzversicherung (VerBAV 1969 S. 67) **ARB**
f. d. Sachversicherung v. kerntechn. Anlagen gegen Kernenergie- u. Feuerschäden (VerBAV 1989 S. 191) **ASKB**
f. d. Sturmversicherung (VerBAV 1987 S. 358) **AStB**
f. Feuerbetriebsunterbrechung (VerBAV 1977 S. 34) **FBUB**
f. Krankenversicherung *AVK*
f. Krankheitskosten- u. Krankenhaustagegeldversicherung. Musterbedingungen (VerBAV 1976 S. 437) **MB/KK 76**

Allgemeine Verwaltungsgebührenordnung
  NW: ~ i. d. Bek. v. 5.8.1980 (GV.NW S. 924) **AVwGebO NW**

Allgemeine Verwaltungskostenordnung
  HE: ~ v. 21.11.2003 (GVBl I S. 294) **AllgVwKostO**

Allgemeine Zollordnung
i. d. Bek. v. 18.5.1970 (BGBl I S. 560, 1221)   **AZO**

Allgemeines Berggesetz
f. d. preußischen Staaten v. 24.6.1865 (GS S. 705)   *ABG*

Allgemeines Dienstalter
Richtlinien z. Regelung d. Allg. Dienstalters i. d. Bek. v.
1.8.1968 (GMBl S. 264)   **ADA**

Allgemeines Gebührenverzeichnis
SL: ~ i. d. Bek. v. 29.2.1984 (ABl S. 381)   **GebVerz**

Allgemeines Gleichbehandlungsgesetz
v. 14.8.2006 (BGBl I S. 1897)   **AGG**

Allgemeines Kriegsfolgengesetz
2. ÄnderungsG v. 9.1.1967 (BGBl I S. 117)   **2. ÄndG AKG**
v. 5.11.1957 (BGBl I S. 1747)   **AKG**

Allgemeines Landrecht für die preußischen Staaten
gültig ab 1.6.1794   **ALR**
Einl. z. Allg. Landrecht   *EinlALR*

Allgemeines Magnetschwebebahngesetz
v. 19.7.1996 (BGBl I S. 1019)   **AMBG**

Allgemeines Sicherheits- u. Ordnungsgesetz
BE: Allgemeines Sicherheits- und Ordnungsgesetz i. d.
Bek. v. 11.10.2006 (GVBl S. 930)   **ASOG**

Allgemeines Zuständigkeitsgesetz
BE: ~ i. d. Bek. v. 22.7.1996 (GVBl S. 302)   **AZG**

Altbanken-Bilanz-Gesetz
BE: ~ v. 10.12.1953 (GVBl S. 1488)   **ABilG**

Altbankengesetz
BE: ~ v. 10.12.1953 (GVBl S. 1483)   **AltbG**

Altbergbaugesetz
TH: Thüringer Altbergbau- u. Unterirdische-Hohlräume-
Gesetz v. 23.5.2001 (GVBl S. 41)   **ThürABbUHG**

Altenheime
VO ü. d. Mitwirkung d. Bewohner v. ~n, Altenwohnheimen
und Pflegeheimen f. Volljährige in Angelegenheiten d.
Heimbetriebes v. 19.7.1976 (BGBl I S. 1819)   **HeimMitwirkungsV**
VO ü. d. Pflichten d. Träger v. ~n, Altenwohnheimen und
Pflegeheimen f. Volljährige im Falle d. Entgegennahme v.
Leistungen zum Zwecke d. Unterbringung e. Bewohners
oder Bewerbers v. 24.4.1978 (BGBl I S. 553)   **HeimsicherungsV**

Altenpflege-Berufegesetz
ND: ~ v. 20.6.1996 (GVBl S. 276)   **APBG**

SL: Gesetz über den Altenpflegehilfeberuf und zur Durchführung des Gesetzes über die Berufe in der Altenpflege v. 9.7.2003 (ABl S. 2050)   **AltPflHiG**

Altenpflegeausbildungsausgleichsverordnung
BW: ~ v. 4.10.2005 (GBl S. 675)   **AltPflAusglVO**
SACH: Altenpflege-Ausgleichsverordnung v. 24.7.2003 (SächsGVBl S. 196)   **AltPflAusglVO**

Altenpflegeausbildungsgesetz
BR: Gesetz ü. d. Ausbildung i. d. Altenpflege v. 17.12.1996 (GBl S. 379)   **BremAltpflAG**
SH: ~ v. 8.3.1999 (GVOBl S. 62)   **APAG**
SL: Saarländisches ~ v. 23.6.1994 (ABl S. 1542)   **SAPAG**

Altenpflegeausbildungsträgerverordnung
BW: ~ v. 8.7.2003 (GBl S. 399)   **AltPflATräVO**

Altenpflegeausbildungsverordnung
HA: VO über d. Berufsausbildung i. d. Altenpflege v. 24.7.2001 (GVBl I S. 233)   **AltPflVO**

Altenpflegegesetz
i. d. Bek. v. 25.8.2003 (BGBl I S. 1690)   **AltPflG**
HE: Hessisches ~ v. 12.12.1997 (GVBl I S. 452)   **HAltPflG**
NW: ~ v. 19.6.1994 (GV.NW S. 335)   **AltPflG**
Ausführungsgesetz
BW: Gesetz zur Ausführung des Altenpflegegesetzes v. 9.12.2003 (GBl S. 719)   **AGAltPflG**

Altenpflegehilfeberuf
SL: Ausbildungs- und Prüfungsverordnung für den ~ v. 9.9.2003 (ABl S. 2518)   **APHi-VO**

Alterseinkünftegesetz
v. 5.7.2004 (BGBl I S. 1427)   **AltEinkG**

Altershilfe für Landwirte
Ges. ü. eine Altershilfe f. Landwirte i. d. Bek. v. 14.9.1965 (BGBl I S. 1448)   **GAL**

Altersteilzeitzuschlagsverordnung
v. 23.8.2001 (BGBl I S. 2239)   **ATZV**

Altersvermögensergänzungsgesetz
v. 21.3.2001 (BGBl I S. 403)   **AVmEG**

Altersvermögensgesetz
v. 26.6.2001 (BGBl I S. 1310)   **AVmG**

Altersvorsorge-Durchführungsverordnung
i. d. Bek. v. 28.2.2005 (BGBl I S. 487)   **AltvDV**

Altersvorsorgeverträge-Zertifizierungsgesetz
v. 26.6.2001 (BGBl I S. 1322)   **AltZertG**

4. Gesetze, sonstige Rechtsvorschriften, Verwaltungsvorschriften u.ä.　　　　　　**Amt**

Altforderungsregelungsgesetz v. 10.6.2005 (BGBl I S. 1589)	**AFRG**
Altguthabentilgungsverordnung i. d. Bek. v. 26.8.1997 (BGBl I S. 2214)	**ATV**
Altlasten- und Bodenschutzgesetz HE: Hessisches ~ v. 28.9.2007 (GVBl I S. 652)	**HAltBodSchG**
Altlastengesetz HE: Hess. ~ v. 20.12.1994 (GVBl I S. 764)	**HAltlastG**
Altlastensanierungs- und Aufbereitungsgesetz NW: ~ v. 3.5.2005 (GV.NW S. 488)	**AAVG**
Altöl ~gesetz i. d. Bek. v. 11.12.1979 (BGBl I S. 2113) ~verordnung v. 27.10.1987 (BGBl I S. 2335)	*AltölG* **AltölV**
Altschuldenhilfeverordnung v. 15.12.2000 (BGBl I S. 1734)	**AHGV**
Altschuldenrefinanzierungsgesetz BB: Zweites ~ v. 17.10.2005 (GVBl I S. 246)	**2.AltschRefG**
Altsparergesetz i. d. Bek. v. 1.4.1959 (BGBl I S. 169)	**ASpG**
Amateurfunk ~gesetz 1997 v. 23.6.1997 (BGBl I S. 1494) VO zum Gesetz über den ~ v. 15.2.2005 (BGBl I S. 242 ff.)	**AFuG 1997** **AFuV**
Ambulante Pflege-Weiterbildungsverordnung BB: ~ v. 21.4.1997 (GVBl II S. 317)	**APWBV**
Amsterdamer Vertrag Vertrag v. Amsterdam v. 2.10.1997	*AmstV*
Amtlicher Verkehr Auslandsdienststellen BY: Richtlinien ~ v. 28.11.1989 (StAnz Nr. 49)	**AVAR**
Amts- u. Rechtshilfeverkehr BY: VO ü. Zuständigkeiten im Amts-und Rechtshilfever- kehr in Verwaltungssachen m. d. Ausland v. 18.9.1990 (GVBl S. 419)	**ZustVAR**
Amtsärztliche Untersuchung NW: VO ü. ~en f. d. öffentl. Dienst v. 31.7.1996 (GV.NW S. 296)	**GDSG VO**
Amtsanwaltsausbildungs- u. Prüfungsordnung MV: ~ v. 29.3.1998 (GVOBl M-V S. 407)	**APOAAD M-V**
Amtsblatt-Bereinigungsverordnung BY: ~ v. 2.9.1957 (GVBl S. 298)	**ABlBerV**
Amtsgehalt- und Besoldungsnichtanpassungsgesetz MV: ~ Mecklenburg-Vorpommern v. 20.11.2003 (GVOBl M-V S. 532)	**NAnpG M-V**

Amtskassenordnung
der Reichsfinanzverwaltung v. 12.3.1938 (RFBl S. 57)   **AKO**

Amtsordnung
BB: ~ i. d. Bek. v. 10.10.2001 (GVBl S. 188)   **AmtsO**
SH: ~ für Schleswig-Holstein v. 28.2.2003 (GVOBl S. 112)   **AO**

Andienungs- u. Zuweisungsverordnung
HE: ~ v. 4.12.1998 (GVBl I S. 554)   **AnZuVO**

Anerkennung freier Ehen rassisch und politisch Verfolgter
Ges. ü. d. ~ v. 23.6.1950 (BGBl I S. 226)   *EheAnerkG*

Anerkennungs- u. Prüfungsverordnung
HA: VO ü. d. Anerkennung als Prüf-, Überwachungs- oder
   Zertifizierungsstelle nach Bauordnungsrecht v.
   28.4.1998 (GVBl I S. 53)   **PÜZAVO**
LSA: VO ü. d. Anerkennung als Prüf-, Überwachungs- oder
   Zertifizierungsstelle nach Bauordnungsrecht v.
   27.3.2006 (GVBl LSA S. 170)   **PÜZAVO**

Anerkennungs- u. Vollstreckungsausführungsgesetz
v. 19.2.2001 (BGBl I S. 288)   **AVAG**

Anerkennungs- und Zulassungsverordnung
v. 16.6.2004 (BGBl I S. 1100)   **AZWV**

Anerkennungsverordnung
Abwasseruntersuchung
   MV: VO über die Anerkennung als sachverständige
      Stelle für Abwasseruntersuchungen v. 14.12.2005
      (GVOBl. M-V S. 667)   **AsSAVO M-V**
Kur- und Erholungsorte
   ND: VO über die staatliche Anerkennung von Kur- und
      Erholungsorten v. 22.4.2005 (GVBl S. 124)   **KurortVO**
Lehramt
   BB: EG-~sanerkennungsverordnung v. 22.11.2007
      (GVBl II S. 482)   **EGLeV**
Lehrer
   MV: EG-~anerkennungsverordnung v. 9.10.2007
      (GVOBl M-V S. 353)   **EGLehAVO M-V**

Anfechtungsgesetz
i. d. Bek. v. 20.5.1898 (RGBl S. 709)   *AnfG*

Anforderungsbehörden- u. Bedarfsträgerverordnung
v. 12.6.1989 (BGBl I S. 1088)   **ABV**

Angestelltenversicherungsgesetz
i. d. Bek. v. 28.5.1924 (RGBl I S. 563)   *AVG*
Neuregelungsgesetz
   Angestelltenversicherungs-~ v. 23.2.1957 (BGBl I S. 88)   **AnVNG**

Anhörungsverordnung
BB: ~ v. 29.12.1995 (GVBl II 1996 S. 50)   **AnhV**

Anlagenanforderungsverordnung
RP: Landesverordnung ü. Anforderungen an Anlagen z. Lagern und Abfüllen v. Jauche, Gülle, Silagesickersäften, Festmist und Silagen v. 1.4.1999 (GVBl S. 102) **JGSF-VO**

Anlagenprüfungsverordnung
BE: Anlagen-Prüfverordnung v. 1.6.2004 (GVBl S. 235) **AnlPrüfVO**
SACH: VO d. Sächs. Staatministeriums d. Innern ü. d. Prüfung technischer Anlagen u. Einrichtungen i. baulichen Anlagen u. Räumen bes. Art oder Nutzung v. 7.2.2000 (SächsGVBl S. 127) **SächsTechPrüfVO**
SACH: VO d. Sächs. Staatsministeriums d. Innern ü. d. Prüfung haustechnischer Anlagen u. Einrichtungen i. Gebäuden bes. Art u. Nutzung v. 2.5.1995 (SächsGVBl S. 158) **SächsHausPrüfVO**
TH: Thüringer VO über die Prüfung technischer Anlagen und Einrichtungen in Gebäuden v. 6.5.2004 (GVBl S. 585) **Thür-TechPrüfVO**

Anlagenverordnung
BE: VO über Anlagen zum Umgang mit wassergefährdenden Stoffen und über Fachbetriebe v. 23.11.2006 (GVBl S. 1029) **VAwS**
BR: ~ i. d. Bek. v. 23.12.2005 (GVBl 2006 S. 1) **VAwS**
BY: Wassergefährdende Stoffe v. 18.1.2006 (GVBl S. 63) **VAwS**
HA: Wassergefährdende Stoffe v. 19.5.1998 (GVBl I S. 71) **VAwS**
LSA: ~ v. 28.3.2006 (GVBl LSA S. 183) **VAwS**
ND: ~ v. 17.12.1997 (GVBl S. 549) **VAwS**
NW: ~ zum Umgang mit wassergefährdenden Stoffen und über Fachbetriebe v. 20.3.2004 (GV.NW S. 274) **VAwS**
RP: Wassergefährdende Stoffe v. 1.2.1996 (GVBl S. 121) **VAwS**
SACH: Sächs. ~ v. 18.4.2000 (SächsGVBl S. 223) **SächsVAwS**
SH: Wassergefährdende Stoffe v. 29.4.1996 (GVOBl S. 448) **VAwS**
SL: ~ zum Umgang mit wassergefährdenden Stoffen und über Fachbetriebe v. 1.6.2005 (ABl S. 830) **VAwS**
TH: Thüringer AnlagenVO v. 25.7.1995 (GVBl S. 261) **ThürVAwS**

Anlageverordnung
v. 20.12.2001 (BGBl I S. 3913) **AnlV**

Anlaufbedingungsverordnung
v. 18.2.2004 (BGBl I S. 300) **AnlBV**

Anlegerschutzverbesserungsgesetz
v. 28.10.2004 (BGBl I S. 2630) **AnSVG**

Anmeldung vermögensrechtl. Ansprüche
VO ü. d. ~ i. d. Bek. v. 11.10.1990 (BGBl I S. 2162) *AnmV*

Anpassungsgesetz
NW: ~ v. 3.12.1974 (GV.NW S. 1504) **AnpG NW**

Anpassungsgesetz Besoldung und Versorgung
BW: Gesetz zur Integration der Sonderzahlungen und zur
Anpassung der Besoldung und Versorgung 2008 und
zur Änderung weiterer Rechtsvorschriften v.
11.12.2007 (GBl S. 538) — **BV AnpG 2008**

Anpassungsverordnung
v. 21.7.1988 (BGBl I S. 1082) — **AnpV 1988**
Dreizehnte KOV-~ 2005 v. 23.6.2005 (BGBl I S. 1727) — **13. KOV-AnpV 2005**
Landeszuschuss
BB: ~-Anpassungsverordnung i. d. Bek. v. 20.5.2005
(GVBl II S. 279) — **LaZAV**

Anrechnungsverordnung
v. 26.6.2001 (BGBl I S. 1346) — **AnrV 2001/2002**
Wirtschaftsprüfungsexamens-~ v. 27.5.2005 (BGBl I
S. 1520) — **WPAnrV**
HE: Hess. VO über die Anrechnung des Besuchs eines
schulischen Berufsgrundbildungsjahres und einer Berufsfachschule auf die Ausbildungszeit in Ausbildungsberufen v. 21.7.2006 (GVBl I S. 422) — **HBGJAVO**
ND: Niedersächsische VO über die Anrechnung des Besuchs eines schulischen Berufsgrundbildungsjahres
und einer Berufsfachschule auf die Ausbildungszeit in
Ausbildungsberufen v. 19.7.2005 (GVBl S. 255) — **Nds. BGJ-AVO**

Anschlussbahnen Bau- und Betriebsverordnung
BY: Eisenbahn-Bau- u. Betriebsordnung f. Anschlussbahnen v. 3.3.1983 (GVBl S. 159) — **EBOA**
HA: VO ü. Bau und Betrieb von Anschlussbahnen v.
15.3.1960 (GVBl S. 259) — **BOA**
HE: VO ü. Bau und Betrieb von Anschlussbahnen v.
6.12.1957 (GVBl II 62–8) — **BOA**
NW: VO ü. Bau und Betrieb von Anschlussbahnen v.
31.10.1966 (GV.NW S. 488) — **BOA**
RP: VO ü. Bau und Betrieb von Anschlussbahnen v.
15.7.1957 (GVBl S. 163) — **BOA**

Anspruchs- u. Anwartschaftsüberführungsgesetz
v. 25.7.1991 (BGBl I S. 1606, 1677) — **AAÜG**

Anstaltsgesetz
LSA: ~ v. 3.4.2001 (GVBl LSA S. 136) — **AnstG**

Anstaltsverordnung
LSA: ~ v. 14.1.2004 (GVBl LSA S. 38) — **AnstVO**

Anteilklassenverordnung
v. 24.3.2005 (BGBl I S. 986) — **AntKlV**

Anteilzollgesetz
v. 27.12.1960 (BGBl I S. 1082) — **AZG**

Antidiskriminierungsgesetz
BE: Landes~ v. 31.12.1990 (GVBl 1991 S. 8)   **LADG**

Antragsfristverordnung
v. 14.6.1994 (BGBl I S. 1265)   **AnFrV**

Anwärter-Trennungsgeldverordnung
BB: ~ i. d. Bek. v. 1.3.2000 (GVBl II S. 70)   **AnwTGV**

Anwärtersonderzuschlags-Verordnung
i. d. Bek. v. 11.6.1990 (BGBl I S. 1033)   **AnwSZV**

Anwerbestoppausnahmeverordnung
v. 17.9.1998 (BGBl I S. 2893)   **ASAV**

Anzeigenverordnung
v. 29.12.1997 (BGBl I S. 3372)   **AnzV**

Apostillen-Zuständigkeitsverordnung
NW: Apostillezuständigkeitsverordnung v. 23.8.2005
(GV.NW S. 739)   **ApostilleZVO**
SACH: Sächs. ~ v. 15.1.2008 (SächsGVBl S. 73)   **SächsApostZuVO**

Apotheken
~betriebsordnung i. d. Bek. v. 26.9.1995 (BGBl I S. 1195)   **ApBetrO**
Ges. ü. d. ~wesen i. d. Bek. v. 15.10.1980 (BGBl I S. 1993)   *ApG*

Apotheken- und Arzneimittelzuständigkeitsverordnung
MV: ~ v. 31.1.2006 (GVOBl M-V S. 37)   **AAZVO M-V**

Apotheker
Approbationsordnung f. ~ v. 19.7.1989 (BGBl I S. 1489)   **AAppO**

Approbationsordnung
f. Ärzte i. d. Bek. v. 21.12.1989 (BGBl I S. 2549)   **ÄAppO**
Zahnärzte~ 17.12.1986 (BGBl I S. 2524)   *ZÄAppO*
Tierarzt
VO zur Approbation von Tierärztinnen und Tierärzten
v. 27.7.2006 (BGBl I S. 1827)   **TAppV**

Arbeiterrentenversicherungs-Neuregelungsgesetz
v. 23.2.1957 (BGBl I S. 45)   **ArVNG**

Arbeitnehmer-Entsendegesetz
v. 26.2.1996 (BGBl I S. 227)   **AEntG**
~-Meldeverordnung v. 16.7.2007 (BGBl I S. 1401)   **AEntGMeldV**

Arbeitnehmererfindungen
Ges. ü. ~ v. 25.7.1957 (BGBl I S. 756)   *ArbnErfG*

Arbeitnehmerkammern
Ges. ü. d. ~ im Lande Bremen v. 3.7.1956 (GBl S. 79)   *ArbnKG*

Arbeitnehmerüberlassung
~serlaubnis-Kostenverordnung v. 18.6.1982 (BGBl I S. 692)   **AÜKostV**

~sgesetz i. d. Bek. v. 3.2.1995 (BGBl I S. 158)   **AÜG**

Arbeitnehmerweiterbildungsgesetz
NW: ~ v. 6.11.1984 (GV.NW S. 678)   **AWbG**

Arbeits- u. Prüfungsverordnung
MV: Arbeits- und Prüfungsverordnung gymnasiale Oberstufe v. 16.1.1999 (GVOBl M-V S. 361)   **APVO-GO M-V**

Arbeitsaufenthalteverordnung
v. 18.12.1990 (BGBl I S. 2994)   **AAV**

Arbeitseinkommensverordnung
Arbeitseinkommenverordnung Landwirtschaft 2008 v.
24.9.2007 (BGBl I S. 2303)   **AELV 2008**

Arbeitsentgeltverordnung
i. d. Bek. v. 18.12.1984 (BGBl I S. 1642)   **ArEV**

Arbeitserlaubnisverordnung
i. d. Bek. v. 12.9.1980 (BGBl I S. 1754)   *AEV*

Arbeitsförderung
  Konsolidierungsgesetz
    Arbeitsförderungs-~ v. 22.12.1981 (BGBl I S. 1497)   **AFKG**
  Reformgesetz
    Sozialgesetzbuch Buch III. Arbeitsförderung v. 24.3.1997
    (BGBl I S. 594)   **AFRG**

Arbeitsförderungsgesetz
v. 25.6.1969 (BGBl I S. 582)   **AFG**
DDR: ~ v. 22.6.1990 (GBl I S. 403; BGBl II S. 1209)   **AFG**

Arbeitsgenehmigungsverordnung
v. 17.8.1998 (BGBl I S. 2899)   **ArGV**

Arbeitsgerichte
BY: VO ü. d. Geschäftsstellen d. Gerichte f. Arbeitssachen
    v. 14.12.1982 (GVBl S. 1124)   **GStVO-ArbG**

Arbeitsgerichtliches Verfahren
Gesetz zur Beschleunigung und Bereinigung des arbeitsgerichtlichen Verfahrens v. 21.5.1979 (BGBl I S. 545)   *ArbGVfBerG*

Arbeitsgerichtsgesetz
Arbeitsgerichtgesetz i. d. Bek. v. 2.7.1979 (BGBl I S. 853)   *ArbGG*
Reich: ~ v. 23.12.1926 (RGBl I S. 507)   *ArbGG 1926*
BW: Ges. ü. d. Gerichte f. Arbeitssachen v. 11.4.1972 (GBl
    S. 134)   **ArbGG**

Arbeitsgesetzbuch
DDR: ~ v. 16.6.1977 (GBl I S. 185; BGBl 1990 II S. 1207)   *AGB-DDR*

Arbeitslosengeld II/Sozialgeld-Verordnung
v. 20.10.2004 (BGBl I S. 2622)   **Alg II-V**

Arbeitslosenhilfe-Reformgesetz
v. 24.6.1996 (BGBl I S. 878) — **AlhiRG**

Arbeitslosenhilfe-Verordnung
v. 13.12.2001 (BGBl I S. 3734) — **AlhiV**

Arbeitslosmeldungsverordnung
v. 23.4.1998 (BGBl I S. 739) — **AlmV**

Arbeitsmittelbenutzungsverordnung
v. 11.3.1997 (BGBl I S. 450) — **AMBV**

Arbeitsplatzschutzgesetz
i. d. Bek. v. 14.4.1980 (BGBl I S. 425) — *ArbPlSchG*

Arbeitsschutz
  BB: VO z. Regelung v. Zuständigkeiten a. d. Gebiet d. sozialen u. medizinischen Arbeitsschutzes v. 25.9.1999 (GVBl II S. 539) — **SArbSZV**
  BE: ~gesetzanwendungsverordnung-Berlin v. 10.8.2006 (GVBl S. 887) — **ArbSchGAnwV-Bln**
  BY: VO ü. ~ f. jugendl. Polizeivollzugsbeamte v. 19.9.1986 (GVBl S. 321) — **ArbSchPolV**
  MV: ~kostenverordnung v. 14.12.2004 (GVOBl M-V S. 2) — **ArbSchKostVO M-V**

Zuständigkeitsgesetz
  BY: Bay. Arbeitsschutz-~ v. 24.7.1998 (GVBl S. 423) — **BayArbZustG**

Zuständigkeitsverordnung
  BB: Arbeitsschutz~ v. 24.6.2005 (GVBl II S. 382) — **ASZV**
  LSA: ~ für den sozialen Arbeitsschutz v. 2.7.2004 (GVBl LSA S. 379) — **ZustVO-SozAS**

Arbeitssicherheitsgesetz
v. 12.12.1973 (BGBl I S. 1885) — **ASiG**

Arbeitssicherstellungsgesetz
v. 9.7.1968 (BGBl I S. 787) — *ArbSG*
VO ü. d. Feststellung u. Deckung d. Arbeitskräftebedarfs nach d. ~ v. 30.5.1989 (BGBl I S. 1071) — **ArbSV**

Arbeitsstättenverordnung
v. 12.8.2004 (BGBl I S. 2179) — **ArbStättV**

Arbeitsvermittlergebührenverordnung
v. 25.4.1979 (BGBl I S. 506) — **AVGebV**

Arbeitsvermittlerverordnung
v. 11.3.1994 (BGBl I S. 563) — **AVermV**

Arbeitsvermittlung u. Arbeitslosenversicherung
Ges. über ~ i. d. Bek. v. 16.7.1927 (RGBl I S. 187) — **AVAVG**

Arbeitsverwaltungsordnung
  BY: ~ f. d. großen Justizvollzugsanstalten v. 28.2.1977 (JMBl S. 93) — **AVO**

Arbeitszeit
Ges. ü. d. ~ in Bäckereien u. Konditoreien v. 29.6.1936
(RGBl I S. 521) *BäckArbZG*
VO ü. d. Form, Ausgestaltung u. Aufbewahrung d. ~nach-
weise in d. Seeschiffahrt v. 1.8.1968 (BGBl I S. 905) ArbZnachweisV-See

Arbeitszeitanwendungsverordnung
MV: ~ Hochschulen v. 1.9.2004 (GVOBl M-V S. 466) AZAnwVO Hs M-V

Arbeitszeitrechtsgesetz
v. 6.6.1994 (BGBl I S. 1170) ArbZRG

Arbeitszeit(ver)ordnung
Arbeitszeitordnung v. 30.4.1938 (RGBl I S. 447) *ArbZO*
~ i. d. Bek. v. 11.11.2004 (BGBl I S. 2844) AZV
Post-~ 2003 v. 9.12.2003 (BGBl I S. 2495) Post-AZV2003
Postbank~ v. 20.6.2005 (BGBl I S. 1725) PBAZV
BB: ~ Polizei v. 4.2.1999 (GVBl II S. 110) AZV
BB: ~ v. 17.11.1997 (GVBl II S. 842) AZV
BW: Arbeitszeit- und Urlaubsverordnung v. 29.11.2005
 (GBl S. 716) AzUVO
BW: ~ i. d. Bek. v. 29.1.1996 (GBl S. 76) AZV
BY: ~ i. d. Bek. v. 25.7.1995 (GVBl S. 409) AZV
HE: Hess. ~ v. 13.12.2003 (GVBl I S. 326) HAZVO
MV: ~ i. d. Bek. v. 19.1.2000 (GVOBl M-V S. 14) AZV
SACH: Sächs. ~ v. 28.1.2008 (SächsGVBl S. 199) SächsAZVO

Beamte
 BE: Arbeitszeitverordnung i. d. Bek. v. 21.11.1995
  (GVBl S. 790) AZV
 HA: VO ü. d. Arbeitszeit d. Beamtinnen und Beamten
  v. 12.8.1997 (GVBl I S. 408) ArbZVO
 LSA: VO ü. d. Arbeitszeit d. Beamtinnen und Beamten
  v. 19.6.1998 (GVBl LSA S. 280) ArbZVO
 LSA: VO ü. d. Arbeitszeit d. Polizeivollzugsdienstes v.
  26.10.1994 (GVBl LSA S. 978) ArbZVO
 ND: Arbeitszeitverordnung d. Beamten d. Feuerschutz-
  dienstes in d. Berufsfeuerwehren d. Gemeinden v.
  27.11.1986 (GVBl S. 353) ArbZVO
 ND: Niedersächsische VO ü. d. Arbeitszeit d. Beamtin-
  nen und Beamten v. 6.12.1996 (GVBl S. 476) Nds. ArbZVO
 NW: Arbeitszeitverordnung i. d. Bek. v. 28.12.1986
  (GV.NW 1987 S. 15) AZV
 RP: Arbeitszeitverordnung v. 9.5.2006 (GVBl S. 200) ArbZVO
 SH: Landesverordnung ü. d. Arbeitszeit d. Beamten i.
  d. Bek. v. 16.1.1987 (GVOBl S. 41) SH AZVO
 SL: Arbeitszeitverordnung v. 18.5.1999 (ABl S. 854) AZV
 TH: Thüringer VO über die Arbeitszeit der Beamten v.
  10.6.2005 (GVBl S. 279) ThürAzVO

Eisenbahn
~arbeitszeitverordnung v. 17.10.2006 (BGBl I S. 2353) EAZV

4. Gesetze, sonstige Rechtsvorschriften, Verwaltungsvorschriften u.ä.　　　　　　　　　Arc

Feuerwehr
  BB: Arbeitszeitverordnung ~ v. 3.8.2007 (GVBl II
        S. 274)　　　　　　　　　　　　　　　　　　　　　　　　　　**AZV**
  LSA: Arbeitszeitverordnung-~ v. 5.7.2007 (GVBl LSA
        S. 216)　　　　　　　　　　　　　　　　　　　　　　　　　　**ArbZVO**
  ND: VO über die Arbeitszeit der Beamtinnen und Beamten des ~dienstes der Gemeinden und Landkreise v. 10.7.2007 (GVBl S. 296)　　　　　　　　　　**ArbZVO**
  NW: Arbeitszeitverordnung ~ v. 5.9.2006 (GV.NW
        S. 442)　　　　　　　　　　　　　　　　　　　　　　　　　　**AZV**
Feuerwehr und Polizei
  BE: Arbeitszeitverordnung ~ v. 15.1.2008 (GVBl S. 6)　**AZV**
Justizvollzug
  LSA: VO ü. d. Arbeitszeit v. Beamten d. ~sdienstes v.
        29.5.1995 (GVBl LSA S. 146)　　　　　　　　　　　　　　**ArbZVO**
Lehrkräfte
  HA: ~-Arbeitszeit-VO v. 1.7.2003 (GVBl S. 197)　　　　**LehrArbzVO**
  LSA: Arbeitszeitverordnung d. ~ an öffentl. Schulen VO ü. d. Arbeitszeit d. Lehrkräfte an öffentl. Schulen i. d. Bek. v. 6.9.2001 (GVBl LSA S. 376)　　　　　　**ArbZVO-Lehr**
  ND: VO über die Arbeitszeit der ~ an öffentlichen Schulen i. d. Bek. v. 2.8.2004 (GVBl S. 302)　　　　　**ArbZVO-Lehr**
  RP: ~-Arbeitszeit(ver)ordnung v. 30.6.1999 (GVBl
        S. 148)　　　　　　　　　　　　　　　　　　　　　　　　　　**LehrArbZVO**
Polizeivollzugsdienst
  TH: Thüringer VO über die Arbeitszeit der Polizeivollzugsbeamten v. 22.4.2004 (GVBl S. 517)　　　　　　**ThürPol AzVO**

Architekten
Honorarordnung für ~ und Ingenieure i. d. Bek. v. 4.3.1991
(BGBl I S. 533)　　　　　　　　　　　　　　　　　　　　　　　　　*HOAI*
  SL: Saarländisches ~~ und Ingenieurkammergesetz v.
       18.2.2004 (ABl S. 865)　　　　　　　　　　　　　　　　　　**SAIG**
  SL: VO zur Durchführung des Saarländischen ~~ und Ingenieurkammergesetzes v. 18.8.2004 (ABl S. 1857)　　**DVSAIG**
  TH: Thüringer ~~ und Ingenieurkammergesetz v. 5.2.2008
       (GVBl S. 9)　　　　　　　　　　　　　　　　　　　　　　　　**ThürAIKG**

Architektengesetz
  BB: Brandenburgisches ~ v. 8.3.2006 (GVBl I S. 26)　　**BbgArchG**
  BR: Brem. ~ v. 25.2.2003 (GBl S. 53)　　　　　　　　　　　**BremArchG**
  BW: ~ i. d. Bek. v. 1.8.1990 (GBl S. 269)　　　　　　　　　**ArchG**
  BW: VO z. Durchf. d. Berufsgerichtsverfahrens nach d. ~ Berufsgerichtsordnung i. d. Bek. v. 7.7.1975 (GBl
       S. 588)　　　　　　　　　　　　　　　　　　　　　　　　　　*BerGerOArch*
  BY: Bay. ~ i. d. Bek. v. 31.8.1994 (GVBl S. 934)　　　　　**BayArchG**
  BY: VO z. Bay. ~ ü. d. Verfahren vor dem Einigungsausschuss v. 14.12.1970 (GVBl S. 676)　　　　　　　　　　　**EintrV BayArchG**
  LSA: ~ d. Landes Sachsen-Anhalt v. 28.4.1998 (GVBl LSA
        S. 243)　　　　　　　　　　　　　　　　　　　　　　　　　　**ArchtG-LSA**

MV: ~ v. 12.3.1998 (GVOBl M-V S. 364)   ArchG
ND: Niedersächsisches ~ i. d. Bek. v . 26.3.2003 (GVBl S. 177)   NArchtG
NW: ~ v. 4.12.1969 (GV.NW S. 888)   ArchG
RP: ~ v. 16.12.2005 (GVBl S. 505)   ArchG
SACH: Sächs. ~ v. 19.4.1994 (SächsGVBl S. 765)   SächsArchG
TH: Thüringer ~ v. 13.6.1997 (GVBl S. 210)   ThürArchG

Architektenkammer
BE: Berliner Architekten- und Baukammergesetz v. 6.7.2006 (GVBl S. 720)   ABKG
BY: VO ü. d. Verfahren vor d. Eintragungsausschuß d. Bay. Ingenieurkammer-Bau v. 14.9.1990 (GVBl S. 438)   EintrVBaylKaBauG
SH: Architekten- u. Ingenieurkammergesetz v. 9.8.2001 (GVOBl S. 116)   ArchIngKG

Aufgabenzuweisungsverordnung
BB: Architektenkammer-~ v. 4.7.2000 (GVBl II S. 235)   ArchAZV

Archivbenutzungsverordnung
MV: ~ v. 21.8.2006 (GVOBl M-V S. 698)   ArchivBenutzVO M-V
SACH: Sächs. ~ v. 24.2.2003 (SächsGVBl S. 79)   SächsArchivBenVO

Archivgebührenverordnung
SACH: Sächs. ~ v. 23.5.2006 (SächsGVBl S. 163)   SächsArchivGebVO

Archivgesetz
BB: Brandenburgisches ~ v. 7.4.1994 (GVBl I S. 94)   BbgArchivG
BR: Brem. ~ v. 7.5.1991 (GBl S. 159)   BremArchivG
BY: Bay. ~ v. 22.12.1989 (GVBl S. 710)   BayArchivG
HA: Hamb. Architektengesetz v. 11.4.2006 (GVBl S. 157)   HmbArchG
HE: Hess. ~ v. 18.10.1989 (GVBl I S. 270)   HArchivG
LSA: Landes~ v. 28.6.1995 (GVBl LSA S. 190)   ArchG-LSA
MV: Landes~ v. 7.7.1997 (GVOBl M-V S. 282)   LArchivG M-V
NW: ~ v. 16.5.1989 (GV.NW S. 302)   ArchivG NW
RP: Landes~ v. 5.10.1990 (GVBl S. 277)   LArchG

Archivkostenverordnung
MV: Landes~ v. 8.1.2003 (GVOBl M-V S. 99)   LAKVO M-V

Artenschutz-Ausnahmeverordnung
ND: ~ v. 25.11.2005 (GVBl S. 359)   ArtAusnVO

Artenschutz-Zuständigkeitsverordnung
BY: ~ v. 11.8.2006 (GVBl S. 719)   ArtSchZustV

Artenschutzverordnung
BW: Landes~ v. 18.12.1980 (GBl 1981 S. 14)   LArtSchVO
HE: Vorl. Hess. ~ v. 16.5.1984 (GVBl I S. 166)   HEArtSchV
SL: ~ v. 29.9.1981 (ABl S. 881)   ArtSchVO

Arzneibuchverordnung
v. 27.9.1986 (BGBl I S. 1610)   ABV

4. Gesetze, sonstige Rechtsvorschriften, Verwaltungsvorschriften u.ä. **Ato**

Arzneimittel
~-Warnhinweisverordnung v. 21.12.1984 (BGBl 1985 I
S. 22) **AMWarnV**
~ausgabenbegrenzungsgesetz v. 15.2.2002 (BGBl I S. 684) **AABG**
~budget-Ablösungsgesetz v. 19.12.2001 (BGBl I S. 3773) **ABAG**
~farbstoffverordnung v. 25.8.1982 (BGBl I S. 1237) **AMFarbV**
~gesetz i. d. Bek. v. 12.12.2005 (BGBl I S. 3394) **AMG**
~preisverordnung v. 14.11.1980 (BGBl I S. 2147) **AMPreisV**
VO ü. radioaktive oder mit ionisierenden Strahlen behandelte ~ v. 28.1.1987 (BGBl I S. 502) **AMRadV**
BY: VO z. Vollzug ~~, betäubungsmittel- u. apothekenrechtl. Vorschriften v. 10.2.1997 (GVBl S. 36) **VVABAV**

Arzneimittel- und Wirkstoffherstellungsverordnung
v. 3.11.2006 (BGBl I S. 2523) **AMWHV**

Arzneimittelverordnung
NW: Landes~ v. 21.3.2000 (GV.NW S. 102) **LAV-NRW**

Asbesteinschränkungsverordnung
BY: ~ v. 27.7.1987 (GVBl S. 275) **AsbestEinV**

Asylbewerber
~leistungsgesetz i. d. Bek. v. 5.8.1997 (BGBl I S. 2022) **AsylbLG**
Reintegration and Emigration Programme for Asylum-seekers in Germany. Bek. v. 12.10.1988 (GMBl S. 571) **REAG-Programm**
BW: ~-Unterbringungsgesetz v. 12.12.1988 (GBl S. 400) **AsylUG**
BW: VO ü. d. Zuständigkeit z. Zuweisung v. Asylbewerbern v. 12.12.1988 (GBl S. 407) **AsylZuVO**
BY: ~aufnahmegesetz i. d. Bek. v. 8.7.1998 (GVBl S. 512) **AsylAufnG**
SH: VO ü. Zuständigkeiten im Asylverfahren und ü. d. Verteilung v. Asylbewerbern v. 28.2.1984 (GVOBl
S. 67) **AsylZustVertVO**
SL: ~verteilungsverordnung v. 30.10.1990 (ABl S. 1130) **AsylvVO**

Asylverfahrensgesetz
i. d. Bek. v. 27.7.1993 (BGBl I S. 1361) **AsylVfG**
BY: AVO v. 19.12.1989 (GVBl S. 721) **AVAsylVFG**

Asylzuständigkeitsbestimmungsverordnung
v. 4.12.1997 (BGBl I S. 2764) **AsylZBV**

Atomgesetz
i. d. Bek. v. 15.7.1985 (BGBl I S. 1565) *AtG*
Kostenverordnung z. ~ v. 17.12.1981 (BGBl I S. 1457) **AtKostV**
BW: VO der Landesregierung über Zuständigkeiten nach dem ~ v. 24.7.2007 (GBl S. 349) **AtGZuVO**
SL: VO über Zuständigkeiten nach dem ~, nach der Strahlenschutzverordnung und nach der Röntgenverordnung v. 10.12.2007 (ABl S. 2509) **ZuständigkeitsV-AtG-StrlSchV-RöV**

Atomrecht
~l. Zuverlässigkeitsüberprüfungsverordnung v. 1.7.1999
(BGBl I S. 1525) **AtZüV**

399

~liche Deckungsvorsorge-VO v. 25.1.1977 (BGBl I S. 220)   **AtDeckV**
~liche Verfahrensordnung i. d. Bek. v. 3.2.1995 (BGBl I
S. 180)   **AtVfV**
BY: VO ü. d. Zuständigkeiten z. Vollzug ~l. Vorschriften
v. 3.5.1977 (GVBl S. 160)   **AtZustV**
SACH: Zuständigkeitsverordnung Atom- und Strahlen-
schutzrecht v. 17.6.2003 (SächsGVBl S. 173)   **AtStrZuVO**

Attraktivierung von City-, Dienstleistungs- und Tourismus-
bereichen
SH: Gesetz über die Einrichtung von Partnerschaften zur
~ v. 13.7.2006 (GVOBl S. 158)   **PACT-Gesetz**

Aufbaubeschleunigungsgesetz
SACH: Sächs. ~ v. 4.7.1994 (SächsGVBl S. 1261)   **SächsAufbauG**

Aufbauhilfefondsverordnung
v. 24.6.2003 (BGBl I S. 962)   **AufbauhfV**

Aufbewahrungsergänzungsbestimmungen
BY: ~ v. 20.11.1979 (JMBl S. 246)   **AufbewErgBest**

Aufenthalts- u. Asyl-Zuständigkeitsverordnung
BW: Aufenthalts- und Asyl-Zuständigkeitsverordnung v.
11.1.2005 (GBl S. 93)   **AAZuVO**

Aufenthaltsgesetz
i. d. Bek. v. 25.2.2008 (BGBl I S. 162)   **AufenthG**
~/EWG i. d. Bek. v. 31.1.1980 (BGBl I S. 116)   **AufenthG/EWG**
BY: VO über die Zuständigkeiten zur Ausführung des
Aufenthaltsgesetzes und ausländerrechtlicher Bestim-
mungen in anderen Gesetzen v. 14.7.2005 (GVBl
S. 306)   **ZustVAuslR**

Aufenthaltsverordnung
v. 25.11.2004 (BGBl I S. 2945)   **AufenthV**

Aufgabenübertragungsverordnung
BB: VO ü. d. Wahrnehmung überregionaler und landes-
weiter Aufgaben durch einzelne staatl. Schulämter, ~
v. 15.9.1999 (GVBl II S. 518)   **AStSchAV**

Aufgabenverordnung
gemeinsames Landesinstitut für Schule und Medien Berlin-
Brandenburg
BB: VO über die Aufgaben des Landesinstituts für
Schule und Medien Brandenburg v. 24.12.2003
(GVBl II S. 29)   **LISUMAufgV**

Aufhebungsgesetz
BR: Ortsgesetz zur Aufhebung des Ortsgesetzes über die
Schulstandortzuweisung und Schulstandortwahl in
der Stadt Bremerhaven v. 18.4.2007 (GBl S. 400)   **SchulSTOG**

4. Gesetze, sonstige Rechtsvorschriften, Verwaltungsvorschriften u.ä. **Auf**

Aufhebungsverordnung
  BY: VO zur Aufhebung der VO über Gebühren und Auslagen für die Inanspruchnahme des Staatlichen Forschungsinstituts für angewandte Mineralogie an der Universität Regensburg v. 15.1.2004 (GVBl S. 7)   **FaM-GebO-AufhV**

Auflassungen
  VO ü. ~, landesrechtl. Gebühren u. Mündelsicherheit v. 11.5.1934 (RGBl I S. 378)   *AuflV*

Auflösung unbewohnter Gemeinden
  BY: VO ü. vermögensrechtl. Sonderregelungen bei ~ v. 28.6.1968 (GVBl S. 227)   **VollzV zu Art. 13 a GO**

Aufnahme- u. Betreuungszeitenortsgesetz
  BR: ~ v. 4.12.2001 (GBl S. 377)   **BremABOG**

Aufnahme- und Eingliederungs-Gebührenverordnung
  BW: ~ v. 1.6.2004 (GBl S. 358)   **AEglGebVO**

Aufnahmegesetz
  BB: Landes~ v. 17.12.1996 (GVBl I S. 360)   **LAufnG**
  BR: ~ v. 14.12.2004 (GBl S. 591)   **AufnG**
  MV: Landes~ v. 28.6.1994 (GVOBl M-V S. 660)   **LAufnG**
  ND: ~ v. 11.3.2004 (GVBl S. 100)   **AufnG**
  NW: Landes~ v. 28.2.2003 (GV.NW S. 95)   **LAufG**
  RP: Landes~ v. 21.12.1978 (GVBl S. 790)   **LAufnG**
  SH: Landes~ v. 23.11.1999 (GVOBl S. 391)   **LAufnG**

Aufnahmeverordnung
  BB: ~ v. 23.12.1994 (GVBl II 1995 S. 66)   **AufnV**

Aufstieg von Beamten
  BY: VO ü. d. ~ i. d. mittl. u. i. d. geh. Justizdienst v. 21.8.1981 (GVBl S. 375)   **AufstV-JD**
  LSA: VO ü. d. Aufstieg i. d. Laufbahn d. geh. allg. Verwaltungsdienstes v. 4.10.2001 (GVBl LSA S. 402)   **AufstgallgD-VO**

Aufstiegs-und Laufbahnwechselverordnung
gehobener Dienst
  BE: VO über die Ausbildung für den Aufstieg und den Laufbahnwechsel in den gehobenen nichttechnischen Dienst der allgemeinen Verwaltung v. 5.3.2004 (GVBl S. 125)   **AOgD AL**

Aufstiegsfortbildungsförderungsgesetz
  v. 23.4.1996 (BGBl I S. 623)   **AFBG**

Aufwandsentschädigung
  BW: ~sgesetz i. d. Bek. v. 19.6.1987 (GBl S. 281)   **AufwEntG**
  RP: LandesVO ü. d. ~ f. kommunale Ehrenämter v. 27.11.1997 (GVBl S. 435)   **KomAEVO**

SACH: Aufwandsentschädigungs-VO v. 15.2.1996
   (SächsGVBl S. 84) — **SächsAEVO**
SACH: VO d. Sächs. Staatsregierung über d. ~ d. Mitglieder
   d. Verfassungsgerichtshofes d. Freistaates Sachsen v.
   21.1.1999 (SächsGVBl S. 14) — **SächsVerfGHAufwEntschVO**

Aufwendungsersatzsatzung
   NW: Satzung über den Ersatz notwendiger Aufwendungen
   und Auslagen der Mitglieder der Kommission für Jugendmedienschutz – ~ v. 19.9.2003 (GV.NW S. 603) — **KJMAES**

Aufzugsverordnung
   i. d. Bek. v. 19.6.1998 (BGBl I S. 1410) — **AufzV**

Augenoptikermeisterverordnung
   v. 29.8.2005 (BGBl I S. 2610) — **AugOptMstrV**

Augenoptikgesetz
   BE: ~ v. 2.3.1998 (GVBl S. 35) — **AugOG**

Aus- u. Übersiedler-Zuweisungsverordnung
   SH: ~ v. 27.2.1990 (GVOBl S. 127) — **AusÜZuwVO**

Aus- und Fortbildungsgebührenverordnung
   SACH: Sächs. ~ v. 15.6.2006 (SächsGVBl S. 166) — **SächsAuFGebVO**

Ausbilder-Eignungsverordnung
   für Bundesbeamte v. 26.4.1977 (BGBl I S. 660) — **BBAEV**

Ausbildungs- u. Prüfungs(ver)ordnung
   Abitur
      HA: Ausbildungs- und Prüfungsordnung zum Erwerb
         der allgemeinen Hochschulreife v. 22.7.2003 (GVBl
         S. 275) — **APO-AH**
      SACH: VO des Sächsischen Staatsministeriums für Kultus über die Ausbildung und die ~prüfung an
         Abendgymnasien und Kollegs im Freistaat Sachsen
         v. 3.8.2004 (SächsGVBl S. 343) — **AGyKoVO**
   Abschlussprüfung, Schulen
      SL: Prüfungsordnung über die staatliche Abschlussprüfung an Handelsschulen, Gewerbeschulen und
         Sozialpflegeschulen – Berufsfachschulen v.
         16.4.2007 (ABl S. 1072) — **PO-BFS**
   Altenpflege und Altenpflegehilfe
      NW: Ausbildungs- und Prüfungsordnung für die Altenpflegehilfeausbildung v. 23.8.2006 (GV.NW S. 404) — **APRO-APH**
   Amtsanwalt
      BW: VO ü. d. Ausbildung und Prüfung f. d. Laufbahn d.
         Amtsanwalts v. 7.2.1969 (GBl S. 31) — **APrOAmtsAnw**
      LSA: Ausbildungs- und Prüfungsverordnung f. Amtsanwältinnen und Amtsanwälte i. Land Sachsen-Anhalt v. 29.1.1998 (GVBl LSA S. 39) — **APVO AA LSA**

4. Gesetze, sonstige Rechtsvorschriften, Verwaltungsvorschriften u.ä.   **Aus**

NW: Ausbildungs- und Prüfungsordnung Amtsanwälte
v. 6.11.2006 (GV.NW S. 520)   APOAA
RP: VO ü. d. Ausbildung und Prüfung f. d. Laufbahn d.
~sdienstes v. 29.10.1990 (GVBl S. 316)   APOAD
TH: Thüringer Ausbildungs- und Prüfungsordnung f.
d. ~slaufbahn v. 20.6.1997 (GVBl S. 248)   ThürAAnwAPO
Archivdienst
  BE: VO über die Ausbildung und Prüfung für den höheren ~ v. 30.6.2003 (GVBl S. 264)   APOhArchD
  BW: Ausbildungs- und Prüfungsordnung für den höheren ~ v. 12.5.2003 (GBl S. 258)   APrOArchhD
  BY: Zulassungs-, Ausbildungs- und Prüfungsordnung für den höheren ~ bei den öffentlichen Archiven v. 30.7.2003 (GVBl S. 617)   ZAPOhArchD
  MV: Ausbildungs- und Prüfungsordnung gehobener ~ v. 20.6.2007 (GVOBl M-V S. 241)   APO gAD M-V
  SACH: VO des Sächs. Staatsministeriums des Innern über die Ausbildung und Prüfung für den gehobenen ~ im Freistaat Sachsen v. 18.6.2007 (SächsGVBl S. 203)   SächsArchivAPO-gD
Ausländische Vorbildungsnachweise
  NW: Qualifikationsverordnung über ~ v. 22.6.1983 (GV.NW S. 261)   AQVO
  NW: VO ü. d. Gleichwertigkeit ausländischer Vorbildungsnachweise mit d. Zeugnis d. Fachhochschulreife v. 28.6.1984 (GV.NW S. 411)   AQVO-FH
Beamte
  SL: VO über die Ausbildung und Prüfung der Beamten und Beamtinnen des gehobenen Dienstes in der allgemeinen Verwaltung des Landes, der Gemeinden und der Gemeindeverbände v. 13.4.2004 (ABl S. 988)   APOgD
Beratungs- und Fachschuldienst, höherer
  BY: Zulassungs-, Ausbildungs- und Prüfungsordnung für die Laufbahn des höheren Beratungs- und Fachschuldienstes in den Bereichen Agrarwirtschaft und Hauswirtschaft v. 13.9.2007 (GVBl S. 655)   AHZAPO/hD
Berufsfachschule
  BE: Ausbildungs- und Prüfungsordnung für die ~ für Altenpflege v. 11.3.2004 (GVBl S. 127)   APO-OBF Altenpflege
  HA: Ausbildungs- und Prüfungsordnung der ~ für Kaufmännische Assistenz v. 20.4.2006 (GVBl S. 198)   APO-KASS
  HA: Ausbildungs- und Prüfungsordnung der ~ für Sozialpädagogische Assistenz v. 31.10.2007 (GVBl I S. 389)   APO-SPA

HA: Ausbildungs- und Prüfungsordnung der teilqualifizierenden ~ v. 20.4.2006 (GVBl S. 190)   APO BFS-tq

Berufskolleg
BW: Ausbildungs- und und Prüfungsordnung an den dreijährigen Berufskollegs für Design v. 20.8.2004 (GBl S. 701)   AProBKDesign
NW: Ausbildungs- und Prüfungsordnung ~ v. 26.5.1999 (GV.NW S. 240)   APO-BK

Berufsschule für Altenpflege
HA: Ausbildungs- und Prüfungsordnung der ~ v. 8.5.2006 (GVBl S. 225)   APO-AltPfl

Berufsvorbereitungsschulen
HA: Ausbildungs- und Prüfungsordnung der Berufsvorbereitungsschule v. 20.4.2006 (GVBl S. 191)   APO-BVS

Bezirksnotar
BW: VO ü. d. Ausbildung und Prüfung f. d. Laufbahn d. Bezirksnotars i. d. Bek. v. 14.12.1993 (GBl 1994 S. 50)   APrONot

Bibliotheksdienst
BW: Ausbildungs- u. Prüfungsordnung f. d. mittleren ~ v. 9.11.1999 (GBL S. 636)   AProBibmD
BY: Zulassungs-, Ausbildungs- und Prüfungsordnung f. d. geh. ~ bei d. wiss. Bibliotheken v. 24.2.2000 (GVBl S. 86)   ZAPOgBiblD
BY: Zulassungs-, Ausbildungs- und Prüfungsordnung für den höheren ~ bei den wissenschaftlichen Bibliotheken v. 9.12.2003 (GVBl S. 925)   ZAPOhBiblD
ND: VO über die Ausbildung und Prüfung für die Laufbahn des höheren Bibliotheksdienstes an wissenschaftlichen Bibliotheken v. 11.12.2003 (GVBl S. 430)   APVOhöhBiblD

Desinfektorinnen und Desinfektoren
NW: Ausbildungs und Prüfungsordnung für ~ v. 24.4.2005 (GV.NW S. 597)   APO-Desinf

Eichtechnischer Dienst
ND: VO über die Ausbildung und Prüfung für die Laufbahnen des mittleren und des gehobenen eichtechnischen Dienstes v. 16.3.2007 (GVBl S. 129)   APVO-Eich

Einfacher Justizdienst/Wachtmeisterdienst
BB: Ausbildungsordnung Justizwachtmeisterdienst v. 18.7.1994 (GVBl II S. 656)   AOJwD
BE: VO ü. d. Ausbildung f. d. Justizwachtmeisterdienst v. 23.8.1978 (GVBl S. 1820)   AOJWmD
BW: Ausbildungsordnung f. d. Justizwachtmeisterdienst v. 15.12.1975 (GBl 1976 S. 61)   AOJuWM
BY: Ausbildungsordnung Justizwachtmeisterdienst v. 22.4.1976 (GVBl S. 181)   AOJwD
ND: Niedersächsische VO z. Ausbildung f. d. Justizwachtmeisterdienst v. 8.8.1995 (GVBl S. 286)   NJWAVO

4. Gesetze, sonstige Rechtsvorschriften, Verwaltungsvorschriften u.ä.   **Aus**

RP: Landesverordnung über die Ausbildung für die Laufbahn des einfachen Justizdienstes v. 7.6.2005 (GVBl S. 239)   **AOeJD**

SL: VO ü. d. Ausbildung d. Beamten u. Beamtinnen d. Laufbahn d. Justizwachtmeisterdienstes i. d. Bek. v. 3.3.2000 (ABl S. 576)   **AOJ JW**

Ergotherapeuten
~-Ausbildungs- u. Prüfungsverordnung v. 2.8.1999 (BGBl I S. 1731)   **ErgThAPrV**

Fachlehrkräfte
BW: VO des Kultusministeriums über die Ausbildung und Prüfung von Fachlehrkräften für musisch-technische Fächer an Pädagogischen Fachseminaren v. 15.12.2006 (GBl S. 407)   **APrOFL**

SACH: VO des Sächsischen Staatsministeriums für Kultus über die berufsbegleitende Ausbildung und Prüfung zum Fachlehrer im Förderschwerpunkt geistige Entwicklung v. 15.6.2006 (SächsGVBl S. 408)   **FachlFöVO**

Fachoberschule
BE: Ausbildungs- und Prüfungsverordnung für die ~ v. 17.1.2006 (GVBl S. 49)   **APO-FOS**

HA: Ausbildungs- und Prüfungsordnung der ~ v. 20.4.2006 (GVBl S. 196)   **APO-FOS**

Feuerwehr
HE: Werk~ausbildungs- und Prüfungsverordnung v. 3.11.2005 (GVBl I S. 739)   **APVO-WFw**

TH: Thüringer ~-Laufbahn-, Ausbildungs- und Prüfungsordnung v. 5.10.2007 (GVBl S. 169)   **ThürFwLAPO**

feuerwehrtechnischer Dienst
BR: Ausbildungs- und Prüfungsordnung für die Beamten des feuerwehrtechnischen Dienstes im Lande Bremen i. d. Bek. v. 1.12.2006 (Brem.GVBl. S. 491)   **APO Fw**

BW: Ausbildungs- und Prüfungsordnung für den höheren feuerwehrtechnischen Dienst v. 9.6.2006 (GBl S. 220)   **APrOFwhD**

NW: VO über die Ausbildung und Prüfung für die Laufbahn des höheren feuerwehrtechnischen Dienstes im Lande Nordrhein-Westfalen v. 25.3.2004 (GV.NW S. 158)   **VAPhD-Feu**

Förderschulen
SACH: Ausbildungs- und Prüfungsordnung ~ II v. 23.5.1995 (SächsGVBl S. 174)   **APO-FS II**

Forstdienst
BW: Ausbildungs- und Prüfungsordnung für den gehobenen ~ v. 5.10.2004 (GBl S. 778)   **APrOFgD**

MV: Ausbildungs- und Prüfungsordnung für die Laufbahnen des höheren und gehobenen Forstdienstes

Aus

    in Mecklenburg-Vorpommern v. 30.11.2005
    (GVOBl. M-V S. 650)   **APOForst M-V**
- RP: Landesverordnung über die Ausbildung und Prüfung für die Laufbahn des gehobenen Forstdienstes v. 23.4.2004 (GVBl S. 314)   **APOgFD**

gehobener Dienst
- BY: Zulassungs-, Ausbildungs- und Prüfungsordnung für den gehobenen technischen Dienst für Ländliche Entwicklung v. 8.12.2003 (GVBl S. 919)   **LEZAPOgtD**
- NW: VO über die Ausbildung und Prüfung für die Laufbahn des gehobenen feuerwehrtechnischen Dienstes im Lande Nordrhein-Westfalen v. 18.12.2007 (GV.NW S. 25)   **VAPgD-Feu**

Gerichtsvollzieher
- BE: Ausbildungs- und Prüfungs(ver)ordnung für ~ v. 4.9.1974 (GVBl S. 2124)   **APOGV**
- BR: Brem. Ausbildungsordnung f. ~ v. 22.5.1978 (GBl S. 157)   **BremAOGv**
- BW: Ausbildungs- und Prüfungsordnung f. d. ~ v. 16.6.1971 (GBl S. 282)   **APrOGerVollz**
- BY: Zulassungs-, Ausbildungs- und Prüfungsordnung f. d. ~ v. 24.9.1980 (GVBl S. 525)   **ZAPO/GV**
- HA: Ausbildungs- und Prüfungsordnung für die Laufbahn der ~innen und Gerichtsvollzieher v. 3.2.2004 (GVBl S. 46)   **APOGV**
- LSA: Ausbildungs- und Prüfungsordnung f. ~innen und Gerichtsvollzieher v. 4.12.2001 (GVBl LSA S. 522)   **APVO GV LSA**
- MV: ~ Ausbildungs- und Prüfungsordnung v. 21.9.1998 (GVOBl M-V S. 825)   **GVZAPO M-V**
- SACH: VO des Sächsischen Staatsministeriums der Justiz über die Ausbildung und Prüfung der ~ v. 17.9.2004 (SächsGVBl S. 532)   **APOGV**
- SL: VO ü. d. Ausbildung und Prüfung d. Beamten und Beamtinnen d. ~dienstes i. d. Bek. v. 3.3.2000 (ABl S. 565)   **AOJ GV**
- TH: Thüringer Ausbildungs- und Prüfungsordnung f. d. ~ v. 25.4.1995 (GVBl S. 203)   **ThürAPOGV**

Gesamtschule
- HA: Ausbildungs- und Prüfungsordnung für die integrierte ~ – Jahrgangsstufen 5 bis 10 v. 22.7.2003 (GVBl S. 359)   **APO-iGS**
- HA: Ausbildungs- und Prüfungsordnung für die kooperative ~ – Jahrgangsstufen 5 bis 10 v. 22.7.2003 (GVBl S. 373)   **APO-kGS**

Gesundheits- und Krankenpflegehilfe
- BB: Ausbildungs- und Prüfungsverordnung für den Beruf der Gesundheits- und Krankenpflegehelferin und des Gesundheits- und Krankenpflegehelfers im Land Brandenburg v. 24.8.2004 (GVBl II S. 684)   **KrPflHilfeAPrV**

4. Gesetze, sonstige Rechtsvorschriften, Verwaltungsvorschriften u.ä.   **Aus**

BW: Ausbildungs- und Prüfungsordnung ~ v. 17.2.2005 (GBl S. 274)   **APrOGeKrPflHi**

Gesundheitsdienst

BY: Zulassungs-, Ausbildungs- und Prüfungsordnung für den höheren ~ v. 25.7.2003 (GVBl S. 530)   **ZAPOhGesD**

Justizvollzug

BW: Ausbildungs- und Prüfungsordnung für den allgemeinen Vollzugsdienst bei den ~sanstalten v. 9.5.2006 (GBl S. 195)   **APrOJVA Vollz**

SACH: Ausbildungs- und Prüfungsordnung der Beamten des mittleren allgemeinen Vollzugsdienstes bei den ~sanstalten v. 14.12.2007 (SächsGVBl S. 592)   **APOaVDVO**

Justizvollzugsanstalten (Verwaltungs- u. Werkdienst)

BE: VO ü. d. Ausbildung und Prüfung f. d. Laufbahnen d. allg. Vollzugsdienstes an Justizvollzugsanstalten v. 23.11.2001 (GVBl S. 600)   **APOJVollz**

BE: VO ü. d. Ausbildung und Prüfung f. d. mittleren Verwaltungsdienst an Justizvollzugsanstalten v. 4.5.1995 (GVBl S. 347)   **APOmD**

BE: VO ü. d. Ausbildung und Prüfung f. Laufbahnen d. gehobenen nichttechnischen Verwaltungsdienstes, VO ü. d. Ausbildung und Prüfung f. d. geh. Verwaltungsdienst an Justizvollzugsanstalten v. 11.3.1975 (GVBl S. 885)   **APOgDJV**

BR: Ausbildungs- u. Prüfungsverordnung f. d. allg. mittleren Vollzugsdienst v. 4.9.2001 (GBl S. 295)   **APOmittlVollzD**

BR: Ausbildungs- und Prüfungsordnung f. d. allg. Vollzugs- und Werkdienst v. 14.11.1988 (GBl S. 303)   **APOVWD**

BR: Brem. Ausbildungs – und Prüfungsordnung f. d. mittl. Justizvollzugsdienst v. 12.9.1972 (GBl S. 295)   **BremAPOmJD**

BR: Brem. Ausbildungs- und Prüfungsordnung f. d. gehobenen Justizvollzugsdienst v. 20.2.1978 (GBl S. 75)   **BremAPOgJVD**

BW: Ausbildung- und Prüfungsordnung für den Werkdienst bei den Justizvollzugsanstalten v. 9.5.2006 (GBl S. 189)   **APrOJVA Werk**

BW: Ausbildungs- und Prüfungsordnung f. d. allg. Vollzugsdienst bei d. Vollzugsanstalten v. 13.4.1995 (GBl S. 353)   **APrOVA Vollz**

BW: Ausbildungs- und Prüfungsordnung f. d. mittl. Verwaltungsdienst bei d. Vollzugsanstalten v. 13.4.1995 (GBl S. 365)   **APrOVA Verw**

BW: Ausbildungs- und Prüfungsordnung f. d. Werkdienst Vollzugsanstalten v. 13.4.1995 (GBl S. 359)   **APrOVA Werk**

BW: Ausbildungs- und Prüfungsordnung für den mittleren Verwaltungsdienst bei den Justizvollzugsanstalten v. 9.5.2006 (GBl S. 183)   **APrOJVA Verw**

BY: Zulassungs-, Ausbildungs- u. Prüfungs(ver)ordnung f. d. mittl. Werkdienst bei d. Justizvollzugsanstalten v. 17.9.1980 (GVBl S. 591)   **ZAPO/mWD**

BY: Zulassungs-, Ausbildungs- und Prüfungsordnung f. d. allg. Vollzugsdienst bei d. Justizvollzugsanstalten v. 17.9.1980 (GVBl S. 575)   ZAPOaVD

BY: Zulassungs-, Ausbildungs- und Prüfungsordnung f. d. gehobenen Vollzugs- und Verwaltungsdienst b. d. Justizvollzugsanstalten v. 2.12.1976 (GVBl 1977 S. 1)   ZAPOgVVD

LSA: VO ü. d. Ausbildung und Prüfung f. d. Laufbahn d. geh. Vollzugs- und Verwaltungsdienstes b. Justizvollzugseinrichtungen v. 18.7.2000 (GVBl LSA S. 447)   APVOgVVD LSA

ND: VO ü. d. Ausbildung und Prüfung f. d. Laufbahn d. mittleren allg. Justizvollzugsdienstes v. 29.10.1998 (GVBl S. 679)   APVOmaJVD

NW: VO ü. d. Ausbildung und Prüfung f. d. Laufbahn d. geh. Vollzugs- und Verwaltungsdienstes bei Justizvollzugsanstalten v. 8.11.1985 (GV.NW S. 650)   VAPgVVd

NW: VO ü. d. Ausbildung und Prüfung f. d. Laufbahn d. mittl. Verwaltungsdienstes bei Justizvollzugsanstalten v. 3.8.1984 (GV.NW S. 553)   VAPmVd

NW: VO ü. d. Ausbildung und Prüfung f. d. Laufbahn d. Werkdienstes bei Justizvollzugsanstalten v. 24.5.1984 (GV.NW S. 452)   VAPWd

RP: Ausbildungs- u. Prüfungsverordnung f. d. allg. mittleren Vollzugsdienst v. 3.5.1984 (GVBl S. 107)   APOmittlVollzD

SL: VO ü. d. Ausbildung und Prüfung d. Beamten d. geh. Vollzugs- und Verwaltungsdienstes an Justizvollzugsanstalten i. d. Bek. v. 3.3.2000 (ABl S. 507)   AOJ Vollz. g. D.

SL: VO ü. d. Ausbildung und Prüfung d. Beamten und Beamtinnen d. mittl. allg. Vollzugsdienstes und d. Werkdienstes bei d. Justizvollzugsanstalten i. d. Bek. v. 3.3.2000 (ABl S. 535)   AOJ Vollz.WD

SL: VO ü. d. Ausbildung und Prüfung d. Beamten und Beamtinnen d. mittl. Verwaltungsdienstes an Justizvollzugsanstalten i. d. Bek. v. 3.3.2000 (ABl S. 521)   AOJ Vollz. m. D.

Justizwachtmeister
BY: Ausbildungsordnung für den ~dienst v. 7.1.2008 (GVBl S. 21)   AO/JwD

Kontrollassistent
NW: VO über die Ausbildung und Prüfung zur amtlichen Kontrollassistentin und zum amtlichen Kontrollassistenten v. 29.1.2008 (GV.NW S. 150)   APVOKontrAss NRW

Krankenpflege
Ausbildungs- und Prüfungsverordnung für die Berufe der ~ v. 10.11.2003 (BGBl I S. 2263)   KrPflAPrV

Krankenpflegehelfer(innen)
NW: Ausbildungs- und Prüfungsordnung für den Beruf der Krankenpflegehelfer(innen) v. 28.11.2003 (GV.NW S. 734)   KrPflhiAPrV

4. Gesetze, sonstige Rechtsvorschriften, Verwaltungsvorschriften u.ä. **Aus**

Krankenpflegehilfe
   HE: Hess. Ausbildungs- und Prüfungsordnung für die
          ~ v. 2.12.2004 (GVBl I S. 400)   **HKPHAPrO**
Landwirtschaftlicher Dienst
   ND: VO über die Ausbildung und Prüfung für den höheren landwirtschaftlichen Dienst v. 7.9.2007
          (GVBl S. 437)   **APVO-hlandwD**
Lebensmittelchemikerinnen und Lebensmittelchemiker
   BE: VO über die Ausbildung und Prüfung zur staatlich geprüften Lebensmittelchemikerin und zum staatlich geprüften Lebensmittelchemiker v. 25.10.2007
          (GVBl S. 562)   **LmChemAPV**
   LSA: VO über die Ausbildung und Prüfung staatlich geprüfter ~ v. 21.2.2003 (GVBl LSA S. 27)   **APVO LMChem**
   MV: Lebensmittelchemikerausbildungs- und Prüfungsverordnung v. 26.7.2005 (GVOBl M-V S. 408)   **LMChemAPVO M-V**
   ND: VO über die Ausbildung und Prüfung zur Lebensmittelchemikerin und zum Lebensmittelchemiker
          v. 10.2.2003 (GVBl S. 79)   **APVOLMChem**
   NW: VO über die Ausbildung und Prüfung zur staatlich geprüften Lebensmittelchemikerin und zum staatlich geprüften Lebensmittelchemiker v. 12.12.2005
          (GV.NW S. 23)   **APVOLChem NRW**
   RP: Landesverordnung über die Ausbildung und Prüfung für staatlich geprüfte ~ v. 19.8.2004 (GVBl
          S. 423)   **APOLMChem**
Lebensmittelkontrolldienst
   BE: VO über die Ausbildung und Prüfung für die Laufbahn des mittleren Lebensmittelkontrolldienstes v.
          30.8.2006 (GVBl S. 916)   **APOmD LK**
Lebensmittelkontrolleur
   BW: Ausbildungs- und Prüfungsordnung für Lebensmittelkontrolleure v. 4.4.2005 (GBl S. 301)   **APrOLmKon**
   NW: VO über die Ausbildung und Prüfung zur Lebensmittelkontrolleurin und zum Lebensmittelkontrolleur v. 30.6.2005 (GV.NW S. 668)   **APVOLKon NRW**
   TH: Thüringer Ausbildungs- und Prüfungsordnung für Lebensmittelkontrolleure v. 1.9.2003 (GVBl S. 456)   **ThürAPOLKon**
Mittlerer Justizdienst
   BB: Ausbildungs- und Prüfungsordnung f. d. mittleren Justizdienst, Ausbildungs- und Prüfungsordnung ~
          v. 4.12.1995 (GVBl II 1996 S. 6)   **APOmJD**
   BE: Ausbildungs- und Prüfungsordnung f. d. mittleren Justizdienst v. 21.3.1983 (GVBl S. 583)   **APOmJD**
   BR: Ausbildungs- und Prüfungsordnung f. d. mittleren Justizdienst v. 9.7.1984 (GBl S. 199)   **APOmJD**
   BW: Ausbildungs- und Prüfungsordnung f. d. mittl. Justizdienst v. 25.6.1998 (GBl S. 391)   **APrOJu mD**

BY: Zulassungs-, Ausbildungs- und Prüfungsordnung f. d. mittleren Justizdienst v. 2.12.1976 (GVBl 1977 S. 10)   ZAPO/mJD
ND: VO über die Ausbildung und Prüfung für die Laufbahn des mittleren Justizdienstes v. 15.8.2005 (GVBl S. 270)   APVOmJD
NW: Ausbildungsordnung ~ v. 12.9.2005 (GV.NW S. 804)   APOmJD
RP: Landesverordnung über die Ausbildung und Prüfung für die Laufbahn des mittleren Justizdienstes v. 19.7.2005 (GVBl S. 345)   APOmJD
SACH: VO des Sächs. Staatsministeriums der Justiz über die Ausbildung und Prüfung der Beamten des mittleren Justizdienstes v. 8.3.2003 (SächsGVBl S. 80)   APOmJD
SL: VO über die Ausbildung und Prüfung der Beamtinnen und Beamten des mittleren Justizdienstes v. 2.9.2005 (ABl S. 1438)   AOJ m. D.

Polizeidienst
BE: Zweite VO zur Änderung der VO über die Ausbildung und die Prüfung für den höheren Polizeivollzugsdienst – Schutz- und Kriminalpolizei v. 5.12.2005 (GVBl S. 761)   2. ÄndVO-APOhDPol
BW: VO d. Innenministeriums über d. Ausbildung und Prüfung f. d. mittleren Polizeivollzugsdienst v. 12.1.1999 (GBl S. 87)   APrOPol mD
HA: Ausbildungsordnung v. 16.12.1980 (GVBl I S. 394)   AusbOPol
NW: Laufbahnabschnitt II v. 14.8.2001 (GV.NW S. 506)   VAPPol II
NW: Ausbildungs- und PrüfungsVO Laufbahnabschnitt I v. 24.11.1995 (GV.NW S. 1188)   VAPPol I
NW: Ausbildungsverordnung v. 8.11.1983 (GV.NW S. 518)   AVOPol
RP: Landesverordnung ü. d. Ausbildung und Prüfung f. d. ~ v. 30.4.1998 (GVBl S. 142)   APOPol
SACH: Sächs. Ausbildungs- und Prüfungsordnung für den Polizeivollzugsdienst v. 27.12.2005 (SächsGVBl S. 10)   SächsAPOPVD
SL: Ausbildungs- und Prüfungsordnung f. d. Laufbahnabschnitt d. geh. Polizeivollzugsdienstes v. 14.10.1996 (ABl S. 1093)   APO g. D. Pol.
SL: Ausbildungs- und Prüfungsordnung f. d. Laufbahnabschnitt d. mittleren Polizeivollzugsdienstes v. 27.1.1994 (ABl S. 96)   APO Pol. m. D.

Polizeivollzugsdienst
BB: Ausbildungs- und Prüfungsordnung gehobener ~ v. 31.8.2007 (GVBl II S. 297)   APOgPolD
BR: Ausbildungs- und Prüfungsordnung für den Bachelorstudiengang ~ im Lande Bremen v. 17.4.2007 (GBl S. 265)   Pol BA APO

4. Gesetze, sonstige Rechtsvorschriften, Verwaltungsvorschriften u.ä.　　　　　　　　　Aus

BW: Ausbildungs- und Prüfungsordnung für den höheren ~ v. 25.6.2007 (GBl S. 329) — **APrOPol hD**
BY: Ausbildungs- und Prüfungsordnung für den gehobenen ~ v. 10.2.2004 (GVBl S. 18) — **APOgPol**
LSA: VO über die Ausbildung und Prüfung der Beamten in der Laufbahn des gehobenen Polizeivollzugsdienstes des Landes Sachsen-Anhalt v. 25.8.2006 (GVBl LSA S. 479) — **APVOgDPol**
MV: Ausbildungs- und Prüfungsordnung gehobener ~ in besonderer Verwendung v. 29.9.2006 (GVOBl M-V S. 751) — **APO gD besV Pol M-V**

MV: Ausbildungs- und Prüfungsordnung mittlerer ~ v. 21.7.2003 (GVOBl M-V S. 388) — **APO mD Pol M-V**
Realschullehrer
BW: ~prüfungsordnung II v. 28.1.2008 (GBl S. 37) — **RPO II**
Rechtspfleger
　BB: Bereichs~ Ausbildungs- u. Prüfungs(ver)ordnung v. 1.10.1996 (GVBl II S. 763) — **BRpflAO**
　BB: Brandenburgische ~ausbildungsordnung v. 3.2.1994 (GVBl II S. 74) — **BbgRpflAO**
　BE: VO über die Ausbildung und Prüfung von Rechtspflegern v. 14.6.2006 (GVBl S. 618) — **APORpfl**
　BR: Brem. Ausbildungs- u. Prüfungs(ver)ordnung f. d. geh. Justizdienst (~) v. 1.3.1988 (GBl S. 158) — *BremAPORpfl*
　BW: VO ü. d. Ausbildung und Prüfung d. ~ v. 15.9.1994 (GBl S. 561) — **APrORpfl**
　BY: Zulassungs-, Ausbildungs- u. Prüfungsordnung f. d. ~ v. 6.12.1976 (GVBl 1977 S. 18) — **ZAPO/RPfl**
　LSA: Gesetz ü. d. Ausbildung, Prüfung u. Tätigkeit v. Bereichsrechtspflegern v. 6.11.1995 (GVBl LSA S. 316) — **BRpflAPG**
　MV: ~ausbildungs- und Prüfungsordnung v. 17.6.1994 (GVOBl M-V S. 786) — **Rpfl APO M-V**
　ND: für ~innen u. Rechtspfleger v. 20.3.2000 (GVBl S. 59) — **APVORpfl**
　NW: ~-Ausbildungsordnung v. 19.5.2003 (GV.NW S. 294) — **RpflAO**
　RP: ~-Ausbildungs- u. Prüfungsordnung v. 6.7.1995 (GVBl S. 321) — **RAPO**
　SACH: Ausbildungs- und Prüfungsverordnung f. ~ v. 9.9.1991 (SächsGVBl S. 355) — **APORpfl**
　SACH: VO d. Sächs. Staatsministeriums d. Justiz ü. d. Ausbildung v. Bereichsrechtspflegern z. Rechtspflegern v. 13.3.1996 (SächsGVBl S. 123) — **AOBerRPfl**
　SH: Landesverordnung ü. d. Ausbildung u. Prüfung v. Rechtspflegerinnen u. Rechtspflegern v. 24.7.2000 (GVOBl S. 554) — **Rechtspfleger-APO**

SL: ~-Ausbildungsordnung i. d. Bek. v. 24.6.1999 (ABl S. 936)   **RpflAO**

TH: Thüringer ~ausbildungs- und -prüfungsordnung v. 29.9.1997 (GVBl S. 357)   **ThürRAPO**

TH: Thüringer VO z. Ausbildung und Prüfung v. Bereichsrechtspflegern z. Rechtspflegern v. 14.11.1996 (GVBl S. 297)   **ThürBRpflAPO**

TH: Vorl. Thüringer Ausbildungs- u. Prüfungsordnung f. d. Anwärter d. ~laufbahn v. 2.10.1991 (GVBl S. 550)   **Vorl-ThürRpflAO**

Rettungssanitäterinnen und Rettungssanitäter

HA: Hamb. Ausbildungs- und Prüfungsordnung für ~ v. 5.2.2008 (GVBl S. 54)   **HmbRettSanAPO**

Schule

HA: Ausbildungs- und Prüfungsordnung für die Klassen 1 bis 10 der allgemeinbildenden Schulen v. 22.7.2003 (GVBl S. 339)   **APO-AS**

Seeschifffahrt

MV: ~ausbildungsverordnung v. 24.11.2004 (GVOBl M-V S. 104)   **SeeschAPVO M-V**

Sekundarstufe I

NW: Ausbildungs- und Prüfungsordnung ~ v. 29.4.2005 (GV.NW S. 546)   **APO-S I**

Staatsfinanzdienst

BY: Zulassungs-, Ausbildungs- und Prüfungsordnung für den mittleren und gehobenen nichttechnischen ~ v. 9.4.2006 (GVBl S. 209)   **ZAPO/StF**

Steuerbeamte

Steuerbeamten-Ausbildungsgesetz i. d. Bek. v. 29.10.1996 (BGBl I S. 1577)   **StBAG**

Straßenmeisterdienst

BW: Ausbildungs- und Prüfungsordnung ~ v. 7.1.2006 (GBl S. 33)   **APrOStrM**

Studienkolleg

HA: Ausbildungs- und Prüfungsordnung des Studienkollegs Hamburg v. 20.7.2005 (GVBl S. 319)   **APO-SH**

NW: Ausbildungs- und Prüfungsordnung gemäß § 26 b SchVG v. 8.4.2003 (GV.NW S. 224)   **APO-SK**

Technischer Dienst

BY: Zulassungs-, Ausbildungs- und Prüfungsordnung f. d. geh. techn. Dienst i. d. Verwaltungsinformatik v. 15.8.2001 (GVBl S. 443)   **ZAPO/gtVI**

Technisches Gymnasium

HA: Ausbildungs- und Prüfungsordnung d. Technischen Gymnasiums v. 25.7.2000 (GVBl I S. 215)   **APOTG**

Vermessungswesen/Kartographie

MV: Ausbildungs- und Prüfungsordnung ~ v. 10.4.2003 (GVOBl. M-V S. 288)   **APOgDVerm/Kart M-V**

4. Gesetze, sonstige Rechtsvorschriften, Verwaltungsvorschriften u.ä.   **Aus**

Verwaltung
- NW: VO über die Ausbildung und Prüfung für die Laufbahn des tierärztlichen Dienstes in der Veterinär~ im Land Nordrhein-Westfalen v. 22.5.2006 (GV.NW S. 314)   **VAPVet**

Verwaltungsdienst
- BW: Ausbildungs- und Prüfungsordnung für den höheren bautechnischen ~ v. 18.9.2007 (GBl S. 452)   **APrOBau hD**
- BY: Zulassungs-, Ausbildungs- und Prüfungsordnung für den mittleren bautechnischen ~ der Fachgebiete Straßenbau und Wasserwirtschaft v. 14.3.2008 (GVBl S. 82)   **ZAPO/mtD**
- HA: Ausbildungs- und Prüfungsordnung für die Laufbahn des gehobenen allgemeinen Verwaltungsdienstes bei der Landesversicherungsanstalt Freie und Hansestadt Hamburg v. 13.5.2003 (GVBl S. 103)   **APOgehVerw-LVA**
- LSA: VO über die Ausbildung und Prüfung für die Laufbahn des gehobenen umwelttechnischen Verwaltungsdienstes v. 19.10.2004 (GVBl LSA S. 748)   **APVOgumtechVD**
- ND: VO über die Ausbildung für die Laufbahn des einfachen allgemeinen Verwaltungsdienstes v. 2.11.2004 (GVBl S. 391)   **AVOeinfD**
- ND: VO über die Ausbildung und Prüfung für die Laufbahnen des gehobenen allgemeinen Verwaltungsdienstes, des gehobenen Polizeiverwaltungsdienstes und des gehobenen Verwaltungsdienstes in der Agrarstrukturverwaltung v. 30.6.2003 (GVBl S. 287)   **APVOgehD**
- SACH: Ausbildungs- und Prüfungsordnung mittlerer vermessungstechnischer ~ v. 9.10.2003 (SächsGVBl S. 628)   **SächsVermAPO-mD**
- SL: VO über die Ausbildung und Prüfung der Beamtinnen und Beamten des mittleren vermessungstechnischen Verwaltungsdienstes des Landes v. 16.10.2003 (ABl S. 2690)   **APO m. verm. D.**

Verwaltungsdienst, nichttechnischer
- BB: VO ü. d. Ausbildung und Prüfung f. Laufbahnen d. gehobenen nichttechnischen Verwaltungsdienstes i. Land Brandenburg v. 2.1.1996 (GVBl II S. 22)   **APOgD**
- BE: Ausbildungs- und Prüfungsverordnung f. d. mittleren nichttechn. Dienst v. 24.7.1985 (GVBl S. 1854)   **APOmD**
- BE: VO ü. Auswahl u. Ausbildung v. Beamten d. geh. nichttechn. Verwaltungsdienstes v. 9.11.1988 (GVBl S. 2194)   **AOhD**
- BE: VO ü. d. Ausbildung und Prüfung f. d. gehobenen nichttechnischen Dienst in d. allgemeinen Verwaltung v. 28.4.1982 (GVBl S. 906)   **APOgD**

BE:	VO ü. d. Ausbildung und Prüfung f. d. Laufbahn d. höh. allg. Verwaltungsdienstes v. 17.9.1988 (GVBl S. 1864)	APOhD
BR:	Brem. Ausbildungs- und Prüfungsordnung f. d. mittleren allg. Verwaltungsdienst v. 22.7.1986 (GBl S. 158)	BremAPO m.a.VD
BW:	Ausbildungs- und Prüfungsordnung f. d. mittl. Verwaltungsdienst v. 8.12.1983 (GBl S. 836)	APrOVw mD
BW:	Ausbildungs- und Prüfungsordnung für den höheren allgemeinen Verwaltungsdienst v. 18.5.2004 (GBl S. 344)	APrOVw hD
BW:	Ausbildungs- und Prüfungsordung für den gehobenen Verwaltungsdienst v. 27.1.2004 (GBl S. 118)	APrOVw gD
BY:	Zulassungs-, Ausbildungs- und Prüfungsordnung f. d. mittl. Werkdienst bei d. Justizvollzugsanstalten v. 17.9.1980 (GVBl S. 583)	ZAPOmVD
BY:	Zulassungs-, Ausbildungs- und Prüfungsordnung für den gehobenen nichttechnischen Verwaltungsdienst v. 12.8.2003 (GVBl S. 646)	ZAPOgVD
BY:	Zulassungs-, Ausbildungs- und Prüfungsordnung für den mittleren nichttechnischen Dienst in der Sozialverwaltung v. 31.7.2003 (GVBl S. 622)	ZAPOSozVerw/mD
HA:	Ausbildungs- u. Prüfungsordnung f. d. Laufbahn d. mittl. allg. Verwaltungsdienstes v. 25.3.1991 (GVBl I S. 98)	APOmittlVerw
HA:	Ausbildungsordnung f. d. Laufbahn d. geh. allg. Verwaltungsdienstes v. 16.1.1979 (GVBl S. 11)	AusbOgehVw
LSA:	VO ü. d. Ausbildung und Prüfung d. Beamten i. d. Laufbahn d. geh. allg. Verwaltungsdienstes i. Land Sachsen-Anhalt v. 10.3.1994 (GVBl LSA S. 480)	APVOgD
MV:	Ausbildungs- und Prüfungsordnung gehobener Verwaltungsdienst v. 29.8.2006 (GVOBl. M-V S. 703)	APOgD
MV:	Ausbildungs- und Prüfungsverordnung f. d. mittleren nichttechn. Dienst, Ausbildungs- und Prüfungsordnung mittlerer Verwaltungsdienst v. 26.6.1997 (GVOBl M-V S. 290)	APO mD M-V
MV:	Vorl. Zulassungs-, Ausbildungs- und Prüfungsordnung f. d. mittl. allg. Verwaltungsdienst v. 19.6.1991 (Amtsbl M-V S. 714)	Vorl-ZAPOmVD
ND:	VO ü. d. Ausbildung und Prüfung f. d. Laufbahnen d. mittleren allg. Verwaltungsdienstes und d. mittleren Polizeiverwaltungsdienstes v. 30.6.1999 (GVBl S. 135)	APVOmittlD
NW:	Ausbildungsverordnung gehobener nichttechn. Dienst v. 25.6.1994 (GV.NW S. 494)	VAPgD
NW:	Ausbildungsverordnung mittlerer allg. Verwaltungsdienst Land v. 26.10.1981 (GV.NW S. 644)	VAPmaVD

4. Gesetze, sonstige Rechtsvorschriften, Verwaltungsvorschriften u.ä.   **Aus**

NW: VO ü. d. Ausbildung und Prüfung f. d. Laufbahn d. mittl. allg. Verwaltungsdienstes i. d. Gemeinden und Gemeindeverbänden v. 25.5.1983 (GV.NW S. 200)	VAPmD-Gem
RP: Ausbildungs- und Prüfungsverordnung f. d. mittleren nichttechn. Dienst i. d. Kommunalverwaltung und d. staatl. allg. und inneren Verwaltung v. 6.7.1999 (GVBl S. 165)	APOmD
RP: Landesverordnung ü. d. Ausbildung und Prüfung f. d. Laufbahn d. geh. Vollzugs- und Verwaltungdienstes v. 15.8.1979 (GVBl S. 267)	APOgehVollzD
RP: VO ü. d. Ausbildung und Prüfung f. Laufbahnen d. gehobenen nichttechnischen Verwaltungsdienstes VO ü. d. Ausbildung und Prüfung f. Laufbahnen d. gehobenen nichttechnischen Dienstes v. 21.9.1981 (GVBl S. 233)	APOgD
SACH: Ausbildungs- und Prüfungsordnung f. d. geh. allg. Verwaltungsdienst v. 24.7.2000 (SächsGVBl S. 368)	SächsAPOgVwD
SACH: Ausbildungs- und Prüfungsordnung f. d. mittleren allg. Verwaltungsdienst v. 31.7.2001 (SächsGVBl S. 460)	SächsAPOmVwD
SACH: Sächs. Ausbildungs- und Prüfungsordnung für den gehobenen nichttechnischen Dienst der Staatsfinanzverwaltung v. 30.6.2003 (SächsGVBl S. 178)	SächsAPOgStF
SACH: VO des Sächs. Staatsministeriums für Soziales über die Ausbildung und Prüfung für den gehobenen nichttechnischen Dienst in der Sozialverwaltung und Sozialversicherung im Freistaat Sachsen v. 9.9.2003 (SächsGVBl S. 645)	SächsSozVwgDAPVO
SL: Ausbildungs- und Prüfungsverordnung f. d. mittleren nichttechn. Dienst v. 30.4.1963 (ABl S. 287)	APOmD
TH: Thüringer Ausbildungs- und Prüfungsordnung für die Laufbahn des gehobenen nichttechnischen Dienstes in der staatlichen und kommunalen Verwaltung v. 14.5.2004 (GVBl S. 613)	APOgD
Verwaltungsdienst, technischer	
LSA: VO über die Ausbildung und Prüfung für Laufbahnen des gehobenen technischen Verwaltungsdienstes im Land Sachsen-Anhalt v. 30.10.2003 (GVBl LSA S. 306)	APVOgtechD-LSA
MV: Ausbildungs- und Prüfungsordnung höherer technischer Verwaltungsdienst v. 5.7.2004 (GVOBl M-V S. 327)	APOhtVerwD M-V
NW: VO über die Ausbildung und Prüfung für die Laufbahn des mittleren technischen Dienstes in der Staatlichen Arbeitsschutzverwaltung des Landes Nordrhein-Westfalen v. 16.6.2003 (GV.NW S. 338)	VAPmtD StAV

Aus

RP: Landesverordnung über die Ausbildung und Prüfung für die Laufbahn des höheren technischen Verwaltungsdienstes v. 6.8.2003 (GVBl S. 225) **APOhtVwD**

SACH: Sächs. Ausbildungs- und Prüfungsordnung für den gehobenen technischen Verwaltungsdienst v. 21.4.2003 (SächsGVBl S. 142) **SächsAPO-gtD**

TH: Thüringer Ausbildungs- und Prüfungsordnung für die Laufbahn des höheren technischen Verwaltungsdienstes v. 17.5.2004 (GVBl S. 637) **ThürAPOhtD**

Verwaltungsfachangestellter

BW: VO d. Innenministeriums u. d. Wirtschaftsministeriums über die Berufsausbildung zum oder zur Verwaltungsfachangestellten v. 23.12.1999 (GBl 2000 S. 101) **VfaBVO**

NW: VO ü. d. Ausbildung und Prüfung z. Verwaltungsfachangestellten v. 22.11.2001 (GV.NW S. 823) **APO VFAng**

Veterinärdienst

ND: VO über die Ausbildung und Prüfung für die Laufbahn des höheren Veterinärdienstes v. 22.3.2005 (GVBl S. 94) **APVO-Vet**

Vollziehungsbeamter

BY: Zulassungs-, Ausbildungs- und Prüfungsordnung f. d. Vollziehungsbeamten d. Justiz v. 7.5.1996 (GVBl S. 197) **ZAPO/VJ**

RP: Ausbildungs- u. Prüfungs(ver)ordnung, ~ v. 26.6.1967 (GVBl S. 183) **APOJVD**

SL: VO ü. d. Ausbildung und Prüfung d. Vollziehungsbeamten d. Justiz v. 22.5.1964 (ABl S. 540) **AOJ VJ**

Vollzugs- und Verwaltungsdienst

HA: Ausbildungs- und Prüfungsordnung für die Laufbahn des gehobenen Vollzugs- und Verwaltungsdienstes beim Strafvollzug v. 21.6.2004 (GVBl S. 259) **APOgehVVwD**

ND: VO über die Ausbildung und Prüfung für die Laufbahn des gehobenen Vollzugs- und Verwaltungsdienstes v. 24.10.2005 (GVBl S. 321) **APVOgehVVD**

RP: Landesverordnung über die Ausbildung und Prüfung für die Laufbahn des gehobenen Vollzugs- und Verwaltungsdienstes bei Justizvollzugseinrichtungen v. 15.8.2006 (GVBl S. 320) **APOgVollzD.**

Ausbildungs-, Prüfungs- und Anerkennungsverordnung Altenpflege

SL: VO ü. d. Ausbildung, Prüfung und staatl. Anerkennung v. Altenpflegerinnen und Altenpflegern v. 6.4.1995 (ABl S. 478) **APO-Altenpflege**

Ausbildungsförderung

VO ü. d. ~ f. d. Besuch v. Ausbildungsstätten, an denen Schulversuche durchgeführt werden v. 27.6.1979 (BGBl I S. 834) **SchulversucheV**

1. Gesetze, sonstige Rechtsvorschriften, Verwaltungsvorschriften u.ä.   Aus

VO ü. d. Errichtung e. Beirates f. ~ v. 11.11.1971 (BGBl I S. 1801)	**BeiratsV**
VO ü. d. örtl. Zuständigkeit f. ~ außerhalb d. Geltungsbereichs d. Bundesausbildungsförderungsgesetzes v. 27.10.1971 (BGBl I S. 1699)	**ZuständigkeitsV**
VO ü. d. ~ f. d. Besuch v. Ausbildungsstätten f. Psychotherapie u. Kinder- u. Jugendlichenpsychotherapie v. 27.7.2000 (BGBl I S. 1237)	**PsychThV**

Ausbildungsförderungsgesetz
    BE: Landes~ v. 26.10.1983 (GVBl S. 1356)   **LAföGBln**
    BY: Bay. ~ i. d. Bek. v. 28.9.1982 (GVBl S. 895)   **BayAföG**
    HE: Hess. ~ v. 11.7.1984 (GVBl I S. 188)   **HAföG**

Ausbildungsförderungsreformgesetz
    v. 19.3.2001 (BGBl I S. 390)   **AföRG**

Ausbildungsgesetz
    Gesundheits- und Pflegeassistenz
       HA: Hamb. Gesetz über die Ausbildung in der ~ v. 21.11.2006 (GVBl S. 554)   **HmbGPAG**

Ausbildungsordnung Schule
    BE: Ausbildungsordnung v. 18.3.1999 (GVBl S. 109)   **AusbO**
    HA: Ausbildungsordnung d. integrierten Gesamtschule v. 21.7.1998 (GVBl I S. 173)   **AO-iGS**
    HA: Ausbildungsordnung d. kooperativen Gesamtschule v. 21.7.1998 (GVBl I S. 182)   **AO-kGS**
    NW: Ausbildungsordnung Grundschule v. 23.3.2005 (GV.NW S. 269)   **AO-GS**
    NW: VO über die sonderpädagogische Förderung, den Hausunterricht und die Schule für Kranke (Ausbildungsordnung gemäß § 52 SchulG) v. 29.4.2005 (GV.NW S. 538)   **AO-SF**
    Sekundarstufe I
    NW: Ausbildungsordnung ~ v. 21.10.1998 (GV.NW S. 632)   **AO-S I**

Ausbildungsverbesserungsgesetz
    BR: Brem. Ges. z. Verbesserung d. Ausbildungssituation i. d. Jahren 1985 bis 1990 v. 16.7.1985 (GBl S. 141)   **BremAVG**

Ausbildungsvergütungen Altenpflege
    BR: VO ü. d. Umlage d. Ausbildungsvergütungen z. Gesetz ü. d. Ausbildung i. d. Altenpflege v. 20.12.2001 (GBl S. 482)   **AltPflV**

Ausbildungszentrumsgesetz
    SH: ~ i. d. Bek. v. 9.7.2003 (GVOBl S. 320)   **AZG**

Ausführungsgesetz
    Gesetz zur Einführung der Europäischen Genossenschaft und zur Änderung des Genossenschaftsrechts v. 14.8.2006 (BGBl I S. 1911)   **SCEAG**

SE-~ v. 22.12.2004 (BGBl I S. 3675)   **SEAG**

Ausführungsverordnung
Landwirtschaft
    BY: EG-Ausführungsverordnung-~ v. 8.4.2003 (GVBl
           S. 293)   **AV-EG-LF**

Ausfüllanleitung
Verwaltungsvorschriften (~ f. Justizbehörden – AfJ –) v.
25.7.1985 (BAnz Nr. 155 a); Verwaltungsvorschriften (Ausfüllanleitung f. Verwaltungsbehörden – AfV-) v. 25.7.1985
(BAnz Nr. 155 a)   **BZRVwV**

Ausgleichsabgabenverordnung
    HE: ~ v. 9.2.1995 (GVBl I S. 120)   **AAV**

Ausgleichsbankgesetz
i. d. Bek. v. 23.9.1986 (BGBl I S. 297)   **AusglBankG**

Ausgleichsforderungen
VO ü. d. Bestätigung d. Umstellungsrechnung u. d. Verfahrens d. Zuteilung u. d. Erwerbs v. ~ i. d. Bek. v. 7.12.1994
(BGBl I S. 3738)   **BUZAV**

Ausgleichsleistungsgesetz
i. d. Bek. v. 13.7.2004 (BGBl I S. 1665)   **AusglLeistG**

Ausgleichsverfahrenseinführungsverordnung
Altenpflege und Altenpflegehilfe
    RP: Landesverordnung zur Einführung eines Ausgleichsverfahrens im Rahmen der Ausbildung in
der Altenpflege und der Altenpflegehilfe v.
22.12.2004 (GVBl S. 584)   **AltPflAGVVO**

Ausgleichsverordnung
    SH: ~ v. 4.12.2001 (GVOBl S. 412)   **AVO**

Ausgleichszahlungsverordnung
    BY: Bay. ~ v. 16.11.1999 (GVBl S. 468)   **BayAusglZV**

Auskunfteien u. Detekteien
    BY: VO ü. d. Buchführungs- und Auskunftspflicht von ~
v. 19.10.1964 (GVBl S. 188)   **AuskDetV**

Auskunftspflichtverordnung
VO ü. Auskunftspflicht v. 13.7.1923 (RGBl I S. 723)   *AuskPflV*

Ausländer
Ges. ü. d. Rechtsstellung heimatloser ~ im Bundesgebiet v.
25.4.1951 (BGBl I S. 269)   *HAuslG*

Ausländer- u. Aufnahmeverordnung
    SH: ~ v. 19.1.2000 (GVOBl S. 101)   **AuslAufnVO**

Ausländer-Reisegewerbe-Verordnung
i. d. Bek. v. 9.10.1986 (BGBl I S. 1635)   **AuslReiseGewV**

Ausländerbeauftragtengesetz
  SACH: Sächs. ~ v. 9.3.1994 (SächsGVBl S. 465) — **SächsAuslBeauftrG**

Ausländerdateienverordnung
  v. 18.12.1990 (BGBl I S. 2999) — **AuslDatV**

Ausländerdatenübermittlungsverordnung
  v. 18.12.1990 (BGBl I S. 2997) — **AuslDÜV**

Ausländergesetz
  Allg. Verwaltungsvorschrift z. Ausf. d. Ausländergesetzes i.
  d. Bek. v. 10.5.1977 (GMBl S. 202) — **AuslVwV**
  v. 9.7.1990 (BGBl I S. 1354) — **AuslG**
  Gebührenverordnung z. ~ i. d. Bek. v. 19.12.1990 (BGBl
  S. 3002) — **AuslGebV**
  VO z. Durchf. d. Ausländergesetzes i. d. Bek. v. 18.12.1990
  (BGBl I S. 2983) — **DVAuslG**
  BW: Verwaltungsvorschrift z. Ausführung d. Ausländerge-
  setzes v. 1.8.1984 (GABl S. 725) — **AuslErl**

Ausländerwesen
  NW: VO über Zuständigkeiten im ~ v. 15.2.2005 (GV.NW
  S. 50) — **ZustAVO**

Ausländerzentralregistergesetz
  Gesetz ü. d. Ausländerzentralregister v. 2.9.1994 (BGBl I
  S. 2265) — **AZR-Gesetz**

Ausländische Grade
  BB: VO ü. d. Verfahren d. Zustimmung und d. Form d.
  Führung ausländischer Grade v. 12.6.1996 (GVBl II
  S. 418) — **AGrV**
  NW: VO ü. d. Verfahren d. Zustimmung und d. Form d.
  Führung ausländ. Grade v. 23.12.1987 (GV.NW 1988
  S. 42) — **VO.AGr**

Auslagenerstattungsverordnung
  RP: ~ v. 14.1.1966 (GVBl S. 27) — **AuslagVO**

Auslands-Rechtsauskunftsgesetz
  v. 21.1.1987 (BGBl II S. 58) — **AuRAG**

Auslandsbonds
  Bereinigungsgesetz für deutsche ~ v. 25.8.1952 (BGBl I
  S. 553) — **AuslWBG**

Auslandsdienststellen
  BY: Richtlinien Amtlicher Verkehr ~ v. 28.11.1989 (StAnz
  Nr. 49) — **AVAR**

Auslandsinvestment-Gesetz
  Auslandinvestment-G i. d. Bek. v. 9.9.1998 (BGBl I S. 2820) — *AuslInvG*

Auslandskosten
  ~gesetz v. 21.2.1978 (BGBl I S. 301) — **AKostG**

~verordnung v. 20.12.2001 (BGBl I S. 4161) — **AKostV**

Auslandspostgebührenordnung
v. 15.8.1988 (BGBl I S. 1593) — **PostGebOAusl**

Auslandsqualifikationsverordnung
MV: ~ v. 9.1.1999 (GVOBl M-V S. 216) — **AlQualiVO M-V**

Auslandsreisebeihilfen
~-Verwaltungsvorschrift in Krankheits- u. Todesfällen v.
20.9.1989 (GMBl S. 551) — **AuslReiseBhVwV**

Auslandsreisekostenverordnung
i. d. Bek. v. 21.5.1991 (BGBl I S. 1140) — **ARV**
BR: Brem. ~ i. d. Bek. v. 28.3.2003 (GVBl S. 194) — **BremARV**
BW: ~ des Landes v. 2.1.1984 (GBl S. 33) — **LARVO**
BY: Bay. ~ v. 2.10.1969 (GVBl S. 339) — **BayARV**
HE: Hess. ~ i. d. Bek. v. 18.5.1977 (GVBl I S. 207) — **HARV**
NW: ~ v. 22.12.1998 (GV.NW S. 743) — **ARVO**

Auslandsschulden
Ges. z. Ausf. d. Abkommens v. 27.2.1953 ü. deutsche ~ v.
24.8.1953 (BGBl I S. 1003) — **AGLondSchAbk**

Auslandsschuldenabkommen
Abkommen ü. deutsche Auslandsschulden v. 27.2.1953
(BGBl II S. 331) — **LondSchAbk**

Auslandstelekommunikation
~sgebührenordnung v. 4.2.1988 (BGBl I S. 127) — **AuslTKGebO**
~sordnung v. 4.2.1988 (BGBl I S. 119) — **AuslTKO**

Auslandstrennungsentschädigungsverordnung
NW: ~ v. 24.5.2004 (GV.NW S. 336) — **ATEVO**

Auslandstrennungsgeldverordnung
i. d. Bek. v. 22.1.1998 (BGBl I S. 189) — **ATGV**

Auslandsumzugskostenverordnung
i. d. Bek. v. 25.11.2003 (BGBl I S. 2360) — **AUV**
NW: Landes~ v. 24.5.2004 (GV.NW S. 336) — **LAUV**

Auslandsunterhaltsgesetz
v. 19.12.1986 (BGBl I S. 2563) — **AUG**

Auslandsversorgungsverordnung
v. 30.6.1990 (BGBl I S. 1321) — **AuslVersV**

Auslandsverwendungsgesetz
v. 28.7.1993 (BGBl I S. 1394) — **AuslVG**

Auslandsverwendungszuschlagsverordnung
i. d. Bek. v. 24.1.2000 (BGBl I S. 65) — **AuslVZV**

Auslandszuschlag
VO ü. d. Zahlung eines erhöhten Auslandszuschlags i. d.
Bek. v. 18.7.1997 (BGBl I S. 1881) — **EAZV**

Auslandszuschlagsverordnung
v. 6.7.2001 (BGBl I S. 1562)   *AuslZuschlV*

Auslandszuständigkeitsverordnung
v. 28.5.1991 (BGBl I S. 1204)   *AuslZustV*

Ausleseverfahren
BY: VO z. Regelung d. bes. ~ f. d. Einstellung in Laufbahnen d. mittleren und gehobenen nichttechnischen Dienstes v. 8.2.2000 (GVBl S. 48)   *AVfV*
BY: VO z. Regelung d. bes. Ausleseverfahrens f. d. Einstellung in Laufbahnen d. geh. nichttechn. Dienstes v. 18.9.1990 (GVBl S. 420)   *AuslVfVgD*
BY: VO z. Regelung d. bes. Ausleseverfahrens f. d. Einstellung in Laufbahnen d. mittl. nichttechn. Dienstes v. 18.9.1990 (GVBl S. 424)   *AuslVfVmD*

Auslieferungsübereinkommen
Europ. ~ v. 13.12.1957 (BGBl 1964 II S. 1369)   *EuAlÜ*

Ausschreibung und Bewertung von IT-Leistungen
Unterlagen f. Ausschreibung und Bewertung v. IT-Leistungen, Version II, Stand v. 1.7.1988 (Schriftenreihe d. KBSt. Bd. 11)   **UfAB II**

Ausschuss
Gemeinsame Geschäftsordnung d. Bundestags u. d. Bundesrates f. d. Ausschuß nach Art. 77 d. Grundgesetzes (Vermittlungsausschuß) v. 19.4.1951 (BGBl. II S. 103)   *GOVermA*

Ausschussmitglieder-Entschädigungsgesetz
NW: ~ v. 13.5.1958 (GV.NW S. 193)   *AMEG*

Außenhandelsstatistik
~-Durchführungsverordnung i. d. Bek. v. 8.2.1989 (BGBl I S. 203)   **AHStatDV**
~gesetz v. 14.3.1980 (BGBl I S. 294)   **AHStatGes**

Außensteuergesetz
v. 8.9.1972 (BGBl I S. 1713)   *AStG*

Außenwirtschafts-, Kapital- und Zahlungsverkehr
DDR: Ges. f. d. ~ v. 28.6.1990 (GBl I S. 515; BGBl II S. 1202)   **GAW**

Außenwirtschaftsgesetz
i. d. Bek. v. 26.6.2006 (BGBl I S. 1386)   **AWG**

Außenwirtschaftsverordnung
i. d. Bek. v. 22.11.1993 (BGBl I S. 1934)   **AWV**

Außenwirtschaftszuständigkeitsverordnung
BB: ~ v. 11.8.2006 (GVBl II S. 349)   **AWZV**

Aussiedler-Zuweisungsverordnung
MV: ~ v. 28.1.1991 (GVOBl M-V S. 18)   **AusZuwVO**

NW: ~ v. 11.9.1989 (GV.NW S. 462)   **AusZuwVO**
SH: Aus- u. Übersiedler-Zuweisungsverordnung v.
27.2.1990 (GVOBl S. 127)   **AusÜZuwVO**

Aussiedleraufnahmegesetz
v. 28.6.1990 (BGBl I S. 1247)   **AAG**

Aussiedlereingliederungsgesetz
SACH: Sächs. ~ v. 28.2.1994 (SächsGVBl S. 359)   **SächsAEG**

Aussiedlerlehrgangs- u. Prüfungsordnung
BY: ~ v. 17.6.1996 (GVBl S. 249)   **ALPO**

Auswärtiger Dienst
Begleitgesetz ~ v. 30.8.1990 (BGBl I S. 1849)   **BGAD**
Gesetz ü. d. Auswärtigen Dienst v. 30.8.1990 (BGBl I
S. 1842)   **GAD**

Auswahlverfahrensgesetz
NW: ~ v. 14.12.2004 (GV.NW S. 785)   **AuswVfG**

Auswahlverordnung
SH: ~ v. 23.6.1986 (GVOBl S. 135)   **AVO**

Auswandererschutzgesetz
v. 26.3.1975 (BGBl I S. 774)   **AuswSG**

Auswirkungsgesetz
v. 26.3.1959 (BGBl I S. 200)   *AuswirkG*

Autobahnmautgesetz
für schwere Nutzfahrzeuge i. d. Bek. v. 2.12.2004 (BGBl I
S. 3122)   **ABMG**

Automatisierte Datenverarbeitung-Zusammenarbeitsgesetz
BW: A[utomatisierte] D[aten]v[erarbeitung]-Zusammen-
arbeitsgesetz v. 18.12.1995 (GBl S. 867)   **ADVZG**

B

Bachelor-Master-Abschlussverordnung
BB: ~ v. 21.9.2005 (GVBl II S. 502)   **BaMaV**

Back- u. Konditoreiwaren-Verordnung
BY: VO ü. d. Verkehr m. Backwaren, Konditoreiwaren u.
Speiseeis v. 24.2.1976 (GVBl S. 41)   **LmVB**
NW: ~ v. 23.3.1967 (GV.NW S. 45)   *BKV*

Badegewässerqualitätsverordnung
BE: ~ v. 2.7.1998 (GVBl S. 222)   **BaGeQuaV**
TH: Thüringer VO z. Umsetzung d. Richtlinie
76/160/EWG über d. Qualität d. Badegewässer v.
23.3.1999 (GVBl S. 242)   **ThürBgwVO**

1. Gesetze, sonstige Rechtsvorschriften, Verwaltungsvorschriften u.ä.   Bar

Badegewässerverordnung
- BB: Brandenburgische ~ v. 6.2.2008 (GVBl II S. 78) — **BbgBadV**
- BR: Brem. ~ v. 11.12.2007 (GBl S. 517) — **BremBadV**
- BW: ~ v. 16.1.2008 (GBl S. 48) — **BadegewVO**
- BY: Bay. ~ v. 15.2.2008 (GVBl S. 54) — **BayBadeGewV**
- NW: ~ v. 14.4.2000 (GV.NW S. 445) — **BadegewVO**
- SACH: Sächs. Badegewässer-VO v. 5.6.1997 (SächsGVBl S. 464) — **SächsBadegewV**
- SH: ~ v. 20.4.2005 (GVOBl S. 234) — **BadegewVO**

Badesicherheitsverordnung
- SH: ~ v. 11.1.2005 (GVOBl S. 33) — **BadeSichVO**

Badestellen-Hygieneverordnung
- MV: ~ v. 3.5.1995 (GVOBl M-V S. 257) — **BadeHygVO**

Badestellenverordnung
- SH: ~ v. 28.3.1985 (GVOBl S. 116) — **BadestVO**

Bäckermeisterverordnung
v. 28.2.1997 (BGBl I S. 393) — **BäckMstrV**

Bäder-Anstaltsgesetz
- BE: ~ v. 25.9.1995 (GVBl S. 617) — **BBBG**

Bäderverkaufsverordnung
- MV: ~ v. 17.12.2007 (GVOBl M-V S. 6) — **BädVerkVO**

BAföG-Auslandszuständigkeitsverordnung
- MV: ~ v. 27.4.2004 (GVOBl M-V S. 418) — **BAföG-AuslZustVO M-V**

Bahnaufsichtsverordnung
- DDR: ~ v. 22.1.1976 (GBl I S. 33 = BGBl 1990 II S. 1222) — **BAVO**

Bannmeilengesetz
v. 6.8.1955 (BGBl I S. 504) — **BannMG**
- BW: ~ v. 12.11.1963 (GBl S. 175) — **BannMG**

Barrierefreie Dokumente in der Landesverwaltung
- BB: Brandenburgische VO über ~ v. 24.5.2004 (GVBl II S. 489) — **BbgVBD**
- BR: Brem. VO über barrierefreie Dokumente v. 27.9.2005 (GBl S. 541) — **BremVBD**
- HA: Hamb. VO über barrierefreie Dokumente v. 14.11.2006 (GVBl S. 551) — **HmbBDVO**
- HE: Hess. VO über barrierefreie Dokumente v. 29.3.2006 (GVBl I S. 98) — **HVbD**
- MV: Barrierefreie Dokumente-VO Mecklenburg-Vorpommern v. 17.7.2007 (GVOBl M-V S. 267) — **BDVO M-V**
- NW: VO über barrierefreie Dokumente v. 19.6.2004 (GV.NW S. 338) — **VBD NRW**

Barrierefreie Informationstechnik-Verordnung
- BB: Brandenburgische Barrierefreie Informationstechnik-VO v. 24.5.2004 (GVBl II S. 482) — **BbgBITV**

BR: Brem. Barrierefreie Informationstechnik-VO v.
27.9.2005 (GBl S. 531) **BremBITV**
BY: Bay. Barrierefreie Informationstechnik-VO v.
24.10.2006 (GVBl S. 801) **BayBITV**
HA: Hamb. Barrierefreie Informationstechnik-VO v.
14.11.2006 (GVBl S. 543) **HmbBITVO**
HE: Hess. VO über barrierefreie Informationstechnik v.
18.9.2007 (GVBl I S. 597) **HVBIT**
MV: Mecklenburg-Vorpommern v. 17.7.2007 (GVOBl
M-V S. 260) **BITVO M-V**
NW: Nordrhein-Westfalen v. 24.6.2004 (GV.NW S. 339) **BITV NRW**

Barwert-Verordnung
v. 24.6.1977 (BGBl I S. 1014) *BarwertV*

Basiszinssatz-Bezugsgrößen
~-VO v. 10.2.1999 (BGBl I S. 139) **BazBV**

Batterieverordnung
i. d. Bek. v. 2.7.2001 (BGBl I S. 1486) **BattV**

Bau- u. Betriebsordnung
LSA: VO ü. Bau und Betrieb von Anschlußbahnen, Bau-
und Betriebsordnung f. Anschlußbahnen i. d. Bek. v.
1.1.1997 (GVBl LSA S. 243) **BOA**

Bau- u. Liegenschaftsbetriebsgesetz
NW: ~ v. 12.12.2000 (GV.NW S. 754) **BLBG**

Bau- u. Raumordnungsgesetz
Bau- und Raumordnungsgesetz 1998 v. 18.8.1997 (BGBl I
S. 2081) **BauROG**

Bauaufsichtliche Verfahrensordnung
BY: ~ v. 2.7.1982 (GVBl S. 457) **BauVerfV**

Bauaufsichtsübertragungsverordnung
HE: ~ v. 16.3.2004 (GVBl I S. 156) **BÜVO**

Bauaufsichtsverordnung
LSA: ~ v. 14.11.1991 (GVBl LSA S. 454) **BaufVO**
TH: ~ v. 20.12.1991 (GVBl 1992 S. 41) **BaufVO**

Bauaufträge-Vergabegesetz
BY: Bay. ~ v. 28.6.2000 (GVBl S. 364) **BayBauVG**
SL: Saarländisches ~ v. 23.8.2000 (ABl S. 1846) **SaarBauVG**

Bauausgaben-Dringlichkeitsverordnung
2. ~ v. 31.7.1974 (BGBl I S. 1717) / v. 18.12.1981 (BGBl I
S. 1621) **2. BauDrVO**

Baubeschränkungsverordnung
VO ü. Baubeschränkungen z. Sicherheit d. Gewinnung v.
Bodenschätzen v. 28.2.1939 (RGBl I S. 381) *BaubeschrV*

1. Gesetze, sonstige Rechtsvorschriften, Verwaltungsvorschriften u.ä.   **Bau**

Baudurchführungsverordnung
  BE: ~ v. 1.10.1979 (GVBl S. 1774)   **BauDVO**
  BR: ~ v. 31.3.1983 (GBl S. 117)   **BremBauDVO**
  HA: ~ v. 29.9.1970 (GVBl S. 251)   **BauDVO**
  SH: ~ v. 11.8.1975 (GVOBl S. 225)   **BauDVO**

Bauforderungen
  Gesetz ü. d. Sicherung d. ~ v. 1.6.1909 (RGBl S. 449)   *BauFdgG*

Baufreistellungsverordnung
  BE: ~ v. 7.11.1994 (GVBl S. 456)   **BaufreistVO**
  BW: ~ v. 26.4.1990 (GBl S. 144)   **BaufreistVO**
  HA: ~ v. 5.1.1988 (GVBl I S. 1)   **BauFreiVO**

Baugebühren(ver)ordnung
  BB: Baugebührenordnung v. 24.6.1994 (GVBl II S. 568)   **BauGebO**
  BB: Brandenburgische Baugebührenordnung v. 1.9.2003
      (GVBl II S. 524)   **BbgBauGebO**
  BE: Baugebührenordnung v. 19.12.2006 (GVBl S. 1150)   **BauGebO**
  HA: Baugebührenordnung v. 23.5.2006 (GVBl S. 261)   **BauGebO**
  LSA: Baugebührenordnung v. 15.8.1991 (GVBl LSA S. 269)   **BauGO**
  LSA: ~ v. 4.5.2006 (GVBl LSA S. 315)   **BauGebO**
  MV: Baugebührenordnung v. 15.11.2001 (GVOBl M-V
      S. 450)   **BauGO**
  MV: ~ v. 10.7.2006 (GVOBl M-V S. 588)   **BauGebO**
  ND: Baugebührenordnung v. 13.1.1998 (GVBl S. 3)   **BauGO**
  SH: Baugebührenordnung v. 18.6.1996 (GVOBl S. 499)   **BauGebO**
  TH: Thüringer ~ v. 27.4.2004 (GVBl S. 580)   **ThürBauGVO**

Baugesetzbuch
  i. d. Bek. v. 23.9.2004 (BGBl I S. 2414 ff.)   **BauGB**
  BE: Ges. z. Ausf. d. Baugesetzbuchs i. d. Bek. v. 7.11.1999
      (GVBl S. 578)   **AGBauGB**
  ND: Niedersächsische VO z. Durchf. d. Baugesetzbuches v.
      9.12.1989 (GVBl S. 419)   **DVBauGB**
  Durchführungsgesetze
    ND: Niedersächsisches Gesetz zur Durchführung des
        Baugesetzbuchs v. 19.2.2004 (GVBl S. 74)   **NBauGBDG**
  Durchführungsverordnung
    ND: Niedersächsische VO zur Durchführung des Bau-
        gesetzbuches i. d. Bek. v . 24.5.2005 (GVBl S. 183)   **DVO-BauGB**
  Maßnahmengesetz
    ~ z. Baugesetzbuch i. d. Bek. v. 28.4.1993 (BGBl I S. 622)   **BauGB-MaßnahmenG**

Baugestaltung
  SH: Ges. ü. baugestalterische Festsetzungen v. 11.11.1981
      (GVOBl S. 249)   **BaugestG**

Baukammergesetz
  Durchführungsverordnung
    NW: VO zur Durchführung des Baukammerngesetzes v.
        23.10.2004 (GV.NW S. 612)   **DVO BauKaG NRW**

Baukammerngesetz
NW: ~ v. 16.12.2003 (GV.NW S. 786) **BauKaG NRW**

Bauleistungen
BE: Zusätzl. Vertragsbedingungen Berlins f. d. Ausf. v. ~
[versch. Fassungen] **ZVB**

Baulückenmanagement-Abrufverordnung
BE: ~ v. 16.10.2001 (GVBl S. 547) **BauLückAbrufVO**

Baumschutzverordnung
BB: Brandenburgische ~ v. 29.6.2004 (GVBl II S. 553) **BbgBaumSchV**

Baunutzungsverordnung
i. d. Bek. v. 15.9.1977 (BGBl I S. 1763) **BauNVO**

Bauordnung (Landesbauordnung)
Verwaltungsvorschriften z. Bauordnung v. 20.11.1990
(BAnz 1991 Nr. 14a) **VV Bau**
- BB: Brandenburgische Bauordnung v. 16.7.2003 (GVBl I
  S. 210) **BbgBO**
- BE: Bauordnung i. d. Bek. v. 3.9.1997 (GVBl S. 422) **BauO Bln**
- BR: Brem. Landesbauordnung v. 27.3.1995 (GBl S. 211) **BremLBO**
- BW: Allg. Ausführungsverordnung z. Landesbauordnung
  v. 17.11.1995 (GBl S. 836) **LBOAVO**
- BW: Landesbauordnung v. 8.8.1995 (GBl S. 617) **LBO**
- BW: Verfahrensverordnung z. Landesbauordnung v.
  13.11.1995 (GBl S. 794) **LBOVVO**
- BY: Bay. Bauordnung i. d. Bek. v. 4.8.1997 (GVBl S. 433) **BayBO**
- BY: VO z. Durchf. d. Bay. Bauordnung v. 2.7.1982 (GVBl
  S. 452) **DVBayBO**
- HA: Hamburgische Bauordnung v. 14.12.2005 (GVBl
  S. 525) **HBauO**
- HE: Hess. Bauordnung i. d. Bek. v. 20.7.1990 (GVBl
  S. 475) **HBO**
- LSA: Bauordnung Sachsen-Anhalt v. 9.2.2001 (GVBl LSA
  S. 50) **BauO LSA**
- MV: Landesbauordnung Mecklenburg-Vorpommern v.
  18.4.2006 (GVOBl. M-V S. 102) **LBauO**
- ND: Niedersächsische Bauordnung i. d. Bek. v. 10.2.2003
  (GVBl S. 89) **NBauO**
- NW: Landesbauordnung i. d. Bek. v. 1.3.2000 (GV.NW
  S. 256) **BauO NW**
- RP: Landesbauordnung v. 24.11.1998 (GVBl S. 365) **LBauO**
- SACH: Sächs. Bauordnung v. 18.3.1999 (SächsGVBl S. 86) **SächsBO**
- SH: Landesbauordnung f. d. Land Schleswig-Holstein i. d.
  Bek. v. 10.1.2000 (GVOBl S. 47) **LBO**
- SL: Landesbauordnung v. 18.2.2004 (ABl S. 822) **LBO**
- TH: Thüringer Bauordnung i. d. Bek. v. 16.3.2004 (GVBl
  S. 349) **ThürBO**

Zuständigkeitsverordnung
HE: VO zur Übertragung von Zuständigkeiten nach der
Hessischen Bauordnung v. 1.2.2005 (GVBl I S. 94) **ZÜVOHBO**

Bauprodukte- u. Bauartenverordnung
BE: Bauprodukte- und Bauartenverordnung v. 26.3.2007
(GVBl S. 148) **BauPAV**
BY: ~ v. 20.9.1999 (GVBl S. 424) **BauPAV**
MV: Bauprodukte- und Bauartenverordnung v. 10.7.2006
(GVOBl. M-V S. 610) **BauPAV**
SACH: Sächs. Bauprodukten- und Bauartenverordnung v.
29.7.2004 (SächsGVBl S. 403) **SächsBauPAVO**
TH: Thüringer VO zur Feststellung der wasserrechtlichen
Eignung von Bauprodukten und Bauarten v.
20.7.2007 (GVBl S. 94) **ThürWasBauPVO**
Überwachung von Tätigkeiten
HA: VO über die ~ mit Bauprodukten und bei Bauarten
v. 20.5.2003 (GVBl S. 133) **ÜTVO**
LSA: VO über die ~ mit Bauprodukten und bei Bauarten
v. 27.3.2006 (GVBl LSA S. 169) **ÜTVO**
SH: VO über die ~ mit Bauprodukten und bei Bauarten
v. 11.11.2004 (GVOBl S. 429) **ÜTVO**

Bauprodukteanforderungsverordnung
RP: LandesVO ü. Anforderungen a. Hersteller v. Bauprodukten u. Anwender v. Bauarten v. 16.7.2001 (GVBl
S. 179) **HABauVO**

Bauprodukteeignungsverordnung
BW: VO d. Wirtschaftsministeriums zur Feststellung d.
wasserrechtl. Eignung v. Bauprodukten u. Bauarten
nach der LBO für BW v. 21.12.1998 (GBl 1999 S. 57) **WasBau PVO**
HE: VO z. Feststellung d. wasserrechtl. Eignung v. Bauprodukten und Bauarten durch Nachweise nach d.
Hess. Bauordnung v. 20.5.1998 (GVBl I S. 228) **WasBauPVO**
LSA: VO z. Feststellung d. wasserrechtlichen Eignung von
Bauprodukten und Bauarten v. 27.3.2006 (GVBl LSA
S. 173) **WasBauPVO**
NW: VO z. Feststellung d. wasserrechtl. Eignung v. Bauprodukten und Bauarten d. Nachweise nach d. LBO v.
6.3.2000 (GV.NW S. 251) **WasBauPVO**
SH: VO z. Feststellung d. wasserrechtl. Eignung v. Bauprodukten und Bauarten d. Nachsweise n. d. Landesbauordnung v. 19.3.1999 (GVOBl S. 87) **WasBauPVO**
SL: VO z. Feststellung d. wasserrechtl. Eignung v. Bauprodukten u. Bauarten d. Nachweise n. d. Bauordnung d. Saarlandes v. 7.12.1999 (ABl 2000 S. 214) **WasBauPVO**

Bauproduktengesetz
i. d. Bek. v. 28.4.1998 (BGBl I S. 812) **BauPG**

Zuständigkeitsverordnung
MV: Landesverordnung über die Zuständigkeit nach
dem Bauproduktengesetz v. 7.9.2005 (GVOBl.
M-V S. 457)   **BauPG-ZustLVO M-V**

Bauprüfungsvergütungsverordnung
SH: ~ v. 18.6.1996 (GVOBl S. 510)   **BauprüfVergVO**
SL: ~ v. 14.8.1996 (ABl S. 896)   **BauPrüfVergVO**

Bauprüfungsverordnung
MV: Bautechnische Prüfungsverordnung v. 3.4.1998
(GVOBl M-V S. 413)   **BauPrüfV**
TH: Bautechnische Prüfungsverordnung v. 12.9.1991
(GVBl S. 534)   **BauPrüfV**

Bausachverständigenverordnung
BB: Brandenburgische ~ v. 1.9.2003 (GVBl II S. 553)   **BbgBauSV**
LSA: VO ü. staatl. anerkannte Sachverständige n. d. Bauordnung Sachsen-Anhalt v. 28.9.2001 (GVBl LSA
S. 410)   **BauO-SV-VO**

Bausparkassen
~-VO v. 19.12.1990 (BGBl I S. 2947)   **BausparkV**
Ges. ü. ~ i. d. Bek. v. 15.2.1991 (BGBl I S. 454)   *BausparkG*

Baustatistikgesetz
1.~ v. 20.8.1960 (BGBl I S. 704); 2. Baustatistikgesetz v.
27.7.1978 (BGBl I S. 1118)   **BauStatG**

Baustellenkoordinierungsgesetz
BE: ~ v. 2.6.1999 (GVBl S. 192)   **BaukoG**

Bautätigkeitenüberwachungsverordnung
BB: Brandenburgische ~ v. 24.3.2005 (GVBl II S. 161)   **BbgÜTV**

Bautechnische Prüfungsverordnung
BB: ~ v. 28.6.1994 (GVBl II S. 596)   **BauPrüfV**
BB: Brandenburgische ~ i. d. Bek. v. 11.5.2006 (GVBl II
S. 104)   **BbgBauPrüfV**
BE: ~ v. 31.3.2006 (GVBl S. 324)   **BauPrüfV**
BR: ~ v. 10.6.1983 (GBl S. 393)   **BauPrüfV**
BW: ~ v. 21.5.1996 (GBl S. 410)   **BauPrüfV**
BY: ~ v. 11.11.1986 (GVBl S. 339)   **BauPrüfV**
HE: ~ v. 28.10.1994 (GVBl I S. 655)   **BauPrüfV**
LSA: ~ v. 5.9.1996 (GVBl LSA S. 315)   **BauPrüfV**
ND: ~ v. 24.7.1989 (GVBl S. 129)   **BauPrüfV**
NW: ~ v. 6.12.1995 (GV.NW S. 1241)   **BauPrüfV**
SACH: VO d. Sächs. Staatsministeriums f. Umwelt u. Landesentwicklung ü. bautechnische Prüfungen v. wasserwirtschaftl. Anlagen v. 17.1.1995 (SächsGVBl S. 91)   **BauTechPrüfVO**
SACH: VO d. Sächs. Staatsministeriums f. Wirtschaft u. Arbeit ü. d. bautechnische Prüfung baulicher Anlagen i.
öffentl. Straßen v. 14.8.1996 (SächsGVBl S. 372)   **StrPrüfVO**

SH:	~ v. 2.11.1995 (GVOBl S. 355)	**BauPrüfV**
SL:	~ v. 3.12.1965 (ABl S. 1049)	**BauPrüfV**
TH:	~ v. 12.9.1991 (GVBl S. 534)	**BauPrüfV**

Bauunterlagen
RP: Landesverordnung ü. ~ u. d. Prüfung v. Standsicherheitsnachweisen v. 16.6.1987 (GVBl S. 165) — **BauuntPrüfVO**

Bauvereinfachungsgesetz
BE: ~ v. 29.9.2005 (GVBl S. 495) — **BauVG Bln**

Bauverfahrensverordnung
BE: ~ v. 19.10.2006 (GVBl S. 1035) — **BauVerfVO**

Bauvorlagenverordnung
BB:	~ v. 15.6.1994 (GVBl II S. 516)	**BauVorlV**
BB:	Brandenburgische ~ v. 1.9.2003 (GVBl II S. 518)	**BbgBauVorlV**
BE:	~ i. d. Bek. v. 17.11.1998 (GVBl S. 343)	**BauVorlV**
BR:	~ v. 6.6.1996 (GBl S. 167)	**BVorlV**
BW:	~ v. 2.4.1984 (GBl S. 262)	**BauVorlV**
BY:	~ v. 8.12.1997 (GVBl S. 822)	**BauVorlV**
HA:	~ v. 31.1.2006 (GVBl S. 71)	**BauVorlV**
HE:	~ v. 17.12.1994 (GVBl I S. 828)	**BauVorlV**
LSA:	~ v. 8.6.2006 (GVBl LSA S. 351)	**BauVorlV**
MV:	~ v. 10.7.2006 (GVOBl M-V S. 612)	**BauVorlV**
ND:	~ v. 22.9.1989 (GVBl S. 358)	**BauVorlV**
NW:	~ v. 30.1.1975 (GV.NW S. 174)	**BauVorlV**
SACH:	VO d. Sächs. Staatsministeriums d. Innern ü. Bauvorlagen und bautechnische Prüfungen i. d. Bek. v. 2.9.1997 (SächsGVBl S. 533)	**Bauvorl-/BauPrüfVO**
SH:	~ v. 17.7.1975 (GVOBl S. 208)	**BauVorlV**
SL:	~ v. 17.5.2004 (ABl S. 1162)	**BauVorlV**

Bauwesen
BY: Ges. ü. d. behördliche Organisation d. Bauwesens u. d. Wohnungswesens v. 9.4.1948 (BayBS II S. 413) — *OBWG*
BY: VO über die Einrichtung und Organisation der staatlichen Behörden für das ~ v. 5.12.2005 (GVBl S. 626) — **OrgBauV**
BY: VO über die Prüfingenieure, Prüfämter und Prüfsachverständigen im ~ v. 29.11.2007 (GVBl S. 829) — **PrüfVBau**
LSA: VO über technische Anlagen und Einrichtungen nach Bauordnungsrecht v. 29.5.2006 (GVBl LSA S. 337) — **TAnlVO**
MV: VO zur Übertragung von bauaufsichtlichen Aufgaben für Fliegende Bauten v. 22.4.2005 (GVOBl M-V S. 212) — **ÜVO-FlBau M-V**

Bauzuständigkeitsverordnung
BB: Brandenburgische ~ v. 1.9.2003 (GVBl II S. 559) — **BbgBauZV**

Bayerische Landesanstalt für Aufbaufinanzierung
BY: Ges. ü. d. ~ i. d. Bek. v. 23.6.1970 (GVBl S. 279) — *LfAFG*

Bayerische Staatsregierung
BY: VO ü. d. Geschäftsverteilung d. Bayer. Staatsregierung i. d. Bek. v. 5.4.2001 (GVBl S. 161) — **StRGVV**

Beamte
Ges. z. Regelung d. Rechtsverhältnisse d. unter Art. 131 d.
Grundgesetzes fallenden Personen i. d. Bek. v. 13.10.1965
(BGBl I S. 1685) *G 131*
Zuständigkeitsverordnung
- BB: Beamten~ im Geschäftsbereich des Ministeriums
  der Finanzen i. d. Bek. v. 6.11.2006 (GVBl II
  S. 473) **BZVMdF**
- BB: Beamten~ im Geschäftsbereich des Ministeriums
  für Bildung, Jugend und Sport v. 23.2.2006
  (GVBl II S. 42) **BZVMBJS**
- BB: Beamten~ im Geschäftsbereich des Ministeriums
  für Wirtschaft v. 16.9.2005 (GVBl II S. 494) **BZVMW**
- BB: Beamten~ Stiftung EUV v. 2.3.2008 (GVBl II S. 97) **BZVEUV**
- NW: Beamten~ im Geschäftsbereich des Ministeriums
  für Städtebau und Wohnen, Kultur und Sport v.
  4.12.2004 (GV.NW S. 776) **Beamt-ZustV MSWKS**
- NW: Beamten~ MP v. 11.5.2006 (GV.NW S. 334) **BeamtZustV MP**

Beamten- und Disziplinarzuständigkeitsverordnung
- NW: ~ im Geschäftsbereich des Ministeriums für Bauen
  und Verkehr v. 27.3.2007 (GV.NW S. 145) **ZustVO MBV**

Beamtenaufstiegsverordnung
- MV: Landesverordnung ü. d. erleichterten Aufstieg v. Beamten v. 15.7.1991 (GVOBl M-V S. 255) **LVO-Aufstieg**

Beamtenbeurteilungsverordnung
- BR: VO über die dienstliche Beurteilung sowie andere Instrumente zur Feststellung der Eignung und Befähigung der bremischen Beamten v. 28.3.2006 (GBl
  S. 154) *BremBeurtV.*

Beamtenernennung
- SACH: AnO ü. d. Ernennung d. Beamten v. 24.10.1991
  (SächsGVBl S. 381) **SächsErnAO**

Beamtenfachhochschulgesetz
- BY: Bay. ~ v. 8.8.1974 (GVBl S. 387) **BayBFHG**

Beamtengesetz (Landesbeamtengesetz)
- BB: Landesbeamtengesetz v. 8.10.1999 (GVBl I S. 446) **LBG**
- BE: Landesbeamtengesetz i. d. Bek. v. 19.5.2003 (GVBl
  S. 202) **LBG**
- BR: Brem. Beamtengesetz i. d. Bek. v. 15.9.1995 (GBl
  S. 387) *BremBG*
- BW: Landesbeamtengesetz i. d. Bek. v. 19.3.1996 (GBl
  S. 285) **LBG**
- BY: Bay. Beamtengesetz i. d. Bek. v. 27.8.1998 (GVBl
  S. 703) **BayBG**
- HA: Hamb. Beamtengesetz i. d. Bek. v. 29.11.1977 (GVBl I
  S. 367) **HmbBG**

4. Gesetze, sonstige Rechtsvorschriften, Verwaltungsvorschriften u.ä. **Bed**

HE: Hess. Beamtengesetz i. d. Bek. v. 11.1.1989 (GVBl I S. 25) **HBG**
LSA: Beamtengesetz Sachsen-Anhalt i. d. Bek. v. 9.2.1998 (GVBl LSA S. 50) **BG LSA**
MV: Landesbeamtengesetz i. d. Bek. v. 12.7.1998 (GVOBl M-V S. 708) **LBG**
ND: Niedersächsisches Beamtengesetz i. d. Bek. v. 19.2.2001 (GVBl S. 33) **NBG**
NW: Landesbeamtengesetz i. d. Bek. v. 1.5.1981 (GV.NW S. 234) **LBG**
RP: Landesbeamtengesetz i. d. Bek. v. 14.7.1970 (GVBl S. 241) **LBG**
SACH: Sächs. Beamtengesetz i. d. Bek. v. 14.6.1999 (SächsGVBl S. 370) **SächsBG**
SH: Landesbeamtengesetz i. d. Bek. v. 3.8.2005 (GVOBl S. 283) **LBG**
SL: Saarl. Beamtengesetz i. d. Bek. v. 27.12.1996 (ABl 1997 S. 301) **SBG**
TH: Thüringer Beamtengesetz i. d. Bek. v. 8.9.1999 (GVBl S. 525) **ThürBG**

Beamtenrecht
BW: ~szuständigkeitsverordnung v. 8.5.1996 (GBl S. 402) **BeamtZuVO**
TH: ~l. Vorschaltgesetz v. 17.7.1991 (GVBl S. 217) **BeamtVorschaltG**

Beamtenrechtsrahmengesetz
i. d. Bek. v. 31.3.1999 (BGBl I S. 654) **BRRG**

Beamtenrechtszuständigkeitsverordnung
BB: ~ LBG v. 12.11.2007 (GVBl II S. 466) **BZVLGB**

Beamtensonderzahlungsgesetz
LSA: Beamtenrechtliches Sonderzahlungsgesetz des Landes Sachsen-Anhalt v. 25.11.2003 (GVBl LSA S. 334) **BSZG-LSA**

Beamtenversorgnung
Allg. Verwaltungsvorschrift z. Beamtenversorgungsgesetz v. 3.11.1980 (GMBl S. 742) **BeamtVGVwV**
Anordnung ü. d. Übertragung v. Zuständigkeiten auf d. Gebiet d. beamtenrechtl. Versorgung im Geschäftsbereich d. Bundesministers f. d. Post- und Fernmeldewesen v. 23.9.1982 (BGBl I S. 1382) **ZOVers**
Beamtenversorgungs-Übergangsverordnung i. d. Bek. v. 19.3.1993 (BGBl I S. 369) **BeamtVÜV**
Beamtenversorgungsgesetz i. d. Bek. v. 16.3.1999 (BGBl I S. 322) **BeamtVG**
Ges. z. Änd. d. Beamtenversorgungsgesetzes, d. Soldatenversorgungsgesetzes sowie sonst. dienst- und versorgungsrechtl. Vorschriften v. 20.9.1994 (BGBl I S. 2442) **BeamtVGÄndG 1993**

Bedarfsgewerbeverordnung
BR: ~ v. 18.11.1997 (GBl S. 577) **BedGewV**

BW: ~ v. 16.11.1998 (GBl S. 616)   **BedGVO**
LSA: ~ v. 4.5.2000 (GVBl I.SA S. 230)   **BedGewV**
MV: ~ v. 31.8.1998 (GVOBl M-V S. 802)   **BedGewV**

Bedienstetenwohnungs-Verordnung
der RV-Träger v. 15.4.2005 (BGBl I S. 1096)   **RVBedWohnV**

Bedürfnisgewerbeverordnung
BY: ~ v. 29.7.1997 (GVBl S. 395)   **BedV**

Beflaggungsverordnung
MV: ~ v. 20.3.1998 (GVOBl M-V S. 382)   **BeflVO**

Beförderung
BY: Durchführungsgesetz z. Übk. v. 1.9.1970 ü. internat. Beförderungen leicht verderbl. Lebensmittel... v. 15.7.1977 (GVBl S. 352)   **DGATP**

Beförderung gefährlicher Güter
Accord européen relatif au transport international d. marchandises dangereuses par voie de navigation intérieure: Règlement pour le transport de matières dangereuses sur le Rhin. [Europ. Übereinkommen ü. d. internat. ~ auf Binnenwasserstraßen: VO ü. d. Beförderung gefährl. Güter auf d. Rhein] i. d. Bek. v. 30.6.1977 (BGBl I S. 1119 Anl.)   **ADNR**
auf der Straße. Ges. zu d. Europ. Übk. v. 18.8.1969 BGBl II S. 1489)   **ADR**

Beförderungsvorbehalts-Befreiungs-Gebührenverordnung
v. 19.12.1995 (BGBl I S. 2091)   **BefBefGebV**

Befreiungsverordnung
v. 20.8.1985 (BGBl I S. 1713)   **BefrV**

Befugnisübertragungsverordnung
Justiz
BB: VO zur Übertragung der Befugnis für den Abschluss von Vereinbarungen nach § 14 des ~vergütungs- und -entschädigungsgesetzes v. 30.3.2006 (GVBl II S. 77)   **JVEGÜV**

BEG-Schlussgesetz
v. 14.9.1965 (BGBl I S. 1315)   *BEG-SG*

Begabtenförderungsgesetz
BY: Bay. ~ i. d. Bek. v. 29.11.1983 (GVBl S. 1109)   **BayBFG**
BY: VO z. Durchf. d. Bay. Begabtenförderungsgesetzes i. d. Bek. v. 12.9.1988 (GVBl S. 315)   **DVBayBFG**

Begabtenprüfungsordnung
SH: ~ v. 10.2.1987 (GVOBl S. 65)   **BegaPrO**

Beglaubigungsverordnung
v. 13.3.2003 (BGBl I S. 361)   **BeglV**

4. Gesetze, sonstige Rechtsvorschriften, Verwaltungsvorschriften u.ä.   **Bei**

SGB-~ v. 11.4.2003 (BGBl I S. 528)   **SGBBBeglV**
BY: ~ v. 5.8.2003 (GVBl S. 528)   **BeglV**

Beglaubigungszuständigkeitsverordnung
BE: ~ v. 12.3.1986 (GVBl S. 497)   **BeglZustVO**

Begleitetes Fahren
MV: Landesverordnung über die Erprobung des „Begleiteten Fahrens ab 17 Jahre" in Mecklenburg-Vorpommern v. 30.10.2006 (GVOBl M-V S. 823)   **BF17 – ErprobungsLVO M-V**

Beherbergungsstätten
BB: Brandenburgische VO ü. d. Bau u. Betrieb v. ~ v. 15.6.2001 (GVBl II S. 216)   **BbgBeBauV**
BY: ~verordnung v. 2.7.2007 (GVBl S. 538)   **BStättV**
HA: ~verordnung v. 5.8.2003 (GVBl S. 448)   **BeVO**

Beherbergungsstatistikgesetz
v. 14.7.1980 (BGBl I S. 953)   **BeherbStatG**

Behindertengleichstellungsgesetz
BR: Brem. ~ v. 18.12.2003 (GBl S. 414)   **BremBGG**
BY: Bay. ~ v. 9.7.2003 (GVBl S. 419)   **BayBGG**
HA: Hamb. Gesetz zur Gleichstellung behinderter Menschen v. 21.3.2005 (GVBl S. 75)   **HmbGGbM**
HE: Hess. Behinderten-Gleichstellungsgesetz v. 20.12.2004 (GVBl I S. 482)   **HessBGG**
LSA: ~ v. 20.11.2001 (GVBl LSA S. 457)   **BGStG LSA**
MV: Landes~ v. 10.7.2006 (GVOBl M-V S. 539)   **LBGG M-V**
NW: ~ Nordrhein-Westfalen v. 16.12.2003 (GV.NW S. 766)   **BGG NRW**
SL: Saarländisches ~ v. 26.11.2003 (ABl S. 2987)   **SBGG**
TH: Thüringer Gesetz zur Gleichstellung und Verbesserung der Integration von Menschen mit Behinderungen v. 16.12.2005 (GVBl S. 383)   **ThürGIG**

Behindertengleichstellungsverordnung
SL: Saarländische ~ v. 19.9.2006 (ABl S. 1698)   **SBGVO**

Behindertenratsverordnung
BY: Landes~ v. 14.1.2005 (GVBl S. 14)   **LBRV**

Behindertenrettungswege
BE: ~-VO v. 15.11.1996 (GVBl S. 500)   **BeRettVO**

Behördenstrukturanpassungsgesetz
SH: ~ v. 12.12.1997 (GVOBl S. 471)   **BAG**

Beihilfeverordnung
BR: Brem. ~ i. d. Bek. v. 1.12.1997 (GBl S. 579)   **BremBVO**
BW: ~ v. 28.7.1995 (GBl S. 561)   **BVO**
BY: Bay. ~ v. 2.1.2007 (GVBl S. 15)   **BayBhV**

HA: VO ü. d. Gewährung v. Beihilfen in Krankheits-, Geburts-, und Todesfällen v. 8.7.1985 (GVBl I S. 161) **HmbBeihVO**
HE: VO ü. d. Gewährung v. Beihilfen in Krankheits-, Geburts- und Todesfällen i. d. Bek. v. 5.12.2001 (GVBl I S. 491) **HBeihVO**
NW: ~ v. 27.3.1975 (GV.NW S. 332) **BVO**
NW: VO ü. d. Gewährung v. Beihilfen in Krankheits-, Geburts- u. Todesfällen d. Angestellten, Arbeiter u. Auszubildenden v. 9.4.1965 (GV.NW S. 108) *BVOAng*
RP: Beihilfenverordnung v. 1.8.2006 (GVBl S. 304) **BVO**
SACH: Sächs. Beihilfenverordnung v. 22.7.2004 (SächsGVBl S. 397) **SächsBVO**
SH: ~ v. 16.5.2006 (GVOBl S. 85) **BhVO**

Beihilfevorschriften
v. 16.11.1989 (GMBl S. 738) **BhV**
BE: ~ v. 19.4.1985 (ABl S. 1000) **BhV**
SH: ~ v. 9.10.1987 (GVOBl S. 321) **BhVO**

Beitragseinzugs- u. Meldevergütungsverordnung
v. 12.5.1998 (BGBl I S. 915) **BeitrEinzVergV**

Beitragsentlastungsgesetz
v. 1.11.1996 (BGBl I S. 1631) **BeitrEntlG**

Beitragssatzgesetz
2004 v. 27.12.2003 (BGBl I S. 3013) **BSG 2004**

Beitragssatzverordnung
2001 v. 21.12.2000 (BGBl I S. 1877) **BSV 2001**

Beitragssgesetz Landwirtschaft
Beitragssgesetz-~ v. 27.12.2003 (BGBl I S. 3013) **BGL 2004**

Beitragsüberwachungsverordnung
i. d. Bek. v. 28.7.1997 (BGBl I S. 1930) *BeitrÜberwachVO*

Beitragsverfahrensverordnung
v. 3.5.2006 (BGBl I S. 1138) **BVV**

Beitragszahlungsverordnung
i. d. Bek. v. 28.7.1997 (BGBl I S. 1927) *BeitrZahlVO*

Beitreibungserleichterungsgesetz Kfz-Zulassung
BR: ~ v. 19.12.2006 (GBl. S. 543) **BEG Bremen**
NW: Beitreibungserleichterungsgesetz/Kfz-Zulassung v. 19.9.2006 (GV.NW S. 451) **BEG NEW**

Bekanntmachungen
Ges. ü. ~ v. 17.5.1950 (BGBl S. 183) *BekG*
ND: VO über die öffentliche Bekanntmachung von Rechtsvorschriften kommunaler Körperschaften v. 14.4.2005 (GVBl S. 107) **BekVO-Kom**

Bekanntmachungsverordnung
BY: ~ v. 19.1.1983 (GVBl S. 14)   BekV
NW: ~ v. 7.4.1981 (GV.NW S. 224)   BekanntmVO
SH: ~ v. 11.11.2005 (GVOBl S. 527)   BekanntVO
SL: ~ v. 15.10.1981 (ABl S. 828)   BekV
TH: Thüringer ~ v. 22.8.1994 (GVBl S. 1045)   ThürBekVO

Bekleidungsordnung
BE: ~ f. d. Berliner Justizverwaltung v. 4.8.1986 [Sonderveröff.]   BKlOJust

Belastungsgebührenverordnung
RP: ~ v. 27.10.1976 (GVBl S. 246)   BelGVO

Belegstellenschutzgesetz
TH: Thüringer ~ v. 29.6.1995 (GVBl S. 231)   ThürBSSG

Belegungsbindungsgesetz
BB: ~ v. 26.10.1995 (GVBl I S. 256)   BelBindG
BE: ~ v. 10.10.1995 (GVBl S. 638)   BelBindG
LSA: ~ v. 14.12.1995 (GVBl LSA S. 376)   BelBindG
MV: ~ v. 18.12.1995 (GVOBl M-V S. 661)   BelBindG

Belegungsrechtsgesetz
SACH: Sächs. ~ v. 14.12.1995 (SächsGVBl S. 396)   SächsBelG

Beleihungs- u. Akkreditierungsverordnung
v. 10.12.1997 (BGBl I S. 2905)   BAkkrV

Beleihungs- u. Anerkennungsverordnung
v. 14.6.1999 (BGBl I S. 1361)   BAnerkV

Beleihungsgesetz
HA: Hamb. ~ v. 20.1.1997 (GVBl I S. 8)   HmbBelG

Beleihungsverordnung
HA: Hamb. ~ v. 12.10.1999 (GVBl I S. 241)   HmbBelVO

Beleihungswertermittlungsverordnung
v. 12.5.2006 (BGBl I S. 1175)   BelWertV

Benutzungsgebühren
BY: VO ü. ~ f. d. Inanspruchnahme d. staatl. Rechnungsprüfungsstellen d. Landratsämter v. 18.1.1980 (GVBl S. 37)   RPrGV
BY: VO über die ~ der staatlichen Vermessungsämter v. 15.3.2006 (GVBl S. 160)   GebOVerm

Benzinbleigesetz
v. 5.8.1971 (BGBl I S. 1234)   BzBlG
Ges. z. Ergänzung d. Benzinbleigesetzes v. 25.11.1975 (BGBl I S. 2919)   BzBlErgG

Benzinqualitätsverordnung
v. 27.6.1988 (BGBl I S. 969)   BzV

Beratungshilfegesetz
v. 18.6.1980 (BGBl I S. 689) *BerHG*

Beratungshilfevordruckverordnung
v. 17.12.1994 (BGBl I S. 3839) **BerHVV**

Berechnungsverordnung
2. ~ i. d. Bek. v. 12.10.1990 (BGBl I S. 2178) **II. BV**

Bereinigungsgesetz für dt. Auslandsbonds
Bereinigungsgesetz für deutsche Auslandsbonds v. 25.8.1952
(BGBl I S. 553) **AuslWBG**

Bergarbeiterwohnungsbau
VO ü. d. Erhebung v. Zinsen f. Darlehen d. Bundes z. ~ v.
11.10.1982 (BGBl I S. 1400) **BergWoZErhV**

Bergbahngesetz
TH: Thüringer ~ v. 12.6.2003 (GVBl S. 309) **ThürBBahnG**

Bergbahnverordnung
BY: ~ v. 10.6.1970 (GVBl S. 285) **BergbV**

Bergbauverordnung
BY: Allgemeine ~ v. 7.12.1978 (GVBl S. 895) **ABergV**

Bergbehörden
BB: ~-Gebührenordnung v. 17.9.1996 (GVBl II S. 749) **BergBGV**
Zuständigkeitsverordnung
BB: Bergbehörden-~ v. 10.11.2005 (GVBl II S. 526) **BergbhZV**

Bergmannsprämien
Ges. ü. ~ i. d. Bek. v. 12.5.1969 (BGBl I S. 434) *BergPG*
VO z. Durchf. d. Gesetzes ü. ~ i. d. Bek. v. 20.12.1977
(BGBl I S. 3135) **BergPDV**

Bergmannsversorgungsscheingesetz
NW: ~ v. 20.12.1983 (GV.NW S. 635) **BVSG-NW**

Bergpolizeiverordnung
BW: Allgemeine ~ v. 14.7.1978 (GBl S. 417) **ABPVO**

Bergverordnung
des Oberbergamts für das Saarland und das Land Rheinland-Pfalz für Schacht- und Schrägförderanlagen v.
4.12.2003 (ABl S. 3010) **BVO S**
BR: ~ für Tiefbohrungen, Untergrundspeicher und für die
Gewinnung von Bodenschätzen durch Bohrungen in
der Freien Hansestadt Bremen (Tiefbohrverordnung)
v. 24.1.2007 (GBl S. 17) **BVOT**
BY: Bay. ~ v. 6.3.2006 (GVBl S. 134) **BayBergV**
HE: ~ ü. d. arbeitssicherheitlichen und d. betriebsärztlichen Dienst v. 11.3.1999 (GVBl I S. 210) **BVOASi**
HE: Hessische ~ für Schacht- und Schrägförderanlagen v.
14.4.2005 (GVBl I S. 268) **BVS**

4. Gesetze, sonstige Rechtsvorschriften, Verwaltungsvorschriften u.ä. **Ber**

LSA: ~ für Schacht- und Schrägförderanlagen v. 13.7.2005
(GVBl LSA S. 352)   **BVOS**
LSA: ~ ü. d. arbeitssicherheitlichen und d. betriebsärztlichen Dienst v. 21.1.1999 (GVBl LSA S. 32)   **ASi-BVO**
SL: ~ des Oberbergamts für das Saarland und das Land Rheinland-Pfalz für Tiefbohrungen, Untergrundspeicher und für die Gewinnung von Bodenschätzen durch Bohrungen (Tiefbohrverordnung) in der für das Saarland geltenden Fassung v. 15.1.2007 (ABl S. 154)   **BVOT**

Berichterstattungs- und Rechnungslegungsverordnung
ND: Niedersächsische VO über die Berichterstattung und Rechnungslegung von Versicherungsunternehmen sowie über die Anlagen berufsständischer Altersversorgungswerke v. 24.4.2007 (GVBl S. 156)   **NRechVersVO**

Berlinförderungsgesetz 1990
i. d. Bek. v. 2.2.1990 (BGBl I S. 173)   **BerlinFG 1990**

Berner Übereinkunft z. Schutze v. Werken d. Literatur u. Revidierte ~ 1. Revision [Berlinfassung] v. 13.11.1908 (RGBl 1910 S. 965) / v. 20.3.1914 (RGBl 1920 S. 31); 2. Revision [Romfassung] v. 2.6.1928 (RGBl 1933 II S. 889); 3. Revision [Brüsseler Fassung] v. 26.6.1948 (BGBl 1965 II S. 1213); 4. Revision [Stockholmfassung] v. 14.7.1967 (BGBl 1970 II S. 293); 5. Revision [Pariser Fassung] v. 24.7.1971 (BGBl 1973 II S. 1069)   **RBÜ**

Berner Übereinkunft z. Schutze v. Werken d. Literatur u. Kunst
v. 9.9.1886 (RGBl 1887 S. 493)   **BÜ**

Berufförderungsfortentwicklungsgesetz
v. 4.5.2005 (BGBl I S. 1234)   **BfFEntwG**

Berufliche Bildung
ND: VO zur Übertragung von Zuständigkeiten im Bereich der beruflichen Bildung v. 19.7.2005 (GVBl S. 246)   **ZustVO-Berufsbildung**

Berufsakademiedatenverarbeitungsverordnung
TH: Thüringer ~ v. 2.4.2004 (GVBl S. 480)   **ThürBADVO**

Berufsakademiegesetz
BW: ~ i. d. Bek.v. 1.2.2000 (GBl S. 197)   **BAG**
ND: Niedersächsisches ~ v. 6.6.1994 (GVBl S. 233)   **Nds.AkadG**
SACH: Sächs. ~ v. 11.6.1999 (SächsGVBl S. 276)   **SächsBAG**
SH: ~ i. d. Bek. v. 6.1.1999 (GVOBl S. 2)   **BAG**
SL: Saarländisches ~ v. 27.3.1996 (ABl S. 438)   **Saarl. BAkadG**
TH: Thüringer ~ v. 1.7.1998 (GVBl S. 233)   **ThürBAG**

Berufsaufsichtsreformgesetz
v. 3.9.2007 (BGBl I S. 2178)   **BARefG**

Berufsausbildungsverordnung
SH: Landesverordnung über die Berufsausbildung zur oder zum Operationstechnischen Angestellten v. 8.6.2004 (GVOBl S. 190) — OTA-VO

Berufsausbildungsvorbereitungs-Bescheinigungsverordnung v. 16.7.2003 (BGBl I S. 1472) — BAVBVO

Berufsbezeichnungsschutzgesetz
Lebensmittelchemikerinnen und Lebensmittelchemiker
MV: Gesetz zum Schutz der Berufsbezeichnungen „Staatlich geprüfte Lebensmittelchemikerin" und „Staatlich geprüfter Lebensmittelchemiker" in Mecklenburg- Vorpommern v. 22.2.2005 (GVOBl M-V S. 66) — LmChemG M-V
SH: Gesetz zum Schutz der Berufsbezeichnungen „Staatlich geprüfte Lebensmittelchemikerin" und „Staatlich geprüfter Lebensmittelchemiker" v. 18.1.2006 (GVOBl S. 12) — LmChemG

Berufsbildende Schulen
LSA: VO ü. ~ v. 20.7.2004 (GVBl LSA S. 412) — BbS-VO
ND: VO ü. ~ v. 24.7.2000 (GVBl S. 178) — BbS-VO

Berufsbildungsakademiegesetz
HA: Hamb. ~ v. 29.6.2005 (GVBl S. 253) — HmbBAG

Berufsbildungsförderungsgesetz
i. d. Bek. v. 12.1.1994 (BGBl I S. 78) — BerBiFG

Berufsbildungsgesetz
v. 23.3.2005 (BGBl I S. 931) — BBiG
BW: Ges. ü. d. Berufsbildung im öffentlichen Dienst v. 9.12.1980 (GBl S. 594) — *LBBiGöD*
BY: Ausführungsgesetz v. 23.6.1970 (GVBl S. 246) — AGBBiG
HA: Ges. z. Regelung d. Berufsausbildung im hamb. öffentl. Dienst v. 9.7.1980 (GVBl I S. 124) — HmbBBiG
Ausführungsgesetz
BW: Gesetz zur Ausführung des Berufsbildungsgesetzes v. 3.7.2007 (GBl S. 297) — AGBBiG
Umsetzungsverordnung
BY: VO zur Umsetzung des Berufsbildungsgesetzes und der Handwerksordnung v. 24.7.2007 (GVBl S. 579) — BBiGHwOV
Zuständigkeitsverordnung
BW: Berufsbildungsgesetz~ v. 3.7.2007 (GBl S. 342) — BBiGZustVO

Berufsbildungsreformgesetz
v. 23.3.2005 (BGBl I S. 931) — BerBiRefG

Berufsbildungszuständigkeitsverordnung
LSA: ~ v. 19.7.2006 (GVBl LSA S. 420) — BBiGZustVO
MV: Berufsbildungszuständigkeitslandesverordnung v. 11.5.2006 (GVOBl M-V S. 249) — BBiGZustVO

Land- und Hauswirtschaft
BY: VO über Zuständigkeiten für die Berufsbildung in
der Landwirtschaft und in der Hauswirtschaft v.
4.7.2005 (GVBl S. 257)   **VZBLH**

Berufsfachschul-Errichtungsverordnung
BY: ~ v. 7.9.2004 (GVBl S. 380)   **BFSErrichtV**

Berufsfachschulausbildungs- u. Prüfungsverordnung
MV: ~ v. 28.3.1999 (GVOBl M-V S. 374)   **BFSAPVO M-V**

Berufsfachschulverordnung
BB: ~ v. 19.6.1997 (GVBl II S. 586)   **BFSV**
MV: Höhere ~ Mecklenburg-Vorpommern v. 21.12.2000
(GVOBl M-V 2001 S. 115)   **HBFSVO M-V**
Gesundheitsfachberufe
MV: Gesundheits- und Sozialpflege-Berufsfachschulverordnung v. 20.4.2006 (GVOBl M-V S. 413)   **GSBFSVO M-V**
Kosmetikerin/Kosmetiker
BB: ~ nach BBiG v. 14.6.2003 (GVBl II S. 366)   **KosBFSV**

Berufsförderungsverordnung
v. 23.10.2006 (BGBl I S. 2336)   **BföV**

Berufskolleg
NW: Allg. Nichtschüler-Prüfungsordnung f. Bildungsgänge
d. Berufskollegs v. 26.5.1999 (GV.NW S. 221)   **PO-NSch-BK**

Berufskolleganrechnungs- und -zulassungsverordnung
NW: ~ v. 16.5.2006 (GV.NW S. 217)   **BKAZVO**

Berufskraftfahrer-Ausbildungsverordnung
v. 19.4.2001 (BGBl I S. 642)   **BKV**

Berufskraftfahrer-Qualifikations-Gesetz
v. 14.8.2006 (BGBl I S. 1958)   **BKrFQG**
Zuständigkeitsverordnung
BW: VO des Innenministeriums über Zuständigkeiten
nach dem Berufskraftfahrer-Qualifikations-Gesetz
v. 8.1.2008 (GBl S. 57)   **BKrFQG-ZuVO**

Berufskraftfahrer-Qualifikations-Verordnung
v. 22.8.2006 (BGBl I S. 2108)   **BKrFQV**

Berufskrankheiten-Verordnung
v. 31.10.1997 (BGBl I S. 2623)   *BKV*

Berufsschadenausgleichsverordnung
i. d. Bek. v. 29.6.1984 (BGBl I S. 861)   **BSchAV**

Berufsschul(ver)ordnung
BB: ~ v. 28.4.1997 (GVBl II S. 294)   **BSV**
BE: ~ v. 13.2.2007 (GVBl S. 54)   **BSV**
LSA: VO f. Berufsfachschulen i. Bereich nichtärztlicher
Heilberufe v. 4.12.1995 (GVBl LSA S. 367)   **BFS/NÄH-VO**

MV: ~ v. 4.7.2005 (GVOBl. M-V S. 372) | BSVO
TH: Thüringer Berufsschulordnung v. 10.12.1996 (GVBl 1997 S. 33) | ThürBSO

Berufstätigenhochschulzugangsverordnung
BW: ~ v. 20.4.2006 (GBl S. 155) | BerufsHZVO

Berufsvorbereitungsjahr
BW: VO des Kultusministeriums über die Ausbildung und Prüfung im ~ v. 22.7.2004 (GBl S. 658) | BVJVO

Berufsvormünderprüfungsverordnung
BB: ~ v. 23.12.1999 (GVBl II 2000 S. 39) | BVormPrüfV
BE: ~ v. 8.12.1999 (GVBl S. 673) | BVormPrüfVO
LSA: ~ v. 13.12.2000 (GVBl LSA S. 673) | BVormPrüfVO
MV: ~ v. 4.5.2001 (GVOBl M-V S. 141) | BVormPrüfVO
SACH: ~ v. 2.9.1999 (SächsGVBl S. 514) | BVormPrüfVO
TH: Thüringer ~ v. 22.3.2001 (GVBl S. 35) | ThürBVormPrüfVO

Besatzungsrecht
1. u. 2. Ges. z. Aufhebung d. Besatzungsrechts v. 30.5.1956 (BGBl I S. 437, 446); 3. Ges. z. Aufhebung d. Besatzungsrechts v. 23.7.1958 (BGBl I S. 540); 4. Ges. z. Aufhebung d. Besatzungsrechts v. 19.12.1960 (BGBl I S. 1015) | AufhG

Besatzungsschäden
Ges. ü. d. Abgeltung v. ~ v. 1.12.1955 (BGBl I S. 734) | BesSchG

Beschäftigungs- und Arbeitstherapeutengesetz
v. 25.5.1976 (BGBl I S. 1246) | BeArbThG

Beschäftigungsförderungsgesetz
1994 v. 26.7.1994 (BGBl I S. 1786) | BeschFG 1994

Beschäftigungsverfahrensverordnung
v. 22.11.2004 (BGBl I S. 2934) | BeschVerfV

Beschäftigungsverordnung
v. 22.11.2004 (BGBl I S. 2937) | BeschV

Beschaffungswesen
Allg. Bedingungen f. Beschaffungsverträge d. Bundesministers d. Verteidigung. Ausg. v. 18.7.1962 | ABBV
Allg. Liefer- u. Zahlungsbedingungen d. Beschaffungsstelle d. BMI. Ausgabedatum 1.7.1966. | ALB

Beschussgesetz-Durchführungsverordnung
BW: ~ v. 11.11.2003 (GBl S. 721) | DVO BeschG

Beschussgesetzzuständigkeitsverordnung
TH: Thüringer VO zur Regelung von Zuständigkeiten nach dem Beschussgesetz v. 13.7.2005 (GVBl S. 298) | ThürBeschZVO

Beschussverordnung
- Allgemeine VO zum Beschussgesetz v. 13.7.2006 (BGBl I S. 1474) | BeschussV

4. Gesetze, sonstige Rechtsvorschriften, Verwaltungsvorschriften u.ä.   **Bes**

Besoldungs-Übergangs-Verordnung
1. Besoldungs-Übergangs-VO v. 4.3.1991 (BGBl I S. 622); 2. Besoldungs-Übergangs-VO i. d. Bek. v. 27.11.1997 (BGBl I S. 2764)   **...BesÜV**

Besoldungsanpassungsgesetz
BW: Landes~ v. 3.4.1979 (GBl S. 134)   **LBesAnpG**
HA: Hamb. Besoldungs- und Versorgungsanpassungsgesetz 2007/2008 v. 11.7.2007 (GVBl S. 213)   **HmbBVAnpG 2007/2008**
HE: Hess. Besoldungs- und Versorgungsanpassungsgesetz 2007/2008 v. 28.9.2007 (GVBl I S. 602)   **HBVAnpG 2007/2008**
RP: Landesbesoldungs- und -versorgungsanpassungsgesetz 2007/2008 v. 21.12.2007 (GVBl S. 283)   **LBV AnpG 2007/2008**

Besoldungsanwendungsgesetz
NW: Ges. ü. d. Anwendung beamten- u. besoldungsrechtl. Vorschriften auf nichtbeamtete Angehörige d. öffentl. Dienstes v. 6.10.1987 (GV.NW S. 342)   **AbubesVG**

Besoldungsgesetz
BB: Brandenburgisches ~ v. 10.1.2005 (GVBl I S. 38)   **BbgBesG**
BE: Landes~ i. d. Bek. v. 9.4.1996 (GVBl S. 160)   **LBesG**
BR: Brem. ~ i. d. Bek. v. 22.4.1999 (GBl S. 55)   *BremBesG*
BW: Landes~ i. d. Bek. v. 12.12.1999 (GBl 2000 S. 2)   **LBesG**
BY: Bay. ~ i. d. Bek. v. 30.8.2001 (GVBl S. 458)   **BayBesG**
HA: Hamb. ~ i. d. Bek. v. 22.5.1978 (GVBl I S. 169)   **HmbBesG**
HE: Hess. ~ i. d. Bek. v. 25.2.1998 (GVBl S. 50)   **HBesG**
LSA: Landes~ i. d. Bek. v. 3.3.2005 (GVBl LSA S. 108)   **LBesG**
MV: Landes~ i. d. Bek. v. 5.9.2001 (GVOBl M-V S. 321)   **LBesG**
ND: Landes~ i. d. Bek. v. 18.6.1991 (GVBl S. 221)   **LBesG**
ND: Niedersächsisches ~ i. d. Bek. v. 11.2.2004 (GVBl S. 44)   **NBesG**
NW: Landes~ i. d. Bek. v. 17.2.2005 (GV.NW S. 154)   **LBesG**
RP: Kommunal-~ v. 22.7.1965 (GVBl S. 149)   *KomBesG*
RP: Landes~ v. 14.7.1978 (GVBl S. 459)   **LBesG**
SACH: Sächs. ~ i. d. Bek. v. 28.1.1998 (SächsGVBl S. 50)   **SächsBesG**
SH: ~ 1973 i. d. Bek. v. 19.2.1973 (GVOBl S. 35)   **SH BesG 1973**
SH: Landesbesoldungsgesetzes i. d. Bek. v. 18.1.2005 (GVOBl S. 93)   **LBesG**
SL: ~ i. d. Bek. v. 10.1.1989 (ABl S. 301)   **SBesG**
TH: Thüringer ~ i. d. Bek. v. 22.8.1995 (GVBl S. 249)   **ThürBesG**

Besoldungsneuregelungsgesetz
1. ~ v. 6.7.1967 (BGBl I S. 629); 2. Besoldungsneuregelungsgesetz v. 14.5.1969 (BGBl I S. 365)   **BesNG**

Besoldungsordnung
BE: Landes~ i. d. Bek. v. 14.2.1989 (GVBl S. 430)   **LBesO**

Besoldungsrecht
Ges. z. Änderung u. Ergänzung d. Besoldungsrechts; 4. Ges.

z. Änderung u. Ergänzung d. Besoldungsrecht v. 19.7.1968 (BGBl I S. 843); 7. Ges. z. Änderung u. Ergänzung d. Besoldungsrecht v. 15.4.1970 (BGBl I S. 339) ...**BesÄndG**

Besondere Vertragsbedingungen
   f. d. Erstellen v. DV-Programmen v. 20.12.1985 (GMBl 1986 S. 27) **BVB-Erstellung**
   f. d. Kauf v. EDV-Anlagen und -Geräten. RdSchr d. BMI v. 15.7.1974 (GMBl S. 327) *BVB-Kauf*
   f. d. Miete v. EDV-Anlagen u. -Geräten. RdSchr d. BMI v. 10.1.1973 (GMBl S. 32) *BVB-Miete*
   f. d. Pflege v. DV-Programmen. RdSchr d. BMI v. 30.11.1979 (GMBl S. 715) **BVB-Pflege**
   f. d. Planung v. DV-gestützten Verfahren v. 24.10.1988 (GMBl S. 586) **BVB-Planung**
   f. d. Überlassung v. DV-Programmen (BVB-Überlassung) v. 4.11.1977 (BAnz Nr. 216, Beil. 26) **BVB-Überlassung**
   f. d. Wartung v. EDV-Anlagen u. -Geräten. RdSchr d. BMI v. 15.7.1974 (GMBl S. 351) *BVB-Wartung*

Bestattungsgesetz
   BB: Brandenburgisches ~ v. 7.11.2001 (GVBl I S. 226) **BbgBestG**
   BW: ~ v. 21.7.1970 (GBl S. 395) **BestattG**
   BY: ~ v. 24.9.1970 (GVBl S. 417) **BestG**
   HE: Friedhofs- und ~ v. 5.7.2007 (GVBl I S. 338) **FBG**
   MV: ~ v. 3.7.1998 (GVOBl M-V S. 617) **BestattG**
   ND: Gesetz über das Leichen-, Bestattungs- und Friedhofswesen v. 8.12.2005 (GVBl S. 381) **BestattG**
   NW: ~ v. 17.6.2003 (GV.NW S. 313) **BestG**
   RP: ~ v. 4.3.1983 (GVBl S. 69) **BestG**
   SACH: Sächs. ~ v. 8.7.1994 (SächsGVBl S. 1321) **SächsBestG**
   SH: ~ v. 4.2.2005 (GVOBl S. 70) **BestattG**
   SL: ~ v. 15.3.2006 (ABl S. 658) **BestattG**
   TH: Thüringer ~ v. 19.5.2004 (GVBl S. 505) **ThürBestG**

Bestattungsverordnung
   BW: ~ v. 15.9.2000 (GBl S. 669) **BestattVO**
   BY: ~ v. 1.3.2001 (GVBl S. 92) **BestV**
   SL: ~ v. 20.4.2004 (ABl S. 902) **BestattVO**

Betäubungsmittel
   ~rechts-Änderungsverordnung *BtMÄndV*

Betäubungsmittel-Außenhandelsverordnung v. 16.12.1981 (BGBl I S. 1420) **BtMAHV**

Betäubungsmittel-Binnenhandelsverordnung v. 16.12.1981 (BGBl I S. 1425) **BtMBinHV**

Betäubungsmittel-Kostenverordnung v. 16.12.1981 (BGBl I S. 1433) **BtMKostV**

Betäubungsmittel-Verschreibungsverordnung i. d. Bek. v. 16.9.1993 (BGBl I S. 1637) **BtMVV**

4. Gesetze, sonstige Rechtsvorschriften, Verwaltungsvorschriften u.ä.   **Bet**

Betäubungsmittelgesetz
   i. d. Bek. v. 1.3.1994 (BGBl I S. 358)   **BtMG**

Beteiligungsgesetz
   Gesetz über die Beteiligung der Arbeitnehmer und Arbeitnehmerinnen in einer Europäischen Genossenschaft v.
   14.8.2006 (BGBl I S. 1917)   **SCEBG**
   SE-~ v. 22.12.2004 (BGBl I S. 3686)   **SEBG**

Betreuungsangeboteanerkennungsverordnung
   MV: Betreuungsangeboteanerkennungslandesverordnung
   v. 20.12.2004 (GVOBl M-V S. 571)   **BetrAngAnLVO M-V**

Betreuungsangeboteförderungsverordnung
   MV: Betreuungsangeboteförderungslandesverordnung v.
   6.6.2006 (GVOBl. M-V S. 457)   **BetrAngFöLVO M-V**

Betreuungsgesetz
   v. 12.9.1990 (BGBl I S. 2002)   **BtG**

Betreuungsrecht
   Zweites ~sänderungsgesetz v. 21.4.2005 (BGBl I S. 1073)   **2. BtÄndG**

Betriebe-Gesetz
   BE: Berliner ~ v. 14.7.2006 (GVBl S. 827)   **BerlBG**

Betriebs-Verordnung
   BE: ~ v. 10.10.2007 (GVBl S. 516)   **BetrVO**

Betriebskosten-Umlageverordnung
   v. 17.6.1991 (BGBl I S. 1270)   **BetrKostUV**

Betriebskostenverordnung
   MV: Betriebskostenlandesverordnung v. 20.11.2000
   (GVOBl M-V S. 546)   **BKLVO M-V**
   NW: ~ v. 11.3.1994 (GV.NW S. 144)   **BKVO**
   SACH: ~ v. 8.8.1991 (SächsGVBl S. 340)   **BetrkVO**

Betriebsmittel
   Gesetz über die elektromagnetische Verträglichkeit von Betriebsmitteln v. 26.2.2008 (BGBl I S. 220)   **EMVG**

Betriebsprämiendurchführungsgesetz
   i. d. Bek. v. 30.5.2006 (BGBl I S. 1298 ff.)   **BetrPrämDurchfG**

Betriebsprämiendurchführungsverordnung
   i. d. Bek. v. 26.10.2006 (BGBl I S. 2376 ff.)   **BetrPrämDurchfV**

Betriebsprüfungsordnung
   (Steuer) i. d. Bek. v. 27.4.1978 (BAnz Nr. 87)   **BpO (St)**
   v. 17.12.1987 (BAnz Nr. 241 a)   **BpO**

Betriebsräume
   BW: VO ü. elektrische ~ v. 28.10.1975 (GBl S. 788)   **EltVO**
   BY: VO ü. d. Bau v. ~n f. elektrische Anlagen v. 13.4.1977
   (GVBl S. 421)   **EltBauV**

Betriebsrentengesetz
Ges. z. Verbesserung d. betrieblichen Altersversorgung v.
19.12.1974 (BGBl I S. 3610) *BetrAVG*

Betriebssatzung
NW: ~ für die Informationsverarbeitung und Kommunikationstechnik des Landschaftsverbandes Rheinland v.
7.9.2005 (GV.NW S. 795) **LVR InfoKom**

Betriebsverfassungsgesetz
i. d. Bek. v. 25.9.2001 (BGBl I S. 2518) *BetrVG*

Betriebsverordnung Notfallrettung
SL: VO über den Betrieb von Unternehmen des Krankentransports v. 5.1.2005 (ABl S. 178) **RettBetriebsVO**

Beurkundungsgesetz
v. 28.8.1969 (BGBl I S. 1513) *BeurkG*

Beurteilungsverordnung
SACH: Sächs. ~ v. 16.2.2006 (SächsGVBl S. 26) **SächsBeurtVO**

Bewachungsverordnung
i. d. Bek. v. 7.12.1995 (BGBl I S. 1602) **BewachV**

Bewährungs- u. Gerichtshilfegesetz
BW: Landesgesetz über die Bewährungs- und Gerichtshilfe sowie die Sozialarbeit im Justizvollzug v. 1.7.2004 (GBl S. 504) **LBGS**
SH: ~ v. 31.1.1996 (GVOBl S. 274) **BGG**
Durchführungsverordnung
BW: VO des Justizministeriums zur Durchführung des Landesgesetzes über die Bewährungs- und Gerichtshilfe sowie die Sozialarbeit im Justizvollzug v. 2.1.2008 (GBl S. 30) **DVO LBGS**

Bewährungshelfergesetz
NW: ~ i. d. Bek. v. 2.2.1968 (GV.NW S. 26) **BewhG**

Beweissicherungs- u. Feststellungsgesetz
i. d. Bek. v. 1.10.1969 (BGBl I S. 1897) **BFG**

Bewertungsänderungsgesetz
1971 v. 27.7.1971 (BGBl I S. 1157) **BewÄndG 1971**

Bewertungsgesetz
i. d. Bek. v. 1.2.1991 (BGBl I S. 230) **BewG**
Durchführungsverordnung z. ~ 2.2.1935 (RGBl I S. 81) **BewDV**

Bezeichnungsberechtigungsverordnung
SACH: VO des Sächsischen Staatsministeriums der Finanzen über die Berechtigung zum Führen der Bezeichnung „Verwaltungswirt(in)" im mittleren nichttechnischen Staatsfinanzdienst v. 2.10.2004 (SächsGVBl S. 538) **BezmStFVO**

4. Gesetze, sonstige Rechtsvorschriften, Verwaltungsvorschriften u.ä. **Bib**

Bezirke-Zuständigkeitsverordnung
   BE: VO über die Zuständigkeit für die Wahrnehmung von einzelnen Bezirksaufgaben durch einen Bezirk oder mehrere Bezirke im Bereich der Aufstiegsfortbildungsförderung, der Sozialhilfe, der Unterhaltssicherung sowie der Grundsicherung v. 18.3.2003 (GVBl S. 147)   **ZustVOSoz**

Bezirksamtsmitgliedergesetz
   BE: ~ i. d. Bek. v. 1.4.1985 (GVBl S. 958)   **BAMG**

Bezirksnotariate
   BW: Württ. VO ü. d. Dienstvorschriften f. d. ~ v. 27.10.1932 (ABl d. JM S. 321) / v. 4.3.1980 (GBl S. 137)   **DVBNot**

Bezirksordnung
   BY: ~ i. d. Bek. v. 22.8.1998 (GVBl S. 851)   **BezO**
   RP: ~ i. d. Bek. v. 13.10.1994 (GVBl S. 416)   **BezO**

Bezirksverwaltungsgesetz
   BE: ~ v. 14.12.2005 (GVBl 2005 S. 2)   **BezVG**
   HA: ~ v. 11.6.1997 (GVBl S. 206)   **BezVG**
   HA: ~ v. 6.7.2006 (GVBl S. 404)   **BezVG**

Bezirkswahlgesetz
   BY: ~ i. d. Bek. v. 10.2.1994 (GVBl S. 132)   **BezWG**

Bezügeanpassungs-Übergangsverordnung
   1. ~ v. 29.8.1991 (BGBl I S. 1868)   **1. BezAnpÜV**

Bezügeanpassungsgesetz
   BY: Gesetz zur Anpassung der Bezüge 2007/2008 v. 20.12.2007 (GVBl S. 931)   **BayBVAnpG 2007/2008**

Bezügeverordnung
   WDO-~ v. 18.7.2007 (BGBl I S. 1809)   **WDOBezV**

Bezügezuständigkeitsverordnung
   BY: VO über Zuständigkeiten für die Festsetzung, Anordnung und Abrechnung der Bezüge von Bediensteten und Versorgungsempfängern i. d. Bek. v. 24.10.2003 (GVBl S. 841)   **ZustV-Bezüge**
   MV: Bezügezuständigkeitslandesverordnung v. 20.9.2006 (GVOBl. M-V S. 734)   **BezügeZustLVO M-V**
   TH: Thüringer Zuständigkeitsverordnung Bezüge v. 8.3.2005 (GVBl S. 126)   **ThürZustVBezüge**

Bibliotheksgebühren(ver)ordnung
   BW: Bibliotheksgebührenordnung v. 18.11.1997 (GBl S. 540)   **BiblGebO**
   BW: ~ v. 28.11.2006 (GBl S. 384)   **BiblGebVO**

MV: Landes~ v. 24.11.2003 (GVOBl M-V S. 691)   **LBiblGebVO M-V**
SACH: Sächs. ~ v. 29.11.2004 (SächsGVBl S. 600)   **SächsBibGebVO**

Bibliotheksgesetz
SACH: Gesetz ü. d. Sächs. Landesbibliothek – Staats- u.
Universitätsbibliothek Dresden v. 30.6.1995
(SächsGVBl S. 205)   **SächsLBG**

Bibliotheksrechtliches Änderungsgesetz
BE: ~ v. 29.9.2004 (GVBl S. 428)   **BiblÄndG**

Bienenbelegstellenverordnung
MV: ~ v. 16.5.2006 (GVOBl M-V S. 256)   **BienBStVO M-V**

Bienenzuchtgesetz
BB: Brandenburgisches ~ v. 8.1.1996 (GVBl I S. 3)   **BbgBienG**

Biersteuergesetz
i. d. Bek. v. 15.4.1986 (BGBl I S. 527)   **BierStG**
Durchführungsbestimmungen z. ~ i. d. Bek. v. 14.3.1952
(BGBl I S. 153)   **BierStDB**

Bierverordnung
v. 2.7.1990 (BGBl I S. 1332)   *BierV*

Bilanzkontrollgesetz
v. 15.12.2004 (BGBl I S. 3408)   **BilKoG**

Bilanzkontrollkosten-Umlageverordnung
i. d. Bek. v. 9.5.2005 (BGBl I S. 1259)   **BilKoUmV**

Bilanzrechtsreformgesetz
v. 4.12.2004 (BGBl I S. 3166)   **BilRegG**

Bilanzrichtlinie-Gesetz
v. 19.12.1985 (BGBl I S. 2355)   **BiRiLiG**

Bildschirmtext
BY: Ges. z. Ausf. d. Staatsvertrages ü. ~ v. 4.8.1983 (GVBl
S. 542)   **AGBtxStV**

Bildschirmtexterprobungsgesetz
BE: ~ v. 29.5.1980 (GVBl S. 1002)   **BiTEG**

Bildstellen
BW: Ges. ü. d. ~ v. 24.6.1991 (GBl S. 440)   **BildstG**

Bildungsfreistellungsgesetz
MV: ~ Mecklenburg-Vorpommern v. 7.5.2001 (GVOBl
M-V S. 112)   **BfG M-V**
SH: Bildungsfreistellungs- und Qualifizierungsgesetz v.
7.6.1990 (GVOBl S. 364)   **BFQG**

Bildungsfreistellungsverordnung
BB: ~ v. 21.1.2005 (GVBl II S. 57)   **BFV**

4 Gesetze, sonstige Rechtsvorschriften, Verwaltungsvorschriften u.ä.   **Bin**

SH: ~ v. 2.7.1990 (GVOBl S. 427)   **BiFVO**

Bildungsgesetz
TH: Vorl. ~ v. 25.3.1991 (GVBl S. 61)   **VBiG**

Bildungsurlaubsgesetz
BE: Berl. ~ v. 24.10.1990 (GVBl S. 2209)   **BiUrlG**
BR: Bremisches ~ v. 18.12.1974 (GBl S. 348)   *BildUG*
ND: Niedersächsisches ~ i. d. Bek. v. 25.1.1991 (GVBl S. 29)   **NBildUG**

Binnenfischereiordnung
MV: ~ v. 5.10.1994 (GVOBl M-V S. 923)   **BiFO**
MV: Binnenfischereiverordnung v. 15.8.2005 (GVOBl M-V S. 423)   **BiFVO M-V**
SH: ~ v. 25.9.2001 (GVOBl S. 167)   **BiFO**

Binnengewässer-Verkehrsordnung
LSA: ~ i. d. Bek. v. 1.1.1997 (GVBl LSA S. 301)   **BGVO**

Binnenmarkt-Tierseuchenschutzverordnung
i. d. Bek. v. 6.4.2005 (BGBl I S. 997)   **BmTierSSchV**

Binnenschiffe
VO ü. d. Eichung v. Binnenschiffen v. 30.6.1975 (BGBl I S. 1785)   **BinSchEO**

Binnenschifferpatentverordnung
VO ü. Befähigungszeugnisse in d. Binnenschiffahrt v. 15.12.1997 (BGBl I S. 3066)   **BinSchPatentV**

Binnenschifffahrt
Binnenschiffahrtsgesetz i. d. Bek. v. 21.4.1986 (BGBl I S. 551)   **BinSchG**
~-Sprechfunkverordnung v. 22.2.1980 (BGBl I S. 169)   **BinSchSprFunkV**
Ges. ü. d. gerichtliche Verfahren in Binnenschiffahrtssachen v. 14.5.1965 (BGBl I S. 389)   *BinSchVerfG*

Binnenschifffahrtsaufgabengesetz
i. d. Bek. v. 5.7.2001 (BGBl I S. 2026)   **BinSchAufgG**

Binnenschifffahrtskostenverordnung
v. 21.12.2001 (BGBl I S. 4218)   **BinSchKostV**

Binnenschifffahrtstraßenordnung
Binnenschiffahrtstraßenordnung i. d. Bek. v. 1.5.1985 (BGBl S. 734)   **BinSchStrO**
VO z. Einf. d. Binnenschiffahrtstraßen-Ordnung v. 8.10.1998 (BGBl I S. 3148)   **BinSchStrEV**

Binnenschifffahrtsvermietungs- u. Änderungsverordnung
v. 18.4.2000 (BGBl I S. 572)   **BinSchVermÄndV**

Binnenschiffs-Untersuchungsordnung
i. d. Bek. v. 17.3.1988 (BGBl I S. 238)   **BinSchUO**

Binnenschiffsverkehr
~sgesetz i. d. Bek. v. 21.4.1986 (BGBl I S. 551) **BinSchVG**
VO z. Sicherstellung d. Binnenschiffsverkehrs v. 20.1.1981
(BGBl I S. 101) **BinSchSiV**

Bioabfallverordnung
v. 21.9.1998 (BGBl I S. 2955) **BioAbfV**
HA: ~ v. 4.10.1994 (GVBl I S. 277) **BioAbfVO**

Biologische Sicherheit
VO über d. Zentrale Kommission f. d. ~ i. d. Bek. v.
5.8.1996 (BGBl I S. 1232) **ZKBSV**

Biomaterial-Hinterlegungsverordnung
v. 24.1.2005 (BGBl I S. 151) **BioMatHintV**

Biostoffverordnung
v. 27.1.1999 (BGBl I S. 50) **BioStoffV**

Biozid-Meldeverordnung
v. 24.5.2005 (BGBl I S. 1410) **ChemBiozidMeldeV**

Blei- u. zinkhaltige Gegenstände
Ges. betr. d. Verkehr m. blei- und zinkhaltigen Gegenständen v. 25.6.1887 (RGBl S. 273) *BleiZiG*

Bleischrotverordnung
BE: VO über die Verwendung von Bleischrot bei der Jagdausübung v. 5.11.2003 (GVBl S. 542) **BleischrotVO**

Blinde u. Gehörlose
NW: Gesetz ü. d. Hilfen f. ~ v. 25.11.1997 (GV.NW S. 436) **GHBG**

Blindengeldgesetz
BY: Bay. ~ v. 7.4.1995 (GVBl S. 150) **BayBlindG**
MV: Landes~ i. d. Bek. v. 28.8.1995 (GVOBl M-V S. 426) **LBlGG**
SACH: Landes~ v. 14.12.2001 (SächsGVBl S. 714) **LBlGG**
TH: Thüringer ~ i. d. Bek. v. 24.6.2003 (GVBl S. 367) **ThürBliGG**

Blindenhilfegesetz
BW: ~ v. 8.2.1972 (GBl S. 56) **BliHG**

Blindenwarenvertriebsgesetz
v. 9.4.1965 (BGBl I S. 311) **BliwaG**

Blutstammzelleneinrichtungen-Registerverordnung
v. 20.12.2007 (BGBl I S. 3081) **BERV**

Bodenforschung
VO ü. d. Offenlegung d. Ergebnisse d. ~ v. 31.1.1936
(RGBl I S. 121) **BodSchätzOffVO**

Bodenordnung
LSA: VO ü. d. ~ nach d. Baugesetzbuch v. 31.10.1991
(GVBl LSA S. 430) **VO Bod**

Bodenreformgesetz
    HE: ~ v. 15.10.1946 (GVBl II 81–2)   **BodRefG**
    RP: ~ v. 16.10.1948 (GVBl S. 385; BS 7814–1)   **BodRefG**

Bodenschätze
    VO ü. Baubeschränkungen z. Sicherheit d. Gewinnung v.
    Bodenschätzen v. 28.2.1939 (RGBl I S. 381)   *BaubeschrV*

Bodenschätzungsgesetz
    v. 16.10.1934 (RGBl I S. 1050)   **BodSchätzG**
    Durchführungsbestimmungen z. ~ v. 12.2.1935 (RGBl I
    S. 198)   **BodSchätzDB**

Bodenschutzbehördenzuständigkeitsverordnung
    SH: Landesverordnung über die Zuständigkeit der Boden-
         schutzbehörden v. 11.7.2007 (GVOBl S. 341)   **BodSchZustVO**

Bodenschutzgesetz
    BE: Berliner ~ v. 10.10.1995 (GVBl S. 646)   **Bln BodSchG**
    BW: ~ v. 24.6.1991 (GBl S. 434)   **BodSchG**
    HA: Hamb. ~ v. 20.2.2001 (GVBl I S. 27)   **HmbBodSchG**
    NW: Landes~ v. 9.5.2000 (GV.NW S. 439)   **LbodSchG**

Bodensee-Schifffahrts-Ordnung
    BW: ~ v. 10.12.2001 (GBl S. 713)   **BSO**

Bodenseefischereiverordnung
    BW: ~ v. 18.12.1997 (GBl 1998 S. 32)   **BodFischVO**
    BY: ~ v. 1.12.1995 (GVBl S. 825)   **BoFiV**

Bodensonderungsgesetz
    v. 20.12.1993 (BGBl I S. 2215)   **BoSoG**

Börsengesetz
    i. d. Bek. v. 9.9.1998 (BGBl I S. 2682)   *BörsG*

Börsenzulassungs-Verordnung
    i. d. Bek. v. 9.9.1998 (BGBl I S. 2832)   **BörsZulV**

Boote
    BB: VO zum Führen von Charterbooten ohne Fahrerlaub-
         nis auf ausgewählten schiffbaren Gewässern des Lan-
         des Brandenburg v. 19.5.2004 (GVBl II S. 382)   **LChartbootV**

Brand- u. Katastrophenschutzgesetz
    BB: Brandenburgisches Brand- und Katastrophenschutz-
         gesetz v. 24.5.2004 (GVBl I S. 197)   **BbgBKG**
    HE: Hess. Gesetz ü. d. Brandschutz, d. Allg. Hilfe u. d.
         Katastrophenschutz v. 17.12.1998 (GVBl I S. 530) **HBKG**
    RP: ~ v. 2.11.1981 (GVBl S. 247)   **LBKG**
    TH: Thüringer ~ i. d. Bek. v. 25.3.1999 (GVBl S. 227) **ThBKG**

Brandschauverordnung
    BB: ~ v. 3.6.1994 (GVBl II S. 478)   **BrSchV**

Brandschutzgesetz
    BB: ~ i. d. Bek. v. 9.3.1994 (GVBl I S. 65)   **BSchG**
    BR: Brem. ~ v. 7.5.1991 (GBl S. 163)   **BremBrandSchG**
    LSA: ~ i. d. Bek. v. 7.6.2001 (GVBl LSA S. 190)   **BrSchG**
    ND: Niedersächsisches ~, s. a. Feuerschutzgesetz v.
        8.3.1978 (GVBl S. 233)   **NBrandSchG**
    SACH: Sächs. ~ i. d. Bek. v. 28.1.1998 (SächsGVBl S. 54)   **SächsBrandschG**
    SH: ~ v. 10.2.1996 (GVOBl S. 200)   **BrSchG**
    SL: ~ v. 30.11.1988 (ABl S. 1410)   **BSG**

Brandschutzhilfeleistungsgesetz
    HE: ~ v. 5.10.1970 (GVBl I S. 585)   **BrSHG**
    MV: Brandschutzgesetz v. 14.11.1991 (GVOBl M-V S. 426)   **BrSchG**

Brandschutzverordnung
    NW: ~ v. 12.6.1984 (GV.NW S. 390)   **BrSchVO**

Brandsicherheitsschauverordnung
    BE: ~ v. 1.9.1999 (GVBl S. 508)   **BrandsichVO**
    LSA: VO über die Brandsicherheitsschau v. 23.8.2004
        (GVBl LSA S. 528)   **BrSiVO**

Brandverhütung
    BY: VO ü. d. Verhütung v. Bränden v. 29.4.1981 (GVBl
        S. 101)   **VVB**
    MV: VO über die ~sschau v. 3.5.2004 (GVOBl. M-V
        S. 184)   **BrdverhschauVO M-V**
    SH: ~sschauverordnung v. 13.8.1998 (GVOBl S. 242)   **BrVSchauVO**

Branntwein-Verwertungsordnung
    ~(= Anl. 2 d. Grundbestimmungen z. Gesetz ü. d. Brannt-
    weinmonopol, ZBlDR 1922 S. 809)   **VwO**

Branntweinmonopolgesetz
    Ges. ü. d. Branntweinmonopol v. 8.4.1922 (RGBl I S. 405)   *BranntwMonG*

Branntweinmonopolverordnung
    v. 20.2.1998 (BGBl I S. 383)   **BrMV**

Branntweinsteuerverordnung
    v. 21.1.1994 (BGBl I S. 104)   **BrStV**

Branntweinübernahmepreisverordnung
    v. 8.7.1998 (BGBl I S. 1861)   **BrÜbPreisV**

Branntweinzählordnung
    v. 20.3.1923 (RMBl S. 251)   **ZO**

Brauer- u. Mälzermeisterverordnung
    v. 15.8.1996 (BGBl I S. 1329)   **BrauMMstrV**

Braunkohlen- und Sanierungsplangebiete
    BB: VO ü. d. Abgrenzung d. ~ i. Land Brandenburg v.
        26.2.1996 (GVBl II S. 231)   **BSanPlagV**

4. Gesetze, sonstige Rechtsvorschriften, Verwaltungsvorschriften u.ä.   **Bud**

Braunkohlengrundlagengesetz
   BB: Brandenburgisches ~ v. 7.7.1997 (GVBl I S. 72)   **BbgBkGG**

Brennbare Flüssigkeiten
   Dampfkesselverordnung v. 27.2.1980 (BGBl I S. 173)   **DampfkV**
   VO über ~ i. d. Bek. v. 13.12.1996 (BGBl I S. 1937)   **VbF**

Briefgeheimnis
   Gesetz zu Artikel 10 Grundgesetz v. 13.8.1968 (BGBl I
   S. 949)   **G 10**
   Ausführungsgesetz
      NW: Gesetz über die Ausführung des Gesetzes zu Artikel
      10 Grundgesetz i. d. Bek. v. 18.12.2002 (GV.NW
      2003 S. 2)   **AG G10**
   Ausführungsgesetz(e)
      BY: Ges. z. Ausf. d. Ges. zu Art. 10 d. Grundgesetzes v.
      11.12.1984 (GVBl S. 522)   **AGG 10**
   Ausführungsgesetze
      TH: Gesetz über die Ausführung des Gesetzes zu Artikel
      10 Grundgesetz v. 29.10.1991 (GVBl S. 515)   **AG G10**

Britische Zone, Rückerstattung feststellbarer Vermögensgegenstände
   Brit. Zone. Ges. Nr. 59 v. 12.5.1949 (ABlMR Nr. 28 S. 1169;
   VOBl. BrZ S. 152)   *BrREG*

Brustimplantate-Verordnung
   v. 11.7.2003 (BGBl I S. 1435)   **BrustImplV**

Bruteier-Kennzeichnungsverordnung
   v. 2.11.1989 (BGBl I S. 1944)   **BrEKV**

Buchbindermeisterverordnung
   v. 5.5.2006 (BGBl I S. 1152)   **BuchBMstrV**

Buchführung
   BY: Verwaltungsanordnung ü. d. ~ d. staatlichen Wirtschaftsbetriebe mit Bruttohaushalt v. 12.3.1956
   (BayBS III S. 497)   **VBW**

Buchführungs- und Rechnungslegungsordnung
   Entwurf d. ~ f. d. Vermögen des Bundes v. 16.3.1953
   (MinBlFin S. 166)   **VBRO**

Buchungsordnung
   Vorl. ~ f. d. Finanzämter bei Einsatz automatischer Datenverarbeitungsanlagen. Stand Juni 1991 (BStBl I S. 836)   **BuchO-ADV**

Budapester Vertrag
   ü. d. internat. Anerkennung d. Hinterlegung v. Mikroorganismen f. d. Zwecke v. Patentverfahren v. 28.4.1977
   (BGBl 1980 II S. 1104)   *BV*

Budgetverordnung
   v. 27.5.2004 (BGBl I S. 1055)   **BudgetV**

Bündnissen für Investition und Dienstleistung
SL: Gesetz zur Schaffung von ~ v. 26.9.2007 (ABl S. 2242)   **BIDG**

Bürgerbeauftragtengesetz
TH: Thüringer ~ v. 25.5.2000 (GVBl S. 98)   **ThürBüG**

Bürgerliches Gesetzbuch
v. 18.8.1896 (RGBl S. 195)   *BGB*
Einführungsgesetz z. Bürgerlichen Gesetzbuch v. 18.8.1896 (RGBl S. 604)   *EGBGB*
Ges. z. Wiederherstellung der Gesetzeseinheit auf dem Gebiete des bürgerlichen Rechts v. 5.3.1953 (BGBl I S. 33)   *GesEinhG*
Ausführungsgesetz(e)
  BB: Brandenburgisches Ausführungsgesetz z. Bürgerlichen Gesetzbuch v. 28.7.2000 (GVBl I S. 114)   **BbgAGBGB**
  BW: Ausführungsgesetz z. Bürgerlichen Gesetzbuch v. 26.11.1974 (GBl S. 498)   **AGBGB**
  BY: Ausführungsgesetz z. Bürgerlichen Gesetzbuch v. 20.9.1982 (GVBl S. 803)   **AGBGB**
  HA: Ausführungsgesetz z. Bürgerlichen Gesetzbuch i. d. Bek. v. 1.7.1958 (SlgBerHmbLR 40-e)   **AGBGB**
  HE: Hess. Ges. z. Ausf. d. Bürgerl. Gesetzbuches v. 18.12.1984 (GVBl I S. 344)   **Hess.AGBGB**
  ND: Niedersächsisches Ausführungsgesetz z. Bürgerlichen Gesetzbuch v. 4.3.1971 (GVBl S. 73)   **Nds.AGBGB**
  PR: Preußisches Ausführungsgesetz z. Bürgerlichen Gesetzbuch v. 20.9.1899 (GS S. 177)   **AGBGB**
  RP: Ausführungsgesetz z. Bürgerlichen Gesetzbuch v. 18.11.1976 (GVBl S. 259)   **AGBGB**
  SH: Ausführungsgesetz z. Bürgerlichen Gesetzbuch v. 27.9.1974 (GVOBl S. 357)   **AGBGB**

Bürgschaftsgesetz
BE: Landes~ v. 16.2.1978 (GVBl S. 742)   *LaBüG*

Bürokostenentschädigungsverordnung
MV: ~ v. 30.10.1998 (GVOBl M-V S. 898)   **BkEntschVO M-V**

Bürokratieabbaugesetz
BB: Erstes Brandenburgisches ~ v. 28.6.2006 (GVBl I S. 74)   **1. BbgBAG**

Bundes-Angestelltentarif
Bund, Länder, Gemeinden v. 23.2.1961 (MinBlFin S. 214 = GMBl S. 137)   **BAT**
~Vergütungsordnung (= Anl. 1a)   *VergO*
Erster Tarifvertrag z. Anpassung d. Tarifrechts, Manteltarif rechtl. Vorschriften v. 10.12.1990 (GMBl 1991 S. 234, 251)   **BAT-O**

Bundes-Apothekerordnung
i. d. Bek. v. 19.7.1989 (BGBl I S. 1478)   *BApO*

Bundes-Bodenschutz- u. Altlastenverordnung
v. 12.7.1999 (BGBl I S. 1554)   **BBodSchV**

4. Gesetze, sonstige Rechtsvorschriften, Verwaltungsvorschriften u.ä.

Bundes-Bodenschutzgesetz
v. 17.3.1998 (BGBl I S. 502) — *BBodSchG*

Bundes-Immissionsschutzgesetz
i. d. Bek. v. 14.4.1990 (BGBl I S. 880) — **BImSchG**
Erste Allg. Verwaltungsvorschrift z. ~ Technische Anleitung
z. Reinhaltung d. Luft v. 27.2.1986 (GMBl S. 95) — **TA Luft**
Zuständigkeitsverordnung
BW: Immissionsschutz-~ v. 3.3.2003 (GBl S. 180) — **BImSchZuVO**

Bundes-Seehafen-Abgabenverordnung
v. 19.9.2001 (BGBl I S. 2436) — **HfAbGV 2001**

Bundes-Seuchengesetz
i. d. Bek. v. 18.12.1979 (BGBl I 1980 S. 151) — *BSeuchG*

Bundes-Tierärzteordnung
i. d. Bek. v. 20.11.1981 (BGBl I S. 1193) — *BTÄO*

Bundesärzteordnung
i. d. Bek. v. 16.4.1987 (BGBl I S. 1218) — *BÄO*

Bundesamt für Bevölkerungsschutz und Katastrophenhilfe Errichtungsgesetz
 Gesetz über die Errichtung des Bundesamtes für Bevölkerungsschutz und Katastrophenhilfe v. 27.4.2004 (BGBl I S. 630) — **BBKG**

Bundesamt für Schifffahrt und Hydrographie
 Kostenverordnung f. Amtshandlungen d. Bundesamtes f. Schifffahrt und Hydrographie v. 20.12.2001 (BGBl I S. 4081) — **BSHKostV**

Bundesanstalt f. Landwirtschaft u. Ernährung
 Gesetz ü. d. Errichtung einer Bundesanstalt f. Landwirtschaft u. Ernährung v. 2.8.1994 (BGBl I S. 2019) — **BLEG**

Bundesanstalt f. Sicherheit i. d. Informationstechnik
 Gesetz ü. d. Errichtung d. Bundesanstalt f. Sicherheit i. d. Informationstechnik, BSI-Errichtungsgesetz v. 17.12.1990 (BGBl I S. 2834) — **BSIG**

Bundesanstalt für Immobilienaufgaben
 Gesetz zur Gründung einer ~ v. 9.12.2004 (BGBl I S. 3235) — **BImA-Errichtungsgesetz**

Bundesanstalt Post-Gesetz
 Bundesanstalt Post-G v. 14.9.1994 (BGBl I S. 2325) — **BAPostG**

Bundesarbeitsgericht
 Geschäftsordnung d. Bundesarbeitsgerichts v. 8.4.1960 (BAnz Nr. 76) — *GOBAG*

Bundesarchiv-Benutzungsverordnung
v. 29.10.1993 (BGBl I S. 1857) — **BArchBV**

Bundesarchiv-Kostenverordnung
v. 29.9.1997 (BGBl I S. 2380) BArchKostV

Bundesarchivgesetz
v. 6.1.1988 (BGBl I S. 62) BArchG

Bundesartenschutzverordnung
v. 16.2.2005 (BGBl I S. 258) BArtSchV

Bundesaufsichtsamt f. d. Versicherungswesen
Ges. ü. d. Errichtung eines Bundesaufsichtsamtes f. d. Versicherungswesen v. 16.11.1972 (BGBl I S. 1997) BAG

Bundesausbildungsförderungsgesetz
Allg. Verwaltungsvorschrift z. ~ v. 7.7.1982 (GMBl S. 311) BAföGVwV 1982
i. d. Bek. v. 6.6.1983 (BGBl I S. 645) BAföG
VO ü. d. Einziehung d. nach d. ~. geleisteten Darlehen i. d.
Bek. v. 28.10.1983 (BGBl I S. 1340) DarlehensV
VO ü. d. leistungsabhängigen Teilerlass v. Ausbildungsförderungsdarlehen v. 14.12.1983 (BGBl I S. 1439) BAföG-TeilerlaV
VO ü. d. Zuschläge zu d. Bedarf bei e. Ausbildung außerhalb d. Geltungsbereichs d. Bundesausbildungsförderungsgesetzes v. 25.6.1986 (BGBl I S. 935) BAföG-ZuschlagsV
VO ü. Zusatzleistungen in Härtefällen nach d. ~ v.
15.7.1974 (BGBl I S. 1449) HärteV
VO z. Bezeichnung d. landesrechtl. Vorschriften nach § 59
Abs. 3 ~ v. 18.11.1971 (BGBl I S. 1822) BezeichnungsV
Zweite VO zur Änderung der VO zur Bezeichnung des als
Einkommen geltenden sonstigen Einnahmen nach § 21
Abs.3 Nr. 4 des Bundesausbildungsförderungsgesetzes v.
9.5.2003 (BGBl I S. 676) 2. BAföGEinkommensVÄndV

VO zur Bezeichnung der als Einkommen geltenden sonst.
Einnahmen nach § 21 Abs. 3 Nr. 4 d. Bundesausbildungsförderungsgesetzes v. 5.4.1988 (BGBl I S. 505) BAföG-EinkommensV
Zweiundzwanzigstes Gesetz zur Änderung des Bundesausbildungsförderungsgesetzes v. 23.12.2007 (BGBl I S. 3254) 22. BAföGÄndG
Ausführungsgesetze
    BY: Bay. Ges. z. Ausf. d. Bundesausbildungsförderungsgesetzes i. d. Bek. v. 27.6.1980 (GVBl S. 449) BayAGBAföG
    RP: Landesges. z. Ausf. d. Bundesausbildungsförderungsgesetzes v. 21.12.1978 (GVBl S. 759) AGBAföG

Bundesautobahnen
Ges. ü. d. vermögensrechtlichen Verhältnisse d. ~ u. sonstigen Bundesstraßen d. Fernverkehrs v. 2.3.1951 (BGBl I
S. 157) BStrVermG

Bundesbahngesetz
v. 13.12.1951 (BGBl I S. 955) BbG

Bundesbankgesetz
Ges. ü. d. Deutsche Bundesbank v. 26.7.1957 (BGBl I
S. 745) BBankG

Bundesbaugesetz
i. d. Bek. v. 18.8.1976 (BGBl I S. 2256) **BBauG**

Bundesbeamtengesetz
i. d. Bek. v. 31.3.1999 (BGBl I S. 675) **BBG**

Bundesberggesetz
v. 13.8.1980 (BGBl I S. 1310) **BBergG**

Bundesbergverordnung
Allg. ~ v. 23.10.1995 (BGBl I S. 1466) **ABBergV**

Bundesbesoldungsgesetz
Allg. Verwaltungsvorschrift z. ~ v. 29.5.1980 (GMBl S. 290) **BBesGVwV**
Bundesbesoldungs- und -versorgungsanpassungsgesetz
2003/2004 v. 10.9.2003 (BGBl I S. 1798) **BBVAnpG 2003/2004**
Bundesbesoldungs- und Versorgungserhöhungsgesetz 1980
v. 16.8.1980 (BGBl I S. 1439) **BBVEG 80**
i. d. Bek. v. 3.12.1998 (BGBl I S. 3434) *BBesG*

Bundesdatenschutzgesetz
i. d. Bek. v. 20.12.1990 (BGBl I S. 2954) **BDSG**

Bundesdisziplinargesetz
v. 9.7.2001 (BGBl I S. 1510) **BDG**

Bundesdisziplinarordnung
i. d. Bek. v. 20.7.1967 (BGBl I S. 750) **BDO**

Bundeselterngeld- und Elternzeitgesetz
Zuständigkeitsverordnung
  BB: VO über die Zuständigkeiten zur Durchführung
des Bundeselterngeld- und Elternzeitgesetzes v.
5.1.2007 (GVBl II S. 11) **BEEGZV**

Bundesentschädigungsgesetz
i. d. Bek. v. 29.6.1956 (BGBl I S. 559, 562) **BEG**
Änderungsgesetze z. Bundesergänzungsgesetz
BEG-Schlussgesetz v. 14.9.1965 (BGBl I S. 1315) *BEG-SG*
3. Gesetz v. 29.6.1956 (BGBl I S. 559) *3. ÄndG-BErgG*
Organisationsverordnung
  BY: Bundesentschädigungsgesetz, ~ v. 13.12.1988
(GVBl S. 462) **OV-BEG**
Verfahrensordnung
  SL: ~ z. Bundesentschädigungsgesetz v. 10.6.1959 (ABl
S. 1053) **VerfO-BEG**
Zuständigkeits- u. Verfahrendordnung
  BE: Zuständigkeits- u. Verfahrensordnung z. Bundes-
entschädigungsgesetz f. Opfer d. nationalsozialisti-
schen Verfolgung v. 8.9.1958 (GVBl S. 904) **ZVO-BEG**
  BR: Zuständigkeits- u. Verfahrensordnung z. Bundes-
entschädigungsgesetz f. Opfer d. nationalsozialisti-
schen Verfolgung v. 4.12.1956 (GBl S. 153) **ZVO-BEG**

HE: Hess. Zuständigkeits- und Verfahrensordnung z.
Bundesentschädigungsgesetz v. 8.7.1968 (GVBl I
S. 197)   **HZVO**
ND: Zuständigkeits- u. Verfahrensordnung z. Bundes-
entschädigungsgesetz f. Opfer d. nationalsozialisti-
schen Verfolgung v. 26.8.1969 (GVBl S. 164)   **ZVO-BEG**
NW: Zuständigkeits- u. Verfahrensordnung z. Bundes-
entschädigungsgesetz f. Opfer d. nationalsozialisti-
schen Verfolgung i. d. Bek. v. 27.1.1966 (GV.NW
S. 54)   **ZVO-BEG**

Bundeserziehungsgeldgesetz
i. d. Bek. v. 9.2.2004 (BGBl I S. 206)   **BErzGG**

Bundesevakuiertengesetz
i. d. Bek. v. 13.10.1961 (BGBl I S. 1865)   **BEvakG**

Bundesfernstraßengesetz
ÄndG [1. ~ v. 10.7.1961 (BGBl I S. 877)]; 2. Bundesfern-
straßengesetz v. 4.7.1974 (BGBl I S. 1401)   **...FStrÄndG**
i. d. Bek. v. 19.4.1994 (BGBl I S. 854)   **FStrG**

Bundesfernstraßenkreuzungsverordnung
i. d. Bek. v. 2.12.1975 (BGBl I S. 2984)   **FStrKrV**

Bundesfinanzhof
Ges. ü. d. ~ v. 29.6.1950 (BGBl I S. 257)   **BFHG**
Geschäftsordnung d. ~s, in Kraft seit d. 1.1.1971 (BAnz
1974 Nr. 80 S. 6)   **GOBFH**

Bundesgerichtshof
Geschäftsordnung d. Bundesgerichtshofs v. 3.3.1952 (BAnz
Nr. 83)   **GOBGH**
Aktenordnung
~ des Bundesgerichtshofs v. 22.12.1955   **AktOBGH**

Bundesgesundheitsamt
Ges. ü. d. Errichtung eines Bundesgesundheitsamtes v.
27.2.1952 (BGBl I S. 121)   **BGAG**

Bundesgleichstellungsgesetz
v. 30.11.2001 (BGBl I S. 3234)   **BGleiG**

Bundesgrenzschutz
~-Laufbahnverordnung i. d. Bek. v. 20.10.1994 (BGBl I
S. 3152)   **BGSLV**
~gesetz v. 18.8.1972 (BGBl I S. 1834)   **BGSG**
~neuregelungsgesetz v. 19.10.1994 (BGBl I S. 2978)   **BGSNeuRegG**
Ges. ü. d. Personalstruktur d. Bundesgrenzschutzes v.
3.6.1976 (BGBl I S. 1357)   **BGSPersG**
VO ü. d. Übertragung v. Grenzschutzaufgaben auf d. Zoll-
verwaltung v. 25.3.1975 (BGBl I S. 1068)   **BGSZollV**

Bundeshaushaltsordnung
Baufachliche Ergänzungsbestimmungen zu d. Vorl. Verwal-

tungsvorschriften zu § 44 BHO v. 2.4.1971 (MinBlFin
S. 326) (s.a. Allgemeine Bewirtschaftungsgrundsätze)   **ZBau**
v. 19.8.1969 (BGBl I S. 1284) (s.a. Allgemeine Bewirtschaftungsgrundsätze)   **BHO**
Haushaltstechische Richtlinien i. d. Bek. v. 8.3.1974 (MinBlFin S. 178) (s.a. Allgemeine Bewirtschaftungsgrundsätze)   **HRB**
Verwaltungsvorschriften z. Haushaltssystematik i. d. Bek. v. 26.10.1973 (MinBlFin S. 618) (s.a. Allgemeine Bewirtschaftungsgrundsätze)   **VV-HB**
Vorl. Verwaltungsvorschriften z. ~ v. 21.5.1973 (MinBlFin S. 190) (s.a. Allgemeine Bewirtschaftungsgrundsätze)   **Vorl.VV-BHO**
Gruppierungsplan
   Allg. Hinweise z. ~ u. z. Funktionenplan (s.a. Allgemeine Bewirtschaftungsgrundsätze)   **AH-GF**

Bundesjagdgesetz
i. d. Bek. v. 29.9.1976 (BGBl I S. 2849)   *BJagdG*

Bundeskindergeldgesetz
i. d. Bek. v. 22.2.2005 (BGBl I S. 458)   **BKGG**

Bundeskleingartengesetz
v. 28.2.1983 (BGBl I S. 210)   **BKleinG**

Bundesknappschaft-Errichtungsgesetz
v. 28.7.1969 (BGBl I S. 974)   **BKnEG**

Bundeskriminalamtgesetz
v. 7.7.1997 (BGBl I S. 1650)   *BKAG*

Bundeslaufbahnverordnung
i. d. Bek. v. 8.3.1990 (BGBl I S. 449)   **BLV**

Bundesleistungsgesetz
i. d. Bek. v. 27.9.1961 (BGBl I S. 1769)   *BLG*
Ausführungsverordnung
   NW: Bundesleistungsgesetz, ~ v. 29.10.1964 (GV.NW S. 319)   **AV BLG**

Bundesmietengesetz
12. ~ v. 3.8.1982 (BGBl I S. 1106)   **12. BMG**

Bundesministergesetz
i. d. Bek. v. 27.7.1971 (BGBl I S. 1166)   *BMinG*

Bundesministerien
Gemeinsame Geschäftsordnung d. ~, Besonderer Teil i. d. Bek. v. 15.10.1976 (GMBl S. 550)   **GGO II**

Bundesnachrichtendienst
Ges. ü. d. ~ v. 19.12.1990 (BGBl I S. 2979)   **BNDG**

Bundesnaturschutzgesetz
i. d. Bek. v. 21.9.1998 (BGBl I S. 2994)   **BNatSchG**

Bundesnebentätigkeitsverordnung
i. d. Bek. v. 28.8.1974 (BGBl I S. 2117)   **BNV**

Bundesnotarordnung
v. 24.2.1961 (BGBl I S. 97)   **BNotO**
Anrechnung von Ersatz- und Ausfallzeiten
ND: VO über die ~ nach der Bundesnotarordnung v.
12.5.2003 (GVBl S. 195)   **AnrechVO-BNotO**

Bundesobergrenzenverordnung
v. 21.1.2003 (BGBl I S. 92)   **BOgrV**

Bundespersonalausschuss
Geschäftsordnung d. Bundespersonalausschusses i. d. Bek.
v. 25.6.1956 (GMBl 1958 S. 461)   *GOBPersA*

Bundespersonalvertretungsgesetz
v. 15.3.1974 (BGBl I S. 693)   **BPersVG**
Wahlordnung z. ~ i. d. Bek. v. 1.12.1994 (BGBl I S. 3653)   **BPersVWO**

Bundespflegesatzverordnung
v. 26.9.1994 (BGBl I S. 2750)   **BPflV**

Bundespolizei
VO über die Übertragung von ~aufgaben auf die Zollverwaltung v. 24.6.2005 (BGBl I S. 1867)   **BPolZollV**

Bundespolizeibeamtengesetz
i. d. Bek. v. 3.6.1976 (BGBl I S. 1357)   **BPolBG**

Bundespost
Ges. ü. d. vermögensrechtl. Verhältnisse d. Deutschen ~ v.
21.5.1953 (BGBl I S. 225)   *PostVermG*
Ges. ü. d. Verwaltung d. Deutschen ~ v. 24.7.1953 (BGBl I
S. 676)   *PostVwG*

Bundesrat
Geschäftsordnung d. Bundesrates i. d. Bek. v. 10.6.1988
(BGBl I S. 857)   *GOBR*

Bundesrechnungshof
Ges. ü. Errichtung u. Aufgaben d. Bundesrechnungshofes v.
11.7.1985 (BGBl I S. 1445)   **BRHG**
Geschäftsordnung d. Bundesrechnungshofs v. 21.12.1987
(MinBlFin S. 116)   **GO-BRH**

Bundesrechtsanwaltsgebührenordnung
Bundesgebührenordnung f. Rechtsanwälte v. 26.7.1957
(BGBl I S. 861, 907)   **BRAGO**

Bundesrechtsanwaltsordnung
v. 1.8.1959 (BGBl I S. 565)   **BRAO**

Bundesregierung
Geschäftsordnung d. ~ v. 11.5.1951 (GMBl S. 137)   *GOBReg*

4. Gesetze, sonstige Rechtsvorschriften, Verwaltungsvorschriften u.ä. **Bun**

Bundesreisekostengesetz
v. 26.5.2005 (BGBl I S. 1418)   **BRKG**

Bundesrückerstattungsgesetz
im Saarland v. 12.1.1967 (BGBl I S. 133)   **BRüG-Saar**
v. 19.7.1957 (BGBl I S. 734)   **BRüG**

Bundesschuldenwesengesetz
v. 12.7.2006 (BGBl I S. 1466)   **BSchuWG**

Bundesschuldenwesenverordnung
v. 19.7.2006 (BGBl I S. 1700)   **BSchuWV**

Bundessonderzahlungsgesetz
i. d. Bek. v. 28.2.2005 (BGBl I S. 464)   **BSZG**

Bundessozialgericht
Geschäftsordnung d. Bundessozialgerichts v. 6.7.1981
(BAnz Nr. 129)   *GOBSG*

Bundessozialhilfegesetz
    i. d. Bek. v. 23.3.1994 (BGBl I S. 647)   **BSHG**
    NW: VO zur Änderung der VO zur Ausführung des Bundessozialhilfegesetzes v. 20.6.2003 (GV.NW S. 320)   **AV-BSHG**
    Ausführungsgesetze
       BB: Gesetz zur Ausführung des Bundessozialhilfegesetzes i. d. Bek. v. 13.2.2003 (GVBl I S. 182)   **AGBSHG**
       BR: Ges. z. Ausführung d. Bundessozialhilfegesetzes v. 5.6.1962 (GBl S. 149)   **BrAGBSHG**
       BW: Ges. z. Ausführung d. Bundessozialhilfegesetzes v. 23.4.1963 (GBl S. 33)   **AGBSHG**
       BY: Ges. z. Ausführung d. Bundessozialhilfegesetzes i. d. Bek. v. 21.9.1982 (GVBl S. 819)   **AGBSHG**
       HE: Hessisches Ausführungsgesetz z. Bundessozialhilfegesetz i. d. Bek. v. 16.9.1970 (GVBl I S. 573)   **HAG/BSHG**
       ND: Bundessozialhilfegesetz, Ausführungsgesetz i. d. Bek. v. 12.11.1987 (GVBl S. 206)   **Nds.AG BSHG**
       NW: Ges. z. Ausführung d. Bundessozialhilfegesetzes v. 25.6.1962 (GV.NW S. 344)   **AGBSHG**
       RP: Ges. z. Ausführung d. Bundessozialhilfegesetzes v. 8.3.1963 (GVBl S. 79)   **AGBSHG**
       SACH: Sächs. Ausführungsgesetz z. Bundessozialhilfegesetz v. 6.8.1991 (SächsGVBl S. 301)   **SächsAGBSHG**
       SH: Ges. z. Ausführung d. Bundessozialhilfegesetzes v. 6.7.1962 (GVOBl S. 271)   **AGBSHG**

Bundessozialhilfegesetz-Schiedsstellenverordnung
    BR: VO ü. d. Schiedsstelle n. d. Bundessozialhilfegesetz v. 27.9.1994 (GBl S. 297)   **BSHG-SchV**
    HA: ~ v. 20.12.1994 (GVBl I S. 441)   **BSHG-SchVO**

Bundesstatistikgesetz
i. d. Bek. v. 22.1.1987 (BGBl I S. 462)   **BStatG**

Bundestarifordnung Elektrizität
v. 18.12.1989 (BGBl I S. 2255) **BTO Elt**

Bundestarifordnung Gas
v. 10.2.1959 (BGBl I S. 46) *BTO Gas*

Bundesumzugskostengesetz
Allg. Verwaltungsvorschrift z. ~ v. 2.1.1991 (GMBl S. 65) **BUKGVwV**
i. d. Bek. v. 11.12.1990 (BGBl I S. 2682) **BUKG**

Bundesunternehmen-Unfallverhütungsverordnung
v. 6.4.2006 (BGBl I S. 1114) **BUV**

Bundesurlaubsgesetz
v. 8.1.1963 (BGBl I S. 2) *BUrlG*

Bundesverband f. d. Selbstschutz
VO ü. d. Aufbau d. Bundesverbandes f. d. Selbstschutz v.
6.4.1971 (BGBl I S. 341) **BVS-VO**

Bundesverfassungsgericht
Geschäftsordnung d. Bundesverfassungsgerichts i. d. Bek. v.
15.12.1986 (BGBl I S. 2529) *GOBVerfG*
Gesetz ü. das ~ i. d. Bek. v. 11.8.1993 (BGBl I S. 1473) *BVerfGG*

Bundesverfassungsschutzgesetz
v. 19.12.1990 (BGBl I S. 2970) **BVerfSchG**

Bundesversorgungsgesetz
Bundesbesoldungs- und -versorgungsanpassungsgesetz
2003/2004 v. 10.9.2003 (BGBl I S. 1798) **BBVAnpG 2003/2004**
19. AnpassungsGes. v. 26.6.1990 (BGBl I S. 1211) **KOVAnpG 1990**
i. d. Bek. v. 22.1.1982 (BGBl I S. 21) **BVG**
Ges. z. Verbesserung d. Haushaltsstruktur im Geltungsbereich d. Arbeitsförderungs- u. d. Bundesversorgungsgesetzes
v. 18.12.1975 (BGBl I S. 3113) **HStruktG-AFG**
KOV-Strukturgesetz 1990 v. 23.3.1990 (BGBl I S. 582) **KOV-StruktG 1990**

Bundesvertriebenengesetz
i. d. Bek. v. 2.6.1993 (BGBl I S. 829) **BVFG**
BY: VO z. Durchf. d. Bundesvertriebenengesetzes v.
24.7.1990 (GVBl S. 250) **DVBVFG**

Bundesverwaltungsamt
Ges. ü. d. Errichtung d. Bundesverwaltungsamtes v.
28.12.1959 (BGBl I S. 829) **BVAG**

Bundeswahlgeräteverordnung
v. 3.9.1975 (BGBl I S. 2459) **BWahlGV**

Bundeswahlgesetz
i. d. Bek. v. 23.7.1993 (BGBl I S. 1288) *BWG*

Bundeswahlordnung
i. d. Bek. v. 8.3.1994 (BGBl I S. 495) **BWO**

4. Gesetze, sonstige Rechtsvorschriften, Verwaltungsvorschriften u.ä. **But**

Bundeswaldgesetz v. 2.5.1975 (BGBl I S. 1037)	*BWaldG*
Bundeswasserstraßen ~gesetz i. d. Bek. v. 4.11.1998 (BGBl I S. 3294)	**WaStrG**
Ges. ü. d. vermögensrechtlichen Verhältnisse d. ~ v. 21.5.1951 (BGBl I S. 352)	*WaStrVermG*
Kostenverordnung ~ z. Bundeswasserstraßengesetz v. 8.11.1994 (BGBl I S. 3450)	*WaStrG-KostV*
Bundeswehr Kooperationsgesetz der ~ v. 30.7.2004 (BGBl I S. 2027)	**BwKoopG**
Bundeswehrbeamtenanpassungsgesetz v. 20.12.1991 (BGBl I S. 2378)	**BwBAnpG**
Bundeswehrneuausrichtungsgesetz v. 20.12.2001 (BGBl I S. 4013)	**BwNeuAusrG**
Bundeswehrvollzugsordnung v. 29.11.1972 (BGBl I S. 2205)	**BWVollzO**
Bundeswertpapierverwaltungsgesetz v. 11.12.2001 (BGBl I S. 3519)	**BWpVerwG**
Bundeswertpapierverwaltungspersonalgesetz v. 12.7.2006 (BGBl I S. 1469)	**BWpVerwPG**
Bundeswildschutzverordnung v. 25.10.1985 (BGBl I S. 2040)	**BWildSchV**
Bundeszentralregistergesetz i. d. Bek. v. 21.9.1984 (BGBl I S. 1229)	**BZRG**
Verwaltungsvorschriften Allg. ~ z. Durchführung d. Bundeszentralregistergesetzes; 1. Allg. Verwaltungsvorschriften z. Durchführung d. Bundeszentralregistergesetzes v. 24.5.1985 (BAnz Nr. 99)	**1. BZRVwV**
3. Bundeszentralregistergesetz (Ausfüllanleitung f. Justizbehörden) v. 25.7.1985 (BAnz Nr. 155a)	**AfJ**
2. Bundeszentralregistergesetz (Ausfüllanleitung f. Verwaltungsbehörden) v. 25.7.1985 (BAnz Nr. 155a)	**AfV**
Bußgeldkatalog-Verordnung v. 13.11.2001 (BGBl I S. 3033)	**BKatV**
Bußgeldverordnug Abfallverbringungsbußgeldverordnung v. 29.7.2007 (BGBl I S. 1761)	**AbfVerbrBußV**
Butterverordnung v. 16.12.1988 (BGBl I S. 2286)	*ButtV*

C

Campingplatzverordnung
BB: Brandenburgische Camping und Wochenendhausplatz-VO v. 18.5.2005 (GVBl II S. 254)   BbgCWPV
BW: ~ v. 15.7.1984 (GBl S. 545)   CPlV
BY: ~ v. 22.9.1995 (GVBl S. 710)   CPlV
LSA: VO über Campingplätze und Wochenendplätze v. 14.7.2006 (GVBl LSA S. 412)   CWVO
MV: VO über Camping- und Wochenendplätze v. 9.1.1996 (GVOBl M-V S. 84)   CWVO
NW: Camping- und Wochenendplatzverordnung v. 10.11.1982 (GV.NW S. 731)   CWVO
SL: ~ v. 26.4.1976 (ABl S. 421)   CPlV

Chemiewaffenübereinkommen
Ausführungsgesetz
Erstes Gesetz zur Änderung des Ausführungsgesetzes zum Chemiewaffenübereinkommen v. 11.10.2004 (BGBl I S. 2575)   1. CWÜAGÄndG

Chemiewaffenübereinkommenausführungsverordnung
Ausführungsverordnung z. Chemiewaffenübereinkommen v. 20.11.1996 (BGBl I S. 1794)   CWÜV

Chemikalien-Bußgeldverordnung
v. 30.3.1994 (BGBl I S. 718)   ChemBußGeldV

Chemikalien-Kostenverordnung
v. 16.8.1994 (BGBl I S. 2118)   ChemKostV

Chemikalien-Ozonschichtverordnung
v. 13.11.2006 (BGBl I S. 2638)   ChemOzonSchichtV

Chemikalien-Verbotsverordnung
i. d. Bek. v. 19.7.1996 (GVBl I S. 1151)   ChemVerbotsV

Chemikaliengesetz
Biozid-Meldeverordnung v. 24.5.2005 (BGBl I S. 1410)   ChemBiozidMeldeV
Chemikalien-Ozonschichtverordnung v. 13.11.2006 (BGBl I S. 2638)   ChemOzonSchichtV
i. d. Bek. v. 25.7.1994 (BGBl I S. 1703)   ChemG
Gefährlichkeitsmerkmaleverordnung v. 17.7.1990 (BGBl I S. 1422)   ChemGefMerkV
Giftinformationsverordnung i. d. Bek. v. 31.7.1996 (BGBl I S. 1198)   ChemGiftInfoV
Prüfnachweisverordnung v. 1.8.1994 (BGBl I S. 1877)   ChemPrüfV
Zuständigkeitsverordnung
BW: Chemikaliengesetz-~ v. 23.1.1995 (GBl S. 133)   ChemGZuVO
SACH: Chemikalienrecht-~ v. 16.12.2005 (SächsGVBl S. 367)   ChemRZuVO

4. Gesetze, sonstige Rechtsvorschriften, Verwaltungsvorschriften u.ä. **Dat**

SH: Chemikalien-~ v. 13.12.2007 (GVOBl S. 556)   ChemZustVO
TH: Thüringer VO zur Regelung von Zuständigkeiten
sowie zur Übertragung einer Ermächtigung auf
dem Gebiet des Chemikalien- Wasch- und Reini-
gungsmittelrechts v. 11.11.2004 (GVBl S. 872)   ThürChemWRZVO

Chirurgiemechanikermeisterverordnung
v. 27.7.2006 (BGBl I S. 1731)   ChirMechMstrV

Conterganstiftungsgesetz
v. 13.10.2005 (BGBl I S. 2967)   ContStifG

Cross-Compliance-Zuständigkeitslandesverordnung
MV: ~ v. 6.4.2005 (GVOBl M-V S. 181)   CroComZustLVO M-V

Curricularnormwertverordnung
BY: ~ v. 29.6.1982 (GVBl S. 415)   CNWV

D

D-Markbilanzergänzungsgesetz
1. ~ v. 28.12.1950 (BGBl S. 811); 2. ~ v. 20.12.1952 (BGBl I
S. 824); 3. ~ v. 21.6.1955 (BGBl I S. 297); 4. ~ v. 7.4.1961
(BGBl I S. 413)   *DMBilErgG*

D-Markbilanzgesetz
i. d. Bek. v. 28.7.1994 (BGBl I S. 1842)   **DMBilG**

Dachdeckermeisterverordnung
v. 23.5.2006 (BGBl I S. 1263)   DachdMstrV

Dampfkesselverordnung
v. 27.2.1980 (BGBl I S. 173)   DampfkV

Dateienregisterverordnung
NW: ~ v. 11.4.1989 (GV.NW S. 226)   DRegVO NW

Datenabgleichsdurchführungsverordnung
BE: ~ v. 7.3.1999 (GVBl S. 89)   DatDVO

Datenerfassungs-Verordnung
Datenerfassungs- und -übermittlungsverordnung i. d. Bek.
v. 23.1.2003 (BGBl I S. 152)   **DEÜV**
2. Datenerfassungs-VO v. 29.5.1980 (BGBl I S. 593)   **2. DEVO**

Datenerhebungsverordnung
2012 v. 11.7.2006 (BGBl I S. 1572)   **DEV 2012**

Datenschutz-Fortentwicklung
NW: Ges. z. Fortentwicklung d. Datenschutzes v. 15.3.1988
(GV.NW S. 160)   **GFD**

Datenschutzauditverordnung
BR: Brem. ~ v. 5.10.2004 (GBl S. 515)   **BremDSAuditV**

SH: ~ v. 3.4.2001 (GVOBl S. 51) DSAVO
Datenschutzaufsichtsverordnung
BY: ~ v. 4.6.1991 (GVBl S. 151) DSAufsV
Datenschutzgebührenordnung
v. 22.12.1977 (BGBl I S. 3153) DSGebO
HA: ~ v. 11.9.2001 (GVBl I S. 401) DSGebO
HE: Hess. ~ v. 21.6.1978 (GVBl I S. 406) HDSGebO
Datenschutzgesetz
  BB: Brandenburgisches ~ i. d. Bek. v. 9.3.1999 (GVBl I
     S. 66) BbgDSG
  BE: Berliner ~ i. d. Bek. v. 17.12.1990 (GVBl 1991 S. 16) BlnDSG
  BR: Brem. ~ i. d. Bek. v. 4.3.2003 (GVBl S. 85) BremDSG
  BR: Bremisches ~ i. d. Bek. v. 6.6.1995 (GBl S. 343) BrDSG
  BW: Landes~ i. d. Bek. v. 18.9.2000 (GBl S. 648) LDSG
  BY: Bay. ~ v. 28.4.1978 (GVBl S. 165) BayDSG
  HA: Hamb. ~ v. 5.7.1990 (GVBl I S. 133) HmbDSG
  HE: Hess. ~ i. d. Bek. v. 7.1.1999 (GVBl I S. 98) HDSG
  ND: Niedersächsisches ~ v. 26.5.1978 (GVBl S. 421) NDSG
  NW: ~ Nordrhein-Westfalen i. d. Bek. v. 9.6.2000 (GV.NW
     S. 542) DSG NRW
  RP: Landes~ v. 21.12.1978 (GVBl S. 749) LDatG
  RP: Landes~ v. 5.7.1994 (GVBl S. 293) LDSG
  SACH: ~ v. 11.12.1991 (SächsGVBl S. 401) SächsDSG
  SH: Landes~ v. 9.2.2000 (GVOBl S. 169) LDSG
  SL: Saarländische ~ v. 17.5.1978 (ABl S. 581) SDSG
  TH: Thüringer ~ i. d. Bek. v. 10.10.2001 (GVBl S. 276) ThürDSG
  Schule
    BR: Brem. Schuldatenschutzgesetz v. 27.2.2007 (GBl
       S. 182) BremSchulDSG
Datenschutzkostenordnung
BY: ~ v. 16.8.1979 (GVBl S. 287) DSchKO
Datenschutzordnung
ND: ~ d. Nieders. Landtages i. d. Bek. v. 14.11.2001 (GVBl
    S. 726) DO LT
Datenschutzregisterverordnung
  BE: Datenschutzregisterordnung v. 16.2.1981 (GVBl
     S. 370) BlnDSRegO
  BW: ~ v. 30.12.1980 (GBl 1981 S. 10) DSRegV
  BY: ~ v. 23.11.1978 (GVBl S. 783) DSRegV
  SH: Landes~ v. 20.7.1978 (GVOBl S. 239) LDRegVO
  SL: ~ v. 17.11.1978 (ABl S. 974) DSRegV
  TH: Thüringer ~ v. 22.3.1994 (GVBl S. 359) ThürDSRegVO
Datenschutzveröffentlichungsverordnung
v. 3.8.1977 (BGBl I S. 1477) DSVeröffO

4. Gesetze, sonstige Rechtsvorschriften, Verwaltungsvorschriften u.ä.　　　　Dat

NW: ~ v. 6.11.1979 (GV.NW S. 726)	**DSVeröffVO NW**
Datenschutzverordnung	
BB: ~ Schulwesen v. 14.5.1997 (GVBl II S. 402)	**DSV**
BY: ~ v. 1.3.1994 (GVBl S. 153)	**DSchV**
SH: ~ Naturschutz v. 30.6.1995 (GVOBl S. 271)	**DSNVO**
SH: ~ v. 2.4.2001 (GVOBl S. 49)	**DSVO**
Datenschutzzuständigkeitsverordnung	
BW: ~ v. 10.1.1978 (GBl S. 78)	**DSZuVO**
Datenträgerverordnung	
v. 13.5.1993 (BGBl I S. 726)	**ZMDV**
Datenübermittlung der Meldebehörden	
ND: Niedersächsische VO ü. regelmäßige Datenübermittlungen d. Meldebehörden v. 24.9.1986 (GVBl S. 306)	**NMeldDÜV**
Datenübermittlungs-Grundsätze	
i. d. Bek. v. 4.12.1980 (GMBl 1981 S. 67)	**DÜGr**
Datenübermittlungsverordnung	
Datenerfassungs- und -übermittlungsverordnung i. d. Bek. v. 23.1.2003 (BGBl I S. 152)	**DEÜV**
Zweite Datenübermittlungs-VO v. 29.5.1980 (BGBl I S. 616)	**2. DÜVO**
LSA: VO ü. d. Datenübermittlung f. Asylbewerber v. 31.8.1994 (GVBl LSA S. 944)	**AsylDÜVO**
NW: VO ü. d. Zulassung d. Datenübermittlung v. d. Polizei an ausländ. Polizeibehörden v. 22.10.1994 (GV.NW S. 958)	**PolDÜV NW**
Datenverarbeitung	
BW: VO des Ministeriums für Ernährung und Ländlichen Raum zur Anwendung einheitlicher Verfahren der elektronischen ~ bei Durchführung von Förder- und Ausgleichsmaßnahmen v. 11.11.2004 (GBl S. 853)	**EinheitlDVVerfVO**
BY: VO über die Aufgaben des Bayerischen Landesamts für Statistik und ~ im Bereich der Informations- und Kommunikationstechnik v. 4.3.2008 (GVBl S. 68)	**LafStaDIuKV**
Datenverarbeitungsanlageneinsatzverordnung	
SACH: VO d. Sächs. Staatsministeriums d. Innern z. Einsatz v. Datenverarbeitungsanlagen i. kommunalen Statistikstellen v. 9.2.1996 (SächsGVBl S. 81)	**KommStatVO**
Datenverarbeitungsverbundgesetz	
HE: ~ v. 22.7.1988 (GVBl I S. 287)	**DV-VerbundG**
Datenverarbeitungsverordnung	
NW: VO ü. d. zur Verarbeitung zugelassenen Daten d. Lehrerinnen u. Lehrer v. 22.7.1996 (GV.NW S. 310)	**VO-DV II**
NW: VO über die zur Verarbeitung zugelassenen Daten von Schülerinnen, Schülern und Eltern v. 14.6.2007 (GV.NW S. 220)	**VO-DV I**

Datenverarbeitungszentrumsgesetz
MV: ~ v. 1.11.2000 (GVOBl M-V S. 522) — **DVZG M-V**

Datenweiterleitungsverordnung
v. 3.10.1989 (MinBlFin S. 378) — **DWV**

Datenzentrale
BW: Ges. ü. d. ~ v. 18.10.1982 (GBl S. 467) — **DZG**

DBI-Auflösungsgesetz
BE: ~ v. 6.10.1999 (GVBl S. 544) — **DBIAuflG**

DDR-Entschädigungserfüllungsgesetz
v. 10.12.2003 (BGBl I S. 2473) — **DDR-ErfG**

DDR-Investitionsgesetz
v. 26.6.1990 (BGBl I S. 1143) — **DDR-IG**

Deckungsregisterverordnung
v. 25.8.2006 (BGBl I S. 2074) — **DeckRegV**

Deckungsrückstellungsverordnung
v. 6.5.1996 (BGBl I S. 670) — **DeckRV**

Deichgesetz
ND: Niedersächsisches ~ i. d. Bek. v . 23.2.2004 (GVBl S. 83) — **NDG**

Deichordnung
HA: ~ v. 27.5.2003 (GVBl S. 151) — **DeichO**

Deichrecht-Zuständigkeitsverordnung
ND: VO über Zuständigkeiten auf dem Gebiet des Deichrechts v. 29.11.2004 (GVBl S. 549) — **ZustVO-Deich**

Deichschutz
SH: Landesverordnung ü. d. Schutz d. Deiche u. d. Küsten v. 19.12.1980 (GVOBl 1981 S. 2) — **DKVO**

Delegationsverordnung
BY: ~ v. 15.6.2004 (GVBl S. 239) — **DelV**

Denkmalschutzgesetz
BB: Brandenburgisches ~ v. 24.5.2004 (GVBl I S. 215) — **BbgDSchG**
BE: ~ v. 24.4.1995 (GVBl S. 274) — **DSchG**
BR: ~ v. 27.5.1975 (GBl S. 265) — **DSchG**
BW: ~ i. d. Bek. v. 6.12.1983 (GBl S. 797) — **DSchG**
BY: ~ v. 25.6.1973 (GVBl S. 328) — **DSchG**
MV: ~ i. d. Bek. v. 6.1.1998 (GVOBl M-V S. 12) — **DSchG**
NW: ~ v. 11.3.1980 (GV.NW S. 226) — **DSchG**
RP: Denkmalschutz- und Pflegegesetz v. 23.3.1978 (GVBl S. 159) — **DSchPflG**
SH: ~ i. d. Bek. v. 21.11.1996 (GVOBl S. 676) — **DSchG**
SL: Saarländisches ~ v. 19.5.2004 (ABl S. 1498) — **SDschG**

TH: Thüringer ~ i. d. Bek. v. 14.4.2004 (GVBl S. 465)   **ThDSchG**

Deponieeigenkontrollverordnung
HE: ~ v. 6.12.2004 (GVBl I S. 432)   **DEKVO**
TH: Thüringer Deponieeigenkontroll-VO v. 8.8.1994 (GVBl S. 956)   **ThürDepEKVO**

Deponieselbstüberwachungsverordnung
NW: ~ v. 2.4.1998 (GV.NW S. 284)   **DepSüVO**

Deponieverwertungsverordnung
v. 25.7.2005 (BGBl I S. 2252)   **DepVerwV**

Depotgesetz
v. 4.2.1937 (RGBl I S. 171) / v. 17.7.1985 (BGBl I S. 1507)   **DepotG**

Deregulierungsgesetz
MV: Bau-, Landesplanungs- u. UmweltrechtsderegulierungsGes. v. 27.4.1998 (GVOBl M-V S. 388)   **BLUDerG**

Derivateverordnung
v. 6.2.2004 (BGBl I S. 153)   **DerivateV**

Deutsch-österr. Konkursvertrag
AG z. ~ v. 8.3.1985 (BGBl I S. 535)   **DöKVAG**
v. 25.5.1979 (BGBl 1985 II S. 410)   **DöKV**

Deutsche Bahn Gründungsgesetz
v. 27.12.1993 (BGBl I S. 2386)   **DBGrG**

Deutsche Bundesbahn
Ges. über d. vermögensrechtlichen Verhältnisse d. Deutschen Bundesbahn v. 2.3.1951 (BGBl I S. 155)   *DB-VermG*

Deutsche Bundesbank
Ges. ü. d. ~ v. 26.7.1957 (BGBl I S. 745)   *BBankG*

Deutsche Bundespost
Ges. ü. d. Verwaltung d. Deutschen Bundespost v. 24.7.1953 (BGBl I S. 676)   *PostVwG*

Deutsche Hochschule der Polizei
NW: Gesetz über die ~ v. 15.2.2005 (GV.NW S. 88)   **DHPolG**
Ausführungsgesetz
    NW: VO zur Ausführung des Gesetzes über die Deutsche Hochschule der Polizei v. 29.8.2007 (GV.NW S. 365)   **DHPolGAVO**

Deutsche Hochschule für Verwaltungswissenschaften Speyer
RP: Landesgesetz über die ~ Verwaltungshochschulgesetz v. 2.3.2004 (GVBl S. 171)   **DHVG**

Deutsche Siedlungs- u. Landesrentenbank
Ges. ü. d. ~ v. 11.7.1989 (BGBl I S. 1421)   **DSLBG**

Deutsche-Welle-Gesetz
i. d. Bek. v. 11.1.2005 (BGBl I S. 90)   **DWG**

Deutsche-Welle-Sitzungsverlegungsverordnung
v. 24.4.2003 (BGBl I S. 551) **DW-SVV**

Deutscher Bundestag
Geschäftsordnung d. Deutschen Bundestages i. d. Bek. v.
15.12.1994 (BGBl 1995 I S. 11) *GO-BT*

Deutscher Teil-Zolltarif
i. d. Bek. v. 17.12.1975 (BGBl II S. 2277) *DTZT*

Deutscher Wetterdienst
Gesetz ü. d. Deutschen Wetterdienst v. 10.9.1998 (BGBl I
S. 2871) **DWD-G**

Deutsches Richtergesetz
i. d. Bek. v. 19.4.1972 (BGBl I S. 713) *DRiG*

Diätverordnung
i. d. Bek. v. 25.8.1988 (BGBl I S. 1713) *DiätV*

Dienst- und arbeitsrechtliche Vorschriften im Hochschulbereich
Gesetz zur Änderung dienst- und arbeitsrechtlicher Vorschriften im Hochschulbereich v. 27.12.2004 (BGBl I
S. 3835) **HdaVÄndG**

Dienstalterregelungsrichtlinien
Richtlinien z. Regelung d. Allg. Dienstalters i. d. Bek. v.
1.8.1968 (GMBl S. 264) **ADA**

Dienstanweisung
f. d. Standesbeamten u. ihre Aufsichtsbehörden i. d. Bek. v.
28.11.1987 (BAnz Nr. 227a) **DA**

Dienstaufgabenverordnung
SACH: Sächs. ~ a. Hochschulen v. 19.10.1994 (SächsGVBl
S. 1626) **DA VOHS**
Berufsakademien
SACH: der Staatlichen Studienakademien der Berufsakademie Sachsen v. 22.3.2005 (SächsGVBl S. 80) **DAVOSS**
Hochschulen
SACH: Sächsische Dienstaufgabenverordnung an ~ v.
25.2.2003 (SächsGVBl S. 31) **DAVOHS**

Dienstaufsichtsverordnung
HE: ~ v. 12.9.1963 (GVBl S. 137) **DAVO**

Dienstbezügegesetz
BW: ~ v. 20.12.1966 (GBl S. 255) **DienstBG**

Dienstbezügezuschlagsverordnung
BW: ~ v. 6.11.2007 (GBl S. 490) **DBZV**
BY: VO über die Gewährung eines Zuschlags zu den
Dienstbezügen bei begrenzter Dienstfähigkeit v.
18.7.2006 (GVBl S. 416) **DBZV**

4. Gesetze, sonstige Rechtsvorschriften, Verwaltungsvorschriften u.ä.

Dienstjubiläumsverordnung
   HE: ~ v. 11.5.2001 (GVBl I S. 251)   JVO
   ND: ~ v. 23.4.1996 (GVBl S. 214)   DJubVO

Dienstkleidung
   ~svorschrift f. Strafvollzugsbeamte v. 10.12.1982 (GBl 1983 S. 10)   StrafDKlVO
   BW: ~svorschrift f. d. Beamten d. Justizwachtmeisterdienstes v. 28.12.1983 (Justiz 1984 S. 34)   DKlV-JW
   BY: Bek. ü. d. ~ und d. Dienstkleidungszuschuss f. Justizbedienstete v. 17.11.1989 (JMBl S. 257)   DKlJ
   HE: ~svorschrift d. hess. Justizverwaltung v. 28.12.1974 (JMBl 1975 S. 91)   DKlJV

Dienstkraftfahrzeuganweisung
   (§ 69 GGO I)   DKfzA

Dienstleistungskonjunkturstatistikgesetz
   i. d. Bek. v. 25.4.2006 (BGBl I S. 982)   DlKonjStatG

Dienstordnungsgesetz
   RP: ~ v. 20.6.1974 (GVBl S. 233)   DOG

Dienstrechtl. Begleitgesetz
   v. 30.7.1996 (BGBl I S. 1183)   DBeglG

Dienstrechtliches Kriegsfolgen-Abschlussgesetz
   v. 20.9.1994 (BGBl I S. 2452)   DKfAG

Dienstrechtsanpassungsgesetz
   v. 19.7.2007 (BGBl I S. 1457)   DRAnpGBA

Dienststellenverordnung
   ND: VO über Dienststellen im Sinne des Personalvertretungsrechts im Bereich der Polizei v. 11.11.2004 (GVBl S. 459)   VO-PersVPol

Dienstvorgesetztenverordnung
   MV: ~ v. 8.3.2006 (GVOBl M-V S. 98)   DvVO IM M-V
   Polizei
   MV: Landes~ v. 16.8.2005 (GVOBl M-V S. 437)   DVVO LPol M-V

Dienstwohnungsverordnung
   BY: ~ v. 28.11.1997 (GVBl S. 866)   DWV
   NW: ~ v. 9.11.1965 (GV.NW 1966 S. 48)   DWVO
   RP: ~ v. 5.12.2001 (GVBl S. 291)   DWVO
   TH: Thüringer ~ v. 16.4.1996 (GVBl S. 51)   ThürDwV

Dienstwohnungsvorschriften
   Ausland v. 13.7.1989 (GMBl S. 714)   DWVA
   BW: Landes~ v. 1.12.1981 (GABl 1982 S. 1)   DWV
   HE: Hess. ~ v. 28.12.1981 (StAnz 1982 S. 87)   HDWV
   NW: ~ f. Angestellte u. Arbeiter v. 9.11.1965 (SMBl NW 20317)   DWVA

Diplomgrade
  Fachhochschulen
    BW: Diplomierungsverordnung-~ v. 23.6.1981 (GBl
        S. 313)   **DiplVO-FH**
    NW: Diplomierungsverordnung-~ VO ü. d. Bezeich-
        nung d. nach Abschluss eines Fachhochschul-Stu-
        dienganges zu verleihenden Diplomgrade ... v.
        22.6.1988 (GV.NW S. 318)   **DiplVO-FH**
  Verwaltungsfachhochschulen
    RP: LandesVO ü. d. Verleihung v. Diplomgraden nach
        d. VerwaltungsfachhochschulG v. 28.4.2000 (GVBl
        S. 209)   **VFHDiplVO**
    SH: Diplomierungsverordnung-Verwaltungsfachhoch-
        schule v. 11.6.1990 (GVOBl S. 388)   **DiplVO-VFHS**
  Wissenschaftliche Hochschulen
    NW: VO ü. d. Bezeichnung d. nach Abschluß d. Studi-
        ums an e. wiss. Hochschule zu verleihenden Di-
        plomgrade ... v. 26.2.1982 (GV.NW S. 150)   **DiplVO-WissH**

Diplomierungsverordnung-Fachhochschulen
    BW: ~ v. 23.6.1981 (GBl S. 313)   **DiplVO-FH**
    NW: ~, VO ü. d. Bezeichnung d. nach Abschluß eines
        Fachhochschul-Studienganges zu verleihenden Di-
        plomgrade ... v. 22.6.1988 (GV.NW S. 318)   **DiplVO-FH**
    NW: VO ü. d. Bezeichnung d. nach Abschluß d. Studiums
        an e. wiss. Hochschule zu verleihenden Diplomgrade
        ... v. 26.2.1982 (GV.NW S. 150)   **Dipl.VO-WissH**
    RP: LandesVO ü. d. Verleihung v. Diplomgraden nach d.
        VerwaltungsfachhochschulG v. 28.4.2000 (GVBl
        S. 209)   **VFHDiplVO**

Diplomprüfungsordnung
    NW: ~ [gebräuchlich f. verschiedene Studiengänge, meist
        unter Zusatz d. Fachrichtung]   **DPO**

Direktzahlungen-Verpflichtungengesetz
    v. 21.7.2004 (BGBl I S. 1767)   **DirektZahlVerpflG**

Direktzahlungen-Verpflichtungenverordnung
    v. 4.11.2004 (BGBl I S. 2778)   **DirektZahlVerpflV**

Diskontsatz
    BR: Brem. ~-Überleitungsgesetz v. 24.11.1998 (GBl S. 337) **BremDÜG**

Disziplinargesetz
    BY: Bay. ~ v. 24.12.2005 (GVBl S. 665)   **BayDG**
    HA: Hamb. ~ v. 18.2.2004 (GVBl S. 69)   **HmbDG**
    HE: Hess. ~ v. 21.7.2006 (GVBl I S. 394)   **HDG**
    MV: Landes~ v. 4.7.2005 (GVOBl M-V S. 274)   **LDG**
    NW: Landes~ v. 16.11.2004 (GV.NW S. 624)   **LDG**
    RP: Landes~ v. 2.3.1998 (GVBl S. 29)   **LDG**

SL:	Saarländisches ~ v. 13.12.2005 (ABl S. 2010) Durchführungsverordnung	**SDG**
BY:	VO zur Durchführung des Bay. Disziplinargesetzes für den kommunalen Bereich v. 31.3.2006 (GVBl S. 182)	**DVKommBayDG**
NW:	~ zum Landesdisziplinargesetz Nordrhein-Westfalen bei den Körperschaften unter der Aufsicht des Landes im Geschäftsbereich des Ministeriums für Arbeit, Gesundheit und Soziales des Landes Nordrhein-Westfalen v. 14.9.2006 (GV.NW S. 510)	**DVO-LDG-NRW**

Disziplinarordnung
BE:	Landes~ i. d. Bek. v. 1.3.1979 (GVBl S. 546)	**LDO**
BR:	Brem. ~ v. 27.10.1970 (GBl S. 129)	**BremDO**
BW:	Landes~ v. 25.4.1991 (GBl S. 227)	**LDO**
BY:	Bay. ~ i. d. Bek. v. 15.3.1985 (GVBl S. 31)	**BayDO**
BY:	Durchführungsverordnung d. ~ i. d. bay. inneren Verwaltung v. 14.7.1970 (GVBl S. 323)	**DVInnBayDO**
HA:	Hamb. ~ v. 8.7.1971 (GVBl I S. 133)	**HmbDO**
HE:	Hess. ~ i. d. Bek. v. 11.1.1989 (GVBl I S. 58)	**HDO**
LSA:	~ Sachsen-Anhalt v. 16.5.1994 (GVBl LSA S. 582)	**DO LSA**
MV:	Landes~ v. 9.2.1998 (GVOBl M-V S. 131)	**LDO**
ND:	Niedersächsische ~ i. d. Bek. v. 7.9.1982 (GVBl S. 358)	**NDO**
NW:	~ i. d. Bek. v. 1.5.1981 (GVBl S. 364)	**DO NW**
SACH:	~ f. d. Freistaat Sachsen v. 28.2.1994 (SächsGVBl S. 333)	**SächsDO**
SH:	Landes~ v. 24.2.1983 (GVOBl S. 86)	**LDO**
SL:	Saarländische ~ i. d. Bek. v. 2.7.1979 (ABl S. 610) Durchführungsverordnung	**SDO**
ND:	VO zur Durchführung der Niedersächsischen Disziplinarordnung	*... DVO-NDO*

Disziplinarrecht
ND:	VO über ~liche Zuständigkeiten im Bereich des Finanzministeriums v. 5.12.2005 (GVBl S. 371)	**ZustVO-NDiszG-MF**
ND:	VO über ~liche Zuständigkeiten im Bereich des Kultusministeriums v. 29.11.2005 (GVBl S. 369)	**ZustVO-NDiszG-MK**
ND:	VO über ~liche Zuständigkeiten im Bereich des Ministeriums für den ländlichen Raum, Ernährung, Landwirtschaft und Verbraucherschutz v. 24.11.2005 (GVBl S. 367)	**ZustVO-NDiszG-ML**
ND:	VO über ~liche Zuständigkeiten im Bereich des Ministeriums für Inneres und Sport v. 4.11.2005 (GVBl S. 360)	**ZustVO-NDiszG-MI**
ND:	VO über ~liche Zuständigkeiten im Bereich des Ministeriums für Soziales, Frauen, Familie und Gesundheit v. 11.11.2005 (GVBl S. 361)	**ZustVO-NDiszG-MS**
ND:	VO über ~liche Zuständigkeiten im Bereich des Ministeriums für Wirtschaft, Arbeit und Verkehr v. 21.2.2006 (GVBl S. 60)	**ZustVO-NDiszG-MW**

ND: VO über ~liche Zuständigkeiten im Bereich des Umweltministeriums v. 20.11.2006 (GVBl S. 564) — **ZustVO-NDiszG-MU**

ND: VO über ~liche Zuständigkeiten im Geschäftsbereich des Justizministeriums v. 15.12.2005 (GVBl S. 423) — **ZustVO-NDiszG-MJ**

SACH: Verwaltungsvorschrift des Sächsischen Staatsministeriums des Innern über die Übertragung von Befugnissen und Zuständigkeiten in Disziplinarverfahren v. 13.7.2007 (SächsGVBl S. 404) — **VwV-ZustSächsDG-SMI**

Neuordnungsgesetz
BB: Gesetz z. Neuordnung d. Landesdisziplinarrechts v. 18.12.2001 (GVBl I S. 254) — **LDiszNOG**
NW: Gesetz z. Neuordnung d. Landesdisziplinarrechts v. 16.11.2004 (GV.NW S. 624) — **LDiszNOG**

Disziplinarzuständigkeitsverordnung
NW: ~ im Geschäftsbereich des Ministeriums für Wissenschaft und Forschung v. 21.4.2005 (GV.NW S. 428) — **DisziZustVO MWF**

Dokumenten-Akkreditive
Einheitl. Richtlinien, Revision 1983 — **ERA**

Dolmetschereignungsfeststellungsverordnung
MV: ~ v. 30.1.1996 (GVOBl M-V S. 134) — **DolmVO M-V**

Dolmetschergesetz
BY: ~ i. d. Bek. v. 1.8.1981 (GVBl S. 324) — **DolmG**
HA: Hamb. ~ v. 1.9.2005 (GVBl S. 378) — **HmbDolmG**
SACH: Sächs. ~ v. 25.2.2008 (SächsGVBl S. 242) — **SächsDolmG**

Dolmetscherprüfungsverordnung
MV: ~ v. 15.6.2006 (GVOBl M-V S. 486) — **DolmPrüfVO M-V**
SACH: Sächs. ~ v. 14.1.2003 (SächsGVBl S. 16) — **SächsDolmPrüfVO**

Dolmetscherverordnung
SACH: Sächs. DolmetscherVO v. 12.12.2000 (SächsGVBl 2001 S. 12) — **SächsDolmVO**

Donauschifffahrtspolizeiverordnung
v. 27.5.1993 (BGBl I S. 741) — **DonauSchPV**
VO z. Einführung d. Donauschiffahrtspolizeiverordnung v. 13.8.1980 (BGBl I S. 1370) — **DonauSchPEV**

Dopingmittel-Mengenverordnung
v. 22.11.2007 (BGBl I S. 2607) — **DmMV**

Doppelqualifizierungsverordnung
BB: ~ v. 11.7.1996 (GVBl II S. 598) — **DopquaV**

Dorfentwicklungsrichtlinie
SL: ~ v. 22.2.2007 (ABl S. 362) — **DERL**

DPMA-Verordnung
v. 1.4.2004 (BGBl I S. 514) — **DPMAV**

4. Gesetze, sonstige Rechtsvorschriften, Verwaltungsvorschriften u.ä.   Ehe

DPMA-Verwaltungskostenverordnung
v. 14.7.2006 (BGBl I S. 1586)   **DPMAVwKostV**

Drittelbeteiligungsgesetz
v. 18.5. 2004 (BGBl I S. 974)   **DrittelbG**

Droschkenordnung
BE: ~ v. 1.12.1964 (GVBl S. 1286)   **DroO**

Druckbehälterverordnung
i. d. Bek. v. 21.4.1989 (BGBl I S. 843)   **DruckbehV**

Druckgeräteverordnung
VO über ortsbewegliche Druckgeräte v. 17.12.2004 (BGBl I
S. 3711)   **OrtsDruckV**

Druckluftverordnung
v. 4.10.1972 (BGBl I S. 1909)   *DruckLV*

DtA-Vermögensübertragungsgesetz
v. 15.8.2003 (BGBl I S. 1657)   **DtA-VÜG**

Düngemittelgesetz
v. 15.11.1997 (BGBl I S. 2134)   **DüMG**

Düngemittelverordnung
v. 26.11.2003 (BGBl I S. 2373)   **DüMV**

Düngeverordnung
i. d. Bek. v. 10.1.2006 (BGBl I S. 33)   **DüV**

Düngungsbeiratsverordnung
v. 28.8.2003 (BGBl I S. 1789)   **DüBV**

Dung- u. Silagesickersaftanlagenverordnung
SACH: Sächs. ~ v. 26.2.1999 (SächsGVBl S. 131)   **SächsDuSVO**

E

EG-Beitreibungsgesetz
v. 7.8.1981 (BGBl I S. 807)   **EG-BeitrG**

EG-Hochschuldiplomanerkennungsverordnung
v. 2.11.1995 (BGBl I S. 1493)   **EGLV**
TH: Thüringer ~ v. 21.1.2000 (GVBl S. 22)   **ThürEG-HdiplAVO**

EG-Milchaufgabevergütungsverordnung
v. 6.8.1986 (BGBl I S. 1277)   **EG-MAVV**

EG-Zustellungsdurchführungsgesetz
v. 9.7.2001 (BGBl I S. 1536)   **ZustDG**

Ehe- u. Familienrecht
Erstes Ges. z. Reform d. Ehe- u. Familienrechts v. 14.6.1976
(BGBl I S. 1421)   **1. EheRG**

Ehegesetz
v. 20.2.1946 (= KRG Nr. 16; ABlKR S. 77)   EheG

Ehenamensänderungsgesetz
Allg. Verwaltungsvorschrift z. Ges. ü. d. Änderung d. Ehenamens v. 23.5.1979 (BAnz Nr. 98)   EheNÄndVwV
v. 27.3.1979 (BGBl I S. 401)   **EheNÄndG**

Eheschließung
[Haager] Abk. z. Regelung d. Geltungsbereichs d. Gesetze auf d. Gebiete d. ~ v. 12.6.1902 (RGBl 1904 S. 221)   HaagEheschlAbk

Eheschließungsrechtsgesetz
v. 4.5.1998 (BGBl I S. 833)   **EheschlRG**

Ehevermittlerverordnung
BY: ~ v. 27.8.1975 (GVBl S. 300)   **EheV**

Ehewohnung
VO ü. d. Behandlung d. ~ u. d. Hausrats (6. DV z. Ehegesetz) v. 21.10.1944 (RGBl I S. 256) / v. 14.6.1976 (BGBl I S. 1421)   HausratV

Ehrenamtliche Richter
Gesetz über d. Entschädigung d. ehrenamtlichen Richter i. d. Bek. v. 1.10.1969 (BGBl I S. 1753)   EhrRiEG

Ehrenbeamte
RP: Landesverordnung ü. Ehrenbeamtinnen und ~ d. öffentl. Gesundheitsdienstes v. 27.2.1997 (GVBl S. 95)   **EbÖGdVO**

Eichgesetz
Ges. ü. d. Meß- u. Eichwesen i. d. Bek. v. 23.3.1992 (BGBl I S. 711)   EichG

Eichordnung
v. 12.8.1988 (BGBl I S. 1657)   EO

Eigenbetriebs- u. Anstaltsverordnung
RP: ~ v. 5.10.1999 (GVBl S. 373)   **EigAnVO**

Eigenbetriebsgesetz
BE: ~ v. 13.7.1999 (GVBl S. 374)   **EigG**
BR: Brem. Rahmengesetz f. Eigenbetriebe d. Stadtgemeinde v. 14.12.1990 (GBl S. 519)   **BremREBG**
BW: ~ i. d. Bek. v. 19.6.1987 (GBl S. 284)   **EigBG**
HE: ~ i. d. Bek. v. 9.6.1989 (GVBl S. 153)   **EigBG**
LSA: ~ v. 24.3.1997 (GVBl LSA S. 446)   **EigBG**
NW: Wahlordnung f. Eigenbetriebe v. 24.10.2001 (GV.NW S. 771)   **Eig-WO**
SACH: Sächs. ~ v. 19.4.1994 (SächsGVBl S. 773)   **SächsEigBG**

Eigenbetriebsprüfungsordnung
ND: VO ü. d. Prüfung d. Jahresabschlusses d. Eigenbetriebe u. anderer prüfungspflichtiger Einrichtungen v. 14.7.1987 (GVBl S. 125)   **JAPrüfVO**

Eigenbetriebsverordnung
BB: ~ v. 27.3.1995 (GVBl II S. 314) — EigV
BW: ~ v. 22.7.1987 (GBl S. 306) — EigBVO
BY: ~ v. 29.5.1987 (GVBl S. 195) — EBV
LSA: ~ v. 20.8.1997 (GVBl LSA S. 758) — EigVO
MV: ~ v. 25.2.2008 (GVOBl M-V S. 71) — EigVO
ND: ~ v. 15.8.1989 (GVBl S. 318) — EigBetrVO
RP: ~ v. 18.9.1975 (GVBl S. 381) — EigVO
SACH: Sächs. ~ v. 30.12.1994 (SächsGVBl 1995 S. 10) — SächsEigBVO
SH: ~ v. 29.12.1986 (GVOBl 1987 S. 11) — EigVO
SL: ~ i. d. Bek. v. 22.12.1999 (ABl 2000 S. 138) — EigVO

Eigenheimzulagengesetz
i. d. Bek. v. 26.3.1997 (BGBl I S. 734) — EigZulG

Eigenkontrollverordnung
BW: ~ v. 20.2.2001 (GBl S. 309) — EKVO
SL: ~ v. 18.2.1994 (ABl S. 638) — EKVO

Eigentumsfristengesetz
v. 20.12.1996 (BGBl I S. 2028) — EFG
Zweites ~ v. 20.12.1999 (BGBl I S. 2493) — 2. EFG

Eigenüberwachungsverordnung
BY: ~ v. 3.12.2001 (GVBl S. 971) — EÜV
LSA: ~ v. 1.7.1999 (GVBl LSA S. 182) — EigÜVO

Eignungsverordnung Ausbildung
VO über die fachliche Eignung für die Berufsausbildung der Fachangestellten in Rechtsanwalt- und Patentanwaltschaft, Notariat und bei Rechtsbeiständen v. 21.7.2005 (BGBl I S. 2196) — ReNoPatAusb-Fach-EigV

Einbürgerung
Richtlinien f. d. Gebührenbemessung in ~sangelegenheiten. RdSchr. d. BMI v. 9.5.1974 (GMBl S. 184) — EinbGebR 1974

Einführungsgesetz
Gesetz zur Einführung des Europäischen Gesellschaft v. 22.12.2004 (BGBl I S. 3675) — SEEG
DDR: Länder~ v. 22.7.1990 (GBl I S. 955; BGBl II S. 1150) — LEinfG
kommunale Doppik
   RP: Landesgesetz zur Einführung der kommunalen Doppik v. 2.3.2006 (GVBl S. 57) — KomDoppikLG
Strategischen Umweltprüfung
   SH: Gesetz zur Einführung einer ~ und zur Umsetzung der Richtlinien 2001/42/EG und 2003/35/EG v. 17.8.2007 (GVOBl S. 426) — LSUPG

Einfuhr-Verbrauchsteuerbefreiungsverordnung
v. 8.6.1999 (BGBl I S. 1414) — EVerbrStBV

Einfuhrumsatzsteuer-Befreiungsverordnung
v. 5.6.1984 (BGBl I S. 747) **EUStBV**

Einfuhruntersuchungskostenverordnung
v. 20.1.1975 (BGBl I S. 285) **EinfUKostV**

Eingliederung Fachhochschule
NW: Gesetz z. Eingliederung d. Fachhochschule f. Bibliotheks- u. Dokumentationswesen i. Köln als Fachbereich der Fachhochschule Köln v. 7.3.1995 (GV.NW S. 192) **FHBD-G**

Eingliederungs-Gebührenverordnung
BW: ~ v. 29.8.1996 (GBl S. 597) **EglGebVO**

Eingliederungsgesetz
BW: ~ i. d. Bek. v. 22.8.2000 (GBl S. 629) **EglG**
HE: ~ v. 14.7.1977 (GVBl I S. 319) *EinglG*

Eingliederungshilfe
Zweite VO ü. d. Auszahlung v. zusätzlichen Eingliederungshilfen und Ausgleichsleistungen nach d. Häftlingshilfegesetz
v. 11.4.1973 (BGBl I S. 287) **2. HHAuszV**

Eingliederungsmittel-Verordnung
2005 v. 20.12.2004 (BGBl I S. 3645) **EinglMV 2005**

Eingliederungsverordnung
BB: ~ v. 19.6.1997 (GVBl II S. 533) **EinglV**

Eingruppierungsverordnung
NW: ~ v. 9.2.1979 (GV.NW S. 97) **EingrVO**

Einheitenverordnung
v. 13.12.1985 (BGBl I S. 2272) **EinhV**

Einheitl. Europ. Akte
v. 28.2.1986 (BGBl II S. 1102 = ABlEG 1987 Nr. L 169/1) *EEA*
Ges. v. 19.12.1986 (BGBl II S. 1102) z. ~ v. 28.2.1986 **EEAG**

Einheitliches Kaufgesetz
Einheitliches Ges. ü. d. Abschluß v. internationalen Kaufverträgen über bewegliche Sachen v. 17.7.1973 (BGBl I S. 868) *EKAG*
Einheitliches Ges. ü. d. internationalen Kauf beweglicher Sachen v. 17.7.1973 (BGBl I S. 856) *EKG*

Einheitlichkeit der Rechtsprechung der obersten Gerichtshöfe des Bundes
Ges. z. Wahrung d. ~ v. 19.6.1968 (BGBl I S. 661) *RsprEinhG*

Einheitssätzegesetz
HA: ~ v. 19.12.2000 (GVBl I S. 401) **EsG**

Einigungsstellen-Verfahrensverordnung
v. 23.11.2004 (BGBl I S. 2916) **EinigungsStVV**

Einigungsstellenverordnung
BY: ~ v. 17.5.1988 (GVBl S. 115) — **EinigungsV**

Einigungsvertrag
v. 31.8.1990 (BGBl II S. 889) — *EVtr*
Ges. z. ~ v. 23.9.1990 (BGBl II S. 885) — *EVtrG*

Einigungsvertragsgesetz — *EinVG*

Einkommensangleichungsgesetz
BE: ~ v. 7.7.1994 (GVBl S. 225) — **EinkommAngG**

Einkommensgrenzenverordnung
MV: ~ v. 22.4.2003 (GVOBl M-V S. 310) — **EinkGrenzVO**
ND: ~ v. 22.8.2003 (GVBl S. 343) — **EinkGrVO**
SH: ~ v. 2.11.2004 (GVOBl S. 422) — **EkGrenzVO**

Einkommensteuer
Allg. Verwaltungsvorschrift ü. d. Änderung d. ~-Richtlinien
1990 v. 2.7.1990 (BStBl I Sondernr. 1/1990 S. 2) — **EStÄR 1990**
~-Durchführungsverordnung 1997 i. d. Bek. v. 18.6.1997
(BGBl I S. 1558) — **EStDV 1997**
~-Richtlinien 1990 i. d. Bek. v. 10.11.1990 (BStBl I Sondernr. 4/1990 S. 1) — **EStR 1990**
~gesetz 1997 i. d. Bek. v. 16.4.1997 (BGBl I S. 821) — **EStG 1997**
BY: VO ü. d. Aufteilung d. Gemeindeanteils an d. ~ u. d.
Abführung d. Gewerbesteuerumlage v. 11.3.1970
(GVBl S. 21) — **BayAVOGFRG**

Einkommensteuerreformgesetz
Einführungsges. z. ~ v. 21.12.1974 (BGBl I S. 3656) — **EG-EStRG**

Einkommensverbesserung
HE: Hessisches Gesetz über Einkommensverbesserungen
für Tarifbeschäftigte im öffentlichen Dienst des Landes Hessen v. 15.11.2007 (GVBl I S. 751) — **GEVerbTöD**

Einrichtungsverordnung
Krebsregister
NW: Gesetz zur Einrichtung eines flächendeckenden bevölkerungsbezogenen Krebsregisters in Nordrhein-Westfalen v. 5.4.2005 (GV.NW S. 414) — **EKR-NRW**

Einsatz-Weiterverwendungsgesetz
v. 12.12.2007 (BGBl I S. 2861) — **EinsatzWVG**

Einsatzversorgungsgesetz
v. 21.12.2004 (BGBl I S. 3592) — **EinsatzVG**

Einstellungsteilzeit-Verordnung
BB: Zweite Einstellungsteilzeit-VO v. 26.4.2004 (GVBl II S. 318) — **2. ETV**

Eintragungsverordnung
SH: ~ v. 28.12.1989 (GVOBl 1990 S. 4) — **EintrVO**

Einzugsbereichs-Verordnung
MV: ~ v. 23.3.2005 (GVOBl M-V S. 140)   **EinzBVO M-V**

Eisenbahn-Bau- und Betriebsordnung
v. 8.5.1967 (BGBl II S. 1563)   **EBO**
Schmalspurbahnen Bau- u. Betriebsordnung v. 25.2.1972
(BGBl I S. 269)   **ESBO**
BY: ~ für Anschlussbahnen v. 3.3.1983 (GVBl S. 159)   **EBOA**

Eisenbahn-Interoperabilitätsverordnung
v. 20.5.1999 (BGBl I S. 1072)   **EIV**

Eisenbahn-Laufbahnverordnung
v. 9.11.2004 (BGBl I S. 2703)   **ELV**

Eisenbahn-Personen- u. Gepäckverkehr
Internat. Übereinkommen ü. d. ~ v. 7.2.1970 (BGBl 1974 II
S. 493)   *CIV*

Eisenbahn-Signalordnung
v. 7.10.1959 (BGBl II S. 1021)   **ESO 1959**

Eisenbahn-Unfallkasse Kostenerstattungsverordnung
v. 15.6.2000 (BGBl I S. 912)   **EUKKostErstV**

Eisenbahn-Verkehrsordnung
i. d. Bek. v. 20.4.1999 (BGBl I S. 782)   **EVO**

Eisenbahnarbeitszeitverordnung
v. 17.10.2006 (BGBl I S. 2353)   **EAZV**

Eisenbahnfrachtverkehr
Convention relative aux transports internationaux ferroviaires v. 9.5.1980 (BGBl 1985 II S. 132)   *COTIF*
Internat. Übereinkommen ü. d. ~ v. 7.2.1970 (BGBl 1974 II
S. 381)   *CIM*

Eisenbahngesetz
Allgemeines ~ v. 27.12.1993 (BGBl I S. 2396)   *AEG*
BR: Landes~ v. 3.4.1973 (GBl S. 33)   **LEG**
BW: Landes~ v. 8.6.1995 (GBl S. 421)   **LEisenbG**
BY: Bay. Eisenbahn- u. Bergbahngesetz v. 10.7.1998 (GVBl
S. 389)   **BayEBG**
BY: VO ü. Kostensätze f. Ausgleichszahlungen nach § 6a
d. Allg. Eisenbahngesetzes v. 25.10.1984 (GVBl S. 443)   **AEGKostenV**
HA: Landes~ v. 4.11.1963 (GVBl S. 205)   **LEG**
HE: Hessisches ~ v. 25.9.2006 (GVBl I S. 298)   **HEisenbG**
LSA: Landes~ v. 12.8.1997 (GVBl LSA S. 750)   **LEG**
ND: Ges. ü. Eisenbahnen u. Bergbahnen v. 16.4.1957
(GVBl Sb. I S. 772)   *GEB*
ND: Niedersächsisches Gesetz über Eisenbahnen und Seilbahnen v. 16.12.2004 (GVBl S. 658)   **NESG**
RP: Landes~ i. d. Bek. v. 23.3.1975 (GVBl S. 142)   **LEisenbG**

SACH: Landes~ v. 12.3.1998 (SächsGVBl S. 97)   LEisenbahnG
SH: Landes~ v. 27.6.1995 (GVOBl S. 266)   LEisenbG

Eisenbahninfrastruktur-Benutzungsverordnung
v. 3.6.2005 (BGBl I S. 1566)   EIBV

Eisenbahnkreuzung
~sgesetz i. d. Bek. v. 21.3.1971 (BGBl I S. 337)   EKrG
1. ~sverordnung v. 9.9.1964 (BGBl I S. 711)   1. EKrV
BY: VO z. Vollzug d. ~sgesetzes v. 24.7.1964 (GVBl S. 158)   VollzVEKrG
Ausführungsgesetz
NW: VO zur Ausführung des Eisenbahnkreuzungsgesetzes v. 10.2.2004 (GV.NW S. 123)   AVO EKrG

Eisenbahnneuordnungsgesetz
v. 27.12.1993 (BGBl I S. 2378)   ENeuOG

Eisenbahnunternehmer-Berufszugangsverordnung
v. 27.10.1994 (BGBl I S. 3203)   EBZugV

Eisenbahnverkehr
VO ü. d. Ausgleich gemeinwirtschaftlicher Leistungen im ~
v. 2.8.1977 (BGBl I S. 1465)   AEAusglV

Eisenbahnverkehrsverwaltung
VO ü. d. Gebühren u. Auslagen für Amtshandlungen d. ~ v.
5.4.2001 (BGBl S. 523)   BEGebV

Eisenbahnverordnung
BY: ~ v. 4.3.1970 (GVBl S. 98)   EbV

Eisenbahnzuständigkeitsverordnung
BW: ~ v. 11.9.1995 (GBl S. 714)   EZuVO
NW: ~ v. 21.11.2006 (GV.NW 2007 S. 105)   EZustVO

Elbefondsgesetz
HA: ~ v. 16.10.2007 (GVBl I S. 383)   ElbefondsG

Elektrische Anlagen
VO ü. ~ in explosionsgefährdeten Räumen i. d. Bek. v.
13.12.1996 (BGBl S. 1931)   ElexV
BW: VO ü. elektrische Betriebsräume v. 28.10.1975 (GBl
S. 788)   EltVO
BY: VO ü. d. Bau v. Betriebsräumen f. ~ v. 13.4.1977
(GVBl S. 421)   EltBauV

Elektrizitätslastverteilungsverordnung
v. 21.7.1976 (BGBl I S. 1833)   EltLastV

Elektrizitätssicherungsverordnung
v. 26.4.1982 (BGBl I S. 514)   EltSV

Elektrizitätsversorgung
VO ü. Allg. Bedingungen f. d. ~ s. a. Bundestarifordnung v.
Tarifkunden v. 21.6.1979 (BGBl I S. 684)   AVBEltV

Elektro- und Elektronikgerätegesetz
v. 16.3.2005 (BGBl I S. 762) **ElektroG**
VO zur Bestimmung der für die Verfolgung und Ahndung von Ordnungswidrigkeiten nach § 23 Abs.1 Nr.2, 4, 8 und 9 des Elektro- und Elektronikgerätegesetzes zuständigen Verwaltungsbehörde v. 10.7.2006 (BGBl I S. 1453) **ElektroGOWiZustV**

Elektro- und Elektronikgesetz-Kostenverordnung
v. 6.7.2005 (BGBl I S. 2020) **ElektroGKostV**

Elektro-Bergverordnung
BE: ~ v. 8.7.2003 (GVBl S. 275) **ElBergV**
BR: ~ v. 23.10.2000 (GBl S. 415) **ElBergV**
BW: ~ v. 9.12.2002 (GBl. 2003 S. 50) **ElBergV**
HA: ~ v. 23.10.2000 (GVBl I S. 337) **ElBergV**
HE: ~ v. 17.9.2001 (GVBl I S. 407) **ElBergV**
LSA: ~ v. 27.11.2001 (GVBl LSA S. 476) **ElBergV**
MV: ~ v. 12.1.1999 (GVOBl M-V S. 178) **EltBergVO**
SACH: ~ v. 25.4.2001 (SächsGVBl S. 206) **ElBergV**
SH: ~ v. 23.5.2003 (GVOBl S. 288) **ElbergV**
SL: ~ v. 20.12.2000 (ABl 2001 S. 101) **ElBergV**
TH: Thüringer ~ v. 1.12.2005 (StAnz S. 7) **ThürElBergV**

Elektrofischereiverordnung
BB: ~ v. 13.9.1996 (GVBl II S. 747) **EFischV**

Elektromagnetische Verträglichkeit von Geräten
Gesetz über die elektromagnetische Verträglichkeit von Betriebsmitteln v. 26.2.2008 (BGBl I S. 220) **EMVG**
Kostenverordnung f. Amtshdlg. n. d. Gesetz ü. d. elektromagnetische Verträglichkeit v. Geräten v. 22.6.1999 (BGBl I S. 1444) **EMVKostV**

Elektronik-Anpassungsgesetz
BW: ~ v. 14.12.2004 (GBl S. 884) **EAnpG**

Elektronische Datenverarbeitung
BY: Ges. ü. d. Organisation d. elektronischen Datenverarbeitung im Freistaat Bayern v. 12.10.1970 (GVBl S. 457) **EDVG**

Elektronische Rechtsverkehrsverordnung
v. 26.11.2001 (BGBl I S. 3225) **ERVVOBGH**

Elektronische Register
Gesetz ü. ~ und Justizkosten für Telekommunikation v. 10.12.2001 (BGBl I S. 3422) **ERJuKoG**

Elektronischer Geschäftsverkehr
~-Gesetz v. 14.12.2001 (BGBl I S. 3721) **EGG**

Elektrozulassungs-Bergverordnung
i. d. Bek. v. 10.3.1993 (BGBl I S. 316) **ElZulBergV**

4. Gesetze, sonstige Rechtsvorschriften, Verwaltungsvorschriften u.ä.　　　　**Ene**

Elementarschadensversicherungsgesetz
　BW: ~ v. 7.3.1960 (GBl S. 70)　　　　**ElSchG**

Eliteförderungsgesetz
　BY: Bay. ~ v. 26.4.2005 (GVBl S. 104)　　　　**BayEFG**
　Durchführungsverordnung
　BY: VO zur Durchführung des Bay. Eliteförderungsgesetzes v. 30.6.2005 (GVBl S. 248)　　　　**DVBayEFG**

Elterliche Sorge
　Ges. z. Neuregelung d. Rechts d. elterlichen Sorge v. 18.7.1979 (BGBl I S. 1061)　　　　*SorgeRG*

Elternmitwirkungsverordnung
　SACH: ~ v. 5.11.2004 (SächsGVBl S. 592)　　　　**EMVO**

Elternwahlverordnung
　LSA: ~ v. 22.8.1997 (GVBl LSA S. 821)　　　　**ElternWVO**

Elternzeitverordnung
　für Soldatinnen und Soldaten i. d. Bek. v. 18.11.2004 (BGBl I S. 2855)　　　　**EltZSoldV**
　i. d. Bek. v. 11.11.2004 (BGBl I S. 2841)　　　　**EltZV**
　SACH: Sächs. ~ i. d. Bek. v. 13.12.2005 (SächsGVBl S. 322)　　　　**SächsEltZVO**
　SL: ~ v. 28.8.2007 (ABl S. 1768)　　　　**EltZV**

Embryonenschutzgesetz
　v. 13.12.1990 (BGBl I S. 2746)　　　　**ESchG**

Emissionshandelskostenverordnung
　v. 31.8.2004 (BGBl I S. 2273)　　　　**EHKostV 2007**

Endlagervorausleistungsverordnung
　v. 28.4.1982 (BGBl I S. 562)　　　　**EndlagerVlV**

Energiebetriebene-Produkte-Gesetz
　v. 27.2.2008 (BGBl I S. 258)　　　　**EBPG**

Energieeinsparungs-Zuständigkeits- und Durchführungsverordnung
　SACH: Sächs. ~ v. 21.1.2004 (SächsGVBl S. 28)　　　　**SächsEnZustDVO**

Energieeinsparungsgesetz
　i. d. Bek. v. 1.9.2005 (BGBl I S. 2684)　　　　**EnEG**

Energiegesetz
　BR: Brem. ~ v. 17.9.1991 (GBl S. 325)　　　　**BremEG**

Energiesicherung
　BW: Gesetz ü. d. Zuständigkeiten a. d. Gebiet d. ~ v. 14.3.1994 (GBl S. 182)　　　　**EnSZuG**

Energiesparverordnung
　Energieeinsparverordnung i. d. Bek. v. 2.12.2004 (BGBl I S. 3146)　　　　**EnEV**

Änderungsverordnung
  NW: Erste VO zur Änderung der VO zur Umsetzung
       der Energieeinsparverordnung v. 10.12.2007
       (GV.NW S. 15) — EnEV-UVO
Durchführungsverordnung
  BE: VO zur Durchführung der Energieeinsparverord-
       nung in Berlin v. 9.12.2005 (GVBl S. 797) — EnEV-DVO Bln
  BR: VO zur Durchführung der Energieeinsparverord-
       nung im Land Bremen v. 19.7.2005 (GBl. S. 373) — DVO-EnEV
  MV: Landesverordnung zur Durchführung der Energie-
       einsparverordnung v. 4.11.2003 (GVOBl M-V
       S. 537) — EnEVDLVO M-V
  ND: VO zur Durchführung der Energieeinsparverord-
       nung v. 27.1.2003 (GVBl S. 27) — DVO-EnEV

Energiesteuer-Durchführungsverordnung
  v. 31.7.2006 (BGBl I S. 1753) — EnergieStV

Energiesteuergesetz
  v. 15.7.2006 (BGBl I S. 1534) — EnergieStG

Energieverbrauchs-Kennzeichnungsverordnung
  v. 30.10.1997 (BGBl I S. 2616) — EnVKV
Zuständigkeitsverordnung
  NW: Energieverbrauchskennzeichnung-~ v. 4.7.2006
       (GV.NW S. 355) — EnVK ZustVO

Energieverbrauchshöchstwerteverordnung
  v. 3.6.1998 (BGBl I S. 1234) — EnVHV

Energieverbrauchskennzeichnungsgesetz
  v. 1.7.1997 (BGBl I S. 1632) — EnVKG

Energieverbrauchskennzeichnungsverordnung
  PKW-~ v. 28.5.2004 (BGBl I S. 1037) — Pkw-EnVKV

Energiewirtschaftsgesetz
  v. 7.7.2005 (BGBl I S. 1970) — EnWG
Ausführungsgesetz
  BE: Gesetz zur Ausführung des Energiewirtschaftsge-
       setzes v. 6.3.2006 (GVBl S. 250) — AGEnWG

Energiewirtschaftskostenverordnung
  v. 14.3.2006 (BGBl I S. 540) — EnWGKostV
  MV: ~ v. 17.12.2006 (GVOBl M-V S. 2) — EnWKostVO M-V

Energiewirtschaftszuständigkeitsverordnung
  MV: Energiewirtschaftszuständigkeitslandesverordnung v.
       29.12.2005 (GVOBl M-V S. 13) — EnWZustLVO M-V
  SH: Landesverordnung zur Bestimmung der zuständigen
       Behörden nach dem Energiewirtschaftsrecht v.
       10.12.2003 (GVOBl S. 687) — EnWZustVO

Entbindungshilfegebührenverordnung
  BE: ~ v. 4.11.1988 (GVBl S. 2194) — EntbGV

4. Gesetze, sonstige Rechtsvorschriften, Verwaltungsvorschriften u.ä. **Ent**

Enteignungsgesetz
- BE: ~ v. 14.7.1964 (GVBl S. 737) — *EnteigG*
- BR: ~ v. 5.10.1965 (GBl S. 129) — *EnteigG*
- BW: Landes~ v. 6.4.1982 (GBl S. 97) — *LEntG*
- BY: Bay. Gesetz ü. d. entschädigungspflichtige Enteignung i. d. Bek. v. 25.7.1978 (GVBl S. 625) — *BayEG*
- HA: ~ i. d. Bek. v. 11.11.1980 (GVBl I S. 305) — *EnteigG*
- HE: Hessisches ~ v. 4.4.1973 (GVBl S. 107) — **HEG**
- ND: Niedersächsisches ~ i. d. Bek. v. 6.4.1981 (GVBl S. 83) — **NEG**
- NW: Landesenteignungs- u. -entschädigungsgesetz v. 20.6.1989 (GV.NW S. 366) — **EEG NW**
- RP: Landes~ v. 22.4.1966 (GVBl S. 103) — *LEnteigG*
- SACH: Sächs. Enteignungs- und Entschädigungsgesetz v. 18.7.2001 (SächsGVBl S. 453) — **SächsEntEG**
- TH: Thüringer ~ v. 23.3.1994 (GVBl S. 329) — **ThürEG**

Entflechtungsgesetz
v. 25.8.2006 (BGBl I S. 2102) — **EntflechtG**

Entmündigung
[Haager] Abk. ü. d. ~ und gleichartige Fürsorgemaßregeln v. 17.7.1905 (RGBl 1912 S. 463) — *HaagEntmündAbk*

Entschädigung
- DDR-~serfüllungsgesetz v. 10.12.2003 (BGBl I S. 2473) — **DDR-ErfG**
- ~srechtsänderungsgesetz v. 10.12.2003 (BGBl I S. 2471) — **EntschRÄndG**
- Zweites ~srechtsergänzungsgesetz v. 1.9.2005 (BGBl I S. 2675) — **2. EntschRErgG**
- ~srechtsergänzungsgesetz v. 9.12.2004 (BGBl I S. 3331) — **EntschRErgG**
- Ges. ü. d. ~ v. Zeugen u. Sachverständigen i. d. Bek. v. 1.10.1969 (BGBl I S. 1756) — *ZuSEG*
- Gesetz über d. ~ d. ehrenamtlichen Richter i. d. Bek. v. 1.10.1969 (BGBl I S. 1753) — *EhrRiEG*
- Gesetz über d. ~ für Strafverfolgungsmaßnahmen v. 8.3.1971 (BGBl I S. 157) — **StrEG**
- Gesetz über die ~ der Opfer des Nationalsozialismus i. d. Bek. v. 13.7.2004 (BGBl I S. 1658) — **EntschG**
- NS-Verfolgtenentschädigungsgesetz i. d. Bek. v. 13.7.2004 (BGBl I S. 13.7.2004) — **NS-VEntschG**
- BY: GerichtsvollzieherbürokostenentschädigungsVO 2001–2003 v. 21.8.2007 (GVBl S. 630) — **GVBEntschV 2001–2003**
- BY: VO ü. d. ~ v. Zeugen u. Sachverständigen in Verwaltungssachen v. 10.5.1978 (GVBl S. 177) — **ZuSEVO**
- NW: Auslandstrennungsentschädigungsverordnung v. 24.5.2004 (GV.NW S. 336) — **ATEVO**
- NW: Zuständigkeitsverordnung Soziales ~srecht v. 18.12.2007 (GV.NW S. 740) — **ZustVO SER**
- SACH: Gerichtsvollzieher-Entschädigungs-VO v. 11.12.2003 (SächsGVBl S. 8) — **SächsGVEntschVO**

SACH: Haftopferentscszuständigkeitsverordnung v.
7.11.2007 (SächsGVBl S. 500) — **HoEZuVO**
SH: ~sverordnung freiwillige Feuerwehren v. 19.2.2008
(GVOBl S. 133) — **EntschVOfF**
SL: Feuerwehr-~sverordnung v. 25.1.2008 (ABl S. 250) — **FwEVO**

Entschädigungs- u. Ausgleichsleistungsgesetz
v. 27.9.1994 (BGBl I S. 2624) — **EALG**

Entschädigungsgesetz
DDR-Entschädigungserfüllungsgesetz v. 10.12.2003 (BGBl I S. 2473) — **DDR-ErfG**
Gesetz über die Entschädigung der Opfer des Nationalsozialismus i. d. Bek. v. 13.7.2004 (BGBl I S. 1658) — **EntschG**
NS-Verfolgten~ i. d. Bek. v. 13.7.2004 (BGBl I S. 1671) — **NS-VEntschG**
BE: Ges. ü. d. Entschädigung d. Opfer d. Nationalsozialismus i. d. Bek. v. 21.2.1952 (GVBl S. 116) — *EntschG*

Entschädigungssachen
BY: VO ü. d. Bayer. Landesentschädigungs- u. Staatsschuldenverwaltung u. d. gerichtl. Zuständigkeit in ~ v. 20.2.1990 (GVBl S. 52) — **LEA/SSV-V**

Entschädigungsverordnung
MV: ~ v. 9.9.2004 (GVOBl. M-V S. 468) — **EntschVO**
NW: ~ v. 19.12.2007 (GV.NW S. 6) — **EntschVO**
SH: ~ v. 24.1.2003 (GVOBl S. 7) — **EntschVO**
TH: Thüringer ~ v. 29.8.1995 (GVBl S. 311) — **ThürEntschVO**

Entschädigungsverordnung-Mitbestimmungsgesetz
SH: ~ v. 30.10.1991 (GVOBl S. 571) — *EV-MBG*

Entschuldungsabwicklungsgesetz
v. 25.3.1952 (BGBl I S. 203) — *EntschuAbwG*

Entsendungsrichtlinien
v. 15.8.1989 (GMBl S. 498) — **EntsR**

Entsorgung
VO ü. d. ~ gebrauchter halogenierter Lösemittel v. 23.10.1989 (BGBl I S. 1918) — **HKAbwfV**

Entsorgungsbetriebs-Ortsgesetz
BR: ~ v. 27.1.1994 (GBl S. 89) — **EBOG**

Entsorgungsfachbetriebeverordnung
v. 10.9.1996 (BGBl I S. 1421) — **EfbV**

Entsorgungsverbandsgesetz
SL: Gesetz ü. d. Entsorgungsverband Saar v. 26.11.1997 (ABl S. 1352) — **EVSG**

Enttrümmerungsgesetz
BE: ~ v. 25.11.1954 (GVBl S. 654) — *EnttrümmG*

4. Gesetze, sonstige Rechtsvorschriften, Verwaltungsvorschriften u.ä.   Erg

Entwässerungsgebührenortsgesetz
BR: ~ i. d. Bek. v. 2.1.2006 (GVBl S. 43)   **EGebOG**

Entwässerungsortsgesetz
BR: ~ d. Stadt Bremerhaven v. 3.7.1997 (GBl S. 273)   **EWOG**

Entwicklungshelfer-Gesetz
v. 18.6.1969 (BGBl I S. 549)   **EhfG**

Entwicklungshilfegesetz
ERP-~ v. 9.6.1961 (BGBl II S. 577)   *ERPEntwHiG*

Entwicklungsländer-Steuergesetz
i. d. Bek. v. 21.5.1979 (BGBl I S. 564)   **EntwLStG**

Entwicklungsprogramm
BY: VO über das Landes~ Bayern v. 8.8.2006 (GVBl
S. 471)   **LEP**
NW: Landes~ i. d. Bek. v. 5.10.1989 (GV.NW S. 485)   **LEPro**

Erbbaurechtsverordnung
v. 15.1.1919 (RGBl I S. 72)   *ErbbauV*

Erblastentilgungsfondsgesetz
i. d. Bek. v. 16.8.1999 (BGBl I S. 1882)   **ELFG**

Erbrechtsgleichstellungsgesetz
v. 16.12.1997 (BGBl I S. 2968)   **ErbGleichG**

Erbschaftsteuer
i. d. Bek. v. 27.2.1997 (BGBl I S. 378)   **ErbStG**
~-Durchführungsverordnung i. d. Bek. v. 19.1.1962 (BGBl I
S. 22; BStBl I S. 159)   **ErbStDV**
Ges. z. Reform d. ~ u. Schenkungsteuerrechts v. 17.4.1974
(BGBl I S. 933)   *ErbStRG*

Erdölbevorratungsgesetz
i. d. Bek. v. 6.4.1998 (BGBl I S. 679)   **ErdölBevG**

Erfinder
VO ü. d. einkommensteuerliche Behandlung der freien ~ v.
30.5.1951 (BGBl I S. 387)   *ErfV*

Erfinderbenennungsverordnung
v. 29.5.1981 (BGBl I S. 525)   **ErfBenVO**

Erftverband
NW: Ges. ü. d. ~ i. d. Bek. v. 3.1.1986 (GV.NW S. 54)   **ErftVG**

Ergänzungsanzeigenverordnung
v. 29.12.1997 (BGBl I S. 3415)   **ErgAnzV**

Ergänzungsprüfungs(ver)ordnung
BB: ~ v. 25.7.1996 (GVBl II S. 605)   **EPV**
BE: Ergänzungsprüfungsordnung v. 12.8.2001 (GVBl
S. 474)   **ESPO**

Ergotherapeuten
~-Ausbildungs- u. Prüfungsverordnung v. 2.8.1999 (BGBl I
S. 1731) **ErgThAPrV**

Erhöhung des Nennkapitals
Ges. ü. steuerrechtl. Maßnahmen bei ~ aus Gesellschaftsmitteln i. d. Bek. v. 22.12.1983 (BGBl I S. 1592) *KapErhStG*

Erholungsnutzungsrechtsgesetz
v. 21.9.1994 (BGBl I S. 2548) **ErholNutzG**

Erholungsorteverordnung
NW: ~ v. 29.9.1983 (GV.NW S. 428) **EVO**

Erholungsurlaubsverordnung
i. d. Bek. v. 11.11.2004 (BGBl I S. 2831) **EUrlV**
BB: ~ v. 10.10.1994 (GVBl II S. 908) **EUrlV**
BE: ~ i. d. Bek. v. 26.4.1988 (GVBl S. 846) **EUrlV**
HA: Hamb. ~ v. 7.12.1999 (GVBl I S. 279) **HmbEUrlVO**
ND: Niedersächsische ~ i. d. Bek. v . 7.9.2004 (GVBl
S. 317) **NEUrlVO**
NW: ~ i. d. Bek. v. 26.3.1982 (GV.NW S. 175) **EUV**
SH: i. d. Bek. v. 28.1.1987 (GVOBl S. 53) **EUVO**

Erleichterung des Wohnungsbaus
HA: Hamb. Ges. z. ~ v. 18.7.2001 (GVBl I S. 223) **HmbWoBauErlG**

Ermächtigungsübertragungsverordnung Justiz
MV: Ermächtigungsübertragungslandesverordnung Justiz
v. 11.10.2006 (GVOBl M-V S. 767) **ErmÜLVOJu M-V**
TH: Thüringer ~ v. 25.10.2004 (GVBl S. 846) **ThürErmÜVJ**

Ernährungsbewirtschaftungsverordnung
v. 10.1.1979 (BGBl I S. 52) **EBewiV**

Ernährungssicherstellungsgesetz
i. d. Bek. v. 27.8.1990 (BGBl I S. 1802) **ESG**

Ernährungsvorsorgegesetz
v. 20.8.1990 (BGBl I S. 1766) **EVG**

Ernährungswirtschaft
BY: Ges. ü. d. Vollzug d. Rechts d. ~ u. d. landwirtschaftlichen Marktwesens v. 10.7.1984 (GVBl S. 244) **VollzGEMR**

Ernährungswirtschaftsmeldeverordnung
v. 16.10.2006 (BGBl I S. 2214) **EWMV**

Ernennungsgesetz
BW: ~ i. d. Bek. v. 3.11.1970 (GBl S. 473) **ErnG**

Ernennungsverordnung
BB: ~ v. 1.8.2004 (GVBl II S. 742) **ErnennV**
SACH: ~ v. 2.12.1994 (SächsGVBl S. 1650) **ErnVO**

Erneuerbare Energien
Erneuerbare-Energien-Gesetz v. 21.7.2004 (BGBl I S. 1918) **EEG**

Erneuerbare-Wärme-Gesetz
BW: ~ v. 20.11.2007 (GBl S. 531) — EWärmeG

Errichtungsgesetz
Gesetz über die Errichtung einer Bundesanstalt für den Digitalfunk der Behörden und Organisationen mit Sicherheitsaufgaben v. 28.8.2006 (BGBl I S. 2039) — BDBOSG
Gesetz zur Errichtung der Akademie der Künste v. 1.5.2005 (BGBl I S. 1218) — AdKG
HE: Gesetz über die Errichtung des Universitätsklinikums Gießen und Marburg v. 16.6.2005 (GVBl I S. 432) — UK-Gesetz
Bank
  HE: Gesetz zur Errichtung der Investitions~ Hessen v. 16.6.2005 (GVBl I S. 426) — IBH-Gesetz
  SACH: Gesetz zur Errichtung der Sächsischen Aufbau~ – Förderbank v. 19.6.2003 (SächsGVBl S. 161) — FördbankG
Betriebsanstalt LBK Hamburg
  HA: Gesetz zur Errichtung der ~ v. 17.12.2004 (GVBl S. 487) — LBKBetriebG
Bundesamt für Bevölkerungsschutz und Katastrophenhilfe
Gesetz über die Errichtung des Bundesamtes für Bevölkerungsschutz und Katastrophenhilfe v. 27.4.2004 (BGBl I S. 630) — BBKG
eines Sondervermögens Infrastruktur
  BR: Ortsgesetz über die Errichtung ~ der Stadtgemeinde Bremen v. 25.2.2003 (GBl S. 49) — BremSVINFRAOG
Fachschule
  BY: Fachschulerrichtungsverordnung v. 17.12.2004 (GVBl 2005 S. 7) — FSErrichtV
Kulturstiftung
  BB: Gesetz über die Errichtung einer Brandenburgischen ~ Cottbus v. 29.6.2004 (GVBl I S. 337) — KultStG
Landesforstanstalten
  MV: Landesforstanstaltserrichtungsgesetz v. 11.7.2005 (GVOBl M-V S. 326) — LFAErG M-V
Sondervermögen
  MV: Gesetz über die Errichtung eines Sondervermögens „Sanierung ökologischer Altlasten in Mecklenburg-Vorpommern" v. 14.4.2003 (GVOBl M-V S. 234) — GSÖA M-V
Sondervermögen Gewerbeflächen
  BR: Gesetz über die Errichtung eines Sondervermögens Gewerbeflächen des Landes Bremen v. 20.5.2003 (GBl. S. 267) — BremSVGewerbeG
Stiftung zur Förderung des künstlerischen Nachwuchses
  BR: Gesetz zur Errichtung der ~ v. 20.5.2003 (GBl S. 271) — BremKüNG

Errichtungsverordnung
v. 16.5.2006 (BGBl I S. 1262) — ErrV

Berufsfachschule
BY: Berufsfachschul-Errichtungsverordnung v.
7.9.2004 (GVBl S. 380) **BFSErrichtV**

Fachoberschule
BY: Fachoberschulerrichtungsverordnung v. 26.10.2004
(GVBl S. 424) **FOSErrichtV**

Gymnasien
BY: Gymnasialerrichtungsverordnung v. 29.7.2006
(GVBl S. 698) **GymErrichtV**

Realschule
BY: Realschulerrichtungsverordnung v. 27.6.2003
(GVBl S. 442) **RSErrichtV**

Wirtschaftsschule
BY: Wirtschaftsschulerrichtungsverordnung v. 1.4.2004
(GVBl S. 113) **WSErrichtV**

Ersatzschulen
BB: Ersatzschulgenehmigungsverordnung v. 18.7.2003
(GVBl II S. 434) **ESGAV**
LSA: Ersatzschulverordnung v. 22.8.2005 (GVBl LSA
S. 558) **ESch-VO**
NW: VO über die ~ v. 5.3.2007 (GV.NW S. 130) **ESchVO**

Ersatzschulfinanz(ierungs)gesetz
HE: ~ v. 6.12.1972 (GVBl S. 389) **ESchFG**
NW: Ersatzschulfinanzgesetz v. 27.6.1961 (GV.NW S. 230) **EFG**

Ersatzschulfinanzierungsverordnung
NW: ~ v. 18.3.2005 (GV.NW S. 230) **FESchVO**

Ersatzschulzuschussverordnung
BB: ~ v. 16.3.2006 (GVBl II S. 52) **ESZV**
BE: ~ v. 29.11.2004 (GVBl S. 479) **ESZV**

Erschließungsbeitragsgesetz
BE: ~ i. d. Bek. v. 12.7.1995 (GVBl S. 444) **EBG**

Erschwerniszulagenverordnung
i. d. Bek. v. 3.12.1998 (BGBl I S. 3497) **EZulV**

Erstanzeigenverordnung
v. 29.12.1997 (BGBl I S. 3412) **ErstAnzV**

Erstattungsgesetz
i. d. Bek. v. 24.1.1951 (BGBl I S. 109) *ErstG*
BY: Erstattungsverordnung v. 24.10.2005 (GVBl S. 544) **BayFHVR**

Erstattungsverordnung
~-KOV v. 31.7.1967 (BGBl I S. 860) *ErstV-KOV*
Wertdienst-~ i. d. Bek. v. 9.6.2005 (BGBl I S. 1621) **WDErstattV**
BB: ~ v. 29.1.1999 (GVBl II S. 99) **ErstV**

Erstreckungsgesetz
v. 23.4.1992 (BGBl I S. 938) **ErstrG**

4. Gesetze, sonstige Rechtsvorschriften, Verwaltungsvorschriften u.ä.   EU-

Erwachsenenbildungsförderungsverordnung TH: Thüringer ~ v. 29.1.2004 (GVBl S. 120)	**ThürEBFVO**
Erwachsenenbildungsgesetz ND: Niedersächsisches ~ v. 17.12.1999 (GVBl S. 430) SL: ~ v. 8.4.1970 (ABl S. 338) Durchführungsverordnung ND: VO zur Durchführung des Niedersächsischen Erwachsenenbildungsgesetzes v. 25.11.2005 (GVBl S. 356)	**NEBG** **EBG** **DVO-NEBG**
Erwachsenenbildungsverordnung LSA: ~ v. 30.4.2003 (GVBl LSA S. 100)	**EB-VO**
Erzieheranerkennungsverordnung BB: ~ v. 22.12.1993 (GVBl II 1994 S. 14)	**ErzankV**
Erzieherberufspraktikum BB: ~-VO v. 17.5.1994 (GVBl II S. 354)	**ErzBPrkV**
Erziehergesetz BE: ~ v. 30.6.1988 (GVBl S. 979)	**ErzG**
Erziehungs- u. Ordnungsmaßnahmenverordnung BB: Erziehungs- und Ordnungsmaßnahmen VO v. 12.10.1999 (GVBl II S. 611)	**EOMV**
Erziehungs- u. Unterrichtswesen BY: Bay. Ges. ü. d. ~ i. d. Bek. v. 31.5.2000 (GVBl S. 414)	**BayEUG**
Erziehungsbeihilfe SH: Ges. ü. ~ v. 22.9.1983 (GVOBl S. 410)	**SHEBeihG**
Erziehungsurlaubsverordnung f. Soldaten i. d. Bek. v. 25.4.1995 (BGBl I S. 584) i. d. Bek. v. 25.4.1997 (BGBl I S. 983) BR: Brem. ~ v. 16.6.1986 (GBl S. 122) BW: ~ v. 25.1.2005 (GBl S. 103) HA: Hamb. ~ v. 7.12.1999 (GVBl I S. 283) HE: ~ v. 31.10.1989 (GVBl I S. 298) MV: ~ v. 14.4.1994 (GVOBl M-V S. 582) NW: ~ v. 8.4.1986 (GV.NW S. 231) SH: ~ v. 26.6.1986 (GVOBl S. 151)	**ErzUrlV** **ErzUrlV** **BremErzUrlV** **ErzUrlV** **HmbErzUrlVO** **ErzUrlV** **ErzUrlV** **ErzUrlV** **ErzUrlV**
Ethikratgesetz v. 16.7.2007 (BGBl I S. 1385)	**EthRG**
EU-EWR-Lehrerverordnung Änderungsverordnung BW: VO des Kultusministeriums zur Änderung der EU-EWR-Lehrerverordnung v. 8.9.2003 (GBl S. 658)	**EU-EWR-Lehrerverordnung**
EU-Hochschuldiplomanerkennungsverordnung SACH: Sächs. ~ v. 3.10.1997 (SächsGVBl S. 552)	**SächsEUDiplVO**

Euro-Bilanzgesetz
v. 10.12.2001 (BGBl I S. 3414) **EuroBilG**

Euro-Einführungsgesetz, Drittes
Drittes Euro-Einführungsgesetz v. 16.12.1999 (BGBl I
S. 2402) **3. EuroEG**

Eurojust-Anlaufstellen-Verordnung
v. 17.12.2004 (BGBl I S. 3520) **EJTAnV**

Eurojust-Gesetz
v. 12.5.2004 (BGBl I S. 902) **EJG**

Europaabgeordnetengesetz
v. 6.4.1979 (BGBl I S. 413) **EuAbgG**

Europäische Gemeinschaft
Vertrag zur Gründung d. ~ v. 25.3.1957 (BGBl II S. 766) **EGV**

Europäische Gemeinschaft für Kohle u. Stahl
~-Vertrag v. 18.4.1951 ü. d. Gründung (BGBl 1952 II
S. 447) *EGKSV*

Europäische Sozialcharta
v. 18.10.1961 (BGBl 1964 II S. 1261) *EuSC*

Europäische Union
Vertrag über d. ~ i. d. Bek. v. 2.10.1997 (ABlEG Nr. C
340/145) **EUV**

Europäische Wirtschaftsgemeinschaft
Vertrag z. Gründung d. ~ v. 25.3.1957 (BGBl II S. 753) *EWGV*

Europäischen Gesellschaft
Gesetz zur Einführung des ~ v. 22.12.2004 (BGBl I S. 3675) **SEEG**

Europäischen Verbund für territoriale Zusammenarbeit
  BB: VO über die Zuständigkeit zur Ausführung der VO
(EG) Nr. 1082/2006 des Europäischen Parlaments
und des Rates vom 5. Juli 2006 über den ~ (EVTZ) im
Land Brandenburg v. 22.11.2007 (GVBl II S. 482) **BbgEVTZ-ZustV**

Europäischer Gerichtshof
EuGH-Gesetz v. 6.8.1998 (BGBl I S. 2035) **EuGHG**
Satzung d. Gerichtshofs d. Europ. Gemeinschaften v.
17.4.1957 (BGBl II S. 1166) *EuGH Satzg*
Verfahrensordnung d. Gerichtshofs d. Europ. Gemeinschaften v. 19.6.1991 (ABlEG Nr. L 176/7) *EuGH VfO*
Zusätzl. Verfahrensordnung v. 4.12.1974 (ABlEG Nr. L
350/29) *SEuGH ZVfO*

Europäischer Haftbefehl
Europäisches Haftbefehlgesetz v. 20.7.2006 (BGBl I S. 1721) **EuHbG**

Europäischer Wirtschaftsraum
Gesetz z. Ausführung d. Abkommens v. 2. Mai 1992 ü. d. ~
v. 27.4.1993 (BGBl I S. 512) **EWR-Ausführungsgesetz**

4. Gesetze, sonstige Rechtsvorschriften, Verwaltungsvorschriften u.ä. — Eur

Europäisches Betriebsrätegesetz Europ. Betriebsräte-Gesetz v. 28.10.1996 (BGBl I S. 1548)	**EBRG**
Europäisches Legalisationsbefreiungsübereinkommen Europ. Übk. z. Befreiung d. von diplomatischen oder konsularischen Vertretern errichteten Urkunden von d. Legalisation v. 7.6.1968 (BGBl 1971 II S. 85)	*EuLÜ*
Europäisches Patentübereinkommen Europ. Patentübereinkommen. Ges. v. 21.6.1976 (BGBl II S. 649)	*EPÜ*
Europäisches Piratensenderübereinkommen Europ. Übk. z. Verhütung v. Rundfunksendungen, die von Sendestellen außerhalb d. staatl. Hoheitsgebiete gesendet werden v. 22.1.1965 (BGBl 1969 II S. 1939)	*EuPiratÜ*
Europäisches Rechtshilfeübereinkommen Europ. Übk. v. 20.4.1959 ü. d. Rechtshilfe in Strafsachen (BGBl 1964 II S. 1386)	*EuRHÜ*
Europäisches Terrorismusbekämpfungsübereinkommen Europ. Übk. z. Bekämpfung d. Terrorismus v. 27.1.1977 (BGBl 1978 II S. 321)	*EuTerrÜ*
Europäisches Vertragsübereinkommen Übereinkommen ü. d. auf vertragliche Schuldverhältnisse anzuwendende Recht v. 11.6.1980 (ABlEG Nr. L 266/1)	*IPR-Vtr-Übk*
Europäisches Vollstreckungsübereinkommen [Europ.] Übk. v. 27.9.1968 ü. d. gerichtliche Zuständigkeit u. d. Vollstreckung gerichtlicher Entscheidungen in Zivil- u. Handelssachen (BGBl 1972 II S. 773)	*EuGVÜ*
Europarat Ges. ü. d. Wahl d. Vertreter d. BRD zur Parl. Versammlung d. Europarates v. 6.12.1990 (BGBl I S. 2586)	**EuRatWahlG**
Satzung d. Europarates i. d. Bek. v. 30.11.1954 (BGBl II S. 1128)	*EuRat Satzg*
Europarechtsanpassungsgesetz Bau v. 24.6.2004 (BGBl I S. 1359)	**EAG Bau**
Europawahlgesetz i. d. Bek. v. 8.3.1994 (BGBl I S. 423)	**EuWG**
Europawahlordnung i. d. Bek. v. 2.5.1994 (BGBl I S. 957)	**EuWO**
Euroumstellungsgesetz BB: Gesetz z. Umstellung v. Vorschriften a. d. Bereich d. Justiz auf Euro i. Land Brandenburg v. 18.12.2001 (GVBl I S. 300)	**BbgJEuroUG**
BR: Brem. Euro-Umstellungsgesetz v. 4.12.2001 (GBl S. 393)	**BremEuroUmstG**

BW: ~ Baden-Württemberg v. 20.11.2001 (GBl S. 605) **EurUG**
BY: Zweites Bay. Gesetz z. Anpassung d. Landesrechts a. d.
Euro v. 24.4.2001 (GVBl S. 140) **2. BayEuro AnpG**

Evakuierung von Rollstuhlbenutzern
BE: VO ü. d. Evakuierung v. Rollstuhlbenutzern v.
15.6.2000 (GVBl S. 361) **EvakVO**

EWIV
Ausführungsgesetz
EWIV-~ v. 14.4.1988 (BGBl I S. 514) *EWIV-AG*

Exklavenaufhebungsverordnung
BB: Exklavenaufhebungsverordnung *ExAufhV*

EXPO-Arbeitsgenehmigungsverordnung
v. 28.7.1998 (BGBl I S. 2008) **EXPO ArGV**

EXPO-Bauverordnung
ND: ~ v. 13.10.1997 (GVBl S. 425) **EBauVO**

Externenprüfungsordnung
HA: ~ v. 22.7.2003 (GVBl S. 325) **ExPO**

Extraktionslösungsmittelverordnung
v. 8.11.1991 (BGBl I S. 2100) **ELV**

F

Fachakademieordnung
BY: ~ Hauswirtschaft v. 18.6.1998 (GVBl S. 361) **FakOHw**
BY: ~ v. 31.8.1984 (GVBl S. 339) **FakO**
BY: Fachschulerrichtungsverordnung v. 17.12.2004 (GVBl
2005 S. 7) **FSErrichtV**

Fachanwaltsbezeichnungen
Ges. ü. ~ nach d. Bundesrechtsanwaltsordnung v. 27.2.1992
(BGBl I S. 369) **RAFachBezG**
VO ü. ~ nach d. Rechtsanwaltsgesetz v. 23.2.1992 (BGBl I
S. 379) **RAFachAnwV**

Fachaufsichtbefugnisverordnung
MV: ~ LKA v. 2.12.2003 (GVOBl M-V S. 694) **VO FAB LKA**

Fachgymnasiumsverordnung
MV: ~ v. 27.2.2006 (GVOBl. M-V S. 281) **FGVO M-V**

Fachhochschule(n)
BE: Gesetz ü. d. Errichtung d. Fachhochschule f. Technik
und Wirtschaft Berlin v. 8.3.1994 (GVBl S. 82) **FHTW-Gesetz**
BE: VO ü. d. Fachhochschule f. Verwaltung und Rechts-
pflege Berlin v. 5.3.1973 (GVBl S. 473) **FHSVO**

4. Gesetze, sonstige Rechtsvorschriften, Verwaltungsvorschriften u.ä.　　　　　　　　　　Fac

    BE: VO ü. d. Studentenschaft d. Fachhochschule f. Verwaltung und Rechtspflege Berlin v. 15.1.1988 (GVBl S. 249)　　　　　　　　　　**StuVO**
    BY: Rahmenprüfungsordnung f. d. Fachhochschule(n) v. 17.10.2001 (GVBl S. 686)　　　　　　　　　　**RaPO**
    HA: Fachhochschul-Zulassungsverordnung v. 6.7.1999 (GVBl I S. 137)　　　　　　　　　　**FHZVO**
    ND: VO über die Niedersächsische Fachhochschule für Verwaltung und Rechtspflege v. 27.1.2003 (GVBl S. 29)　　　　　　　　　　**VO-FHVR**
    NW: Ges. ü. d. Errichtung v. Fachhochschule(n) v. 8.6.1971 (GV.NW S. 158)　　　　　　　　　　**FHEG**

Fachhochschulgesetz
    BW: ~ i. d. Bek. v. 1.2.2000 (GBl S. 125)　　　　　　　　　　**FHG**
    HE: ~ i. d. Bek. v. 28.3.1995 (GVBl S. 359)　　　　　　　　　　**FHG**
    NW: ~ öffentlicher Dienst v. 29.5.1984 (GV.NW S. 303)　　　　　　　　　　**FHGöD**
    NW: ~ v. 20.11.1979 (GV.NW S. 964)　　　　　　　　　　**FHG**
    RP: ~ v. 6.2.1996 (GVBl S. 71)　　　　　　　　　　**FHG**
    RP: VO z. Nachdiplomierung nach d. ~ v. 18.12.1981 (GVBl 1982 S. 5)　　　　　　　　　　**FHNachDiplVO**
    SH: ~ v. 26.6.1969 (GVOBl S. 114)　　　　　　　　　　*FachHSchG*
    SL: ~ v. 23.6.1999 (ABl S. 1014)　　　　　　　　　　**FHG**

Fachhochschulreife
    BY: Prüfungsordnung f. d. Ergänzungsprüfung z. Erwerb. d. ~ v. 25.5.2001 (GVBl S. 278)　　　　　　　　　　**ErgPOFHR**

Fachklassenverordnung
    MV: Länderübergreifende ~ v. 3.3.2006 (GVOBl M-V S. 295)　　　　　　　　　　**LüFklVO M-V**

Fachklinikgesetz
    SH: ~ v. 8.12.1995 (GVOBl S. 452)　　　　　　　　　　**FKlG**

Fachkräfteverordnung
    SACH: ~ v. 4.9.1998 (SächsGVBl S. 506)　　　　　　　　　　**FachkrVO**

Fachlehrerverordnung
    SACH: ~ v. 22.5.2002 (SächsGVBl S. 473)　　　　　　　　　　**FachlVO**

Fachoberschulverordnung
    BB: ~ v. 24.5.1997 (GVBl II S. 434)　　　　　　　　　　**FOSV**
    BY: Fachober- und Berufsoberschulordnung v. 10.3.1998 (GVBl S. 157)　　　　　　　　　　**FOBOSO**
    MV: ~ v. 26.9.2001 (GVOBl M-V S. 412)　　　　　　　　　　**FOSVO M-V**

Fachschulen
    VO ü. d. Förderungshöchstdauer f. d. Besuch v. Höheren ~, Akademien u. Hochschulen i. d. Bek. v. 29.6.1981 (BGBl I S. 577)　　　　　　　　　　**Förderungshöchstdauerv**

493

Fac

BB: Ausbildungs- u. Prüfungsordnung d. ~ v. 17.5.1994
(GVBl II S. 370)   **APO-FS**

Fachschulgebührenordnung
BE: ~ v. 24.11.1987 (GVBl S. 2682)   **FGebO**

Fachschulverordnung
BR: ~ Heilerziehungspflege v. 5.1.1994 (GBl S. 73)   **FSHEPV**
BR: ~ Sozialpädagogik v. 30.8.1996 (GBl S. 291)   **FSSozPädV**
MV: ~ für die Agrarwirtschaft v. 6.8.2007 (GVOBl M-V S. 296)   **FSVO-AW M-V**
MV: ~ v. 24.2.1998 (GVOBl M-V 1999 S. 341)   **FSVO M-V**
MV: VO über die Zulassung, Ausbildung und Prüfung an den Fachschulen für Sozialwesen im Land Mecklenburg-Vorpommern – ~ Sozialwesen v. 20.4.2006 (GVOBl M-V S. 387)   **FSVOS**
TH: Thüringer Fachschulordnung v. 3.2.2004 (GVBl S. 125)   **ThürFSO**

Fährenbetriebsverordnung
v. 24.5.1995 (BGBl I S. 752)   **FäV**

Fahranfängerfortbildungsverordnung
v. 16.5.2003 (BGBl I S. 709)   **FreiwFortbV**
TH: Thüringer VO zur Regelung von Zuständigkeiten nach der ~ v. 24.11.2004 (GVBl S. 887)   **ThürFahranfZustVO**

Fahrerlaubnis
BW: VO d. Landesregierung u. d. Ministeriums f. Umwelt u. Verkehr ü. ~— u. fahrlehrerrechtliche Zuständigkeiten v. 13.2.2001 (GBl S. 123)   **FeFahrlZuVO**
NW: VO über die Bestimmung der zuständigen Behörden nach der VO über die freiwillige Fortbildung von Inhabern der ~ auf Probe v. 2.11.2003 (GV.NW S. 707)   **ZustVO FreiwFortbVO**

Fahrlehrer
~-Ausbildungsordnung v. 13.5.1977 (BGBl I S. 733)   **FahrlAusbO**
~gesetz v. 25.8.1969 (BGBl I S. 1336)   **FahrlG**
Prüfungsordnung f. ~ v. 27.7.1979 (BGBl I S. 1263)   **FahrlPrüfO**

Fahrpersonalgesetz
i. d. Bek. v. 19.2.1987 (BGBl I S. 640)   **FPersG**

Fahrpersonalverordnung
v. 27.6.2005 (BGBl I S. 1882)   **FPersV**

Fahrschüler
~-Ausbildungsordnung v. 31.5.1976 (BGBl I S. 1366)   **FahrschAusbO**

Fahrzeug-Zulassungsverordnung
v. 25.4.2006 (BGBl I S. 988)   **FZV**

Fahrzeugregisterverordnung
v. 20.10.1987 (BGBl I S. 2305)   **FRV**

4. Gesetze, sonstige Rechtsvorschriften, Verwaltungsvorschriften u.ä.   **Fam**

Fahrzeugteileverordnung
  v. 12.8.1998 (BGBl I S. 2142)   **FzTV**

Fahrzeugverwahrung
  BY: Gebührenordnung z. ~ v. 8.6.1994 (GVBl S. 509)   **FVGebO**

Fahrzeugzulassungsgebühreneinforderungsgesetz
  LSA: Gesetz über die Einforderung rückständiger Gebühren und Auslagen bei der Zulassung von Fahrzeugen v. 13.11.2007 (GVBl LSA S. 357)   **Kfz-ZulVorG**

Fahrzeugzulassungsgebührenentrichtungsgesetz
  HA: ~ v. 6.7.2006 (GVBl S. 396)   **FzZulGebEntrG**

Fahrzeugzulassungsverweigerungsverordnung
  SH: Gesetz zur Verweigerung der Zulassung von Fahrzeugen bei Gebührenrückständen v. 9.11.2006 (GVOBl S. 228)   **ZulVG**

Fakultätengesetz
  HA: ~ v. 4.5.2005 (GVBl S. 191)   **FG**

Fallpauschalengesetz
  Zweites Fallpauschalenänderungsgesetz v. 15.12.2004 (BGBl I S. 3429)   **2. FPÄndG**
  Fallpauschalenänderungsgesetz v. 17.7.2003 (BGBl I S. 1461)   **FPÄndG**

Fallpauschalenverordnung
  2004 v. 13.10.2003 (BGBl I S. 1995)   **KFPV 2004**
  2005 v. 12.5.2005 (BGBl I S. 1335)   **KFPV 2005**
  besondere Einrichtungen 2004 v. 19.12.2003 (BGBl I S. 2811)   **FPVBE 2004**
  für besondere Einrichtungen 2005 v. 12.5.2005 (BGBl I S. 1340)   **FPVBE 2005**

Familieneigenanteilsberechnungsverordnung
  HA: ~ v. 28.12.1999 (GVBl I 2000 S. 1)   **FamEigBVO**

Familieneigenanteilsverordnung
  HA: ~ v. 26.4.2005 (GVBl S. 155)   **FamEigVO**

Familienfideikommisse
  Ges. ü. d. Erlöschen d. ~ u. sonst. gebundener Vermögen v. 6.7.1938 (RGBl I S. 825)   *FideikommG*

Familienheimrichtlinien
  d. Bundes i. d. Bek. v. 1.5.1971 (GMBl S. 193)   **FHR**

Familienkassen
  SACH: Sächs. Landesfamilienkassenverordnung v. 29.3.2005 (SächsGVBl S. 74)   **SächsLaFamKaVO**
  Einrichtungsverordnung
  ND: VO über die Einrichtung von Landesfamilienkassen v. 4.10.2007 (GVBl S. 482)   **LFamKVO**

Familienkassenverordnung
  MV: Landesfamilienkassenlandesverordnung v. 14.3.2006
       (GVOBl M-V S. 98) — LFamKassLVO M-V

Familienkassenzuständigkeitsverordnung
  v. 8.6.2006 (BGBl I S. 1309) — FamZustV

Familiennamenänderungsgesetz
  Ges. ü. d. Änderung v. Familiennamen u. Vornamen v.
  5.1.1938 (RGBl I S. 9) — *NamÄndG*

Familiennamenrechtsgesetz
  v. 16.12.1993 (BGBl I S. 2054) — FamNamRG

Familienpflegegeldvorschriften
  BE: ~ v. 28.6.1984 (ABl S. 975) — FPGV

Familienrecht
  Erstes Ges. z. Reform d. Ehe- u. Familienrechts v. 14.6.1976
  (BGBl I S. 1421) — **1. EheRG**
  ~sänderungsgesetz v. 11.8.1961 (BGBl I S. 1221) — *FamRÄndG*
  Internationales ~sverfahrensgesetz v. 26.1.2005 (BGBl I
  S. 162) — IntFamRVG

Fehlbelegungsrechtsänderungsgesetz
  NW: ~ v. 23.5.2006 (GV.NW S. 219) — FehlÄndG NRW

Fehlsubventionierung im Wohnungswesen
  Ges. ü. d. Abbau d. ~ i. d. Bek. v. 13.9.2001 (BGBl I S. 2414) — AFWoG
  BR: Brem. Ges. ü. d. Abbau d. ~ i. d. Bek. v. 1.11.1998
       (GBl S. 279) — BremAFWoG
  BW: Ges. ü. d. Abbau d. Fehlsubventionen im Wohnungs-
       wesen v. 9.4.1990 (GBl S. 121) — LAFWoG
  BY: Gesetz ü. d. Abbau d. ~ i. d. Bek. v. 31.10.1995 (GVBl
       S. 806) — BayAFWoG
  BY: VO z. Durchf. d. Gesetzes ü. d. Abbau d. ~ i. d. Bek. v.
       26.11.1991 (GVBl S. 398) — DVAFWoG
  HA: Ges. ü. d. Abbau d. ~ i. d. Bek. v. 7.7.1998 (GVBl I
       S. 125) — HmbAFWoG
  HE: Hess. Gesetz z. Abbau d. Fehlsubventionierung i.
       Wohnungsbau v. 5.6.1996 (GVBl I S. 262) — HessAFWoG
  ND: Niedersächsisches Gesetz ü. d. Abbau d. Fehlsubven-
       tionierung i. Wohnungswesen i. d. Bek. v. 30.1.1997
       (GVBl S. 42) — Nds.AFWoG
  NW: Ges. ü. d. Abbau d. Fehlsubventionierung i. Woh-
       nungswesen f. d. Land NRW i. d. Bek. v. 30.3.2000
       (GV.NW S. 356) — AFWoG NRW
  NW: Zweites Gesetz über den Abbau der ~ für das Land
       Nordrhein-Westfalen v. 16.3.2004 (GV.NW S. 137) — **2. AFWoG NRW**
  SH: Ges. ü. d. Abbau d. ~ i. d. Bek. v. 10.11.1995 (GVOBl
       S. 385) — AFWoG SH

Feiertagsgesetz
  BB: Ges. ü. d. Schutz d. Sonn- u. Feiertage v. 21.3.1991
       (GVBl S. 44) — FTG

4. Gesetze, sonstige Rechtsvorschriften, Verwaltungsvorschriften u.ä.   **Fer**

BW: ~ i. d. Bek. v. 8.5.1995 (GBl S. 450)	**FTG**
BY: Ges. ü. d. Schutz d. Sonn- und Feiertage v. 21.5.1980 (GVBl S. 215)	**FTG**
HA: ~ v. 16.10.1953 (SlgBerHmbLR 113-a)	*FeiertG*
HE: Hess. ~ i. d. Bek. v. 29.12.1971 (GVBl S. 344)	**HFeiertagsG**
LSA: Gesetz über die Sonn- und Feiertage i. d. Bek. v. 25.8.2004 (GVBl LSA S. 538)	**FeiertG LSA**
ND: Niedersächsisches Gesetz ü. d. Feiertage i. d. Bek. v. 7.3.1995 (GVBl S. 51)	**NFeiertagsG**
NW: ~ i. d. Bek. v. 23.4.1989 (GV.NW S. 222)	*FeiertG*
RP: ~ v. 15.7.1970 (GVBl S. 225)	**LFtG**
SL: ~ v. 18.2.1976 (ABl S. 213)	**SFG**
TH: Thüringer ~ v. 21.12.1994 (GVBl S. 1221)	**ThürFtG**

Feiertagsschutzverordnung
   BE: ~ v. 5.10.2004 (GVBl S. 441)   **FSchVO**

Feld- u. Forstordnungsgesetz
   LSA: ~ v. 16.4.1997 (GVBl LSA S. 476)   **FFOG**
   ND: ~ i. d. Bek. v. 30.8.1984 (GVBl S. 215)   **FFOG**

Feld- und Forstschutzgesetz
   NW: ~ i. d. Bek. v. 14.1.1975 (GV.NW S. 125)   **FFSchG NW**
   SL: ~ v. 24.3.1975 (ABl S. 525)   **FFSchG**

Feld- und Forststrafgesetz
   RP: ~ i. d. Bek. v. 15.12.1969 (GVBl 1970 S. 31)   **FFStG**

Feldes- u. Förderabgabe
BW: VO ü. ~ v. 11.12.2006 (GBl S. 395)	**FFVO**
HE: Hessische VO über Feldes- und Förderabgaben v. 13.12.2004 (GVBl I S. 454)	**FVO**
LSA: VO ü. ~ v. 18.11.1996 (GVBl LSA S. 348)	**FörderAVO**
ND: Niedersächsische VO über die Feldes- und die Förderabgabe v. 14.12.2005 (GVBl S. 406)	**NFördAVO**
NW: VO ü. ~ v. 14.12.1998 (GV.NW 1999 S. 22)	**FFVO**
SACH: VO d. Sächs. Staatsministeriums f. Wirtschaft und Arbeit über Feldes- und Förderabgaben v. 21.7.1997 (SächsGVBl S. 521)	**FFAVO**

Feldgeschworenenbekanntmachung
   BY: ~ v. 12.10.1981 (ABlFin S. 334)   **FBek**

Feldgeschworenenordnung
   BY: ~ v. 16.10.1981 (GVBl S. 475)   **FO**

Feldpostverordnung
   1996 v. 23.10.1996 (BGBl I S. 1543)   **FpV 1996**

Ferienverordnung
   MV: Allgemeine ~ für die Schuljahre 2005/2006 bis 2007/2008 v. 11.7.2003 (GVOBl M-V S. 418)   **AFerVO 2005/2008 M-V**

Fernmeldeanlagengesetz
i. d. Bek. v. 3.7.1989 (BGBl I S. 1455)   **FAG**

Fernmeldebenutzungsrecht
VO z. Aufhebung u. Änderung ~l. Vorschriften v. 13.6.1990
(BGBl I S. 1103)   **FAufhÄndV**

Fernmeldeverkehr-Überwachungsverordnung
v. 18.5.1995 (BGBl I S. 722)   **FÜV**

Fernmeldezulassungsverordnung
v. 15.4.1988 (BGBl I S. 518)   **FZulV**

Fernsehsendungen
Europ. Abk. z. Schutz v. ~ v. 22.6.1960 (BGBl 1965 II
S. 1234)   *EuFSA*

Fernsehsignalübertragungsgesetz
Fernsehsignalübertragungs-Ges. v. 14.11.1997 (BGBl I
S. 2710)   **FÜG**

Fernstraßenausbaugesetz
i. d. Bek. v. 20.1.2005 (BGBl I S. 201)   **FStrAbG**
Fünftes Gesetz zur Änderung des Fernstraßenausbaugesetzes v. 4.10.2004 (BGBl I S. 2574)   **5. FStrAbÄndG**

Fernstraßenbauprivatfinanzierungsgesetz
i. d. Bek. v. 6.1.2006 (BGBl I S. 49)   **FStrPrivFinG**
Bestimmungsverordnung
Fernstraßenbauprivatfinanzierungs-~ v. 20.6.2005
(BGBl I S. 1686)   **FStrPrivFinBestV**
Ermächtigungsübertragungsverordnung
MV: Landesverordnung zur Übertragung der Ermächtigungen nach dem Fernstraßenbauprivatfinanzierungsgesetz v. 19.1.2007 (GVOBl M-V S. 31)   **FStrPrivFinGErmLVO M-V**

Fernstraßenzuständigkeitsverordnung
BB: ~ i. d. Bek. v. 31.3.2005 (GVBl II S. 161)   **FStrZV**

Fernunterrichtsschutzgesetz
i. d. Bek. v. 4.12.2000 (BGBl I S. 1670)   **FernUSG**

Fernwärme
VO u. Allg. Bedingungen f. d. Versorgung m. ~ v. 20.6.1980
(BGBl I S. 742)   **AVBFernwärmeV**

Fertigpackungsverordnung
i. d. Bek. v. 8.3.1994 (BGBl I S. 451)   *FPackV*

Festbetrags-Anpassungsgesetz
v. 27.7.2001 (BGBl I S. 1948)   **FBAG**

Festbetrags-Anpassungsverordnung
v. 1.11.2001 (BGBl I S. 2897)   **FAVO**

Festbetragsgruppen-Neubestimmungsverordnung
v. 21.1.2003 (BGBl I S. 93)　　　　　　　　　　　**FGNV**

Festlandsockel-Bergverordnung
v. 21.3.1989 (BGBl I S. 554)　　　　　　　　　　　**FlsBergV**

Feststellungsgesetz
i. d. Bek. v. 1.10.1969 (BGBl I S. 1885)　　　　　　**FG**

Feststellungsprüfungsverordnung
BW: ~ v. 12.4.2000 (GBl S. 439)　　　　　　　　　**FPVO**
SACH: ~ v. 29.3.2001 (SächsGVBl S. 171)　　　　　**FSPVO**

Feuerbeschau
BY: VO ü. d. ~ v. 5.6.1999 (GVBl S. 270)　　　　　**FBV**

Feuerbestattung
Ges. ü. d. ~ v. 15.5.1934 (RGBl I S. 380)　　　　　*FBG*

Feuerschutzgesetz (u. Hilfeleistungsgesetz)
NW: Ges. ü. d. Feuerschutz und d. Hilfeleistung v.
10.2.1998 (GV.NW S. 122)　　　　　　　　　　　**FSHG**
SL: Feuerschutzgesetz i. d. Bek. v. 26.2.1975 (ABl S. 1106)　**FSG**

Feuerschutzsteuergesetz
i. d. Bek. v. 10.1.1996 (BGBl I S. 18)　　　　　　　**FeuerschStG**

Feuerungsverordnung
BB: Brandenburgische ~ v. 13.1.2006 (GVBl II S. 58)　**BbgFeuV**
BE: ~ v. 31.1.2006 (GVBl S. 116)　　　　　　　　　**FeuV**
BR: Brem. ~ v. 18.2.2000 (GBl S. 33)　　　　　　　**BremFeuVO**
BW: ~ v. 24.11.1995 (GBl S. 806)　　　　　　　　　**FeuV**
BY: ~ v. 6.3.1998 (GVBl S. 112)　　　　　　　　　　**FeuV**
HA: ~ v. 18.2.1997 (GVBl I S. 20)　　　　　　　　　**FeuV**
LSA: ~ v. 27.3.2006 (GVBl LSA S. 177)　　　　　　　**FeuV**
MV: ~ v. 10.7.2006 (GVOBl. M-V S. 620)　　　　　　**FeuV**
ND: ~ v. 8.12.1997 (GVBl S. 518)　　　　　　　　　**FeuV**
NW: ~ v. 21.7.1998 (GV.NW S. 481)　　　　　　　　**FeuV**
RP: ~ v. 27.2.1997 (GVBl S. 116)　　　　　　　　　**FeuV**
SACH: Sächs. ~ v. 17.9.1998 (SächsGVBl S. 516)　　　**SächsFeuVO**
SH: ~ v. 6.3.1996 (GVOBl S. 308)　　　　　　　　　**FeuV**
SL: ~ v. 14.12.1980 (ABl 1981 S. 21)　　　　　　　　**FeuV**
TH: Thüringer FeuerungsVO v. 3.6.1996 (GVBl S. 105)　**ThürFeuVO**

Feuerwehr-Entschädigungsverordnung
SACH: ~ v. 28.12.1999 (SächsGVBl 2000 S. 15)　　　**Fw-EntschVO**

Feuerwehr-Unfallkassen
LSA: VO zur Vereinigung der Feuerwehr-Unfallkasse Sachsen-Anhalt und der Feuerwehr-Unfallkasse Thüringen zur Feuerwehr-Unfallkasse Mitte v. 24.8.2006 (GVBl LSA S. 476)　　　　　　　　　　　　　　　**FUKMitteVO**
SH: Landesverordnung zur Vereinigung der Feuerwehr-Unfallkasse Nord mit der Feuerwehr-Unfallkasse Hamburg zur Hanseatischen Feuerwehr-Unfallkasse Nord v. 30.5.2006 (GVOBl S. 113)　　　　　　　　**HFUNVO**

Feuerwehrbenutzungsgebührenordnung
BE: ~ v. 13.4.1995 (GVBl S. 293) **FwBenGebO**

Feuerwehrdienstkleidungsverordnung
LSA: VO über die Dienstkleidung der Feuerwehren v.
25.8.2005 (GVBl LSA S. 612) **Fw-DienstklVO**

Feuerwehrenlaufbahn-, Dienstgrad- und Ausbildungsverordnung
MV: ~ v. 27.8.2004 (GVOBl M-V S. 458) **FwLaufbDgrAusbVO M-V**

Feuerwehrgesetz
BE: ~ v. 23.9.2003 (GVBl S. 457) **FwG**
BR: ~ i. d. Bek. v. 27.11.1978 (GBl 1979 S. 1) **FwG**
BY: Bay. ~ v. 23.12.1981 (GVBl S. 526) **BayFwG**

Feuerwehrlaufbahnverordnung
BR: VO über die Laufbahn der Beamten des feuerwehrtechnischen Dienstes im Lande Bremen i. d. Bek. v.
1.12.2006 (GVBl S. 487) **FwLV**

Feuerwehrschule
SL: VO über die ~ des Saarlandes v. 23.11.2007 (ABl
S. 2469) **FwSchVO**

Feuerwehrverordnung
HE: VO ü. d. Organisation, Stärke u. Ausrüstung d. öffentlichen Feuerwehren v. 29.8.2001 (GVBl I S. 391) **FwOVO**
RP: ~ v. 21.3.1991 (GVBl S. 89) **FwVO**
SACH: Sächs. ~ v. 21.10.2005 (SächsGVBl S. 291) **SächsFwVO**

Fideikommißgesetz
Ges. ü. d. Erlöschen d. Familienfideikommisse u. sonst. gebundener Vermögen v. 6.7.1938 (RGBl I S. 825) *FideikommG*

Film- u. Bildgesetz
BW: ~ v. 1.7.1957 (GBl S. 73) **FiBiG**

Filmförderungsgesetz
i. d. Bek. v. 6.8.1998 (BGBl I S. 2053) **FFG**

Filmstatistische Erhebungen
VO ü. Ausnahmen bei filmstatistischen Erhebungen v.
30.7.1982 (BGBl I S. 1124) **FStatAusnV**

Finanz- u. Personalstatistikgesetz
Finanz- und Personalstatistikgesetz i. d. Bek. v. 22.2.2006
(BGBl I S. 438) **FPStatG**

Finanzamt
Geschäftsordnung f. d. Finanzämter v. 2.12.1985 (BStBl I
S. 685) **FAG**
Grundsätze z. Neuorganisation d. Finanzämter u. z. Neuordnung d. Besteuerungsverfahrens (BStBl 1976 I S. 88) **GNOFÄ**

BE: Finanzämter-Zuständigkeitsverordnung v. 3.12.2003
(GVBl S. 594)   FAZustV
BR: Finanzämter-Zuständigkeitsverordnung v. 31.7.2004
(GBl S. 446)   FAZustV
BW: Finanzämter-Zuständigkeitsverordnung v. 30.11.2004
(GBl S. 865)   FAZustV
BY: Finanzamts-Zuständigkeitsverordnung v. 11.4.1973
(GVBl S. 249)   FAZustV
HE: VO über die Zuständigkeiten der hessischen Finanzämter v. 14.4.2004 (GVBl I S. 180)   ZustVOFÄ
MV: Finanzamts-Zuständigkeitsverordnung v. 18.11.2005
(GVOBl M-V S. 3)   FAZuStV
RP: VO ü. Zuständigkeiten d. Finanzämter v. 10.6.1981
(GVBl S. 113)   FAZustV
SACH: Finanzamts-Zuständigkeitsverordnung i. d. Bek. v.
14.10.2004 (SächsGVBl S. 539)   FAZustV
SL: Finanzämterzuständigkeitsverordnung v. 16.9.2005
(ABl S. 1538)   FinÄZVO

Finanzanalyseverordnung
v. 17.12.2004 (BGBl I S. 3522)   FinAnV

Finanzanpassungsgesetz
v. 30.8.1971 (BGBl I S. 1426)   FAnpG

Finanzausgleichsgesetz
BB: Brandenburgisches ~ v. 29.6.2004 (GVBl I S. 262)   BbgFAG
BW: ~ i. d. Bek. v. 1.1.2000 (GBl S. 14)   FAG
BY: ~ i. d. Bek. v. 13.3.2001 (GVBl S. 80)   FAG
HE: ~ i. d. Bek. v. 16.1.2004 (GVBl I S. 22)   FAG
LSA: ~ i. d. Bek. v. 14.10.2005 (GVBl LSA S. 646)   FAG
MV: ~ i. d. Bek. v. 13.1.2006 (GVOBl. M-V S. 22)   FAG
ND: Niedersächsisches Gesetz ü. d. Finanzausgleich i. d.
Bek. v. 26.5.1999 (GVBl S. 116)   NFAG
RP: Landes~ v. 30.11.1999 (GVBl S. 415)   LFAG
SACH: ~ i. d. Bek. v. 24.7.2006 (SächsGVBl S. 457)   FAG
SH: ~ i. d. Bek. v. 2.2.1999 (GVOBl S. 46)   FAG
SL: ~ v. 28.6.1960 (ABl S. 551)   FAG
TH: Thüringer ~ i. d. Bek. v. 9.2.1998 (GVBl S. 15)   ThürFAG
Durchführungsverordnung
  BW: VO des Finanzministeriums und des Innenministeriums zur Durchführung des Finanzausgleichsgesetzes ...   FAGDVO ...
  BY: ~ d. Bay. Krankenhausgesetzes und d. Art. 10 b d.
Finanzausgleichsgesetzes v. 30.9.1980 (GVBl
S. 630)   DVBayKrG/FAG

Finanzdienstleistungswesen
Umlage-VO Kredit- u. ~ v. 8.3.1999 (BGBl I S. 314)   UmlVKF

Finanzgerichtsbarkeit
Ges. z. Entlastung d. Gerichte i. d. Verwaltungs- u. ~ v.
31.3.1978 (BGBl I S. 446)   *VGFGEntlG*

Finanzgerichtsordnung
i. d. Bek. v. 28.3.2001 (BGBl I S. 442) **FGO**
HE: Hess. Ausführungsges. z. ~ v. 17.12.1965 (GVBl I
S. 347) **HessAGFGO**
ND: Niedersächsisches Ausführungsges. z. ~ v. 30.12.1965
(GVBl S. 277) **Nds.AGFGO**
Ausführungsgesetze
BE: Ges. z. Ausführung d. Finanzgerichtsordnung v.
21.12.1965 (GVBl S. 1979) **AGFGO**
BR: Ges. z. Ausführung d. Finanzgerichtsordnung v.
23.12.1965 (GBl S. 156) **AGFGO**
BW: Ges. z. Ausführung d. Finanzgerichtsordnung v.
29.3.1966 (GBl S. 49) **AGFGO**
BY: Ges. z. Ausführung d. Finanzgerichtsordnung v.
23.12.1965 (GVBl S. 357) **AGFGO**
NW: Ges. z. Ausführung d. Finanzgerichtsordnung v.
1.2.1966 (GV.NW S. 23) **AGFGO**
RP: Ges. z. Ausführung d. Finanzgerichtsordnung v.
16.12.1965 (GVBl S. 265) **AGFGO**
SL: Ges. z. Ausführung d. Finanzgerichtsordnung v.
16.12.1965 (ABl S. 1078) **AGFGO**

Finanzhilferichtlinien
SL: ~ v. 22.10.1996 (ABl S. 1410) **FHR**

Finanzhilfeverordnung
ND: VO über Berechnungsgrundlagen für die Finanzhilfe
nach dem Niedersächsischen Erwachsenenbildungs-
gesetz v. 1.12.2005 (GVBl S. 370) **FinVO-NEBG**
ND: VO über die Berechnung der Finanzhilfe für Schulen
in freier Trägerschaft v. 7.8.2007 (GVBl S. 415) **FinHVO**
TH: Thüringer ~ v. 10.1.2008 (GVBl S. 1) **ThürFiVO**
Schule
ND: VO zur Berechnung der Finanzhilfe für berufsbil-
dende Schulen in freier Trägerschaft v. 14.1.2004
(GVBl S. 17) **FHB-VO**

Finanzierungsgerechtigkeit im Hochschulwesen
NW: Gesetz zur Sicherung der ~ v. 21.3.2006 (GV.NW
S. 119) **HFGG**

Finanzkonglomerate-Solvabilitäts-Verordnung
v. 2.9.2005 (BGBl I S. 2688) **FkSolV**

Finanzordnung
NW: Satzung über das Finanzwesen der Landesanstalt für
Medien Nordrhein-Westfalen v. 27.1.2003 (GV.NW
S. 42) **FinO-LfM**

Finanzverteilungsgesetz
ND: Niedersächsisches ~ v. 12.3.1999 (GVBl S. 79) **NFVG**

4. Gesetze, sonstige Rechtsvorschriften, Verwaltungsvorschriften u.ä. Fis

Finanzverwaltungsermächtigungsverordnung
MV: Finanzverwaltungsermächtigungslandesverordnung v.
18.12.2003 (GVOBl M-V S. 699)   **FinVErmächtLVO M-V**

Finanzverwaltungsgesetz
i. d. Bek. v. 4.4.2006 (BGBl I S. 846)   **FVG**

Finanzzuweisungsgesetz
BR: ~ i. d. Bek. v. 1.3.1989 (GBl S. 167)   **FZG**

Fisch- u. Muschelgewässerverordnung
SH: ~ v. 4.7.1997 (GVOBl S. 361)   **FMGVO**

Fischereiaufsichtsverordnung
SACH: ~ v. 26.6.1996 (SächsGVBl S. 263)   **FischAufsVO**
TH: Thüringer VO ü. d. Fischereiaufsicht v. 10.1.1995
(GVBl S. 69)   **ThürVOFAS**

Fischereibuchverordnung
BB: ~ v. 23.9.1996 (GVBl II S. 755)   **FischBuV**

Fischereigesetz
BE: Landes~ v. 19.6.1995 (GVBl S. 358)   **LFischG**
BR: Brem. ~ v. 17.9.1991 (GBl S. 309)   **BremFiG**
BW: ~ v. 14.11.1979 (GBl S. 466)   **FischG**
BY: ~ v. 15.8.1908 (BayBS IV S. 453)   *FiG*
HE: Hess. ~ v. 19.12.1990 (GVBl I S. 776)   **HFischG**
MV: Landes~ v. 13.4.2005 (GVOBl M-V S. 153)   **LFischG**
ND: Niedersächsisches ~ v. 1.2.1978 (GVBl S. 81)   **Nds.FischG**
NW: Landes~ i. d. Bek. v. 22.6.1994 (GV.NW S. 516)   **LFischG**
RP: Landes~ v. 9.12.1974 (GVBl S. 601)   **LFischG**
SH: Landes~ v. 10.2.1996 (GVOBl S. 211)   **LFischG**
SL: Saarländisches ~ i. d. Bek. v. 16.7.1999 (ABl S. 1282)   **SFischG**
TH: Thüringer ~ i. d. Bek. v. 26.2.2004 (GVBl S. 314)   **ThürFischG**
Ausführungsverordnung
  BY: VO zur Ausführung des Fischereigesetzes für Bayern i. d. Bek. v. 10.5.2004 (GVBl S. 177)   **AVFiG**

Fischereischein
BB: VO ü. Sonderlehrgänge z. Erwerb d. Fischereischeines
B v. 1.12.1999 (GVBl II S. 670)   **SoLFischV**
MV: ~prüfungsverordnung v. 11.8.2005 (GVOBl M-V
S. 416)   **FSchPrVO M-V**
MV: ~verordnung v. 11.8.2005 (GVOBl M-V S. 419)   **FSchVO M-V**

Fischereischeingesetz
BE: Landes~ i. d. Bek. v. 15.9.2000 (GVBl S. 464)   **LFischScheinG**
MV: ~ v. 22.1.1992 (GVOBl M-V S. 14)   **FSG**
SH: ~ i. d. Bek. v. 22.12.1982 (GVOBl S. 308)   **FSG**

Fischerei(ver)ordnung
BB: Fischereiordnung d. Landes Brandenburg v.
14.11.1997 (GVBl II S. 867)   **BbgFischO**

BE: Berliner Landesfischereiordnung v. 12.12.2001 (GVBl
S. 700) **LFischO**
BW: Landesfischerei(ver)ordnung v. 3.4.1998 (GBl S. 252) **LFischVO**
LSA: Fischereiordnung d. Landes Sachsen-Anhalt v.
11.1.1994 (GVBl LSA S. 16) **FischO LSA**
SACH: ~ v. 25.9.1995 (SächsGVBl S. 339) **FischVO**
SACH: Sächs. ~ v. 10.3.2008 (SächsGVBl S. 260) **SächsFischVO**
SL: Fischereiordnung v. 17.12.1962 (ABl S. 851) *FischO*
TH: Thüringer Fischerei(ver)ordnung v. 11.10.1994 (GVBl
S. 1173) **ThürFischVO**

Fischerprüfungsordnung
LSA: ~ v. 14.11.1994 (GVBl LSA S. 998) **FischPrüfO**

Fischetikettierungszuständigkeitsverordnung
BB: ~ v. 29.8.2005 (GVBl II S. 458) **FischEtiZV**
SH: Landesverordnung über die zuständige Behörde nach
dem Fischetikettierungsgesetz v. 13.12.2007 (GVOBl
S. 559) **ZuFiVO**

Fischgewässerverordnung
LSA: Fischgewässerqualitätsverordnung v. 26.9.1997 (GVBl
LSA S. 860) **FischVO**
MV: ~ v. 23.10.1997 (GVOBl M-V S. 584) **FGVO**
SACH: Sächs. ~ v. 3.7.1997 (SächsGVBl S. 494) **SächsFischgewV**
SL: Saarländische FischgewässerqualitätsVO v. 15.10.1997
(ABl S. 1070) **SaarlFischGewV**
TH: Thüringer ~ v. 30.9.1997 (GVBl S. 362) **ThürFischGewVO**

Fischhygiene-Verordnung
i. d. Bek. v. 8.6.2000 (BGBl I S. 819) **FischHV**

Fischwirtschaftsgesetz
v. 3.3.1989 (BGBl I S. 349) *FischWiG*

Flächenerwerbsverordnung
v. 20.12.1995 (BGBl I S. 2072) **FlErwV**

Flächenstillegungsverordnung
v. 25.11.1994 (BGBl I S. 3524) **FSV**

Flaggenrechtsgesetz
i. d. Bek. v. 26.10.1994 (BGBl I S. 3140) *FlRG*

Flaggenrechtsverordnung
v. 4.7.1990 (BGBl I S. 1389) **FlRV**

Fleisch- und Geflügelhygiene
Ausführungsgesetz
LSA: Gesetz zur Ausführung fleisch- und geflügelfleisch-
hygienerechtlicher Vorschriften v. 22.12.2004
(GVBl LSA S. 866) **Fl/GflH-AG**

Fleischhygiene-Beleihungsverordnung
BY: ~ v. 2.1.2008 (GVBl S. 8) **FlH-BelV**

4. Gesetze, sonstige Rechtsvorschriften, Verwaltungsvorschriften u.ä.　　　　　　　　　　Flu

Fleischhygiene-Statistik-Verordnung
v. 20.12.1976 (BGBl I S. 3615)　　　　　　　　　　　　　　　　FlStV

Fleischhygienegesetz
i. d. Bek. v. 30.6.2003 (BGBl I S. 1242)　　　　　　　　　　　　FlHG
i. d. Bek. v. 8.7.1993 (BGBl I S. 1189)　　　　　　　　　　　　FlHG
BY: Fleischhygiene-Ausführungsgesetz v. 24.8.1990 (GVBl
　　S. 336)　　　　　　　　　　　　　　　　　　　　　　　　　AGFlHG

Fleischhygieneverordnung
i. d. Bek. v. 29.6.2001 (BGBl I S. 1366)　　　　　　　　　　　　FlHV

Fleischuntersuchungsstatistik-Verordnung
v. 28.9.2006 (BGBl I S. 2187)　　　　　　　　　　　　　　　　FlUStatV

Fleischverordnung
i. d. Bek. v. 21.1.1982 (BGBl I S. 89)　　　　　　　　　　　　　*FleischV*

Flößereigesetz
Ges. betr. d. privatrechtl. Verhältnisse d. Flößerei v.
15.6.1895 (RGBl S. 341)　　　　　　　　　　　　　　　　　　*FlG*

Flüchtlinge
Gesetz. ü. Maßnahmen f. im Rahmen humanitärer Hilfsaktionen aufgenommene ~ v. 22.7.1980 (BGBl I S. 1057)　　　HumHiG

Flüchtlingsaufnahme- und Unterbringung
BW: VO d. IM ü. Geb. f. d. Benutzung v. staatl. Einrichtungen z. Aufnahme u. Unterbringung v. Flüchtlingen
　　v. 8.5.1995 (GBl S. 372)　　　　　　　　　　　　　　　　FlüAGebVO
Kostenerstattung
TH: Thüringer VO ü. d. ~ n. d. Thüringer Flüchtlingsaufnahmegesetz v. 21.12.1999 (GVBl S. 670)　　　　　　　ThürFlüKEVO

Flüchtlingsaufnahmegesetz
BW: ~ v. 11.3.2004 (GBl S. 99)　　　　　　　　　　　　　　FlüAG
NW: ~ v. 28.2.2003 (GV.NW S. 93)　　　　　　　　　　　　　FlüAG
SACH: Sächs. ~ i. d. Bek. v. 13.2.2003 (SächsGVBl S. 29)　　　SächsFlüAG
TH: Thüringer ~ v. 16.12.1997 (GVBl S. 541)　　　　　　　　ThürFlüAG

Flüchtlingsgesetz
BW: ~ v. 1.2.1960 (GBl S. 11)　　　　　　　　　　　　　　　*FlüG*
BY: ~ v. 19.2.1947 (BayBS IV S. 764)　　　　　　　　　　　　*FlüG*

Flüchtlingshilfegesetz
v. 15.5.1971 (BGBl I S. 681)　　　　　　　　　　　　　　　　FlüHG

Flüchtlingsunterbringungsgebührenverordnung
SACH: ~ v. 21.3.2000 (SächsGVBl S. 148)　　　　　　　　　　FUGVO

Flüchtlingsverteilungsverordnung
TH: Thüringer ~ v. 24.7.1998 (GVBl S. 267)　　　　　　　　　ThürFlüVertVO

Fluglärm
Ges. z. Schutz gegen ~ v. 30.3.1971 (BGBl I S. 282)　　　　　　*FluglärmG*

Flugsicherung
   Flugsicherungs- An- u. Abflug-Gebühren-VO v. 28.9.1989
   (BGBl I S. 1809) FlusAAGV
   Flugsicherungs-Streckengebührenverordnung v. 10.9.1986
   (BGBl I S. 1524) FluSiSGebV
   ~spersonalausbildungsverordnung v. 30.6.1999 (BGBl I
   S. 1506) FlSichPersAusV
   ~ssystembeschaffungsVO v. 4.9.1997 (BGBl I S. 2327) KoTSV
   VO über die ~sausrüstung der Luftfahrzeuge (BGBl I
   S. 3093) FSAV

Flurbereinigungsgesetz
   i. d. Bek. v. 16.3.1976 (BGBl I S. 546) FlurbG
   Ausführungsgesetze
      BY: Ges. z. Ausf. d. Flurbereinigungsgesetzes i. d. Bek.
           v. 8.2.1994 (GVBl S. 127) AGFlurbG
      RP: Ges. z. Ausf. d. Flurbereinigungsgesetzes v.
           18.5.1978 (GVBl S. 271) AGFlurbG

Flurbereinigungsverwaltung
   BY: VO ü. d. Organisation d. Bay. ~ v. 10.11.1981 (GVBl
         S. 505) OrgFlurbV

Förderabgabeverordnung
   BB: Brandenburgische ~ v. 26.1.2006 (GVBl II S. 30) BbgFördAV

Fördermitteldatenbank
   SACH: Gesetz ü. Fördermitteldatenbanken i. Freistaat Sach-
            sen v. 10.6.1999 (SächsGVBl S. 273) SächsFöDaG
   SACH: Sächs. ~verordnung v. 13.10.2000 (SächsGVBl
            S. 442) SächsFöDaVO
   SL: Gesetz über die Einrichtung einer ~ im Saarland v.
         2.4.2003 (ABl S. 1402) SFöDG
   SL: Saarländische ~verordnung v. 13.1.2004 (ABl S. 101) SFöDVO

Förderrichtlinien
   SL: ~ für Werkstätten und Wohnstätten für behinderte
         Menschen v. 24.8.2004 (ABl S. 1861) FWWbM
   SL: Richtlinie zur Förderung der Vermarktung von öko-
         logisch und regional erzeugten Produkten v. 25.2.2007
         (ABl S. 1152) VRL
   SL: Richtlinien zur Förderung von Hauptschulabschlus-
         skursen aus Landesmitteln v. 14.6.2006 (ABl S. 844) HSA-Richtlinien

Förderschulordnung
   TH: Thüringer ~ v. 4.10.1994 (GVBl S. 1152) ThürFöSchulO

Förderungshöchstdauer
   VO ü. d. ~ f. d. Besuch v. Höheren Fachschulen u. Hoch-
   schulen v. 23.10.1997 (BGBl I S. 2503) FöHdV

Förderzuständigkeitsverordnung
   SACH: VO des Sächsichen Staatsministeriums für Kultus

4. Gesetze, sonstige Rechtsvorschriften, Verwaltungsvorschriften u.ä.   For

zur Übertragung der Zuständigkeit zur Durchführung von Förderprogrammen und Fördermaßnahmen in den Bereichen Schule, Sport, Heimatpflege und Laienmusik v. 22.3.2006 (SächsGVBl S. 83)   *SMKFördZuVO*
SACH: VO des Sächsichen Staatsministeriums für Soziales zur Übertragung der Zuständigkeit zur Durchführung von Förderprogrammen und Fördermaßnahmen v. 21.12.2005 (SächsGVBl S. 366)   *SMSFördZuVO*
SACH: VO des Sächsischen Staatsministeriums für Wirtschaft und Arbeit über die Zuständigkeiten zur Durchführung von Förderprogrammen und Fördermaßnahmen v. 30.12.2005 (SächsGVBl S. 378)   *SMWAFördZuVO*

Forstabsatzfonds
~gesetz v. 13.12.1990 (BGBl I S. 2760)   **FAfG**
~verordnung v. 20.12.1990 (BGBl I S. 3007)   **FAfV**

Forstausweisverordnung
BY: ~ v. 30.7.1985 (GVBl S. 317)   *ForstAuswV*

Forstdienstkleidungsverordnung
BW: ~ v. 27.4.2004 (GBl S. 311)   **ForstDKlVO**

Forstgebührenordnung
BY: ~ v. 10.12.1987 (GVBl S. 460)   **FoGebO**

Forstgesetz
HE: Hessisches ~ i. d. Bek. v. 4.7.1978 (GVBl I S. 424)   *ForstG*
NW: Landes~ i. d. Bek. v. 24.4.1980 (GV.NW S. 546)   **LFoG**
RP: Landes~ v. 2.2.1977 (BVBl S. 21)   **LFG**

Forstrechte
BY: Durchführungsverordnung d. Ges. ü. d. ~ v. 29.1.1959 (GVBl S. 103)   **FoRGDV**
BY: Ges. ü. d. ~ v. 3.4.1958 (GVBl S. 43)   **FoRG**

Forstsaat-Herkunftsgebietsverordnung
v. 7.10.1994 (BGBl I S. 3578)   *FSaatHerkGebV*

Forstvermehrungsgutgesetz
Durchführungsverordnung
 BB: VO zur Durchführung des Forstvermehrungsgutgesetzes im Land Brandenburg v. 4.6.2004 (GVBl II S. 478)   **BbgFoVGDV**
 BW: VO des Ministeriums für Ernährung und Ländlichen Raum zur Durchführung des Forstvermehrungsgutgesetzes v. 26.6.2004 (GBl S. 593)   **DVFoVG**
 BY: VO zur Durchführung des Forstvermehrungsgutgesetzes v. 4.6.2003 (GVBl S. 371)   **DVFoVG**
 LSA: VO zur Durchführung des Forstvermehrungsgutgesetzes v. 21.12.2004 (GVBl LSA S. 879)   **FoVGDVO**
 MV: Landesverordnung zur Durchführung des Forstvermehrungsgutgesetzes v. 10.6.2003 (GVOBl M-V S. 365)   **FoVGDLVO M-V**

ND: Niedersächsische VO zur Durchführung des Forstvermehrungsgutgesetzes v. 12.1.2004 (GVBl S. 15)   **NDVO FoVG**
NW: VO zur Durchführung des Forstvermehrungsgutgesetzes im Land Nordrhein-Westfalen v. 10.2.2004 (GV.NW S. 122)   **FoVDV NRW**

Forstverwaltungskostenverordnung
MV: ~ v. 21.12.2005 (GVOBl M-V S. 10)   **ForstKostVO M-V**

Fortbildung
SL: Landesverordnung über die berufliche ~sprüfung zum anerkannten Abschluss Geprüfte Fachkraft zur Arbeits- und Berufsförderung in Werkstätten für behinderte Menschen v. 23.12.2004 (ABl 2005 S. 2)   **LvFp-FAB**

Fortbildungsprüfung
Fachagrarwirt/Fachagrarwirtin
BY: VO zur Änderung der VO über die Fortbildungsprüfungen zum Fachagrarwirt und zur Fachagrarwirtin v. 3.12.2003 (GVBl S. 910)   **VFPrF**

Fraktionsgesetz
BB: ~ v. 29.3.1994 (GVBl I S. 86)   **FraktG**

Frauenbeauftragten-Wahlverordnung
v. 31.10.1994 (BGBl I S. 3359)   **FrbWV**

Frauenförder(ungs)gesetz
LSA: Frauenfördergesetz i. d. Bek. v. 27.5.1997 (GVBl LSA S. 516)   **FrFG**
NW: ~ v. 31.10.1989 (GV.NW S. 567)   **FFG**
SACH: Sächs. Frauenförder(ungs)gesetz v. 31.3.1994 (SächsGVBl S. 684)   **SächsFFG**

Frauenförder(ungs)statistikverordnung
Frauenförderstatistikverordnung v. 5.5.1995 (BGBl I S. 606)   **FFStatV**
SACH: Sächs. ~ v. 24.7.2006 (SächsGVBl S. 457)   **SächsFFStatVO**

Frauenförderverordnung
BB: ~ v. 25.4.1996 (GVBl II S. 354)   **FrauFöV**
BE: ~ v. 23.8.1999 (GVBl S. 498)   **FFV**

Frauenhausförderverordnung
TH: Thüringer ~ v. 7.12.2007 (GVBl S. 297)   **ThürFHFöVO**

Freibankfleischverordnung
BW: ~ v. 14.12.1970 (GBl 1971 S. 6)   **FFlV**

Freiheitsentziehung
Ges. ü. d. gerichtliche Verfahren bei Freiheitsentziehungen v. 29.6.1956 (BGBl I S. 599)   **FrhEntzG**
HE: Ges. ü. d. Entziehung d. Freiheit geisteskranker, geistesschwacher, rauschgift- oder alkoholsüchtiger Personen v. 19.5.1952 (GVBl II 352–1)   **FreihEntzG**

Freistellungsauftrags-Datenträgerverordnung
v. 7.4.1994 (BGBl I S. 768)   **FSADV**

Freistellungsverordnung
HE: ~ v. 29.10.1979 (GVBl I S. 234)   **FreistellVO**
SL: ~ v. 23.11.1978 (ABl S. 1046)   **FStVO**

Freiwillige Gerichtsbarkeit
Ges. ü. d. Angelegenheiten d. freiwilligen Gerichtsbarkeit v.
20.5.1898 (RGBl S. 371)   *FGG*
BR: Ausfgesetz z. Gesetz ü. d. Angelegenheiten d. freiwilligen Gerichtsbarkeit v. 12.5.1964 (GBl S. 50)   **BremAGFGG**
BW: Landesgesetz ü. d. ~ v. 12.2.1975 (GBl S. 116)   **LFGG**
BW: VO z. Ausf. d. Landesgesetzes ü. d. ~ im Bereich d. Grundbuchwesens v. 21.5.1975 (GBl S. 398)   **GBVO**
HE: Hess. Ges. ü. d. ~ v. 12.4.1954 (GVBl II 250–1)   **HessFGG**
ND: Niedersächsisches Ges. ü. d. ~ i. d. Bek. v. 24.2.1971 (GVBl S. 44)   **Nds.FGG**
RP: Landesgesetz ü. d. ~ v. 12.10.1995 (GVBl S. 426)   **LFGG**

Freiwillige Polizei-Reserve
BE: Ges. ü. d. ~ i. d. Bek. v. 12.12.1962 (GVBl S. 1285)   *FPRG*
BE: VO z. Übertragung bestimmter Befugnisse d. Polizeibehörde auf d. Angehörigen d. Freiw. Polizei-Reserve v. 10.2.1976 (GVBl S. 339)   **FPRVO**

Freiwilliger Polizeidienst
BE: Gesetz ü. d. Freiwilligen Polizeidienst v. 11.5.1999 (GVBl S. 165)   **FPG**
BW: Ges. ü. d. Freiwilligen Polizeidienst i. d. Bek. v. 12.4.1985 (GBl S. 129)   **FPolDG**

Freiwilliges soziales Jahr
BY: Ges. z. Ausf. z. Ges. z. Förderung e. freiw. soz. Jahres v. 27.3.1973 (GVBl S. 105)   **AGFSJG**

Freizügigkeitsgesetz
~/EU v. 30.7.2004 (BGBl I S. 1986)   **FreizügG/EU**

Fremdenverkehr
BW: Gesetz ü. d. Abgabe z. Förderung d. Fremdenverkehrs v. 27.10.1953 (GBl S. 160)   **FVAbgG**

Fremdenverkehrssicherungsverordnung
MV: ~ v. 17.7.1995 (GVOBl M-V S. 348)   **Fremsi VO**

Fremdrenten- u. Auslandsrenten-Neuregelungsgesetz
v. 25.2.1960 (BGBl I S. 93)   **FANG**

Fremdrenten-Nachversicherungs-Verordnung
v. 1.8.1962 (BGBl I S. 546)   **FNV**

Fremdrentengesetz
i. d. Bek. v. 25.2.1960 (BGBl I S. 93)   **FRG**

Frequenzbereichszuweisungsplanungsverordnung
v. 28.9.2004 (BGBl I S. 2499) — **FreqBZPV**

Frequenzgebührenverordnung
v. 21.5.1997 (BGBl I S. 1226) — **FGebV**

Frequenznutzungsbeitragsverordnung
v. 13.12.2000 (BGBl I S. 1704) — **FBeitrV**

Frequenznutzungsplanaufstellungsverordnung
v. 26.4.2001 (BGBl I S. 827) — **FreqNPAV**

Frequenzschutzbeitragsverordnung
v. 13.5.2004 (BGBl I S. 958) — **FSBetrV**

Frequenzzuteilungsverordnung
v. 26.4.2001 (BGBl I S. 829) — **FreqZutV**

Friesisch-Gesetz
SH: ~ v. 13.12.2004 (GVOBl S. 481) — **FriesischG**

Früherkennung und Frühförderung
VO zur ~ behinderter und von Behinderung bedrohter Kinder v. 24.6.2003 (BGBl I S. 998) — **FrühV**

Früherkennungsdurchführungsgesetz
SACH: Sächs. ~ v. 1.6.2006 (SächsGVBl S. 150) — **SächsFrühErDurchfG**

Fundbehörden
BY: VO ü. Zuständigkeiten u. Verfahren d. ~ v. 12.7.1977 (GVBl S. 386) — **FundV**

Funkstörungen
Durchführungsgesetz EG-Richtlinien ~ v. 4.8.1978 (BGBl I S. 1180) — **FunkStörG**

Funktional- und Kreisstrukturreformgesetz
MV: ~ v. 23.5.2006 (GVOBl M-V S. 194) — **FKrG M-V**

Funktionalreformgesetz
BB: Viertes ~ v. 22.12.1997 (GVBl I S. 172) — **4. BbgFRG**
NW: 1. Gesetz ü. d. Funktionalreform v. 11.7.1978 (GV.NW S. 290) — **1. FRG**

Futtermittel
BY: Lebensmittelrecht und ~recht-Ausführungsverordnung v. 8.1.2008 (GVBl S. 2) — **AVLFM**

Futtermittelgesetz
i. d. Bek. v. 25.8.2000 (BGBl I S. 1358) — *FMG*

Futtermittelkontrolleur-Verordnung
v. 28.3.2003 (BGBl I S. 464) — **FuttMKontrV**

Futtermittelsachkunde-Verordnung
BW: ~ v. 30.1.2006 (GBl S. 77) — **FSK-VO**

4. Gesetze, sonstige Rechtsvorschriften, Verwaltungsvorschriften u.ä.   Gas

MV: Futtermittelsachkundelandesverordnung v.
      28.11.2005 (GVOBl M-V S. 577)   **FuttMSachkVO**
ND: ~ v. 26.10.2004 (GVBl S. 372)   **FuttMSachkVO**
SACH: ~ v. 18.4.2006 (SächsGVBl S. 12)   **SächsFuttMSachkVO**
SH: ~ v. 30.8.2005 (GVOBl S. 352)   **FuttMSachkVO**

Futtermittelverordnung
  i. d. Bek. v. 19.11.1997 (BGBl I S. 2714)   *FMV*

G

Garagenverordnung
  BB: Brandenburgische Garagen- u. StellplatzVO v.
      12.10.1994 (GVBl II S. 948)   **BbgGStV**
  BE: ~ v. 2.9.1998 (GVBl S. 250)   **GaV**
  BR: Brem. VO ü. Garagen u. Stellplätze v. 10.11.1980 (GBl
      S. 281)   **BremGaVO**
  BW: ~ v. 7.7.1997 (GBl S. 332)   **GaV**
  BY: ~ v. 12.10.1973 (GVBl S. 585)   **GaV**
  HA: ~ v. 17.4.1990 (GVBl S. 75)   **GarVO**
  HE: ~ v. 16.11.1995 (GVBl I S. 514)   **GaV**
  LSA: ~ v. 14.9.2006 (GVBl LSA S. 495)   **GaV**
  ND: ~ v. 4.9.1989 (GVBl S. 327)   **GaV**
  NW: ~ v. 16.3.1973 (GV.NW S. 180)   **GarVO**
  RP: ~ v. 13.7.1990 (GVBl S. 243)   **GarVO**
  SACH: Sächs. ~ v. 17.1.1995 (SächsGVBl S. 86)   **SächsGarVO**
  SH: ~ v. 30.11.1995 (GVOBl S. 67)   **GarVO**
  SL: ~ v. 1.8.1972 (ABl S. 450)   **GarVO**
  TH: Thüringer ~ v. 28.3.1995 (GVBl S. 185)   **ThürGarVO**

Gasgrundversorgungsverordnung
  i. d. Bek. v. 26.10.2006 (BGBl I S. 2396)   **GasGVV**

Gasgruppenlastverteilungs-Verordnung
  BW: ~ v. 12.7.1994 (GBl S. 421)   **GasGrLastVO**

Gaslastverteilungsverordnung
  v. 21.7.1976 (BGBl I S. 1849)   **GasLastV**

Gasnetzentgeltverordnung
  v. 25.7.2005 (BGBl I S. 2197)   **GasNEV**

Gasnetzzugangsverordnung
  v. 25.7.2005 (BGBl I S. 2210)   **GasNZV**

Gassicherungsverordnung
  v. 26.4.1982 (BGBl I S. 517)   **GasSV**

Gastschulbeitragsverordnung
  BY: ~ Landwirtschaft v. 1.9.2007 (GVBl S. 650)   **GBLwV**

Gastschulverhältnisse
  BY: VO ü. d. Verfahren bei Gastschulverhältnissen an

Volksschulen und Sondervolksschulen v. 12.6.1986
(GVBl S. 104) **GastschulV**

Gaststättenbauverordnung
BY: ~ v. 13.8.1986 (GVBl S. 304) **GastBauV**
NW: ~ v. 9.12.1983 (GV.NW 1984 S. 4) **GastBauV**
SL: ~ v. 22.1.1979 (ABl S. 237) **GastBauV**

Gaststättengesetz
i. d. Bek. v. 20.11.1998 (BGBl I S. 3418) *GastG*

Gaststättenverordnung
BE: ~ v. 10.9.1971 (GVBl S. 1778) **GastV**
BW: ~ i. d. Bek. v. 18.2.1991 (GBl S. 196) **GastV**
BY: ~ v. 22.7.1986 (GVBl S. 295) **GastV**
HA: ~ v. 27.4.1971 (GVBl S. 81) **GastV**
LSA: ~ v. 15.10.1994 (GVBl LSA S. 975) **GastV**
NW: ~ v. 20.4.1971 (GV.NW S. 119) **GastV**
RP: ~ v. 2.12.1971 (GVBl S. 274) **GastV**
TH: Thüringer ~ v. 9.1.1992 (GVBl S. 43) **ThürGastV**

Gasversorgung
VO u. Allgemeine Bedingungen f. d. ~ v. Tarifkunden v.
21.6.1979 (BGBl I S. 676) **AVBGasV**

GCP-Verordnung
VO über die Anwendung der Guten Klinischen Praxis bei
der Durchführung von klinischen Prüfungen mit Arznei-
mitteln zur Anwendung am Menschen v. 9.8.2004 (BGBl I
S. 2081) **GCP-V**

Gebäudeübernahmeverordnung
BY: ~ v. 10.10.2005 (GVBl S. 521) **GÜVO**

Gebrauchsmusteranmeldeverordnung
v. 12.11.1986 (BGBl I S. 1739) **GbmAnmV**

Gebrauchsmustergesetz
i. d. Bek. v. 28.8.1980 (BGBl I S. 1455) *GebrMG*

Gebrauchsmusterverordnung
v. 11.5.2004 (BGBl I S. 890) **GebrMV**

Gebrauchtwaren-, Edel- u. Altmetallhandel
BY: VO ü. d. ~ v. 20.5.1985 (GVBl S. 185) **GEAV**

Gebührenerhebungsgesetz
BY: VO über die Erhebung von Gebühren und Auslagen
für die Inanspruchnahme des Bayerischen Landesamts
für Arbeitsschutz, Arbeitsmedizin und Sicherheits-
technik und der Gewerbeaufsichtsämter v. 20.7.2004
(GVBl S. 314) **AAS-GebO**

Gebührenfreiheitsverordnung
HA: ~ v. 6.12.1994 (GVBl I S. 370) **GebFreiVO**

4. Gesetze, sonstige Rechtsvorschriften, Verwaltungsvorschriften u.ä.   Geb

Gebührengesetz
- BB: ~ v. 18.10.1991 (GVBl S. 452)   **GebG**
- BR: Brem. Gebühren- und Beitragsgesetz v. 16.7.1979 (GBl S. 279)   **BremGebBeitrG**
- BW: Landes~ v. 21.3.1961 (GBl S. 59)   **LGebG**
- HA: ~ v. 5.3.1986 (GVBl I S. 37)   **GebG**
- NW: ~ i. d. Bek. v. 23.8.1999 (GV.NW S. 524)   **GebG**
- RP: Landes~ v. 3.12.1974 (GVBl S. 578)   **LGebG**
- SL: Ges. ü. d. Erhebung v. Verwaltungs- und Benutzungsgebühren v. 24.6.1964 (ABl S. 629)   **SaarlGebG**

Gebührenordnung
- Bundes~ f. Rechtsanwälte v. 26.7.1957 (BGBl I S. 861, 907)   **BRAGO**
- f. Maßnahmen im Straßenverkehr v. 26.6.1970 (BGBl I S. 865)   **GebOSt**
- HA: ~ f. d. Feuerwehr v. 2.12.1997 (GVBl I S. 530)   **GebOFw**
- HA: ~ f. d. öffentliche Gesundheitswesen v. 4.12.2001 (GVBl I S. 465)   **GebOöG**
- HA: ~ f. d. Vermessungswesen v. 5.12.2000 (GVBl I S. 362)   **VermGebO**
- HA: ~ für den Landesbetrieb Geoinformation und Vermessung v. 5.12.2006 (GVBl S. 580)   **GebO-LGV**
- HA: Umwelt~ v. 5.12.1995 (GVBl I S. 365)   **UmwGebO**
- LSA: Allgemeine ~ des Landes Sachsen-Anhalt v. 30.8.2004 (GVBl LSA S. 554)   **AllGO LSA**
- ND: Allgemeine ~ v. 5.6.1997 (GVBl S. 171)   **AllGO**
- ND: ~ für die amtliche Lebensmittel- und Bedarfsgegenständeuntersuchung v. 16.12.2003 (GVBl S. 475)   **GO-LebensmBG**
- NW: VO über die Erhebung von Gebühren im Bereich Information, Kommunikation, Medien nach § 30 Hochschulgesetz des Landes Nordrhein-Westfalen v. 18.8.2005 (GV.NW S. 738)   **GebO-IKM NRW**

Bestattungswesen
- HA: für das Bestattungs- und Friedhofswesen v. 5.12.2006 (GVBl S. 577)   **BestattGebO**

Informationsfreiheitsgesetz
- HA: zum Hamburgischen ~ v. 8.8.2006 (GVBl S. 467)   **HmbIFGebO**

Luftrettungsdienst
- BB: ~-Gebührenordnung v. 15.7.2005 (GVBl II S. 429)   **LuftrettGebO**

Ministerium
- BB: des Ministeriums für Arbeit, Soziales, Gesundheit und Familie v. 2.2.2005 (GVBl II S. 94)   **GebO MASGF**
- BB: des Ministeriums für Bildung, Jugend und Sport v. 19.9.2005 (GVBl II S. 495)   **GebOMBJS**
- BB: des Ministeriums für Ländliche Entwicklung, Umwelt und Verbraucherschutz v. 17.7.2007 (GVBl II S. 314)   **GebOMLUV**
- NW: für Amtshandlungen des Ministeriums für Innovation, Wissenschaft, Forschung und Technologie des Landes Nordrhein-Westfalen v. 12.12.2005 (GV.NW 2006 S. 2)   **GebO-AMIWFT NRW**

Tierarzt
Tierärztegebührenordnung v. 28.7.1999 (BGBl I S. 1691) GOT
Vermessungs- und Katasterbehörden
  BE: Vermessungsgebührenordnung v. 22.8.2005 (GVBl
     S. 449) VermGebO
Gebührenverordnung
Pflanzenschutzmittel-~ i. d. Bek. v. 9.3.2005 (BGBl I S. 744) PflSchMGebV
Vermögensanlagen-Verkaufsprospekt~ v. 29.6.2005 (BGBl I
S. 1873) VermVerkProspGebV
VO über die Erhebung von Gebühren durch die Bundes-
prüfstelle für jugendgefährdende Medien v. 28.4.2004
(BGBl I S. 691) GebO-BPjM
Wertpapierprospekt~ v. 29.6.2005 (BGBl I S. 1875) WpPGebV
  BW: VO des Umweltministeriums und des Ministeriums
     für Ernährung und Ländlichen Raum über die Ge-
     bühren der Landesanstalt für Umwelt, Messungen
     und Naturschutz Baden-Württemberg v. 1.12.2006
     (GBl S. 387) LUBW
  NW: VO über die Erhebung von Gebühren für die Aufbe-
     reitung und technische Umsetzung, den Vertrieb und
     den Bezug der Inhalte von Fern- und Verbundstudien
     sowie von Gebühren nach den §§ 9 bis 11 StKFG und
     deren Übertragung auf die Fernuniversität in Hagen,
     auf die Fachhochschule Gelsenkirchen sowie auf die
     an den Verbundstudien teilnehmenden Fachhoch-
     schulen des Landes Nordrhein-Westfalen (Fern- und
     Verbundstudien) v. 17.10.2003 (GV.NW S. 615) RVO NRW
Abfallverbringung
~sgebührenverordnung v. 17.12.2003 (BGBl I S. 2749) AbfVerbrGebV
Aufnahme- und Eingliederung
  BW: Aufnahme- und Eingliederungs-Gebührenverord-
     nung v. 1.6.2004 (GBl S. 358) AEglGebVO
Juristenausbildung
  NW: ~sgebührenordnung v. 12.11.2006 (GV.NW S. 536) JAGebO
Landesgesundheitsamt
  MV: für das ~ v. 21.4.2005 (GVOBl M-V S. 192) LGAGebVO M-V
Ministerium
  BB: VO über die Gebühren für Amtshandlungen im
     Geschäftsbereich des Ministeriums der Finanzen v.
     2.4.2003 (GVBl II S. 298) GebO MdF
  BW: Innen~ v. 26.9.2006 (GBl S. 300) GebVO IM
  BW: Kultus~ v. 29.8.2006 (GBl S. 295) GebVO KM
  BW: ~ für Arbeit und Soziales v. 18.12.2006 (GBl
     S. 399) GebVOSM
  BW: Umwelt~ v. 19.12.2006 (GBl S. 415) GebVO UM
  BW: Wirtschafts~ v. 20.10.2006 (GBl S. 322) GebVO WM
  BW: Wissenschafts~ v. 4.10.2006 (GBl S. 311) GebVO MWK

4. Gesetze, sonstige Rechtsvorschriften, Verwaltungsvorschriften u.ä.   **Gef**

BW: VO des Ministeriums für Ernährung und Ländlichen Raum über die Festsetzung der Gebührensätze des Landwirtschaftlichen Technologiezentrums Augustenberg v. 16.3.2007 (GBl S. 211)   **GebVO LTZ**

BW: VO des Ministeriums für Ernährung und Ländlichen Raum über die Festsetzung der Gebührensätze für öffentliche Leistungen der staatlichen Behörden in seinem Geschäftsbereich v. 14.2.2007 (GBl S. 146)   **GebVO MLR**

Vermessungs- und Katasterbehörden
SH: Landesverordnung über Gebühren der ~ v. 7.1.2008 (GVOBl S. 40)   **VermGebVO**

Gebührenverordnung Bibliotheken
SH: LandesVO ü. d. Gebühren a. d. Bibliotheken d. staatl. Hochschulen v. 24.9.2001 (GVOBl S. 189)   **BiblGebVO**

Gebührenverzeichnis
v. 20.12.2001 (BGBl I S. 4162)   **GebV**

Bauaufsichtsbehörden
SL: VO über den Erlass eines Besonderen Gebührenverzeichnisses für die ~ des Saarlandes v. 10.4.2003 (ABl S. 1194)   **GebVerzBauaufsicht**

Gedenkstättenstiftungsgesetz
SACH: Sächs. ~ v. 22.4.2003 (SächsGVBl S. 107)   **SächsGedenkStG**

Gefährlichkeitsmerkmaleverordnung
v. 17.7.1990 (BGBl I S. 1422)   **ChemGefMerkV**

Gefahrenabwehr
HE: ~verordnung über das Halten und Führen von Hunden v. 22.1.2003 (GVBl I S. 54)   **HundeVO**

LSA: ~verordnung zur Verhütung von Schäden durch Kampfmittel v. 27.4.2005 (GVBl LSA S. 240)   **KampfM-GAVO**

ND: Niedersächsisches ~gesetz i. d. Bek. v. 20.2.1998 (GVBl S. 101)   **NGefAG**

ND: VO ü. eigene Vollzugsbeamte d. Verwaltungsbehörden d. ~ v. 8.10.1974 (GVBl S. 432)   **VollzBeaVO SOG**

ND: VO ü. Zuständigkeiten auf d. Gebiete d. ~ v. 23.6.1982 (GVBl S. 203)   *ZustVO Nds. SOG*

Gefahrenbeherrschungsgesetz
BE: ~ v. 24.11.2000 (GVBl S. 494)   **GefG**

Gefahrenverhütungsschau
HE: ~verordnung v. 25.4.2005 (GVBl I S. 264)   **GVSVO**

Gefahrgut-Ausnahmeverordnung
v. 23.6.1993 (BGBl I S. 994)   **GGAV**

Gefahrgutbeauftragtenprüfungsverordnung
v. 1.12.1998 (BGBl I S. 3514)   **PO Gb**

Gefahrgutbeauftragtenverordnung
i. d. Bek. v. 26.3.1998 (BGBl I S. 648) — **GbV**

Gefahrgutbeförderungsgesetz
i. d. Bek. v. 29.9.1998 (BGBl I S. 3114) — **GGBefG**

Gefahrgutbeförderungszuständigkeitsverordnung
NW: ~ v. 10.12.2002 (GV.NW S. 17) — **GGBef-ZustVO**

Gefahrguttransportkontrollen
VO ü. d. Kontrollen v. Gefahrguttransporten a. d. Straße und i. d. Unternehmen v. 27.5.1997 (BGBl I S. 1306) — **GGKontrollV**

Gefahrgutverordnung
Binnenschifffahrt v. 31.1.2004 (BGBl I S. 136) — **GGVBinSch**
Eisenbahn i. d. Bek. v. 22.12.1998 (BGBl I S. 3909) — **GGVE**
See i. d. Bek. v. 6.1.2006 (BGBl I S. 138) — **GGVSee**
Straße i. d. Bek. v. 22.12.1998 (BGBl I S. 3993) — **GGVS**
Straße und Eisenbahn i. d. Bek. v. 3.1.2005 (BGBl I S. 36) — **GGVSE**
Straße und Eisenbahn
Erste VO zur Änderung der Gefahrgutverordnung ~ v. 24.3.2004 (BGBl I S. 485) — **1. GGVSEÄndV**
Zweite VO zur Änderung der Gefahrgutverordnung ~ v. 3.1.2005 (BGBl I S. 5) — **2. GGVSEÄndV**

Gefahrgutzuständigkeitsverordnung
MV: Gefahrgutzuständigkeitslandesverordnung v. 6.11.2006 (GVOBl M-V S. 826) — **GGZustLVO M-V**
Straße und Eisenbahn
SH: Gefahrgut-Zuständigkeitsverordnung-Straße-Eisenbahn v. 11.8.2003 (GVOBl S. 436) — **GGZustVOSE**

Gefahrstoffverordnung
i. d. Bek. v. 15.11.1999 (BGBl I S. 2233) — **GefStoffV**

Gefahrstoffzuständigkeitsverordnung
BB: ~ v. 28.10.1995 (GVBl II S. 658) — **GStZV**

Gefahrtierverordnung
ND: ~ v. 5.7.2000 (GVBl S. 149) — **GefTVO**

Gefangenentransport
BY: Dienstvorschrift f. d. ~ v. 23.10.1963 (MABl S. 539) — **GTVBay**

Geflügelfleisch
Gebührenverordnung-~hygiene v. 24.7.1973 (BGBl I S. 897) — **GFlGebV**
~ausnahmeverordnung v. 19.7.1976 (BGBl I S. 1857) — **GFlAusnV**
~hygiene-VO i. d. Bek. v. 21.12.2001 (BGBl I S. 4098) — **GFlHV**
~hygienegesetz v. 17.7.1996 (BGBl I S. 991) — **GFlHG**
~mindestanforderungen-VO i. d. Bek. v. 8.11.1976 (BGBl I S. 3097) — **GFlMindV**
~untersuchungsverordnung i. d. Bek. v. 3.11.1976 (BGBl I S. 3077) — **GFlUV**

4. Gesetze, sonstige Rechtsvorschriften, Verwaltungsvorschriften u.ä. **Gem**

VO ü. ~kontrolleure v. 24.7.1973 (BGBl I S. 899)	GflKV
Geflügelpestverordnung i. d. Bek. v. 21.12.1994 (BGBl I S. 3930)	GflPestV
Gegenprobensachverständigen-Prüflaboratorienverordnung v. 11.2.1999 (BGBl I S. 162)	PrüflabV
Geiselnahme Internat. Übk. v. 18.12.1979 gegen ~ (BGBl 1980 II S. 1361)	GeiselnÜ
Geldwäschegesetz v. 25.10.1993 (BGBl I S. 1770)	GwG
Gemeinde- und Kreiswahlordnung BY: Gemeindewahlordnung i. d. Bek. v. 12.9.1989 (GVBl S. 522) SH: ~ v. 19.3.1997 (GVOBl S. 167)	GWO GKWO
Gemeindeeröffnungsbilanz-Bewertungsverordnung RP: ~ v. 28.12.2007 (GVBl S. 23)	GemEBilBewVO
Gemeindefinanzreformgesetz i. d. Bek. v. 6.2.1995 (BGBl I S. 189) BW: VO z. Durchf. d. Gemeindefinanzreformgesetzes v. 17.2.1970 (GBl S. 51)	GFRG GFRGDVO
Gemeindegebietsreformgesetz BB: Drittes Gesetz zur landesweiten Gemeindegebietsreform betreffend die Landeshauptstadt Potsdam und die Ämter Fahrland und Werder v. 24.3.2003 (GVBl I S. 70)	3.GemGebRefGBbg
BB: Erstes Gesetz zur landesweiten Gemeindegebietsreform betreffend die kreisfreie Stadt Brandenburg an der Havel und die Gemeinden Gollwitz und Wust des Amtes Emster-Havel v. 24.3.2003 (GVBl I S. 66)	1.GemGebRefGBbg
BB: Fünftes Gesetz zur landesweiten Gemeindegebietsreform betreffend die Landkreise Barnim, Märkisch-Oderland, Oberhavel, Ostprignitz-Ruppin, Prignitz, Uckermark v. 24.3.2003 (GVBl I S. 82)	5.GemGebRefGBbg
BB: Zweites Gesetz zur landesweiten Gemeindegebietsreform betreffend die kreisfreie Stadt Cottbus und das Amt Neuhausen/Spree v. 24.3.2003 (GVBl I S. 68)	2.GemGebRefGBbg
BB: Viertes Gesetz zur landesweiten Gemeindegebietsreform betreffend die Landkreise Havelland, Potsdam-Mittelmark, Teltow-Fläming v. 24.3.2003 (GVBl I S. 73)	4.GemGebRefGBbg
Gemeindegliederungsgesetz BB: Sechstes ~ v. 14.10.1996 (GVBl I S. 302)	6. GemGlG
Gemeindehaushaltsverordnung BW: ~ v. 7.2.1973 (GBl S. 33)	GemHVO

HE: ~ v. 13.7.1973 (GVBl I S. 275)	**GemHVO**
HE: ~ v. 2.4.2006 (GVBl I S. 235)	**GemHVO-Doppik**
LSA: ~ v. 22.10.1991 (GVBl LSA S. 378)	**GemHVO**
MV: ~ v. 27.11.1991 (GVOBl M-V S. 454)	**GemHVO**
ND: Gemeindehaushalts- und -kassenverordnung v. 22.12.2005 (GVBl S. 458)	**GemHKVO**
ND: ~ v. 17.3.1997 (GVBl S. 90)	**GemHVO**
NW: ~ i. d. Bek. v. 14.5.1995 (GV.NW S. 516)	**GemHVO**
RP: ~ v. 18.5.2006 (GVBl S. 203)	**GemHVO**
SACH: ~ v. 8.1.1991 (SächsGVBl S. 1)	**GemHVO**
SH: ~ v. 7.2.1995 (GVOBl S. 68)	**GemHVO**
SL: ~ v. 8.11.1973 (ABl S. 777)	**GemHVO**

Gemeindehaushaltsverordnung-Doppik
LSA: ~ v. 30.3.2006 (GVBl LSA S. 204)	**GemHVO-Doppik**
MV: ~ v. 25.2.2008 (GVOBl M-V S. 34)	**GemHVO-Doppik**
SH: ~ v. 15.8.2007 (GVOBl S. 382)	**GemHVO-Doppik**

Gemeindehaushaltsverordnung-Verwaltungsbuchführung
HE: ~ v. 2.4.2006 (GVBl I S. 179)	**GemHVO-Vwbuchfg 2009**

Gemeindekassenverordnung
v. 11.12.1991 (GVBl LSA S. 518)	**GemKVO**
BB: ~ v. 14.7.2005 (GVBl II S. 418)	**GemKV**
BW: ~ v. 26.8.1991 (GBl S. 598)	**GemKVO**
HE: ~ v. 8.3.1977 (GVBl I S. 125)	**GemKVO**
MV: ~ v. 27.11.1991 (GVOBl M-V S. 463)	**GemKVO**
ND: Gemeindehaushalts- und -kassenverordnung v. 22.12.2005 (GVBl S. 458)	**GemHKVO**
ND: ~ v. 17.3.1997 (GVBl S. 99)	**GemKVO**
NW: ~ v. 14.5.1995 (GV.NW S. 523)	**GemKVO**
RP: ~ v. 1.9.1976 (GVBl S. 229)	**GemKVO**
SACH: ~ v. 8.1.1991 (SächsGVBl S. 10)	**GemKVO**
SH: ~ v. 5.11.1999 (GVOBl S. 368)	**GemKVO**
SL: ~ v. 20.9.1976 (ABl S. 989)	**GemKVO**

Gemeindekassenverordnung-Doppik
LSA: Gemeindekassenverordnung Doppik v. 30.3.2006 (GVBl LSA S. 218)	**GemKVO Doppik**
MV: ~ v. 25.2.2008 (GVOBl M-V S. 62)	**GemKVO-Doppik**

Gemeindekassenverordnung-Kameral
SH: ~ v. 17.7.2007 (GVOBl S. 347)	**GemKVO-Kameral**

Gemeindekrankenhausbetriebsverordnung
NW: ~ v. 12.10.1977 (GV.NW S. 360)	**GemKHBVO**

Gemeindeneugliederungsgesetz
TH: Thüringer ~ v. 23.12.1996 (GVBl S. 333)	**ThürGNGG**

Gemeindeordnung
BB: ~ i. d. Bek. v. 10.10.2001 (GVBl I S. 154)	**GO**

4. Gesetze, sonstige Rechtsvorschriften, Verwaltungsvorschriften u.ä. **Gem**

BW: ~ i. d. Bek. v. 24.7.2000 (GBl S. 581)	**GemO**
BY: ~ i. d. Bek. v. 22.8.1998 (GVBl S. 797)	**GO**
HE: Hess. ~ i. d. Bek. v. 7.3.2005 (GVBl I S. 142)	**HGO**
ND: Niedersächsische ~ i. d. Bek. v. 28.10.2006 (GVBl S. 473)	**NGO**
NW: ~ f. d. Land Nordrhein-Westfalen v. 14.7.1994 (GV.NW S. 666)	**GO**
RP: ~ i. d. Bek. v. 31.1.1994 (GVBl S. 153)	**GemO**
RP: VO z. Durchf. d. ~ v. 21.2.1974 (GVBl S. 98)	**GemO**
SACH: ~ für den Freistaat Sachsen i. d. Bek. v. 18.3.2003 (SächsGVBl S. 55)	**SächsGemO**
SH: ~ i. d. Bek. v. 23.7.1996 (GVOBl S. 529)	**GO**
SH: Landesverordnung zur Durchführung der ~ v. 25.2.2003 (GVOBl S. 52)	**GODVO**

Gemeindepolizei
   BY: Ges. ü. d. ~ i. d. Bek. v. 24.10.1974 (GVBl S. 746)   **GemPolG**

Gemeindeprüfungsanstaltsgesetz
   BW: ~ i. d. Bek. v. 14.7.1983 (GBl S. 394)   **GPAG**

Gemeindeprüfungsordnung
   BW: ~ v. 25.1.1984 (GBl S. 107)   **GemPrO**

Gemeindereformgesetz
   BW: Allgemeines ~ v. 9.7.1974 (GBl S. 237)   **AllgGemRefG**
   BW: Besonderes ~ v. 9.7.1974 (GBl S. 248)   **BesGemRefG**

Gemeindeumschuldungsgesetz
   v. 21.9.1933 (RGBl I S. 647)   *GemUmschG*

Gemeindeverkehrsfinanzierungsgesetz
   i. d. Bek. v. 28.1.1988 (BGBl I S. 100)   **GVFG**
   BY: Bay. ~ v. 8.12.2006 (GVBl S. 969)   **BayGVFG**

Gemeindewahlgesetz
   BY: ~ i. d. Bek. v. 17.9.1989 (GVBl S. 485) (s.a. Gemeinde- u. Kreiswahlgesetz, Kommunalwahlgesetz)   **GWG**

Gemeindezuweisungsverordnung
   ND: VO zur Festsetzung des Vomhundertsatzes des auf die Einwohnerzahl der kreisangehörigen Gemeinden und der Samtgemeinden entfallenden Zuweisungsbetrages für die Aufgabenwahrnehmung im übertragenen Wirkungskreis v. 17.7.2007 (GVBl S. 342)   **GemZuweisVO**

Gemeinheitsteilungsgesetz
   NW: ~ v. 28.11.1961 (GV.NW S. 319)   **GtG**

Gemeinschaftsarbeit
   TH: Thüringer Gesetz ü. d. kommunale ~ i. d. Bek. v. 10.10.2001 (GVBl S. 290)   **ThürKGG**

Gemeinschaftsaufgabe
   Ges. ü. d. ~ „Verbesserung d. Agrarkultur und d. Küstenschutzes" i. d. Bek. v. 21.7.1988 (BGBl I S. 1055)   *GemAgrG*

Gemeinschaftspatentgesetz
v. 26.7.1979 (BGBl I S. 1269)   **GPatG**

Gemeinschaftsunterkunftsverordnung
MV: ~ v. 6.7.2001 (GVOBl M-V S. 296)   **GUVO M-V**

Genehmigungsfreistellungsverordnung
BB: ~ v. 4.9.2003 (GVBl II S. 577)   **GenehmFV**

Genehmigungsverfahrensbeschleunigungsgesetz
v. 12.9.1996 (BGBl I S. 1354)   **GenBeschlG**

Genehmigungsverordnung Akademische Grade
LSA: VO ü. d. Genehmigungsverfahren z. Führung ausländ. akadem. Grade u. entsprechender ausländ. staatl. Grade oder Titel v. 16.5.1994 (GVBl LSA S. 604)   **AkGrT-VO**

Genossenschaften
Genossenschaftsgesetz v. 16.10.2006 (BGBl I S. 2230)   **GenG**
Gesetz über die Beteiligung der Arbeitnehmer und Arbeitnehmerinnen in einer Europäischen Genossenschaft v. 14.8.2006 (BGBl I S. 1917)   **SCEBG**
Gesetz zur Einführung der Europäischen Genossenschaft und zur Änderung des Genossenschaftsrechts v. 14.8.2006 (BGBl I S. 1911)   **SCEAG**

Genossenschaftsregister
~verordnung i. d. Bek. v. 16.10.2006 (BGBl I S. 2268)   **GenRegV**

Gentechnik
~-Anhörungsverordnung i. d. Bek. v. 4.11.1996 (BGBl I S. 1649)   **GenTAnhV**
~-Aufzeichnungsverordnung i. d. Bek. v. 4.11.1996 (BGBl I S. 1644)   **GenTAufzV**
~-Beteiligungs-VO v. 17.5.1995 (BGBl I S. 734)   **GenTBetV**
~-Notfallverordnung v. 10.12.1997 (BGBl I S. 2882)   **GenTNotfV**
~-SicherheitsVO i. d. Bek. v. 14.3.1995 (BGBl I S. 297)   **GenTSV**
~-Verfahrensverordnung i. d. Bek. v. 4.11.1996 (BGBl I S. 1657)   **GenTVfV**
~gesetz i. d. Bek. v. 16.12.1993 (BGBl I S. 2066)   **GenTG**
Ausführungsgesetz
    SH: ~ zum EG-Gentechnik-Durchführungsgesetz v. 18.1.2006 (GVOBl S. 12)   **AGEGGenTDG**
Durchführungsgesetze
    EG-Gentechnik-Durchführungsgesetz v. 22.6.2004 (BGBl I S. 1244)   **EGGenTDurchfG**
Zuständigkeitsverordnung
    BY: Gentechnik-~ v. 2.8.2005 (GVBl S. 328)   **ZustVGenT**
    MV: Gentechnikgesetz-Zuständigkeitslandesverordnung v. 25.2.2008 (GVOBl M-V S. 33)   **GenTG-ZustLVO M-V**
    RP: Landesverordnung über Zuständigkeiten auf dem Gebiet der Gentechnik v. 14.6.2004 (GVBl S. 351)   **GenTZuVO**

Geräte- und Produktsicherheits-Benennungsverordnung
HA: ~ v. 19.7.2005 (GVBl S. 346)   **GPSBenennVO**
SH: Geräte- und Produktionssicherheits-Benennungsverordnung v. 22.10.2005 (GVOBl S. 519)   **GPSGBenennVO**

Geräte- und Produktsicherheitsgesetz
v. 6.1.2004 (BGBl I S. 2)   **GPSG**
ND: VO über zugelassene Überwachungsstellen im Bereich der Geräte- und Produktsicherheit v. 24.10.2005 (GVBl S. 320)   **ZÜSVO**
Zuständigkeitsverordnung
BW: Geräte- und Produktsicherheits-~ v. 3.1.2005 (GBl S. 86)   **GPSZuVO**
MV: Landesverordnung über die Zuständigkeiten nach dem Geräte- und Produktsicherheitsgesetz und der auf der Grundlage dieses Gesetzes erlassenen VOen v. 3.5.2005 (GVOBl M-V S. 236)   **GPSGZustLVO M-V**

Gerätesicherheits-Prüfstellenverordnung
i. d. Bek. v. 15.1.1986 (BGBl I S. 124)   **GS PrüfV**

Gerätesicherheits-Zuständigkeitsverordnung
BW: ~ v. 15.4.2003 (GBl S. 249)   **GSGZuVO**

Gerätesicherheitsgesetz
i. d. Bek. v. 11.5.2001 (BGBl I S. 866)   **GSG**
BB: VO über die Anwendung von VOen nach § 11 des Gerätesicherheitsgesetzes auf bauliche Anlagen im Land Brandenburg v. 1.9.2003 (GVBl II S. 560)   **BbgBauGSGV**

Gerichte und Staatsanwaltschaften
BY: Geschäftsstellenverordnung v. 1.2.2005 (GVBl S. 40)   **GeschStVO**
HE: Geschäftsprüfungsbestimmungen f. d. Gerichte und Staats- u. Amtsanwaltschaften v. 24.11.1975 (JMBl S. 598)   **GeschPrB**
HE: Geschäftsstellenordnung d. ~ v. 17.10.1979 (JMBl S. 734)   **GO**

Gerichtsauflösungsgesetz
BY: ~ v. 25.10.2004 (GVBl S. 400)   **BayObLG AuflG**

Gerichtshof der Europäischen Gemeinschaften
Satzung d. Gerichtshofs d. Europ. Gemeinschaften v. 17.4.1957 (BGBl II S. 1166)   *EuGH Satzg*
Verfahrensordnung d. Gerichtshofs d. Europ. Gemeinschaften v. 19.6.1991 (ABlEG Nr. L 176/7)   *EuGH VfO*
Zusätzl. Verfahrensordnung d. Gerichtshofs d. Europ. Gemeinschaften i. d. Bek. v. 15.2.1982 (ABlEG Nr. C 39/31)   *EuGH ZVfO*

Gerichtskostengesetz
v. 5.5.2004 (BGBl I S. 718)   **GKG**

Gerichtsorganisationsgesetz
BW: ~ v. 3.3.1976 (GBl S. 199)   *GOrgG*

BY: ~ v. 25.4.1973 (GVBl S. 189) **GerOrgG**
HE: ~ i. d. Bek. v. 10.12.1976 (GVBl I S. 539) *GOrgG*
ND: ~ i. d. Bek. v. 8.6.1978 (GVBl S. 533) *GOrgG*
RP: ~ v. 5.10.1977 (GVBl S. 333) **GerOrgG**
SACH: Sächs. ~ v. 24.5.1994 (SächsGVBl S. 1009) **SächsGerOrgG**
SH: ~ v. 24.10.1984 (GVOBl S. 192) **GOG**
SL: Ges. betr. d. Organisation d. ordentlichen Gerichte ...
v. 23.10.1974 (ABl S. 1003) **SGerOG**

Gerichtspräsidiumswahlgesetz
SH: ~ v. 6.1.2005 (GVOBl S. 26) **GerPräsWG**

Gerichtsverfassungsgesetz
Einführungsges. z. ~ v. 27.1.1877 (RGBl S. 77) *EGGVG*
i. d. Bek. v. 9.5.1975 (BGBl I S. 1077) **GVG**
Ausführungsgesetze
  BW: Ges. z. Ausführung d. Gerichtsverfassungsgesetzes
    v. 16.12.1975 (GBl S. 868) **AGGVG**
  BY: Ges. z. Ausführung d. Gerichtsverfassungsgesetzes
    v. 23.6.1981 (GVBl S. 188) **AGGVG**
  HA: Hamb. Ges. z. Ausf. d. Gerichtsverfassungsgesetzes
    v. 31.5.1965 (GVBl I S. 99) **HmbAGGVG**
  ND: Ges. z. Ausführung d. Gerichtsverfassungsgesetzes
    v. 5.4.1963 (GVBl S. 225) **AGGVG**
  RP: Ges. z. Ausführung d. Gerichtsverfassungsgesetzes
    v. 6.11.1989 (GVBl S. 225) **AGGVG**
  SL: Ausführungsgesetz z. Gerichtsverfassungsgesetz v.
    4.10.1972 (ABl S. 601) **SAG GVG**

Gerichtsvollzieher
  BB: ~entschädigungsverordnung v. 27.12.1999 (GVBl II
    2000 S. 44) **GVEntschV**
  BY: ~entschädigungsverordnung v. 15.10.1998 (GVBl
    S. 893) **GVEntschV**
  LSA: VO z. Abgeltung d. ~-Bürokosten v. 4.8.1998 (GVBl
    LSA S. 358) **GVEntschV**
  ND: ~entschädigungsverordnung v. 1.12.1998 (GVBl
    S. 703) **GVEntschV**
  NW: VO z. Abgeltung d. Bürokosten d. ~-innen und Gerichtsvollzieher v. 28.5.1998 (GV.NW S. 434) **GVEntschV**
  SACH: ~-Entschädigungs-VO v. 11.12.2003 (SächsGVBl
    S. 8) **SächsGVEntschVO**
  TH: Thüringer ~entschädigungsverordnung v. 23.12.1998
    (GVBl 1999 S. 41) **ThürGVEntschVO**

Gerichtsvollzieher-Bürokosten
  BW: VO des Justizministeriums zur Abgeltung von Bürokosten im Gerichtsvollzieherdienst 2007 v. 10.9.2007
    (GBl S. 412) **GVGebAntVO**
  BY: GerichtsvollzieherbürokostenentschädigungsVO
    2001–2003 v. 21.8.2007 (GVBl S. 630) **GVBEntschV 2001–2003**

4. Gesetze, sonstige Rechtsvorschriften, Verwaltungsvorschriften u.ä.   Ges

BY: VO über die Aufwandsentschädigung für Bürokosten
der Gerichtsvollzieher v. 29.11.2007 (GVBl S. 827)   **BKEntschV-GV**

Gerichtsvollzieherkostengesetz
Ges. ü. Kosten d. Gerichtsvollzieher v. 26.7.1957 (BGBl I
S. 861, 887)   **GvKostG**
Durchführungsbestimmung
SL: Durchführungsbestimmungen zum Gerichtsvoll-
zieherkostengesetz v. 21.1.2004 (ABl S. 184)   **DB-GvKostG**

Gerichtsvollzieherkostenrecht Neuordnung
Gesetz z. Neuordnung d. Gerichtsvollzieherkostenrechts v.
19.4.2001 (BGBl S. 623)   **GvKostRNeuOG**

Gerichtsvollzieherpauschsätzeverordnung
MV: ~ v. 8.10.1997 (GVOBl M-V S. 557)   **GVAVO M-V**

Gesamthochschulentwicklungsgesetz
NW: ~ v. 30.5.1972 (GV.NW S. 134)   *GHEG*

Gesamtvollstreckungs-Unterbrechungsgesetz
i. d. Bek. v. 23.5.1991 (BGBl I S. 1191)   **GUG**

Gesamtvollstreckungsordnung
i. d. Bek. v. 23.5.1991 (BGBl I S. 1185)   **GesO**

Geschäftsanweisung
BY: ~ f. d. Geschäftsstellen d. Gerichte in Zivilsachen i. d.
Bek. v. 23.1.1980 (JMBl S. 17)   **GAnwZ**

Geschäftshausverordnung
BW: ~ v. 15.8.1969 (GBl S. 229)   **GhVO**
NW: ~ v. 22.1.1969 (GV.NW S. 168)   **GhVO**
RP: ~ v. 30.4.1976 (GVBl S. 144)   **GhVO**
SH: ~ v. 30.8.1984 (GVOBl S. 167)   **GhVO**

Geschäftsordnung
f. d. Oberfinanzdirektionen i. d. Bek. v. 10.11.1975 (BAnz
Nr. 211)   **OFDGO**
BY: ~ der Bayerischen Staatsregierung i. d. Bek. v.
2.11.2006 (GVBl S. 825)   **StRGeschO**
HE: ~ d. Hessischen Landesregierung v. 10.2.1995 (GVBl I
S. 114)   **GOL**
MV: ~ d. Landesregierung v. 21.2.1995 (GVOBl M-V
S. 115)   **GOLR**
ND: Gemeinsame ~ der Landesregierung und der Minis-
terien in Niedersachsen i. d. Bek. v. 1.4.2004 (GVBl
S. 107)   **GGO**
ND: ~ d. Nieders. Landesregierung i. d. Bek. v. 7.2.1995
(GVBl S. 45)   **GOLReg**
SL: ~ der Regierung des Saarlandes v. 15.2.2005 (ABl
S. 504)   **GOReg**

TH: Gemeinsame ~ f. d. Landesregierung sowie f. d. Ministerien u. d. Staatskanzlei d. Freistaats Thüringen v. 31.8.2000 (GVBl S. 237) **ThürGGO**

Geschäftsstellenverordnung
BY: ~ v. 1.2.2005 (GVBl S. 40) **GeschStVO**

Geschlechtskrankheiten
Ges. z. Bekämpfung d. ~ v. 23.7.1953 (BGBl I S. 700) *GeschlKrG*
BY: VO z. Vollz. d. Vorschriften z. Bekämpfung d. ~ v. 2.7.1970 (GVBl S. 321) **GKrGV**

Geschmacksmustergesetz
Ges. betr. d. Urheberrecht an Mustern u. Modellen v. 11.1.1876 (RGBl S. 11) *GeschmMG*
i. d. Bek. v. 12.3.2004 (BGBl I S. 390) **GeschMG**

Geschmacksmusterverordnung
v. 11.5.2004 (BGBl I S. 884) **GeschmMV**

Gesonderte Berechnungsverordnung
NW: VO über die gesonderte Berechnung nicht geförderter Investitionsaufwendungen für Pflegeeinrichtungen nach dem Landespflegegesetz v. 15.10.2003 (GV.NW S. 611) **GesBerVO**

Gestütsstiftungsgesetz
BB: ~ v. 30.7.2001 (GVBl I S. 106) **GestStG**

Gesundheit
BY: Zuständigkeitsverordnung ~/Ernährung/Verbraucherschutz v. 24.4.2001 (GVBl S. 160) **ZustVGEV**
ND: VO über Zuständigkeiten auf den Gebieten des Gesundheits- und des Sozialrechts v. 1.12.2004 (GVBl S. 526) **ZustVO-GuS**

Gesundheits-Reformgesetz
v. 20.12.1988 (BGBl I S. 2477) **GRG**

Gesundheitsberufs-Anzeigeverordnung
BB: ~ v. 6.9.1995 (GVBl II S. 562) **GbAnzV**

Gesundheitsdatenschutzgesetz
NW: ~ v. 22.2.1994 (GV.NW S. 84) **GDSG NW**

Gesundheitsdienst- und Verbraucherschutzgesetz
BY: ~ v. 24.7.2003 (GVBl S. 452) **GDVG**

Gesundheitsdienstgesetz
BB: Brandenburgisches ~ v. 3.6.1994 (GVBl I S. 178) **BbgGDG**
BE: Gesundheitsdienst-Zuständigkeitsverordnung v. 26.6.2001 (GVBl S. 216) **GDZustVO**
BE: ~ v. 4.8.1994 (GVBl S. 329) **GDG**
BR: ~ v. 27.3.1995 (GBl S. 175) **ÖGDG**

BW:	~ v. 12.12.1994 (GBl S. 663)	ÖGDG
BY:	~ v. 12.7.1986 (GVBl S. 120)	GDG
HA:	Hamb. ~ v. 18.7.2001 (GVBl I S. 201)	HmbGDG
HE:	Hess. Gesetz über den öffentlichen Gesundheitsdienst v. 28.9.2007 (GVBl I S. 659)	HGöGD
LSA:	~ v. 21.11.1997 (GVBl LSA S. 1023)	GDG
MV:	~ v. 19.7.1994 (GVOBl M-V S. 747)	ÖGDG
NW:	~ v. 25.11.1997 (GV.NW S. 431)	ÖGDG
RP:	~ v. 17.11.1995 (GVBl S. 485)	ÖGDG
SACH:	Ges. ü. d. öffentl. Gesundheitsdienst v. 11.12.1991 (SächsGVBl S. 413)	SächsGDG
SH:	~ v. 14.12.2001 (GVOBl S. 398)	GDG
SL:	~ v. 19.5.1999 (ABl S. 844)	ÖGDG

Gesundheitseinrichtungen
  Kostenverordnung
    Allg. ~ f. Amtshandlungen v. Gesundheitseinrichtungen
    d. Bundes v. 29.4.1996 (BGBl I S. 665)   **KostVGes**
  Neuordnungsgesetz
    Gesundheitseinrichtungen-Neuordnungs-Ges. v.
    24.6.1994 (BGBl I S. 1416)   **GNG**

Gesundheitsschutz-Bergverordnung
  v. 31.7.1991 (BGBl I S. 1751)   **GesBergV**

Gesundheitsschutzgesetz
  BY: ~ v. 20.12.2007 (GVBl S. 919)   **GSG**

Gesundheitswesen
  BY: VO ü. d. Einrichtung d. Bay. Landesamts f. d. ~ u. f.
       Lebensmittelsicherheit v. 27.11.2001 (GVBl S. 886)   **LGLV**

Getränkeschankanlagenverordnung
  i. d. Bek. v. 19.6.1998 (BGBl I S. 1421)   **SchankV**

Getreide-Mitverantwortungsabgabenverordnung
  i. d. Bek. v. 11.10.1991 (BGBl I S. 2002)   **GetrMVAV**

Getreideausfuhr
  i. d. Bek. v. 5.5.1995 (BGBl I S. 593)   **GetrAuVÜV**

Getreidegesetz
  i. d. Bek. v. 3.8.1977 (BGBl I S. 1521)   *GetrG*

Getreidemahlerzeugnis-Kennzeichnungsverordnung
  i. d. Bek. v. 3.2.1982 (BGBl I S. 137)   **GetrMKV**

Gewässer
  BY: VO ü. d. Gebühren f. d. Nutzung staatseigener ~ v.
       7.11.1995 (GVBl S. 766)   **WNGebO**
  BY: VO ü. d. ~ zweiter Ordnung v. 19.3.1990 (GVBl S. 84)   **GewZweiV**

Gewässerbestandsaufnahme- und -zustandseinstufungsverordnung
  BY: Bay. ~ v. 1.3.2004 (GVBl S. 42)   **BayGewZustVO**

Gewässerpflegeplanverordnung
SH: ~ v. 17.6.1998 (GVOBl S. 213) **GewPflPlVO**

Gewässerqualitätsverordnung
BY: Bay. ~ v. 4.4.2001 (GVBl S. 179) **BayGewQV**
NW: ~ v. 1.6.2001 (GV.NW S. 227) **GewQV**

Gewässerqualitätszielverordnung
BE: VO ü. Qualitätsziele f. best. gefährliche Stoffe u. zur Verringerung d. Gewässerverschmutzung durch Programme v. 23.5.2001 (GVBl S. 156) **QuaZProgV**
LSA: VO ü. d. Qualitätsziele u. z. Verringerung d. Gewässerverschmutzung b. oberirdischen Gewässern v. 12.3.2001 (GVBl LSA S. 105) **Ogew QZ VO**
MV: ~ v. 11.6.2001 (GVOBl M-V S. 167) **GQZVO M-V**
SH: ~ v. 19.4.2001 (GVOBl S. 53) **GQZVO**

Gewässerschutzverordnung
BR: ~ v. 6.2.2004 (GBl. S. 92) **BremGSV**

Gewässerunterhaltungsverbände
BB: Gesetz ü. d. Bildung v. Gewässerunterhaltungsverbänden v. 13.3.1995 (GVBl I S. 14) **GUVG**

Gewässerverschmutzungsverringerungsverordnung
SACH: ~ v. 1.6.2001 (SächsGVBl S. 202) **SächsGewVVO**

Gewaltschutzgesetz
v. 11.12.2001 (BGBl I S. 3513) **GewSchG**

Gewerbeanzeigenverordnung
v. 19.10.1979 (BGBl I S. 1761) **GewAnzV**

Gewerbeordnung
i. d. Bek. v. 22.2.1999 (BGBl I S. 202) *GewO*
BY: VO z. Durchf. d. ~ v. 24.9.1998 (GVBl S. 675) **GewV**

Gewerberechtsanwendungsverordnung
BE: ~ v. 26.1.1988 (GVBl S. 818) **GewAnO**

Gewerbesteuer
~-Änderungsrichtlinien 1990 v. 21.8.1990 (BStBl I Sondernr. 2/1990 S. 3) **GewStÄR 1990**
~-Durchführungsverordnung i. d. Bek. v. 21.3.1991 (BGBl I S. 831) **GewStDV 1991**
~-Richtlinien 1990 i. d. Bek. v. 21.8.1990 (BStBl I Sondernr. 2/1990 S. 23) **GewStR 1990**
~gesetz 1999 i. d. Bek. v. 19.5.1999 (BGBl I S. 1010) **GewStG 1999**

Gewerbezentralregister
2. Allg. Verwaltungsvorschrift z. Durchführung d. Titels XI
– ~ – d. Gewerbeordnung Ausfüllanleitung i. d. Bek. v. 29.7.1985 (BAnz Nr. 35) **GZRVwV**

1. Allg. Verwaltungsvorschrift z. Durchführung d. Titels XI
~ ~ ~ d. Gewerbeordnung v. 29.7.1985 (BAnz Nr. 31)　　　**GZRVwV**

gewerblicher Rechtsschutz
VO über den elektronischen Rechtsverkehr im gewerblichen
Rechtsschutz v. 5.8.2003 (BGBl I S. 1558)　　　**ERvGewRV**

Gewinnabgrenzungsaufzeichnungsverordnung
v. 13.11.2003 (BGBl I S. 2296)　　　**GAufzV**

Gifthandelsverordnung
BE:　~ v. 19.8.1980 (GVBl S. 1964)　　　**GifthandelsVO**

Giftinformationsverordnung
i. d. Bek. v. 31.7.1996 (BGBl I S. 1198)　　　**ChemGiftInfoV**

Giftverordnung
BE:　~ i. d. Bek. v. 8.9.1970 (GVBl S. 1744)　　　**GiftVO**
HA:　~ v. 27.6.1978 (GVBl S. 215)　　　**GiftVO**
NW:　~ v. 1.2.1984 (GV.NW S. 66)　　　**GiftVO**

Gleichbehandlung
Allgemeines ~sgesetz v. 14.8.2006 (BGBl I S. 1897)　　　**AGG**
Soldatinnen- und Soldaten-~sgesetz v. 14.8.2006 (BGBl I
S. 1904)　　　**SoldGG**

Gleichberechtigungsgesetz
Zweites ~ v. 24.6.1994 (BGBl I S. 1406)　　　**2. GleiBG**
BE:　Landes~ i. d. Bek. v. 28.9.2006 (GVBl S. 957)　　　**LGBG**
BW:　Landes~ v. 21.12.1995 (GBl S. 890)　　　**LGlG**
ND:　Niedersächsisches ~ v. 15.6.1994 (GVBl S. 246)　　　**NGG**

Gleichstellungsbeauftragten-Wahlverordnung
Soldatinnen v. 12.5.2005 (BGBl I S. 1394)　　　**SGleibWV**
v. 6.12.2001 (BGBl I S. 3374)　　　**GleibWV**

Gleichstellungsdurchsetzungsgesetz
v. 30.11.2001 (BGBl I S. 3234)　　　**DGleiG**

Gleichstellungsgesetz
Soldatinnen- und Soldaten~ v. 27.12.2004 (BGBl I S. 3822)　　　**SGleiG**
BB:　Landes~ v. 4.7.1994 (GVBl I S. 254)　　　**LGG**
BY:　Bay. ~ v. 24.5.1996 (GVBl S. 186)　　　**BayGlG**
MV:　~ i. d. Bek. v. 27.7.1998 (GVOBl M-V S. 697)　　　**GlG M-V**
NW:　Landes~ v. 9.11.1999 (GV.NW S. 590)　　　**LGG**
RP:　Landes~ v. 11.7.1995 (GVBl S. 210)　　　**LGG**
SH:　~ v. 13.12.1994 (GVOBl S. 562)　　　**GstG**
SL:　Landes~ v. 24.4.1996 (ABl S. 623)　　　**LGG**
TH:　Thüringer ~ v. 3.11.1998 (GVBl S. 309)　　　**ThürGleichG**

Gleichstellungsstatistikverordnung
v. 18.6.2003 (BGBl I S. 889)　　　**GleiStatV**

Gleichstellungsverordnung
v. 24.5.1968 (BGBl I S. 557)　　　**GlVO**

SH: Landesverordnung zur Gleichstellung von Lehrerqualifikationen aus Mitgliedstaaten der Europäischen Gemeinschaften v. 29.6.2005 (GVOBl S. 268) — **EG-RL-LehrVO**

SH: Landesverordnung zur Gleichstellung von Lehrerqualifikationen aus Mitgliedstaaten der Europäischen Union v. 10.12.2007 (GVOBl S. 548) — **EU-RL-LehrVO**

Gleichwertigkeit von Abschlüssen
  ND: VO über die ~ im Bereich der beruflichen Bildung v. 19.7.2005 (GVBl S. 253) — **BB-GVO**

Glückspielwesen
  LSA: Glücksspielgesetz v. 22.12.2004 (GVBl LSA S. 846) — **GlüG LSA**
  MV: Glücksspielstaatsvertragsausführungsgesetz v. 14.12.2007 (GVOBl M-V S. 386) — **GlüStVAG M-V**
  RP: Landesglücksspielgesetz v. 3.12.2007 (GVBl S. 240) — **LGlüG**
  SH: Gesetz zur Ausführung des Staatsvertrages zum Glücksspielwesen in Deutschland v. 13.12.2007 (GVOBl S. 524) — **GlüStV AG**

Glückspielwesen Staatsvertrag
  Ausführungsgesetz
    BY: Gesetz zur Ausführung des Staatsvertrages zum Glücksspielwesen in Deutschland v. 20.12.2007 (GVBl S. 922) — **AGGlüStV**

GmbH
  Ges. betr. d. Gesellschaften m. beschränkter Haftung i. d. Bek. v. 20.5.1898 (RGBl S. 369) — *GmbHG*

Gnadenordnung
  BE: ~ v. 23.7.1990 (ABl S. 1660) — **GnO**
  BW: ~ v. 23.8.1989 (Justiz S. 369) — **GnO**
  BY: Bay. ~ v. 29.5.2006 (GVBl S. 321) — **BayGnO**
  HE: ~ v. 3.12.1974 (GVBl I S. 587) — **GnO**
  MV: ~ v. 19.12.1990 (Amtsbl M-V 1991 S. 79) — **GnO**
  NW: ~ v. 26.11.1975 (GV.NW 1976 S. 16) — **GnO**
  RP: ~ v. 7.11.1990 (JBl S. 213) — **GnO**
  SH: Gemeindeordnung für Schleswig-Holstein i. d. Bek. v. 28.2.2003 (GVOBl S. 57) — **GnO**

Gold- und Silberschmiedemeisterverordnung v. 8.5.2003 (BGBl I S. 672) — **GoldSilberschmiedMstrV**

Graduiertenförderungsgesetz
  i. d. Bek. v. 22.1.1976 (BGBl I S. 207) — **GFG**
  BW: Landes~ v. 23.7.1984 (GBl S. 477) — **LGFG**
  LSA: ~ i. d. Bek. v. 30.7.2001 (GVBl LSA S. 318) — **Grad FG**
  NW: ~ Nordrhein-Westfalen v. 26.6.1984 (GV.NW S. 363) — **GrFG NW**
  RP: Landes~ v. 6.7.1984 (GVBl S. 147) — **LGFG**

Graduiertenförderungsverordnung
  i. d. Bek. v. 22.1.1976 (BGBl I S. 211) — **GFV**

4. Gesetze, sonstige Rechtsvorschriften, Verwaltungsvorschriften u.ä.   **Gru**

BB: ~ v. 15.9.2000 (GVBl II S. 325)	**GradV**
BW: Landes~ v. 20.5.2001 (GBl S. 420)	**LGFVO**
MV: Landes~ v. 14.9.2000 (GVOBl M-V 2001 S. 52)	**LGFVO**
NW: ~ v. 17.7.1984 (GV.NW S. 416)	**GrFV-NW**

Graduiertengesetz
SACH: Sächs. ~ v. 24.5.1994 (SächsGVBl S. 1006)   **SächsGradG**

Gräber
~gesetz v. 1.7.1965 (BGBl I S. 589)   *GräbG*
VO ü. d. Pauschsätze f. Instandsetzung u. Pflege d. ~ im Sinne d. Gräbergesetzes f. d. Haushaltsjahre 1987 u. 1988 v. 7.11.1988 (BGBl I S. 2115)   **GräbPauschSV 1987/1988**

Gräberstätten-Versammlungsverordnung
BB: ~ v. 6.11.2007 (GVBl II S. 460)   **GräbVersammlV**

Green-Card-Verordnung
VO ü. d. Arbeitsgenehmigung für hochqualifizierte ausländische Fachkräfte d. Informations- u. Kommunikationstechnologie v. 11.7.2000 (BGBl I S. 1146)   **IT-ArGV**

Gremienverordnung
BW: VO des Wissenschaftsministeriums über gemeinsame Gremien der Berufsakademien v. 4.8.2006 (GBl S. 284)   **Gremien VOBA**

Grenzwertortsgesetz
BR: ~ v. 3.7.1997 (GBl S. 289)   **GWOG**

Großkredit- u. Millionenkreditverordnung v. 29.12.1997 (BGBl I S. 3418)   **Gro MiKV**

Großraumgesetz Hannover
ND: ~ i. d. Bek. v. 2.11.1977 (GVBl S. 569)   **GrRG-H**

Grünanlagengesetz
BE: ~ v. 24.11.1997 (GVBl S. 612)   **GrünanlG**

Gründungsgesetz
Gesetz zur Gründung einer Bundesanstalt für Immobilienaufgaben v. 9.12.2004 (BGBl I S. 3235)   **BImA-Errichtungsgesetz**

Grund- u. Hauptschullehrerprüfungsordnung
BW: Grund- und Hauptschullehrerprüfungsordnung I v. 22.7.2003 (GBl S. 432)   **GHPO I**
BW: Grund- und Hauptschullehrerprüfungsordnung II v. 9.3.2007 (GBl S. 193)   **GHPO II**

Grundamtsbezeichnungsverordnung
BW: ~ v. 28.1.1988 (GBl S. 90)   **GrbezVO**

Grundbuch- und Register-Verordnung
LSA: ~ v. 13.12.2004 (GVBl LSA S. 829)   **GBRegVO**

Grundbuchbereinigungsgesetz
v. 20.12.1993 (BGBl I S. 2192) — **GBBerG**

Grundbuchgesetz
BE: Berliner ~ v. 21.10.1991 (GVBl S. 229) — **BlnGrundbG**
SACH: ~ v. 13.6.1991 (SächsGVBl S. 153) — **GrundbG**

Grundbuchordnung
i. d. Bek. v. 26.5.1994 (BGBl I S. 1114) — *GBO*

Grundbuchverfügung
v. 8.8.1935 (RMBl S. 637) / i. d. Bek. v. 24.1.1995 (BGBl I S. 114) — **GBVf**

Grundbuchverordnung
MV: VO z. Einführung d. maschinell geführten Grundbuchs f. d. Land Mecklenburg-Vorpommern v. 29.1.2001 (GVOBl M-V S. 51) — **EGBVO M-V**
SACH: Sächs. ~ v. 29.1.1996 (SächsGVBl S. 71) — **SächsGrundbVO**
TH: Thüringer VO ü. d. maschinell geführte Grundbuch v. 11.2.2001 (GVBl S. 15) — **ThürMaschGBVO**

Grundbuchvorrangverordnung
v. 3.10.1994 (BGBl I S. 2796) — **GBVorV**

Grunderwerbsteuerbefreiung, Gesetz über
HA: Ges. ü. Grunderwerbsteuerbefreiungen b. Aufbau d. Freien- und Hansestadt Hamburg i. d. Bek. v. 27.3.1962 (GVBl S. 81) — **GrEStAufbG**
HA: Gesetz über Grunderwerbsteuerbefreiung bei Änderung d. Unternehmensform v. 1.12.1969 (GVBl S. 231) — **UmwGrEStG**
NW: Ges. ü. Befreiung d. Grunderwerbs zu gemeinnützigen, mildtätigen und kirchlichen Zwecken v. d. Grunderwerbsteuer v. 14.7.1964 (GV.NW S. 258) — **GrEStGemG**
NW: Ges. ü. Grunderwerbsteuerbefreiung f. d. Wohnungsbau i. d. Bek. v. 20.7.1970 (GV.NW S. 620) — **GrEStWoBauG**
SL: Gesetz über Grunderwerbsteuerbefreiung beim Wohnungsbau i. d. Bek. v. 3.3.1970 (ABl S. 155) — **SGrEWBG**

Grunderwerbsteuergesetz
i. d. Bek. v. 26.2.1997 (BGBl I S. 418) — **GrEStG**
BE: ~ v. 18.7.1969 (GVBl S. 1034) — **GrEStG**
HA: ~ i. d. Bek. v. 26.4.1966 (GVBl I S. 129) — **GrEStG**
RP: ~ v. 1.6.1970 (GVBl S. 166) — **GrEStG**
SH: ~ i. d. Bek. v. 3.2.1967 (GVOBl S. 20) — **GrEStG**
SL: ~ i. d. Bek. v. 3.3.1970 (ABl S. 158) — **GrEStG**

Grunderwerbsteuerverteilungsgesetz
BR: ~ v. 6.9.1983 (GBl S. 457) — **GrEStVG**

Grundgesetz für die Bundesrepublik Deutschland
Ges. z. Regelung d. Rechtsverhältnisse d. unter Art. 131 d.

4. Gesetze, sonstige Rechtsvorschriften, Verwaltungsvorschriften u.ä. Gru

Grundgesetzes fallenden Personen i. d. Bek. v. 13.10.1965
(BGBl I S. 1685)   *G 131*
Gesetz zu Artikel 10 Grundgesetz v. 13.8.1968 (BGBl I
S. 949)   **G 10**
Grundgesetz f. d. Bundesrepublik Deutschland v. 23.5.1949
(BGBl S. 1)   *GG*
Ausführungsgesetz
   NW: Gesetz über die Ausführung des Gesetzes zu Artikel
       10 Grundgesetz i. d. Bek. v. 18.12.2002 (GV.NW
       2003 S. 2)   **AG G10**
   TH: Gesetz über die Ausführung des Gesetzes zu Artikel
       10 Grundgesetz v. 29.10.1991 (GVBl S. 515)   **AG G10**
Ausführungsgesetze
   BY: Ges. z. Ausf. d. Ges. zu Art. 10 d. Grundgesetzes v.
       11.12.1984 (GVBl S. 522)   **AGG 10**

Grundmietenverordnung
   Erste ~ v. 17.6.1991 (BGBl I S. 1269)   **1. GrundMV**

Grundschulförderklassen-Gebührenordnung
   BW: ~ v. 1.8.1997 (GBl S. 378)   **GSFKlGebO**

Grundschul(ver)ordnung
   BB: ~ v. 2.8.2001 (GVBl II S. 292)   **GV**
   TH: Vorl. Grundschulordnung v. 10.9.1991 (GVBl S. 395)   **VGSO**

Grundsicherung im Alter
   Gesetz. ü. eine bedarfsorientierte ~ u. bei Erwerbsminde-
   rung v. 26.6.2001 (BGBl I S. 1335)   **GSiG**
   SL: Ausführungsgesetz zum Gesetz über eine bedarfsori-
       entierte ~ und bei Erwerbsminderung v. 11.12.2002
       (ABl 2003 S. 118)   **AG-GSiG**

Grundsicherungs-Datenabgleichsverordnung
   v. 27.7.2005 (BGBl I S. 2273)   **GrSiDAV**

Grundsteuer
   ~-Richtlinien 1978 v. 9.12.1978 (BStBl I S. 553)   **GrStR 1978**
   ~gesetz v. 7.8.1973 (BGBl I S. 965)   **GrStG**
   BY: ~-Anerkennungsverordnung v. 9.12.1975 (GVBl
       S. 393)   **GrStAnerkV**

Grundstoffüberwachungs-Kostenverordnung
   Grundstoff-Kostenverordnung v. 26.4.2004 (BGBl I S. 642)   **GÜG-KostV**

Grundstoffüberwachungsgesetz
   v. 7.10.1994 (BGBl I S. 2835)   **GÜG**

Grundstücke, bundeseigene
   Ges. ü. d. verbilligte Veräußerung, Vermietung und Ver-
   pachtung v. Grundstücken, bundeseigenen v. 16.7.1971
   (BGBl I S. 1005)   *GrVG*

Grundstücksrecht
   ~sänderungsgesetz v. 2.11.2000 (BGBl I S. 1481)   **GrundRÄndG**

~sbereinigungsgesetz v. 26.10.2001 (BGBl I S. 2716) **GrundRBerG**

Grundstücksverkehr
BB: Grundstücksverkehrs-Gebührenverordnung v.
 17.2.1995 (GVBl II S. 244) **GVOGebV**

Grundstücksverkehrsanordnungen
NW: ~ v. 23.10.1975 (SMBl.NW 6410) **GVKA**

Grundstücksverkehrsgenehmigungszuständigkeitsübertragungsverordnung
v. 19.12.2003 (BGBl I S. 2810) **GrundVZÜV**

Grundstücksverkehrsgesetz
v. 28.7.1961 (BGBl I S. 1091) **GrdstVG**
BY: ~, Ausführungsverordnung v. 21.12.1961 (GVBl
 S. 260) **AVGrdstVG**
Ausführungsgesetze
 BW: Ges. z. Ausführung d. Grundstücksverkehrsgesetzes
  v. 8.5.1989 (GBl S. 143) **AGGrdstVG**
 BY: Ges. z. Ausführung d. Grundstücksverkehrsgesetzes
  v. 21.12.1961 (GVBl S. 259) **AGGrdstVG**
 RP: Ges. z. Ausführung d. Grundstücksverkehrsgesetzes
  v. 19.12.1962 (GVBl 1963 S. 1) **AGGrdstVG**
Durchführungsverordnung
 BY: Grundstücksverkehrsgesetz, Ausführungsverordnung v. 21.12.1961 (GVBl S. 260) **DVGrdstVG**

Grundstücksverkehrsordnung
DDR: ~ v. 15.12.1977 (GBl 1978 I S. 73; BGBl 1990 II
 S. 1167) *GrdstVO-DDR*

Grundstücksverkehrsverordnung
i. d. Bek. v. 18.4.1991 (BGBl I S. 999) *GrdstVV*

Grundstücksverwaltungsanordnungen
NW: ~ v. 15.9.1975 (SMBl.NW 6410) **GVWA**

Grundstücksverwertungsgesetz
BB: ~ v. 26.7.1999 (GVBl I S. 272) **LGVG**

Grundvermögen
Richtlinien f. d. Bewertung d. Grundvermögens v. 19.9.1966
(BAnz Nr. 183; BStBl I S. 890) **BewR Gr**

Grundvertrag
Vertrag v. 21.12.1972 ü. d. Grundlagen d. Beziehungen zwischen d. Bundesrepublik Deutschland u. d. Deutschen Demokratischen Republik (BGBl 1973 II S. 421) *GrundVtr*

Grundwasser
BE: ~steuerungsverordnung v. 10.10.2001 (GVBl S. 546) **GruWaSteuV**
SH: ~abgabengesetz v. 14.2.1994 (GVOBl S. 141) **GruWAG**

Gruppenlastverteilungsverordnung
BY: ~ v. 21.4.1987 (GVBl S. 125) **GrLastVO**

4. Gesetze, sonstige Rechtsvorschriften, Verwaltungsvorschriften u.ä. **Güt**

Gülleverordnung
  BR: ~ v. 25.4.1989 (GBl S. 199) — GüVO
  HA: ~ v. 12.11.1991 (GVBl I S. 359) — GülleVO
  SL: ~ v. 8.11.1966 (ABl S. 805) — GüVO

Gültigkeitsverzeichnis
  BW: Gesetze, Rechtsverordnungen, Verwaltungsvorschriften d. Landes Baden-Württemberg. 1982 [= GABl, Beil.] — *GültVerz*

Güterfernverkehrsgesetz
  Ges. ü. d. Güterfernverkehr m. Kraftfahrzeugen v. 26.6.1935 (RGBl I S. 788) — *GüFernVkG*

Güterkraftverkehr
  BerufszugangsVO f. d. ~ v. 22.12.1998 (BGBl I S. 3963) — *BerZugangsVGüK*
  Erlaubnisverordnung f. d. ~ v. 22.12.1998 (BGBl I S. 3971) — *ErlVGüK*
  Gesetz. z. Bekämpfung d. illegalen Beschäftigung i. gewerblichen ~ v. 2.9.2001 (BGBl I S. 2272) — **GüKBillBG**
  KostenVO f. d. ~ v. 22.12.1998 (BGBl I S. 3982) — *KostVGüK*
  VO ü. d. grenzüberschreitenden ~ v. 17.7.1974 (BGBl I S. 1513) — **GüKGrenzV**
  DDR: VO ü. d. ~ v. 20.6.1990 (GBl I S. 580; BGBl II S. 1223) — **GüKVO**
  NW: VO zur Änderung der VO über die Bestimmung der zuständigen Behörden nach dem ~srecht v. 18.2.2003 (GV.NW S. 71) — **ÄndVO ZustVO GÜK-R**

Güterkraftverkehrsgesetz
  v. 22.6.1998 (BGBl I S. 1485) — **GüKG**
  Höchstzahlen-VO GüKG v. 9.12.1986 (BGBl I S. 2452) — **GüKHöZV**
  Tarifüberwachungs-VO GüKG v. 11.12.1984 (BGBl I S. 1518) — **GüKTV**
  Werkfernverkehrs-VO ~ v. 11.7.1973 (BGBl I S. 758) — **GüKWV**

Güternahverkehr m. Kraftfahrzeugen
  VO TS Nr. 11 / 58 ü. einen Tarif f. d. ~ v. 29.12.1958 (BAnz 1959 Nr. 1) — **GNT**

Güterstand
  Ges. ü. d. ehelichen ~ v. Vertriebenen u. Flüchtlingen v. 4.8.1969 (BGBl I S. 1067) — *VFGüterstandsG*

Güterverkehrstarif
  VO TSU Nr. 3 / 83 ü. d. ~ f. d. Umzugsverkehr u. f. d. Beförderung v. Handelsmöbeln in besonders f. d. Möbelbeförderung eingerichteten Fahrzeugen im Güterfernverkehr u. Güternahverkehr v. 3.8.1983 (BAnz Nr. 151) — **GüKUMT**

Gütestellengesetz
  BB: Brandenburgisches ~ v. 5.10.2000 (GVBl I S. 135) — **BbgGüteStG**

Güteüberwachungsverordnung
SL: ~ v. 8.11.1966 (ABl S. 805)   **GÜVO**

Gutachterausschüsse
ND: Gebührenordnung f. ~ u. deren Geschäftsstellen nach d. Baugesetzbuch v. 22.4.1997 (GVBl S. 119)   **GOGut**

Gutachterausschuss-Gebührenordnung
BB: ~ v. 19.11.2003 (GVBl II S. 678)   **GAGebO**

Gutachterausschusskostenverordnung
MV: ~ v. 12.7.2007 (GVOBl M-V S. 254)   **GAKostVO M-V**

Gutachterausschussverordnung
BB: ~ v. 29.2.2000 (GVBl II S. 61)   **GaV**
BY: VO ü. d. Gutachterausschüsse, d. Kaufpreissammlungen und d. Bodenwerte nach d. Bundesbaugesetz v. 5.3.1980 (GVBl S. 153)   **GutachterausschußV**
LSA: ~ v. 14.6.1991 (GVBl LSA S. 131)   **VO Gut**
NW: ~ NRW v. 23.3.2004 (GV.NW S. 146)   **GaV**
RP: ~ v. 20.4.2005 (GVBl S. 139)   **GaV**
SL: ~ v. 21.8.1990 (ABl S. 957)   **GutVO**

Gymnasiale Oberstufe
BB: Gymnasiale-Oberstufe-VO v. 30.6.1997 (GVBl II S. 658)   **GOSTV**
BE: VO über die ~ v. 18.4.2007 (GVBl S. 156)   **VO-GO**
ND: VO ü. d. ~ u. d. Fachgymnasium v. 26.5.1997 (GVBl S. 139)   **VO-GOF**
ND: VO über die ~ v. 17.2.2005 (GVBl S. 51)   **VO-GO**

Gymnasium
BY: Gymnasialerrichtungsverordnung v. 29.7.2006 (GVBl S. 698)   **GymErrichtV**
SACH: VO d. Sächs. Staatsministeriums f. Kultus ü. d. Aufnahmeverfahren an Gymnasien v. 29.5.1998 (SächsGVBl S. 244)   **AufnGyVO**

H

Haager Abkommen
Abk. z. Regelung d. Vormundschaft über Minderjährige v. 12.6.2002 (RGBl 1904 S. 249)   *HaagVormAbk*
[Haager] Abk. betr. d. Rechte und Pflichten d. neutralen Mächte und Personen im Falle eines Landkriegs v. 18.10.1907 (RGBl 1910 S. 151)   *HaagNeutrAbk*
[Haager] Abk. ü. d. Entmündigung und gleichartige Fürsorgemaßregeln v. 17.7.1905 (RGBl 1912 S. 463)   *HaagEntmündAbk*
[Haager] Abk. z. Regelung d. Geltungsbereichs d. Gesetze auf d. Gebiete d. Eheschließung v. 12.6.1902 (RGBl 1904 S. 221)   *HaagEheschlAbk*

[Haager] Abk., betr. d. Gesetze und Gebräuche d. Landkriegs v. 18.10.1907 (RGBl 1910 S. 107)   *HaagLKO*
ü. d. internat. Hinterlegung gewerbl. Muster oder Modelle v. 6.11.1925 (RGBl 1937 II S. 583, 617) i. d. Bek. v. 10.9.1987 (BGBl II S. 546)   *HaagMA*
[Haager] Übk. ü. d. Beweisaufnahme im Ausland in Zivil- und Handelssachen v. 18.3.1970 (BGBl 1977 II S. 1452, 1472)   *HaagBeweisÜ*
Minderjährigenschutzübereinkommen v. 5.10.1961 (BGBl 1971 II S. 217)   *HaagMindjÜ*
Übk. ü. d. Zivilprozess v. 1.3.1954 (BGBl 1958 II S. 576)   *HaagZPÜ*
Übk. ü. d. Zustellung gerichtlicher und außergerichtlicher Schriftstücke im Ausland in Zivil- oder Handelssachen v. 15.11.1965 (BGBl 1977 II S. 1452)   *HaagZustÜ*
Übk. z. Befreiung ausländischer öffentlicher Urkunden v. d. Legalisation v. 5.10.1961 (BGBl 1965 II S. 875)   *HaagLÜ*
Unterhaltstatutsübereinkommen v. 2.10.1973 (BGBl 1986 II S. 837)   *HaagUnterhÜ*

Hackfleischverordnung
v. 10.5.1976 (BGBl I S. 1186)   **HFlV**

Häftlingshilfegesetz
i. d. Bek. v. 2.6.1993 (BGBl I S. 838)   **HHG**

Härtefallkommissionsgesetz
HA: ~ v. 4.5.2005 (GVBl S. 190)   **HFKG**
SACH: Sächs. Härtefallkommissionsverordnung v. 11.7.2005 (SächsGVBl S. 184)   **SächsHFKVO**

Härtefallkommissionsverordnung
BB: ~ v. 17.1.2005 (GVBl II S. 46)   **HFKV**
BE: ~ v. 3.1.2005 (GVBl S. 11)   **HFKV**
BW: ~ v. 28.6.2005 (GBl S. 455)   **HFKV**
BY: ~ v. 8.8.2006 (GVBl S. 436)   **HFKV**
LSA: ~ v. 9.3.2005 (GVBl LSA S. 136)   **HFKV**
MV: Härtefallkommissionslandesverordnung v. 25.2.2005 (GVOBl M-V S. 84)   **HFKV**
ND: Niedersächsische ~ v. 6.8.2006 (GVBl S. 426)   **NHärteKVO**
NW: ~ v. 14.12.2004 (GV.NW S. 820)   **HFKV**
Änderungsverordnung
NW: 2. Änderung-Härtefallkommissionsverordnung v. 27.3.2007 (GV.NW S. 147)   **2. Änd-HFKVO**

HafenCity-Gründungsgesetz
HA: Gesetz über die Gründung der HafenCity Universität Hamburg v. 14.12.2005 (GVBl S. 491)   **HCUG**

Hafendatenübermittlungsverordnung
BR: ~ v. 23.9.1997 (GBl S. 341)   **HaDÜV**

Hafenentsorgungsverordnung
NW: Landes- ~ v. 17.11.2005 (GV.NW S. 932)   **LaHaEntsVO**

Hafengebühren(ver)ordnung
  HA: Hafengebührenordnung v. 3.1.2006 (GVBl S. 4)   **HafenGebO**
  Änderungsverordnung
  BR: VO zur Änderung der Bremischen Hafengebühren-
       ordnung i. d. Bek. v. 15.3.2006 (GVBl S. 135)   **BremHGebO**

Hafengefahrgutverordnung
  MV: ~ v. 22.1.2008 (GVOBl M-V S. 19)   **HGGVO M-V**

Hafeninformationsverordnung
  BR: ~ v. 27.6.2001 (GBl S. 227)   **HaInfoV**

Hafenordnung
  BR: Bremerhavener ~ v. 9.3.2006 (GBl. S. 133)   **HafOBrhv**
  ND: Niedersächsische ~ v. 25.1.2007 (GVBl S. 62)   **NHafenO**

Hafenpolizeiverordnung
  RP: ~ v. 28.10.1980 (GVBl S. 212)   **HPolVO**

Hafensicherheitsgesetz
  BR: Brem. ~ v. 30.4.2007 (GBl S. 307)   **BremHaSiG**
  HA: ~ v. 6.10.2005 (GVBl S. 424)   **HafenSG**
  NW: ~ v. 30.10.2007 (GV.NW S. 470)   **HaSiG**
  RP: Landesgesetz über die Sicherheit in Hafenanlagen v.
       6.10.2006 (GVBl S. 338)   **LHafSiG**
  SH: ~ v. 19.2.2008 (GVOBl S. 18)   **HaSiG**

Hafensicherheitsverordnung
  HA: ~ v. 4.6.1996 (GVBl I S. 87)   **HSVO**
  SH: ~ v. 4.12.1997 (GVOBl S. 485)   **HSVO**

Hafenverordnung
  BB: Landes~ v. 18.4.1997 (GVBl II S. 306)   **LHafenV**
  BW: ~ v. 10.1.1983 (GBl S. 41)   **HafenVO**
  MV: ~ v. 17.5.2006 (GVOBl. M-V S. 355)   **HafVO**
  RP: Landes~ v. 10.10.2000 (GVBl S. 421)   **LHafVO**
  SH: ~ v. 15.12.1998 (GVOBl S. 503)   **HafVO**

Haftbefehl
  Europäisches ~gesetz v. 20.7.2006 (BGBl I S. 1721)   **EuHbG**

Haftopferentschädigungszuständigkeitsverordnung
  SACH: ~ v. 7.11.2007 (SächsGVBl S. 500)   **HoEZuVO**

Haftpflichtgesetz
  v. 4.1.1978 (BGBl I S. 145)   *HpflG*

Halbleiterschutzanmeldungsverordnung
  v. 4.11.1987 (BGBl I S. 2361)   **HalblSchAnmV**

Halbleiterschutzgesetz
  v. 22.10.1987 (BGBl I S. 2294)   *HalblSchG*

Halbleiterschutzverordnung
  v. 11.5.2004 (BGBl I S. 894)   **HalblSchV**

Halbtagskostenbeteiligungsverordnung
BE: ~ v. 26.7.1996 (GVBl S. 293) — **KTHkVO**

Halogenierte Lösemittel
VO ü. d. Entsorgung gebrauchter halogenierter Lösemittel
v. 23.10.1989 (BGBl I S. 1918) — **HKWAbfV**

Handels- und Registerrecht
NW: VO zur Umsetzung der Neuregelung des Handels-
und Registerrechts v. 19.12.2006 (GV.NW S. 606) — **Umsetzung HR-VO**

Handelsgesetzbuch
Allgemeines Deutsches ~ v. 1861 — *ADHGB*
v. 10.5.1897 (RGBl S. 219) — *HGB*

Handelsklassengesetz
i. d. Bek. v. 23.11.1972 (BGBl I S. 2201) — *HKlG*

Handelsrechtliches Bereinigungsgesetz
v. 18.4.1950 (BGBl I S. 90) — *HRBG*

Handelsrechtsreformgesetz
v. 22.6.1998 (BGBl I S. 1474) — **HRefG**

Handelsregistergebühren-Neuordnungsgesetz
v. 3.7.2004 (BGBl I S. 1410) — **HRegGebNeuOG**

Handelsregistergebührenverordnung
v. 30.9.2004 (BGBl I S. 2562) — **HRegGebV**

Handelsregisterverfügung
v. 12.8.1937 (DJ S. 1251; RMBl S. 515) — *HRegVfg*

Handelsstatistikgesetz
v. 10.11.1978 (BGBl I S. 1733) — **HdlStatG**

Handwerk-Verordnung
EU/EWR-Handwerk-VO v. 20.12.2007 (BGBl I S. 3075) — **EU/EWR HwV**
EWG-Handwerk-VO v. 10.2.1984 (BGBl I S. 252) — **EWG HwV**

Handwerkerversicherungsgesetz
v. 8.9.1960 (BGBl I S. 737) — **HwVG**

Handwerks- und Schornsteinfegerwesen-Kostenverordnung
MV: ~ v. 20.11.2004 (GVOBl M-V S. 555) — **HwSchfKostVO MV**

Handwerksähnliches Gewerbe
~-Zählungs-VO v. 19.5.1995 (BGBl I S. 736) — **HwäGewZV**

Handwerksordnung
i. d. Bek. v. 24.9.1998 (BGBl I S. 3074) — *HwO*
MV: Landesverordnung zur Bestimmung der zuständigen
Behörden nach der ~ v. 6.4.2005 (GVOBl M-V S. 141) — **Zust LVO HwO M-V**
Umsetzungsverordnung
BY: VO zur Umsetzung des Berufsbildungsgesetzes und
der Handwerksordnung v. 24.7.2007 (GVBl S. 579) — **BBiGHwOV**

Zuständigkeitsverordnung
BY: ~ zur Handwerksordnung v. 14.12.2004 (GVBl
2005 S. 6) **HwOZustV**

Handwerkstatistikgesetz
v. 7.3.1994 (BGBl I S. 417) **HwStatG**

Hauerarbeitenverordnung
v. 4.3.1958 (BGBl I S. 137) **HaVO**

Hauptzollamtszuständigkeitsverordnung
v. 8.10.2004 (BGBl I S. 2606) **HZAZustV**

Haushalts- und Wirtschaftsführungs-Verordnung der Studierendenschaften
NW: NRW v. 6.10.2005 (GV.NW S. 824) **HWVO NRW**

Haushaltsänderungsgesetz
TH: Thüringer ~ ... **ThürHhÄG ...**

Haushaltsbegleitgesetz
~ *HBeglG*
ND: ~ 2003 v. 25.6.2003 (GVBl S. 213) **HBegleitG 2003**

Haushaltsgesetz
RP: Landes~ 2007/2008 v. 19.12.2006 (GVBl S. 421) **LHG 2007/2008**

Haushaltsgrundsätzegesetz
v. 19.8.1969 (BGBl I S. 1273) **HGrG**

Haushaltsordnung
BB: Landes~ v. 7.5.1991 (GVBl S. 46) **LHO**
BE: Landes~ i. d. Bek. v. 20.11.1995 (GVBl S. 805) **LHO**
BR: Landes~ v. 25.5.1971 (GBl S. 143) **LHO**
BW: Landes~ v. 19.10.1971 (GBl S. 428) **LHO**
BY: Bay. ~ v. 8.12.1971 (GVBl S. 433) **BayHO**
HA: Landes~ v. 23.12.1971 (GVBl S. 261; 1972 S. 10) **LHO**
HE: Landes~ i. d. Bek. v. 15.3.1999 (GVBl I S. 248) **LHO**
LSA: Landes~ v. 30.4.1991 (GVBl LSA S. 35) **LHO**
MV: Landes~ i. d. Bek. v. 10.4.2000 (GVOBl M-V S. 159) **LHO**
ND: Landes~ i. d. Bek. v. 30.4.2001 (GVBl S. 276) **LHO**
NW: Landes~ i. d. Bek. v. 26.4.1999 (GV.NW S. 158) **LHO**
RP: Landes~ v. 20.12.1971 (GVBl 1972 S. 2) **LHO**
SACH: Sächs. ~ i. d. Bek. v. 10.4.2001 (SächsGVBl S. 153) **SäHO**
SH: Landes~ v. 22.4.1971 (GVOBl S. 162) **LHO**
SL: Landes~ i. d. Bek. v. 5.11.1999 (ABl 2000 S. 194) **LHO**
TH: Landes~ v. 6.2.1991 (GVBl S. 3) **LHO**

Haushaltssanierungsgesetz
Haushaltssanierunggesetz v. 22.12.1999 (BGBl I S. 2534) **HSanG**
BE: ~ 2000 v. 20.4.2000 (GVBl S. 286) **HSanG 2000**

Haushaltssicherungsgesetz
BB: ~ 2003 v. 10.7.2003 (GVBl I S. 194) **HSichG 2003**

4. Gesetze, sonstige Rechtsvorschriften, Verwaltungsvorschriften u.ä. **Heb**

Haushaltsstrukturgesetz
1. ~ v. 18.12.1975 (BGBl I S. 3091); 2. Haushaltsstrukturgesetz v. 22.12.1981 (BGBl I S. 1523) **HStruktG**
BB: ~ 2003 v. 22.4.2003 (GVBl I S. 119) **HStrG 2003**
BB: ~ 2005 v. 24.5.2005 (GVBl I) S. 196) **HStrG 2005**

Haushaltssystematik
Verwaltungsvorschriften z. ~ i. d. Bek. v. 26.10.1973 (MinBlFin S. 618) (s.a. Allgemeine Bewirtschaftungsgrundsätze) **VV-HB**

Haushaltstechnische Richtlinien des Bundes
Haushaltstechische Richtlinien i. d. Bek. v. 8.3.1974 (MinBlFin S. 178) (s.a. Allgemeine Bewirtschaftungsgrundsätze) **HRB**

Haustechnische Anlagen
HA: VO ü. d. Überwachung haustechn. Anlagen v. 13.11.1984 (GVBl I S. 227) **HaustechÜVO**

Haustürwiderrufsgesetz
Ges. ü. d. Widerruf v. Haustürgeschäften v. 16.1.1986 (BGBl I S. 122) *HWiG*

Hebammen
~gesetz v. 4.6.1985 (BGBl I S. 902) **HebG**
ND: Niedersächsisches Gesetz über die Ausübung des ~berufs v. 19.2.2004 (GVBl S. 71) **NHebG**
SACH: Sächs. ~gesetz v. 9.7.1997 (SächsGVBl S. 478) **SächsHebG**
SH: Landeshebammengesetz v. 5.3.1991 (GVOBl S. 129) **LHebG**
TH: Thüringer ~gesetz v. 29.9.1998 (GVBl S. 286) **ThürHebG**
Berufs(ver)ordnung
  BB: Berufsordnung f. Hebammen und Entbindungspfleger i. Land Brandenburg v. 8.11.1995 (GVBl II S. 702) **HebBO**
  BE: Berufsordnung f. Hebammen u. Entbindungspfleger v. 26.11.1989 (GVBl S. 2102) **HebBO**
  BY: Berufsordnung f. Hebammen u. Entbindungspfleger v. 19.5.1988 (GVBl S. 132) **HebBO**
  SH: Hebammen~ v. 24.2.1997 (GVOBl S. 141) **HebBVO**
  SL: Hebammen~ v. 7.11.2000 (ABl S. 2136) **HebBVO**
Dienstordnung
  BE: ~ für Hebammen v. 26.5.1964 (GVBl S. 605) **HebDO**
  BW: ~ für Hebammen v. 15.8.1961 (GBl S. 315) **HebDO**
  HE: ~ für Hebammen v. 27.8.1959 (GVBl II 353–3) **HebDO**
  RP: ~ für Hebammen v. 8.6.1959 (GVBl S. 161; BS 2124–1) **HebDO**
Gebühren(ver)ordnung
  BB: VO ü. d. Vergütung f. Hebammen- und Entbindungspflegerhilfe außerhalb d. gesetzlichen Krankenversicherung v. 21.11.2001 (GVBl II S. 634) **HebGebO**

BW: Hebammen-Gebührenordnung v. 3.12.1996 (GBl
S. 736) **HebGebO**
BY: Hebammen-Gebührenordnung v. 22.8.1983 (GVBl
S. 1226) **HebGebO**
NW: Hebammengebührenordnung v. 25.1.2007
(GV.NW S. 102) **HebGebO**

Gewährleistung des Mindesteinkommens
BW: VO ü. d. Gewährleistung d. Mindesteinkommens f.
Hebammen v. 19.7.1979 (GBl S. 531) **HebMVO**
HE: VO ü. d. Gewährleistung d. Mindesteinkommens f.
Hebammen v. 5.9.1978 (GVBl I S. 517) **HebMVO**

Hebammenhilfe
~-Gebührenverordnung v. 28.10.1986 (BGBl I S. 1662) **HebGebV**

Heilberufe-Kammergesetz
BY: ~ i. d. Bek. v. 20.7.1994 (GVBl S. 853) **HKaG**
HA: Hamb. Kammergesetz für die Heilberufe v. 14.12.2005
(GVBl S. 495) **HmbKGH**
LSA: Gesetz ü. d. Kammern f. Heilberufe Sachsen-Anhalt v.
13.7.1994 (GVBl LSA S. 832) **KGHB-LSA**
SACH: Sächs. Heilberufekammergesetz v. 24.5.1994
(SächsGVBl S. 935) **SächsHKaG**
SL: Saarländisches Heilberufekammergesetz i. d. Bek. v.
2.6.2003 (Abl S. 1770) **SHKG**

Heilberufezuständigkeitsgesetz
SACH: ~ v. 9.2.2004 (SächsGVBl S. 41) **HeilbZuG**

Heilberufsgesetz
BB: ~ v. 28.4.2003 (GVBl I S. 126) **HeilBerG**
BR: ~ i. d. Bek. v. 15.4.2005 (GVBl S. 149) **HeilberG**
NW: ~ v. 9.5.2000 (GV.NW S. 403) **HeilberG**
RP: ~ v. 20.10.1978 (GVBl S. 649) **HeilberG**

Heilberufsversorgungswerks-Aufsichtsverordnung
BE: ~ v. 17.1.2008 (GVBl S. 11) **VersWerkVO Berlin**

Heilerziehungspflegeverordnung
BW: ~ v. 13.7.2004 (GBl S. 616) **APrOHeilErzPfl**

Heilfürsorge
BY: VO ü. d. freie ~ f. d. Polizei v. 19.3.1987 (GVBl S. 93) **HeilfürsV**
NW: VO ü. d. freie ~ d. Polizeivollzugsbeamten v.
13.7.2001 (GV.NW S. 536) **FHVOPol**

Heilfürsorgeverordnung
BW: ~ v. 21.4.1998 (GBl S. 281) **HVO**
SACH: Sächs. ~ v. 23.3.2000 (SächsGVBl S. 216) **SächsHfVO**
SH: ~ v. 6.6.2006 (GVOBl S. 114) **HFVO**

Heilpädagogenverordnung
BW: ~ v. 13.7.2004 (GBl S. 636) **APrOHeilPäd**

4. Gesetze, sonstige Rechtsvorschriften, Verwaltungsvorschriften u.ä. Hei

Heilpraktiker
  Gebührenverzeichnis f. ~ 1985 (GMBl S. 502) — **GebüH**
  ~gesetz v. 17.2.1939 (RGBl I S. 251) — *HeilprG*

Heilverfahrensverordnung
  v. 25.4.1979 (BGBl I S. 502) — **HeilvfV**

Heilwesen-Werbung
  Ges. ü. d. Werbung auf dem Gebiete d. Heilwesens i. d. Bek.
  v. 18.10.1978 (BGBl I S. 1677) — *HeilWerbG*

Heimarbeitsgesetz
  v. 14.3.1951 (BGBl I S. 191) — *HAG*

Heimatlose Ausländer
  Ges. ü. d. Rechtsstellung heimatloser Ausländer im Bundesgebiet v. 25.4.1951 (BGBl I S. 269) — *HAuslG*

Heimaturlaubsverordnung
  v. 18.1.1991 (BGBl I S. 144) — **HUrlV**

Heimgesetz
  i. d. Bek. v. 5.11.2001 (BGBl I S. 2970) — **HeimG**

Heimkehrergesetz
  v. 19.6.1950 (BGBl I S. 221) — *HkG*

Heimkehrerstiftungsaufhebungsgesetz
  v. 10.12.2007 (BGBl I S. 2830) — **HKStAufhG**

Heimmindestbauverordnung
  i. d. Bek. v. 3.5.1983 (BGBl I S. 550) — **HeimMindBauV**

Heimmitwirkungsverordnung
  VO ü. d. Mitwirkung d. Bewohner v. Altenheimen, Altenwohnheimen und Pflegeheimen f. Volljährige in Angelegenheiten d. Heimbetriebes v. 19.7.1976 (BGBl I S. 1819) — **HeimMitwirkungsV**

Heimpersonalanforderungsverordnung
  VO ü. personelle Anforderungen f. Heime v. 19.7.1993 (BGBl I S. 1205) — **HeimPersV**

Heimsicherungsverordnung
  VO ü. d. Pflichten d. Träger v. Altenheimen, Altenwohnheimen und Pflegeheimen f. Volljährige im Falle d. Entgegennahme v. Leistungen zum Zwecke d. Unterbringung e. Bewohners oder Bewerbers v. 24.4.1978 (BGBl I S. 553) — **HeimsicherungsV**

Heimverordnung
  BW: ~ v. 25.2.1970 (GBl S. 98) — **HeimV**
  BY: ~ v. 23.8.1968 (GVBl S. 319) — **HeimV**
  RP: ~ v. 25.7.1969 (GVBl S. 150) — **HeimV**

Heizkostenabrechnung-Verordnung
  VO ü. Heizkostenabrechnung i. d. Bek. v. 20.1.1989 (BGBl I S. 115) — **HeizkostenV**

Heizöl-Lieferbeschränkungsverordnung
v. 26.4.1982 (BGBl I S. 536) **HeizölLBV**

Heizölkennzeichnungsverordnung
v. 1.4.1976 (BGBl I S. 873) / v. 28.4.1986 (BGBl I S. 708) **HeizölkennzV**

Heizungsanlagen-Verordnung
i. d. Bek. v. 4.5.1998 (BGBl I S. 851) **HeizAnlV**
Überwachungsverordnung
  HA: ~ z. Heizungsanlagen-VO v. 16.6.1981 (GVBl I
    S. 153) **HeizÜVO**
  NW: ~ z. Heizungsanlagen-VO v. 15.11.1984 (GV.NW
    1985 S. 20) **HeizÜVO**

Hemmnisbeseitigungsgesetz
v. 22.3.1991 (BGBl I S. 766) *HemmBesG*

Hepatitis-C
Ges. ü. d. Hilfe f. d. Anti-D-Immunprophylaxe m. d. ~-Virus infizierte Personen v. 2.8.2000 (BGBl I S. 1270) **AntiDHG**

Herrentunnel-Mauthöheverordnung
v. 6.7.2005 (BGBl I S. 2108) **HerrentunnelMautHV**

Hersteller- u. Anwenderverordnung
  BB: Brandenburgische Hersteller- und Anwenderverordnung v. 23.3.2005 (GVBl II S. 158) **BbgHAV**
  BE: ~ v. 26.10.1998 (GVBl S. 319) **HAVO**
  HA: VO über Anforderungen an Hersteller von Bauprodukten und Anwender von Bauarten v. 20.5.2003 (GVBl S. 132) **HAVO**
  LSA: VO über Anforderungen an Hersteller von Bauprodukten und Anwender von Bauarten v. 27.3.2006 (GVBl LSA S. 174) **HAVO**
  MV: ~ v. 1.8.2001 (GVOBl M-V S. 309) **HAVO**
  SH: ~ v. 11.11.2004 (GVOBl S. 428) **HAVO**
  TH: Thüringer VO ü. Anforderungen a. Hersteller v. Bauprodukten und Anwender v. Bauarten v. 15.9.1999 (GVBl S. 569) **ThürHAVO**

Heuersdorfgesetz
SACH: ~ v. 28.5.2004 (SächsGVBl S. 227) **HeudG**

Hilfe- und Betreuungsangebote-für-Pflegebedürftige-Verordnung
  NW: VO über niedrigschwellige Hilfe- und Betreuungsangebote für Pflegebedürftige v. 22.7.2003 (GV.NW S. 432) **HBPfVO**

Hilfeleistung in Steuersachen
VO ü. Art u. Inhalt d. zulässigen Hinweise auf d. Befugnis z. ~ v. 25.11.1976 (BGBl I S. 3245) **WerbeVOStBerG**

Hilfskräfteverordnung
- Frisches Fleisch v. 29.6.1977 (BGBl I S. 1117) **HKFrFlV**

Hinterbliebenenrenten- u. Erziehungszeiten-Gesetz
v. 11.7.1985 (BGBl I S. 1450)   **HEZG**

Hinterlegungsordnung
Ausführungsvorschriften zur ~ VO d. RJM v. 15.3.1937 (DJ
S. 426)   **AVHO**
v. 10.3.1937 (RGBl I S. 285)   *HintO*
Biomaterial
~-Hinterlegungsverordnung v. 24.1.2005 (BGBl I S. 151)   **BioMatHintV**

HIV-Hilfegesetz
v. 24.7.1995 (BGBl I S. 972)   **HIVHG**

Hochbaustatistikgesetz
v. 5.5.1998 (BGBl I S. 869)   **HBauStatG**
MV: Landesverordnung zur Durchführung des Hochbau-
statistikgesetzes v. 18.10.2004 (GVOBl M-V S. 507)   **HBauStatG-DLVO**

Hochhausverordnung
NW: ~ v. 11.6.1986 (GV.NW S. 522)   **HochhVO**

Hochrheinpatentverordnung
Einführungsverordnung
BW: ~ zur Hochrheinpatentverordnung v. 30.11.2002
(GBl 2003 S. 2)   **EinfVOHochrhein-PatV**

Hochschul-Wahlrechtsverordnung
BE: ~ v. 5.11.1987 (GVBl S. 2590)   **HWahlVO**

Hochschulabsolventen-Zugangsverordnung
v. 9.10.2007 (BGBl. S. 2337)   **HSchulAbsZugV**

Hochschulassistentenverordnung
BE: ~ v. 11.10.1979 (GVBl S. 1809)   **HAssVO**

Hochschulbauförderungsgesetz
v. 1.9.1969 (BGBl I S. 1556)   *HSchBauFG*

Hochschulbereichsübergangsverordnung
RP: LandesVO z. d. Übergängen i. Hochschulbereich v.
30.6.1998 (GVBl S. 218)   **HSchÜbVO**

Hochschuldatenverordnung
LSA: ~ v. 4.7.1994 (GVBl LSA S. 778)   **HSDatVO**

Hochschulen (Rechtsverhältnisse d. Lehrer)
BE: Ges. ü. d. Rechtsverhältnisse d. Lehrer sowie d. wis-
senschaftl. u. künstlerischen Mitarbeiter an d. Hoch-
schulen d. Landes Berlin i. d. Bek. v. 6.5.1971 (GVBl
S. 755)   **HSchLG**

Hochschulentwicklungsgesetz
HA: ~ v. 3.12.1979 (GVBl S. 345)   **HEG**

Hochschulerneuerungsgesetz
LSA: ~ v. 31.7.1991 (GVBl LSA S. 198)   **HEG**

MV: ~ v. 19.2.1991 (GVOBl M-V S. 34)   HEG

Hochschulfinanzverordnung
HE: ~ v. 1.12.2004 (GVBl I S. 397)   HFVO

Hochschulfreiheitsgesetz
NW: ~ v. 31.10.2006 (GV.NW S. 474)   HFG

Hochschulgebührengesetz
BW: Landes~ v. 1.1.2005 (GBl S. 56)   LHGebG
NW: ~ i. d. Bek. v. 26.1.1982 (GV.NW S. 70)   HSchGebG

Hochschulgebühren(ver)ordnung
BY: ~ v. 7.3.1994 (GVBl S. 165)   HSchGebV
SACH: Sächs. ~ v. 13.12.2004 (SächsGVBl S. 603)   SächsHGebVO

Hochschulgesetz
BB: Brandenburgisches ~ i. d. Bek. v. 6.7.2004 (GVBl I S. 394)   BbgHG
BE: Berliner ~ i. d. Bek. v. 12.2.2003 (GVBl S. 82)   BerlHG
BE: Ergänzungsges. z. Berliner ~ v. 18.7.1991 (GVBl S. 176)   ErgGBerlHG
BR: Brem. ~ i. d. Bek. v. 20.7.1999 (GBl S. 183)   BremHG
BW: Landes~ v. 1.1.2005 (GBl S. 1)   LHG
BY: Bay. ~ v. 23.5.2006 (GVBl S. 245)   BayHSchG
HA: Gesetz über die Hochschule der Polizei Hamburg v. 22.12.2006 (GVBl S. 614)   HmbPolHG
HA: Gesetz über die Hochschule für Finanzen Hamburg v. 28.12.2004 (GVBl S. 518)   HFinHmbG
HA: Hamb. ~ i. d. Bek. v. 18.7.2001 (GVBl I S. 171)   HmbHG
HE: Hess. ~ i. d. Bek. v. 31.7.2000 (GVBl I S. 374)   *HHG*
LSA: ~ des Landes Sachsen-Anhalt v. 5.5.2004 (GVBl LSA S. 256)   HSG LSA
MV: Landes~ v. 9.2.1994 (GVOBl M-V S. 293)   LHG
ND: Niedersächsisches ~ i. d. Bek. v. 26.2.2007 (GVBl S. 69)   NHG
ND: VO über den Fonds nach § 11 a Abs. 5 Satz 2 des Niedersächsischen Hochschulgesetzes v. 18.1.2008 (GVBl S. 72)   NHG-FondsVO
NW: Ges. ü. d. Hochschulen d. Landes Nordrhein-Westfalen v. 14.3.2000 (GV.NW S. 223)   HG
RP: ~ v. 21.7.2003 (GVBl S. 167)   HochSchG
SACH: Sächs. ~ v. 11.6.1999 (SächsGVBl S. 293)   SächsHG
SH: ~ i. d. Bek. v. 4.5.2000 (GVOBl S. 416)   HSG
TH: Thüringer ~ i. d. Bek. v. 22.6.2005 (GVBl S. 229)   ThürHG

Änderungsgesetze
BE: Neuntes Gesetz zur Änderung des Berliner Hochschulgesetzes v. 30.1.2003 (GVBl S. 25)   9. BerlHGÄG
HA: Gesetz zur Bildung der Fakultät Wirtschafts- und Sozialwissenschaften der Universität Hamburg und zur Änderung des Hamburgischen Hochschulgesetzes v. 8.2.2005 (GVBl S. 28)   WiSoG

Hochschulgliederungsverordnung
BY: ~ v. 16.6.2006 (GVBl S. 332)   HSchGV

Hochschulgrade, ausländische
SACH: Sächs. VO über die Umwandlung ausländischer
    Hochschulgrade v. 17.12.2004 (SächsGVBl S. 17)   SächsUAGrVO

Hochschullehrer-Urlaubsverordnung
BE: ~ v. 11.4.1988 (GVBl S. 678)   HUrlVO

Hochschullehrergesetz
BY: Bay. ~ i. d. Bek. v. 5.9.2000 (GVBl S. 712)   BayHSchLG

Hochschulleistungsbezügeverordnung
BB: ~ v. 23.3.2005 (GVBl II S. 152)   HLeistBV
BR: ~ v. 1.7.2003 (GBl S. 285)   BremHLBV
BW: Leistungsbezügeverordnung v. 14.1.2005 (GBl S. 125) LBVO
BY: Bay. ~ v. 15.12.2004 (GVBl S. 575)   BayHLeistBV
HA: ~ v. 4.1.2005 (GVBl S. 2)   HmbHLeistBVO
HE: ~ v. 4.2.2005 (GVBl I S. 92)   HLeistBV
HE: VO über die Gewährung von Leistungsbezügen im
    Bereich der Verwaltungsfachhochschulen v.
    31.10.2006 (GVBl I S. 599)   VFHLeistBVO
LSA: ~ v. 21.1.2005 (GVBl LSA S. 21)   HLeistBV
MV: ~ v. 28.1.2005 (GVOBl M-V S. 60)   HsLeistbVO M-V
NW: ~ v. 17.12.2004 (GV.NW S. 790)   HLeistBV
SACH: Sächs. ~ v. 10.1.2006 (SächsGVBl S. 21) SächsHLeistBezVO
SH: ~ v. 17.1.2005 (GVOBl S. 46)   LBVO
TH: Thüringer Hochschul-Leistungsbezügeverordnung v.
    14.4.2005 (GVBl S. 212)   ThürHLeistBVO

Hochschulleitungs-Stellenzulagenverordnung
v. 3.8.1977 (BGBl I S. 1527)   HStZulV

Hochschulmedizin
BE: Vorschaltgesetz zum Gesetz über die Umstrukturie-
    rung der ~ im Land Berlin v. 27.5.2003 (GVBl S. 185) HS-Med-G
LSA: ~gesetz des Landes Sachsen-Anhalt v. 12.8.2005
    (GVBl LSA S. 508)   HMG
NW: ~gesetz v. 20.12.2007 (GV.NW S. 744)   HMG
SACH: Sächs. ~gesetz v. 6.5.1999 (SächsGVBl S. 207) SHMG
Reformgesetz
    BW: Hochschulmedizinreform-Gesetz v. 24.11.1997
        (GBl S. 474)   HMG
    SL: Hochschulmedizinreform-Gesetz v. 26.11.2003
        (ABl S. 2940)   HMG

Hochschulnebentätigkeitsverordnung
BE: ~ v. 23.10.1990 (GVBl S. 2266)   HNtV
BW: ~ v. 30.6.1982 (GBl S. 388)   NNTVO
HA: ~ v. 22.12.1969 (GVBl I S. 294)   HmbHNVO

LSA: ~ v. 14.7.2004 (GVBl LSA S. 402)   **HNVO LSA**
MV: ~ v. 31.7.2006 (GVOBl M-V S. 670)   **HSNtVO M-V**
ND: ~ v. 23.2.1997 (GVBl S. 55)   **HNtV**
RP: ~ v. 10.7.2007 (GVBl S. 126)   **HNebVO**
SACH: Sächs. ~ v. 1.10.1996 (SächsGVBl S. 426)   **SächsHNTV**
SH: ~ i.d. Bek. v. 1.2.1996 (GVOBl S. 189)   **HNtV**
TH: Thüringer ~ v. 7.3.1997 (GVBl S. 101)   **ThürHNVO**

Hochschulnutzungsentgeltverordnung
ND: ~ Medizin v. 19.4.1995 (GVBl S. 106)   **HNutzVO-Med**

Hochschulpersonalgesetz
BY: Bay. ~ v. 23.5.2006 (GVBl S. 230)   **BayHSchPG**

Hochschulprüferverordnung
BY: ~ v. 22.2.2000 (GVBl S. 67)   **HSchulPrüferV**

Hochschulrahmengesetz
i. d. Bek. v. 19.1.1999 (BGBl I S. 18)   **HRG**
Siebtes Gesetz zur Änderung des ~ v. 28.8.2004 (BGBl I
S. 2298)   **7. HRGÄndG**

Hochschulrechts-Anpassungs-Gesetz
BE: ~ v. 10.5.1994 (GVBl S. 137)   **HAnpG**
BY: Bay. Hochschulrechtsanpassungsgesetz v. 23.5.2006
(GVBl S. 303)   **BayHSchRAnpG**

Hochschulrechtsänderungsgesetz
BW: Zweites ~ v. 1.1.2005 (GBl S. 1)   **2.HRÄG**
HA: ~ v. 18.4.1991 (GVBl S. 139)   **HÄndG**

Hochschulrechtsanpassungsverordnung
BY: ~ v. 16.6.2006 (GVBl S. 347)   **BayHSchRAnpV**

Hochschulreform-Weiterentwicklungsgesetz
NW: ~ v. 30.11.2004 (GV.NW S. 752)   **HRWG**

Hochschulsatzungen
BY: VO ü. Bekanntmachungen v. ~ v. 15.11.1974 (GVBl
S. 791)   **HSchBekV**

Hochschulsitzungsgeldverordnung
BE: ~ v. 11.4.1988 (GVBl S. 679)   **HSigVO**

Hochschulstatistikgesetz
i. d. Bek. v. 2.11.1990 (BGBl I S. 2414)   **HStatG**

Hochschulvergabeverordnung
BB: ~ v. 11.5.2005 (GVBl II S. 230)   **HVV**
BB: ~ v. 20.11.2000 (GVBl II S. 423)   **HVV**
BW: ~ v. 13.1.2003 (GBl S. 63)   **HVV**
BY: ~ v. 16.5.1994 (GVBl S. 407)   **HSchVV**
LSA: ~ v. 24.5.2005 (GVBl LSA S. 282)   **HVV**

Hochschulvorbereitungs-Lehrgangsverordnung
HA: ~ v. 10.7.2007 (GVBl I S. 199)   **HochschulVorbLehr-gangsVO**

4. Gesetze, sonstige Rechtsvorschriften, Verwaltungsvorschriften u.ä.   Höh

Hochschulwirtschaftsführungsverordnung
NW: ~ v. 11.6.2007 (GV.NW S. 246)   **HWFVO**

Hochschulzugangsberechtigungsverordnung
ND: VO ü. d. Erwerb d. fachbezogenen Hochschulzugangsberechtigung durch Prüfung v. 12.1.2001 (GVBl S. 4)   **HZbPrüfVO**

Hochschulzulassungsgesetz
BE: Berliner ~ i. d. Bek. v. 18.6.2005 (GVBl S. 393)   **BerlHZG**
BR: Brem. ~ v. 16.5.2000 (GBl S. 145)   **BremHZG**
BW: ~ v. 14.7.1986 (GBl S. 226)   **HZG**
HA: ~ v. 28.12.2004 (GVBl S. 515)   **HZG**
LSA: ~ v. 11.7.1991 (GVBl LSA S. 160)   **HZulG**
MV: ~ v. 14.8.2007 (GVOBl M-V S. 286)   **HZG**
ND: ~ v. 8.2.1986 (GVBl S. 29)   **NHZG**
NW: ~ v. 11.3.1986 (GV.NW S. 218)   **HZG**

Hochschulzulassungsverordnung
MV: ~ v. 6.5.1997 (GVOBl M-V S. 222)   **HZVO M-V**
TH: Thüringer Hochschul-Zulassungszahlenverordnung für das Sommersemester oder Wintersemester ...   **ThürZZVO SS/WS ...**

Hochwassermeldedienstverordnung
BB: ~ v. 9.9.1997 (GVBl II S. 778)   **HWMDV**
LSA: VO ü. d. Hochwassermeldedienst v. 18.8.1997 (GVBl LSA S. 778)   **HWM VO**
MV: ~ v. 29.8.2005 (GVOBl M-V S. 453)   **HwMdVO M-V**

Hochwassernachrichten- und Alarmdienstverordnung
SACH: VO des Sächsischen Staatsministeriums für Umwelt und Landwirtschaft über den Hochwassernachrichten- und Alarmdienst im Freistaat Sachsen v. 17.8.2004 (SächsGVBl S. 472)   **HWNAV**

Hochwassernachrichtendienst
BY: VO über den ~ v. 10.1.2005 (GVBl S. 11)   **HNDV**

Höchstmietenverordnung
BE: ~ v. 26.10.1990 (GVBl S. 2235)   **HöchstMietVO**
BY: ~ v. 3.4.1990 (GVBl S. 78)   **HMV**

Höfeordnung
i. d. Bek. v. 26.7.1976 (BGBl I S. 1933)   **HöfeO**
RP: Landesges. ü. d. ~ i. d. Bek. v. 18.4.1967 (GVBl S. 138)   **HO-RhPf**

Höfesachen
Verfahrensordnung f. ~ v. 29.3.1976 (BGBl I S. 881; 1977 I S. 288)   **HöfeVfO**

Höhenmaße und Pegel
BY: VO ü. d. Ausgestaltung u. Aufstellung d. Höhenmaße u. Pegel v. 24.2.1964 (GVBl S. 83)   **HPV**

Hofraumverordnung
v. 24.9.1993 (BGBl I S. 1658)   **HofV**

Hoheitszeichengesetz
BB: ~ v. 30.1.1991 (GVBl S. 26)   **HzG**

Hoheitszeichen(verordnung)
BB: ~ v. 6.9.2000 (GVBl II S. 335)   **HzV**
BY: VO ü. kommunale Namen, Hoheitszeichen u. Gebietsänderungen v. 21.1.2000 (GVBl S. 45)   **NHGV**
MV: ~ i. d. Bek. v. 8.10.1997 (GVOBl M-V S. 536)   **HzVO M-V**

Holzabsatzfonds
~gesetz i. d. Bek. v. 6.10.1998 (BGBl I S. 3130)   **HAfG**
~verordnung v. 4.1.1999 (BGBl I S. 2)   **HAfV**

Honigverordnung
v. 16.1.2004 (BGBl I S. 92)   **HonigV**

Hopfen-Einfuhrverordnung
Hopfen-Einfuhrverordnung v. 14.1.1997 (BGBl I S. 14)   **HopfEinV**

Hopfengesetz
Durchführungsverordnung
LSA: VO zur Durchführung des Hopfengesetzes v. 7.2.2008 (GVBl LSA S. 61)   **HopfenG-DVO**

Hopfenherkunftsverordnung
BW: ~ v. 11.10.1968 (GBl S. 459)   **HHV**
BY: ~ i. d. Bek. v. 13.8.1953 (BayBS IV S. 407)   **HHV**

Hopfenrechtsdurchsetzungsverordnung
VO z. Durchsetzung d. gemeinschaftlichen Hopfenrechts v. 16.4.1997 (BGBl I S. 794)   **HopfDV**

Horterzieher
SACH: VO z. Ausgleich notwendiger Personalkosten f. ~ v. 2.9.1991 (SächsGVBl S. 387)   **PersHortDV**

Hortkostenbeteiligungsverordnung
TH: Thüringer ~ v. 12.2.2001 (GVBl S. 16)   **ThürHortkBVO**

Hüttenknappschaftliche Abstimmungsverordnung
v. 4.11.1974 (BGBl I S. 3119)   **HAV**

Hüttenknappschaftliches Zusatzversicherungs-Gesetz
v. 22.12.1971 (BGBl I S. 2104)   **HZvG**

Huf- und Klauenbeschlag
Zuständigkeitsverordnung
NW: VO zur Regelung von Zuständigkeiten auf dem Gebiet des Huf- und Klauenbeschlags v. 30.11.2007 (GV.NW S. 658)   **HufKlaBeschlZustVO**

Hufbeschlaggesetz
v. 19.4.2006 (BGBl I S. 900)   **HufBeschlG**

Hufbeschlagverordnung
  BB: VO über die Zuständigkeiten nach der ~ v. 24.10.2003
      (GVBl II S. 646) — **HufZV**

Humanmedizin
  ND: VO über die Medizinische Hochschule Hannover und
      den Bereich ~ der Georg August-Universität Göttin-
      gen v. 1.12.2004 (GVBl S. 562) — **HumanmedVO**

Hunde
  BB: ~halterverordnung v. 16.6.2004 (GVBl II S. 458) — **HundehV**
  BE: ~steuergesetz v. 10.10.2001 (GVBl S. 539) — *HStG*
  BW: Ges. ü. d. ~steuer i. d. Bek. v. 15.2.1982 (GBl S. 63) — **HStG**
  HA: ~gesetz v. 26.1.2006 (GVBl S. 37) — **HundeG**
  HE: Gefahrenabwehrverordnung über das Halten und
      Führen von Hunden v. 22.1.2003 (GVBl I S. 54) — **HundeVO**
  ND: Niedersächsisches Gesetz über das Halten von Hun-
      den v. 12.12.2002 (GVBl S. 2) — **NHundG**
  NW: Landeshundeverordnung v. 30.6.2000 (GV.NW
      S. 518b) — **LHV NRW**
  NW: Ordnungsbehördliche VO zur Durchführung des Lan-
      deshundegesetzes NRW v. 19.12.2003 (GV.NW 2004
      S. 85) — **DVO LHundG NRW**
  RP: Landesgesetz über gefährliche ~ v. 22.12.2004 (GVBl
      S. 576) — **LHundG**
  SH: Gefahrhundegesetz v. 28.1.2005 (GVOBl S. 51) — **GefHG**

Hygieneverordnung
  SACH: Sächs. Hygiene-VO v. 7.4.2004 (SächsGVBl S. 137) — **SächsHygVO**
  SL: Saarländische Krankenhaus~ v. 12.12.2007 (ABl S. 78) — **SKHygVO**

Hypotheken
  ~ablöseverordnung v. 10.6.1994 (BGBl I S. 1253) — **HypAblV**
  ~bankgesetz i. d. Bek. v. 9.9.1998 (BGBl I S. 2674) — *HypBG*
  VO z. Regelung d. Fälligkeit alter ~ v. 22.12.1938 (RGBl
  S. 1905) — *HypFälligkVO*

Hypothekenpfandbrief-Barwertverordnung
  v. 19.12.2003 (BGBl I S. 2818) — **HypBarwertV**

I

Immatrikulationsverordnung
  HE: Hess. ~ v. 29.12.2003 (GVBl I S. 12) — **HImmaVO**

Immissionsschutzgesetz
  Bundes-~ i. d. Bek. v. 14.4.1990 (BGBl I S. 880) — **BImSchG**
  Erste Allg. Verwaltungsvorschrift z. Bundes-~ Technische
  Anleitung z. Reinhaltung d. Luft v. 27.2.1986 (GMBl S. 95) — **TA Luft**
  BB: Landes~ i. d. Bek. v. 22.7.1999 (GVBl I S. 386) — **LImschG**

BE:	Landes~ Berlin v. 5.12.2005 (GVBl S. 735)	LImSchG
BR:	Brem. ~ v. 26.6.2001 (GBl S. 220)	BremImSchG
BY:	Bay. ~ v. 8.10.1974 (GVBl S. 499)	BayImSchG
NW:	Landes~ v. 18.3.1975 (GV.NW S. 232)	LImschG
RP:	Landes~ v. 20.12.2000 (GVBl S. 578)	LImSchG
TH:	Thüringer VO zur Regelung von Zuständigkeiten und zur Übertragung von Ermächtigungen auf dem Gebiet des Immissionsschutzes v. 8.9.2004 (GVBl S. 738)	ThürBImSchGZVO

Zuständigkeitsverordnung
    BW: Immissionsschutz-~ v. 3.3.2003 (GBl S. 180) — BImSchZuVO
    MV: Immissionsschutz-~ v. 4.7.2007 (GVOBl M-V S. 250) — ImSchZustVO M-V
    SACH: Immissionsschutz-~ v. 5.4.2005 (SächsGVBl S. 82) — ImSchZuVO

Impf-Meldeverordnung
    MV: ~ v. 30.11.1994 (GVOBl M-V S. 1083) — ImpfMVO

In-vitro-Diagnostika-Verordnung
    nach d. ArzneimittelG v. 24.5.2000 (BGBl I S. 746) — IVD-AMG-V

Indirekteinleitergesetz
    SACH: ~ v. 2.7.1991 (SächsGVBl S. 233) — IndEinlG

Indirekteinleiterverordnung
    BE: ~ v. 1.4.2005 (GVBl S. 224) — IndV
    BW: ~ v. 19.4.1999 (GBl S. 181) — IndVO
    LSA: ~ v. 2.7.1999 (GVBl LSA S. 202) — IndEinl VO
    SH: ~ v. 17.8.1994 (GVOBl S. 466) — IndEVO
    TH: Thüringer ~ v. 8.3.2000 (GVBl S. 94) — ThürIndEVO

Industrie- u. Handelskammern
    Ges. ü. d. Industrie- und Handelskammern Ges. z. vorl. Regelung d. Rechts d. Industrie- und Handelskammern v. 18.12.1956 (BGBl I S. 920) — IHKG
    BB: Ges. z. Erg. u. Ausf. d. Ges. z. vorl. Regelung d. Rechts d. ~ v. 13.9.1991 (GVBl S. 440) — AGIHKG
    BE: Ges. ü. d. ~ i. d. Bek. v. 21.3.1967 (GVBl S. 511) — IHKG
    BW: Ges. ü. d. ~ v. 27.1.1958 (GBl S. 77) — IHKG
    BY: Ges. z. Erg. u. Ausf. d. Ges. z. vorl. Regelung d. Rechts d. ~ v. 25.3.1958 (GVBl S. 40) — AGIHKG
    BY: VO ü. d. Abgrenzung d. Bezirke d. ~ v. 15.12.1972 (GVBl S. 472) — BezVIHK
    LSA: Ges. z. Erg. u. Ausf. d. Ges. z. vorl. Regelung d. Rechts d. ~ v. 10.6.1991 (GVBl LSA S. 103) — AGIHKG
    SACH: Ges. z. Ausf. u. Erg. d. Rechts d. ~ v. 18.11.1991 (SächsGVBl S. 380) — SächsIHKG

Infektionskrankheiten
    SL: VO zum Schutz vor ~ v. 15.10.2005 (ABl S. 1666) — InfektVO
    TH: Thüringer ~meldeverordnung v. 15.2.2003 (GVBl S. 107) — ThürIfKrMVO

Infektionsmeldeverordnung
MV: ~ v. 12.6.2001 (GVOBl M-V S. 172)   IfMeldeVO M-V

Infektionsschutzausführungsgesetz
MV: ~ v. 3.7.2006 (GVOBl M-V S. 524)   IfSAG M-V

Infektionsschutzzuständigkeitsverordnung
BB: ~ v. 27.11.2007 (GVBl II S. 488)   IfSZV

Informations- u. Datentechnikortsgesetz
BR: Brem. ~ v. 1.2.1994 (GBl S. 65)   BremIDOG

Informations- u. Kommunikationsdienstegesetz
Informations- und Kommunikationsdienste-Ges. v.
22.7.1997 (BGBl I S. 1870)   IuKDG

Informations- und Kommunikationstechnik
BY: Gesetz ü. d. Einsatz d. ~ i. d. öffentl. Verwaltung v.
24.12.2001 (GVBl S. 975)   IuKG

Informationsfreiheitsgesetz
Informationsfreiheitsgesetz v. 5.9.2005 (BGBl I S. 2722)   IFG
BE: Berliner ~ v. 15.10.1999 (GVBl S. 561)   IFG
BR: Bremer ~ v. 16.5.2006 (GBl S. 263)   BremIFG
HA: Hamb. ~ v. 11.4.2006 (GVBl S. 167)   HmbIFG
MV: ~ v. 10.7.2006 (GVOBl M-V S. 556)   IFG M-V
NW: ~ Nordrhein-Westfalen v. 27.11.2001 (GV.NW
S. 806)   IFG NRW
SH: ~ f. d. Land Schleswig-Holstein v. 9.2.2000 (GVOBl
S. 166)   IFG-SH
SL: Saarländisches ~ v. 12.7.2006 (ABl S. 1624)   SIFG
TH: Thüringer ~ v. 20.12.2007 (GVBl S. 256)   ThürIFG
Gebühren(ver)ordnung
  HA: Gebührenordnung zum Hamburgischen Informationsfreiheitsgesetz v. 8.8.2006 (GVBl S. 467)   HmbIFGebO

Informationsgebührenverordnung
v. 2.1.2004 (BGBl I S. 6)   IFGGEbV

Informationskostenverordnung
MV: ~ v. 28.9.2006 (GVOBl M-V S. 748)   IFGKostVO M-V

Informationspflichtenverordnung
VVG-~ v. 18.12.2007 (BGBl I S. 3004)   VVG-InfoV

Informationstechnik
Richtlinien f. d. Einsatz d. ~ i. d. Bundesverwaltung v.
18.8.1988 (GMBl S. 470)   IT-Richtlinien

Informationsübermittlung
SL: VO ü. d. Zulassung d. ~ v. d. Polizei a. ausländische
Polizeibehörden v. 4.12.1996 (ABl 1997 S. 30)   InfÜVPol

Ingenieurgesetz
BR: Brem. ~ v. 25.2.2003 (GBl S. 67)   BremIngG

BW: ~ v. 30.3.1971 (GBl S. 105)   **IngG**
BY: ~ v. 27.7.1970 (GVBl S. 336)   **IngG**
HE: ~ v. 15.7.1970 (GVBl I S. 407)   **IngG**
LSA: ~ des Landes Sachsen-Anhalt v. 17.2.2006 (GVBl LSA
S. 46)   **IngG**
ND: ~ v. 30.3.1971 (GVBl S. 137)   **IngG**
ND: Niedersächsisches ~ i. d. Bek. v. 12.7.2007 (GVBl
S. 327)   **NINGG**
NW: ~ v. 5.5.1970 (GV.NW S. 312)   **IngG**
RP: ~ v. 22.12.1970 (GVBl 1971 S. 25)   **IngG**
SH: ~ v. 25.11.1970 (GVOBl S. 302)   **IngG**
SL: ~ v. 27.5.1970 (ABl S. 581)   **IngG**
TH: ~ v. 7.1.1992 (GVBl S. 1)   **IngG**

Ingenieurkammergesetz
  BY: Bay. ~ Bau v. 8.6.1990 (GVBl S. 164)   **BayIKaBauG**
  HE: ~ v. 30.9.1986 (GVBl I S. 281)   **IngKammG**
  RP: ~ v. 21.12.1978 (GVBl I S. 763)   **IngKammG**
  SL: Saarländisches Architekten- und ~ v. 18.2.2004 (ABl
    S. 865)   **SAIG**
  TH: Thüringer Architekten- und ~ v. 5.2.2008 (GVBl S. 9)   **ThürAIKG**
  Durchführungsverordnung
    SL: VO zur Durchführung des Saarländischen Architekten- und Ingenieurkammergesetzes v. 18.8.2004
    (ABl S. 1857)   **DVSAIG**

Ingenieurwesengesetz
  HA: Hamb. Gesetz ü. d. Ingenieurwesen v. 10.12.1996
    (GVBl I S. 321)   **HmbIngG**

Insolvenzanerkennungsverordnung
  MV: ~ v. 24.8.2000 (GVOBl M-V S. 502)   **InsAnerkVO M-V**

Insolvenzordnung
  Einführungsgesetz ~ v. 5.10.1994 (BGBl I S. 2911)   **EGInsO**
  v. 5.10.1994 (BGBl I S. 2866)   **InsO**
  Ausführungsverordnung
    LSA: ~ zur Insolvenzordnung v. 13.12.2007 (GVBl LSA
    S. 436)   **AVO InsO LSA**

Insolvenzrechtl. Vergütungsverordnung
  v. 19.8.1998 (BGBl I S. 2205)   **InsVV**

Integration von Sonderzahlungen
  BW: Gesetz zur Integration der Sonderzahlungen und zur Anpassung der Besoldung und Versorgung 2008 und zur Änderung weiterer Rechtsvorschriften v.
    11.12.2007 (GBl S. 538)   **BV AnpG 2008**

Integrationsförderratsgesetz
  MV: ~ v. 13.6.2000 (GVOBl M-V S. 264)   **IntFRG M-V**

Integrationskursverordnung
  v. 13.12.2004 (BGBl I S. 3370)   **IntV**

Integrationsverordnung
SACH: ~ v. 24.3.1995 (SächsGVBl S. 136) — **IntegrVO**

Integrierte Gesamtschulen
LSA: VO z. Errichtung v. Integrierten Gesamtschulen v.
26.2.1998 (GVBl LSA S. 87) — **IGSErr-VO**

International Maritime Dangerous Goods-Code
v. 17.8.1987 (BAnz Nr.170a) — **IMDG-Code**

Internationale Patentklassifikation
Straßburger Abk. ü. d. Internat. Patentklassifikation v.
24.3.1971 (BGBl 1975 II S. 283) — *IPK*

Internationaler Straßengüterverkehr
Übk. ü. d. Beförderungsvertrag im ~ v. 19.5.1956 (BGBl
1961 II S. 1120) — *CMR*

Internationales Pflanzenzüchtungsübereinkommen
Internat. Übk. z. Schutz v. Pflanzenzüchtungen v. 2.12.1961
(BGBl 1968 II S. 428) — *IntPflanzÜ*

Internationales Privatrecht
Ges. z. Neuregelung d. Internat. Privatrechts v. 25.7.1986
(BGBl I S. 1142) — *IPRG*

InVeKoS-Daten-Gesetz
v. 21.7.2004 (BGBl I S. 1769) — **InVeKoSDG**

Investitionen in d. DDR
DDR-Investitionsgesetz v. 26.6.1990 (BGBl I S. 1143) — **DDR-IG**

Investitions-Vorrangzuständigkeitsübertragungsverordnung
Zweite Investitionsvorrang-Zuständigkeitsübertragungsverordnung v. 19.12.2003 (BGBl I S. 2809) — **2. InVorZuV**
v. 1.11.2000 (BGBl I S. 1487) — **InVorZuV**

Investitionsbank
ND: Gesetz über die Investitions- und Förderbank Niedersachsen v. 13.12.2007 (GVBl S. 712) — **NBankG**
Errichtungsgesetz
HE: Gesetz zur Errichtung der Investitionsbank Hessen
v. 16.6.2005 (GVBl I S. 426) — **IBH-Gesetz**

Investitionsbankgesetz
SH: ~ v. 11.12.1990 (GVOBl S. 609) — **IBG**

Investitionsfondsgesetz
HE: ~ i. d. Bek. v. 18.12.1987 (GVBl 1988 I S. 50) — **InvFondsG**

Investitionsgesetz
i. d. Bek. v. 22.4.1991 (BGBl I S. 994) — **BInvG**

Investitionshilfe-Schlußgesetz
v. 24.2.1955 (BGBl I S. 69) — *IHSG*

Investitionsumlage-Berechnungsverordnung
BB: ~ v. 26.1.2000 (GVBl II S. 50)   **InvUmlBV**

Investitionsvorranggesetz
i. d. Bek. v. 4.8.1997 (BGBl I S. 1996)   **InVorG**

Investitionszulagengesetz
v. 15.7.2006 (BGBl I S. 1614)   **InvZulG 2007**

Investitionszuweisungsverordnung
HE: Investitionszuwendungsverordnung v. 29.11.2004 (GVBl I S. 375)   **InvZuwVO**

Investmentanteile
Ges. ü. d. Vertrieb ausländischer Investmentanteile u. ü. d. Besteuerung d. Erträge aus ausländischen Investmentanteilen v. 28.7.1969 (BGBl I S. 986)   **AuslInvestmG**

Investmentgesetz
v. 15.12.2003 (BGBl I S. 2676)   **InvG**

Investmentmeldeverordnung
v. 21.3.2005 (BGBl I S. 1050)   **InvMV**

IVU-Richtlinie
HE: VO zur Regelung von Anforderungen an wasserrechtliche Erlaubnisse nach der ~ v. 4.9.2003 (GVBl I S. 262)   **IVU-VO Abwasser**
NW: VO zur Umsetzung der Richtlinie 96/61/EG über die integrierte Vermeidung und Verminderung der Umweltverschmutzung – ~ – im Wasserrecht v. 19.2.2004 (GV.NW S. 179)   **IVU-VO Wasser**

J

Jäger- u. Falknerprüfungs(ver)ordnung
BR: Bremische VO ü. d. Jäger- und Falknerprüfung v. 13.10.1998 (GBl S. 271)   **JuFPrüfV**
BY: Jäger- und Falknerprüfungsordnung v. 28.11.2000 (GVBl S. 802)   **JFPO**

Jägerprüfungs(ver)ordnung
BB: Jägerprüfungsordnung v. 14.9.2005 (GVBl II S. 486)   **JPO**
BW: Jägerprüfungsordnung v. 20.7.2006 (GBl S. 270)   **JPO**
MV: Jägerprüfungsordnung v. 1.7.1997 (GVOBl M-V S. 336)   **JPO**
SACH: Jägerprüfungsordnung v. 1.10.1997 (SächsGVBl S. 589)   **JPO**

Jagdgesetz
BB: ~ für das Land Brandenburg v. 9.10.2003 (GVBl I S. 250)   **BbgJagdG**

4. Gesetze, sonstige Rechtsvorschriften, Verwaltungsvorschriften u.ä.   Jub

BE:	Landes~ Berlin i. d. Bek. v. 25.9.2006 (GVBl S. 1006)	LJagdG
BR:	Landes~ v. 26.10.1981 (GBl S. 171)	LJagdG
BW:	Landes~ i. d. Bek. v. 1.6.1996 (GBl S. 369)	LJagdG
BY:	Bay. ~ v. 13.10.1978 (GVBl S. 678)	BayJG
HE:	Hess. ~ i. d. Bek. v. 5.6.2001 (GVBl I S. 271)	HJagdG
MV:	Landes~ v. 22.3.2000 (GVOBl M-V S. 126)	LJagdG
ND:	Niedersächsisches ~ v. 16.3.2001 (GVBl S. 100)	NJagdG
NW:	Landes~ i. d. Bek. v. 7.12.1994 (GV.NW 1995 S. 2)	LJG-NW
RP:	Landes~ v. 5.2.1979 (GVBl S. 23)	LJG
SACH:	~ v. 8.5.1991 (SächsGVBl S. 61)	SächsLJagdG
SH:	Landes~ i. d. Bek. v. 13.10.1999 (GVOBl S. 300)	LJagdG
SL:	Saarl. ~ v. 27.5.1998 (ABl S. 638)	SJG
TH:	Thüringer ~ i. d. Bek. v. 25.8.1999 (GVBl S. 469)	ThJG

Durchführungsverordnung
   BB: VO zur Durchführung des Jagdgesetzes für das
      Land Brandenburg v. 2.4.2004 (GVBl II S. 305)   **BbgJagdDV**
   LSA: VO zur Durchführung des Landesjagdgesetzes für
      Sachsen-Anhalt v. 25.7.2005 (GVBl LSA S. 462)   **LJagdG-DVO**

Jagdhundebrauchbarkeitsverordnung
   BB: ~ v. 14.9.2005 (GVBl II S. 482)   **JagdHBV**
   MV: ~ v. 14.1.1999 (GVOBl M-V S. 221)   **JagdHBVO M-V**

Jagdverordnung
   SACH: Sächs. ~ v. 29.10.2004 (SächsGVBl S. 560)   **SächsJagdVO**

Jagdzeitenverordnung
   MV: ~ v. 29.10.2004 (GVOBl M-V S. 512)   **JagdZVO M-V**

Jahresabschluss
   VO ü. d. Anlage z. ~ v. Kreditinstituten, die eingetragene
   Genossenschaften oder Sparkassen sind v. 13.10.1993
   (BGBl I S. 1705)   **JAGSV**
   BB: ~prüfungsverordnung v. 13.8.1996 (GVBl II S. 680)   **JapV**
   ND: VO ü. d. Prüfung d. Jahresabschlusses d. Eigenbe-
      triebe u. anderer prüfungspflichtiger Einrichtungen v.
      14.7.1987 (GVBl S. 125)   **JAPrüfVO**

Jahressteuergesetz
   Jahressteuer-Ergänzungsgesetz 1996 v. 18.12.1995 (BGBl I
   S. 1959)   **JStErgG 1996**
   2008 v. 20.12.2007 (BGBl I S. 3150)   **JStG 2008**

Jubiläumsgabenverordnung
   BW: ~ v. 15.1.1995 (GBl S. 57)   **JubGVO**

Jubiläumsverordnung
   Telekom v. 21.6.2005 (BGBl I S. 1791)   **TelekomJubV**
   LSA: ~ v. 20.7.1995 (GVBl LSA S. 212)   **JubVO LSA**
   SH: Jubiläumszuwendungsverordnung v. 29.11.1999
      (GVOBl S. 462)   **JubV**

Jubiläumszuwendungsverordnung
   i. d. Bek. v. 13.3.1990 (BGBl I S. 487)   **JubV**

BE: ~ i. d. Bek. v. 30.9.1980 (GVBl S. 2212)   JubV
BY: ~ v. 1.3.2005 (GVBl S. 76)   JzV
NW: ~ i. d. Bek. v. 9.9.1971 (GV.NW S. 258)   JZV
SL: ~ i. d. Bek. v. 1.4.1980 (ABl S. 548)   JzwVO
TH: Thüringer ~ v. 30.3.1995 (GVBl S. 162)   ThürJubVO

Jugend- und Heimerzieherverordnung
BW: ~ v. 13.7.2004 (GBl S. 596)   APrOluHeE

Jugend- und Sozialverbandsgesetz
BW: ~ v. 1.7.2004 (GBl S. 572)   JSVG

Jugendamt
BY: ~sgesetz v. 23.7.1965 (GVBl S. 194)   JAG
BY: VO ü. d. Bay. Landes~ v. 8.12.1998 (GVBl S. 975)   LJAV
SACH: VO d. Sächs. Staatsregierung z. Organisation u. Verfahrensweise d. Landesjugendamtes v. 12.12.2000 (SächsGVBl S. 537)   LJAVO

Jugendarbeitsschutz Polizeivollzugsbeamte
VO ü. Ausnahmen v. Vorschriften d. Jugendarbeitsschutzgesetzes f. jugendliche Polizeivollzugsbeamte im Bundesgrenzschutz v. 11.11.1977 (BGBl I S. 2071)   BGS-JArbSchV
BY: VO z. Arbeitsschutz f. jugendl. Polizeivollzugsbeamte v. 19.9.1986 (GVBl S. 321)   JArbSchPolV

Jugendarbeitsschutzgesetz
v. 12.4.1976 (BGBl I S. 965)   JArbSchG

Jugendarbeitsschutzuntersuchungsverordnung
v. 16.10.1990 (BGBl I S. 2221)   JArbSchUV

Jugendarbeitsschutzvergütungsverordnung
BY: ~ v. 21.2.1984 (GVBl S. 59)   JArbSchVergV

Jugendarbeitsschutzverordnung
BW: ~ v. 3.7.1979 (GBl S. 300)   JArbSchVO
RP: ~ v. 6.11.1978 (GVBl S. 690)   JArbSchVO
SACH: Sächs. ~ v. 31.5.1995 (SächsGVBl S. 171)   SächsJArbSchVO

Jugendarrestgeschäftsordnung
BE: ~ v. 29.9.1989 (Justiz S. 421)   JAGO
BY: ~ v. 18.6.1979 (JMBl S. 101)   JAGO
HA: ~ v. 31.1.1990 (JVBl S. 13)   JAGO
HE: ~ v. 15.10.1981 (JMBl S. 616)   JAGO
ND: ~ v. 12.11.1979 (NdsRpfl S. 218)   JAGO
NW: ~ v. 13.11.1978 (JMBl S. 202)   JAGO
RP: ~ v. 14.10.1980 (JBl S. 250)   JAGO
SH: ~ v. 7.1.1982 (SchlHA S. 17)   JAGO

Jugendarrestvollzugsordnung
i. d. Bek. v. 30.11.1976 (BGBl I S. 3270)   JAVollzO

Jugendbildungsgesetz
BR: ~ v. 1.10.1974 (GBl S. 309)   JuBiG

4. Gesetze, sonstige Rechtsvorschriften, Verwaltungsvorschriften u.ä.　　　　　　　　Jug

BW: ~ i. d. Bek. v. 8.7.1996 (GBl S. 502)	**JBG**
RP: ~ v. 28.4.1975 (GVBl S. 165)	**JuBiG**

Jugendförderungsgesetz
　ND: ~ i. d. Bek. v. 15.7.1981 (GVBl S. 200)　　　　　　　**JFördG**

jugendgefährdende Medien
　VO über die Erhebung von Gebühren durch die Bundes-
　prüfstelle für ~ v. 28.4.2004 (BGBl I S. 691)　　　　　　**GebO-BPjM**

Jugendgefährdende Schriften
　Ges. ü. d. Verbreitung jugendgefährdender Schriften und
　Medieninhalte v. 22.7.1997 (BGBl I S. 1876)　　　　　　**GjSM**

Jugendgerichtsgesetz
　i. d. Bek. v. 11.12.1974 (BGBl I S. 3427)　　　　　　　　**JGG**

Jugendhilfe
　BY: VO ü. d. Schiedsstelle in d. ~ v. 14.12.1999 (GVBl
　　　S. 562)　　　　　　　　　　　　　　　　　　　　**JSchV**

Jugendhilfe-Finanzierungsbeteiligungsverordnung
　SH: ~ v. 21.6.1999 (GVOBl S. 205)　　　　　　　　　　**JHFBVO**

Jugendhilfekostenverordnung
　SH: ~ v. 15.6.2001 (GVOBl S. 103)　　　　　　　　　　**JHKVO**

Jugendschutz
　BE: Jugendmedienschutz-Staatsvertrag v. 11.2.2003 (GVBl
　　　S. 69)　　　　　　　　　　　　　　　　　　　　**JMStV**
　BW: Jugendmedienschutz-Staatsvertrag v. 4.2.2003 (GBl
　　　S. 93)　　　　　　　　　　　　　　　　　　　　**JMStV**
　BY: Jugendmedienschutz-Staatsvertrag v. 20.2.2003 (GVBl
　　　S. 147)　　　　　　　　　　　　　　　　　　　　**JMStV**
　MV: Jugendmedienschutz-Staatsvertrag v. 3.2.2003
　　　(GVOBl M-V S. 110)　　　　　　　　　　　　　　**JMStV**
　NW: Jugendmedienschutz-Staatsvertrag v. 28.2.2003
　　　(GV.NW S. 84)　　　　　　　　　　　　　　　　**JMStV**
　NW: ~satzung v. 12.12.2003 (GV.NW S. 9)　　　　　　　**JSS**
　NW: Satzung über den Ersatz notwendiger Aufwendungen
　　　und Auslagen der Mitglieder der Kommission für Ju-
　　　gendmedienschutz – Aufwendungsersatzsatzung v.
　　　19.9.2003 (GV.NW S. 603)　　　　　　　　　　　　**KJMAES**
　SACH: Jugendmedienschutz-Staatsvertrag v. 21.3.2003
　　　(SächsGVBl S. 38)　　　　　　　　　　　　　　　**JMStV**
　SL: ~richtlinien v. 8./9.3.2005 (ABl S. 1746)　　　　　　　**JuSchRiL**
　TH: Thüringer ~zuständigkeitsverordnung v. 12.6.2004
　　　(GVBl S. 627)　　　　　　　　　　　　　　　　　**ThürJuSchZVO**
　Durchführungsverordnung
　　VO zur Durchführung des Jugendschutzgesetzes v.
　　9.9.2003 (BGBl I S. 1791)　　　　　　　　　　　　　**DVO-JuSchG**
　Zuständigkeitsverordnung
　　BB: Jugendschutz~ v. 6.5.2004 (GVBl II S. 329)　　　　**JuSchZV**

NW: Jugendschutz~ v. 16.12.2003 (GV.NW S. 820)   **JuSchGZVO**
SH: Landesverordnung über die zuständigen Behörden nach dem Jugendschutzgesetz v. 8.9.2003 (GVOBl S. 440)   **JuSchG ZustVO**

Jugendschutzgesetz
i. d. Bek. v. 25.2.1985 (BGBl I S. 425)   **JÖSchG**

Jugendstrafvollzugsgesetz
BB: Brandenburgisches ~ v. 18.12.2007 (GVBl I S. 348)   **BbgJStVollzG**
BE: Berliner ~ v. 15.12.2007 (GVBl S. 653)   **JStVollzG**
BR: Brem. ~ v. 27.3.2007 (GBl S. 233)   **BremJStVollzG**
BW: ~ v. 3.7.2007 (GBl S. 298)   **JStVollzG**
HE: Hess. ~ v. 19.11.2007 (GVBl I S. 758)   **HessJStVollzG**
LSA: ~ Sachsen-Anhalt v. 7.12.2007 (GVBl LSA S. 368)   **JStVollzG**
MV: ~ Mecklenburg-Vorpommern v. 14.12.2007 (GVOBl M-V S. 427)   **JStVollzG**
NW: ~ Nordrhein-Westfalen v. 20.11.2007 (GV.NW S. 539)   **JStVollzG**
RP: Landes~ v. 3.12.2007 (GVBl S. 252)   **LJStVollzG**
SACH: Sächs. ~ v. 12.12.2007 (SächsGVBl S. 558)   **SächsJStVollzG**
SH: ~ v. 19.12.2007 (GVOBl S. 563)   **JStVollzG**
SL: Saarländisches ~ v. 30.10.2007 (ABl S. 2370)   **SJStVollzG**
TH: Thüringer ~ v. 20.12.2007 (GVBl S. 221)   **ThürJStVollzG**

Jugendwohlfahrtsgesetz
i. d. Bek. v. 25.4.1977 (BGBl I S. 633, 795)   **JWG**
Ausführungsgesetze
BE: Ges. z. Ausführung d. Gesetzes f. Jugendwohlfahrt und z. Regelung d. öffentlichen Jugend- und Familienhilfe i. d. Bek. v. 18.9.1972 (GVBl S. 1919)   **AGJWG**
BR: Ges. z. Ausführung d. Gesetzes f. Jugendwohlfahrt i. d. Bek. v. 26.6.1962 (GBl S. 165)   **AGJWG**
BW: Landesjugendwohlfahrtsgesetz v. 9.7.1963 (GBl S. 99)   **LJWG**
HA: Ges. z. Ausführung d. Gesetzes f. Jugendwohlfahrt i. d. Bek. v. 27.2.1973 (GVBl S. 37)   **AGJWG**
ND: Ges. z. Ausführung d. Gesetzes f. Jugendwohlfahrt i. d. Bek. v. 26.1.1990 (GVBl S. 45)   **AGJWG**
NW: Ges. z. Ausführung d. Gesetzes f. Jugendwohlfahrt i. d. Bek. v. 1.7.1965 (GV.NW S. 248)   **AG-JWG**
RP: 1. Landes Ges. z. Ausführung d. Gesetzes f. Jugendwohlfahrt v. 3.12.1982 (GVBl S. 431)   **AGJWG**
SH: Ges. z. Ausführung d. Gesetzes f. Jugendwohlfahrt v. 7.7.1962 (GVOBl S. 276)   **AG/JWG**
SL: Ges. z. Ausführung d. Gesetzes f. Jugendwohlfahrt i. d. Bek. v. 19.5.1972 (ABl S. 330)   **AGJWG**

Juristenausbildung
BB: Brandenburgische ~sordnung v. 6.8.2003 (GVBl II S. 438 ff.)   **BbgJAO**

4. Gesetze, sonstige Rechtsvorschriften, Verwaltungsvorschriften u.ä.   Jur

BB:	Brandenburgisches ~sgesetz v. 4.6.2003 (GVBl I S. 166)	BbgJAG
BB:	Kapazitätsverordnung v. 6.8.2003 (GVBl II S. 449)	JurVDKpV
BE:	Berliner ~sordnung v. 4.8.2003 (GVBl S. 298)	JAO
BE:	~sgesetz i. d. Bek. v. 1.10.1982 (GVBl S. 1893)	JAG
BE:	VO ü. d. Ausbildungskapazität u. d. Vergabeverfahren f. d. jurist. Vorbereitungsdienst v. 11.7.1987 (GVBl S. 1882)	JKapVVO
BE:	VO ü. d. Erhebung v. Gebühren i. d. zweiten juristischen Staatsprüfung v. 19.4.1997 (GVBl S. 285)	PrüfGebO
BE:	Widerspruchsgebührenordnung juristische Prüfungen v. 11.4.2005 (GVBl S. 226)	JurPrüfWiGebO
BR:	Bremisches Gesetz über die ~ und die erste juristische Prüfung v. 20.5.2003 (GBl S. 251)	JAPG
BR:	Prüfungsordnung d. einstufigen ~ v. 24.1.1977 (GBl S. 101)	EJAPO
BR:	VO ü. Gegenstände u. Umfang d. Schwerpunktbereiche d. ersten juristischen Staatsprüfung v. 19.5.1995 (GBl S. 321)	SBV
BW:	Gesetz ü. d. einstufige ~ v. 22.10.1974 (GBl S. 429)	EJAG
BW:	~sgesetz v. 16.7.2003 (GBl S. 354)	JAG
BW:	Prüfungsordnung d. einstufigen ~ v. 10.12.1974 (GBl 1975 S. 69)	EJAPO
BW:	VO ü. d. Ausbildung u. Prüfung d. Juristen v. 9.7.1984 (GBl S. 480)	JAPrO
BY:	Ausbildungs- und Prüfungsordnung für Juristen v. 13.10.2003 (GVBl S. 758)	JAPO
BY:	Gesetz z. Sicherung d. juristischen Vorbereitungsdienstes v. 27.12.1999 (GVBl S. 529)	SiGjurVD
BY:	Staatsprüfungs-Durchführungsverordnung f. Juristen v. 2.12.1998 (GVBl S. 955)	StPrüfDVJu
HA:	Hamb. ~sgesetz v. 11.6.2003 (GVBl S. 156)	HmbJAG
HE:	~sgesetz i. d. Bek. v. 15.3.2004 (GVBl I S. 158)	JAG
HE:	Juristische Ausbildungsordnung v. 25.10.2004 (GVBl I S. 316)	JAO
LSA:	Ausbildungs- u. Prüfungsordnung für Juristinnen und Juristen v. 21.1.1997 (GVBl LSA S. 364)	JAPrO
LSA:	Ausbildungs- und Prüfungsverordnung für Juristen v. 2.10.2003 (GVBl LSA S. 245)	JAPrVO
LSA:	~sgesetz Sachsen-Anhalt v. 16.7.2003 (GVBl LSA S. 167)	JAG
MV:	Juristenausbildungs- und Prüfungsordnung v. 16.6.2004 (GVOBl. M-V S. 281)	JAPO
ND:	Niedersächsische. Ausbildungsordnung f. Juristen v. 24.7.1985 (GVBl S. 215)	NJAO
ND:	Niedersächsisches Gesetz zur Ausbildung der Juristinnen und Juristen i. d. Bek. v. 15.1.2004 (GVBl S. 7)	NJAG
ND:	VO ü. d. Ausbildungskapazität u. d. Auswahl- u. Zulassungsverfahren f. d. Einstellung in d. jur. Vorbereitungsdienst v. 21.3.1988 (GVBl S. 51)	KapVO-Jur

Jus

NW: Juristenausbildungs- und Prüfungsordnung i. d. Bek. v. 16.7.1985 (GV.NW S. 528)	JAO
NW: ~sgesetz Nordrhein-Westfalen v. 11.3.2003 (GV.NW S. 135)	JAG
NW: VO ü. d. einstufige ~ v. 26.9.1974 (GV.NW S. 1026)	EJAO
RP: Gesetz ü. d. einstufige ~ v. 14.2.1975 (GVBl S. 87)	EJAG
RP: Juristische Ausbildungs- und Prüfungsordnung v. 1.7.2003 (GVBl S. 131)	JAPO
RP: Landesgesetz über die juristische Ausbildung v. 23.6.2003 (GVBl S. 116)	JAG
SACH: Ausbildungs- und Prüfungsordnung für Juristen des Freistaates Sachsen i. d. Bek. v. 7.4.2006 (SächsGVBl S. 105)	SächsJAPO
SACH: Sächs. ~sgesetz v. 27.6.1991 (SächsGVBl S. 224)	SächsJAG
SH: Juristenausbildungs- und Prüfungsordnung i. d. Bek. v. 17.4.1997 (GVOBl S. 279)	JAO
SH: ~sgesetz v. 20.2.2004 (GVOBl S. 66)	JAG
SH: Kapazitätsverordnung des juristischen Vorbereitungsdienstes v. 27.9.2004 (GVOBl S. 397)	KapVOjVD
SL: Ausbildungsordnung für Juristen i. d. Bek. v. 8.1.2004 (Abl S. 90)	JAO
SL: ~sgesetz i. d. Bek. v. 8.1.2004 (Abl S. 78)	JAG
TH: Thüringer Juristenausbildungs- und -prüfungsordnung v. 24.2.2004 (GVBl S. 217)	ThürJAPO

Gebühren(ver)ordnung
NW: Juristenausbildungsgebührenordnung v. 12.11.2006 (GV.NW S. 536) — JAGebO

Justiz Zahlungsverkehr
BW: VO des Justizministeriums zur Einschränkung des baren Zahlungsverkehrs in der Justiz v. 9.7.2007 (GBl S. 354) — JZahlVO

Justiz-Zuständigkeitsverordnung
SACH: ~ v. 19.6.1991 (SächsGVBl S. 200) — SächsJZustV

Justizausführungsgesetz
SACH: ~ v. 12.12.1997 (SächsGVBl S. 638) — JustAG

Justizbeitreibungsordnung
v. 11.3.1937 (RGBl I S. 298) — *JBeitrO*

Justizdienst
BY: Dienstordnung f. d. Vollziehungsbeamten d. Justiz v. 24.3.1982 (JMBl S. 58) — JVDO
BY: Ges. ü. d. sicherheits- u. ordnungsrechtl. Befugnisse d. Justizbediensteten v. 15.4.1977 (GVBl S. 116) — JSOG
NW: VO ü. d. Dienst- u. Geschäftsverhältnisse d. Gerichtsvollzieher u. d. Vollziehungsbeamten d. Justiz v. 22.10.1984 (GV.NW S. 658) — JVDO

Justizdienstkleidungsverordnung
SACH: ~ v. 15.10.1997 (SächsGVBl S. 586) — JusDKlVO

4. Gesetze, sonstige Rechtsvorschriften, Verwaltungsvorschriften u.ä.   Jus

Justizdienstleistungsgesetz
   BR: Brem. ~ v. 29.10.1996 (GBl S. 327)   **BremJuditG**

Justizermächtigungsübertragungsverordnung
   SH: ~ v. 4.12.1996 (GVOBl S. 720)   **JErmÜVO**

Justizgebührenbefreiungsgesetz
   RP: ~ v. 5.10.1990 (GVBl S. 281)   **JGebBefrG**

Justizgesetz
   SACH: Sächs. ~ v. 24.11.2000 (SächsGVBl S. 482)   **Sächs JG**

Justizkassenordnung
   v. 30.1.1937 (SonderveröffDJ Nr. 13)   **JKassO**

Justizkommunikationsgesetz
   v. 22.3.2005 (BGBl I S. 837)   **JKomG**

Justizkostengesetz
   BB: Brandenburgisches ~ v. 3.6.1994 (GVBl I S. 172)   **JKGBbg**
   BW: Landes~ i. d. Bek. v. 25.3.1975 (GBl S. 261)   **LJKG**
   BY: Landes~ i. d. Bek. v. 19.5.2005 (GVBl S. 159)   **LJKostG**

Justizkostenmarkenordnung
   BW: ~ v. 10.3.1989 (Justiz S. 115)   **JKMO**
   BY: ~ v. 22.1.1990 (JMBl S. 13)   **JKMO**
   HE: ~ v. 2.1.1978 (JMBl S. 154)   **JKMO**

Justizmitteilungsgesetz
   u. Gesetz z. Änderung kostenrechtlicher Vorschriften u. anderer Gesetze v. 18.6.1997 (BGBl I S. 1430)   **JuMiG**

Justizmodernisierung
   1. ~sgesetz v. 24.8.2004 (BGBl I S. 2198)   **1. JuMoG**

Justizrechnungsprüfungsbestimmungen
   ~. AV v. 24.11.1937 (DJ S. 1836)   **JRPBest**

Justizsozialarbeitergesetz
   BW: ~ v. 13.12.1979 (GBl S. 550)   **JSG**

Justizverwaltung
   Bestimmungen ü. d. Kassen- u. Rechnungswesen d. ~. Amtl. zusammengest. nach d. Stande v. 1.12.1939   **KRZ**
   Geschäftsgangsbestimmungen f. d. ~. Amtl. Zusammenstellung nach d. Stande v. 16.2.1939   *GGZ*
   VO ü. Kosten im Bereich d. ~ v. 14.2.1940 (RGBl I S. 357)   **JVKostO**
   Haushaltsrechtliche Bestimmungen
   ~ f. d. Justizverwaltung gem. AV v. 1.4.1940 (DJ S. 392)   **HRZ**
   Nachtrag zu d. Haushaltsrechtlichen Bestimmungen f. d. Justizverwaltung gem. AV v. 28.10.1941 (DJ S. 1038)   **HRZ Nachtr**

Justizverwaltungskostengesetz
   BY: ~ v. 25.3.1958 (GVBl S. 40)   **JVKostG**

NW: ~ i. d. Bek. v. 20.6.1995 (GV.NW S. 612)   **JVKostG**

Justizvollzugs-Stellenobergrenzenverordnung
BY: ~ v. 22.12.1998 (GVBl S. 1022)   **JVollzStOV**
NW: ~ v. 21.3.2000 (GV.NW S. 310)   **JVollzStOV**

Justizvollzugsanstalten
BY: Arbeitsverwaltungsordnung f. d. großen ~ v. 28.2.1977 (JMBl S. 39)   **AVO**
BY: Arbeitsverwaltungsordnung f. d. kleineren ~ v. 28.2.1977 (JMBl S. 106)   **KlAVO**
BY: Verpflegungsordnung f. d. ~ v. 18.11.1977 (JMBl S. 281)   **VerpflO**

Justizvollzugsdatenschutzgesetz
BW: ~ v. 3.7.2007 (GBl S. 320)   **JVollzDSG**

Justizvollzugzuständigkeitsverordnung
BB: VO über beamtenrechtliche Zuständigkeiten im Justizvollzug des Landes Brandenburg v. 26.4.2006 (GVBl II S. 102)   **JVollzZV**

Justizwachtmeisterausbildungsverordnung
MV: ~ v. 14.11.1997 (GVOBl M-V S. 759)   **JWAVO M-V**

Justizwachtmeisterdienst
BW: Dienstordnung f. d. Beamten d. Justizwachtmeisterdienstes v. 19.12.1972 (Justiz 1973 S. 7)   **JWDO**
SH: Dienstordnung f. d. Beamten d. Justizwachtmeisterdienstes v. 3.11.1983 (SchlHAnz S. 191)   **JWDO**

Justizzahlstellen
HE: Dienstanweisung für ~ v. 15.11.1977 (JMBl 1978 S. 60)   **JZDA**

Justizzuständigkeitsverordnung
SACH: ~ v. 6.5.1999 (SächsGVBl S. 281)   **JuZustVO**

K

Kabelpfandgesetz
v. 31.3.1925 (RGBl I S. 37)   *KabPfG*

Kabelpilotprojekt
BE: Ges. ü. d. Durchf. d. Kabelpilotprojekts Berlin v. 17.7.1984 (GVBl S. 964)   **KPPG**
BE: ~verordnung v. 21.12.1984 (GVBl 1985 S. 2)   **KPPVO**

Kabelversuchsgesetz
NW: ~ v. 20.12.1983 (GV.NW S. 640)   **KabVersG NW**

Käseverordnung
i. d. Bek. v. 14.4.1986 (BGBl I S. 412)   *KäseV*

4. Gesetze, sonstige Rechtsvorschriften, Verwaltungsvorschriften u.ä.　　　　　　Kap

Kaliumiodidverordnung
　v. 5.5.2003 (BGBl I S. 850)　　　　　　　　　　KIV

Kalkulationsverordnung
　v. 18.11.1996 (BGBl I S. 1783)　　　　　　　　KalV

Kammergebührenordnung
　BE:　~ v. 17.4.1985 (GVBl S. 1008)　　　　　　KGebO

Kammergesetz [f. Heilberufe]
　BE:　~ i. d. Bek. v. 4.9.1978 (GVBl S. 1937)　　KammerG
　BW:　~ i. d. Bek. v. 16.3.1995 (GBl S. 313)　　KammerG
　BY:　~ i. d. Bek. v. 9.3.1978 (GVBl S. 67)　　　KammerG
　ND:　Kammergesetz f. d. Heilberufe i. d. Bek. v. 8.12.2000
　　　　(GVBl S. 301)　　　　　　　　　　　　　　HKG

Kampfhundegesetz
　RP:　Landesgesetz über gefährliche Hunde v. 22.12.2004
　　　　(GVBl S. 576)　　　　　　　　　　　　　　LHundG
　SACH: Gesetz z. Schutze d. Bevölkerung v. gefährlichen
　　　　Hunden v. 24.8.2000 (SächsGVBl S. 358)　　GefHundG

Kampfhundverordnung
　NW:　Ordnungsbehördliche VO ü. d. Zucht, die Ausbil-
　　　　dung, das Abrichten u. das Halten gefährlicher Hunde
　　　　v. 21.9.1994 (GV.NW S. 1086)　　　　　　　GefHuVO NW

Kampfmittelbeseitigungskostenverordnung
　MV:　~ v. 21.2.2005 (GVOBl M-V S. 70)　　　　　KaBeKostVO M-V

Kapazitätsverordnung
　BB:　~ v. 30.6.1994 (GVBl II S. 588)　　　　　　KapVO
　BE:　~ v. 10.5.1994 (GVBl S. 186)　　　　　　　KapVO
　BR:　~ v. 13.5.2005 (GBl S. 173)　　　　　　　　KapVO
　BW:　~ v. 18.4.1990 (GBl S. 134)　　　　　　　　KapVO
　BY:　~ v. 28.11.1979 (GVBl S. 420)　　　　　　　KapVO
　HA:　~ v. 14.2.1994 (GVBl I S. 35)　　　　　　　KapVO
　HE:　~ v. 10.1.1994 (GVBl I S. 1)　　　　　　　　KapVO
　LSA:　~ v. 24.1.1994 (GVBl LSA S. 68)　　　　　KapVO
　ND:　~ v. 23.6.2003 (GVBl S. 222)　　　　　　　KapVO
　NW:　~ v. 25.8.1994 (GV.NW S. 732)　　　　　　KapVO
　RP:　~ v. 5.9.1979 (GVBl S. 284)　　　　　　　　KapVO
　SACH: ~ f. d. jurist. Vorbereitungsdienst v. 7.3.1996
　　　　(SächsGVBl S. 97)　　　　　　　　　　　　JVDKapVO
　SH:　~ v. 30.4.1990 (GVOBl S. 333)　　　　　　　KapVO
　SL:　~ v. 3.3.1994 (ABl S. 615)　　　　　　　　　KapVO
　TH:　Thüringer ~ d. jurist. Vorbereitungsdienstes v.
　　　　15.10.1999 (GVBl S. 580)　　　　　　　　　ThürKapVOjVD
　Lehrkräfte
　　SH:　~ v. 16.6.2004 (GVOBl S. 205)　　　　　　KapVO-LK

Kapitalanlagegesellschaften
　Gesetz ü. ~ i. d. Bek. v. 9.9.1998 (BGBl I S. 2726)　　KAGG

Kapitalanleger-Musterverfahrensgesetz
v. 16.8.2005 (BGBl I S. 2437) **KapMuG**

Kapitalaufnahmeerleichterungsgesetz
v. 20.4.1998 (BGBl I S. 707) **KapAEG**

Kapitalgesellschaften- und Co-Richtlinie-Gesetz
v. 24.2.2000 (BGBl I S. 154) **KapCoRiLiG**

Kapitalverkehrsteuer
Ges. z. Änderung d. ~gesetzes v. 11.5.1976 (BGBl I S. 1184) **KVStÄndG 1975**
~-Durchführungsverordnung i. d. Bek. v. 20.4.1960 (BGBl I
S. 243) **KVStDV 1960**
~gesetz i. d. Bek. v. 17.11.1972 (BGBl I S. 2129) **KVStG 1972**

Karosserie- und Fahrzeugbauermeisterverordnung
v. 8.5.2003 (BGBl I S. 668) **KaFbMstrV**

Kartellbehörden
VO ü. d. Kosten d. ~ v. 16.11.1970 (BGBl I S. 1535) **KartKostV**

Kartellgesetz
Gesetz gegen Wettbewerbsbeschränkungen i. d. Bek. v.
15.7.2005 (BGBl I S. 2114) **GWB**

Kartellregisterverordnung
v. 18.1.1982 (BGBl I S. 111) *KartRegV*

Kassenärzte
Zulassungsverordnung f. ~ v. 20.12.1988 (BGBl I S. 2477) **Ärzte-ZV**

Kassenärztliche Leistungen
Bewertungsmaßstab f. kassenärztl. Leistungen v. 21.3.1978 **BMÄ 1978**
Bewertungsmaßstab f. kassenzahnärztl. Leistungen v.
19.6.1978 **BMZ 1978**

Kassenanordnungen in Rechtssachen
HE: Justizvollzugsbestimmungen f. ~ i. d. Bek. v. 18.8.1978
(JMBl S. 616) **JVBKR**

Kassenarztrecht
Ges. ü. ~ v. 17.8.1955 (BGBl I S. 513) **GKAR**

Kassengeschäfte
BY: Ges. z. Übertragung staatlicher ~ auf d. Landkreise
vom v. 22.1.1960 (GVBl S. 2) **ÜG**

Kassenzahnärztezulassungsverordnung
v. 20.12.1988 (BGBl I S. 2477) **Zahnärzte-ZV**

Kastrationsverordnung
MV: ~ v. 21.10.2003 (GVOBl M-V S. 534) **KastrVO M-V**

Katasterbehörden
HE: Gebührenordnung f. Leistungen d. ~ v. 4.5.1968
(GVBl I S. 123) **KatGebO**

Zuständigkeitsverordnung
MV: 4. Katasterbehörden~ v. 19.7.2004 (GVOBl M-V
S. 388) **4. KatBZustVO M-V**

Katasterdatenübermittlungsverordnung
NW: ~ v. 17.10.1994 (GV.NW S. 51) **LikaDÜV NW**
SL: Katasterinhalts- und -datenübermittlungsverordnung
v. 14.5.1999 (ABl S. 810) **KaInDÜV**

Katasterfortführungsgebührengesetz
BR: ~ v. 12.12.1995 (GBl S. 525) **KatFortGebG**

Katastergesetz
HE: ~ v. 3.7.1956 (GVBl S. 121) **KatG**
RP: ~ v. 7.12.1959 (GVBl S. 243) **KatG**
SL: ~ i. d. Bek. v. 12.12.1983 (ABl S. 825) **KatG**
TH: Thüringer ~ v. 7.8.1991 (GVBl S. 285) *ThürKatG*

Katastrophenschutz
Ges. ü. d. Erweiterung d. Katastrophenschutzes i. d. Bek. v.
14.2.1990 (BGBl I S. 229) *KatSErwG*
SACH: Sächs. ~verordnung v. 19.12.2005 (SächsGVBl
S. 324) **SächsKatSVO**

Katastrophenschutz-Ehrenzeichengesetz
NW: ~ v. 15.2.2005 (GV.NW S. 44) **KatsEG-NEW**

Katastrophenschutzergänzungsgesetz
v. 23.1.1990 (BGBl I S. 120) **KatSErgG**

Katastrophenschutzfondsverordnung
BY: ~ v. 2.3.1997 (GVBl S. 51) **KfV**

Katastrophenschutzgesetz
BB: Brandenburgisches ~ v. 11.10.1996 (GVBl I S. 278) **BbgKatSG**
BE: ~ v. 11.2.1999 (GVBl S. 78) **KatSG**
BE: VO ü. d. externen Notfallpläne n. d. ~ v. 26.7.2000
(GVBl S. 393) **ExtNotfallplanVO**
KatSG
BR: Brem. ~ i. d. Bek. v. 2.7.1999 (GBl S. 167) **BremKatSG**
BW: Landes~ i. d. Bek. v. 22.11.1997 (GBl S. 625) **LKatSG**
BY: Bay. ~ v. 24.7.1996 (GVBl S. 282) **BayKSG**
HA: Hamb. ~ v. 16.1.1978 (GVBl I S. 31) **HmbKatSG**
HE: Hess. ~ v. 12.7.1978 (GVBl I S. 487) **HKatSG**
LSA: ~ v. 13.7.1994 (GVBl LSA S. 816) **KatSG**
MV: Landes~ v. 24.10.2001 (GVOBl M-V S. 393) **LKatSG**
ND: Niedersächsisches ~ v. 8.3.1978 (GVBl S. 243) **NKatSG**
NW: ~ v. 20.12.1977 (GV.NW S. 492) **KatSG**
SACH: Sächs. ~ i. d. Bek. v. 24.3.1999 (SächsGVBl S. 145) **SächsKatSG**
SH: Landes~ i. d. Bek. v. 10.12.2000 (GVOBl S. 664) **LKatSG**
SL: Landes~ v. 31.1.1979 (ABl S. 141) **LKatSG**

Kauf von beweglichen Sachen
Einheitliches Ges. ü. d. Abschluß v. internationalen Kauf-

verträgen über bewegliche Sachen v. 17.7.1973 (BGBl I
S. 868)   **FKAG**
Einheitliches Ges. ü. d. internationalen Kauf beweglicher
Sachen v. 17.7.1973 (BGBl I S. 856)   **EKG**

KDV-Erstattungsverordnung
Kriegsdienstverweigerer-Erstattungsverordnung v.
3.11.2003 (BGBl I S. 2162)   **KDVErstattV**

Kehr- und Überprüfungsverordnung
ND: ~ v. 14.12.2006 (GVBl S. 631)   **KÜVO**
SACH: Sächs. ~ v. 18.12.2007 (SächsGVBl S. 581)   **SächsKÜVO**

Kehr-, Überprüfungs- und Gebührenordnung
BB: ~ v. 15.8.2003 (GVBl II S. 486)   **KÜGO**

Keramikermeisterverordnung
v. 13.1.2006 (BGBl I S. 148)   **KeramMstrV**

Kinder- u. Jugendeinrichtungsverordnung
SH: ~ v. 6.10.1994 (GVOBl S. 499)   **KJVO**

Kinder- u. Jugendförderungsgesetz
SL: ~ v. 1.6.1994 (ABl S. 1258)   **2. AG KJHG**
Ausführungsgesetz
  NW: Drittes Gesetz zur Ausführung des Kinder- und Jugendhilfegesetzes; Gesetz zur Förderung der Jugendarbeit, der Jugendsozialarbeit und des erzieherischen Kinder- und Jugendschutzes – Kinder- und Jugendförderungsgesetz v. 12.10.2004 (GV.NW S. 572)   **3. AG-KJHG – KJFöG**

Kinder- u. Jugendgesundheitsdienst-Verordnung
BB: ~ v. 25.2.1997 (GVBl II S. 96)   **KJGDV**

Kinder- u. Jugendhilfe-Ausführungsgesetz
BE: Gesetz z. Ausführung d. Kinder- und Jugendhilfegesetzes v. 9.5.1995 (GVBl S. 300)   **Ag KJHG**
TH: Thüringer ~ v. 7.9.1998 (GVBl S. 269)   **ThürKJHAG**

Kinder- u. Jugendhilfe-Schiedsstellenverordnung
SH: ~ v. 13.12.2000 (GVOBl S. 678)   **KJHSVO**

Kinder- u. Jugendhilfegesetz
v. 26.6.1990 (BGBl I S. 1163)   **KJHG**
BW: ~ i. d. Bek. v. 19.4.1996 (GBl S. 457)   **LKJHG**
LSA: ~ d. Landes Sachsen-Anhalt v. 5.5.2000 (GVBl LSA S. 236)   **KJHG-LSA**

Kinder- und Jugendhilfe-Pflegegeld-Verordnung
LSA: ~ v. 8.8.2007 (GVBl LSA S. 309)   **KJH-PflG-VO**

Kinder- und Jugendhilfeweiterentwicklungsgesetz
v. 8.9.2005 (BGBl I S. 2729)   **KICK**

Kinder-, Jugend- und Familienförderungsgesetz
BR: Brem. ~ v. 22.12.1998 (GBl S. 351) **BremKJFFöG**

Kinder-Berücksichtigungsgesetz
v. 15.12.2004 (BGBl I S. 3448) **KiBG**

Kinderarbeitsschutzverordnung
v. 23.6.1998 (BGBl I S. 1508) **KindArbSchV**

Kinderbetreuungs-Leistungsverordnung
HA: ~ v. 30.11.2004 (GVBl S. 449) **KibeLeistVO**

Kinderbetreuungsgesetz
HA: Einführungsgesetz zum Hamburger ~ v. 3.11.2004
(GVBl S. 395) **EGKibeG**
HA: Hamburger ~ v. 27.4.2004 (GVBl S. 211) **KibeG**

Kinderbetreuungsgesetz-Kommissionsverordnung
HA: ~ v. 30.11.2004 (GVBl S. 455) **KibeGKommVO**

Kinderbetreuungsgesetz-Kostenverordnung
HA: ~ v. 30.11.2004 (GVBl S. 452) **KibeGKostVO**

Kinderbetreuungsgesetz-Schiedsstellenverordnung
HA: ~ v. 30.11.2004 (GVBl S. 453) **KibeG-SchVO**

Kinderbetreuungsverordnung
LSA: ~ v. 19.2.1997 (GVBl LSA S. 406) **KiBeVO**

Kinderbildungs- und -betreuungsgesetz
BY: Bay. ~ v. 8.7.2005 (GVBl S. 236) **BayKiBiG**

Kinderbildungs- und -betreuungsgesetzausführungsverordnung
BY: VO zur Ausführung des Bayerischen Kinderbildungs-
und -betreuungsgesetzes v. 5.12.2005 (GVBl S. 633) **AVBayKiBiG**

Kinderbildungs- und Förderungsgesetz
NW: Gesetz zur frühen Bildung und Förderung von Kindern v. 30.10.2007 (GV.NW S. 462) **KiBiz**

Kindererziehungsleistungs-Erstattungsverordnung
v. 18.12.1987 (BGBl I S. 2814) **KLErstV**

Kindererziehungsleistungsgesetz
v. 12.7.1985 (BGBl I S. 1585) **KLG**

Kindererziehungszuschlagsgesetz
v. 29.6.1998 (BGBl I S. 1684) **KEZG**

Kinderförderungsgesetz
LSA: ~ v. 5.3.2003 (GVBl LSA S. 48) **KiFöG**

Kinderförderungsverordnung
HA: ~ v. 27.1.2004 (GVBl S. 39) **KFVO**

Kindergarten- u. Hortgesetz
BR: ~ v. 16.7.1979 (GBl S. 287) **BremKgHG**

Kindergartenförderungsgesetz
HA: Hamb. ~ v. 27.6.1984 (GVBl I S. 133)   **KGFG**

Kindergartengesetz
BR: Kindergarten- u. Hortgesetz v. 16.7.1979 (GBl S. 287)   **BremKgHG**
BW: ~ i. d. Bek. v. 15.3.1999 (GBl S. 150)   **KGaG**
BY: Bay. ~ v. 25.7.1972 (GVBl S. 297)   *BayKiG*
HA: Kindergartenplatzgesetz v. 2.1.1996 (GVBl I S. 2)   **KgPG**
NW: ~ v. 21.12.1971 (GV.NW S. 534)   **KgG**

Kindergeldauszahlungs-Verordnung
v. 10.11.1995 (BGBl I S. 1510)   **KAV**

Kinderspielplatzgesetz
BW: ~ v. 6.5.1975 (GBl S. 260)   **KSpG**

Kindertagesbetreuungsförderungsgesetz
HA: ~ v. 21.12.1999 (GVBl I S. 333)   **KiBFördG**

Kindertagesbetreuungsgesetz
BE: Gesetz ü. Kindertageseinrichtungen ~ i. d. Bek. v.
25.11.1998 (GVBl S. 382)   **KiTaG**

Kindertageseinrichtungen
BE: Gesetz ü. ~ Kindertagesbetreuungsgesetz i. d. Bek. v.
25.11.1998 (GVBl S. 382)   **KiTaG**
BW: VO des Kultusministeriums und des Ministeriums für
Arbeit und Soziales über die Förderung von ~ mit
gemeindeübergreifendem Einzugsgebiet v. 19.6.2006
(GBl S. 224)   **KiTaGVO**
HA: Hamb. Gesetz zur Förderung von Kindern in Tages-
einrichtungen v. 14.4.2003 (GVBl S. 51)   **HmbKitaG**
LSA: Gesetz ü. ~ Kindertageseinrichtungen, Förderungsge-
setz v. 26.6.1991 (GVBl LSA S. 126)   **KiTaG**
ND: Gesetz ü. ~ i. d. Bek. v. 4.8.1999 (GVBl S. 308)   **KiTaG**
SACH: Gesetz über ~ i. d. Bek. v. 29.12.2005 (SächsGVBl
S. 2)   **SächsKitaG**
SACH: VO ü. ~ i. deutsch-sorbischen Gebiet v. 27.2.1995
(SächsGVBl S. 135)   **SorbKitaVO**
SACH: Zuständigkeitsverordnung für Zuweisungen für ~ v.
11.9.2007 (SächsGVBl S. 416)   **SächsZuwKitaZuVO**
SH: Gesetz ü. ~ v. 12.12.1991 (GVOBl S. 651)   **KiTaG**
SH: Gesetz zur Weiterentwicklung der ~ v. 14.12.2005
(GVOBl S. 539)   **WeitEntwKiTaG**
SH: VO f. ~ v. 13.11.1992 (GVOBl S. 500)   **KiTaVO**
im sorbischen Siedlungsgebiet
    SACH: VO über Kindertageseinrichtungen ~ v. 19.9.2006
    (SächsGVBl S. 464)   **SächsSorbKitaVO**

Kindertageseinrichtungs-Finanzierungsverordnung
TH: Thüringer ~ v. 7.9.1994 (GVBl S. 1066)   **ThürKitaFVO**

Kindertageseinrichtungspersonal-Verordnung
BE: ~ v. 27.11.1998 (GVBl S. 389)   **KitaPersVO**

4. Gesetze, sonstige Rechtsvorschriften, Verwaltungsvorschriften u.ä.　　　　　　　　　　Kir

Kindertagesförderungsgesetz
　MV: ~ v. 1.4.2004 (GVOBl M-V S. 146)　　　　　　　　　　**KiföG M-V**

Kindertagespflegeverordnung
　HA: ~ v. 13.6.2006 (GVBl S. 319)　　　　　　　　　　**KTagPflVO**

Kindertagesstätten
　BB: Zweites Gesetz zur Ausführung des Achten Buches des Sozialgesetzbuches – Kinder- und Jugendhilfe –~gesetz i. d. Bek. v. 27.6.2004 (GVBl I S. 384)　　**KitaG**
　BB: ~-Betriebskosten- und Nachweisverordnung v. 1.6.2004 (GVBl II S. 450)　　　　**KitaBKNV**
　BR: Ortsgesetz über den Eigenbetrieb „KiTa-Bremen" der Stadtgemeinde Bremen v. 6.7.2004 (GBl S. 401)　　**BremKiTaOG**

Kinderzuschuss-Erstattungsverordnung
　v. 11.5.1979 (BGBl I S. 541)　　　　　　　　　　**KZErstV**

Kindesunterhaltsgesetz
　v. 6.4.1998 (BGBl I S. 666)　　　　　　　　　　**KindUG**

Kindeswohl und Kindergesundheit
　RP: Landesgesetz zum Schutz von ~ v. 7.3.2008 (GVBl S. 52)　　　　　　　　　　**LKindSchuG**

Kindeswohlgesetz
　BR: ~ v. 30.4.2007 (GBl S. 317)　　　　　　　　　　**KiWG**

Kindschaftsrechtsreformgesetz
　v. 16.12.1997 (BGBl I S. 2942)　　　　　　　　　　**KindRG**

Kirchenaustrittgesetz
　NW: Kirchenaustrittsgesetz v. 26.5.1981 (GV.NW S. 260)　**KiAustrG**

Kirchenaustrittsverordnung
　BB: ~ v. 28.10.2004 (GVBl II S. 886)　　　　　　　　　　**KiAusV**

Kirchensteuergesetz
　BB: Brandenburgisches ~ v. 25.6.1999 (GVBl I S. 251)　**BbgKiStG**
　BE: ~ i. d. Bek. v. 28.12.1989 (GVBl 1990 S. 458)　　**KiStG**
　BR: ~ i. d. Bek. v. 23.8.2001 (GBl S. 263)　　　　　**KiStG**
　BW: ~ i. d. Bek. v. 15.6.1978 (GBl S. 370)　　　　　**KiStG**
　BY: ~ i. d. Bek. v. 21.11.1994 (GVBl S. 1026)　　　　**KirchStG**
　LSA: ~ v. 7.12.2001 (GVBl LSA S. 557)　　　　　　　**KiStG**
　MV: ~ Mecklenburg-Vorpommern v. 17.12.2001 (GVOBl. M-V S. 605)　　　　　　　　　　**KiStG**
　ND: Kirchensteuerrahmengesetz i. d. Bek. v. 10.7.1986 (GVBl S. 281)　　　　　　　　　**KiStRG**
　NW: ~ i. d. Bek. v. 22.4.1975 (GV.NW S. 438)　　　　**KiStG**
　RP: ~ v. 24.2.1971 (GVBl S. 59)　　　　　　　　　　**KiStG**
　SH: ~ v. 18.8.1975 (GVOBl S. 219)　　　　　　　　　**KiStG**
　SL: ~ v. 25.11.1970 (ABl S. 950)　　　　　　　　　　**KiStG**
　TH: Thüringer ~ v. 3.2.2000 (GVBl S. 12)　　　　　　**ThürKiStG**

Durchführungsverordnung
SH: Landesverordnung zur Durchführung des Kirchensteuergesetzes v. 31.3.2005 (GVOBl S. 228) **KiStDVO**

Kirchensteuerordnung
SL: ~ v. 28.11.2000 (ABl 2001 S. 219) **KiStO**

Kita- u. Tagespflege
BE: ~kostenbeteiligungsgesetz i. d. Bek. v. 28.8.2001
(GVBl S. 494) **KTKBG**
BE: ~verfahrensverordnung v. 8.6.2001 (GVBl S. 196) **KitaVerfVO**

Klärschlamm
~-Entschädigungsfondsverordnung v. 20.5.1998 (BGBl I
S. 1048) **KlärEV**
~verordnung v. 15.4.1992 (BGBl I S. 912) **AbfKlärV**

Kleinbahnen und Privatanschlussbahnen
PR: Ges. ü. Kleinbahnen und Privatanschlußbahnen v.
28.7.1892 (GS S. 225) *KlBahnG*

Kleinbetragsverordnung
v. 10.12.1980 (BGBl I S. 2255) **KBV**

Kleinsendungs-Einfuhrfreimengenverordnung
v. 11.1.1979 (BGBl I S. 73) / v. 9.12.1981 (BGBl I S. 1377) **KF-VO**

Klempnermeisterverordnung
v. 23.5.2006 (BGBl I S. 1267) **KlempnerMstrV**

Klima-Bergverordnung
v. 9.6.1983 (BGBl I S. 685) **KlimaBergV**

Klimaschutzgesetz
HA: Hamb. ~ v. 25.6.1997 (GVBl I S. 261) **HmbKliSchG**

Klimaschutzverordnung
HA: Hamb. ~ v. 11.12.2007 (GVBl S. 1) **HmbKliSchVO**

Klinikumsverordnung
BW: ~ v. 26.9.1986 (GBl S. 373) **KlVO**
BY: ~ rechts der Isar v. 20.6.2003 (GVBl S. 395) **MRIKlinV**

Knappschaftsrentenversicherungs-Neuregelungsgesetz
v. 21.5.1957 (BGBl I S. 533) **KnVNG**

Körperschaftsteuer
Einführungsges. z. ~reformgesetz v. 6.9.1976 (BGBl I
S. 2641) **EGKStRG**
~-Änderungsrichtlinien 1990 v. 17.12.1990 (BStBl I Sondernr. 5/1990 S. 3) **KStÄR 1990**
~-Durchführungsverordnung 1994 i. d. Bek. v. 22.2.1996
(BGBl I S. 365) **KStDV 1994**
~-Richtlinien 1990 v. 14.3.1991 (BStBl I Sondernr. 1/1991
S. 2) **KStR 1990**

~gesetz 1999 i. d. Bek. v. 22.4.1999 (BGBl I S. 817)　　KStG 1999
~reformgesetz v. 31.8.1976 (BGBl I S. 2597)　　KStRG

Körperschaftswaldverordnung
  BW: 1. ~ v. 1.12.1977 (GBl 1978 S. 45)　　KWaldV
  BY: ~ v. 17.3.1976 (GVBl S. 79)　　KWaldV

Kohle und Stahl
  Europäische Gemeinschaft für Kohle u. Stahl-Vertrag v.
  18.4.1951 ü. d. Gründung (BGBl 1952 II S. 447)　　EGKSV
  Ges. z. Schaffung e. Vorrechts f. Umlagen auf d. Erzeugung
  v. ~ v. 1.3.1989 (BGBl I S. 326)　　EGKS-UmVG

Kollagen-Verordnung
  v. 17.8.2004 (BGBl I S. 2223)　　KolV

Kollegordnung
  TH: Thüringer ~ v. 16.7.1997 (GVBl S. 327)　　ThürKollegO

Kommunalabgabengesetz
  BB: ~ für das Land Brandenburg i. d. Bek. v. 31.3.2004
    (GVBl I S. 174)　　KAG
  BW: ~ i. d. Bek. v. 28.5.1996 (GBl S. 481)　　KAG
  BY: ~ i. d. Bek. v. 4.2.1977 (GVBl S. 82)　　KAG
  HE: ~ v. 17.3.1970 (GVBl I S. 225)　　KAG
  LSA: ~ i. d. Bek. v. 13.12.1996 (GVBl LSA S. 405)　　KAG
  MV: ~ i. d. Bek. v. 12.4.2005 (GVOBl. M-V S. 146)　　KAG
  ND: Niedersächsisches ~ i. d. Bek. v. 23.1.2007 (GVBl
    S. 41)　　NKAG
  NW: ~ v. 21.10.1969 (GV.NW S. 712)　　KAG
  RP: ~ v. 20.6.1995 (GVBl S. 175)　　KAG
  SACH: Sächs. ~ i. d. Bek. v. 26.8.2004 (SächsGVBl S. 418)　　SächsKAG
  SH: ~ i. d. Bek. v. 10.1.2005 (GVOBl S. 27)　　KAG
  SL: ~ i. d. Bek. v. 29.5.1998 (ABl S. 691)　　KAG
  TH: ~ i. d. Bek. v. 19.9.2000 (GVBl S. 301)　　ThürKAG

Kommunalabgabenverordnung
  RP: ~ v. 11.1.1996 (GVBl S. 67)　　KAVO

Kommunalabwasserverordnung
  MV: ~ v. 15.12.1997 (GVOBl M-V 1998 S. 25)　　KAbwVO M-V
  NW: ~ v. 30.9.1997 (GV.NW S. 372)　　KomAbwV

Kommunalaufwandsentschädigungsverordnung
  BB: ~ v. 31.7.2001 (GVBl II S. 542)　　KomAEV

Kommunalbekanntmachungsverordnung
  SACH: ~ v. 19.12.1997 (SächsGVBl 1998 S. 19)　　KomBekVO

Kommunalbesoldungsverordnung
  des Bundes v. 7.4.1978 (BGBl I S. 468)　　BKomBesV
  BW: (Landes)~ v. 6.3.1979 (GBl S. 98)　　LKomBesVO
  BY: Bay. ~ v. 14.3.1989 (GVBl S. 92)　　BayKomBesV

HE: Hess. ~ v. 20.9.1979 (GVBl I S. 219)   **HKomBesV**
MV: Kommunalbesoldungslandesverordnung v. 3.5.2005
(GVOBl. M-V S. 239)   **KomBesVO**
ND: Niedersächsische ~ v. 29.3.2000 (GVBl S. 56)   **NKBesVO**
RP: (Landes)~ v. 15.11.1978 (GVBl S. 710)   **LKomBesVO**
SACH: Sächs. Kommunalbesoldungs-VO v. 20.2.1996
(SächsGVBl S. 79)   **SächsKomBesVO**
SH: ~ v. 4.12.1996 (GVOBl S. 717)   **KomBesVO**

Kommunaldienstaufwandsentschädigungsverordnung
BB: ~ v. 1.12.1994 (GVBl II S. 991)   **KomDAEV**

Kommunale Datenverarbeitung
SACH: Gesetz ü. d. Errichtung d. Sächs. Anstalt f. ~ v.
15.7.1994 (SächsGVBl S. 1432)   **SAKDG**

Kommunale Gemeinschaftsarbeit
HE: Ges. ü. ~ v. 16.12.1969 (GVBl I S. 307)   **KGG**
LSA: Ges. ü. ~ i. d. Bek v. 26.2.1998 (GVBl LSA S. 81)   **GKG-LSA**
NW: Ges. ü. ~ i. d. Bek. v. 1.10.1979 (GV.NW S. 621)   *GkG*

Kommunale Haushalts- und Kassenverordnung
BB: ~ v. 14.2.2008 (GVBl II S. 14)   **KomHKV**

Kommunale Hoheitszeichenverordnung
BB: ~ v. 6.9.2000 (GVBl II S. 339)   **KommHzV**

Kommunale Pflegeeinrichtungen
BY: VO ü. d. Wirtschaftsführung d. kommunalen Pflege-
einrichtungen v. 3.3.1998 (GVBl S. 132)   **WkPV**

Kommunale Siegelverordnung
MV: ~ v. 8.12.1995 (GVOBl M-V S. 663)   **KSiegVO**

Kommunale Wahlbeamte
BY: Ges. ü. ~ i. d. Bek. v. 19.11.1970 (GVBl S. 616)   **KWBG**

Kommunale Zusammenarbeit
BW: Ges. ü. ~ i. d. Bek. v. 16.9.1974 (GBl S. 408)   **GKZ**
BY: Ges. ü. ~ i. d. Bek. v. 20.6.1994 (GVBl S. 555)   **KommZG**
ND: Niedersächsisches Gesetz über die ~ v. 19.2.2004
(GVBl S. 63)   **NKomZG**
SH: Gesetz über ~ i. d. Bek. v. 28.2.2003 (GVOBl S. 122)   **GkZ**

Kommunaler Versorgungsverband
BB: Gesetz ü. d. Kommunalen Versorgungsverband Bran-
denburg i. d. Bek. v. 9.6.1999 (GVBl I S. 206)   **KVBbgG**
BW: Ges. ü. d. Kommunalen Versorgungsverband Baden-
Württemberg i. d. Bek. v. 16.4.1996 (GBl S. 395)   **GKV**
SACH: Gesetz über den Kommunalen Versorgungsverband
Sachsen i. d. Bek. v. 22.7.2004 (SächsGVBl S. 358)   **SächsGKV**

Kommunales-Finanzmanagement-Einführungsgesetz
NW: Gesetz zur Einführung des Neuen Kommunalen Fi-

nanzmanagements für die Gemeinden im Land Nordrhein-Westfalen v. 16.11.2004 (GV.NW S. 644) **NKFEG NRW**

Kommunales-Finanzmanagement-Gesetz
NW: Gesetz über ein Neues Kommunales Finanzmanagement für Gemeinden im Land Nordrhein-Westfalen
v. 16.11.2004 (GV.NW S. 644) **NKFG NRW**

Kommunalfinanzausgleichsgesetz
SL: ~ v. 12.7.1983 (ABl S. 462) **KFAG**

Kommunalfreistellungsverordnung
SACH: ~ v. 12.12.1996 (SächsGVBl S. 499) **KomFreiVO**

Kommunalhaushaltsverordnung
BY: ~ v. 3.12.1976 (GVBl S. 499) **KommHV**
SL: ~ v. 10.10.2006 (ABl S. 1842) **KommHVO**

Kommunalhaushaltsverordnung-Doppik
BY: ~ v. 5.10.2007 (GVBl S. 678) **KommHV-Doppik**
SACH: Sächs. ~ v. 8.2.2008 (SächsGVBl S. 202) **SächsKomHVO-Doppik**

Kommunalisierungsgesetz
SL: Gesetz zur Kommunalisierung unterer Landesbehörden v. 27.11.1996 (ABl S. 1313) **KomLbG**

Kommunalisierungsmodellgesetz
NW: ~ v. 25.11.1997 (GV.NW S. 430) **KommG**

Kommunalkassenverordnung
SACH: ~ v. 26.1.2005 (SächsGVBl S. 3) **KomKVO**

Kommunalneugliederungs-Grundsätzegesetz
LSA: ~ v. 11.5.2005 (GVBl LSA S. 254) **KomNeuglGrG**

Kommunalordnung
TH: Thüringer ~ i. d. Bek. v. 28.1.2003 (GVBl S. 41) **ThürKO**

Kommunalprüfungsgesetz
SH: ~ i. d. Bek. v. 28.2.2003 (GVOBl S. 129) **KPG**

Kommunalprüfungsordnung
SACH: ~ v. 14.8.1995 (SächsGVBl S. 290) **KomPrO**
SACH: Kommunalprüfungsverordnung v. 17.3.2006 (SächsGVBl S. 77) **KomPrüfVO**

Kommunalrechtsänderungsgesetz
SACH: ~ i. d. Bek. v. 4.10.1996 (SächsGVBl S. 417) **KomRÄndG**

Kommunalrechtsreformgesetz
BB: ~ v. 18.12.2007 (GVBl I S. 286) **KommRRefG**

Kommunalselbstverwaltungsgesetz
SL: ~ i. d. Bek. v. 27.6.1997 (ABl S. 682) **KSVG**

Kommunalstellenobergrenzenverordnung
BY: ~ v. 28.9.1999 (GVBl S. 436) **KommStOV**

MV: ~ i. d. Bek. v. 15.9.1995 (GVOBl M-V S. 491)   **KomStOVO**
RP: ~ v. 14.11.2006 (GVBl S. 360)   **KomStOVO**
SH: Stellenobergrenzenverordnung für Kommunalbeamtinnen und Kommunalbeamte v. 13.12.2005 (GVOBl S. 560)   **KomStOVO**

Kommunalträger-Zulassungsverordnung
v. 24.9.2004 (BGBl I S. 2349)   **KomtrZV**

Kommunalunternehmen
BY: ~sverordnung v. 19.3.1998 (GVBl S. 220)   **KUV**
NW: ~sverordnung v. 24.10.2001 (GV.NW S. 773)   **KUV**
SH: Landesverordnung über ~ als Anstalt des öffentlichen Rechts v. 29.10.2003 (GVOBl S. 535)   **KUV**

Kommunalverbandsgesetz
NW: Gesetz ü. d. Kommunalverband Ruhrgebiet i. d. Bek. v. 14.7.1994 (GV.NW S. 640)   **KVRG**

Kommunalverfassung
DDR: ~ v. 17.5.1990 (GBl I S. 255; BGBl II S. 1151)   *KomVerf*
MV: ~ i. d. Bek. v. 8.6.2004 (GVOBl. M-V S. 205)   **KV M-V**
Durchführungsverordnung
    MV: ~ zur Kommunalverfassung v. 4.3.2008 (GVOBl M-V S. 85)   **KV-DVO**

Kommunalvermögensgesetz
DDR: ~ v. 6.7.1990 (GBl I S. 660; BGBl II S. 1199)   **KVG**

Kommunalwahlgeräte(ver)ordnung
BB: ~ v. 10.4.2001 (GVBl II S. 138)   **KWahlGV**
LSA: Kommunalwahlgeräte-VO v. 30.4.2001 (GVBl LSA S. 148)   **KWGer-VO**
NW: Kommunalwahlgeräteordnung v. 11.7.1999 (GV.NW S. 452)   **KWahlGO**

Kommunalwahlgesetz
BW: ~ i. d. Bek. v. 1.9.1983 (GBl S. 429)   **KomWG**
HE: Hessisches ~ i. d. Bek. v. 7.3.2005 (GVBl I S. 197)   **KWG**
LSA: ~ für das Land Sachsen-Anhalt i. d. Bek. v. 27.2.2004 (GVBl LSA S. 92)   **KWG**
MV: ~ i. d. Bek. v. 13.10.2003 (GVOB. M-V S. 458)   **KWG**
ND: Niedersächsisches ~ i. d. Bek. v. 24.2.2006 (GVBl S. 91)   **NKWG**
NW: ~ i. d. Bek. v. 8.1.1979 (GV.NW S. 2)   *KWahlG*
RP: ~ i. d. Bek. v. 31.1.1994 (GVBl S. 137)   **KWG**
SACH: ~ i. d. Bek. v. 5.9.2003 (SächsGVBl S. 428)   **KomWG**
SL: ~ i. d. Bek. v. 4.2.2004 (Abl S. 382)   **KWG**

Kommunalwahlordnung
BB: Brandenburgische Kommunalwahlverordnung v. 5.7.2001 (GVBl II S. 306)   **BbgKWahlV**

BW: ~ v. 2.9.1983 (GBl S. 459)   KomWO
BY: Gemeinde- und Landkreiswahlordnung v. 7.11.2006
     (GVBl S. 852)   GLKrWO
HE: ~ v. 26.3.2000 (GVBl I S. 198, 233)   KWO
LSA: ~ f. d. Land Sachsen-Anhalt v. 24.2.1994 (GVBl LSA
     S. 338)   KWO LSA
MV: ~ v. 15.12.2003 (GVOBl. M-V S. 542)   KWO M-V
ND: Niedersächsische ~ v. 5.7.2006 (GVBl S. 280)   NKWO
NW: ~ i. d. Bek. v. 4.5.1979 (GV.NW S. 296)   *KWahlO*
NW: VO z. Erg. d. Landeswahlordnung f. d. Verwendung v.
     Stimmzählgeräten v. 14.6.1962 (GV.NW S. 337)   **Zählgerät-LWahlO**
RP: ~ v. 11.10.1983 (GVBl S. 247)   KWO
SACH: ~ v. 13.12.1993 (GVBl 1994 S. 21)   KomWO
SL: ~ i. d. Bek. v. 4.2.2004 (Abl S. 403)   KWO
TH: Thüringer ~ v. 3.2.1994 (GVBl S. 93)   ThürKWO

Kommunalwirtschaftliche Prüfungsverordnung
   BY: ~ v. 3.11.1981 (GVBl S. 492)   KommPrV

Kommunenentlastungsgesetz
   NW: Gesetz zur finanziellen Entlastung der Kommunen in
      Nordrhein-Westfalen v. 29.4.2003 (GV.NW S. 254)   EntlKommG

Kommunikationshilfenverordnung
   BB: Brandenburgische ~ v. 24.5.2004 (GVBl II S. 490)   BbgKHV
   BR: Brem. ~ v. 27.9.2005 (GBl S. 542)   BremKHV
   BY: Bay. ~ v. 24.7.2006 (GVBl S. 432)   BayKHV
   HA: Hamb. ~ v. 14.11.2006 (GVBl S. 540)   HmbKHVO
   HE: Hess. ~ v. 29.3.2006 (GVBl I S. 99)   HKhV
   MV: Kommunikationshilfeverordnung Mecklenburg-Vor-
      pommern v. 17.7.2007 (GVOBl M-V S. 269)   KHVO M-V
   NW: ~ Nordrhein-Westfalen v. 15.6.2004 (GV.NW S. 336)   KHV NRW
   SACH: Sächs. ~ v. 20.10.2007 (SächsGVBl S. 499)   SächsKhilfVO

Kompensationsverordnung
   HE: ~ v. 1.9.2005 (GVBl I S. 624)   KV

Konditormeisterverordnung
   i. d. Bek. v. 12.10.2006 (BGBl I S. 2278)   KondMstrV

Konfitürenverordnung
   v. 23.10.2003 (BGBl I S. 2151)   KonfV

Konkretisierungsverordnung
   Marktmanipulations-~ i. d. Bek. v. 1.3.2005 (BGBl I S. 515)   MaKonV
   VO zur Konkretisierung des Verbotes der Kurs- und Mark-
   preismanipulation v. 18.11.2003 (BGBl I S. 2300)   KuMaKV

Konkurs
   AG z. Deutsch-österr. ~vertrag v. 8.3.1985 (BGBl I S. 535)   DöKVAG
   Deutsch-österr. ~vertrag v. 25.5.1979 (BGBl 1985 II S. 410)   DöKV

Konkursausfallgeld
   Ges. ü. ~ v. 17.7.1974 (BGBl I S. 1481)   *KonkAusfgG*

Konkursordnung
i. d. Bek. v. 20.5.1898 (RGBl S. 369) KO

Konnexitätsausführungsgesetz
NW: ~ v. 22.7.2004 (GV.NW S. 360) KonnexAG
RP: Landesgesetz zur Ausführung des Artikels 49 Abs. 5 der Verfassung für Rheinland-Pfalz ~ v. 2.3.2006 (GVBl S. 53) KonnexAG

Konsolidierungsprogrammumsetzungsverordnung
Gesetz z. Umsetzung d. Föderalen Konsolidierungsprogramms v. 23.6.1993 (BGBl I S. 944) FKPG

Konsulargesetz
v. 11.9.1974 (BGBl I S. 2317) KonsG

Konsultationsvereinbarung
BY: ~ v. 21.5.2004 (GVBl S. 218) KonsultVer

Kontaktstellenverordnung
LSA: ~ v. 12.12.2007 (GVBl LSA S. 409) KstVO
SH: ~ v. 22.1.2008 (GVOBl S. 74) KStEG-VO

Kontingentswaren
VO ü. d. zollfreie Einfuhr v. ~ aus Frankreich in d. Saarland v. 8.8.1963 (BGBl I S. 634) KtgWV

Kontroll- und Transparenzgesetz im Unternehmensbereich
Gesetz z. Kontrolle und Transparenz i. Unternehmensbereich v. 27.4.1998 (BGBl I S. 786) KonTraG

Kontrollgerätbegleitgesetz
v. 15.5.2004 (BGBl I S. 954) KontrGerätBeglG

Kontrollgesetz
SACH: Sächs. ~ v. 22.4.2003 (SächsGVBl S. 106) SächsKontrollG

Kontrollverordnung
VO über technische Kontrollen von Nutzfahrzeugen auf der Straße v. 21.5.2003 (BGBl I S. 774) TechKontrollV

Konventioneller-Verkehr-Eisenbahn-Interoperabilitätsverordnung
v. 9.6.2005 (BGBl I S. 1653) KonVEIV

Konzentrationsverordnung
MV: ~ v. 28.3.1994 (GVOBl M-V S. 514) KonzVO M-V

Konzernabschlußbefreiungsverordnung
v. 15.11.1991 (BGBl I S. 2122) KonBefrV

Konzernrechnungslegungsgesetz
Ges. ü. d. Rechnungslegung v. bestimmten Unternehmen u. Konzernen v. 15.8.1969 (BGBl I S. 1189) PublG

Konzessionsabgaben für Strom u. Gas
VO ü. Konzessionsabgaben f. Strom und Gas v. 9.1.1992 (BGBl I S. 12) KAV

Konzessionsabgabenanordnung
AusfAnO z. ~ v. 27.2.1943 (RAnz Nr. 75)   **A/KAE**

Konzessionsabgabenverordnung
SH: Landesverordnung über Konzessionsabgaben für in
öffentlicher Trägerschaft veranstaltete Lotterien und
Sportwetten v. 13.10.2004 (GVOBl S. 400)   **KonzAbgVO**

Kooperationsgesetz
der Bundeswehr v. 30.7.2004 (BGBl I S. 2027)   **BwKoopG**

Kooperationsverordnung
NW: ~ v. 24.3.1995 (GV.NW S. 360)   **KVO**

Kooperative Gesamtschulen
LSA: VO z. Errichtung v. Kooperativen Gesamtschulen v.
21.7.1999 (GVBl LSA S. 222)   **KGSErr-VO**

Kormoranverordnung
BB: Brandenburgische ~ v. 1.12.2004 (GVBl II S. 897)   **BbgKorV**
MV: Kormoranlandesverordnung v. 15.8.2003 (GVOBl.
M-V S. 411)   **KormLVO M-V**
NW: VO über die Zulassung von Ausnahmen von den
Schutzvorschriften für besonders geschützte Tierarten
v. 2.5.2006 (GV.NW S. 273)   **Kormoran-VO**
TH: Thüringer ~ v. 6.10.1998 (GVBl S. 305)   **ThürKorVO**

Korruptionsbekämpfungsgesetz
v. 13.8.1997 (BGBl I S. 2038)   *KorBekG*

Korruptionsregistergesetz
BE: ~ v. 19.4.2006 (GVBl S. 358)   **KRG**

Korruptionsregisterverordnung
BE: ~ v. 4.3.2008 (GVBl S. 69)   **KRV**
Einführungsverordnung
HA: Hamb. Gesetz zur Einrichtung und Führung eines
Korruptionsregisters v. 18.2.2004 (GVBl S. 98)   **HmbKorRegG**

Kosten- u. Leistungsnachweisverordnung
Kosten- und Leistungsnachweis-VO v. 10.1.1991 (BGBl I
S. 60)   **KLNV**

Kostenausgleichsverordnung
HE: ~ v. 27.12.1997 (GVBl I S. 484)   **KostAusglVO**

Kostenbefreiungsverordnung
BY: ~ v. 1.7.1982 (GVBl S. 487)   **KostbefrVOUnterbrG**

Kostenbeteiligungsverordnung
BY: ~ v. 20.2.1991 (GVBl S. 77)   **KostBetV**

Kostendämpfung
Kostendämpfungs-Ergänzungsgesetz v. 22.12.1981 (BGBl I
S. 1578)   **KVEG**

Kostendeckungsverordnung
SH: ~ v. 17.7.1998 (GVOBl S. 235) **KDVO**

Kostenerlassübertragungsverordnung
BB: ~ v. 21.2.1996 (GVBl II S. 230) **KostErlÜV**

Kostenerstattung
Flüchtlingsaufnahme
TH: Thüringer VO ü. d. Kostenerstattung n. d. Thüringer ~gesetz v. 21.12.1999 (GVBl S. 670) **ThürFlüKEVO**
Planungsverbände
BY: VO ü. d. Kostenerstattung an regionale ~ i. d. Bek. v. 27.7.1980 (GVBl S. 485) **KostErstV**

Kostenerstattungsgesetz
HA: ~ v. 25.6.1997 (GVBl I S. 265) **KostEG**

Kostenerstattungspauschalierungsverordnung
BB: ~ v. 4.5.2004 (GVBl II S. 328) **KPV**

Kostengesetz
BY: ~ i. d. Bek. v. 25.6.1969 (GVBl S. 165) **KG**

Kostenmarkenordnung
BY: Bekanntmachung d. Staatsministeriums d. Finanzen ü. d. Vollzug d. ~ v. 24.3.1970 (FMBl S. 125) **VB-KMO**

Kostenordnung
i. d. Bek. v. 26.7.1957 (BGBl I S. 861) *KostO*
BR: Brem. ~ i. d. Bek. v. 5.2.1985 (GBl S. 15) **BremKostO**
NW: ~ z. Verwaltungsvollstreckungsgesetz v. 12.8.1997 (GV.NW S. 258) **KostO NW**
Medizinprodukte
RP: Landesverordnung über die Erhebung von Kosten für Amtshandlungen auf dem Gebiet des ~rechts v. 30.1.2008 (GVBl S. 46) **MPLKostVO**
Vermessungs- und Katasterbehörden
TH: Thüringer Kostenordnung für Leistungen der Katasterbehörden und der Öffentlich bestellten Vermessungsingenieure v. 14.4.2005 (GVBl S. 188) **ThürKostOKat**
Vermessungswesen/Kartographie
ND: für das amtliche Vermessungswesen v. 16.12.2003 (GVBl S. 451) **KOVerm**

Kostenordnung Vermessungsingenieure
NW: Kostenordnung f. Öffentlich bestellte Vermessungsingenieure v. 26.4.1973 (GV.NW S. 334) **ÖbVermIng KO NW**

Kostenrecht
Ges. z. Änderung u. Ergänzung ~licher Vorschriften v. 26.7.1957 (BGBl I S. 861) *KostÄndG*
Gesetz ü. Maßnahmen auf d. Gebiete d. Kostenrechts v. 7.8.1952 (BGBl I S. 401) *KostMaßnG*

Kostenrechtsmodernisierungsgesetz
  Kostenrechtsmodernisierungsgesetz v. 5.5.2004 (BGBl I
  S. 718)   **KostRMoG**
Kostenstrukturstatistik
  Gesetz ü. d. ~ v. 12.5.1959 (BGBl I S. 245)   **KoStrukStatG**
Kostenverordnung
  AMG-~ v. 10.12.2003 (BGBl I S. 2510)   **AMGKostV**
  BLE-ÖLG-~ v. 19.11.2003 (BGBl I S. 2358)   **BLEÖLGKostV**
  BSI-~ i. d. Bek. v. 3.3.2005 (BGBl I S. 519)   **BSI-KostV**
  DPMA-Verwaltungs~ v. 14.7.2006 (BGBl I S. 1586)   **DPMAVwKostV**
  zum Stammzellgesetz v. 28.10.2005 (BGBl I S. 3115)   **StZG-KostV**
  MV: VO über Kosten im Geschäftsbereich des Landesin-
      stituts für Schule und Ausbildung Mecklenburg-Vor-
      pommern v. 22.2.2006 (GVOBl M-V S. 138)   **L.I.S.A.KostVO M-V**
  Elektro- und Elektronikgesetz-~ v. 6.7.2005 (BGBl I
  S. 2020)   **ElektroGKostV**
  Änderungsverordnung
    BR: Erste VO zur Änderung der Kostenverordnung für
        das Amtliche Vermessungswesen und die Gutach-
        terausschüsse für Grundstückswerte nach dem
        Baugesetzbuch v. 7.9.2004 (GBl. S. 557)   **1. ÄndVermKostV**
  Archivdienst
    MV: Landesarchivkostenverordnung v. 8.1.2003
        (GVOBl M-V S. 99)   **LAKVO M-V**
  Bundeswasserstraßengesetz
    z. ~ v. 8.11.1994 (BGBl I S. 3450)   **WaStrG-KostV**
  Energie
    ~wirtschaftskostenverordnung v. 14.3.2006 (BGBl I
    S. 540)   **EnWGKostV**
  Geologie
    MV: ~-Kostenverordnung v. 31.3.2003 (GVOBl M-V
        S. 271)   **GeoKostVO M-V**
  Land- und Ernährungswirtschaft
    MV: für Amtshandlungen in der ~ v. 12.9.2005 (GVOBl
        M-V S. 459)   **KostLEVO M-V**
  Ministerium
    MV: Bildungs~ v. 10.5.2005 (GVOBl M-V S. 242)   **KostVO BM M-V**
    MV: Innen~ v. 18.8.2004 (GVOBl M-V S. 446)   **KostVO IM M-V**
  Seemannsämter
    f. Amtshandlungen d. ~ v. 5.11.1996 (BGBl I S. 1678)   **SeemannsÄKostV 1996**
  Seeschifffahrt
    für Amtshandlungen der Wasser- und Schifffahrtsver-
    waltung des Bundes auf dem Gebiet der ~ v. 22.9.2004
    (BGBl I S. 2363)   **WSVSeeKostV**
Kostenverwaltungsordnung
  BY: ~ v. 2.12.1971 (FMBl 1972 S. 4)   *KVwO*

Kostenverzeichnis
BY: ~ v. 12.10.2001 (GVBl S. 766) — KVz
SACH: Fünftes Sächs. ~ v. 10.5.2001 (SächsGVBl S. 217) — 5. SächsKVZ
SACH: Sechstes Sächsisches ~ v. 24.10.2003 (SächsGVBl S. 706) — 6. SächsKVZ
SACH: Siebentes Sächsisches ~ v. 24.5.2006 (SächsGVBl S. 189) — 7. SächsKVZ

Kraftfahrsachverständigengesetz
v. 22.12.1971 (BGBl I S. 2086) — KfSachvG

Kraftfahrthaftungsbekanntmachung
BY: ~ v. 3.10.1980 (JMBl S. 230) — KH-Bek

Kraftfahrzeug-Pflichtversicherungsverordnung
v. 29.7.1994 (BGBl I S. 1837) — KfzPflVV

Kraftfahrzeugbestimmungen
v. 24.6.1960 (MinBlFin S. 718) — KrBest

Kraftfahrzeuge
BY: VO ü. anerkannte ~ v. 5.3.1974 (GVBl S. 87) — Anerk KfzV

Kraftfahrzeughilfeverordnung
v. 28.9.1987 (BGBl I S. 2251) — KfzHV

Kraftfahrzeugsteuergesetz
i. d. Bek. v. 24.5.1994 (BGBl I S. 1102) — KraftStG 1994

Kraftfahrzeugverordnung
NW: ~ v. 31.5.1968 (GV.NW S. 190) — KfzVO
SL: VO Kraftfahrzeuge i. d. Bek. v. 15.11.1982 (ABl S. 926) — VOKfz

Kraftstoff-Lieferbeschränkungsverordnung
v. 26.4.1982 (BGBl I S. 520) — KraftstoffLBV

Kraftverkehrsordnung
(= Reichskraftwagentarif, T. 1) i. d. Bek. v. 23.12.1958 (BAnz Nr. 249) — KVO

Kraftwerksbevorratungsverordnung
v. 11.2.1981 (BGBl I S. 164) — KraftBevV

Kranken- und Altenpflegehelferverordnung
MV: ~ v. 16.8.2004 (GVOBl M-V S. 403) — KrAlpflVO M-V

Krankengeschichtenverordnung
BE: ~ v. 24.10.1984 (GVBl S. 1627) — KgVO

Krankenhäuser
BY: VO ü. d. Wirtschaftsführung d. komm. ~ v. 11.12.1978 (GVBl S. 952) — WkKV
ND: Niedersächsisches Ges. z. Bundesgesetz z. wirtschaftl. Sicherung d. ~ und z. Regelung d. Krankenhauspflegesätze i. d. Bek. v. 12.11.1986 (GVBl S. 343) — NdsKHG

Krankenhaus- und Pflegeheim-Bauverordnung
BB: Brandenburgische ~ v. 21.2.2003 (GVBl II S. 140)   **BbgKPBauV**

Krankenhaus-Buchführungsverordnung
i. d. Bek. v. 24.3.1987 (BGBl I S. 1045)   **KHBV**

Krankenhaus-Neuordnungsgesetz
v. 20.12.1984 (BGBl I S. 1716)   **KHNG**

Krankenhausaufsichtsverordnung
BE: Krankenhausaufsicht-VO v. 2.1.1985 (GVBl S. 55)   **KhAufsVO**

Krankenhausbauverordnung
NW: ~ v. 21.2.1978 (GV.NW S. 154)   **KhBauVO**

Krankenhausbetriebsgesetz
BR: ~ v. 16.12.2004 (GBl. S. 627)   **KHBG**

Krankenhausbetriebsverordnung
BE: ~ v. 10.7.1995 (GVBl S. 472)   **KhBetrVO**

Krankenhausdatenschutzgesetz
BR: Brem. ~ v. 25.4.1989 (GBl S. 202)   **BremKHDSG**

Krankenhausdatenschutzverordnung
BB: ~ v. 4.1.1996 (GVBl II S. 54)   **KHDsV**

Krankenhausfinanzierungsgesetz
i. d. Bek. v. 10.4.1991 (BGBl I S. 886)   **KHG**
BR: Brem. ~ i. d. Bek. v. 15.7.2003 (GVBl S. 341)   **BremKHG**
SH: Ges. z. Ausf. d. Krankenhausfinanzierungsgesetzes v.
12.12.1986 (GVOBl S. 302)   **AG-KHG**

Krankenhausförderungsverordnung
BE: ~ v. 10.7.1997 (GVBl S. 386)   **KhföVO**

Krankenhausfondsverordnung
HE: ~ v. 1.7.1994 (GVBl I S. 299)   **KHFondsV**

Krankenhausgesetz
BB: ~ d. Landes Brandenburg v. 11.5.1994 (GVBl I S. 106)   **LKG**
BB: VO z. Festsetzung d. Pauschalförderung n. d. ~ d.
Landes Brandenburg v. 23.9.2001 (GVBl II S. 554)   **LKG**
BE: Landes~ i. d. Bek. v. 1.3.2001 (GVBl S. 110)   **LKG**
BE: Wahlordnung z. Landes~ v. 1.9.1975 (GVBl S. 2206)   **WahlO-LKG**
BW: Landes~ Baden-Württemberg v. 21.12.2007 (GBl
S. 13)   **LKHG**
BY: Bay. ~ i. d. Bek. v. 11.9.1990 (GVBl S. 386)   **BayKrG**
HA: Gesetz zur Neuregelung der Rechtsverhältnisse des
Landesbetriebs Krankenhäuser Hamburg – Anstalt
öffentlichen Rechts – v. 11.4.1995 (GVBl I S. 77)   **LBKHG**
HA: Hamb. ~ v. 17.4.1991 (GVBl S. 127)   **HmbKHG**
HE: Hess. ~ 2002 v. 28.2.2006 (GVBl I S. 54)   **HKHG**
LSA: ~ Sachsen-Anhalt i. d. Bek. v. 14.4.2005 (GVBl LSA
S. 203)   **KHG**

ND: Niedersächsisches Ges. z. Bundesgesetz z. wirtschaftl. Sicherung d. Krankenhäuser u. z. Regelung d. Krankenhauspflegesätze i. d. Bek. v. 12.11.1986 (GVBl S. 343) **Nds.KHG**
NW: ~ v. 16.12.1998 (GV.NW S. 696) **KHG**
RP: Landes~ v. 28.11.1986 (GVBl S. 342) **LKG**
SL: Saarl. ~ v. 15.7.1987 (ABl S. 921) **SKHG**
TH: Sechste Thüringer VO über die Pauschalförderung nach dem ~ v. 19.12.2003 (GVBl S. 1) **6. ThürKHG-PVO**
TH: Thüringer ~ i. d. Bek. v. 30.4.2003 (GVBl S. 262) Durchführungsverordnung **ThürKHG**
BY: ~ d. Bay. Krankenhausgesetzes und d. Art. 10 b d. Finanzausgleichsgesetzes v. 30.9.1980 (GVBl S. 630) **DVBayKrG/FAG**
BY: VO zur Durchführung des Bay. Krankenhausgesetzes v. 14.12.2007 (GVBl S. 989) **DVBayKrG**

Krankenhausgestaltungsgesetz
NW: ~ des Landes Nordrhein-Westfalen v. 11.12.2007 (GV.NW S. 702) **KHGG NRW**

Krankenhaushygieneverordnung
SL: Saarländische ~ v. 12.12.2007 (ABl S. 78) **SKHygVO**

Krankenhauskatastrophenschutz
BE: ~-VO v. 5.10.1999 (GVBl S. 556) **KhKatSVO**

Krankenhauspauschalmittelverordnung
HE: Dritte Krankenhauspauschalmittel-VO v. 21.10.1998 (GVBl I S. 482) **KHPauschVO**

Krankenhauspflegesätze
BY: VO ü. d. Schiedsstellen f. d. Festsetzung d. ~ v. 17.12.1985 (GVBl S. 825) **SchiedsKrPflV**
SACH: VO ü. d. Schiedsstellen f. d. Festsetzung d. ~ v. 16.4.1991 (SächsGVBl S. 62) **SchiedsKrPflV**

Krankenhausrechnungsverordnung
BW: ~ v. 2.9.1988 (GBl S. 323) **KrHRVO**

Krankenhausschiedsstellenverordnung
BB: Krankenhaus-Landesschiedsstellenverordnung v. 26.6.2004 (GVBl II S. 550) **KLSchV**
BY: ~ v. 24.5.2006 (GVBl S. 319) **KhSchiedV**

Krankenhausschulordnung
BY: ~ v. 1.7.1999 (GVBl S. 288) **KraSO**

Krankenhausstatistik-Verordnung
v. 10.4.1990 (BGBl I S. 730) **KHStatV**

Krankenhausunternehmens-Ortsgesetz
BR: ~ v. 8.4.2003 (GBl S. 175) **KHUG**

Krankenhausverordnung
BE: ~ v. 30.8.2006 (GVBl S. 907)   **KhsVO**

Krankenhauswesen
NW: VO z. Regelung v. Zuständigkeiten auf d. Gebiet d. Krankenhauswesens v. 20.6.1989 (GV.NW S. 431)   **KHZV**

Krankenpflegegesetz
v. 16.7.2003 (BGBl I S. 1442)   **KrPflG**
BY: Ges. z. Ausf. d. Krankenpflegerechts u. d. Hebammenrechts v. 16.7.1986 (GVBl S. 133)   **AG-KrPfl-Heb**
Durchführungsverordnung
NW: VO zur Durchführung des Krankenpflegegesetzes v. 7.3.2006 (GV.NW S. 119)   **DVO-KrPflG NRW**
SH: Landesverordnung zur Durchführung des Krankenpflegegesetzes v. 5.2.2008 (GVOBl S. 80)   **KrPflGDVO**

Krankenpflegehilfegesetz
BB: Brandenburgisches ~ v. 26.5.2004 (GVBl I S. 244)   **BbgKPHG**
HE: Hess. ~ v. 21.9.2004 (GVBl I S. 279)   **HKPHG**

Krankenpflegeverordnung
v. 28.9.1938 (RGBl I S. 1310)   **KrPflV**

Krankentransport
SL: VO über den Betrieb von Unternehmen des Krankentransports v. 5.1.2005 (ABl S. 178)   **RettBetriebsVO**
SL: VO über den Nachweis der Eignung zur Führung von Unternehmen des Krankentransports v. 5.1.2005 (ABl S. 181)   **RettEignungsVO**

Krankenversicherung
Ges. ü. d. Verwaltung d. Mittel d. Träger d. ~ v. 15.12.1979 (BGBl I S. 2241)   **KVMG**
GKV-Solidaritätsstärkungsgesetz v. 19.12.1998 (BGBl I S. 3853)   **GKV-SolG**
VO ü. die d. Trägern d. gesetzlichen ~ zu zahlenden Bundeszuschüsse zu d. Aufwendungen f. sonstige Hilfen v. 31.1.1977 (BGBl I S. 267)   *BSHV*
Landwirte
2. Ges. ü. d. Krankenversicherung der ~ v. 20.12.1988 (BGBl I S. 2557)   **KVLG 1989**
Gesetz über die Krankenversicherung der ~ v. 10.8.1972 (BGBl I S. 1433)   **KVLG**
Rentner
KVdR-Ausgleichsverordnung v. 6.11.1989 (BGBl I S. 1949)   **KVdR-AusglV**
Studenten
Ges. ü. d. Krankenversicherung der ~ v. 25.6.1975 (BGBl I S. 1536)   *KVSG*
Meldeverordnung für die Krankenversicherung der ~ v. 30.10.1975 (BGBl I S. 2709)   **KVSMV**

Krankenversicherungs-Kostendämpfungsgesetz
v. 27.6.1977 (BGBl I S. 1069) **KVKG**

Krankenversicherungs-Weiterentwicklungsgesetz
v. 28.12.1976 (BGBl I S. 3871) **KVWG**

Krankenversicherungsänderungsgesetz
1. ~ v. 27.7.1969 (BGBl I S. 946); 2. Krankenversicherungsänderungsgesetz v. 21.12.1970 (BGBl I S. 1770) **KVÄG**

Krankenversicherungsbeiträge
VO ü. d. pauschale Berechnung u. d. Zahlung d. Beiträge d. gesetzlichen Krankenversicherung f. d. Dauer eines auf Grund gesetzlicher Pflicht zu leistenden Dienstes v. 13.11.1973 (BGBl I S. 1664) *KV-PauschalbeitragsV*

Krebs-Registerstellenverordnung
  SH: ~ v. 11.3.1997 (GVOBl S. 264) **KRStVO**

Krebsregistergesetz
  v. 4.11.1994 (BGBl I S. 3351) **KRG**
  BR: Gesetz ü. d. Krebsregister d. Freien Hansestadt Bremen v. 18.9.1997 (GBl S. 337) **BremKRG**
  BW: Landes~ v. 7.3.2006 (GBl S. 54) **LKrebsRG**
  BY: Gesetz ü. d. bevölkerungsbezogene Krebsregister Bayern v. 25.7.2000 (GVBl S. 474) **BayKRG**
  HA: Hamb. ~ v. 27.6.1984 (GVBl I S. 129) **HmbKrebsRG**
  HE: Hess. ~ v. 17.12.2001 (GVBl I S. 582) **HKRG**
  ND: Gesetz ü. d. Epidimiologische Krebsregister Niedersachsen v. 16.11.1999 (GVBl S. 390) **GEKN**
  NW: ~ v. 12.2.1985 (GV.NW S. 125) **KRG NW**
  NW: VO z. ~ v. 24.4.1985 (GV.NW S. 382) **KR VO**
  RP: Landes~ v. 22.12.1999 (GVBl S. 457) **LKRG**
  SH: Landes~ v. 28.10.1999 (GVOBl S. 336) **LKRG**
Ausführungsgesetz
  SACH: Sächs. ~ zum Krebsregistergesetz i. d. Bek. v. 4.9.2007 (SächsGVBl S. 410) **SächsKRGAG**
Einrichtungsverordnung
  NW: Gesetz zur Einrichtung eines flächendeckenden bevölkerungsbezogenen Krebsregisters in Nordrhein-Westfalen v. 5.4.2005 (GV.NW S. 414) **EKR-NRW**

Kreditbestimmungsverordnung
v. 1.2.1996 (BGBl I S. 146) **KredBestV**

Kreditwesen
~gesetz i. d. Bek. v. 9.9.1998 (BGBl I S. 2776) **KWG**

Kreisgebietsneuregelungsgesetz
  LSA: Gesetz zur Kreisgebietsneuregelung v. 11.11.2005 (GVBl LSA S. 692) **LKGebNRG**

Kreislaufwirtschafts- u. Abfallgesetz
v. 27.9.1994 (BGBl I S. 2705) — **KrW-/AbfG**
BE: ~ v. 21.7.1999 (GVBl S. 413) — **KrW-/AbfG Bln**
Ausführungsgesetz
HE: Hessisches ~ zum Kreislaufwirtschafts- und Abfallgesetz i. d. Bek. v. 20.7.2004 (GVBl I S. 252) — **HAKA**

Kreisordnung
NW: ~ i. d. Bek. v. 14.7.1994 (GV.NW S. 646) — **KrO**
SH: ~ für Schleswig-Holstein i. d. Bek. v. 28.2.2003 (GVOBl S. 94) — **KrO**
Durchführungsverordnung
SH: Landesverordnung zur Durchführung der Kreisordnung v. 25.2.2003 (GVOBl S. 55) — **KrODVO**

Kreisreformgesetz
BW: ~ v. 26.7.1971 (GBl S. 314) — **KrRefG**

Kreisstraßenverwaltung
BY: VO ü. d. Vergütung f. d. Verwaltung d. Kreisstraßen v. 9.6.1978 (GVBl S. 343) — **KrVergütV**

Kriegsdienstverweigerung
Kriegsdienstverweigerer-Erstattungsverordnung v. 3.11.2003 (BGBl I S. 2162) — **KDVErstattV**
~sgesetz v. 28.2.1983 (BGBl I S. 203) — **KDVNG**
~sgesetz v. 9.8.2003 (BGBl I S. 1593) — **KDVG**
~sverordnung v. 2.1.1984 (BGBl I S. 42) — **KDVV**

Kriegsgefangenenentschädigungsgesetz
i. d. Bek. v. 2.4.1987 (BGBl I S. 506) — **KgfEG**

Kriegsopferfürsorge
VO z. ~ v. 16.1.1979 (BGBl I S. 80) — **KFürsV**
BW: Kriegsopfergesetz v. 14.5.1963 (GBl S. 71) — **KOpfG**
Durchführungsgesetze
BY: Ges. z. Durchführung d. Kriegsopferfürsorge i. d. Bek. v. 5.10.1982 (GVBl S. 869) — **DG-KOF**
HE: Ges. z. Durchführung d. Kriegsopferfürsorge v. 9.10.1962 (GVBl I S. 429) — **DGKOF**
ND: Ges. z. Durchführung d. Kriegsopferfürsorge i. d. Bek. v. 16.9.1974 (GVBl S. 422) — **DGKOF**
NW: Gesetz z. Durchführung d. Kriegsopferfürsorge und d. Schwerbehindertengesetzes i. d. Bek. v. 1.11.1987 (GV.NW S. 401) — **DG-KoFSchwBG**
RP: Ges. z. Durchführung d. Kriegsopferfürsorge v. 8.3.1963 (GVBl S. 82; BS 83–1) — **DGKOF**
SH: Ges. z. Durchführung d. Kriegsopferfürsorge i. d. Bek. v. 21.1.1985 (GVOBl S. 29) — **DG-KOF**

Kriegsopferrecht
Ges. z. Änderung und Ergänzung d. Kriegsopferrechts Neu-

ordnungsgesetz 1. Neuordnungsgesetz v. 27.6.1960 (BGBl I
S. 453); 2. Neuordnungsgesetz v. 21.2.1964 (BGBl I S. 85)
Ges. z. Änderung und Ergänzung d. Kriegsopferrechts Neuordnungsgesetz 3. Neuordnungsgesetz v. 28.12.1966 (BGBl I
S. 750)   **NOG**

    3. NOG-KOV

Kriegsopferversorgung
Ges. ü. d. Verwaltungsverfahren d. ~ i. d. Bek. v. 6.5.1976
(BGBl I S. 1169)   *VfGKOV*
KOV-Anpassungsgesetz 1991 v. 21.6.1991 (BGBl I S. 1310)   **KOVAnpG 1991**
KOV-Strukturgesetz 1990 v. 23.3.1990 (BGBl I S. 582)   **KOV-StruktG 1990**

Kriegswaffenkontrolle
Gesetz ü. d. Kontrolle v. Kriegswaffen i. d. Bek. v.
22.11.1990 (BGBl I S. 2506)   *KriegswaffKG*

Kriegswaffenmeldeverordnung
v. 24.1.1995 (BGBl I S. 92)   **KWMV**

Kündigungsfristengesetz
v. 7.10.1993 (BGBl I S. 1668)   **KündFG**

Kündigungsschutzgesetz
i. d. Bek. v. 25.8.1969 (BGBl I S. 1317)   **KSchG**

Kündigungsschutzverordnung
BB: ~ v. 20.5.1994 (GVBl II S. 365)   **KschV**

Kündigungssperrfristverordnung
BY: ~ v. 9.10.1990 (GVBl S. 443)   **KspV**
NW: ~ v. 20.4.2004 (GV.NW S. 216)   **KSpVO**

Künstlerschutzabkommen
Internat. Abk. ü. d. Schutz d. ausübenden Künstler, der
Hersteller v. Tonträgern u. d. Sendeunternehmen v.
26.10.1961 (BGBl 1965 II S. 1243)   *KstlSchA*

Künstlersozialversicherungsgesetz
v. 27.7.1981 (BGBl I S. 705)   **KSVG**

Küstenfischereiordnung
MV: Küstenfischereiverordnung v. 28.11.2006 (GVOBl.
M-V S. 843)   **KüFVO**
ND: Niedersächsische ~ v. 3.3.2006 (GVBl S. 108)   **NKüFischO**
SH: ~ v. 23.6.1999 (GVOBl S. 206)   **KüFO**

Kulturgut-Schutzgesetz
Ges. z. Schutz deutschen Kulturgutes gegen Abwanderung
v. 6.8.1955 (BGBl I S. 501)   *KultgSchG*

Kulturgutsicherungsgesetz
v. 15.10.1998 (BGBl I S. 3162)   **KultgutSiG**

Kulturraumgesetz
SACH: Sächs. ~ v. 20.1.1994 (SächsGVBl S. 175)   **SächsKRG**

Kunsthochschul-Lehrverpflichtungsverordnung
HA: ~ v. 3.11.1997 (GVBl I S. 517)   **KuHLVVO**

Kunsthochschulgesetz
BW: ~ i. d. Bek. v. 1.2.2000 (GBl S. 313)   **KHG**
HE: ~ i. d. Bek. v. 28.3.1995 (GVBl I S. 349)   **KHG**
NW: ~ v. 20.10.1987 (GV.NW S. 378)   **KunstHG**
SL: ~ v. 21.6.1989 (ABl S. 1106)   **KHG**

Kunsturhebergesetz
Ges. betr. d. Urheberrecht an Werken d. bildenden Künste
u. d. Photographie v. 9.1.1907 (RGBl S. 7)   *KunstUrhG*

Kurortegesetz
BB: Brandenburgisches ~ v. 14.2.1994 (GVBl I S. 10)   **BbgKOG**
BW: ~ v. 14.3.1972 (GBl S. 70)   **KOG**
NW: ~ v. 8.1.1975 (GV.NW S. 12)   **KOG**
SACH: Sächs. ~ v. 9.6.1994 (SächsGVBl S. 1022)   **SächsKurG**
TH: Thüringer ~ v. 10.6.1994 (GVBl S. 625)   **ThürKOG**

Kurorteverordnung
BY: VO ü. d. Anerkennung als Kur- u. Erholungsort ... v.
17.9.1991 (GVBl S. 343)   **AnerkV**
NW: ~ v. 21.6.1983 (GV.NW S. 254)   **KOVO**

L

Lade- u. Löschzeitenverordnung
v. 23.11.1999 (BGBl I S. 2389)   **BinSchLV**

Ladenschluss
Ges. ü. d. ~ v. 28.11.1956 (BGBl I S. 875)   *LSchlG*
VO ü. d. ~zeiten f. d. Verkaufsstellen auf Personenbahnhöfen d. nichtbundeseigenen Eisenbahnen v. 18.7.1963
(BGBl I S. 501)   **NE-Ladenschlußzeiten-V**

BB: Brandenburgisches Ladenöffnungsgesetz v. 27.11.2006
(GVBl I S. 158)   **BbgLöG**
BB: ~-Ausnahmeverordnung v. 9.5.2005 (GVBl II S. 238)   **LSchlAV**
BE: Berliner Ladenöffnungsgesetz v. 14.11.2006 (GVBl
S. 1045)   **BerlLadÖffG**
BW: VO ü. d. ~ v. 16.10.1996 (GBl S. 659)   **LadSchlVO**
BY: ~verordnung v. 21.5.2003 (GVBl S. 340)   **LSchlV**
BY: VO ü. d. ~ in Kur-, Erholungs-, Ausflugs- u. Wallfahrtsorten v. 12.7.1962 (GVBl S. 104)   **KlSchlV**
HE: Hess. Ladenöffnungsgesetz v. 23.11.2006 (GVBl I
S. 606)   **HLöG**
LSA: Ladenöffnungszeitengesetz Sachsen-Anhalt v.
22.11.2006 (GVBl LSA S. 528)   **LöffZeitG LSA**

MV: VO über die Regelung von Zuständigkeiten nach dem
    Ladenöffnungsgesetz v. 21.2.2008 (GVOBl M-V S. 82)   **LöffGZustVO M-V**
NW: Ladenöffnungsgesetz v. 16.11.2006 (GV.NW S. 516)   **LÖG NRW**
RP: Ladenöffnungsgesetz Rheinland-Pfalz v. 21.11.2006
    (GVBl S. 351)   **LadöffnG**
SACH: ~verordnung v. 20.4.2006 (SächsGVBl S. 98)   **LSchlVO**
SACH: Sächs. Ladenöffnungsvorschaltgesetz v. 16.11.2006
    (SächsGVBl S. 497)   **SächsLadöffVschG**
SH: Ladenöffnungszeitengesetz v. 29.11.2006 (GVOBl
    S. 243)   **LöffZG**
SL: Ladenöffnungsgesetz v. 15.11.2006 (ABl S. 1974)   **LÖG Saarland**
Kostenverordnung
    MV: ~ für Amtshandlungen auf dem Gebiet der Laden-
    öffnung v. 28.2.2008 (GVOBl M-V S. 84)   **LöffKostVO M-V**

Ländereinführungsgesetz
    DDR: ~ v. 22.7.1990 (GBl I S. 955; BGBl II S. 1150)   *LEinfG*

Länderrisikoverordnung
    v. 19.12.1985 (BGBl I S. 2497)   **LrV**

Lärmbekämpfung
    BE: VO z. Bekämpfung d. Lärms v. 23.3.2004 (GVBl
        S. 148)   **LärmVO**
    HA: VO z. Bekämpfung d. Lärms v. 6.1.1981 (GVBl I S. 4)   **LärmVO**

Landbeschaffungsgesetz
    Landbeschaffungsgesetz v. 23.2.1957 (BGBl I S. 134)   **LBG**

Landentwicklungsgesetz
    BB: Brandenburgisches ~ v. 29.6.2004 (GVBl I S. 298)   **BbgLEG**

Landesamtserrichtungsverordnung
    SH: LandesVO ü. d. Errichtung d. Landesamtes f. Gesund-
        heit u. Arbeitssicherheit d. Landes Schleswig-Holstein
        v. 9.12.1997 (GVOBl S. 507)   **LGAVO**
    SH: LandesVO ü. d. Errichtung d. Landesamtes f. Natur u.
        Umwelt d. Landes Schleswig-Holstein v. 30.10.1995
        (GVOBl S. 351)   **LANUVO**
    SH: LandesVO ü. d. Errichtung d. Landesamtes f. soziale
        Dienste d. Landes Schleswig-Holstein v. 9.12.1997
        (GVOBl S. 505)   **LAsDVO**

Landesanstalt für Aufbaufinanzierung
    BY: Gesetz ü. d. Bayer. Landesanstalt f. Aufbaufinanzie-
        rung v. 20.6.2001 (GVBl S. 332)   **LfAG**

Landesanwaltschaft
    TH: VO ü. d. ~ v. 12.8.1991 (GVBl S. 347)   **LAV**

Landesarchivbenutzungsordnung
    BW: ~ v. 10.4.2006 (GBl S. 110)   **LArchBO**

RP: Landesarchiv-Benutzungsverordnung v. 8.12.2004
(GVBl S. 1)   LArchBVO

Landesarchivgebührenordnung
BW: ~ v. 28.11.2006 (GBl S. 382)   LArchGebO

Landesausländerbeiratsgesetz
HE: Ges. ü. d. Landesausländerbeirat v. 3.11.1998 (GVBl I
S. 398)   LABG

Landesbankgesetz
BW: ~ v. 11.11.1998 (Gbl S. 589)   LBWG

Landesbeamtenrechtsänderungsgesetz
BE: Vierundzwanzigstes ~ v. 9.3.2004 (GVBl S. 109)   24. LBÄndG

Landesbeirat
HE: VO über den ~ für Brandschutz, Allgemeine Hilfe
und Katastrophenschutz v. 11.10.2004 (GVBl I S. 308)   LBKVO

Landesbesoldungsanpassungsgesetz
BW: ~ v. 3.4.1979 (GBl S. 134)   LBesAnpG

Landesbesoldungsordnung
BE: ~ i. d. Bek. v. 14.2.1989 (GVBl S. 430)   LBesO

Landesbesoldungsrechtsgesetz
Änderungsgesetze
  BE: 14. Landesbesoldungsrechtsänderungsgesetz v.
11.10.2005 (GVBl S. 535)   14. LBesÄndG
  NW: Achtes Landesbesoldungsänderungsgesetz v.
14.12.2004 (GV.NW S. 779)   8. ÄndLBesG

Landesbürgschaftsgesetz
BE: ~ v. 16.2.1978 (GVBl S. 742)   *LaBüG*

Landesdiskontsatzüberleitungsgesetz
LSA: ~ v. 24.3.1999 (GVBl LSA S. 108)   LDÜG
SH: ~ v. 18.11.1998 (GVOBl S. 338)   LDÜG

Landesentwicklungsplan
BB: Gemeinsames Landesentwicklungsprogramm der
Länder Berlin und Brandenburg i. d. Bek. v. 26.1.2004
(GVBl I S. 11)   LEPro
BE: ~ Standortsicherung Flughafen v. 18.3.1999 (GVBl
S. 121)   LEP SF
LSA: Gesetz ü. d. ~ d. Landes Sachsen-Anhalt v. 23.8.1999
(GVBl LSA S. 244)   LEP-LSA
NW: ~ Nordrhein-Westfalen v. 11.5.1995 (GV.NW S. 532)   LEP NRW
SACH: Landesentwicklungsprogramm ~ Sachsen i. d. Bek.
v. 16.8.1994 (SächsGVBl S. 1489)   LEP

Landesentwicklungsprogramm
BE: Gemeinsames ~ der Länder Berlin und Brandenburg i.
d. Bek. v. 16.11.2003 (GVBl 2004 S. 1)   LEPro

MV: Landesverordnung über das Landesraumentwicklungsprogramm Mecklenburg-Vorpommern v.
30.5.2005 (GVOBl M-V S. 308)   **LEP-LVO M-V**

Landeserziehungsgeldgesetz
BY: Bayer. ~ v. 26.3.2001 (GVBl S. 76)   **BayLErzGG**
MV: ~ v. 4.5.1995 (GVOBl M-V S. 234)   **LErzGG M-V**
SACH: Sächs. ~ v. 25.2.2008 (SächsGVBl S. 60)   **SächsLErzGG**

Landesfamilienkassenverordnung
BB: Brandenburgische ~ v. 4.9.2007 (GVBl II S. 422)   **BbgLFamKaV**
HA: ~ v. 11.12.2001 (GVBl I S. 575)   **HmbLFKVO**
SACH: Sächs. ~ v. 29.3.2005 (SächsGVBl S. 74)   **SächsLaFamKaVO**

Landesgesundheitsamtserrichtungsgesetz
MV: Gesetz ü. d. Errichtung e. Landesgesundheitsamtes v.
6.7.2001 (GVOBl M-V S. 249)   **LGesAG**

Landesgewässerbestandsaufnahme- und -zustandsüberwachungs-Verordnung
RP: ~ v. 6.10.2004 (GVBl S. 465)   **LWBÜVO**

Landeshauptarchiv
BB: Gebührenordnung für das Brandenburgische ~ v.
14.2.2006 (GVBl II S. 38)   **LHAGebO**

Landeshaushaltsordnung
BB: ~ v. 7.5.1991 (GVBl S. 46)   **LHO**
BE: ~ i. d. Bek. v. 20.11.1995 (GVBl S. 805)   **LHO**
BR: ~ v. 25.5.1971 (GBl S. 143)   **LHO**
BW: ~ v. 19.10.1971 (GBl S. 428)   **LHO**
BY: Bay. Haushaltsordnung v. 8.12.1971 (GVBl S. 433)   **BayHO**
HA: ~ v. 23.12.1971 (GVBl S. 261; 1972 S. 10)   **LHO**
HE: ~ i. d. Bek. v. 15.3.1999 (GVBl I S. 248)   **LHO**
LSA: ~ v. 30.4.1991 (GVBl LSA S. 35)   **LHO**
MV: ~ i. d. Bek. v. 10.4.2000 (GVOBl M-V S. 159)   **LHO**
ND: ~ i. d. Bek. v. 30.4.2001 (GVBl S. 276)   **LHO**
NW: ~ i. d. Bek. v. 26.4.1999 (GV.NW S. 158)   **LHO**
RP: ~ v. 20.12.1971 (GVBl 1972 S. 2)   **LHO**
SACH: Sächs. Haushaltsordnung i. d. Bek. v. 10.4.2001
(SächsGVBl S. 153)   **SäHO**
SH: ~ v. 22.4.1971 (GVOBl S. 162)   **LHO**
SL: ~ i. d. Bek. v. 5.11.1999 (ABl 2000 S. 194)   **LHO**
TH: ~ v. 6.2.1991 (GVBl S. 3)   **LHO**
TH: Thüringer ~ i. d. Bek. v. 19.9.2000 (GVBl S. 282)   **ThürLHO**

Landeskrankenhauserrichtungsgesetz
RP: Landesgesetz ü. d. Errichtung d. Landeskrankenhauses
-Anstalt des öffentl. Rechts- v. 17.11.1995 (GVBl
S. 494)   **LKErG**

Landeskreditbankgesetz
BW: Ges. ü. d. Landeskreditbank Baden-Württemberg v.
11.4.1972 (GBl S. 129)   **LKBG**

4. Gesetze, sonstige Rechtsvorschriften, Verwaltungsvorschriften u.ä. Lan

Landesmietwohnungsanordnungen
NW: ~ v. 20.2.1978 (SMBl.NW 6410) *LMWA*

Landesplanungsbeiratsverordnung
BY: ~ v. 30.6.2005 (GVBl S. 252) **LplBV**

Landesrechtsbereinigung
SL: Gesetz z. Anpassung u. Bereinigung v. Landesrecht v.
24.6.1998 (ABl S. 518) **6. RBG**
SL: VO z. Bereinigung d. Saarländischen Landesrechts v.
24.2.1994 (ABl S. 607) **RBVO**

Landessatzung
SH: ~ i. d. Bek. v. 7.2.1984 (GVOBl S. 53) **LS**

Landesschifffahrtsverordnung
BB: ~ v. 25.4.2005 (GVBl II S. 166) **LSchiffV**

Landesschlichtungsgesetz
SH: ~ v. 11.12.2001 (GVOBl S. 361) **LSchliG**
SL: ~ v. 21.2.2001 (ABl S. 532) **LSchlG**

Landesschuldbuchgesetz
BB: Brandenburgisches ~ v. 29.6.2004 (GVBl I S. 269) **BbgLSBG**
BW: ~ v. 11.5.1953 (GBl S. 65) **LSchG**

Landesseilbahngesetz
SACH: ~ v. 12.3.1998 (SächsGVBl S. 102) **LSeilbG**

Landesstatistikgesetz
BR: ~ v. 11.7.1989 (GBl S. 277) **LStatG**
HE: Hess. ~ v. 19.5.1987 (GVBl I S. 67) **HessLStatG**
LSA: ~ Sachsen-Anhalt v. 18.5.1995 (GVBl LSA S. 130) **StatG-LSA**
MV: ~ Mecklenburg-Vorpommern v. 28.2.1994 (GVOBl
M-V S. 347) **LStatG**
RP: ~ v. 27.3.1987 (GVBl S. 57) **LStatG**
SH: ~ v. 8.3.1991 (GVOBl S. 131) **LStatG**
SL: Saarl. ~ v. 24.10.1989 (ABl S. 1570) **SLStatG**

Landesstimmordnung
BW: ~ v. 27.2.1984 (GBl S. 199) **LStO**

Landesstipendienverordnung
SACH: Sächs. ~ v. 14.2.2001 (SächsGVBl S. 144) **SächsLStipVO**

Landesstraf- und Verordnungsgesetz
BY: i. d. Bek. v. 7.11.1974 (GVBl S. 753) **LStVG**

Landesstrafrecht
RP: Landesges. z. Änd. strafrechtl. Vorschriften; 1. ~ v.
20.11.1969 (GVBl S. 179); 2. Landesstrafrecht v.
5.3.1970 (GVBl S. 96); 3. Landesstrafrecht v. 5.11.1974
(GVBl S. 469) **...LStrafÄndG**

Landesverfassungsgerichtsgesetz
MV: ~ v. 19.7.1994 (GVOBl M-V S. 734) **LVerfGG**

SH: ~ v. 10.1.2008 (GVOBl S. 25) **LVerfGG**
Landesverfassungsschutzgesetz
MV: ~ v. 11.7.2001 (GVOBl M-V S. 261) **LVerfSchG**
RP: ~ v. 6.7.1998 (GVBl S. 184) **LVerfSchG**

Landesvergabegesetz
Durchführungsverordnung
ND: VO zur Durchführung des Landesvergabegesetzes
v. 23.1.2003 (GVBl S. 25) **DVO-LVergabeG**

Landesvermessungs- und Liegenschaftskatastergesetzdurchführungsverordnung
NW: VO zur Durchführung des Gesetzes über die Landesvermessung und das Liegenschaftskataster v.
25.10.2006 (GV.NW S. 462) **DVOzVermKatG NRW**

Landesvermessungsverfahrensverordnung
TH: Thüringer ~ v. 5.8.2000 (GVBl S. 264) **ThürLVermVVO**

Landesverwaltungsgesetz
BW: ~ i. d. Bek. v. 2.1.1984 (GBl S. 101) **LVG**
SH: ~ i. d. Bek. v. 19.3.1979 (GVOBl S. 181) **LVwG**

Landesverwaltungsverfahrensbeschleunigungsgesetz
BW: ~ v. 24.11.1997 (GBl S. 470) **LVwVfBG**

Landesverwaltungsverfahrensgesetz
MV: Verwaltungsverfahrensgesetz i. d. Bek. v. 26.2.2004
(GVOBl M-V S. 106) **VwVfG**

Landeswahlgeräte(ver)ordnung
BB: ~ v. 14.5.2004 (GVBl II S. 334) **LWahlGV**
HE: ~ v. 11.10.1989 (GVBl I S. 348) **LWahlGV**
LSA: Landeswahlgeräte-VO v. 10.7.2001 (GVBl LSA S. 272) **LWGer-VO**
NW: Landeswahlgeräteordnung v. 11.7.1996 (GV.NW
S. 443) **LWahlGO**
RP: ~ v. 3.2.2004 (GVBl S. 219) **LWgVO**

Landeswohlfahrtsverbändegesetz
BW: ~ v. 23.4.1963 (GBl S. 35) **LWVG**

Landeszentralkassenerrichtungsverordnung
MV: ~ v. 6.8.2001 (GVOBl M-V S. 311) **LZKErlVO**

Landeszuschuss-Anpassungsverordnung
BB: ~ i. d. Bek. v. 20.5.2005 (GVBl II S. 279) **LaZAV**

Landkreisordnung
BW: ~ i. d. Bek. v. 19.6.1987 (GBl S. 289) **LKrO**
BY: ~ i. d. Bek. v. 22.8.1998 (GVBl S. 827) **LKrO**
HE: Hess. ~ i. d. Bek. v. 7.3.2005 (GVBl I S. 183) **HKO**
ND: Niedersächsische ~ i. d. Bek. v. 30.10.2006 (GVBl
S. 510) **NLO**

RP: ~ i. d. Bek. v. 31.1.1994 (GVBl S. 188)   **LKO**
SH: Kreisordnung für Schleswig-Holstein i. d. Bek. v.
28.2.2003 (GVOBl S. 94)   **KrO**

Landkreiswahlgesetz
BY: ~ i. d. Bek. v. 17.9.1989 (GVBl S. 497)   **LKrWG**

Landpachtgesetz
v. 25.6.1952 (BGBl I S. 343)   **LPachtG**

Landpachtverkehrsgesetz
v. 8.11.1985 (BGBl I S. 2075)   **LPachtVG**

Landschaftsgesetz
NW: ~ i. d. Bek. v. 21.7.2000 (GV.NW S. 791)   **LG**

Landschaftspflegegesetz
SH: Ges. z. Anpassung d. ~ und anderer Rechtsvorschriften v. 19.11.1982 (GVOBl S. 256)   **LPflegAnpG**
SH: ~ i. d. Bek. v. 19.11.1982 (GVOBl S. 256)   **LPflegG**

Landschaftsverbandsordnung
NW: ~ v. 14.7.1994 (GV.NW S. 657)   *LVerbO*

Landtag
SL: Ges. ü. d. ~ d. Saarlandes v. 20.6.1973 (ABl S. 517)   *LTG*

Landtagsinformationsgesetz
LSA: ~ v. 30.11.2004 (GVBl LSA S. 810)   **LIG**

Landwirtschaft
Ges. z. Förderung d. bäuerl. ~ v. 12.7.1989 (BGBl I S. 1435)   **LaFG**
Ges. z. Förderung d. Einstellung d. ~l. Erwerbstätigkeit v. 21.2.1989 (BGBl I S. 233)   **FELEG**
~sförderungsverordnung v. 19.7.1989 (BGBl I S. 1472)   **LaFV**

Landwirtschaftliche Produktionsgenossenschaften
DDR: Ges. ü. d. landwirtschaftl. Produktionsgenossenschaften v. 2.7.1982 (GBl I S. 443; BGBl 1990 II S. 1204)   **LPG-Gesetz**

Landwirtschaftliche Siedlung
Ges. z. Förderung d. landwirtschaftlichen Siedlung v. 15.5.1953 (BGBl I S. 224)   *LwSiedlG*

Landwirtschafts-Altschuldengesetz
v. 25.6.2004 (BGBl I S. 1383)   **LwAltschG**

Landwirtschafts-Altschuldenverordnung
v. 19.12.2004 (BGBl I S. 2861)   **LwAltschV**

Landwirtschafts-Anpassungshilfenverordnung
v. 23.7.1991 (BGBl I S. 1598)   **LaAV**

Landwirtschafts-Bodenschutzzuständigkeitslandesverordnung
MV: ~ v. 16.4.2004 (GVOBl M-V S. 176)   **LwBodSchZustLVO M-V**

Landwirtschafts-Veranlagungsverordnung
v. 26.4.1983 (BGBl I S. 491)   **LwVeranlV**

Landwirtschaftsanpassungsgesetz
v. 3.7.1991 (BGBl I S. 1418)   *LwAnpG*

Landwirtschaftsförderungsgesetz
BB: ~ v. 14.2.1994 (GVBl I S. 30)   **LFG**
BY: Ges. z. Förderung d. bayer. Landwirtschaft v. 8.8.1974
(GVBl S. 395)   **LwFöG**

Landwirtschaftsgesetz
v. 5.9.1955 (BGBl I S. 565)   *LwG*
BW: Landwirtschafts- und Landeskulturgesetz v. 14.3.1972
(GBl S. 74)   **LLG**
LSA: ~ Sachsen-Anhalt v. 28.10.1997 (GVBl LSA S. 919)   **LwG LSA**

Landwirtschaftskammergesetz
ND: Gesetz über Landwirtschaftskammern i. d. Bek. v.
10.2.2003 (GVBl S. 61)   **LwKG**
RP: ~ v. 28.7.1970 (GVBl S. 309)   **LwKG**

Landwirtschaftssachen
Ges. ü. d. gerichtliche Verfahren in ~ v. 21.7.1953 (BGBl I
S. 667)   *LwVfG*
SACH: Ausführungsgesetz z. Ges. ü. d. gerichtl. Verfahren
in ~ v. 14.11.1991 (SächsGVBl S. 379)   **SächsLandwVerf-AusfG**

Landwirtschaftssachverständigenverordnung
MV: ~ v. 26.8.1997 (GVOBl M-V S. 482)   **LwSachv.VO M-V**
SACH: Sächs. ~ v. 29.10.2001 (SächsGVBl S. 694)   **SächsLandwSachVO**

Lastenausgleichsarchivverordnung
v. 19.2.1988 (BGBl I S. 161)   **LAArchV**

Lastenausgleichsgesetz
i. d. Bek. v. 2.6.1993 (BGBl I S. 845)   **LAG**

Lastenausgleichsrecht Saarland
Ges. z. Einführung v. Vorschriften d. Lastenausgleichsrechts
im Saarland v. 30.7.1960 (BGBl I S. 637)   **LA-EG-Saar**
VO z. Durchf. d. Gesetzes z. Einführung v. Vorschriften d.
Lastenausgleichsrechts im Saarland; 1. VO v. 22.8.1961
(BGBl I S. 1646); 2. VO v. 16.7.1963 (BGBl I S. 471)   **LADV-Saar**
VO z. Einführung v. Rechtsverordnungen z. Lastenausgleichsrecht im Saarland v. 28.2.1961 (BGBl I S. 135)   **LA-EinfDV-Saar**

Lastentragungsgesetz
v. 25.8.2006 (BGBl I S. 2105)   **LastG**

Laubenverordnung
BE: ~ v. 18.6.1987 (GVBl S. 1882)   **LaubenVO**

Laufbahn- u. Prüfungsrecht
BY: Bek. u. Allg. Regelungen d. Landespersonalausschus-

4. Gesetze, sonstige Rechtsvorschriften, Verwaltungsvorschriften u.ä.　　　　　　　　　　Lau

ses im Bereich d. Laufbahn- u. Prüfungsrechts v.
1.12.1989 (StAnz Nr. 50, Beil. 9)　　　　　　　　　　ARLPA

Laufbahnaufstiegsverordnung
LSA: VO ü. d. Aufstieg i. d. Laufbahn des höheren allg.
Verwaltungsdienstes v. 28.8.1996 (GVBl LSA S. 307)　　　AufsthDVO
ND: VO ü. d. Aufstieg i. d. Laufbahnen d. geh. allg. Verwaltungsdienstes u. d. geh. Polizeidienstes v.
18.7.2000 (GVBl S. 174)　　　　　　　　　　　　AufstiegsVOgehD

Laufbahngesetz
BE: ~ i. d. Bek. v. 11.3.2003 (GVBl S. 137)　　　　　LfbG

Laufbahnverordnung
Kriminal-~ v. 20.4.2004 (BGBl I S. 682)　　　　　　　KrimLV
Laufbahn-, Ausbildungs- u. Prüfungsordnung f. d. Laufbahn d. gehobenen nichttechn. Dienstes i. d. allg. u. inneren
Verwaltung d. Bundes i. d. Bek. v. 15.10.1986 (GMBl
S. 623) (s.a. Bundes~)　　　　　　　　　　　　LAPO-gehD-AIV
Laufbahn-, Ausbildungs- u. Prüfungsordnung f. d. Laufbahn d. mittleren Dienstes i. d. allg. u. inneren Verwaltung
d. Bundes i. d. Bek. v. 17.4.1986 (GMBl S. 490) (s.a. Bundes~)　　　　　　　　　　　　　　　　LAPO-mittlD-AIV
f. d. Angehörigen d. Zivilschutzkorps v. 23.8.1966 (BGBl I
S. 528) (s.a. Bundeslaufbahnverordnung)　　　　　　ZSK-LV
PostlaufbahnVO v. 22.6.1995 (BGBl I S. 868) (s.a. Bundes~)　PostLV
Rahmen-Laufbahn-, Ausbildungs- u. Prüfungsordnung f. d.
Laufbahnen d. geh. öffentlichen Dienstes i. d. Bundesverwaltung v. 12.6.1979 (BAnz Nr. 121a) (s.a. Bundes~)　　　RaLAPO-gehD
VO über die Laufbahn, Ausbildung und Prüfung für den
gehobenen Dienst der Fernmelde- und Elektronischen Aufklärung des Bundes v. 22.8.2006 (BGBl I S. 2057)　　　LAP-gDFm/EloAufkl-BundV

VO über die Laufbahn, Ausbildung und Prüfung für die bei
der Deutschen Postbank AG beschäftigten Beamtinnen und
Beamten v. 25.8.2005 (BGBl I S. 2602)　　　　　　　LAP-PostbankV
VO über die Laufbahnen des Polizeivollzugsdienstes beim
Deutschen Bundestag v. 27.8.2003 (BGBl I S. 1678)　　　PolBTLV
VO über die Laufbahnen, Ausbildung und Prüfung für die
bei der Deutschen Post AG beschäftigten Beamtinnen und
Beamten v. 30.11.2004 (BGBl I S. 3185)　　　　　　　LAP-PostV
VO über die Laufbahnen, Ausbildung und Prüfung für die
bei der Deutschen Telekom AG beschäftigten Beamtinnen
und Beamten v. 21.6.2004 (BGBl I S. 1287)　　　　　LAP-TelekomV
VO ü. d. Laufbahn, Ausbildung u. Prüfung f. d. geh. Kriminaldienst d. Bundes v. 24.9.2001 (BGBl I S. 2505) (s.a.
Bundes~)　　　　　　　　　　　　　　　　　LAP-gKrimDV
VO ü. d. Laufbahn, Ausbildung u. Prüfung f. d. höheren
Dienst an wissentschaftl. Bibl. d. Bundes v. 25.10.2001
(BGBl I S. 2779) (s.a. Bundes~)　　　　　　　　　　LAP-hDBiblV

	VO ü. d. Laufbahn, Ausbildung u. Prüfung für d. höheren Kriminaldienst d. Bundes v. 3.9.2001 (BGBl I S. 2342) (s.a. Bundes~)	LAP-hKrimDV
BB:	~ v. 25.2.1997 (GVBl II S. 58)	LVO
BE:	Fachrichtungs-~ i. d. Bek. v. 17.11.2004 (GVBl S. 468)	FachLVO
BE:	Kriminalpolizei-~ v. 12.7.1995 (GVBl S. 460) (s.a. Bundeslaufbahnverordnung)	KLVO
BE:	~ f. d. Justizvollzugsdienst v. 20.3.1973 (GVBl S. 526) (s.a. Bundeslaufbahnverordnung)	JVollzLVO
BE:	Schutzpolizei-~ v. 12.7.1995 (GVBl S. 453) (s.a. Bundeslaufbahnverordnung)	SLVO
BR:	Brem. ~ i. d. Bek. v. 3.1.1977 (GBl S. 89) (s.a. Bundeslaufbahnverordnung)	BrLV
BR:	VO über die Laufbahn der Beamten des feuerwehrtechnischen Dienstes im Lande Bremen i. d. Bek. v. 1.12.2006 (GVBl S. 487)	FwLV
BW:	~ i. d. Bek. v. 28.8.1991 (GBl S. 577)	LVO
BY:	~ f. Laufbahnen d. mittl. nichttechn. Dienstes v. 22.3.1983 (GVBl S. 100) (s.a. Bundeslaufbahnverordnung)	AuslVfmD
BY:	~ i. d. Bek. v. 4.3.1996 (GVBl S. 99) (s.a. Bundeslaufbahnverordnung)	LbV
BY:	VO ü. d. Laufbahnen d. bayerischen Polizeivollzugsbeamten v. 3.3.1994 (GVBl S. 160) (s.a. Bundes~)	LbVPol
BY:	VO z. Reg. d. bes. Ausleseverfahrens f. d. Einstellung i. Laufbahnen d. geh. nichttechn. Dienstes v. 3.10.1978 (GVBl S. 694) (s.a. Bundes~)	AuslVfV
HA:	Hamb. ~ v. 28.11.1978 (GVBl I S. 391) (s.a. Bundeslaufbahnverordnung)	HmbLVO
HA:	VO ü. d. Laufbahn d. hamb. Polizeivollzugsbeamten i. d. Bek. v. 16.12.1980 (GVBl I S. 387) (s.a. Bundes~)	HmbLVOPol
HA:	VO ü. d. Laufbahnen d. gehobenen Justizdienstes – Rechtspflegerlaufbahn v. 18.12.1973 (GVBl I S. 531) (s.a. Bundes~)	RpflLVO
HE:	Hess. ~ v. 18.12.1979 (GVBl I S. 266) (s.a. Bundeslaufbahnverordnung)	HLVO
HE:	VO ü. d. Laufbahnen d. hessischen Polizeivollzugsdienstes v. 18.7.1996 (GVBl I S. 326) (s.a. Bundes~)	HPolLVO
LSA:	~ für Mitglieder Freiwilliger Feuerwehren v. 23.9.2005 (GVBl LSA S. 640)	LVO-FF
LSA:	~ v. 15.8.1994 (GVBl LSA S. 920)	LVO
LSA:	VO ü. d. Laufbahnen d. Polizeiverwaltungsdienstes v. 5.6.1996 (GVBl LSA S. 180)	PolVLV
MV:	Landes~ i. d. Bek. v. 17.7.2006 (GVOBl. M-V S. 639)	LaufbLVO – M-V
MV:	~ v. 28.9.1994 (GVOBl M-V S. 861) (s.a. Bundeslaufbahnverordnung)	LaufbVO M-V
ND:	Besondere Niedersächsische ~ i. d. Bek. v . 27.1.2003 (GVBl S. 42)	Bes. NLVO

ND: Niedersächsisches ~ i. d. Bek. v. 25.5.2001 (GVBl S. 315) (s.a. Bundeslaufbahnverordnung)	NLVO
NW: ~ i. d. Bek. v. 23.11.1995 (GV.NW 1996 S. 1)	LVO
NW: VO ü. d. Ausbildung u. Prüfung f. d. Laufbahn d. allg. Vollzugsdienstes bei Justizvollzugsanstalten i. d. Bek. v. 4.9.2000 (GV.NW S. 612) (s.a. Bundes~)	VAPaVollzd
RP: ~ f. d. Polizeidienst v. 26.5.1997 (GVBl S. 157) (s.a. Bundeslaufbahnverordnung)	LbVOPol
RP: ~ für den Schuldienst, den Schulaufsichtsdienst und den schulpsychologischen Dienst, Schullaufbahnverordnung v. 20.2.2006 (GVBl S. 116)	SchulLbVO
RP: ~ v. 20.2.2006 (GVBl S. 102)	LbVO
RP: ~ v. 26.6.1971 (GVBl S. 143) (s.a. Bundeslaufbahnverordnung)	LaufbVO
SACH: LaufbahnVO d. Polizeibeamten v. 22.11.1999 (SächsGVBl S. 799) (s.a. Bundes~)	SächsLVO Pol
SACH: Sächs. ~ i. d. Bek. v. 29.8.2000 (SächsGVBl S. 398) (s.a. Bundeslaufbahnverordnung)	SächsLVO
SACH: VO d. Sächs. Staatsministeriums d. Justiz ü. d. Ausbildung f. d. Laufbahn d. Justizwachtmeisterdienstes v. 13.11.1995 (SächsGVBl S. 418) (s.a. Bundes~)	AOJwD
SH: LandesVO ü. d. Laufbahnen der Lehrerinnen u. Lehrer i. d. Bek. v. 30.1.1998 (GVOBl S. 124) (s.a. Bundes~)	SH.LLVO
SH: ~ i. d. Bek. v. 3.8.2005 (GVOBl S. 317)	SH.LVO
SL: PolizeilaufbahnVO v. 23.9.1996 (ABl S. 1034) (s.a. Bundes~)	Pol.LVO
SL: Saarl. ~ i. d. Bek. v. 21.2.1978 (ABl S. 233) (s.a. Bundeslaufbahnverordnung)	SLVO
TH: Thüringer Ausbildungs- u. Prüfungsordnung f. d. Laufbahn d. mittl. Justizdienstes v. 15.4.1998 (GVBl S. 140) (s.a. Bundes~)	ThürAPOmJD
TH: Thüringer Ausbildungsordnung f. d. Laufbahn d. einfachen Justizdienstes v. 7.8.1996 (GVBl S. 162) (s.a. Bundes~)	ThürAOeJD
TH: Thüringer Feuerwehr-Laufbahn-, Ausbildungs- und Prüfungsordnung v. 5.10.2007 (GVBl S. 169)	ThürFwLAPO
TH: Thüringer ~ v. 7.12.1995 (GVBl S. 382) (s.a. Bundeslaufbahnverordnung)	ThürLbVO
TH: Thüringer LaufbahnVO f. d. Polizeivollzugsdienst v. 4.6.1998 (GVBl S. 210) (s.a. Bundes~)	ThürLbVOPol
TH: Thüringer VO ü. d. Ausbildung u. Prüfung f. d. Laufbahn d. mittleren Polizeivollzugsdienstes v. 5.6.1997 (GVBl S. 283) (s.a. Bundes~)	ThürAPOPolmD
Mittlerer Dienst VO über die Laufbahnen, Ausbildung und Prüfung für den mittleren Dienst im Bundesnachrichtendienst v. 22.6.2004 (BGBl I S. 1303)	LAP-mDBNDV

Polizei
- BB: der ~ v. 30.1.2006 (GVBl II S. 18) — **LVOPol**
- BR: ~laufbahnverordnung v. 11.9.2001 (GBl S. 317) — **PolLV**
- BW: Landeslaufbahnverordnung f. d. ~ i. d. Bek. v. 15.6.1998 (GBl S. 334) (s.a. Bundeslaufbahnverordnung) — **LVOPol**
- HE: ~laufbahnverordnung v. 22.12.1967 (GVBl 1968 I S. 26) — **PolLV**
- LSA: VO ü. d. Laufbahn des ~vollzugsdienstes des Landes Sachsen-Anhalt v. 20.3.2006 (GVBl LSA S. 89) — **PolLV**
- MV: Landeslaufbahnverordnung f. d. ~ v. 18.1.2001 (GVOBl M-V S. 9) — **LVOPol**
- ND: VO ü. d. Laufbahnen d. ~vollzugsdienstes d. Landes Niedersachsen v. 7.8.1979 (GVBl S. 236) — **PolLV**
- NW: d. ~ i. d. Bek. v. 4.1.1995 (GV.NW S. 42) (s.a. Bundeslaufbahnverordnung) — **LVOPol**
- SH: ~laufbahnverordnung v. 10.7.1997 (GVOBl S. 374) — **PolLV**

Polizeivollzugsdienst
- BE: Siebente VO zur Änderung der Laufbahnverordnungen für den ~ v. 17.7.2007 (GVBl S. 301) — **7. ÄndVO-PolLVO**

Verwaltungsdienst
VO über die Laufbahn, Ausbildung und Prüfung für den gehobenen bautechnischen ~ Bundes v. 21.1.2004 (BGBl I S. 105) — **LAP-gbautDV**
- BE: Verwaltungs-Laufbahnverordnung i. d. Bek. v. 17.11.2004 (GVBl S. 472) — **VLVO**

Verwaltungsdienst, nichttechnischer
VO über die Laufbahn, Ausbildung und Prüfung für den gehobenen nichttechnischen Verwaltungsdienst in der Bundesverwaltung v. 14.3.2005 (BGBl I S. 779) — **LAP-gntDBWVV**

Verwaltungsdienst, technischer
VO über die Laufbahn, Ausbildung und Prüfung für den gehobenen technischen Verwaltungsdienst in der Wasser- und Schifffahrtsverwaltung des Bundes v. 21.5.2003 (BGBl I S. 750) — **LAP-gtDWSVV**

VO über die Laufbahn, Ausbildung und Prüfung für den höheren technischen Verwaltungsdienst des Bundes v. 20.8.2004 (BGBl I S. 2230) — **LAP-htVerwDV**

Lebensmittel
Neuartige ~~ u. Lebensmittelzutaten-VO i. d. Bek. v. 14.2.2000 (BGBl I S. 123) — **NLV**
VO ü. tiefgefrorene ~ v. 29.10.1991 (BGBl I S. 2051) — **TLMV**
- BY: Durchführungsgesetz z. Übk. v. 1.9.1970 ü. internat. Beförderungen leicht verderbl. ~... v. 15.7.1977 (GVBl S. 352) — **DGATP**

Ausführungsverordnung
- BY: Lebensmittelrecht und Futtermittelrecht-~ v. 8.1.2008 (GVBl S. 2) — **AVLFM**

4. Gesetze, sonstige Rechtsvorschriften, Verwaltungsvorschriften u.ä. Leb

Lebensmittel- und Bedarfsgegenständegesetz	
Hessisches Ausführungsgesetz z. Lebensmittel- und Bedarfs-	
gegenstandsgesetz v. 16.6.1961 (GVBl II 355–13)	**HAG/LMG**
i. d. Bek. v. 9.9.1997 (BGBl I S. 2296)	**LMBG**
NW: Ges. ü. d. Vollzug d. Lebensmittel- und Bedarfsgegen-	
ständerechts v. 19.3.1985 (GV.NW S. 259)	**LMBVG-NW**
Lebensmittel- und Futtermittelgesetzbuch	
i. d. Bek. v. 26.4.2006 (BGBl I S. 945)	**LFGB**
Zuständigkeitsverordnung	
BB: VO über die Zuständigkeiten der Landesbehörden nach dem Lebensmittel- und Futtermittelgesetzbuch und weiteren Vorschriften v. 12.7.2006 (GVBl II S. 286)	**LFGBZV**
SH: Lebensmittel- und Futtermittel-~ v. 20.6.2006 (GVOBl S. 152)	**LFMZVO**
Lebensmittelbestrahlungsverordnung	
v. 14.12.2000 (BGBl I S. 1730)	**LMBestrV**
Lebensmittelhygieneverordnung	
BB: ~ v. 1.9.1994 (GVBl II S. 756)	**LHygV**
HE: Hess. ~ v. 31.5.1988 (GVBl I S. 246)	**HLHV**
LSA: ~ v. 14.12.1994 (GVBl LSA S. 1046)	**LMHygVO**
SH: ~ v. 21.8.1991 (GVOBl S. 402)	**LHygV**
Lebensmittelkennzeichnungsverordnung	
i. d. Bek. v. 15.12.1999 (BGBl I S. 2464)	**LMKV**
Lebensmittelkontrolleurverordnung	
v. 17.8.2001 (BGBl I S. 2236)	**LKonV**
Lebensmittelrecht	
BY: Ges. ü. d. Vollzug d. Lebensmittelrechts i. d. Bek. v. 4.10.1976 (GVBl S. 433)	**VollzGLmG**
Zuständigkeitsverordnung	
TH: Thüringer VO über die Regelung von Zuständigkeiten auf dem Gebiet der Lebensmittelüberwachung v. 19.12.2003 (GVBl S. 3)	**ThürZLÜVO**
Lebensmittelrechtszuständigkeitsverordnung	
NW: ~ v. 16.7.1986 (GV.NW S. 582)	**LMRZV-NW**
Lebensmittelspezialitätengesetz	
v. 29.10.1993 (BGBl I S. 1814)	**LSpG**
Lebensmitteltransportbehälterverordnung	
v. 13.4.1987 (BGBl I S. 1212)	**LMTV**
Lebensmittelüberwachungsgesetz	
BY: ~ v. 11.11.1997 (GVBl S. 738)	**LÜG**
Lebensmittelverkehrsverordnung	
BY: VO ü. d. Verkehr m. Lebensmitteln tierischer Herkunft v. 24.2.1976 (GVBl S. 44)	**LmVT**

Lebenspartnerschaftsgesetz
  BR: Brem. Gesetz z. Regelung d. Zuständigkeit u. d. Verfahrens n. d. ~ v. 26.6.2001 (GBl S. 213)   **BremLPartVerfG**
  BY: Ges. z. Ausführung d. Lebenspartnerschaftsgesetzes v. 26.10.2001 (GVBl S. 677)   **AGLPartG**
  HA: Gesetz z. Ausführung d. Lebenspartnerschaftsgesetzes v. 4.7.2001 (GVBl I S. 145)   **LPartAusfG**

Anpassungsgesetz(e)
  NW: Lebenspartnerschaftsanpassungsgesetz v. 3.5.2005 (GV.NW S. 498)   **LPartAnpG**
  SH: Lebenspartnerschaftsanpassungsgesetz v. 3.1.2005 (GVOBl S. 21)   **LPartAnpG**

Lebensunterhaltverordnung
  SH: ~ v. 26.4.2001 (GVOBl S. 68)   **LUVO**

Legehennenbetriebsregistergesetz
  v. 12.9.2003 (BGBl I S. 1894)   **LegRegG**

Zuständigkeitsverordnung
  BB: VO über Zuständigkeiten nach dem Legehennenbetriebsregistergesetz v. 20.7.2004 (GVBl II S. 610)   **LegRegZV**

Legehennenbetriebsregisterverordnung
  v. 6.10.2003 (BGBl I S. 1969)   **LegRegV**
  MV: Legehennenbetriebsregisterlandesverordnung v. 15.12.2003 (GVOBl M-V S. 696)   **LegRegLVO M-V**

Lehr- u. Lernmittelverordnung
  TH: Thüringer Lehr- und Lernmittelverordnung v. 1.3.2004 (GVBl S. 432)   **ThürLLVO**

Lehramtserprobungsverordnung
  BE: ~ v. 28.2.2006 (GVBl S. 251)   **LEPVO**

Lehramtsprüfungsordnung
  BB: ~ v. 31.7.2001 (GVBl II S. 494)   **LPO**
  BY: ~ I i. d. Bek. v. 9.9.1997 (GVBl S. 542)   **LPO**
  BY: ~ II v. 28.10.2004 (GVBl S. 428)   **LPO**
  BY: VO ü. d. Gewährung v. Vergütungen f. Professoren und Hochschulassistenten bei Prüfungen nach d. ~ I v. 17.5.2004 (GVBl S. 202)   **VergV-LPO I**
  ND: VO ü. d. Ausbildung u. d. Zweiten Staatsprüfungen für Lehrämter v. 18.10.2001 (GVBl S. 655)   **PVO-Lehr II**
  ND: VO ü. d. Ersten Staatsprüfungen f. Lehrämter i. Land Niedersachsen v. 15.4.1998 (GVBl S. 399)   **PVO-Lehr I**
  NW: ~ v. 27.3.2003 (GV.NW S. 182)   **LPO**
  SACH: ~ I v. 13.3.2000 (SächsGVBl S. 166)   **LAPO I**

Lehrberichtsverordnung
  SACH: Sächs. ~ v. 2.4.1997 (SächsGVBl S. 386)   **SächsLehrbVO**

Lehrerarbeitszeitaufteilungsgesetz
  BR: ~ v. 17.6.1997 (GBl S. 218)   **BremLAAufG**

Lehrerausbildungsgesetz
NW: ~ i. d. Bek. v. 18.9.1998 (GV.NW S. 564)   **LABG**

Lehrerausbildungskapazitätsgesetz
MV: ~ v. 19.12.2005 (GVOBl M-V S. 612)   **LehrAusbKapG M-V**

Lehrerbildungsgesetz
BB: Brandenburgisches ~ v. 25.6.1999 (GVBl I S. 242)   **BbgLeBiG**
BE: ~ i. d. Bek. v. 13.2.1985 (GVBl S. 434)   **LBiG**
BY: Bay. ~ i. d. Bek. v. 12.12.1995 (GVBl 1996 S. 16)   **BayLBG**
SL: Saarländisches ~ v. 23.6.1999 (ABl S. 1054)   **SLBiG**
TH: Thüringer ~ v. 12.3.2008 (GVBl S. 45)   **ThürLbG**
Änderungsgesetze
  BE: Dreizehntes Gesetz zur Änderung des Lehrerbildungsgesetzes v. 4.5.2005 (GVBl S. 287)   **13. LBiGÄndG**
  BE: Zwölftes Gesetz zur Änderung des Lehrerbildungsgesetzes v. 5.12.2003 (GVBl S. 582)   **12. LBiGÄndG**

Lehrerdienstordnung
BY: ~ v. 3.10.1977 (KMBl S. 537)   **LDO**

Lehrerkonferenzordnung
SACH: ~ v. 12.7.1994 (SächsGVBl S. 1452)   **LKonfO**

Lehrerlaufbahnverordnung
MV: ~ v. 17.12.1996 (GVOBl M-V S. 673)   **BesLaufb VO Schulen M-V**

Lehrerprüfungs(ver)ordnung
BE: Lehrerprüfungsordnung v. 1.12.1999 (GVBl 2000 S. 1)   **1. LPO**
MV: LehrerprüfungsVO 2000 v. 7.8.2000 (GVOBl M-V S. 393)   **LehPrVO 2000 M-V**

Lehrervorbereitungsdienstverordnung
MV: ~ v. 8.4.1998 (GVOBl M-V S. 525)   **LehVDVO M-V**

Lehrkräfte für besondere Aufgaben
BE: VO ü. Lehrkräfte f. bes. Aufgaben v. 18.4.1988 (GVBl S. 718)   **LkAVO**
BY: VO ü. d. Einstellungsvoraussetzungen f. Lehrkräfte f. bes. Aufgaben v. 29.10.1985 (GVBl S. 681)   **ELbAV**

Lehrkräftezulagenverordnung
BB: ~ v. 21.2.2000 (GVBl II S. 61)   **LZV**

Lehrverordnung Berufsakademie
BE: ~ v. 3.3.1998 (GVBl S. 69)   **LVBA**

Lehrverpflichtungs- und Lehrnachweisverordnung
BR: ~ v. 14.5.2004 (GBl. S. 441)   **LVNV**

Lehrverpflichtungsverordnung
BB: ~ v. 22.11.1996 (GVBl II S. 836)   **LehrVV**
BE: ~ i. d. Bek. v. 27.3.2001 (GVBl S. 74)   **LVVO**

BR: ~ v. 21.2.1995 (GBl S. 121) LVV
BR: ~ VO z. Nachweis d. Erfüllung d. Lehrverpflichtung d.
Lehrenden an d. Hochschulen v. 18.9.1984 (GBl
S. 243) LNVO
BW: ~ v. 11.12.1995 (GBl 1996 S. 43) LVVO
BY: ~ v. 19.9.1994 (GVBl S. 956) LUFV
HA: ~ für die Hamburger Hochschulen v. 21.12.2004
(GVBl S. 497) LVVO
LSA: ~ v. 11.9.2007 (GVBl LSA S. 322) FH Pol VO
LSA: ~ v. 6.4.2006 (GVBl LSA S. 232) LVVO
MV: ~ v. 25.10.2001 (GVOBl M-V S. 431) LVVO
ND: ~ v. 11.2.2000 (GVBl S. 18) LVVO
ND: ~ v. 18.1.1996 (GVBl S. 20) LVVO
ND: VO über die Lehrverpflichtung an der Polizeiakademie Niedersachsen v. 25.9.2007 (GVBl S. 459) LVVO-PA
NW: ~ Fachhochschulen öffentlicher Dienst v. 30.7.2007
(GV.NW S. 310) LVV FHöD
NW: ~ v. 30.8.1999 (GV.NW S. 518) LVV
RP: LandesVO ü. d. Lehrverpflichtung an den Hochschulen v. 7.7.1994 (GVBl S. 325) HLehrVO
SH: ~ v. 6.10.1995 (GVOBl S. 328) LVVO
SL: ~ v. 10.2.1994 (ABl S. 482) LVVO
TH: Thüringer ~ v. 24.3.2005 (GVBl S. 161) ThürLVVO
Berufsakademien
    BW: für ~ v. 17.10.2005 (GBl S. 689) BALVVO

Leichenschaudokumentations-Verordnung
    BB: Brandenburgische Leichenschaudokumentations-VO
        v. 22.1.2003 (GVBl II S. 42) BbgLDV

Leistungsbezügeverordnung
    FH Bund v. 21.12.2004 (BGBl I S. 3550) FHBLeistBV
    UniBW v. 15.12.2004 (BGBl I S. 3504) UniBwLeistBV
    HE: VO über die Gewährung von Leistungsbezügen im
        Bereich der Verwaltungsfachhochschulen v.
        31.10.2006 (GVBl I S. 599) VFHLeistBVO
    ND: VO über Leistungsbezüge sowie Forschungs- und
        Lehrzulagen für Professorinnen und Professoren an
        der Polizeiakademie Niedersachsen v. 1.10.2007
        (GVBl S. 480) LeistBVO-PA
    NW: Fachhochschule für öffentliche Verwaltung ~ v.
        10.11.2005 (GV.NW S. 913) FHöVLeistBVO NRW
    NW: Fachhochschule für Rechtspflege ~ v. 5.7.2006
        (GV.NW S. 348) FHRLeistBVO
    NW: Finanzfachhochschul-~ v. 11.11.2005 (GV.NW S. 912) FHFLeistBVO
    Fachhochschule Polizei
        BB: VO über Leistungsbezüge sowie Forschungs- und
            Lehrzulagen an der Fachhochschule der Polizei des
            Landes Brandenburg v. 3.8.2005 (GVBl II S. 454) LeistBV FHPol

Hochschulen
BB: Hochschulleistungsbezügeverordnung v. 23.3.2005
(GVBl II S. 152) HLeistBV
BW: ~ v. 14.1.2005 (GBl S. 125) LBVO
HA: Hochschul-Leistungsbezügeverordnung v. 4.1.2005
(GVBl S. 2) HmbHLeistBVO
HE: Hochschulleistungsbezügeverordnung v. 4.2.2005
(GVBl I S. 92) HLeistBV
LSA: Hochschulleistungsbezügeverordnung v. 21.1.2005
(GVBl LSA S. 21) HLeistBV
MV: Hochschul-Leistungsbezügeverordnung v.
28.1.2005 (GVOBl M-V S. 60) HsLeistbVO M-V
NW: Hochschulleistungsbezügeverordnung v.
17.12.2004 (GV.NW S. 790) HLeistBV
SACH: Sächs. Hochschulleistungsbezügeverordnung v.
10.1.2006 (SächsGVBl S. 21) SächsHLeistBezVO
SH: Hochschul-Leistungsbezüge-VO v. 17.1.2005
(GVOBl S. 46) LBVO
TH: Thüringer Hochschul-Leistungsbezügeverordnung
v. 14.4.2005 (GVBl S. 212) ThürHLeistBVO

Leistungsprämien- u. -zulagenverordnung
v. 1.7.1997 (BGBl I S. 1598) LPZV
BB: Brandenburgische ~ v. 12.10.2001 (GVBl II S. 588) BbgLPZV
BR: Brem. ~ v. 7.7.1998 (GBl S. 201) BremLPZV
BW: ~ v. 30.3.1998 (GBl S. 215) LPZVO
BY: Bay. Leistungsprämien- und Leistungszulagenverord-
nung v. 15.12.1998 (GVBl S. 1020) BayLPZV
HE: Hess. Leistungsprämien- und -zulagenverordnung v.
4.11.1998 (GVBl I S. 472) HLPZVO
ND: ~ v. 5.10.1999 (GVBl S. 359) NLPZVO
NW: ~ v. 10.3.1998 (GV.NW S. 204) LPZVO

Leistungsprämienverordnung
SACH: ~ v. 27.10.1998 (SächsGVBl S. 597) LPVO
SH: ~ v. 8.2.2000 (GVOBl S. 163) LPVO

Leistungsstufenverordnung
v. 1.7.1997 (BGBl I S. 1600) LStuV
BB: Brandenburgische ~ v. 12.10.2001 (GVBl II S. 586) BbgLStV
BE: LeistungsstufenVO v. 23.4.2001 (GVBl S. 118) LStVO
BW: ~ v. 30.3.1998 (GBl S. 214) LStuV
BY: ~ v. 20.2.1998 (GVBl S. 62) LStuV
HE: Hess. ~ v. 4.11.1998 (GVBl I S. 470) HLStVO
NW: ~ v. 10.3.1998 (GV.NW S. 205) LStuV
SACH: LeistungsstufenVO v. 27.10.1998 (SächsGVBl
S. 596) LStVO
SH: ~ v. 15.7.1999 (GVOBl S. 231) LStuV

Leitungsanlagenzulassungszuständigkeitsverordnung
SACH: VO der Sächsischen Staatsregierung über die Zu-

ständigkeit bei der Zulassung von bestimmten Leitungsanlagen und anderen Anlagen v. 26.1.2005
(SächsGVBl S. 2)   **LeitAnlZuVO**

Leitungsrechtsbescheinigungsgebührenverordnung
MV: ~ v. 13.10.2004 (GVOBl M-V S. 506)   **LRBGebVO M-V**

Lektorenordnung
NW: ~ v. 6.12.1966 (GV.NW 1967 S. 2)   **LektO**

Lernmittelfreiheit
ND: Niedersächsisches Ges. ü. ~ v. 24.4.1991 (GVBl S. 174)   **NLFrG**
ND: Vorschaltgesetz f. d. Nieders. Ges. ü. ~ v. 12.7.1990 (GVBl S. 275)   **NLFr-VorschaltG**
NW: ~sgesetz i. d. Bek. v. 24.3.1982 (GV.NW S. 165)   **LFG**
RP: VO ü. d. ~ v. 22.5.1980 (GVBl S. 111)   *LMFrV*
SL: ~sgesetz v. 5.6.1974 (ABl S. 578)   *LMFrG*

Lernmittelhilfe
ND: Niedersächsisches Ges. ü. ~ v. 2.4.1981 (GVBl S. 55)   **NLHiG**

Lernmittelverordnung
BB: ~ v. 14.2.1997 (GVBl II S. 88)   **LernMV**
BW: ~ v. 19.4.2004 (GBl S. 368)   **LMVO**
BY: VO ü. d. Zulassung v. Lernmitteln v. 13.9.2000 (GVBl S. 739)   **ZLV**
HA: ~ v. 3.5.2005 (GVBl S. 184)   **LernMVO**
SH: ~ v. 11.4.1984 (GVOBl S. 85)   **LernmVO**
TH: VO ü. Genehmigung und Zulassung d. Lehr- und Lernmittel v. 15.5.1991 (GVBl S. 93)   **VGZL**

Leuchtmittelsteuergesetz
Dienstanweisung z. ~ v. 14.8.1959 (BZBl S. 457)   *LeuchtmStDA*
DurchfBest z. ~ v. 4.8.1959 (BGBl I S. 615)   **LeuchtmStDB**
i. d. Bek. v. 22.7.1959 (BGBl I S. 613)   **LeuchtmStG**

Liegenschaftsdatenübermittlungsverordnung
BR: ~ v. 27.1.1995 (GBl S. 113)   **LieDÜV**

Liegenschaftskataster-Abgabeverordnung
BE: ~ v. 12.12.1995 (GVBl S. 840)   **LikaAbgabeVO**

Liegenschaftskataster-Abrufverordnung
BE: ~ v. 20.12.1995 (GVBl S. 847)   **LikaAbrufVO**
BY: ALB-Abrufverordnung v. 3.2.2006 (GVBl S. 116)   **ALBV**
HE: ~ v. 28.11.2000 (GVBl I S. 532)   **LiKaAVO**
MV: ~ v. 18.7.2007 (GVOBl M-V S. 271)   **LiKatAVO**

Liegenschaftskatasterfortführung
BY: Ges. ü. Gebühren f. d. Fortführung d. Liegenschaftskatasters v. 12.12.1973 (GVBl S. 649)   **KatFortGebG**

Liegenschaftskatasterverordnung
SACH: ~ v. 17.12.1993 (SächsGVBl 1994 S. 150)   **LiKaVO**

4. Gesetze, sonstige Rechtsvorschriften, Verwaltungsvorschriften u.ä. Lot

Liegenschaftsverwertungsgesetz
TH: Thüringer ~ v. 27.9.1994 (GVBl S. 1065)   **ThürLiegVerwG**

Liquidationsabführungsverordnung
BE: ~ v. 30.5.1986 (GVBl S. 849)   **LiquAbfVO**

Löschungsverordnung
v. 31.1.1962 (BGBl I S. 67)   *LöV*

Lösemittelhaltige Farben- und Lack-Verordnung
v. 16.12.2004 (BGBl I S. 3508)   **ChemVOCFarbV**

Lösungsmittel-Höchstmengenverordnung
v. 25.7.1989 (BGBl I S. 1568)   **LHmV**

Lohnfortzahlungsgesetz
v. 27.7.1969 (BGBl I S. 946)   **LFZG**

Lohnsteuer
~-Durchführungsverordnung i. d. Bek. v. 10.10.1989
(BGBl I S. 1848)   **LStDV 1990**
~-Richtlinien 1990 v. 3.10.1989 (BStBl I Sondernr. 3/1989
S. 2)   **LStR 1990**
VO ü. d. ~-Jahresausgleich i. d. Bek. v. 16.3.1971 (BGBl I
S. 195)   *JAV*

Lohnsteuerhilfevereine
VO z. Durchf. d. Vorschriften ü. d. ~ v. 15.7.1975 (BGBl I
S. 1906)   **DVLStHV**

Lohnzahlung an Feiertagen
Ges. z. Regelung d. ~ v. 2.8.1951 (BGBl I S. 479)   *LohnzG*

Londoner Schuldenabkommen
Abkommen ü. deutsche Auslandsschulden v. 27.2.1953
(BGBl II S. 331)   *LondSchAbk*
Ges. z. Ausf. d. Abkommens v. 27.2.1953 ü. deutsche Auslandsschulden v. 24.8.1953 (BGBl I S. 1003)   *AGLondSchAbk*

Los-Kennzeichnungsverordnung
v. 23.6.1993 (BGBl I S. 1022)   **LKV**

Lotstarifordnung
v. 16.3.1979 (BAnz Nr. 57)   **LTO**

Lotsverordnung
Allgemeine ~ v. 21.4.1987 (BGBl I S. 1290)   **ALV**

Lotterie
Ausführungsgesetz
NW: Lotterie~ v. 16.11.2004 (GV.NW S. 686)   **LoAG**

Lotteriegesetz
BB: ~ v. 13.7.1994 (GVBl I S. 384)   *LottG*
BW: ~ v. 4.5.1982 (GBl S. 139)   *LoG*

BW: Staats~ v. 14.12.2004 (GBl S. 894) — **StLG**
BY: ~ i. d. Bek. v. 31.7.1970 (GVBl S. 345) — **LottG**
HA: Hamb. ~ v. 14.12.2007 (GVBl I S. 497) — **HmbLotG**
LSA: Ges. ü. Zahlenlotto und Sportwetten v. 15.8.1991 (GVBl LSA S. 269) — **Lotto-Toto-G**
MV: ~ v. 24.10.2001 (GVOBl M-V S. 401) — **LottG**
ND: Niedersächsisches Gesetz ü. d. Lotterie- u. Wettwesen v. 21.6.1997 (GVBl S. 289) — **NLottG**
RP: ~ v. 6.2.1996 (GVBl S. 62) — **LottG**
SH: Landesverordnung über Konzessionsabgaben für in öffentlicher Trägerschaft veranstaltete Lotterien und Sportwetten v. 13.10.2004 (GVOBl S. 400) — **KonzAbgVO**
TH: Thüringer ~ v. 29.6.1995 (GVBl S. 228) — **ThürLottG**

Lotteriestaatsvertrag
  BE: Ausführungsgesetz zum ~ v. 7.9.2005 (GVBl S. 469) — **AGLottStV**
Ausführungsgesetz
  BW: ~ zum Lotteriestaatsvertrag v. 28.7.2005 (GBl S. 586) — **AGLottStV**
  BY: Gesetz zur Ausführung des Staatsvertrages zum Lotteriewesen in Deutschland v. 23.11.2004 (GVBl S. 442) — **AGLottStV**

Luftfahrtgerät
  Bauordnung f. ~ v. 16.8.1974 (BGBl I S. 2058) — **LuftBauO**
  Betriebsordnung f. ~ v. 4.3.1970 (BGBl I S. 262) — **LuftBO**
  Prüfordnung f. ~ v. 16.5.1968 (BGBl I S. 416) — **LuftGerPO**

Luftfahrtpersonal
  VO ü. ~ v. 13.2.1984 (BGBl I S. 265) — **LuftPersV**

Luftfahrzeug-Elektronik-Betriebsverordnung
  v. 22.2.2008 (BGBl I S. 266) — **LuftEBV**

Luftfahrzeuge
  Ges. ü. Rechte an ~ n v. 26.2.1959 (BGBl I S. 57) — *LuftfzRG*

Luftfahrzeugpfandrechtsregisterverordnung
  v. 2.3.1999 (BGBl I S. 279) — **LuftRegV**

Luftrettungsdienst-Gebührenordnung
  BB: ~ v. 15.7.2005 (GVBl II S. 429) — **LuftrettGebO**

Luftsicherheitsgesetz
  v. 11.1.2005 (BGBl I S. 78) — **LuftSiG**

Luftsicherheitsverordnung
  v. 17.5.1985 (BGBl I S. 788) — **LuftSiV**

Luftverkehr-Zuständigkeitsverordnung
  ND: VO über Zuständigkeiten im Bereich des Luftverkehrs v. 8.8.2006 (GVBl S. 428) — **ZustVO-Luft**

Luftverkehr-Zuverlässigkeitsüberprüfungsverordnung
  v. 8.10.2001 (BGBl I S. 2625) — **LuftVZÜV**

Luftverkehrs-Zulassungs-Ordnung
i. d. Bek. v. 27.3.1999 (BGBl I S. 610) **LuftVZO**

Luftverkehrsgesetz
i. d. Bek. v. 27.3.1999 (BGBl I S. 550) **LuftVG**

Luftverkehrsnachweissicherungsgesetz
v. 5.6.1997 (BGBl I S. 1322) **LuftNaSiG**

Luftverkehrsordnung
i. d. Bek. v. 27.3.1999 (BGBl I S. 580) **LuftVO**

M

Madrider Abkommen
 ü. d. internationale Registrierung v. Marken i. d. Stockholmer Fassung vom v. 14.7.1967 (BGBl 1970 II S. 293) *MMA*
 ü. d. Unterdrückung falscher oder irreführender Herkunftsangaben auf Waren v. 14.4.1891 in d. Lissaboner revidierten Fassung v. 31.10.1958 (BGBl 1961 II S. 273, 293) *MHA*

Magermilch-Beihilfenverordnung
v. 20.3.1989 (BGBl I S. 508) **MMilchBV**

Magnetschwebebahnbedarfsgesetz
v. 19.7.1996 (BGBl I S. 1018) **MsbG**

Magnetschwebebahnplanungsgesetz
v. 23.11.1994 (BGBl I S. 3486) **MBPlG**

Makler- und Bauträgerverordnung
i. d. Bek. v. 7.11.1990 (BGBl I S. 2479) **MaBV**

Makler-Buchführungsverordnung
 BR: VO ü. d. Buchführungs- u. Auskunftspflicht d. gewerbl. Vermittler v. Verträgen ü. Grundstücke, grundstücksgleiche Rechte, gewerbliche Räume, Wohnräume u. Darlehen v. 11.6.1963 (GBl S. 123) *MaklerVO*

Maler- und Lackierermeisterverordnung
v. 13.6.2005 (BGBl I S. 1659) **MuLMstrV**

Mammographie-Screening-Meldedatenverwendungsgesetz
 BE: ~ v. 25.5.2006 (GVBl S. 449) **MMDaVG**

Manteltarifvertrag
 Erster Tarifvertrag z. Anpassung d. Tarifrechts f. Arbeiter an d. MTB II u. an d. MTL II v. 10.12.1990 (GMBl 1991 S. 234, 284) **MTArb-O**
 f. Arbeiter d. Bundes v. 27.2.1964 (GMBl S. 173) **MTB II**
 f. Arbeiter d. Länder v. 11.7.1966 *MTL II*

Margarine- u. Mischfettverordnung
v. 31.8.1990 (BGBl I S. 1989) **MargMFV**

Margarinegesetz
i. d. Bek. v. 27.2.1986 (BGBl I S. 326) — MargG

Markenamt
VO über den elektronischen Rechtsverkehr beim Deutschen
Patent- und ~ v. 26.9.2006 (BGBl I S. 2159) — ERVDPMAV

Markenverordnung
v. 11.5.2004 (BGBl I S. 872) — MarkenV

Markscheiderzulassungsgesetz
MV: ~ v. 6.6.1994 (GVOBl M-V S. 655) — MZG M-V

Marktmanipulations-Konkretisierungsverordnung
i. d. Bek. v. 1.3.2005 (BGBl I S. 515) — MaKonV

Marktorganisationen
Gesetz zur Durchführung der Gemeinsamen Marktorganisation und der Direktzahlungen i. d. Bek. v. 30.6.2005
(BGBl I S. 1848) — MOG

Marktstrukturgesetz
i. d. Bek. v. 26.9.1990 (BGBl I S. 2134) — MarktStrG
BY: Ges. z. Ausf. d. Marktstrukturgesetzes v. 18.12.1969
(GVBl S. 398) — AGMarktStrG
Zuständigkeitsverordnung
MV: Landesverordnung zur Bestimmung der zuständigen Behörde nach dem Marktstrukturgesetz und zur Ausführung des Marktstrukturrechts v.
18.1.2005 (GVOBl M-V S. 36) — MStrZustLVO M-V

Marktzugangsangabenverordnung
v. 15.10.2004 (BGBl I S. 2576) — MarktAngV

Masseur- u. Physiotherapeutengesetz
v. 26.5.1994 (BGBl I S. 1084) — MPhG

Masseure
Ges. ü. d. Ausübung d. Berufe d. Masseurs, d. Masseurs u.
medizinischen Bademeisters u. d. Krankengymnasten v.
21.12.1958 (BGBl I S. 985) — MBKG

Maßnahmengesetz
TH: Thüringer ~ v. 3.1.1994 (GVBl S. 5) — ThürMaßnG

Maßregelvollzugsgesetz
BR: ~ v. 28.6.1983 (GBl S. 407) — MVollzG
HA: Hamb. ~ v. 14.6.1989 (GVBl I S. 99) — HmbMVollzG
ND: Niedersächsisches ~ v. 1.6.1982 (GVBl S. 131) — Nds.MVollzG
NW: ~ v. 15.6.1999 (GV.NW S. 402) — MRVG
RP: ~ v. 23.9.1986 (GVBl S. 223) — MVollzG
SACH: VO der Sächsischen Staatsregierung über die Zuständigkeit für die Erhebung der Kosten der Unterbringung im Maßregelvollzug v. 7.10.2005
(SächsGVBl S. 282) — ZuKostMRVVO

4. Gesetze, sonstige Rechtsvorschriften, Verwaltungsvorschriften u.ä.   **Med**

SH: ~ v. 19.1.2000 (GVOBl S. 114)   **MVollzG**
SL: ~ v. 29.11.1989 (ABl 1990 S. 81)   **MRVG**

Maßstäbegesetz
v. 9.9.2001 (BGBl I S. 2302)   **MaßstG**

Masterabschlüsseverordnung
Lehramt
  ND: VO über Masterabschlüsse für Lehrämter in Niedersachsen v. 8.11.2007 (GVBl S. 488)   **Nds. MasterVO-Lehr**

Mauergrundstücksverordnung
v. 2.8.2001 (BGBl I S. 2128)   **MauerV**

Maul- u. Klauenseuche
VO z. Schutz gegen d. ~ i. d. Bek. v. 1.2.1994 (BGBl I S. 187)   **MKS- VO**

Maurer- und Betonbaumeisterverordnung
v. 30.8.2004 (BGBl I S. 2307)   **MauerBetonbMstrV**

Maut
Herrentunnel-Mauthöheverordnung v. 6.7.2005 (BGBl I S. 2108)   **HerrentunnelMtautHV**

MV: VO zur Beleihung mit dem Recht zur Erhebung von ~gebühren für die Warnowquerung v. 1.4.2003 (GVOBl M-V S. 280)   **WarnowBeleihVO M-V**

Mauthöheverordnung
SH: ~ v. 18.9.2006 (GVOBl S. 212)   **Maut-HöheVO**

Medienerprobungs- u. -entwicklungsgesetz
BY: ~ i. d. Bek. v. 8.12.1987 (GVBl S. 431)   **MEG**

Mediengesetz
BR: Brem. Landes~ v. 22.3.2005 (GBl S. 71)   **BremLMG**
BY: Bay. ~ i. d. Bek. v. 22.10.2003 (GVBl S. 799)   **BayMG**
HA: Hamb. ~ 2.7.2003 (GVBl S. 209)   **HmbMedienG**
RP: Landes~ v. 4.2.2005 (GVBl S. 23)   **LMG**

Medienversammlungssatzung
NW: ~ v. 5.6.2003 (GV.NW S. 377)   **MedVers-Satzung**

Medienversuchsverordnung
NW: Zweite ~ v. 1.10.1996 (GV.NW S. 385)   **2. MVVO**

Medizingeräteverordnung
v. 14.1.1985 (BGBl I S. 93)   **MedGV**

Medizinisch-technische Assistenten
Ges. über Technische Assistenten in der Medizin v. 8.9.1971 (BGBl I S. 1515)   **MTA-G**

Medizinprodukte
~-Betreiberverordnung v. 29.6.1998 (BGBl I S. 1762)   **MPBetreibV**

~-VO v. 20.12.2001 (BGBl I S. 3854)   MPV
~gesetz v. 2.8.1994 (BGBl I S. 1963)   MPG
BB: VO über Zuständigkeiten nach dem ~gesetz, der Medizinprodukte-Betreiberverordnung und der Medizinprodukte-Sicherheitsplanverordnung v. 9.2.2005 (GVBl II S. 138)   MPZV
BW: VO d. Sozialministeriums und d. Wirtschaftsministeriums ü. Zuständigkeiten nach d. ~gesetz v. 22.12.1994 (GBl 1995 S. 130)   MPGZuVO
RP: Landesverordnung über die Erhebung von Kosten für Amtshandlungen auf dem Gebiet des ~rechts v. 30.1.2008 (GVBl S. 46)   MPLKostVO

Gebühren(ver)ordnung
   BE: Medizinproduktegebührenordnung v. 22.7.2003 (GVBl S. 284)   MPG/MPBetreibV-GebO
   MV: Medizinproduktegebührenlandesverordnung v. 6.9.2005 (GVOBl M-V S. 455)   MPGebLVO M-V
   ND: Medizinprodukte-Gebührenordnung v. 10.1.2003 (GVBl S. 10)   MPG-GO

Kostenverordnung
   BW: Medizinprodukte-~ v. 21.3.2006 (GBl S. 94)   MPG-KostVO
   LSA: Medizinprodukte-~ Sachsen-Anhalt v. 8.2.2005 (GVBl LSA S. 88)   MPKostVO LSA

Meeresbodenbergbau
~-Kostenverordnung v. 20.12.1996 (BGBl I S. 2159)   MBergKostV
~gesetz v. 6.6.1995 (BGBl I S. 782)   MBergG

Mehrarbeitsvergütung für Beamte
VO ü. d. Gewährung v. Mehrarbeitsvergütung f. Beamte i. d. Bek. v. 3.12.1998 (BGBl I S. 3494)   MVergV

Meister- und Fortbildungsprüfungsverordnung
Land- und Hauswirtschaft
   SACH: ~ v. 25.5.2004 (SächsGVBl S. 286)   MFPrVLH

Meisterprüfungsverfahrensverordnung
v. 17.12.2001 (BGBl I S. 4154)   MPVerfVO

Meisterprüfungsverordnung
VO über die Anforderungen in der Meisterprüfung für den Beruf Forstwirt/Forstwirtin v. 6.10.2004 (BGBl I S. 2591)   ForstWiMeistPrV

Meisterverordnung
Fliesen-, Platten- und Mosaikleger~ v. 10.3.2008 (BGBl I S. 378)   FPMMstrV

Meldedaten-Übermittlungsverordnung
d. Bundes; 1. Meldedaten-Übermittlungsverordnung i. d. Bek. v. 21.6.2005 (BGBl I S. 1689) (s.a. Datenerübermitt-

lung); 2. Meldedaten-Übermittlungsverordnung v.
31.7.1995 (BGBl I S. 1011) (s.a. Datenübermittlung) ...BMeldDÜV
BB: ~ v. 7.8.1997 (GVBl II S. 734) MeldDÜV
BY: Bay. ~ v. 4.12.1984 (GVBl S. 516) (s.a. Datenübermittlung) BayMeldeDÜV
HA: ~ v. 9.9.1997 (GVBl I S. 453) (s.a. Datenübermittlung) MDÜV
HE: ~ v. 6.7.2006 (GVBl I S. 427) (s.a. Datenübermittlung) MeldDÜV
MV: ~ i. d. Bek. v. 8.10.1997 (GVOBl M-V S. 539) (s.a. Datenübermittlung) MeldDÜV
NW: ~ v. 16.9.1997 (GV.NW S. 366) (s.a. Datenübermittlung) MeldDÜV
NW: VO über die Zulassung der regelmäßigen Datenübermittlung von Meldebehörden an die Zentralen Stellen bei den Kassenärztlichen Vereinigungen v. 5.10.2005 (GV.NW S. 818) MeldDÜV ZStKV NRW
RP: ~ v. 7.8.2000 (GVBl S. 304) (s.a. Datenübermittlung) MeldDÜV
SACH: Sächs. ~ v. 10.9.1997 (SächsGVBl S. 557) (s.a. Datenübermittlung) SächsMeldDÜVO
SH: ~ v. 29.11.1999 (GVOBl S. 457) (s.a. Datenübermittlung) MeldDÜV
SL: ~ v. 27.9.1996 (ABl S. 1159) (s.a. Datenübermittlung) MeldDÜV
SL: ~ v. 8.5.2007 (ABl S. 1138) MeldDÜV
TH: Erste Thüringer Meldedatenübermittlungsverordnung v. 26.1.1998 (GVBl S. 172) (s.a. Datenübermittlung) 1. ThürMeldeDÜV

Meldegesetz
BB: Brandenburgisches ~ i. d. Bek. v. 17.1.2006 (GVBl I S. 6) BbGMeldeG
BW: ~ i. d. Bek. v. 23.2.1996 (GBl S. 269) MG
BY: Bay. ~ i. d. Bek. v. 21.10.1995 (GVBl S. 754) MeldeG
BY: VO z. Durchf. d. Meldegesetzes v. 29.7.1983 (GVBl S. 647) DVMeldeG
HA: Hamb. ~ i. d. Bek. v. 3.9.1996 (GVBl I S. 231) HmbMG
HE: Hess. ~ i. d. Bek. v. 10.3.2006 (GVBl I S. 66) HMG
LSA: ~ des Landes Sachsen-Anhalt i. d. Bek. v. 11.8.2004 (GVBl LSA S. 506) MG
ND: Niedersächsisches ~ i. d. Bek. v. 25.1.1998 (GVBl S. 56) NMG
NW: ~ i. d. Bek. v. 16.9.1997 (GV.NW S. 332) MG
RP: ~ v. 22.12.1982 (GVBl S. 463) MG
SACH: Sächs. ~ i. d. Bek. v. 4.7.2006 (SächsGVBl S. 388) SächsMG
SH: Landes~ i. d. Bek. v. 24.6.2004 (GVOBl S. 214) LMG
SL: ~ i. d. Bek. v. 8.2.2006 (Abl S. 278) MG
TH: Thüringer ~ v. 23.3.1994 (GVBl S. 342) ThürMeldeG
Durchführungsverordnung
 NW: VO zur Durchführung des Meldegesetzes für das Land Nordrhein-Westfalen v. 30.1.2006 (GV.NW S. 76) DVO MG NRW

Meldeordnung
DDR: ~ v. 15.7.1965 (GBl II S. 109; BGBl 1990 II S. 1152) MO

Meldepflicht für Infektionskrankheiten
BB: VO ü. d. Erweiterung d. Meldepflicht f. Infektions-
krankheiten v. 17.11.2001 (GVBl II S. 630) — **InfKrankMV**

Melderechtsrahmengesetz
i. d. Bek. v. 24.6.1994 (BGBl I S. 1430) — **MRRG**

Meldescheinverordnung
MV: ~ i. d. Bek. v. 27.6.1997 (GVOBl M-V S. 256) — **MsVO**
SH: ~ v. 20.12.1999 (GVOBl 2000 S. 7) — **MsVO**
TH: Thüringer ~ v. 9.12.1994 (GVBl S. 30) — **ThürMSchVO**

Meldeverordnung
Arbeitnehmer-Entsendegesetz-~ v. 16.7.2007 (BGBl I S. 1401) — **AEntGMeldV**
BW: ~ v. 28.1.2008 (GBl S. 61) — **MVO**
RP: ~ v. 19.10.1983 (GVBl S. 304) — **MVO**
SH: Landes~ v. 11.8.2004 (GVOBl S. 301) — **LMVO**

Meliorationsanlagengesetz
v. 21.9.1994 (BGBl I S. 2550) — **MeAnlG**

Menschenrechte
[Europ.] Konvention z. Schutze d. ~ und Grundfreiheiten v. 4.11.1950 (BGBl 1952 II S. 685) — *EMRK*

Metropolverordnung-Hochschulen
HA: ~ v. 5.8.2003 (GVBl S. 451) — **MetroVO-H**

Mietanstieg
Ges. z. Verbesserung d. Mietrechts u. z. Begrenzung d. Mietanstiegs sowie z. Regelung v. Ingenieur- u. Architektenleistungen v. 4.11.1971 (BGBl I S. 1745) — *MRVerbG*
BE: ~sbegrenzungsverordnung v. 1.8.1989 (GVBl S. 1567) — *MietBegrVO*
BY: VO ü. d. Begrenzung d. Mietanstiegs v. 12.12.1989 (GVBl S. 687) — *BegMietV*

Mietausgleichsrichtlinien
BE: ~ f. Wohngeldempfänger v. 20.6.1985 (ABl S. 1339) — *MietARLWoGE*
BE: ~ v. 13.12.1984 (ABl 1985 S. 206) — *MietARL*

Mietenüberleitungsgesetz
v. 6.6.1995 (BGBl I S. 748) — *MietÜberlG*

Miethöhe
Ges. z. Regelung d. ~ v. 18.12.1974 (BGBl I S. 3603) — *MHG*

Mietwohnungsanordnungen
NW: Landes~ v. 20.2.1978 (SMBl.NW 6410) — *LMWA*

Mikrozensusanpassungsverordnung
v. 18.10.1991 (BGBl I S. 2030) — **MZAV**

Mikrozensusgesetz
v. 24.6.2004 (BGBl I S. 1350) — **MZG 2005**

4. Gesetze, sonstige Rechtsvorschriften, Verwaltungsvorschriften u.ä.   Min

Milch- u. Fettgesetz i. d. Bek. v. 10.12.1952 (BGBl I S. 811)	MFG
Milch-Garantiemengen-Verordnung i. d. Bek. v. 21.3.1994 (BGBl I S. 586)	MGV
Milchabgabenverordnung i. d. Bek. v. 9.8.2004 (BGBl I S. 2143)	MilchAbgV
Zuständigkeitsverordnung MV: Milchabgabenzuständigkeitslandesverordnung v. 6.8.2007 (GVOBl M-V S. 279)	MilchAbgZustLVO M-V
Milchaufgabevergütungsgesetz v. 17.7.1984 (BGBl I S. 942) / v. 18.7.1985 (BGBl I S. 1520)	MAVG
Milchaufgabevergütungsverordnung i. d. Bek. v. 24.7.1987 (BGBl I S. 1699)	MAVV
Milchprämienverordnung v. 18.2.2004 (BGBl I S. 267)	MilchPrämV
Milchquotenverordnung v. 4.3.2008 (BGBl I S. 359)	MilchQuotV
Milchverordnung v. 24.4.1995 (BGBl I S. 544) BY: ~ v. 13.5.1976 (GVBl S. 203)	MV MV
Militärischer Abschirmdienst Erstes Gesetz zur Änderung des MAD-Gesetzes v. 8.3.2004 (BGBl I S. 334) Ges. ü. d. Militärischen Abschirmdienst v. 19.12.1990 (BGBl I S. 2977)	1. MADGÄndG MADG
Minderjährigenhaftungsbeschränkungsgesetz v. 25.8.1998 (BGBl I S. 2487)	MHbeG
Minderjährigenschutzübereinkommen v. 5.10.1961 (BGBl 1971 II S. 217)	*HaagMindjÜ*
Mindestarbeitsbedingungen Ges. ü. d. Festsetzung v. ~ v. 11.1.1952 (BGBl I S. 17)	*MindArbBedG*
Mindestbeitragsrückerstattungsverordnung VO ü. d. Mindestbeitragsrückerstattung i. d. Lebensversicherung v. 23.7.1996 (BGBl I S. 1190)	ZRQuotenV
Mineralölbewirtschaftungs-Verordnung v. 29.4.1988 (BGBl I S. 530)	MinÖlBewV
Mineralöldatengesetz v. 20.12.1988 (BGBl I S. 2353)	MinÖlDatG
Mineralölsteuergesetz i. d. Bek. v. 20.12.1988 (BGBl I S. 2277)	MinöStG

VO z. Durchführung d. Mineralölsteuergesetzes v.
26.5.1953 (BGBl I S. 237) — **MinöStDV**

Ministergesetz
BB: Brandenburgisches ~ i. d. Bek. v. 22.2.1999 (GVBl I
S. 58) — **BbgMinG**
SACH: Sächs. ~ i. d. Bek. v. 4.7.2000 (SächsGVBl S. 322) — **SächsMinG**
TH: Thüringer ~ i. d. Bek. v. 14.4.1998 (GVBl S. 104) — **ThürMinG**

Mißbrauchsbekämpfungs- u. Steuerbereinigungsgesetz
v. 21.12.1993 (BGBl I S. 2310) — **StMBG**

Mitarbeiterstimmrechtsverordnung
BE: ~ v. 13.12.1979 (GVBl S. 2143) — **MAStimmVO**

Mitbestimmungs-Beibehaltungsgesetz
v. 23.8.1994 (BGBl I S. 2228) — **MitbestBeiG**

Mitbestimmungsgesetz
Ges. ü. d. Mitbestimmung d. Arbeitnehmer in d. Aufsichtsräten und Vorständen d. Unternehmen d. Bergbaus und d. Eisen und Stahl erzeugenden Industrie v. 21.5.1951 (BGBl I S. 347) — *MontanMitbestG*
Ges. z. Ergänzung d. Ges. ü. d. Mitbestimmung d. Arbeitnehmer in d. Aufsichtsräten und Vorständen d. Unternehmen d. Bergbaus und d. Eisen und Stahl erzeugenden Industrie v. 7.8.1956 (BGBl I S. 707) — *MontanMitbestErgG*
v. 4.5.1976 (BGBl I S. 1153) — **MitbestG**
Wahlordnung z. Mitbestimmungsgesetz
1. ~ v. 23.6.1977 (BGBl I S. 861); 2. Wahlordnung z. Mitbestimmungsgesetz v. 23.6.1977 (BGBl I S. 893); 3. Wahlordnung z. Mitbestimmungsgesetz v. 23.6.1977 (BGBl I S. 934) — **WOMitbestG**
SH: Schleswig-Holstein v. 11.12.1990 (GVOBl S. 577) — **MBG SH.**

Mitglieder der Bundesregierung (Kostenentschädigung)
Bestimmungen ü. Amtswohnungen, Umzugskostenentschädigung, Tagegelder und Entschädigung f. Reisekosten d. Mitglieder d. Bundesregierung v. 10.11.1953 (BGBl I S. 1545) — *AWBest*

Mitgliedsnummerverordnung-Landwirtschaft
v. 11.11.1996 (BGBl I S. 1724) — **MNrVAL**

Mitteilungen in Strafsachen
Anordnung ü. ~ i. d. Bek. v. 15.3.1985 (BAnz Nr. 60) [bundeseinheitlich vereinbart] — **MiStra**
BY: Bek. ü. Zustellungen u. formlose ~ u. im gerichtl. Bußgeldverfahren v. 2.12.1980 (JMBl S. 255) — **ZuMSt**
BY: Einf. u. Erg. d. Anordnung ü. ~ v. 15.3.1985 (JMBl S. 42) — **EBekMiStra**

Mitteilungen in Zivilsachen
Allgemeine Verfügung über ~ v. 1.10.1967 (BAnz Nr. 218) — **MiZi**

BY: Bek. ü. d. Einf. d. Anordnung u. ~ v. 1.10.1967 (JMBl
S. 125) EBekMiZi

Mitteilungsverordnung
v. 26.5.1999 (BGBl I S. 1077) MV

Mittelstandsförderungsgesetz
BW: ~ v. 16.12.1975 (GBl S. 861) MFG
BY: ~ v. 8.10.1974 (GVBl S. 497) MFG
HA: ~ v. 2.3.1977 (GVBl S. 55) MFG
LSA: ~ v. 27.6.2001 (GVBl LSA S. 230) MFG
MV: ~ v. 14.12.1993 (GVOBl M-V 1994 S. 3) MFG
RP: ~ v. 3.2.1978 (GVBl S. 103) MFG
SH: Mittelstandsförderungs- und Vergabegesetz v.
17.9.2003 (GVOBl S. 432) MFG
SL: ~ v. 21.7.1976 (ABl S. 841) MFG
TH: ~ v. 17.9.1991 (GVBl S. 391) MFG

Mittlere-Reife-Verordnung
MV: ~ v. 17.6.2004 (GVOBl M-V S. 440) MittReifVO M-V

Mitwirkungsverordnung
LSA: Öko-~ v. 14.7.2003 (GVBl LSA S. 172) ÖkoMitwVO
NW: ~ v. 14.9.2005 (GV.NW S. 814) MVO
TH: Thüringer ~ v. 14.11.1996 (GVBl S. 303) ThürMitwVO
Kraftfahrzeugzulassungsbehörden
  BB: VO über die Mitwirkung der Zulassungsbehörden
  bei der Verwaltung der Kraftfahrzeugsteuer v.
  9.3.2006 (GVBl II S. 51) MZuKraftStV
  BW: VO der Landesregierung über die Mitwirkung der
  Zulassungsbehörden bei der Verwaltung der Kraft-
  fahrzeugsteuer v. 12.6.2007 (GBl S. 274) MZuLKraftStVO
  BY: VO über die Mitwirkung der Zulassungsbehörden
  bei der Verwaltung der Kraftfahrzeugsteuer v.
  2.7.2005 (GVBl S. 256) MZuKraftStV
  MV: VO über die Mitwirkung der Zulassungsbehörden
  bei der Verwaltung der Kraftfahrzeugsteuer v.
  4.1.2006 (GVOBl M-V S. 32) VerwKraftStVO M-V
  NW: VO über die Mitwirkung der Zulassungsbehörden
  bei der Verwaltung der Kraftfahrzeugsteuer v.
  30.8.2005 (GV.NW S. 758) VMZbVK
  SACH: VO der Sächsischen Staatsregierung über die
  Mitwirkung der Zulassungsbehörden bei der Ver-
  waltung der Kraftfahrzeugsteuer v. 22.6.2006
  (SächsGVBl S. 152) MZulKraftStVO

Mobilfunk-Telekommunikations-Verleihungsverordnung
v. 23.10.1995 (BGBl I S. 1446) MTVerleihV

Modellkommunen-Gesetz
ND: ~ v. 8.12.2005 (GVBl S. 386) ModKG

Modellversuch „Gestufte Studiengänge in der Lehrerausbildung"
NW: VO zur Durchführung des Modellversuchs „Gestufte Studiengänge in der Lehrerausbildung" v. 27.3.2003 (GV.NW S. 194) — **VO – B/M**

Modernisierungs- und Energieeinsparungsgesetz
i. d. Bek. v. 12.7.1978 (BGBl I S. 993) — **ModEnG**

Modernisierungsgesetz
GKV-~ v. 14.11.2003 (BGBl I S. 2190) — **GMG**
Kostenrechts~ v. 5.5.2004 (BGBl I S. 718) — **KostRMoG**
NW: Zweites ~ v. 9.5.2000 (GV.NW S. 462) — **2. ModernG**
Anfechtungsrecht
　Gesetz zur Unternehmenintegrität und Modernisierung des Anfechtungsrechts v. 22.9.2005 (BGBl I S. 2802) — **UMAG**
Justiz
　NW: ~vollzugsmodernisierungsgesetz v. 19.6.2007 (GV.NW S. 245) — **JVollMoG**
Verwaltung
　BY: 2. ~smodernisierungsgesetz v. 26.7.2005 (GVBl S. 287) — **2. VerwModG**
　SACH: Sächs. ~smodernisierungsgesetz v. 5.5.2004 (SächsGVBl S. 148) — **SächsVwModG**

Monatsausweisverordnung
v. 31.5.1999 (BGBl I S. 1080) — **MonAwV**
Zusammengefasste-Monatsausweise-VO v. 29.12.1997 (BGBl I S. 3405) — *ZuMonAwV*

Montrealer-Übereinkommen
Durchführungsgesetze
　Montrealer-Übereinkommen-Durchführungsgesetz v. 6.4.2004 (BGBl I S. 550) — **MontÜG**

Moselschifffahrtpolizeiverordnung
VO z. Einführung d. Moselschiffartspolizeiverordnung v. 16.3.1984 (BGBl I S. 473, Anl.) — **MoselSchPEV**
VO z. Einführung d. Moselschiffartspolizeiverordnung v. 16.3.1984 (BGBl I S. 473, Anl.) — **MoselSchPV**

Muschelgewässerverordnung
MV: ~ v. 23.10.1997 (GVOBl M-V S. 592) — **MuGVO**

Museumsstiftungsgesetz
BE: ~ i. d. Bek. v. 27.2.2005 (GVBl S. 128) — **MusStG**
BR: Gesetz z. Errichtung v. Museumsstiftungen v. 22.12.1998 (GBl S. 383) — **BremMuStG**
HA: Hamb. ~ v. 22.12.1998 (GVBl I S. 333) — **HmbMuStG**

Museumsstiftungsverordnung
HA: Hamb. ~ v. 5.1.1999 (GVBl I S. 3) — **HmbMuStVO**

Musikschulen
LSA: Gesetz zur Förderung und Anerkennung von ~ im
Land Sachsen-Anhalt v. 17.2.2006 (GVBl LSA S. 44)   **MSG**

Musikschulgesetz
BB: Brandenburgisches ~ v. 19.12.2000 (GVBl I S. 178)   **BbgMSchulG**

Musteranmeldeverordnung
v. 8.1.1988 (BGBl I S. 76)   **MusterAnmV**

Mustermietvertrag
~'76 (BAnz 1976 Beil. 2 zu Nr. 22)   *MMV*

Musterregisterverordnung
v. 8.1.1988 (BGBl I S. 78)   **MusterRegV**

Musterungsverordnung
i. d. Bek. v. 16.12.1983 (BGBl I S. 1457)   *MustVO*

Mutterschaftsurlaub
Ges. z. Einführung eines Mutterschaftsurlaubs v. 25.6.1979
(BGBl I S. 797)   *MuUrlG*

Mutterschutzgesetz
i. d. Bek. v. 17.1.1997 (BGBl I S. 22)   **MuSchG**

Mutterschutzrichtlinienverordnung
v. 15.4.1997 (BGBl I S. 782)   **MuSchRiV**

Mutterschutzverordnung
f. weibl. Sanitätsoffiziere v. 29.1.1986 (BGBl I S. 239)   **MuSchV**
für Soldatinnen i. d. Bek. v. 18.11.2004 (BGBl I S. 2858)   **MuSchSoldV**
i. d. Bek. v. 11.11.2004 (BGBl I S. 2828)   **MuSchV**
BE: ~ i. d. Bek. v. 3.11.1999 (GVBl S. 665)   **MuSchV**
BW: ~ i. d. Bek. v. 20.9.1966 (GBl S. 197)   **MuSchV**
HA: Hamb. ~ v. 7.12.1999 (GVBl I S. 282)   **HmbMuSchVO**
MV: ~ v. 14.4.1994 (GVOBl M-V S. 584)   **MuSchV**
NW: ~ i. d. Bek. v. 4.7.1968 (GV.NW S. 230)   **MuSchV**
RP: ~ v. 16.2.1967 (GVBl S. 55)   **MuSchV**
SACH: Sächs. ~ i. d. Bek. v. 8.12.2003 (SächsGVBl S. 6)   **SächsMuSchuVO**
SH: ~ i. d. Bek. v. 20.1.1986 (GVOBl S. 39)   **MuSchV**
TH: Thüringer ~ v. 30.9.1994 (GVBl S. 1093)   **ThürMuSchVO**

Mykotoxin-Höchstmengenverordnung
v. 2.6.1999 (BGBl I S. 1248)   **MHmV**

N

Nachbarrechtsgesetz
BB: Brandenburgisches ~ v. 28.6.1996 (GVBl I S. 226)   **BbgNRG**
BE: ~ v. 28.9.1973 (GVBl S. 1654)   **NachbG Bln**
BW: ~ i. d. Bek. v. 8.1.1996 (GBl S. 53)   **NRG**

NW: ~ v. 15.4.1969 (GV.NW S. 190)   NachbG NW
SACH: Sächs. ~ v. 11.11.1997 (SächsGVBl S. 582)   SächsNRG
SH: ~ v. 24.2.1971 (GVOBl S. 54)   NachbG Schl.-H.

Nachbarschaftsgesetz
LSA: ~ v. 13.11.1997 (GVBl LSA S. 958)   NbG

Nachbarschaftsverbandsgesetz
BW: ~ v. 9.7.1974 (GBl S. 261)   NVerbG

Nachhaftungsbegrenzungsgesetz
v. 18.3.1994 (BGBl I S. 560)   NachhBG

Nachprüfungsverordnung
v. 22.2.1994 (BGBl I S. 324)   NpV
BB: Landes~ v. 19.5.1999 (GVBl II S. 333)   LNpV
MV: ~ Mecklenburg-Vorpommern v. 23.5.1995 (GVOBl
M-V S. 277)   MVNpV
TH: Thüringer ~ v. 18.10.1994 (GVBl S. 1172)   ThürNpVO

Nachqualifizierungsverordnung
Förderschulen
TH: Thüringer VO über die Nachqualifizierung zur
Sonderpädagogischen Fachkraft an ~ v. 3.2.2004
(GVBl S. 205)   ThürNqSFVO

Nachtragshaushaltsgesetz
BB: ~ 2006 v. 27.10.2006 (GVBl I S. 119)   NTHG 2006

Nachversicherungs-Härte-Verordnung
v. 28.7.1959 (BGBl I S. 550)   NHV

Nachweisverordnung
i. d. Bek. v. 20.10.2006 (BGBl I S. 2298)   NachwV
SL: VO über den Nachweis der Eignung zur Führung von
Unternehmen des Krankentransports v. 5.1.2005 (ABl
S. 181)   RettEignungsVO

Nachwuchsförderungsgesetz
BE: ~ v. 19.6.1984 (GVBl S. 860)   NaFöG
HA: Hamb. Ges. z. Förderung d. wiss. u. künstl. Nach-
wuchses v. 7.11.1984 (GVBl I S. 225)   HmbNFG

Nachwuchsförderungsverordnung
BE: ~ v. 24.10.1984 (GVBl S. 1552)   NaFöVO
HA: ~ v. 15.1.1985 (GVBl I S. 29)   HmbNFVO

Nahrungsergänzungsmittelverordnung
v. 24.5.2004 (BGBl I S. 1011)   NemV

Nahverkehrsgesetz
ND: Niedersächsisches ~ v. 28.6.1995 (GVBl S. 180)   NNVG
RP: ~ v. 17.11.1995 (GVBl S. 450)   NVG

Namensänderungsgesetzzuständigkeitsverordnung
MV: ~ v. 21.12.2006 (GVOBl M-V S. 862)   NamÄndZustLVO M-V

Namensaktiengesetz
v. 18.1.2001 (BGBl I S. 123)   **NaStraG**

Nationalbibliothek
Gesetz über die Deutsche ~ v. 22.6.2006 (BGBl I S. 1338)   **DNBG**

Nationalpark Nordsee
VO ü. d. Befahren d. Bundeswasserstraßen in Nationalparken im Bereich d. Nordsee i. d. Bek. v. 15.2.1995 (BGBl I S. 211)   **NPNordSBefV**

Nationalparkgesetz
BB: ~ Unteres Odertal v. 9.11.2006 (GVBl I S. 142)   **NatPUOG**
LSA: Gesetz ü. d. Nationalpark Hochharz d. Landes Sachsen-Anhalt v. 6.7.2001 (GVBl LSA S. 304)   **NlpG LSA**
ND: Gesetz über den Nationalpark „Harz (Niedersachsen)" v. 19.12.2005 (GVBl S. 446)   **NPGHarzNI**
NW: VO über den Nationalpark Eifel v. 17.12.2003 (GV.NW S. 823)   **NP-VO Eifel**
SH: ~ v. 17.12.1999 (GVOBl S. 518)   **NPG**

NATO-Geheimbehandlungsabkommen über Erfindungen
Übk. ü. d. wechselseitige Geheimbehandlung verteidigungswichtiger Erfindungen, die den Gegenstand v. Patentanmeldungen bilden v. 21.9.1960 (BGBl 1964 II S. 772)   *NATOGeheimÜ*

NATO-Informationsübereinkommen
NATO-Übk. ü. d. Weitergabe technischer Informationen zu Verteidigungszwecken v. 19.10.1970 (BGBl 1973 II S. 985)   *NATOInfÜ*

NATO-Truppenstatut
Gesetz z. ~ u. zu d. Zusatzvereinbarungen v. 18.8.1961 (BGBl II S. 1183)   *NTS-AG*
v. 19.6.1951 (BGBl 1961 II S. 1190)   *NTS*
Zusatzabk. z. d. Abk. zwischen d. Parteien d. Nordatlantikvertrages ü. d. Rechtsstellung ihrer Truppen hinsichtlich d. i. d. Bundesrepublik Deutschland stationierten ausländischen Truppen v. 3.8.1959 (BGBl 1961 II S. 1218)   *ZA-NTS*

Naturkundemuseumsgesetz
BE: ~ v. 25.2.2004 (GVBl S. 94)   **MfNG**

Naturparkverordnung
SACH: ~ Zittauer Gebirge v. 4.12.2007 (SächsGVBl S. 621)   **NPVO ZG**

Naturschutz-Ausgleichsverordnung
SACH: ~ v. 30.3.1995 (SächsGVBl S. 148)   **NatSchAVO**

Naturschutz-Ergänzungsgesetz
BY: ~ v. 29.6.1962 (GVBl S. 95)   **NatEG**

Naturschutzausgleichsabgabenverordnung
TH: Thüringer VO ü. d. naturschutzrechtliche Ausgleichsabgabe v. 17.3.1999 (GVBl S. 254)   **ThürNatAVO**

Naturschutzbeiräte
  BW: VO ü. d. Beiräte bei d. Naturschutzbehörden v.
       4.5.1977 (GBl S. 163)   **BeiratsVO**
Naturschutzgebietsbefahrensverordnung
  v. 8.12.1987 (BGBl I S. 2538)   **NSGBefV**
Naturschutzgesetz
  BB: Brandenburgisches ~ i. d. Bek. v. 26.5.2004 (GVBl I
       S. 350)   **BbgNatSchG**
  BE: ~ i. d. Bek. v. 9.11.2006 (GVBl S. 1073)   **NatSchG**
  BR: Brem. ~ i. d. Bek. v. 19.4.2006 (GVBl S. 211)   **BremNatSchG**
  BW: ~ v. 13.12.2005 (GBl S. 745)   **NatSchG**
  BY: Bay. ~ i. d. Bek. v. 18.8.1998 (GVBl S. 593)   **BayNatSchG**
  HA: ~ i. d. Bek. v. 7.8.2001 (GVBl I S. 281)   **HmbNatSchG**
  HE: Hess. ~ v. 4.12.2006 (GVBl I S. 619)   **HENatG**
  LSA: ~ des Landes Sachsen-Anhalt v. 23.7.2004 (GVBl LSA
       S. 454)   **NatSchG**
  MV: Landes~ v. 21.7.1998 (GVOBl M-V S. 647)   **LNatG M-V**
  RP: Landes~ v. 28.9.2005 (GVBl S. 387)   **LNatSchG**
  SACH: Sächs. ~ i. d. Bek. v. 11.10.1994 (SächsGVBl S. 1601)   **SächsNatSchG**
  SH: Landes~ i. d. Bek. v. 18.7.2003 (GVOBl S. 339)   **LNatSchG**
  SL: Saarländisches ~ v. 5.4.2006 (ABl S. 726)   **SNG**
  TH: Thüringer ~ i. d. Bek. v. 29.4.1999 (GVBl S. 298)   **ThürNatG**
Zuständigkeitsverordnung
    SH: Landesverordnung zur Übertragung von Zustän-
        digkeiten nach dem Landesnaturschutzgesetz v.
        5.8.2004 (GVOBl S. 355)   **NZustÜVO**
Naturschutzzuständigkeitsverordnung
  BW: ~ v. 30.5.2003 (GBl S. 291)   **NatSchZuVO**
  ND: VO über Zuständigkeiten auf dem Gebiet des Natur-
       schutzes und der Landschaftspflege v. 9.12.2004
       (GVBl S. 583)   **ZustVO-Naturschutz**
Nebentätigkeitsverordnung
  Bundes~ i. d. Bek. v. 28.8.1974 (BGBl I S. 2117)   **BNV**
  BB: Hochschul~ v. 4.12.1995 (GVBl II S. 723)   **HNtV**
  BB: Richter~ v. 10.5.1999 (GVBl II S. 330)   **RiNV**
  BE: Hochschul~ v. 23.10.1990 (GVBl S. 2266)   **HNtV**
  BE: ~ i. d. Bek. v. 2.10.1978 (GVBl S. 2002)   **NebTVO**
  BE: VO ü. d. Nebentätigkeit d. Richter v. 23.5.1966 (GVBl
       S. 886)   **RiNebVO**
  BR: Brem. ~ i. d. Bek. v. 25.11.1990 (GBl S. 459)   **BremNVO**
  BW: Hochschul~ v. 11.9.1995 (GBl S. 673)   **HNtV**
  BW: Landes~ i. d. Bek. v. 28.12.1972 (GBl 1973 S. 57)   **LNTVO**
  BY: Bay. Hochschullehrer~ v. 9.3.1976 (GVBl S. 49)   **BayHSchLNV**
  BY: Bay. ~ v. 14.6.1988 (GVBl S. 160)   **BayNV**
  HA: Hochschul-~ v. 22.12.1969 (GVBl I S. 294)   **HmbHNVO**
  HA: VO ü. d. Nebentätigkeit d. hamb. Beamten v.
       14.3.1989 (GVBl I S. 45)   **HmbNVO**

4. Gesetze, sonstige Rechtsvorschriften, Verwaltungsvorschriften u.ä. Nic

HE: VO ü. d. Nebentätigkeit d. Beamten i. d. Bek. v.
21.9.1976 (GVBl I S. 403) **NVO**
LSA: ~ v. 2.3.1994 (GVBl LSA S. 456) **NVO LSA**
MV: Hochschul~ v. 31.7.2006 (GVOBl M-V S. 670) **HSNtVO M-V**
MV: Nebentätigkeitslandesverordnung v. 10.5.2004
(GVOBl M-V S. 186) **NLVO M-V**
NW: Hochschul~ v. 11.12.1981 (GV.NW S. 726) **HNtV**
NW: ~ v. 21.9.1982 (GV.NW S. 605) **NtV**
RP: ~ v. 2.2.1987 (GVBl S. 31) **NebVO**
SACH: Sächs. ~ v. 21.6.1994 (SächsGVBl S. 1110) **SächsNTVO**
SH: Hochschul~ i.d. Bek. v. 1.2.1996 (GVOBl S. 189) **HNtV**
SH: ~ v. 30.3.1990 (GVOBl S. 257) **NtV**
SL: ~ v. 27.7.1988 (ABl S. 841) **NtV**
TH: Thüringer ~ v. 24.2.1995 (GVBl S. 135) **ThürNVO**

Netzzugangsverordnung
v. 23.10.1996 (BGBl I S. 1568) **NZV**

Neubaumietenverordnung
1970 i. d. Bek. v. 12.10.1990 (BGBl I S. 2203) **NMV 1970**

Neufestsetzungs-Verordnung
BE: 1. Neufestsetzungs-VO v. 7.12.1987 (GVBl S. 2748);
2. Neufestsetzungs-VO v. 28.12.1989 (GVBl S. 2412) **NeufestVO**

Neugliederungs-Vertrag
BE: ~ v. 18.7.1995 (GVBl S. 490) *NeuGlV*

Neugliederungsdurchführungsverordnung
v. 12.11.1984 (BGBl I S. 1342) **NeuGlV**

Neugliederungsvertragsgesetz
BB: ~ v. 27.6.1995 (GVBl I S. 150) **NVG**

Neuordnungsgesetz
Ges. z. Änderung und Ergänzung d. Kriegsopferrechts ~
3. Neuordnungsgesetz v. 28.12.1966 (BGBl I S. 750) **3. NOG-KOV**
Streitkräftereserve-~ v. 22.4.2005 (BGBl I S. 1106) **SkResNOG**

Neuregelungsgesetz Telekommunikation- und Postüberwachung
Gesetz zur Neuregelung der präventiven Telekommunikations- und Postüberwachung durch das Zollkriminalamt
und zur Änderung der Investitionszulagengesetz 2005 und
1999 v. 21.12.2004 (BGBl I S. 3603) **NTPG**

Neuregelungsverordnung
ND: VO über die Medizinische Hochschule Hannover und
den Bereich Humanmedizin der Georg August-Universität Göttingen v. 1.12.2004 (GVBl S. 562) **HumanmedVO**

Nichteheliche Kinder
Ges. ü. d. rechtliche Stellung d. nichtehelichen Kinder v.
19.8.1969 (BGBl I S. 1243) *NEhelG*

Nichtraucherschutz
BB: Brandenburgisches Nichtrauchendenschutzgesetz v.
18.12.2007 (GVBl I S. 346) BbgNiRSchG
BE: ~gesetz v. 16.11.2007 (GVBl S. 578) NRSG
BR: Brem. ~gesetz v. 18.12.2007 (GBl S. 515) BremNiSchG
BW: Landesnichtraucherschutzgesetz v. 25.7.2007 (GBl
S. 337) LNRSchG
HA: Hamb. Passivraucherschutzgesetz v. 11.7.2007
(GVBl I S. 211) HmbPSchG
HE: Hess. ~gesetz v. 6.9.2007 (GVBl I S. 568) HessNRSG
MV: ~gesetz Mecklenburg-Vorpommern v. 12.7.2007
(GVOBl M-V S. 239) NichtRSchutzG M-V
SACH: Sächs. ~gesetz v. 26.10.2007 (SächsGVBl S. 495) SächsNSG
TH: Thüringer ~gesetz v. 20.12.2007 (GVBl S. 257) ThürNRSchutzG

Nichtschülerprüfungsverordnung
BB: ~ v. 23.8.1997 (GVBl II S. 762) NschPV
MV: ~ v. 6.6.2005 (GVOBl. M-V S. 335) NSPVO

Nichtvermarkter-Entschädigungsverordnung
v. 20.8.1993 (BGBl I S. 1510) NEV

Niederdruckanschlussverordnung
v. 1.11.2006 (BGBl I S. 2485) NDAV

Niederschlagswasserfreistellungsverordnung
BY: ~ v. 1.1.2000 (GVBl S. 30) NWFreiV

Niederspannungsanschlussverordnung
v. 1.11.2006 (BGBl I S. 2477) NAN

Nizzaer Klassifikationsabkommen
Nizzaer Abk. ü. d. internat. Klassifikation v. Waren u.
Dienstleistungen f. d. Eintragung v. Marken v. 15.6.1957 i.
d. Genfer Fassung v. 13.5.1977 (BGBl 1981 II S. 358) NKA

Notarassessor-Ausbildungsverordnung
MV: ~ v. 10.12.1998 (GVOBl M-V S. 917) NotAO M-V

Notare
Allg. Richtlinien f. d. Berufsausübung d. ~ v. 8.12.1962
(DNotZ 1963 S. 130) RLNot
Dienstordnung f. ~ v. 1.1.1985 [Bundeseinheitl. Regelung] DONot
DDR: VO v. 22.8.1990 (GBl I S. 1332; BGBl II S. 1153) DONot-DDR

Notarrecht
Ges. ü Maßnahmen auf d. Gebiete d. Notarrechts v.
16.2.1961 (BGBl I S. 777) NotMaßnG

Notarverordnung
TH: Thüringer VO ü. d. Angelegenheiten d. Notare u. No-
tarassessoren v. 16.8.1999 (GVBl S. 519) ThürNotVO

NS Abwicklungsgesetz
Ges. z. Regelung d. Verbindlichkeiten nationalsozialistischer

Einrichtungen u. d. Rechtsverhältnisse an deren Vermögen
v. 17.3.1965 (BGBl I S. 79) — NS-AbwG

NS-Verfolgte
Leistungsfestsetzung
BE: Dreiundzwanzigste VO über die Neufestsetzung der Leistungen nach Teil II des Gesetzes über die Anerkennung und Versorgung der politisch, rassisch oder religiös Verfolgten des Nationalsozialismus v. 6.12.2005 (GVBl S. 762) — 23. VO-PrVG

NS-Verfolgtenentschädigungsgesetz
Gesetz über die Entschädigung der Opfer des Nationalsozialismus i. d. Bek. v. 13.7.2004 (BGBl I S. 1658) — EntschG
i. d. Bek. v. 13.7.2004 (BGBl I S. 13.7.2004) — NS-VEntschG

Numerierungsverordnung
BE: ~ v. 9.12.1975 (GVBl S. 2947) — NrVO

Nutzfahrzeugskontrollverordnung
VO über technische Kontrollen von Nutzfahrzeugen auf der Straße v. 21.5.2003 (BGBl I S. 774) — TechKontrollV

Nutzungsentgeltverordnung
v. 22.7.1993 (BGBl I S. 1339) — NutzEV

Nutzungsrechte
BY: VO ü. d. Ablösung u. Aufhebung v. Nutzungsrechten i. d. Bek. v. 4.6.1970 (GVBl S. 283) — NRAV

O

Oberflächenwasserabgabegesetz
SH: ~ v. 13.12.2000 (GVOBl S. 610) — OWAG

Obergrenzenverordnung
NW: VO über Obergrenzen für Beförderungsämter im Land Nordrhein-Westfalen Landes~ NRW v. 12.6.2007 (GV.NW S. 204) — LOgrVO NRW
Polizei
NW: Landesobergrenzenverordnung ~ v. 14.12.2004 (GV.NW S. 822) — LOgrVOPol

Oberstufen- u. Abiturprüfungsverordnung
SACH: ~ v. 10.7.1998 (SächsGVBl S. 351) — OAVO

Oberstufenübergangsverordnung
MV: ~ v. 3.7.2003 (GVOBl M-V S. 414) — OSÜVO M-V

Öffentliche Aufträge
BE: VO z. Regelung v. Organisation und Zuständigkeiten i. Nachprüfungsverfahren f. öffentl. Aufträge v. 25.1.1999 (GVBl S. 63) — BerlNpVO

Öffentliche Sicherheit und Ordnung
  HA: Ges. z. Schutz d. öffentlichen Sicherheit u. Ordnung v.
       14.3.1966 (GVBl I S. 77)   SOG
  HE: Hess. Gesetz über die ~ i. d. Bek. v. 14.1.2005 (GVBl I
       S. 14)   HSOG
  LSA: Gesetz über die öffentliche Sicherheit u. Ordnung des
       Landes Sachsen-Anhalt i. d. Bek. v. 23.9.2003 (GVBl
       LSA S. 214)   SOG
  ND: Niedersächsisches Gesetz über die ~ i. d. Bek. v.
       19.1.2005 (GVBl S. 9)   Nds. SOG

Öko-Kennzeichengesetz
  v. 10.12.2001 (BGBl I S. 3441)   ÖkoKennzG

Öko-Landbaugesetz
  i. d. Bek. v. 12.8.2005 (BGBl I S. 2431)   ÖLG
  Durchführungsverordnung
     MV: VO zur Durchführung des Öko-Landbaugesetzes v.
         31.1.2004 (GVOBl M-V S. 69)   Öko-LandbauGDVO M-V

Öko-Mitwirkungsverordnung
  LSA: ~ v. 14.7.2003 (GVBl LSA S. 172)   ÖkoMitwVO

Ökokontrollstellenverordnung
  SH: ~ v. 14.3.2003 (GVOBl S. 176)   ÖKontrollstVO

Ökologisches Jahr
  Gesetz z. Förderung e. freiwilligen ökologischen Jahres v.
  17.12.1993 (BGBl I S. 2118)   FÖJG

Ölschadengesetz
  v. 30.9.1988 (BGBl I S. 1770)   ÖlSG

Offener-Kanal-Gesetz
  SH: Gesetz über die Errichtung einer Anstalt öffentlichen
       Rechts „Offener Kanal Schleswig-Holstein" v.
       18.9.2006 (GVOBl S. 204)   OK-Gesetz

Olympia
  Gesetz zum Schutz des olympischen Emblems und der
  olympischen Bezeichnung v. 31.3.2004 (BGBl I S. 479)   OlympSchG

Opferanspruchssicherungsgesetz
  v. 8.5.1998 (BGBl I S. 905)   OASG

Opferentschädigungsgesetz
  i. d. Bek. v. 7.1.1985 (BGBl I S. 1)   OEG

Opferrechtsreformgesetz
  v. 24.6.2004 (BGBl I S. 1354)   OpferRRG

Ordensgesetz
  BB: Brandenburgisches ~ v. 10.7.2003 (GVBl I S. 200)   BbgOrdG

Ordentliche Gerichte
  BB: VO über richter- und beamtenrechtliche Zuständigkeiten in der ordentlichen Gerichtsbarkeit, der Verwaltungsgerichtsbarkeit, der Finanzgerichtsbarkeit und den Staatsanwaltschaften im Land Brandenburg v. 11.8.2006 (GVBl II S. 346) — *RuBZV*
  SL: Ges. betr. d. Organisation d. ordentlichen Gerichte ... v. 23.10.1974 (ABl S. 1003) — *SGerOG*

Ordentliche Gerichtsbarkeit
  NW: Geschäftsstellenordnung f. d. Gerichte d. ~ u. f. d. Staatsanwaltschaften v. 25.11.1980 (JMBl S. 277) — *GStO*

Ordentliche Gerichtsbarkeit

Gerichte und Staatsanwaltschaften
  NW: Geschäftsstellenordnung f. d. Gerichte d. Ordentliche Gerichtsbarkeit u. f. d. Staatsanwaltschaften v. 25.11.1980 (JMBl S. 277) — *GStO*

Orderlagerscheine
  VO ü. ~ v. 16.12.1931 (RGBl I S. 763) — *OrderlagSchVO*

Ordnungsbehördengesetz
  BB: ~ i. d. Bek. v. 21.8.1996 (GVBl I S. 266) — **OBG**
  NW: ~ i. d. Bek. v. 13.5.1980 (GV.NW S. 528) — **OBG**

Ordnungsgeld-Aktenführungsverordnung
  v. 10.1.2008 (BGBl I S. 26) — **OGAV**

Ordnungswidrigkeiten
  VO zur Bestimmung der für die Verfolgung und Ahndung von ~ nach § 23 Abs.1 Nr.2, 4, 8 und 9 des Elektro- und Elektronikgerätegesetzes zuständigen Verwaltungsbehörde v. 10.7.2006 (BGBl I S. 1453) — **ElektroGOWiZustV**
  BE: VO ü. sachl. Zuständigkeiten f. d. Verfolgung und Ahndung v. ~ v. 12.3.1986 (GVBl S. 496) — **ZuständigkeitsVO-OWiG**
  MV: ~-Zuständigkeitsverordnung v. 20.8.2003 (GVOBl. M-V S. 421) — **BauGBOWi-ZustVO M-V**
  ND: VO über sachliche Zuständigkeiten für die Verfolgung und Ahndung von ~ v. 29.8.2005 (GVBl S. 276) — **ZustVO-OWi**
  Zuständigkeitsverordnung
    MV: VO zur Bestimmung der zuständigen Behörden für die Verfolgung und Ahndung von Ordnungswidrigkeiten im Bereich der Landwirtschaft und des Veterinärwesens v. 4.4.2006 (GVOBl M-V S. 170) — **LwVetOwiZustVO M-V**

Ordnungswidrigkeitengesetz
  Einführungsges. z. Ges. ü. Ordnungswidrigkeiten v. 24.5.1968 (BGBl I S. 503) — **EGOWiG**

Ges. ü. Ordnungswidrigkeiten i. d. Bek. v. 19.2.1987 (BGBl I
S. 602) **OWiG**
BR: Landes~ v. 16.7.1957 (GBl S. 71) **LOWiG**
BW: Landes~ v. 8.2.1978 (GBl S. 102) **LOWiG**
SACH: Sächs. ~ v. 20.1.1994 (SächsGVBl S. 174) **SächsOWiG**

Ordnungswidrigkeitenrecht Zuständigkeitsverordnung
  BE: VO ü. sachl. Zuständigkeiten f. d. Verfolgung und
       Ahndung v. Ordnungswidrigkeiten v. 12.3.1986
       (GVBl S. 496) **ZuständigkeitsVO-**
OWiG

  BW: Zuständigkeitsverordnung z. Ordnungswidrigkeiten-
       recht i. d. Bek. v. 2.2.1990 (GBl S. 75) **OWiGZuVO**
  BY: VO ü. Zuständigkeiten im Ordnungswidrigkeiten-
       recht v. 16.12.1980 (GVBl S. 721) **ZuVOWiG**
  SH: Zuständigkeitsverordnung z. Ordnungswidrigkeiten-
       recht v. 22.1.1988 (GVOBl S. 32) **OWi-ZustVO**

Organisationsgesetz
  BB: Landes~ v. 24.5.2004 (GVBl I S. 186) **LOG**
  MV: Landes~ v. 14.3.2005 (GVOBl M-V S. 98) **LOG M-V**
  NW: Landes~ v. 10.7.1962 (GV.NW S. 421) **LOG**
  SL: Landes~ i. d. Bek. v. 27.3.1997 (ABl S. 410) **LOG**
  SL: Landes~ v. 2.7.1969 (ABl S. 445) **LOG**
  Justiz
    SACH: Sächs. ~organisationsverordnung v. 14.12.2007
       (SächsGVBl S. 600) **SächsJOrgVO**

Organisationsrichtlinien
  BY: Redaktionsrichtlinien v. 26.6.1984 (StAnz Nr. 26,
       Beil. 4) **OR**

Orthopädieverordnung
  v. 4.10.1989 (BGBl I S. 1834) **OrthV**

Orthoptistengesetz
  v. 28.11.1989 (BGBl I S. 2061) **OrthoptG**

Ortsgerichtsgesetz
  HE: Gebührenordnung f. d. Ortsgerichte v. 17.10.1980
       (GVBl I S. 406) *OGerGebO*
  HE: ~ i. d. Bek. v. 2.4.1980 (GVBl I S. 114) *OGerG*

Ortsgesetz über Errichtung eines „Sondervermögens Gewer-
beflächen"
  BR: Ortsgesetz über die Errichtung eines „Sondervermö-
       gens Gewerbeflächen" der Stadtgemeinde Bremen v.
       20.5.2003 (GBl. S. 269) **BremSVGewerbeOG**

P

Pachtkreditgesetz
i. d. Bek. v. 5.8.1951 (BGBl I S. 494) — *PachtKrG*

Pädagogische Hochschulen
BW: Ges. ü. d. Pädagogischen Hochschulen i. d. Bek. v.
1.2.2000 (GBl S. 269) — **PHG**

Pariser Verbandsübereinkunft
v. 20.3.1883 zum Schutze des gewerblichen Eigentums i. d.
Stockholmer Fassung v. 14.7.1967 (BGBl 1970 II S. 293) — *PVÜ*

Parkgebührenverordnung
BW: ~ v. 7.4.1981 (GBl S. 245) — **PGebVO**
SACH: Parkgebührenordnung v. 14.1.1992 (SächsGVBl
S. 23) — **PGebO**
SL: ~ v. 4.11.1991 (ABl S. 1179) — **PGebVO**

Parlamentarische Staatssekretäre
Ges. ü. d. Rechtsverhältnisse d. Parlamentarischen Staatssekretäre v. 24.7.1974 (BGBl I S. 1538) — **ParlStG**
MV: Ges. ü. d. Rechtsverhältnisse d. Parl. Staatssekretäre v.
18.7.1991 (GVOBl M-V S. 291) — **LParlG**

Parlamentarisches Kontrollgremium-Gesetz
BY: ~ v. 10.2.2000 (GVBl S. 40) — **PKGG**

Parlamentsinformationsgesetz
BY: ~ v. 25.5.2003 (GVBl S. 324) — **PIG**
BY: Vereinbarung zum ~ v. 3.9.2003 (GVBl S. 670) — **VerPIG**
SH: ~ v. 17.10.2006 (GVOBl S. 217) — **PIG**

Parteiengesetz
i. d. Bek. v. 31.1.1994 (BGBl I S. 149) — *PartG*

Parteivermögenskommissionsverordnung
v. 14.6.1991 (BGBl I S. 1243) — **PVKV**

Partnerschaftsregisterverordnung
v. 16.6.1995 (BGBl I S. 808) — **PRV**

Passgebührenverordnung
v. 15.1.1997 (BGBl I S. 16) — **PaßGebV**

Passgesetz
Allg. Verwaltungsvorschriften z. Durchf. d. Paßgesetzes v.
2.1.1988 (GMBl S. 3) — **Paß VwV**
i. d. Bek. v. 19.4.1986 (BGBl I S. 537) — **PaßG**
VO z. Durchf. d. Gesetzes ü. d. Paßwesen v. 2.1.1988
(BGBl I S. 13) — **DVPaßG**
SH: Ges. z. Durchf. d. Paßgesetzes v. 27.3.1987 (GVOBl
S. 209) — **DG-PaßG**

Passmusterverordnung
v. 8.8.2005 (BGBl I S. 2306) **PassMustV**

Patentamt
VO ü. d. Deutsche ~ v. 5.9.1968 (BGBl I S. 997) *DPAV*
VO über den elektronischen Rechtsverkehr beim Deutschen
Patent- und Markenamt v. 26.9.2006 (BGBl I S. 2159) **ERVDPMAV**

Patentanmeldeverordnung
v. 29.5.1981 (BGBl I S. 521) *PatAnmVO*

Patentanwaltsordnung
v. 7.9.1966 (BGBl I S. 557) *PatAnwO*

Patentgebühren
Ges. ü. d. Gebühren d. Patentamts u. d. Patentgerichts v.
18.8.1976 (BGBl I S. 2188) *PatGebG*
VO ü. d. Zahlung d. Gebühren d. Deutschen Patentamts u.
d. Bundespatentgerichts i. d. Bek. v. 15.10.1991 (BGBl I
S. 2012) **PatGebZV**

Patentgesetz
i. d. Bek. v. 16.12.1980 (BGBl 1981 I S. 1) *PatG*

Patentklassifikation
Straßburger Abk. ü. d. Internat. ~ v. 24.3.1971 (BGBl 1975
II S. 283) *IPK*

Patentkostenzahlungsverordnung
v. 15.10.2003 (BGBl I S. 2083) **PatKostZV**

Patentsachen-Vertretergebühren
Ges. ü. d. Erstattung v. Gebühren d. beigeordneten Ver-
treters in Patent-, Gebrauchsmuster- u. Sortenschutzsachen
v. 13.6.1980 (BGBl I S. 677) *PatGebErstG*

Patentübereinkommen
Europ. ~. Ges. v. 21.6.1976 (BGBl II S. 649) *EPÜ*
Gesetz über internationale ~ v. 21.6.1976 (BGBl II S. 649) *IntPatÜG*

Patentverfahren
Budapester Vertrag ü. d. internat. Anerkennung d. Hinter-
legung v. Mikroorganismen f. d. Zwecke v. ~ v. 28.4.1977
(BGBl 1980 II S. 1104) *BV*

Patentverordnung
v. 1.9.2003 (BGBl I S. 1702) *PatV*

Patentzusammenarbeitsvertrag
Patent Cooperation Treaty [Vertrag über d. internationale
Zusammenarbeit auf d. Gebiet d. Patentwesens, ~] v.
19.6.1970 (BGBl 1976 II S. 649, 664) *PCT*

Patientenbeteiligungsverordnung
v. 19.12.2003 (BGBl I S. 2753) **PatBeteiligungsV**

Pauschale Vergütung
  SACH: VO des Sächsischen Staatsministeriums für Soziales
  über die ~ nach § 5 SächsInsOAG v. 25.4.2005
  (SächsGVBl S. 159) — **SächsInsOAGVO**

Pauschalförderungsverordnung
  BB: VO zur Festsetzung der pauschalen Förderung nach
  dem Krankenhausgesetz des Landes Brandenburg für
  das Jahr 2007 v. 8.10.2007 (GVBl II S. 454) — **LKGPFV**
  HA: ~ v. 17.4.2007 (GVBl S. 141) — **PauschVO**
  HE: ~ v. 8.12.2000 (GVBl I S. 528) — **PauschVO**
  MV: VO über die pauschale Krankenhausförderung 2007 v.
  2.11.2007 (GVOBl M-V S. 367) — **PauschKHFVO 2007**
  TH: Fünfte Thüringer VO ü. d. Pauschalförderung n. d.
  Krankenhausgesetz v. 28.11.2000 (GVBl S. 376) — **5. ThürKHG-PVO**

Pauschalierungsverordnung
  NW: ~ v. 22.2.2000 (GV.NW S. 250) — **PauschV**

Pauschbetragsverordnung
  RP: LandesVO ü. d. Festsetzung eines Pauschbetrages f. d.
  Kraftfahrzeugbenutzung v. 19.4.2001 (GVBl S. 95) — **KPauschVO**

Pensionsfonds
  ~-Deckungsrückstellungsverordnung v. 20.12.2001 (BGBl I
  S. 4183) — **PFDeckRV**
  ~-Kapitalanlagenverordnung v. 21.12.2001 (BGBl I S. 4185) — **PFKapAV**
  ~-Kapitalausstattungsverordnung v. 20.12.2001 (BGBl I
  S. 4180) — **PFKAustV**

Pensionsfonds-Rechnungslegungsverordnung
  v. 25.2.2003 (BGBl I S. 246) — **RechPensV**

Pensionsfonds-Zuführungsverordnung
  LSA: ~ v. 9.2.2008 (GVBl LSA S. 64) — **PZVO**

Pensionsfondsgesetz
  TH: Thüringer ~ v. 7.7.1999 (GVBl S. 431) — **ThürPFG**

Pensionskassen
  VO z. Bestimmung v. ~ als Unternehmen v. erheblicher
  wirtschaftlicher Bedeutung v. 16.4.1996 (BGBl I S. 618) — **PKewBV**

Personalaktenverordnung
  Soldaten v. 31.8.1995 (BGBl I S. 1159) — **SPersAV**
  Wehrpflichtige v. 15.10.1998 (BGBl I S. 3169) — **WPersAV**

Personalausweisgesetz
  i. d. Bek. v. 21.4.1986 (BGBl I S. 548) — **PAuswG**
  BB: Brandenburgisches ~ v. 7.4.1994 (GVBl I S. 100) — **BbgPAuswG**
  BE: Landes~ v. 1.11.1990 (GVBl S. 2214) — **LPAuswG**
  BW: Landes~ v. 16.3.1987 (GBl S. 61) — **LPAuswG**
  BY: Ges. z. Ausf. d. Gesetzes ü. Personalausweise und d.
  Paßgesetzes v. 7.3.1987 (GVBl S. 72) — **AGPersPaßG**

NW: ~ v. 19.5.1987 (GV.NW S. 170)   **PAuswG**
RP: Landes~ v. 16.2.1987 (GVBl S. 41)   **LPAuswG**
SACH: Sächs. Gesetz ü. Personalausweise und z. Ausführung d. Paßgesetzes v. 19.5.1998 (SächsGVBl S. 198)   **SächsPersPaßG**
TH: Thüringer Landes~ v. 7.8.1991 (GVBl S. 325)   **ThürLPAuswG**

Personalausweisverordnung
BW: ~ v. 24.3.1987 (GBl S. 96)   **PAuswVO**

Personaleinsatzmanagementgesetz
NW: ~ NRW v. 19.6.2007 (GV.NW S. 242)   **PEMG NRW**

Personalstärkegesetz
v. 20.12.1991 (BGBl I S. 2376)   **PersStärkeG**

Personalstruktur in den Streitkräften
Ges. z. Verbesserung d. ~ v. 30.7.1985 (BGBl I S. 1621)   **PersStruktG-Streitkräfte**

Personalstrukturstatistikgesetz
BE: ~ v. 2.12.2004 (GVBl S. 490)   **PSSG**

Personalübergangsgesetz
MV: ~ v. 23.5.2006 (GVOBl M-V S. 275)   **PersÜG M-V**

Personalvermittlungsförderungsgesetz
SL: ~ v. 31.5.2006 (ABl S. 842)   **PVFG**

Personalvertretungsgesetz
BE: ~ i. d. Bek. v. 14.7.1994 (GVBl S. 337)   **PersVG**
BW: Landes~ i. d. Bek. v. 1.2.1996 (GBl S. 205)   **LPVG**
BY: Bay. ~ i. d. Bek. v. 11.11.1986 (GVBl S. 349)   **BayPVG**
HA: Hamb. ~ i. d. Bek. v. 16.1.1979 (GVBl I S. 17)   **HmbPersVG**
HE: Hess. ~ v. 24.3.1988 (GVBl I S. 103)   **HPVG**
LSA: Landes~ Sachsen-Anhalt i. d. Bek. v. 16.3.2004 (GVBl LSA S. 205)   **PersVG LSA**
ND: Niedersächsisches ~ i. d. Bek. v. 22.1.2007 (GVBl S. 11)   **NPersVG**
NW: Landes~ i. d. Bek. v. 3.12.1974 (GV.NW S. 1514)   **LPVG**
RP: Landes~ i. d. Bek. v. 24.11.2000 (GVBl S. 529)   **LPersVG**
SACH: Sächs. ~ i. d. Bek. v. 25.6.1999 (SächsGVBl S. 430)   **SächsPersVG**
SACH: Vorschaltgesetz z. Sächs. ~ v. 19.12.1991 (SächsGVBl S. 458)   **VorschaltG-SächsPersVG**

SL: ~ i. d. Bek. v. 2.3.1989 (ABl S. 413)   **SPersVG**
TH: Thüringer ~ i. d. Bek. v. 14.9.2001 (GVBl S. 225)   **ThürPersVG**
Änderungsgesetze
  BE: Sechstes Gesetz zur Änderung des Personalvertretungsgesetzes v. 19.11.2004 (GVBl S. 462)   **6. PersVGÄndG**
Wahlordnung
  BW: ~ z. Landespersonalvertretungsgesetz v. 14.10.1996 (GBl S. 677)   **LPVG**

4. Gesetze, sonstige Rechtsvorschriften, Verwaltungsvorschriften u.ä.   **Per**

BY: ~ z. Bayerischen Personalvertretungsgesetz v.
12.12.1995 (GVBl S. 868)   **WO-BayPVG**
NW: ~ z. Personalvertretungsgesetz v. 20.5.1986
(GV.NW S. 485)   **WO-LPVG**
Wahlordnungen
    BE: Wahlordnung z. Personalvertretungsgesetz i. d.
Bek. v. 16.2.2000 (GVBl S. 238)   **WOPersVG**
    HE: Wahlordnung z. Hess. Personalvertretungsgesetz v.
8.4.1988 (GVBl I S. 139)   **WO**
    ND: Wahlordnung z. Personalvertretungsgesetz i. d.
Bek. v. 8.7.1998 (GVBl S. 538)   **WO-PersV**
    RP: Wahlordnung z. Personalvertretungsgesetz v.
5.10.1979 (GVBl S. 301)   **WOLPersVG**
    SL: Wahlordnung z. Personalvertretungsgesetz f. d.
Saarland v. 19.6.1973 (ABl S. 462)   **WO-SPersVG**

Personenbeförderung
VO z. Durchf. d. VO Nr. 117 / 66 / EWgesetz d. VO EWG
Nr. 1016 / 68 und d. Übk. ü. d. ~ im grenzüberschreitenden
Gelegenheitsverkehr mit Kraftomnibussen i. d. Bek. v.
13.12.1984 (BGBl I S. 545)   **ASOR**

Personenbeförderungsgesetz
i. d. Bek. v. 8.8.1990 (BGBl I S. 1690)   **PBefG**
    BB: VO ü. Kostensätze f. Ausgleichszahlungen nach § 45a
d. Personenbeförderungsgesetzes v. 7.7.2000 (GVBl II
S. 222)   **PBefKstV**
    BY: VO ü. Kostensätze f. Ausgleichszahlungen nach § 45a
d. Personenbeförderungsgesetzes v. 17.4.1990 (GVBl
S. 140)   **PBefKostenV**
    MV: VO über die Kostensätze nach § 45a des Personen-
beförderungsgesetzes v. 10.7.2003 (GVOBl M-V
S. 387)   **PBefKostVO M-V**
    NW: KostensatzVO ~ v. 6.11.2001 (GV.NW S. 801)   **PBefKostenV**
    SH: Kostensatzverordnung Personenbeförderung v.
14.5.2004 (GVOBl S. 139)   **PBefKostVO**

Personenbeförderungsrecht
    BW: VO d. Landesreg. u. d. Verkehrsministeriums ü. ~-li-
che Zuständigkeiten v. 15.1.1996 (GBl S. 75)   **PBefZuVO**

Personenbeförderungsverordnung
    DDR: VO ü. d. gewerbl. Personenverkehr v. 20.6.1990 (GBl
I S. 574; BGBl II S. 1223)   **PBefVO**

Personennahverkehr
    BB: Gesetz ü. d. öffentlichen ~ i. Land Brandenburg v.
26.10.1995 (GVBl I S. 252)   **ÖPNVG**
    BB: VO über die Finanzierung des übrigen öffentlichen
Personennahverkehrs im Land Brandenburg v.
3.1.2005 (GVBl II S. 42)   **ÖPNVFV**

BE: Gesetz ü. d. Aufgaben u. d. Weiterentwicklung d. öffentl. Personennahverkehrs i. Land Berlin v. 27.6.1995 (GVBl S. 390) **ÖPNVG**
BR: Gesetz ü. d. öffentl. ~ i. Land Bremen v. 15.5.1995 (GBl S. 317) **BremÖPNVG**
BW: Gesetz ü. d. öffentlichen ~ v. 8.6.1995 (GBl S. 417) **ÖPNVG**
BY: Bay. Gesetz ü. d. öffentl. ~ i. d. Bek. v. 30.7.1996 (GVBl S. 336) **BayÖPNVG**
HE: Gesetz ü. d. öffentlichen ~ i. Hessen v. 1.12.2005 (GVBl I S. 786) **ÖPNVG**
LSA: Gesetz ü. d. öffentlichen ~ im Land Sachsen-Anhalt v. 20.1.2005 (GVBl LSA S. 16) **ÖPNVG**
MV: i. M-V v. 15.11.1995 (GVOBl M-V S. 550) **ÖPNVG**
SACH: Gesetz ü. d. öffentlichen ~ i. Freistaat Sachsen v. 14.12.1995 (SächsGVBl S. 412) **ÖPNVG**
SACH: VO des Sächsischen Staatsministeriums für Wirtschaft und Arbeit zur Finanzierung des öffentlichen Personennahverkehrs v. 8.10.2007 (SächsGVBl S. 438) **ÖPNVFinVO**
SH: Gesetz ü. d. öffentlichen ~ i. Schleswig-Holstein v. 26.6.1995 (GVOBl S. 262) **ÖPNVG**
SL: Gesetz ü. d. öffentlichen ~ i. Saarland v. 29.11.1995 (ABl 1996 S. 74) **ÖPNVG**
TH: Thüringer Ges. ü. d. öffentl. ~ i. d. Bek. v. 22.6.2005 (GVBl S. 276) **ThürÖPNVG**

Personenstandsgesetz
4. Ges. z. Änderung und Ergänzung d. Personenstandsgesetzes v. 5.8.1974 (BGBl I S. 1857) **PStErgG**
i. d. Bek. v. 8.8.1957 (BGBl I S. 1125) *PStG*
BY: Ges. z. Ausf. d. Personenstandsgesetzes v. 24.7.1975 (GVBl S. 179) **AGPStG**
BY: VO z. Ausf. d. Personenstandsgesetzes i. d. Bek. v. 25.2.1977 (BGBl I S. 377) *PStV*

Personenstandsverordnung
d. Wehrmacht i. d. Bek. v. 17.10.1942 (RGBl I S. 597) *WehrmPStV*

Personenverkehr
KostenVO f. Amtshandlungen im entgeltlichen oder geschäftsmäßigen ~ mit KfZ v. 15.8.2001 (BGBl I S. 2168) **PBefGKostV**
VO ü. d. Betrieb v. Kraftfahrunternehmen im ~ v. 21.6.1975 (BGBl I S. 1573) **BOKraft**

Personenzulassungsverordnung
v. 19.12.1997 (BGBl I S. 3315) **PersZulV**

Petitionsausschussgesetz
SACH: ~ v. 11.6.1991 (SächsGVBl S. 90) **SächsPetAG**

Petitionsgesetz
BB: ~ v. 13.12.1991 (GVBl S. 643) **PetG**

4. Gesetze, sonstige Rechtsvorschriften, Verwaltungsvorschriften u.ä.   Pfl

BY: Bay. ~ v. 9.8.1993 (GVBl S. 701)	BayPetG
MV: Petitions- und Bürgerbeauftragtengesetz v. 5.4.1995 (GVOBl M-V S. 190)	PetBüG
TH: Thüringer ~ v. 28.6.1994 (GVBl S. 797)	ThürPetG
Pfandbrief-Barwertverordnung v. 14.7.2005 (BGBl I S. 2165)	PfandBarwertV
Pfandbriefgesetz v. 22.5.2005 (BGBl I S. 1373)	PfandBG
Pfandleiherverordnung i. d. Bek. v. 28.11.1979 (BGBl I S. 1986)	PfandlV
Pflanzenabfallverordnung SACH: ~ v. 25.9.1994 (SächsGVBl S. 1577) SL: ~ v. 31.8.1999 (ABl S. 1319)	PflanzAbfV PflanzAbfV
Pflanzenschutz-Sachkundeverordnung MV: ~ Mecklenburg-Vorpommern v. 23.8.2005 (GVOBl M-V S. 446)	PSSachkundeVO M-V
Pflanzenschutzgesetz i. d. Bek. v. 27.5.1998 (BGBl I S. 972) LSA: VO zur Durchführung des Pflanzenschutzgesetzes v. 24.8.2005 (GVBl LSA S. 597)	PflSchG PflSchDVO
Pflanzenschutzmittel ~-Höchstmengenverordnung i. d. Bek. v. 16.10.1989 (BGBl I S. 1861) BW: Ges. ü. d. Einschränkung d. Anwendung v. Pflanzenschutzmitteln v. 17.12.1990 (GBl S. 426)	PHmV PflSchAnwG
Pflanzenschutzmittel-Gebührenverordnung i. d. Bek. v. 9.3.2005 (BGBl I S. 744)	PflSchMGebV
Pflanzenzüchtungen Internat. Übk. z. Schutz v. ~ v. 2.12.1961 (BGBl 1968 II S. 428)	IntPflanzÜ
Pflege-Betreuungs-Verordnung BE: ~ v. 22.7.2003 (GVBl S. 285) LSA: Pflege-Betreuungs-VO v. 13.3.2003 (GVBl LSA S. 56) Änderungsverordnung LSA: VO zur Änderung der Pflege-Betreuungs-VO v. 18.12.2007 (GVBl LSA S. 470)	PBetreu VO PflBetrVO PflBetrÄndVO
Pflege-Buchführungsverordnung v. 22.11.1995 (BGBl I S. 1528)	PBV
Pflege-Qualitätssicherungsgesetz v. 9.9.2001 (BGBl I S. 2320)	PQsG
Pflege-Schiedsstellenverordnung HA: ~ v. 16.5.1995 (GVBl I S. 101)	PSchVO

SH: ~ v. 24.3.1995 (GVOBl S. 125)   PSchVO

Pflege-Versicherungsgesetz
v. 26.5.1994 (BGBl I S. 1014)   PflegeVG

Pflegeausschussverordnung
- BB: Landes~ v. 7.6.1996 (GVBl II S. 405)   PflegeAV
- BE: Landespflegeausschuss-VO v. 2.5.1995 (GVBl S. 297)   LPflegeAVO
- HA: Landes~ v. 19.9.1995 (GVBl I S. 211)   LPAVO
- NW: Landespflegeausschuss-VO v. 7.2.1995 (GV.NW S. 116)   LPfAusVO
- SACH: ~ v. 17.5.1995 (SächsGVBl S. 165)   PflegeAVO

Pflegebedarfsplanverordnung
- NW: VO ü. kommunale Pflegebedarfspläne n. d. Landespflegeges. v. 4.6.1996 (GV.NW S. 196)   BedPlaVO

Pflegeeinrichtung
- BE: Landespflegegesetz v. 19.5.1998 (GVBl S. 102)   LPflegeG
- BE: ~sförderungs-VO v. 10.9.1998 (GVBl S. 269)   PflegEföVO
- NW: ~sförderverordnung v. 15.10.2003 (GV.NW S. 613)   PflFEinrVO

Pflegegeldgesetz
- BB: Landes~ i. d. Bek. v. 11.10.1995 (GVBl I S. 259)   LPflGG
- BE: Landes~ v. 17.12.2003 (GVBl S. 606)   LPflGG
- NW: VO über die gesonderte Berechnung nicht geförderter Investitionsaufwendungen für Pflegeeinrichtungen nach dem Landespflegegesetz v. 15.10.2003 (GV.NW S. 611)   GesBerVO
- RP: Landes~ v. 31.10.1974 (GVBl S. 466)   LPflGG

Pflegegesetz
- BB: Landes~ v. 29.6.2004 (GVBl I S. 339)   LPflegeG
- BB: ~ i. d. Bek. v. 11.5.1998 (GVBl I S. 158)   PflegeG
- BE: Landes~ v. 19.5.1998 (GVBl S. 102)   LPflegeG
- BE: ~ i. d. Bek. v. 14.7.1986 (GVBl S. 1106)   PflegeG
- BW: Landes~ v. 11.9.1995 (GBl S. 665)   LPflG
- HA: Hamb. Landes~ v. 20.6.1996 (GVBl I S. 124)   HmbLPG
- MV: Landes~ v. 16.12.2003 (GVOBl. M-V S. 675)   LPflegeG
- ND: Niedersächsisches ~ i. d. Bek. v. 26.5.2004 (GVBl S. 157)   NPflegeG
- NW: Landes~ Nordrhein-Westfalen v. 19.3.1996 (GV.NW S. 137)   PfG NW
- RP: Landes~ i. d. Bek. v. 5.2.1979 (GVBl S. 37)   LPflG
- SH: Landes~ v. 10.2.1996 (GVOBl S. 227)   LPflegeG

allgemeinen Grundsätze der Förderung von Pflegeeinrichtungen
- NW: VO über die ~ nach dem Landespflegegesetz v. 15.10.2003 (GV.NW S. 610)   AllgFörderPflegeVO

Durchführungsverordnung
- ND: VO zur Durchführung des Niedersächsischen Pflegegesetzes i. d. Bek. v. 30.3.2005 (GVBl S. 104)   DVO-NPflegeG

Pflegegesetzverordnung
  HA: Landes~ v. 25.6.1996 (GVBl I S. 159)   LPGVO
  SH: Landes~ v. 19.6.1996 (GVOBl S. 521)   LPflegeGVO

Pflegehelfergesetz
  TH: Thüringer ~ v. 21.11.2007 (GVBl S. 206) ThürPflHG

Pflegehilfengesetz
  RP: Landesgesetz ü. ambulante, teilstationäre u. stationäre
      Pflegehilfen v. 28.3.1995 (GVBl S. 55)   LPflegeHG

Pflegeinvestitionsverordnung
  BB: ~ v. 13.3.1996 (GVBl II S. 245)   PflInvV

Pflegekindervorschriften
  BE: ~ v. 15.10.1984 (ABl S. 1586)   PKV

Pflegeleistungs-Ergänzungsgesetz
  v. 14.12.2001 (BGBl I S. 3728)   PflEG
Ausführungsverordnung
  BY: VO zur Ausführung des Pflegeleistungs-Ergän-
      zungsgesetzes v. 8.4.2003 (GVBl S. 296) AVPflEG
  HE: VO zur Ausführung des Pflegeleistungs-Ergän-
      zungsgesetzes v. 16.12.2003 (GVBl I S. 491) AVPflEG
Durchführungsverordnung
  SH: Landesverordnung zur Durchführung des Pflege-
      leistungs-Ergänzungsgesetzes v. 20.2.2003 (GVOBl
      S. 50)   PflEGVO

pflegerische Angebotstruktur, Sicherstellung und Weiterent-
wicklung
  RP: Landesgesetz zur Sicherstellung und Weiterentwick-
      lung der pflegerischen Angebotsstruktur v. 25.7.2005
      (GVBl S. 299)   LPflegeASG
Durchführungsverordnung
  RP: Landesverordnung zur Durchführung des Landes-
      gesetzes zur Sicherstellung und Weiterentwicklung
      der pflegerischen Angebotsstruktur v. 7.12.2005
      (GVBl S. 525)   LPflegeASGDVO

Pflegesätze von Krankenanstalten
  VO ü. d. Aufhebung v. Vorschriften ü. Pflegesätze v. Kran-
  kenanstalten v. 21.3.1974 (BGBl I S. 767)   PflSAufhV

Pflegesatz-Schiedsstellenverordnung
  BE: ~ v. 13.6.1986 (GVBl S. 966)   PflSchVO
  RP: ~ v. 27.2.1986 (GVBl S. 64)   PflSchVO
  SH: ~ v. 20.11.1990 (GVOBl S. 556)   PflSVO

Pflegestatistik-Verordnung
  v. 24.11.1999 (BGBl I S. 2282)   PflegeStatV

Pflegeversicherungs-Schiedsstellen-Verordnung
  BB: ~ v. 10.4.1995 (GVBl II S. 338)   PflSchV

BE: ~ v. 2.5.1995 (GVBl S. 295)   **PflegeVSchVO**

Pflegewohngeldverordnung
NW: ~ v. 4.6.1996 (GV.NW S. 200)   **PfGWGVO**

Pflichtexemplare
BB: Pflichtexemplarverordnung v. 29.9.1994 (GVBl II
S. 912)   **PflEV**

Pflichtexemplargesetz
BE: ~ i. d. Bek. v. 15.7.2005 (GVBl S. 414)   **PflExG**
HA: ~ v. 14.9.1988 (GVBl I S. 180)   **PEG**

Pflichtstückegesetz
BY: ~ v. 6.8.1986 (GVBl S. 216)   **PflStG**

Pflichtstückverordnung
v. 14.12.1982 (BGBl I S. 1739)   **PflStV**

Pflichtversicherungsgesetz
v. 5.4.1965 (BGBl I S. 213)   *PflVG*

Pflichtversicherungsordnung
DDR: ~ v. 1.8.1990 (GBl I S. 1053; BGBl II S. 1193)   *PflVO*

Pharmazeutisch-technische Assistenten
Ges. ü. d. Beruf d. pharmazeutisch-techn. Assistenten v.
18.3.1968 (BGBl I S. 228)   *PTAG*

Pharmazeutische Unternehmer
Betriebsverordnung f. ~ v. 8.3.1985 (BGBl I S. 546)   **PharmBetrV**

Phosphathöchstmengenverordnung
v. 4.6.1980 (BGBl I S. 664)   **PHöchstMengV**

PKW-Energieverbrauchskennzeichnungsverordnung
v. 28.5.2004 (BGBl I S. 1037)   **Pkw-EnVKV**

Planungsgesetz
BB: Brandenburgisches Landes~ v. 20.7.1995 (GVBl I
S. 210)   **BbgLPlG**
BW: Landes~ v. 10.10.1983 (GBl S. 621)   **LPlG**
BY: Bay. Landes~ v. 27.12.2004 (GVBl S. 521)   **BayLplG**
HE: Hess. Landes~ v. 29.11.1994 (GVBl I S. 707)   **HLPG**
LSA: Landes~ d. Landes Sachsen-Anhalt v. 28.4.1998 (GVBl
LSA S. 255)   **LPlG**
MV: Landes~ i. d. Bek. v. 5.5.1998 (GVOBl M-V S. 503)   **LPlG**
NW: Landes~ NRW i. d. Bek. v. 3.5.2005 (GV.NW S. 430)   **LPlG**
RP: Landes~ v. 10.4.2003 (GVBl S. 41)   **LPlG**
SL: Saarländisches Landes~ v. 27.4.1994 (ABl S. 866)   **SLPG**
TH: Landes~ v. 17.7.1991 (GVBl S. 210)   **ThLPlG**
TH: Thüringer Landes~ v. 18.12.2001 (GVBl S. 485)   **ThürLPlG**

Planungsverbände
Kostenerstattung
BY: VO ü. d. ~ an regionale Planungsverbände i. d.
Bek. v. 27.7.1980 (GVBl S. 485)   **KostErstV**

4 Gesetze, sonstige Rechtsvorschriften, Verwaltungsvorschriften u.ä.   **Pol**

Planungsvereinfachungsgesetz v. 17.12.1993 (BGBl I S. 2123)	**PlVereinfG**
Planzeichenverordnung 1981 v. 30.7.1981 (BGBl I S. 833)	**PlanzV 81**
Polizeiaufgabengesetz BY: ~ i. d. Bek. v. 14.9.1990 (GVBl S. 397)	**PAG**
Polizeibeamter HA: Ausbildungsordnung v. 16.12.1980 (GVBl I S. 394) HA: Prüfungsordnung v. 16.12.1980 (GVBl I S. 398) (s.a. Laufbahnverordnung) NW: Ausbildungsverordnung v. 8.11.1983 (GV.NW S. 518) NW: Prüfungsverordnung Polizei – höherer Dienst v. 11.7.1996 (GV.NW S. 263) NW: Prüfungsverordnung v. 11.11.1984 (GV.NW. S. 688) (s.a. Laufbahnverordnung)	**AusbOPol** **PrüfOPol** **AVOPol** **PVPol-hD** **PVOPol**
Polizeidienstgesetz HE: Hess. Freiwilligen-Polizeidienst-Gesetz v. 13.6.2000 (GVBl I S. 294) Durchführungsverordnung HE: VO zur Durchführung des Hessischen Freiwilligen-Polizeidienst-Gesetzes v. 11.8.2004 (GVBl I S. 289)	 **HFPG** **HFPGDVO**
Polizeidienstkleidungsverordnung BW: ~ v. 21.12.2000 (GBl 2001 S. 8) SACH: ~ v. 20.10.1998 (SächsGVBl 1999 S. 2)	 **PolDKlVO** **PolDKlVO**
Polizeifachhochschulgesetz SACH: Sächs. ~ v. 24.5.1994 (SächsGVBl S. 1002)	**SächsPolFHG**
Polizeigebührenordnung ND: ~ v. 13.7.1982 (GVBl S. 285)	**PolGO**
Polizeigesetz BB: Brandenburgisches ~ v. 20.5.1999 (GVBl I S. 162) BB: Vorschaltgesetz z. ~ v. 11.12.1991 (GVBl S. 636) BR: Brem. ~ i. d. Bek. v. 6.12.2001 (GBl S. 441) BW: ~ i. d. Bek. v. 13.1.1992 (GBl S. 1) NW: ~ des Landes Nordrhein-Westfalen i. d. Bek. v. 25.7.2003 (GV.NW S. 441) SACH: ~ d. Freistaates Sachsen i. d. Bek. v. 13.8.1999 (SächsGVBl S. 466) SL: Saarl. ~ i. d. Bek. v. 26.3.2001 (ABl S. 1074)	**BbgPolG** **VGPolG Bbg** **BremPolG** **PolG** **PolG** **SächsPolG** **SPolG**
Polizeihochschule NW: Gesetz über die Deutsche Hochschule der Polizei v. 15.2.2005 (GV.NW S. 88) Ausführungsgesetz NW: VO zur Ausführung des Gesetzes über die Deutsche Hochschule der Polizei v. 29.8.2007 (GV.NW S. 365)	 **DHPolG** **DHPolGAVO**

Polizeikostenverordnung
BY: ~ v. 13.11.2000 (GVBl S. 785) **PolKV**
HE: ~ v. 13.7.1973 (GVBl I S. 267) **PolKostVO**
TH: Thüringer ~ v. 6.12.2001 (GVBl S. 465) **ThürPolKostV**

Polizeilaufbahnverordnung
BB: Laufbahnverordnung der Polizei v. 30.1.2006 (GVBl II
S. 18) **LVOPol**
BR: ~ v. 11.9.2001 (GBl S. 317) **PolLV**
BW: Landeslaufbahnverordnung f. d. Polizei i. d. Bek. v.
15.6.1998 (GBl S. 334) (s.a. Bundeslaufbahnverord-
nung) **LVOPol**
HE: ~ v. 22.12.1967 (GVBl 1968 I S. 26) **PolLV**
LSA: VO ü. d. Laufbahn des Polizeivollzugsdienstes des
Landes Sachsen-Anhalt v. 20.3.2006 (GVBl LSA S. 89) **PolLV**
MV: Landeslaufbahnverordnung f. d. Polizei v. 18.1.2001
(GVOBl M-V S. 9) **LVOPol**
ND: VO ü. d. Laufbahnen d. Polizeivollzugsdienstes d.
Landes Niedersachsen v. 7.8.1979 (GVBl S. 236) **PolLV**
NW: Laufbahnverordnung d. Polizei i. d. Bek. v. 4.1.1995
(GV.NW S. 42) (s.a. Bundeslaufbahnverordnung) **LVOPol**
SH: ~ v. 10.7.1997 (GVOBl S. 374) **PolLV**

Polizeiorganisationsgesetz
BB: ~ v. 20.3.1991 (GVBl S. 82) **POG**
BY: ~ v. 10.8.1976 (GVBl S. 303) **POG**
MV: ~ v. 10.7.2001 (GVOBl M-V S. 254) **POG**
NW: ~ v. 22.10.1994 (GV.NW S. 852) **POG**
SH: ~ v. 12.11.2004 (GVOBl S. 408) **POG**
TH: ~ i. d. Bek. v. 6.1.1998 (GVBl S. 1) **POG**

Polizeiorganisationsverordnung
HE: VO ü. d. Organisation und Zuständigkeit d. hessi-
schen Polizei v. 18.12.2000 (GVBl I S. 644) **PolOrgVO**
SACH: Sächs. ~ v. 16.12.2004 (SächsGVBl S. 586) **SächsPolOrgVO**

Polizeipräsidien
BB: VO ü. d. ~ v. 11.10.1991 (GVBl S. 448) **VO PP**

Polizeistrukturreformgesetz
BB: ~ v. 18.12.2001 (GVBl I S. 282) **PolStrRefG**

Polizeiumorganisationsgesetz
HE: Hess. Gesetz ü. d. Umorganisation d. Polizei v.
22.12.2000 (GVBl I S. 577) **HPUOG**

Polizeiverwaltungsgesetz
BE: ~ i. d. Bek. v. 2.10.1958 (GVBl S. 961) *PolVwG*
RP: ~ i. d. Bek. v. 1.8.1981 (GVBl S. 179) **PVG**

Port-Authority-Gesetz
HA: Gesetz über die Hamburg Port Authority v. 29.6.2005
(GVBl S. 256) **HPAG**

Post
~-Arbeitszeitverordnung 2003 v. 9.12.2003 (BGBl I S. 2495) — **Post-AZV2003**

Post- u. Telekommunikations-Zivilschutzverordnung
v. 23.10.1996 (BGBl I S. 1539) — **PTZSV**

Post- u. Telekommunikationssicherstellungsgesetz
v. 14.9.1994 (BGBl I S. 2378) — **PTSG**

Post- und Telekommunikationsauskunftsverordnung
v. 22.4.2003 (BGBl I S. 545) — **PTKAuskV**

Post-Arbeitszeit(ver)ordnung
1998 v. 6.10.1998 (BGBl I S. 3145) — **Post-AZV 1998**

Post-Entgeltregulierungsverordnung
v. 22.11.1999 (BGBl I S. 2386) — **PEntgV**

Post-Kundenschutzverordnung
v. 19.12.1995 (BGBl I S. 2016) — **PKV**

Post-Universaldienstleistungsverordnung
v. 15.12.1999 (BGBl I S. 2418) — **PUDLV**

Postauskunftsverordnung
v. 23.10.1996 (BGBl I S. 1537) — **PAuskV**

Postbank-Datenschutzverordnung
v. 24.6.1991 (BGBl I S. 1387) — **PB-DSV**

Postbank-Pflichtleistungsverordnung
v. 12.1.1994 (BGBl I S. 87) — **PBPflLV**

Postbankarbeitszeitverordnung
v. 20.6.2005 (BGBl I S. 1725) — **PBAZV**

Postbankleistungsentgeltverordnung
v. 13.12.2007 (BGBl I S. 2938) — **PostbankLEntgV**

Postbanksonderzahlungsverordnung
v. 15.8.2007 (BGBl I S. 2121) — **PostbankSZV**
Postsonderzahlungsverordnung v. 15.8.2007 (BGBl I
S. 2120) — **PostSZV**

Postdienst-Datenschutzverordnung
v. 24.6.1991 (BGBl I S. 1385) — **PD-DSV**

Postdienst-Pflichtleistungsverordnung
v. 12.1.1994 (BGBl I S. 86) — **PPflLV**

Postdienstleistungsverordnung
v. 21.8.2001 (BGBl I S. 2178) — **PDLV**

Postdienstunternehmen-Datenschutzverordnung
v. 4.11.1996 (BGBl I S. 1636) — **PDSV**

Postdienstverordnung
i. d. Bek. v. 31.1.1994 (BGBl I S. 335) — **PostV**

Postgebühren
BY: Gemeins. Bek. ü. Entrichtung d. ~ v. 2.3.1988 (JMBl
S. 39) **BayPostGebR**

Postgebührenordnung
Auslands~ v. 15.8.1988 (BGBl I S. 1593) **PostGebOAusl**
v. 10.8.1988 (BGBl I S. 1575) **PostGebO**

Postgeheimnis
BY: Ges. z. Ausf. d. Ges. zu Art. 10 d. Grundgesetzes v.
11.12.1984 (GVBl S. 522) **AGG 10**
NW: Gesetz über die Ausführung des Gesetzes zu Artikel 10
Grundgesetz i. d. Bek. v. 18.12.2002 (GV.NW 2003
S. 2) **AG G10**

Postgirogebührenordnung
v. 5.12.1984 (BGBl I S. 1484) *PostgiroGebO*

Postgiroordnung
v. 5.12.1984 (BGBl I S. 1478) *PostgiroO*

Postleistungszulagenverordnung
v. 3.12.1996 (BGBl I S. 1833) **PostLZulV**

Postneuordnungsgesetz
v. 14.9.1994 (BGBl I S. 2325) **PTNeuOG**

Postordnung
v. 16.5.1963 (BGBl I S. 341) *PostO*

Postpersonalrechtsgesetz
v. 14.9.1994 (BGBl I S. 2353) **PostPersRG**

Postrentendienstverordnung
v. 28.7.1994 (BGBl I S. 1867) **PostRDV**

Postsicherstellungsverordnung
v. 23.10.1996 (BGBl I S. 1535) **PSV**

Postsozialversicherungsorganisationsgesetz
v. 14.9.1994 (BGBl I S. 2338) **PostSVOrgG**

Postsparkassenordnung
v. 24.4.1986 (BGBl I S. 626) **PostSpO**

Postunfallkassenverordnung
v. 11.1.1995 (BGBl I S. 20) **PUKV**

Postverfassungsgesetz
v. 8.6.1989 (BGBl I S. 1026) **PostVerfG**

Postwesen
Ges. ü. d. ~ i. d. Bek. v. 3.7.1989 (BGBl I S. 1449) **PostG**
Ges. ü. d. vermögensrechtl. Verhältnisse d. Deutschen Bun-
despost v. 21.5.1953 (BGBl I S. 225) *PostVermG*

Postzeitungsgebührenordnung
v. 17.10.1988 (BGBl I S. 2067) **PostZtgGebO**

Postzeitungsordnung
v. 9.9.1981 (BGBl I S. 950) **PostZtgO**

Preisangabengesetz
v. 3.12.1984 (BGBl I S. 1429) **PAngG**

Preisangabenverordnung
i. d. Bek. v. 28.7.2000 (BGBl I S. 1244) **PAngV**

Preisangabenzuständigkeitsverordnung
TH: Thüringer ~ v. 22.9.2005 (GVBl S. 343) **ThürPAngZVO**

Preise bei öffentlichen Aufträgen
VO PR 30/53 ü. d. Preise b. öffentlichen Aufträgen v.
21.11.1953 (BAnz Nr. 244; BWMBl S. 474) *VPöA*
VO ü. d. ~ v. 11.8.1943 (RGBl I S. 482) **VPÖ**

Preisermittlung aufgrund von Selbstkosten
Leitsätze f. d. Ermittlung v. Preisen f. Bauleistungen auf
Grund v. Selbstkosten = Anl. z. VO PR Nr. 1 / v. 72 v.
6.3.1972 (BGBl I S. 293) *LPS-Bau*
Leitsätze f. d. Preisermittlung auf Grund d. Selbstkosten bei
Leistungen f. öffentl. Auftraggeber v. 12.2.1942 (RGBl I
S. 89) **LSÖ**
Leitsätze f. d. Preisermittlung auf Grund v. Selbstkosten =
Anl. z. VO PR Nr. 30 / v. 53 v. 21.11.1953 (BAnz Nr. 244;
BWMBl S. 474) *LPS*

Preisgesetz
v. 10.4.1948 (WiGBl S. 27) *PreisG*

Preisklauselverordnung
v. 23.9.1998 (BGBl I S. 3043) **PrKV**

Preisstatistikverordnung
v. 13.4.1993 (BGBl I S. 445) **PreisStatV**

Pressegesetz
v. 7.5.1874 (RGBl S. 65) *PrG*
BW: Landes~ v. 14.1.1964 (GBl S. 11) **LPressG**
BY: Bay. ~ i. d. Bek. v. 19.4.2000 (GVBl S. 340) **BayPrG**
HE: Hess. ~ i. d. Bek. v. 12.12.2003 (GVBl I S. 2) **HPresseG**
SL: Saarl. ~ i. d. Bek. v. 22.9.2000 (ABl S. 1622) **SPresseG**
TH: Thüringer ~ v. 31.7.1991 (GVBl S. 271) **TPG**

Privat- und Körperschaftswaldverordnung
SACH: Sächs. ~ v. 16.4.2003 (SächsGVBl S. 110) **SächsPKWaldVO**

Private Arbeitsvermittlungs-Statistikverordnung
v. 1.8.1994 (BGBl I S. 1949) **PrAVV**

Private-überwachungsbedürftige-Anlagenverordnung
BE: VO über private überwachungsbedürftige Anlagen v.
30.1.2003 (GVBl S. 133) **PrÜbAnVO**

Privatgleisanschlüsse
Allgemeine Bedingungen f. ~ v. 1.1.1955 (Abgedr. in: ArchEisenbW 1958 S. 373) **PAB**

Privatrundfunkgesetz
HE: Hess. ~ i. d. Bek. v. 25.1.1995 (GVBl I S. 85) **HPRG**
SACH: Sächs. ~ i. d. Bek. v. 9.1.2001 (SächsGVBl S. 69) **SächsPRG**
TH: Thüringer ~ v. 31.7.1991 (GVBl S. 255) **TPRG**

Privatschulbauverordnung
BW: ~ v. 13.3.2007 (GBl S. 206) **VOSchulBau**

Privatschulgesetz
BW: ~ i. d. Bek. v. 28.2.1990 (GBl S. 105) **PSchG**
RP: ~ i. d. Bek. v. 4.9.1970 (GVBl S. 372) **PrivSchG**
SL: ~ i. d. Bek. v. 2.8.1974 (ABl S. 712) **PrivSchG**

Privatschulverordnung
MV: ~ v. 22.5.1997 (GVOBl M-V S. 469) **PSchVO M-V**

Privatwaldverordnung
BW: ~ v. 7.6.1999 (GBl S. 322) **PWaldVO**

Problemabfallverordnung
BE: ~ v. 22.4.1999 (GVBl S. 154) **ProbAbfV**

Produkthaftungsgesetz
v. 15.12.1989 (BGBl I S. 2198) **ProdHaftG**

Produktpiraterie
Ges. z. Stärkung d. Schutzes d. geist. Eigentums u. z. Bekämpfung d. ~ v. 7.3.1990 (BGBl I S. 422) **PrPG**

Produktsicherheits-Zuständigkeitsverordnung
BW: ~ v. 19.9.1997 (GBl S. 408) **ProdSGZuVO**

Produktsicherheitsgesetz
v. 22.4.1997 (BGBl I S. 934) **ProdSG**

Produzierendes Gewerbe
VO z. Aussetzung v. Erhebungsmerkmalen n. d. Ges. ü. d. Statistik i. Produzierenden Gewerbe v. 17.7.1998 (BGBl I S. 1893) **ProdGewStatGAussV**

Projekt-Mechanismen-Gesetz
v. 22.9.2005 (BGBl I S. 2826) **ProMechG**

Prostitutionsgesetz
v. 20.12.2001 (BGBl I S. 3983) **ProstG**

Prozesskostenhilfe
Durchführungsbestimmungen z. Gesetz ü. d. Prozeßkostenhilfe v. 1.10.1985 (bundeseinheitl. vereinbart) **DB-PKH**
EG-~vordruckverordnung v. 21.12.2004 (BGBl I S. 3538) **EG-PKHVV**
Ges. ü. d. Prozeßkostenhilfe v. 13.6.1980 (BGBl I S. 677) *PKHG*

Zweite ~bekanntmachung v. 23.3.2005 (BGBl I S. 924) **2. PKHB**
Durchführungsbestimmung
SL: Durchführungsbestimmungen zum Gesetz über die
Prozesskostenhilfe v. 14.6.2006 (ABl S. 853) **DB-PKHG**

Prozesskostenhilfebekanntmachung
2001 v. 13.6.2001 (BGBl I S. 1204) **PKHB 2001**

Prozesskostenhilfevordruckverordnung
v. 17.10.1994 (BGBl I S. 3001) **PKHVV**

Prüfämter
BY: Gebührenordnung f. ~ u. Prüfingenieure v. 20.3.1998
(GVBl S. 202) **GebOP**

Prüfeinschränkungsverordnung
ND: ~ v. 6.6.1996 (GVBl S. 287) **PrüfeVO**

Prüferberufungsverordnung
BB: ~ v. 25.7.1996 (GVBl II S. 613) **PrüfBerV**

Prüffristenverordnung
TH: ThüringerVO ü. Prüffristen b. vollzugspolizeilicher
Datenspeicherung v. 26.2.2000 (GVBl S. 91) **ThürPolPrüffristVO**

Prüfingenieurverordnung
HA: ~ v. 4.1.1972 (GVBl I S. 3) **PrüfIngVO**
LSA: VO über Prüfingenieure und Prüfsachverständige v.
8.6.2006 (GVBl LSA S. 342) **PPVO**
MV: Prüfingenieure- und Prüfsachverständigenverordnung
v. 10.7.2006 (GVOBl. M-V S. 595) **PPVO M-V**
NW: ~ v. 19.7.1962 (GV.NW S. 470) **PrüfIngVO**
RP: Landesverordnung über Prüfingenieurinnen und Prüfingenieure für Baustatik v. 11.12.2007 (GVBl S. 3) **PrüfIngBaustatikVO**
RP: ~ v. 3.7.1989 (GVBl S. 178) **PrüfIngVO**
TH: Thüringer VO über die Prüfingenieure und Prüfsachverständige v. 6.5.2004 (GVBl S. 565) **ThürPPVO**

Prüfnachweisverordnung
v. 1.8.1994 (BGBl I S. 1877) **ChemPrüfV**

Prüfsachverständigenverordnung
RP: Landesverordnung über Prüfsachverständige für
Standsicherheit v. 24.9.2007 (GVBl S. 197) **PrüfSStBauVO**
TH: Thüringer VO über die Prüfingenieure und Prüfsachverständige v. 6.5.2004 (GVBl S. 565) **ThürPPVO**

Prüfungs- u. Beratungsgesetz
TH: Thüringer ~ v. 25.6.2001 (GVBl S. 66) **ThürPrBG**

Prüfungs- und Anerkennungsverordnung
SL: VO ü. d. staatl. Prüfung u. Anerkennung v. Altenpflegehelferinnen u. Altenpflegehelfern v. 6.4.1995
(ABl S. 492) **PV-Altenpflegehilfe**

Prüfungsamt
Zuständigkeitsverordnung
   MV: Landesprüfungsamt-Zuständigkeitslandesverordnung v. 28.7.2004 (GVOBl M-V S. 392) — **LPHZustLVO M-V**
Prüfungsberichteverordnung
   v. 3.6.1998 (BGBl I S. 1209) — **PrüfV**
Prüfungsberichtsverordnung
   v. 17.12.1998 (BGBl I S. 3690) — **PrüfbV**
Prüfungs(ver)ordnung
   BW: Prüfungsordnung des Regierungspräsidiums Stuttgart über die Prüfung zum anerkannten Abschluss Geprüfte Fachkraft zur Arbeits- und Berufsförderung in Werkstätten für behinderte Menschen v. 25.5.2005 (GBl S. 447) — **PrüfO-FAB**
   BW: Prüfungsordnung für den tierärztlichen Staatsdienst v. 17.7.2007 (GBl S. 356) — **PrOtS**
   HA: Prüfungsordnung f. d. Laufbahn d. allg. geh. Verwaltungsdienstes v. 10.7.1979 (GVBl I S. 220) — **PrüfOgehVerw**
   ND: VO ü. d. Prüfungen z. Erwerb d. Abschlüsse d. Sekundarbereichs I durch Nichtschülerinnen und Nichtschüler v. 4.6.1996 (GVBl S. 284) — **NAVO-S I**
   NW: Prüfungsordnung für den Masterstudiengang „Öffentliche Verwaltung – Polizeimanagement" (Public Administration – Police Management) an der Deutschen Hochschule der Polizei v. 10.10.2006 (GV.NW 2007 S. 58) — **PrüfO-MA-PM**
   NW: Prüfungsordnung für die Zusatzqualifikation Elektrofachkraft für festgelegte Tätigkeiten im Bereich der Abwasser- / Wasserversorgungstechnik v. 31.8.2005 (GV.NW 2006 S. 345) — **PO-Elektro**
   SH: Prüfungsordnung Studienräte an Gymnasien 1987 v. 11.1.1999 (GVOBl S. 22) — **PO-GY I**
   SL: Prüfungsordnung ü. d. staatl. Abschlussprüfung a. Handelsschulen und Höheren Handelsschulen v. 12.7.2000 (ABl S. 1378) — **PO-HHS**
Abitur
   MV: ~prüfungsverordnung v. 4.7.2005 (GVOBl. M-V S. 360) — **AbiPrüfVO MV**
Berufliche Schulen
   MV: Prüfungsordnung ~ v. 5.7.1996 (GVOBl M-V S. 472) — **POBS**
Berufsakademien
   TH: Prüfungsordnung f. d. Berufsakademie Thüringen v. 6.6.2001 (GVBl S. 82) — **ThürPrüfOBA**
Berufsbildende Schulen
   NW: Allg. Prüfungsordnung f. ~ v. 14.5.1997 (GV.NW S. 223) — **APO-BBS**

4. Gesetze, sonstige Rechtsvorschriften, Verwaltungsvorschriften u.ä.   Prü

SH: Prüfungsordnung Studienrätinnen oder Studienräte a. berufsbildenden Schulen 1999 v. 21.4.1999 (GVOBl S. 116)   **PObbS I**
Berufsbildung-Landwirtschaft
BY: Prüfungsordnung ~ v. 3.12.2003 (GVBl S. 906)   **LFBPO**
Dolmetscher
MV: ~prüfungsverordnung v. 15.6.2006 (GVOBl M-V S. 486)   **DolmPrüfVO M-V**
Fachschule
BY: Prüfungsordnung für die Fachschulen für Dorfhelferinnen und Dorfhelfer v. 5.10.2007 (GVBl S. 722)   **POFDH**
Falkner
BB: ~prüfungsordnung v. 14.9.2005 (GVBl II S. 492)   **FPO**
Fischereischein
MV: ~prüfungsverordnung v. 11.8.2005 (GVOBl M-V S. 416)   **FSchPrVO M-V**
Gebärdensprachdolmetscherinnen und Gebärdensprachdolmetscher
BY: Prüfungsordnung für ~ v. 26.10.2004 (GVBl S. 419)   **GDPO**
Gebärdensprachkursleiter
BY: ~-Prüfungsverordnung v. 17.10.2006 (GVBl S. 796)   **GKPO**
Geflügelfleischkontrolleure
SACH: VO des Sächsischen Staatsministeriums für Soziales über den Lehrgang und die Prüfung von Geflügelfleischkontrolleuren v. 6.11.2003 (SächsGVBl S. 907)   **SächsGFlKLPVO**
Hochschulen
BB: Hochschulprüfungsverordnung v. 3.9.2004 (GVBl II S. 744)   **HSPV**
Lehramt
BW: VO des Kultusministeriums über die Wissenschaftliche Staatsprüfung für das höhere ~ an beruflichen Schulen mit der beruflichen Fachrichtung Pflegewissenschaft v. 29.3.2004 (GBl S. 222)   **WPrOPflege**
Lehrkräfte
SH: Prüfungsordnung ~ v. 11.9.2003 (GVOBl S. 440)   **POL I**
Polizeidienst
HA: Prüfungsordnung v. 16.12.1980 (GVBl I S. 398) (s.a. Laufbahnverordnung)   **PrüfOPol**
NW: Prüfungsverordnung Polizei – höherer Dienst v. 11.7.1996 (GV.NW S. 263)   **PVPol-hD**
NW: Prüfungsverordnung v. 11.11.1984 (GV.NW. S. 688) (s.a. Laufbahnverordnung)   **PVOPol**
Realschullehrer
BW: ~prüfungsordnung I v. 24.8.2003 (GBl S. 583)   **RPO I**
Sonderschullehrer
BW: ~prüfungsordnung I v. 24.8.2003 (GBl S. 541)   **SPO I**

BW: ~prüfungsordnung II v. 28.6.2003 (GBl S. 364)   SPO II
Straßenwärter/Straßenwärterin
BY: Prüfungsordnung für die Durchführung der Abschluss- und Zwischenprüfung im Ausbildungsberuf ~ in Bayern v. 20.10.2004 (GVBl S. 414)   PO-StrW
Umwelttechnischen Berufe
NW: Prüfungsordnung für die Durchführung von Abschlussprüfungen in den Umwelttechnischen Berufen v. 10.2.2006 (GV.NW S. 135)   PO UT
Waldorfschule
SACH: Prüfungsverordnung Waldorfschulen v. 9.3.2005 (SächsGVBl S. 75)   WaldorfPVO
Wirtschaftsprüfer
~prüfungsverordnung v. 20.7.2004 (BGBl I S. 1707)   WiPrPrüfV

Prüfverordnung
HA: ~ v. 14.2.2006 (GVBl S. 79)   PVO

Prüfzeichenverordnung
BE: ~ v. 17.5.1973 (GVBl S. 806)   PrüfzVO
BW: ~ v. 13.6.1991 (GBl S. 483)   PrüfzVO
BY: ~ v. 7.10.1990 (GVBl S. 469)   PrüfzVO
HA: ~ v. 3.5.1983 (GVBl I S. 87)   PrüfzVO
HE: ~ v. 8.6.1982 (GVBl I S. 146)   PrüfzVO
ND: ~ v. 13.10.1982 (GVBl S. 421)   PrüfzVO
SH: ~ v. 8.6.1982 (GVOBl S. 157)   PrüfzVO
SL: ~ i. d. Bek v. 31.8.1989 (ABl S. 1389)   PrüfzVO

Psychiatrie
BW: Gesetz z. Errichtung d. Zentren für ~ v. 3.7.1995 (GBl S. 510)   EZPsychG
RP: Landesgesetz ü. d. Errichtung e. Anstalt d. öffentl. Rechts f. Einrichtungen f. ~ und Neurologie durch d. Bezirksverband Pfalz v. 18.12.1997 (GVBl S. 469)   LBezVAEG

Psychisch Kranke
BB: Brandenburgisches Psychisch-Kranken-Gesetz v. 8.2.1996 (GVBl I S. 26)   BbgPsychKG
BR: Ges. ü. Hilfen u. Schutzmaßnahmen bei psychischen Krankheiten v. 19.12.2000 (GBl S. 471)   PsychKG
HA: Hamb. Ges. ü. Hilfen u. Schutzmaßnahmen b. psychischen Krankheiten v. 27.9.1995 (GVBl I S. 235)   HmbPsychKG
MV: Psychischkrankengesetz i. d. Bek. v. 13.4.2000 (GVOBl M-V S. 182)   PsychKG
ND: Niedersächsisches Gesetz ü. Hilfen u. Schutzmaßnahmen f. ~ v. 16.6.1997 (GVBl S. 272)   NPsychKG
NW: Ges. ü. Hilfen u. Schutzmaßnahmen bei psychischen Krankheiten v. 17.12.1999 (GV.NW S. 662)   PsychKG
RP: Ges. ü. Hilfen u. Schutzmaßnahmen bei psychischen Krankheiten v. 17.11.1995 (GVBl S. 473)   PsychKG

4. Gesetze, sonstige Rechtsvorschriften, Verwaltungsvorschriften u.ä.　　　　　　　**Qua**

SH:　Ges. ü. Hilfen u. Schutzmaßnahmen bei psychischen
　　　Krankheiten v. 14.1.2000 (GVOBl S. 106)　　　　　　　　　**PsychKG**

Psychotherapeutengesetz
　v. 16.6.1998 (BGBl I S. 1311)　　　　　　　　　　　　　　　　　**PsychThG**

Psychotherapeutenkammergesetz
　HA:　Hamb. ~ v. 18.7.2001 (GVBl I S. 208)　　　　　　　　　**HmbPKG**

Publizitätsgesetz
　Ges. ü. d. Rechnungslegung v. bestimmten Unternehmen u.
　Konzernen v. 15.8.1969 (BGBl I S. 1189)　　　　　　　　　　　*PublG*

PÜZ-Anerkennungsverordnung
　HE:　VO ü. d. Anerkennung als Prüf-, Überwachungs- oder
　　　　Zertifizierungsstelle nach Bauordnungsrecht v.
　　　　7.4.1997 (GVBl I S. 79)　　　　　　　　　　　　　　　　**PÜZAVO**
　ND:　VO ü. d. Anerkennung als Prüf-, Überwachungs- oder
　　　　Zertifizierungsstelle nach Bauordnungsrecht v.
　　　　14.2.1997 (GVBl S. 58)　　　　　　　　　　　　　　　　**PÜZAVO**
　SACH: VO ü. d. Anerkennung als Prüf-, Überwachungs-
　　　　oder Zertifizierungsstelle nach Bauordnungsrecht v.
　　　　24.4.1996 (SächsGVBl S. 165)　　　　　　　　　　　　**PÜZAVO**
　SH:　VO ü. d. Anerkennung als Prüf-, Überwachungs- oder
　　　　Zertifizierungsstelle nach Bauordnungsrecht v.
　　　　1.11.1996 (GVOBl S. 665)　　　　　　　　　　　　　　**PÜZAVO**
　SL:　VO ü. d. Anerkennung als Prüf-, Überwachungs- oder
　　　　Zertifizierungsstelle nach Bauordnungsrecht v.
　　　　14.8.1996 (ABl S. 939)　　　　　　　　　　　　　　　**PÜZAVO**
　TH:　Thüringer PÜZ-StellenanerkennungsVO v. 7.2.1997
　　　　(GVBl S. 85)　　　　　　　　　　　　　　　　　　　　**ThürPÜZAVO**

Q

Qualifikationsverordnung
　BY:　~ v. 10.10.1978 (GVBl S. 712)　　　　　　　　　　　　**QualV**
　MV:　~ v. 14.5.1996 (GVOBl M-V S. 278)　　　　　　　　　**QualVO M-V**
　NW:　~ Fachhochschule v. 1.8.1988 (GV.NW S. 354)　　　　**QVO-FH**
　NW:　~ über ausländische Vorbildungsnachweise v.
　　　　22.6.1983 (GV.NW S. 261)　　　　　　　　　　　　　**AQVO**
　NW:　~ v. 22.6.1983 (GV.NW S. 260)　　　　　　　　　　　**QVO**
　NW:　VO ü. d. Gleichwertigkeit ausländischer Vorbildungs-
　　　　nachweise mit d. Zeugnis d. Fachhochschulreife v.
　　　　28.6.1984 (GV.NW S. 411)　　　　　　　　　　　　　**AQVO-FH**
　SACH: Sächs. Qualifikations- und Fortbildungsverordnung
　　　　pädagogischer Fachkräfte v. 9.1.2004 (SächsGVBl
　　　　S. 11)　　　　　　　　　　　　　　　　　　　　　　**SächsQualiVO**
　SL:　~ Universität v. 7.2.1994 (ABl S. 268)　　　　　　　　**QVOU**
　SL:　VO über die Qualifikation des Personals der Integrier-
　　　　ten Leitstelle des Saarlandes v. 17.10.2007 (ABl
　　　　S. 2038)　　　　　　　　　　　　　　　　　　　　　**ILSQualiVO**

Qualitätsanalyse-Verordnung
NW: ~ v. 27.4.2007 (GV.NW S. 185) **QA-VO**

Qualitätsentwicklungsverordnung
MV: ~ v. 2.8.2006 (GVOBl M-V S. 684) **QualiVO M-V**

Qualitätssicherungsaufgabenübertragungsverordnung
MV: ~ v. 21.5.2004 (GVOBl M-V S. 199) **QSAÜV M-V**

Qualitätszielverordnung
BB: Brandenburgische ~ v. 19.3.2001 (GVBl II S. 78) **BbgQV**

R

Rabattgesetz
v. 25.11.1933 (RGBl I S. 1011) *RabG*

Radio-Bremen-Gesetz
BR: ~ v. 23.1.2008 (GBl S. 13) **RBG**

räumliche Gliederung
HA: Gesetz über die ~ der Freien Hansestadt Hamburg v. 6.7.2006 (GVBl S. 397) **RäumlGlG**

Rahmenkrankenhausordnung
LSA: ~ i. d. Bek. v. 1.1.1997 (GVBl LSA S. 21) **RKO**

Raumfahrtaufgabenübertragungsgesetz
i. d. Bek. v. 22.8.1998 (BGBl I S. 2510) **RAÜG**

Raumordnungsgesetz
i. d. Bek. v. 18.8.1997 (BGBl I S. 2102) **ROG**
ND: Niedersächsisches Gesetz über Raumordnung und Landesplanung i. d. Bek. v. 7.6.2007 (GVBl S. 223) **NROG**

Raumordnungsverfahren
BB: Gemeinsame ~sverordnung v. 24.1.1996 (GVBl II S. 82) **GROVerfV**
BB: ~sVO v. 28.6.1994 (GVBl II S. 562) **ROVerfV**
BE: VO ü. d. einheitliche Durchführung v. ~ i. gemeinsamen Planungsraum Berlin/Brandenburg v. 24.1.1996 (GVBl S. 90) **GROVerfV**

Raumordnungsverordnung
v. 13.12.1990 (BGBl I S. 2766) **RoV**
ND: VO ü. d. Verfahren z. Aufstellung u. ü. d. Darstellung d. Regionalen Raumordnungsprogramme v. 26.7.1995 (GVBl S. 260) **VerfVO-RROP**

Raumplanung
Wettbewerbe auf den Gebieten der ~, der Städtebauer u. des Bauwesens **GRW 1977**

Realrechtsverordnung
BY: ~ v. 6.6.1972 (GVBl S. 201) **RealRV**

4. Gesetze, sonstige Rechtsvorschriften, Verwaltungsvorschriften u.ä.   **Rec**

Realschullehrerprüfungsordnung
BW: ~ I v. 24.8.2003 (GBl S. 583)   **RPO I**

Realschulordnung
BY: ~ v. 5.9.2001 (GVBl S. 620)   **RSO**

Rebflächenumstellungsverordnung
BB: ~ v. 9.1.2003 (GVBl II S. 18)   **RebUmV**

Rechnungshofgesetz
BB: Landes~ v. 27.6.1991 (GVBl S. 256)   **LRHG**
BE: ~ i. d. Bek. v. 1.1.1980 (GVBl S. 2)   **RHG**
BW: ~ v. 19.10.1971 (GBl S. 426)   **RHG**
BY: ~ v. 23.12.1971 (GVBl S. 469)   **RHG**
HA: ~ i. d. Bek. v. 14.3.1972 (GVBl I S. 51)   **RHG**
LSA: Landes~ v. 7.3.1991 (GVBl LSA S. 33)   **LRHG**
MV: Landes~ v. 21.11.1991 (GVOBl M-V S. 438)   **LRHG**
NW: Landes~ v. 14.12.1971 (GV.NW S. 410)   **LRHG**
RP: ~ v. 20.12.1971 (GVBl 1972 S. 23)   **RHG**
SACH: ~ v. 11.12.1991 (SächsGVBl S. 409)   **RHG**
SH: Landes~ v. 2.1.1991 (GVOBl S. 3)   **LRHG**
SL: ~ i. d. Bek. v. 7.6.1983 (ABl S. 386)   **RHG**

Rechnungslegung der Kreditinstitute
VO ü. d. ~ i. d. Bek. v. 11.12.1998 (BGBl I S. 3658)   **RechKredV**

Rechnungslegung von Versicherungsunternehmen
VO ü. d. Rechnungslegung v. Versicherungsunternehmen gegenüber d. Bundesaufsichtsamt f. d. Versicherungswesen
v. 30.1.1987 (BGBl I S. 530)   **Interne VUReV**
VO ü. d. Rechnungslegung v. Versicherungsunternehmen v.
8.11.1994 (BGBl I S. 3378)   **RechVersV**
BR: Rechnungslegung v. Versicherungsunternehmen v.
29.11.1988 (GBl S. 315)   **RechVO**
BY: ~ v. 25.2.1988 (GVBl S. 89)   **RechVUV**
ND: Rechnungslegung v. Versicherungsunternehmen v.
18.12.1990 (GVBl S. 486)   **RechVE-VO**
SH: LandesVO ü. d. Rechnungslegung d. unter Landesaufsicht stehenden privaten Versicherungsunternehmen
v. 29.8.1995 (GVOBl S. 313)   **RLegVUVO**
SL: Rechnungslegung v. Versicherungsunternehmen v.
23.11.1996 (ABl S. 1274)   **RechVO**

Rechnungsprüfung
BR: Ges. ü. d. ~ v. 20.12.1966 (GBl S. 221)   *RechnPrüfG*

Rechnungsprüfungsstellen
BY: VO ü. Benutzungsgebühren f. d. Inanspruchnahme d. staatl. ~ d. Landratsämter v. 18.1.1980 (GVBl S. 37)   **RPrGV**

Rechts- und Amtshilfe in Strafsachen
Ges. ü. d. innerdeutsche ~ v. 2.5.1953 (BGBl I S. 161)   *RHilfeG*

Rechtsanwaltsversorgung
  BB: Brandenburgisches ~sgesetz v. 4.12.1995 (GVBl I
        S. 266)   **BbgRAVG**
  BE: ~sgesetz i. Berlin v. 2.2.1998 (GVBl S. 9)   **RAVG**
  BR: ~sgesetz v. 17.9.1997 (GBl S. 329)   **RAVG**
  BW: ~sgesetz v. 10.12.1984 (GBl S. 671)   **RAVG**
  HA: Gesetz ü. d. Versorgungswerk d. Rechtsanwältinnen u.
        Rechtsanwälte i. d. Freien Hansestadt Hamburg v.
        21.11.2000 (GVBl I S. 349)   **RAVersG**
  HE: Ges. ü. d. Hess. ~ v. 16.12.1987 (GVBl I S. 232) **HessRAVG**
  MV: ~sgesetz v. 14.12.1993 (GVOBl M-V 1994 S. 6)   **RAVG**
  NW: ~sgesetz v. 6.11.1984 (GV.NW S. 684)   **RAVG**
  RP: ~sgesetz v. 29.1.1985 (GVBl S. 37)   **RAVG**
  SACH: Sächs. ~sgesetz v. 16.6.1994 (SächsGVBl S. 1107) **SächsRAVG**
  SH: ~sgesetz v. 3.9.1984 (GVOBl S. 159)   **RAVG**
  TH: Thüringer Ges. ü. d. Versorgungswerk d. Rechtsan-
        wälte v. 31.5.1996 (GVBl S. 70)   **ThürRA VG**

Rechtsberatungsgesetz
  v. 13.12.1935 (RGBl I S. 1478)   **RBerG**

Rechtsbereinigungsgesetz
  BB: Zweites Brandenburgisches ~ v. 21.12.1998 (GVBl I
        S. 254)   **2. BbgRBG**
  BE: 1. ~ v. 24.11.1961 (GVBl S. 1647); 2. Rechtsberei-
        nigungsgesetz v. 15.12.1965 (GVBl S. 1955); 3. Rechts-
        bereinigungsgesetz v. 12.10.1976 (GVBl S. 2452)   **RBerG**
  BR: Brem. ~; 1. Rechtsbereinigungsgesetz v. 12.5.1964
        (GBl S. 53); 2. Rechtsbereinigungsgesetz v. 18.10.1966
        (GBl S. 137)   **BremBerG**
  BW: Erste Rechtsbereinigungsverordnung v. 4.3.1980 (GBl
        S. 137)   **1. RBerVO**
  BW: ~ v. 18.12.1995 (GBl 1996 S. 29)   **RBerG**
  MV: Rechtsbereinigungs- und Rechtsfortgeltungsgesetz v.
        23.4.2001 (GVOBl M-V S. 93)   **RBFG M-V**
  NW: Ges. ü. d. Anwendung beamten- und besoldungs-
        rechtl. Vorschriften auf nichtbeamtete Angehörige d.
        öffentl. Dienstes v. 6.10.1987 (GV.NW S. 342)   **RBG '87 NW**
  SACH: Sächs. ~ v. 17.4.1998 (SächsGVBl S. 151)   **SächsRBG**
  SL: Siebtes ~ v. 7.11.2001 (ABl S. 2158)   **7. RBG**

Rechtseinheit
  Ges. z. Wiederherstellung d. ~ auf d. Gebiete d. Gerichts-
  verfassung, d. bürgerlichen Rechtspflege, d. Strafverfahrens
  u. d. Kostenrechts v. 12.9.1950 (BGBl S. 455)   *REinhG*

Rechtsgeschäfte der Gemeinden
  NW: VO ü. d. Genehmigungsfreiheit v. Rechtsgeschäften d.
        Gemeinden v. 23.4.1974 (GV.NW S. 122)   *VOGR*

Rechtshilfe
  Europ. Übk. v. 20.4.1959 ü. d. ~ in Strafsachen (BGBl 1964
  II S. 1386)   *EuRHÜ*

Ges. ü. d. innerdeutsche Rechts- und Amtshilfe in Strafsachen v. 2.5.1953 (BGBl I S. 161) — RHilfeG
BY: Zuständigkeitsverordnung ~ v. 26.6.2004 (GVBl S. 260) — ZustVRh
NW: VO über Zuständigkeiten im ~verkehr zur Durchführung gemeinschaftsrechtlicher Vorschriften v. 6.1.2004 (GV.NW S. 24) — ZustVO EUZHA

Rechtshilfe in Strafsachen
Gesetz ü. d. internationale ~ i. d. Bek. v. 27.6.1994 (BGBl I S. 1537) — IRG

Rechtshilfeordnung
f. Zivilsachen v. 19.10.1956 (bundeseinheitlich vereinbart); Neuf. 1976 — ZRHO

Rechtsmittelbereinigungsgesetz
Gesetz z. Bereinigung d. Rechtsmittelrechts i. Verwaltungsprozess v. 20.12.2001 (BGBl I S. 3987) — RmBereinVpG

Rechtspflege-Anpassungsgesetz
Zweites Gesetz z. Änderung d. ~ und anderer Gesetze v. 20.12.1996 (BGBl I S. 2090) — RpflAnpG

Rechtspfleger Ausbildungs- u. Prüfungsordnung
BR: Brem. Ausbildungs- u. Prüfungs(ver)ordnung f. d. geh. Justizdienst (Rechtspfleger) v. 1.3.1988 (GBl S. 158) — BremAPORpfl
BW: VO ü. d. Ausbildung und Prüfung d. Rechtspfleger v. 15.9.1994 (GBl S. 561) — APrORpfl
BY: Zulassungs-, Ausbildungs- u. Prüfungsordnung f. d. Rechtspfleger v. 6.12.1976 (GVBl 1977 S. 18) — ZAPO/RPfl
HA: Ausbildungs- und Prüfungsordnung für die Laufbahn des gehobenen Justizdienstes – Rechtspflegerlaufbahn v. 27.1.2004 (GVBl S. 31) — APORpfl
NW: Rechtspfleger-Ausbildungsordnung v. 19.5.2003 (GV.NW S. 294) — RpflAO
RP: Rechtspfleger-Ausbildungs- u. Prüfungsordnung v. 6.7.1995 (GVBl S. 321) — RAPO
SH: Landesverordnung ü. d. Ausbildung u. Prüfung v. Rechtspflegerinnen u. Rechtspflegern v. 24.7.2000 (GVOBl S. 554) — Rechtspfleger-APO
SL: Rechtspfleger-Ausbildungsordnung i. d. Bek. v. 24.6.1999 (ABl S. 936) — RpflAO
TH: Vorl. Thüringer Ausbildungs- u. Prüfungsordnung f. d. Anwärter d. Rechtspflegerlaufbahn v. 2.10.1991 (GVBl S. 550) — Vorl-ThürRpflAO

Rechtspflegeraufgabenübertragungsverordnung
HA: ~ v. 18.5.2005 (GVBl S. 200) — RPflAÜVO
TH: Thüringer ~ v. 27.5.2003 (GVBl S. 319) — ThürRPflAÜV

Rechtspflegergesetz
  v. 5.11.1969 (BGBl I S. 2065) — *RpflG*
  HA: Hamb. Gesetz z. Übertragung richterlicher Aufgaben auf d. Rechtspfleger v. 10.5.1971 (GVBl I S. 89) — **HmbRpflG**
  RP: Landesges. z. Übertragung v. Aufgaben auf d. Rechtspfleger v. 11.6.1974 (GVBl S. 225) — **LRpflG**

Rechtssammlungsgesetz
  BY: Bay. ~ v. 10.11.1983 (GVBl S. 1013) — **BayRSG**
  HA: Gesetz ü. d. 1. Sammlung des hamburgischen Landesrechts v. 22.1.1960 (GVGl S. 9) — **RSammlG**
  HA: 2. ~ v. 23.6.1969 (GVBl I S. 129) — **RSammlG**

Rechtsträger-Abwicklungsgesetz
  v. 6.9.1965 (BGBl I S. 1065) — *RTrAbwG*

Rechtsvereinheitlichungsgesetz
  Gesetz z. Rechtsvereinheitlichung d. Sicherungsverwahrung v. 16.6.1995 (BGBl I S. 818) — **SichVG**

Rechtsverkehr, elektronisch
  VO über den elektronischen Rechtsverkehr beim Bundesgerichtshof und Bundespatentgericht v. 24.8.2007 (BGBl I S. 2130) — **BGH/BPatGERVV**
  VO über den elektronischen Rechtsverkehr beim Deutschen Patent- und Markenamt v. 26.9.2006 (BGBl I S. 2159) — **ERVDPMAV**
  VO über den elektronischen Rechtsverkehr im gewerblichen Rechtsschutz v. 5.8.2003 (BGBl I S. 1558) — **ERvGewRV**
  BE: VO über den elektronischen Rechtsverkehr mit der Justiz im Land Berlin v. 27.12.2006 (GVBl S. 1183) — **ERVJustizV**
  BE: VO zur Übertragung von Ermächtigungen auf dem Gebiet des elektronischen Rechtsverkehrs und der elektronischen Aktenführung v. 19.12.2006 (GVBl S. 1167) — **ERVV**
  BY: VO über den elektronischen Rechtsverkehr und elektronische Verfahren v. 15.12.2006 (GVBl S. 1084) — **ERVV**
  LSA: VO über den elektronischen Rechtsverkehr bei den Gerichten und Staatsanwaltschaften des Landes Sachsen-Anhalt v. 1.10.2007 (GVBl LSA S. 330) — **ERVVO LSA**
  LSA: VO über den elektronischen Rechtsverkehr beim Amtsgericht Stendal in Handels-, Genossenschafts- und Partnerschaftsregistersachen v. 22.11.2006 (GVBl LSA S. 531) — **ERVVO AG SDL**
  MV: VO über den elektronischen Rechtsverkehr in Mecklenburg-Vorpommern v. 5.1.2007 (GVOBl M-V S. 24) — **ERVVO M-V**
  ND: VO über den elektronischen Rechtsverkehr in Registersachen v. 4.4.2007 (GVBl S. 134) — **ERVVO-Register**
  ND: VO über den elektronischen Rechtsverkehr mit Gerichten v. 18.5.2004 (GVBl S. 154) — **ElekRVVO**

NW: Elektronische Rechtsverkehrsverordnung Amtsgericht
Olpe v. 5.8.2005 (GV.NW S. 693)   ERVVOAGOlpe
NW: Elektronische Rechtsverkehrsverordnung Amtsgerichte v. 21.4.2006 (GV.NW S. 148)   ERVVO AG
NW: Elektronische Rechtsverkehrsverordnung Verwaltungs- und Finanzgerichte v. 23.11.2005 (GV.NW S. 926)   ERVVO VG/FG
SACH: VO des Sächsischen Staatsministeriums der Justiz über den elektronischen Rechtsverkehr bei den Amtsgerichten des Freistaates Sachsen in Handelsregister- und Genossenschaftsregistersachen v. 10.10.2006 (SächsGVBl S. 494)   SächsERVRegVO

Rechtsverordnungen
Ges. ü. d. Verkündung v. ~ v. 30.1.1950 (BGBl S. 23)   *RVVerkG*

Redaktionsrichtlinien
BY: ~ v. 26.6.1984 (StAnz Nr. 26, Beil. 4)   RedR

Referenzzinsgesetz
BR: Landes~ v. 20.5.2003 (GBl S. 275)   LRZG

Reformgesetz
Wirtschaftsprüfungsexamens-~ v. 1.12.2003 (BGBl I S. 2446)   WPRefG

Reformumsetzungsverordnung
Agrarpolitik
 BW: VO der Landesregierung zur Umsetzung der Reform der Gemeinsamen ~ v. 13.12.2005 (GBl S. 787)   GAP-ReformVO
 BY: VO zur Umsetzung der Reform der Gemeinsamen ~ v. 2.6.2005 (GVBl S. 184)   BayGAPV
 HA: VO zur Umsetzung der Reform der Gemeinsamen ~ v. 14.11.2006 (GVBl S. 539)   GAP-Reform VO

Regelbedarfsverordnung
SACH: ~ v. 26.4.1991 (SächsGVBl S. 83)   SächsRegbedVO

Regellehrverpflichtungsverordnung
BY: ~ v. 21.9.1977 (GVBl S. 492)   RLV

Regelsatzverordnung
v. 3.4.2004 (BGBl I S. 1067)   RSV
SACH: Sächs. ~ v. 14.1.2005 (SächsGVBl S. 2)   SächsRSVO
TH: Thüringer ~ v. 11.8.2005 (GVBl S. 312)   ThürRSVO

Regelschulordnung
TH: Vorl. ~ v. 2.7.1991 (GVBl S. 167)   VRSO

Regelungsverordnung
SH: ~ v. 17.2.2004 (GVOBl Schl.-H. S. 61)   RegVO

Regelunterhaltverordnung
v. 28.9.1979 (BGBl I S. 1601)   RegUnterhV

Regierungspräsidiumsgesetz
SACH: Gesetz ü. d. Regierungspräsidien im Freistaat Sachsen v. 10.12.1998 (SächsGVBl S. 661)   **SächsRPG**

Regionalplanung
BB: Gesetz zur ~ und zur Braunkohlen- und Sanierungsplanung i. d. Bek. v. 12.12.2002 (GVBl I S. 2)   **RegBkPlG**

Regionengesetz
RP: ~ i. d. Bek. v. 8.2.1977 (GVBl S. 15)   **LRegG**

Regionenverordnung
TH: Landes~ v. 22.8.1991 (GVBl S. 360)   **LRegVO**

Regionsbeauftragtenverordnung
BY: ~ v. 2.10.1997 (GVBl S. 724)   **RBV**

Registergesetz
Gesetz über elektronische Handelsregister und Genossenschaftsregister sowie das Unternehmensregister v. 10.11.2006 (BGBl I S. 2553)   **EHUG**

Registerverfahrensbeschleunigungsgesetz
v. 20.12.1993 (BGBl I S. 2182)   **RegVBG**

Registerverordnung
Blutstammzelleneinrichtungen-~ v. 20.12.2007 (BGBl I S. 3081)   **BERV**
Vorsorgeregister-VO v. 21.2.2005 (BGBl I S. 318)   **VRegV**
BB: Register-Automations-VO v. 10.1.2005 (GVBl II S. 44)   **RegAutV**
LSA: Grundbuch- und Register-VO v. 13.12.2004 (GVBl LSA S. 829)   **GBRegVO**
SL: VO über die maschinelle Führung der Register v. 29.7.2003 (ABl S. 2238)   **RegisterVO**
Änderungsverordnung
  NW: Erste ~ Elektronische Registerverordnung Amtsgerichte v. 23.1.2007 (GV.NW S. 90)   **ERegister-ÄndV**

Rehabilitierungsgesetz
Berufliches ~ i. d. Bek. v. 1.7.1997 (BGBl I S. 1625)   **BerRehaG**
Verwaltungsrechtl. ~ i. d. Bek. v. 1.7.1997 (BGBl I S. 1620)   **VwRehaG**
DDR: ~ v. 6.9.1990 (GBl I S. 1459; BGBl II S. 1240)   *RehaG*

Reichs- u. Staatsangehörigkeitsgesetz
Ges. z. Änderung d. Reichs- u. Staatsangehörigkeitsgesetzes v. 20.12.1974 (BGBl I S. 3714) [Es existieren weitere ÄndG]   **RuStAÄndG**
v. 22.7.1913 (RGBl S. 583)   **RuStAG**

Reichshaushaltsordnung
i. d. Bek. v. 14.4.1930 (RGBl II S. 693)   *RHO*

Reichsheimstättengesetz
v. 25.11.1937 (RGBl I S. 1291)   *RHeimstG*

Reichskassenordnung
v. 6.8.1927 (RMBl S. 357) — RKO

Reichsknappschaftsgesetz
i. d. Bek. v. 1.7.1926 (RGBl S. 369) — RKG

Reichskraftwagentarif
i. d. Bek. v. 23.12.1958 (BAnz Nr. 249) — RKT

Reichsrechnungslegungsordnung
Rechnungslegungsordnung für das Reich v. 3.7.1929 (RMBl
S. 439) — RRO

Reichsschuldenordnung
v. 13.2.1924 (RGBl I S. 95) — *RSchO*

Reichssiedlungsgesetz
Ges. z. Ergänzung d. Reichssiedlungsgesetzes v. 4.1.1935
(RGBl I S. 1) — *RSiedlErgG*
v. 11.8.1919 (RGBl S. 1429) — *RSiedlG*

Reichsvermögen
Ges. z. vorläufigen Regelung d. Rechtsverhältnisse d.
Reichsvermögens u. d. preußischen Beteiligungen [Vor-
schaltgesetz] v. 21.7.1951 (BGBl I S. 467) — *VorschaltG*

Reichsvermögensgesetz
v. 16.5.1961 (BGBl I S. 597) — *RVermG*

Reichsversicherungsordnung
i. d. Bek. v. 15.12.1924 (RGBl I S. 779) — *RVO*

Reihenuntersuchungsdurchführungsgesetz
SH: Gesetz zur Durchführung von Reihenuntersuchungen
v. 13.7.2006 (GVOBl S. 160) — **RUG**

Reinhalteordnung
BE: ~ v. 13.1.1995 (GVBl S. 22) — **RhO**

Reintegration and Emigration Programme for Asylum-seekers
in Germany
~. Bek. v. 12.10.1988 (GMBl S. 571) — **REAG-Programm**

Reisebüroverordnung
BY: ~ v. 26.7.1965 (GVBl S. 272) — **ReisebV**

Reisekosten- und Trennungsgeldregelungsverordnung
BY: VO zur Regelung von reisekosten- und trennungs-
geldrechtlichen Zuständigkeiten im Geschäftsbereich
des Bayerischen Staatsministeriums der Justiz v.
31.3.2005 (GVBl S. 111) — **RTZustV-JM**

Reisekostengesetz
BR: Brem. ~ i. d. Bek. v. 28.3.2003 (GVBl S. 187) — **BremRKG**
BW: Landes~ i. d. Bek. v. 20.5.1996 (GBl S. 465) — **LRKG**

BY: Bay. ~ v. 24.4.2001 (GVBl S. 133) **BayRKG**
HA: Hamb. ~ i. d. Bek. v. 21.5.1974 (GVBl I S. 159) **HmbRKG**
HE: Hess. ~ i. d. Bek. v. 27.8.1976 (GVBl I S. 390) **HRKG**
MV: Landes~ v. 3.6.1998 (GVOBl M-V S. 554) **LRKG**
NW: Landes~ i. d. Bek. v. 16.12.1998 (GV.NW S. 738) **LRKG**
RP: Landes~ v. 24.3.1999 (GVBl S. 89) **LRKG**
SACH: Sächs. ~ i. d. Bek. v. 8.7.1998 (SächsGVBl S. 346) **SächsRKG**
SL: Saarländisches ~ i. d. Bek. v. 13.8.1976 (ABl S. 857) **SRKG**
TH: Thüringer ~ i. d. Bek. v. 2.5.2005 (GVBl S. 174) **ThürRKG**

Reisekostenverordnung
SACH: VO z. Sächs. Reisekostengesetz v. 14.3.1997
(SächsGVBl S. 362) **SächsRKVO**

Reisevertragsgesetz
v. 4.5.1979 (BGBl I S. 509) *ReiseVtrG*

Reitschadenausgleichsverordnung
BW: ~ v. 30.10.1989 (GBl S. 491) **ReitSchVO**

Reitverordnung
SL: VO über das Reiten im Wald v. 17.11.2004 (ABl
S. 2370) **Reit-VO**

Religiöse Kindererziehung
Ges. ü. d. ~ v. 15.7.1921 (RGBl S. 939) *RelKEG*

Religionsgemeinschaftenaustrittsgesetz
RP: LandesGes. ü. d. Austritt a. Religionsgemeinschaften
v. 12.10.1995 (GVBl S. 425) **RelAuG**

Rennwett- u. Lotteriegesetz
v. 8.4.1922 (RGBl I S. 335) *RennwG*

Renten
Fremd~~ u. Auslandsrenten-Neuregelungsgesetz v.
25.2.1960 (BGBl I S. 93) **FANG**

Renten-Überleitungsgesetz
v. 25.7.1991 (BGBl I S. 1606) **RÜG**

Rentenanpassungsverordnung
2001 v. 14.6.2001 (BGBl I S. 1040) **RAV 2001**

Rentenaufbesserungsgesetz
i. d. Bek. v. 15.2.1952 (BGBl I S. 118) *RentAufbG*

Rentenauszahlungsgesetz
v. 27.6.2000 (BGBl I S. 939) *RAuszG*

Rentenbank
Gesetz über das Zweckvermögen des Bundes bei der Landwirtschaftlichen ~ v. 12.8.2005 (BGBl I S. 2363) *ZweckVG*

Rentenreformgesetz
1999 v. 16.12.1997 (BGBl I S. 2998) **RRG 1999**

4. Gesetze, sonstige Rechtsvorschriften, Verwaltungsvorschriften u.ä.   Ret

Rentenüberleitungs-Ergänzungsgesetz v. 24.6.1993 (BGBl I S. 1038)	**Rü-ErgG**
Rentenversicherung	
Ges. z. Änd. d. Beitragssätze i. d. gesetzl. ~ u. bei d. Bundesanstalt f. Arbeit v. 22.3.1991 (BGBl I S. 790)	**BeitrS. RV/BA ÄndG**
Ges. z. Stärkung d. Finanzgrundlagen d. gesetzl. ~ v. 16.5.1985 (BGBl I S. 766)	**RVFinanzG**
Gesetz zur Organisationsreform in der gesetzlichen ~ v. 9.12.2004 (BGBl I S. 3242)	**RVOrgG**
Rentenversicherungs-Finanzausgleichsgesetz v. 23.12.1964 (BGBl I S. 1090)	**RFG**
Rentenversicherungs-Ruhensvorschriften-VO v. 29.7.1981 (BGBl I S. 740)	**RVRuV**
RV-Beitragszahlungsverordnung v. 30.10.1991 (BGBl I S. 2057)	**RV-BZV**
VO ü. d. Entrichten v. Beiträgen z. ~ d. Arbeiter u. d. Angestellten v. 20.12.1977 (BGBl I S. 2838)	**RV-BEVO**
VO ü. d. pauschale Berechnung u. d. Zahlung d. Beiträge z. gesetzlichen ~ f. d. Dauer eines auf Grund gesetzlicher Pflicht zu leistenden Dienstes v. 19.3.1974 (BGBl I S. 757)	*RV-Pauschalbeitrags V*
Rentenwertbestimmungsverordnung v. 6.6.2005 (BGBl I S. 1578)	**RWBestV2005**
Rentenzahlung	
VO ü. d. Zahlung v. Renten in d. Ausland v. 21.6.1961 (BGBl I S. 801)	*AuslandsrentenV*
Reparationsschädengesetz v. 12.2.1969 (BGBl I S. 105)	**RepG**
Reststoffbestimmungs-Verordnung v. 3.4.1990 (BGBl I S. 631)	**RestBestV**
Rettungsassistentengesetz v. 10.7.1989 (BGBl I S. 1384)	**RettAssG**
Rettungsdienstgesetz	
BB: Brandenburgisches ~ v. 18.5.2005 (GVBl I S. 201)	**BbgRettG**
BW: ~ i. d. Bek. v. 16.7.1998 (GBl S. 437)	**RDG**
BY: Bay. ~ i. d. Bek. v. 8.1.1998 (GVBl S. 9)	**BayRDG**
HE: Hess. ~ 1998 v. 24.11.1998 (GVBl I S. 499)	**HRDG**
LSA: ~ Sachsen-Anhalt v. 21.3.2006 (GVBl LSA S. 84)	**RettDG**
ND: Niedersächsisches ~ v. 29.1.1992 (GVBl S. 21)	**NRettDG**
NW: ~ v. 26.11.1974 (GV.NW S. 1481)	**RettG**
RP: ~ i. d. Bek. v. 22.4.1991 (GVBl S. 217)	**RettDG**
SH: ~ v. 29.11.1991 (GVOBl S. 579)	**RDG**
SL: Saarländisches ~ i. d. Bek. v. 13.1.2004 (Abl S. 170)	**SRettG**
Rettungsdienstschiedsstellenverordnung	
BE: ~ v. 5.12.2005 (GVBl 2006 S. 13)	**RDSchVO**

MV: ~ v. 23.10.1998 (GVOBl M-V S. 892)   RDSchVO M-V

Rettungssanitäter
BY: VO ü. d. Tätigkeit als ~ v. 26.10.1978 (GVBl S. 780)   RSanV

Rheinschifferpatentverordnung
Einführungsverordnung zur ~ v. 26.3.1976 (BGBl I S. 757)   EVRheinSchPatentV
v. 26.3.1976 (BGBl I S. 761)   RheinSchPatentV

Rheinschifffahrtpolizeiverordnung
Rheinschiffahrtpolizeiverordnung v. 16.8.1983 (BGBl I S. 1145, Anl.)   RheinSchPV
VO z. Einführung d. Rheinschiffahrtpolizeiverordnung v. 16.8.1983 (BGBl I S. 1145, Anl.)   RheinSchPEV

Rheinschifffahrtsakte
Revidierte Rheinschiffahrtsakte Mannheimer Akte i. d. Bek. v. 11.3.1969 (BGBl II S. 597)   *RheinSchA*

Rheinschiffs-Untersuchungsordnung
v. 26.3.1976 (BGBl I S. 776, Anl.)   *RheinSchUO*

Richterernennungsverordnung
BB: ~ v. 26.7.2005 (GVBl II S. 430)   RiErnennV

Richtergesetz
Deutsches ~ i. d. Bek. v. 19.4.1972 (BGBl I S. 713)   DRiG
BB: Brandenburgisches ~ i. d. Bek. v. 22.11.1996 (GVBl I S. 322)   BbgRiG
BE: ~ i. d. Bek. v. 27.4.1970 (GVBl S. 642)   *RiG*
BR: ~ v. 15.12.1964 (GBl S. 187)   *RiG*
BW: Landes~ i. d. Bek. v. 22.5.2000 (GBl S. 503)   LRiG
BY: Bay. ~ i. d. Bek. v. 11.1.1977 (GVBl S. 27)   BayRiG
HA: Hamb. ~ v. 2.5.1991 (GVBl I S. 169)   HmbRiG
HE: Hess. ~ v. 19.10.1962 (GVBl I S. 455)   HRiG
ND: ~ v. 14.12.1962 (GVBl S. 265)   *RiG*
NW: Landes~ v. 29.3.1966 (GV.NW S. 217)   LRiG
RP: Landes~ v. 22.12.2003 (GVBl S. 1)   LRiG
SACH: ~ des Freistaates Sachsen i. d. Bek. v. 2.8.2004 (SächsGVBl S. 365)   SächsRiG
SH: Landes~ i. d. Bek. v. 21.5.1971 (GVOBl S. 300)   LRiG
SL: Saarländisches ~ v. 15.5.1968 (ABl S. 338)   *SaarlRiG*
TH: Thüringer ~ v. 17.5.1994 (GVBl S. 485)   ThürRiG
Wahlordnung
  BE: ~ z. Berliner Richtergesetz i. d. Bek. v. 5.3.1970 (GVBl S. 468)   *WO-RiG*
  RP: ~ z. Landesrichtergesetz i. d. Bek. v. 16.3.1975 (GVBl S. 131)   WO-LRiG
  RP: ~ zum Landesrichtergesetz v. 13.5.2004 (GVBl S. 336)   WOLRiG
  SACH: VO d. Sächs. Staatsministeriums d. Justiz z. d. Wahlen n. d. Richtergesetz d. Freistaates Sachsen v. 14.6.1999 (SächsGVBl S. 400)   SächsRiGWO

TH: ~ z. Thüringer Richtergesetz v. 8.7.1994 (GVBl S. 945) **WO-ThürRiG**

Richtervertretungen
ND: Wahlordnung f. d. ~ v. 4.10.1972 (GVBl S. 449) **WO-RiV**

Richterwahlausschüsse
SACH: VO z. Erhaltung d. Arbeitsfähigkeit d. ~ v. 19.2.1991 (SächsGVBl S. 43) **RWAVO**
SH: Vorschlagsverordnung-Richterwahlausschuß v. 16.7.1990 (GVOBl S. 445) **VVO-RiWahlA**

Richterwahlgesetz
v. 25.8.1950 (BGBl S. 368) *RiWahlG*

Richterwahlordnung
BE: ~ i. d. Bek. v. 27.4.1970 (GVBl S. 650) **RiWahlO**
SACH: VO des Sächs. Staatsministeriums der Justiz zu den Wahlen nach dem Richtergesetz des Freistaates Sachsen v. 15.6.2004 (SächsGVBl S. 229) **SächsRiGWahlVO**
SH: ~ v. 29.6.1971 (GVOBl S. 395) **RiWahlO**

Richtlinien für das Strafverfahren und das Bußgeldverfahren
Neuf. ab 1.1.1977 (bundeseinheitlich vereinbart) **RiStBV**
BY: Einführung und Ergänzung d. Richtlinien f. d. Strafverfahren und d. Bußgeldverfahren v. 2.12.1976 (JMBl S. 358) **EBekRiStBV**

Richtlinien für den Verkehr mit dem Ausland in strafrechtlichen Angelegenheiten
Richtlinien f. d. Verkehr mit d. Ausland in strafrechtlichen Angelegenheiten v. 18.9.1984 (BAnz Nr. 176a = Beil. 47/84) **RiVASt**
BY: Bek. ü. Ergänzungsvorschriften z. d. Richtlinien f. d. Verkehr m. d. Ausland in strafrechtlichen Angelegenheiten v. 26.9.1984 (JMBl S. 148) **ErgRiVASt**

Richtlinien-Umsetzungsgesetz
Gesetz zur Einführung einer Strategischen Umweltprüfung und zur Umsetzung der Richtlinie 2001/42/EG v. 25.6.2005 (BGBl I S. 1746) **SUPG**
v. 9.12.2004 (BGBl I S. 3310) **EURLUmsG**
Strategischen Umweltprüfung
SH: Gesetz zur Einführung einer ~ und zur Umsetzung der Richtlinien 2001/42/EG und 2003/35/EG v. 17.8.2007 (GVOBl S. 426) **LSUPG**

Richtlinien-Umsetzungsverordnung
TH: Thüringer VO zur Umsetzung von wasserrechtlichen Vorschriften der Richtlinie 2000/76/EG über die Verbrennung von Abfällen v. 22.12.2003 (GVBl S. 23) **ThürAbwVO-Abfallverbrennung**

Abfallrecht
BR: VO zur Umsetzung der Anforderungen der Richt-

linie 2000/76/EG über die Verbrennung von Abfällen an die ordnungsgemäße Abwasserbeseitigung in Bremen v. 11.4.2003 (GBl S. 183) **BremAbwAbfVerbrV**

HE: VO zur Umsetzung der Richtlinie 2000/76/EG über die Verbrennung von Abfällen v. 20.10.2003 (GVBl I S. 288) **AbwV-Abfallverbrennung**

NW: VO zur Umsetzung der Richtlinie 2000/76/EG über die Verbrennung von Abfällen v. 31.7.2003 (GV.NW S. 517) **AbwAbfverbrVO**

Wasserpolitik

BE: VO zur Umsetzung der Anhänge II und V der Richtlinie 2000/60/EG des Europäischen Parlaments und des Rates vom 23. Oktober 2000 zur Schaffung eines Ordnungsrahmens für Maßnahmen der Gemeinschaft im Bereich der ~ v. 16.9.2004 (GVBl S. 400) **WRRLUmV**

zur Anerkennung der Hochschuldiplome im Lehrerbereich

LSA: VO zur Umsetzung der EG-Richtlinien ~ v. 6.7.2006 (GVBl LSA S. 404) **EG-RL-VO Lehrer**

Rinderregistrierungsdurchführungsgesetz
i. d. Bek. v. 22.6.2004 (BGBl I S. 1280) **RiRegDG**

Rinderschutzverordnung
VO z. Schutz d. Rinder v. e. Infektion m. d. Bovinen Herpesvirus Typ 1 v. 25.11.1997 (BGBl I S. 2758) **BHV1-VO**

BR: Brem. VO zum Schutz der Rinder vor einer Infektion mit dem Bovinen Herpesvirus Typ 1 v. 19.4.2005 (GBl S. 144) **BremBHV1-VO**

LSA: VO zum Schutz der Rinder vor einer Infektion mit dem Erreger der Bovinen Virusdiarrhoe und zu ihrer Tilgung v. 20.2.2004 (GVBl LSA S. 85) **BVD-VO**

ND: Niedersächsische VO zum Schutz der Rinder vor einer Infektion mit dem Bovinen Herpesvirus Typ l v. 11.3.2005 (GVBl S. 84) **Nds BHV1-VO**

SH: VO zum Schutz der Rinder vor einer Infektion mit dem Erreger der Bovinen Virusdiarrhoe v. 13.9.2005 (GVOBl S. 362) **BVDV-VO**

Rindfleischetikettierungs-Strafverordnung
v. 5.3.2001 (BGBl I S. 339) **RiFlEtikettStrV**

Rindfleischetikettierungsgesetz
v. 26.2.1998 (BGBl I S. 380) **RiFlEtikettG**

Rindfleischetikettierungszuständigkeitsverordnung
BB: ~ v. 9.1.2003 (GVBl II S. 21) **RiFlEtiZV**

SH: Landesverordnung über die zuständigen Behörden nach dem Rindfleischetikettierungsgesetz und für die Kennzeichnung und Registrierung von Rindern v. 24.9.2003 (GVOBl S. 525) **RiFlEtikettZustVO**

4. Gesetze, sonstige Rechtsvorschriften, Verwaltungsvorschriften u.ä.   **Run**

Risikostruktur-Ausgleichsverordnung v. 3.1.1994 (BGBl I S. 55)	**RSAV**
VO zur Änderung der ~	**...RSA-ÄndV**
Röntgen-Zuständigkeitsverordnung BW: ~ v. 18.2.2003 (GBl S. 172)	**RöZuVO**
Röntgenverordnung i. d. Bek. v. 8.1.1987 (BGBl I S. 114)	**RöV**
Rohrleitungsanlagen Richtlinie f. ~ z. Befördern wassergefährdender Stoffe v. 4.3.1987 (GMBl S. 120)	**RRwS**
Zuständigkeitsverordnung BW: Rohrleitungsanlagen-~ v. 10.5.2004 (GBl S. 343)	**RohrZuVO**
Rohstoffstatistikgesetz v. 22.12.2003 (BGBl I S. 2846 f)	**RohstoffStatG**
Rohwasseruntersuchungsverordnung SL: ~ v. 21.2.2007 (ABl S. 461)	**RUV**
Rückerstattung Amerik. Zone. Ges. Nr. 59 in Kraft seit 10.11.1947 (ABlMR Ausg. G S. 1)	*AmREG*
Brit. Zone. Ges. Nr. 59 v. 12.5.1949 (ABlMR Nr. 28 S. 1169; VOBl. BrZ S. 152)	*BrREG*
Franz. Zone. MilRegV Nr. 120 über die ~ geraubter Ver- mögensobjekte v. 10.11.1947 (JournOff. S. 1219)	*FrREVO*
BE: Anordnung d. AllKdtr betr. ~ feststellbarer Vermö- gensgegenstände an Opfer d. nationalsozialistischen Unterdrückungsmaßnahmen v. 26.7.1949 (BK/O [49] 180) (VOBl I S. 221)	*REAOBln*
Rückgewährquote-Berechnungsverordnung v. 28.3.1984 (BGBl I S. 496)	**RQV**
Rückkehrhilfegesetz v. 28.11.1983 (BGBl I S. 1377)	**RückHG**
Rückstands-Höchstmengenverordnung i. d. Bek. v. 21.10.1999 (BGBl I S. 2082)	**RHmV**
Ruhegeldgesetz HA: ~ v. 7.3.1995 (GVBl I S. 53) / v. 30.5.1995 (GVBl I S. 108)	**RGG**
Rundfunk Ges. ü. d. Errichtung v. ~anstalten d. Bundesrechts v. 29.11.1960 (BGBl I S. 862)	*RdFunkG*
BB: Ges. ü. d. ~ Brandenburg v. 6.11.1991 (GVBl S. 472)	**RBrGesetz**
BY: Bay. ~gesetz i. d. Bek. v. 22.10.2003 (GVBl S. 792)	**BayRG**
LSA: Gesetz ü. privaten ~ i. Sachsen-Anhalt i. d. Bek. v. 3.11.1997 (GVBl LSA S. 924)	**PRG LSA**

MV: Landesrundfunkgesetz v. 20.11.2003 (GVOBl. M-V
S. 510) **RundfG M-V**
MV: ~gesetz f. d. Land Mecklenburg-Vorpommern i. d.
Bek. v. 29.11.1994 (GVOBl M-V S. 1058) **RGMV**
NW: Landesrundfunkgesetz i. d. Bek. v. 25.4.1998 (GV.NW
S. 240) **LRG**
SH: Landesrundfunkgesetz v. 7.12.1995 (GVOBl S. 422) **LRG**
SL: Ges. ü. d. Veranstaltung v. ~sendungen im Saarland v.
2.12.1964 (ABl S. 1111) **GVRS**
SL: Landesrundgesetz i. d. Bek. v. 18.12.1998 (ABl 1999
S. 32) **LRG**
TH: Thüringer ~gesetz v. 4.12.1996 (GVBl S. 271) **TRG**

RV-Nachhaltigkeitsgesetz
v. 21.7.2004 (BGBl I S. 1791) **RV-NachhaltigkeitsG**

S

Saarland
Ges. ü. d. Eingliederung d. Saarlandes v. 23.12.1956 (BGBl I
S. 1011) *EinglG*
VO z. Durchf. d. Ges. ü. d. Einführung d. deutschen Rechts
auf d. Gebiet d. Steuern, Zölle u. Finanzmonopole im ~ v.
3.7.1959 (BGBl I S. 410) **DVStEGS**

Saat- und Pflanzgut
Ges. ü. forstliches ~ i. d. Bek. v. 26.7.1979 (BGBl I S. 1242) *FSaatgG*

Saatgut
BW: Ges. z. Schutz d. Erzeugung v. ~ in geschlossenen An-
baugebieten v. 13.5.1969 (GBl S. 80) **SaatErzG**

Saatgutverkehrsgesetz
i. d. Bek. v. 16.7.2004 (BGBl I S. 1673) **SaatG**
i. d. Bek. v. 20.8.1985 (BGBl I S. 1633) *SaatVG*
Zuständigkeitsverordnung
MV: Landesverordnung über die zuständige Behörde
nach dem Saatgutverkehrsgesetz v. 1.8.2005
(GVOBl M-V S. 415) **SaatgutverkZustLVO M-V**

Sachenrechtsänderungsgesetz
v. 21.9.1994 (BGBl I S. 2457) **SachenRÄndG**

Sachkundige-Personen-Verordnung
v. 13.2.1998 (GVBl S. 22) **SkPersVO**

Sachschadenersatzrichtlinien
BY: ~ v. 22.12.1981 (FMBl 1982 S. 6) **SachSchRl**

Sachverständige
BY: Ges. ü. öffentlich bestellte u. beeidigte ~ v. 11.10.1950
(BayBS IV S. 73) **SachvG**

BY: VO ü. private ~ i. d. Wasserwirtschaft v. 10.8.1994
(GVBl S. 885) **VPSW**
LSA: VO über ~ für Schlachtkörper-Handelsklassen und
Massefeststellung v. 2.12.2003 (GVBl LSA S. 344) **ViehFl-SV-VO**

Sachverständigen- und Untersuchungsstellenverordnung
BE: VO über Sachverständige und Untersuchungsstellen
im Sinne von § 18 des Bundes-Bodenschutzgesetzes v.
12.9.2006 (GVBl S. 961) **Bln BodSUV**
HA: Hamb. VO über Sachverständige und Untersuchungs-
stellen nach § 18 des Bundes-Bodenschutzgesetzes v.
28.10.2003 (GVBl S. 499) **HmbVSU**
ND: Niedersächsische VO über Sachverständige und Un-
tersuchungsstellen für Bodenschutz und Altlasten v.
17.3.2005 (GVBl S. 86) **NBodSUVO**

Sachverständigenanerkennungsverordnung
HA: VO ü. anerkannte sachverständige Personen f. bau-
technische Prüfaufgaben v. 18.9.2001 (GVBl I S. 405) **BautechPrüfVO**
NW: VO ü. staatl. anerkannte Sachverständige nach d. LBO
v. 29.4.2000 (GV.NW S. 422) **SV-VO**

Sachverständigen(ver)ordnung
BB: Sachverständigenordnung v. 20.1.2001 (GVBl II S. 14) **SVO**
BE: ~ für Erd- u. Grundbau v. 26.10.1998 (GVBl S. 320) **SEGVO**
BY: Sachverständigen(ver)ordnungBau v. 24.9.2001 (GVBl
S. 578) **SVBau**
HE: ~ für Erd- u. Grundbau v. 27.12.2000 (GVBl I 2001
S. 162) **SEGVO**
LSA: VO ü. d. öffentl. Bestellung v. landwirtschaftlichen
Sachverständigen v. 14.10.1997 (GVBl LSA S. 886) **LwSV VO**
ND: Bauordnungsrechtl. Sachverständigen(ver)ordnung v.
4.9.1989 (GVBl S. 325) **BauSVO**
SH: ~ für Erd- u. Grundbau v. 15.5.2001 (GVOBl S. 85) **SEGVO**
SH: ~ v. 23.4.1996 (GVOBl S. 434) **SvVO**
TH: Thüringer Sachverständigen(ver)ordnung f. Erd- u.
Grundbau v. 19.4.1999 (GVBl S. 320) **ThürSEGVO**
Umwelttechnischen Berufe
SACH: VO des Sächs. Staatsministeriums für Umwelt
und Landwirtschaft über Sachverständige nach
§ 18 BBodSchG v. 16.12.2002 (SächsGVBl S. 22) **SächsSachVO**

Säuglings- u. Kinderpflegeverordnung
v. 15.11.1939 (RGBl I S. 2239) **SuKPflV**

Säuglingsnahrungswerbegesetz
v. 10.10.1994 (BGBl I S. 2846) **SNWG**

Salzsteuer
Durchführungsbestimmungen z. ~gesetz v. 25.1.1960
(BGBl I S. 52) **SalzStDB**

~befreiungsordnung (= Anl. z. d. DBest. z. Salzsteuergesetz
v. 25.1.1960 (BGBl I S. 50) / v. 25.1.1960 (BGBl I S. 52)   **SalzStBefrO**
~gesetz i. d. Bek. v. 25.1.1960 (BGBl I S. 50)   *SalzStG*
~vergütungsordnung (= Anl. B z. d. SalzStDB)   **SalzStVO**

Sammelantrags-Datenträgerverordnung
i. d. Bek. v. 10.5.1995 (BGBl I S. 684)   **SaDV**

Sammlung d. Bundesrechts
Ges. ü. d. Abschluß d. ~ v. 28.12.1968 (BGBl I S. 1451)   *BRSAbschlG*
Gesetz ü. d. ~ v. 10.7.1958 (BGBl I S. 437)   *BRSG*

Sammlungsgesetz
BB: ~ v. 3.6.1994 (GVBl I S. 194)   **SGBbg**
BW: ~ v. 13.1.1969 (GBl S. 1)   **SaG**
BY: Bay. ~ v. 11.7.1963 (GVBl S. 147)   **BaySammlG**
RP: ~ v. 5.3.1970 (GVBl S. 93)   **SammlG**
SACH: Sächs. ~ v. 5.11.1996 (SächsGVBl S. 446)   **SächsSammlG**
SL: Saarländisches ~ v. 3.7.1968 (ABl S. 506)   **SaarlSammlG**
TH: Thüringer ~ v. 8.6.1995 (GVBl S. 197)   **ThürSammlG**

Samtgemeindeverordnung
ND: ~ v. 27.6.1963 (GVBl S. 306)   **SgVO**

Sanitätsoffizier-Anwärter
VO ü. d. Ausbildungsgeld f. ~ v. 12.9.2000 (BGBl I S. 1406)   **SanOAAusbgV**

Sanktionszahlungs-Aufteilungsgesetz
v. 25.8.2006 (BGBl I S. 2104)   **SZAG**

Satellitendatensicherheitsgesetz
v. 23.11.2007 (BGBl I S. 2590)   **SatDSiG**

Satellitenübereinkommen
Übk. ü. d. Verbreitung der durch Satelliten übertragenen
programmtragenden Signale v. 21.5.1974 (BGBl 1979 II
S. 113)   *SatÜ*

Schadenersatzansprüche bei Dienstunfällen
Ges. ü. d. erweiterte Zulassung v. Schadenersatzansprüchen
bei Dienstunfällen v. 7.12.1943 (RGBl I S. 674)   *ErwZulG*

Schadenersatzrecht
Gesetz zur Änderung ~licher Vorschriften v. 16.8.1977
(BGBl I S. 1577)   *SchErsRÄndG*

Schadenersatzvorauszahlungsgesetz
DDR: ~ v. 14.12.1988 (GBl I S. 345; BGBl 1990 II S. 1169)   *SchErsVG*

Schadensanzeigeverordnung
BB: ~ v. 22.9.1994 (GVBl II S. 893)   **SchadAnzV**

Schadstoff-Höchstmengenverordnung
i. d. Bek. v. 5.7.2006 (BGBl I S. 1562)   **SHmV**

Schädlingsbekämpfungsverordnung
LSA: ~ v. 14.2.1996 (GVBl LSA S. 112)   **SchädBekVO**

Schallschutzverordnung
v. 5.4.1974 (BGBl I S. 903) — SchallschutzV

Schaumweinsteuergesetz
i. d. Bek. v. 26.10.1958 (BGBl I S. 764) — *SchaumwStG*

Schaustellerhaftpflichtversicherung
VO ü. d. Haftpflichtversicherung f. Schausteller v.
17.12.1984 (BGBl I S. 1598) — SchauHV

Scheckgesetz
v. 14.8.1933 (RGBl I S. 597) — *ScheckG*

Schiedsamtsgesetz
BE: Berliner ~ v. 7.4.1994 (GVBl S. 109) — BlnSchAG
HE: Hess. ~ v. 23.3.1994 (GVBl I S. 148) — HSchAG

Schiedsamtsordnung
RP: ~ i. d. Bek. v. 12.4.1991 (GVBl S. 209) — SchO

Schiedsordnung
SH: ~ v. 10.4.1991 (GVOBl S. 232) — SchO
SL: Saarländische ~ i. d. Bek. v. 19.4.2001 (ABl S. 974) — SSchO

Schiedsstellengesetz
BB: ~ i. d. Bek. v. 21.11.2000 (GVBl I S. 158) — SchG
LSA: Schiedsstellen- und Schlichtungsgesetz i. d. Bek. v.
22.6.2001 (GVBl LSA S. 214) — SchStG
SACH: Sächs. ~ v. 27.5.1999 (SächsGVBl S. 247) — SächsSchiedsStG
TH: Thüringer ~ v. 17.5.1996 (GVBl S. 61) — ThürSchStG

Schiedsstellenverordnung
v. 29.9.1994 (BGBl I S. 2784) — *SchV*
BB: Sozialhilfe-~ v. 17.10.2005 (GVBl II S. 518) — SozSchV
BR: VO über eine Schiedsstelle nach dem Krankenhausfinanzierungsgesetz v. 24.4.2007 (GBl S. 300) — *SchV*
BW: ~ SGB V v. 20.7.2004 (GBl S. 587) — SchiedVO SGB V
BY: VO ü. d. Schiedsstellen f. d. Festsetzung d. Krankenhauspflegesätze v. 17.12.1985 (GVBl S. 825) — SchiedsKrPflV
HA: VO über die Schiedsstelle nach § 80 des Zwölften Buches Sozialgesetzbuch v. 28.12.2004 (GVBl S. 534) — SGB XII-SchVO
MV: Landes~ v. 7.8.1995 (GVOBl M-V S. 368) — LSchV
MV: Schiedsstellenlandesverordnung SGB XI v. 13.12.2005
(GVOBl M-V S. 657) — SchStLVO SGB XI M-V

MV: Schiedsstellenlandesverordnung SGB XII v.
13.12.2005 (GVOBl M-V S. 661) — SchStLVO SGB XII M-V

NW: ~ v. 14.6.1994 (GV.NW S. 264) — SchV
NW: ~ v. 28.1.1986 (GV.NW S. 67) — SchV-KHG
SACH: Landes~ v. 23.2.2004 (SächsGVBl S. 63) — LSchiedVO
SACH: VO ü. d. Schiedsstellen f. d. Festsetzung d. Krankenhauspflegesätze v. 16.4.1991 (SächsGVBl S. 62) — SchiedsKrPflV

SH: Landes~ v. 11.12.1990 (GVOBl S. 660)	**LSchV**
SL: Landes~ v. 19.2.1990 (ABl S. 283)	**LSchV**
TH: Thüringer Landes~ v. 15.4.1994 (GVBl S. 430)	**ThürLSchV**

Jugendhilfe
    SACH: VO d. Sächs. Staatsregierung ü. d. Schiedsstelle i.
    d. ~ v. 13.10.1999 (SächsGVBl S. 550)   **SchiedJugVO**

SGB VIII
    BB: ~ v. 11.3.1999 (GVBl S. 252)   **SchStV~**

Schiedsverfahrens-Neuregelungsgesetz
    v. 22.12.1997 (BGBl I S. 3224)   **SchiedsVfG**

Schiff- und Floßfahrtregelungsverordnung
    TH: Thüringer VO z. Regelung d. Schiff- u. Floßfahrt v.
    28.11.2001 (GVBl S. 467)   **ThürSchiffFloßVO**

Schiffe und Schiffsbauwerke
    Ges. ü. Rechte an eingetragenen Schiffen und Schiffsbauwerken v. 15.11.1940 (RGBl I S. 1499)   *SchRG*

Schifffahrtskennzeichenverordnung
    VO ü. d. Kennzeichnung v. a. Binnenschiffahrtsstraßen verkehrenden Kleinfahrzeugen v. 21.2.1995 (BGBl I S. 226)   **KlFzKV-BinSch**

Schifffahrtsordnung
    VO z. Einf. d. Schiffahrtsordnung Emsmündung v. 8.8.1989
    (BGBl I S. 1583)   **EmsSchEV**
    BY: ~ v. 9.8.1977 (GVBl S. 469)   **SchO**
    SACH: Sächs. Schifffahrtsverordnung v. 12.3.2004
    (SächsGVBl S. 123)   **SächsSchiffVO**

Schifffahrtsrechtl. Verteilungsordnung
    i. d. Bek. v. 23.3.1999 (BGBl I S. 530)   **SVertO**

Schiffsabfall-Kostenverordnung
    MV: ~ v. 1.4.2004 (GVOBl M-V S. 154)   **SchAbfKostVO M-V**

Schiffsabfallabgabenverordnung
    HA: ~ v. 6.5.2003 (GVBl S. 101)   **SchiffsAbgV**

Schiffsabfallentsorgungsgesetz
    MV: ~ v. 16.12.2003 (GVOBl M-V S. 679)   **SchAbfEntG M-V**

Schiffsausrüstungsverordnung-See
    v. 20.5.1998 (BGBl I S. 1168)   **SchAV-See**

Schiffsbankgesetz
    i. d. Bek. v. 8.5.1963 (BGBl I S. 301)   *SchiffsBG*

Schiffsbesetzungsverordnung
    v. 26.8.1998 (BGBl I S. 2577)   **SchBesV**

Schiffsoffiziers-Ausbildungsverordnung
    v. 28.7.1998 (BGBl I S. 1938)   **SchOffzAusbV**

Schiffsregisterordnung
    i. d. Bek. v. 26.5.1994 (BGBl I S. 1133)   *SchRegO*

4 Gesetze, sonstige Rechtsvorschriften, Verwaltungsvorschriften u.ä. Sch

VO z. Durchf. d. ~ v. 24.11.1980 (BGBl I S. 2169)	**SchRegDV**
Schiffssicherheitsgesetz v. 9.9.1998 (BGBl I S. 2860)	**SchSG**
Schiffssicherheitsverordnung i. d. Bek. v. 3.9.1997 (BGBl I S. 2217)	**SchSV**
Schiffsvermessungsverordnung v. 5.7.1982 (BGBl I S. 916)	**SchVmV**
Schlachttier- und Fleischbeschau BW: Ges. ü. d. Durchf. d. ~ und d. Trichinenschau v. 21.7.1970 (GBl S. 406)	**FlBeschDG**
Schlichtungsgesetz BB: Brandenburgisches ~ v. 5.10.2000 (GVBl I S. 134) BY: Bay. ~ v. 25.4.2000 (GVBl S. 268)	**BbgSchlG** **BaySchlG**
Schlichtungsstellenverfahrensverordnung i. d. Bek. v. 7.8.2000 (BGBl I S. 1279)	**SchlichtVerfVO**
Schlichtungsstellenverordnung VVG-~ v. 16.2.2005 (BGBl I S. 257)	**SStellV-VVG**
Schmalspurbahnen Bau- u. Betriebsordnung v. 25.2.1972 (BGBl I S. 269)	**ESBO**
Schneidermeisterverordnung Damen- und Herren~ v. 5.9.2006 (BGBl I S. 2122)	**DaHeSchnMstrV**
Schornsteinfeger ~gesetz i. d. Bek. v. 10.8.1998 (BGBl I S. 2071) (s.a. Kehr- und Überprüfungsordnung) VO ü. d. ~wesen v. 19.12.1969 (BGBl I S. 2363) (s.a. Kehr- und Überprüfungsordnung)	**SchfG** *SchfV*
Schülerbeförderungsverordnung BY: ~ i. d. Bek. v. 8.9.1994 (GVBl S. 953)	**SchBefV**
Schülerfahrkostenverordnung NW: ~ v. 16.4.2005 (GV.NW S. 420)	**SchfkVO**
Schülermitwirkungsverordnung SACH: ~ v. 4.1.2005 (SächsGVBl S. 11)	**SMVO**
Schülerwahlverordnung LSA: ~ v. 22.8.1997 (GVBl LSA S. 828)	**SchülerWVO**
Schul- und Prüfungsordnung SL: ~ ü. d. Ausbildung u. Prüfung a. Dualen Berufskolleg f. Wirtschaft u. Logistik – Höhere Berufsfachschule – i. Saarland v. 27.11.1997 (ABl S. 1384) Abitur SL: VO – Schul- und Prüfungsordnung – über die gymnasiale Oberstufe und die ~prüfung im Saarland v. 2.7.2007 (ABl S. 1315)	**APO-DBWL** **GOS-VO**

Berufsfachschule
SL:　ü. d. Ausbildung u. Prüfung a. Höheren ~n f.
Wirtschaft u. Logistik i. Saarland v. 11.10.1995
(ABl S. 1038) **APO-HBFS-WL**

Fachassistenten
BW: Schulungs- und Prüfungsordnung für amtliche ~ v.
31.8.2007 (GBl S. 408) **SPrOaFA**

Fachschule
SL:　VO „Schul- und Prüfungsordnung" über die Ausbildung und Prüfung an Fachschulen für Technik
v. 11.6.2003 (ABl S. 1789) **APO-T**

Sozialpädagogik
SL:　VO „Schul- und Prüfungsordnung" über die Ausbildung und Prüfung an Akademien für Erzieher und ErzieherinnenFachschulen für ~ v. 10.5.2004
(ABl S. 1110) **APO-FSP**

Schulaufsichtsverordnung
MV:　~ v. 17.6.2005 (GVOBl M-V S. 350) **SchAVO M-V**

Schulbauförderungsgesetz
BW:　~ v. 5.12.1961 (GBl S. 357) **SchBauFöG**

Schulbeihilferichtlinien
BY:　~ v. 1.9.1971 (FMBl S. 402; StAnz Nr. 36) *SchBhR*

Schulbesuchsordnung
SACH: ~ v. 12.8.1994 (SächsGVBl S. 1565) **SBO**

Schulbezirksverordnung
BB:　Landes~ v. 28.6.2005 (GVBl II S. 338) **LSchBzV**

Schuldatenschutzgesetz
BR:　Brem. ~ v. 27.2.2007 (GBl S. 182) **BremSchulDSG**

Schuldatenschutzverordnung
MV:　~ v. 15.1.2000 (GVOBl M-V S. 61) **SchulDSVO M-V**

Schulden
Bundesschuldenwesengesetz v. 12.7.2006 (BGBl I S. 1466) **BSchuWG**
Bundesschuldenwesenverordnung v. 19.7.2006 (BGBl I
S. 1700) **BSchuWV**

Schuldienstlaufbahnverordnung
TH:　Thüringer ~ v. 11.10.2000 (GVBl S. 317) **ThürSchuldLbVO**

Schuldnerverzeichnisverordnung
v. 15.12.1994 (BGBl I S. 3822) **SchuVVO**

Schuldrechtsänderungsgesetz
v. 21.9.1994 (BGBl I S. 2538) **SchuldRÄndG**

Schuldrechtsanpassungsgesetz
v. 21.9.1994 (BGBl I S. 2538) **SchuldRAnpG**

4. Gesetze, sonstige Rechtsvorschriften, Verwaltungsvorschriften u.ä.   **Sch**

Schuldrechtsmodernisierungsgesetz
Gesetz z. Modernisierung d. Schuldrechts v. 26.11.2001
(BGBl I S. 3138)   *SchuldRModG*

Schuldverschreibungsverordnung
v. 21.6.1995 (BGBl I S. 846)   **SchuV**

Schulen in freier Trägerschaft, Genehmigung und Anerkennung
Schule
    SACH: VO des Sächs. Staatsministeriums für Kultus über die Genehmigung und Anerkennung von Schulen in freier Trägerschaft v. 19.9.2007 (SächsGVBl S. 414)   **SächsFrTrSchulVO**

Schulentwicklungsplanung
    LSA: VO z. Mittelfristigen ~ v. 17.11.1999 (GVBl LSA S. 356)   **MitSEPl-VO**
    MV: ~sverordnung v. 4.10.2005 (GVOBl. M-V S. 540)   **SEPVO M-V**
    NW: VO z. ~ v. 14.6.1983 (GV.NW S. 256)   **SEP-VO**

Schulfinanz(ierungs)gesetz
    BY: Bay. Schulfinanz(ierungs)gesetz i. d. Bek. v. 31.5.2000 (GVBl S. 455)   **BaySchFG**
    NW: Schulfinanzgesetz i. d. Bek. v. 17.4.1970 (GV.NW S. 288)   **SchFG**

Schulgesetz
    BB: Brandenburgisches ~ v. 12.4.1996 (GVBl I S. 102)   **BbgSchulG**
    BE: ~ v. 26.1.2004 (GVBl S. 26)   **SchulG**
    BR: Brem. ~ i. d. Bek. v. 28.6.2005 (GVBl S. 260)   **BremSchulG**
    BW: ~ i. d. Bek. v. 1.8.1983 (GBl S. 397)   **SchG**
    HA: Hamb. ~ v. 16.4.1997 (GVBl I S. 97)   **HmbSG**
    LSA: ~ des Landes Sachsen-Anhalt i. d. Bek. v. 11.8.2005 (GVBl LSA S. 520)   **SchulG**
    MV: ~ v. 13.2.2006 (GVOBl. M-V S. 41)   **SchulG**
    ND: Niedersächsisches ~ i. d. Bek. v. 3.3.1998 (GVBl S. 137)   **NSchG**
    NW: ~ v. 15.2.2005 (GV.NW S. 102)   **SchulG**
    RP: ~ v. 30.3.2004 (GVBl S. 239)   **SchulG**
    SACH: ~ für den Freistaat Sachsen i. d. Bek. v. 3.8.2004 (SächsGVBl S. 298)   **SchulG**
    SH: ~ i. d. Bek. v. 2.8.1990 (GVOBl S. 451)   **SchulG**
    TH: Thüringer ~ i. d. Bek. v. 30.4.2003 (GVBl S. 238)   **ThürSchulG**
    VO
       SACH: ~ d. Sächs. Staatsministeriums f. Soziales, Gesundheit u. Familie gem. § 13 Abs. 4 Schulgesetz f. d. Freistaat Sachsen v. 14.7.1995 (SächsGVBl S. 252)   **VOSchulG**

Schulgesundheitspflegeverordnung
    SACH: ~ v. 10.1.2005 (SächsGVBl S. 15)   **SchulGesPflVO**

Schulintegrationsverordnung
SACH: ~ v. 3.3.1999 (SächsGVBl S. 153) SchIVO
SACH: ~ v. 3.8.2004 (SächsGVBl S. 350) SchIVO
Schulkommunikationsverordnung
BE: ~ v. 11.3.2008 (GVBl S. 81) SchulkommV
Schulkonferenzordnung
SACH: ~ v. 1.8.1994 (SächsGVBl S. 1450) SchuKO
Schullastenverordnung
BW: ~ v. 13.9.1989 (GBl S. 464) SchLVO
Schullaufbahnverordnung
BB: ~ v. 24.6.1999 (GVBl S. 378) SchulLVO
Schulmitbestimmungsgesetz
SL: ~ i. d. Bek. v. 26.8.1996 (ABl S. 869) SchumG
Schulmitwirkungsgesetz
NW: ~ v. 13.12.1977 (GV.NW S. 448) SchMG
Schulnetzplanungsverordnung
SACH: ~ v. 2.10.2001 (SächsGVBl S. 672) SchulnetzVO
Schulordnung
BY: ~ für die Schulen besonderer Art v. 30.8.2006 (GVBl S. 722) BesASO
SL: ~ ü. d. Bildungsgang u. d. Abschlüsse d. Erweiterten Realschule i. d. Bek. v. 24.8.2000 (ABl S. 1690) ERS-VO
SL: ~ ü. d. Bildungsgang u. d. Abschlüsse d. Gesamtschule i. d. Bek. v. 24.8.2000 (ABl S. 1743) GesVO
SL: Zeugnis- und Versetzungsordnung, ~ für Handelsschulen, Gewerbeschulen und Sozialpflegeschulen – Berufsfachschulen v. 16.4.2007 (ABl S. 1066) ZVO-BFS
TH: Thüringer ~ v. 20.1.1994 (GVBl S. 185) ThürSchulO
Berufliche Gymnasien
SACH: ~ i. d. Bek. v. 10.11.1998 (SächsGVBl 1999 S. 16) BGySO
Berufsfachschule
SACH: ~ i. d. Bek. v. 9.2.2005 (SächsGVBl S. 42) BFSO
SL: Schul- u. Prüfungsordnung ü. d. Ausbildung u. Prüfung an Höheren Schulordnungen f. Wirtschaftsinformatik im Saarland v. 16.9.1985 (ABl S. 955) APO-HBFS-WI
TH: Thüringer Schulordnung f. d. ~ – dreijährige Bildungsgänge v. 15.10.1998 (GVBl S. 404) ThürSOBFS 3
TH: Thüringer Schulordnung f. d. ~ – zweijährige Bildungsgänge – v. 11.7.1997 (GVBl S. 293) ThürSOBFS 2
TH: Thüringer Schulordnung für die Höhere ~ – dreijährige Bildungsgänge v. 13.12.2004 (GVBl S. 3) ThürSOHBFS 3
Berufsschule
SACH: ~ v. 21.8.2006 (SächsGVBl S. 446) BSO

4. Gesetze, sonstige Rechtsvorschriften, Verwaltungsvorschriften u.ä.   Sch

Fachoberschule
  SACH: ~ v. 23.7.1998 (SächsGVBl S. 434)   FOSO
  TH: Thüringer Schulordnung f. d. ~ v. 24.4.1997 (GVBl
    S. 170)   ThürSOFOS
Fachschule
  SACH: ~ v. 20.8.2003 (SächsGVBl S. 389)   FSO
Förderschulen
  SACH: ~ v. 3.8.2004 (SächsGVBl S. 317)   SOFS
Grundschulen
  SACH: ~ v. 3.8.2004 (SächsGVBl S. 312)   SOGS
  SL: Zeugnis- und Versetzungsordnung – Schulord-
    nung – f. d. ~ i. Saarland i. d. Bek. v. 24.8.2000
    (ABl S. 1674)   ZVO-GS
Gymnasien
  SACH: ~ v. 3.8.2004 (SächsGVBl S. 336)   SOGY
  TH: Thüringer Schulordnung f. d. berufliche Gymna-
    sium v. 10.12.1996 (GVBl 1997 S. 9)   ThürSObG
Mittelschulen
  SACH: ~ Abschlussprüfungen v. 3.8.2004 (SächsGVBl
    S. 325)   SOMIAP
  SACH: ~ i. d. Bek. v. 17.5.2001 (SächsGVBl S. 190)   SOMI
Pflegeberufe
  TH: Thüringer Schulordnung für die ~ v. 7.12.2007
    (GVBl S. 302)   ThürSOPfl

Schulordnungsgesetz
  SL: ~ i. d. Bek. v. 26.8.1996 (ABl S. 846)   SchoG

Schulpflichtgesetz
  BY: ~ i. d. Bek. v. 3.9.1982 (GVBl S. 770)   SchPG
  NW: ~ i. d. Bek. v. 2.2.1980 (GV.NW S. 164)   SchpflG

Schulpflichtruhensverordnung
  BB: ~ v. 30.11.1998 (GVBl II 1999 S. 86)   SchuruV

Schulpflichtverordnung
  MV: ~ v. 23.12.1996 (GVOBl M-V S. 168)   SchPflVO M-V

Schulreformgesetz
  MV: 1. ~ v. 26.4.1991 (GVOBl M-V S. 123)   SRG

Schulstandort
  BR: Ortsgesetz zur Aufhebung des Ortsgesetzes über die
    ~zuweisung und Schulstandortwahl in der Stadt Bre-
    merhaven v. 18.4.2007 (GBl S. 400)   SchulSTOG

Schulstatistikverordnung
  MV: ~ v. 17.12.2004 (GVOBl. M-V S. 115)   SchulstatVO M-V

Schulträgerschaftgesetz
  HA: Hamb. Gesetz über Schulen in freier Trägerschaft v.
    21.9.2004 (GVBl S. 365)   HmbSfTG

TH: Thüringer Gesetz über Schulen in freier Trägerschaft
v. 5.3.2003 (GVBl S. 150)   **ThürSchfTG**

Schulverfassungsgesetz
BE: ~ i. d. Bek. v. 5.2.1979 (GVBl S. 398)   **SchulVerfG**
HA: ~ s.a. SchulVerfgesetz v. 12.4.1973 (GVBl I S. 91)   **SchVG**

Schulverordnung
ND: VO ü. Schulen f. andere als ärztliche Heilberufe v.
1.7.1996 (GVBl S. 325)   **SaH-VO**

Schulversucheverordnung
VO ü. d. Ausbildungsförderung f. d. Besuch v. Ausbildungsstätten, an denen Schulversuche durchgeführt werden v.
27.6.1979 (BGBl I S. 834)   **SchulversucheV**

Schulversuchsverordnung
BB: ~ v. 23.4.1997 (GVBl II S. 261)   **SchVersuchV**

Schulverwaltungsgesetz
BR: Brem. ~ i. d. Bek. v. 28.6.2005 (GVBl S. 280)   **BremSchulVwG**
BR: Brem. ~ v. 20.12.1994 (GBl S. 342)   **BremSchVwG**
HE: ~ i. d. Bek. v. 4.4.1978 (GVBl I S. 231)   **SchVG**
NW: ~ i. d. Bek. v. 18.1.1985 (GV.NW S. 155)   **SchVG**

Schulvorbereitungsverordnung
SACH: ~ v. 15.8.2006 (SächsGVBl S. 455)   **SächsSchulvorbVO**

Schulwahlordnung
RP: ~ v. 7.10.2005 (GVBl S. 453)   **SchulWO**

Schulwegkostenfreiheitsgesetz
BY: ~ i. d. Bek. v. 31.5.2000 (GVBl S. 452)   **SchKfrG**

Schutz- und Ausgleichsverordnung
SACH: Sächs. ~ f. d. Land- u. Forstwirtschaft v. 23.1.2001
(SächsGVBl S. 98)   **SächsSchAVO**

Schutzbaugesetz
v. 9.9.1965 (BGBl I S. 1232)   *SBauG*

Schutzbereichgesetz
v. 7.12.1956 (BGBl I S. 899)   *SchBG*

Schutzgebiets- u. Ausgleichs-Verordnung
BW: ~ v. 20.2.2001 (GBl S. 145)   **SchALVO**

Schutzgebietsverordnung
SACH: VO des Sächsischen Staatsministeriums für Umwelt und Landwirtschaft zur Bestimmung der Zuständigkeiten zum Erlass und zur Änderung von Schutzgebietsverordnungen v. 22.11.2005 (SächsGVBl S. 314)   **SchutzgebZuÜbVO**

Schutzwaldverordnung
MV: ~ Nossentiner Kiefernheide v. 9.2.2006 (GVOBl M-V S. 93)   **SchWaldVO NoKie M-V**

Schutzwaldverzeichnisse
BY: VO ü. d. ~ v. 24.11.1976 (GVBl S. 463) — SWaldVV

Schwangerenberatungsgesetz
BR: ~ v. 28.3.2006 (GBl S. 147) — SchwBerG
BY: Bay. ~ v. 9.8.1996 (GVBl S. 320) — BaySchwBerG
BY: VO z. Durchf. d. Schwangerenberatungsgesetzes v.
13.11.1990 (GVBl S. 505) — SchwBerV
RP: ~ v. 23.12.1977 (GVBl S. 455) — SBG
Durchführungsverordnung
BY: ~ zum Bay. Schwangerenberatungsgesetz v.
28.7.2005 (GVBl S. 350) — BaySchwBerV

Schwangerenberatungsstellenförderungsgesetz
HA: ~ v. 14.12.2007 (GVBl I S. 496) — SchFG

Schwangerenberatungsstellengesetz
BE: ~ v. 25.2.2004 (GVBl S. 96) — SchwBG

Schwangerengesetz
BE: ~ v. 22.12.1978 (GVBl S. 2514) — SchwG

Schwangerenhilfeergänzungsgesetz
BY: Bay. ~ v. 9.8.1996 (GVBl S. 328) — BaySchwHEG

Schwangerschaftskonfliktgesetz
v. 21.8.1995 (BGBl I S. 1050) — SchKG
Ausführungsgesetz
BB: Brandenburgisches Gesetz zur Ausführung des
Schwangerschaftskonfliktgesetzes v. 12.7.2007
(GVBl I S. 118) — BbgAGSchKG
BW: Gesetz zur Ausführung des Schwangerschaftskon-
fliktgesetzes v. 12.6.2007 (GBl S. 249) — AGSchKG
LSA: ~ des Landes Sachsen-Anhalt zum Schwanger-
schaftskonfliktgesetz v. 24.1.2008 (GVBl LSA S. 30) — SchKG-AG LSA
ND: Niedersächsisches ~ zum Schwangerschaftskon-
fliktgesetz v. 9.12.2005 (GVBl S. 401) — Nds. AG SchKG
NW: Schwangerschaftskonflikt~ NRW v. 23.5.2006
(GV.NW S. 267) — AG SchKG
NW: VO zum ~ zum Schwangerschaftskonfliktgesetz v.
23.5.2006 (GV.NW S. 269) — VO AG SchKG
RP: Landesgesetz zur Ausführung des Schwanger-
schaftskonfliktgesetzes und anderer Gesetze v.
14.3.2005 (GVBl S. 77) — AGSchKG
Beratungsstellenförderung
RP: Landesverordnung über die Förderung von Bera-
tungsstellen nach dem Schwangerschaftskonflikt-
gesetz v. 20.3.2006 (GVBl S. 136) — LVOFBSchKG
Neuordnungsgesetz
NW: Gesetz zur Neuordnung der Finanzierungsbeteili-
gung zum Schwangerschaftskonfliktgesetz v.
23.5.2006 (GV.NW S. 268) — Neufin SchKG

Schwangerschaftsunterbrechungsgesetz
DDR: ~ v. 9.3.1972 (GBl I S. 89; BGBl 1990 II S. 1168)   *SchwUntG*

Schwarzarbeit
~sbekämpfungsgesetz v. 23.7.2004 (BGBl I S. 1842)   **SchwarzArbG**
SL: Mittelstandsrichtlinien Bekämpfung d. ~ v. 30.11.1999
(ABl 2000 S. 298)   **MBS**

Schweinehaltungshygieneverordnung
v. 7.6.1999 (BGBl I S. 1252)   **SchHaltHygV**

Schweinepestbekämpfungsverordnung
MV: ~ v. 31.3.1999 (GVOBl M-V S. 256)   **SchwpestbVO M-V**

Schweizerisches Obligationsrecht
v. 18.12.1936   *OR*

Schweizerisches Zivilgesetzbuch
v. 10.12.1907   *ZGB*

Schwerbehinderte
Ges. ü. d. unentgeltliche Beförderung Schwerbehinderter im
öffentlichen Personenverkehr v. 9.7.1979 (BGBl I S. 989)   *UnBefG*
Ges. z. Erweiterung d. unentgeltl. Beförderung Schwerbe-
hinderter im öffentl. Personenverkehr v. 18.7.1985 (BGBl I
S. 1516)   *UnBefErwG*
Gesetz z. Bekämpfung d. Arbeitslosigkeit Schwerbehinderter
v. 29.9.2000 (BGBl I S. 1394)   **SchwbBAG**

Schwerbehinderten-Nahverkehrszügeverordnung
v. 30.9.1994 (BGBl I S. 2962)   **SchwbNV**

Schwerbehindertengesetz
Ausweisverordnung ~ i. d. Bek. v. 25.7.1991 (BGBl I
S. 1739)   **SchwbAwV**
Schwerbehinderten-Ausgleichsabgabenverordnung v.
28.3.1988 (BGBl I S. 484)   **SchwbAV**
i. d. Bek. v. 26.8.1986 (BGBl I S. 1421)   **SchwbG**
Wahlordnung ~ i. d. Bek. v. 23.4.1990 (BGBl I S. 811)   **SchwbWO**
Werkstättenverordnung ~ v. 13.8.1980 (BGBl I S. 1365)   **SchwbWV**
BW: Ausgleichsabgabeverordnung s. a. ~ v. 1.12.1977 (GBl
S. 704)   **AAVO**

SED-Unrechtsbereinigungsgesetz
Zweites ~ v. 23.6.1994 (BGBl I S. 1311)   **2. SED-UnBerG**

See-Berufsgenossenschaft
KostenVO f. Amtshandlungen d. ~ v. 21.12.2001 (BGBl I
S. 4241)   **See-BGKostV**

Seeanlagenverordnung
v. 23.1.1997 (BGBl I S. 57)   **SeeAnlV**

Seeaufgabengesetz
i. d. Bek. v. 18.9.1998 (BGBl I S. 2986)   **SeeAufG**

4. Gesetze, sonstige Rechtsvorschriften, Verwaltungsvorschriften u.ä. — See

Seefischerei	
~gesetz v. 12.7.1984 (BGBl I S. 876)	*SeefiG*
~verordnung v. 18.7.1989 (BGBl I S. 1485)	**SeefiV**
Seefrachtrecht	
Ges. z. Änderung v. Vorschriften d. Handelsgesetzbuches ü. d. ~ v. 10.8.1937 (RGBl I S. 891)	*SFrRG*
Seegerichtsvollstreckungsgesetz v. 6.6.1995 (BGBl I S. 786)	**SeeGVG**
Seelotsenuntersuchungsverordnung v. 12.3.1998 (BGBl I S. 511)	**SeeLotUntV 1998**
Seelotswesen Ges. ü. d. ~ i. d. Bek. v. 13.9.1984 (BGBl I S. 1213)	*SeeLG*
Seemannsämter Kostenverordnung ~ f. Amtshandlungen d. Seemannsämter v. 5.11.1996 (BGBl I S. 1678)	**SeemannsÄKostV 1996**
Seemannsgesetz v. 26.7.1957 (BGBl II S. 713)	*SeemG*
Seerechtsänderungsgesetz v. 21.6.1972 (BGBl I S. 966)	*SeeRÄndG*
Seeschifffahrt Wahlordnung Seeschifffahrt = 2. Durchführungsverordnung d. Betriebsverfgesetzes v. 24.10.1972 (BGBl I S. 2029)	**WOS**
Kostenverordnung ~ für Amtshandlungen der Wasser- und Schifffahrtsverwaltung des Bundes auf dem Gebiet der Seeschifffahrt v. 22.9.2004 (BGBl I S. 2363)	**WSVSeeKostV**
Seeschifffahrtausbildungsverordnung MV: ~ v. 24.11.2004 (GVOBl M-V S. 104)	**SeeschAPVO M-V**
Seeschifffahrtsstatistikgesetz Ges. ü. d. Statistik d. Seeschifffahrt v. 26.7.1957 (BGBl II S. 739)	*SeeStatG*
Seeschifffahrtsstraßen-Ordnung Seeschiffahrtsstraßen-Ordnung i. d. Bek. v. 22.10.1998 (BGBl I S. 3209)	**SeeSchStrO**
Seestraßenordnung ~übereinkommen v. 20.10.1972 ü. d. Internationalen Regeln z. Verhütung v. Zusammenstößen auf See v. 29.6.1976 (BGBl II S. 1017) VO z. ~ 14.6.1989 (BGBl I S. 1107)	*SeeStrO* *VSeeStrO*
Seetagebuchverordnung v. 8.2.1985 (BGBl I S. 306)	**SeeTgbV**

Seeunfalluntersuchungsgesetz
v. 6.12.1985 (BGBl I S. 2146) **SeeUG**
VO z. Durchf. d. Seeunfalluntersuchungsgesetzes v. 5.6.1986
(BGBl I S. 860) **DVSeeUG**

Seilbahngesetz
BE: Landes~ v. 9.3.2004 (GVBl S. 110) **LSeilbG**
BR: Brem. ~ v. 12.10.2004 (GBl S. 523) **BremSeilbG**
HE: Hess. ~ v. 25.9.2006 (GVBl I S. 491) **HSeilbG**
MV: Landes~ v. 20.7.2004 (GVOBl M-V S. 318) **LSeilbG**
ND: Niedersächsisches Gesetz über Eisenbahnen und Seilbahnen v. 16.12.2004 (GVBl S. 658) **NESG**
NW: Gesetz über die Seilbahnen in Nordrhein-Westfalen v. 16.12.2003 (GV.NW S. 774) **SeilbG NRW**
SH: Landes~ v. 27.5.2004 (GVOBl S. 144) **LSeilbG**

Seilbahnverordnung
BY: ~ v. 24.11.2003 (GVBl S. 886) **SeilbV**

Sektionsverordnung
BB: ~ v. 21.11.2005 (GVBl II S. 538) **SektionsV**

Sekundarbereich
LSA: VO über die Übergänge zwischen den Schulformen in der Sekundarstufe I v. 1.4.2004 (GVBl LSA S. 238) **Sek I-Üg-VO**
ND: VO ü. d. Abschlüsse im ~ I v. 7.4.1994 (GVBl S. 197) **AVO**

Sekundarstufe I-Verordnung
BB: ~ v. 2.8.2007 (GVBl II S. 200) **Sek I-V**

Selbstkosten
Leitsätze f. d. Ermittlung v. Preisen f. Bauleistungen auf Grund v. ~ = Anl. z. VO PR Nr. 1 / v. 72 v. 6.3.1972 (BGBl I S. 293) **LPS-Bau**
Leitsätze f. d. Preisermittlung auf Grund d. ~ bei Leistungen f. öffentl. Auftraggeber v. 12.2.1942 (RGBl I S. 89) **LSÖ**
Leitsätze f. d. Preisermittlung auf Grund v. ~ = Anl. z. VO PR Nr. 30 / v. 53 v. 21.11.1953 (BAnz Nr. 244; BWMBl S. 474) **LPS**

Selbstüberwachungsverordnung
MV: ~ v. 20.12.2006 (GVOBl M-V S. 5) **SÜVO M-V**
NW: ~ Kanal v. 16.1.1995 (GV.NW S. 64) **SüwV Kan**
NW: ~ kommunal v. 25.5.2004 (GV.NW S. 322) **SüwV-kom**
SH: ~ v. 4.3.1987 (GVOBl S. 77) **SüVO**

Selbstverwaltungs- und Krankenversicherungsangleichungsgesetz
Berlin v. 26.12.1957 (BGBl I S. 1883) **SKAG Berlin**

Selbstverwaltungsgesetz
i. d. Bek. v. 23.8.1967 (BGBl I S. 917) **SVwG**

Selbstverwaltungsneuordnungsgesetz
Zweites Ges. z. Neuordnung v. Selbstverwaltung u. Eigen-

verantwortung i. d. gesetzlichen Krankenversicherung v.
23.6.1997 (BGBl I S. 1520)   **2. GKV-NOG**

Senatorengesetz
BE: ~ i. d. Bek. v. 6.1.2000 (GVBl S. 221)   **SenG**

Seniorenmitwirkungsgesetz
BE: Berliner ~ v. 25.5.2006 (GVBl S. 458)   **BerlSenG**

Seßhaftmachungsgesetz
BY: ~ v. 26.11.1954 (BayBS IV S. 349)   **SeßhG**

Seuchengesetz
Bundes-~ i. d. Bek. v. 18.12.1979 (BGBl I 1980 S. 151)   *BSeuchG*

Seuchenrechtsneuordnungsgesetz
v. 20.7.2000 (BGBl I S. 1045)   **SeuchRNeuG**

Sicherheit und Ordnung
   BE: Allgemeines Sicherheits- und Ordnungsgesetz i. d.
      Bek. v. 11.10.2006 (GVBl S. 930)   **ASOG**
   HA: Ges. z. Schutz d. öffentlichen Sicherheit u. Ordnung v.
      14.3.1966 (GVBl I S. 77)   **SOG**
   HE: Hess. Gesetz über die öffentliche ~ i. d. Bek. v.
      14.1.2005 (GVBl I S. 14)   **HSOG**
   LSA: Gesetz über die öffentliche Sicherheit u. Ordnung des
      Landes Sachsen-Anhalt i. d. Bek. v. 23.9.2003 (GVBl
      LSA S. 214)   **SOG**
   MV: Ges. z. Schutz d. öffentlichen Sicherheit u. Ordnung v.
      25.3.1998 (GVOBl M-V S. 335)   **SOG**
   ND: Ges. v. 17.11.1981 (GVBl S. 347)   **Nds.SOG**
   ND: Niedersächsisches Gesetz über die öffentliche ~ i. d.
      Bek. v. 19.1.2005 (GVBl S. 9)   **Nds. SOG**

Sicherheitsanlagen-Prüfverordnung
BY: ~ v. 3.8.2001 (GVBl S. 593)   **SPrüfV**

Sicherheitsfilmgesetz
v. 11.6.1957 (BGBl I S. 604)   *SichFG*
Ausführungsgesetz
   BY: Ges. z. Ausf. und Erg. d. Sicherheitsfilmgesetzes v.
      14.7.1958 (GVBl S. 161)   **AGSichFilmG**

Sicherheitsleistungen u. Gewährleistungen
Ges. z. Erg. d. Dritten Gesetzes ü. d. Übernahme v. ~ z.
Förderung d. deutschen Wirtschaft v. 17.5.1957 (BGBl I
S. 517)   **2. ERP-BürgschG**

Sicherheitsrichtlinien
i. d. Bek. v. 2.1.1991 (GMBl S. 70)   **SiR**
BY: ~ v. 19.7.1988 (StAnz Nr. 30, Beil. 46)   **SiR**
MV: ~ v. 15.2.1991 (AmtsBl. M-V S. 46)   **SiR**

Sicherheitstechnische Gebäudeausrüstungs-Prüfverordnung
BB: Brandenburgische ~ v. 1.9.2003 (GVBl II S. 557)   **BbgSGPrüfV**

Sicherheitsüberprüfungsbestimmungsverordnung
BY:　Bay. ~ v. 19.10.2004 (GVBl S. 406)   **BaySÜBV**

Sicherheitsüberprüfungsfeststellungsverordnung
v. 30.7.2003 (BGBl I S. 1553)   **SüFV**
SL:　Saarländische ~ v. 25.10.2005 (ABl S. 1770)   **SSÜFV**

Sicherheitsüberprüfungsgesetz
v. 20.4.1994 (BGBl I S. 867)   **SÜG**
BB:　Brandenburgisches ~ v. 30.7.2001 (GVBl I S. 126)   **BbgSÜG**
BE:　Berliner ~ i. d. Bek. v. 25.6.2001 (GVBl S. 243)   **BSÜG**
BR:　Brem. ~ v. 30.6.1998 (GBl S. 185)   **BremSÜG**
BW:　Landes~ v. 12.2.1996 (GBl S. 159)   **LSÜG**
BY:　Bay. ~ v. 27.12.1996 (GVBl S. 509)   **BaySÜG**
HA:　Hamb. ~ v. 25.5.1999 (GVBl I S. 82)   **HmbSÜG**
HE:　Hess. ~ v. 28.9.2007 (GVBl I S. 623)   **HSÜG**
MV:　~ v. 22.1.1998 (GVOBl M-V S. 114)   **SÜG**
ND:　Niedersächsisches ~ i. d. Bek. v. 30.3.2004 (GVBl
　　　S. 128)   **Nds. SÜG**
NW:　~ v. 7.3.1995 (GV.NW S. 210)   **SÜG**
RP:　Landes~ v. 8.3.2000 (GVBl S. 70)   **LSÜG**
SH:　Landes~ v. 10.12.2003 (GVOBl S. 65)   **LSÜG**
SL:　Saarländisches ~ v. 4.4.2001 (ABl S. 1182)   **SSÜG**
Durchführungsverordnung
　　ND: VO zur Durchführung des Niedersächsischen Si-
　　　　cherheitsüberprüfungsgesetzes v. 30.5.2006 (GVBl
　　　　S. 218)   **DVO Nds. SÜG**

Sicherheitswachterprobungsgesetz
SACH: Sächs. ~ v. 12.12.1997 (SächsGVBl S. 647)   **SächsSWEG**

Sicherheitswachtgesetz
BY:　~ i. d. Bek. v. 28.4.1997 (GVBl S. 88)   **SWG**

Sicherungsfonds-Finanzierungs-Verordnung
(Leben) v. 11.5.2006 (BGBl I S. 1172)   **SichLVFinV**

Siebdruckmeisterverordnung
v. 5.9.2006 (BGBl I S. 2126)   **SiebdrMstrV**

Signatarebenennungsverordnung
v. 5.5.2003 (BGBl I S. 648)   **SignBenennV**

Signatur
Erstes Gesetz zur Änderung des ~gesetzes v. 4.1.2005
(BGBl I S. 2)   **1. SigÄndG**
~gesetz v. 16.5.2001 (BGBl I S. 876)   **SigG**
~verordnung v. 16.11.2001 (BGBl I S. 3074)   **SigV**

Sitzungsvergütungsverordnung
BY:　~ v. 10.6.1999 (GVBl S. 273)   **SitzVergV**
NW:　~ v. 24.11.1979 (GV.NW S. 990)   **SitzVergV**

RP: ~ v. 31.5.1979 (GVBl S. 141)   **SitzVergV**

Smog-Verordnung
BW: ~ v. 27.4.1988 (GBl S. 214)   **SmogVO**
RP: ~ v. 1.9.1988 (GVBl S. 201)   **SmogVO**

Soforthilfegesetz
v. 8.8.1949 (WiGBl S. 205)   **SHG**

Soldatenbeteiligungsgesetz
i. d. Bek. v. 15.4.1997 (BGBl I S. 766)   **SBG**

Soldatengesetz
i. d. Bek. v. 30.5.2005 (BGBl I S. 1482 ff.)   **SG**
Soldatinnen- und Soldatengleichstellungsgesetz v.
27.12.2004 (BGBl I S. 3822)   **SGleiG**

Soldatenlaufbahnverordnung
i. d. Bek. v. 4.5.2005 (BGBl I S. 1244)   **SLV**

Soldatenurlaubsverordnung
i. d. Bek. v. 14.5.1997 (BGBl I S. 1134)   **SUV**

Soldatenversorgungs-ÜbergangsVO
i. d. Bek. v. 24.3.1993 (BGBl I S. 378)   **SVÜV**

Soldatenversorgungsgesetz
i. d. Bek. v. 6.5.1999 (BGBl I S. 882)   **SVG**

Soldatinnen- und Soldaten-Gleichbehandlungsgesetz
v. 14.8.2006 (BGBl I S. 1904)   **SoldGG**

Soldatinnen- und Soldatengleichstellungsdurchsetzungsgesetz
v. 27.12.2004 (BGBl I S. 3822)   **SDGleiG**

Solidarbeitragsgesetz
NW: Solidarbeitraggesetz ...   **SBG ...**

Solidaritätszuschlagsgesetz
v. 24.6.1991 (BGBl I S. 1318)   **SolZG**

Solidarpaktfortführungsgesetz
v. 20.12.2001 (BGBl I S. 3955)   **SFG**

Solvabilitätsbereinigungsverordnung
v. 20.12.2001 (BGBl I S. 4173)   **SolBerV**

Sommerzeitverordnung
v. 12.7.2001 (BGBl I S. 1591)   **SoZV**

Sonderabfallbeseitigungsverordnung
SH: ~ v. 11.8.1981 (GVOBl S. 143)   **SAbfVO**

Sonderabfallentsorgungsverordnung
BB: ~ v. 3.5.1995 (GVBl II S. 404)   **SAbfEV**
BE: ~ v. 11.1.1999 (GVBl S. 6)   **SoAbfEV**

Sonderabfallgebührenordnung
BB: ~ v. 7.4.2000 (GVBl II S. 104)   **SAbfGebO**

BE: ~ v. 24.3.2000 (GVBl S. 281)   **SoAbfGebO**

Sonderabfallüberwachungsverordnung
TH: Thüringer ~ v. 16.11.2000 (GVBl S. 372)   **ThürSAbfÜVO**

Sonderabfallverbrennungsverordnung
SH: ~ v. 13.11.2006 (GVOBl S. 248)   **SAbfVO**

Sonderabfallverordnung
BW: ~ v. 20.12.1999 (GBl S. 683)   **SAbfVO**

Sonderbau-Betriebs-Verordnung
BE: ~ v. 18.4.2005 (GVBl S. 230)   **SoBeVO**

Sonderbedarfs-Bundesergänzungszuweisungen-Verteilungsverordnung
BB: VO zur Verteilung von Sonderbedarfs-Bundesergänzungszuweisungen für das Jahr 2005 v. 30.5.2005 (GVBl II S. 302)   **SoBEZ VertV 2005**

Sondernutzungsgebührenverordnung
BE: ~ v. 12.6.2006 (GVBl S. 589)   **SNGebV**
BW: ~ v. 15.8.1978 (GBl S. 516)   **SonGebV**
LSA: ~ v. 28.4.2000 (GVBl LSA S. 231)   **SNutzGebVO**
NW: ~ Landesstraßen v. 22.11.2000 (GV.NW S. 765)   **SondGebVOLStr**
NW: ~ v. 31.3.1976 (GV.NW S. 144)   **SonGebV**

Sonderpädagogikverordnung
BB: ~ v. 24.6.1997 (GVBl II S. 505)   **SopV**

Sonderpädagogische Förderung
LSA: VO ü. d. ~ v. 24.9.1996 (GVBl LSA S. 326)   **SPädFördVO**
TH: Thüringer VO zur sonderpädagogischen Förderung v. 6.4.2004 (GVBl S. 482)   **ThürSoFöV**

Sonderschullehrerprüfungsordnung
BW: ~ I v. 24.8.2003 (GBl S. 541)   **SPO I**
BW: ~ II v. 28.6.2003 (GBl S. 364)   **SPO II**

Sonderungsplanverordnung
v. 2.12.1994 (BGBl I S. 3701)   **SPV**

Sonderurlaubsverordnung
i. d. Bek. v. 11.11.2004 (BGBl I S. 2836)   **SUrlV**
NW: ~ i. d. Bek. v. 2.1.1967 (GV.NW S. 13)   **SUrlV**
SH: ~ v. 14.1.1998 (GVOBl S. 29)   **SUVO**

Sondervermögenerrichtungsgesetz
MV: Gesetz über die Errichtung eines Sondervermögens „Sanierung ökologischer Altlasten in Mecklenburg-Vorpommern" v. 14.4.2003 (GVOBl M-V S. 234)   **GSÖA M-V**

Sondervermögengesetz
BR: Gesetz über die Errichtung eines Sondervermögens Gewerbeflächen des Landes Bremen v. 20.5.2003 (GBl. S. 267)   **BremSVGewerbeG**

BR: Ortsgesetz über die Errichtung eines „Sondervermögens Gewerbeflächen" der Stadtgemeinde Bremen v. 20.5.2003 (GBl. S. 269)   **BremSVGewerbeOG**

BR: Ortsgesetz über die Errichtung eines Sondervermögens Infrastruktur der Stadtgemeinde Bremen v. 25.2.2003 (GBl S. 49)   **BremSVINFRAOG**

LSA: Gesetz ü. d. Sondervermögen Förderfonds Sachsen-Anhalt v. 17.12.1996 (GVBl LSA S. 421)   **FFSA-SVG**

TH: Thüringer Gesetz ü. d. Errichtung e. Sondervermögens „Ökologische Altlasten in Thüringen" v. 9.6.1999 (GVBl S. 329)   **ThürGSÖA**

Sonderversorgungsleistungsverordnung
i. d. Bek. v. 19.8.1998 (BGBl I S. 2366)   **SVersLV**

Sonderzahlungen
Bundessonderzahlungsgesetz i. d. Bek. v. 28.2.2005 (BGBl I S. 464)   **BSZG**
Telekom-Sonderzahlungsverordnung v. 12.7.2005 (BGBl I S. 2148)   **TelekomSZV**
BE: Sonderzahlungsgesetz v. 5.11.2003 (GVBl S. 538)   **SZG**
BW: Landessonderzahlungsgesetz v. 29.10.2003 (GBl S. 693)   **LSZG**
MV: Sonderzahlungsgesetz Mecklenburg-Vorpommern v. 16.10.2003 (GVOBl M-V S. 477)   **SZG M-V**
SACH: Sächs. Sonderzahlungsgesetz v. 6.1.2004 (SächsGVBl S. 2)   **SächsSZG**
TH: Thüringer Sonderzahlungsgesetz i. d. Bek. v. 2.5.2005 (GVBl S. 184)   **ThürSZG**
Beamte
  LSA: ~nrechtliches Sonderzahlungsgesetz des Landes Sachsen-Anhalt v. 25.11.2003 (GVBl LSA S. 334)   **BSZG-LSA**

Sonderzuschlagsverordnung
v. 16.3.1998 (BGBl I S. 513)   **SzV**

Sonderzuwendung
BW: ~sgesetz i. d. Bek. v. 3.4.1979 (GBl S. 158)   **SZG Ba-Wü**
HA: VO ü. d. Gewährung einer jährlichen ~ v. 8.2.1966 (GVBl I S. 47)   **HmbZuwVO**

Sonn- u. Feiertage
BB: Ges. ü. d. Schutz d. ~ v. 21.3.1991 (GVBl S. 44)   **FTG**
BW: Feiertagsgesetz i. d. Bek. v. 8.5.1995 (GBl S. 450)   **FTG**
BY: Ges. ü. d. Schutz d. Sonn- und Feiertage v. 21.5.1980 (GVBl S. 215)   **FTG**
ND: Niedersächsische VO ü. d. Beschäftigung an Sonn- u. Feiertagen v. 12.7.1999 (GVBl S. 161)   **SFB-VO**
SH: Gesetz über Sonn- und Feiertage v. 28.6.2004 (GVOBl S. 213)   **SFTG**

Sorben
BB: ~~[Wenden-] Schulverordnung v. 31.7.2000 (GVBl II S. 291)   **SWSchulV**

BB: ~[Wenden]-Gesetz v. 7.7.1994 (GVBl I S. 294)   **SWG**
SACH: Sächs. ~gesetz v. 31.3.1999 (SächsGVBl S. 161)   **SächsSorbG**

Sortenschutzgesetz
i. d. Bek. v. 19.12.1997 (BGBl I S. 3164)   *SortSchG*

Sozial- und Jugendhilfekostenverordnung
BB: ~ v. 30.5.2005 (GVBl II S. 302)   **SJHKV**

Sozialarbeiteranerkennungsgesetz
RP: Gesetz ü. d. staatl. Anerkennung v. Sozialarbeiterinnen u. Sozialarbeitern sowie Sozialpädagoginnen u. Sozialpädagogen v. 7.11.2000 (GVBl S. 437)   **SoAnG**

Sozialbeitragsverordnung
BE: ~ v. 14.11.1983 (GVBl S. 1432)   **SozVO**

Sozialberufe-Anerkennungsgesetz
BE: ~ i. d. Bek. v. 5.10.2004 (GVBl S. 443)   **SozBAG**
TH: Thüringer ~ v. 10.10.2007 (GVBl S. 149)   **ThürSozAnerkG**
Änderungsgesetze
  BE: Erstes Gesetz zur Änderung des Sozialberufe-Anerkennungsgesetzes v. 3.7.2003 (GVBl S. 246)   **1.SozBAGÄndG**
  BE: Zweites Gesetz zur Änderung des Sozialberufe-Anerkennungsgesetzes v. 7.9.2006 (GVBl S. 894)   **2. SozBAGÄndG**

Sozialberufsgesetz
BB: Brandenburgisches ~ i. d. Bek. v. 10.10.1996 (GVBl I S. 308)   **BbgSozBerG**

Sozialgerichtsgesetz
Siebentes Gesetz zur Änderung des Sozialgerichtsgesetzes v. 9.12.2004 (BGBl I S. 3302)   **7. SGGÄndG**
i. d. Bek. v. 23.9.1975 (BGBl I S. 2535)   **SGG**
Ausführungsgesetze
  BE: Ausführungsgesetz z. Sozialgerichtsgesetz i. d. Bek. v. 7.12.1971 (GVBl S. 2097)   **AGSGG**
  BW: Ausführungsgesetz z. Sozialgerichtsgesetz v. 21.12.1953 (GBl S. 235)   **AGSGG**
  BY: Ausführungsgesetz z. Sozialgerichtsgesetz i. d. Bek. v. 7.10.1982 (GVBl S. 872)   **AGSGG**

Sozialgesetzbuch
Buch I. Allg. Teil v. 11.12.1975 (BGBl I S. 3015)   **SGB I**
Buch VI. Gesetzliche Rentenversicherung v. 18.12.1989 (BGBl I S. 2261)   **SGB VI**
Buch X. Sozialverwaltungsverfahren und Sozialdatenschutz i. d. Bek. v. 18.1.2001 (BGBl I S. 130)   **SGB X**
V. Gesetzliche Krankenversicherung v. 20.11.1988 (BGBl I S. 2477)   **SGB V**
Viertes Buch ~ i. d. Bek. v. 23.1.2006 (BGBl I S. 86)   **SGB IV**
BB: Zweites Gesetz zur Ausführung des Achten Buches des Sozialgesetzbuches – Kinder- und Jugendhilfe -Kindertagesstättengesetz i. d. Bek. v. 27.6.2004 (GVBl S. 384)   **KitaG**

BB: Gesetz zur Ausführung des Zweiten Buches ~ im Land Brandenburg v. 3.12.2004 (GVBl I S. 458) — **Bbg AG-SGB II**

BW: Schiedsstellenverordnung SGB V v. 20.7.2004 (GBl S. 587) — **SchiedVO SGB V**

BY: VO zur Ausführung des Neunten Buches ~ v. 2.8.2005 (GVBl S. 329) — **AVSGB IX**

HA: Hamb. VO über Anerkennung und Förderung zusätzlicher Betreuungsangebote nach dem Elften Buch ~ v. 6.5.2003 (GVBl S. 99) — **HmbPBAVO**

HA: VO über die Schiedsstelle nach § 80 des Zwölften Buches ~ v. 28.12.2004 (GVBl S. 534) — **SGB XII-SchVO**

MV: Gesetz zur Ausführung des Zwölften Buches ~ v. 20.12.2004 (GVOBl M-V S. 546) — **SGB XII-AG M-V**

MV: Schiedsstellenlandesverordnung SGB XI v. 13.12.2005 (GVOBl M-V S. 657) — **SchStLVO SGB XI M-V**

MV: Schiedsstellenlandesverordnung SGB XII v. 13.12.2005 (GVOBl M-V S. 661) — **SchStLVO SGB XII M-V**

MV: VO zur Bestimmung der zuständigen Behörde für das Erstattungsverfahren nach § 150 Abs. 3 des Neunten Buches ~ v. 15.1.2003 (GVOBl M-V S. 133) — **ZustErstVO SGB IX**

ND: Niedersächsisches Gesetz zur Ausführung des Zweiten Buchs des Sozialgesetzbuchs v. 16.9.2004 (GVBl S. 358) — **Nds. AG SGB II**

NW: Ausführungsverordnung zum ~ Zwölftes Buch (SGB XII) – Sozialhilfe – für das Land Nordrhein-Westfalen v. 16.12.2004 (GV.NW S. 817) — **AV-SGB XII NRW**

SH: Gesetz zur Ausführung organisationsrechtlicher Bestimmungen des Sechsten Buches des Sozialgesetzbuches v. 28.9.2005 (GVOBl S. 342) — **RVOrgG-AusfG**

SH: Landesverordnung über die Zuständigkeit der örtlichen Fürsorgestellen nach dem Neunten ~ (SGB IX) v. 29.1.2003 (GVOBl S. 28) — **ZustVO SGB IX**

SL: Ausführungsgesetz des Zweiten Buches ~ „Grundsicherung für Arbeitsuchende" v. 15.12.2004 (ABl S. 50) — **AGSGB II**

SL: VO über die Anerkennung und Förderung zusätzlicher Betreuungsangebote nach dem Elften Buch ~ v. 23.6.2005 (ABl S. 1050) — **ZBVO**

TH: Thüringer VO über Zuständigkeiten zur Ausführung des Zweiten Buches ~ – Grundsicherung für Arbeitsuchende – v. 24.8.2004 (GVBl S. 704) — **ThürZustVO-SGB II**

TH: VO zur Erstattung von Leistungen und zur Verteilung von Zuweisungen nach dem Thüringer Gesetz zur Ausführung des Zweiten Buches ~ v. 17.12.2004 (GVBl S. 901) — **ThürDVOAG-SGB II**

Ausführungsgesetz
  BB: Gesetz zur Ausführung des Zwölften Buches Sozialgesetzbuch v. 6.12.2006 (GVBl I S. 166) — **AGSGB XII**

BW: Gesetz zur Ausführung des Zweiten Buches Sozialgesetzbuch v. 14.12.2004 (GBl S. 907) — **AGSGB II**
BW: Gesetz zur Ausführung des Zwölften Buches Sozialgesetzbuch v. 1.7.2004 (GBl S. 534) — **AGSGB XII**
LSA: Gesetz zur Ausführung des Zwölften Buches Sozialgesetzbuch – Sozialhilfe v. 11.1.2005 (GVBl LSA S. 8) — **AGSGB XII**
MV: Landes~ SGB II v. 28.10.2004 (GVOBl M-V S. 502) — **AGSGB II**
ND: VO zur Durchführung des Niedersächsischen Gesetzes zur Ausführung des Zwölften Buchs des Sozialgesetzbuchs v. 13.6.2006 (GVBl S. 229) — **DVO Nds. AG SGB XII**
NW: Gesetz zur Ausführung des Zweiten Buches Sozialgesetzbuch für das Land Nordrhein-Westfalen v. 16.12.2004 (GV.NW S. 821) — **AGSGB II**
RP: Landesgesetz zur Ausführung des Zweiten Buches Sozialgesetzbuch v. 22.12.2004 (GVBl S. 569) — **AGSGB II**
RP: Landesgesetz zur Ausführung des Zwölften Buches Sozialgesetzbuch v. 22.12.2004 (GVBl S. 571) — **AGSGB XII**
SL: Gesetz zur Ausführung des Zwölften Buches Sozialgesetzbuch v. 8.3.2005 (ABl S. 438) — **AGSGB XII**

Ausführungsgesetze
BY: Ges. z. Ausf. d. Sozialgesetzbuches v. 10.8.1982 (GVBl S. 514) — **AGSGB**

Sozialgesetze
Ausführungsgesetz
BY: Ges. z. Ausf. der Sozialgesetze v. 8.12.2006 (GVBl S. 942) — **AGSG**

Sozialhilfe
~datenabgleichsverordnung v. 21.1.1998 (BGBl I S. 103) — **SozhiDAV**
BB: ~-Schiedsstellenverordnung v. 17.10.2005 (GVBl II S. 518) — **SozSchV**
BB: VO ü. d. Verfahren d. Kostenerstattung i. Bereich d. ~ v. 29.5.2001 (GVBl II S. 210) — **SHKEV**
LSA: VO über die Heranziehung der örtlichen Träger der ~ v. 24.6.2004 (GVBl LSA S. 354) — **HeranzVO-BSHG**
NW: ~satzung v. 14.1.2005 (GV.NW S. 20) — **SH-Satzung**
NW: VO zur Änderung der VO zur Ausführung des Bundessozialhilfegesetzes v. 20.6.2003 (GV.NW S. 320) — **AV-BSHG**
TH: VO über die Planungskommission nach § 4 Abs. 3 des Thüringer Gesetzes zur Ausführung des Bundessozialhilfegesetzes v. 24.9.2003 (GVBl S. 487) — **ThürPlankomVO-AGBSHG**

Sozialklauselverordnung
NW: ~ v. 15.3.1994 (GV.NW S. 120) — **SKlVO**

Sozialstationengesetz
BE: ~ v. 1.11.1990 (GVBl S. 2223) — **SozStatG**

Sozialversicherung
  Ges. ü. d. ~ Behinderter v. 7.5.1975 (BGBl I S. 1061) *SVBG*
  Gesetz z. Organisationsreform in d. landwirtschaftlichen ~
  v. 17.7.2001 (BGBl I S. 1600) **LSVOrgG**
  Sozialversicherungs-Angleichungsgesetz Saar v. 15.6.1963
  (BGBl I S. 402) *SVAnG/Saar*
  Sozialversicherungs-Beitragsentlastungsgesetz v. 21.7.1986
  (BGBl I S. 1070) **SVBEG**
  Sozialversicherungs-Rechnungsverordnung v. 15.7.1999
  (BGBl I S. 1627) **SVRV**
  VO ü. d. Haushaltswesen in d. ~ v. 21.12.1977 (BGBl I
  S. 3147) **SVHV**
  Wahlordnung f. d. ~ v. 28.7.1997 (BGBl I S. 1946) **SVWO**
  DDR: VO ü. d. freiw. Zusatzversicherung d. ~ v. 17.11.1977
  (GBl I S. 395; BGBl 1990 II S. 1214) **FZR-VO**

Sozialversicherungsgesetz
  DDR: Ges. ü. d. Sozialversicherung v. 28.6.1990 (GBl I
  S. 486; BGBl II S. 1211) **SVG**

Sozialversicherungspflicht
  DDR: VO z. ~ f. Arbeiter u. Angestellte v. 17.11.1977 (GBl I
  S. 373; BGBl 1990 II S. 1211) **SVO**

Sozialwesen
  BY: Ges. ü. Regelungen im ~ v. 23.7.1994 (GVBl S. 600) **RGSW**

Spätaussiedleraufnahmeverordnung
  SL: Saarländische ~ v. 6.9.1995 (ABl S. 958) **SSAAV**
  TH: Thüringer ~ v. 15.7.1998 (GVBl S. 259) **ThürSAVO**

Spätaussiedlerstatusgesetz
  v. 30.8.2001 (BGBl I S. 2266) **SpStatG**

Spätaussiedlerzuweisungslandesverordnung
  MV: ~ v. 22.11.2001 (GVOBl M-V S. 487) **AusZuwLVO**

Spar-, Konsolidierungs- u. Wachstumsprogramm
  Zweites Gesetz z. Umsetzung d. Spar-, Konsolidierungs- u.
  Wachstumsprogramms v. 21.12.1993 (BGBl I S. 2374) **2. SKWPG**

Spar-Prämiengesetz
  Änderungs-Richtlinien v. 18.12.1984 (BStBl I Sondernr.
  3/1984 S. 2) **SparPÄR 1984**
  Richtlinien 1984 z. ~ v. 18.12.1984 (BStBl I Sondernr.
  3/1984 S. 7) **SparPR 1984**
  i. d. Bek. v. 10.2.1982 (BGBl I S. 125) **SparPG 1982**
  VO z. Durchf. d. Spar-Prämiengesetzes i. d. Bek. v.
  30.11.1982 (BGBl I S. 1589) **SparPDV 1982**

Sparkassenanlageverordnung
  BW: ~ v. 29.7.1983 (GBl S. 446) **SpAnlVO**

Sparkassenbesoldungsverordnung
  des Bundes v. 16.6.1976 (BGBl I S. 1588) **BSparkBesV**

BW: ~ v. 30.6.1989 (GBl S. 125)   SpBesVO
BY: ~ v. 15.2.1971 (GVBl S. 77)   SpkBesV

Sparkassengesetz
BB: Brandenburgisches ~ v. 26.6.1996 (GVBl I S. 210)   BbgSpkG
BE: Berliner ~ v. 28.6.2005 (GVBl S. 346)   SpkG
BW: ~ i. d. Bek. v. 4.4.1975 (GBl S. 270)   SpG
BY: ~ i. d. Bek. v. 1.10.1956 (BayBS I S. 574)   SpKG
LSA: ~ d. Landes Sachsen-Anhalt v. 13.7.1994 (GVBl LSA S. 823)   SpkG
MV: ~ v. 26.7.1994 (GVOBl M-V S. 761)   SpkG
ND: Niedersächsisches ~ v. 16.12.2004 (GVBl S. 609)   NSpG
NW: ~ i. d. Bek. v. 10.9.2004 (GV.NW S. 521)   SpkG
RP: ~ v. 1.4.1982 (GVBl S. 113)   SpKG
SL: Saarländisches ~ i. d. Bek. v. 8.8.2006 (Abl S. 1535)   SSpG
TH: Thüringer ~ v. 19.7.1994 (GVBl S. 911)   ThürSpkG

Sparkassenvergütungsverordnung
BW: ~ v. 6.7.1988 (GBl S. 185)   SpVVO

Sparkassen(ver)ordnung
BB: ~ v. 5.4.2006 (GVBl II S. 88)   SpkVO
BY: Sparkassenordnung v. 1.12.1997 (GVBl S. 816)   SpkO
LSA: ~ v. 21.5.2003 (GVBl LSA S. 116)   SpkVO
MV: ~ v. 1.3.2001 (GVOBl M-V S. 72)   SpkVO
ND: Niedersächsische Sparkassen(ver)ordnung v. 18.6.1990 (GVBl S. 197)   NSpV
NW: ~ v. 15.12.1995 (GV.NW S. 1255)   SpkVO
RP: ~ v. 24.4.1990 (GVBl S. 103)   SpkVO
SACH: Sächs. Sparkassen(ver)ordnung v. 16.11.1995 (SächsGVBl S. 375)   SächsSpkVO
TH: Thüringer Sparkassen(ver)ordnung v. 1.7.1999 (GVBl S. 438)   ThürSpk VO

Sparkassenwahl(ver)ordnung
BW: Sparkassenwahlordnung v. 11.9.1989 (GBl S. 425)   SpWO
MV: ~ v. 15.3.2000 (GVOBl M-V S. 68)   SpkWahlVO M-V
NW: Wahlordnung f. Sparkassen v. 7.10.1975 (GV.NW S. 574)   Spk-WO
RP: Sparkassenwahlordnung-Mitarbeiter v. 24.10.1996 (GVBl S. 380)   SpkWO-M

Sparkassenzweckverbände
ND: VO ü. ~ v. 8.10.1962 (GVBl S. 203)   SpZwVerbVO

Sperrungsverordnung
BB: ~ v. 1.9.2004 (GVBl II S. 743)   SperrV

Sperrzeitverordnung
ND: VO über Sperrzeiten für bestimmte öffentliche Vergnügungsstätten v. 17.10.2006 (GVBl S. 466)   SperrzeitVO

Spielbankabgabenverordnung
TH: Thüringer VO über die Spielbankabgabe v. 11.7.2005 (GVBl S. 302)   ThürSpbkVO

1. Gesetze, sonstige Rechtsvorschriften, Verwaltungsvorschriften u.ä. Spo

Spielbank(en)gesetz
BB: Spielbankgesetz v. 22.5.1996 (GVBl I S. 170)   SpielbG
BE: ~ v. 8.2.1999 (GVBl S. 70)   SpBG
BW: ~ i. d. Bek. v. 9.10.2001 (GBl S. 571)   SpBG
BY: Spielbankgesetz v. 26.7.1995 (GVBl S. 350)   SpielbG
HE: Hess. Spielbank(en)gesetz v. 21.12.1988 (GVBl 1989 S. 1)   Hess.SpielbG
LSA: Spielbankgesetz des Landes Sachsen-Anhalt i. d. Bek. v. 30.8.2004 (GVBl LSA S. 544)   SpielbG
MV: Spielbankgesetz v. 5.7.2004 (GVOBl M-V S. 307)   SpielbG
ND: Niedersächsisches ~ v. 16.12.2004 (GVBl S. 605)   NSpielbG
NW: Spielbankgesetz v. 19.3.1974 (GV.NW S. 93)   SpielbG
SH: Spielbankgesetz v. 29.12.1995 (GVOBl 1996 S. 78)   SpielbG
SL: Saarländisches Spielbankgesetz v. 9.7.2003 (ABl S. 2136)   SpielbG
TH: Thüringer Spielbankgesetz i. d. Bek. v. 15.4.2004 (GVBl S. 473)   ThürSpbkG

Spielbank(en)ordnung
SL: Spielbankordnung v. 19.12.2007 (ABl S. 26)   SpielbO
TH: Thüringer Spielordnung für die öffentlichen Spielbanken v. 27.12.2005 (GVBl S. 17)   ThürSpbkO

Spielbankstandorteverordnung
MV: ~ v. 15.8.2005 (GVOBl M-V S. 422)   SpielBStOVO M-V

Spielgerätesteuergesetz
HA: ~ v. 29.6.1988 (GVBl I S. 97)   SpStG

Spielordnung
BE: ~ i. d. Bek. v. 9.6.1983 (GVBl S. 946)   SpielO
MV: ~ v. 20.8.1996 (GVOBl M-V S. 375)   SpO M-V
SH: ~ v. 18.2.1997 (GVOBl S. 106)   SpielO

Spielplatzverordnung
SL: ~ v. 14.3.1975 (ABl S. 438)   SpielplVO

Spielvergnügungsteuergesetz
HA: Hamb. ~ v. 29.9.2005 (GVBl S. 409)   HmbSpVStG

Spielverordnung
i. d. Bek. v. 27.1.2006 (BGBl I S. 280)   SpielV

Sportbootanordnung
VO über das Inverkehrbringen von Sportbooten v. 9.7.2004 (BGBl I S. 1605)   10. GPSGV
LSA: ~ i. d. Bek. v. 1.1.1997 (GVBl LSA S. 96)   SBAO

Sportbootführerscheinverordnung
~-Binnen v. 22.3.1989 (BGBl I S. 536)   SportbootFüV-Bin

Sportförder(ungs)gesetz
RP: ~ v. 9.12.1974 (GVBl S. 597)   SportFG

TH: Thüringer Sportfördergesetz v. 8.7.1994 (GVBl S. 808)   **ThürSportFG**

Sportstättenplanungsverordnung
TH: Thüringer ~ v. 27.8.1997 (GVBl S. 343)   **ThürSportPlVO**

Sportverbände und -vereine
ND: VO über die Förderung der ~ aus den Konzessionsabgaben v. 1.3.2004 (GVBl S. 95)   **VO-Sport**

Sprecherausschussgesetz
Sprecherausschußgesetz v. 20.12.1988 (BGBl I S. 2312)   **SprAuG**
Wahlordnung zum Sprecherausschußgesetz v. 28.9.1989 (BGBl I S. 1798)   **WOSprAuG**

Sprengstoffgesetz
Drittes Gesetz zur Änderung des Sprengstoffgesetzes und anderer Vorschriften v. 15.6.2006 (BGBl I S. 1626)   **3. SprengÄndG**
i. d. Bek. v. 17.4.1986 (BGBl I S. 577)   **SprengG**

Sprengstoffrechtzuständigkeitsverordnung
BW: Sprengstoff-Zuständigkeitsverordnung v. 7.3.2006 (GBl S. 89)   **SprengZuVO**
LSA: Zuständigkeitsverordnung für das Sprengstoffrecht v. 2.7.2004 (GVBl LSA S. 375)   **Spreng-ZustVO**

Spruchverfahrensgesetz
v. 12.6.2003 (BGBl I S. 838)   **SpruchG**

Staatsangehörigkeit
Allg. Verwaltungsvorschrift ü. Urkunden in ~ssachen v. 18.6.1975 (GMBl S. 462)   **StAUrkVwV**
Ges. z. Regelung v. Fragen d. ~. 1. Ges. z. Regelung v. Fragen d. Staatsangehörigkeit v. 22.2.1955 (BGBl I S. 65); 2. Ges. z. Regelung v. Fragen d. Staatsangehörigkeit v. 17.5.1956 (BGBl I S. 431)   *StARegG*

Staatsangehörigkeits-Gebührenverordnung
i. d. Bek. v. 24.9.1991 (BGBl I S. 1915)   **StAGebV**

Staatsanwaltschaften
BW: AnO ü. Organisation und Dienstbetrieb d. ~ i. d. ab 1.1.1974 geltenden Fassung bundeseinheitlich vereinbart i. d. Bek. v. 26.6.1975 (Justiz S. 323)   **OrgStA**
BY: AnO ü. Organisation u. Dienstbetrieb d. ~ i. d. ab 1.1.1974 geltenden Fassung (bundeseinheitlich vereinbart) v. 18.4.1975 (JMBl S. 58)   **OrgStA**
SACH: VO Ermittlungspersonen Staatsanwaltschaft v. 5.4.2005 (SächsGVBl S. 72)   **VOErmPStA**

Staatsbürgschaft
BY: Ges. ü. d. Übernahme v. Staatsbürgschaften u. Garantien d. Freistaates Bayern v. 27.6.1972 (GVBl S. 213)   **BÜG**

Staatsgerichtshof
BW: Ges. ü. d. ~ v. 4.10.1977 (GBl S. 408)   **StGHG**

4. Gesetze, sonstige Rechtsvorschriften, Verwaltungsvorschriften u.ä.　　　　　Sta

HE:　Ges. ü. d. ~ i. d. Bek. v. 19.1.2001 (GVBl I S. 78)　　　　StGHG

Staatshaftungsgesetz
　　v. 26.6.1981 (BGBl I S. 553) [v. BVerfG f. ungültig erklärt]　　StHG
　　DDR: ~ v. 12.5.1969 (GBl I S. 34; BGBl 1990 II S. 1168)　　StHG

Staatshaushaltsgesetz
　　BW:　~ des Landes Baden-Württemberg ...　　　　　　StHG ...

Staatsregierung
　　BY:　Geschäftsordnung der Bayerischen ~ i. d. Bek. v.
　　　　2.11.2006 (GVBl S. 825)　　　　　　　　　　　StRGeschO
　　BY:　VO ü. d. Geschäftsverteilung d. Bayer. ~ i. d. Bek. v.
　　　　5.4.2001 (GVBl S. 161)　　　　　　　　　　　StRGVV

Staatssekretäre
　　BW:　~gesetz v. 19.7.1972 (GBl S. 392)　　　　　　StSG
　　MV:　Ges. ü. d. Rechtsverhältnisse d. Parl. ~ v. 18.7.1991
　　　　(GVOBl M-V S. 291)　　　　　　　　　　　　LParlG

Staatsvertrag
　　MV:　Gesetz zum Ersten Staatsvertrag zur Änderung des
　　　　Staatsvertrages über die Errichtung der Eichdirektion
　　　　Nord v. 14.12.2007 (GVOBl M-V S. 392)　　　　1. Änderungsstaats-
　　　　　　　　　　　　　　　　　　　　　　　　　　vertrag EDN

　　gemeinsames Landesinstitut für Schule und Medien Berlin-
　　Brandenburg
　　　BE:　Gesetz zum Staatsvertrag über die Errichtung eines
　　　　　gemeinsamen Landesinstituts für Schule und Me-
　　　　　dien Berlin-Brandenburg v. 11.7.2006 (GVBl
　　　　　S. 812)　　　　　　　　　　　　　　　　　LISUM

　　Glückspielwesen
　　　BY:　Gesetz zur Ausführung des Staatsvertrages zum
　　　　　Glücksspielwesen in Deutschland v. 20.12.2007
　　　　　(GVBl S. 922)　　　　　　　　　　　　　　AGGlüStV
　　　MV:　Glücksspielstaatsvertragsausführungsgesetz v.
　　　　　14.12.2007 (GVOBl M-V S. 386)　　　　　　　GlüStVAG M-V
　　　SH:　Gesetz zur Ausführung des Staatsvertrages zum
　　　　　Glücksspielwesen in Deutschland v. 13.12.2007
　　　　　(GVOBl S. 524)　　　　　　　　　　　　　　GlüStV AG

　　Jugendschutz
　　　BE:　Jugendmedienschutz-Staatsvertrag v. 11.2.2003
　　　　　(GVBl S. 69)　　　　　　　　　　　　　　　JMStV
　　　BW:　Jugendmedienschutz-Staatsvertrag v. 4.2.2003 (GBl
　　　　　S. 93)　　　　　　　　　　　　　　　　　　JMStV
　　　BY:　Jugendmedienschutz-Staatsvertrag v. 20.2.2003
　　　　　(GVBl S. 147)　　　　　　　　　　　　　　JMStV
　　　MV:　Jugendmedienschutz-Staatsvertrag v. 3.2.2003
　　　　　(GVOBl M-V S. 110)　　　　　　　　　　　JMStV
　　　NW:　Jugendmedienschutz-Staatsvertrag v. 28.2.2003
　　　　　(GV.NW S. 84)　　　　　　　　　　　　　　JMStV

SACH: Jugendmedienschutz-Staatsvertrag v. 21.3.2003
(SächsGVBl S. 38)   **JMStV**

Lotterie
BE: Ausführungsgesetz zum ~staatsvertrag v. 7.9.2005
(GVBl S. 469)   **AGLottStV**
BW: Ausführungsgesetz zum ~staatsvertrag v. 28.7.2005
(GBl S. 586)   **AGLottStV**
BY: Gesetz zur Ausführung des Staatsvertrages zum ~wesen in Deutschland v. 23.11.2004 (GVBl S. 442)   **AGLottStV**

über die Einrichtung der Nordwestdeutschen Forstlichen Versuchsanstalt
HE: zwischen dem Land Hessen, dem Land Niedersachsen und dem Land Sachsen-Anhalt ~ i. d. Bek. v. 29.3.2006 (GVBl I S. 105)   **NW-FVA**

über die Errichtung eines gemeinsamen Sozialpädagogischen Fortbildungsinstituts Berlin-Brandenburg
BE: Gesetz zum Staatsvertrag ~ v. 11.7.2006 (GVBl S. 816)   **SFBB**

Stabilitätsgesetz
Ges. z. Förderung d. Stabilität u. d. Wachstums d. Wirtschaft v. 8.6.1967 (BGBl I S. 582)   **StWG**

Stadtentwässerungsgesetz
HA: ~ v. 20.12.1994 (GVBl I S. 435)   **SEG**

Stadtplanungsdatenverarbeitungsgesetz
BE: ~ v. 2.11.1994 (GVBl S. 444)   **StaPlaDVG**

Stadtreinigungsgesetz
HA: ~ v. 9.3.1994 (GVBl I S. 79)   **SRG**

Städtebauförderungsgesetz
i. d. Bek. v. 18.8.1976 (BGBl I S. 2318)   **StBauFG**

Städtebauförderungskostenverordnung
MV: ~ v. 28.11.2005 (GVOBl M-V S. 583)   **StBauFördKostVO M-V**

Stärkung von innerstädtischen Geschäftsquartieren
HE: Gesetz zur ~ v. 21.12.2005 (GVBl I S. 867)   **INGE**

Stahlinvestitionszulagengesetz
i. d. Bek. v. 22.12.1983 (BGBl I S. 1570)   **StahlInvZulG**

Stammzellgesetz
Kostenverordnung zum ~ v. 28.10.2005 (BGBl I S. 3115)   **StZG-KostV**

Standardbefreiungsgesetz
BW: ~ v. 1.7.2004 (GBl S. 486)   **StaBefrG**
NW: ~ v. 17.10.2006 (GV.NW S. 458)   **StaBefrG**

Standardflexibilisierungsgesetz
SL: ~ v. 19.2.2003 (ABl S. 942)   **StaflexG**

4. Gesetze, sonstige Rechtsvorschriften, Verwaltungsvorschriften u.ä.　　　　Sta

Standardöffnungsgesetz MV: ~ v. 17.9.2000 (GVOBl M-V S. 492)	**StöffG M-V**
Standardöffnungsverordnung MV: ~ v. 26.6.2001 (GVOBl M-V S. 283)	**StöffVO M-V**
Standesbeamte Dienstanweisung f. d. Standesbeamten u. ihre Aufsichtsbehörden i. d. Bek. v. 28.11.1987 (BAnz Nr. 227a)	**DA**
Standortsicherung BE: Landesentwicklungsplan ~ Flughafen v. 18.3.1999 (GVBl S. 121)	**LEP SF**
Standortsicherungsgesetz v. 13.9.1993 (BGBl I S. 1569)	**StandOG**
Stasi-Unterlagen-Gesetz Sechstes Gesetz zur Änderung des Stasi-Unterlagen-Gesetzes v. 14.8.2003 (BGBl I S. 1654) v. 20.12.1991 (BGBl I S. 2272)	**6. StUÄndG** **StUG**
Statistik Erwerbsstatistikverordnung v. 10.5.2004 (BGBl I S. 870) Fleischuntersuchungs-~-VO v. 28.9.2006 (BGBl I S. 2187) Gleichstellungsstatistikverordnung v. 18.6.2003 (BGBl I S. 889) BY: VO über die Aufgaben des Bayerischen Landesamts für ~ und Datenverarbeitung im Bereich der Informations- und Kommunikationstechnik v. 4.3.2008 (GVBl S. 68) MV: Schulstatistikverordnung v. 17.12.2004 (GVOBl. M-V S. 115)	**ErwerbStatV** **FlUStatV** **GleiStatV** **LafStaDIuKV** **SchulstatVO M-V**
Statistikanpassungsverordnung v. 26.3.1991 (BGBl I S. 846)	**StatAV**
Statistikbereinigungsgesetz Drittes ~ v. 19.12.1997 (BGBl I S. 3158)	**3. StatBerG**
Statistikgesetz Dienstleistungskonjunktur~ i. d. Bek. v. 25.4.2006 (BGBl I S. 982) Verkehrs~ i. d. Bek. v. 20.2.2004 (BGBl I S. 318) BB: Brandenburgisches ~ v. 11.10.1996 (GVBl S. 294) BE: Personalstruktur~ v. 2.12.2004 (GVBl S. 490) BR: Landes~ v. 11.7.1989 (GBl S. 277) BW: Landes~ v. 24.4.1991 (GBl S. 215) BY: Bay. ~ v. 10.8.1990 (GVBl S. 270) HA: Hamb. ~ v. 19.3.1991 (GVBl I S. 79) HE: Hess. Landes~ v. 19.5.1987 (GVBl I S. 67) MV: Landes~ Mecklenburg-Vorpommern v. 28.2.1994 (GVOBl M-V S. 347)	 **DlKonjStatG** **VerkStatG** **BbgStatG** **PSSG** **LStatG** **LStatG** **BayStatG** **HmbStatG** **HessLStatG** **LStatG**

MV: Landesverordnung zur Durchführung des Hochbaustatistikgesetzes v. 18.10.2004 (GVOBl M-V S. 507) **HBauStatG-DLVO**
ND: Niedersächsisches ~ v. 27.6.1988 (GVBl S. 113) **NStatG**
RP: Landes~ v. 27.3.1987 (GVBl S. 57) **LStatG**
SH: Landes~ v. 8.3.1991 (GVOBl S. 131) **LStatG**
SL: Saarl. Landes~ v. 24.10.1989 (ABl S. 1570) **SLStatG**

Statistikregistergesetz
v. 16.6.1998 (BGBl I S. 1300) **StatRegG**

Statistischer Beirat
BE: VO ü. d. statistischen Beirat v. 15.11.1994 (GVBl S. 468) **StatBeiratVO**

Stellenobergrenzenverordnung
BB: ~ f. Kommunen v. 22.7.1994 (GVBl II S. 672) **StOGKomV**
BB: ~ v. 3.12.2007 (GVBl II S. 496) **StogV**
BW: ~ v. 22.6.2004 (GBl. S. 365) **StOGVO**
BW: ~-Krankenversicherung v. 21.5.1981 (GBl S. 316) **StOGVO-KV**
BY: Bay. ~ v. 13.1.2006 (GVBl S. 55) **BayStOGV**
MV: Besondere Stellenobergrenzenlandesverordnung v. 11.9.2007 (GVOBl M-V S. 324) **BesStOLVO M-V**
ND: ~ für den kommunalen Bereich v. 18.5.2007 (GVBl S. 188) **StOGrVO-Kom**
ND: ~ v. 26.6.2007 (GVBl S. 238) **StOGrVO**
NW: ~ v. 27.2.2007 (GV.NW S. 126) **StOV-Gem**
NW: ~ v. 8.12.1976 (GV.NW S. 427) **StVO-Gem**
SL: ~ v. 25.1.2008 (ABl S. 202) **StellobVO**

Stellenplanverordnung
MV: ~ v. 10.9.1991 (GVOBl M-V S. 352) **StPlV**
RP: ~ v. 20.12.1965 (GVBl 1966 S. 1) **StPlV**
SH: ~ v. 22.1.1973 (GVOBl S. 15) **StPlV**

Stellenpoolgesetz
BE: ~ v. 9.12.2003 (GVBl S. 589) **StPG**

Stellenvorbehaltsverordnung
v. 24.8.1999 (BGBl I S. 1906) **StVorV**

Stellenzulagenverordnung
BY: Bay. ~ v. 11.3.2003 (GVBl S. 166) **BayStZulV**

Steuer-Euroglättungsgesetz
v. 19.12.2000 (BGBl I S. 1790) **StEuglG**

Steueränderungsgesetz
2001 v. 20.12.2001 (BGBl I S. 3794) **StÄndG 2001**
2003 v. 15.12.2003 (BGBl I S. 2645) **StÄndG 2003**

Steueranmeldungs-Datenträger-Verordnung
v. 21.8.1980 (BGBl I S. 1617) **StADV**

Steueranmeldungs-Datenübermittlungs-Verordnung
v. 21.10.1998 (BGBl I S. 3197) **StADÜV**

4. Gesetze, sonstige Rechtsvorschriften, Verwaltungsvorschriften u.ä.   Ste

Steuerauskunftsverordnung
v. 30.11.2007 (BGBl I S. 2783)   **StAuskV**

Steuerberater
Richtlinien f. d. Berufsausübung d. ~ u. Steuerbevollmächtigten (Standesrichtlinien) i. d. Bek. v. 24. / 25.1.1977   *RichtlStB*
VO z. Durchf. d. Vorschriften ü. ~, Steuerbevollmächtigte
u. Steuerberatungsgesellschaften v. 12.11.1979 (BGBl I
S. 1922)   **DVStB**

Steuerberatergebührenverordnung
Gesetz. z. Umstellung d. Kostenrechts u. d. ~ auf Euro v.
27.4.2001 (BGBl I S. 751)   **KostREuroUG**
v. 17.12.1981 (BGBl I S. 1442)   **StBGebV**

Steuerberaterversorgung
  SL: VO ü. d. Errichtung d. Versorgungswerkes d. Steuerberater und Steuerbevollmächtigten im Saarland i. d.
        Bek. v. 18.11.1975 (ABl S. 1322)   **StBVersVO**

Steuerberaterversorgungsgesetz
  BB: Brandenburgisches ~ v. 18.12.2001 (GVBl I S. 290)   **BbgStBVG**
  BW: ~ v. 16.11.1998 (GBl S. 609)   **StBVG**
  HE: ~ v. 13.12.2001 (GVBl I S. 578)   **StBVG**
  MV: ~ v. 7.3.2000 (GVOBl M V S. 58)   **StBVG**
  ND: ~ v. 20.12.1999 (GVBl S. 436)   **StBerVG**
  NW: ~ v. 10.11.1998 (GV.NW S. 661)   **StBVG**
  RP: ~ v. 22.12.1999 (GVBl S. 462)   **SBVG**
  SACH: Sächs. ~ v. 16.6.1999 (SächsGVBl S. 334)   **SächsStBVG**
  SH: ~ v. 18.11.1998 (GVOBl S. 339)   **StBerVG**

Steuerberatungsgesetz
i. d. Bek. v. 4.11.1975 (BGBl I S. 2735)   **StBerG**

Steuerbereinigungsgesetz
v. 22.12.1999 (BGBl I S. 2601)   **StBereinG 1999**

Steuerdaten-Übermittlungsverordnung
v. 28.1.2003 (BGBl I S. 139)   **StDÜV**

Steuerentlastungsgesetz
v. 19.12.1998 (BGBl I S. 3779)   *StEntlG 1999*

Steuerreformgesetz
1990 v. 25.7.1988 (BGBl I S. 1093)   *StRefG 1990*

Steuersenkungsgesetz
v. 23.10.2000 (BGBl I S. 1433)   **StSenkG**

Steuervergünstigungsabbaugesetz
v. 16.5.2003 (BGBl I S. 660)   **StVergAbG**

Steuerverkürzungsbekämpfungsgesetz
v. 19.12.2001 (BGBl I S. 3922)   **StVBG**

Steuerverwaltungzuständigkeitsverordnung
BY: VO über Organisation und Zuständigkeiten in der Bayerischen Steuerverwaltung v. 1.12.2005 (GVBl S. 596)   **ZustVSt**

Stiftungsänderungsgesetz
BE: Gesetz zur Änderung von Vorschriften im Bereich der Museums-, Bibliotheks- und Gedenkstättenstiftungen v. 18.12.2004 (GVBl S. 523)   **StiftÄndG**

Stiftungserrichtungsgesetz
BB: Gesetz über die Errichtung der „Stiftung Europa-Universität Viadrina Frankfurt (Oder)" v. 14.12.2007 (GVBl I S. 206)   **StiftG-EUV**
BE: Topographiestiftungsgesetz i. d. Bek. v. 27.2.2005 (GVBl S. 131)   **TopoStiftG**
BY: Gesetz zur Errichtung der „Stiftung Bamberger Symphoniker – Bayerische Staatsphilharmonie" v. 27.12.2004 (GVBl S. 536)   **StBSG**
BY: Gesetz zur Errichtung der „Stiftung Staatstheater Nürnberg" v. 27.12.2004 (GVBl S. 533)   **StNG**
HA: Gesetz über die Errichtung der Stiftung „Bernhard-Nocht-Institut für Tropenmedizin" v. 14.12.2007 (GVBl S. 4)   **BNI-Gesetz**

Stiftungsgesetz
BB: ~ für das Land Brandenburg v. 20.4.2004 (GVBl I S. 150)   **StiftG**
BE: Berliner ~ i. d. Bek. v. 22.7.2003 (GVBl S. 293)   **StiftG**
BR: Brem. ~ v. 7.3.1989 (GBl S. 163)   **BremStiftG**
BY: Bay. ~ i. d. Bek. v. 7.3.1996 (GVBl S. 126)   **BayStG**
DDR: ~ v. 13.9.1990 (GBl I S. 1483; BGBl II S. 1240)   **StiftG**
LSA: Gedenkstätten~ des Landes Sachsen-Anhalt v. 22.3.2006 (GVBl LSA S. 137)   **GedenkStiftG LSA**
MV: Landes~ v. 7.6.2006 (GVOBl M-V S. 366)   **StiftG**
ND: Gesetz über die „Stiftung niedersächsische Gedenkstätten" v. 18.11.2004 (GVBl S. 494)   **GedenkStG**
NW: ~ für das Land Nordrhein-Westfalen v. 15.2.2005 (GV.NW S. 52)   **StiftG**
RP: ~ v. 22.4.1966 (GVBl S. 95)   **StiftG**
SH: ~ i. d. Bek. v. 2.3.2000 (GVOBl S. 208)   **StiftG**
kirchliches
   MV: ~ Stiftungsgesetz v. 23.11.2006 (GVOBl M-V S. 863)   **KStiftG**

Stiftungsgesetz Post- und Telekommunikation
Gesetz z. Errichtung e. Museumsstiftung Post und Telekommunikation v. 14.9.1994 (BGBl I S. 2382)   **PTStiftG**

Stillegungsverordnung
v. 14.6.1989 (BGBl I S. 1095)   **StillV**

4. Gesetze, sonstige Rechtsvorschriften, Verwaltungsvorschriften u.ä.   **Str**

Störfall-Verordnung
   Erste Allg. Verwaltungsvorschrift z. Störfall-VO v. 26.8.1988
   (GMBl S. 398)   **1. StörfallVwV**

Straf- u. Bußgeldverfahren
   HE: Zuständigkeitsverordnung Straf- und Bußgeldverfahren und Steuerfahndung v. 7.4.1986 (GVBl I S. 115)   **ZustVO BuStra/Steufa**
   SL: Richtlinien für das Strafverfahren und das Bußgeldverfahren v. 14.7.2006 (ABl S. 1183)   **RiStBV**

Straf- u. Bußgeldverordnung
   Chemikalien ~ v. 25.4.1996 (BGBl I S. 662)   **ChemStrOWiV**

Straf- u. Verordnungsgesetz
   BY: Landesstraf- und Verordnungsgesetz i. d. Bek. v.
   7.11.1974 (GVBl S. 753)   **LStVG**

Strafbefreiungserklärungsgesetz
   v. 23.12.2003 (BGBl I S. 2928)   **StraBEG**

Straffreiheitsgesetz
   1970 v. 20.5.1970 (BGBl I S. 509)   *StFG*

Strafgesetzbuch
   Einführungsges. z. ~ v. 2.3.1974 (BGBl I S. 469; BGBl I 1975
   S. 1916)   **EGStGB**
   i. d. Bek. v. 13.11.1998 (BGBl I S. 3322)   **StGB**
   DDR: ~ i. d. Bek. v. 14.12.1988 (GBl 1989 I S. 33; BGBl
   1990 II S. 1168)   **StGB**

Strafprozeßordnung
   Einführungsges. z. Strafprozeßordnung v. 1.2.1877 (RGBl
   S. 346)   *EGStPO*
   Ges. z. Änderung d. Strafprozeßordnung u. d. Gerichtsverfassungsgesetzes v. 19.12.1964 (BGBl I S. 1067)   **StPÄG**
   i. d. Bek. v. 7.4.1987 (BGBl I S. 1074)   **StPO**

Strafrechtl. Rehabilitierungsgesetz
   i. d. Bek. v. 17.12.1999 (BGBl I S. 2664)   **StRehaG**

Strafrechtsänderungsgesetz
   RP: Landesges. z. Änd. strafrechtl. Vorschriften; 1. Landesstrafrecht v. 20.11.1969 (GVBl S. 179); 2. Landesstrafrecht v. 5.3.1970 (GVBl S. 96); 3. Landesstrafrecht v. 5.11.1974 (GVBl S. 469)   **...LStrafÄndG**

Strafrechtsanpassungsgesetz
   BE: ~ v. 26.11.1974 (GVBl S. 2746)   **StRAnpG**
   BY: (1.) ~ v. 31.7.1970 (GVBl S. 345); 2. Strafrechtsanpassungsgesetz v. 24.7.1974 (GVBl S. 354)   **StrBerAnpG**
   SH: 1. ~ v. 24.3.1970 (GVOBl S. 66); 2. Strafrechtsanpassungsgesetz v. 9.12.1974 (GVOBl S. 453)   **LStrAnpG I (bzw. II)**

695

Strafrechtsreformgesetz
 Sechstes Ges. z. Reform d. Strafrechts v. 26.1.1998 (BGBl I
 S. 164) **6. StrRG**

Straftäter-Unterbringungsgesetz
 BW: ~ v. 14.3.2001 (GBl S. 188) **StrUBG**

Strafverfahrensänderungsgesetz
 1987 v. 27.1.1987 (BGBl I S. 475) **StVÄG 1987**
 1999 v. 2.8.2000 (BGBl I S. 1253) **StVÄG 1999**

Strafverfahrensreformgesetz
 Erstes Ges. z. Reform d. Strafverfahrensrechts v. 9.12.1974
 (BGBl I S. 3393) **1. StVRG**

Strafverfolgungsentschädigungsgesetz
 Gesetz über d. Entschädigung für Strafverfolgungsmaßnahmen v. 8.3.1971 (BGBl I S. 157) **StrEG**

Strafvollstreckungsordnung
 i. d. Bek. v. 10.1.1980 (bundeseinheitlich beschlossen) **StVollstrO**

Strafvollzugsbeamte
 BW: VO ü. Dienstkleidung u. Kleidergeld d. Strafvollzugsbeamten v. 10.12.1982 (GBl 1983 S. 10) **StrafDKlVO**

Strafvollzugsgesetz
 v. 16.3.1976 (BGBl I S. 581) **StVollzG**
 VwV z. ~. In Kraft ab 1.1.1977 (bundeseinheitlich vereinbart) **VVStVollzG**
 BY: Bay. ~ v. 10.12.2007 (GVBl S. 866) **BayStVollzG**
 HA: Hamb. ~ v. 14.12.2007 (GVBl I S. 471) **HmbStVollzG**

Strafvollzugsvergütungsordnung
 v. 11.1.1977 (BGBl I S. 57) **StVollzVergO**
 BY: Bay. Strafvollzugsvergütungsverordnung v. 15.1.2008
 (GVBl S. 25) **BayStVollzVergV**

Strahlen- u. technischer Gefahrenschutz
 RP: VO ü. d. Zuständigkeiten auf d. Gebiet d. Arbeits-, Immissions-, Strahlen-, und technischen Gefahrenschutzes v. 21.10.1981 (GVBl S. 263) **AGImSchVO**

Strahlenschutzverordnung
 v. 30.6.1989 (BGBl I S. 1321) **StrlSchV**
 Ausführungsgesetz
 SACH: Sächs. Gesetz zur Ausführung strahlenschutzvorsorgerechtlicher Vorschriften v. 20.5.2003
 (SächsGVBl S. 130) **SächsStrVAG**

Strahlenschutzvorsorgegesetz
 v. 19.12.1986 (BGBl I S. 2610) **StrVG**

Strahlenschutzvorsorgezuständigkeitsverordnung
 SACH: Sächs. ~ v. 16.4.2004 (SächsGVBl S. 173) **SächsStrVZuVO**

Strandungsordnung
v. 17.5.1874 (RGBl S. 73) *StrandO*

Straßburger Patentübereinkommen
v. 27.11.1963 (BGBl II 1976 S. 649, 658) *StraÜ*

Straßen- u. Bestandsverzeichnisverordnung
SACH: VO d. Sächs. Staatsministeriums f. Wirtschaft u. Arbeit ü. d. Straßen- u. Bestandsverzeichnisse v. 4.1.1995 (SächsGVBl S. 57) *StraBeVerzVO*

Straßen- u. Wegegesetz
BY: Bay. ~ i. d. Bek. v. 5.10.1981 (GVBl S. 448) *BayStrWG*
NW: ~ i. d. Bek. v. 23.9.1995 (GV.NW S. 1028) *StrWG*
SH: ~ des Landes Schleswig-Holstein i. d. Bek. v. 25.11.2003 (GVOBl S. 631) *StrWG*

Straßenausbaubeitragsgesetz
BE: ~ v. 16.3.2006 (GVBl S. 265) *StrABG*

Straßenausbaugesetz
NW: Land~ i. d. Bek. v. 1.2.1988 (GV.NW S. 114) *LStrAusbauG*

Straßenbahn-Bau- u. Betriebsordnung
v. 11.12.1987 (BGBl I S. 2648) *BOStrab*

Straßenbedarfsplangesetz
BB: Landes~ v. 26.10.1995 (GVBl I S. 250) *LStrBPlG*

Straßengesetz
BB: Brandenburgisches ~ i. d. Bek. v. 31.3.2005 (GVBl I S. 218) *BbgStrG*
BE: Berliner ~ v. 13.7.1999 (GVBl S. 380) *BerlStrG*
BR: Brem. Landes~ v. 20.12.1976 (GBl S. 341) *BremLStrG*
BW: ~ i. d. Bek. v. 26.9.1987 (GBl S. 478) *StrG*
HE: Hessisches ~ i. d. Bek. v. 8.6.2003 (GVBl I S. 166) *HStrG*
LSA: ~ f. d. Land Sachsen-Anhalt v. 6.7.1993 (GVBl LSA S. 334) *StrG LSA*
ND: Niedersächsisches ~ i. d. Bek. v. 24.9.1980 (GVBl S. 359) *NStrG*
RP: Landes~ i. d. Bek. v. 1.8.1977 (GVBl S. 273) *LStrG*
SL: Saarländisches ~ i. d. Bek. v. 15.10.1977 (ABl S. 969) *SaarlStrG*

Straßengüterverkehr
Übk. ü. d. Beförderungsvertrag im Internationaler ~ v. 19.5.1956 (BGBl 1961 II S. 1120) *CMR*

Straßenkreuzungsverordnung
BB: Brandenburgische ~ v. 21.4.1997 (GVBl II S. 259) *BbgStrKV*
NW: ~ v. 2.8.1983 (GV.NW S. 321) *StrKrVO*

Straßenpersonenverkehr
BerufszugangsVO f. d. ~ v. 15.6.2000 (BGBl I S. 851) *PBZugV*

VO ü. d. Ausgleich gemeinwirtschaftlicher Leistungen im ~
v. 2.8.1977 (BGBl I S. 1460) — PBefAusglV
VO ü. d. Nachweis d. fachlichen Eignung z. Führung v.
Unternehmen d. Straßenpersonenverkehrs v. 10.4.1979
(BGBl I S. 458) — PBefEignungsV

Straßenreinigungsgesetz
NW: ~ v. 18.12.1975 (GV.NW S. 706) — StrReinG NW

Straßenverkehr
Gebührenordnung f. Maßnahmen im ~ v. 26.6.1970
(BGBl I S. 865) — GebOSt

Straßenverkehrs-Zulassungs-Ordnung
i. d. Bek. v. 28.9.1988 (BGBl I S. 1793) — StVZO
DDR: ~ v. 26.11.1981 (GBl 1982 I S. 6; BGBl 1990 II
S. 1223) — StVZO

Straßenverkehrsgesetz
Gesetz z. Änderung d. Straßenverkehrsgesetzes u. anderer
straßenverkehrsrechtl. Vorschriften v. 19.3.2001 (BGBl I
S. 386) — StVRÄndG
i. d. Bek. v. 19.12.1952 (BGBl I S. 837) — StVG

Straßenverkehrsicherstellungsverordnung
VO z. Sicherstellung d. Straßenverkehrs v. 23.9.1980
(BGBl I S. 1795) — StrVerkSiV

Straßenverkehrsordnung
v. 16.11.1970 (BGBl I S. 1565; BGBl I 1971 I S. 38) — StVO
VO ü. Ausnahmen v. d. Vorschriften d. Straßenverkehrs-
Ordnung v. 20.7.1981 (BGBl I S. 669) — 1. StVOAusnV

Straßenverkehrsrechts-Zuständigkeitsverordnung
SH: ~ v. 8.11.2004 (GVOBl S. 423) — StrVRZustVO

Straßenverkehrsunfallstatistikgesetz
v. 15.6.1990 (BGBl I S. 1078) — StVUnfStatG

Straßenverzeichnisverordnung
BB: ~ v. 29.7.1994 (GVBl II S. 692) — StrVerzV
LSA: ~ v. 28.7.1999 (GVBl LSA S. 276) — StrVerzVO LSA

Straßenwärter-Meisterprüfungsregelung
NW: ~ v. 1.2.2007 (GV.NW S. 249) — StrWMPrüfungsR

Strategische Umweltprüfung
Gesetz zur Einführung einer Strategischen Umweltprüfung
und zur Umsetzung der Richtlinie 2001/42/EG v. 25.6.2005
(BGBl I S. 1746) — SUPG

Streitkräftereserve-Neuordnungsgesetz
v. 22.4.2005 (BGBl I S. 1106) — SkResNOG

Stromgrundversorgungsverordnung
i. d. Bek. v. 26.10.2006 (BGBl I S. 2391) — StromGW

Stromheizausnahmen
BB: ~-VO i. d. Bek. v. 2.12.1996 (GVBl II S. 857) StrHAV

Stromnetzentgeltverordnung
v. 25.7.2005 (BGBl I S. 2225) StromNEV

Stromnetzzugangsverordnung
v. 25.7.2005 (BGBl I S. 2243) StromNZV

Stromsteuergesetz
v. 24.3.1999 (BGBl I S. 378) StromStG

Stuckateurmeisterverordnung
v. 30.8.2004 (BGBl I S. 2311) StuckMstrV

Studentendatenverordnung
BE: Studierendendatenverordnung v. 9.11.2005 (GVBl S. 720) StudDatVO
SACH: Sächs. ~ v. 19.7.2000 (SächsGVBl S. 390) SächsStudDatVO
SL: ~ v. 1.8.1995 (ABl S. 846) StudDatVO

Studentenkrankenversicherungs-Meldeverordnung
v. 27.3.1996 (BGBl I S. 568) SKV-MV

Studentenschaftsfinanzverordnung
TH: Thüringer ~ v. 19.10.2004 (GVBl S. 874) ThürStudFVO

Studentenschaftsverordnung
LSA: ~ v. 16.5.1994 (GVBl LSA S. 577) StudVO

Studentenwerke
BY: VO ü. d. bayer. ~ i. d. Bek. v. 22.1.1990 (GVBl S. 42) StudWV
SH: Studentenwerksbeitragsverordnung v. 2.10.1990 (GVOBl S. 523) StWBeitrVO
SH: Studentenwerksverordnung v. 2.8.2007 (GVOBl S. 378) StudWVO

Studentenwerksgesetz
BE: ~ v. 18.12.2004 (GVBl S. 521) StudWG
BR: ~ i. d. Bek. v. 22.7.2003 (GVBl S. 337) StWG
BW: ~ v. 19.7.1999 (GBl S. 299) StWG
HA: Studierendenwerksgesetz v. 29.6.2005 (GVBl S. 250) StWG
LSA: Studentenwerkgesetz v. 30.9.1991 (GVBl LSA S. 346) StuWG
LSA: ~ v. 16.2.2006 (GVBl LSA S. 40) StuWG
NW: ~ i. d. Bek. v. 3.9.2004 (GV.NW S. 518) StWG
TH: Thüringer ~ i. d. Bek. v. 9.2.1998 (GVBl S. 12) ThürStudWG

Studentenwerksrücklagenverordnung
TH: Thüringer ~ v. 9.2.2001 (GVBl S. 26) ThürStudWRückVO

Studien- u. Prüfungsverordnung – Universitäten
BW: ~ v. 3.4.2001 (GBl S. 386) SPVO-Uni

Studien- und Prüfungsordnung Berufsakademien
BW: Berufsakademie-Sozialwesen v. 11.1.2007 (GBl

S. 73)   **StuPrO BA Sozialwesen**

BW: Berufsakademie-Technik v. 11.1.2007 (GBl S. 50)   **StuPrO BA Technik**
BW: Berufsakademie-Wirtschaft v. 11.1.2007 (GBl
      S. 21)   **StuPrO BA Wirtschaft**

Studienangebote, virtuelle
   SH: Landesverordnung über die Gebühren für virtuelle Studienangebote der staatlichen Hochschulen v. 18.12.2002 (GVOBl S. 4)   **VirtGebVO**

Studienbeitrags- und Hochschulabgabenverordnung
   NW: ~ v. 6.4.2006 (GV.NW S. 157)   **StBAG-VO**

Studienkollegverordnung
   LSA: ~ des Landes Sachsen-Anhalt v. 12.10.2004 (GVBl
       LSA S. 736)   **StudKVO-LSA**
   LSA: ~ v. 22.7.1999 (GVBl LSA S. 226)   **StudKVO**
   MV: Studienkollegsverordnung v. 10.1.1997 (GVOBl M-V
       S. 53)   **StKVO M-V**
   TH: Thüringer VO z. Lehrinhalten, Anforderungen u. Verfahren d. Feststellungsprüfung a. Studienkolleg n. § 92 Abs. 2 d. Thüringer Hochschulgesetzes v. 3.1.1996 (GVBl S. 5)   **ThürFSPVO**
Fachhochschulen
   LSA: Studienkollegverordnung/~ v. 28.6.1999 (GVBl
       LSA S. 195)   **StudK/FH VO**

Studienkonten
   NW: VO über die Einrichtung und Führung von ~ mit Regelabbuchung sowie über die Erhebung von Gebühren an den Universitäten, Fachhochschulen und Kunsthochschulen des Landes Nordrhein-Westfalen v. 17.9.2003 (GV.NW S. 570)   **RVO-StKFG NRW**

Studienkonten- und finanzierungsgesetz
   NW: ~ v. 28.1.2003 (GV.NW S. 223)   **StKFG**

Studienordnung
   BY: ~ für das Staatsinstitut für die Ausbildung von Fachlehrern v. 9.8.2005 (GVBl S. 436)   **FISO**

Studienplatzvergabegesetz
   BB: Zentrale Vergabeverordnung i. d. Bek. v. 22.3.2006 (GVBl II S. 66)   **ZVV**
   ND: VO über die Vergabe von Studienplätzen in Studiengängen, die in das zentrale Vergabeverfahren einbezogen sind v. 19.4.2006 (GVBl S. 185)   **ZVS-Vergabeverordnung**

   TH: Thüringer ~ v. 19.4.2000 (GVBl S. 81)   **ThürStVG**

Studienplatzvergabeverordnung
   BB: Zentrale Vergabeverordnung v. 1.8.2000 (GVBl II
       S. 298)   **ZVVBbg**

BW: Vergabeverordnung VO ü. d. zentrale Vergabe v. Studienplätzen v. 1.8.1985 (GBl S. 262)   **Vergabeverordnung ZVS**

BY: Vergabeverordnung v. 31.7.1985 (GVBl S. 294)   **Vergabeverordnung ZVS**

HA: VO über die Zentrale Vergabe von Studienplätzen und die Durchführung eines Feststellungsverfahrens v. 17.5.2006 (GVBl S. 229)   **VergabeVO**

MV: ZVS-Vergabeverordnung v. 7.4.2006 (GVOBl. M-V S. 152)   **ZVS-VergabeVO M-V**

NW: VO über die zentrale Vergabe von Studienplätzen in Nordrhein-Westfalen v. 2.5.2006 (GV.NW S. 166)   **VergabeVO**

RP: Landesverordnung über die zentrale Vergabe von Studienplätzen v. 18.5.2006 (GVBl S. 224)   **Vergabeverordnung ZVS**

RP: ~ v. 13.12.2000 (GVBl 2001 S. 2)   **StPVVO**

SACH: Sächs. ~ v. 13.6.2006 (SächsGVBl S. 169)   **SächsStudPlVergabeVO**

Studienqualifikationsverordnung
SH: ~ v. 6.12.2000 (GVOBl S. 659)   **StuQuaVO**

Studiumszulassungsverordnung
RP: LandesVO ü. d. fachbezogene Berechtigung beruflich qualifizierter Personen z. Universitätsstudium v. 28.6.1996 (GVBl S. 251)   **BUStudVO**

RP: LandesVO ü. d. fachbezogene Berechtigung beruflich qualifizierter Personen zum Fachhochschulstudium v. 18.12.1996 (GVBl 1997 S. 31)   **BFHStudVO**

Stückaktiengesetz
v. 25.3.1998 (BGBl I S. 590)   **StückAG**

Stundentafelnverordnung
HA: VO ü. d. Stundentafeln für d. Berufsschule v. 13.7.1999 (GVBl I S. 187)   **STVO-BS**

MV: Stundentafelverordnung v. 13.4.2006 (GVOBl M-V S. 376)   **StdTafVO M-V**

Subdelegationsverordnung Justiz
BW: ~ v. 7.9.1998 (Gbl S. 561)   **SubVOJu**

Subventionsgesetz
v. 29.7.1976 (BGBl I S. 2034)   **SubvG**
BB: Brandenburgisches ~ v. 11.11.1996 (GVBl I S. 306)   **BbgSubvG**
BW: Landes~ v. 1.3.1977 (GBl S. 42)   **LSubvG**
BY: Bay. ~ v. 23.12.1976 (GVBl S. 586)   **BaySubvG**
HA: Hamb. ~ v. 30.11.1976 (GVBl I S. 221)   **HmbSubvG**
RP: Landes~ v. 7.6.1977 (GVBl S. 168)   **LSubvG**
SH: Landes~ v. 11.11.1977 (GVOBl S. 489)   **LSubvG**
TH: Thüringer ~ v. 16.12.1996 (GVBl S. 319)   **ThürSubvG**

Süßstoffgesetz
v. 1.2.1939 (RGBl I S. 111) **SüßstG**

Süßwasserqualitätsverordnung
BE: ~ v. 20.9.1997 (GVBl S. 471) **SüWaQuaV**

T

Tabakerzeugnisse-Kennzeichnungsverordnung
VO ü. d. Kennzeichnung v. Tabakerzeugnissen v.
29.10.1991 (BGBl I S. 2053) **TabKTHmV**

Tabaksteuergesetz
v. 13.12.1979 (BGBl I S. 2118) **TabStG 1980**
VO z. Durchführung d. Tabaksteuergesetzes v. 21.12.1979
(BGBl I S. 2297) **TabStDV**

Tätigkeitsüberwachungsverordnung
RP: LandesVO ü. d. Überwachung v. Tätigkeiten mit Bauprodukten u. b. Bauarten v. 11.7.2001 (GVBl S. 179) **ÜTBauVO**

Tagesbetreuungsausbaugesetz
v. 27.12.2004 (BGBl I S. 3852) **TAG**

Tageseinrichtungen f. Kinder
BR: Brem. Tageseinrichtungs- u. Tagespflegegesetz v.
19.12.2000 (GBl S. 491) **BremKTG**
NW: Ges. ü. Tageseinrichtungen f. Kinder v. 29.10.1991
(GV.NW S. 380) **GTK**

Tageseinrichtungen-Schiedsstellenverordnung
HA: ~ v. 15.4.2003 (GVBl S. 67) **Kita-SchVO**

Tagespflegeeignungsverordnung
BB: ~ v. 22.1.2001 (GVBl II S. 21) **TagpflegEV**

Tagespflegeverordnung
BB: ~ v. 8.4.1999 (GVBl II S. 275) **TagPflegV**
LSA: ~ v. 11.11.2003 (GVBl LSA S. 294) **TagesPflVO**

Tankstellenverordnung
HE: ~ v. 27.4.1994 (GVBl I S. 219) **TankVO**

Tarifaufhebungsgesetz
v. 13.8.1993 (BGBl I S. 1489) **TAufhG**

Tariftreuegesetz
NW: ~ Nordrhein-Westfalen v. 17.12.2002 (GV.NW S. 8) **TariftG NRW**

Tarifvertrag
Erster ~ z. Anpassung d. Tarifrechts f. Arbeiter an d. MTB II
u. an d. MTL II v. 10.12.1990 (GMBl 1991 S. 234, 284) **MTArb-O**
Erster ~ z. Anpassung d. Tarifrechts, Manteltarif rechtl.
Vorschriften v. 10.12.1990 (GMBl 1991 S. 234, 251) **BAT-O**

SL:	~ für Auszubildende der Länder in Ausbildungsberufen nach dem Berufsbildungsgesetz v. 12.10.2006 (ABl S. 689)	**TVA-L BBiG**
SL:	~ für Auszubildende der Länder in Pflegeberufen v. 12.10.2006 (ABl 2007 S. 695)	**TVA-L Pflege**
SL:	~ für den öffentlichen Dienst der Länder v. 12.10.2006 (ABl 2007 S. 578)	**TV-L**
SL:	~ zur Entgeltumwandlung für die Beschäftigten der Länder v. 12.10.2006 (ABl S. 701)	**TV-EntgeltU-L**
SL:	~ zur sozialen Absicherung v. 12.10.2006 (ABl S. 702)	**TV-SozAb-L**
SL:	~ zur Überleitung der Beschäftigten der Länder in den TV-L und zur Regelung des Übergangsrechts v. 12.10.2006 (ABl S. 639)	**TVÜ-Länder**
SL:	~ zur Zukunftssicherung der Krankenhäuser der Länder v. 12.10.2006 (ABl S. 704)	**TV-ZUSI-L**

Personenkraftwagenfahrer
    SL: über die Arbeitsbedingungen der ~ der Länder v. 12.10.2006 (ABl 2007 S. 677)   **Pkw-Fahrer-TV-L**

Tarifvertragsgesetz
    i. d. Bek. v. 25.8.1969 (BGBl I S. 1323)   **TVG**

Taxenordnung
    BE: ~ v. 12.6.2001 (GVBl S. 204)   **TaxO**

Technische Assistenten in der Medizin
    Ges. über ~ v. 8.9.1971 (BGBl I S. 1515)   **MTA-G**

Technische Durchführungsverordnung
    SL: ~ v. 18.10.1996 (ABl S. 1278)   **TVO**

Technische Fachkräfte
    BB: ~verordnung v. 27.4.1995 (GVBl II S. 374)   **TFaV**
    SL: VO über ~ v. 24.1.1977 (ABl S. 179)   **TFaVO**

Technische Prüfverordnung
    NW: ~ v. 5.12.1995 (GV.NW S. 1236)   **TPrüfVO**

Technisches Hilfswerk
    THW-Helferrechtsgesetz v. 22.1.1990 (BGBl I S. 118)   **THW-HelfRG**

Teil- und Zinswaldungen
    BY: Ges. ü. d. ~ in d. Forstamtsbezirken Benediktbeuren, Fall, Jachenau u. Walchensee v. 27.11.1964 (GVBl S. 205)   *TZiWG*

Teilnahmebeitragsgesetz
    HA: ~ v. 7.12.1994 (GVBl I S. 358)   **TnBG**

Teilnahmebeitragsverordnung
    HA: ~ v. 26.4.2005 (GVBl S. 167)   **TnBVO**

Teilzeit-Wohnrechtegesetz
    i. d. Bek. v. 29.6.2000 (BGBl I S. 957)   **TzWrG**

Teledienstunternehmen-Datenschutzverordnung v. 18.12.1991 (BGBl I S. 2337)	**UDSV**
Telegraphenwegegesetz i. d. Bek. v. 24.4.1991 (BGBl I S. 1053)	*TWG*
Telekom Jubiläumsverordnung ~ v. 21.6.2005 (BGBl I S. 1791)	**TelekomJubV**
~-Sonderzahlungsverordnung v. 12.7.2005 (BGBl I S. 2148)	**TelekomSZV**
Telekom-Arbeitszeitverordnung 2000 v. 23.6.2000 (BGBl I S. 931)	**T-AZV 2000**
Telekommunikations-Datenschutzverordnung v. 18.12.2000 (BGBl I S. 1740)	**TDSV**
Telekommunikations-Entgeltregulierungsverordnung v. 1.10.1996 (BGBl I S. 1492)	**TEntgV**
Telekommunikations-Kundenschutzverordnung v. 11.12.1997 (BGBl I S. 2910)	**TKV**
Telekommunikations-Lizenzgebührenverordnung v. 28.7.1995 (BGBl I S. 1936)	**TKLGebV**
Telekommunikations-Nummerierungsverordnung v. 5.2.2008 (BGBl I S. 141)	**TNV**
Telekommunikations-Nummerngebührenverordnung v. 16.8.1999 (BGBl I S. 1887)	**TNGebV**
Telekommunikations-Sicherstellungsverordnung v. 26.11.1997 (BGBl I S. 2751)	**TKSiV**
Telekommunikations-UniversaldienstleistungsVO v. 30.1.1997 (BGBl I S. 141)	**TUDLV**
Telekommunikations-Verleihungsverordnung v. 19.10.1995 (BGBl I S. 1434)	**TVerleihV**
Telekommunikationsgebührenverordnung v. 19.7.2007 (BGBl I S. 1477)	**TKGebV**
Telekommunikationsgesetz Gesetz ü. Funkanalgen und Telekommunikationseinrichtungen v. 31.1.2001 (BGBl I S. 170)	**FTEG**
Telekommunikationsdienstegesetz v. 22.6.2004 (BGBl I S. 1190)	**TKG**
TKG-Übertragungsverordnung v. 22.11.2004 (BGBl I S. 2899)	**TKGÜbertrV**
Telekommunikationsordnung i. d. Bek. v. 16.7.1987 (BGBl I S. 1761)	**TKO**
Telekommunikationsregulierungsgesetz Ges. ü. d. Regulierung d. Telekommunikation u. d. Postwesens v. 14.9.1994 (BGBl I S. 2371)	**PTRegG**

Telekommunikationszulassungsverordnung
v. 20.8.1997 (BGBl I S. 2117)   **TKZulV**

Testamentsgesetz
Ges. ü. d. Errichtung v. Testamenten u. Erbverträgen v.
31.7.1938 (RGBl I S. 973)   *TestG*

Textilkennzeichnungsgesetz
i. d. Bek. v. 14.8.1986 (BGBl I S. 1285)   *TKG*

Theaterbetriebszulagenverordnung
BW: ~ v. 31.1.1978 (GBl S. 107)   **ThZulV**
BY: ~ v. 11.9.1980 (GVBl S. 504)   **ThZulV**
HE: ~ v. 2.11.1990 (GVBl I S. 603)   **ThZulV**

THW-Auslandsunfallfürsorgeverordnung
v. 24.10.1996 (BGBl I S. 1571)   **THW-AusLUFV**

Tierärzte
Approbationsordnung f. ~ v. 22.4.1986 (BGBl I S. 600)   **TAppO**
~gebührenordnung v. 28.7.1999 (BGBl I S. 1691)   **GOT**
VO zur Approbation von Tierärztinnen und Tierärzten v.
27.7.2006 (BGBl I S. 1827)   **TAppV**

Tierärztliche Hausapotheken
VO ü. ~ i. d. Bek. v. 27.3.1996 (BGBl I S. 554)   **TÄHAV**

Tierische Nebenprodukte-Beseitigungsgesetz
v. 25.1.2004 (BGBl I S. 82)   **TierNebG**
MV: Einzugsbereichs-VO v. 23.3.2005 (GVOBl M-V
S. 140)   **EinzBVO M-V**
TH: Thüringer ~ v. 10.6.2005 (GVBl S. 224)   **ThürTierNebG**
Änderungsgesetze
  BR: Brem. Ausführungsgesetz zum Tierische Neben-
produkte-Beseitigungsgesetz v. 19.12.2006 (GBl
S. 541)   **BremAGTierNebG**
Ausführungsgesetz
  HE: Hessisches ~ zum Tierische Nebenprodukte-Besei-
tigungsgesetz v. 19.7.2005 (GVBl I S. 542)   **HAGTierNebG**
  LSA: ~ zum Tierische Nebenprodukte-Beseitigungsge-
setz v. 22.12.2004 (GVBl LSA S. 875)   **TierNebG-AG**
  MV: Gesetz zur Ausführung des Tierische Nebenpro-
dukte-Beseitigungsgesetzes v. 20.12.2004 (GVOBl
M-V S. 544)   **AG TierNebG M-V**
  NW: ~ zum Tierische Nebenprodukte-Beseitigungsge-
setz v. 15.2.2005 (GV.NW S. 95)   **AGTierNebG NRW**
  SACH: Sächs. ~ zum Tierische Nebenprodukte-Beseiti-
gungsgesetz und zu weiteren Vorschriften über die
Verarbeitung und Beseitigung von nicht für den
menschlichen Verzehr bestimmten tierischen Ne-
benprodukten v. 9.11.2004 (SächsGVBl S. 579)   **SächsAGTierNebG**

Zuständigkeitsverordnung
ND: VO über Zuständigkeiten auf dem Gebiet des Tierseuchenrechts und des Rechts der Beseitigung tierischer Nebenprodukte v. 26.11.2004 (GVBl S. 503) **ZustVO-Tier**

Tierisches Nebenprodukte-Beseitigungsverordnung
v. 27.7.2006 (BGBl I S. 1735) **TierNebV**

Tierkörperbeseitigungsgesetz
i. d. Bek. v. 11.4.2001 (BGBl I S. 523) **TierKBG**
Änderungsgesetze
  BR: Gesetz zur Änderung des Bremischen Ausführungsgesetzes zum Tierkörperbeseitigungsgesetz v. 8.4.2003 (GBl. S. 175) **BremAGTierKBG**
Ausführungsgesetze
  BW: Ges. z. Ausf. d. Tierkörperbeseitigungsgesetzes v. 25.4.1978 (GBl S. 227) **AGTierKBG**
  BY: Ges. z. Ausf. d. Tierkörperbeseitigungsgesetzes v. 11.8.1978 (GVBl S. 525) **AGTierKBG**
  LSA: Ausführungsgesetz z. Tierkörperbeseitigungsgesetz v. 25.3.1991 (GVBl LSA S. 13) **Tier-KBG-SA**
  NW: Landestierkörperbeseitigungsgesetz v. 15.7.1976 (GV.NW S. 267) **LTierKBG**
  RP: Landestierkörperbeseitigungsgesetz v. 22.6.1978 (GVBl S. 445) **LTierKBG**

Tiernebenprodukte-Zuständigkeitsverordnung
MV: ~ v. 6.2.2005 (GVOBl M-V S. 67) **TierNebZustVO M-V**

Tierschutz-Nutztierhaltungsverordnung
i. d. Bek. v. 22.8.2006 (BGBl I S. 2043) **TierSchNutztV**

Tierschutz-Schlachtverordnung
v. 3.3.1997 (BGBl I S. 405) **TierSchlV**

Tierschutzgesetz
i. d. Bek. v. 18.5.2006 (BGBl I S. 1206) **TierSchG**
Ausführungsgesetz
  SACH: Sächs. ~ zum Tierschutzgesetz und zu weiteren tierschutzrechtlichen Vorschriften v. 6.1.2004 (SächsGVBl S. 1) **SächsAGTierSchG**

Tierschutztransportverordnung
i. d. Bek. v. 11.6.1999 (BGBl I S. 1337) **TierSchTrV**

Tierschutzzuständigkeitsverordnung
BW: ~ v. 8.1.2007 (GBl S. 2) **TierSchZuVo**
SACH: Zuständigkeitsverordnung Tierschutz v. 3.2.2005 (SächsGVBl S. 18) **TierschZVO**

Tierseuchengesetz
i. d. Bek. v. 22.6.2004 (BGBl I S. 1260) **TierSG**

NW: Ges. z. Ausf. d. Tierseuchengesetzes i. d. Bek. v.
   29.11.1984 (GV.NW S. 754)   **AGTierSG**
RP: Landes~ v. 24.6.1986 (GVBl S. 174)   **LTierSG**
SH: Ges. z. Ausf. d. Tierseuchengesetzes i. d. Bek. v.
   4.2.1983 (GVOBl S. 73)   **AGTierSG**
TH: Thüringer ~ i. d. Bek. v. 8.5.2001 (GVBl S. 43)   **ThürTierSG**
Ausführungsgesetz
   BR: Brem. ~ zum Tierseuchengesetz v. 8.4.2003 (GBl
       S. 171)   **BremAGTierSG**
Tierseuchenkassenbeiträge
   BB: VO über die Erhebung von Tierseuchenkassenbeiträ-
       gen v. 29.11.2005 (GVBl II S. 539)   **TierskBV**
   BB: VO d. Landes Brandenburg ü. d. Erhebung v. Tier-
       seuchenkassenbeiträgen v. 4.1.2001 (GVBl II S. 7)   **BbgTierskBV**
   NW: VO über die Beiträge an die Tierseuchenkasse ...   **TSK-BeitragsVO ...**
Tierseuchenrecht
   MV: Landesverordnung zur Übertragung von Ermächti-
       gungen und über Zuständigkeiten auf dem Gebiet des
       Tierseuchenrechts v. 6.2.2004 (GVOBl M-V S. 69)   **TierSZustLVO M-V**
   Zuständigkeitsverordnung
   ND: VO über Zuständigkeiten auf dem Gebiet des Tier-
       seuchenrechts und des Rechts der Beseitigung tie-
       rischer Nebenprodukte v. 26.11.2004 (GVBl S. 503)   **ZustVO-Tier**
Tierzucht-Einfuhrverordnung
   v. 1.6.1999 (BGBl I S. 1245)   **TierZEV**
Tierzuchtgesetz
   i. d. Bek. v. 22.3.1994 (BGBl I S. 601)   *TierZG*
   BY: Bay. ~ v. 10.8.1990 (GVBl S. 291)   **BayTierZG**
Tierzuchtprüfungsverordnung
   SACH: ~ v. 30.3.1999 (SächsGVBl S. 231)   **TierzPrüfVO**
Tierzuchtverordnung
   BY: Bay. ~ v. 12.2.2008 (GVBl S. 46)   **BayTierZV**
   BY: ~ i. d. Bek. v. 20.5.1980 (GVBl S. 271)   **TierZV**
Tilgungsverordnung
   LSA: ~ v. 17.7.1995 (GVBl LSA S. 209)   **TilgVO**
   NW: ~ v. 14.5.1971 (GV.NW S. 148)   **TilgV**
Titelgesetz
   Gesetz ü. Titel, Orden u. Ehrenzeichen v. 26.7.1957 (BGBl I
   S. 844)   *TitelG*
Todesbescheinigungsverordnung
   ND: VO über die Todesbescheinigung v. 16.1.2007 (GVBl
       S. 2)   **TbVO**
Tonträgerschutzübereinkommen
   Übereinkommen v. 29.10.1971 z. Schutz d. Hersteller v.

Tonträgern gegen d. unerlaubte Vervielfältigung ihrer Tonträger (BGBl 1973 II S. 1669) — **TontrSchÜ**

Trägeranerkennungsverordnung
SH: ~ v. 2.7.1990 (GVOBl S. 426) — **TrAVO**

Transfusionsgesetz
v. 1.7.1998 (BGBl I S. 1752) — **TFG**

Transfusionsgesetz-Meldeverordnung
v. 13.12.2001 (BGBl I S. 3737) — **TFGMV**

Transparenzrichtlinie-Durchführungsverordnung
v. 13.3.2008 (BGBl I S. 408) — **TranspRLDV**

Transparenzrichtlinie-Gesetz
v. 16.8.2001 (BGBl I S. 2141) — **TranspRLG**

Transplantationsgesetz
v. 5.11.1997 (BGBl I S. 2631) — **TPG**
Ausführungsgesetz
BY: Ges. z. Ausf. d. Transplantationsgesetzes u. d. Transfusionsgesetzes v. 24.11.1999 (GVBl S. 464) — **AGTTG**
SACH: Sächs. ~ zum Transplantationsgesetz v. 7.11.2005 (SächsGVBl S. 274) — **SächsAGTPG**

Transportgenehmigungsverordnung
v. 10.9.1996 (BGBl I S. 1411) — **TgV**

Transportrechtsreformgesetz
v. 25.6.1998 (BGBl I S. 1588) — **TRG**

Transsexuellengesetz
v. 10.9.1980 (BGBl I S. 1654) — **TSG**

Treibhausgas-Emissionshandelsgesetz
v. 8.7.2004 (BGBl I S. 1578) — **TEHG**

Trennungsentschädigungsverordnung
NW: ~ i. d. Bek. v. 29.4.1988 (GV.NW S. 226) — **TEVO**

Trennungsgeldänderungsverordnung
v. 13.5.1991 (BGBl I S. 1114) — **TGÄV**

Trennungsgeldverordnung
i. d. Bek. v. 29.6.1999 (BGBl I S. 1533) — **TGV**
BB: Brandenburgische ~ v. 5.4.2005 (GVBl II S. 155) — **BbgTGV**
BR: Brem. ~ i. d. Bek. v. 28.3.2003 (GVB. S. 195) — **BremTGV**
BW: Landes~ v. 12.12.1985 (GBl S. 411) — **LTGV**
BY: Bay. ~ v. 9.12.1985 (GVBl S. 803) — **BayTGV**
HA: ~ v. 4.5.1976 (GVBl I S. 122) — *HmbTGV*
HE: Hess. ~ i. d. Bek. v. 21.6.1976 (GVBl I S. 270) — **HTGV**
MV: ~ v. 23.6.1998 (GVOBl M-V S. 608) — **TGVO M-V**
RP: Landes~ v. 17.1.1967 (GVBl S. 21) — **LTGV**

4. Gesetze, sonstige Rechtsvorschriften, Verwaltungsvorschriften u.ä.   Typ

SACH: Sächs. ~ v. 11.11.1994 (SächsGVBl S. 1634)	**SächsTGV**
SL: Saarl. ~ i. d. Bek. v. 1.3.1978 (ABl S. 217)	**STGV**
TH: Thüringer ~ v. 2.1.2006 (GVBl S. 20)	**ThürTGV**

Treuhandanstalt
Ges. ü. d. Spaltung der v. d. ~ verwalteten Unternehmen v.
5.4.1991 (BGBl I S. 854)   **SpTUG**
DDR: Satzung der ~ v. 18.7.1990 (GBl I S. 809; BGBl II
S. 1198)   *THASatzg*

Treuhandanstaltumbennungsverordnung
v. 20.12.1994 (BGBl I S. 3913)   **TreuhUmbenV**

Treuhandgesetz
DDR: ~ v. 17.6.1990 (GBl I S. 300; BGBl II S. 897)   *TreuhG*

Treuhandkreditaufnahmegesetz
v. 3.7.1992 (BGBl I S. 1190)   **THAKredG**

Treuhandliegenschaft
~sübertragungsänderungsVO v. 24.6.1996 (BGBl I S. 888)   **TreuhLÜÄndV**
~sübertragungsverordnung v. 20.12.1994 (BGBl I S. 3908)   **TreuhLÜV**

Treuhandunternehmensübertragungsverordnung
v. 20.12.1994 (BGBl I S. 3910)   **TreuhUntÜV**

Trinkwasser
~verordnung v. 21.5.2001 (BGBl I S. 959)   **TrinkwV**
SACH: ~gewinnungsverordnung v. 22.4.1997 (SächsGVBl
S. 400)   **SächsTWGewVO**
Zuständigkeitsverordnung
TH: Thüringer VO zur Regelung von Zuständigkeiten
nach der Trinkwasserverordnung und dem Infektionsschutzgesetz in Bezug auf Trinkwasser v.
12.6.2004 (GVBl S. 628)   **ThürTrinkwZustVO**

Truppenzollgesetz
v. 17.1.1963 (BGBl I S. 51)   *TruZG*

Truppenzollordnung
v. 1.7.1963 (BGBl I S. 451)   *TruZO*

Tuberkulosehilfeverordnung
BR: Brem. ~ v. 17.1.1967 (GBl S. 6)   **BremThVO**

Typengenehmigungsverordnung
VO über die EG-Typengenehmigung für zweirädrige oder
dreirädrige Kraftfahrzeuge v. 7.2.2004 (BGBl I S. 248)   **Krad-EG-TypV**

U

Übereinstimmungszeichenverordnung
BB: ~ v. 20.11.2001 (GVBl II S. 632)   ÜZV
BE: ~ v. 26.10.1998 (GVBl S. 321)   ÜZVO
BW: ~ v. 26.5.1998 (GBl S. 362)   ÜZVO
HA: ~ v. 20.5.2003 (GVBl S. 134)   ÜZVO
HE: ~ v. 28.10.1994 (GVBl I S. 666)   ÜZVO
LSA: ~ v. 27.3.2006 (GVBl LSA S. 168)   ÜZVO
MV: ~ v. 2.7.1994 (GVOBl M-V S. 771)   ÜZVO
ND: ~ v. 20.3.1996 (GVBl S. 76)   ÜZVO
RP: ~ v. 14.9.2001 (GVBl S. 235)   ÜZVO
SACH: ~ v. 14.4.1996 (SächsGVBl S. 163)   ÜZV
SH: ~ v. 1.12.2003 (GVOBl S. 679)   ÜZVO
SL: ~ v. 14.8.1996 (ABl S. 938)   ÜZVO
TH: Thüringer ~ v. 9.8.1995 (GVBl S. 298)   ThürÜZVO

Übergangszahlungsverordnung
v. 23.7.1975 (BGBl I S. 1982)   ÜZV

Überleitungsgesetz
~. 1. Überleitungsgesetz i. d. Bek. v. 28.11.1950 (BGBl S. 773); 2. Überleitungsgesetz v. 21.8.1951 (BGBl I S. 774); 3. Überleitungsgesetz v. 4.1.1952 (BGBl I S. 1); 4. Überleitungsgesetz v. 27.4.1955 (BGBl I S. 189); 5. Überleitungsgesetz v. 30.6.1959 (BGBl I S. 335)   *ÜberlG*

Übernahmeverordnung
BY: ~ v. 20.12.2004 (GVBl S. 586)   ÜUV

Überschussverordnung
v. 8.11.1996 (BGBl I S. 1687)   ÜbschV

Überschwemmungsgebietfestsetzungsordnung
MV: VO zur Festsetzung des Überschwemmungsgebietes „Warnowniederung zwischen Klein Raden und der Hansestadt Rostock" v. 3.12.2007 (GVOBl M-V S. 400)   ÜSG WarnowVO

Übersetzer u. Dolmetscher
BE: Übersetzergesetz v. 23.6.2003 (GVBl S. 230)   ÜbDoGebG
BY: Prüfungsordnung f. ~ v. 7.5.2001 (GVBl S. 255)   ÜDPO

Überstellungsausführungsgesetz
v. 26.9.1991 (BGBl I S. 1954)   ÜAG

Übertragungsstellengebührenordnung
BB: ~ v. 31.7.2007 (GVBl II S. 273)   ÜbertGebO

Übertragungsverordnung
TKG-~ v. 22.11.2004 (BGBl I S. 2899)   TKGÜbertrV
Vermögenszuordnungszuständigkeits~ v. 10.12.2003 (BGBl I S. 2550)   VZOZÜV

VO über die Übertragung von Bundespolizeiaufgaben auf
die Zollverwaltung v. 24.6.2005 (BGBl I S. 1867) — **BPolZollV**
VO zur Übertragung von Befugnissen auf das Bundesamt
für Verbraucherschutz und Lebensmittelsicherheit (BVL-~)
v. 21.2.2003 (BGBl I S. 244) — **BVLÜV**
BY: ~ – Bundesrechtsanwaltsordnung v. 12.9.2007 (GVBl
S. 654) — **ÜVOBRAO**
NW: VO zur Übertragung von Befugnissen auf das Deutsche Institut für Bautechnik (DIBt-~) v. 29.10.2004
(GV.NW S. 686) — **DIBt-ÜtVO**
SH: Landesverordnung zur Übertragung der Aufgabendurchführung nach dem Gesetz zur Durchführung
des Wohngeldgesetzes v. 5.4.2005 (GVOBl S. 230) — **WohngeldÜVO**
Bauaufsicht
  HE: ~übertragungsverordnung v. 16.3.2004 (GVBl I
S. 156) — **BÜVO**
  MV: VO zur Übertragung von ~lichen Aufgaben für
Fliegende Bauten v. 22.4.2005 (GVOBl M-V
S. 212) — **ÜVO-FlBau M-V**
Fachhochschulen
  LSA: VO zur Übertragung weiterer Aufgaben an die
Fachhochschule Polizei Sachsen-Anhalt v.
10.3.2006 (GVBl LSA S. 77) — **FHPolVO**
Hochschulen
  HA: Weiterübertragungsverordnung – Hochschule der
Polizei Hamburg v. 18.12.2007 (GVBl I S. 463) — **WVO-HdP**
  HA: Weiterübertragungsverordnung-Hochschulwesen
v. 17.8.2004 (GVBl S. 348) — **WVHO**
Überwachungsbedürftige Abfälle
Bestimmungsverordnung bes. überwachungsbedürftiger
Abfälle v. 10.9.1996 (BGBl I S. 1366) — **BestbüAbfV**
Überwachungsgemeinschaftenverordnung
  HE: ~ v. 15.1.1988 (GVBl I S. 54) — **ÜgVO**
Überwachungsstellen
  BR: VO über zugelassene ~ v. 31.8.2004 (GBl S. 445) — **BremZÜSV**
  LSA: VO über die Akkreditierung und Benennung zugelassener ~ in Sachsen-Anhalt v. 25.8.2005 (GVBl LSA
S. 604) — **ZÜSVO LSA**
  MV: Landesverordnung über zugelassene ~ v. 17.11.2005
(GVOBl M-V S. 561) — **ZÜSLVO M-V**
  ND: VO über zugelassene ~ im Bereich der Geräte- und
Produktsicherheit v. 24.10.2005 (GVBl S. 320) — **ZÜSVO**
  NW: VO über die Akkreditierung und Benennung zugelassener ~ v. 18.1.2005 (GV.NW S. 22) — **ZÜSV NRW**
  SACH: VO der Sächs. Staatsregierung über zugelassene ~ v.
24.2.2006 (SächsGVBl S. 71) — **SächsZÜSVO**

SL: VO über zugelassene ~ v. 20.6.2006 (ABl S. 890)   **ZÜSV**
Überwachungsverordnung
BE: ~ v. 9.1.1976 (GVBl S. 197)   **ÜVO**
BR: ~ v. 13.8.1987 (GBl S. 233)   **ÜVO**
BW: ~ v. 30.9.1985 (GBl S. 349)   **ÜVO**
BY: ~ Überwachung von Baustoffen und Bauteilen v. 2.7.1982 (GVBl S. 469)   **ÜberwV**
HE: ~ v. 21.11.1985 (GVBl I S. 253)   **ÜVO**
SH: ~ v. 25.8.1986 (GVOBl S. 198)   **ÜVO**

Überwachungszuständigkeitsverordnung
BB: ~ i. d. Bek. v. 29.7.2005 (GVBl II S. 454)   **ÜbZustV**

Überweisungsgesetz
v. 21.7.1999 (BGBl I S. 1642)   **ÜG**

Umlagen auf die Erzeugung von Kohle und Stahl
Ges. z. Schaffung e. Vorrechts f. Umlagen auf d. Erzeugung v. Kohle und Stahl v. 1.3.1989 (BGBl I S. 326)   **EGKS-UmVG**

Umlegungsausschussverordnung
BB: ~ v. 11.10.1994 (GVBl II S. 901)   **UmlAussV**
MV: Umlegungsausschusslandesverordnung v. 15.11.2006 (GVOBl M-V S. 827)   **UmlALVO M-V**
RP: ~ v. 27.6.2007 (GVBl S. 102)   **UAVO**
TH: Thüringer ~ v. 22.3.2005 (GVBl S. 155)   **ThürUaVO**

Umsatzsteuer
~-Änderungsrichtlinie 1992 v. 12.12.1991 (BStBl I Sondernr. 3/1991 S. 2)   **UStÄR 1992**
~-Durchführungsverordnung 2005 i. d. Bek. v. 21.2.2005 (BGBl I S. 434)   **UStDV 2005**
~-Durchführungsverordnung i. d. Bek. v. 9.6.1999 (BGBl I S. 1308)   **UStDV 1999**
~-Richtlinien 1988 v. 30.7.1987 (BStBl I Sondernr. 2/1987 S. 39)   **UStR 1988**
VO ü. d. Erstattung v. ~ an ausländ. ständige diplomat. Missionen u. berufskonsular. Vertretungen sowie ihre ausländ. Mitglieder v. 3.10.1988 (BGBl I S. 1780)   **UStErstV**

Umsatzsteuergesetz
2005 i. d. Bek. v. 21.2.2005 (BGBl I S. 386)   **UStG 2005**
i. d. Bek. v. 9.6.1999 (BGBl I S. 1270)   **UStG 1999**

Umstellungsergänzungsgesetz
v. 22.1.1964 (BGBl I S. 33)   *3. UmstErgG*

Umstellungsrechnung
VO ü. d. Bestätigung d. ~ u. d. Verfahrens d. Zuteilung u. d. Erwerbs v. Ausgleichsforderungen i. d. Bek. v. 7.12.1994 (BGBl I S. 3738)   **BUZAV**

Umwandlungsgesetz
i. d. Bek. v. 6.11.1969 (BGBl I S. 2081)   *UmwG*

HA: Gesetz zur Umwandlung der Betriebsanstalt LBK Hamburg in eine Kapitalgesellschaft v. 17.12.2004 (GVBl S. 491) **LBKUmwG**
HA: VO zur Umwandlung der Betriebsanstalt LBK Hamburg in eine Kapitalgesellschaft v. 4.1.2005 (GVBl S. 4) **LBKUmwVO**
psychiatrischer Einrichtungen und Entziehungsanstalten
SH: Gesetz zur Umwandlung ~ v. 24.9.2004 (GVOBl S. 350) **PsychE-UmwG**

Umwandlungsrechtsbereinigungsgesetz
Ges. z. Bereinigung d. Umwandlungsrechts v. 28.10.1994 (BGBl I S. 3210) **UmwBerG**

Umwandlungsverordnung
HA: VO zur Umwandlung der Betriebsanstalt LBK Hamburg in eine Kapitalgesellschaft v. 4.1.2005 (GVBl S. 4) **LBKUmwVO**
HE: VO zur Umwandlung des Universitätsklinikums Gießen und Marburg in eine Gesellschaft mit beschränkter Haftung v. 1.12.2005 (GVBl I S. 792) **UK-UmwVO**

Umweltauditgesetz
UAG-BeleihungsVO v. 18.12.1995 (BGBl I S. 2014) **UAGBV**
UAG-BelcihungsVO v. 18.12.1995 (BGBl I S. 2014) **UAGGebV**
v. 7.12.1995 (BGBl I S. 1591) **UAG**

Umweltgebührenordnung
HA: ~ v. 5.12.1995 (GVBl I S. 365) **UmwGebO**

Umwelthaftungsgesetz
v. 20.12.1990 (BGBl I S. 2634) **UmweltHG**

Umweltinformationsgesetz
v. 28.12.2004 (BGBl I S. 3704) **UIG**
BR: ~ für das Land Bremen v. 15.11.2005 (GBl S. 573) **BremUIG**
BW: Landes~ v. 7.3.2006 (GBl S. 50) **LUIG**
BY: Bay. ~ v. 8.12.2006 (GVBl S. 933) **BayUIG**
HA: Hamb. ~ v. 4.11.2005 (GVBl S. 441) **HmbUIG**
LSA: ~ des Landes Sachsen-Anhalt v. 14.2.2006 (GVBl LSA S. 32) **UIG LSA**
MV: Landes~ v. 14.7.2006 (GVOBl M-V S. 568) **LUIG**
RP: Landes~ v. 19.10.2005 (GVBl S. 484) **LUIG**
Gebühren(ver)ordnung
BW: VO des Umweltministeriums über Gebühren für die Inanspruchnahme von Leistungen nach dem Landesumweltinformationsgesetz v. 24.3.2006 (GBl S. 112) **LUIG-GebVO**

Umweltinformationskostenverordnung
MV: ~ v. 14.7.2006 (GVOBl M-V S. 568) **UIKostVO M-V**

Umweltschutzprotokoll-Ausführungsgesetz
KostenVO f. Amtshandlungen nach d. ~ v. 17.4.2001 (BGBl I S. 834) **AntKostV**

Umweltstatistikgesetz
v. 16.8.2005 (BGBl I S. 2446) — **UStatG**

Umweltstiftungsgesetz
MV: ~ v. 28.6.1994 (GVOBl M-V S. 675) — **UStG**

Umweltverträglichkeitsprüfung
Gesetz über die ~ i. d. Bek. v. 25.6.2005 (BGBl I S. 1757) — **UVPG**
VO ü. d. ~ bergbaul. Vorhaben v. 13.7.1990 (BGBl I S. 1420) — **UVP-V Bergbau**
HA: Gesetz ü. d. ~ i. Hamburg v. 10.12.1996 (GVBl I S. 310) — **HmbUVPG**
MV: Gesetz über die ~ in Mecklenburg-Vorpommern i. d. Bek. v. 1.11.2006 (GVOBl M-V S. 814) — **LUVPG M-V**
ND: Niedersächsisches Gesetz über die ~ i. d. Bek. v. 30.4.2007 (GVBl S. 179) — **NUVPG**
SACH: Gesetz über die ~ im Freistaat Sachsen i. d. Bek. v. 9.7.2007 (SächsGVBl S. 349) — **SächsUVPG**

Umweltwiderspruchszuständigkeitsgesetz
MV: ~ v. 16.12.2003 (GVOBl M-V S. 687) — **UWZG M-V**

Umzugsauslagenverordnung
BY: Bay. ~ v. 30.4.1975 (GVBl S. 101) — **BayUAV**

Umzugskostengesetz
BR: Brem. ~ i. d. Bek. v. 28.3.2003 (GVBl S. 191) — **BremUKG**
BW: Landes~ i. d. Bek. v. 12.2.1996 (GBl S. 127) — **LUKG**
BY: Bay. ~ v. 24.6.2005 (GVBl S. 192) — **BayUKG**
HA: Hamb. ~ v. 12.3.1965 (GVBl I S. 37) — **HmbUKG**
HE: ~ i. d. Bek. v. 27.8.1976 (GVBl I S. 383) — **HUKG**
MV: Landes~ v. 3.6.1998 (GVOBl M-V S. 559) — **LUKG**
NW: Landes~ v. 26.4.1966 (GV.NW S. 268) — **LUKG**
RP: Landes~ v. 23.11.1965 (GVBl S. 241) — **LUKG**
SL: ~ i. d. Bek. v. 13.8.1976 (ABl S. 863) — **SUKG**
TH: Thüringer ~ i. d. Bek. v. 2.5.2005 (GVBl S. 179) — **ThürUKG**

Unabkömmlichstellungsverordnung
v. 24.8.2005 (BGBl I S. 2538) — **UkV**
NW: Ausführungsverordnung zur VO über die Zuständigkeit und das Verfahren bei der Unabkömmlichstellung v. 4.11.2003 (GV.NW S. 684) — **AVUkVO NRW**

Unbedenkliche Spiele
VO ü. ~ i. d. Bek. v. 28.11.1979 (BGBl I S. 1986) — *UnbSpielV*

Unbedenklichkeitsbescheinigungen
VO z. Erteilung v. ~ i. d. Bek. v. 10.4.1995 (BGBl I S. 510) — **UnbBeschErtV**

Unedle Metalle
Ges. ü. d. Verkehr mit unedlen Metallen v. 23.7.1926 (RGBl I S. 415) — *UMG*

Unentgeltliche Beförderung
Ges. ü. d. ~ Schwerbehinderter im öffentlichen Personenverkehr v. 9.7.1979 (BGBl I S. 989) — *UnBefG*

Unfallaufnahme
   BW: Verwaltungsvorschrift ü. d. Aufnahme v. Verkehrsunfällen u. d. Bearbeitung v. Verkehrsunfallanzeigen v. 30.12.1983 (Justiz 1984 S. 73)   *VwV-~*

Unfallkassenerrichtungsverordnung
   HA: VO zur Errichtung einer gemeinsamen Unfallkasse Nord für die schleswig-holsteinischen Kommunen, das Land Schleswig-Holstein und die Freie und Hansestadt Hamburg v. 18.12.2007 (GVBl I S. 465)   **UKNVO**
   SH: Landesverordnung zur Errichtung einer gemeinsamen Unfallkasse Nord für die schleswig-holsteinischen Kommunen, das Land Schleswig-Holstein und die Freie und Hansestadt Hamburg v. 12.12.2007 (GVOBl S. 619)   **UKNVO**

Unfallkassenverordnung
   LSA: VO ü. d. Unfallkasse Sachsen-Anhalt v. 24.9.1997 (GVBl LSA S. 852)   **UnfK VO**
   SH: Unfallkasse Schleswig-Holstein v. 26.11.1997 (GVOBl S. 476)   **UKSHVO**

Unfallrentenzulagegesetz
   v. 29.4.1952 (BGBl I S. 253)   *UZG*

Unfallverhütung
   Bundesunternehmen-~sverordnung v. 6.4.2006 (BGBl I S. 1114)   **BUV**

Unfallversicherung
   Unfallversicherungs-Neuregelungsgesetz v. 30.4.1963 (BGBl I S. 241)   **UVNG**
   VO ü. Art und Form d. Rechnungsführung b. d. Trägern d. ~, gesetzliche v. 8.9.1967 (BAnz Nr. 174, Beil.; BAnz Nr. 205)   *RUV*

Unfallversicherungs-Aufwendungserstattungsverordnung
   v. 13.2.1984 (BGBl I S. 345)   **UnfAEV**

Unfallversicherungs-Einordnungsgesetz
   v. 7.8.1996 (BGBl I S. 1254)   **UVEG**

Unfallversicherungsschutzausdehnungsverordnung
   VO ü. d. Ausdehnung d. Unfallversicherungsschutzes u. ü. d. Beiträge b. d. Bundesausführungsbehörde f. Unfallversicherung v. 14.3.1997 (BGBl I S. 488)   **BAfUV**

Uniformverordnung
   v. 14.12.1999 (BGBl I 2000 S. 9)   **UnifV**

Universitäts-Krankenhaus Eppendorf-Strukturgesetz
   HA: ~ v. 12.9.2001 (GVBl I S. 375)   **UKEStrG**

Universitäts-Zulassungsverordnung
   HA: ~ v. 26.1.1999 (GVBl I S. 37)   **UniZVO**

Universitätsgesetz
BW: ~ i. d. Bek. v. 1.2.2000 (GBl S. 208) — UG
HE: Gesetz zur organisatorischen Fortentwicklung der Technischen Universität Darmstadt v. 5.12.2004 (GVBl I S. 382) — TUD-Gesetz
HE: ~ i. d. Bek. v. 28.3.1995 (GVBl I S. 325) — HUG
SL: ~ v. 23.6.2004 (ABl S. 1782) — UG

Universitätsklinikengesetz
BY: Bay. Universitätsklinikagesetz v. 23.5.2006 (GVBl S. 285) — BayUniKlinG
HE: Gesetz f. d. hessischen Universitätskliniken v. 26.6.2000 (GVBl I S. 344) — UniKlinG

Universitätsklinikumsgesetz
RP: ~ v. 1.7.1997 (GVBl S. 170) — UKlG

Universitätsmedizingesetz
BE: ~ v. 3.1.1995 (GVBl S. 1) — UniMedG

Unlauterer Wettbewerb
Gesetz gegen den unlauteren Wettbewerb i. d. Bek. v. 3.7.2004 (BGBl I S. 1414) — UWG

Unmittelbarer Zwang
Allg. Verwaltungsvorschrift d. Bundesministers d. Innern z. Gesetz ü. d. unmittelbaren Zwang bei Ausübung öffentl. Gewalt durch Vollzugsbeamte d. Bundes v. 18.1.1974 (GMBl S. 55) — UZwVwV-BMI
Ges. ü. d. Anwendung unmittelbaren Zwanges und d. Ausübung besonderer Befugnisse durch Soldaten d. Bundeswehr und zivile Wachpersonen v. 12.8.1965 (BGBl I S. 796) — UZwGBw
Ges. ü. d. unmittelbaren Zwang bei Ausübung öffentlicher Gewalt durch Vollzugsbeamte d. Bundes v. 10.3.1961 (BGBl I S. 165) — UZwG
BE: Ges. ü. d. Anwendung unmittelbaren Zwanges bei d. Ausübung öffentlicher Gewalt durch Vollzugsbeamte d. Landes Berlin v. 22.6.1970 (GVBl S. 921) — UZwG Bln

Unschädlichkeitszeugnisse
BB: Gesetz ü. ~ im Grundstücksverkehr v. 8.1.1996 (GVBl I S. 2) — GUZ
RP: Landesgesetz ü. ~ i. Grundstücksverkehr v. 26.9.2000 (GVBl S. 399) — UZLG
TH: Thüringer Gesetz ü. ~ v. 3.1.1994 (GVBl S. 10) — ThürGUZ

Unterbringungsgesetz
BE: ~ v. 5.6.1958 (GVBl S. 521) — UnterbrG
BR: Ges. ü. Hilfen u. Schutzmaßnahmen bei psychischen Krankheiten v. 19.12.2000 (GBl S. 471) — PsychKG
BW: ~ i. d. Bek. v. 2.12.1991 (GBl S. 794) — UBG

BY: Bay. Gesetz z. Unterbringung v. bes. rückfallgefährdeten hochgefährlichen Straftätern v. 24.12.2001 (GVBl S. 978) *BayStrUBG*
BY: ~ v. 20.4.1982 (GVBl S. 202) *UnterbrG*
HA: Hamb. Ges. ü. Hilfen u. Schutzmaßnahmen b. psychischen Krankheiten v. 27.9.1995 (GVBl I S. 235) *HmbPsychKG*
HE: Ges. ü. d. Entziehung d. Freiheit geisteskranker, geistesschwacher, rauschgift- oder alkoholsüchtiger Personen v. 19.5.1952 (GVBl II 352–1) *FreihEntzG*
ND: Gesetz über die Unterbringung besonders gefährlicher Personen zur Abwehr erheblicher Gefahren für die öffentliche Sicherheit v. 30.10.2003 (GVBl S. 368) *NUBG*
NW: Ges. ü. Hilfen u. Schutzmaßnahmen bei psychischen Krankheiten v. 17.12.1999 (GV.NW S. 662) *PsychKG*
RP: ~ v. 19.2.1959 (GVBl S. 91; BS 2012–2) *UnterbrG*
SACH: Sächs. Gesetz ü. d. Hilfen u. d. Unterbringung b. psychischen Krankheiten v. 16.6.1994 (SächsGVBl S. 1097) *SächsPsychKG*
SACH: VO der Sächsischen Staatsregierung über die Zuständigkeit für die Erhebung der Kosten der Unterbringung im Maßregelvollzug v. 7.10.2005 (SächsGVBl S. 282) *ZuKostMRVVO*
SH: Ges. ü. Hilfen u. Schutzmaßnahmen bei psychischen Krankheiten v. 14.1.2000 (GVOBl S. 106) *PsychKG*
TH: Thüringer Ges. z. Hilfe u. Unterbringung psychisch Kranker v. 2.2.1994 (GVBl S. 81) *ThürPsychKG*
TH: Thüringer Gesetz über die Unterbringung besonders rückfallgefährdeter Straftäter v. 17.3.2003 (GVBl S. 195) *ThürStrUBG*

Unterbringungsverordnung
BB: ~ v. 25.8.1997 (GVBl II S. 755) *UBrV*

Unterhalt
Ges. z. Änd. ~srechtlicher, verfahrensrechtlicher u. anderer Vorschriften v. 20.2.1986 (BGBl I S. 301) *UÄndG*

Unterhaltsbeihilfengesetz
i. d. Bek. v. 18.3.1964 (BGBl I S. 218) *UBG*
NW: ~ v. 26.6.1984 (GV.NW S. 365) *UBG*

Unterhaltsbeihilfenverordnung
RP: ~ v. 4.3.1971 (GVBl S. 93) *UBVO*

Unterhaltssicherungsgesetz
i. d. Bek. v. 14.12.1989 (BGBl I S. 2205) *USG*
~-VO v. 26.7.1991 (BGBl I S. 1747) *USGVO*

Unterhaltstatutsübereinkommen
v. 2.10.1973 (BGBl 1986 II S. 837) *HaagUnterhÜ*

Unterhaltsvorschussgesetz
v. 23.7.1979 (BGBl I S. 1184) *UhVorschG*

Unterhaltszuschussverordnung f. Beamte auf Widerruf
BE: Unterhaltszuschußverordnung v. 22.8.1963 (GVBl
S. 855) **UZV**
HA: VO ü. d. Gewährung v. Unterhaltszuschüssen an Beamte auf Widerruf v. 30.7.1963 (GVBl I S. 133) **HmbUZV**
HE: Unterhaltszuschußverordnung v. 16.12.1966 (GVBl I
S. 325) **UZV**
ND: Unterhaltszuschußverordnung i. d. Bek. v. 28.7.1965
(GVBl S. 207) **UZV**
SL: Unterhaltszuschußverordnung v. 22.9.1964 (ABl
S. 999) **UZV**

Unterhaltungsverbändezuschussverordnung
LSA: VO über Zuschüsse an Unterhaltungsverbände v.
8.12.2005 (GVBl LSA S. 732) **UHVZuschVO**

Unterlassungsklagengesetz
v. 26.11.2001 (BGBl I S. 3173) **UKlaG**

Unternehmensbeteiligungsgesellschaften
Gesetz ü. ~ i. d. Bek. v. 9.9.1998 (BGBl I S. 2765) **UBGG**

Unternehmensformänderung
Einführungsgesetz z. Körperschaftsteuerreformgesetz v.
6.9.1976 (BGBl I S. 2641) *UmwStG 1977*

Unternehmensrückgabeverordnung
v. 13.7.1991 (BGBl I S. 1542) **URüV**

Unternehmenssteuerfortentwicklungsgesetz
v. 20.12.2001 (BGBl I S. 3858) **UntStFG**

Unterrichtsversorgungsverordnung
MV: ~ 2006/2007 v. 3.3.2006 (GVOBl M-V S. 317) **UntVersVO M-V 2006/2007**

Unterstützungsabschlussgesetz
v. 6.5.1994 (BGBl I S. 990) **UntAbschlG**

Unterstützungsfonds-Verordnung
BY: ~ v. 5.5.2006 (GVBl S. 227) **UStützV**

Untersuchungsausschussgesetz
BW: ~ v. 3.3.1976 (GBl S. 194) **UAusschG**
RP: ~ v. 18.9.1990 (GVBl S. 261) **UAG**
SACH: ~ v. 12.2.1991 (SächsGVBl S. 29) **UAusschG**
TH: ~ v. 7.2.1991 (GVBl S. 36) **UAG**

Untersuchungshaftvollzugsordnung
i. d. Bek. v. 15.12.1976 (bundeseinheitlich) **UVollzO**

Urheberrechtsgesetz
v. 9.9.1965 (BGBl I S. 1273) *UrhG*

Urheberrechtsschiedsstellenverordnung
v. 20.12.1985 (BGBl I S. 2543) **UrhSchiedsV**

1. Gesetze, sonstige Rechtsvorschriften, Verwaltungsvorschriften u.ä.   Url

Urheberrechtswahrnehmungsgesetz
v. 24.6.1985 (BGBl I S. 1137)   **WahrnG**

Urkunden
VO ü. d. Ersetzung zerstörter oder abhanden gekommener
gerichtlicher oder notarischer ~ v. 18.6.1942 (RGBl I S. 395)   *UrkErsVO*

Urkundenstellenauflösung
Ges. z. Auflösung d. Urkundenstellen i. d. Ländern Brandenburg, Mecklenburg-Vorpommern, Sachsen, Sachsen-Anhalt u. Thüringen v. 21.11.1994 (BGBl I S. 3474)   **UrkStAuflG**
LSA: VO z. Auflösung d. Urkundenstellen b. d. Landkreisen
v. 7.2.1995 (GVBl LSA S. 58)   **UrkStAuflVO**
SACH: ~sverordnung v. 14.1.1998 (SächsGVBl S. 45)   **UrkStAuflVO**
TH: Thüringer VO z. Auflösung d. Urkundenstellen b. d.
Landkreisen v. 3.9.1997 (GVBl S. 342)   **ThürUrkStAuflVO**

Urkundsbeamte der Geschäftsstelle
Ges. zur Neuregelung d. Rechts d. Urkundsbeamten d. Geschäftsstelle vom v. 19.12.1979 (BGBl I S. 2306)   *UdGNG*

Urlaubsgeld
Tarifvertrag ü. ein ~ f. Angestellte v. 10.12.1990 (GMBl
1991 S. 234, 321)   **TV Urlaubsgeld Ang-O**

Tarifvertrag ü. ein ~ f. Arbeiter v. 10.12.1990 (GMBl 1991
S. 234, 323)   **TV Urlaubsgeld Arb-O**

Urlaubsgeldgesetz
i. d. Bek. v. 15.12.1998 (BGBl I S. 3648)   **UrlGG**
BW: Landes~ v. 30.5.1978 (GBl S. 292)   **LUrlgG**

Urlaubsverordnung
Erholungs~ i. d. Bek. v. 11.11.2004 (BGBl I S. 2831)   **EUrlV**
BE: Erholungs~ i. d. Bek. v. 26.4.1988 (GVBl S. 846)   **EUrlV**
BE: ~ i. d. Bek. v. 10.8.1990 (GVBl S. 366)   **UrlV**
BR: Brem. ~ v. 12.11.1985 (GBl S. 205)   **BremUrlVO**
BW: Arbeitszeit- und ~ v. 29.11.2005 (GBl S. 716)   **AzUVO**
BW: ~ i. d. Bek. v. 6.10.1981 (GBl S. 521)   **UrlV**
BY: ~ v. 24.6.1997 (GVBl S. 173)   **UrlV**
LSA: ~ i. d. Bek. v. 22.11.2001 (GVBl LSA S. 464)   **UrlV**
ND: Niedersächsische Erholungs~ i. d. Bek. v . 7.9.2004
(GVBl S. 317)   **NEUrlVO**
RP: ~ i. d. Bek. v. 17.3.1971 (GVBl S. 126)   **UrlV**
SACH: Sächs. ~ i. d. Bek. v. 2.3.2004 (SächsGVBl S. 118)   **SächsUrlVO**
SH: Erholungs-~ i. d. Bek. v. 28.1.1987 (GVOBl S. 53)   **EUVO**
SL: ~ v. 8.12.1970 (ABl S. 978)   **UrlaubsVO**
TH: Thüringer ~ v. 30.9.1994 (GVBl S. 1095)   **ThürUrlV**

V

Veränderungssperrefestsetzungsverordnung
MV: VO zur Festsetzung einer Veränderungssperre für das zukünftige Überschwemmungsgebiet „Warnowniederung zwischen Klein Raden (Landkreis Güstrow) und der Hansestadt Rostock" v. 30.9.2004 (GVOBl M-V S. 496) **VÄSp ÜSG WarnowVO**

Verbandsgemeindeeinführungsgesetz
LSA: ~ v. 26.10.2001 (GVBl LSA S. 434) **VGEG**

Verbesserung der Agrarstruktur
Ges. ü. d. Gemeinschaftsaufgabe „Verbesserung d. Agrarkultur und d. Küstenschutzes" i. d. Bek. v. 21.7.1988 (BGBl I S. 1055) *GemAgrG*

Verbraucherinsolvenzfinanzierungsverordnung
BB: ~ v. 20.6.2001 (GVBl II S. 205) **VInsoFV**

Verbraucherinsolvenzverfahren
TH: Thüringer VO über die Bestimmung der zuständigen Stelle zur Förderung von geeigneten Stellen im ~ v. 4.1.2006 (GVBl S. 25) **ThürFördInsOZVO**

Verbraucherkreditgesetz
i. d. Bek. v. 29.6.2000 (BGBl I S. 940) **VerbrKrG**

Verbraucherschutz
NW: VO zur Regelung von Zuständigkeiten nach dem EG-~durchsetzungsgesetz v. 5.6.2007 (GV.NW S. 257) **ZV-VSchDG**

Verbrauchsteueränderungsgesetz
1982 v. 22.12.1981 (BGBl I S. 1562) **VerbStÄndG 1982**

Verdachtsflächendateiverordnung
TH: Thüringer VO z. Verdachtsflächendatei v. 26.3.1998 (GVBl S. 133) **ThürVfldVO**

Verdienstordensgesetz
TH: Thüringer ~ v. 19.9.2000 (GVBl S. 273) **ThürVOG**

Verdingungsordnung für Bauleistungen
i. d. Bek. v. 12.11.1992 (BAnz Beilage Nr. 223a/1992) **VOB**
~Teil A. Allg. Bestimmungen f. d. Vergabe v. Bauleistungen (DIN 1960) **VOB/A**
~Teil B. Allg. Vertragsbedingungen f. d. Ausführung v. Bauleistungen (DIN 1961) **VOB/B**
~Teil C. Allg. Technische Vorschriften **VOB/C**
SH: Landesverordnung über die Anwendung der Verdingungsordnung für Leistungen Teil B v. 15.1.2004 (GVOBl S. 45) **VOL/B-Anwendungsverordnung**

Verdingungsordnung für Leistungen (ausgenommen Bauleistungen)
Verdingungsordnung f. Leistungen ausgenommen Bauleistungen. Ausgabe v. 10.1.1991 (BAnz Nr. 215a)   **VOL**
~ Teil A. Allg. Bestimmungen f. d. Vergabe v. Leistungen   **VOL/A**
~ Teil B. Allg. Bedingungen f. d. Ausführung v. Leistungen   **VOL/B**

Vereinsgesetz
v. 5.8.1964 (BGBl I S. 593)   *VereinsG*
Ausführungsgesetz
BY: ~ v. 15.12.1965 (GVBl S. 346)   **AGVereinsG**

Vereinsregister
MV: VO zur Einführung des maschinell geführten Vereinsregisters v. 30.1.2008 (GVOBl M-V S. 25)   **MaschVRVO M-V**

Verfahrens- u. Anlagenverzeichnis
BB: VO z. ~ v. 23.11.1999 (GVBl II S. 646)   **VAVerzV**

Verfahrensordnung
d. EuG v. 2.5.1991 (ABlEG Nr. L 136/1)   *EuG VfO*
Zusätzl. ~ v. 4.12.1974 (ABlEG Nr. L 350/29)   *SEuGH ZVfO*
NW: VO über das Verwaltungsverfahren zur Gewährung der Landeszuschüsse und zum Prüfungsrecht des Landesrechnungshofes nach dem Gesetz zur frühen Bildung und Förderung von Kindern v. 18.12.2007 (GV.NW S. 739)   **VerfVO KiBiz**

Verfahrensregistergesetz
SH: Gesetz ü. d. staatsanwaltschaftlichen Verfahrensregister v. 9.1.1996 (GVOBl S. 81)   **StARegG**

Verfahrensregisterverordnung
VO über den Betrieb des Zentralen Staatsanwaltlichen Verfahrensregisters v. 23.9.2005 (BGBl I S. 2885)   **ZStVBetrV**

Verfahrensverordnung
Einigungsstellen-~ v. 23.11.2004 (BGBl I S. 2916)   **EinigungsStVV**

Verfassung
d. Deutschen Reichs [Weimarer Reichsverfassung] v. 11.8.1919 (RGBl S. 1383)   *WRV*
BE: ~ v. Berlin v. 23.11.1995 (GVBl S. 779)   *VvB*
BW: ~ v. 11.11.1953 (GBl S. 173)   **LV**
BY: ~ d. Freistaates Bayern i. d. Bek. v. 15.12.1998 (GVBl S. 991)   **BV**

Verfassungsgerichtsgesetz
BB: ~ Brandenburg i. d. Bek. v. 22.11.1996 (GVBl I S. 343)   **VerfGGBbg**

Verfassungsgerichtshof
BE: Gesetz ü. d. ~ v. 8.11.1990 (GVBl S. 2246)   **VerfGHG**
BY: Ges. ü. d. ~ v. 10.5.1990 (GVBl S. 122)   **VfGHG**

BY: Geschäftsordnung d. Bay. Verfassungsgerichtshofs v.
18.12.1990 (GVBl 1991 S. 36) **GeschOVfGH**
HA: Ges. ü. d. Hamburgische Verfassungsgericht i. d. Bek.
v. 23.3.1982 (GVBl I S. 59) *VfGG*
NW: Gesetz ü. d. ~ v. 14.12.1989 (GV.NW S. 708) **VGHG NW**
RP: LandesVerfassungsgerichtshofsgesetz v. 23.7.1949
(GVBl S. 245) *VfGHG*
SL: Gesetz ü. d. ~ v. 6.2.2001 (ABl S. 582) **VerfGHG**
TH: Thüringer ~sgesetz v. 28.6.1994 (GVBl S. 781) **ThürVerfGHG**

Verfassungsschutz
BE: Gesetz ü. d. Landesamt f. ~ v. 25.3.1995 (GVBl S. 254) **LfVG**

Verfassungsschutzgesetz
BE: ~ i. d. Bek. v. 25.6.2001 (GVBl S. 235) **VSG Bln**
BR: Brem. ~ v. 28.2.2006 (GBl S. 87) **BremVerfSchG**
BW: Landes~ v. 22.10.1991 (GBl S. 639) **LVSG**
BY: Bay. ~ i. d. Bek. v. 10.4.1997 (GVBl S. 70) **BayVSG**
HA: Hamb. ~ v. 7.3.1995 (GVBl I S. 45) **HmbVerfSchG**
LSA: Gesetz über den Verfassungsschutz im Land Sachsen-
Anhalt i. d. Bek. v. 6.4.2006 (GVBl LSA S. 236) **VerfSchG-LSA**
ND: Niedersächsisches ~ i. d. Bek. v. 30.3.2004 (GVBl
S. 117) **NVerfSchG**
NW: ~ v. 20.12.1994 (GV.NW 1995 S. 28) **VSG NW**
SH: Landes~ v. 23.3.1991 (GVOBl S. 203) **LVerfSchG**
TH: Thüringer ~ v. 29.10.1991 (GVBl S. 527) **ThürVSG**

Verfütterungsverbotsdurchführungsverordnung
EG-~ v. 31.8.2005 (BGBl I S. 2614) **EGVerfVerbDV**

Verfütterungsverbotsgesetz
i. d. Bek. v. 29.3.2001 (BGBl I S. 463) **VerfVerbG**

Vergabegesetz
BE: Berliner ~ v. 9.7.1999 (GVBl S. 369) **VgG Bln**
HA: Hamb. ~ v. 13.2.2006 (GVBl S. 57) **HmbVgG**
HE: Hess. ~ v. 17.12.2007 (GVBl I S. 922) **HVgG**

Vergabenachprüfungsgesetz
MV: ~ v. 28.6.1999 (GVOBl M-V S. 396) **VgNG M-V**

Vergabenachprüfungsverordnung
BW: ~ v. 12.4.1999 (Gbl S. 153) **VNPVO**

Vergabeüberwachungsverordnung
BW: ~ v. 30.1.1995 (GBl S. 275) **VÜVO**

Vergabeverordnung
v. 9.1.2001 (BGBl I S. 110) **VgV**
BE: ~ v. 14.3.2005 (GVBl S. 197) **VergabeVO**
SH: Schleswig-Holsteinische ~ v. 3.11.2005 (GVOBl
S. 524) **SHVgVO**

Vergabeverordnung Studienplätze
BB: Zentrale Vergabeverordnung i. d. Bek. v. 22.3.2006
(GVBl II S. 66) **ZVV**

4. Gesetze, sonstige Rechtsvorschriften, Verwaltungsvorschriften u.ä. Ver

BB: Zentrale Vergabeverordnung v. 1.8.2000 (GVBl II
  S. 298) ZVVBbg
BE: Vergabeverordnung v. 14.3.2005 (GVBl S. 197) VergabeVO
BW: Vergabeverordnung VO ü. d. zentrale Vergabe v. Studienplätzen v. 1.8.1985 (GBl S. 262) Vergabeverordnung ZVS
BY: Vergabeverordnung v. 31.7.1985 (GVBl S. 294) Vergabeverordnung ZVS
HA: Vergabeverordnung v. 19.1.1998 (GVBl I S. 7) VergabeVO
HA: VO über die Zentrale Vergabe von Studienplätzen und die Durchführung eines Feststellungsverfahrens v. 17.5.2006 (GVBl S. 229) VergabeVO
HE: Vergabeverordnung v. 27.5.1980 (GVBl I S. 163) VergabeVO
MV: ZVS-Vergabeverordnung v. 7.4.2006 (GVOBl. M-V S. 152) ZVS-VergabeVO M-V
ND: VO über die Vergabe von Studienplätzen in Studiengängen, die in das zentrale Vergabeverfahren einbezogen sind v. 19.4.2006 (GVBl S. 185) ZVS-Vergabeverordnung
NW: VO über die zentrale Vergabe von Studienplätzen in Nordrhein-Westfalen v. 2.5.2006 (GV.NW S. 166) VergabeVO
RP: Landesverordnung über die zentrale Vergabe von Studienplätzen v. 18.5.2006 (GVBl S. 224) Vergabeverordnung ZVS
SH: Vergabeverordnung v. 23.5.1980 (GVOBl S. 156) VergabeVO
TH: Thüringer VergabeVO v. 27.5.2001 (GVBl S. 70) ThürVVO

Vergleichsordnung
  v. 26.2.1935 (RGBl I S. 321) *VerglO*

Vergnügungssteuergesetz
  BB: ~ v. 27.6.1991 (GVBl S. 205) VergnügStG
  BE: Ges. ü. eine Vergnügungssteuer f. Spielautomaten v. 28.10.1988 (GVBl S. 1961) VgStG-Sp
  BR: ~ i. d. Bek. v. 8.9.1970 (GBl S. 89) VergnStG
  ND: ~ i. d. Bek. v. 5.5.1972 (GVBl S. 255) VergnStG
  RP: ~ v. 29.11.1965 (GVBl S. 251) VgnStG
  SH: ~ i. d. Bek. v. 10.10.1961 (GVOBl S. 156) VergnStG
  SL: ~ i. d. Bek. v. 19.6.1984 (ABl S. 649) VgnStG

Vergütungsverordnung (Saarland)
  VO ü. Vergütung u. Nacherhebung v. Zöllen, Verbrauchsteuern u. Steuern auf Lieferungen u. sonstige Leistungen im Saarland v. 1.7.1959 (BAnz Nr. 124; BGBl I S. 415) VergVOS

Vergütungsverordnung Vermessungsingenieure
  SH: Landesverordnung ü. d. Vergütung d. Öffentl. bestellten Vermessungsingenieure v. 24.1.1985 (GVOBl S. 53) VergVO-Öb VI

Verifikationsabkommen
  AusfGes. z. d. Übk. v. 5.4.1973 ... in Ausf. v. Art. III Abs. 1

723

u. 4 d. Vertrages v. 1.6.1968 ü. d. Nichtverbreitung v. Kernwaffen v. 7.1.1980 (BGBl I S. 17) **VerifAbkAusfG**

Verjährungsgesetz
Drittes ~ v. 22.12.1997 (BGBl I S. 3223) **3. VerjG**

Verjährungsrechtsanpassungsgesetz
SH: ~ v. 15.2.2005 (GVOBl S. 168) **VerjRAnpG**

Verkaufsprospektgebührenverordnung
v. 7.5.1999 (BGBl I S. 874) **VerkProspGebV**

Verkaufsstättenverordnung
BE: ~ v. 26.6.1998 (GVBl S. 198) **VkVO**
BW: ~ v. 11.2.1997 (GBl S. 84) **VkVO**
BY: ~ v. 6.11.1997 (GVBl S. 751) **VkVO**
HA: ~ v. 5.8.2003 (GVBl S. 413) **VkVO**
MV: ~ v. 24.5.1996 (GVOBl M-V S. 561) **VkVO**
ND: ~ v. 17.1.1997 (GVBl S. 31) **VKVO**
NW: ~ v. 8.9.2000 (GV.NW S. 639) **VkVO**
RP: ~ v. 8.7.1998 (GVBl S. 229) **VkVO**
SH: ~ v. 4.12.1997 (GVOBl 1998 S. 3) **VkVO**
SL: ~ v. 25.9.2000 (ABl S. 1934) **VkVO**
TH: Thüringer ~ v. 13.6.1997 (GVBl S. 242) **ThürVStVO**

Verkaufsstellengebührenordnung
BB: ~ v. 31.8.2000 (GVBl II S. 346) **VerkGebO**

Verkehrs-Informations- u. Lenkungsgesetz
ND: ~ v. 17.12.1998 (GVBl S. 714) **VILG**

Verkehrsfinanzgesetz
1971 v. 28.2.1972 (BGBl I S. 201) *VerkFinG 1971*
v. 6.4.1955 (BGBl I S. 166) *VerkFinG 1955*

Verkehrsinfrastrukturfinanzierungsgesellschaftsgesetz
v. 28.6.2003 (BGBl I S. 1050) **VIFGG**

Verkehrsinfrastrukturkostenverordnung
MV: ~ Eisenbahn v. 13.11.2007 (GVOBl M-V S. 397) **VkinfrastrKostVO Eb M-V**

Verkehrsleistungsgesetz
v. 23.7.2004 (BGBl I S. 1865) **VerkLG**

Verkehrssicherstellungsgesetz
i. d. Bek. v. 8.10.1968 (BGBl I S. 1082) **VSG**

Verkehrsstatistikgesetz
i. d. Bek. v. 20.2.2004 (BGBl I S. 318) **VerkStatG**

Verkehrsunfälle
BW: Verwaltungsvorschrift ü. d. Aufnahme v. Verkehrsunfällen u. d. Bearbeitung v. Verkehrsunfallanzeigen v. 30.12.1983 (Justiz 1984 S. 73) **VwV-Unfallaufnahme**

4. Gesetze, sonstige Rechtsvorschriften, Verwaltungsvorschriften u.ä.   Ver

Verkündungsgesetz
   BW: ~ v. 11.4.1983 (GBl S. 131)   **VerkG**

Verlagsgesetz
   Gesetz ü. d. Verlagsrecht v. 19.6.1901 (RGBl S. 217)   *VerlG*

Vermessungs- u. Katastergesetz
   BY: ~ v. 31.7.1970 (GVBl S. 369)   **VermKatG**
   NW: Vermessungs- und Katastergesetz v. 1.3.2005
   (GV.NW S. 175)   **VermKatG**
   SH: Vermessungs- und Katastergesetz i. d. Bek. v.
   12.5.2004 (GVOBl S. 128)   **VermKatG**

Vermessungs- u. Liegenschaftsgesetz
   BB: ~ i. d. Bek. v. 19.12.1997 (GVBl I 1998 S. 2)   **VermLiegG**

Vermessungs- und Geoinformationsgesetz
   LSA: Vermessungs- und Geoinformationsgesetzes Sachsen-
   Anhalt i. d. Bek. v. 15.9.2004 (GVBl LSA S. 716)   **VermGeoG LSA**
Ausführungsgesetz
   HE: VO zur Ausführung des Hess. Vermessungs- und
   Geoinformationsgesetzes v. 16.1.2008 (GVBl I
   S. 17)   **HVGGAusfVO**

Vermessungsämter
   BY: VO über die Bezeichnung, den Sitz und die Bezirke
   der ~ in Bayern v. 4.11.2006 (GVBl S. 909)   **VermBezV**

Vermessungsentgeltverordnung
   BB: Landes~ v. 29.12.1994 (GVBl II S. 76)   **VermEgV**

Vermessungsgebühren- u. Kostenordnung
   BB: ~ v. 22.7.1999 (GVBl II S. 441)   **VermGebKO**

Vermessungsgenehmigungsverordnung
   BB: ~ v. 29.12.1994 (GVBl II 1995 S. 207)   **VermgenV**

Vermessungsgesetz
   BE: ~ i. d. Bek. v. 9.1.1996 (GVBl S. 56)   **VermGBln**
   BW: ~ für Baden-Württemberg v. 1.7.2004 (GBl S. 509)   **VermG**
   HA: Hamb. ~ v. 20.4.2005 (GVBl S. 135)   **HmbVermG**
   ND: Niedersächsisches Gesetz über das amtliche Vermes-
   sungswesen v. 12.12.2002 (GVBl S. 5)   **NVermG**
   RP: Landesgesetz ü. d. amtl. Vermessungswesen v.
   20.12.2000 (GVBl S. 572)   **LGVerm**
   SACH: Sächs. ~ i. d. Bek. v. 2.8.1994 (SächsGVBl S. 1457)   **SVermG**
   SACH: Sächs. ~ v. 12.5.2003 (SächsGVBl S. 121)   **SächsVermG**
   SL: Landes~ v. 15.12.1971 (ABl 1972 S. 34)   **LVermG**
   TH: Thüringer Landes~ v. 30.1.1997 (GVBl S. 69)   **ThürLVermG**
Durchführungsverordnung
   SACH: ~ zum Sächsischen Vermessungsgesetz v.
   1.9.2003 (SächsGVBl S. 342)   **DVOSächsVermG**

Vermessungsingenieure, Öffentlich bestellte
   BB: Berufsordnung f. d. Öffentlich bestellten Vermes-
   sungsingenieure v. 13.12.1991 (GVBl S. 647)   **ÖbVermIng BO**

BE:	Berufsordnung f. d. Öffentlich bestellten Vermessungsingenieure v. 31.3.1987 (GVBl S. 1333)	ÖbVI-BO
BE:	VO ü. d. Vergütung d. Öffentlich bestellten Vermessungsingenieure i. d. Bek. v. 8.10.1985 (GVBl S. 2247)	ÖbVIVergO
BW:	Berufsordnung f. d. Öffentlich bestellten Vermessungsingenieure i. d. Bek. v. 1.12.1977 (GBl 1978 S. 53)	ÖbVBerufsordnung
HA:	Berufsordnung f. d. Öffentlich bestellten Vermessungsingenieure VO ü. Öffentlich bestellte Vermessungsingenieurinnen und -ingenieure v. 11.10.1995 (GVBl I S. 277)	ÖbVI-VO
ND:	Berufsordnung d. Öffentlich bestellten Vermessungsingenieure v. 28.12.1965 (GVBl S. 269)	VermIngBO
ND:	Kostenordnung d. Öffentlich bestellten Vermessungsingenieure v. 26.4.1966 (GVBl S. 85)	KOVermIng
NW:	Berufsordnung f. d. Öffentlich bestellten Vermessungsingenieure v. 27.4.1965 (GV.NW S. 113)	ÖbVermIngBO
NW:	Kostenordnung f. Öffentlich bestellte Vermessungsingenieure v. 26.4.1973 (GV.NW S. 334)	ÖbVermIng KO NW
RP:	Berufsordnung d. Öffentl. bestellten Vermessungsingenieure v. 20.12.1971 (GVBl 1972 S. 26)	BO ÖbVI
RP:	Landesverordnung über die Öffentlich bestellten Vermessungsingenieurinnen und Öffentlich bestellten Vermessungsingenieure v. 22.6.2005 (GVBl S. 249)	ÖbVIVO
SACH:	Sächs. VO über Öffentlich bestellte Vermessungsingenieure v. 1.9.2003 (SächsGVBl S. 346)	SächsÖbVVO
SH:	Landesverordnung ü. d. Vergütung d. Öffentl. bestellten Vermessungsingenieure v. 24.1.1985 (GVOBl S. 53)	VergVO-Öb VI
SH:	Landesverordnung über die Bestellung und die Berufsausübung der Öffentlich bestellten Vermessungsingenieurinnen und Öffentlich bestellten Vermessungsingenieure v. 14.1.2005 (GVOBl S. 41)	ÖbVI-VO

Vermessungskostenverordnung
SACH: Sächs. ~ v. 1.9.2003 (SächsGVBl S. 349) — SächsVermKoVO

Vermittlerverordnung
KWG-~ v. 4.12.2007 (BGBl I S. 2785) — KWGVermV

Vermittlungsstellenverordnung
BB: ~ v. 2.11.2006 (GVBl II S. 472) — VermStV

Vermögensanlagen-Verkaufsprospektgebührenverordnung
v. 29.6.2005 (BGBl I S. 1873) — VermVerkProspGebV

Vermögensanlagen-Verkaufsprospektverordnung
v. 16.12.2004 (BGBl I S. 3464) — VermVerkProspV

Vermögensbeteiligungsgesetz, Drittes
Drittes Vermögensbeteiligungsgesetz v. 7.9.1998 (BGBl I S. 2647) — 3. VermBetG

4. Gesetze, sonstige Rechtsvorschriften, Verwaltungsvorschriften u.ä.   Ver

Vermögensbildungsgesetz
Fünftes ~ i. d. Bek. v. 4.3.1994 (BGBl I S. 406)   **5. VermBG**
VO z. Durchführung d. 5. Vermögensbildungsgesetzes v.
23.10.1987 (BGBl I S. 2327)   **VermBDV 1987**

Vermögensgesetz
i. d. Bek. v. 9.2.2005 (BGBl I S. 205)   **VermG**
BB: Durchführungsverordnung zum ~ v. 4.8.1991
(GVBl II S. 375)   **VermGDVO**
Durchführungsverordnung
BB: Zweite Vermögensgesetz~ v. 20.9.2005 (GVBl II
S. 478)   **2. VermGDV**

Vermögensrecht
~sergänzungsgesetz v. 15.9.2000 (BGBl I S. 1382)   **VermRErgG**
BE: ~sdatenverarbeitungsgesetz v. 12.7.1995 (GVBl S. 451)   **VermDVG**

Vermögensteuer
~-Änderungsrichtlinien 1989 v. 9.3.1989 (BStBl I Sondernr.
1/1989 S. 3)   **VStÄR 1989**
~-Richtlinien 1989 v. 9.3.1989 (BStBl I Sondernr. 1/1989
S. 25)   **VStR 1989**
~gesetz i. d. Bek. v. 14.11.1990 (BGBl I S. 2467)   **VStG**
~reformgesetz v. 17.4.1974 (BGBl I S. 949)   **VStRG**

Vermögensübertragungsgesetz
DtA-~ v. 15.8.2003 (BGBl I S. 1657)   **DtA-VÜG**

Vermögenswirksame Leistungen
BW: Ges. ü. ~ i. d. Bek. v. 3.4.1979 (GBl S. 158)   **VermLG Ba-Wü**

Vermögenszuordnungsgesetz
i. d. Bek. v. 29.3.1994 (BGBl I S. 709)   **VZOG**

Vermögenszuordnungszuständigkeitsübertragungsverordnung
v. 10.12.2003 (BGBl I S. 2550)   **VZOZÜV**

Veröffentlichungs-Bekanntmachung
BY: ~ i. d. Bek. v. 6.11.2001 (GVBl S. 730)   **VeröffBek**

Verordnung ü. d. Einleiten wassergefährdender Stoffe
BE: Vereinigter Großer Senat v. 14.3.1989 (GVBl S. 561)   **VGS**
BY: Vereinigter Großer Senat v. 9.12.1990 (GVBl S. 586)   **VGS**
HE: VO ü. d. Einleiten o. Einbringen v. Abwasser mit ge-
fährl. Stoffen in öffentl. Abwasseranlagen (Indirekt-
einleiterVO) v. 12.11.2001 (GVBl I S. 474)   **VGS**
NW: Vereinigter Großer Senat v. 25.9.1989 (GV.NW
S. 564)   **VGS**

Verordnung ü. d. Lagern wassergefährdender Flüssigkeiten
BE: ~ v. 27.5.1970 (GVBl S. 754)   **VLwF**
BW: ~ v. 21.1.1971 (GVBl S. 5)   **VLwF**
BW: ~ v. 30.6.1966 (GBl S. 134)   **VLwF**

HE: ~ v. 7.9.1967 (GVBl I S. 155)   **VLwF**
RP: ~ v. 14.12.1970 (GVBl 1971 S. 29)   **VLwF**
SL: ~ v. 18.7.1968 (ABl S. 567)   **VLwF**
VO ü. d. Lagern wassergefährdender Stoffe
    SH: ~ Lagerbehälterverordnung v. 15.9.1970 (GVOBl
    S. 269)   **VLwS**

Verordnungsanwendungsverordnung
    BB: VO über die Anwendung von VOen nach § 11 des
    Gerätesicherheitsgesetzes auf bauliche Anlagen im
    Land Brandenburg v. 1.9.2003 (GVBl II S. 560)   **BbgBauGSGV**

Verpackungsverordnung
v. 21.8.1998 (BGBl I S. 2379)   **VerpackV**

Verpflichtungsgesetz
v. 2.3.1974 (BGBl I S. 469)   *VerpflG*
    Zuständigkeitsverordnung
    BW: Verpflichtungsgesetz-~ v. 23.11.2006 (GBl S. 380)   **VerpflGZuVO**

Versammlungsgesetz
i. d. Bek. v. 15.11.1978 (BGBl I S. 1789)   **VersG**
    BY: Gesetz z. Ausführung d. Versammlungsgesetzes v.
    15.7.1957 (GVBl S. 160)   **AGVersammlG**

Versammlungsstättenverordnung
    BB: Brandenburgische ~ v. 29.11.2005 (GVBl II S. 540)   **BbgVStättV**
    BE: ~ v. 15.9.1970 (GVBl S. 1664)   **VSättV**
    BW: ~ v. 28.4.2004 (GBl S. 311)   **VStättV**
    BY: ~ v. 17.12.1990 (GVBl S. 542)   **VSättV**
    HA: ~ v. 5.8.2003 (GVBl S. 420)   **VStättV**
    MV: ~ v. 28.4.2003 (GVOBl M-V S. 310)   **VStättV**
    ND: Niedersächsische ~ v. 8.11.2004 (GVBl S. 426)   **NVStättVO**
    NW: ~ v. 1.7.1969 (GV.NW S. 548)   **VSättV**
    RP: ~ v. 17.7.1972 (GVBl S. 257)   **VSättV**
    SACH: Sächs. ~ v. 7.9.2004 (SächsGVBl S. 443)   **SächsVStättVO**
    SH: ~ v. 5.7.2004 (GVOBl S. 240)   **VStättV**
    SL: ~ i. d. Bek. v. 22.1.1979 (ABl S. 298)   **VSättV**

Versandverfahren, gemeinschaftliches
    VO EWG Nr. 222 / 77 d. Rates ü. d. gemeinschaftl. Versandverfahren v. 13.12.1976 (ABl EG 1977 Nr. L 38/1)   *VersandV*
    VO EWG Nr. 223 / 77 d. Kommission ü. Durchführungsbestimmungen und Vereinfachungsmaßnahmen d. gemeinschaftl. Versandverfahrens v. 22.12.1976 (ABl EG 1977 Nr. L 38/20)   *VersandDV*

Verschollenheitsänderungsgesetz
    Ges. z. Änderung v. Vorschriften d. Verschollenheitsrechts
v. 15.1.1951 (BGBl I S. 59)   *VerschÄndG*

Verschollenheitsgesetz
i. d. Bek. v. 15.1.1951 (BGBl I S. 63)   *VerschG*

4. Gesetze, sonstige Rechtsvorschriften, Verwaltungsvorschriften u.ä. Ver

Verschreibungsverordnung
  VO ü. d. Verschreibungspflicht v. Medizinprodukten v.
  17.12.1997 (BGBl I S. 3146)   **MPVerschrV**

Versetzungsverordnung
  LSA: ~ v. 12.7.2004 (GVBl LSA S. 392)   **VersetzVO**
  MV: ~ v. 18.8.1995 (GVOBl M-V S. 405)   **VAV**
  MV: ~ v. 3.6.1996 (GVOBl M-V S. 380)   **VAVO**

Versicherungsaufsichts- und Kostenerstattungsgesetz
  HE: Hess. ~ v. 15.11.2007 (GVBl I S. 782)   **HVAG**

Versicherungsaufsichtsgesetz
  i. d. Bek. v. 17.12.1992 (BGBl I 1993 S. 2)   **VAG**
  ND: Niedersächsisches ~ v. 28.3.1990 (GVBl S. 125)   **NVAG**
  NW: Landes~ v. 20.4.1999 (GV.NW S. 154)   **VAG NRW**

Versicherungsberichterstattungsverordnung
  Versicherungsberichterstattungs-VO v. 29.3.2006 (BGBl I
  S. 622)   **BerVersV**

Versicherungsbilanzrichtlinie-Gesetz
  v. 24.6.1994 (BGBl I S. 1377)   **VersRiLiG**

Versicherungsnummer
  VO ü. d. Vergabe u. Zusammensetzung d. ~ v. 7.12.1987
  (BGBl I S. 2532)   **VNrV**
  Versicherungsnummern-, Kontoführungs- und Versiche-
  rungsverlaufsverordnung v. 30.3.2001 (BGBl I S. 475)   **VKVV**

Versicherungsteuer
  Versicherungssteuer-Durchführungsverordnung i. d. Bek. v.
  10.1.1996 (BGBl I S. 28)   **VersStDV 1996**
  Versicherungssteuergesetz 1996 i. d. Bek. v. 10.1.1996
  (BGBl I S. 22)   **VersStG 1996**

Versicherungsunterlagenverordnung
  v. 22.12.1965 (BGBl I S. 2139)   **VuVO**

Versicherungsunternehmen
  ND: Niedersächsische VO über die Berichterstattung und
  Rechnungslegung von ~ sowie über die Anlagen be-
  rufsständischer Altersversorgungswerke v. 24.4.2007
  (GVBl S. 156)   **NRechVersVO**

Versicherungsunternehmensgesetz
  ND: Gesetz ü. d. öffentl.-rechtl. Versicherungsunternehm-
  men i. Niedersachsen v. 10.1.1994 (GVBl S. 5)   **NöVersG**

Versicherungsvertragsgesetz
  Ges. ü. d. Versicherungsvertrag v. 30.5.1908 (RGBl S. 263)   **VVG**

Versicherungswesen
  BY: Ges. ü. d. öffentliche ~ v. 7.12.1933 (BayBS I S. 242)   **VersG**

Versorgungsanerkennungsgesetz
BE: Ges. ü. d. Anerkennung d. Versorgung d. politisch,
rassisch u. religiös Verfolgten d. Nationalsozialismus i.
d. Bek. v. 21.1.1991 (GVBl S. 38)   PrVG

Versorgungsanpassungsgesetz
HA: Hamb. Besoldungs- und ~ 2007/2008 v. 11.7.2007
(GVBl S. 213)   HmbBVAnpG 2007/2008

HE: Hess. Besoldungs- und ~ 2007/2008 v. 28.9.2007
(GVBl I S. 602)   HBVAnpG 2007/2008
ND: ~ v. 12.6.1962 (GVBl S. 56)   VersAG
RP: Landesbesoldungs- und — 2007/2008 v. 21.12.2007
(GVBl S. 283)   LBV AnpG 2007/2008

Versorgungsanstaltsgesetz
BW: ~ i. d. Bek. v. 28.7.1961 (GBl S. 299)   VersAnstG

Versorgungsausgleich
Ges. ü. weitere Maßnahmen auf d. Gebiet d. Versorgungs-
ausgleichs v. 8.12.1986 (BGBl I S. 2317)   VAwMG
Ges. z. Regelung v. Härten im ~ v. 21.2.1983 (BGBl I S. 105)   VAHRG
Versorgungsausgleichs-ErstattungsVO v. 9.10.2001 (BGBl
I S. 2628)   VAErstV
Versorgungsausgleichs-Überleitungsgesetz v. 25.7.1991
(BGBl I S. 1606, 1702)   VAÜG

Versorgungsfondsgesetz
HA: Hamb. ~ v. 19.12.2000 (GVBl I S. 399)   HmbVersFondsG
NW: Versorgungsfondgesetz v. 20.4.1999 (GV.NW S. 174)   EFoG

Versorgungskartenverordnung
v. 6.8.1976 (BGBl I S. 2094)   VersKV

Versorgungskassen
NW: Ges. ü. d. kommunalen ~ u. ZusatzVersorgungskassen
i. d. Bek. v. 6.11.1984 (GV.NW S. 694)   VKZVKG NW

Versorgungsreformgesetz
1998 v. 29.6.1998 (BGBl I S. 1666)   VReformG

Versorgungsrücklageänderungsgesetz
BE: Erstes ~ v. 23.9.2005 (GVBl S. 474)   1. VersRücklÄndG

Versorgungsrücklage(n)gesetz
BB: Brandenburgisches Versorgungsrücklage(n)gesetz v.
25.6.1999 (GVBl I S. 249)   BbgVRG
BE: Versorgungsrücklagegesetz i. d. Bek. v. 9.1.2006
(GVBl S. 22)   VersRücklG
BR: Gesetz ü. e. Versorgungsrücklage d. Landes Bremen v.
30.3.1999 (GBl S. 50)   BremVersRücklG
BW: Versorgungsrücklagegesetz v. 15.12.1998 (GBl S. 658)   VersRücklG

BY: Gesetz ü. d. Bildung von Versorgungsrücklagen im
Freistaat Bayern v. 26.7.1999 (GVBl S. 309)   BayVersRücklG
HA: Hamb. Versorgungsrücklagegesetz v. 30.11.1999
(GVBl I S. 266)   HmbVersRücklG
HE: Hess. Versorgungsrücklage(n)gesetz v. 15.12.1998
(GVBl I S. 526)   HVersRücklG
LSA: Versorgungsrücklagegesetz v. 21.12.1998 (GVBl LSA
S. 497)   VersRücklG
MV: Versorgungsrücklagegesetz v. 22.11.1999 (GVOBl
M-V S. 612)   VersRücklG
ND: Niedersächsisches Versorgungsrücklage(n)gesetz v.
16.11.1999 (GVBl S. 388)   NVersRücklG
SH: Landesversorgungsrücklagegesetz v. 18.5.1999
(GVOBl S. 113)   LVersRG
SL: ~ v. 23.6.1999 (ABl S. 1130)   VersRG-SL

Versorgungsschadenrentengesetz
BY: ~ v. 27.7.1953 (BayBS III S. 631)   VRG

Versorgungsverbandsgesetz
TH: Thüringer ~ v. 8.7.1994 (GVBl S. 812)   ThürVersVG

Versorgungsverwaltungsgesetz
BW: ~ v. 1.7.2004 (GBl S. 532)   VersVG

Versorgungsverwaltungszuständigkeitsverordnung
BB: ~ v. 11.8.2006 (GVBl II S. 349)   VersVwZV

Versorgungswerk
LSA: Gesetz über das ~ der Steuerberaterinnen und Steuerberater v. 22.3.2006 (GVBl LSA S. 142)   StBVersG LSA
ND: Niedersächsische VO über die Berichterstattung und Rechnungslegung von Versicherungsunternehmen sowie über die Anlagen berufsständischer Altersversorgungswerke v. 24.4.2007 (GVBl S. 156)   NRechVersVO
SL: Gesetz zur Errichtung d. Versorgungswerks d. Steuerberater/Steuerberaterinnen u. Wirtschachaftsprüfer/Wirtschaftsprüferinnen i. Saarland v. 29.9.2001 (ABl S. 2115)   StB/WPVG
SL: VO ü. d. Errichtung d. Versorgungswerkes d. Steuerberater und Steuerbevollmächtigten im Saarland i. d. Bek. v. 18.11.1975 (ABl S. 1322)   StBVersVO
Änderungsgesetze
NW: Versorgungswerks-Änderungsgesetz NRW v.
20.12.2007 (GV.NW S. 41)   VersWerkÄndG NRW

Versorgungswerkeverordnung
NW: ~ v. 2.6.1999 (GV.NW S. 226)   VersWerkVO NRW
SL: ~ v. 22.4.2003 (ABl S. 1268)   VersWerkVO Saarland

Versorgungswesen
Ärztlicher Bundestarif für das ~ v. 23.7.1951 (BABl S. 360 =
BVBl S. 74)   BVT

Zahnärztlicher Bundestarif für das ~ v. 13.10.1953 (BVBl
S. 188, 174)   **ZBT**
BY: Gesetz ü. d. öffentl. ~ v. 25.6.1994 (GVBl S. 466)   **VersoG**

Versteigerungsverbotsaussetzungsverordnung
BE: ~ v. 18.9.2007 (GVBl S. 331)   **VerstVerbAussetzungsV**

Versteigerverordnung
Versteigererverordnung i. d. Bek. v. 24.4.2003 (BGBl I
S. 547)   **VerstV**

Verteilungsverordnung
BB: ~ v. 10.1.2000 (GVBl II S. 30)   **VertV**

Verträglichkeitsgesetz
Gesetz über die elektromagnetische Verträglichkeit von Betriebsmitteln v. 26.2.2008 (BGBl I S. 220)   **EMVG**

Vertragliche Schuldverhältnisse
Übereinkommen ü. d. auf ~ anzuwendende Recht v.
11.6.1980 (ABlEG Nr. L 266/1)   *IPR-Vtr-Übk*

Vertragshilfegesetz
v. 26.3.1952 (BGBl I S. 198)   *VtrHiG*

Vertrauenspersonenwahlverordnung
v. 8.2.1991 (BGBl I S. 420)   **VPWV**

Vertretungsgesetz
SACH: ~ v. 20.2.1997 (SächsGVBl S. 108)   **SächsVertrG**

Vertretungs(ver)ordnung
Anordnung ü. d. Vertretung d. Bundes im Geschäftsbereich d. Bundesministeriums d. Justiz u. ü. d. Verfahren bei der Vertretung v. 25.4.1958 (BAnz Nr. 82)   *VertrO-BMJ*
Anordnung ü. d. Vertretung d. Bundesrepublik Deutschland im Bereich d. Bundesfinanzverwaltung v. 15.11.1972 (BAnz Nr. 233)   **VertrOBFV**
Vertretungsordnung-BMI v. 9.4.1976 (BAnz Nr. 93)   *VertrO-BMI*
BY: Vertretung des Freistaates Bayern i. d. Bek. v.
4.10.1995 (GVBl S. 733)   **VertrV**
SACH: i. d. Bek. v. 27.12.1999 (SächsGVBl 2000 S. 2)   **VertrVO**

Vertriebenenbeirat
BE: ~-VO v. 10.10.1995 (GVBl S. 667)   **VertrBeiratVO**

Vertriebswegeverordnung
VO ü. Vertriebswege f. Medizinprodukte v. 17.12.1997
(BGBl I S. 3148)   **MPVertrV**

Verwahrsachenanweisung
HE: ~ v. 18.10.1976 (JMBl S. 1009)   **VwAnw**

Verwaltung, Bremische
BR: Gemeinsame Geschäftsordnung f. d. Bremische Verwaltung v. 3.9.1985 (ABl S. 559)   **BremGGO**

1. Gesetze, sonstige Rechtsvorschriften, Verwaltungsvorschriften u. ä.   Ver

Verwaltungs- und Benutzungsgebühren
SL: Ges. ü. d. Erhebung v. ~ v. 24.6.1964 (ABl S. 629)   **SaarlGebG**

Verwaltungsakademie
BE: VO ü. d. Ordnung d. ~ v. 16.4.1985 (GVBl S. 1006)   **VAkVO**

Verwaltungsaufbauergänzungsgesetz
SACH: Sächs. ~ v. 16.4.1999 (SächsGVBl S. 184)   **SächsVwAufbErgG**

Verwaltungsdatenverwendungsgesetz
v. 31.10.2003 (BGBl I S. 2149)   **VwDVG**

Verwaltungsfachangestellte
RP: LandesVO ü. d. Berufsausbildung zu Verwaltungsfachangestellten i. d. Fachrichtungen Landesverwaltung und Kommunalverwaltung v. 25.6.1999 (GVBl S. 137)   **VFA-VO**

Verwaltungsfachhochschulgesetz
HE: ~ v. 12.6.1979 (GVBl I S. 97)   **VerwFHG**
RP: Verwaltungshochschulgesetz i. d. Bek. v. 15.9.1987 (GVBl S. 314)   **VHochSchG**
SL: Ges. ü. d. Fachhochschule f. Verwaltung v. 27.2.1980 (ABl S. 449)   *VFHSchG*
TH: Thüringer ~ v. 23.3.1994 (GVBl S. 313)   **ThürVFHG**

Verwaltungsgebühren(ver)ordnung
BE: Verwaltungsgebührenordnung i. d. Bek. v. 13.11.1978 (GVBl S. 2410)   **VGebO**
NW: Allg. Verwaltungsgebührenordnung v. 3.7.2001 (GV.NW S. 262)   **AVerwGebO NRW**
SH: Landesverordnung ü. Verwaltungsgebühren i. d. Bek. v. 14.1.1980 (GVOBl S. 10)   *LVwGebVO*

Verwaltungsgemeinschaftsordnung
BY: ~ i. d. Bek. v. 26.10.1982 (GVBl S. 965)   **VGemO**

Verwaltungsgerichtsgesetz
BB: Brandenburgisches ~ i. d. Bek. v. 22.11.1996 (GVBl I S. 317)   **BbgVwGG**

Verwaltungsgerichtsordnung
Sechstes Gesetz z. Änderung d. VwGO u. anderer Gesetze v. 1.11.1996 (BGBl I S. 1626)   **6. VwGOÄndG**
i. d. Bek. v. 19.3.1991 (BGBl I S. 686)   **VwGO**
Ausführungsgesetze
BE: Ges. z. Ausführung d. Verwaltungsgerichtsordnung i. d. Bek. v. 22.2.1977 (GVBl S. 557)   **AGVwGO**
BW: Ges. z. Ausführung d. Verwaltungsgerichtsordnung v. 22.3.1960 (GBl S. 94)   **AGVwGO**
BY: Ges. z. Ausführung d. Verwaltungsgerichtsordnung v. 28.11.1960 (GVBl S. 266)   **AGVwGO**

HE: Hess. Ges. z. Ausf. d. Verwaltungsgerichtsordnung
v. 6.2.1962 (GVBl I S. 13)   HessAGVwGO
NW: Ges. z. Ausführung d. Verwaltungsgerichtsordnung
v. 26.3.1960 (GV.NW S. 47)   AG VwGO
RP: Ges. z. Ausführung d. Verwaltungsgerichtsordnung
i. d. Bek. v. 5.12.1977 (GVBl S. 451)   AGVwGO
SH: Ges. z. Ausführung d. Verwaltungsgerichtsordnung
v. 6.3.1990 (GVOBl S. 226)   AGVwGO
SL: Ges. z. Ausführung d. Verwaltungsgerichtsordnung
v. 5.7.1960 (ABl S. 558)   AGVwGO
TH: ~ v. 7.8.1991 (GVBl S. 328)   ThürAGVwGO

Verwaltungsgerichtszuständigkeitsverordnung
TH: Thüringer ~ v. 30.11.1998 (GVBl S. 434)   ThürVGZVO

Verwaltungsgesetz
BW: Landes~ i. d. Bek. v. 2.1.1984 (GBl S. 101)   LVG
SH: Landes~ i. d. Bek. v. 19.3.1979 (GVOBl S. 181)   LVwG

Verwaltungshochschulgesetz
RP: Landesgesetz über die Deutsche Hochschule für Verwaltungswissenschaften Speyer ~ v. 2.3.2004 (GVBl S. 171)   DHVG

Verwaltungskostengesetz
v. 23.6.1970 (BGBl I S. 821)   VwKostG
HE: Hess. ~ v. 11.7.1972 (GVBl I S. 235)   HVwKostG
LSA: ~ v. 27.6.1991 (GVBl LSA S. 154)   VwKostG
MV: ~ v. 4.10.1991 (GVOBl M-V S. 366)   VwKostG M-V
ND: Niedersächsisches ~ i. d. Bek. v. 25.4.2007 (GVBl S. 172)   NVwKostG
SACH: ~ des Freistaates Sachsen i. d. Bek. v. 17.9.2003 (SächsGVBl S. 698)   SächsVwKG
TH: Thüringer ~ v. 23.9.2005 (GVBl S. 325)   ThürVwKostG

Verwaltungskostenordnung
HE: Allgemeine ~ v. 21.11.2003 (GVBl I S. 294)   AllgVwKostO
HE: ~ für den Geschäftsbereich des Kultusministeriums v. 10.12.2007 (GVBl I S. 869)   VwKostO-KM
HE: ~ für den Geschäftsbereich des Ministeriums des Innern und für Sport v. 16.12.2003 (GVBl I S. 350)   VwKostO MdI
HE: ~ für den Geschäftsbereich des Ministeriums für Umwelt, ländlichen Raum und Verbraucherschutz v. 16.12.2003 (GVBl I S. 362)   VwKostO-MULV
HE: ~ für den Geschäftsbereich des Ministeriums für Wirtschaft, Verkehr und Landesentwicklung v. 19.3.2004 (GVBl I S. 114)   VwKostO MWVL
HE: ~ für den Geschäftsbereich des Ministeriums für Wissenschaft und Kunst v. 18.12.2003 (GVBl I S. 520)   VwKostO-MWK
HE: ~ für den Geschäftsbereich des Sozialministeriums v. 16.12.2003 (GVBl I S. 470)   VwKostO-SM

TH: Thüringer ~ für Bodenordnungsmaßnahmen nach
dem Baugesetzbuch v. 22.3.2005 (GVBl S. 157) **ThürVwKostOBo**
TH: Thüringer ~ für die Gutachterausschüsse v. 24.6.2003
(GVBl S. 378) **ThürVwKostOGaa**
TH: ~ z. Thüringer Verwaltungszustellungs- u. Vollstre-
ckungsGes. v. 25.1.1995 (GVBl S. 92) **ThürVwZVGKostO**

Verwaltungsmodernisierungsgesetz
BY: ~ v. 25.10.2004 (GVBl S. 398) **VerwModG**
SACH: Sächs. ~ v. 5.5.2004 (SächsGVBl S. 148) **SächsVwModG**

Verwaltungsmodernisierungsgrundsätzegesetz
LSA: ~ v. 27.2.2003 (GVBl LSA S. 40) **VerwModGrG**

Verwaltungsneuordnungsgesetz
SACH: Sächs. ~ v. 29.1.2008 (SächsGVBl S. 138) **SächsVwNG**

Verwaltungsorganisationsgesetz
SACH: Sächs. ~ v. 25.11.2003 (SächsGVBl S. 899) **SächsVwOrgG**

Verwaltungsorganisationsreformgesetz
RP: ~ v. 12.10.1999 (GVBl S. 325) **VwORG**

Verwaltungsrechtl. Einführungsgesetz
MV: ~ v. 25.4.1991 (GVOBl M-V S. 121) **EGVwR**

Verwaltungsreform-Grundsätze-Gesetz
BE: ~ i. d. Bek. v. 21.12.2005 (GVBl S. 10) **VGG**

Verwaltungsreformgesetz
BE: ~ *VerwRefG*
BY: ~ v. 26.7.1997 (GVBl S. 311) **VwReformG**

Verwaltungsreformgesetz, Drittes
BY: Drittes Verwaltungsreformgesetz v. 23.11.2001 (GVBl
S. 734) **3. VwReformG**

Verwaltungsschulgesetz
BY: Bay. ~ v. 9.6.1998 (GVBl S. 290) **BayVwSG**
RP: Ges. ü. d. Zentrale Verwaltungsschule Rheinland-Pfalz
v. 26.7.1977 (GVBl S. 249) **ZVSG**

Verwaltungsschulverbandsgesetz
HE: ~ v. 12.6.1979 (GVBl I S. 104) **VwSchG**

Verwaltungsstruktur-Reformgesetz
BW: ~ v. 1.7.2004 (GBl S. 469) **VRG**
SL: ~ v. 21.11.2007 (ABl S. 2393) **VSRG**

Verwaltungsverfahren
BE: VO ü. d. förmliche ~ v. 14.5.1980 (GVBl S. 991) **FörmVfVO**
Zugänglichmachung von Dokumenten für blinde, erblin-
dete und sehbehinderte Menschen
BY: Bay. VO zur ~ im Verwaltungsverfahren v.
24.7.2006 (GVBl S. 434) **BayDokZugV**

Verwaltungsverfahrensgesetz
  i. d. Bek. v. 21.9.1998 (BGBl I S. 3050) — VwVfG
  BB: ~ für das Land Brandenburg i. d. Bek. v. 9.3.2004
    (GVBl I S. 78) — VwVfG
  BE: ~ v. 25.5.1976 (GVBl S. 1173) — VwVfG
  BR: Brem. ~ i. d. Bek. v. 9.5.2003 (GVBl S. 219) — BremVwVfG
  BW: Landes~ v. 21.6.1977 (GBl S. 227) — LVwVfG
  BY: Bay. ~ v. 23.12.1976 (GVBl S. 544) — BayVwVfG
  HA: Hamb. ~ v. 9.11.1977 (GVBl I S. 333) — HmbVwVfG
  HE: Hess. ~ i. d. Bek. v. 28.7.2005 (GVBl I S. 591) — HVwVfG
  LSA: ~ f. d. Land Sachsen-Anhalt i. d. Bek. v. 7.1.1999
    (GVBl LSA S. 2) — VwVfG
  ND: Vorläufiges ~ v. 3.12.1976 (GVBl S. 311) — Nds.VwVfG
  NW: ~ i. d. Bek. v. 12.11.1999 (GV.NW S. 602) — VwVfG
  RP: Landes~ v. 23.12.1976 (GVBl S. 308) — LVwVfG
  SACH: ~ für den Freistaat Sachsen i. d. Bek. v. 10.9.2003
    (SächsGVBl S. 614) — SächsVwVfG
  SL: Saarländisches ~ v. 15.12.1976 (ABl S. 1151) — SVwVfG
  TH: Thüringer ~ i. d. Bek. v. 15.2.2005 (GVBl S. 32) — ThürVwVfG

Verwaltungsvollstreckungsgesetz
  v. 27.4.1953 (BGBl I S. 157) — VwVG
  BB: ~ v. 18.12.1991 (GVBl S. 661) — VwVG
  BR: Brem. ~ i. d. Bek. v. 1.4.1960 (GBl S. 37) — BremVwVG
  BW: Landes~ v. 12.3.1974 (GBl S. 93) — LVwVG
  HA: ~ v. 13.3.1961 (GVBl I S. 79) — VwVG
  HE: Hess. ~ i. d. Bek. v. 27.7.2005 (GVBl I S. 574) — HessVwVG
  LSA: ~ v. 23.6.1994 (GVBl LSA S. 710) — VwVG
  ND: Niedersächsisches ~ v. 2.6.1982 (GVBl S. 139) — NVwVG
  NW: ~ i. d. Bek. v. 19.2.2003 (GV.NW S. 156) — VwVG
  RP: Kostenordnung z. Landes~ v. 2.1.1958 (GVBl S. 12) — 3. VOVVG
  RP: Landesverordnung ü. d. Vollstreckung privatrechtl.
    Forderungen nach d. Landes~ v. 2.1.1958 (GVBl
    S. 11) — 2. VOVVG
  RP: Landesverordnung über die Vollstreckung privatrechtlicher Geldforderungen nach dem Landes~ v.
    8.6.2004 (GVBl S. 349) — LVwVGpFVO
  SACH: ~ für den Freistaat Sachsen i. d. Bek. v. 10.9.2003
    (SächsGVBl S. 614) — SächsVwVG
  SL: Saarländisches ~ v. 27.3.1974 (ABl S. 430) — SVwVG

Verwaltungsvollzugsbeamte
  ND: VO ü. Verwaltungsvollzugsbeamtinnen u. ~ v.
    13.3.1995 (GVBl S. 60) — VollzBeaVO

Verwaltungsvorschriften
  Richtlinien z. Gestaltung, Ordnung u. Überprüfung v. ~ d.
  Bundes v. 20.12.1989 (GMBl 1990 S. 38) — VwVR
  (Ausfüllanleitung f. Justizbehörden – AfJ –) v. 25.7.1985
  (BAnz Nr. 155 a); Verwaltungsvorschriften (Ausfüllanleitung f. Verwaltungsbehörden – AfV-) v. 25.7.1985 (BAnz
  Nr. 155 a) — BZRVwV

ND: Listen der geltenden niedersächsischen ~. RdErl v.
    16.12.1960 (MBl S. 922)   GültL
Verwaltungsvorschriftengesetz
    SACH: Sächs. ~ i. d. Bek. v. 10.2.2006 (SächsGVBl S. 25)   SachsVwVorG
Verwaltungszustellungsgesetz
    v. 3.7.1952 (BGBl I S. 379) (s.a. Zustellungsgesetz)   VwZG
    BR: Brem. ~ v. 26.1.2006 (GBl S. 49)   BremVwZG
    BW: Landes~ v. 30.6.1958 (GBl S. 165) (s.a. Zustellungs-
        gesetz)   LVwZG
    BY: Bay. ~ u. Vollstreckungsgesetz i. d. Bek. v. 11.11.1970
        (GVBl 1971 S. 1) (s.a. Zustellungsgesetz)   VwZVG
    HA: Hamb. ~ v. 21.6.1954 (SlgBerHmbLR 20102-a) (s.a.
        Zustellungsgesetz)   HmbVwZG
    HE: Hessisches ~ v. 14.2.1957 (GVBl S. 9) (s.a. Zustel-
        lungsgesetz)   VwZG
    ND: Niedersächsisches ~ i. d. Bek. v. 15.6.1966 (GVBl
        S. 114) (s.a. Zustellungsgesetz)   Nds.VwZG
    ND: Niedersächsisches ~ i. d. Bek. v. 23.2.2006 (GVBl
        S. 72)   NVwZG
    RP: Landes~ v. 2.3.2006 (GVBl S. 56)   LVwZG
    SACH: ~ für den Freistaat Sachsen i. d. Bek. v. 10.9.2003
        (SächsGVBl S. 620)   SächsVwZG
    SH: ~ v. 15.2.1954 (GVOBl S. 31; GS 2010) (s.a. Zustel-
        lungsgesetz)   SchlHVwZG
    SL: Saarländisches ~ v. 13.12.2005 (ABl 2006 S. 214)   SVwZG
    TH: Thüringer ~ u. Vollstreckungsgesetz v. 27.9.1994
        (GVBl S. 1053) (s.a. Zustellungsgesetz)   ThürVwZVG
Verwaltungszwangsverfahrenskostenverordnung
    LSA: VO ü. d. Kosten i. Verwaltungszwangsverfahren v.
        11.12.2001 (GVBl LSA S. 562)   VwVKostVO
Verwertung der Liegenschaften
    BB: Gesetz ü. d. ~ d. Westgruppe d. Truppen v. 3.6.1994
        (GVBl I S. 170)   WGT-LVG
Verzinsungsverordnung
    BE: Zweite VO ü. d. Verzinsung v. Wohnungsbaudarlehen
        aus öffentl. Haushalten v. 16.12.1986 (GVBl S. 2098)   2. ZinsVO
Veterinärbeleihungs- und Kostengesetz
    SH: ~ v. 4.12.2007 (GVOBl S. 476)   VetbKostG
Veterinärverwaltungskostenverordnung
    MV: ~ v. 17.3.2003 (GVOBl M-V S. 173)   VetKostVO M-V
Veterinärwesen- und Lebensmittelüberwachungsgesetz
    SL: Gesetz ü. d. öffentl. Veterinärwesen u. d. amtl. Le-
        bensmittelüberwachung v. 19.5.1999 (ABl S. 845)   VetALG
Vieh- und Fleischgesetz
    i. d. Bek. v. 21.3.1977 (BGBl I S. 477)   ViehFlG

Viehhandel
 VO betr. d. Hauptmängel u. Gewährfristen b. - v. 27.3.1899
 (RGBl S. 219) *ViehmängelVO*

Viehseuchengesetz
 BE: AusfVschr z. Ges. z. Ausf. d. Viehseuchengesetzes v.
 7.10.1975 (ABl S. 1786) (s.a. Tierseuchengesetz) **AVAG-ViehSG**
 BE: Ges. z. Ausführung d. Viehseuchengesetzes v.
 23.1.1975 (GVBl S. 394) (s.a. Tierseuchengesetz) **AG-ViehsG**
 BW: Ges. z. Ausführung d. Viehseuchengesetzes v.
 6.11.1973 (GBl S. 397) (s.a. Tierseuchengesetz) **AG-ViehsG**
 SH: Ges. z. Ausführung d. Viehseuchengesetzes v.
 3.12.1973 (GVOBl S. 409) (s.a. Tierseuchengesetz) **AGVG-SH**
 SH: Landesverordnung z. Ausf. d. Ges. z. Ausf. d. Viehseuchengesetzes v. 20.5.1974 (GVOBl S. 177) (s.a. Tierseuchengesetz) *LVO-AGVG-SH*
 SL: Ausführungsges. z. ~ v. 23.6.1976 (ABl S. 690) (s.a. Tierseuchengesetz) **SAG ViehsG**

Viehverkehrsverordnung
 i. d. Bek. v. 11.4.2001 (BGBl I S. 576) *ViehVerkVO*

Vogelberingungsverordnung
 SACH: ~ v. 12.9.1995 (SächsGVBl S. 348) **VogelBerVO**

Vogelschutzverordnung
 BY: ~ – Teil 1 v. 12.7.2006 (GVBl S. 524) **VoGEV**

Volksabstimmungsdurchführungsverordnung
 HA: Volksabstimmungsverordnung v. 19.7.2005 (GVBl S. 336) **VAbstVO**
 SH: Landesverordnung z. Durchführung d. Volksabstimmungsgesetz v. 8.5.1996 (GVOBl S. 461) **VAbstGDVO**

Volksabstimmungsgesetz
 BW: ~ i. d. Bek. v. 27.2.1984 (GBl S. 178) **VAbstG**
 LSA: ~ i. d. Bek. v. 26.10.2005 (GVBl LSA S. 657) **VAbstG**
 MV: ~ v. 31.1.1994 (GVOBl M-V S. 127) **VaG M-V**
 ND: Niedersächsisches ~ v. 23.6.1994 (GVBl S. 270) **NVAbstG**
 SH: ~ i. d. Bek. v. 5.4.2004 (GVOBl S. 108) **VAbstG**

Volksabstimmungsverordnung
 LSA: ~ v. 15.2.1996 (GVBl LSA S. 78) **VAbstVO**

Volksentscheidsverfahrensgesetz
 TH: Thüringer Gesetz ü. d. Verfahren b. Bürgerantrag, Volksbegehren u. Volksentscheid v. 19.7.1994 (GVBl S. 918) **ThürBVVG**

Volksentscheidsverfahrensverordnung
 BB: ~ v. 29.2.1996 (GVBl II S. 158) **VEVVBbg**

Volkshochschulabschlussverordnung
 MV: ~ v. 6.6.2005 (GVOBl. M-V S. 342) **VHSAVO M-V**

Volksinitiative, Volksbegehren und Volksentscheid
NW: Gesetz über das Verfahren bei ~ i. d. Bek. v. 1.10.2004
(GV.NW S. 542) — **VIVBVEG**
NW: VO zur Durchführung des Gesetzes über das Verfahren bei ~ v. 5.10.2004 (GV.NW S. 546) — **DVO VIVBVEG**
SACH: VO des Sächsischen Staatsministeriums der Justiz zur Durchführung des Gesetzes über Volksantrag, Volksbegehren und Volksentscheid v. 2.7.2003 (SächsGVBl S. 199) — **VVVGVO**

Volksinitiativenverfahrensverordnung
LSA: VO ü. d. Verfahren b. Volksinitiativen v. 30.5.1995 (GVBl LSA S. 151) — *VIn-VO*

Volksschulgesetz
BY: ~ i. d. Bek. v. 29.7.1986 (GVBl S. 185) — **VoSchG**

Volksschulordnung
BY: Schulordnung für die Volksschulen zur sonderpädagogischen Förderung v. 13.7.2005 (GVBl S. 384) — **VSO-F**
BY: ~ v. 23.7.1998 (GVBl S. 516) — **VSO**

Volkszählungsgesetz
1987 v. 8.11.1985 (BGBl I S. 2078) — *VZG 1987*
BY: Ges. z. Ausf. d. Volkszählungsgesetzes 1987 v. 5.3.1987 (GVBl S. 71) — **AGVZG 1987**

Volljährigkeitsgesetz
Ges. z. Neuregelung d. Volljährigkeitsalters v. 31.7.1974 (BGBl I S. 1713) — *VolljkG*

Vollstreckung v. Geldforderungen
BR: Brem. Ges. ü. d. ~ im Verwaltungswege v. 15.12.1981 (GBl S. 283) — **BremGVG**
RP: Landesverordnung ü. d. Vollstreckung privatrechtl. Forderungen nach d. Landesverwaltungsvollstreckungsgesetz v. 2.1.1958 (GVBl S. 11) — **2. VOVVG**

Vollstreckungsanweisung
v. 13.3.1980 (BAnz Nr. 58, Beil.; BStBl I S. 112) — *VollstrA*

Vollstreckungsbehördenbestimmungs- und Kostenbeitragsverordnung
NW: ~ v. 2.11.2007 (GV.NW S. 442) — **VBBKostBVO NRW**

Vollstreckungsbehördenbestimmungsordnung
BY: VO über die Bestimmung von Vollstreckungsbehörden nach der Justizbeitreibungsordnung v. 17.12.2004 (GVBl S. 585) — **JBeitrOVBV**

Vollstreckungsbehördenverordnung
NW: Landes~ v. 12.7.2007 (GV.NW S. 304) — **LVB VO**

Vollstreckungskostenordnung
BW: ~ v. 29.7.2004 (GBl S. 670) (s.a. Vollzugs- und Vollstreckungsordnung) — **LVwVGKO**

HA: ~ v. 24.5.1961 (GVBl I S. 169) (s.a. Vollzugs- und
Vollstreckungsordnung) **VKO**
RP: ~ v. 2.1.1958 (GVBl S. 12) (s.a. Vollzugs- und Vollstreckungsordnung) **LVwVGKostO**

Vollstreckungsvergütungsverordnung
i. d. Bek. v. 6.1.2003 (BGBl I S. 8) **VollstrVergV**

Vollstreckungszuständigkeits- und -kostenlandesverordnung
MV: ~ v. 6.10.2004 (GVOBl M-V S. 485) **VollstrZustKLVO M-V**

Vollziehungsanweisung
v. 17.3.1960 (BAnz Nr. 58) **VollzA**

Vollzugs- und Verhaltensvorschriften
HE: ~ v. 12.1.1973 (JMBl S. 61) *VollzVv*

Vollzugs- und Vollstreckungskostenordnung
SH: Vollzugs- und Vollstreckungskostenverordnung v.
11.9.2007 (GVOBl S. 443) **VVKVO**

Vollzugsbeamtenlandesverordnung
MV: ~ v. 20.3.2006 (GVOBl M-V S. 140) **VollzbLVO M-V**

Vollzugsgeschäftsordnung
i. d. Bek. v. 1.1.1977 (bundeseinheitlich vereinbart) **VGO**

Voranmeldefristenverordnung
BY: ~ v. 30.5.2003 (GVBl S. 367) **VAV**

Voranmeldeverordnung Fachhochschulen
BY: ~ v. 28.4.1983 (GVBl S. 255) **VAVFH**

Vorbehaltsverordnung
ND: Allgemeine ~ v. 14.12.2004 (GVBl S. 587) **AllgVorbehVO**

Vorbereitungsdienst
   BB: Ordnung d. Vorbereitungsdienstes v. 31.7.2001
(GVBl II S. 509) **OVP**
   BB: ~ ZulassungsVO v. 31.7.1996 (GVBl II S. 738) **VorbZulV**
   NW: Ordnung d. Vorbereitungsdienstes und der Zweiten
Staatsprüfung v. 11.11.2003 (GV.NW S. 699) **OVP**
   NW: Ordnung des berufsbegleitenden Vorbereitungsdienstes und der Zweiten Staatsprüfung für Lehrämter an
Schulen v. 24.7.2003 (GV.NW S. 438) **OVP**
   SH: Landesverordnung über die Ordnung des Vorbereitungsdienstes und die Zweiten Staatsprüfungen der
Lehrkräfte v. 22.4.2004 (GVOBl S. 116) **OVP**
   Lehramt
      HA: VO über den Vorbereitungsdienst und die Zweite
Staatsprüfung für Lehrämter an Hamburger Schulen v. 31.5.2005 (GVBl S. 220) **VVZS**
   Schule
      BW: VO des Kultusministeriums über den Vorberei-

tungsdienst und die Zweite Staatsprüfung für die
Laufbahn des höheren Schuldienstes an beruflichen
Schulen v. 10.3.2004 (GBl S. 192) **APrObSchhD**
BW: VO des Kultusministeriums über den Vorberei-
tungsdienst und die Zweite Staatsprüfung für die
Laufbahn des höheren Schuldienstes an Gymnasien
v. 10.3.2004 (GBl S. 181) **APrOGymn**

Vorbereitungsdienst Zulassungsordnung
Lehrkräfte
LSA: VO über die Zulassung zum Vorbereitungsdienst
für Lehrämter bei beschränkten Kapazitäten v.
1.1.2004 (GVBl LSA S. 26) **LehrZul-VO**

Vorbereitungsdienstbeschränkungsverordnung
SACH: ~ v. 1.6.2005 (SächsGVBl S. 157) **VDBeschrVO**

Vordringliche Warenbewirtschaftungs-Verordnung
v. 6.8.1976 (BGBl I S. 2099) **VoWaBewV**

Vordringliche Werkleistungs-Verordnung
v. 6.8.1976 (BGBl I S. 2098) **VoWerklV**

Vorgesetztenverordnung
v. 7.10.1981 (BGBl I S. 1129) **VorgV**

Vorklassenverordnung
MV: ~ v. 3.6.1996 (GVOBl M-V S. 441) **VoklVO**

Vormundschaft über Minderjährige
Abk. z. Regelung d. ~ v. 12.6.2002 (RGBl 1904 S. 249) *HaagVormAbk*

Vorprüfungsordnung
f. d. Bundesverwaltung v. 14.1.1980 (GMBl S. 70) **VPOB**
BW: VO ü. d. Vorprüfung i. d. Bek. v. 11.12.1989 (GBl
1990 S. 47) **VPO BW**

Vorruhestandsgesetz
v. 13.4.1984 (BGBl I S. 601) **VRG**

Vorschlagsverordnung-Richterwahlausschuß
SH: ~ v. 16.7.1990 (GVOBl S. 445) **VVO-RiWahlA**

Vorschlagswesen
BY: Richtlinien f. d. ~ i. d. bayer. Staatsverwaltung v.
12.7.1988 (StAnz Nr. 28) **VWR**

Vorschussrichtlinien
v. 28.11.1975 (GMBl S. 829) **VR**
BY: ~ v. 23.6.1969 (FMBl S. 178) **VR**

Vorsorgeregister-Verordnung
v. 21.2.2005 (BGBl I S. 318) **VRegV**

Vorstandsvergütungs-Offenlegungsgesetz
v. 3.8.2005 (BGBl I S. 2267) **VorstOG**

Vulkaniseur- und Reifenmechanikermeisterverordnung
v. 5.5.2006 (BGBl I S. 1156) **VulkReifMechMstrV**

W

Wachstums- u. Beschäftigungsförderungsgesetz
v. 25.9.1996 (BGBl I S. 1461) **WFG**

Währungsausgleichsgesetz
i. d. Bek. v. 1.12.1965 (BGBl I S. 2059) **WAG**

Währungsgesetz
v. 20.6.1948 (= Gesetz Nr. 61 d. Am. u. d. Brit.MilReg.; VO
Nr. 158 d. FrMilReg) (WiGBl Beil. 5 S. 1) *WährG*

Währungsumstellungsfolgengesetz
v. 24.8.1993 (BGBl I S. 1522) **WUFG**

Wärmeschutzverordnung
v. 24.2.1982 (BGBl I S. 209) **WärmeschutzV**

Waffen- und Beschussrechts-Verordnung
LSA: ~ v. 18.6.2004 (GVBl LSA S. 344) **WaffBeschR-VO**

Waffengesetz
Allg. Verwaltungsvorschrift d. Bundesministers d. Innern z.
~ v. 6.12.1976 (GMBl 1977 S. 14) **WaffVwV-BMI**
Allg. Verwaltungsvorschrift z. ~ v. 26.7.1976 (GMBl S. 479) **WaffVwV**
Kostenverordnung z. ~ i. d. Bek. v. 20.4.1990 (BGBl I
S. 780) **WaffKostV**
i. d. Bek. v. 8.3.1976 (BGBl I S. 432) **WaffG**
NW: VO zur Durchführung des Gesetzes zur Neuregelung
des Waffenrechts v. 8.4.2003 (GV.NW S. 217) **WaffRNeuRegG**
Durchführungsverordnung
BE: VO zur Durchführung des Waffengesetzes v.
18.3.2003 (GVBl S. 147) **DVWaffG**
BW: ~ zum Waffengesetz v. 8.4.2003 (GBl S. 166) **DVOWaffG**
VO
Allgemeine Waffengesetz-~ v. 27.10.2003 (BGBl I
S. 2123) **AWaffV**

Waffenrechtsausführungslandesverordnung
MV: ~ v. 4.8.2003 (GVOBl M-V S. 407) **WaffRAusfLVO M-V**

Wahlanpassungsverordnung
SACH: ~ v. 4.2.1999 (SächsGVBl S. 60) **WahlAnpVO**

Wahlbeamten-Aufwandsentschädigungsgesetz
HE: Hess. ~ i. d. Bek. v. 6.2.1990 (GVBl I S. 31) **HWB-AufwEntschG**

Wahlgeräteverordnung
HE: ~ v. 12.10.2005 (GVBl I S. 715) **WahlGV**

Wahlgesetze
SACH: Sächs. Wahlgesetz i. d. Bek. v. 15.9.2003 (SächsGVBl
S. 525) SächsWahlG
Gerichtspräsidium
SH: ~swahlgesetz v. 6.1.2005 (GVOBl S. 26) GerPräsWG
Kommunalwahlgesetz
BB: Brandenburgisches ~ i. d. Bek. v. 10.10.2001
(GVBl I S. 198) BbgKWahlG
BW: ~ i. d. Bek. v. 1.9.1983 (GBl S. 429) KomWG
HE: Hessisches ~ i. d. Bek. v. 7.3.2005 (GVBl I S. 197) KWG
LSA: ~ für das Land Sachsen-Anhalt i. d. Bek. v.
27.2.2004 (GVBl LSA S. 92) KWG
MV: ~ i. d. Bek. v. 13.10.2003 (GVOB. M-V S. 458) KWG
ND: Niedersächsisches ~ i. d. Bek. v. 24.2.2006 (GVBl
S. 91) NKWG
NW: ~ i. d. Bek. v. 8.1.1979 (GV.NW S. 2) *KWahlG*
RP: ~ i. d. Bek. v. 31.1.1994 (GVBl S. 137) KWG
SACH: ~ i. d. Bek. v. 5.9.2003 (SächsGVBl S. 428) KomWG
SH: Gemeinde- und Kreiswahlgesetz s. a. Gemeinde-
wahlgesetz, ~ i. d. Bek. v. 19.3.1997 (GVOBl S. 151) GKWG
SL: ~ i. d. Bek. v. 4.2.2004 (Abl S. 382) KWG
SL: VO ü. d. Verwendung v. Stimmenzählgeräten bei
Kommunalwahlen v. 10.1.1989 (ABl S. 172) KStGVO
Kommunalwahlordnung
BB: Brandenburgische Kommunalwahlverordnung v.
5.7.2001 (GVBl II S. 306) BbgKWahlV
BW: ~ v. 2.9.1983 (GBl S. 459) KomWO
BY: Gemeinde- und Landkreiswahlordnung v.
7.11.2006 (GVBl S. 852) GLKrWO
HE: ~ v. 26.3.2000 (GVBl I S. 198, 233) KWO
LSA: ~ f. d. Land Sachsen-Anhalt v. 24.2.1994 (GVBl
LSA S. 338) KWO LSA
MV: ~ v. 15.12.2003 (GVOBl. M-V S. 542) KWO M-V
ND: Niedersächsische ~ 5.7.2006 (GVBl S. 280) NKWO
NW: ~ i. d. Bek. v. 4.5.1979 (GV.NW S. 296) *KWahlO*
RP: ~ v. 11.10.1983 (GVBl S. 247) KWO
SACH: ~ v. 5.9.2003 (SächsGVBl S. 440) KomWO
SL: ~ i. d. Bek. v. 4.2.2004 (Abl S. 403) KWO
TH: Thüringer ~ v. 3.2.1994 (GVBl S. 93) ThürKWO
Landeswahlgesetz
BB: Brandenburgisches ~ i. d. Bek. v. 28.1.2004 (GVBl I
S. 30) BbgLWahlG
BR: Wahlgesetz i. d. Bek. v. 23.5.1990 (GBl S. 321) WahlG
BW: ~ i. d. Bek. v. 6.9.1983 (GBl S. 509) LWG
BY: ~ i. d. Bek. v. 9.3.1994 (GVBl S. 136) LWG
HA: Wahlgesetz i. d. Bek. v. 13.12.1977 (GVBl S. 403) WahlG
HE: Landtagswahlgesetz i. d. Bek. v. 7.4.2006 (GVBl I
S. 110) LWG

LSA: ~ i. d. Bek. v. 10.7.2001 (GVBl LSA S. 240) **LWG**
LSA: Wahlgesetzes des Landes Sachsen-Anhalt i. d. Bek.
v. 8.4.2005 (GVBl LSA S. 178) **LWG**
MV: ~ i. d. Bek. v. 5.11.1997 (GVOBl M-V S. 562) **LWG**
ND: Niedersächsisches ~ i. d. Bek. v. 5.8.1997 (GVBl
S. 379) **NLWG**
NW: i. d. Bek. v. 9.6.1989 (GV.NW S. 384) **LWG**
RP: ~ v. 24.11.2004 (GVBl S. 520) **LWahlG**
SH: ~ i. d. Bek. v. 7.10.1991 (GVOBl S. 442) **LWahlG**
SL: Landtagswahlgesetz i. d. Bek. v. 23.1.2004 (Abl
S. 266) **LWG**
TH: Thüringer ~ i. d. Bek. v. 18.2.1999 (GVBl S. 145) **ThürLWG**
Landeswahlprüfungsgesetz
BW: ~ v. 7.11.1955 (GBl S. 231) **LWPrG**
RP: ~ v. 18.2.1975 (GVBl S. 92) **LWPG**
Landeswahl(ver)ordnung
BB: Brandenburgische ~ v. 19.2.2004 (GVBl II S. 150) **BbgLWahlV**
BW: Landeswahlordnung v. 7.9.1983 (GBl S. 526) **LWO**
BY: Landeswahlordnung v. 16.2.2003 (GVBl S. 62) **LWO**
HA: Wahlordnung f. d. Wahlen z. hamb. Bürgerschaft
... v. 29.7.1986 (GVBl I S. 237) **HmbWO**
HE: Landeswahlordnung i. d. Bek. v. 26.2.1998 (GVBl I
S. 167) **LWO**
LSA: Landeswahlordnung v. 7.7.1997 (GVBl LSA S. 612) **LWO**
MV: Landeswahlordnung v. 31.3.1998 (GVOBl M-V
S. 251) **LWO**
ND: Niedersächsische Landeswahlordnung v. 1.11.1997
(GVBl S. 437) **NLWO**
NW: Landeswahlordnung v. 14.7.1994 (GV.NW S. 548) **LWahlO**
NW: VO ü. d. gemeinsame Durchf. v. Landtags- u.
Kommunalwahlen v. 25.3.1990 (GV.NW S. 222) **GLKWahlO**
NW: VO z. Erg. d. Landeswahlordnung f. d. Verwen-
dung v. Stimmzählgeräten v. 14.6.1962 (GV.NW
S. 337) **Zählgerät-LWahlO**
RP: Landeswahlordnung i. d. Bek. v. 6.6.1990 (GVBl
S. 153) **LWO**
SACH: Landeswahlordnung v. 15.9.2003 (SächsGVBl
S. 543) **LWO**
SH: Landeswahlordnung i. d. Bek. v. 1.11.1991 (GVOBl
S. 459) **LWO**
SL: Landeswahlordnung i. d. Bek. v. 23.1.2004 (Abl
S. 279) **LWO**
TH: Thüringer Landeswahlordnung v. 12.7.1994 (GVBl
S. 817) **ThürLWO**
Richter
SACH: VO des Sächs. Staatsministeriums der Justiz zu
den Wahlen nach dem ~gesetz des Freistaates
Sachsen v. 15.6.2004 (SächsGVBl S. 229) **SächsRiGWahlVO**

4. Gesetze, sonstige Rechtsvorschriften, Verwaltungsvorschriften u.ä.   Wah

Wahlkampfkostenerstattungsgesetz
  BB: ~ v. 4.7.1994 (GVBl I S. 261) — **WKKG**

Wahlkampfkostengesetz
  BW: Wahlkampfkostenerstattungsgesetz v. 1.8.1967 (GBl S. 125) — **WKKG**

Wahlkreisneueinteilungsgesetz
  v. 1.7.1998 (BGBl I S. 1698) — **WKNeuG**

Wahlordnung
  v. 11.12.2001 (BGBl I S. 3494) — **WO**
  BB: VO über den Wahltag und die Wahlzeit der landesweiten Kommunalwahlen 2008 v. 4.2.2008 (GVBl II S. 38) — **KWahltagV 2008**
Eigenbetrieb
  NW: f. Eigenbetriebe v. 24.10.2001 (GV.NW S. 771) — **Eig-WO**
Einrichtung der öffentl. Hand
  ND: f. d. Vertretung d. Beschäftigten b. Einrichtungen d. öffentl. Hand m. wirtschaftlicher Zweckbestimmung v. 26.2.1999 (GVBl S. 54) — **WO-EwZ**
Genossenschaften
  BY: ~ v. 4.7.1995 (GVBl S. 429) — **WahlOGen**
Gleichstellungsbeauftragter
  Gleichstellungsbeauftragten-Wahlverordnung Soldatinnen v. 12.5.2005 (BGBl I S. 1394) — **SGleibWV**
Hochschulen
  BY: für die staatlichen ~ v. 16.6.2006 (GVBl S. 338) — **BayHSchWO**
Landeswahl(ver)ordnung
  BE: Landeswahlordnung i. d. Bek. v. 9.3.2006 (GVBl S. 224) — **LWO**
Landwirtschaftskammer
  ND: VO über die Wahl zur Kammerversammlung der ~ Niedersachsen v. 15.1.2008 (GVBl S. 3) — **LwKWVO**
Personalvertretungsgesetz
  z. Bundes~ i. d. Bek. v. 1.12.1994 (BGBl I S. 3653) — **BPersVWO**
  BB: z. ~ v. 26.8.1994 (GVBl II S. 716) — **WO-PersVG**
  BE: z. ~ i. d. Bek. v. 16.2.2000 (GVBl S. 238) — **WOPersVG**
  BW: z. Landes~ v. 14.10.1996 (GBl S. 677) — **LPVG**
  BY: z. Bayerischen ~ v. 12.12.1995 (GVBl S. 868) — **WO-BayPVG**
  HE: z. Hess. ~ v. 8.4.1988 (GVBl I S. 139) — **WO-HPVG**
  ND: z. ~ i. d. Bek. v. 8.7.1998 (GVBl S. 538) — **WO-PersV**
  NW: z. ~ v. 20.5.1986 (GV.NW S. 485) — **WO-LPVG**
  RP: z. ~ v. 5.10.1979 (GVBl S. 301) — **WOLPersVG**
  SH: z. ~ v. 17.10.1974 (GVOBl S. 402) — **WO-PersVG**
  SL: z. ~ f. d. Saarland v. 19.6.1973 (ABl S. 462) — **WO-SPersVG**
Richter
  RP: zum Landes~gesetz v. 13.5.2004 (GVBl S. 336) — **WOLRiG**
Schule
  RP: Schulwahlordnung v. 7.10.2005 (GVBl S. 453) — **SchulWO**

Seeschifffahrt
  Seeschiffahrt = 2. Durchführungsverordnung d. Betriebs-
  verfgesetzes v. 24.10.1972 (BGBl I S. 2029) **WOS**
Staatsanwältinnen und Staatsanwälte
  BE: zum Berliner Richtergesetz betreffend ~ v.
    18.5.2004 (GVBl S. 221) **WOStA**
Verwaltungsrat
  TH: Thüringer VO ü. d. Wahl und d. Wählbarkeit v.
    Beschäftigten i. d. ~ d. kommunalen Sparkassen v.
    11.6.1996 (GVBl S. 127) **ThürSpkWahlVO**

Wahlprüfungsgesetz
  v. 12.3.1951 (BGBl I S. 166) *WahlprüfG*
  BB: ~ i. d. Bek. v. 25.8.1994 (GVBl I S. 402) **WPrüfG**
  BW: Landes~ v. 7.11.1955 (GBl S. 231) **LWPrG**
  MV: ~ v. 1.2.1994 (GVOBl M-V S. 131) **WPrG**
  RP: Landes~ v. 18.2.1975 (GVBl S. 92) **LWPG**
  SACH: Sächs. ~ v. 22.6.1994 (SächsGVBl S. 1249) **SächsWprG**

Wahlrechtsverbesserungsgesetz
  Drittes ~ v. 29.4.1997 (BGBl I S. 968) **3. WRVG**

Wahlverordnung
  NW: ~ v. 21.4.2007 (GV.NW S. 187) **WahlVO**

Wahlverordnung des Börsenrates der European Energy Exchange Leipzig
  SACH: VO des Sächs. Staatsministeriums für Wirtschaft
    und Arbeit über die Wahl des Börsenrates der European
    Energy Exchange Leipzig v. 13.3.2003
    (SächsGVBl S. 87) **SächsBörsWVO**

Wahlverordnung Fachhochschulen
  RP: LandesVO ü. d. ersten Wahlen z. d. Organen d. rheinland-pfälzischen Fachhochschulen v. 2.9.1996 (GVBl
    S. 355) **FHWahlVO**

Wahlverordnung Soldatenbeteiligungsgesetz
  WahlVO z. Soldatenbeteiligungsgesetz v. 18.3.1997 (BGBl I
  S. 558) **SGBWV**

Wahrnehmungsverordnung
  v. 14.12.1994 (BGBl I S. 3812) **WahrnV**

Waldabstandsverordnung
  MV: ~ v. 20.4.2005 (GVOBl M-V S. 166) **WAbstVO M-V**

Waldbefahrungsverordnung
  BB: ~ v. 3.5.2004 (GVBl II S. 323) **WaldBefV**

Walderhaltungsabgabeverordnung
  BW: ~ v. 17.7.1977 (GBl S. 367) **WaldEAVO**

Waldgenossenschaften
  BY: VO ü. ~ v. 14.11.1996 (GVBl S. 454) **WGV**

TH: Thüringer Waldgenossenschaftsgesetz v. 16.4.1999
(GVBl S. 247)   ThürWaldGenG

Waldgesetz
BB: ~ des Landes Brandenburg v. 20.4.2004 (GVBl I
S. 137)   LWaldG
BE: Landes~ v. 16.9.2004 (GVBl S. 391)   LWaldG
BR: Brem. ~ v. 31.5.2005 (GBl S. 207)   BremWaldG
BW: Landes~ i. d. Bek. v. 31.8.1995 (GBl S. 685)   LWaldG
BY: ~ für Bayern i. d. Bek. v. 22.7.2005 (GVBl S. 313)   BayWaldG
ND: Landes~ i. d. Bek. v. 19.7.1978 (GVBl S. 595)   LWaldG
RP: Landes~ v. 30.11.2000 (GVBl S. 504)   LWaldG
SH: Landes~ v. 5.12.2004 (GVOBl S. 461)   LWaldG
TH: Thüringer ~ i. d. Bek. v. 25.8.1999 (GVBl S. 485)   ThürWaldG

Waldinventurverordnung
BB: ~ v. 8.8.2005 (GVBl II S. 470)   WaldInvV

Waldorfschulen
LSA: VO über den Erwerb von Abschlüssen der Sekundar-
stufe I an Freien ~ v. 22.7.2005 (GVBl LSA S. 381)   WaldorfVO
ND: VO über die Qualifikationsphase, und die Abitur-
prüfung an Freien ~ sowie über die Abiturprüfung für
Nichtschülerinnen und Nichtschüler v. 2.5.2005
(GVBl S. 139)   AVO-WaNi
SACH: Prüfungsverordnung ~ v. 9.3.2005 (SächsGVBl
S. 75)   WaldorfPVO

Waldschutzgebietsverfahrensverordnung
BB: ~ v. 18.1.2005 (GVBl II S. 90)   WSchGV

Waldsperrungsverordnung
BB: ~ v. 3.5.2004 (GVBl II S. 325)   WaldSperrV
BW: ~ v. 24.5.1978 (GBl S. 332)   WaldSpVO

Waldverzeichnis
BB: ~verordnung v. 30.11.2005 (GVBl II S. 2)   WaldVerzV
BY: VO ü. d. Waldverzeichnis u. d. Schutzwaldverzeich-
nisse v. 29.11.1994 (GVBl S. 1031)   WuSWaldVV

Waldwertermittlungsrichtlinien
1991 i. d. Bek. v. 25.2.1991 (BAnz Nr. 100 a)   WaldR 91

Waldwirtschaft
BY: VO ü. d. Förderung d. priv. u. körperschaftl. ~ v.
14.11.1972 (GVBl S. 481)   PuKWFV

Wappen
BW: Ges. ü. d. ~ d. Landes ... v. 3.5.1954 (GBl S. 69)   WappG
BW: VO d. Landesreg. ü. d. Führung d. LandesWappens v.
2.8.1954 (GBl S. 139)   WappVO
BY: Ges. ü. d. ~ d. Freistaates Bayern v. 5.6.1950 (BayBS I
S. 126)   WpG

BY: VO z. Ausf. d. Gesetzes ü. d. ~ d. Freistaates Bayern i.
d. Bek. v. 6.2.1975 (GVBl S. 26) **AVWpG**
ND: Niedersächsisches ~gesetz v. 8.3.2007 (GVBl S. 117) **NWappG**
SACH: ~verordnung v. 4.3.2005 (SächsGVBl S. 40) **Wappen VO**

Warenhausverordnung
BE: ~ v. 20.12.1966 (GVBl S. 1822) **WaVO**
BY: ~ v. 20.3.1985 (GVBl S. 68) **WaV**
SL: Waren- und Geschäftshausverordnung i. d. Bek. v.
5.9.1977 (ABl S. 910) **WaGeVO**

Warenzeichengesetz
i. d. Bek. v. 2.1.1968 (BGBl I S. 29) *WZG*

Warschauer Abkommen
Abkommen z. Vereinheitlichung von Regeln ü. d. Beförderung im internat. Luftverkehr v. 12.10.1929 (RGBl 1933
II S. 1039) *WarschAbk*

Wasch- und Reinigungsmittelgesetz
i. d. Bek. v. 5.3.1987 (BGBl I S. 875) **WRMG**

Washingtoner Artenschutzübereinkommen
v. 3.3.1973 (BGBl 1975 II S. 773) *WashAÜbk*

Wasser
VO u. Allg. Bedingungen f. d. Versorgung mit ~ v.
20.6.1980 (BGBl I S. 750) **AVBWasserV**

Wasser- u. Schifffahrtsverwaltung
Binnenschifffahrtskostenverordnung v. 21.12.2001 (BGBl I
S. 4218) **BinSchKostV**
Kostenverordnung für Amtshandlungen der Wasser- und
Schifffahrtsverwaltung des Bundes auf dem Gebiet der Seeschifffahrt v. 22.9.2004 (BGBl I S. 2363) **WSVSeeKostV**

Wasserbauprüfverordnung
SACH: Sächs. ~ v. 1.9.1998 (SächsGVBl S. 515) **SächsWasBauPVO**

Wasserbuchverordnung
BE: ~ v. 1.7.1990 (GVBl S. 1526) **WasserbuchV**
BY: ~ v. 7.10.1963 (GVBl S. 202) **WasserbuchV**
SACH: Sächs. ~ v. 8.1.1999 (SächsGVBl S. 31) **SächsWabuV**

Wasserentnahmegebührgesetz
BR: Gesetz über die Erhebung einer Wasserentnahmegebühr i. d. Bek. v. 23.4.2004 (GVBl S. 189) **BremWEGG**

Wassergefährdende Stoffe
Allg. Verwaltungsvorschriften ü. d. nähere Bestimmung
wassergefährdender Stoffe und ihre Einstufung entsprechend ihrer Gefährlichkeit v. 9.3.1990 (GMBl S. 114) **VwVwS**
VO ü. Anlagen zum Lagern von wassergefährdenden Stoffen
BE: VO über Anlagen zum Umgang mit wassergefähr-

	denden Stoffen und über Fachbetriebe v. 23.11.2006 (GVBl S. 1029)	VAwS
BR:	Anlagenverordnung i. d. Bek. v. 23.12.2005 (GVBl 2006 S. 1)	VAwS
BY:	~ v. 18.1.2006 (GVBl S. 63)	VAwS
HA:	~ v. 19.5.1998 (GVBl I S. 71)	VAwS
LSA:	Anlagenverordnung v. 28.3.2006 (GVBl LSA S. 183)	VAwS
ND:	Anlagenverordnung v. 17.12.1997 (GVBl S. 549)	VAwS
NW:	Anlagenverordnung zum Umgang mit wassergefährdenden Stoffen und über Fachbetriebe v. 20.3.2004 (GV.NW S. 274)	VAwS
RP:	~ v. 1.2.1996 (GVBl S. 121)	VAwS
SH:	~ v. 29.4.1996 (GVOBl S. 448)	VAwS
SL:	Anlagenverordnung zum Umgang mit wassergefährdenden Stoffen und über Fachbetriebe v. 1.6.2005 (ABl S. 830)	VAwS

Wassergefahrenschutzverordnung
TH:	Thüringer VO z. Einrichtung d. Warn- u. Alarmdienstes z. Schutz v. Wassergefahren v. 1.4.1997 (GVBl S. 166)	ThürWA WassVO

Wassergesetz
BB:	Brandenburgisches ~ v. 8.12.2004 (GVBl I 2005 S. 50)	BbgWG
BE:	Berliner ~ i. d. Bek. v. 17.6.2005 (GVBl S. 357)	BWG
BR:	Brem. ~ i. d. Bek. v. 24.2.2004 (GVBl S. 45)	BremWG
BR:	Bremisches ~ i. d. Bek. v. 26.2.1991 (GBl S. 65)	BrWG
BW:	~ i. d. Bek. v. 1.1.1999 (GBl S. 1)	WG
BY:	Bay. ~ i. d. Bek. v. 19.7.1994 (GVBl S. 823)	BayWG
HA:	Hamb. ~ v. 29.3.2005 (GVBl S. 97)	HWaG
HE:	Hess. ~ i. d. Bek. v. 18.12.2002 (GVBl I S. 10)	HWG
LSA:	~ für das Land Sachsen-Anhalt i. d. Bek. v. 12.4.2006 (GVBl LSA S. 248)	WG
ND:	Niedersächsisches ~ i. d. Bek. v. 25.7.2007 (GVBl S. 345)	NWG
NW:	Landes~ i. d. Bek. v. 25.6.1995 (GV.NW S. 926)	LWG
RP:	Landes~ i. d. Bek. v. 14.12.1990 (GVBl 1991 S. 11)	LWG
RP:	Landes~ v. 22.1.2004 (GVBl S. 54)	LWG
SACH:	Sächs. ~ i. d. Bek. v. 18.10.2004 (SächsGVBl S. 482)	SächsWG
SH:	Landes~ i. d. Bek. v. 13.6.2000 (GVOBl S. 490)	LWG
SH:	Landes~ i. d. Bek. v. 6.1.2004 (GVOBl S. 8)	LWG
SL:	Saarländisches ~ i. d. Bek. v. 30.7.2004 (Abl S. 1994)	SWG
TH:	Thüringer ~ i. d. Bek. v. 23.2.2004 (GVBl S. 244)	ThürWG

Wasserhaushaltsgesetz
i. d. Bek. v. 12.11.1996 (BGBl I S. 1695)   WHG

Wasserrahmenrichtlinienverordnung
HE:	VO zur Umsetzung der Wasserrahmenrichtlinie v. 17.5.2005 (GVBl I S. 382)	VO-WRRL

LSA: VO des Landes Sachsen-Anhalt über die Wasserrahmenrichtlinie v. 24.8.2005 (GVBl LSA S. 564)   **WRRL-VO LSA**
SH: EG-Wasserrahmenrichtlinien-Umsetzungsverordnung v. 10.11.2003 (GVOBl S. 567)   **WRRLVO**
TH: Thüringer ~ v. 28.4.2004 (GVBl S. 522)   **ThürWRRLVO**

Wasserrechtliche Eignungsverordnung
Zuständigkeitsverordnung
   ND: VO über Zuständigkeiten auf dem Gebiet des Wasserrechts v. 29.11.2004 (GVBl S. 550)   **ZustVO-Wasser**

Wasserrechtliche-Emissionserklärungen-Verordnung
   ND: VO über wasserrechtliche Emissionserklärungen v. 6.2.2003 (GVBl S. 73)   **WEmErklVO**

Wasserrechtliches Verfahren
   BY: VO ü. Pläne und Beilagen in wasserrechtlichen Verfahren v. 13.3.2000 (GVBl S. 156)   **WPBV**

Wasserschutzgebietsaufhebungsverordnung
MV: ... ~   **... WSGAufhebungsVO MV**

MV: ~ Kummerower See v. 18.12.2003 (GVOBl M-V S. 13)   **WSGAufhebungsVO Kummerower See**

MV: ~ Staphel v. 2.10.2003 (GVOBl M-V S. 505)   **WSGAufhebungsVO Staphel**

Wasserschutzgebietsverordnung
MV: ~ Ahrenshoop v. 7.12.2004 (GVOBl M-V S. 561)   **WSGVO – Ahrenshoop**

MV: ~ Dahmen v. 29.6.2005 (GVOBl M-V S. 310)   **WSGVO Dahmen**
MV: ~ Dorf Mecklenburg v. 21.9.2005 (GVOBl M-V S. 514)   **WSGVO Dorf Mecklenburg**

MV: ~ Groß Nemerow-Zachow v. 2.7.2003 (GVOBl M-V S. 374)   **WSGVO Groß Nemerow-Zachow**

MV: ~ Lalendorf v. 1.10.2007 (GVOBl M-V S. 326)   **WSGVO Lalendorf**
MV: ~ Meierstorf v. 20.6.2006 (GVOBl M-V S. 499)   **WSGVO Meierstorf**
MV: ~ Neu Rachow v. 29.4.2003 (GVOBl M-V S. 332)   **WSGVO Neu Rachow**
MV: ~ Petersdorf v. 19.2.2003 (GVOBl M-V S. 160)   **WSGVO Petersdorf**
MV: ~ Pinnow v. 7.10.2003 (GVOBl M-V S. 4920)   **WSGVO Pinnow**
MV: ~ Poseritz-Glutzow v. 21.2.2005 (GVOBl M-V S. 75)   **WSGVO-Poseritz-Glutzow**

MV: ~ Quoltitz v. 26.5.2004 (GVOBl M-V S. 266)   **WSGVO Quoltitz**
MV: ~ Rothspalk v. 9.10.2007 (GVOBl M-V S. 344)   **WSGVO Rothspalk**
MV: ~ Schlieffenberg v. 1.10.2007 (GVOBl M-V S. 335)   **WSGVO Schlieffenberg**

MV: ~ v. 27.9.2004 (GVOBl M-V S. 474)   **WSGVO – Penzlin**
MV: ~ Zibühl v. 1.6.2006 (GVOBl M-V S. 462)   **WSGVO Zibühl**

ND: VO ü. Schutzbestimmungen i. Wasserschutzgebieten
v. 24.5.1995 (GVBl S. 133) — **SchuVO**

Wassersicherstellungsgesetz
v. 24.8.1965 (BGBl I S. 1225) — *WasSG*

Wassersicherstellungsverordnung
1. ~ v. 31.3.1970 (BGBl I S. 357); 2. Wassersicherstellungsverordnung v. 11.9.1973 (BGBl I S. 1313) — **WasSV**

Wasserunterlagenverordnung
MV: ~ v. 28.7.1995 (GVOBl M-V S. 376) — **WaUntVO**

Wasseruntersuchungstellenzulassungsverordnung
SH: Landesverordnung über die Zulassung von Wasseruntersuchungsstellen v. 16.12.2003 (GVOBl S. 4) — **ZWVO**

Wasserverbandsgesetz
v. 12.2.1991 (BGBl I S. 405) — **WVG**

Wasserverbandshaushaltsverordnung
MV: ~ v. 6.6.2000 (GVOBl M-V S. 290) — **WHVO M-V**

Wasserverkehrsgesetz
MV: ~ v. 28.6.1991 (GVOBl M-V S. 217) — **WVG**

Wasserwirtschaft
BY: VO über die Einrichtung und Organisation der staatlichen Behörden für die ~ v. 4.12.2005 (GVBl S. 623) — **OrgWasV**

Wasserwirtschafts-Gebührenordnung
BY: ~ v. 29.10.1987 (GVBl S. 396) — **WasGebO**

Wasserwirtschaftskostenverordnung
MV: ~ v. 20.12.2006 (GVOBl M-V S. 13) — **WaKostVO M-V**

Wechselgesetz
v. 21.6.1933 (RGBl I S. 399) — **WG**

Wechselsteuer
~-Durchführungsverordnung i. d. Bek. v. 20.4.1960 (BGBl I S. 274) — **WStDV 1960**
~gesetz i. d. Bek. v. 24.7.1959 (BGBl I S. 536) — **WStG 1959**

Wegstreckenentschädigungsverordnung
ND: Niedersächsische VO ü. d. Wegstreckenentschädigung
v. 24.1.2001 (GVBl S. 29) — **NWegEVO**

Wehrbeauftragtengesetz
i. d. Bek. v. 16.6.1982 (BGBl I S. 677) — **WBeauftrG**

Wehrbeschwerdeordnung
i. d. Bek. v. 11.9.1972 (BGBl I S. 1737) — **WBO**

Wehrdisziplinarordnung
i. d. Bek. v. 4.9.1972 (BGBl I S. 1665) — **WDO**

Wehrpflichtgesetz
i. d. Bek. v. 30.5.2005 (BGBl I S. 1465) **WPflG**

Wehrpflichtige
VO ü. d. Erfassung v. Wehrpflichtigen v. 28.9.1961 (BGBl I
S. 1795) *ErfassV*

Wehrrechtsänderungsgesetz
Ges. z. Änderung wehrrechtlicher, ersatzdienstrechtlicher u.
anderer Vorschriften v. 15.12.1995 (BGBl I S. 1726) *WehrRÄndG*

Wehrsold-Übergangsverordnung
v. 10.12.1990 (BGBl I S. 2692) **WSÜV**

Wehrsoldgesetz
i. d. Bek. v. 30.5.2005 (BGBl I S. 1510) **WSG**

Wehrstrafgesetz
Einführungsges. z. ~ v. 30.3.1957 (BGBl I S. 306) *EGWStG*
i. d. Bek. v. 24.5.1974 (BGBl I S. 1213) **WStG**

Weimarer Reichsverfassung
Verfassung d. Deutschen Reichs v. 11.8.1919 (RGBl S. 1383) *WRV*

Wein-Überwachungs-Verordnung
v. 14.1.1991 (BGBl I S. 78) **WeinÜV**

Weinabsatzförderungsgesetz
BY: Bay. ~ v. 24.7.2001 (GVBl S. 346) **BayWeinAFöG**

Weinanpflanzungsverordnung
BB: ~ v. 17.9.2003 (GVBl II S. 582) **WAnpfV**

Weingesetz
i. d. Bek. v. 16.5.2001 (BGBl I S. 985) *WeinG*

Weinrecht
BB: VO zur Durchführung des Weinrechts im Land Brandenburg v. 19.6.2006 (GVBl II S. 239) **WeinRDV**
BE: VO zur Durchführung des Weinrechts v. 9.5.2006 (GVBl S. 387) **WeinrechtsDVO**
MV: ~-Durchführungslandesverordnung v. 15.8.2006 (GVOBl M-V S. 688) **WeinRDLVO M-V**

Weinverordnung
i. d. Bek. v. 28.8.1998 (BGBl I S. 2609) *WeinV*

Weinwirtschaftsgesetz
i. d. Bek. v. 19.10.1990 (BGBl I S. 2266) *WeinWiG*

Weiterbildungsförderungsgesetz
BW: ~ i. d. Bek. v. 20.3.1980 (GBl S. 249) **WBilFöG**
SACH: Weiterbildungsförderungsverordnung v. 8.6.2004 (SächsGVBl S. 233) **WbFöVO**

Weiterbildungsgesetz
BE: Ges. ü. d. Weiterbildung i. d. Medizinalfachberufen v. 9.2.1979 (GVBl S. 324) **WMfG**

4. Gesetze, sonstige Rechtsvorschriften, Verwaltungsvorschriften u.ä. Wer

BE:	~ v. 3.7.1995 (GVBl S. 401)	WbG
HE:	Hess. ~ v. 25.8.2001 (GVBl I S. 370)	HWBG
MV:	~ v. 28.4.1994 (GVOBl M-V S. 555)	WbG
NW:	~ i. d. Bek. v. 14.4.2000 (GV.NW S. 390)	WbG
RP:	~ v. 14.2.1975 (GVBl S. 77)	WeitBiG
RP:	~ v. 17.11.1995 (GVBl S. 454)	WbG
SACH:	~ v. 29.6.1998 (SächsGVBl S. 270)	WbG
SL:	Saarl. Weiterbildungs- und Bildungsurlaubsgesetz i. d. Bek. v. 15.9.1994 (ABl S. 1359)	SWBG

Weiterbildungsverordnung
BB: Gerontopsychiatrische Fachkraft-~ v. 8.2.2004 (GVBl II S. 125) GerPsychFWV
BB: ~ v. 4.3.2008 (GVBl II S. 98) WBV
SH: Landesverordnung ü. d. Weiterbildung u. Prüfung v. Krankenschwestern, Krankenpflegern, Kinderkrankenschwestern u. Kinderkrankenpflegern f. Rehabilitation u. Langzeitpflege v. 7.3.1999 (GVBl S. 73) WBRuLVO
SH: Landesverordnung über die Weiterbildung und Prüfung für die Leitung einer Pflegeeinheit v. 31.1.2003 (GVOBl S. 29) WBLPflEVO
Gesundheitsfachberufe
SACH: ~ v. 22.5.2007 (SächsGVBl S. 209) SächsGfbWBVO
Intensivpflege- und Anästhesie
BB: ~-Weiterbildungsverordnung v. 26.2.2004 (GVBl II S. 246) IuAWBV
Onkologische Pflege
BB: ~-Weiterbildungsverordnung v. 8.1.2003 (GVBl II S. 26) OnkPWBV
Operationsdienst
BB: ~-Weiterbildungsverordnung v. 9.9.2004 (GVBl II S. 792) OpWBV

Weiterbildungszuständigkeitsverordnung
MV: Weiterbildungszuständigkeitslandesverordnung v. 20.1.2006 (GVOBl M-V S. 36) WBGZustLVO M-V

Weltpostverein
Verträge d. Weltpostvereins v. 5.7.1974 (BGBl 1975 II S. 1513) *WPVtr*

Welturheberrechtsabkommen
v. 6.9.1952 (BGBl II 1955 S. 101) *WUA*

Werbeanlagenverordnung
BW: ~ v. 12.6.1969 (GBl S. 122) WerbeAVO

Werkfernverkehrs-Verordnung
Güterkraftverkehrsgesetz v. 11.7.1973 (BGBl I S. 758) GüKWV

Werkfeuerwehrverordnung
BB: ~ v. 5.4.1995 (GVBl II S. 334) WfwV

BE: VO über die Werkfeuerwehren v. 16.2.2005 (GVBl
S. 138)   **WerkfwVO**

Werkleistungs-Verordnung
Allgemeine ~ v. 21.10.1982 (BGBl I S. 1418)   **AllWerklV**

Werkleiterbesoldungsverordnung
des Bundes v. 16.6.1976 (BGBl I S. 1585)   **BWeBesV**

Werkstätten-Mitwirkungsverordnung
v. 25.6.2001 (BGBl I S. 1297)   **WMVO**

Wertdienst-Erstattungsverordnung
i. d. Bek. v. 9.6.2005 (BGBl I S. 1621)   **WDErstattV**

Wertermittlung
Wertermittlungs-Richtlinien 1991 v. 11.6.1991 (BAnz Nr. 182 a)   **WertR 91**
~sverordnung i. d. Bek. v. 18.8.1997 (BGBl I S. 2110)   **WertV**

Wertpapier-Verhaltens- und Organisationsverordnung
v. 20.7.2007 (BGBl I S. 1432)   **WpDVerOV**

Wertpapier-Verkaufsprospektgesetz
i. d. Bek. v. 9.9.1998 (BGBl I S. 2701)   **VerkaufsprospektG**

Wertpapierbereinigungsgesetz
Ges. z. Änderung u. Ergänzung d. Wertpapierbereinigungsgesetzes; 1. Ges. z. Änderung u. Ergänzung d. Wertpapierbereinigungsgesetz v. 29.3.1951 (BGBl I S. 211); 2. Ges. z. Änderung u. Ergänzung d. Wertpapierbereinigungsgesetz v. 20.8.1953 (BGBl I S. 940); 3. Ges. z. Änderung u. Ergänzung d. Wertpapierbereinigungsgesetz v. 16.11.1956 (BGBl I
S. 850)   *WertpBErgG*
v. 19.8.1949 (WiGBl S. 295)   *WertpBG*

Wertpapierbereinigungsschlussgesetz
v. 28.1.1964 (BGBl I S. 45)   *WertpBSG*

Wertpapierdienstleistungs-Prüfungsverordnung
v. 16.12.2004 (BGBl I S. 3515)   **WpDPV**

Wertpapiererwerbs- u. Übernahmegesetz
v. 20.12.2001 (BGBl I S. 3822)   **WpÜG**

Wertpapierhandel
~-Meldeverordnung v. 21.12.1995 (BGBl I S. 2094)   **WpHMV**
~sgesetz i. d. Bek. v. 9.9.1998 (BGBl I S. 2708)   **WpHG**

Wertpapierhandelsanzeige- und Insiderverzeichnisverordnung
v. 13.12.2004 (BGBl I S. 3376)   **WpAIV**

Wertpapierprospektgebührenverordnung
v. 29.6.2005 (BGBl I S. 1875)   **WpPGebV**

Wertpapierprospektgesetz
v. 22.6.2005 (BGBl I S. 1698)   **WpPG**

4. Gesetze, sonstige Rechtsvorschriften, Verwaltungsvorschriften u.ä. Wie

Westdeutscher Rundfunk
Gesetz ü. d. Westdeutschen Rundfunk Köln i. d. Bek. v.
25.4.1998 (GV.NW S. 265) — **WDR-Gesetz**

Wetbewerb, unlauterer
Gesetz gegen den unlauteren Wettbewerb i. d. Bek. v.
3.7.2004 (BGBl I S. 1414) — **UWG**

Wettbewerbe auf den Gebieten der Raumplanung, der Städtebauer u. des Bauwesens
~ — **GRW 1977**

Wettbewerbsbeschränkungen, Gesetz gegen
Gesetz gegen Wettbewerbsbeschränkungen i. d. Bek. v.
15.7.2005 (BGBl I S. 2114) — **GWB**

Wetterdienst
Ges. ü. d. Deutschen ~ v. 11.11.1952 (BGBl I S. 738) — *WettDieG*

Widerspruchsgebührenordnung
BB: ~ v. 20.11.2004 (GVBl II S. 888) — **WiGebO**
BE: ~ juristische Prüfungen v. 11.4.2005 (GVBl S. 226) — **JurPrüfWiGebO**

Widerspruchszuständigkeitsverordnung
BB: ~ MW v. 4.3.2005 (GVBl II S. 141) — **WidZVMW**

Wiedergutmachung
Bundesgesetz z. ~ nationalsoz. Unrechts in d. Kriegsopferversorgung f. Berechtigte im Ausland i. d. Bek. v. 25.6.1958
(BGBl I S. 414) — **BWKAusl**
Ges. z. Regelung d. ~ nationalsozialistischen Unrechts f. Angehörige d. öffentlichen Dienstes i. d. Bek. v. 15.12.1965
(BGBl I S. 2073) — *BWGöD*
Ges. z. Regelung d. ~ nationalsozialistischen Unrechts f. d. im Ausland lebenden Angehörigen d. öffentlichen Dienstes
i. d. Bek. v. 15.12.1965 (BGBl I S. 2091) — *BWGöD-Ausl*
Ges. z. Regelung d. ~ nationalsozialistischen Unrechts in der Sozialversicherung i. d. Bek. v. 22.12.1970 (BGBl I S. 1846) — *WGSVG*
BY: Durchführungsverordnung z. Ges. z. Regelung d. ~ nationalsozialistischen Unrechts f. Angehörige d. öffentl. Dienstes v. 21.1.1975 (GVBl S. 2) — **BayDVBWGöD**
SH: ~sgesetz v. 4.7.1949 (GVOBl S. 162; GS 2037) — *WGöD*
SL: Ges. ü. d. ~ nationalsozialistischen Unrechts d. v. Personen deutscher Staatsangehörigkeit im Saargebiet erlittenen Schäden v. 17.7.1959 (ABl S. 1299) — **WGG**

Wiederherstellung der Gesetzeseinheit auf dem Gebiete des bürgerlichen Rechts
Ges. z. ~ v. 5.3.1953 (BGBl I S. 33) — *GesEinhG*

Wiener Übereinkommen
ü. konsularische Beziehungen v. 24.4.1963 (BGBl 1969 II S. 1585) — *WÜK*

755

Wildhandelsüberwachungsverordnung
BB: ~ v. 25.3.1996 (GVBl II S. 250) **WildÜV**
MV: ~ v. 23.3.2001 (GVOBl M-V S. 79) **WildHÜVO M-V**

Wildschadensausgleichskassenverordnung
MV: ~ v. 12.7.2000 (GVOBl M-V S. 327) **WAKVO M-V**

Winterbeschäftigungs-Verordnung
v. 26.4.2006 (BGBl I S. 1086) **WinterbeschV**

Wirtschaftlichkeitsprüfungs-Verordnung
v. 5.1.2004 (BGBl I S. 29) **WiPrüfVO**

Wirtschaftsbestimmungen
f. d. Reichsbehörden v. 11.2.1929 (RMBl S. 49) **RWB**

Wirtschaftsförderung-Zuständigkeitsverordnung
BY: ~ v. 18.5.1982 (GVBl S. 246) **WiFöZustV**

Wirtschaftsführungsverordnung
TH: Thüringer VO ü. d. Wirtschaftsführung d. kommunalen Krankenhäuser v. 4.10.1994 (GVBl S. 1165) **ThürWkKV**

Wirtschaftsgütertarif
HA: Hamburger ~ v. 10.4.1962 (GVBl I S. 85) **WGT**

Wirtschaftskriminalität
Erstes Ges. z. Bekämpfung d. ~ v. 29.7.1976 (BGBl I S. 2034) **1. WiKG**

Wirtschaftsprüfer
~-Berufshaftpflichtversicherungsverordnung v. 18.12.1998 (BGBl I S. 3820) **WPBHV**
~ordnung i. d. Bek. v. 5.11.1975 (BGBl I S. 2803) *WiPO*

Wirtschaftsprüfungsexamen
Wirtschaftsprüfungsexamens-Anrechnungsverordnung v. 27.5.2005 (BGBl I S. 1520) **WPAnrV**
Wirtschaftsprüfungsexamens-Reformgesetz v. 1.12.2003 (BGBl I S. 2446) **WPRefG**

Wirtschaftssicherstellungsgesetz
i. d. Bek. v. 3.10.1968 (BGBl I S. 1069) *WiSG*

Wirtschaftssicherstellungsverordnung
v. 12.8.2004 (BGBl I S. 2159) **WiSiV**

Wirtschaftsstrafgesetz
1954 i. d. Bek. v. 3.6.1975 (BGBl I S. 1313) *WiStG 1954*
v. 26.7.1949 (WiGBl S. 193) *WiStG 1949*

Wirtschaftsstruktur
Ges. ü. d. Gemeinschaftsausgabe „Verbesserung d. regionalen ~" v. 6.10.1969 (BGBl I S. 1861) *GRW*

Wissenschaftliche Assistenten
NW: VO z. Regelung d. Dienstverhältnisse d. wissenschaftl.

4. Gesetze, sonstige Rechtsvorschriften, Verwaltungsvorschriften u.ä.   Woh

Assistenten an d. wissenschaftl. Hochschulen v. 14.2.1966 (GV.NW S. 68)	AssistO
Wissenschaftliche Mitarbeiter BE: VO ü. wissenschaftliche u. künstlerische Mitarbeiter v. 11.10.1979 (GVBl S. 1785)	WissMAVO
Wochenendhäuser SL: VO über ~ und Wochenendplätze v. 27.2.1978 (ABl S. 275)	WochVO
Wohlfahrtsverbändegesetz BW: Landes~ v. 23.4.1963 (GBl S. 35)	LWVG
Wohngeldbereich TH: Thüringer VO zur Übertragung von Ermächtigungen und zur Bestimmung von Zuständigkeiten im ~ v. 24.7.2007 (GVBl S. 96)	ThürWoGZVO
Wohngelddatenabgleichsverordnung BE: ~ v. 25.9.2007 (GVBl S. 331) BW: ~ v. 21.5.2007 (GBl S. 250) HA: ~ v. 6.6.2006 (GVBl S. 280)	WoGDV WoGDV WoGDV
Wohngeldgesetz vom 7.7.2005 (BGBl I S. 2029)	WoGG
Wohngeldüberleitung Wohngeldüberleitungs-VerlängerungsVO v. 27.7.1998 (BGBl I S. 1911) ~sgesetz v. 21.11.1996 (BGBl I S. 1781)	WoGültVerlV WoGÜG
Wohngeldverordnung i. d. Bek. v. 19.10.2001 (BGBl I S. 2722)	WoGV
Wohnheimgebührenordnung BW: ~ v. 16.9.1982 (GBl S. 453)	WGebO
Wohnraum-Überleitungsgesetz v. 25.8.2006 (BGBl I S. 2100)	WoFÜG
Wohnraumförderungsgesetz v. 13.9.2001 (BGBl I S. 2376) Durchführungsverordnung HE: VO zur Durchführung des Wohnraumförderungsgesetzes v. 19.3.2003 (GVBl I S. 100)	WoFG DVWoFG
Wohnraumkündigungsschutzgesetz Zweites ~ v. 18.12.1974 (BGBl I S. 3603)	2. WKSchG
Wohnraummodernisierungssicherungsgesetz v. 17.7.1997 (BGBl I S. 1823)	WoModSiG
Wohnraumzweckentfremdungsbekämpfungsgesetz BY: Gesetz über das Verbot der Zweckentfremdung von Wohnraum v. 10.12.2007 (GVBl S. 864)	ZwEWG

HE: Hess. Gesetz z. Bekämpfung d. Zweckentfremdung v. Wohnraum v. 29.11.1994 (GVBl I S. 705)   **HWoZBG**

Wohnungsaufsichtsgesetz
BE: ~ i. d. Bek. v. 3.4.1990 (GVBl S. 1082)   **WoAufsG Bln**
BY: ~ v. 24.7.1974 (GVBl S. 348)   **WoAufG**

Wohnungsbau-Prämiengesetz
Änderungs-Richtlinien 1984 z. ~ v. 17.12.1984 (BStBl I Sondernr. 3/1984 S. 23)   **WoPÄR 1984**
Richtlinien 1984 z. ~ v. 17.12.1984 (BStBl I Sondernr. 3/1984 S. 27)   **WoPR 1984**
VO z. Durchf. d. Wohnungsbauprämiengesetzes i. d. Bek. v. 30.10.1997 (BGBl I S. 2684)   **WoPDV 1996**
i. d. Bek. v. 30.10.1997 (BGBl I S. 2678)   **WoPG 1996**

Wohnungsbauänderungsgesetz
1988 v. 21.2.1989 (BGBl I S. 242)   **WoBauÄndG 1988**

Wohnungsbaudarlehen-Verzinsungsverordnung
BE: Zweite VO ü. d. Verzinsung v. Wohnungsbaudarlehen aus öffentl. Haushalten v. 16.12.1986 (GVBl S. 2098)   **2. ZinsVO**
BE: VO über die Verzinsung von Wohnungsbaudarlehen aus öffentlichen Haushalten v. 22.1.2003 (GVBl S. 19)   **WoBauZinsVO**

Wohnungsbauerleichterungsgesetz
v. 17.5.1990 (BGBl I S. 926)   **WoBauErlG**
HA: Hamb. Ges. z. Erleichterung des Wohnungsbaus v. 18.7.2001 (GVBl I S. 223)   **HmbWoBauErlG**

Wohnungsbauförderungsgesetz
1994 v. 6.6.1994 (BGBl I S. 1184)   **WoBauFördG 1994**
NW: ~ i. d. Bek. v. 27.11.2003 (GV.NW S. 212)   **WBFG**
Änderungsgesetze
  NW: Viertes Gesetz zur Änderung des Wohnungsbauförderungsgesetzes v. 29.3.2007 (GV.NW S. 146)   **4. ÄndG-WBFG**

Wohnungsbaugebührenbefreiungsgesetz
Ges. ü. Gebührenbefreiungen b. Wohnungsbau v. 30.5.1953 (BGBl I S. 273)   *WohnGebBefrG*

Wohnungsbaugesetz
Zweites ~ Wohnungsbau- und Familienheimgesetz i. d. Bek. v. 19.8.1994 (BGBl I S. 2137)   **II. WoBauG**
SL: ~ i. d. Bek. v. 20.11.1990 (ABl S. 933)   **WoBauG Saar**

Wohnungsbindungsgesetz
i. d. Bek. v. 13.9.2001 (BGBl I S. 2404)   **WoBindG**
BY: VO z. Bestimmung d. Gemeinden nach §16 a d. Wohnungsbindungsgesetzes v. 21.12.1982 (GVBl S. 1109)   **VO-§16 a Abs. 3 WoBindG**

Wohnungsbindungsverordnung
HE: ~ v. 27.2.1974 (GVBl I S. 141)   **WoBindVO**

4. Gesetze, sonstige Rechtsvorschriften, Verwaltungsvorschriften u.ä.   Zah

Wohnungseigentumsgesetz
  v. 15.3.1951 (BGBl I S. 175)   *WEG*

Wohnungsfürsorge-Zinserhöhungsverordnung
  1. ~ v. 26.7.1982 (BGBl I S. 1009); 2. Wohnungsfürsorge-
  Zinserhöhungsverordnung v. 12.1.1989 (BGBl I S. 74)   *...WoZErhV*

Wohnungsgemeinnützigkeitsgesetz
  VO z. Durchf. d. Wohnungsgemeinnützigkeitsgesetzes i. d.
  Bek. v. 24.11.1969 (BGBl I S. 2141)   *WGGDV*
  i. d. Bek. v. 29.2.1940 (RGBl I S. 437)   *WGG*

Wohnungsgenossenschafts-Vermögensgesetz
  v. 26.6.1994 (BGBl I S. 1437)   *WoGenVermG*

Wohnungsgesetz
  NW: ~ v. 6.11.1984 (GV.NW S. 681)   *WoG*

Wohnungsgrundbuchverfügung
  i. d. Bek. v. 24.1.1995 (BGBl I S. 134)   *WGV*

Wohnungsrechtsvereinfachungsgesetz
  v. 11.7.1985 (BGBl I S. 1277)   *WoVereinfG 1985*

Wohnungsstatistikgesetz
  v. 18.3.1993 (BGBl I S. 337)   *WoStatG*

Wohnungswesen
  BY: VO über die Zuständigkeit zum Vollzug des Wohn-
    geldgesetzes und des Gesetzes zur Gewährung eines
    einmaligen Heizkostenzuschusses v. 19.4.2005 (GVBl
    S. 110)   *ZustVWoGG*
  SH: Landesverordnung zur Änderung der Landesverord-
    nung über die zuständigen Stellen im ~ v. 19.7.2006
    (GVOBl S. 195)   *WoZustVO*
  Kostenverordnung
    MV: Wohnungswesen-~ v. 28.3.2006 (GVOBl M-V
    S. 146)   *WWKostVO M-V*

Z

Zahlenlotto- u. Sportwettengesetz
  LSA: Ges. ü. Zahlenlotto und Sportwetten v. 15.8.1991
    (GVBl LSA S. 269)   *Lotto-Toto-G*

Zahnärzte
  Gebührenordnung f. ~ v. 22.10.1987 (BGBl I S. 2316)   *GOZ*
  ~approbationsordnung 17.12.1986 (BGBl I S. 2524)   *ZÄAppO*

Zahnheilkunde
  Ges. ü. d. Ausübung d. ~ i. d. Bek. v. 16.4.1987 (BGBl I
  S. 1225)   *ZahnHKG*

Zeitgesetz
v. 25.7.1978 (BGBl I S. 1110) — **ZeitG**

Zensusvorbereitungsgesetz
2011 v. 8.12.2007 (BGBl I S. 2808) — **ZensVorbG 2011**
v. 27.7.2001 (BGBl I S. 1882) — *ZensusVorbG*

Zentralbibliotheksstiftungsgesetz
BE: ~ i. d. Bek. v. 27.2.2005 (GVBl S. 134) — **ZLBG**
BE: ~ v. 25.9.1995 (GVBl S. 623) — **ZLBG**

Zentrale Datenstelle der Landesfinanzminister
Verwaltungsvereinbarung ü. d. ~ v. 29.4.1971 (z.B. GV.NW 1973 S. 22) — **ZDL**

Zentrale Staatsanwaltliche Verfahrensregisterverordnung
VO über den Betrieb des Zentralen Staatsanwaltlichen Verfahrensregisters v. 23.9.2005 (BGBl I S. 2885) — **ZStVBetrV**

Zerlegungsgesetz
Ges. z. Änderung d. Zerlegungsgesetzes; 2. Ges. z. Änderung d. Zerlegungsgesetz v. 8.12.1981 (BGBl I S. 1331); 3. Ges. z. Änderung d. Zerlegungsgesetz v. 22.1.1987 (BGBl I S. 470) — **...ZerlÄndG**
i. d. Bek. v. 25.2.1971 (BGBl I S. 145) — *ZerlG*

Zeugen u. Sachverständigenentschädigung
Ges. ü. d. Entschädigung v. Zeugen u. Sachverständigen i. d. Bek. v. 1.10.1969 (BGBl I S. 1756) — *ZuSEG*
BY: VO ü. d. Entschädigung v. Zeugen u. Sachverständigen in Verwaltungssachen v. 10.5.1978 (GVBl S. 177) — **ZuSEVO**

Zeugenschutz-Harmonisierungsgesetz
v. 11.12.2001 (BGBl I S. 3510) — **ZSHG**

Zeugenschutzgesetz
v. 30.4.1998 (BGBl I S. 820) — **ZSchG**

Zeugnis- u. Versetzungsordnung
HA: ~ v. 21.7.1998 (GVBl I S. 161) — **ZVO**

Zinnverordnung
v. 17.12.2004 (BGBl I S. 3552) — **ZV**

Zinsinformationsverordnung
v. 26.1.2004 (BGBl I S. 128) — **ZIV**

Zinsverordnung
NW: VO über die Neuregelung von Zinsvergünstigungen bei mit öffentlichen Mitteln und mit Wohnungsfürsorgemitteln geförderten Miet- und Genossenschaftswohnungen und Eigentumsmaßnahmen v. 9.10.2007 (GV.NW S. 416) — **ZinsVO**

Zirkusregisterverordnung
v. 6.3.2008 (BGBl I S. 376) — **ZirkRegV**

Zivilblindenpflegegeldgesetz
BY: ~ i. d. Bek. v. 25.1.1989 (GVBl S. 21) — ZPflG

Zivildienstgesetz
Erstes Zivildienständerungsgesetz v. 10.5.2003 (BGBl I S. 675) — 1. ZDG ÄndG
Zweites Zivildienständerungsgesetz v. 27.9.2004 (BGBl I S. 2358) — 2. ZDGÄndG
i. d. Bek. v. 17.5.2005 (BGBl I S. 1346) — ZDG

Zivildienstversorgungs-Übergangsverordnung
v. 18.12.1991 (BGBl I S. 2238) — ZDVÜV

Zivilprozessordnung
Einführungsges. z. ~ v. 30.1.1877 (RGBl S. 244) — EGZPO
i. d. Bek. v. 5.12.2005 (BGBl I S. 3202) — ZPO
Ausführungsgesetze
  HA: Ausführungsgesetz zur Zivilprozessordnung v. 22.12.1899 (SlgBerHmbLR 3210-b) — AGZPO
  HE: Hessisches Ausführungsgesetz zur Zivilprozeßordnung und z. Ges. über d. Zwangsversteigerung und Zwangsverwaltung v. 20.12.1960 (GVBl I S. 238) — AGZPO
  RP: Landesges. z. Ausf. d. Zivilprozeßordnung u. d. Gesetzes ü. d. Zwangsversteigerung u. d. Zwangsverwaltung v. 30.8.1974 (GVBl S. 371) — AGZPO

Zivilprozessreformgesetz
v. 27.7.2001 (BGBl I S. 1887) — ZPO-RG

Zivilschutz
Ges. ü. d. ~ i. d. Bek. v. 9.8.1976 (BGBl I S. 2109) — ZSchG
BW: VO ü. Zuständigkeiten auf d. Geb. d. Zivilschutzes v. 30.4.1990 (GBl S. 165) — ZSZuVO

Zivilschutzkorps
Ges. ü. d. ~ v. 12.8.1965 (BGBl I S. 782) — ZSKG
VO ü. d. Regelung d. Vorgesetztenverhältnisses im ~ v. 21.7.1967 (BGBl I S. 799) — ZSK-VorgesetztenV

Zivilschutzneuordnungsgesetz
v. 25.3.1997 (BGBl I S. 726) — ZSNeuOG

Zollgesetz
i. d. Bek. v. 18.5.1970 (BGBl I S. 529) — ZG

Zollkontingentgesetz
Ges. ü. d. Verfahren bei d. Erteilung v. Zollkontingentscheinen v. 20.12.1968 (BGBl I S. 1389) — ZKG

Zollkostenverordnung
v. 12.9.1983 (BGBl I S. 1157) — ZKostV

Zolltarifgesetz
v. 23.12.1960 (BGBl II S. 2425) — ZTG

Zollvergütungsverordnung
 VO ü. Vergütung u. Nacherhebung v. Zöllen, Verbrauchsteuern u. Steuern auf Lieferungen u. sonstige Leistungen im Saarland v. 1.7.1959 (BAnz Nr. 124; BGBl I S. 415) **VergVOS**

Zollverordnung
 v. 23.12.1993 (BGBl I S. 2449) **ZollV**

Zollwertverordnung
 VO (EWG) Nr. 1224 / 80 d. Rates ü. d. Zollwert d. Waren v. 28.5.1980 (ABlEG Nr. L134/1) *ZWVO*

Zonenrandförderungsgesetz
 v. 5.8.1971 (BGBl I S. 1237) *ZRFG*

Zoogesetz
 MV: Landes~ v. 24.6.2004 (GVOBl M-V S. 302) **ZooG M-V**

Zookostenverordnung
 MV: ~ v. 29.11.2005 (GVOBl M-V S. 648) **ZooKostVO M-V**

Zuckergesetz
 v. 5.1.1951 (BGBl I S. 47) *ZuckG*

Zuckersteuergesetz
 DurchfBestimmungen z. ~ v. 19.8.1959 (BGBl I S. 647) **ZuckStDB**
 Zuckersteuerbefreiungsverordnung (= Anl. A zu d. ZuckStDB) **ZuckStBefrO**
 i. d. Bek. v. 13.10.1983 (BGBl I S. 1245) **ZuckStG**
 Zuckersteuervergütungsordnung (= Anl. B zu d. ZuckStDB) **ZuckStVO**

Zündwarenmonopolgesetz
 v. 29.1.1930 (RGBl I S. 11) *ZündwMonG*

Zugabeverordnung
 v. 9.3.1932 (RGBl I S. 121) *ZugabeV*

Zugabewesen
 Ges. ü. d. ~ v. 12.5.1933 (RGBl I S. 264) *ZugabeG*

Zugangsverordnung
 Hochschulabsolventen-~ v. 9.10.2007 (BGBl. S. 2337) **HSchulAbsZugV**

Zukunftssicherungsgesetz
 HE: ~ v. 18.12.2003 (GVBl I S. 513) **ZSG**

Zukunftsstiftungsgesetz
 LSA: ~ v. 25.1.2008 (GVBl LSA S. 32) **ZSG LSA**

Zulagenverordnung
 NW: Landes~ v. 7.3.1978 (GV.NW S. 142) **LZulVO**

Zulassungsbeschränkungsverordnung
 HA: ~ der Universität Hamburg v. 12.7.2005 (GVBl S. 282) **UniZubeVO**

Zulassungsordnung
 BW: Zulassungsverordnung der Akademie für Darstellende Kunst v. 12.2.2008 (GBl S. 92) **ADK-ZVO**

BY: Zulassungs-, Ausbildungs- und Prüfungsordnung für
den mittleren bautechnischen Verwaltungsdienst der
Fachgebiete Straßenbau und Wasserwirtschaft v.
14.3.2008 (GVBl S. 82)   **ZAPO/mtD**
gehobener Dienst
  BY: Zulassungs-, Ausbildungs- und Prüfungsordnung
für den gehobenen technischen Dienst für Ländliche Entwicklung v. 8.12.2003 (GVBl S. 919)   **LEZAPOgtD**

Zulassungszahlenfestsetzungsverordnung
  MV: ~ v. 18.7.2006 (GVOBl M-V S. 659)   **ZulZfestVO M-V**

Zulassungszahlenverordnung
  ~ ...   **ZZVO ...**
  SACH: Sächs. ~ ...   **SächsZZVO ...**
  TH: Thüringer ~ v. 21.6.1991 (GVBl S. 163)   **ThZZVO**
  Fachhochschulen
    - Fachhochschule ...   **ZZVO-FH ...**
  Hochschulen
    HA: - Hochschule der Polizei Hamburg v. 18.9.2007
    (GVBl I S. 298)   **ZulZVO-HdP**

Zusatzstoff-Verkehrsverordnung
v. 29.1.1998 (BGBl I S. 269)   **ZVerkV**

Zusatzstoff-Zulassungsverordnung
v. 22.12.1981 (BGBl I S. 1625)   **ZZulV**

Zusatzversorgungsgesetz
  BR: Brem. ~ v. 6.9.1983 (GBl S. 459)   **BremZVG**
  BR: Brem. Zusatzversorgungsneuregelungsgesetz v.
  6.9.1983 (GBl S. 459)   **BremZVNG**
  HA: Zusatzversorgungs-Neuordnungsgesetz v. 2.7.2003
  (GVBl S. 222)   **ZVNG**

Zusatzversorgungskasse
  Ges. ü. d. Errichtung einer ~ f. Arbeitnehmer in d. Land- u.
  Forstwirtschaft v. 31.7.1974 (BGBl I S. 1660)   **ZVALG**

Zuständigkeitsanordnung
  Anordnung ü. d. Übertragung v. Zuständigkeiten auf d.
  Gebiet d. beamtenrechtl. Versorgung im Geschäftsbereich d.
  Bundesministers f. d. Post- und Fernmeldewesen v.
  23.9.1982 (BGBl I S. 1382)   **ZOVers**
  Versorgung v. 7.6.1996 (BGBl I S. 870)   **ZustAO**

Zuständigkeitsbestimmungsverordnung
  BY: ~ v. 7.11.1975 (GVBl S. 353)   **ZustBestV**
  Berufsbildungsgesetz und Berufsbildung n. d. Handwerksordnung
    NW: VO über die Zuständigkeiten nach dem Berufsbildungsgesetz und die Angelegenheiten der Berufsbildung im Rahmen der Handwerksordnung v.
    5.9.2006 (GV.NW S. 446)   **BBiGZustVO**

für die Gemeinden und Landkreise zur Ausführung von
Bundesrecht
   ND: Allgemeine Zuständigkeitsverordnung ~ v.
      14.12.2004 (GVBl S. 589)   **AllgZustVO-Kom**

Zuständigkeitsbezeichnungs-Verordnung See
   v. 4.3.1994 (BGBl I S. 442)   **ZustBV-See**

Zuständigkeitsergänzungsgesetz
   v. 7.8.1952 (BGBl I S. 407)   *ZustErgG*

Zuständigkeitsgesetz
   BE: Allgemeines ~ i. d. Bek. v. 22.7.1996 (GVBl S. 302)   **AZG**

Zuständigkeitsneuordnungsgesetz
   BE: ~ v. 18.12.2004 (GVBl S. 516)   **ZNOG**

Zuständigkeitsübertragungsverordnung
   BY: VO über die Übertragung der Zuständigkeit für die
      Genehmigung von Krankenhausentgelten v. 3.7.2006
      (GVBl S. 363)   **KhEntgGZÜV**
   BY: VO zur Übertragung beamten-, disziplinar-, besol-
      dungs- und reisekostenrechtlicher Zuständigkeiten im
      Geschäftsbereich des Bayerischen Staatsministeriums
      für Umwelt, Gesundheit und Verbraucherschutz v.
      8.8.2005 (GVBl S. 460)   **ZustVUGV**
   SH: Landesverordnung zur Übertragung von Zuständig-
      keiten auf die Staatliche Arbeitsschutzbehörde bei der
      Unfallkasse Schleswig-Holstein und zur Regelung wei-
      terer Zuständigkeiten v. 12.12.2007 (GVOBl S. 621)   **ASZustVO**

Bauaufsicht
   LSA: VO über die Übertragung von ~lichen Befugnissen
      und Zuständigkeiten v. 27.3.2006 (GVBl LSA
      S. 176)   **BauÜVO**

Justiz
   BB: ~-Zuständigkeitsübertragungsverordnung i. d. Bek.
      v. 28.11.2006 (GVBl II S. 479)   **JuZÜV**
   BY: ~ v. 18.11.2003 (GVBl S. 837)   **ZustÜVJu**
   SACH: ~ v. 7.11.2007 (SächsGVBl S. 501)   **ZustÜVOJu**

Schulleitung
   SACH: Schulleitungen v. 5.5.2004 (SächsGVBl S. 172)   **SchulLZuVO**

Zuständigkeitsverordnung
   D(eutsche) B(ahn) A(ktien) G(esellschaft) – ~ v. 1.1.1994
   (BGBl I S. 53)   **DBAGZustV**
   BB: ~ v. 26.8.1991 (GVBl S. 396)   **ImSchZustVO Bbg**
   BW: VO des Innenministeriums über Zuständigkeiten
      nach dem Berufskraftfahrer-Qualifikations-Gesetz v.
      8.1.2008 (GBl S. 57)   **BKrFQG-ZuVO**
   BW: ~ Justiz v. 20.11.1998 (GBl S. 680)   **ZuVOJu**
   BW: ~ z. Ordnungswidrigkeitenrecht i. d. Bek. v. 2.2.1990
      (GBl S. 75)   **OWiZuVO**

BY: VO ü. d. Zuständigkeiten z. Vollzug atomrechtl. Vorschriften v. 3.5.1977 (GVBl S. 160) — AtZustV
BY: VO ü. Zuständigkeiten auf d. Gebiet d. Arbeitsschutzes u. d. Sicherheitstechnik v. 2.8.1994 (GVBl S. 781) — ASiV
BY: VO über beamten-, richter-, disziplinar- und besoldungsrechtliche Zuständigkeiten im Geschäftsbereich des Bayerischen Staatsministeriums für Arbeit und Sozialordnung, Familie und Frauen v. 15.9.2005 (GVBl S. 494) — ZustV-AM
HE: ~ Straf- und Bußgeldverfahren und Steuerfahndung v. 7.4.1986 (GVBl I S. 115) — ZustVO BuStra/Steufa

ND: VO über Zuständigkeiten auf dem Gebiet des Wirtschaftsrechts, sowie in anderen Rechtsgebieten v. 18.11.2004 (GVBl S. 482) — ZustVO-Wirtschaft
ND: VO über Zuständigkeiten auf den Gebieten des Arbeitsschutz-, Immissionsschutz-, Sprengstoff-, Gentechnik- und Strahlenschutzrechts sowie in anderen Rechtsgebieten v. 18.11.2004 (GVBl S. 464) — ZustVO-Umwelt-Arbeitsschutz
NW: ~ Justizministerium v. 4.12.2007 (GV.NW S. 652) — ZustVO JM
SACH: Gerichtl. ~ v. 14.7.1994 (SächsGVBl S. 1313) — SächsGerZustVO
SH: ~ f. Widerspruchsbescheide i. d. Bek. v. 27.2.1990 (GVOBl S. 125) — ZVOWiBe
SL: VO über die Zuständigkeiten nach dem Bundes-Immissionsschutzgesetz und nach dem Treibhausgas-Emissionshandelsgesetz v. 10.12.2007 (ABl S. 2528) — ZVO-BImSchG-TEHG
SL: VO über Zuständigkeiten auf dem Gebiet des Arzneimittel-, des Apotheken-, des Betäubungsmittel-, des Transfusions- und des Heilmittelwerberechts v. 18.11.2005 (ABl S. 1880) — AABTHZustV
SL: VO zur Änderung der VO über Zuständigkeit für Ausländer, Asylbewerber, Flüchtlinge und Spätaussiedler und über Aufnahme, Verteilung und Unterbringung v. 26.4.2006 (ABl S. 755) — AFSVO

Abfall- und Bodenschutz
BB: ~-Zuständigkeitsverordnung i. d. Bek. v. 23.9.2004 (GVBl II S. 842) — AbfßodZV
MV: ~-Zuständigkeitsverordnung i. d. Bek. v. 1.11.2006 (GVOBl. M-V S. 823) — AbfBodSchZV

Abfallrecht
LSA: für das ~ v. 26.5.2004 (GVBl LSA S. 302) — Abf ZustVO

Apotheken- und Arzneimittel
MV: ~zuständigkeitsverordnung v. 31.1.2006 (GVOBl M-V S. 37) — AAZVO M-V

Arbeitsgerichtsbarkeit
BB: VO über Zuständigkeiten im Bereich der ~ v. 7.12.2006 (GVBl II S. 545) — ArbGZV

Artenschutz
BY: ~-Zuständigkeitsverordnung v. 11.8.2006 (GVBl
S. 719)   ArtSchZustV
Atomgesetz
BW: VO der Landesregierung über Zuständigkeiten
nach dem ~ v. 24.7.2007 (GBl S. 349)   AtGZuVO
Atomrecht
SACH: Atom- und Strahlenschutzrecht v. 17.6.2003
(SächsGVBl S. 173)   AtStrZuVO
Autobahnpolizei
NW: ~zuständigkeitsverordnung v. 2.1.2007 (GV.NW
S. 2)   AutobahnPolZustVO
Bauproduktengesetz
MV: Landesverordnung über die Zuständigkeit nach
dem ~ v. 7.9.2005 (GVOBl. M-V S. 457)   BauPG-ZustLVO M-V
Beamte
BB: ~nzuständigkeitsverordnung im Geschäftsbereich
des Ministeriums der Finanzen i. d. Bek. v.
6.11.2006 (GVBl II S. 473)   BZVMdF
BB: ~nzuständigkeitsverordnung im Geschäftsbereich
des Ministeriums für Bildung, Jugend und Sport v.
23.2.2006 (GVBl II S. 42)   BZVMBJS
BB: ~nzuständigkeitsverordnung im Geschäftsbereich
des Ministeriums für Wirtschaft v. 16.9.2005
(GVBl II S. 494)   BZVMW
NW: ~nzuständigkeitsverordnung im Geschäftsbereich
des Ministeriums für Städtebau und Wohnen, Kultur und Sport v. 4.12.2004 (GV.NW S. 776)   Beamt-ZustV MSWKS
NW: ~nzuständigkeitsverordnung MP v. 11.5.2006
(GV.NW S. 334)   BeamtZustV MP
Bergbehörden
BB: ~-Zuständigkeitsverordnung v. 10.11.2005
(GVBl II S. 526)   BergbhZV
Berufsbildungsgesetz
BW: ~zuständigkeitsverordnung v. 3.7.2007 (GBl
S. 342)   BBiGZustVO
Bundespolizeibehörde
VO über die Zuständigkeit der Bundespolizeibehörden v.
22.2.2008 (BGBl I S. 250)   BPolZV
Dienstrecht
BY: VO über ~liche Zuständigkeiten im Geschäftsbereich des Bayerischen Staatsministeriums für Landwirtschaft und Forsten v. 2.12.2003 (GVBl S. 897)   ZustV-LM
BY: VO über ~liche Zuständigkeiten im Geschäftsbereich des Bayerischen Staatsministeriums für Wissenschaft, Forschung und Kunst v. 5.9.2006 (GVBl
S. 736)   ZustV-WFKM
Eisenbahn
NW: ~zuständigkeitsverordnung v. 21.11.2006 (GV.NW
2007 S. 105)   EZustVO

Energie
- BB: VO über die Zuständigkeiten zum Vollzug ~rechtlicher Vorschriften und zur Zulassung von Rohrfernleitungen v. 22.4.2003 (GVBl II S. 218) — **EnZV**
- BW: VO des Wirtschaftsministeriums über ~wirtschaftsrechtliche Zuständigkeiten v. 3.1.2008 (GBl S. 47) — **EnWG-ZuVO**

Familienkasse
- ~nzuständigkeitsverordnung v. 8.6.2006 (BGBl I S. 1309) — **FamZustV**

Finanzamt
- BW: Finanzämter-Zuständigkeitsverordnung v. 30.11.2004 (GBl S. 865) — **FAZustV**
- SACH: Finanzamts-Zuständigkeitsverordnung i. d. Bek. v. 14.10.2004 (SächsGVBl S. 539) — **FAZustV**
- SL: Finanzämterzuständigkeitsverordnung v. 16.9.2005 (ABl S. 1538) — **FinÄZVO**

Finanzbehörden
- ND: VO über Zuständigkeiten der ~ v. 14.12.2005 (GVBl S. 411) — **ZustVO-FinB**

Forstwirtschaftliche Maßnahmen
- BB: ~ v. 19.3.2003 (GVBl II S. 162) — **FMZV**

Gesundheit- und Sozialrecht
- ND: VO über Zuständigkeiten auf den Gebieten des Gesundheits- und des Sozialrechts v. 1.12.2004 (GVBl S. 526) — **ZustVO-GuS**

Gesundheitsfachberufe
- RP: Landesverordnung über Zuständigkeiten auf dem Gebiet der ~ v. 4.11.2006 (GVBl S. 358) — **GesFBZuVO**
- SACH: ~ v. 2.8.2006 (SächsGVBl S. 444) — **GfbZuVO**

Güterkraftverkehrsrecht
- NW: VO zur Änderung der VO über die Bestimmung der zuständigen Behörden nach dem ~ v. 18.2.2003 (GV.NW S. 71) — **ÄndVO ZustVO GÜK-R**

Handwerksordnung
- BY: zur ~ v. 14.12.2004 (GVBl 2005 S. 6) — **HwOZustV**

Heilberufe
- SACH: ~zuständigkeitsgesetz v. 9.2.2004 (SächsGVBl S. 41) — **HeilbZuG**

im Bereich des Lastenausgleichs und des Flüchtlingswesens
- BY: VO zur Regelung der Zuständigkeiten im Bereich des Lastenausgleichs und des Flüchtlingswesens v. 25.11.2003 (GVBl S. 880) — **ZustVLaFlüw**

Jugendschutz
- BB: ~zuständigkeitsverordnung v. 6.5.2004 (GVBl II S. 329) — **JuSchZV**
- NW: ~zuständigkeitsverordnung v. 16.12.2003 (GV.NW S. 820) — **JuSchGZVO**

SH: Landesverordnung über die zuständigen Behörden
nach dem ~gesetz v. 8.9.2003 (GVOBl S. 440)   **JuSchG ZustVO**

Justiz
BY: Gerichtliche Zuständigkeitsverordnung ~ v.
16.11.2004 (GVBl S. 471)   **GZVJu**

Luftfahrt
NW: ~ v. 7.8.2007 (GV.NW S. 317)   **LuftfahrtZustVO**

Luftverkehrsverwaltung
SACH: VO der Sächsischen Staatsregierung und des
Sächsischen Staatsministeriums für Wirtschaft und
Arbeit über Zuständigkeiten auf dem Gebiet der ~
v. 23.8.2006 (SächsGVBl S. 438)   **LuftZuVO**

Ministerium
HE: VO über die Zuständigkeiten für die Verfolgung
und Ahndung von Ordnungswidrigkeiten im Geschäftsbereich des Sozialministeriums v. 27.11.2007
(GVBl I S. 823)   **OWiZustVO-HSM**

HE: VO über Zuständigkeiten für die Verfolgung und
Ahndung von Ordnungswidrigkeiten im Geschäftsbereich des Ministeriums des Innern und für Sport
v. 6.9.2007 (GVBl I S. 571)   **OWiZustVO-MdIS**

HE: VO über Zuständigkeiten für die Verfolgung und
Ahndung von Ordnungswidrigkeiten im Geschäftsbereich des Ministeriums für Wirtschaft, Verkehr
und Landesentwicklung v. 22.1.2008 (GVBl I S. 14)   **OWiZustVO-HMWVL**

nach dem Berufsbildungsgesetz und der Ausbilder-Eignungsverordnung
SH: Landesverordnung über die Zuständigkeiten ~ v.
3.12.2005 (GVOBl S. 556)   **BBiGZustVO**

Naturschutz
BW: ~-Zuständigkeitsverordnung v. 30.5.2003 (GBl
S. 291)   **NatSchZuVO**

Ordnungswidrigkeiten
MV: ~-Zuständigkeitsverordnung v. 20.8.2003 (GVOBl.
M-V S. 421)   **BauGBOWi-ZustVO M-V**

Personalangelegenheiten
BB: VO über die Zuständigkeit für ~ der Angestellten
und Arbeiter und Verwaltung der Arbeitsgerichtsbarkeit im Geschäftsbereich des Ministers für Arbeit, Soziales, Gesundheit und Frauen v. 12.10.2004
(GVBl II S. 836)   **PuVwZAV**

BB: VO über die Zuständigkeit für ~ der Angestellten
und Arbeiter und Verwaltung der Sozialgerichtsbarkeit im Geschäftsbereich des Ministers für Arbeit, Soziales, Gesundheit und Frauen v. 12.10.2004
(GVBl II S. 835)   **PuVwZSozV**

Prüfungsamt
MV: Landes~-Zuständigkeitslandesverordnung v.
28.7.2004 (GVOBl M-V S. 392)   **LPHZustLVO M-V**

Rechtshilfe
  BY: ~ v. 26.6.2004 (GVBl S. 260) **ZustVRh**
  SACH: ~ v. 10.12.2004 (SächsGVBl S. 580) **Rh-ZuVO**
Richter
  TH: Thüringer VO über die Zuständigkeit für die Ernennung und die Amtsentbindung von Handelsrichtern v. 9.12.2005 (GVBl S. 424) **ThürHRiZVO**
Sozialgerichtsbarkeit
  BB: VO über Zuständigkeiten im Bereich der ~ v. 20.6.2005 (GVBl II S. 295) **ZuSozV**
Straße
  SACH: VO der Sächs. Staatsregierung und des Sächs. Staatsministeriums für Wirtschaft und Arbeit über Zuständigkeiten nach dem Bundesfern~ngesetz und dem Sächs. Straßengesetz v. 2.6.2006 (SächsGVBl S. 160) **StrZuVO**
Trinkwasser
  TH: Thüringer VO zur Regelung von Zuständigkeiten nach der ~verordnung und dem Infektionsschutzgesetz in Bezug auf Trinkwasser v. 12.6.2004 (GVBl S. 628) **ThürTrinkwZustVO**

Zustellung
  Übk. ü. d. ~ gerichtl. u. außergerichtl. Schriftstücke im Ausland in Zivil- oder Handelssachen v. 15.11.1965 (BGBl 1977 II S. 1452) *ZustÜ*

Zustellungsgesetz
  BB: Landes~ v. 18.10.1991 (GVBl S. 457) **LZG**
  NW: Landes~ v. 7.3.2006 (GV.NW S. 94) **LZG**

Zustellungsreformgesetz
  v. 25.6.2001 (BGBl I S. 1206) **ZustRG**

Zustimmungsgesetz ZLG
  HE: ~ v. 29.6.1995 (GVBl I S. 413) **ZLG**

Zuteilungsgesetz
  v. 26.8.2004 (BGBl I S. 2211) **ZuG 2007**

Zuteilungsverordnung
  2007 v. 31.8.2004 (BGBl I S. 2255) **ZuV 2007**
  2012 v. 13.8.2007 (BGBl I S. 1941) **ZuV 2012**

Zuwanderungsgesetz
  v. 30.7.2004 (BGBl I S. 1950) **ZuWG**

Zuwanderungszuständigkeitsverordnung
  MV: Zuwanderungszuständigkeitslandesverordnung v. 10.2.2005 (GVOBl M-V S. 68) **ZuwFlAGDLVO M-V**

Zuweisungsverordnung
Richter
  BB: ehrenamtliche ~ Finanzgericht v. 30.3.2006 (GVBl II S. 78) **ZuwEhRiFGV**

BB: ehrenamtliche ~ Landesarbeitsgericht v. 30.8.2006
(GVBl II S. 366) **ZuwEhRiLAGV**
BB: ehrenamtliche ~ Landessozialgericht v. 13.6.2005
(GVBl II S. 295) **ZuwEhRiLSGV**
BB: ehrenamtliche ~ Oberverwaltungsgericht v.
10.6.2005 (GVBl II S. 295) **ZuwEhRiOVGV**
BE: ehrenamtliche ~ LSG v. 8.6.2005 (GVBl S. 314) **ZuwVOehRiLSG**
BE: ehrenamtliche ~ Oberverwaltungsgericht v.
8.6.2005 (GVBl S. 314) **ZuwVOehRiOVG**

Zuwendung
Tarifvertrag ü. eine ~ f. Angestellte v. 10.12.1990 (GMBl
1991 S. 234, 317) **TV Zuwendung Ang-O**

Tarifvertrag ü. eine ~ f. Arbeiter d. Bundes u. d. Länder v.
10.12.1990 (GMBl 1991 S. 234, 319) **TV Zuwendung Arb-O**
BY: Verwaltungsvorschriften f. Zuwendungen d. Freistaats
Bayern an kommunale Körperschaften v. 8.3.1982
(MABl S. 165) **VVK**

Zuwiderhandlungen
SH: Landesverordnung ü. d. zuständ. Behörden f. d. Abwehr v. ~ v. 12.10.1989 (GVOBl S. 123) **AbfZhVO**

Zwangsanwendungsgesetz
TH: Thüringer Gesetz ü. d. Anwendung unmittelbaren
Zwanges d. Bedienstete d. Gerichte u. Staatsanwaltschaften v. 22.3.1996 (GVBl S. 33) **ThürUZwG**

Zwangsversteigerungsgesetz
Ges. ü. d. Zwangsversteigerung u. d. Zwangsverwaltung i. d.
Bek. v. 20.5.1898 (RGBl S. 369) *ZVG*

Zwangsverwalterverordnung
v. 19.12.2003 (BGBl I S. 2804) *ZwVwV*

Zwangsvollstreckungsmaßnahmen
VO ü. Maßnahmen auf d. Gebiete d. Zwangsvollstreckung
v. 26.5.1933 (RGBl I S. 302) *ZwVV*

Zweckentfremdung
BE: ~sbeseitigungsgesetz v. 8.3.1990 (GVBl S. 627) **ZwBesG**
BE: ~sverbot-VO i. d. Bek. v. 9.2.1973 (GVBl S. 421) **ZwVbVO**
NW: ~sverordnung v. 12.6.2001 (GV.NW S. 458) **ZweVO**

Zweckverbandsentschädigungsverordnung
SH: ~ v. 19.9.1996 (GVOBl S. 602) **ZwVEntschVO**

Zweckverbandsgesetz
HE: Ges. ü. Kommunale Gemeinschaftsarbeit v.
16.12.1969 (GVBl I S. 307) **KGG**
NW: Ges. ü. Kommunale Gemeinschaftsarbeit i. d. Bek. v.
1.10.1979 (GV.NW S. 621) *GkG*

RP: ~ i. d. Bek. v. 22.12.1982 (GVBl S. 476) **ZwVG**

Zweckverbandssicherungsgesetz
BB: ~ v. 4.12.1996 (GVBl I S. 314) **ZwVerbSG**

Zweiradmechanikermeisterverordnung
v. 29.8.2005 (BGBl I S. 2562) **ZwrMechMstrV**

Zweiter Bildungsweg-Lehrgangs-Verordnung
BE: ~ v. 12.12.2006 (GVBl S. 1174) **ZBW-LG-VO**